ŒUVRES POSTHUMES

DE MADAME LA BARONNE

DE STAËL-HOLSTEIN

PRÉCÉDÉES

D'UNE NOTICE SUR SON CARACTÈRE ET SES ÉCRITS

PARIS

CHEZ FIRMIN DIDOT FRÈRES, FILS ET Cⁱᵉ, LIBRAIRES

IMPRIMEURS DE L'INSTITUT DE FRANCE

RUE JACOB, 56

M DCCC LXI

ŒUVRES POSTHUMES

DE MADAME LA BARONNE

DE STAËL-HOLSTEIN

TYPOGRAPHIE DE H. FIRMIN DIDOT. — MESNIL (EURE).

OEUVRES

POSTHUMES

DE MADAME DE STAËL.

AVERTISSEMENT

DE L'ÉDITEUR.

En faisant paraître une Édition complète des OEuvres de ma mère, je ne cède pas seulement à une impulsion de mon cœur, je remplis des intentions qui doivent m'être sacrées. Ma mère a daigné me charger, par ses dernières volontés, de choisir entre ses manuscrits ceux qui seraient susceptibles d'être imprimés, et de publier la collection de ses OEuvres et de celles de M. Necker. Elle a désiré qu'une Notice sur elle-même et sur son père précédât chacune de ces éditions.

M'acquitter seul de ce travail eût été sans doute une grande consolation; ma mère s'est toujours montrée à nous telle qu'elle était, et l'indulgente tendresse qui lui faisait admettre ses enfants à la plus parfaite intimité avec elle, leur a permis de suivre constamment le cours des pensées qui l'occupaient, et de s'instruire en écoutant ses jugements sur les hommes et sur les choses. Mais j'étais certain qu'elle-même eût souhaité que sa proche parente, son amie la plus intime, se chargeât de faire connaître son caractère; et madame Necker de Saussure a consenti à entreprendre une tâche trop au-dessus de mes forces. Madame de Broglie et moi nous avons joint nos souvenirs aux siens, et la Notice que l'on va lire en renferme le dépôt. Les amis de ma mère y retrouveront son image tracée avec fidélité; ceux qui ne l'ont pas connue pourront juger du vide affreux que sa perte a laissé dans notre vie.

Les manuscrits confiés à mes soins sont en assez grand nombre. J'y ai trouvé un dénoûment de *Delphine* et des *Réflexions sur le but moral* de ce roman, qui en font en quelque sorte un ouvrage nouveau; plusieurs pièces de théâtre en vers et en prose, les unes achevées, les autres seulement esquissées; divers morceaux de politique; le canevas d'un poème sur Richard Cœur de Lion; enfin la première ébauche d'un ouvrage commencé sous le titre de *Dix Années d'exil*. Une si prodigieuse facilité de travail étonnera surtout ceux qui réfléchiront que c'est au milieu de la vie sociale la plus animée, dans des temps de révolution, à travers l'exil et les voyages, avec une existence tantôt troublée par le malheur, tantôt consacrée à sa famille ou aux plus généreux devoirs de l'amitié, que ma mère a pu manifester ses pensées sous tant de formes diverses.

Le premier ouvrage dont elle comptait s'occuper, après avoir achevé les *Considérations sur la Révolution française*, était un poème en prose sur Richard Cœur de Lion. Elle pensait que la prose française peut atteindre à une hauteur, à une force de poésie qu'excluent les règles étroites de notre versification; et les poèmes en prose que nous connaissons aujourd'hui ne lui paraissaient pas avoir épuisé les grandes beautés dont ce genre est susceptible.

Ensuite elle se proposait de traiter divers sujets de tragédie, et elle aurait cherché du moins à sortir de l'ornière où l'art dramatique se traîne si péniblement en France. Les situations fortes, les effets nouveaux qui s'offraient en foule à sa pensée, étaient un des sujets habituels de sa conversation avec les amis dignes de l'entendre.

Enfin elle voulait écrire, dans ses loisirs, des mémoires dont les *Dix Années d'exil* devaient faire partie, et qui auraient offert le jugement des individus, comme les *Considérations sur la Révolution française* présentent le tableau des événements. Voilà les travaux que notre malheur est venu interrompre, et qui sont perdus pour jamais.

Un sentiment contre lequel j'ai eu à me défendre m'aurait porté à imprimer sans distinction tous les manuscrits qui me restent de ma mère; mais, comme plusieurs de ces manuscrits sont des ébauches encore incomplètes, et que de les perfectionner eût été une entreprise à la fois au-dessus de mes forces et contraire au scrupule religieux qui doit me guider dans mon travail, j'ai choisi parmi les compositions inédites celles qu'il est possible de publier dans l'état où elles se trouvent, et je les imprimerai sans me permettre la plus légère altération.

L'ordre chronologique est celui que je suivrai, autant du moins que cela sera praticable. Non-seulement cet ordre est le plus naturel, mais il a l'avantage de mettre la marche progressive des écrits de ma mère en rapport avec celle des événements ; de sorte que ses ouvrages et l'histoire de notre siècle se servent, pour ainsi dire, de commentaire réciproque.

Toutefois, comme l'analogie de certains sujets et la division des volumes m'a quelquefois obligé de m'écarter de l'ordre des temps, j'ai cru devoir placer à la fin de la collection, une liste exacte de tous les écrits de ma mère et des époques où ils ont été composés.

Cette édition sera donc aussi complète qu'il est possible, et rien ne sera omis de ce que ma mère a publié ou destiné à l'impression. Quant à la pensée d'y joindre sa correspondance, elle n'a pas un instant approché de notre esprit : et en effet, entre les nombreuses lettres qu'elle a adressées à son père, à ses enfants et à ses amis, il n'en est pas une seule qui ne soit écrite dans l'abandon de l'intimité, pas une dont elle n'eût considéré la publication comme une atteinte aux devoirs les plus sacrés de l'amitié et de la délicatesse. L'usage qui s'est introduit d'imprimer les lettres des personnes célèbres, sans respect pour leur mémoire, et de faire sa proie de tout leur héritage moral ; cet usage est une honte de notre siècle dont j'ai toujours entendu ma mère parler avec le plus profond mépris. Aussi, quelque belles, quelque touchantes que soient la plupart des lettres d'elle que possède sa famille, ses intentions nous sont trop bien connues pour que jamais nous puissions nous permettre de les publier. Tous ses amis, tous ceux qui ont vécu dans sa société, ne se méprendront pas plus que nous sur une volonté si formellement exprimée : quiconque ne la respecterait pas, cette volonté que la mort a rendue sacrée, serait sans excuse à ses propres yeux, comme au tribunal de cette véritable opinion publique, dont les arrêts sont tôt ou tard conformes à ceux de la conscience.

NOTICE

SUR

LE CARACTÈRE ET LES ÉCRITS

DE MADAME DE STAEL.

INTRODUCTION.

Appelée par les enfants de madame de Staël à écrire les observations qu'une longue intimité avec elle m'a mise à portée de faire, je cède à leur désir sans consulter mes forces, comme sans prévoir la douleur que je vais ranimer en moi. Un sentiment supérieur à toute considération personnelle me détermine. Si l'amie, si la proche parente que madame de Staël a honorée du titre de sœur, réussit à la peindre telle qu'elle l'a vue, elle entourera son nom de plus d'amour ; et n'ayant jamais pu m'acquitter envers elle, ayant dû souvent me reconnaître vaincue dans les témoignages extérieurs d'attachement, je payerai du moins un faible tribut à sa mémoire.

On n'a pas encore formé un ensemble des traits qui caractérisent madame de Staël ; on ne s'est pas complétement expliqué cette étonnante réunion ; et le jour plus éclatant que vrai sous lequel elle s'est présentée, est loin, bien loin d'éclairer tout ce qu'il y avait de bon et d'intéressant en elle. Rien de ce qui est venu d'elle ne peut être comparé à elle-même. Supérieure par son esprit à ses écrits les plus renommés, comme par son cœur à ses actions les plus généreuses, elle avait dans l'âme un foyer de chaleur et de lumière dont les rayons épars n'offrent que de faibles émanations.

Il eût été à désirer sous plusieurs rapports que les enfants de madame de Staël eussent eux-mêmes entrepris de faire connaître leur mère. Et, à ne considérer seulement que l'intérêt qu'ils eussent inspiré en parlant d'elle, j'aurais déjà à me justifier d'avoir osé prendre leur place. Toutefois, outre que leurs souvenirs m'embrassent qu'un temps bien court, il y a pour eux dans un lien trop étroit et trop sacré, dans une tendresse trop souffrante, trop ombrageuse peut-être, des motifs particuliers de réserve et de silence. Des enfants ne sauraient parler d'une mère illustre et adorée avec une apparence d'impartialité. Une sorte de pudeur craintive, une émotion sans cesse renaissante, les gênent et les troublent tour à tour quand ils veulent expliquer des sentiments si intimes. Ils savent qu'ils seront récusés, et ils n'osent épancher leur cœur. Leur fierté se révolte également, et quand ils ont l'air de solliciter les hommages, et quand ils répriment l'expression de leur juste enthousiasme. D'autre part, un amour trop voisin du culte leur interdit presque l'examen, et ils se refusent à employer mille nuances caractéristiques. Enfin, trop éloignés du point de vue des spectateurs, trop unis d'intérêt et de cœur à l'objet dont ils pleurent la perte, tous leurs efforts pour rehausser sa gloire n'aboutissent qu'à prouver leur tendresse. Le grand talent, la plume exercée de madame de Staël, pouvaient seuls surmonter de tels obstacles ; et encore son morceau sur la vie privée de son père, chef-d'œuvre de sentiment et d'éloquence, n'a-t-il pas obtenu dans le temps le succès qu'il méritait.

Néanmoins ce n'est pas l'histoire de madame de Staël

que je me propose d'écrire. Elle-même a raconté les événements les plus remarquables de sa vie, soit dans son ouvrage sur la Révolution française, soit dans les Mémoires qu'elle avait commencés sous le titre de DIX ANNÉES D'EXIL. D'ailleurs, sa destinée particulière, comme celle de la plupart des femmes, n'a presque rien qui caractérise ce qu'elle avait de saillant et d'unique. C'est aux hommes seuls qu'il a été accordé de se peindre dans leurs actions, et d'imprimer à leur existence extérieure un cours analogue à celui de leurs pensées. Vue du dehors, la vie de madame de Staël ne répondrait pas à l'attente qu'on a le droit d'en concevoir; et qui jamais se placera au dedans de son être pour dire ce qu'elle a éprouvé? Qui pourra se résoudre à donner une faible et souvent une fausse idée de ce qu'elle eût exprimé avec tant de vérité et de force? D'ailleurs, quand ses contemporains sont encore debout sur la scène du monde, comment dégager son rôle des leurs? comment démêler ce qui lui appartient dans le tissu délicat et compliqué de l'histoire présente? Elle seule, avec son discernement exquis, sa touche si juste et si sûre, aurait su faire la part des autres et la sienne, et se serait rendu justice à elle-même, sans démentir un instant son inépuisable bonté. Je me garderai donc d'entreprendre ce qu'elle seule eût pu exécuter. L'histoire fidèle de ses sentiments et de sa vie est au nombre de ses trésors en espérance qu'elle a emportés avec elle dans le tombeau.

Sous le rapport politique, madame de Staël, comme fille de M. Necker, comme témoin d'événements mémorables, a écrit elle-même sa déposition; hors de là, il reste peu à recueillir. L'influence qu'elle a exercée sur son siècle ne prête guère aux récits. Elle a répandu ses principes, communiqué ses sentiments, mais il n'était pas dans son caractère de donner des conseils positifs, de dicter des résolutions. Connaissant toujours la situation, voyant ce qu'exigeait et ce qu'interdisait le moment, elle a dit, elle a fait comprendre la vérité, et son influence se confond avec la force des choses.

C'est dans les ouvrages de madame de Staël qu'il faut chercher la trace d'elle-même, trace imparfaite peut-être, mais pourtant extraordinairement brillante. C'est là que ses amis retrouvent, avec des impressions toujours nouvelles, d'ineffaçables souvenirs; c'est là qu'ils reconnaissent jusqu'aux affections de madame de Staël, parce que tout partait du cœur chez elle, même la pensée. Quand on sait ce qu'elle a été, on sent l'empreinte du caractère à travers l'effet du talent; on la revoit en la lisant; mille observations faites autrefois confusément, prennent de la consistance, et l'on ose d'autant mieux les énoncer qu'on n'avance rien sans preuve. D'ailleurs, comme madame de Staël généralisait sans cesse ses remarques sur elle-même et sur les événements, ses ouvrages sont pour ainsi dire les mémoires de sa vie sous une forme abstraite, et c'est en les examinant selon l'ordre de leur composition qu'on peut le mieux suivre le cours de son existence morale.

Les productions de madame de Staël servent d'autant mieux à la représenter, qu'elle a voulu, en écrivant, exprimer ce qu'elle avait dans l'âme, bien plus qu'exécuter des ouvrages de l'art. La gloire littéraire n'a point été un premier but dans sa vie; ses livres sont le résultat naturel de cette abondance prodigieuse de pensées qui se succédaient dans sa tête, et qui ne pouvaient être enchaînées et pleinement développées qu'en les fixant sur le papier. Elle ne réfléchissait pas parce qu'elle voulait écrire, elle écrivait parce qu'elle avait réfléchi. L'on ne peut considérer séparément madame de Staël et ses ouvrages. Son talent d'écrivain et son éloquence dans la société s'appuient

et, pour ainsi dire, se vérifient réciproquement : l'un prouve que ses rapides et étonnantes paroles supportaient l'examen, l'autre que ses productions les plus excellentes coulaient de la source vive et étaient comme poétiquement inspirées.

L'histoire parlera de madame de Staël sous plusieurs rapports. La postérité verra en elle un auteur qui a marqué une époque nouvelle dans la littérature et peut-être dans les sciences politiques; une femme extraordinaire, si ce n'est unique, par ses facultés, et enfin une personne qui a exercé une influence immédiate dans la période la plus féconde en grands résultats. Les nombreux voyages de madame de Staël, la curiosité qu'excitait la merveille de sa conversation, le charme et les qualités qui lui conciliaient d'abord la bienveillance et ensuite l'affection de ses auditeurs; les hommes distingués de chaque nation dont elle était partout entourée, le puissant intérêt des questions qu'elle agitait, et enfin la force, l'originalité et en même temps la grâce de ses expressions, sont cause que ses mots heureux ont circulé, que ses opinions se sont répandues d'une extrémité de l'Europe à l'autre.

Toutefois, nous ne considérerons que passagèrement madame de Staël sous ce dernier point de vue. Ce qu'il nous appartient d'examiner, c'est elle-même. Nous devons chercher la cause des effets qu'elle a produits, et non déterminer leur étendue. C'est à ceux qui ont observé de près un grand phénomène à le décrire : d'autres peuvent évaluer son influence au dehors.

L'étude du caractère de madame de Staël est d'autant plus intéressante, que c'est pour ainsi dire l'étude de notre nature faite en grand. On voit en elle le relief de ce qui se passe confusément dans la plupart des âmes, car elle n'était extraordinaire que par l'étendue imposante de ses facultés. Tout était original chez elle, et rien n'était bizarre. Nulle forme étrangère ne lui avait été imposée, l'éducation même n'avait pas laissé de profondes traces chez elle. Mais si ses jugements, dans leur sincérité impétueuse, n'étaient jamais influencés par l'opinion, ils ne l'étaient non plus au dedans d'elle par aucun caprice, par aucune inégalité d'humeur. On était introduit par elle dans une région poétique, dans un monde nouveau ou pourtant ressemblant au nôtre, où tous les objets, plus grands, plus frappants, plus vivement colorés, offraient pourtant leurs formes et leurs proportions accoutumées.

D'ailleurs, nulle qualité comme nulle disposition naturelle ne lui a manqué. Ce qui est factice ou puéril lui est seul resté étranger. Elle a partagé toutes les émotions, conçu tous les enthousiasmes, saisi toutes les manières de voir; il ne s'est rien développé de grand ou d'intéressant dans le cœur humain, sous différents climats et à diverses époques de la civilisation, qui n'ait trouvé en elle de la sympathie.

Sous le rapport le plus essentiel, celui de la religion, l'exemple de madame de Staël est instructif encore. Cet esprit indépendant, cette intelligence, amie de la lumière, et qui l'accueillait dans toutes les directions, a été de jour en jour plus persuadée des augustes vérités du christianisme. La vie a rempli pour elle sa destination, puisqu'à travers bien des vicissitudes, elle l'a conduite à ces grandes pensées auxquelles tant de routes diverses nous ramènent également.

On se défiera, je le présume, d'un portrait tracé par l'amitié. Sera-t-on fondé à me récuser? C'est ce que j'ignore moi-même. Je dirai seulement avec franchise, qu'assurément je ne voudrais pas nuire, mais que je n'ai pas l'intention de flatter. On peut promettre d'être sincère et non d'être impartial. J'ai été, il est vrai, sous le charme; le rôle de juge impassible ne saurait être le mien : mais que ma tendre prévention n'a pourtant pas été aveugle, que l'effet puissant produit sur mon cœur a pourtant été en rapport avec sa cause, c'est là ce que j'espère prouver. D'ailleurs à qui s'adresserait-on pour connaître madame de Staël? A des ennemis? Non sans doute. A des indifférents? Mais ceux qui ont vraiment lu dans son âme, ne sont pas restés tels auprès d'elle. Quiconque l'a vue d'assez près pour la peindre, a dû nécessairement l'aimer.

Cependant l'amitié elle-même a besoin de peindre juste; la ressemblance l'intéresse plus encore que la beauté. Et quand il s'agit de madame de Staël, peut-être aurait-on à se défendre d'un penchant à marquer un peu trop fortement tous les traits. On veut peindre l'être de génie, et le génie a toujours une forme individuelle bien prononcée. Il s'élève à l'idéal, il le réalise dans ses œuvres, mais il n'est pas l'idéal lui-même; et le mortel dont les conceptions nous saisissent et nous enlèvent, doit peut-être avoir une originalité trop marquante pour l'exacte régularité.

Quand celle qui a séduit notre imagination par l'éclat de ses dons se trouve un être aimant, dévoué, confiant, parfaitement bon et vrai dans toutes les relations de la vie, il est bien difficile de s'en détacher. Aussi les affections qu'a inspirées madame de Staël ont été, dans leurs diverses sortes, singulièrement vives et profondes. Son attrait était irrésistible; elle étonnait d'abord, mais bientôt elle captivait. Le genre de force qui peut déplaire n'était pas le sien, et elle offrait un séduisant mélange d'énergie dans les impressions et de flexibilité dans le caractère. Il y avait en elle tant de vérité, tant d'amour, tant de grandeur; la flamme divine était si ardente dans son âme, si lumineuse dans son esprit, qu'on croyait obéir à ses plus nobles penchants en s'attachant à elle; on la contemplait comme un spectacle unique par son intérêt, par son effet entraînant et dramatique. Le génie et la femme étaient unis intimement en elle; si l'un dominait par son ascendant, l'autre semblait s'assujettir par sa susceptibilité de souffrance, et la plus vive admiration n'était jamais envers elle sans mélange de tendre pitié. Son talent la pénétrait de toutes parts; il étincelait dans ses yeux, il colorait ses moindres paroles, il donnait à sa bonté, à sa pitié une éloquence pathétique et victorieuse; mais il a tourmenté son existence. Cette prodigieuse émotion, ce feu qui se communiquent dans ses écrits, ne pouvaient s'amortir dans sa destinée. Son âme, qu'on me passe l'expression, était plus vivante qu'une autre. Elle aimait, elle voyait, elle pensait davantage, elle était plus capable de dévouement et d'action; elle l'était parfois de jouissances, mais aussi elle souffrait avec plus de vivacité, et l'intensité de sa douleur était terrible. Ce n'est pas son esprit qu'il faut accuser de ses peines, ses hautes lumières ne lui ont donné que des consolations; c'est sa grande, sa dévorante imagination, cette imagination du cœur, son levier pour remuer les âmes, qui a ébranlé la sienne et troublé sa tranquillité. Et ce don, le plus sublime peut-être, ce don unique dans sa réunion avec d'autres aussi étonnants, a fait d'elle un génie audacieux et une femme malheureuse. Il y avait trop de disproportion entre elle et les autres. Elle a compris l'arrangement des choses humaines, longtemps avant de s'y résigner. Trop amère pour elle dans ses douleurs, la vie était trop monotone dans ses jouissances, et cette belle preuve de l'immortalité de l'âme, l'inégalité de nos vœux et de notre sort, prenait, en contemplant madame de Staël, un nouveau degré d'évidence. Elle donnait l'idée d'une intelligence supérieure

qu'un destin jaloux aurait assujettie aux misères et aux illusions terrestres, et à qui de hautes prérogatives ne feraient que mieux sentir le vide et le malheur de notre vie. Telle était madame de Staël quand elle a composé Corinne, le chef-d'œuvre de la jeunesse de son talent. Dès lors un autre genre de grandeur s'est déployé en elle, et l'on a vu que l'élévation de ses pensées tenait à son caractère plus encore qu'à son imagination. Sa longue résistance à un pouvoir tyrannique, de grands sacrifices faits à de nobles opinions, lui ont obtenu la première des récompenses, un redoublement de vigueur dans ses plus belles qualités. Alors son âme a été raffermie, alors elle a retrouvé l'équilibre à une plus grande hauteur. Avec ce sentiment si exquis, cette vue si juste qui lui ont fait dire dans un de ses premiers ouvrages, « que la morale était la nature des choses [1], » elle s'est constamment exercée à découvrir dans chaque tort la cause nécessaire d'un revers. Absolument incapable de haine, si elle a été émue d'une vive indignation, c'est lorsqu'elle a vu que l'on ne respectait pas le bonheur des hommes, en sorte que sa colère même avait pour origine la pitié. De cette passion pour le bien de tous, il lui est né une sagesse qui tenait de la passion même; une sagesse ardente, généreuse, pleine de compassion et d'esprit, une sagesse qui, ne prenant son parti d'aucun malheur, n'était jamais satisfaite que lorsque le point de conciliation entre la circonstance et le principe était trouvé, et que nul n'avait de trop grands sacrifices à faire. Tel a été le caractère de ses dernières années; tel est celui de cet étonnant ouvrage dans lequel nous avons cru la voir reparaître toute rayonnante d'immortalité; de cet ouvrage où, demandant à la nation française un compte sévère des destinées et des dons si beaux qui lui avaient été départis, elle la relève toujours par l'espérance, et lui montre, de sa palme céleste, la route de la vraie gloire et d'une sage liberté.

La supériorité de madame de Staël a certainement été un grand phénomène naturel plutôt que le résultat du travail ou des circonstances. Dans toutes les situations elle eût été très-remarquable. Toutefois il est également vrai qu'un rare concours de causes extérieures a favorisé les premiers développements de son esprit, et c'est là ce que je vais examiner.

Je ne l'ai pas connue moi-même dans son enfance, mais je puis donner avec confiance quelques informations que j'ai puisées à la source. Arrivée à l'époque où elle est entrée dans la carrière littéraire, je suivrai la marche de ses pensées dans ses écrits, en empruntant aux événements de sa vie ce qui m'est nécessaire pour indiquer les motifs de ses travaux ; et je finirai par rassembler sous le titre de VIE DOMESTIQUE ET SOCIALE DE MADAME DE STAEL, les observations sur son caractère et sa manière de vivre que je n'aurai pas trouvé l'occasion d'insérer ailleurs.

DE L'ÉDUCATION DE Mme DE STAEL, ET DE SA PREMIÈRE JEUNESSE.

La mère de madame de Staël, madame Necker, avait, au moment de son mariage, une instruction plus précise et plus complète que celle de sa fille au même âge. Elle avait reçu de son père, savant ecclésiastique, des connaissances rares pour une femme, et cet esprit de méthode qui sert à les acquérir toutes. Douée d'un caractère ferme, d'une tête très-forte, et d'une grande capacité de travail, madame Necker avait obtenu beaucoup de succès

---

[1] Mot que M. Necker et madame de Staël se sont réciproquement attribué.

dans l'étude, et était en conséquence portée à croire que tout pouvait s'étudier. Elle s'étudiait donc elle-même, elle étudiait la société, les individus, l'art d'écrire, celui de causer, celui de tenir une maison, celui surtout de conserver la pureté de ses principes, sans rien négliger de ce qui peut étendre l'esprit. Elle portait son attention sur toutes choses, faisait des observations très-fines, les réduisait en système, et tirait de là des règles de conduite. Les détails prenaient de l'élévation et de l'importance à ses yeux, parce qu'elle les rattachait aux grandes idées de la religion et de la morale, et son esprit assez métaphysique s'exerçait à trouver le point de contact. En intéressant ainsi le devoir aux moindres occurrences de la vie, elle s'épargnait l'irrésolution et le regret; mais cette alliance un peu artificielle n'était jamais bien sentie que par celle qui l'avait formée.

Ce genre de travail d'esprit est fidèlement représenté dans les Mélanges de madame Necker. Il règne une délicatesse de sentiment bien remarquable dans cet ouvrage, qui a obtenu de grands succès chez les étrangers et surtout en Allemagne; c'est en soi un intéressant spectacle que celui d'une jeune et belle femme passant d'une profonde retraite à une situation brillante, et de là au poste le plus éminent, exerçant sur tous les objets d'un monde nouveau pour elle un esprit déjà très-cultivé, et observant la société entière dans le double but d'y réussir et de s'y perfectionner.

Néanmoins cette attention de madame Necker, toujours tendue vers le bien, nuisait à l'aisance de ses manières; il y avait de la gêne en elle et auprès d'elle; son caractère aurait vraisemblablement été âpre et sa volonté passionnée si elle n'avait pas senti de bonne heure la nécessité de se dompter: ayant beaucoup obtenu par l'effort, elle exigeait l'effort des autres, et elle n'accordait d'indulgence que quand le devoir de la charité chrétienne se présentait distinctement à son esprit. M. Necker a donné d'elle une idée très-juste quand il nous dit un jour dans l'intimité: « Il n'a « peut-être manqué à madame Necker, pour être jugée « parfaitement aimable, que d'avoir quelque chose à se « faire pardonner. »

Ce n'est pas qu'elle ne réussît à captiver quand elle le voulait; elle n'épargnait pas les louanges méritées; ses yeux bleus étaient doux et parfois caressants, et il y avait dans sa physionomie une expression d'extrême pureté, d'ingénuité même, qui faisait avec sa figure grande et un peu trop droite un contraste assez séduisant.

Le charme de l'enfance ne fut pas très-puissant sur madame Necker; elle avait trop dominé la nature pour avoir conservé beaucoup d'instinct. Il lui fallait admirer ce qu'elle aimait, et une tendresse toute de pressentiment et d'imagination devait lui rester un peu étrangère. La reconnaissance était à ses yeux le premier des liens; elle avait en conséquence chéri son père; et cet amour filial si exalté, qui paraît être un caractère distinctif de cette famille, s'était déjà manifesté en elle. Dieu, ses parents et son mari, qu'elle adorait encore comme son bienfaiteur, ont été les seuls objets de ses ardentes affections.

Toutefois, elle entreprit l'éducation de sa fille avec cette chaleur de zèle que lui inspirait l'idée du devoir. Son système était totalement opposé à celui de Rousseau. On sait que cet auteur, partant du principe que les idées ne nous arrivent que par les sens, avait soutenu qu'il fallait commencer par perfectionner les organes de nos perceptions, si l'on voulait obtenir un développement moral qui ne fût ı i irrégulier ni illusoire. Ce raisonnement, très-attaquable en lui-même, a toujours déplu aux âmes élevées et religieuses, par cela seul qu'il paraît accorder à la nature physique un trop grand empire sur la nature morale. Madame Necker, accoutumée à combattre le matérialisme sous toutes ses formes, dut le reconnaître à travers cette doctrine. Elle prit donc là la route contraire, et voulut agir immédiatement sur l'esprit par l'esprit. Elle pensait qu'il fallait faire entrer dans une jeune tête une grande quantité d'idées, sans perdre trop de temps à les mettre en ordre, persuadée que l'intelligence devient paresseuse quand on lui épargne un tel travail. Cette méthode n'est pas non plus sans inconvénient; mais relativement au développement de la pensée, l'exemple de madame de Staël fait présumer qu'elle est efficace.

Mademoiselle Necker était un enfant plein de gaieté, de vivacité, de franchise. Son teint était un peu brun, mais animé, et ses grands yeux noirs brillaient déjà d'esprit et de bonté. Les caresses de son père, qui encourageaient sans cesse l'enfant à parler, contrariaient un peu les vues plus sévères de madame Necker; mais les applaudissements qu'excitaient ses saillies, lui en inspiraient à tout moment de nouvelles; et déjà elle répondait aux plaisanteries continuelles de M. Necker avec ce mélange de gaieté et d'émotion qui a si souvent caractérisé ses rapports avec lui. L'idée de donner du plaisir à ses parents était un mobile extraordinairement actif chez elle: ainsi, par exemple, à l'âge de dix ans, témoin de la grande admiration que leur inspirait M. Gibbon, elle s'imagina qu'il était de son devoir de l'épouser (et l'on sait ce qu'était cette figure), afin qu'ils jouissent constamment d'une conversation qui leur était si agréable. Elle fit sérieusement la proposition de ce mariage à sa mère.

Il semble que madame de Staël ait toujours été jeune et n'ait jamais été enfant. Dans tout ce qui m'a été raconté à son sujet, je ne trouve qu'un seul trait qui porte le caractère du premier âge, et encore les goûts du talent s'y reconnaissent-ils: elle s'amusait dans son enfance à fabriquer des rois et des reines avec du papier et à leur faire jouer la tragédie. Elle se cachait pour se livrer à ce plaisir qu'on lui défendait; et c'est là d'où lui est venue la seule habitude qu'on lui ait connue, celle de tourner entre ses doigts un petit étendard de papier ou de feuillage.

Pour donner à la fois l'idée de mademoiselle Necker à l'âge de onze ans, et de la maison de sa mère à cette époque, je citerai quelques passages d'un morceau sur l'enfance de madame de Staël, écrit par une personne fort spirituelle, madame Rilliet, alors mademoiselle Huber, qui a toujours été intimement liée avec elle. L'éducation soignée de mademoiselle Huber et d'anciennes liaisons de famille, ayant fait désirer à madame Necker qu'elle devînt l'amie de sa fille, elle raconte sa première entrevue avec mademoiselle Necker, les transports de celle-ci à l'idée d'avoir une compagne, les promesses qu'elle lui fit de la chérir éternellement. « Elle me parla avec une chaleur et « une facilité qui étaient déjà de l'éloquence et qui me « firent une grande impression..... Nous ne jouâmes point « comme des enfants; elle me demanda tout de suite quelles « étaient mes leçons, si je savais quelques langues étran- « gères, si j'allais souvent au spectacle. Quand je lui dis « que je n'y avais été que trois ou quatre fois, elle se ré- « cria, me promit que nous irions souvent ensemble à la « comédie; ajoutant, qu'au retour il faudrait écrire le su- « jet des pièces, et ce qui nous aurait frappées; que c'était « son habitude..... Ensuite, me dit-elle encore, nous nous « écrirons tous les matins.....

« Nous entrâmes dans le salon. A côté du fauteuil de « madame Necker était un petit tabouret de bois où s'as-

« seyait sa fille, obligée de se tenir bien droite. A peine
« eut-elle pris sa place accoutumée, que trois ou quatre
« vieux personnages s'approchèrent d'elle, lui parlèrent
« avec le plus tendre intérêt : l'un d'eux, qui avait une
« petite perruque ronde, prit ses mains dans les siennes,
« où il les retint longtemps, et se mit à faire la conversa-
« tion avec elle comme si elle avait eu vingt-cinq ans. Cet
« homme était l'abbé Raynal; les autres étaient MM. Tho-
« mas, Marmontel, le marquis de Pesay, et le baron de
« Grimm.

« On se mit à table. — Il fallait voir comment mademoi-
« selle Necker écoutait! Elle n'ouvrait pas la bouche, et
« cependant elle semblait parler à son tour, tant ses traits
« mobiles avaient d'expression. Ses yeux suivaient les re-
« gards et les mouvements de ceux qui causaient; on au-
« rait dit qu'elle allait au-devant de leurs idées. Elle était
« au fait de tout, même des sujets politiques qui à cette
« époque faisaient déjà un des grands intérêts de la con-
« versation......

« Après le dîner, il vint beaucoup de monde. Chacun,
« en s'approchant de madame Necker, disait un mot
« à sa fille, lui faisait un compliment ou une plaisan-
« terie.... Elle répondait à tout avec aisance et avec grâce;
« on se plaisait à l'attaquer, à l'embarrasser, à exciter
« cette petite imagination qui se montrait déjà si brillante.
« Les hommes les plus marquants par leur esprit étaient
« ceux qui s'attachaient davantage à la faire parler. Ils lui
« demandaient compte de ses lectures, lui en indiquaient
« de nouvelles, et lui donnaient le goût de l'étude en l'en-
« tretenant de ce qu'elle savait ou de ce qu'elle ignorait. »

En conséquence du système de sa mère sur l'éducation,
mademoiselle Necker fit à la fois de fortes études, écouta
beaucoup de conversations au-dessus de la portée de son
âge, et assista à la représentation des meilleures pièces
de théâtre. Ses plaisirs comme ses devoirs étaient tous des
exercices d'esprit, et la nature qui la portait déjà à les
aimer, fut secondée de toutes manières. Des facultés intellectuelles très-énergiques prirent, par ce moyen, un
accroissement prodigieux. En 1781, lorsque le COMPTE
RENDU fut publié, mademoiselle Necker écrivit une lettre
anonyme fort remarquable à son père, qui en reconnut
bientôt le style. Dès sa plus tendre jeunesse elle a composé. Elle écrivait des portraits, des éloges. Elle a fait à
quinze ans des extraits de l'Esprit des lois avec des réflexions. L'abbé Raynal voulait l'engager à écrire pour son
grand ouvrage, un morceau sur la révocation de l'édit de
Nantes.

Ce goût pour composer n'était pas favorisé par M. Necker; et il n'a pu le pardonner qu'à une supériorité décidée, car il n'aimait pas naturellement les femmes auteurs.

La sensibilité de la jeune personne était également développée. Les louanges données à ses parents la faisaient
fondre en larmes; elle avait pour mademoiselle Huber une
espèce de passion; la vue des personnages célèbres lui
donnait des battements de cœur. Ses lectures aussi,
dont madame Necker, plus sévère que vigilante, ne pres-
crivait pas toujours le choix, ses lectures produisaient sur
elle une impression extraordinaire. Elle a dit depuis que
l'enlèvement de Clarisse avait été un des événements de
sa jeunesse. La nature avait donné à madame de Staël, à
côté d'une grande mobilité, quelque chose de sérieux et
de solennel qui il n'aimait déjà dans ses compositions
comme dans ses goûts littéraires. « Ce qui l'amusait, dit
madame Rilliet, était ce qui la faisait pleurer. »

Tant de stimulants, des aiguillons si puissants, là où
pour le bonheur du moins il aurait fallu des freins, don-

nèrent une activité merveilleuse à l'être moral; mais l'ê-
tre physique souffrit, et les leçons surtout usaient des
forces trop excitées. Une attention longtemps soutenue a
toujours fatigué madame de Staël, et la hauteur à laquelle
elle s'est élevée dans des matières difficiles en est d'autant plus étonnante. Une sagacité singulière la portait au
but sans qu'on la vit jamais sur la route.

La santé de la jeune personne, alors âgée de quatorze
ans, déclinant de jour en jour, on appelle le docteur Tron-
chin : celui-ci inspire des alarmes; il ordonne immédiatement la campagne, exigeant que mademoiselle Necker
passe ses journées en plein air et abandonne toute étude
sérieuse.

Madame Necker éprouva dans cette occasion un chagrin et un mécompte également sensibles. Ce nouveau plan
renversait tous les siens; son ambition pour sa fille était
grande, et renoncer à de vastes connaissances, était, selon elle, renoncer à toute distinction. Elle n'avait pas
cette souplesse qui permet de varier les moyens, et ne
pouvant plus travailler aux progrès de sa fille comme elle
l'entendait, elle cessa de la regarder comme son ouvrage.

Toutefois cette liberté accordée à l'esprit de mademoiselle Necker fut précisément ce qui lui fit prendre un
grand essor. Une vie toute poétique succéda pour elle à
une vie toute studieuse, et la séve la plus abondante se
porta vers l'imagination. Elle parcourait les bosquets de
Saint-Ouen avec son amie; et les deux jeunes filles, vêtues en nymphes ou en muses, déclamaient des vers,
composaient des poëmes, des drames de toute espèce,
qu'elles représentaient aussitôt.

Un effet heureux de cette oisiveté pour mademoiselle
Necker fut encore qu'elle put profiter de tous les loisirs
de son père. Saisissant les moindres occasions de se rapprocher de lui, elle trouva dans sa conversation des plaisirs et des avantages extraordinaires. M. Necker était chaque jour plus frappé de son esprit, et jamais cet esprit
n'était plus charmant qu'auprès de lui. Sa fille s'aperçut
bientôt qu'il avait besoin d'être distrait et amusé, et elle
se retournait de mille manières; elle essayait, elle ris-
quait tout pour obtenir de lui un sourire. M. Necker n'é-
tait pas prodigue de son approbation, ses regards étaient
plus flatteurs que ses paroles, et il trouvait plus gai et
plus nécessaire de relever les fautes que les mérites. Sa
raillerie était à l'affût des plus légers torts; nulle prétention, nulle exagération, nul ton faux dans aucun genre
ne pouvait passer inaperçu. « Je dois à l'incroyable péné-
« tration de mon père, nous a souvent dit madame de
« Staël, la franchise de mon caractère et le naturel de
« mon esprit. Il démasquait toutes les affectations, et j'ai
« pris auprès de lui l'habitude de croire que l'on voyait
« clair dans mon cœur. »

Ces entretiens dont madame Necker n'était point ex-
clue, mais dont sa présence changeait la nature, ne pouvaient lui être entièrement agréables. Elle avait à un très-
haut degré l'admiration, la confiance, et même l'amour
de son mari; mais pourtant sa fille correspondait mieux
qu'elle à un certain genre piquant et inattendu qu'on remarquait parfois chez M. Necker. La jeune personne annonçait l'esprit de sa mère, et bien d'autres esprits encore. Madame Necker aurait voulu qu'on ne pût plaire que
par ses qualités, et sa fille plaisait précisément par ce
qu'elle avait dans le caractère de dangereux pour son
bonheur. Madame Necker était tentée de protester contre
des succès obtenus malgré ses avis, et les succès semblaient protester contre ses avis mêmes.

De plus, mademoiselle Necker commettait mille étourderies. Sa vivacité, son entraînement lui donnaient sans cesse des torts, et tandis que sa mère regardait les petites choses comme des dépendances des grandes, les minuties n'avaient nulle importance à ses yeux. Pour éviter d'être trouvée en contravention, elle se plaçait un peu à l'écart derrière son père; mais bientôt il se détachait du cercle un homme d'esprit, puis un autre, puis un troisième, et un groupe bruyant se formait autour d'elle; M. Necker souriait involontairement de tel mot qu'il entendait, et la discussion fondamentale était dérangée.

La crainte de perdre la première place dans les affections de son mari pouvait seule faire connaître la jalousie à l'âme élevée de madame Necker. Si sa fille l'eût surpassée dans son propre genre, elle se serait associée à des succès qui eussent paru la suite des siens. Elle aurait cru être aimée de son mari dans sa fille. Mais ici il n'y avait moyen de rien revendiquer pour elle-même, car tout semblait dû à la nature. Et lorsque M. Necker jouissait avec délices d'un esprit sans modèle aussi bien que sans égal, elle éprouvait du dépit et de l'impatience, et un peu de désapprobation lui voilait la rivalité.

Quant à elle, on ne lui plaisait que dans une seule route. Je me souviens qu'au temps où l'éclat de madame de Staël était encore nouveau pour moi, je témoignai à madame Necker mon étonnement de sa prodigieuse distinction. « Ce n'est rien, me répondit-elle, absolument « rien à côté de ce que je voulais en faire. » Ce mot me frappa beaucoup, parce qu'il portait uniquement sur les qualités de l'esprit, et qu'il exprimait une conviction intime.

La douceur extrême du caractère de mademoiselle Necker se faisait remarquer lorsque sa mère lui adressait des reproches; peut-être que, fière de ses succès auprès de son père et de tous les hommes distingués, elle n'a pas attaché assez de prix au suffrage de madame Necker, elle n'a pas fait assez d'efforts pour la ramener; mais son respect pour elle a toujours été profond et hautement proclamé. Douée dès son enfance du don de ces reparties vives et mesurées qui font la part de tous les devoirs et de toutes les vérités, jamais elle n'a dit un mot qui, sous le rapport même le plus frivole, montrât sa mère sous un aspect désavantageux.

Nous n'ajouterons que peu de mots au sujet de madame Necker, parce qu'ici finit l'influence qu'elle a exercée sur sa fille. Cette influence a été de deux sortes : elle lui a transmis avec le sang une âme ardente, des impressions fortes, l'enthousiasme du beau et du grand, un goût vif pour l'esprit, pour tous les talents, pour toutes les distinctions; d'un autre côté, elle a bien involontairement sans doute poussé sa fille à contraster avec elle. Mademoiselle Necker avait souffert de la contrainte qu'imposait sa mère; et comme elle lui reconnaissait beaucoup de lumières et de vertus, il lui semblait qu'il n'y avait qu'à supprimer l'effort pour tout faire bien. Elle crut pouvoir être, par le seul élan d'un bon cœur, par l'heureuse impulsion d'une âme bien née, tout ce que sa mère avait été à force de raison et de surveillance, et elle voulut être le représentant des dons naturels, parce que sa mère était celui des qualités acquises.

Cette intention, qui n'était sans doute qu'à demi formée, a pourtant trop longtemps influencé les jugements de madame de Staël. Son admiration pour les vertus de premier mouvement a été trop exclusive et trop érigée en système. Les qualités naturelles sont les plus aimables sans doute; mais à quoi sert-il de les vanter? Faut-il exciter les hommes, tantôt à s'enorgueillir de ce qu'ils sont,

tantôt à désespérer de ce qu'ils peuvent devenir? Et qu'y a-t-il de plus digne d'estime sur la terre que la volonté vertueuse!

C'est là ce que madame de Staël elle-même a reconnu, lorsque ses idées ont été mûries par la réflexion, et surtout lorsque la religion, mieux et plus fortement conçue, lui a montré toutes choses sous un jour plus juste. Aussi les années, en s'écoulant, lui ont-elles toujours mieux appris à sentir le mérite de madame Necker. « Plus je vis, « m'a-t-elle dit, plus je comprends ma mère, et plus mon « cœur a le besoin de se rapprocher d'elle. »

On peut donc se représenter madame de Staël au temps de sa première jeunesse, s'avançant avec confiance dans la vie qui ne lui promettait que du bonheur, trop bienveillante pour deviner la haine, trop amie du talent dans les autres pour soupçonner l'envie. Elle célébrait le génie, l'enthousiasme, l'inspiration, et donnait elle-même une preuve de leur puissance. L'amour de la gloire, celui de la liberté, la beauté naturelle de la vertu, le charme des sentiments tendres fournissaient tour à tour des sujets à son éloquence. Et qu'on ne croie pas que sa tête fût toujours exaltée; elle conservait de la présence d'esprit, et sa fougue ne l'emportait pas. Aussi, dans un pays où la raillerie est si fort à redouter, le ridicule avait peine à l'atteindre. Elle s'élevait au-dessus de la région où il s'exerce.

A la vérité, avant qu'elle eût encore marqué sa place dans la société, on a cherché à dérouter l'opinion sur son compte. Il était aisé de la prendre en défaut. On racontait que dans telle occasion elle avait blessé un usage, enfreint une étiquette, dérangé une gravité de circonstance. Ainsi une révérence manquée, une garniture de robe un peu détachée lors de sa présentation à la cour, son bonnet oublié dans sa voiture, un jour qu'elle entrait chez madame de Polignac, ont été des sujets d'amusement pour tout Paris. Mais elle-même s'emparait de ces anecdotes, et les racontait avec une grâce infinie. Aucune malveillance ne pouvait tenir devant sa bonté; et elle a toujours eu un tact singulier pour deviner la réponse à faire aux reproches non exprimés. Lorsqu'elle paraissait le plus lancée dans la conversation, elle distinguait d'un coup d'œil ses adversaires, et les déjouait, les captivait, ou les terrassait en passant. Jamais elle ne s'appesantissait, jamais elle n'avait de l'aigreur; et si la plainte menaçait de devenir sérieuse, elle tournait en pleine course à la gaieté, et un mot heureux réunissait tous les suffrages. Enfin on n'eût pas été applaudi en cherchant à la déconcerter : comme elle intéressait en amusant, l'audience entière était pour elle; et celui qui l'eût mise hors de combat, eût lui-même désespéré de la remplacer dans l'arène.

C'est ainsi qu'un homme de lettres dans sa vie l'a représentée dans un portrait inédit dont je vais citer quelques fragments. L'ayant peu vue moi-même durant sa première jeunesse, je montrerai l'effet qu'elle produisait dans la société. Ce morceau est censé traduit d'un poète grec :

« Zulmé n'a que vingt ans, et elle est la prêtresse la « plus célèbre d'Apollon; elle est la favorite du dieu; elle « est celle dont l'encens lui est le plus agréable; dont les « hymnes lui sont les plus chers; ses accents le font, « quand elle le veut, descendre des cieux, pour embellir « son temple et pour se mêler parmi les mortels...

« Du milieu de ces filles sacrées (le chœur des prêtres- « ses), s'en avance tout à coup une : mon cœur s'en sou- « viendra toujours. Ses grands yeux noirs étincelaient de « génie; ses cheveux, de couleur d'ébène, retombaient « sur ses épaules en boucles ondoyantes; ses traits étaient

« plutôt prononcés que délicats; on y sentait quelque
« chose au-dessus de la destinée de son sexe. Telle il fau-
« drait peindre ou la Muse de la poésie, ou Clio, ou Mel-
« pomène. La voilà, la voilà, s'écria-t-on quand elle parut,
« et on ne respira plus.

« J'avais vu autrefois la pythie de Delphes; j'avais vu
« la sibylle de Cumes : elles étaient égarées; leurs mou-
« vements avaient l'air convulsifs; elles semblaient moins
« remplies de la présence d'un dieu que dévouées aux fu-
« ries. La jeune prêtresse était animée sans altération, et
« inspirée sans ivresse. Son charme était libre, et tout ce
« qu'elle avait de surnaturel paraissait lui appartenir.

« Elle se mit à chanter les louanges d'Apollon, en unis-
« sant sa voix aux sons d'une lyre d'or et d'ivoire. Les
« paroles et la musique n'étaient point préparées. A la
« flamme céleste de la composition qui exaltait son visage,
« à la profonde et sérieuse attention du peuple, on voyait
« que son imagination les créait à la fois; et nos oreilles,
« tout ensemble étonnées et ravies, ne savaient qu'admi-
« rer le plus de la facilité ou de la perfection.

« Peu après elle posa sa lyre, et elle entretint l'assem-
« blée des grandes vérités de la nature, de l'immortalité
« de l'âme, de l'amour de la liberté, du charme et du dan-
« ger des passions.....

« En ne faisant que l'entendre, on eût dit que c'étaient
« plusieurs personnes, plusieurs âmes, plusieurs expé-
« riences fondues en une seule; en voyant sa jeunesse, on
« se demandait comme elle avait pu faire pour exister
« avant de naître, et pour deviner la vie.....

« Je l'écoute, je la regarde avec transport; je découvre
« dans ses traits des charmes supérieurs à la beauté. Que
« sa physionomie a de jeu et de variété! que de nuances
« dans les accents de sa voix! quel accord parfait entre la
« pensée et l'expression! Elle parle, et si ses paroles n'ar-
« rivent pas jusqu'à moi, ses inflexions, son geste, son
« regard me suffisent pour la comprendre. Elle se tait un
« moment, ses derniers mots résonnent dans mon cœur,
« et je trouve dans ses yeux ce qu'elle n'a pas dit encore.
« Elle se tait entièrement, alors le temple retentit d'ap-
« plaudissements; sa tête s'incline avec modestie; ses
« longues paupières descendent sur ses yeux de feu, et le
« soleil reste voilé pour nous. »

Dans l'extrême prodigalité de la nature envers madame
de Staël, c'est son père qui l'a forcée à faire un choix judicieux; son esprit a gagné avec M. Necker, et pour l'a-
grément et pour la solidité. Il lui a, comme il le disait lui-
même, enseigné la plaisanterie, et dans le genre sérieux
elle était à la fois inspirée et ramenée au vrai et à la modération simplement en le regardant. Mais, sous des rapports plus essentiels, qui dira ce qu'elle lui doit? Qui dira
quel a été l'effet de tant d'amour, fondé sur tant d'admiration? Si trop de mouvements, trop de besoins divers ont
agité sa vie, pour que M. Necker en ait eu la pleine direction, jamais elle ne lui a volontairement résisté. Il a puissamment influé sur elle et par son exemple et par l'éternel
regret de l'avoir perdu. Mais comment apprécier une telle
influence? L'heureux effet des vertus paternelles se prolonge à notre insu, et ressemble à l'action de la Divinité
sur notre âme.

Un regard attentif découvrait entre le père et la fille
bien plus de ressemblance que la réserve de l'un et la manière ouverte et communicative de l'autre n'eussent porté
à le présumer. Avec une force de tête, une capacité d'attention bien supérieure à celle de madame de Staël,
M. Necker (et je le représente ici tel que je l'ai vu dans
les dernières années de sa vie), M. Necker montrait sur

des sujets moins variés, des vues aussi étendues. Il avait
ces mêmes aperçus lumineux, ce coup d'œil pénétrant,
cette finesse d'observation, et cette même gaieté sur un
fonds de mélancolie. Il combattait une imagination forte,
et concentrait une chaleur d'âme, une sensibilité qui n'en
devenaient que plus touchantes. Rien n'était attendrissant
comme ses témoignages d'affection, et on ne peut se les
retracer sans une émotion profonde. Son expression toujours un peu contenue, son regard si vif et si doux péné-
traient le cœur; on y retrouvait toute sa vie. On y voyait
et la mort toujours déplorée de madame Necker, et la
sienne qui s'avançait, et sa bonté adorable, et l'ingratitude des hommes, et les hautes consolations de la religion,
et l'ardent désir de faire encore du bien sur la terre. Mais
quand ses grandes facultés venaient à se déployer, quand
une belle cause réclamait son appui, ou qu'une noble indignation enflammait son âme, il s'exaltait par degrés, et
les flots toujours grossissants de sa magnifique éloquence
se précipitaient en torrent rapide et impétueux.

De tels moments étaient rares toutefois : son cœur s'a-
gitait et se calmait le plus souvent en silence. Une dignité
un peu nonchalante l'empêchait d'imprimer à la conversation le mouvement qui eût réagi sur lui-même, et il se
résignait à l'ennui que pourtant il redoutait beaucoup. Il
avait peine à voiler une antipathie mêlée de mépris pour
la nullité de l'esprit ou du caractère; et sa bouche un
peu dédaigneuse contrastait avec son regard doux et
bienveillant. Toutefois la grâce le captivait : aussi ne demandait-il aux femmes que du naturel, et était-il plein
d'indulgence pour les jeunes gens; mais la médiocrité
consolidée lui était insupportable. Après qu'il avait longtemps rongé son frein dans une société insipide, rien au
monde n'était plus divertissant que la première explosion
de son mécontentement. Les maximes communes qu'on
lui avait débitées, les nuances de ridicule qu'il avait saisies, les petits buts qu'il avait démêlés, et jusqu'à l'idée
qu'il voyait les autres se former de lui-même, lui inspiraient les expressions les plus originales, les plus vivement contrastantes avec son extérieur grave et imposant.
Une force comique singulièrement mordante se développait en lui; et sa bonté naturelle qui se faisait jour comme
par bouffées à travers ce genre de verve, le rendait plus
remarquable encore. Il a pu facilement renoncer à montrer ce talent dans ses écrits, mais ce qui est bien à regretter, ainsi que l'a insinué madame de Staël, c'est que
la pompe continuelle de son style ne lui ait pas permis de
donner assez de relief, des couleurs assez tranchantes à
la foule de pensées neuves, salutaires ou agréables qu'il a
réellement exprimées. La musique distrait des paroles
quand on le lit, et, dans ses périodes cadencées, il y a
une grande quantité d'esprit qui est perdue pour l'effet.

Après avoir donné une idée générale de madame de
Staël dans sa jeunesse, et des deux personnes qui ont le
plus influé sur cette période de sa vie, je vais maintenant la suivre dans le cours de ses travaux. Sans trop
m'attacher à juger en elle l'écrivain, je regarderai les ouvrages de madame de Staël comme des faits de son histoire ou comme le dépôt de ses pensées; le point de vue
littéraire n'étant peut-être ni le plus important à son
égard, ni celui qu'il m'appartient le mieux de choisir.

DES ÉCRITS DE MADAME DE STAEL.

Première période.

Quoique les ouvrages de madame de Staël aient généralement été dictés par le même esprit, on y reconnaît un

caractère un peu différent, suivant l'époque à laquelle elle les a composés. Je les diviserai donc en trois classes correspondantes à trois périodes de sa vie : la première, très-courte, qui a précédé la révolution; la seconde, qui s'étend du commencement de la révolution à la mort de M. Necker; et la troisième, qui est postérieure à cet événement.

La réputation naissante de madame de Staël fit accueillir ses moindres productions. On lisait avec avidité des synonymes, des portraits écrits par elle, et d'autres essais de ce genre, qui, au moment où elle entra dans le monde, étaient l'objet de certains défis de société; et déjà dans ces légères compositions, on remarque la finesse de pensées, les traits vifs de sentiment qui ont toujours été le cachet de sa manière. Mais avant cette époque et celle de son mariage, elle avait déjà écrit une comédie en vers, qui fut bientôt suivie de deux tragédies.

Il est inutile de dire que ces pièces ne sont que des ébauches très-imparfaites. Elles n'étaient point destinées à l'impression, mais madame de Staël en a fait quelquefois la lecture dans des réunions nombreuses où elles ont eu un succès inouï; succès qui prouve l'instinct du talent chez les juges, car c'est surtout comme d'heureux présages qu'on a dû les considérer.

L'idée principale de la comédie intitulée SOPHIE OU LES SENTIMENTS SECRETS, ne paraît pas irrépréhensible à madame Necker. Sophie est une jeune orpheline qui a conçu pour son tuteur, le mari de son amie, une passion dont elle ne se doute pas; mais l'excuse de l'héroïne, l'ignorance du sentiment qu'elle exprime, put sembler à des yeux sévères ne pas s'étendre jusqu'à l'auteur. Toutefois le sujet est traité avec délicatesse, ou, pour mieux dire, avec innocence. On voit que mademoiselle Necker n'a songé qu'à peindre un attachement sans espoir. D'ailleurs le caractère moralement très-beau de la femme mariée, rivale de Sophie, balance l'effet de ce dernier rôle.

Il est étonnant qu'un si jeune auteur, dont la tête était déjà pleine de tant d'idées, n'ait pas eu davantage la prétention de varier ses moyens d'effet. Mademoiselle Necker s'est entièrement renfermée dans la région du sentiment, et son esprit fécond, borné à cette seule couleur, y a multiplié les nuances. Les SENTIMENTS SECRETS sont une pièce toute d'amour et d'amour malheureux; il y règne une douce et mélancolique sensibilité. Mais dans cette espèce d'élégie quatre situations, quatre caractères différents se dessinent pourtant d'une manière nette et distincte. Le style, comme l'a dit plus tard madame de Staël en le publiant, n'est pas correct, mais il est coulant et harmonieux. Elle avait cette facilité, qu'il semble qu'elle ait en toutes choses commencé par l'habitude.

Une tragédie étant une œuvre bien autrement difficile qu'une comédie, JANE GREY est, à tous égards, inférieure à SOPHIE. Cependant l'inspiration y est plus élevée, et les indices du talent y sont plus fortement marqués. Le rôle de Jane Grey a un coloris doux et pathétique; celui de Northumberland est conçu avec une vigueur qui paraît bien étonnante quand on considère l'âge de l'auteur. On a surtout remarqué quelques vers très-énergiques de ce dernier rôle.

JANE GREY est peut-être la seule des productions de madame de Staël où il se trouve une peinture animée du bonheur. La situation de l'héroïne, au commencement, offre, il est vrai, ce qui devait être l'idéal de la félicité aux yeux de l'auteur même, un mariage avec un héros adoré, les jouissances d'un esprit supérieur, et dans l'avenir des chances brillantes ou funestes, mais toujours glorieuses. Aussi, comme madame de Staël avait toujours besoin de reconnaissance et par conséquent de religion dans le bonheur, elle a donné au caractère de Jane Grey une teinte religieuse très-prononcée.

Peut-être a-t-on trop désespéré de la peinture du bonheur pour l'effet littéraire : on éprouve je ne sais quel attendrissement pour les êtres qui savent être heureux; et dans la tragédie surtout, où l'orage s'annonce, il résulte une vérité, une force singulière, du calme et de la douleur des premières impressions. Nous céderons au plaisir de citer quelques vers qui peignent cette plénitude de contentement dont l'expression est si rare dans les fictions comme dans la vie réelle, chez les écrivains de génie; c'est Jane Grey qui parle :

> « Au lever du soleil, alors qu'on m'éveillant
> « Je retrouve mon âme et recommence à vivre,
> « A sentir mon bonheur quelque temps je me livre,
> « J'éprouve le plaisir de m'apprendre mon sort;
> « J'y pense lentement; ma voix nomme Guilfort, etc.

Il paraît que l'histoire de Jane Grey avait singulièrement frappé madame de Staël, car elle s'est encore occupée de cette femme infortunée dans les RÉFLEXIONS SUR LE SUICIDE qu'elle a composées en 1811. Elle voulait prouver que l'attente d'une mort affreuse n'est pas, aux yeux du vrai chrétien, une raison suffisante pour attenter à ses jours. Dans ce but, elle suppose une lettre écrite par Jane Grey, en réponse à la proposition qui lui a été faite de prévenir son supplice en s'empoisonnant. Cette lettre, où respire le pur esprit du christianisme, est de la beauté la plus touchante et la plus élevée.

Il est à remarquer que ces premiers ouvrages, écrits à un âge si tendre, ont une vérité plus parfaite et plus intime dans l'expression du sentiment que ceux de la période suivante, qui prouvent néanmoins une plus haute portée. Cependant j'ignore si les traits de génie qu'on a relevés dans ces pièces, en feront pardonner les défauts, hors du cercle de l'amitié. Jane Grey surtout ne peut soutenir l'examen : ce sont des monuments curieux de l'histoire d'un grand talent; mais leur vrai mérite est dans ce qu'ils annoncent.

Madame de Staël fit, à peu près dans le même temps, une seconde tragédie intitulée MONTMORENCY. Cette pièce, qui n'a jamais été imprimée, contient de belles scènes, et le rôle du cardinal de Richelieu y est tracé avec esprit. Toutefois le caractère du héros, poussé à la rébellion par une femme ambitieuse, ne pouvait pas être bien théâtral. Il est donc à présumer qu'un sentiment particulier a influé sur le choix de ce sujet, et qu'à l'époque où commençaient à se former les nœuds d'une amitié qui a embelli ou consolé la vie de madame de Staël, elle se plaisait à répéter le beau nom de son ami [1].

Le goût de madame de Staël s'était d'abord déclaré en faveur de la poésie; mais, depuis ces essais dramatiques, elle n'a guère composé qu'une seule pièce de vers un peu considérable. Le mécanisme de la versification a été tellement perfectionné en France, qu'il lui fallait ou se résigner à un genre d'infériorité, ou s'assujettir à un travail qui eût amorti sa verve. Peut-être que l'essor irrégulier de son talent ne pouvait s'accommoder d'une marche mesurée. Elle y aurait perdu de l'originalité, et elle s'est montrée plus grand poëte en prose qu'elle ne l'eût vraisemblablement été en vers.

En suivant l'ordre des temps, je dois parler ici de trois Nouvelles que madame de Staël a composées avant l'âge

[1] M. le vicomte Mathieu de Montmorency.

de vingt ans, mais qu'elle n'a publiées qu'en 1795. Elle n'attachait aucune importance à ces légères productions. Ainsi, elle dit elle-même dans l'avertissement : « Que les « situations y sont indiquées plutôt que développées, et « que c'est dans la peinture de quelques sentiments du « cœur qu'est leur seul mérite. » Il s'y trouve en effet des traits ravissants de sensibilité; mais les situations qui avaient séduit le jeune auteur sont trop fortes pour le cadre, et l'on voit que madame de Staël les avait imaginées dans le temps où elle cherchait des sujets frappants pour la scène. Il y a toujours une veine tragique dans son talent. Produire de grands effets, exciter de fortes émotions, ce besoin du génie et de la jeunesse a longtemps dominé chez elle; aussi a-t-elle prodigué la mort dans ces Nouvelles avec une sorte de témérité. Celui-là seul que la mort a frappé dans ses plus chères affections, devrait avoir le droit de traiter ce sujet terrible : seul il peut parler dignement des peines qu'il connaît; seul il peut évoquer l'image du roi des épouvantements, sans une sorte de légèreté profane.

Au reste, la publication de ces Nouvelles n'a fait que fournir un prétexte à celle du morceau extrêmement distingué qui leur sert d'introduction. C'est un traité sur les fictions, plein de vues neuves et de pensées agréables. Les différents genres de fictions, leur convenance relative aux divers degrés de la civilisation, y sont appréciés avec une rare sagacité, et l'imagination y est analysée par un esprit accoutumé à vivre avec elle.

Lettres sur Rousseau.

Mais son ouvrage le plus achevé de cette période, ce sont les LETTRES SUR LES ÉCRITS ET LE CARACTÈRE DE J. J. ROUSSEAU. Là, se trouve toute la vivacité de la jeunesse et son plus grand charme, ce qu'elle est et ce qu'elle promet. Là, on entrevoit un penseur, un moraliste, une femme capable de peindre les passions; mais tout cela confusément et dans le nuage. Là, est déposé le germe de toutes les opinions que madame de Staël a développées depuis. Elle parcourt un champ immense d'idées; elle effleure, en passant, une foule de sujets; et, quoique sa marche soit dirigée par celle de Rousseau, elle accompagne cet auteur d'un pas si léger et si rapide, elle le croise et le devance tant de fois, qu'on voit qu'il l'a excitée bien plus qu'il ne l'a soutenue. C'est toujours d'abondance qu'elle parle; elle cède au besoin de répandre son âme; et l'on juge que, si elle eût choisi un tout autre objet, elle s'en serait peut-être occupée avec moins d'amour, mais qu'elle aurait écrit avec autant de facilité et d'éloquence. Quel que soit l'enthousiasme que lui inspire Rousseau, elle maintient l'indépendance de son esprit; elle sème avec profusion ses propres pensées, en les exprimant avec cette grâce, ce léger embarras d'une jeune femme qui souffre un peu d'avoir à déployer tant de force. C'est dans des morceaux d'une vive sensibilité, c'est surtout dans des élans d'admiration et d'amour pour son père qu'elle a épanché tout son cœur. Enfin, malgré quelques mouvements et quelques jugements un peu jeunes, elle est déjà étonnamment elle-même dans cet écrit. C'est déjà cette personne sur qui tout produit de l'effet, qui examine tout de ses propres yeux, qui, ayant une manière à elle d'envisager les objets, se donne la peine de vous expliquer cette manière, et qui étend toujours vos idées, par cela seul qu'elle change votre point de vue. C'est cette personne enfin qui ne trace pas une ligne sans avoir pensé ou senti ce qu'elle écrit, et qui exprime tou-

jours si ce n'est exactement la vérité des choses, du moins celle de son impression. Peut-être cette production ressemble-t-elle, pour la manière, à ses meilleurs ouvrages plus qu'à ceux d'une époque intermédiaire. Dans cette première période, où, de même que dans la dernière, madame de Staël vivait au milieu d'une société extraordinairement brillante et y avait de grands succès, l'esprit de conversation a communiqué de la clarté, de la brièveté, du trait et de l'éclat à son style.

Peut-être y a-t-il même des rapports particuliers entre les LETTRES SUR ROUSSEAU et l'ouvrage posthume de madame de Staël. Rien assurément ne peut différer davantage pour le sujet et la forme que ces deux écrits, et cependant ils se rapprochent par la limpidité de la diction, et parce qu'à travers la chaleur ou la vivacité de sentiments bien dissemblables, il y règne une égale sérénité d'esprit : le calme du matin et celui du soir de la vie s'y font sentir. Elle n'avait pas été encore atteinte par l'orage quand elle a composé ces lettres; aussi, dans une foule de remarques charmantes, on ne trouve ni la profondeur de ses impressions, ni celle de sa connaissance du cœur. C'est presque toujours la souffrance qui nous force à creuser dans notre âme; il faut que l'abîme s'ouvre pour qu'il y pénètre un rayon du jour. L'analyse des effets de la douleur, l'emploi de couleurs très-sombres, en contraste avec les traits lumineux de ses pensées, ont été un des grands moyens de madame de Staël. Elle s'est montrée unique dans ce genre; et pourtant, en relisant les LETTRES SUR ROUSSEAU, où elle a cherché à se modérer, l'on retrouve avec bien du plaisir son esprit, et même sa sensibilité, revêtus de teintes plus douces.

Ceux qui ont voué un culte au talent veulent qu'il produise sur eux ses plus grands effets : ils veulent éprouver sa puissance, fût-elle malfaisante et cruelle; et comme eux seuls exigent de lui des preuves de force, eux seuls ont aussi le droit de lui distribuer la gloire. Mais la plupart des lecteurs ne cherchent qu'une douce distraction. Il est mille destinées douteuses qu'une représentation embellie de la vie berce d'agréables illusions, et peut-être faut-il être ou très-heureux ou très-malheureux pour aimer à répandre des larmes. C'est parce que les LETTRES SUR ROUSSEAU raniment et exercent doucement le cœur et la pensée, sans trop exiger de l'un et de l'autre, que le charme en a été si universellement senti.

Toutefois, n'en déplaise à ceux qui aiment à renfermer le dénigrement général d'un écrivain dans l'éloge de son premier essai, cet ouvrage étonnant pour l'âge de l'auteur, brillant et distingué pour tous les âges, ne manifeste encore ni la grande imagination ni la supériorité transcendante dont madame de Staël a fait preuve depuis.

ÉCRITS DE MADAME DE STAEL.

Deuxième période.

Peu de temps après la publication des LETTRES SUR ROUSSEAU, commença la révolution française : madame de Staël avait déjà rendu dans cet ouvrage un hommage éclatant à la liberté, et l'amour de la liberté l'avait enflammée dès son jeune âge. Placée près du centre de l'action, s'élevant par son esprit à la hauteur de tous les principes, et atteinte dans ses sentiments par tous les résultats, ni son caractère ni sa destinée ne lui permettaient de demeurer étrangère au mouvement général. Quand toutes les têtes étaient exaltées, ce n'est pas la sienne qui pouvait rester froide. Elle admirait la constitution anglaise autant qu'elle chérissait la France. L'idée de voir les Français aussi libres que les Anglais, de les voir placés au même niveau pour tout ce qui assure les droits et relève la dignité de l'espèce humaine, devait répondre à ses vœux les plus ardents; et quand on songe qu'à cette perspective s'ajoutait l'espoir que son père contribuait à un tel bien et en recueillerait la reconnaissance, on ne peut s'étonner de son enthousiasme. Tout ce qu'il y avait de vif dans son cœur et dans ses pensées, la portait sur la même route, et elle allait plus loin que son père dans cette route, comme pour s'exposer à recevoir le premier choc.

Toutefois la modération que commandaient à M. Necker et son caractère et ses hautes lumières, fut bientôt imposée à madame de Staël, par son respect pour le malheur. D'après l'ardeur de ses espérances, on peut juger de ce qu'elle éprouva lorsqu'elle vit son attente trompée. Avec un sentiment de pitié tellement vif, même envers les indifférents, qu'il était une douleur personnelle; avec une aversion pour la tyrannie qui soulevait toutes les puissances de son âme, le règne de la terreur fut pour madame de Staël particulièrement épouvantable. Parmi ceux qui n'ont pas eu à déplorer la perte des premiers objets de leur attachement, nul n'a pu souffrir plus qu'elle. A la plus profonde compassion pour les maux de tous, à d'horribles craintes pour ses amis, se joignait l'idée que le nom de la liberté serait à jamais calomnié, et que celui de son père subirait un pareil sort. Ses deux idoles sur la terre, la liberté et la gloire de M. Necker, semblaient renversées du même coup.

« Il me semble, dit-elle (INFLUENCE DES PASSIONS, p. 115), « que les partisans de la liberté sont ceux qui détestent le « plus profondément les forfaits qui se sont commis en son « nom. Leurs adversaires peuvent sans doute éprouver la « juste horreur du crime; mais comme ces crimes mêmes « servent d'argument à leur système, ils ne leur font pas « ressentir, comme aux amis de la liberté, tous les genres « de douleur à la fois. »

Aussi, pendant le règne sanglant de Robespierre, madame de Staël fut hors d'état d'entreprendre aucun travail suivi; toutes ses facultés étaient absorbées par le désir de dérober des victimes à la mort : désir sans cesse renaissant, car lorsqu'elle avait donné asile à un infortuné, elle croyait n'avoir rien fait pour lui tant qu'elle n'avait pas sauvé ses proches. Son dévouement dans ce genre est si connu, qu'il est inutile de le retracer, et l'amitié éprouverait une sorte d'embarras à le faire.

Défense de la Reine. — Épitre au Malheur. — Deux Opuscules politiques.

La première fois qu'elle retrouva son talent, ce fut pour l'employer à la défense de la reine. On sait, dans ces temps désastreux, ce qu'il fallait de ménagements et d'adresse pour ne pas irriter des monstres sanguinaires. On a même souvent employé alors, dans un bon but, un langage bas et féroce; mais c'est là ce qui était impossible à madame de Staël. La tyrannie populaire ne lui était pas plus aisée à flatter qu'une autre. Cependant, comme il fallait se faire entendre des chefs, elle essaye de tous les tons, elle use de tous les moyens pour trouver le défaut de la peau du tigre, et parvenir au cœur de l'homme. Elle cherche à faire oublier la reine, pour ne montrer dans Marie-Antoinette que la femme charmante, l'être bon et compatissant, la tendre mère, l'épouse dévouée et courageuse. Il règne un sentiment actif, profond, une pitié ingénieuse et délicate dans cette pièce. Dirons-nous que madame de

Staël n'avait jamais été en faveur auprès de la reine? Eût-elle, ce qui ne se pouvait pas, eût-elle été haïe, proscrite, persécutée par Marie-Antoinette, elle n'en eût pas fait moins, et eût également gémi de ne pouvoir en faire plus.

Plus tard, elle épancha la douleur qui l'oppressait, dans une épître adressée au Malheur, petit poëme bien remarquable par la force et la vérité de l'expression. On a surtout distingué ces vers où elle nous montre ce que l'idée du désastre universel ajoute pour chaque malheureux aux peines particulières de la vie :

> « De la nature enfin le cours invariable,
> « A travers tant de maux ne s'est point arrêté;
> « La mort, comme autrefois, se montre impitoyable,
> « Et l'hymen le plus saint n'en est point respecté.
> « L'amour peut être ingrat, et l'amitié légère;
> « Et, sous le poids affreux des communes douleurs,
> « Nourrissant en secret une peine étrangère,
> « Seule, à d'autres chagrins on donne encor des pleurs.
> « Dieu puissant! du malheur daigne borner l'empire... »

Après la chute de Robespierre, madame de Staël a publié, à peu d'intervalle, deux brochures anonymes, l'une intitulée RÉFLEXIONS SUR LA PAIX, ADRESSÉES A M. PITT ET AUX FRANÇAIS; et l'autre, RÉFLEXIONS SUR LA PAIX INTÉRIEURE. Ces deux écrits, dont le premier a été l'objet des éloges de M. Fox dans le parlement d'Angleterre, contiennent tout ce que l'auteur osait exprimer de ses idées sur la situation intérieure et extérieure de la France, en 1795; et ce sont par là même des monuments précieux pour l'histoire. Sans prétendre discuter les opinions politiques de madame de Staël, je dirai, relativement à ces deux ouvrages, qu'ils lui ont été dictés par un sentiment impérieux. Les Français des deux partis ont pu vouloir la guerre, et l'Europe entière a pu croire être intéressée à sa continuation; mais il n'était pas dans le caractère de madame de Staël d'adopter jamais un tel système. Hors de l'intérêt sacré de l'indépendance nationale, il n'était donné à aucun raisonnement de la réconcilier avec l'effusion du sang, et son esprit se mettait toujours au service de son cœur pour prouver la convenance de la paix.

On peut en dire autant du second écrit. Indépendamment de son amour pour la liberté, madame de Staël eût toujours signalé avec effroi la route qui semblait alors, selon son énergique expression, « forcer à retraverser une « seconde fois le fleuve du sang. »

Quand on donne des conseils pour une position déterminée, on est obligé de transiger avec le mal existant et avec ses conséquences nécessaires; mais madame de Staël le fait sans consacrer le mal, et sans cesser de le reconnaître pour ce qu'il est. S'il est possible de lire ces écrits avec impartialité, d'évaluer et les circonstances du temps et ce qu'elles exigeaient d'un écrivain, on sera étonné de tout ce qui y est déployé de force d'argumentation, de respect pour tous les intérêts, pour toutes les opinions honnêtes, de candeur, et non-seulement d'esprit, ce qui va sans dire, mais de solidité et de saine raison. Sans doute elle ne désirait pas le rétablissement de la monarchie; mais était-il dans l'ordre des choses possibles, que cette même restauration qui depuis a ramené des jours de liberté et de bonheur pour les Français, eût lieu à l'époque où elle écrivait, sans que de terribles vengeances fussent exercées? Elle n'a pas vu à vingt ans de distance, parce que telle n'est pas la portée du regard humain; mais, dans un horizon plus rapproché, elle a présagé avec une singulière justesse. N'est-il pas bien remarquable, par exemple, qu'en 1795 elle ait dit que la France ne pouvait arriver à la monarchie mixte sans passer par le despotisme militaire [1] ?

De l'influence des passions sur le bonheur des individus et des nations.

Quelque abstraite et générale que soit la question traitée dans ce livre, elle n'était point, même au sein du trouble et des inquiétudes, étrangère aux pensées habituelles d'un esprit philosophique comme celui de madame de Staël. Aussi, quoique les traces de la commotion violente qu'a donnée la révolution à tous les êtres réfléchissants et sensibles, se fassent remarquer dans cet ouvrage, des forces plus grandes y sont déployées, et leur masse entière est en mouvement.

Dans les LETTRES SUR ROUSSEAU, on voit une jeune personne étincelante d'esprit, qui agite avec feu, avec sentiment, une foule de questions brillantes au milieu des applaudissements d'une nombreuse assemblée. Dans L'INFLUENCE DES PASSIONS, au contraire, tout porte l'empreinte des méditations solitaires, et de cette effervescence douloureuse que l'exercice de la pensée ne parvient pas toujours à calmer. Le jeune aigle épouvanté par la tempête de la vie cherche un asile et un lieu de repos. Les passions sont déchaînées autour d'elle. Témoin et près d'être victime elle-même de la fureur des partis, elle a sous les yeux une vaste ruine. Les institutions du vieux temps, celles qui les avaient d'abord remplacées, tout a été renversé. La vertu, la raison, la liberté même, au nom de laquelle les passions s'étaient soulevées, ont lutté en vain contre les passions. Madame de Staël cherche donc à analyser ces forces mystérieuses; elle se demande si les ardentes espérances que les passions excitent se réalisent jamais, et la réponse est négative. Toujours les passions attendent du sort ou des hommes l'accomplissement de leurs vœux, une foule de questions ainsi notre bonheur sous une dépendance étrangère. L'amour de la gloire, l'ambition, la vanité veulent atteindre un but qui recule sans cesse. Les affections tendres ont besoin d'une réciprocité qu'elles ne croient jamais obtenir; et les désirs sensuels ou égoïstes, en desséchant le cœur qu'ils agitent, détruisent le foyer commun de toutes les jouissances.

Les passions sont le véritable obstacle au bonheur des individus, et elles nuisent aussi à celui des nations; car pour un peuple chez lequel il n'existerait pas de violents désirs, toutes les formes de gouvernement seraient également bonnes. Toutefois, il s'offre ici une distinction fondamentale : l'homme considéré isolément peut toujours aspirer à étouffer ses sentiments désordonnés; mais on doit regarder les passions comme indestructibles dans l'espèce, et c'est à leur laisser le degré d'activité convenable que consiste l'art du législateur. D'après cette différence, l'auteur a divisé son plan en deux parties : l'une qui traite de la destinée des individus, et l'autre du sort constitutionnel des nations.

La première moitié de ce plan est la seule qui ait été exécutée, et elle suffit à former un ouvrage complet. Madame de Staël y a analysé, en premier lieu, les passions, puis les sentiments qui tiennent à la fois de la nature des passions et de celle des ressources qu'on peut leur opposer; enfin elle examine quels sont les secours contre le malheur qu'on doit chercher en soi-même.

L'analyse des passions est admirable; plusieurs de ces mobiles qui semblent ne différer entre eux que par d'imperceptibles nuances, sont caractérisés avec des traits si nets et si fermes, qu'ils prennent des physionomies parfaitement distinctes; et les définitions d'idées abstraites deviennent en quelque sorte des portraits d'individus. Un rare talent pour la satire est déployé dans ces peintures : toutefois on n'y remarque pas cette gaieté vive et légère qui a brillé depuis chez madame de Staël. Elle était absorbée par le chagrin à cette époque désastreuse.

Un chapitre bien remarquable, c'est celui de L'ESPRIT DE PARTI. Le fanatisme politique, son aveuglement, sa folle confiance, sa crédulité, sont représentés par une personne si jeune, avec la plus énergique justesse, et ellé a ensuite caractérisé avec la même précision les deux grandes classes d'enthousiastes, les novateurs et les défenseurs du passé. Tout est vrai dans ces tableaux, et restera tel, tant que les mêmes partis existeront encore.

Mais quelle effrayante révélation du plus affreux mystère de la nature humaine n'est pas contenue dans le chapitre intitulé du CRIME, mot par lequel elle entend surtout la cruauté! Dans un temps où le crime marchait déchaîné, l'esprit d'observation n'a pourtant pu suffire à tracer un tel tableau. Il fallait un talent pour ainsi dire dramatique, cette force d'imagination qui, dans un mot, un mouvement, une expression de physionomie, trouve l'homme tout entier, le comprend au point de devenir lui, de revêtir un instant sa nature. Quelle peinture terrible de ce besoin d'enivrement, de cette férocité convulsive, de cette rage intérieure qui pousse sans cesse à de nouveaux forfaits, celui pour qui le repos est devenu un supplice, celui qui se sent haï parce qu'il hait, et qui veut infliger aux autres les tourments dont il est lui-même la proie!

Et quel trait de lumière jeté sur le cœur humain que ces paroles : « Si l'on pouvait avoir quelque prise sur lui en le « caractère, ce serait en lui persuadant tout à coup qu'il « est absolument pardonné!» Voilà, remarquerai-je à l'appui de ce que dit madame de Staël, voilà une des causes des révolutions morales qu'opère si fréquemment la religion. Elle dit au coupable qu'il est pardonné dans le ciel; il méprise le reste, et recommence à vivre.

Madame de Staël considère les passions sous le rapport de leur danger pour le bonheur et non pour la vertu. Elle commence par reconnaître que toute félicité suppose l'observation des lois de la morale, mais elle ne dit pas aux hommes : Les passions vous rendront peut-être coupables; elle leur dit : Les passions vous rendront sûrement malheureux. Pour les êtres que la chance de commettre une faute n'effraye pas avant tout, ce langage a beaucoup de force, en ce qu'il se fonde sur la nature même des choses, sur l'essence immuable des sentiments immodérés, et non sur leurs suites incertaines. Ainsi, quelque base qu'on veuille donner à la morale, cette partie de l'ouvrage aura toujours de l'importance, et les observations curieuses qu'elle renferme ne seront perdues dans aucun système. Toute philosophie usuelle doit viser à rendre la volonté indépendante des passions. Mais quand madame de Staël, dans le but de mieux assurer cette indépendance, semble proscrire jusqu'aux affections les plus légitimes, ne dément-elle pas et son propre sentiment et la nature? N'y a-t-il pas un stoïcisme moins âpre à dire que la douleur n'est pas un mal, qu'à soutenir qu'aimer innocemment n'est pas un bien? L'amitié, la tendresse paternelle et filiale doivent-elles être sacrifiées à un froid calcul, et n'est-ce pas un cruel emploi du talent que de peindre avec un détail frappant de vérité tout ce qui blesse le cœur dans les relations les plus chères? Le philosophe chrétien a peut-être seul le

---

droit de dissiper des illusions consolantes ; et il faut nous promettre autre chose que cette vie, si l'on veut nous dégoûter de ce qu'elle renferme de mieux.

Il n'était pas en général dans le caractère de madame de Staël de poursuivre aveuglément un principe jusque dans ses dernières conséquences, et elle était ordinairement avertie par un tact très-sûr du moment où l'application abusive d'une règle conduirait à en violer une autre. Mais qu'on ne s'y trompe pas, ce n'est point par une affectation d'austérité que madame de Staël a soutenu un tel système, et on peut assez juger que ce n'est point non plus par froideur d'âme. Elle peint en traits de feu le malheur des passions et leur puissance; c'est uniquement aux êtres passionnés qu'elle s'adresse : les autres n'ont pas besoin de ses secours, ils n'entendraient pas son langage, et ce n'est pas avec eux qu'elle a des traits de sympathie. Il résulte ainsi de la sévérité de ses conseils et de la chaleur de ses sentiments un singulier contraste qui vient de ce qu'ayant beaucoup souffert, elle aurait voulu paralyser chez les autres et chez elle-même cet excès de vie qui est une si grande cause de malheur.

Il a sans doute échappé à la jeunesse et à l'ardente vivacité de l'auteur, des jugements hasardés et des expressions trop fortes. Mais, à juger généralement de la moralité de cet ouvrage, on ne peut guère lui reprocher d'autres défauts que ceux de la philosophie qui n'a pas un fondement religieux, la privation d'espérance, l'absence d'un motif hors de soi pour le sacrifice de soi-même, défauts qui sont toujours recouverts d'une teinte de sensibilité bien étrangère à cette philosophie.

Madame de Staël ne laisse pas sans quelques ressources les mortels qu'elle a délivrés des passions; elle conseille l'étude indépendamment du succès, la bonté indépendamment de la reconnaissance, et elle indique comme un état assez doux, après qu'on a renoncé au bonheur, cette disposition tendre et rêveuse qu'elle appelle la mélancolie. La religion a toutes ces consolations, et mieux encore; mais la religion n'était alors ni un principe d'action ni un secours intérieur pour madame de Staël, et on peut en appeler de tout ce qu'elle dit sur ce sujet à César mieux informé, c'est-à-dire, à elle-même dans ses derniers écrits.

Son ouvrage contre le suicide, en particulier, est très-curieux à rapprocher de celui-ci, dont il semble être le complément, puisque madame de Staël y offre le seul remède efficace aux maux qu'elle n'avait guère fait auparavant que signaler.

Toutefois, quand on a reconnu dans les passions une fièvre funeste et destructrice, dans les affections les plus innocentes une source de peines et de regrets; quand la méditation, la bienfaisance, et une sorte de résignation contemplative sont devenues les seules ressources sur lesquelles on ose compter, on a fait, sans le savoir, bien des pas sur la route qui conduit au christianisme : on s'est pénétré de son esprit sans songer à sa doctrine, et c'est là ce qui rend plus intéressant encore ce livre, d'ailleurs éminemment distingué.

Si madame de Staël n'a pas exécuté la seconde moitié de son plan, ce n'est point par légèreté; ce n'est pas non plus qu'elle ait été effrayée des grands travaux qu'il lui fallait entreprendre, on a vu depuis ce dont elle était capable en ce genre. Selon toute apparence, elle aura senti que, malgré ses efforts, les deux parties de l'ouvrage n'eussent pas été assez fortement liées l'une à l'autre, et que la seconde aurait difficilement rempli son titre. En traitant de l'influence des passions sur le bonheur des nations, le but de madame de Staël était de prouver, par l'histoire,

cette opinion qu'elle a professée toute sa vie, savoir, que les institutions politiques font l'éducation des peuples, qu'elles forment leur caractère et décident par là de leur destinée intérieure. Or, il est très-vrai que le problème à résoudre dans ces institutions, c'est celui de laisser aux passions le degré d'activité qui permet un grand développement moral, sans néanmoins compromettre la tranquillité publique; mais le jeu des passions est compris dans l'idée de la liberté, et il ne paraît pas très-nécessaire de décomposer cette idée : la question serait donc rentrée dans celle de l'union de l'ordre avec la liberté. Et si l'auteur avait voulu rechercher quelle a été la passion dominante dans le caractère de chaque peuple, comme il eût expliqué ce caractère par les institutions, la passion n'aurait paru qu'accidentelle. De toute manière les passions eussent été assez étrangères au sujet de cette partie, ou ne s'y seraient rattachées qu'au moyen d'une métaphysique trop déliée : toutefois il serait bien intéressant de traiter ces diverses questions en s'appuyant sur l'histoire, comme voulait le faire madame de Staël.

Lorsqu'elle eut renoncé à son premier plan, elle resserra, dans une introduction, toute la substance de l'ouvrage qu'elle avait d'abord projeté. Ce morceau, qui attira fortement dans le temps l'attention des penseurs, offre en effet une masse imposante d'idées; c'est une mine non exploitée, où celui qui voudra puiser trouvera d'immenses richesses.

De la littérature considérée dans ses rapports avec les institutions sociales.

Il s'est écoulé quatre années entre la publication de l'Influence des Passions et celle de la Littérature. Durant cet intervalle, une révolution heureuse semble s'être opérée dans l'esprit de madame de Staël. Ses opinions sont restées les mêmes, mais le cours de ses pensées a changé. La réflexion a mûri ses idées, des études suivies ont allégé pour elle le poids du malheur, et son âme s'est relevée. Déjà sa vie est toute d'avenir, et puisque le temps présent ne répond pas à ses vœux, elle vogue à pleines voiles vers une gloire lointaine, son besoin d'espérance se reporte sur le monde entier. Elle pense que l'esprit humain s'enrichit de l'héritage des siècles. Selon elle, les générations ne se succèdent pas en vain, et il s'avance peu à peu un meilleur ordre de choses, dont l'œil prophétique du talent distingue les principaux traits. L'état de bouleversement et d'anarchie cesse de lui paraître un mal inutile, quand elle le considère comme une crise qui doit conduire à une situation plus heureuse, quand surtout elle l'attribue aux résistances inévitables qu'éprouvent, lorsqu'on vient à les appliquer à la vie réelle, des principes longtemps méconnus, ou relégués parmi les vérités spéculatives. Mais il faut que l'examen du passé justifie cet augure favorable; il faut prouver que les progrès des lumières ont été certains, qu'ils ont été constants malgré leurs vicissitudes, et qu'on peut, à travers l'obscurité des temps, reconnaître la loi d'un développement moral chez la race humaine. C'est là ce qu'entreprend madame de Staël.

Elle était, par son esprit analytique, particulièrement propre à un tel travail, et sa brillante imagination devait y répandre de la vie réelle, des principes y répandre du charme. La difficulté de suivre la marche inégale de la civilisation, d'en expliquer les irrégularités, les interruptions momentanées, les apparences parfois rétrogrades, d'amener à un résultat commun les faits variés de l'histoire, cette difficulté prodigieuse ne l'effraye pas;

et, sans peut-être l'avoir mesurée, elle l'a presque toujours surmontée avec bonheur. Le même talent d'observation qu'elle avait porté sur les mouvements du cœur, s'exerce sur toutes les facultés pensantes, sur tous les résultats de leur activité. Elle considère les institutions, les mœurs et la littérature dans leur dépendance mutuelle; elle démèle les fils nombreux et délicats qui lient l'état de la société avec celui de la religion et de la philosophie, et montre comment les écrivains qui sont toujours influencés par le caractère de leur nation, réagissent sur ce caractère même. C'est une belle idée que celle de suivre le développement de l'esprit humain à travers les siècles, en assignant à chacun des grands événements et des grands hommes la part qu'ils ont eue à ses progrès.

On ne peut qu'être singulièrement frappé de l'étendue d'esprit déployée dans cet ouvrage. Ce n'est point, comme la plupart des bons livres de cette classe, un résumé élégant des idées reçues, relevé par quelques nouveaux rapprochements. Ce n'est point non plus une de ces compositions systématiques dans lesquelles un auteur, en observant tous les objets sous une face particulière, peut avoir certains aperçus neufs, mais nous fatigue à la longue par la répétition du même genre d'examen. Tout se dirige, il est vrai, vers un but, mais la marche de madame de Staël n'a rien de forcé ni de pénible; son point de vue est juste, vaste, impartial. Elle considère tous les sujets comme si elle était la première à les étudier; elle voit les choses par leur grand côté; elle les regarde avec des yeux pénétrants, des yeux bienveillants, pour ainsi dire, qui découvrent une foule de rapports inattendus et agréables. Il est étonnant qu'elle se soit rencontrée, comme elle l'a fait, avec les littérateurs de la nouvelle école allemande, dont elle n'avait alors point lu les écrits. Un goût pareil pour tout ce qui exalte la sensibilité et ranime l'imagination, l'a conduite sur la même route.

Plusieurs opinions, qui ont été par la suite des objets de discussion entre les critiques, sont exposées pour la première fois dans ce livre; on y trouve l'origine de presque tout ce qu'on a lu depuis, et il paraît qu'on s'en est servi bien plus qu'on ne l'a cité. Peut-être madame de Staël ne cherchait-elle pas alors à faire ressortir le plus possible ce qu'elle avançait. Telle idée qui devrait être féconde, tel sentiment qui pourrait fournir à un beau mouvement d'éloquence, sont exprimés avec précision, mais sans développement. Elle écrit avec intérêt, elle tient à ses opinions, mais sans paraître attacher une grande importance à sa propriété en fait de pensées; et il semble qu'elle se soit exalté elle-même, quand elle a prêché l'indifférence pour le succès. Il y a de la noblesse et de la fierté dans cette manière. Elle n'avait pas encore obtenu ce qu'elle sentait mériter, et elle se contente de marquer la place qu'on sera forcé de lui accorder. N'osant pas trop compter sur la faveur publique, elle ne se livre pas à toute son originalité; et dans ce livre je la trouve extraordinaire par la supériorité de son esprit, plus que par le piquant ou la chaleur de son style.

Cet ouvrage aurait certainement eu en France un succès aussi éclatant que chez les autres nations, si le moment où il a paru eût été plus favorable. Mais quelle femme que celle qui, dans un temps où des événements décisifs absorbaient toute l'attention, a pu composer un tel livre! qui l'a pu dans l'exil, dans la persécution, en butte aux injustices des deux partis! qui a su et fixer son esprit sur des sujets en apparence si étrangers aux questions politiques, et les rattacher avec calme à ces grandes questions!

Si on a méconnu la modération de madame de Staël dans la conversation, c'est parce qu'elle était impartiale avec véhémence : dans ses écrits elle l'est sans passion, et dans cet ouvrage-ci à peine a-t-elle de la vivacité.

L'introduction est destinée à relever l'importance des travaux de l'esprit. L'auteur montre quels sont les rapports de la littérature avec la vertu, avec la liberté, avec le bonheur. Il prouve que les grandes beautés littéraires ont leur source dans la morale la plus élevée; que le bon goût se rallie à la raison, comme le génie à l'exaltation des facultés ardentes et généreuses. Enfin, madame de Staël parle avec attendrissement de la consolation que certains écrits ont répandue à travers les siècles sur les infortunés. Elle voit tout ce qui a vécu d'êtres souffrants et distingués, comme une société illustre que n'interrompt point la mort; et, sentant qu'elle en fait déjà partie, elle prépare pour les malheureux à venir les bienfaits de cette correspondance des âmes qu'elle-même a entretenue avec les malheureux qui ne sont plus.

Une moitié de l'ouvrage est consacrée à l'examen du passé et du présent, et l'autre à la prévision des temps futurs. Dans la première, l'auteur détermine et le caractère de chaque peuple durant les diverses périodes de son histoire, et celui de ses écrivains les plus distingués. Il passe ainsi rapidement en revue toute la littérature existante, et tout ce qui a eu de l'influence sur les écrits, savoir, les institutions, les climats, les religions, les mœurs. L'esprit du passé tout entier peut nous être révélé de la sorte, car il n'y a rien eu d'important dans le monde réel qui ne se soit réfléchi dans le monde littéraire.

Madame de Staël avait un rare talent pour relever le trait marquant de chaque objet. Il y a dans toutes ses peintures une idée en saillie; mais la vérité n'est pas sacrifiée au besoin de faire valoir cette idée. C'est un centre qui donne aux observations de détail l'ensemble sans lequel il n'est point d'intérêt; mais ces observations n'en sont pas moins justes et impartiales. Elle commence par faire connaître ce qui est; elle décrit avec précision le caractère d'un peuple, d'une période, d'un écrivain, en signalant toutes les singularités remarquables, et puis elle explique si nettement pourquoi cela est ainsi, qu'on finit par trouver parfaitement naturel ce qui avait le plus étonné.

Sans doute l'on peut contester à madame de Staël quelques assertions, et c'est à quoi elle s'est souvent exposée lorsqu'elle s'est écartée de l'opinion des érudits. Mais il s'agit ici de jugements et non de faits, et l'on recommencera nécessairement à juger les anciens, à mesure que les points de comparaison avec eux se multiplieront. En envisageant l'antiquité d'une manière qui lui est propre, madame de Staël nous force à penser à neuf sur des objets qui semblent avoir épuisé les méditations humaines. Lorsqu'un sujet important se trouve usé, n'est-il pas heureux qu'on le ranime? L'écrivain qui rend de la couleur aux pâles ombres de l'histoire ne mérite-t-il pas notre reconnaissance? On doit redouter l'erreur, cela va sans dire; mais l'ignorance est aussi une cause d'erreur, et l'on ignore éternellement ce qui n'a pas produit d'impression. A force de scrupules sur la vérité, on reste étranger à la vérité même. On ne se croit en sûreté contre l'imagination d'un auteur que quand il ennuie; mais l'oubli ne tarde pas à dévorer les fruits d'une étude languissante.

D'après son système sur les heureux fruits du temps, madame de Staël devait donner aux Romains la supériorité sur les Grecs, et rien n'est plus neuf et plus frappant que la manière dont elle signale le mérite particulier de la littérature romaine.

Quelle beauté d'expression et de pensée n'y a-t-il pas, par exemple, dans les réflexions suivantes : « Ils n'avaient « point (les Grecs) ce sentiment, cette volonté réfléchie, « cet esprit national, ce dévouement patriotique qui ont « distingué les Romains. Les Grecs devaient donner l'im- « pulsion à la littérature et aux beaux-arts. Les Romains « ont fait porter au monde l'empreinte de leur génie.

« L'histoire de Salluste, les lettres de Brutus, les ou- « vrages de Cicéron rappellent des souvenirs tout-puissants « sur la pensée. Vous sentez la force de l'âme à travers la « beauté du style; vous voyez l'homme dans l'écrivain, la « nation dans cet homme, et l'univers aux pieds de cette « nation. »

La supériorité qu'elle attribue aux écrivains les moins anciens, est ce qu'on a le plus contesté à madame de Staël; mais il faut se souvenir d'abord qu'on n'a pas le droit de lui objecter Homère et la poésie antique, puisqu'elle a excepté l'imagination du nombre des facultés susceptibles de progrès; ensuite, que lorsqu'elle a considéré la littéra- ture dans ses rapports avec les institutions sociales, elle a dû l'envisager sous son aspect le plus grave. Elle l'a vue comme l'expression du sentiment des peuples, comme le dépôt des pensées qui décident de leur sort, plutôt que comme le recueil des jeux brillants de l'esprit. La partie de l'art s'est ainsi éclipsée pour elle devant la grandeur des vues, l'universalité du jugement, l'analyse philosophi- que du cœur, et toutes les qualités enfin qui sont long- temps avant de se développer dans les sociétés.

Le second volume est tout de conseils aux écrivains des États libres, et il traite par conséquent, pour la France, de la littérature à venir. Cette partie a eu beaucoup de succès dans le temps, et peut-être est-elle en effet la plus brillante, parce que le sujet en est aussi neuf que les idées. Elle doit inspirer un intérêt particulier, à présent que l'es- poir conçu par madame de Staël renaît avec un fondement plus solide, et qu'on voit déjà ses prédictions à demi réa- lisées. On n'y trouve pas, il est vrai, ce mélange du fait et de la pensée qui est si agréable à quelques esprits, mais le mérite de ce morceau est d'un ordre plus relevé. Il tend directement au grand but de tous les écrits, si ce n'est de la vie entière de madame de Staël, le but de régler et d'é- tendre l'influence de la liberté. L'analyse dirigée sur les idées générales n'en est pas moins fine et moins précise, et c'est ainsi que l'auteur distingue avec une parfaite saga- cité, les éléments dont la gloire littéraire doit se com- poser dans un État libre.

Sans doute il n'est là question que de la république, mais on voit que ce gouvernement n'était pour madame de Staël qu'une forme accidentelle de la liberté. Tout ce qu'elle dit s'applique également à la monarchie limitée, et souvent avec avantage. La France est toujours son objet, quoique la triste comparaison de ce qui était avec ce qu'elle avait en vue, la rejette sans cesse dans la peinture idéale d'un grand peuple, libre, éclairé, généreux, chez lequel les mœurs seraient en harmonie avec les institutions. Bien souvent la satire des hommes du moment échappe à sa plume indépendante. Les ambitieux, les peureux, les flat- teurs du pouvoir, toutes les vanités, les avidités en pré- sence, sont peintes des plus vives couleurs.

Le chapitre éminemment spirituel, intitulé DU GOUT, DE L'URBANITÉ DES MŒURS, ET DE LEUR INFLUENCE LITTÉRAIRE ET POLITIQUE, est lui-même une censure fine et piquante du ton de la littérature, et même de la société à l'époque où elle écrivait. Les inconvénients d'un raffinement exces- sif, de tout le rigorisme de l'élégance, sont mis en con- traste avec ceux des formes vulgaires : elle montre que le

vrai talent n'est jamais obligé à sacrifier ni la force ni le bon goût. Dans toute sa critique, madame de Staël a frappé d'un égal anathème la grâce sans fonds de pensées, et les pensées défigurées par l'inconvenance de leur expression.

Ceux qui aiment à la retrouver dans ses écrits, relisent avec bien de l'intérêt le chapitre intitulé DES FEMMES QUI CULTIVENT LES LETTRES. Dans sa manière de traiter cette question presque personnelle, on voit comment elle géné- ralisait ses propres impressions. Elle observait sur elle- même ces mouvements si délicats, qu'ils semblent n'ap- partenir qu'à l'individu, et puis elle découvrait qu'ils sont la suite nécessaire de telle situation dans la vie. Je ne puis résister à transcrire le passage où elle prouve que cette cé- lébrité qui excite l'envie est généralement un malheur pour des êtres qui ne vivent que d'affections.

« L'aspect de la malveillance fait trembler les femmes, « quelque distinguées qu'elles soient. Courageuses dans « le malheur, elles sont timides contre l'inimitié : la pensée « les exalte, mais leur caractère reste faible et timide. La « plupart des femmes auxquelles des facultés supérieures « ont inspiré le désir de la renommée, ressemblent à Her- « minie, revêtue des armes du combat; les guerriers voient « le casque, la lance, le panache étincelant; ils croient « rencontrer la force, ils l'attaquent avec violence, et dès « les premiers coups ils atteignent au cœur. »

On ne peut qu'applaudir à l'auteur d'un tel ouvrage; mais son système fut fort attaqué. La perfectibilité de l'es- pèce humaine a toujours été le sujet de bien des débats, et l'on doit convenir que l'expression même présente un sens faux au premier aspect. Pour prévenir toute équivo- que, il faut donc rappeler ce qu'ont entendu ceux qui ont soutenu cette doctrine sans exagération. Voici les paroles de madame de Staël : « Je ne prétends pas dire que les « modernes ont une puissance d'esprit plus grande que « les anciens, mais seulement que la masse des idées en « tout genre s'augmente avec les siècles. » De même, re- lativement à la moralité, on sait fort bien que le cœur hu- main sera toujours composé des mêmes éléments; mais qui osera dire que le système d'éducation ou d'organisa- tion sociale ne puisse pas tirer un meilleur parti de ses dispositions immuables?

Ce n'est peut-être pas sur le terrain de la littérature qu'on est le mieux placé pour défendre la perfectibilité de l'espèce humaine. Il n'a pu nous parvenir des divers âges anciens que des productions transcendantes, et celles-là prêtent peu à la comparaison. Les talents extraordinaires paraissent différer de genre plutôt que de grandeur, et ils fixent tellement nos regards sur l'écrivain, qu'on n'évalue pas ce qu'il doit à son siècle. D'ailleurs, quand on parle de littérature, il est difficile de mettre de côté les ouvrages d'imagination, et l'extrême éclat de la poésie antique at- tire malgré nous la pensée. Les remarques de madame de Staël n'en sont pas moins justes, mais l'extrême finesse de la matière qu'elle examine, jointe à la part que réclame la diversité des goûts littéraires, empêche qu'elle ne produise une entière conviction.

C'est quand on considère l'histoire en masse, qu'on voit clairement ce que le temps nous a fait gagner. L'ido- lâtrie est tombée en Europe et est ébranlée sur toute la terre. L'esclavage, le servage, la traite des nègres ont cédé l'un après l'autre à l'influence du christianisme, non que cette religion ait soulevé les opprimés, mais parce qu'elle a désarmé les oppresseurs. Une morale patiente et résignée s'est trouvée incompatible avec la servitude, et des fers non encore brisés ont paru se détacher d'eux-mêmes. D'autres motifs moins purs ont encore servi la cause de l'humanité, et des abus sans nombre ont été réformés, et la condition des malheureux s'est adoucie. Que ces changements aient été dus ou non aux progrès de l'esprit humain, n'est pas la question, il suffit qu'ils aient amené ces progrès. La connaissance des vrais intérêts des hommes a été acquise, et cette connaissance n'est autre chose que le perfectionnement de la raison.

Combien faudrait-il de générations parmi des insectes éphémères, pour qu'ils pussent constater l'amélioration de la saison? Que de fois, au mois de février, dans les jours de neige, de frimas, de bise glacée, ces penseurs nés du matin nieraient l'approche du printemps! Tel est l'état de cette question parmi les hommes. Qu'importe, dira-t-on, à notre vie d'un moment, d'un moment si souvent malheureux, que les siècles s'avancent lentement vers une période meilleure? Peu importe à l'égoïste sans doute, et peu aussi pour de plus nobles motifs au chrétien qui n'aspire qu'à l'éternité. Toutefois, comment repousser une magnifique espérance? comment ne pas accueillir la doctrine qui seule propose un but utile aux esprits supérieurs, donne un prix réel à la pensée, et attribue dans le gouvernement des choses terrestres, une marche bienfaisante à la Providence?

Toutes les objections auxquelles le livre de madame de Staël pouvait donner lieu, furent rassemblées peu après sa publication, dans deux articles du Mercure de France. Ces morceaux, remarquables surtout par le style, ont été fort cités; et, bien qu'il y perce une amertume dirigée contre la personne de madame de Staël, autant que contre ses écrits, on y retrouve ces formes de politesse et d'élégance dont une femme est réduite à savoir gré, lors même qu'elles sont un avantage pour son adversaire. Des coups soigneusement mesurés n'en sont que plus sûrs; mais ici les coups n'ont pas été mortels; et quoique madame de Staël ait négligé l'avis, galamment exprimé, de se contenter de parler au lieu d'écrire, elle s'est relevée de là. Néanmoins cette attaque lui fut sensible, et celle qui n'a jamais répondu à aucune critique, repoussa indirectement les traits de celle-ci dans une préface ajoutée à sa seconde édition.

Cette réplique est toute remplie d'esprit, de grâce et de douceur. Madame de Staël se justifie complétement sur les faits; et après avoir de nouveau défendu ses opinions avec chaleur, elle donne dans les dernières lignes la preuve évidente de cette bonté qui l'empêchait de croire à la haine. Car tandis que la Rochefoucauld conseille de voir des ennemis futurs dans les objets actuels de notre affection, elle ne pouvait regarder que comme des amis à venir, tous les hommes distingués dont elle avait à se plaindre.

Depuis ce temps, les idées répandues dans ce livre ont fructifié. Le beau talent de M. de Châteaubriand a fait des prosélytes à ce système, quand il a attribué exclusivement au christianisme les progrès que madame de Staël avait compris, avec le christianisme même, dans les preuves du perfectionnement de l'esprit humain. Cette doctrine s'est donc insensiblement établie dans la plupart des têtes, sans néanmoins qu'on se soit tout à fait réconcilié avec les termes qui avaient d'abord servi à l'exposer. C'est là ce qui inquiétait peu madame de Staël. Toujours portée en avant par son esprit, elle abandonnait les phrases contestées, sûre de trouver sans cesse des formes nouvelles pour exprimer le même fonds d'opinions.

Delphine.

Un talent tout de verve et d'abandon tel que celui de madame de Staël, ne pouvait trouver son plein essor dans des ouvrages philosophiques; il devait lui être difficile de soumettre à une marche sévère un esprit aussi vif que le sien; et c'est peut-être quand sa supériorité s'est involontairement déployée, qu'on l'a reconnue avec le plus de plaisir. Tous ces brillants enfants du moment, ces pensées que l'occasion lui suggérait, ne pouvaient recevoir une existence durable que dans une fiction, et il fallait que son imagination évoquât la scène du monde pour retrouver ce que la société lui inspirait. La forme variée d'un roman par lettres offrait une place naturelle à ses idées les plus arrêtées, comme à ses aperçus les plus fugitifs, et fournissait encore à son âme ardente et sensible un moyen de s'épancher complétement. Nul ne se sent cette force d'éloquence, sans avoir besoin de l'exercer. Il y a un bonheur, dangereux peut-être, mais enfin il y a un bonheur dans ces émotions puissantes, à la fois calmées et fixées par l'expression, et cette jouissance suffirait seule à récompenser le talent. La passion la plus dramatique de toutes, celle dont tous les développements sincères ont un caractère de beauté, celle qui ressemble à la générosité, au dévouement, au culte même, était aussi pour madame de Staël la plus séduisante à peindre.

Une pensée mélancolique a poursuivi sa jeunesse: pénétrée d'une profonde pitié pour le sort des femmes, elle plaignait surtout les femmes douées de facultés éminentes. Et quand le bonheur, à ses yeux le plus grand de tous, l'amour dans le mariage ne leur avait pas été accordé, il lui semblait alors également difficile qu'elles pussent se renfermer dans les bornes étroites de leur destinée, ou franchir ces bornes, sans s'exposer à d'amères douleurs. Cette pensée, qui pouvait se déployer dans un roman sous une infinité de formes, amenait naturellement la peinture d'une femme à la fois brillante et malheureuse, dominée par ses affections, mal dirigée par l'indépendance de son esprit, et souffrant par ses qualités les plus aimables.

Une telle héroïne convenait merveilleusement à madame de Staël. Sous le voile léger de ce personnage fictif, elle se trouvait délivrée de sa propre responsabilité; et en exprimant une foule de sentiments qui lui appartenaient à demi, elle conservait toute la vivacité de ses impressions, sans se croire obligée à les juger. Les différences entre Delphine et elle sont recherchées à dessein. Elle n'a point donné à son héroïne ce coup d'œil pénétrant qui lui faisait prévoir toutes choses, ni cette fermeté d'âme au moyen de laquelle elle supportait ce qu'elle n'avait pas cherché à éviter. Delphine ne prévoit rien et souffre de tout. Prompte à saisir les moindres nuances des sentiments et des idées, elle ne comprend rien aux vanités ni aux intérêts; mais son caractère reçoit de cette ignorance même une teinte de pureté. Elle se présente au conflit de la vie avec l'unique espoir de désarmer par une bienveillance inaltérable, par le sacrifice d'elle-même dans toutes les relations; aussi les peines infligées par la malignité de la société à une âme confiante et ingénue, sont-elles supérieurement dépeintes dans cet ouvrage.

Mais à travers mille différences extérieures, il y a une parité intime entre l'auteur et l'héroïne du roman: les ressemblances sont d'autant plus fortes qu'elles sont involontaires. Corinne est l'idéal de madame de Staël, Delphine en est la réalité durant sa jeunesse. Aussi tout est de premier mouvement dans ce personnage qui semble formé par l'art. Delphine est un être vivant et un être unique. Il y a en elle une bonté inspirée, un dévouement d'instinct, une délicatesse et une générosité natives; et cela, joint à quelque chose d'enfant ou de sauvage dans l'impétuosité de ses sentiments, ressemble si peu aux qualités qu'on donne, et si rarement à celles qu'on a, qu'il semble réellement qu'elle existe et qu'elle est la seule qui soit ainsi.

Mais c'est le charme, ce sont les vertus naturelles de Delphine qui rendent insupportables ses torts et ses imprudences. On souffre, on s'irrite, parce qu'on l'aime. On s'est si bien associé à elle qu'on craint de partager ses fautes, et l'on se hâte d'être son censeur, de peur d'être son complice. On ne lui sait nul gré de n'avoir pas été tout à fait coupable, puisqu'elle l'est assez pour qu'on ne doive point lui pardonner. On oublie sans cesse qu'elle est là pour nous empêcher de suivre son exemple, et que si avec des opinions dangereuses elle avait eu de moindres torts, elle avait moins cruellement expié ses erreurs, c'est alors qu'il eût fallu condamner l'ouvrage.

L'intérêt du roman est puissant, et je ne sais s'il ne l'est pas surtout dans les situations les moins orageuses. Peut-être le talent est-il plus remarquable quand il ne se doute pas de lui-même, et que l'auteur et le lecteur ne sont pas avertis d'avance. Madame de Staël était mieux faite pour peindre l'amour dans sa plus noble exaltation que dans ses fureurs. Aussi, comme expression de la passion même, les morceaux écrits par Delphine, au moment où elle se croit à jamais séparée de Léonce, sont-ils sans comparaison les plus beaux. Mais ce qui est toujours charmant, c'est la peinture nuancée des mouvements les plus délicats du cœur. Il y a entre autres des peines d'amitié si vivement et si naturellement exprimées, que leur effet n'est point diminué par celui de douleurs plus impétueuses; et Delphine est d'autant plus touchante, que son âme tendre peut être agitée par des sentiments plus innocents.

Les caractères sont en général dessinés avec une force et une justesse de touche extraordinaires. Celui de madame de Vernon est un chef-d'œuvre absolument neuf dans son genre, et la peinture de cette amie perfide dévoile des trésors de compassion et de tendresse chez l'auteur qui a su répandre un charme irrésistible sur un tel portrait. Sans cesse on retrouve madame de Staël dans cet ouvrage: ce sont ses goûts, ses jugements, c'est sa théorie sur les devoirs d'amitié, sur les services, sur la reconnaissance; c'est sa pitié pour toutes les peines, c'est sa manière à la fois si vaste et si détaillée de considérer l'existence. On y voit son habitude d'analyser les diverses impressions, les pensées même des gens sans esprit; en sorte que lorsque ceux-ci, dans le roman, viennent à développer leurs motifs, ils le font avec une singulière finesse: légère invraisemblance sans doute, mais invraisemblance pleine de grâce, et qui rappelle le plaisir de ces entretiens dans lesquels madame de Staël s'amusait à raconter les autres, où elle interprétait l'ineptie en termes si spirituels qu'il résultait de là le plus piquant contraste. Le style même qu'on a critiqué, le style est bien souvent celui de la conversation sans égale de madame de Staël. Il est vrai que quand elle parlait, son regard si vif, son attitude expressive, une manière animée et mordante d'accentuer à certains mots qu'elle-même avait consacrés.

Je l'avoue, en lisant cet ouvrage les souvenirs me saisissent avec trop de force. Je me perds dans mille rapprochements, dans l'émotion qu'ils excitent. Les événements, ainsi qu'un vain cadre, disparaissent à mes yeux, et je vois le fond de la pensée. C'est du passé, c'est de la vie, hélas! c'est de la mort que Delphine, ce n'est plus de la fiction. Cette lecture est un rêve douloureux où une foule d'images se retracent, où tout ce qu'on a connu se montre, se transforme, se confond sous cent apparences fugitives, où une angoisse cachée, sinistre avertissement de ce qu'on a perdu, se mêle à une illusion trop douce. Il était également au-dessous du caractère de madame de Staël et de son talent, d'introduire des personnages réels dans ce tableau fantastique; et cependant quel de ses anciens amis peut relire un tel ouvrage sans voir passer comme des ombres ces êtres tous distingués sous quelque rapport, qui vivaient de sa vie et se disputaient ses affections? société dispersée, rayons détachés d'un centre anéanti, gens séparés par toutes sortes de différences, et qui, peut-être, ne se conviendraient plus dans la vie, mais qui doivent pourtant à jamais se retrouver dans leurs regrets.

Ne pouvant donc m'attacher au roman dans cette production, je ne parlerai que de son effet sur les autres lecteurs. On y reconnut un talent dans sa plus vigoureuse croissance plutôt que dans sa maturité. La fougue de la jeunesse s'y joignait à celle de l'imagination; et quoiqu'il y eût là les éléments de tous les genres de distinction, comme madame de Staël s'était pour la première fois abandonnée à sa verve, comme elle avait offensé ce qu'il y a de plus irritable au monde, les passions politiques, elle ne pouvait guère échapper à la censure. Delphine donc fut vivement admirée et vivement attaquée. Madame de Staël prenait très-gaiement son parti du blâme littéraire; mais ceux qui condamnèrent ce roman sous le rapport de la moralité, lui causèrent une peine réelle. Delphine était à cet égard un sujet très-sensible pour elle, et elle a toujours protesté de l'innocence de ses vues en l'écrivant. Puisqu'elle a fait un ouvrage exprès pour rétracter l'espèce d'apologie du suicide qu'on lui avait reprochée, il est inutile de revenir sur ce point. Mais je dirai que bien qu'elle eût une extrême répugnance à s'occuper de ses anciennes compositions, elle a encore écrit des RÉFLEXIONS SUR LE BUT MORAL DE DELPHINE. Dans ce morceau, qui mérite d'être imprimé, elle traite toutes les questions relatives au roman, en les rattachant, suivant sa coutume, à des idées générales. Ainsi après avoir prouvé, d'après son épigraphe même « Un homme doit savoir braver l'opinion, une femme « s'y soumettre, » qu'elle désapprouve Léonce et Delphine, elle cherche à expliquer pourquoi chacun de nous est entraîné par un penchant naturel vers les êtres sensibles et exaltés, tandis que la société en masse les juge avec une grande rigueur. Son but moral a été double selon elle. D'un côté elle a dit aux femmes distinguées: Respectez l'opinion, puisque tout ce que vous avez de bon et de fier peut être blessé par elle, et qu'elle vous poursuivra jusque dans le cœur de ceux que vous aimez; et d'un autre côté elle a dit à l'opinion: Ne soyez point inexorable envers des êtres rares, susceptibles de beaucoup de malheur, et qui font le charme et l'ornement de la vie.

L'on peut trouver qu'une leçon de sévérité et une leçon d'indulgence s'affaiblissent réciproquement; mais pourtant il est vrai que toutes deux sont méritées. Ce sont en effet les passions basses et haineuses qui s'acharnent d'ordinaire contre les qualités exaltées, et peut-être fallait-il que la punition des imprudents et des faibles fût confiée à la malignité, car la pure vertu n'eût jamais été assez cruelle.

Si, contre le dessein de madame de Staël, cet ouvrage peut donner lieu à quelques reproches, il faut l'attribuer à l'influence du moment où elle a écrit. Ce moment, de même que celui où la scène fictive a été placée, appartient à la période révolutionnaire. Or, dans ce temps, différentes causes se réunissaient pour exalter l'imagination des écrivains. Des exemples affreux de cruauté, de bassesse, d'égoïsme, reportaient toute l'admiration vers les qualités élevées et généreuses; des situations violentes dans la vie réelle en appelaient de correspondantes dans les fictions; et enfin, lorsque l'édifice social croulait de toutes parts, il était bien difficile que l'idée des grands sentiments involontaires, du dévouement qui les accompagne, ne prît pas dans l'esprit des auteurs de l'ascendant sur l'idée des liens que les convenances sociales avaient trop souvent formés. Des conclusions plus nettement tirées, un censeur parmi les personnages eussent aisément fait ressortir le côté moral de cet ouvrage; mais madame de Staël n'aimait pas les ruses de métier, et elle n'a pas cru ces moyens nécessaires. Toutefois, elle a changé le dénoûment de Delphine; « mais non, dit-elle, « pour céder à l'opinion de ceux qui ont prétendu que le « suicide devait être exclu des compositions dramatiques, « puisqu'un auteur n'exprime point son opinion particu- « lière en faisant agir ses personnages. » Néanmoins il faut convenir, malgré la farouche et cruelle beauté de la première catastrophe, que le nouveau dénoûment, et surtout une admirable lettre de Delphine mourante, laissent à tous égards dans l'âme une meilleure impression.

Ici finit la seconde période des travaux littéraires de madame de Staël. Elle avait réalisé les espérances données dans la première, et déjà fondé l'édifice de sa réputation. Ses écrits avaient fortement attiré l'attention des penseurs étrangers, tandis qu'en France on ne leur rendait encore qu'une justice imparfaite. Les idées grandes et neuves qui étincellent de toutes parts, ne rachetaient point, aux yeux de certains critiques, de légères incorrections, quelques néologismes, et parfois un peu d'obscurité. On regardait madame de Staël comme une personne extraordinairement brillante en conversation; mais dans les lettres on la mettait encore au nombre de ces auteurs spirituels que des défauts de manière ont exclus du premier rang. Elle en a appelé d'un tel jugement, mais cette sévérité lui a été utile; son talent était de force à se compléter sur tous les points. Jusqu'alors la langue n'avait pas été assez assouplie entre ses mains pour qu'elle pût exprimer les nuances infinies de ses pensées, sans employer des formes un peu extraordinaires. Ce qui donne un faux brillant à la médiocrité nuisait à la supériorité véritable. On prenait un esprit très-original pour une manière d'écrire bizarre; et c'est quand le langage de madame de Staël a davantage ressemblé à celui de tout le monde, qu'on a bien vu que son talent n'était celui de personne.

Troisième période.

Ce fut vers la fin de 1803, après avoir publié DELPHINE, que madame de Staël, exilée par la tyrannie d'un seul, comme elle l'avait été par celle de plusieurs, fit son premier voyage en Allemagne. Là, elle trouva sa réputation plus grande qu'elle ne l'imaginait. Des hommes de génie, et d'un génie analogue au sien, l'accueillirent avec transport; les souverains se la disputèrent, et une société bienveillante applaudit à ses talents, à sa conduite politique, à son enthousiasme pour son père. Là, elle eut encore l'avantage de fixer auprès d'elle un écrivain distingué, M. Schlegel, qui lui a été également agréable par les rapports et par les différences de leurs esprits, et dont les éloges comme les contradictions ont sans cesse excité sa pensée. Cette année fut prodigue pour madame de Staël, de plaisirs, d'esprit, d'idées nouvelles; mais elle lui réservait un coup affreux, elle la priva de son père.

Je reviendrai sur ce temps désastreux, et je ne veux le considérer ici que comme l'époque d'un beau développement dans le talent de madame de Staël. Elle avait déjà connu le malheur. Les crimes de la révolution, l'ingratitude des hommes envers M. Necker, leur injustice à son propre égard, d'autres peines encore avaient déchiré son cœur. Mais il est dans ces chagrins dont on accuse les autres, ou même soi, quelque chose d'âpre et d'irritant qui arrête le plein épanchement de l'âme. Elle a eu quelquefois cette verve amère et satirique qui est bien aussi un moyen de succès; mais la grande beauté de son talent, c'était l'inspiration élevée et pathétique. Une douleur qui venait du ciel, une douleur dans l'ordre de la nature, une douleur qui tenait du sentiment religieux, devait modifier son âme d'une manière qu'on peut appeler heureuse, si l'on regarde comme le premier bonheur le plus grand perfectionnement. Son esprit sans cesse fixé sur les qualités véritablement admirables de M. Necker, le désir ardent de devenir pour ses enfants ce qu'il avait été pour elle, la lecture qu'elle faisait constamment avec eux de ces beaux écrits de religion et de morale, où des lois sacrées leur semblaient imposées par un père avec la double autorité de sa vie et de sa mort, tout concourait à produire sur elle cette impression solennelle et profonde, si propre à imprimer un cours bienfaisant à ses pensées et un grand caractère à ses écrits.

Dès lors ses opinions religieuses furent mieux prononcées, ses sentiments de piété plus constants et plus actifs. Le vague d'une croyance poétique cessa de suffire à son cœur; il lui fallut une foi ferme dans cette promesse d'immortalité, qui seule la sauvait du désespoir; en un mot, elle eut besoin d'être chrétienne, parce que son père était mort en chrétien. Ces illusions des âmes tendres, que tolère ou favorise avec tant de douceur une religion pourtant si pure, le sentiment d'une communication avec les amis qui ne sont plus, l'idée qu'ils nous protégent encore, que peut-être un jour ils obtiendront pour nous, comme une partie de leur récompense, le bonheur d'une réunion avec eux; toutes ces espérances remplirent dès lors le cœur de madame de Staël; elles l'ont soutenue jusque dans cette longue et cruelle lutte, durant laquelle elle repoussait les terreurs de la mort en pensant qu'elle allait rejoindre son père.

Ce sont de tels sentiments qui lui ont dicté cet admirable morceau sur la vie privée de M. Necker, qu'elle a imprimé à la tête des manuscrits qu'il avait laissés. Parmi les amis de madame de Staël, qui ont rendu un hommage public à sa mémoire, un écrivain aujourd'hui bien célèbre, M. Benjamin Constant, a signalé le mérite extraordinaire de cet écrit, en disant qu'aucun des ouvrages de madame de Staël ne peut la faire aussi bien connaître.

Il est vrai que celui-là est unique dans son genre. C'est peut-être la seule fois qu'on ait vu un talent de première force, aux prises avec une douleur réelle, la peindre si involontairement. Non seulement elle ne cherche à tirer parti de son affliction pour aucun effet, mais elle ne se doute pas qu'elle l'exprime. Il y a entier oubli, je dis plus, il y a sacrifice d'elle-même dans ce morceau; elle se met au-dessous de sa mère, parce qu'elle veut rehausser M. Necker dans l'objet qu'il avait choisi; elle cherche à se faire paraître légère, inconsidérée, pour que si jamais elle a encouru quelque blâme, il ne retombe pas sur son père; enfin elle va jusqu'à donner à entendre qu'elle n'aurait pas eu naturellement des sentiments bien profonds, afin qu'on croie que l'impression qu'il a produite sur elle, eût été plus forte sur une autre. La souffrance de son âme perce à travers chaque mot, et pourtant elle déploie une variété inconcevable de tons, de moyens, de ressources quand elle veut faire sentir les différents mérites de M. Necker. Craignant pour lui de fatiguer de sa peine, elle essaie mille cordes différentes, elle raisonne pour convaincre, elle séduit pour désarmer, elle cherche même à amuser pour s'assurer d'être écoutée. C'est par des explosions subites que son sentiment se fait jour; mais on voit que toute son intention est d'observer une noble réserve. La peur de nuire par de l'exagération la poursuit. Quelque chose de contenu, de timide, montre une défiance douloureuse de ses moyens de persuasion, et ses phrases jetées, entrecoupées, et comme prononcées avec une haleine trop courte, prouvent qu'elle écrivait la rougeur sur le front, tremblant de ne pas trouver le ton juste, et d'exposer l'objet de son culte.

Quand on a connu madame de Staël et son père, quand on les sait réunis dans le même tombeau, ce n'est pas sans répandre des larmes qu'on pense à l'immensité de tendresse que prouve et justifie un tel écrit.

Corinne, ou l'Italie.

Après avoir un peu soulagé son cœur par cet hommage, madame de Staël partit pour l'Italie. Encore absorbée par la douleur, ce voyage ne lui offrait aucune perspective agréable, et le genre d'attrait qu'il peut avoir n'était d'ailleurs pas celui auquel elle se croyait le plus sensible. Jusqu'alors elle n'avait admiré que l'esprit, elle n'avait étudié que le cœur humain et les livres. Bannie depuis longtemps du brillant théâtre des plaisirs et des succès de son jeune âge, elle avait avant son malheur vivement regretté Paris, et Paris seul semblait encore fait pour l'intéresser. Assez étrangère aux jouissances des beaux-arts, elle n'avait été que faiblement touchée par le spectacle de la nature. Les beautés champêtres n'étaient guère à ses yeux que la décoration de l'exil, la froide parure d'un séjour insipide, et elle avait pris une sorte d'humeur contre les lacs, les montagnes, les glaciers de la Suisse, dont on lui comptait la vue pour un dédommagement. Rien de ce qui n'était ni sentiment ni pensée n'avait de valeur à ses yeux.

Sa disposition à plusieurs égards était déjà changée quand elle partit pour l'Italie : son père était mort sans que les Français lui eussent rendu justice; les Français lui plaisaient encore, mais dans ce moment-là, elle les aimait certainement moins. Sûre de souffrir partout, le choix du séjour lui était devenu plus indifférent, et elle devait préférer celui qui ne lui retraçait aucun souvenir amer. Elle éprouva dans ce voyage un soulagement que sa touchante superstition attribuait à l'intercession de son père. Le beau ciel, le climat heureux de l'Italie agissaient sur elle à son insu. Son âme attendrie s'ouvrait aux douces émotions, et peut-être fallait-il qu'elle eût perdu quelque chose de son activité pour que les objets extérieurs fissent sur elle leur pleine impression. Celle qu'ils produisirent fut grande, puissante, inattendue, et elle crut découvrir pour la première fois et la nature et les arts quand ils s'offrirent à ses regards dans leur splendide magnificence.

Le développement de ce sentiment nouveau fut sans doute favorisé par la société de M. Schlegel. Les connaissances de ce savant dans les beaux-arts, sa manière ingénieuse et néanmoins poétique de rendre compte de leurs effets, réussirent à intéresser madame de Staël. En vertu d'une analogie secrète, l'admiration de l'art réveilla dans son cœur celle de la nature, et les copies la ramenèrent au modèle.

Peut-être y a-t-il à gagner pour le talent dans ces impressions tardives qui opèrent une révolution subite chez un esprit déjà très-exercé. Si madame de Staël eût été sensible dès son enfance aux charmes des objets champêtres, ses premiers ouvrages auraient été enrichis de plus de tableaux, mais elle n'eût pas écrit Corinne.

Dans la littérature proprement dite, et hors du domaine de la politique, Corinne est le chef-d'œuvre de madame de Staël, Corinne est l'ouvrage éclatant et immortel qui lui a le premier assigné un rang parmi les grands écrivains. C'est dans la composition de génie dans laquelle deux œuvres différentes, un roman et un tableau de l'Italie, ont été fondues ensemble. Les deux idées sont évidemment nées à la fois : l'on sent que l'une sans l'autre elles n'auraient pas pu séduire l'auteur, ni correspondre à ses pensées. Aussi parmi la plus riche variété de couleurs et de formes, il règne un ravissant accord, et une teinte harmonieuse est répandue sur l'ensemble. Corinne est à la fois un ouvrage de l'art, et une production de l'esprit, un poëme et un épanchement de l'âme. Le naturel, et un naturel ardent, passionné, bien que tendre et mélancolique, y perce de toutes parts, et il n'y a pas une ligne qui ne soit écrite avec émotion. Madame de Staël s'est, pour ainsi dire, divisée entre ses deux principaux personnages. Elle a donné à l'un ses regrets éternels, à l'autre son admiration nouvelle : Corinne et Oswald, c'est l'enthousiasme et la douleur, et tous deux c'est elle-même.

La mélancolie attribuée dès l'origine à lord Nelvil est une belle idée dans l'ouvrage. De là vient que la seconde partie, si lugubre dans sa totalité, ne discorde point avec la première; et cette nuance de tristesse forme un fond doucement sombre, sur lequel tous les objets, et la brillante figure de Corinne en particulier, ressortent avec un singulier éclat. De là vient encore qu'un charme plus pur est répandu sur Corinne elle-même. La pitié se mêle à tout ce qu'elle éprouve. Ce n'est plus seulement une femme passionnée qui cherche à captiver, c'est un Génie bienfaisant qui vient au secours de la douleur. Tout est attendrissement jusque dans ce qui éblouit ou étonne. Il semble que des couplets très-variés sont chantés sur un air charmant, mais dont l'expression est triste et pénétrante. Rien toutefois de plus animé, de plus vif, souvent même de plus riant que le coloris de l'ouvrage, et c'est parce que la vie y est représentée avec force dans ses joies comme dans ses peines, que la fiction entière est si belle et si frappante.

La première partie, l'Italie démontrée par l'amour, est un enchantement continuel. Corinne célèbre toutes les merveilles des arts en faisant connaître à Oswald la plus grande des merveilles, Rome, empreinte du génie de tant de siècles, Rome qui a triomphé de l'univers et du temps. Elle chante la nature féconde et magnifique du Midi, les monuments du passé dans leur auguste mélancolie, les héros, les poëtes, les citoyens qui ne sont plus. Tout ce que l'histoire offre de grand, tout ce que le moment présent peut inspirer de traits agréables, piquants, et parfois comiques, à un esprit observateur, se trouve réuni dans ses paroles. Aux vues originales d'une jeune imagination, elle joint la connaissance de tout ce qui a été pensé sur les objets dont elle parle. Elle sait quelle a été la manière de juger des anciens et celle des artistes du moyen âge, quelle est celle des diverses nations modernes; et elle explique, elle met en contraste tous ces points de vue avec la grâce animée d'une jeune femme qui veut avant tout plaire et se faire aimer. Une véritable instruction nous est donnée par un être sensible qui s'adresse à notre cœur.

C'est avec habileté que l'auteur a repoussé dans l'ombre

2.

le commencement du voyage de lord Nelvil, afin de porter toute la lumière sur la superbe scène qui est le vrai début de l'ouvrage. Accablé par le chagrin d'avoir perdu son père, Oswald lord Nelvil était entré la veille dans Rome sans rien observer, lorsqu'au matin un soleil éclatant, le bruit des fanfares, des coups de canon le réveillent. La muse de l'Italie, Corinne, improvisatrice, musicienne, peintre et femme charmante, va être couronnée au Capitole. La ville entière est en mouvement, la fête du génie est célébrée par tout un peuple. On s'associe aux diverses impressions d'Oswald, lorsqu'il suit involontairement le char brillant de Corinne. Comme lui, on avait conçu des préventions contre la femme qui recherche des hommages publics, et comme lui on se réconcilie avec Corinne, quand on croit voir cette physionomie aimable où se peint la bonté, la simplicité du cœur unie au plus bel enthousiasme. On partage son émotion, lorsque mêlé avec la foule au Capitole, il s'aperçoit que sa noble taille, ses habits de deuil et peut-être son expression de tristesse, ont attiré l'attention de Corinne; qu'elle s'est attendrie en le regardant, que déjà elle a eu le besoin de changer le sujet de ses chants et de joindre des paroles sensibles à son hymne de triomphe. Mais à travers le trouble que ressent Oswald, son caractère se fait jour. On voit que l'idée de la patrie est celle qui disposera de lui. Quand au sortir du Capitole la couronne de Corinne tombe, quand Oswald la relève et qu'elle le remercie par deux mots anglais, c'est l'inimitable accent national qui bouleverse toute son âme. Il avait été séduit, à présent il est frappé au cœur; on sait quelle est chez lui la corde délicate, et c'est ainsi que le roman est annoncé, et que cet exorde magnifique renferme le secret du reste.

Les improvisations de Corinne, qui sont censées traduites de l'italien dans l'ouvrage, y ajoutent un ornement très-brillant; néanmoins je ne sais si leur éclat avoué l'emporte beaucoup sur le charme des autres discours de Corinne. Tout ce que dit Corinne est ravissant. Dans le cercle d'amis dont elle est entourée, elle excite toujours le plus vif enthousiasme. Ses paroles toujours attendues avec impatience sont toujours justement applaudies. Chacun dit: « Écoutez, Corinne, elle vous enchantera; » Corinne parle, et elle nous enchante en effet. Et nous ne pensons pas que madame de Staël se loue elle-même en vantant ce qu'elle a écrit, tant nous trouvons qu'elle a raison de se louer. Énorme difficulté pour un auteur que celle d'annoncer un miracle d'esprit et de tenir toujours parole! que de nous préparer à l'étonnement et de nous étonner néanmoins! Tour de force inouï, si l'abondance, la facilité de la verve n'excluait pas l'idée du tour de force, pour donner celle du prodige!

Cette multitude de morceaux d'éloquence ou de tableaux charmants ne nuit point à l'intérêt de la fiction, parce que l'auteur a eu l'art de ne placer les digressions que dans les moments où la marche de l'action est suspendue, où le lecteur craint même de lui voir reprendre son cours, et où il jouit d'autant mieux d'un moment de calme, qu'il sent que l'orage se prépare.

La destinée de Corinne est enveloppée de mystère; elle parle toutes les langues; elle réunit les agréments de tous les climats, et l'on ne sait où elle est née. Oswald, qui ne conçoit de bonheur que le bonheur domestique, voudrait s'unir à elle par un lien sacré, mais auparavant il exige sa confiance. Cette explication que Corinne retarde d'un jour à l'autre est redoutée du lecteur même; il se plaît à ces promenades, à ces courses intéressantes qu'elle ne cesse de proposer à Oswald, afin de le distraire de la cu-

riosité du cœur par celle de l'esprit. Le bonheur, mais un bonheur qui va finir, la passion qui doit lui survivre respirent dans les discours de Corinne. Plus le moment de l'aveu fatal approche, plus elle veut s'étourdir elle-même, enivrer celui qu'elle aime des plus hautes jouissances de la poésie et des arts. Il semble que des couleurs toujours plus vives frappent tous les objets, à mesure que le ciel devient plus menaçant, et qu'un rayon unique perce encore le nuage que la foudre ne tardera pas à sillonner.

C'est après avoir monté le Vésuve avec Oswald et vu de près les torrents embrasés de la lave, que Corinne remet entre les mains de lord Nelvil le cahier où elle a écrit son histoire.

Jamais concours de circonstances n'a été plus funeste. Corinne est Anglaise, et elle n'a pas pu supporter la vie monotone d'une province d'Angleterre; Corinne a été destinée dans son enfance à devenir l'épouse d'Oswald lui-même, et le père de celui-ci, effrayé de la vivacité des goûts et des idées qui déjà se développaient en elle, a tourné ses vues du côté de Lucile, la sœur cadette de Corinne. Oswald est donc blessé dans son sentiment d'Anglais ainsi que dans son sentiment de fils. Il est atteint dans tout ce qui est en lui plus profond, plus enraciné que l'amour même. Dès lors la fiction prend un autre caractère, et l'on sent qu'il ne s'agira plus que de séparation et de mort. Désormais il n'y aura plus dans les relations d'Oswald et de Corinne que de cruels combats, que ces déchirements de l'âme, résultats de l'opposition entre des sentiments également vifs, que l'inégalité de conduite qui en est la suite, et les ménagements plus tristes que les orages mêmes. Oswald doit songer à retourner dans sa patrie, et la description du séjour qu'il fait à Venise avec Corinne, au moment de la séparation, est d'une beauté lugubre extrêmement originale. Je ne suivrai pas plus loin cette esquisse. Je ne puis me résoudre à retracer l'affreux voyage que Corinne fait secrètement en Angleterre, la maladie de langueur qui la consume, les noces d'Oswald avec sa sœur, dont elle est presque témoin, son retour solitaire à Florence, l'arrivée d'Oswald et de Lucile dans ce séjour, et enfin les adieux de Corinne à tous deux, adieux contenus dans un hymne sublime, véritable chant du cygne, source intarissable de larmes, qui, hélas! n'ont plus à présent une fiction pour objet.

La dernière moitié de l'ouvrage est tout en contraste avec la première; la couleur la plus sombre y règne, et elle offre un déploiement qu'on peut appeler effrayant du talent de peindre la douleur. C'est une fécondité extraordinaire de nuances pour graduer les impressions tristes, pour fixer, si on peut le dire, les misères fugitives du cœur. On voit d'abord un léger déclin dans le bonheur, puis une peine vague et passagère qui prend à chaque instant un caractère plus arrêté, puis le malheur dans sa force la plus cruelle, et enfin le désespoir sous son apparence plus calme, le désespoir d'un être trop doux et trop pieux pour se révolter, mais trop faible pour ne pas mourir. Étonnante et fidèle peinture qui oblige à reconnaître chez l'auteur une capacité de souffrance aussi rare que son génie [1]!

Malgré cette profonde tristesse, il y a toujours une belle harmonie dans chaque tableau. Corinne malheureuse est toujours une Muse inspirée; et la jouissance des beaux-

---

[1] L'infortunée reine de Prusse, victime innocente des calomnies d'un homme qui, sur le trône du monde, se plaisait à insulter à la beauté et au malheur, la reine de Prusse disait qu'elle était souvent obligée de suspendre la lecture de *Corinne*, parce qu'elle se sentait l'âme déchirée, non pas tant par la douleur que par cette privation d'espérance qui lui rappelait son propre sort.

arts dont l'objet est tragique, n'est jamais perdue pour le lecteur.

Peut-être faut-il excepter de cet éloge une intrigue épisodique dont le théâtre est à Paris. Ce morceau me paraît sortir du ton; et le mérite qu'il peut avoir n'est pas à sa place dans l'ouvrage.

On a dit que le personnage de Corinne avait quelque chose de trop théâtral pour la vraisemblance. Mais ce n'est pas une nature ordinaire que l'auteur a voulu peindre; c'est le caractère exalté d'une femme poëte qui, lorsqu'elle aime et qu'elle souffre, est toujours une improvisatrice. La conscience de son talent, celle de l'admiration qu'elle excite ne la quittent point, et donnent à l'expression de ses sentiments les plus vrais, une couleur particulièrement éclatante. Madame de Staël, bien plus simple que son héroïne, devait pourtant mieux qu'une autre concevoir une pareille modification de l'existence. C'est même cette inspiration, portée sur l'univers extérieur comme sur les affections de l'âme, qui met de l'accord entre la partie descriptive et la partie romanesque de la composition.

Ceux qui jugent cet ouvrage comme un roman, trouvent que le héros n'est pas assez passionné. Mais Corinne ne devait être supposée en rien, pas même dans l'amour; et il fallait un caractère absolument différent du sien pour qu'il se soutînt à côté d'elle. Celui d'Oswald est dans la nature, et il est surtout dans celle d'un Anglais. Combien n'existe-t-il pas, principalement dans les pays sévères, de ces êtres qui regrettent tour à tour le plaisir et l'austérité, qui paraissent à la fois dominés par leurs habitudes et par le désir de s'en affranchir, et qui ne sont jamais plus près de rompre avec leurs passions ou avec leurs principes, que quand on les croit sur le point de leur céder! Ce caractère qui tenait la malheureuse Corinne dans un état d'alarmes perpétuelles, était peut-être exactement ce qu'il fallait pour fixer son imagination et captiver ses pensées.

Tout ce qui concerne les beaux-arts est plein d'intérêt et de mérite. Il y a une fraîcheur, une vivacité extrême dans les impressions, et pourtant une érudition ingénieuse s'y laisse entrevoir. Les idées les plus marquantes de Winkelmann, celles qu'y ont ajoutées d'autres auteurs allemands, celles même des érudits italiens, sont exposées par Corinne, et semblent souvent renaître chez elle sous la forme de l'inspiration. Corinne, avec son enthousiasme, a tout le tact de madame de Staël. Chez elle l'admiration la plus vive est toujours circonscrite; le mot qui l'exprime en marque la borne; elle voit ce qui manque à travers ce qui est, et sans cesser de jouir de ce qui est.

Je ne sais si l'on a reproché à madame de Staël de s'être peinte elle-même dans Corinne. Peut-être n'a-t-elle pas été étrangère au désir d'affaiblir les préventions qu'on a dans le monde contre les femmes à grands talents; peut-être a-t-elle voulu montrer, ainsi qu'elle le savait par expérience, que l'amour de la gloire ne supposait pas nécessairement les défauts avec lesquels l'opinion commune l'associe. Elle a donc créé un être semblable à elle, une femme qui unit le besoin du succès à une sensibilité profonde, la mobilité de l'imagination à la constance du cœur, l'abandon dans la conversation à cette dignité de l'âme qui commande celle des manières, et enfin la passion dans toute sa force à l'examen de soi et des autres. Et cet être qu'elle a conçu, elle l'a tellement réalisé, elle lui a donné aux yeux de tous une forme si prononcée, que la fiction a servi de preuve à la vérité; et Corinne a fait enfin connaître madame de Staël.

Toutefois, une pareille vue n'a pu être que secondaire. Il ne faut pas chercher d'explication à ce qui est beau en soi. Corinne est le fruit de l'inspiration. C'est un tableau qui s'était trop fortement emparé de l'imagination de l'auteur pour qu'il n'eût pas le besoin de le tracer; et le propre du génie est de se peindre lui-même dans ses œuvres.

Ce qui est remarquable dans l'invention de la fable, c'est que le hasard n'y joue un rôle qu'en apparence; les événements n'y font que mettre la nature des choses en relief. Aucune loi immuable n'obligeait certainement le père d'Oswald à refuser Corinne pour sa belle-fille. Mais on voit que ce père n'est là que pour représenter les pensées secrètes, les pensées inévitables d'Oswald lui-même, qui craint qu'une femme célèbre ne soit pas propre à remplir d'obscurs devoirs. Lucile et Corinne sont aussi des idées générales; elles sont l'Angleterre et l'Italie, le bonheur domestique et les jouissances de l'imagination, le génie éclatant et la vertu modeste et sévère. Les plaidoyers, pour et contre ces deux genres d'existence, sont également forts; les deux faces opposées de la vie sont saisies avec une même vivacité de conception, et une grande question est continuellement traitée dans l'ouvrage sans qu'on s'en doute, tant l'intérêt dramatique entraîne irrésistiblement le lecteur.

Il est aisé de juger que l'idée fondamentale de DELPHINE et de CORINNE est la même. C'est toujours une femme douée de facultés supérieures qui ne peut s'astreindre à suivre la ligne que l'opinion lui a tracée, et qui est bientôt en proie aux plus cruelles douleurs, parce qu'elle s'est écartée de cette ligne. Mais entre ces deux productions, tout l'avantage est du côté de CORINNE. L'héroïne dans DELPHINE est fort spirituelle, mais elle n'a pas pour excuse des talents extraordinaires. Plus scrupuleuse que Corinne peut-être, elle se place dans une situation plus équivoque; elle n'a complètement ni de l'innocence ni de l'éclat, et rien ne distrait de l'impression pénible qu'elle cause. Corinne se présente avec plus de grandeur. Elle a ouvertement rompu avec l'opinion, et sur la terre classique de l'Italie l'oppression de la société ne se fait point sentir. Elle ne veut avoir affaire qu'avec la gloire, et elle l'obtient. Le combat de la passion n'a rien non plus qui la dégrade. Ce n'est point cette lutte qui rabaisse toujours un peu la femme même qui en sort triomphante. Il s'agit pour elle du mariage ou du désespoir, du bonheur ou de la mort; et il y a de la dignité dans cette alternative. Elle n'est point aux prises avec les remords, point avec l'humiliation; elle l'est avec le cours des choses, avec le malheur, et le génie la relève.

CORINNE eut un succès prodigieux. Un ouvrage à toutes les portées, où les artistes puisaient un nouvel enthousiasme avec de nouveaux moyens de l'exprimer, les érudits des rapprochements ingénieux, les voyageurs des directions heureuses, les critiques des observations pleines de finesse, où les âmes les plus froides s'ouvraient à l'émotion, enfin où il y avait du plaisir jusque pour la malice même, dans ces portraits de nations si plaisamment caractéristiques, un tel ouvrage, dis-je, enleva de vive force tous les suffrages, entraîna toutes les opinions. Il n'y eut qu'une voix, qu'un cri d'admiration dans l'Europe lettrée; et ce phénomène fut partout un événement [1].

---

[1] J'ai su par mon fils, qui était à Édimbourg au moment où, malgré la guerre, il y parvint quelques exemplaires de Corinne, que ce livre produisit dans cette ville si éclairée une inconcevable sensation. La société entière fut électrisée; les métaphysiciens, les géologues, les professeurs de toute espèce s'arrêtaient les uns les autres dans les rues, se demandant où ils en étaient de la lecture. La peinture des mœurs anglaises fut trouvée parfaitement fidèle, et l'on apprit qu'il y avait une petite ville de province qui s'était choquée, parce qu'elle avait cru que madame de Staël, qui n'en avait jamais entendu parler, avait voulu la tourner en ridicule.

Dès ce moment madame de Staël n'a plus recueilli que de la satisfaction de ses travaux; l'envie lui avait pardonné sous le nom de Corinne, et elle a obtenu ce qu'il lui fallait, une admiration mêlée de sympathie, je dirais presque de faible. Elle avait surtout besoin d'intéresser, et voulait qu'on devinât ses peines; aussi a-t-elle tracé la route à ceux qui voulaient la louer. Une franchise naturelle, une certaine modestie sur plusieurs points la portaient à repousser toute gloire qui ne lui allait pas; et elle accueillait encore à titre de bienfait celle même qu'elle sentait mériter.

Ce livre est peut-être le seul ouvrage de madame de Staël qui soit entièrement étranger à la politique : et pourtant l'esprit n'en convint pas à un dominateur ombrageux, qui conduisait les hommes par leurs intérêts, et qui ne voulait d'autre enthousiasme que celui de la victoire. Il ne pardonnait au talent que quand il avait obtenu de lui ce mot d'éloge par lequel le talent abdiquait son indépendance, et par conséquent son pouvoir. Mais louer le despotisme et celui qui se sert de ses plus odieux moyens pour obtenir la louange, était impossible à une âme fière.

Madame de Staël se résigna donc à l'exil, et regardant les hommes distingués de tous les pays comme ses véritables compatriotes, elle alla, en 1807, à Vienne, dans le but de rassembler de nouveaux matériaux pour le grand ouvrage qu'elle préparait, le tableau de l'Allemagne, sous le rapport des mœurs, de la littérature et de la philosophie. Parmi les avantages qu'elle retira de ce voyage, elle-même comptait pour beaucoup le plaisir d'avoir embelli les dernières années d'un vieillard aimable qui avait conçu pour elle une grande affection. Elle promit au prince de Ligne de publier une partie des anecdotes qu'il avait rédigées, en les faisant valoir par une préface; et c'était lui assurer un plein succès littéraire. Cet ouvrage, comme on sait, a fait une telle fortune, qu'on a espéré en étendre la réussite jusque sur les anecdotes que madame de Staël avait laissées de côté. Il en a donc été fait un second et même un troisième choix, qui ont dû montrer à quel point son goût l'avait bien conseillée.

De l'Allemagne.

L'Italie pouvait être chantée, mais il fallait raconter l'Allemagne. Un pays où il n'y a de grand que la pensée, où les arts, la nature, la société même n'ont rien qui frappe les yeux ou captive l'imagination, ne pouvait inspirer une improvisatrice. Néanmoins il y avait là pour l'esprit d'immenses richesses à recueillir. Là, s'offrait au regard observateur de madame de Staël une manière de voir, de sentir, d'exister enfin tout à fait particulière; et la foule d'idées nouvelles qu'elle avait trouvées en circulation parmi les hommes éclairés, exigeait toute son adresse pour les expliquer et les faire valoir. Dépouillant donc le costume emprunté de Corinne, elle parle en son propre nom, et paraît elle-même sur la scène.

C'était le parti le plus judicieux. La forme didactique ne demandant point d'unité, admettait une grande variété de tons. Aussi les divers talents de l'auteur prennent-ils chacun dans cet ouvrage une physionomie bien prononcée. Toute l'ardeur de son âme, son esprit piquant et original, sa gaieté même s'y déploient, et elle y prouve de plus une force de tête, une faculté d'abstraction qu'on n'aurait pas devinée d'après l'élan poétique de son imagination. Ce livre se place, sans aucun doute, au niveau du précédent, et peut-être est-il plus extraordinaire comme l'œuvre d'une femme.

Toutefois on s'attendait à une autre Corinne, et il y eut un instant de mécompte. On avait espéré des émotions, et l'on ne voyait pas d'avance comment l'auteur en donnerait. Mais madame de Staël ne pouvait pas marcher sur ses propres traces. Elle avait d'ailleurs assez fait parler la passion, et, si le feu de son génie ne se fût pas porté sur d'autres objets, elle n'eût point obtenu sa meilleure gloire.

Il existe dans L'ALLEMAGNE un mérite au-dessus de toute comparaison; c'est un ouvrage profondément moral et religieux. La vertu et la religion n'y sont pas des moyens d'effet. Ce ne sont pas des cordes sonores que le talent se plaît à faire vibrer dans nos cœurs. Il règne dans la composition entière un désir, une passion de faire prévaloir des principes régénérateurs, de vivifier à la fois le sentiment et l'imagination, en combattant des doctrines qui paralysent l'un et l'autre. Ces motifs sont les seuls qui aient inspiré madame de Staël. Ici nul retour sur soi, nulle trace d'impulsion personnelle. Dans ses écrits précédents elle est encore occupée d'elle-même. Elle peint sa destinée sous des traits généraux, et puise dans l'idée des peines inévitablement attachées au sort des femmes, la résignation qui lui fait supporter les siennes. Il n'est rien de pareil dans L'ALLEMAGNE. Elle ne cherche, elle ne veut que le bien, celui des lettres, celui de la société, celui de l'âme. Montrer l'union intime et nécessaire du génie de la religion avec celui des beaux-arts et de la haute philosophie; tel est le but constant de l'auteur.

Mais comment se fait-il qu'en marchant à un but si louable, on trouve si peu d'encouragement? Y a-t-il un accord secret entre ceux qui veulent entendre parler de religion le moins possible et ceux qui, à force de scrupules, rendent ce sujet tellement délicat à traiter qu'ils l'excluent par cela même? Certaines personnes pieuses s'effraient peut-être moins d'une lecture entièrement profane, pourvu qu'elle soit innocente, que de celle qui les expose à recevoir des pensées mondaines dans l'asile le plus sacré de leur cœur. Ainsi le mélange des beaux-arts et de la religion dans cet ouvrage a été blâmé par un écrivain (madame More) que madame de Staël elle-même a compté parmi les plus distingués de l'Angleterre.

Il faut respecter les motifs d'un auteur si estimable, et généralement si judicieux, mais on peut oser dire qu'il n'a pas envisagé la question dans son ensemble. Pour que la religion influe sur tous les moments et sur tous les hommes, il faut que la vie entière, avec les sciences et les arts qui en sont le brillant apanage, puisse être envisagée religieusement. Tant que les pensées religieuses ne s'allieront pas à toutes les autres, il y aura absence d'harmonie dans l'âme, inconséquence dans les actions. Si l'on ne sent pas que tout émane de Dieu, si la communication des rayons au centre est interceptée, l'idée la plus vaste de toutes, celle de la Divinité, deviendra une idée étroite, et nous échappera par cela même.

Madame de Staël était intimement convaincue de ces vérités qu'elle trouva déjà répandues en Allemagne, le pays où l'on a le plus cherché à former un même faisceau de toutes les connaissances humaines. Nul spectacle ne pouvait l'intéresser davantage que celui d'une nation où le règne des opinions qu'elle avait professées jusqu'alors était solidement établi, où elle trouvait ses propres idées, d'un côté appliquées de mille manières à la vie réelle, et de l'autre appuyées sur les principes d'une haute philosophie. Néanmoins elle juge de nouveau ces idées. Elle voit leurs inconvénients dans l'abus qu'on en fait parfois, et la force de ses impressions inattendues lui fournit sans cesse l'occasion de rectifier ses systèmes.

Rien assurément ne lui a semblé parfait en Allemagne; les livres, le théâtre, l'art de converser, rien n'était porté à un haut degré d'excellence, mais partout il y avait de la chaleur, de la vie, de l'émulation parmi les écrivains; de la bienveillance dans la société. Tout était en espérance, mais l'espérance animait tout. Elle crut respirer plus librement quand elle se vit entourée d'hommes qui n'imposaient nulle entrave au talent, nulle borne à la pensée, qui étaient étrangers à toute intolérance, et qui accueillaient le génie comme un enfant du ciel sans se défier de lui. L'esprit qui dirigeait les écrivains l'a portée à juger plus favorablement de leurs œuvres, mais elle a désiré voir régner cet esprit en France, bien plus qu'elle n'a proposé la littérature allemande pour modèle à l'imitation des Français. Dans un temps où la pensée même paraissait asservie, elle a proclamé les bienfaits de l'indépendance intellectuelle, comme ceux de la liberté politique dans son dernier écrit.

Cet ouvrage était épineux à composer. On s'attend à de la pédanterie, à une métaphysique embrouillée ou à une fausse exaltation sentimentale dès qu'il s'agit de l'Allemagne. Comme madame de Staël découvrait à l'instant ces défauts partout où ils existaient, elle devait prouver qu'elle ne pourrait jamais en être la dupe. En outre on était armé d'avance contre une multitude d'idées qu'elle avait à développer, et le combat déjà engagé sur certains points rendait les amours-propres nationaux très-intraitables. Mais avec le vif sentiment de son équité naturelle, elle marche à travers toutes ces difficultés. Elle ne ménage personne, et il ne semble pourtant pas qu'elle doive blesser, parce qu'elle voit d'en haut les sujets qu'elle traite, et que, réduisant les débats littéraires à leur valeur, elle a la bonne foi de sourire la première dès que ses protégés eux-mêmes prêtent au ridicule en quelque point; enfin, parce qu'elle conserve la grâce d'une femme, et qu'il y a du désir de plaire jusque dans les choses piquantes qu'elle dit.

Aussi les Allemands ont-ils fort bien pris ses reproches les plus sévères. En leur qualité de débutants, ils voulaient se montrer dociles; et comme madame de Staël donnait précisément à leur littérature ce qui lui manquait, une existence européenne, ils ont été plus flattés qu'offensés; mais il n'en a pas été de même des Français. Une immense renommée, des auteurs naturalisés chez toutes les nations, des pièces jouées sur tous les théâtres, une langue devenue dans le monde entier comme une langue maternelle pour la classe cultivée, avaient rempli les Français d'un juste orgueil; ils étaient de toutes manières au faîte de la puissance, et leur parler avec franchise, était dire la vérité à des rois.

Mais c'est là précisément ce qui mettait à l'aise madame de Staël. Elle n'aimait pas naturellement le pouvoir, et toute sa générosité la portait à relever la réputation d'un peuple malheureux et méconnu. Toutefois, malgré son entiment, malgré l'ivresse d'enthousiasme qu'elle inspirait d'un côté et la persécution qu'elle éprouvait de l'autre, elle n'a pas commis d'injustice, et une tournure un peu épigrammatique donnée à des jugements équitables au fond, est tout ce que les Français peuvent lui reprocher.

Il faut se rappeler qu'au moment où elle écrivait la France entière était dans une fausse position. Tout se fondait sur la révolution, et l'on détruisait chaque jour le fruit chèrement acheté de la révolution, l'espérance de la liberté. Une hypocrisie violente dans le gouvernement n'en imposait à personne, et hors du gouvernement même, un vernis de légèreté et d'insouciance ou l'orgueilleuse consolation de la victoire, servait à recouvrir un peu l'esclavage qu'on n'espérait pas cacher. De là résultaient de toutes parts des contradictions qui ne pouvaient être voilées que par des sophismes, mais l'emploi continuel de ces sophismes provoquait une irritation singulière chez les victimes de l'ordre existant. Les apologistes de l'arbitraire prenaient des armes où ils pouvaient, ils en cherchaient dans l'ancienne gloire des écrivains français, dans l'éclat du règne de Louis XIV, et comme il n'y avait pas de littérature vivante, vu les données du moment, on évoquait des armées de morts et on se battait avec des siècles. Le parti que devait prendre madame de Staël était indiqué; elle était nécessairement rejetée dans une espèce d'opposition, et un peu d'hostilité contre la critique française n'était que la défense naturelle de ses opinions.

Néanmoins des motifs plus grands l'ont animée. Elle savait, par expérience, qu'on double ses idées en changeant de point de vue. La littérature d'un peuple spirituel et cultivé paraît toujours former un tout complet, quand on la considère du dedans, et elle est si exactement en rapport avec l'esprit qui l'a formée et celui qu'elle forme à son tour, qu'il n'existe à son égard plus de juges. Mais quand on sort de cette sphère, quand on vient à respirer un autre air, parmi les sensations nouvelles qu'on éprouve, il se trouve des plaisirs inconnus. De retour chez soi on regrette ces plaisirs. Tout se montre sous un autre aspect, et l'on s'aperçoit que ce qui semblait être la nature des choses, n'est bien souvent que la manière de sentir d'un peuple.

C'est là l'effet que veut produire madame de Staël. Trouvant à côté de la France le pays qui offre les plus fortes oppositions avec la France même, elle puise là le secret de ces contrastes au moyen desquels on fait ressortir ce qui serait trop vague et trop indéfini, si on le présentait seul. Deux différences fondamentales s'offrent à ses regards, et ces différences relevées dans tout son ouvrage, en font pour ainsi dire l'esprit. Elle oppose d'une part l'empire exercé par la société, à la liberté de la pensée solitaire, et de l'autre, l'effet de la doctrine métaphysique qui assujettit l'âme aux sensations, à celui d'un système qui donne la souveraineté à l'âme. Le premier de ces contrastes devait surtout ressortir dans la partie littéraire, le second dans la partie philosophique de l'ouvrage.

L'auteur débute par le pur esprit français. Voulant prouver qu'elle est chez elle sur le terrain de la noble élégance et de la grâce légère, madame de Staël se montre capable de satisfaire toutes les délicatesses d'un goût difficile, lorsqu'elle rend hommage à un nouveau genre de beautés. C'est peut-être la seule fois qu'on ait vu la cause de l'enthousiasme défendue avec l'arme du ridicule et de la bonne plaisanterie.

Le chapitre charmant, DE L'ESPRIT DE CONVERSATION, peut se mettre au nombre des traités sur l'art, faits par un grand maître dans l'art même. Là, madame de Staël donne tous ses secrets, sans courir grand risque qu'on les lui prenne.

La première partie sur les mœurs de l'Allemagne et l'aspect général du pays se rapproche de la forme d'un voyage. Madame de Staël y peint la sensation de tristesse dont on est d'abord saisi sous un climat sombre et sévère, et la disposition plus douce qui lui succède. Ce qu'elle raconte d'une musique ravissante qu'elle entendit, pendant une noire matinée d'hiver, dans les rues encombrées de neige, d'une petite ville, serait propre à devenir l'emblème du pays même. On éprouve encore une sensation pareille, quand on étudie la langue et la littérature allemandes. Quelque chose de pénétrant et d'intime, quelque chose de tendre et de fort, semble parvenir à notre cœur à travers un brouillard d'expressions indécises.

Madame de Staël caractérise avec un discernement exquis l'esprit de la société et des institutions dans les différents États de ce pays divisé de tant de manières; et quand elle vient à parler de l'éducation, elle expose ses propres idées sur ce grand sujet. Rien de plus ingénieux et de plus juste que les raisons données par elle du peu de succès qu'on obtient lorsqu'on veut substituer, pour l'enfance, l'étude des mathématiques et de l'histoire naturelle à celle des langues mortes. Cette partie se termine avec éclat par la description d'une fête nationale dans les montagnes de la Suisse, morceau que des rigoristes en géographie ont trouvé déplacé, mais qui est d'une beauté ravissante.

La seconde partie, qui traite de la littérature, est la plus étendue, et c'est celle qui doit piquer le plus vivement la curiosité L'élite des œuvres de l'esprit chez une nation enthousiaste et laborieuse s'y déploie aux regards, et tout un ordre de beautés inconnues frappe et intéresse tour à tour. Avant de parler des ouvrages, l'auteur nous met en société avec les écrivains, car cette littérature, toute jeune encore, a vu à peine deux générations d'hommes, et madame de Staël a pu elle-même s'entretenir avec les vieillards illustres qui en ont été les fondateurs. C'est un phénomène curieux que le déploiement subit d'un esprit très-original chez une vieille nation européenne, arrivée sous plusieurs rapports au même degré de civilisation que les autres. Peindre ce phénomène avec vérité, en démêler avec sagacité les causes, était tout à fait du ressort de madame de Staël.

Elle a tracé les portraits des écrivains avec la chaleur et la bienveillance qui étaient dans son cœur. Schiller surtout, le vertueux auteur de tant de pièces de théâtre, dont une poésie admirable suffirait pour assurer la réputation, Schiller est traité avec une prédilection particulière. Il avait gagné personnellement ses affections par les qualités les plus aimables, et par cette touchante candeur qui s'allie si bien avec le génie.

Les extraits des pièces de théâtre sont ravissants; les tableaux les plus éclatants, les plus forts d'effet, souvent les plus déchirants, se succèdent. On est transporté dans la situation par deux ou trois paroles, et l'art dramatique avec sa magique puissance s'empare aussitôt de nous. Là encore Schiller est présenté à son plus grand avantage, et les tragédies de ce poëte sont extraites ou traduites avec une étonnante beauté de couleur. On peut remarquer là, ainsi que dans les improvisations de Corinne, à quelle hauteur madame de Staël s'est élevée dans la prose poétique, genre si difficile en français, lorsqu'il s'agit de remuer fortement le cœur à travers la pompe du langage.

Le génie devant lequel les Allemands se prosternent tous, celui de Goëthe, est très-bien caractérisé par madame de Staël. L'adresse infinie qu'elle met à définir cet esprit si hardi et si profond, ce talent flexible et toujours maître de lui-même au milieu de ses bizarreries, cette adresse était d'autant plus nécessaire que peut-être les productions extraordinaires d'un pareil écrivain ne seront jamais bien appréciées hors de l'Allemagne.

Dans le nombre des morceaux distingués dont cette partie se compose, on a cité comme une esquisse de génie le portrait que madame de Staël elle-même a tracé d'Attila. Ses traductions de MARIE STUART, de la LOUISE DE VOSS, celles d'une multitude de pièces détachées montrent sa prodigieuse susceptibilité d'émotion, ses étonnants moyens pour tout exprimer. Le langage, les habitudes, les préjugés nationaux sont pour elle des milieux transparents à travers lesquels elle voit distinctement la beauté des sentiments, des situations, des conceptions littéraires les plus étrangères à nos mœurs; et son imagination frappée transmet comme par miracle ses impressions.

Relativement aux systèmes dramatiques des Français et des Allemands, madame de Staël n'a point pris un parti aussi tranché qu'on l'a prétendu. Elle a balancé des inconvénients ou des avantages, plutôt qu'assigné aucune prééminence. Elle a été vivement émue au théâtre allemand, et c'est fort heureux pour ses lecteurs. Celui qui rend compte d'une littérature étrangère doit l'avoir goûtée, sans quoi il est probable qu'il y est lui-même resté étranger. Chez les deux nations, telles que madame de Staël les a dépeintes, la littérature entière devait prendre une direction différente. Des auteurs inspirés par le désir de plaire à la société, se conforment naturellement à ce qui a toujours plu à cette société, tandis que des écrivains solitaires se livrent davantage à leurs propres impressions. Les premiers se proposent d'exécuter une œuvre, les autres ne songent qu'à épancher leurs sentiments. Ceux-là ont un plan bien conçu à exécuter, ceux-ci ont les riches matériaux de leur pensée à employer. De là vient que la beauté des formes l'emportera dans une littérature, et la vérité des sentiments dans l'autre. Les grands maîtres concilient tout; mais quand il y a un sacrifice à faire, le principe dominant se découvre.

Dans le genre dramatique, le moi du poëte se transporte ailleurs; mais alors les auteurs allemands et anglais mettent le même prix au développement d'un caractère adopté, qu'à la manifestation du leur. Ils veulent suivre les changements que subit un même être, et tracer la marche progressive d'une révolution morale, en conservant l'identité de l'individu. Or, cela seul exclut la règle des vingt-quatre heures, puisque les brusques vicissitudes montrent la force des passions bien mieux que celle de l'homme, et dénaturent le caractère plutôt qu'elles ne le révèlent. La tragédie historique qu'appellent de partout les intérêts du moment, se plie surtout difficilement à la règle des unités.

Voilà ce qui se trouve dans l'application; mais quand la question sera traitée abstraitement, les critiques français auront toujours l'avantage, puisque le genre de vraisemblance exigé par les lois d'Aristote ne semble rien avoir en lui-même d'incompatible avec le naturel et la force. L'art ne s'est point introduit dans l'ordonnance extérieure des pièces allemandes, quoiqu'on y admire une sublime poésie de sentiments et de situations. La forme française est la seule belle, la seule régulière, la seule même qui soit une forme. Quand donc les critiques ont voulu la conserver, quand ils ont toujours dit aux auteurs : Faites mieux, produisez une impression profonde en restant fidèles au bon sens, unissez la vraisemblance morale à la vraisemblance matérielle, ils ont eu parfaitement raison; mais à force d'avoir raison ils finiront par chasser les poètes.

Quand l'arbre qui a donné les plus beaux fruits devient rebelle à la culture, faut-il condamner le sol à la stérilité? Si désormais la séve refuse de jaillir abondamment dans ses anciens canaux, qu'arrivera-t-il? Il arrivera que le changement des mœurs bannissant journellement beaucoup de pièces, la scène s'appauvrira; il arrivera que les imaginations fortes et pathétiques se rejetteront sur le roman, au grand détriment de leur gloire, de celle de leur nation et de leur siècle, au détriment des plus beaux effets et de cette émotion électrique qui se communique au théâtre; de plus, au détriment de la poésie elle-même, qui languira faute d'un emploi à la fois noble et populaire. Il arrivera enfin que, comme on veut des impressions tragiques, il se trouvera toujours des auteurs qui, laissant tout art de côté, se contenteront de larmes et de salles pleines, et qui feront des mélodrames.

Que tel ait été le sentiment de madame de Staël, c'est ce que prouvent évidemment ces paroles : « Quelques « scènes produisent des impressions plus vives dans les « pièces étrangères ; mais rien ne peut être comparé à l'en- « semble imposant et bien ordonné de nos chefs-d'œuvre « dramatiques : la question seulement est de savoir si, en « se bornant comme on le fait maintenant, à l'imitation de « ces chefs-d'œuvre, il y en aura jamais de nouveaux [1]. »

Après la lecture si amusante des deux premières parties, il est possible que celle de la troisième, sur la philosophie et la morale, paraisse un peu abstraite et difficile ; mais on n'en doit pas moins d'estime au beau travail de madame de Staël, travail entrepris par les plus nobles motifs, exécuté avec la plus rare intelligence. Il y avait du courage à traiter des sujets importants sur lesquels on cherchait alors en France à jeter une extrême défaveur.

L'origine des idées dans l'entendement humain étant la question métaphysique à laquelle se rattachent surtout les grands intérêts de la religion et de la morale, c'est celle-là que madame de Staël examine particulièrement. La philosophie matérialiste avait gagné beaucoup de terrain en Europe, depuis qu'un principe vrai en lui-même avait servi à fonder un système faux, autant que destructif de toute responsabilité morale. De ce que les éléments de nos idées nous sont arrivés par le canal de nos sens, on avait conclu que l'âme elle-même n'était qu'une machine à sensations ; et, comme une intelligence active dans le sein de l'homme et un Dieu dans l'univers sont des idées tellement correspondantes qu'on ne rejette guère l'une sans l'autre, un matérialisme absolu ou l'athéisme était le résultat de ces opinions. C'est à combattre une telle doctrine que tous les philosophes allemands se sont appliqués depuis Leibnitz. Mais en voulant rétablir la nature morale dans ses droits, plusieurs ont été poussés vers l'idéalisme, et ceux-là même qui ont fait jouer le plus grand rôle aux objets extérieurs, ont SPIRITUALISÉ la matière bien plus qu'ils n'ont MATÉRIALISÉ l'esprit.

La clarté, et je dirai la grâce avec lesquelles madame de Staël rend compte de tous ces systèmes, est quelque chose de bien étonnant. En elle, nulle trace de pédanterie. Évitant autant qu'il se peut les mots scientifiques, elle ne dit et ne prétend même savoir que tout juste ce qu'il faut pour apprécier l'influence morale de ces doctrines. Elle ne se fait point immédiatement juge de la vérité ; mais convaincue que l'univers entier est l'œuvre d'une pensée bienfaisante et sublime, elle cherche la vérité dans ce qui élève la plus notre âme, dans ce qui nous rend le plus capables d'accomplir le beau et le grand, tels que le génie ou la vertu les conçoivent.

L'esprit général de ces systèmes devait plaire à madame de Staël. Rien de plus favorable à l'essor de l'imagination qu'une philosophie qui exalte l'activité de l'âme et soumet le monde à l'intelligence. Aussi quand elle vante son heureuse influence sur les arts et la poésie, y a-t-il peu à lui objecter. Les beaux-arts étant fondés sur les rapports mystérieux de notre âme avec l'univers, toutes les affections, toutes les émotions de l'âme doivent être écoutées par l'artiste. Il doit tenir compte de ses moindres impressions, les grossir en s'y abandonnant, pour devenir capable de les transmettre. Dans les sciences morales, le sentiment est aussi un de nos guides ; mais il n'en est pas de même des sciences naturelles. Là, l'homme n'est que spectateur ; ce

sont les rapports des choses entre elles qu'il étudie ; il doit faire abstraction de lui-même, et de tout ce qu'il éprouve. Aussi les sectateurs des dernières doctrines allemandes ont-ils peu fait de progrès dans l'étude de la nature, et madame de Staël n'a pas été assez sévère à l'égard du travers, ou pour mieux dire de la maladie de l'Allemagne, l'idée que l'âme peut trouver toutes les sciences en elle-même.

Sans doute, elle n'a pas entièrement approuvé une telle rêverie ; mais en regrettant que de certains aperçus d'imagination ne fussent pas saisis davantage par les savants, elle a paru croire que la méthode expérimentale n'avançait les connaissances que par une sorte de procédé mécanique, et que tout s'y bornait à l'observation des faits. N'ayant malheureusement jamais porté son regard d'aigle sur ces matières, elle n'a pas rendu justice à l'immense grandeur des facultés qui se déploient dans les sciences, quand on suit la seule marche qui assure leurs progrès. Non seulement (ce qu'elle n'a pu tout à fait méconnaître) il s'y développe des forces prodigieuses dans l'intelligence, mais l'imagination, pour être tenue en bride, ne reste néanmoins pas inactive. C'est l'imagination qui indique en secret à l'investigateur le sentier où il doit s'engager, c'est elle qui forme les suppositions souvent si hardies dont l'expérience doit déterminer la valeur ; mais elle ne se trahit pas elle-même ; des découvertes inespérées décèlent souvent son existence, et alors ses lueurs incertaines disparaissent devant la splendeur de la vérité [1].

En revanche, on ne saurait lire sans une profonde admiration le chapitre intitulé : DE LA MORALE FONDÉE SUR L'INTÉRÊT PERSONNEL. Avec une force terrassante dans le raisonnement, avec une éloquence sensible qui n'est qu'à elle, madame de Staël y pulvérise la doctrine qui prétend nous imposer le sacrifice de nous-mêmes au nom de notre propre utilité ; qui confie à l'ennemi, l'égoïsme, la garde de la place attaquée, et qui donnant un même calcul intéressé pour base à toutes les actions, justifie le vice autant qu'il déshonore la vertu. On peut défier toute subtilité d'obscurcir une telle lumière, et l'on ne saurait trop recommander la lecture de ce morceau qui classe à lui seul madame de Staël parmi les premiers moralistes.

Mais la dernière partie de l'ouvrage sur la religion et l'enthousiasme, est celle où son superbe talent d'inspiration parvient à la plus grande hauteur. Là reparaît une autre Corinne, ou plutôt un céleste Génie qui rassemble dans un hymne ravissant tout ce qui soutient et fortifie les cœurs généreux. Ce qu'elle entend par enthousiasme n'est point (elle a soin de l'expliquer) une exaltation délirante ; c'est la divine harmonie d'une âme à la fois ardente et calme, où règne le culte de la beauté morale et de la source première de toute beauté. Interrogeant les plus hautes jouissances, celles du cœur, celles de la pensée, les plaisirs même de l'imagination, elle retrouve dans toutes cette flamme divine qui enlève à la terre le cœur où elle est allumée. La gloire, les talents, les arts, la musique, la poésie, l'amour lui-même, toutes ces joies souvent profanées, mais souvent aussi calomniées par l'homme, lui apparaissent dans leur pureté primitive, comme des dons du Créateur. Un rayon de la bonté céleste illumine à ses yeux la nature entière, et voyant dans son propre enthousiasme

---

[1] *De l'Allemagne*, tome II, page 4.

[1] On pardonnera cette digression à la fille d'un savant qui se sentait attaquée dans son bien le plus cher, la gloire des hommes illustres qui ont suivi la méthode expérimentale. M. de Saussure a donné en effet l'exemple de la plus forte imagination contenue par la raison, puisque sa modeste défiance le forçait à révoquer en doute ses idées les plus heureuses, tant qu'il ne pouvait pas les appuyer incontestablement sur des faits.

un bonheur qui ne l'abandonnera jamais, elle sent que QUAND ARRIVERA LA GRANDE LUTTE (puisse un tel présage s'être accompli!), il a été préparé du secours pour l'âme inspirée.« dont les derniers soupirs sont comme une noble « pensée qui remonte vers le ciel [1]. »

On sait quel fut le sort de cet ouvrage : la censure y fit de nombreux retranchements, et les phrases supprimées, qui ont été rétablies depuis, font, par leur innocence même, la satire du gouvernement qui ne pouvait les supporter. Toutefois, si chaque ligne paraît irrépréhensible, l'esprit général de la composition était trop contraire à l'intérêt du despotisme, toutes les passions égoïstes qu'il importait alors de fomenter y étaient trop dévoilées et trop combattues, et si ce fut une injustice de faire saisir un tel livre, ce ne fut peut-être pas une inconséquence. On mit donc au pilon ces belles pages, et bientôt l'auteur en fut plus cruellement persécuté. Il y eut des hommes auxquels une pénétration infernale suggéra que c'était dans les objets de son affection qu'il fallait frapper madame de Staël. Son premier ami à tant de titres, M. de Montmorency, et une femme belle et aimable avec laquelle elle était liée, madame Recamier, furent condamnés à un exil perpétuel pour avoir été consoler le sien. Ce coup est un des plus cruels dont elle ait été atteinte ; jamais douleur ne fut plus déchirante, et dès lors elle résolut de quitter à tout prix une terre où elle croyait répandre la contagion du malheur.

Entourée comme elle l'était de surveillants et d'espions, la fuite paraissait dangereuse autant que difficile. Il fallait traverser les armées pour aller chercher en Russie, non pas un asile, mais la seule mer dont le chemin lui fût encore ouvert. L'idée d'exposer sa fille aux dangers d'un tel voyage, celle de quitter tous ses amis, le tombeau de ses parents, la Suisse même qui, malgré la tristesse de ce séjour, était devenue pour elle une seconde patrie, celle enfin de fuir comme une criminelle à travers les terres et les mers ; toutes ces idées l'épouvantaient ou lui déchiraient le cœur. Courageuse par fierté, elle avait une imagination facile à alarmer, et les fantômes de la peur prenaient une terrible réalité pour elle. Ses craintes, ses irrésolutions, les combats qui se livraient en elle, la mirent dans un état affreux ; mais parmi les partis à prendre, il en est un qui n'a pas fixé un instant son attention. Une ligue d'éloge au tyran, une ligne qu'assurément elle eût su amener et rédiger avec convenance, cette ligne qui lui aurait rendu la France, ses amis, l'exercice de son talent, les biens confisqués de son père, cette ligne elle n'a jamais admis la possibilité de l'écrire.

Ce fut pour fortifier son âme ébranlée qu'elle composa, en 1812, peu avant son grand voyage, un écrit contre le suicide. Elle se reprochait quelquefois d'avoir montré dans ses premiers ouvrages une sorte d'admiration pour le courage qu'exige cet acte coupable: Et bien qu'elle n'eût point eu d'autre dessein que celui de laver la mémoire de quelques infortunés, de la tache la moins méritée, celle de lâcheté, l'occasion de professer une meilleure doctrine s'étant présentée, elle la saisit avidement. Un double meurtre volontaire, accompagné de circonstances romanesques, avait excité en Allemagne un enthousiasme insensé parmi les journalistes et les gens du monde. Madame de Staël sentit vivement le besoin de se séparer, dans cette occasion, de ceux qu'elle avait vantés. Elle démêlait un mélange de vanité dans cette horrible scène ; elle y voyait un mauvais mélodrame exécuté sur le réel, et voulait montrer qu'une sorte d'affectation peut suivre jusque dans le mo-

[1] Dernière page de l'Allemagne.

ment suprême, ceux qui donnent ainsi leur propre mort en spectacle. Prenant son sujet sous un point de vue universel, elle emploie toute la force de son talent à développer les ressources que la religion et une morale élevée donnent à l'homme dans l'infortune. La douleur, dans cet écrit, est présentée comme un moyen régénérateur entre les mains de la Providence. Ne pas nous soustraire à l'action de la souffrance, qui est destinée à nous perfectionner, étudier les lois et surtout l'esprit du christianisme, pour nous convaincre que cette religion condamne le suicide, et placer la dignité morale dans la résignation plutôt que dans la révolte ; tels sont les conseils qu'elle donne aux malheureux. Elle avait dans d'autres ouvrages admiré le christianisme et vanté les secours qu'il prodigue aux affligés ; mais cela pouvait se faire pour ainsi dire du dehors. Dans cet écrit, elle se place au centre du système, et, malheureuse elle-même, elle adhère à la seule croyance qui sauve du désespoir, en consacrant la douleur.

Enfin, au printemps de 1812, c'est-à-dire au dernier des instants où la fuite était encore possible, madame de Staël se décida à partir. Elle avait en quelque sorte épuisé ses forces dans l'incertitude ; et quand après avoir franchi les frontières de la Suisse, il n'y eut plus moyen de reculer, son courage sembla l'avoir abandonnée. En lisant dans ses DIX ANNÉES D'EXIL la relation de ce singulier voyage, on s'étonne qu'au milieu des dangers dont elle se formait l'idée, elle ait pu observer, comme elle l'a fait, les pays qu'elle a si rapidement et si secrètement traversés. Ce moment, le plus intéressant de tous à étudier, touchait à celui de la délivrance européenne. Et tandis que d'un côté les sentiments qui allaient causer une explosion si terrible étaient parvenus à leur dernier degré d'exaltation, de l'autre, la pusillanimité, une soumission presque servile semblaient caractériser les gouvernements enlacés dans le grand filet de la politique bonapartiste.

Suivie de près par les armées françaises, madame de Staël ne respira pas même en Russie, car déjà ces armées étaient sur ses pas. Dans son effroi, elle fut sur le point de prendre la route de Constantinople pour se rendre en Grèce. Son dessein avait toujours été de visiter la Grèce, et de puiser à la source, la couleur orientale qui devait animer son poëme de RICHARD-CŒUR-DE-LION. Mais la crainte d'exposer sa fille aux périls d'un tel voyage lui fit prendre le chemin de Moscou.

Rien n'est plus curieux que la manière dont madame de Staël avait jugé le peuple russe. A travers la servitude, à travers la superstition et l'ignorance, elle avait démêlé des traits admirables de caractère dans la nation, un superbe esprit public, allié à une douceur, à une mobilité d'imagination qui contrastent avec les passions les plus véhémentes. Elle voyait ce peuple comme une race méridionale transplantée dans le Nord. Le spectacle singulier d'une civilisation récente, entée sur les restes de l'ancien Orient, celui d'une nature et d'un climat terrible domptés en quelque sorte à force de magnificence, l'eussent vivement intéressée dans un autre moment ; mais déjà s'avançait l'armée française : madame de Staël partit de Moscou avec précipitation, et la flamme y dévora ses traces.

Son séjour à Pétersbourg ne fut pas long, car non seulement elle ne s'y croyait pas en sûreté, mais elle y éprouvait des sentiments très-douloureux. Cette ville si belle, ses édifices splendides, une société aimable, des institutions naissantes qui donnaient le plus grand espoir, tout était menacé de destruction ; des impressions opposées et également pénibles se joignaient à celles-là. L'exaltation nationale était extrême, et bien que cette disposition des esprits augmentât l'enthousiasme inspiré par la femme illustre qui n'avait pas voulu fléchir sous le joug, l'idée qu'une telle effervescence allait se diriger contre les Français, remplissait madame de Staël de terreur. La Suède, patrie de M. de Staël, lui offrait un asile plus doux et plus sûr; et après quinze jours passés à Pétersbourg, elle se rendit à Stockholm.

Les désastres de cette année si redoutables pour l'Europe entière l'affectèrent profondément; mais dans une pareille situation d'âme, elle trouva quelque consolation à vivre en Suède sous la protection d'un héros français auquel elle voua une amitié véritable. Comme lui, madame de Staël tenait à la France par ses affections; à la cause européenne, par une espérance mêlée de bien des craintes: c'est en Suède qu'elle a publié l'écrit sur le suicide, qu'elle a dédié au prince royal.

Au commencement de l'année suivante, madame de Staël passa en Angleterre. Là, elle produisit la plus vive sensation. Recherchée d'abord comme prodige, elle excita toujours un égal empressement par ses ressources inépuisables et par le charme de son caractère. Aucune prévention contre les femmes qui se mêlent de politique, aucune de ces habitudes qui tendent à restreindre l'influence des femmes dans la société, ne put tenir contre l'attrait qu'elle inspirait. Bientôt instruite de l'état du pays, elle étonne ces vieux défenseurs des libertés civiles par la justesse, par la netteté de ses vues, par son habileté à saisir l'intérêt du moment et celui de l'avenir. Comme en France, comme partout, son inclination l'avait portée à se rattacher à l'opposition modérée et conservatrice, sans jamais se séparer entièrement du parti ministériel.

Toutefois le succès était une faible distraction pour madame de Staël, et bientôt un grand chagrin vint de nouveau bouleverser son âme. Ce fut en Angleterre qu'elle apprit la mort de son second fils, jeune homme dont le caractère fougueux lui avait toujours donné des inquiétudes, mais dont les sentiments nobles et tendres étaient dignes des larmes qu'il a coûtées à sa famille.

Les impressions de madame de Staël à son retour en France ont été décrites par elle dans ses CONSIDÉRATIONS SUR LA RÉVOLUTION FRANÇAISE, le seul de ses ouvrages dont il me reste à parler.

Considérations sur la Révolution française.

Quoique madame de Staël eût communiqué successivement les diverses parties de son manuscrit à ses amis, quand ce monument s'est présenté à leurs regards dans son entier, ils ont été étonnés de son imposante grandeur. Peut-être est-ce l'effet d'une imagination frappée, mais je ne sais quel éclat d'immortalité m'a semblé l'envelopper. Cette vie si ardente, si animée, est pourtant de la vie éternelle; ce mouvement si actif, si soutenu, n'est plus celui des passions. L'âme qui s'adresse à nous plane dans une région supérieure; elle est parvenue à ce point d'élévation où les objets terrestres paraissent encore revêtus de leurs plus riches couleurs, mais où ils se montrent dans leur ensemble, et où déjà l'on respire l'air du ciel.

Quelque idée que madame de Staël eût donnée de sa capacité, il y a une telle hauteur de pensée dans cet ouvrage, qu'il faut avoir devant les yeux toute sa vie, pour concevoir qu'elle-même ait pu l'écrire. C'est le fruit du passé le plus instructif dans une intelligence occupée d'avenir. L'éducation politique qu'avaient donnée à madame de Staël les deux ministères de son père et les diverses phases de la révolution; l'expérience qu'elle avait faite des

maux infligés par la tyrannie; ses voyages dans toute l'Europe, et surtout ce séjour en Angleterre où la vue d'une belle constitution en activité lui avait appris ce que n'enseigne point la théorie, et où toutes ses idées sur la législation s'étaient mûries dans des discussions avec les hommes les plus distingués; voilà ce qui l'a mise en état de composer un tel livre. Et si l'on songe au mouvement imprimé à cette masse de pensées par l'effroi que causa à madame de Staël le retour de Bonaparte, par l'alternative de ses craintes et de ses espérances durant les désastreux cent jours, enfin par la douleur de revoir la France envahie, on s'expliquera l'élan, la vivacité qui s'allient dans cet ouvrage au calme de la réflexion. Elle était peut-être dans la position la plus favorable à un grand écrivain, celle où un repos extérieur succède à des agitations violentes, et où les facultés exaltées par la lutte prennent une nouvelle direction.

Deux grands motifs ont animé madame de Staël. Écrire la vie politique de son père, était à ses yeux un devoir sacré dont elle ne voulait pas retarder l'accomplissement; mais quand elle a vu la liberté, l'indépendance nationale, et par conséquent la monarchie dans un état vacillant et précaire en France, elle s'est encore proposé un autre but. Celle qui lisait l'explication du présent dans le passé, et de l'avenir dans le présent; celle qui croyait voir avec des dangers les moyens d'y échapper, a pu se sentir appelée à dire la vérité. L'idée d'une si haute vocation a calmé à la fois et inspiré tout son être. Sans enthousiasme pour le bien elle n'eût pas écrit un tel livre; avec une exaltation passagère, elle ne l'eût pas écrit non plus. Excitée par la volonté ardente et ferme de montrer la nécessité de la morale dans la politique, elle associe son père à son grand dessein. Regardant M. Necker et elle-même comme deux avocats d'une seule cause, elle prouve par les faits ce qu'il avait posé en principe; c'est que tout ce qui n'est fondé sur la perversité doit nécessairement s'écrouler. Jamais on n'a été plus inaccessible à tout calcul de succès, à tout ménagement de prudence. Aussi madame de Staël, qui était toujours prête à accueillir les observations de ses amis, a-t-elle uniformément répondu à leurs réflexions circonspectes: « C'est la vérité, je la pense, et je la dirai. » Il semble qu'elle ait eu le pressentiment que rien ne pourrait bientôt l'atteindre. La juste appréciation des choses humaines, l'élévation, la douceur même, qui caractérisent les derniers moments de la vie, paraissent s'unir chez elle à toute la force de la jeunesse.

Si la forme de la composition n'eût pas été imposée à madame de Staël par ses différents buts, on pourrait y relever quelques défauts. Trois sujets analogues, la biographie d'un ministre d'État, l'histoire d'une période agitée de troubles politiques, et l'exposé d'une théorie des gouvernements, rentrent par la nature du travail sans cesse les uns dans les autres; et il résulte de là que le tout et les parties ne se dessinent pas bien nettement dans l'esprit. Mais s'il n'y a pas unité de plan dans l'ouvrage, il y a une admirable unité d'inspiration. C'est madame de Staël elle-même avec sa pénétration, ses sentiments vifs et généreux, qui est l'idée centrale de son livre, et cette idée, on la saisit complètement. D'ailleurs, le titre qu'elle a choisi est si vague et si modeste, qu'elle est sûre de tenir plus qu'elle n'a promis. On ne peut exiger ni une histoire ni une théorie complète de l'auteur qui n'annonce que des CONSIDÉRATIONS. Je ne ferai donc pas un extrait régulier d'un livre qui se prête difficilement à l'analyse, et je me contenterai de considérer dans madame de Staël le biographe, l'historien et le publiciste.

La biographie doit être jugée relativement à son but. Savoir si la relation de la vie politique de M. Necker ajouterait ou non au mérite de l'ouvrage qu'écrivait sa fille, n'était pas pour elle la question. Nuirait-elle à son père, comme on le prétendait, en faisant de nouveau parler de lui? Elle était fondée à ne pas le croire. Madame de Staël ne demandait pas mieux que d'appeler l'examen sur une telle conduite; et quand son livre eût suscité quelques vains propos, n'était-il pas fait pour leur survivre? Elle ne pouvait pas d'ailleurs, quand elle l'eût désiré, vouer son père à l'obscurité; car l'histoire voudra savoir ce qu'était au vrai M. Necker. L'avenir croira-t-il sa fille? dira-t-on. Oui, il la croira, qu'il le veuille ou non, si on peut le dire. Il n'est pas aisé de résister à l'ascendant d'une telle conviction; et qu'importe qu'on ait récusé d'avance madame de Staël, si finalement elle persuade!

Elle se met de toute manière en mesure d'être écoutée. Revenue de l'espoir de persuader sur un tel sujet par de l'enthousiasme, elle se retranche dans les faits. Elle voit M. Necker dans le siècle où il a vécu, et reconnaît que sa délicate moralité l'inquiétait de trop de scrupules pour qu'il pût maîtriser des circonstances si fortes; mais croyant que du moins les résultats seront appréciés, elle récapitule les titres incontestables de son père à la reconnaissance publique, et semble dire avec un accent douloureusement concentré : Ceci, du moins, on ne me le contestera pas.

Espérons que son sentiment l'a bien conseillée, et qu'elle aura du moins affaibli d'inconcevables préventions. Elle a dû relever le mérite de M. Necker comme homme d'État, en faisant toucher au doigt la justesse de ses prédictions; comme écrivain, en forçant les indifférents à lire ses éloquentes pages; et puisqu'à travers la diversité des genres on ne peut méconnaître la parenté des deux talents, pourquoi n'accorder qu'à madame de Staël seule le tribut d'éloges qu'elle eût trouvé si juste et si doux de partager avec son père?

Désirant éviter les discussions politiques, je m'arrêterai peu à considérer madame de Staël comme publiciste. Son admiration pour la constitution anglaise était le fruit de l'étude et de la réflexion. Elle la voyait comme la meilleure théorie réalisée, comme le chef-d'œuvre combiné de la sagesse et du temps. Les principes sur lesquels cette constitution repose, ces principes déjà consacrés en France par la Charte, devaient, selon madame de Staël, assurer le bonheur national lorsqu'ils seraient bien compris et sincèrement adoptés. Une telle opinion prouve déjà à elle seule une grande sincérité d'intentions, car on n'a point de dessein ultérieur quand on s'attache à un système éprouvé, et qui ne mène à aucun autre.

L'application d'un pareil système à un pays continental, à un peuple bien différent du peuple anglais pour les mœurs et le caractère, offrait des difficultés que madame de Staël s'est appliquée à résoudre. Il était très-permis sans doute de combattre ses arguments; mais du moins il ne fallait pas l'accuser de se livrer à des idées d'imagination, quand elle n'a fait autre chose qu'admettre les conséquences de la forme de gouvernement qu'elle préférait. Comment, par exemple, a-t-on pu voir l'effet d'une faiblesse de femme dans l'importance qu'elle attribue aux noms historiques? Sincèrement attachée à la monarchie limitée, elle pensait que l'hérédité ne peut pas se soutenir isolée sur le trône, et qu'il faut lui donner une sorte de continuité au dehors dans une noblesse constitutionnelle. Or, une chambre héréditaire ne pouvant à perpétuité être composée de grands hommes, elle doit l'être de grands

noms, de noms qu'une gloire récente ou ancienne recommande aux siècles futurs. Si les députés électifs représentent les lumières actuelles d'une nation, les pairs doivent être l'emblème de ses destinées successives.

Il semble que le pacte offert dans cet ouvrage ne devrait pas être refusé, ce pacte honorable si loyalement proposé. Jamais la liberté, jamais l'humanité et la justice ne trouveront un défenseur plus zélé. Déjà chaque parti s'est appuyé sur les raisonnements de madame de Staël, et s'est armé, ainsi qu'on l'a dit, de son talent; mais ce n'est pas qu'elle ait passé de l'un à l'autre; elle est restée sur la ligne de la raison, et chacun dans la moitié équitable et modérée de son opinion s'est trouvé d'accord avec elle.

Aussi la voix qui se fait entendre dans cet ouvrage a-t-elle été écoutée en France et hors de France, avec la plus sérieuse attention. Elle a fait rentrer un moment les hommes passionnés en eux-mêmes; et pour la masse impartiale, elle a avancé de plusieurs années l'effet instructif du temps. C'est la première fois que l'apologie des idées libérales a fait impression sur ceux qui étaient intéressés à les repousser.

La partie historique est celle où l'auteur se présente avec l'éclat le plus grand peut-être, et sûrement le plus inattendu. Le point de vue moral choisi par madame de Staël devient, dans ses tableaux, singulièrement frappant et varié. Prenant toujours le cœur humain pour sujet, elle en fait apercevoir les ressorts secrets à travers tous les événements de la vie. Elle peint tour à tour les crises violentes des passions, l'agonie du remords, et jusqu'aux misérables agitations de la vanité. Toujours éloquente, souvent gracieuse et naïve, elle est parfois terrible et foudroyante dans son indignation. Nul historien, avant elle, n'avait aussi nettement dégagé la défense de la liberté de celle des forfaits commis en son nom. Elle expose ces forfaits sans atténuation, sans excuse, frémissant à l'idée du crime, et ne trouvant la force de surmonter l'horreur d'une telle idée que dans le désir de rendre le retour du crime impossible en montrant son inutilité. L'énergie, l'intensité du sentiment moral peuvent seules expliquer l'effet de ce livre, et ce qui rend cet effet si fort, c'est qu'il n'y a point de palliation.

Si madame de Staël a frappé d'anathème les mauvais motifs, elle n'a point épargné les erreurs ni les bévues. Tout vice comme toute borne du cœur et de l'esprit est mis par elle à découvert. En disant tant de vérités, comment n'a-t-elle pas offensé davantage? C'est qu'elle distribue le blâme avec impartialité, c'est que le plaisir d'entendre si bien relever les torts de ses ennemis a un peu consolé chacun du mal qu'elle a dit de lui-même; c'est surtout qu'on voit son motif. A-t-elle voulu blesser, humilier? non, sans doute. La peine qu'elle cause est l'effet inévitable et non le but. Il lui fallait retracer la faute pour montrer qu'elle a trouvé son châtiment; et la justice divine ne peut être manifestée que par la faiblesse humaine.

Aussi a-t-elle de l'indignation, et jamais de la haine; du courroux, et jamais du ressentiment. Chez elle, l'animosité ne tenait pas sur les individus, si on peut s'exprimer ainsi, et elle en faisait bientôt du blâme pour les maximes de conduite. Les mémoires qu'elle avait ébauchés sous le titre de Dix années d'exil, au moment où le triomphe de la tyrannie excitait en elle la plus grande révolte, ces mémoires ne lui ont fourni que des matériaux ou quelques fragments épars, et elle a tout retravaillé avec la modération d'une âme apaisée. C'est parce qu'elle a vu, comme elle le dit, un système dans Bonaparte, qu'elle analyse son caractère et sa politique avec un scalpel si rigoureux. Il est à ses yeux le génie de l'ardent égoïsme, l'être qui avait arboré l'étendard de l'intérêt personnel, du profond dédain pour la Divinité et pour les hommes. Jamais exemple plus éclatant, plus terrible, ne pouvait être choisi pour montrer le danger des principes qu'elle avait toujours combattus. C'est surtout à titre d'idée générale qu'elle l'attaque, et celui dont l'histoire réelle semble être un apologue oriental, ne pouvait échapper à la moralité qu'elle en tire.

Il se présente ici une observation à faire. Madame de Staël est l'auteur qui a le mieux établi, en théorie, que la morale ne doit pas être fondée sur l'utilité personnelle, ni même sur l'intérêt particulier d'une nation; et d'un autre côté, elle est encore l'écrivain qui a le plus irrésistiblement prouvé par les faits que les hommes et les peuples marchent vers la prospérité ou la ruine, selon qu'ils observent ou qu'ils négligent les saintes lois de la justice. Haute et lumineuse raison dans les deux cas, puisque l'avantage de l'individu et de l'État est bien ordinairement le résultat d'une conduite irréprochable; mais si cet avantage est présenté comme un but, chacun croira trouver mille chemins plus courts que celui de l'équité pour parvenir à ce but même.

Mais qui méconnaîtra chez madame de Staël l'amour de la patrie dans sa plus grande vivacité? un amour souffrant, irrité, blessé, qui a parfois besoin de l'expression acerbe. C'est là ce qui fait couler son sang avec rapidité, ce qui l'inspire toujours, ce qui la trouble quelquefois, ce qui dicte jusqu'aux éloges qu'elle donne à une nation étrangère. L'Angleterre n'est à ses yeux que la France future. Voilà où vous arriverez, semble-t-elle dire, et il fallait bien vanter le but pour animer la marche. Elle admire sans doute le noble caractère anglais; mais c'est comme le fruit tardif des plus belles institutions; et la créature humaine, l'œuvre intelligente de Dieu lui paraît égale, si ce n'est supérieure, en France! Quelle énergie! quelle susceptibilité sur tout ce qui tient à l'honneur national! Quelle indignation à l'idée que les Français ne seraient pas faits pour la liberté! quel frémissement à la vue des étrangers dans Paris! quel superbe courroux à la pensée du partage de la France! Il faut considérer le mouvement général, la tendance de ce livre, et non s'arrêter à quelques détails que madame de Staël eût peut-être supprimés ou modifiés [1].

Les sentiments de l'auteur se révèlent toujours involontairement. Jamais on ne lui voit développer ses motifs pour son propre compte; jamais surtout ils ne lui servent de moyens de justification. Madame de Staël n'a pas seulement conçu l'idée qu'on pût la calomnier; et voilà pourquoi sa marche est si ferme, si hardie même. Elle a osé célébrer le réveil redoutable de la liberté; elle a le courage d'avouer qu'il a été des moments où il eût fallu désirer la guerre civile. De même encore, elle ne craint pas de relever ce qu'il pouvait y avoir de grand chez des hommes justement marqués du sceau de la réprobation publique. Elle confesse avec ingénuité tous ses engouements, toutes ses illusions de jeunesse. Il semble qu'elle a transmis son âme à son lecteur, et que c'est par ses pairs qu'elle est jugée.

<hr/>

[1] Elle revoyait ses ouvrages sous un jour tout nouveau en les faisant imprimer, et la correction des épreuves était pour elle une seconde composition. Les éditeurs ont mis un tel sentiment de devoir à conserver sa pensée, que dans le travail dont ils se sont chargés, peut-être ont-ils laissé que dans le travail contredisait un peu leur opinion que ce qui l'exprimait, parce qu'ils craignaient davantage de toucher à la lettre, quand rien en eux-mêmes ne leur répondait de l'esprit.

On peut observer encore que jamais madame de Staël n'a moins parlé de religion que dans cet ouvrage. Elle y montre souvent une grande irritation contre l'intolérance; elle se prononce contre l'idée d'un culte payé par le gouvernement, contre l'influence du clergé dans les affaires d'État; mais un sentiment religieux perce à chaque instant dans cet écrit. La morale chrétienne y est, pour ainsi dire, infuse; et c'est la première fois qu'on l'a vue appliquée à la politique du siècle.

Le talent du peintre est bien remarquable chez madame de Staël. Quelque envie qu'elle ait d'arriver à un résultat moral, aussitôt qu'elle est saisie par ses souvenirs, elle met en scène la chose même, sans autre idée que celle de la représenter vivement. Cela seul affaiblit déjà nos préventions : en nous replongeant irrésistiblement dans le passé, cet ouvrage dissipe l'illusion naturelle qui reporte nos sentiments actuels sur les temps écoulés, et nous fait aimer et haïr en arrière, sans égard à nos anciennes impressions. Il nous oblige à passer en revue nos propres erreurs, et par là il nous prépare à l'indulgence. Aussi, malgré toute sa sévérité, ce livre invite à pardonner; il dispose le cœur à l'oubli et à l'espérance, et s'il a avancé le règne de quelques opinions, c'est encore parce qu'il a souvent adouci leurs adversaires.

Cette lecture où tout se retrouve, se fait avec une extrême rapidité. Le cœur bat au renouvellement de tant de scènes si fortes; l'attente recommence, et il semble que tous les lots soient remis dans l'urne du sort. On lit d'une seule haleine ce qui paraît écrit d'un seul trait. L'expression si vive et si originale n'arrête point, ou court à travers les remarques les plus heureuses, et l'évidence nous frappe tellement, qu'on oublie la difficulté de la mettre au jour. Il y a peut-être moins d'esprit donné pour tel dans cet ouvrage que dans les autres, et cependant aucun ne laisse à ce point la conviction d'une transcendante supériorité.

C'est là, sans doute, une belle manière d'écrire l'histoire, une réunion nouvelle du génie philosophique qui plane au-dessus des événements pour en déduire les causes, avec le talent dramatique qui excite un intérêt puissant par la frappante représentation des choses et des hommes. Une sorte d'inspiration prodigieusement élevée résulte de ce mélange; il semble que cette peinture de la réalité, ainsi que les tableaux fantastiques d'Homère, nous montre les passions, des divinités irritées, préparant les scènes terribles dont on ne tarde pas à contempler l'accomplissement. Mais ce qu'un tel livre rappelle surtout, c'est l'étonnante conversation de madame de Staël. Là, sont ces portraits si spirituels où elle frappait droit sur l'idée saillante d'un caractère, ces anecdotes piquantes, ces récits de certaines occurrences de sa propre vie où elle se mettait elle-même en contraste avec les êtres qui lui ressemblaient le moins. Là, sont encore ces explosions de sensibilité, ces mots qui forçaient leur passage à travers son émotion, et qui l'ébranlaient elle-même, comme ils attendrissaient les autres. La vie de madame de Staël est fixée sous plusieurs rapports dans cet ouvrage, et jamais on ne parlera d'elle comme lui.

De plus, on retrouve là un certain cachet promptement et fermement appliqué qui la distinguait encore. Elle met un point final à tous les jugements, elle dit le dernier mot sur chacun et sur chaque chose. On l'écoute, en conséquence, bien plus qu'on ne la lit; et ce qui prouve le mieux le mérite de l'ouvrage, c'est qu'il est comme impossible de le juger littérairement.

Aussi, quand le but est si élevé, quand le sentiment est

si vif et si noble, toute louange sur les moyens d'exécution devient puérile. Madame de Staël a inspiré ce qu'elle éprouvait ; voilà le vrai succès de son livre. Elle a fait connaître une liberté protectrice et non hostile, une liberté amie de toute grandeur et non de tout nivellement, une liberté dont le culte se compose d'amour, et non de haine et d'envie ; une liberté enfin que l'on ne distinguerait plus de la justice, si le temps avait consacré et mieux défini ses droits.

Examen général du talent de madame de Staël.

Après avoir cherché madame de Staël dans tous ses écrits, j'essayerai de la retrouver encore dans l'ensemble de son talent. Ce qui me semble caractériser ce talent et elle-même, c'est la fusion intime et les proportions égales entre l'esprit, le sentiment et l'imagination. Et tandis que chez la plupart des écrivains et des hommes on peut aisément déterminer lequel de ces éléments domine, il est impossible de nommer celui qui l'emporte chez elle, et très-difficile de les considérer séparément.

De là vient qu'elle n'a rien sacrifié de ce qui honore l'humanité. La religion et les lumières ont eu jusqu'à elle séparément leurs défenseurs. Ces deux grandes causes ont été plaidées, pour ainsi dire, contradictoirement ; chacune se trouvant étrangère à tout un système d'idées, il y a eu sous ce rapport une division cachée parmi les hommes ; les uns ne paraissant tolérer le règne de la raison, et les autres celui de la foi, que par pure condescendance. Madame de Staël seule a embrassé avec un même zèle le parti des lumières et celui de la religion ; elle seule a adopté du fond du cœur ce qu'il y avait de mieux dans les divers âges ; combattant d'un côté les préjugés et l'ignorance ancienne, de l'autre, l'égoïsme et l'incrédulité modernes.

L'écrivain avec lequel on serait le plus tenté de la comparer, c'est Rousseau, parce qu'il avait la même réunion de facultés ; mais il diffère d'elle en ce qu'il ne les a pas dirigées vers un but commun. Il a souvent abjuré la plus noble moitié de lui-même, et employant toute la subtilité de son esprit à démentir ses sentiments, il a été sceptique dans la philosophie, et haineux dans la vie, avec cette chaleur d'âme qui donne la foi et l'amour. C'était un maître plus consommé dans son art ; ses compositions sont plus achevées, plus profondément méditées peut-être, et pourtant moins de bonne foi, plus de déclamations, plus de sophismes, le mettent comme penseur au-dessous d'elle, tandis que son farouche orgueil, son caractère âpre et sauvage, communiquent à son talent une sombre ardeur qui ne ressemble en rien à la flamme généreuse de madame de Staël. Le genre humain que Rousseau croyait aimer, n'était qu'un idéal inconnu à lui-même. Madame de Staël chérit ce qui l'entoure, et reporte sur l'humanité son affection pour ses proches. Ce qu'il peut manquer en fini précieux à sa diction, est plus que racheté par le charme du premier mouvement, par la fraîcheur de l'inspiration si on ose le dire. C'est l'onde qui sort toute vive de la source, et qui brille quand elle court.

Mais on observe dans son talent autre chose encore que cette réunion d'esprits divers. Il y a une originalité marquée dans chacun, et pourtant ils portent tous un sceau pareil qui appartient en propre à madame de Staël. Ce cachet particulier est dû à son caractère, à la force, ainsi qu'à la nature mobile de ses impressions, à des élans subits d'indignation, de compassion, de fierté, et aussi à ce qu'elle ne cesse jamais d'être femme.

Voilà peut-être le secret de son charme. Elle s'adresse à titre de femme à son lecteur, elle se met personnellement en relation avec lui pour lui dire ce qu'elle a et ce qu'il a aussi dans l'âme ; mais ce titre, elle n'ignore pas qu'il l'oublierait bientôt, si elle cessait de lui paraître aimable ou piquante ; ainsi, soit qu'elle cherche à l'éclairer ou à l'éblouir, jamais elle ne l'écrase de sa supériorité, jamais elle ne s'arroge aucune prééminence. Il semble que le hasard lui ait donné une bonne place au spectacle des choses morales, et elle raconte les idées.

Parfois, aussi, elle se présente comme un enfant qui guiderait un homme sage, dont la vue serait un peu trouble. Elle explique à celui-ci tout ce qu'il apercevait confusément, et le place à un beau soleil pour qu'il voie un peu plus clair lui-même. Quand elle vient à le mener dans des sentiers escarpés et difficiles, elle lui dit : Prenez courage, vous serez bien aise d'avoir passé ici, nous nous en tirerons bientôt vous et moi. Cherchant toujours à lui rendre la route agréable, elle se met en scène pour la divertir, en se moquant un peu des vives impressions qu'elle reçoit. Les personnes, les paroles, les visages, les accents, les attitudes, les habits, tout la frappe en effet, tout est caractéristique dans ses tableaux. Elle se connaît comme le reste, et cet instinct aveugle qui décide si souvent de nos répugnances et de nos goûts, est en elle un sentiment motivé dont elle se rend clairement compte.

La netteté de ses aperçus est telle qu'on oublie leur extrême finesse. Elle n'a point de vaine subtilité, et ne force point ses lecteurs à discerner l'imperceptible, mais tout grandit entre ses mains. Son attention entière se porte un instant sur chaque point, et il devient si distinct pour elle qu'aucun rapport ne lui échappe ; mais elle a soin de rattacher les fils trop déliés à d'autres plus forts dont on reconnaît l'importance. On passe ainsi facilement des détails à l'ensemble avec elle, et l'on se trouve tout à coup à la racine des idées, quand on croyait ne faire qu'en suivre les dernières ramifications.

Une des causes du plaisir qu'elle donne, c'est celui qu'elle prend à regarder toutes choses, à contempler les faces nombreuses et brillantes que lui présentent les objets. Cette personne si sensible aux découvertes des autres, paraît jouir aussi des siennes. Elle produit de nouvelles impressions sur elle-même par le jeu de son propre esprit, et alors ses pensées, comme des fusées étincelantes, jaillissent de toutes parts sur la route.

Néanmoins on s'est plaint d'éprouver quelque fatigue en lisant ses ouvrages, à l'exception pourtant du premier et du dernier. Une sensation est un fait sur lequel il n'y a pas à disputer, et si celle-là était assez générale pour mériter d'être comptée, il faudrait l'attribuer à deux causes, l'une, la multitude de ses idées, et l'autre quelques défauts de style, sensibles surtout dans la seconde période de sa carrière.

La richesse des pensées est extraordinaire chez elle. Peut-être aucun écrivain ne l'a-t-il égalée sous ce rapport. Qu'on prenne au hasard trois de ses pages, et trois pages de l'auteur le plus spirituel, il est à parier que le nombre des idées originales et marquantes sera supérieur chez madame de Staël. Ce n'est pas qu'elle affecte la concision, chaque pensée est bien revêtue des mots nécessaires ; mais on n'est pas accoutumé à voir tant de pensées ensemble ; et peut-être y en a-t-il trop. Peut-être certaines phrases qui ne sont que du remplissage pour le raisonnement, font-elles sur notre âme l'effet de ces morceaux de drap dans les clavecins, qui étouffent le retentissement d'une corde avant qu'on en frappe une autre. La succession des pensées est trop rapide, trop continue chez madame de Staël, pour le mouvement moyen des esprits ; elle est la déesse de l'abondance ; elle répand à pleines mains des épis, des perles, des roses, des rubans et des diadèmes. On ne veut rien laisser échapper, parce que tout a sa valeur ; mais il se peut qu'on se fatigue à recueillir.

Le style périodique, dont la mode passe maintenant, avait l'avantage de donner de l'espace au développement du sentiment en forçant la phrase à accomplir une révolution musicale. Mais comme les pensées de M. Necker avaient perdu de leur relief par l'abus qu'il a fait de l'harmonie, sa fille a pris un genre différent, et elle a été en effet bien plus brillante ; mais peut-être aurait-elle eu quelquefois besoin d'une forme qui l'obligeât à ralentir sa marche.

On a encore reproché un peu d'obscurité aux anciens ouvrages de madame de Staël. Ce défaut vient de ce qu'elle faisait usage, dans sa jeunesse, d'une langue assez particulière, qui, depuis, a été en partie abandonnée par elle, et en partie apprise et finalement aimée par le public ; il vient ensuite de ce qu'elle n'a pas d'abord trouvé la manière qui convenait le mieux à son talent. Il s'est toujours présenté à son imagination féconde une foule d'aperçus accessoires qu'il eût été grand dommage de ne pas indiquer ; mais lorsqu'elle voulait les réunir avec l'idée principale, il en résultait de la confusion : elle forçait ainsi son lecteur à embrasser des rapports trop éloignés. Depuis, elle a pris le parti de rompre net le fil de son discours, et quand elle a donné ses saillies d'imagination pour ce qu'elles étaient, on l'a trouvée plus claire et plus originale tout ensemble.

Il a donc manqué longtemps quelque chose aux ouvrages de madame de Staël sous le rapport de l'art, c'est-à-dire sous le rapport de la correspondance parfaite d'une composition avec les facultés des hommes pour lesquels elle est faite. Ce n'était pas non plus en artiste qu'elle travaillait, et elle ne voyait pas ses œuvres hors d'elle-même, à part de ses sentiments ou de ses opinions. En parlant de ses projets littéraires, elle disait toujours, « je montrerai, je prouverai, je ferai comprendre ; » et non, je composerai un morceau sur un tel sujet. Buffon repolissant toute sa vie sa description du *Cygne*, Rousseau recopiant de sa propre main pour madame de Luxembourg sa NOUVELLE HÉLOÏSE déjà imprimée, sont des peintres qui se complaisent dans l'œuvre de leurs mains. Ils s'arrêtent devant la forme qu'ils ont créée et l'admirent. Madame de Staël ne s'occupe que de l'esprit. La parole n'est à ses yeux qu'un instrument ; et quoique l'expression soit presque toujours très-heureuse, son mérite tient à ce qu'elle représente, plus encore qu'à ce qu'elle est.

Dans les écrits de madame de Staël l'enchaînement des pensées est toujours motivé, mais il l'est par le sentiment qui les inspire : toutes marchent vers le même but, mais rangées dans l'ordre naturel de leur naissance, plutôt que disposées avec recherche. Aussi peut-on trouver ailleurs des contrastes plus habilement ménagés, des combinaisons d'effets plus savantes. Chez elle on reconnaît partout la trace d'un esprit brillant en conversation, auquel il survient des éclairs à l'improviste. Souvent un aperçu très-lumineux et plus important que l'objet traité, interrompt un discours léger par son ton et sa matière ; plus souvent encore une discussion abstraite est ranimée par un trait inattendu, et la femme aimable vient chasser le philosophe.

Une espèce d'insouciance sur le prix qu'on attachera à ses découvertes, se fait souvent remarquer en elle. C'est le fruit de cet immense pouvoir de création qui lui donne la certitude de se renouveler sans cesse ; mais cela vient particulièrement de ce que, tout entière à son objet, elle perd de vue sa réputation littéraire. Madame de Staël veut faire avancer l'esprit humain, elle veut ranimer chez ses contemporains, chez les Français surtout, ces mêmes puissances de l'âme qui sont si actives en elle. On l'aurait vue se dévouer, s'il l'eût fallu, pour les causes qu'elle a soutenues, et elle est peut-être, hors des lettres sacrées, le seul écrivain supérieur dont le principal but ait été plus noble que la gloire.

Plus ses louables motifs se sont développés, plus aussi le mérite de ses ouvrages a été grand. Elle avait toujours écrit d'impulsion, mais une inspiration dont l'origine est personnelle, n'imprime point au talent son caractère le plus auguste. Ce n'est pas seulement pour la manière que madame de Staël a gagné ; l'excellence toujours croissante du fond et de la forme dans ses livres semble tenir à une marche analogue dans son existence intime. Il y a eu plus d'harmonie en elle-même, et plus aussi entre elle et les autres. Sa chaleur, portée tout entière dans un beau sentiment de moralité, a vivifié une sphère plus étendue, a été en même temps plus égale et plus communicative ; ses mouvements mieux réglés se sont transmis davantage au dehors. L'effervescence de la jeunesse n'augmentait pas ses forces réelles ; en elle, l'ardeur de l'âme n'avait pas besoin de celle du sang.

Si aucune des productions de madame de Staël n'est tout à fait elle, son âme est répandue dans toutes. Il sera difficile de recomposer par la pensée cet être prodigieux, mais la postérité retrouvera dispersé ce que nous avons possédé dans sa plus étonnante, comme dans sa plus aimable réunion. Ceux qui veulent écrire surtout, liront et reliront ses ouvrages, non pas assurément qu'ils doivent viser à imiter une originalité qui, chez eux, ne mériterait plus ce titre ; mais parce qu'ils y trouveront les deux éléments de la création, le mouvement et la matière. Ils pourront puiser indéfiniment dans cette mine, et sans qu'on s'en doute, parce que tout ce qu'elle renferme n'a pas été mis en œuvre. A une seconde, à une troisième lecture, on trouve avec surprise des idées qu'on n'avait pas encore remarquées, des idées que nous croyions avoir acquises par l'effet de notre propre expérience. Ces livres, où tout semble dit, invitent encore à réfléchir, et ils ouvrent à l'esprit plus de routes que celui de l'auteur n'a eu le temps d'en parcourir.

En tout, les ouvrages de madame de Staël paraissent appartenir à des temps nouveaux. Ils annoncent, comme ils tendent à amener une autre période dans la société et dans les lettres ; l'âge des pensées fortes, généreuses, vivantes ; des sentiments venant du fond du cœur. Elle a donné l'idée d'une littérature en quelque sorte plus parlée qu'écrite, d'un genre dans lequel l'improvisation des assemblées nationales pour la politique, l'abandon des confidences pour l'expression de la passion, et les saillies de conversation pour l'observation de la société, nous disent quelque chose de plus intime et de plus fort que ne l'a jamais fait la rhétorique étudiée.

Ainsi l'art littéraire aura été relevé par elle. Ce ne sera plus une industrie oiseuse, un moyen de réveiller l'image d'une vaine beauté dans nos cœurs. Il tiendra de plus près à la vie, et y exercera plus d'influence ; il offrira moins le travail de l'homme, que l'homme lui-même en rapport avec l'immortalité. Il sera l'expression générale des plus nobles vœux ; le dépôt des pensées qui se réaliseront un jour dans des institutions ou des entreprises utiles, et l'avenir y existera tout entier.

SECONDE PARTIE.

VIE DOMESTIQUE ET SOCIALE DE MADAME DE STAEL.

Il est temps de considérer madame de Staël en elle-même, et de la peindre immédiatement d'après mes souvenirs : tâche douloureuse et difficile, tâche qu'il faut remplir sans trop l'envisager, en s'abandonnant au genre de sentiment qui entraîne, et en réprimant celui qui arrêterait à chaque pas.

Je présenterai donc cette femme illustre sous les rapports qui m'ont été le mieux connus, ou qui me semblent le plus caractéristiques. Sans m'astreindre en aucune manière à suivre l'ordre des temps, je la montrerai d'abord telle que je l'ai vue durant la vie de son père, me réservant d'indiquer plus tard les changements presque tous avantageux que le temps a opérés en elle.

Relations domestiques.

Quand on veut se faire une idée juste de madame de Staël, c'est dans ses affections qu'il importe de la contempler. Assez de gens sont portés à croire que chez une femme aussi célèbre, l'amour-propre devait être en première ligne. Mais, s'il en eût été ainsi, sa destinée eût été plus heureuse, car ses succès pouvaient suffire à un bonheur fondé sur la vanité. Il faut avoir vu madame de Staël dévorée par ses peines, il faut l'avoir vue étrangère à sa gloire, et prête mille fois à sacrifier le fruit de ses travaux aux objets de ses affections, pour rester certain que l'être aimant était en elle au centre, et que sa véritable vie était celle du cœur.

On a dit, avec plus de vraisemblance, que la grande imagination de madame de Staël entrait pour beaucoup dans tous ses sentiments; mais cela aussi est injuste. Il est sans doute difficile de faire exactement la part d'une faculté qui, dans l'attachement le plus vrai, dispose des craintes et des espérances, qui grossit tour à tour les agréments et les torts de ceux qui nous sont chers. Toutefois, il n'y avait rien de chimérique dans les affections de madame de Staël. Elle ne se figurait pas qu'elle aimait; sa tendresse était réelle et profonde, mais son pauvre cœur a souvent été en proie aux fantômes de son imagination.

Rien d'étranger au sentiment n'altérait chez madame de Staël la pureté de ses motifs lorsqu'elle aimait. Elle n'avait aucune ambition de subjuguer, de diriger; on ne lui voyait pas non plus cette susceptibilité inquiète sur les moindres nuances de ce qu'elle inspirait, qui caractérise, si on peut le dire, la vanité du cœur. Ceux dont le premier objet est eux-mêmes, sont peut-être les plus jaloux du culte qu'on rend à cet objet; et ce qui leur plaît chez les autres n'est souvent que l'admiration qu'ils leur font éprouver. Il n'en était pas ainsi de madame de Staël; elle chérissait dans ses amis leurs qualités plus encore que leur enthousiasme; et comme elle aimait franchement, elle trouvait aussi fort simple d'être aimée. De même, l'élévation de ses sentiments lui inspirait une généreuse confiance dans l'estime de ceux qui la connaissaient, et elle pouvait supporter de leur part beaucoup de reproches sans s'offenser. C'était en grand et d'après la conduite qu'elle jugeait des sentiments, les actions lui paraissant, après tout, la meilleure manière d'apprécier les mouvements du cœur. Ainsi, d'un côté, elle n'admettait pas facilement d'excuse pour le manque d'empressement; et de l'autre, quand la conduite était bonne, elle n'en épiloguait pas les motifs. Si l'on avait auprès

d'elle quelque but intéressé, elle l'apercevait à l'instant, mais sans le supposer d'avance.

Jamais les distinctions entre les différentes espèces d'attachement n'ont été moins marquées que chez elle. Le sentiment était un dans son cœur, et il prenait la teinte prononcée de son caractère, beaucoup plus que celle des diverses relations de la vie, ou du naturel des personnes qu'elle aimait. En elle la tendresse maternelle et filiale, l'amitié, la reconnaissance ressemblaient toutes à l'amour. Il y avait de la passion, de l'émotion du moins dans tous ses attachements. Ils paraissaient varier d'intensité plutôt que de nature, et cette nature était expansive, ardente, impétueuse, orageuse même; non que chez madame de Staël les orages fussent l'effet d'aucun caprice, mais parce qu'elle se révoltait contre les obstacles que l'organisation sociale, et souvent l'inertie humaine, opposent aux jouissances du cœur. Longtemps elle n'a compris que sa propre manière d'aimer; longtemps elle s'est refusée à croire qu'il existât des sentiments sincères qui ne s'exprimaient pas comme les siens, et cette connaissance si nette qu'elle avait d'elle-même, l'induisait en erreur quand elle jugeait des autres d'après elle. Mais ses reproches les plus vifs étaient aussi les plus touchants; on voyait son amour à travers sa colère. Elle n'a jamais causé de douleur que parce qu'elle en éprouvait davantage, et on avait pitié d'elle quand elle blessait.

Si l'on veut juger de ses attachements dans toute leur énergie comme dans toute leur beauté, il faut connaître celui qu'elle avait pour son père : admirable sentiment qui a embrassé toute son existence, et qui a puisé encore plus de force dans l'idée de la mort que dans celle du lien le plus sacré de la vie. D'ailleurs, comme cette tendresse a fait partie d'elle-même, comme elle s'est confondue avec toutes ses pensées et les a modifiées, on ne peut en faire abstraction quand on parle de madame de Staël.

Il y avait une telle entente entre M. Necker et sa fille, ils trouvaient un tel plaisir à causer ensemble, et leurs esprits étaient si bien d'accord, que madame de Staël était portée à s'exagérer l'idée de ses ressemblances avec son père. Et plus elle se croyait de rapports avec lui, plus elle concevait d'enthousiasme pour les qualités dans lesquelles il lui était réellement supérieur. Elle le voyait comme un être semblable à elle, que l'excès des vertus aurait enchaîné. Il supportait la retraite, il se passait de plaisirs et de succès; la conscience et un sentiment de dignité étaient des mobiles uniques dans une vie que la sagesse simplifiait; il résistait même à l'ascendant de sa première affection sur la terre, quand il lui refusait de vivre avec elle à Paris; elle pouvait souffrir de cette résistance, mais elle se prosternait devant lui. Elle lui prêtait son propre besoin de mouvement, tout le feu de son caractère, afin de rehausser le prix des sacrifices qu'il s'imposait, lui attribuant les goûts de la jeunesse pour lui faire un plus grand mérite de ses privations, et ne songeant à son grand âge que pour trouver plus merveilleux l'esprit et la grâce qu'il conservait.

Deux sentiments excessivement vifs chez madame de Staël, la reconnaissance et la pitié, avaient encore leur objet dans M. Necker. Reconnaissance la mieux fondée pour une sollicitude rare, même chez un père, par sa constance et sa direction bien entendue, et pitié, profonde et déchirante pitié pour les peines qu'il éprouvait, pitié pour ce grand esprit, ce beau caractère méconnu et calomnié, pitié pour sa vieillesse, pour les maux dont il était menacé; pitié, et non pour lui seul, à l'idée du moment fatal qui s'avançait; en sorte que les plus vives jouissances de sa fille auprès de lui étaient parfois bien près des larmes.

Néanmoins elle était peu sujette à anticiper sur les peines futures; et si des éclairs subits lui révélaient l'avenir, le moment présent réclamait bientôt sa pensée. Le ciel l'avait faite imprévoyante, et M. Necker disait qu'elle était comme les sauvages qui vendent leur cabane le matin et ne savent que devenir le soir. Relativement à lui, elle passait subitement des plus vives inquiétudes à la plus complète sécurité. Cette personne, si pleine de vie, avait peine à croire à la mort. Ne pouvant supporter de voir un vieillard dans son père, tout ce qu'elle lui trouvait d'agrément et de charme, la manière dont il la comprenait, une certaine fraîcheur d'imagination, de curiosité, de gaieté qu'il avait encore, lui faisaient sans cesse illusion. Elle le traitait d'égal à égal pour l'esprit, et oubliait la différence des âges. Quelqu'un lui ayant dit une fois que M. Necker était vieilli, elle repoussa une telle idée avec une sorte de courroux, répondant qu'elle regarderait comme son plus grand ennemi celui qui lui répéterait des mots pareils, et qu'elle ne le reverrait de sa vie.

Elle se nourrissait donc d'espérance, et conservait ainsi la possibilité de distraire et d'amuser son père. Le connaissant fort bien au fond, sachant que pour avoir renoncé à l'activité extérieure, il avait d'autant plus le besoin d'une vie animée intérieurement, elle a sans cesse alimenté en lui le feu sacré du sentiment et de la pensée, et peut-être a-t-elle longtemps écarté de lui et la crainte des maux et les maux eux-mêmes, en répandant un puissant intérêt sur chacun de ses jours.

Pour elle, le mouvement d'esprit, les objets nouveaux qui l'entretiennent, la distraction enfin, étaient une condition nécessaire du talent, de la gaieté, du bonheur, de la santé même. Ce qu'elle retirait du monde est inconcevable, et ce spectacle si peu profitable pour d'autres, mettait en jeu tout son esprit et ravivait ses forces morales. Dans une retraite trop prolongée, au contraire, ses grandes facultés la dévoraient. Le bonheur domestique était bientôt troublé pour elle, par cette imagination qui n'avait pas une pleine action au dehors; et, malgré sa douleur extrême, elle ne pouvait répandre les mêmes plaisirs dans sa famille. Souvent se blâmant elle-même, elle eût voulu surmonter de force son naturel, et s'accoutumer à la vie retirée, mais alors il semblait qu'une autre personne vînt se mettre à sa place, et madame de Staël domptée n'était plus tout à fait madame de Staël.

Nul ne l'a mieux comprise sous ce rapport que M. Necker. Il avait saisi l'ensemble de cette manière d'être, et le besoin d'objets nouveaux paraissait à ses yeux paternels une dépendance nécessaire du genre de distinction qui le charmait. Que les fréquents séjours de madame de Staël à Paris eussent la pleine approbation de son père, rien de plus simple assurément. De puissants motifs l'appelaient en France, et elle y cultivait les seuls liens que lui-même conservât encore avec ce pays qui lui a toujours été si cher. Mais lorsque l'exil a commencé pour elle, M. Necker a également approuvé qu'elle coupât la monotonie du séjour de Coppet par des voyages de plaisir ou d'instruction. Il se soumettait à l'absence sans effort, sans affectation de générosité; et parce qu'il sentait que ce naturel qu'il aimait étant donné, il fallait lui laisser de l'essor.

D'ailleurs, avec une correspondance aussi soutenue, aussi animée, aussi ravissante que celle de M. Necker et de sa fille, l'idée complète de la séparation n'existait pas. Jamais elle n'a écrit à personne comme à lui. Les lettres qu'elle adressait à ses amis étaient charmantes, mais à moins qu'elle n'eût en vue un objet déterminé, elles ont eu depuis la mort de son père quelque chose d'un peu trop vague, de trop mélancolique peut-être. Toujours quelque trait heureux, quelque nuance de sentiment délicieuse la rappelait; mais après l'avoir vue distinctement, on retombait dans une obscurité profonde sur ce qui la concernait. Nous lui reprochions de ne point raconter assez; et sans doute elle voulait éviter ce qui lui rappelait trop vivement le genre de correspondance qu'elle avait eue avec son père. « Chère amie, m'écrivait-elle d'Italie, je m'arrête « malgré moi au milieu de ces récits : c'est ainsi que l'an- « née dernière je lui écrivais, je l'amusais de mes observa- « tions, de mes pensées; ah! tout peut-il se passer comme, « quand il existait! »

En effet, dans ses lettres à M. Necker, quelle foule d'anecdotes piquantes! que de descriptions tracées de main de maître! Rien d'agréable comme ce mélange de narrations, de saillies, de vues rapides et grandes néanmoins, de douces moqueries, de portraits d'illustres personnages tellement caractérisés, qu'ils tournaient légèrement à la caricature; le tout fondu, pour ainsi dire, dans la teinte générale de cet attendrissement qu'elle éprouvait à la seule idée de son père. Ces lettres ont malheureusement été brûlées pour la plupart, et jamais, peut-être, on ne verra rien de pareil.

Mais ce qui était plus frappant, plus extraordinaire encore, c'est le premier feu de ses récits, lorsqu'au retour d'un grand voyage, elle revoyait son père à Coppet. Sa profonde émotion qu'elle réprimait un peu pour ne pas la lui communiquer, se répandait comme un torrent dans ses discours. Les choses, les hommes, les gouvernements, l'effet qu'elle avait produit elle-même, tout était raconté avec une effusion de joie, de caresses, de larmes, de tendres plaisanteries. Tout avait rapport à son père, et elle lui donnait, pour ainsi dire, un rôle dans la pièce qu'elle jouait devant lui, tant le contraste de ce qu'elle avait rencontré, avec son esprit à lui, sa bonté, sa moralité parfaite, était vivement relevé. Les formes les plus piquantes, les plus étranges même, recélaient un éloge indirect de son père, ou une expression de tendresse pour lui. Comme la gloire paternelle animait en l'écoutant la noble physionomie de M. Necker! comme elle éclatait dans ses yeux toujours jeunes! non pas assurément qu'il acceptât de si grandes louanges, mais parce qu'il lisait dans le cœur de sa fille, et jouissait de ses dons prodigieux.

Dans le cours d'une vie agitée, elle a pu causer quelques inquiétudes à son père; mais que de plaisirs ne lui a-t-elle pas donnés! que de grâces n'a-t-elle pas déployées dans cette sainte intimité! que d'abandon! que de dévouement! que d'amour! Il y avait de tout en elle pour lui, goût involontaire, confiance filiale la plus aveugle, sollicitude en quelque sorte maternelle, personnalité même, âpre égoïsme dans l'association à ses intérêts et à sa gloire. Elle ne croyait pas matériellement pouvoir exister sans son père. Incertaine et irrésolue dans les petites choses, elle avait besoin de lui à tout instant, elle le consultait sur chaque détail, sur sa dépense, sur sa parure, sur ses arrangements domestiques, sur le gouvernement de ses enfants. Et dans la persuasion où elle était que l'esprit sortait à tout, elle voulait qu'il lût les romans qui paraissaient, pour les comparer avec les siens. Dans une de ses lettres, elle plaisante elle-même d'une pareille commission donnée à un homme d'État.

Un des plus grands plaisirs de madame de Staël était que son père se moquât d'elle. Il y avait quelques anecdotes où elle jouait un rôle assez risible, et qu'elle ne se lassait point de lui entendre répéter. Elle les amenait de loin, et pendant que M. Necker les racontait, ses yeux se remplissaient de larmes. Ainsi, il y avait l'histoire de la vieille maréchale de Mouchy, une des plus grandes dames de l'ancien régime, à laquelle mademoiselle Necker, alors âgée de dix-sept ans, avait demandé ce qu'elle pensait de l'amour; il y avait celle du regard furtif et langoureux de je ne sais quelle princesse polonaise, regard que mademoiselle Necker, encore enfant, avait imité, et qu'elle aurait peut-être adopté, s'il n'eût été reconnu par son père : il y avait bien d'autres histoires encore que M. Necker contait avec une grâce infinie.

Je ne sais si j'ose rapporter certaines scènes trop intimes, trop familières peut-être. En voici une que je hasarde cependant, tant elle me paraît caractériser chez madame de Staël sa grande susceptibilité d'émotion dans tout ce qui tenait à son père, et la manière dont elle cherchait à agir sur l'imagination, même quand elle s'adressait aux gens du peuple.

M. Necker étant à Coppet avec lui, nous avait envoyé chercher à Genève, dans sa voiture, mes enfants et moi. Il était nuit quand nous partîmes, et nous versâmes en route dans un fossé. Aucun de nous ne se fit de mal; mais on perdit du temps à relever la voiture, et il était tard quand nous arrivâmes. Nous trouvâmes madame de Staël seule dans le salon. Elle était assez inquiète de nous; mais lorsque je commençai à lui raconter notre accident, elle m'interrompit tout à coup pour me demander : « Comment êtes-vous venus? — Dans la voiture de votre père. — Oui, je le sais; mais qui est-ce qui vous menait? — Eh mais, son cocher, sans doute. — Comment! son cocher, Richel? — Oui, Richel. — Ah! bon Dieu! s'écria-t-elle, il aurait pu verser mon père. » Aussitôt elle s'élance vers la sonnette, ordonnant qu'on fasse venir Richel. Richel détclait; il fallut attendre.

Pendant ce temps, madame de Staël, en proie à la plus violente agitation, parcourait à grands pas la chambre. « Quoi! mon père, mon pauvre père, disait-elle, on l'aurait versé! A votre âge, à celui de vos enfants, ce n'est « rien; mais avec sa taille, sa grosse taille!... Dans un « fossé, et il aurait pu y rester longtemps, et il aurait appelé, appelé inutilement peut-être.... » Alors vaincue par son émotion, elle était obligée de s'arrêter, jusqu'à ce que la colère lui eût redonné des forces.

Enfin, Richel entre. J'étais extrêmement curieuse d'entendre ce qu'elle lui dirait, parce que chez cette personne, ordinairement très-indulgente avec les inférieurs, un sentiment si vif devait s'exhaler de la manière la plus originale. Elle s'avance sur lui avec solennité, et d'une voix d'abord étouffée, mais qui grossissait peu à peu, finit par de grands éclats : « Richel, vous a-t-on dit que j'avais de « l'esprit? » L'homme ouvre de grands yeux. « Savez-vous « que j'ai de l'esprit, vous dis-je? » L'homme reste encore muet. « Apprenez donc que j'ai de l'esprit, beaucoup d'esprit, prodigieusement d'esprit; eh bien! tout l'esprit que « j'ai, je l'emploierai à vous faire passer le reste de vos « jours dans un cachot, si jamais vous versez mon père. »

J'ai souvent, par la suite, essayé de l'amuser en lui peignant cette scène dans laquelle elle menaçait un cocher de son esprit. Mais elle, si facile à égayer à ses propres dépens, n'a jamais pu seulement songer à cette aventure, sans être de nouveau saisie par la colère et l'émotion. « Et « de quoi, » obtenais-je d'elle tout au plus, « de quoi voulez- « vous donc que je menace, si ce n'est de mon pauvre esprit? »

Si les dangers imaginaires produisaient sur elle un tel effet, on doit juger de ce qu'étaient des inquiétudes mieux fondées. Je voudrais pouvoir donner l'idée des lettres qu'elle écrivait d'Allemagne, au moment où elle se préparait à revenir, parce qu'elle avait conçu des craintes pour son père. Il en est une surtout qui dépasse toute imagination par sa force effrayante, terrible, et pourtant profondément touchante; c'est la lettre de douze pages qu'elle m'adressa trois jours après avoir reçu la fatale nouvelle. Il n'est rien là qui doive rester secret, et en la publiant, j'honorerais la mémoire de madame de Staël. Mais cet épanchement d'un cœur déchiré, cette nature dévoilée tout entière dans l'abandon du désespoir, c'est ce que je ne puis me résoudre à livrer. Une autre raison encore m'empêche de transcrire ici une autre lettre de madame de Staël. Je l'ai souvent entendue parler avec une juste indignation de la coutume qui s'est dernièrement introduite, de publier sans respect pour les morts, et sans égards pour les vivants, les correspondances intimes des personnages célèbres. N'osant donc me croire autorisée par mes intentions, je m'abstiendrai religieusement de ce qui aurait pu blesser un sentiment que je partage.

Madame de Staël était déjà en route pour Coppet, lorsqu'elle apprit son malheur. Nous allâmes à sa rencontre, mon mari et moi, menant avec nous son second fils; et l'ayant retrouvée à Zurich, nous revînmes tous ensemble.

J'avais eu la douloureuse satisfaction d'assister aux derniers moments de M. Necker, j'avais contemplé cette mort du juste, du chrétien, du plus tendre père; j'avais vu ses lèvres déjà pâles, ses mains toutes tremblantes, implorer le ciel pour sa fille, pour la France et pour lui; et jamais le ciel n'a reçu des vœux plus purs. Depuis ce moment, mes liens avec madame de Staël ont encore été resserrés; je suis devenue la sœur de ma cousine, et un caractère plus sacré et plus intime a été imprimé à notre amitié.

Je ne décrirai point les scènes cruelles qui se succédèrent pour nous. Ce n'est pas quand la douleur se déploie dans toute sa violence que le génie est reconnaissable. Les convulsions, les horribles angoisses d'un cœur désolé, sont les mêmes chez toute la pauvre race humaine, et il n'y a pas place pour la distinction dans les grands accès des souffrances morales. C'est dans les intervalles un peu calmes que je retrouve madame de Staël, et c'est dans ceux-là que je la peindrai.

Il y eut quelques-uns de ces moments de trève durant notre sinistre voyage, et jamais peut-être ce qu'il y avait de merveilleux en elle, ne m'a-t-il frappée davantage. Lorsque l'abattement de la douleur en avait remplacé les grands éclats, madame de Staël nous priait de causer dans la voiture, apparemment parce que le bruit des paroles l'aidait à se maîtriser. Elle amenait avec elle M. Schlegel, et, comme pour peu qu'elle fût maîtresse d'elle-même, on la voyait occupée des autres, elle désirait qu'il se montrât à son avantage, et lui indiquait en deux mots les sujets qu'il devait traiter. En conséquence, M. Schlegel nous développait une grande quantité d'idées nouvelles, et quand l'entretien s'animait, il arrivait quelquefois que madame de Staël, reprise par son talent, se lançait tout à coup dans la conversation. Alors, racontant l'Allemagne, les hommes, les systèmes, la société; elle déployait un feu, une beauté d'expression extraordinaires; mille tableaux éclatants se succédaient, jusqu'à ce que, ressaisie comme par une griffe meurtrière, elle retombait sous l'empire de la douleur. On eût dit de ces feux d'artifice tirés un jour d'orage, dans lesquels une explosion subite fait jaillir des gerbes d'étincelles, que des bourrasques de vent et de pluie viennent éteindre aussitôt.

Il ne faut pas supposer, toutefois, que sa distraction

fût complète; un tremblement presque imperceptible, une légère contraction dans les lèvres montraient qu'elle n'avant pas cessé de souffrir, et qu'elle parlait, si on peut le dire, par-dessus sa douleur.

Au milieu de la désolation de notre arrivée, les singularités de son imagination se firent bientôt sentir; une sorte de vertige s'empara d'elle. Croyant avoir perdu le gardien de tout ce qui lui était nécessaire, le lien général des choses lui sembla dissous. Elle s'imagina que sa fortune s'en irait, que ses enfants ne seraient pas élevés, que ses gens ne lui obéiraient pas, que rien ne marcherait, ne se ferait sans son père. Des inquiétudes puériles étaient une des formes de son chagrin, et, lorsque la voyant tourmentée par des minuties, jusqu'alors si étrangères à ses pensées, je lui disais : « Qu'est-ce que cela vous fait? — C'est que je n'ai plus mon père, » me répondait-elle.

Pendant la vie de M. Necker, madame de Staël était véritablement restée dans une ignorance d'enfant sur la plupart des choses matérielles; non-seulement elle n'avait pas voulu lui donner l'idée qu'elle pût se passer un jour de lui, mais cette idée, elle ne l'avait pas conçue elle-même; en sorte qu'il soignait en effet toute son existence. La terre sembla donc à sa fille manquer avec lui, et il lui eut besoin d'un acte de volonté très-fort et très-difficile pour se mettre au fait de ses affaires au moment du malheur. Néanmoins elle s'y crut obligée, et, soutenue par un sentiment de respect filial, elle y réussit. Ne voulant pas qu'une fortune qui avait été faite par M. Necker se dilapidât entre ses mains, elle l'a dès lors administrée avec une rare intelligence, et elle a toujours été généreuse et scrupuleuse à la fois dans l'emploi des biens hérités de son père, et destinés à ses enfants.

Il faudrait raconter chaque journée de madame de Staël, pour donner l'idée de la place que son père mort a constamment tenue dans son cœur. Elle n'a jamais cessé de vivre avec lui. Elle s'est toujours sentie protégée, consolée, secourue par lui. Elle l'invoquait dans ses prières, et il n'y a jamais eu pour elle d'événement heureux, sans qu'elle ait dit : « Mon père a obtenu cela pour moi. » Son portrait ne la quittait pas, et il était l'objet pour elle d'une sorte de superstition. Elle ne s'en est séparée qu'une seule fois, lorsque déjà bien malade elle-même, et trouvant une grande consolation à contempler ce portrait, elle s'imagina que quand sa fille accoucherait, il produirait le même effet sur elle. « Regarde-le, » lui écrivait-elle en le lui envoyant, « regarde-le quand tu souffriras. » Les hommes âgés lui retraçaient aussi la figure de son père, et ils lui causaient une impression particulière. Tout ce qui venait de leur part lui était singulièrement sensible; et une fois que dans le temps de ses persécutions, un vieillard tint avec elle cette conduite pusillanime si commune alors et sans doute plus excusable à cet âge, elle en éprouva une douleur extraordinaire. « Je ne suis pas raisonnable, me dit-elle, « mais que voulez-vous, il était bon, il était vieux, il était « là assis à ma table, je dérangeais mes heures pour lui, « et tout cela me remue le cœur. » Ses aumônes aux personnes âgées qui avaient besoin de ses secours étaient immenses; l'idée de leurs souffrances avait quelque chose de déchirant pour elle, et de même que les vrais chrétiens voient Jésus-Christ dans tous les pauvres, elle voyait son père dans tous les vieillards.

Il n'y avait d'irréparable avec madame de Staël que l'offense faite à M. Necker. Son extrême facilité à oublier les torts qu'on avait avec elle, aurait pu même la faire passer pour légère, si elle n'avait pas gardé une éternelle reconnaissance du moindre service. Mais quand il s'agissait de

son père, il n'y avait pas moyen de l'apaiser, et elle n'a jamais pu ni oublier le mal qu'on avait dit de M. Necker, ni se souvenir de celui qu'on a dit d'elle-même. Elle ne se vengeait pas, mais elle montrait une éternelle froideur. Après avoir lu un livre intitulé L'ANTI-ROMANTIQUE : « L'au- « teur se moque bien de moi, dit-elle, mais c'est de bon « goût, et il a de la vraie gaieté française : c'est dommage « qu'il ait mis deux mots contre mon père, car sans cela « je l'aurais prié, à Paris, de venir souvent dîner chez « moi. »

On peut être assuré que si l'occasion s'en était présentée, elle eût défendu la mémoire de sa mère avec la même chaleur. On connaît sa longue patience envers madame de Genlis, qui n'a cessé de la harceler de critiques amères tandis qu'elle était en butte à la persécution. « Elle m'a « attaquée, disait-elle, je l'ai louée; c'est ainsi que nos « correspondances se sont croisées. » Mais quand sous le règne de Bonaparte, ce même écrivain vint à parler de madame Necker en termes défavorables, madame de Staël conçut la plus forte irritation que je lui aie vu éprouver. « S'imagine-t-on, disait-elle, parce que je m'abandonne « moi-même, que je ne défendrai pas ma mère? Que ma- « dame de Genlis s'en prenne à mes ouvrages, à ma per- « sonne tant qu'elle voudra; les uns sont là pour se faire « lire, l'autre pour se faire aimer ou craindre. Mais ma « mère morte, ma mère qui n'a plus que moi dans le « monde pour prendre son parti!... Elle a préféré mon père « à moi, et elle a eu bien raison, sans doute; je sens d'au- « tant mieux que j'ai tout son sang dans mes veines, et « tant que ce sang coulera, je ne la laisserai pas outrager. » On fut longtemps avant de lui persuader qu'il serait au moins inutile de repousser cette agression, parce qu'écrivant, comme elle y était contrainte par l'exil, en pays étranger, son ouvrage ne parviendrait qu'aux hommes du gouvernement français, et qu'elle multiplierait les attaques contre ceux qu'elle aimait, sans obtenir qu'on rendît public en France ce qu'elle dirait pour les défendre.

Il est à regretter cependant, sous bien des rapports, qu'elle n'ait pas exécuté son dessein, et qu'on ne possède pas le portrait de sa mère, tel qu'elle l'eût tracé dans un pareil moment.

Il y a de la beauté dans l'idée du bas-relief que madame de Staël a fait placer, après la mort de M. Necker, sur le monument funéraire de ses parents : une figure légère et comme déjà glorifiée entraîne vers le ciel une autre figure qui paraît regarder avec compassion une jeune femme voilée et prosternée sur un tombeau. Madame Necker, son époux et leur fille sont représentés sous cet emblème, qui indique aussi le passage de la vie terrestre à la vie éternelle.

Ainsi le respect filial, ce sentiment intermédiaire entre la piété et l'amour, a été un trait saillant du caractère de madame de Staël. Il a rempli sa vie, il a encore adouci sa mort. Et pour nous qui la pleurons à cette heure, l'idée qui l'a tant occupée, celle de sa réunion avec son père, verse sur notre blessure un baume consolateur. Ils sont ensemble maintenant, ils sont auprès de celui qui a fait leurs cœurs, et la postérité elle-même ne séparera plus leurs noms : ces noms se relèvent réciproquement; chacun garantit à l'autre un genre particulier d'excellence, et il n'est aucune grandeur, aucune beauté morale qui n'appartienne à leur réunion.

La devise de madame de Staël aurait pu être ce vers, qu'elle répétait souvent avec émotion :

O liberté de Rome! ô mânes de mon père!

Lorsque j'ai raconté les premières années de la jeunesse

de madame de Staël, je me suis arrêtée au moment de son mariage, parce que mon unique but était de faire connaître l'éducation que lui ont donnée ses parents et les circonstances. A présent que j'interroge mes souvenirs, je voudrais y trouver des détails relatifs à M. de Staël, mais il a été à peine connu de moi. Mon intimité avec madame de Staël ne date que de l'année 1792, époque où elle vint se réfugier auprès de son père en Suisse, après avoir échappé comme par miracle à la sanglante journée du 2 septembre. M. de Staël, alors absent de France, n'avait pu l'accompagner, et dans la suite j'ai eu peu d'occasions de le voir.

Malgré le grand nombre d'aspirants à la main de mademoiselle Necker, le choix d'un époux qui convînt à ses parents et à elle n'avait pas été facile à faire. Elle ne voulait pas quitter la France, et sa mère, protestante zélée, exigeait qu'elle épousât un homme de sa religion. Dans ces circonstances, le baron de Staël fixa sur lui les regards de M. et de madame Necker. A une grande loyauté, à une grande bonté de caractère, à beaucoup d'admiration pour mademoiselle Necker, il joignait des manières nobles et une naissance distinguée. Le roi de Suède, Gustave III, dont il était fort aimé, favorisait hautement ses prétentions, et promettait de lui assurer pour plusieurs années la place d'ambassadeur en France, afin de rassurer mademoiselle Necker contre la crainte de quitter Paris; et d'ailleurs M. de Staël s'engageait à ne la mener jamais en Suède malgré elle. Telles sont les raisons qui ont décidé son mariage avec un étranger beaucoup plus âgé qu'elle, et qui avait avec elle peu de rapports dans les goûts. Le cours de cette union, un peu froide sans doute, n'aurait point cependant été interrompu, si la générosité imprévoyante de M. de Staël n'eût pas dégénéré en prodigalité. Quelque désordre s'étant mis dans ses affaires, madame de Staël se crut, par la suite, obligée de chercher à préserver de cette influence la fortune de ses enfants. Mais la séparation qui résulta de là ne fut pas de longue durée. Quand, affaibli par les progrès de l'âge et de la maladie, il eut besoin des soins de sa famille, madame de Staël se rapprocha de lui. Elle revenait s'établir avec son mari, en Suisse, auprès de M. Necker, lorsqu'au milieu du voyage, la mort enleva M. de Staël, et lui ravit à elle-même et à ses enfants la satisfaction qu'ils auraient trouvée à répandre du bonheur sur ses dernières années.

Madame de Staël a été une très-tendre mère; et si l'amour maternel a eu moins d'éclat chez elle que l'amour filial, c'est qu'elle s'est fait davantage une loi d'en réprimer l'expression. Déjà dans DELPHINE, ce roman où elle se montre si frappée de la beauté poétique des sentiments exaltés; elle a dit que les démonstrations passionnées ne valaient rien pour l'enfance, et que la bonté et la justice lui convenaient mieux. Plus tard elle s'est imposé la même réserve par d'autres motifs. Ainsi elle m'écrivait, en parlant de son fils aîné : « Je ne sais pourquoi je dis moins à « Auguste que je n'éprouve. Il y a une certaine pudeur ma-« ternelle que j'ai toujours eue en moi. Il faut se séparer « dans cette relation. N'ai-je pas survécu à ce qu'il y avait « de meilleur sur la terre! Pourquoi donc tant s'attendrir « sur ce que la mort doit briser! »

Malgré cette expression plus contenue, le sentiment maternel, comme elle en a donné mille preuves, participait chez elle à la nature de tous les autres. Ce n'était peut-être pas un amour aveugle, indépendant du mérite de son objet : les défauts de ses enfants se présentaient fortement aux yeux de madame de Staël; mais il y avait pourtant de l'instinct en elle; il y en avait dans·son courroux quand ils

commettaient des imprudences; il y en avait dans une sorte d'ardeur courageuse et dévouée lorsqu'il s'agissait de les protéger; il y en avait surtout dans ses terreurs quand leur santé était menacée. Sa fille, à l'âge de six ans, étant tombée malade à Francfort, la tête fut sur le point de lui tourner de douleur. « Que deviendrait, écrivait-elle, que de-« viendrait une mère qui craint pour son enfant, sans la « prière? Cette situation ·ferait découvrir la religion si ja-« mais personne ne vous en avait parlé. » Les succès, les plaisirs de ses enfants, l'opinion qu'on avait d'eux étaient pour elle des intérêts d'une extrême vivacité, et les scrupules qu'elle se faisait sur les suites qu'auraient à leur égard les déterminations qu'elle prenait, étaient fort sujets à la tourmenter. Ainsi, la crainte de la fâcheuse influence que l'exil pouvait avoir sur leur destinée, a été une des grandes causes de ses chagrins.

Dans l'éducation privée, elle ne croyait pas au succès des systèmes extraordinaires. Il faut, selon elle, inspirer à la jeunesse des sentiments élevés et religieux, mais l'initier à ce qu'il y a de plus pur dans le monde réel, plutôt que lui faire un monde à part toujours incomplet et factice. « J'ai présenté à mes enfants la vie telle qu'elle est, « disait-elle, et je ne me suis servie d'aucune ruse avec « eux. » La vérité était la base première sur laquelle elle se fondait, et, non-seulement toute supercherie, mais toute affectation lui semblait inutile et dangereuse; elle dédaignait quelquefois de prendre avec les enfants ce ton de niaiserie maniérée par lequel on croit se mettre à leur portée; elle les élevait jusqu'à son esprit, et s'élevait jusqu'à leur innocence.

Quand on n'intimidait pas d'avance les enfants par l'idée qu'on leur donnait de madame de Staël, elle leur plaisait naturellement, et il en est à qui elle a inspiré une passion singulière. Il y avait de l'ingénuité, et par conséquent de la jeunesse dans sa manière de parler; et le génie, avec ses impressions inattendues, garde toujours quelque chose d'enfant. Elle observait le premier âge avec attendrissement et avec curiosité. Je l'ai vue se divertir bien naïvement elle-même des aperçus bizarres, de certaines associations grotesques de cet âge; on en recueillait·afin de les lui raconter, et c'était un aliment pour sa pensée.

Elle était portée à blâmer ce dévouement trop ostensible des parents aux enfants, qui est un·défaut de l'éducation actuelle. De petits êtres qui voient toutes choses se rapporter à eux, deviennent vains et égoïstes, et loin qu'ils prennent de ce qui les entoure l'exemple du dévouement, ils croient travailler à l'œuvre commune, en soignant eux-mêmes leurs intérêts. Ils exercent une capricieuse puissance sur ceux dont ils se supposent l'unique but, et de part et d'autre il s'établit une lutte de finesses. Madame de Staël exprimait nettement sa volonté. Ayant toujours eu une haute idée du pouvoir paternel, elle donnait la loi dans sa famille, et ne croyait point que l'obéissance religieusement inculquée avilît le cœur.

Un exercice juste et modéré de l'autorité épargne mille ruses, mille faussetés dans l'éducation. Le raisonnement échoue, la prière abaisse ceux qui y ont recours; le sentiment, employé comme moyen, blase, et finalement endurcit le cœur. Les rapports entre des parents qui ordonnent avec douceur et des enfants qui obéissent, sont les seuls vrais, les seuls sérieux, les seuls paisibles; et l'enfance faible et dénuée, comme elle se sent au fond, ne s'attache pour longtemps qu'à la fermeté protectrice.

Néanmoins le motif des ordres de madame de Staël était beaucoup trop spirituel pour qu'elle se refusât au plaisir de l'énoncer. Elle l'expliquait clairement, mais sans ouvrir la discussion, et le CONSIDÉRANT de la loi ne la rendait pas moins absolue.

Elle a donné elle-même beaucoup de leçons à ses enfants; mais, conformément à son principe sur la nécessité de la bonne foi, elle rejetait ces petits jeux au moyen desquels on prétend enseigner les éléments de toutes les connaissances. Lorsque l'intérêt de l'étude est en défaut, ce qui ne peut manquer parfois d'arriver, l'idée simple du devoir doit y suppléer. Cette idée est très-bien conçue par l'enfance, et loin qu'il faille la réserver pour une autre saison de la vie, elle n'a jamais de force que quand elle a jeté lentement de profondes racines dans l'âme. Les enfants ne sont pas longtemps les dupes de ces divertissements forcés, et mille saillies nuisibles au but proclament le droit qu'ils ont de jouer à leur manière. D'ailleurs comme le principal avantage de l'étude, pour le premier âge, consiste dans les efforts qu'elle fait faire à l'esprit, et celui de l'amusement, dans l'essor qu'il donne à tout un petit être, quand on met la distraction dans la leçon, et la gêne dans le plaisir, on perd le fruit de l'une et de l'autre.

Mais c'est lorsqu'ils ont commencé à entrer dans la jeunesse, que la candeur de madame de Staël avec ses enfants a été le plus remarquable. Sans doute elle ne compromettait pas auprès d'eux par indiscrétion les intérêts des autres ou les siens, mais elle a été naturelle et vraie dans toute sa manière de se présenter à eux; elle leur a développé son caractère tel qu'il était, ne s'épargnant point elle-même, et ne s'attribuant jamais ni une qualité ni un sentiment qu'elle n'eût pas. Ainsi elle s'est toujours donné tort dans ses rapports avec sa mère; ainsi, elle a dit, à sa fille surtout, que la vivacité de ses affections et de ses opinions l'avait entraînée dans des routes dangereuses dont nulle autre qu'elle n'aurait pu se tirer; et, par exemple, que sa trop grande chaleur en politique lui avait attiré des haines dont les effets, très-douloureux pour son cœur, auraient pu même être redoutables, sans l'éclat du son talent et peut-être sans celui des services qu'elle avait rendus. Elle avait trop souffert elle-même pour engager sa fille à marcher sur ses traces. Aussi ne lui a-t-elle point conseillé de chercher la célébrité; et même dans la conversation, tout en la trouvant très-spirituelle, elle l'a détournée de l'imitation, soit qu'elle jugeât, avec raison, qu'on ne pouvait que lui être inférieur dans son propre genre, soit parce que son genre ne lui plaisait pas dans une autre. Elle n'aimait pas les copies. « Les échos m'ennuient, disait-elle; « j'ai assez de moi en moi, et je veux qu'on me renvoie « autre chose que ma voix. »

Son ambition pour ses fils eût été plus grande; et néanmoins elle voulait développer avant le talent, non-seulement la moralité, mais la capacité dans les affaires, trouvant que quand on va au succès par la route des choses réelles, on peut du moins rester en chemin sans inconvénient. Ainsi elle a placé de bonne heure son fils aîné à Paris au centre du mouvement et des intérêts, en le dirigeant par ses admirables lettres. « Observe les impressions, » lui disait-elle, « et apprends la vie; cette étude-là en vaut bien « une autre. »

Par une confiance et une sincérité bien rares, par une vigilance singulière au milieu de tant d'occupations diverses, par un soin continuel de la moralité, du bonheur, de l'existence entière de ses enfants, madame de Staël s'est fait adorer d'eux, en même temps qu'elle a mis de toutes parts des contre-poids à l'enthousiasme qu'elle leur inspirait. Ainsi, à côté de cette imagination, de cette sensibilité qu'ils admiraient en elle, ils trouvaient le sens moral le plus droit, un goût pur, sévère même, dans sa con-

versation, et cette persuasion raisonnée pour le fond, et presque superstitieuse par sa vivacité, qu'il n'est aucun malheur qui ne provienne d'une faute. Ils trouvaient surtout cette religion du cœur qui, s'unissant en elle à l'idée de son père, ajoutait aux affections du sang dans leur famille. Elle écrivait à son fils le jour de l'anniversaire de la mort de M. Necker : « Je t'écris, cher enfant, un bien « triste jour que mon départ rend encore plus solennel. « J'ai pensé à toi au pied du monument que tu reverras « avant moi, et où tu feras ta prière. C'est aux saintes « pensées, dont il est l'image, que j'attache mon âme dans « des moments si douloureux. Crois-moi, cher ami, il n'y « a qu'elles contre la vie. »

Je ne puis mieux donner l'idée de l'impression que madame de Staël produisait sur ses enfants, qu'en citant quelques fragments d'une lettre que m'écrivait à ce sujet la duchesse de Broglie.

« Ma mère attachait une grande importance à notre bon- « heur, dans l'enfance, et prenait une part sensible aux « chagrins de notre âge. Elle avait quelquefois des conver- « sations d'égal à égal avec moi à l'âge de douze ans, et « rien ne peut donner une idée de la joie qu'on éprouvait « quand on avait passé une demi-heure d'intimité avec « elle. On sentait une vie nouvelle, on était placé plus « haut, et cela donnait du courage pour toutes les études. « Ses enfants l'ont toujours passionnément aimée. Dès « l'âge de cinq ou six ans, nous nous disputions pour sa- « voir celui de nous qui l'aimait le plus, et quand elle cau- « sait tête à tête avec un de nous, c'était une récompense « dont nous étions vivement jaloux. On était heureux de « cœur et d'amour-propre auprès d'elle.

« Le dimanche, elle lisait toujours avec nous les ser- « mons de mon grand-père; elle n'a jamais voulu avoir de « gouvernante pour moi, et elle m'a donné des leçons tous « les jours dans ses plus grands chagrins. Le développe- « ment de notre esprit était une jouissance si vive pour « elle, qu'il n'était aucune récompense qu'il pût valoir pour « nous le spectacle du bonheur qu'on lui donnait.

« Elle s'est mise le plus tôt possible en relation d'éga- « lité avec ses enfants, et leur a dit, non-seulement qu'elle « avait besoin d'eux par le cœur, mais même qu'ils pou- « vaient lui prêter une sorte d'appui. Dans ses chagrins « d'exil, elle les consultait souvent. Je lui ai entendu dire « à Auguste : « J'ai besoin de ton approbation. » Elle me « parlait de ma vie future, et de tous ses projets sur moi, « avec une franchise parfaite.

« Dans de certaines circonstances, elle aurait remarqué « qu'un de ses enfants avait été supérieur à elle en cou- « rage ou en décision, elle aurait témoigné du respect pour « son caractère, et cependant on ne cessait jamais de la « respecter, et ce respect était toujours mêlé d'une « sorte de crainte. Quoiqu'elle montrât la plus grande con- « fiance, du moment qu'elle rentrait dans l'éducation, elle « imposait.

« Elle poussait fort loin le scrupule à notre égard, se « reprochant même nos défauts, et nous disant : « Si vous « aviez des torts, non-seulement j'en serais malheureuse, « mais j'en aurais des remords. » Quand elle nous blâmait « en disant : « C'est ma faute, je n'ai pas pu supporter « l'exil, je ne vous ai pas donné l'exemple du courage et « de la résignation, » cela était déchirant. Rien ne pourra « jamais donner l'idée de l'impression produite par ce mé- « lange de dignité et de confiance, d'émotion et de réserve, « qu'il y avait dans sa manière vis-à-vis de ses enfants. « Ces paroles qu'elle prononçait avec des larmes contenues « sont gravées dans leur âme, et l'idée de la souffrance

« qu'ils lui auraient causée en se conduisant mal, l'idée
« des reproches qu'elle se serait faits à elle-même, est
« une des barrières les plus fortes pour les retenir dans le
« bien.

« Personne n'a jamais eu plus qu'elle de dignité natu-
« relle, et c'est ce qui lui a permis d'admettre ses enfants
« à la familiarité la plus intime, de leur inspirer même
« parfois de la pitié pour ses chagrins, sans qu'ils aient
« cessé de la révérer. Jamais une mère n'a été plus con-
« fiante et plus imposante à la fois. »

Il est curieux, pour ceux qui réfléchissent sur l'éducation, d'examiner la succession des caractères dans les familles : on peut souvent observer entre les parents et les
enfants, des formes assez opposées jointes à une grande
ressemblance de fond. Un désir d'originalité, la vue de
quelques inconvénients dans certaines manières d'être, produisent des contrastes extérieurs, tandis que les sentiments
se transmettent inaperçus d'une génération à l'autre. Ainsi,
madame de Staël a été une personne ardente et passionnée
comme l'était réellement madame Necker, malgré le vertueux empire qu'elle exerçait sur elle-même; et madame
de Broglie (qui me permettra de parler d'elle, puisque je
fais une remarque avantageuse pour sa mère); madame
de Broglie a pris cette élévation, cette candeur, cette pureté d'âme qui, à travers des singularités d'imagination,
ont toujours percé chez madame de Staël.

Relations de choix.

J'ose mettre au nombre des liaisons volontaires, celle
que j'ai eu le bonheur de former avec madame de Staël,
puisque nos rapports de famille en ont été l'occasion plus
que la cause. Or, c'est dans le cours de ces liaisons que
le naturel se déploie le plus librement. Les devoirs y sont
moins étroits, l'égalité y est toujours supposée; et, comme
la durée de l'intimité n'est garantie que par celle du sentiment, on y éprouve des craintes d'éloignement ou de
rupture qui mettent davantage en jeu tous les ressorts. Ici
donc l'on contemplera dans la vie réelle ces contrastes
entre des qualités opposées qui rendent le talent de madame de Staël si remarquable, et l'on retrouvera dans la
personne l'originalité de l'écrivain.

Madame de Staël a dû former beaucoup de relations
d'amitié. Elle inspirait ce sentiment presque dès la première vue, et elle était touchée de l'effet qu'elle produisait.
De plus, tout semblait pour elle motif d'aimer : elle aimait pour les vertus, pour les talents, pour la grâce, pour
le bonheur qu'on lui donnait, pour le malheur qu'on éprouvait soi-même. Toute admiration, pour peu qu'elle s'étendît aux qualités du cœur, était en elle une affection tendre;
la reconnaissance en était une, et le plus léger attrait, la
bienveillance même avaient quelque chose de vif et d'a-
nimé qui faisait naître le sentiment chez les autres, et par
contre-coup chez elle. Et, comme elle ne changeait jamais,
comme elle n'oubliait personne, comme après dix ans de
séparation « on renouait, » ainsi qu'elle l'exprimait elle-
même, « la phrase interrompue, » il est résulté de là qu'elle
a conçu de l'amitié à un nombre infini de degrés, et de
l'amitié solide à tous ces degrés.

Mais qu'on ne s'y méprenne pas toutefois, les rangs éminents dans son cœur étaient difficiles à atteindre. On était
plus ferme encore aux premières places qu'aux autres, et
il y avait peur d'usurpations. Les oscillations inévitables
avec une imagination telle que la sienne, avaient lieu pour
chacun de ses amis autour d'un point fixe auquel son cœur
revenait toujours. « Il y a quatre-vingt-dix degrés invaria-

« bles dans toutes mes affections; disait-elle, et il n'y en
« a que dix de mobiles. »

Quand on parle de madame de Staël, il semble qu'on
voudrait donner aux mots une signification plus active et
plus pénétrante. Ainsi, la pitié était un trait douloureux
qui la transperçait; et dont elle ne pouvait se délivrer qu'en
soulageant le malheur. Sa bonté avait quelque chose d'inspiré, si on peut le dire. L'idée d'un plaisir à procurer la
poursuivait comme celle d'une douleur à calmer, et elle
ne trouvait de repos qu'après l'action bienfaisante. Le mot
d'aimer est faible aussi pour exprimer ce qu'elle sentait,
et pourtant il ne faut pas employer une autre nuance, car
le malheur seul donnait à ses affections les plus puissantes
les grands caractères de la passion.

En effet, et c'est ici que le contraste est surtout frappant, elle démêlait avec une sagacité extrême le côté faible de ces mêmes amis qui lui étaient si nécessaires et si
chers, et elle sentait leurs défauts avec une vivacité douloureuse. Comme je l'ai remarqué pour le caractère qui lui
plaisaient le plus, son enthousiasme même exalté était
circonscrit; et n'embrassait pas tout un ensemble. Le scalpel de son analyse n'a épargné aucun des objets de son
attachement, et peut-être n'a-t-il laissé intact que son
père; mais les qualités que l'examen le plus rigoureux leur
laissait, ces qualités faisaient une si forte impression sur
son cœur, frappaient tellement son imagination, qu'elles
lui semblaient uniques, inappréciables pour son bonheur;
et une admiration limitée produisait en elle une tendresse
sans bornes.

Cette évaluation continuelle de ses amis, non seulement
pour chacun, mais pour chaque jour de chacun, cette évaluation faite sans cesse en leur présence, les blessait parfois et les portait à douter de son affection. « Il faut se
« soumettre avec vous à être jugé sur nouveaux frais cha-
« que matin, lui disais-je.— Qu'importe, me répondit-elle,
« si j'aime davantage chaque soir ! J'irais à l'échafaud,
« disait-elle encore, que je jugerais les amis qui m'accom-
« pagneraient. »

Au reste, cet examen s'étendait sur elle-même. Elle
était, si on peut le dire, curieuse de ses impressions, et
l'on était bien venu à diriger ses regards sur son propre
cœur par des observations et même par des reproches. Elle
s'étudiait dans toutes les circonstances; et si elle a
un peu trop souvent fait dire aux personnages de ses romans, « tel est mon caractère, telle est ma nature, » c'est
que ces expressions lui étaient familières. Elle cherchait
à bien connaître ses penchants, la tournure particulière
de son imagination, afin d'en faire abstraction autant que
possible dans ses jugements. Ainsi, elle se récusait quelquefois dans ses trop fortes antipathies, quoiqu'elle fût
portée à croire que son tact était juste au fond, et que l'a-
venir justifierait ses pressentiments.

Elle a souvent dit qu'après s'être accusée elle-même de
précipitation dans sa manière d'évaluer le mérite, la connaissance plus approfondie d'une personne l'avait presque
toujours ramenée à la première idée qu'elle s'en était formée. « Un jour ou dix ans, disait-elle, voilà ce qu'il faut
« pour connaître les hommes; les intermédiaires sont trom-
« peurs. »

Jamais on ne se fera l'idée de madame de Staël, si on
ne lui attribue pas la clairvoyance la plus complète. Elle
voyait clair et toujours clair; clair dans l'opinion générale
de la société, clair dans les impressions, dans les motifs
de chaque individu; clair dans le cœur de ses amis et de
ses proches. Ses illusions, quand elle s'en est fait, n'ont
porté que sur l'avenir; non que souvent elle ne devinât

aussi l'avenir quand elle y pensait, mais parce qu'elle était peu sujette à s'en occuper. Et de même que dans le feu du discours le plus animé, son esprit observateur ne la quittait point, de même qu'elle apercevait à l'extrémité de la chambre tel sourire improbateur, tel amour-propre souffrant, tel visage préparé à l'objection; de même dans les actions, soit que ses affections ou ses opinions en fussent le mobile, elle savait parfaitement si elle exposait ou non sa destinée. Elle a marché à un but choisi par la volonté ou imposé par le malheur, sans méconnaître un seul des obstacles ou des dangers qui devaient se rencontrer sur la route. Sa vie était un drame d'une haute poésie, une tragédie où tous les rôles ont été fortement conçus et amplement développés. La sagesse, la prudence y étaient en plein représentées; nul ne pouvait rien ajouter à la beauté, à la force de leurs raisonnements; mais un sentiment dominateur y jouait souvent le rôle de la destinée chez les anciens, et faisait pencher la balance.

Madame de Staël avait une constance extrême dans ses attachements; jamais elle n'a pu rompre avec personne, jamais elle n'a pu cesser d'aimer. L'affection une fois conçue devenait une maladie de son cœur, dont les torts la guérissaient bien difficilement. Ces torts, elle les sentait au plus vif, mais elle ne demandait qu'à être soulagée d'un tel souvenir. Peut-être savait-elle au fond qu'il n'y aurait plus de sécurité fondée, et que les mêmes occasions ramèneraient les mêmes fautes; mais elle n'en pardonnait pas moins parce qu'elle aimait. Elle était indulgente par sa nature et aussi par un effet de sa supériorité. Elle voyait toutes choses de haut, et après un premier moment, souvent bien douloureux, elle ne s'étonnait d'aucune imperfection. A sa connaissance, à sa compassion profonde de la nature humaine, se joignait, pour ceux qu'elle aimait, la puissance que leurs traits, leurs mouvements, le son de leur voix exerçaient sur elle. Ils étaient eux, c'était là leur excuse : ils lui plaisaient encore et ils lui semblaient justifiés. Un certain attendrissement sur leur faiblesse, sur cet alliage imposé à toute excellence, à toute grandeur dans ce monde, venait à s'emparer de son cœur, et elle allégeait, en l'étendant sur l'humanité entière et jusque sur elle-même, le poids des torts de ses amis.

On peut voir dans DELPHINE, ce livre où elle a tout dit, la preuve de ce que j'avance. Au moment où Delphine apprend que tout espoir d'épouser Léonce lui a été ravi par la perfidie de madame de Vernon, sa plus impétueuse douleur porte sur l'amitié trahie. Elle exhale son courroux en reproches violents. Mais madame de Vernon, se voyant démasquée, ne prend plus la peine de se justifier; elle dédaigne de chercher encore à plaire, et répondant avec sécheresse, elle se montre sous un aspect nouveau et singulièrement désagréable : ce changement frappe Delphine d'une espèce d'effroi; sentant pour la première fois qu'elle a tout à fait perdu son amie, l'idée qu'elle ne la reverra plus telle qu'elle était jadis l'occupe seule, et dès lors les rôles sont intervertis. C'est Delphine qui devient suppliante, et qui, par toute son émotion, voudrait reproduire au moins un mouvement de pitié chez celle qu'elle a tant aimée. Telle était exactement madame de Staël; elle eût voulu effacer du cœur d'un ami jusqu'au souvenir de ses torts envers elle, de peur que le remords ne lui ôtât de l'abandon, et qu'il n'eût moins de bonheur et de charme.

Quant aux indifférents, elle pardonnait leurs offenses sans y songer, et sans qu'il lui en coûtât même de la magnanimité. Ils étaient pour elle des choses matérielles qui obéissent aveuglément à la loi de leur intérêt. Elle ne donnait à leur ingratitude aucune prise sur son bonheur, trouvant par trop insensé de laisser troubler ce bonheur par ceux qui ne peuvent y contribuer. « Comment se fâcher, « disait-elle, contre d'autres que ceux qu'on aime ! »

Lors donc que son estime pour ses amis n'était pas foncièrement altérée, madame de Staël supportait tous leurs torts : ce qu'elle était hors d'état de soutenir, c'est la crainte de ne plus les revoir, c'est l'idée d'une séparation éternelle. Voilà le fantôme qui la poursuivait, voilà le monstre dont les formes mobiles lui causaient sans cesse un nouvel effroi; et lorsque, durant son exil à Coppet, ses alentours commencèrent aussi à devenir les objets de la proscription, et que le désert lui parut se former autour d'elle, ce qu'elle a souffert de ce genre de terreur est affreux. Toutes les puissances de son âme conjuraient ensemble pour la déchirer, et son talent, mort pour toute œuvre utile, exerçait contre elle même sa force avec cruauté. Néanmoins, dans ses moments les plus douloureux, sa conversation était parfois très-brillante. Elle l'était au point de m'étonner d'abord; mais pourtant en examinant madame de Staël avec attention, on voyait l'état de son âme. « C'est une sonate que j'ai exécutée, disait-elle ensuite; « je suis un musicien exercé qui joue la difficulté sans y « songer. Je parle sans que je m'en mêle, et je n'ai pas un « instant cessé de souffrir. »

Mais de toutes les séparations, celle qui naît de la rupture était encore la plus déchirante pour madame de Staël. L'amour-propre entrait si peu dans ses affections, qu'elle aimait mieux voir ses anciens amis refroidis et changés pour elle, que ne pas les revoir du tout. Cette impossibilité où elle se sentait de briser aucun lien, la plaçait même, à ce qu'elle disait, dans une infériorité vis-à-vis de ceux qu'elle aimait. La partie, selon elle, n'était pas égale; on pouvait la menacer de la rupture dont elle ne menaçait jamais, et chercher à usurper ainsi un cruel empire. Ses véritables amis lui étaient à la lettre nécessaires, ils l'étaient plus qu'ils ne se sentaient portés à le croire. La voyant toujours entourée, toujours étincelante d'esprit, toujours occupée de mille objets divers, ils croyaient ou feignaient de croire qu'ils pouvaient se retirer inaperçus : mais il n'en était pas ainsi; tous ces intérêts, si vifs en apparence, se seraient évanouis pour elle avec le bonheur de l'amitié. « Jamais, » disait-elle souvent bien à tort, mais avec une persuasion intime et douloureuse, « jamais je « n'ai été aimée comme j'aime. »

Dans le tête-à-tête, sa conversation était quelque chose d'inouï. Nul n'a pu la connaître hors de l'intimité. Ses plus belles pages, ses discours les plus éloquents dans la société sont loin d'égaler par leur force entraînante ce qu'elle disait, lorsque n'étant point obligée de se conformer aux dispositions de tel auditoire, elle agissait sur un instrument unique, qu'elle-même avait accordé. Alors son grand esprit déployant ses ailes, prenait librement son vol; alors elle ne se prévoyait pas, et, témoin plutôt que maîtresse de sa propre inspiration, elle exerçait une influence surnaturelle qu'elle paraissait subir aussi; influence bien ou malfaisante, mais dont elle n'avait pas la responsabilité. Tantôt animée d'une verve amère et mordante, elle desséchait d'un souffle de mort toutes les fleurs de la vie, et portant le fer et le feu au fond du cœur, elle détruisait l'illusion des sentiments; le charme des relations les plus chères. Tantôt se livrant à une gaieté singulièrement originale, elle avait la grâce ingénue et la confiance d'un enfant naïf qui est dupe de toutes choses; tantôt enfin s'élevant plus haut, elle s'abandonnait à la sublime mélancolie du génie religieux qui pénètre le néant de l'existence terrestre.

Mais c'était auprès de ses amis malheureux qu'elle déployait encore sa plus grande puissance. Entraînée par un sentiment rapide et profond, il semblait qu'elle parcourût le ciel et la terre pour trouver du soulagement à leurs peines. Rien d'ingénieux, rien de bon comme ce qu'elle inventait pour les distraire, pour éclaircir un moment les sombres nuages de la tristesse : elle paraissait disposer de l'avenir et en créer un exprès pour eux, dans lequel, à force d'amitié, elle remplaçait toutes choses. Les maux d'imagination, toujours compris dans leur genre, étaient allégés par des moyens aussi singuliers qu'eux-mêmes. Avec quelle avidité elle écoutait! Une ardente curiosité pour les impressions des personnes sincères se mêlait si évidemment à sa tendre pitié, que jamais on ne craignait de la fatiguer quand on lui confiait ses peines. Il n'y avait plus ni elle ni soi, les âmes se confondaient, et elle vous élevait à une telle hauteur, on planait sur une telle immensité, que le bonheur, le malheur, le passé, le présent, la destinée de tous et la vôtre s'évanouissaient. Un sentiment solennel avait remplacé tous les autres, et l'on croyait assister ensemble au plus auguste des spectacles, celui de la Divinité accomplissant son œuvre régénératrice sur la créature, par le moyen terrible et pourtant salutaire de la douleur.

Ah! qu'il est affreux d'avoir à souffrir sans elle! Que faire des sentiments qu'elle avait tous partagés! Il y a presque un remords dans le chagrin de l'avoir perdue; c'est que les regrets ne sont pas assez désintéressés. On se sent exilé d'une région délicieuse où l'on éprouvait des jouissances que l'on ne retrouvera plus. Elle était elle-même avec ses dons ravissants, et puis elle était encore le milieu à travers lequel on recevait tout ce qu'il y a de curieux, d'instructif, de digne d'attention sur la terre. On sent comme un rétrécissement, comme un appauvrissement de l'existence; on se perd soi-même avec elle, et il y a de la personnalité à la pleurer.

Pour donner l'idée de la manière dont elle sentait les peines des autres, je citerai un trait qui me concerne, parce que comme il est naturel, rien ne m'a jamais autant frappée. On verra ce qu'elle était, même après avoir perdu la vivacité de la jeunesse.

Dans l'année 1816, l'âme encore ébranlée par le plus affreux malheur, la perte d'une fille angélique, j'étais à Nice avec mon autre fille fort malade elle-même. Il survint une crise violente dans son état; et durant ces heures décisives, ce que j'éprouvai fut si cruel, que ne voulant pas épouvanter ma famille par mes lettres, il n'y avait que madame de Staël au monde à qui j'osasse ouvrir mon cœur. Elle ne me répondit point sur ce sujet, et notre correspondance ordinaire ayant continué, je crus que ma lettre s'était perdue, et je n'y avais nul regret; car je craignais, même après avoir été rassurée, que la réponse ne renouvelât mon émotion. Quelques mois après, je fus entièrement confirmée dans cette idée. Nous nous étions déjà revues plusieurs fois sans qu'elle m'eût parlé de ma lettre, quand un jour à Coppet, comme nous causions depuis longtemps ensemble, elle cesse tout à coup de me répondre : je la regarde, et la voyant pâle et troublée : « Qu'avez-vous? » lui dis-je avec effroi; « C'est, reprit-elle, que je « n'ai jamais pu vous écrire.... vous dire.... » Elle hésitait tellement qu'il m'était impossible de la comprendre. « Votre « lettre, s'écria-t-elle enfin... n'en parlons plus, n'en parlons « jamais.... » et elle sortit de la chambre tout en larmes.

Comme je n'écris pas l'histoire de madame de Staël, je dois m'abstenir de multiplier des récits qui donneraient à cette notice l'apparence d'une biographie incomplète. Néan-

moins, je me reprocherais de passer sous silence un événement aussi important que celui de son second mariage; et la circonstance de sa vie qui a dû exciter le plus d'étonnement, m'oblige à quelques détails.

Un jeune homme bien né inspirait beaucoup d'intérêt dans Genève par ce qu'on racontait de son brillant courage, et par le contraste de son âge avec sa démarche chancelante, sa pâleur, et l'état de faiblesse auquel il était réduit. Des blessures reçues en Espagne, des blessures dont les dernières suites ont été funestes, l'avaient mis aux portes de la mort, et il était resté malade et souffrant. Deux mots de pitié, adressés par madame de Staël à cet infortuné, produisirent sur lui un effet prodigieux. Elle avait quelque chose de céleste dans le langage. Madame de Tessé disait : « Si j'étais reine, j'ordonnerais à madame de « Staël de me parler toujours. » Cette musique ravissante renouvela l'existence du jeune homme, sa tête et son cœur s'enflammèrent, il ne mit point de bornes à ses vœux, et forma tout de suite les plus grands projets. « Je l'aimerai « tellement, » a-t-il dit de très-bonne heure à un de ses amis, « qu'elle finira par m'épouser; » mot singulier que pouvaient inspirer divers motifs, mais que l'enthousiasme, le dévouement le plus soutenu obligent à interpréter favorablement.

De si hautes prétentions furent secondées par les circonstances. Madame de Staël était excessivement malheureuse et lasse de malheur; son âme pleine de ressort tendait à se relever, et ne demandait qu'une espérance. Lors donc qu'au moment où sa captivité se resserrait de plus en plus, et où de sombres nuages s'amoncelaient de toutes parts sur sa tête, un nouveau jour vint à luire pour elle; le bonheur, dans son cœur désolé, renaquit comme de ses cendres, et le rêve de toute sa vie, l'amour dans le mariage, lui sembla pouvoir se réaliser. On sait ce qu'une telle union était à ses yeux. Cette plaisanterie d'elle qu'on a citée : « Je forcerai ma fille à faire un mariage d'inclina-« tion; » cette plaisanterie renfermait une opinion sérieuse. Jamais la pensée de former elle-même de pareils nœuds ne lui avait été complétement étrangère. En parlant de l'asile qu'elle espérait trouver un jour en Angleterre, elle avait dit quelquefois : « J'ai besoin de tendresse, de bon-« heur et d'appui; et si je trouve là un noble caractère, je « sacrifierai ma liberté. » Le noble caractère se trouva tout à coup près d'elle. Sans doute, elle aurait pu faire un choix mieux assorti, mais l'inconvénient des mariages d'inclination, c'est précisément qu'on ne le choisit pas.

Toutefois il est certain que cette union l'a rendue heureuse. Elle avait bien jugé l'âme élevée de M. Rocca : une tendresse extrême, une constante admiration, des sentiments chevaleresques; et, ce qui plaisait toujours à madame de Staël, un langage naturellement poétique, de l'imagination, du talent même, comme l'ont prouvé quelques écrits, de la grâce dans la plaisanterie, une sorte d'esprit irrégulier et inattendu le sien et mettait de la variété dans sa vie; voilà ce qu'elle a trouvé en lui. A cela se joignaient une profonde pitié pour les maux qu'il endurait, et des craintes toujours renaissantes qui entretenaient son émotion et enchaînaient sa pensée.

Elle eût sans doute mieux fait de déclarer ce mariage; mais une timidité dont son genre de courage ne l'affranchissait point, mais l'attachement pour le nom qu'elle avait illustré l'ayant retenue, tout son esprit s'est employé à parer aux difficultés de sa situation. Faut-il dire qu'il valait mieux ne pas se mettre dans cette situation? faut-il dire que madame de Staël ne doit pas en tous points servir d'exemple? Elle l'eût avoué bien volontiers : c'est là ce qu'elle a dit à ses enfants, c'est là ce qu'elle indique dans ses écrits, autant que le lui a permis une âme fière, qui a la conscience de sa grandeur. Elle était un phénomène unique sur la terre. On oublie avec elle les conditions de notre nature; on oublie que la société s'étant arrangée sur la moyenne des facultés, les dons prodigieux sont en désaccord avec l'organisation de la vie. Ce qui serait plus étonnant encore que madame de Staël, c'est que son génie seul eût été extraordinaire en elle, c'est qu'une existence intérieure si active, la source de son talent même, ne se fût manifestée que par son talent.

L'heureuse imprévoyance de son caractère l'a bien servie dans le cours de cette union. Après des alarmes cruelles sur la santé de M. Rocca, elle revenait promptement à croire que sa vie n'était pas attaquée, et que ses maux n'étaient qu'accidentels. Il ne lui restait de l'inquiétude, qu'une attention continuelle, et remarquable chez une personne si vive, pour les soins nécessaires à sa conservation. Toute cette grande intelligence était employée à le servir. Mais qui dira ce qu'elle a souffert dans les moments de crises! A Pise, où il fut près d'expirer, elle se comparait elle-même au maréchal Ney, qui attendait alors sa sentence d'un instant à l'autre. Douée d'un talent qui ne la préservait d'aucune douleur et qui s'agrandissait de toutes, elle a dit ensuite qu'elle écrivait un ouvrage ayant pour titre : UN SEUL MALHEUR DANS LA VIE, LA PERTE D'UN OBJET QU'ON AIME.

Ce malheur a été celui du jeune et infortuné Rocca; cette vie menacée, ce frêle roseau qui avait un moment servi d'appui à une existence en apparence si forte, ce roseau a été moins fragile encore qu'elle-même. Toutefois il ne lui a pas longtemps survécu. La douleur, l'indifférence pour ses jours ont achevé de trancher cette courte destinée. Il est allé mourir sous le beau ciel de la Provence, où un frère a recueilli ses derniers soupirs!

Société et conversation.

Au milieu de sa société habituelle, madame de Staël était pleine de charme. Elle avait une simplicité de manières, et même une apparence d'insouciance qui mettait chacun à l'aise. Il n'existait aucune contrainte avec elle. Les cercles, les dissertations en forme, l'esprit obligé ne lui plaisaient pas; elle aimait trop l'imprévu en toutes choses pour ne pas laisser beaucoup à décider au hasard, et il régnait autour d'elle un mouvement animé et facile. Observant toujours, elle n'avait jamais l'air d'examiner; et comme son attention paraissait se porter sur le sujet de l'entretien plutôt que sur la manière dont chacun le soutenait, l'on ne se croyait point en présence d'un juge. Sa supériorité ne pesait donc sur personne; elle demandait qu'on lui donnât de l'amusement, et non qu'on fît ses preuves auprès d'elle.

Madame de Staël avait de la grâce dans tous ses mouvements; sa figure, sans satisfaire entièrement les regards, les attirait d'abord, et les retenait ensuite, parce qu'elle avait, comme un organe de l'âme, un avantage fort rare; il s'y déployait subitement une sorte de beauté, si on peut le dire, intellectuelle. Ses pensées successives se peignaient d'autant mieux sur son visage, qu'à l'exception de ses yeux qui étaient d'une rare magnificence, aucun trait bien saillant n'en avait déterminé d'avance le caractère. Elle n'avait aucune de ces expressions permanentes qui à la longue ne signifient rien, et sa physionomie était, pour ainsi dire, créée sur place par son émotion. Peut-être aurait-elle même eu dans le repos les paupières un peu pe-

santes; mais le génie éclatait tout à coup dans ses yeux, son regard s'allumait d'un noble feu, et annonçait, comme l'éclair, la foudre de sa parole.

De même elle n'avait point dans sa contenance, ni dans ses traits, cette mobilité inquiète qui est un indice d'esprit si trompeur. Une sorte d'indolence extérieure régnait plutôt chez elle; mais sa taille un peu forte, ses poses marquantes et bien dessinées donnaient une grande énergie, un singulier aplomb à ses discours; il y avait quelque chose de dramatique en elle, et même sa toilette, quoique exempte de toute exagération, tenait à l'idée du pittoresque plus qu'à celle de la mode.

Lorsque madame de Staël entrait dans un salon, sa démarche était assez grave et solennelle; un peu de timidité l'obligeait à recueillir sérieusement ses forces, quand elle allait attirer les regards. Et, comme cette nuance d'embarras ne lui avait permis de rien distinguer d'abord, il semblait que son visage s'illuminât à mesure qu'elle reconnaissait les personnes. On pouvait juger que tous les noms étaient inscrits chez elle avec bienveillance; et bientôt ces mots charmants, dont elle était si généreuse, montraient qu'elle avait présentes à la pensée les actions et les qualités les plus distinguées de chacun. Ses louanges partaient du cœur et y arrivaient, parce qu'elles étaient données avec sincérité. Elle louait sans flatter; « la politesse, » selon madame de Staël, « n'étant que l'art de choisir dans « ce qu'on pense. » Peut-être que les yeux fins auraient-ils aperçu la borne de tous les éloges, mais elle avait un désir si réel d'obliger, qu'on ne chicanait pas ses expressions, et sa cordialité imposait silence à l'amour-propre.

Quelles que fussent les peines intérieures de madame de Staël, elle portait presque toujours dans la société cette liberté d'esprit qui seule permet d'en jouir. Une cause de la vivacité et de la netteté de ses conceptions, c'est qu'il n'existait en elle aucune préoccupation trop tenace. Ses impressions venaient toutes du dehors et étaient en conséquence parfaitement justes. Les images se formaient en elle comme sur une toile bien lisse, et leurs couleurs étaient encore relevées par la légère nuance de mélancolie dont le fond était empreint. De là vient que chaque objet produisait son plein effet sur elle, et qu'elle retirait du commerce social un soulagement réel et infaillible.

Ce soulagement lui était, comme je l'ai dit, nécessaire; l'instinct conservateur de son talent répugnait à l'engourdissement. Peut-être sa constitution, plus faible qu'on ne l'a cru, exigeait le stimulant de la distraction; car une sorte de terreur la saisissait à l'idée de la stagnation de l'existence. Dans sa jeunesse, elle ne pouvait pas supporter la solitude, et les impressions mélancoliques qui sont peintes avec tant de beauté dans ses ouvrages avaient chez elle une réalité redoutable; ce n'est que bien tard dans la vie, et lorsqu'elle a su tenir à distance les monstres créés par son imagination, qu'elle a pu, selon son expression, « vivre en société avec la nature. »

En conséquence, l'ennui qui, dans le monde ou ailleurs, est une solitude où l'on n'a pas même soi, l'ennui était extrêmement redouté par elle. Il ne lui suffisait pas qu'on fût spirituel, il fallait qu'on fût animé, et peut-être les gens d'esprit qui ne se mettent nullement en frais pour la société lui donnaient-ils un peu plus d'humeur que les hommes médiocres. Elle ne pouvait pas souffrir qu'on parlât sans intérêt. « Comment veut-on que je l'écoute, di- « sait-elle, quand il ne se fait pas l'honneur de s'écouter « lui-même? » Elle supportait mieux certains défauts de caractère que l'esprit blasé et dégoûté, et elle disait un jour d'un homme égoïste et chicaneur : « Il ne parle que

« de lui; mais cela ne m'ennuie pas; parce qu'au moins je
« suis sûre qu'il s'intéresse à ce qu'il dit. »

Aussi la franche gaieté était toujours bien venue auprès
d'elle; et pourvu que cette gaieté n'eût rien d'ignoble ni
de mauvais goût (condition indispensable avec madame
de Staël), elle ne lui cherchait jamais querelle. Il y avait
de l'attendrissement, une vive reconnaissance dans ce
qu'elle éprouvait pour ceux qui l'amusaient; un bon mot,
une histoire comique, étaient pour elle un petit bienfait
dont elle parlait avec effusion; et à chaque nouveau sur-
venant, elle voulait qu'on répétât les traits qui l'avaient
divertie. Le piquant, l'originalité, l'imagination, voilà ce
qui lui plaisait avant tout; voilà ce qui donnait de l'élan
à son esprit, et des ailes à son génie. La médiocrité phra-
sière, les répertoires vivants d'idées reçues, les chefs-
d'œuvre de l'éducation routinière n'étaient rien pour elle;
et ce qu'elle pouvait trouver dans sa bibliothèque ne lui était
pas indispensable dans sa société. Elle n'exigeait pas que
tous réunissent tout; un seul avantage marquant lui plaisait
mieux qu'un assortiment d'avantages médiocres; et ayant
en elle-même le complément de ce qui manquait à chacun,
elle ne demandait aux autres que de certaines pensées en
saillie, dont elle pût former un ensemble avec les siennes.
« Ma fille a besoin d'un premier mot, » disait M. Necker,
et peut-être avait-il raison; mais ce premier mot eût été
nul ou absurde pour tout autre. C'était le panier près de
la feuille d'acanthe qui a fait inventer le chapiteau corin-
thien; c'était la muraille inégalement noircie par l'humi-
dité, qui fournissait des sujets de tableau à un grand peintre.

Voilà pourquoi certains auteurs étrangers l'enchantaient
si fort. Lord Byron, en particulier, avait à ses yeux une
valeur inépuisable. Il mettait en jeu toute son imagination,
et elle créait de nouveau sur les conceptions de ce poëte.
« Convenez que votre Richard Cœur de Lion sera un La-
» ra, lui dis-je une fois. — Peut-être, » me répondit-elle
en souriant; « mais je vous promets que personne au monde
« ne s'en doutera. » En effet elle n'a jamais rien imité;
mais les germes inaperçus se développaient chez elle sous
une forme originale, et tandis qu'elle s'est toujours enri-
chie de l'esprit des autres, elle n'a jamais montré que le
sien.

On doit bien distinguer, même sous le rapport purement intellectuel, ses goûts d'avec son estime. Personne
n'a jamais mieux connu que madame de Staël le prix des
bonnes proportions; personne n'a fait plus de cas dans les
choses sérieuses de cette justesse qui naît de l'équilibre.
Si elle eût été appelée à former une évaluation, elle eût
accordé la plus haute place à l'esprit le plus solide. Nul
n'aurait eu le droit d'être mécontent de son numéro, mais
le chiffre le plus élevé ne lui était pas toujours le plus nécessaire.

Toutefois elle finissait par s'impatienter de l'absurdité,
et l'extravagance la fatiguait vite. Le point de conciliation
entre l'imagination et le bon sens était toujours cherché et
souvent trouvé par elle. « La folie peut être poétique, di-
« sait-elle un jour, mais la déraison ne l'est pas. »

Les imprudences de parole, que madame de Staël a pu
commettre, ont bien plus souvent été causées par l'ennui
que par l'entraînement. Quand la langueur paraissait sans
remède, il lui arrivait quelquefois de faire une révolution
dans la société; elle rompait la glace d'une conversation
insipide par un coup d'éclat, et portait le trouble parmi
les gravités diverses. Alors, par moments, elle pouvait
manquer de mesure; mais plus elle était animée, plus sa
marche était sûre et ferme. Une fois lancée dans la carrière il n'y avait plus un faux mouvement. Certaine de ses

forces, elle courait au centre du péril, traitait en passant
les questions les plus épineuses, touchait aux points les
plus délicats, et faisait trembler ses amis pour elle, les indifférents pour eux-mêmes. On ne savait sur qui tombe-
rait le feu de cette artillerie volante; on entendait les balles
siffler à côté de soi, l'effroi passait des uns aux autres;
mais bientôt chacun était rassuré : la modification, l'exception désirées arrivaient à point nommé; un éloge relevait tout à coup celui qui se croyait l'objet de l'attaque,
et elle sortait triomphante des difficultés qu'elle avait ac-
cumulées autour d'elle. Il y avait de la peur dans le plaisir qu'elle donnait, comme il y en a dans celui qu'on prend
à voir voltiger sur la corde.

Mais c'est surtout dans la dispute qu'elle était extraordinairement brillante. Sa véhémence la plus impétueuse
n'était jamais accompagnée d'aigreur ni de mépris. Aucune
arrogance, aucune ironie, aucun sarcasme ne pouvaient
lui être reprochés, et il y avait quelque chose de flatteur
pour son antagoniste jusque dans les forces qu'elle jugeait
nécessaire de déployer contre lui. S'il échappait à celui-ci
quelque expression inconvenante, elle le réprimandait
avec vivacité; mais bientôt elle le tenait pour pardonné,
et passait outre. Elle aimait qu'on fît usage de tous ses
moyens contre elle; et véritablement plus on se montrait
fécond en ressources, plus on constatait sa supériorité.
Elle avait tout l'esprit de son adversaire et quelque chose
par delà. Quand la question était épuisée, et que la dispute
menaçait de traîner en longueur, alors, rassemblant ses
raisonnements les plus victorieux, elle entonnait une espèce de finale en fanfare dont il n'y avait pas à appeler.
L'arrêt était toujours équitable; elle avait fait une bonne
part au vaincu, et s'arrêtait définitivement au point où
toutes les opinions se rencontrent.

Ce goût pour les conversations animées s'étendait jusque sur les discussions auxquelles elle ne prenait point
part. On l'amusait en soutenant avec vivacité toutes sortes
d'opinions singulières, et chacun s'en donnait le plaisir.
On se battait à outrance dans sa société; il se portait d'é-
normes coups d'épée, mais personne n'en gardait le souvenir. Coppet était cette salle d'Odin dans le paradis des
Scandinaves où les guerriers tués se relèvent sur leurs
pieds et recommencent à se battre.

La diversité des esprits et des caractères étant pour
madame de Staël le sujet d'une étude constante, elle avait
dans la société une occupation très-différente de celle de
briller et de plaire; elle était le naturaliste qui observe une
espèce, autant que l'orateur qui veut persuader.

Mais ce qui la dérangeait complétement dans cette étude,
ce qui lui ôtait tout intérêt pour les paroles humaines, c'est
l'affectation. Ce défaut qui efface tous les traits saillants,
qui substitue un idéal faux et monotone à l'immense variété de la nature morale, ne défaut l'ennuyait profondément et ne l'impatientait guère moins. Elle s'exprimait
ainsi à ce sujet : « Il n'y a jamais de tête-à-tête avec les
« gens affectés; le personnage adopté arrive en tiers, et
« c'est celui-là qui répond quand on s'adresse à l'autre.
« — Les gens affectés sont les seuls avec lesquels il n'y
« ait rien à apprendre. » L'exagération lui déplaisait aussi
beaucoup. « Quand on met cent au lieu de dix, on n'a pas
« plus d'imagination pour cela, » disait-elle. Par là même,
les grandes démonstrations de sensibilité lui étaient suspectes; « Tous les sentiments naturels ont leur pudeur, »
a-t-elle remarqué.

On était, pour ainsi dire, forcé à la vérité avec madame
de Staël, non pas qu'on fût à l'abri de la blesser quand on
parlait franchement, mais parce que le contraire était trop

insipide. Il valait mieux se quereller que s'annuler avec elle; et, selon sa propre expression, elle demandait surtout qu'on FUT QUELQU'UN; de plus, elle voulait être instruite de tout, à tout prix : elle pensait qu'un signe certain de décadence, soit dans l'esprit, soit dans le caractère, c'est la répugnance à apprendre la vérité. « J'ai connu que Bo-« naparte baissait, a-t-elle dit, quand j'ai vu qu'il ne se « souciait plus de savoir le fond des choses. »

Elle-même donnait trop fortement le ton à cet égard pour qu'on ne dût pas le prendre. Elle écrivait une fois à sa fille, à propos de je ne sais quelle discussion : « J'ai le tort « de soutenir trop vivement le vrai, mais c'est toujours le « vrai qui dispose de moi. »

Ce goût pour le vrai était encore chez elle une source d'indulgence, en ce qu'il balançait le trop d'attrait qu'elle eût pu avoir pour l'esprit. Partout où elle trouvait, je ne dis pas seulement le naturel de l'expression, qui est une grâce, mais un sentiment réel, mais une persuasion profonde et intime, elle éprouvait de l'intérêt. Une femme entièrement dévouée à ses enfants, ou sincèrement pieuse, un homme plein d'honneur et d'intégrité, lui étaient agréables par cela seul; elle faisait cas de toutes les connaissances, de toutes les expériences positives; les négociants, les gens d'affaires, tous ceux enfin qui ont appris à traiter avec leurs semblables, et cela, parmi le peuple même, fixaient son attention et lui donnaient à penser. Les êtres humains avaient plus de valeur proportionnelle à ses yeux qu'ils n'en ont les uns pour les autres. Elle savait tirer parti de certaines gens qui ennuient tout le monde.

Madame de Staël était convaincue au fond de son cœur de l'égalité de toutes les créatures, enfants de la Divinité; et, bien qu'elle eût la conscience de son génie, elle ne s'est jamais véritablement crue au-dessus de qui que ce fût. Dans ses disputes avec M. Schlegel, elle soutenait toujours qu'il n'y a aucune différence réelle entre les hommes, et que tout est compensé. Elle ne pouvait souffrir ces mystères d'Éleusis dès gens distingués, ces initiations à de prétendues vérités qu'on croit utile de cacher au vulgaire. Aussi le dédain était-il l'objet de son antipathie; elle y voyait le signe de quelque infériorité cachée. « Je ne dédaignerais pas, disait-elle, l'opinion du dernier « de mes domestiques, si la moindre de mes impressions à « moi tendait à justifier la sienne. »

Même pour les facultés intellectuelles, elle était portée à croire que ce qui élève les hommes distingués au-dessus du niveau général, est très-peu de chose à côté de ce qui appartient à tous les êtres bien organisés. L'effet universel que produit le talent lui paraissait prouver une grande analogie entre les esprits, et un fonds de richesses communes à tous, auprès duquel les différences individuelles sont peu de chose. « Quand les gens sont bêtes, disait-elle, « il y a toujours de leur faute; et si j'avais de la puissance, « j'obligerais tout le monde à avoir de l'esprit. »

Aussi ne pouvait-elle souffrir qu'on se crût supérieur aux autres, en raison de ce qu'on n'était pas compris d'eux. Comme à mesure que son talent avait grandi, elle s'était corrigée d'un peu d'obscurité dans le style, elle avait le droit de dire que plus on s'élève, et plus on trouve le moyen de répandre la lumière sur les grands sujets, et d'être intelligible et profond à la fois.

Suite de la conversation, opinions politiques, reparties.

Ce qui mettait à l'aise les gens les plus médiocres auprès de madame de Staël, c'était son délicieux enjouement; la gaieté, cette région charmante où les esprits de toutes les portées se rencontrent, la gaieté était son moyen de communication avec tous. Elle établissait l'égalité par une douce moquerie dont elle ne demandait pas mieux que de devenir l'objet; elle avouait qu'après ses amis, ce qui lui avait le plus manqué dans les pays étrangers, c'étaient des gens qui entendissent la plaisanterie. La moquerie était un signe d'amitié chez elle; et quand elle disait à quelqu'un : « Pour vous, vous n'avez pas de ridicule; » il y avait dans son ton un peu de sécheresse.

Il lui était désagréable qu'on eût peur d'elle. Ne perdant jamais de vue les intérêts bien placés d'aucun amour-propre, elle récompensait la confiance avec laquelle on se remettait entre ses mains. Chacun se retrouvait embelli dans le portrait vivement colorié qu'elle lui traçait de lui-même, portrait piquant et flatteur à la fois, où les défauts toujours indiqués n'étaient pas sans quelque charme.

Un des sujets favoris de madame de Staël, dans la conversation, c'était la défense des plus beaux dons de la nature, contre l'espèce de dénigrement dont ils sont parfois l'objet. Ainsi elle ne pouvait souffrir qu'on médît de l'esprit, et qu'on représentât un tel avantage comme nuisible au bon sens, et par là même au bonheur. Prenant toujours le mot d'esprit dans l'acception la plus étendue, elle l'appliquait à la haute intelligence, à la vue nette de toutes choses, à l'appréciation de tous les rapports : les inconvénients faussement attribués à l'esprit partent tous, selon elle, du point où l'esprit est en défaut. Lorsqu'on lui citait les sottises de l'homme spirituel : « Donnez-lui plus d'es-« prit encore, répondait-elle, et tout cela disparaîtra. » Un Suédois de ses amis lui ayant dit un jour : « Les gens d'es-« prit, quoi que vous prétendiez, ont bien des travers. — « C'est vrai, reprit-elle, mais, malheureusement, les bêtes « en ont aussi, quoiqu'il ne vaille pas la peine d'y faire « attention. » Une autre fois elle disait : « Les sottises des « gens d'esprit sont les revenants-bons des gens médiocres. »

Elle prenait de même la défense de l'imagination, de la beauté, de la jeunesse; et les avantages acquis, ceux même qui dérivent de certains préjugés, trouvaient encore en elle un avocat. Ainsi la richesse, une naissance illustre avaient quelque prix à ses yeux. Ces petits raisonnements, enfants de l'envie et consolation de la médiocrité; ces sophismes par lesquels on s'attache à prouver que les biens ne sont pas des biens; ces sophismes, dis-je, ne lui plaisaient pas; elle trouvait plus de vraie grandeur à supporter les privations qu'à les nier.

« Tout cela tend à la mort, » disait-elle en parlant de cette philosophie négative qui fait cession, les uns après les autres, des plus beaux dons comme des plus innocentes jouissances, de peur qu'on n'ait à souffrir un jour, ou de leur abus, ou de leur perte. On défigure, on affadit, selon elle, une conception de génie, quand on efface les grands traits de la nature intellectuelle. Et si elle a vanté la morale chrétienne, c'est encore parce que, dans le christianisme, la mort aux intérêts du monde est le signe d'une vie nouvelle, d'une vie immortelle au fond du cœur.

En général, madame de Staël a toujours embrassé le côté simple, le côté positif de chaque question, celui qu'eût choisi de préférence un enfant ou un sauvage. On a pu l'amuser en soutenant des thèses bizarres; mais elle-même prenait presque toujours le parti du sens commun. Outre qu'elle ne pouvait parler que par conviction, elle pensait qu'il y a plus d'esprit réel à déployer dans la cause de la vérité que dans celle de l'erreur; car il n'est pas absolument nécessaire de défendre la raison par des trivialités. C'est parce que madame de Staël a mis la raison de son côté, que sa réputation s'accroîtra avec le temps. A mesure que les hommes s'occupent davantage de leurs vrais intérêts, l'esprit paradoxal doit passer de mode.

L'activité morale étant à la fois pour madame de Staël un besoin et un système, il n'est pas étonnant qu'elle ait beaucoup souffert de l'exil. Elle pouvait exercer sa pensée dans la retraite, dira-t-on; et qui le savait mieux qu'elle? S'occuper d'idées générales, quand le sort de tous est en suspens, c'est un tour de force dont elle s'est montrée capable. Mais, principalement dans sa jeunesse, l'étude n'était pas une ressource suffisante contre le chagrin d'être séparée de ses amis, contre celui d'être, ainsi que son père, l'objet éternel de l'injustice, contre la douleur, surtout, de voir l'arbitraire planer sur la destinée de la France. Elle aimait la France avec passion. « J'ai un cha- « grin rongeur sur cette France, que j'aime plus que ja- « mais, » écrivait-elle; et ailleurs : « J'ai senti distincte- « ment que je ne pouvais vivre sans cette France. » Au temps où il lui était encore permis d'habiter les provinces françaises, c'était un plaisir pour elle que d'entendre l'accent national dans les plus petites villes, et l'idée qu'elle était en France lui a fait supporter patiemment des séjours assez insipides. Mais il faut convenir que la patrie était surtout pour elle dans Paris.

« Montrez-moi la rue du Bac, » répondait-elle autrefois à ceux qui voulaient lui faire admirer l'aspect resplendissant du Leman et de ses rives. « Je voudrais vivre à Pa- « ris, disait-elle encore, avec cent louis par an, et logée « à un quatrième étage. » En 1806, année où elle passa quatre jours cachée à Paris, son plus grand plaisir était de se promener à pied la nuit, pour voir les rues au clair de la lune. « J'ai une constance dans le cœur, écrivait-elle, « et une inconstance dans l'esprit, pour lesquelles est fait « le pays où les tableaux se renouvellent sans cesse, et où « j'ai mes anciens amis. »

Toutefois, après avoir retrouvé cette patrie tant regrettée, elle s'est de nouveau exposée volontairement à l'exil, car elle composait son dernier ouvrage en 1815; et, avant le 5 septembre, elle était convaincue qu'elle ne pourrait le publier sans être forcée à sortir de France; mais cette persuasion ne l'ébranlait pas.

Les opinions politiques de madame de Staël étaient tellement dans la ligne de son caractère, que, son naturel étant donné, on ne peut guère lui supposer une autre doctrine. Le culte qu'elle rendait à la liberté était à la fois romain et chrétien. Elle avait cet élan de fierté, cette haine de la tyrannie qui caractérisaient les anciens; et puis elle éprouvait une compassion tout à fait évangélique pour les malheureux des classes inférieures. Elle eût voulu, non seulement soulager, mais relever à leurs propres yeux ceux qui souffrent le plus de l'organisation sociale. Et quand à cette double impulsion se joignait celle des plus vifs sentiments de son cœur, quand tout ce qu'elle admirait parmi les pensées et chérissait parmi les mortels la portait sur la même route, il n'est pas étonnant que les idées libérales aient, pour ainsi dire, passé dans son sang. Aussi, elle est rentrée dans le domaine de la politique avec des forces toujours plus exercées, après que ses divers talents ont exigé qu'elle traitât d'autres genres.

Dans un temps où il était permis d'écrire des romans, et où elle a paru se renfermer dans la pure littérature, les grands intérêts de l'humanité ont toujours fait indirectement le sujet de sa conversation. Bonaparte ne s'y est pas trompé; il sentait, comme par instinct, que toutes les paroles de madame de Staël devaient lui nuire. « Elle « ne parle ni de politique ni de moi, à ce qu'on prétend, « disait-il; mais je ne sais comment il arrive qu'on m'aime « toujours moins quand on l'a vue.» «Elle monte les têtes, « a-t-il dit encore, dans un sens qui ne me convient pas. » Telle est la véritable cause de l'exil auquel il l'a condamnée; à quoi il faut ajouter le succès indépendant de lui, et par conséquent désagréable pour lui, qu'avait madame de Staël à Paris.

Elle a certainement soutenu ses opinions politiques avec une grande vivacité, et pourtant sa véhémence n'avait rien d'hostile. Quand elle venait à heurter quelque sentiment douloureux, elle s'en apercevait à l'instant, parce qu'il y avait toujours dans son cœur quelque disposition analogue à celle de son adversaire. Ainsi, le passé, le culte des pères, l'attendrissaient, et tout ce qui était une religion touchait son cœur. Cette brillante création des temps barbares, l'esprit chevaleresque dans lequel semblait jadis s'être réfugié tout ce que la nature morale avait de noble et de grand, au milieu de la désorganisation universelle, l'esprit chevaleresque lui plaisait singulièrement, et l'exemple de l'Angleterre lui prouvait qu'il peut s'allier avec la liberté. Les grands noms étaient pour elle de l'histoire vivante, et parlaient à son imagination. Cette classe à laquelle on a peine à pardonner des souvenirs, cette classe dont les regrets sont légitimes, si les prétentions ne le sont pas, et dont on peut plaindre les malheurs sans désirer le triomphe, cette classe et sa destinée ont toujours tenu une grande place dans les pensées de madame de Staël. Elle ne pouvait oublier que parmi les anciens nobles avaient été ses premiers amis, qu'au milieu d'eux elle avait vu luire ses premiers beaux jours. Objet de leur ressentiment éternel, ainsi que son père, il avait fallu toute leur injustice, parfois toute leur orgueilleuse âpreté, pour combattre un fonds de sympathie qu'elle se sentait avec eux. Assurément ni les principes, ni les intérêts de madame de Staël, ne la portaient à désirer le succès de leur cause : mais il y avait dans son cœur quelque chose de très-douloureux dans l'idée de leurs peines; on sait tout ce qu'elle a fait pour les servir, et c'était pour les servir encore qu'elle mettait un si grand prix à les persuader. Elle voyait la marche des choses, la force irrésistible des événements : « Évitez, semblait-elle leur dire, évitez une lutte inutile, ne vous brisez pas contre la nécessité de fer; ainsi veulent le siècle, l'avenir, la destinée : au nom du ciel, faites place au temps qui s'avance, ne vous laissez pas écraser sous les roues de son char. »

Il est bien remarquable que tranchant toujours dans le vif, touchant dans la dispute au point le plus sensible, elle se soit constamment concilié en présence ceux qu'une idée vague d'elle-même avait rendus ses ennemis. On pouvait avoir été froissé, meurtri dans le combat; mais toujours on s'en allait guéri, ou du moins elle avait mis un appareil sur la blessure.

« Vous voulez donc ma perte ou mon déshonneur? » lui disait en Suisse un émigré qui allait se battre à la frontière. « Non, lui répondit-elle; je veux votre défaite et « votre gloire; je veux, à la mort près, que vous soyez, « ainsi qu'Hector, le héros d'une armée vaincue. »

Il était curieux de la voir se retourner contre les auxiliaires de sa propre cause, lorsqu'ils défendaient ses opinions par des moyens blâmables, ou qu'ils manquaient aux lois de cette bonté, l'instinct naturel de son âme. Son besoin de vérité la ramenait à la justice, et par là même à la modération. Ainsi, un homme connu sous plus d'un régime lui ayant dit, après la bataille de Waterloo, que Bonaparte n'avait ni talent ni courage : « C'est aussi par « trop rabaisser la nation française et l'Europe, lui répon-

« dit-elle, que de prétendre qu'elles aient obéi quinze ans
« à une bête et à un poltron. »

L'exagération dans les opinions ainsi que la violence
dans le caractère, n'ont jamais rien obtenu de madame de
Staël. Tout extrême la rejetait plutôt vers l'extrême opposé; et, si elle a jamais semblé dévier de sa ligne, c'est
par là qu'il faut l'expliquer. Ainsi l'intolérance religieuse a
pu la faire paraître incrédule; le culte de l'arbitraire, démocrate; et l'esprit anarchique des niveleurs, aristocrate :
mais ces balancements n'atteignaient pas le fond, et n'é-
taient que l'effet subit d'un grand contre-poids qu'elle se
croyait obligée de mettre du côté où la raison l'exigeait.

Madame de Staël imaginait si peu qu'on pût se haïr
pour des opinions, qu'elle répondait aux attaques les plus
vives sans soupçonner d'intention hostile. Mais, si tout à
coup elle venait à découvrir une malveillance réelle, cette
personne si prompte à la repartie se déconcertait entièrement, et n'était plus elle-même. Dans sa jeunesse, il lui
est arrivé de fondre en larmes, lorsqu'elle a rencontré de
la malignité; et si, par la suite, sa fierté l'a davantage
soutenue, la haine lui a toujours causé de l'étonnement
et une espèce de stupéfaction. « Je n'ai plus de talent avec
« les méchants, disait-elle, et je leur donne simplement
« un coup de poing moral, si tant est que je le puisse. » Ne
reconnaissant pas ses semblables dans ceux qui cherchaient à blesser, elle ne voulait rien avoir à faire avec
une espèce étrangère et féroce. La femme se retrouvait
toujours chez madame de Staël, par le besoin qu'elle avait
d'affection.

La première fois qu'elle fut exilée, en 1803, elle écrivit dans des notes faites pour elle seule : « J'ai bien pensé
« à mes amis en passant le Rhin; mais je ne sais si le sou-
« venir de ceux qui me haïssent s'est offert à moi : j'ai
« toujours regardé la haine, quand j'en ai été victime,
« comme une sorte d'accident extraordinaire et passager.
« Je n'y crois que par ses effets, tant j'en conçois mal la
« nature; quand je rencontre un ennemi, je suis tentée
« de lui dire : Est-ce sérieusement que vous me haïssez?
« ignorez-vous donc que je n'ai pas un sentiment amer
« dans le cœur? »

Après avoir traversé une révolution si violente, elle a
dit mille fois qu'elle ne concevait ni l'animosité, ni la vengeance; et jamais on ne lui a entendu souhaiter un mal
réel à qui que ce fût. Aussi oubliait-elle toutes les différences d'opinion auprès des victimes successives des diverses tyrannies. « Ma maison est l'hôpital des partis vain-
« cus, a-t-elle dit.

« Il y a comme une jouissance physique, disait-elle,
« dans la résistance à un pouvoir injuste. »

On a pu trouver que les discussions politiques ont tenu,
vers les derniers temps, trop de place dans la conversation
de madame de Staël, et c'est là ce dont se plaignait amèrement M. Schlegel. Mais étant profondément convaincue
que les institutions forment en entier le caractère humain,
tout ce qu'il y a de beau et de grand lui paraissait devoir
être le résultat d'une bonne organisation sociale. « S'oc-
« cuper de politique est religion, morale et poésie, tout
« ensemble, disait-elle.

Je citerai ici au hasard quelques mots de madame de
Staël, sur les événements publics, parce que s'ils ne sont
pas tous remarquables en eux-mêmes, ce sont du moins
des traits de caractère.

Étant en Angleterre en 1814, on crut devoir la féliciter
sur la prise de Paris, qui terminait son exil; elle répondit
à ces démonstrations de politesse : « De quoi me faites-
« vous votre compliment, je vous prie? de ce que je suis

« au désespoir? » C'est à dater de la bataille de Leipsick
qu'elle a commencé à souffrir pour la France.

En 1815, lorsque Bonaparte était déjà entré à Lyon,
une femme qui était attachée à ce parti vint dire à madame de Staël : « L'empereur sait, madame, combien vous
« avez été généreuse pour lui, durant ses malheurs.—J'es-
« père, répondit-elle, qu'il saura combien je le déteste. »

Pendant les cent jours, elle disait : « Si l'on avait enrôlé
« toutes les phrases déclamatoires qui se sont prononcées
« cet hiver contre la révolution, on aurait eu bien des sol-
« dats le 20 mars. »

En 1816, M. Canning ayant choisi le salon du premier
gentilhomme de la chambre au château des Tuileries,
pour dire à madame de Staël : « Il ne faut plus se faire
« d'illusions, madame; la France nous est soumise, et
« nous vous avons vaincus.—Oui, lui répondit-elle, parce
« que vous aviez avec vous l'Europe et les Cosaques; mais
« accordez-nous le tête-à-tête, et nous verrons. » Elle a
encore dit à M. Canning : « On trompe le peuple anglais;
« il ne sait pas qu'on l'emploie à priver les autres peuples
« de la liberté qu'il possède, à protéger l'intolérance en-
« vers ses frères en religion; s'il le savait, il renierait ceux
« qui abusent de son nom. »

L'occupation de la France par les étrangers causait un
chagrin amer à madame de Staël; elle était décidée à quitter Paris en 1817, et à n'y plus revenir que les armées alliées ne fussent parties. Elle écrivait à son gendre, le duc
de Broglie : « Il faut bien du bonheur dans les affections
« privées, pour supporter la situation de la France vis-à-
« vis des étrangers. »

« Il faut, disait-elle, que la France fasse le mort pendant
« tout le temps qu'elle sera occupée par les étrangers.
« L'indépendance d'abord, on songera ensuite à la liberté. »

Elle a dit de M. de Bonald : « C'est le philosophe de l'an-
« tiphilosophie, mais cela ne peut pas mener loin. »

« Le parti ministériel, remarquait-elle, voit le côté pro-
« saïque de l'humanité, et l'opposition, le côté poétique.
« Voilà pourquoi j'ai toujours eu du penchant pour ce der-
« nier genre d'opinions. »

Quelqu'un soutenant un jour qu'il était impossible que
les ministres d'État se bornassent à l'emploi des moyens
parfaitement légitimes. « Que voulez-vous que je vous
« dise? répondit-elle; avec du génie on n'aurait jamais be-
« soin d'immoralité; et sans génie, il ne faut pas accepter
« des places difficiles. »

En 1816, elle disait du ministère : « Je ne l'aime pas,
« mais je le préfère : c'est une barrière de coton contre le
« retour des anciens abus, mais enfin c'est une barrière. »

A propos des nombreux anoblissements, elle a dit : « Il
« faudrait, une fois pour toutes, créer la France mar-
« quise. »

Elle ne faisait aucun cas des calembours, et cependant
elle en a dit quelquefois avec sa promptitude ordinaire.
Dans une dispute sur la traite des nègres, avec une grande
dame de France, celle-ci lui dit : « Eh quoi! madame,
« vous vous intéressez donc beaucoup au comte de Limo-
« nade et au marquis de Marmelade? — Pourquoi pas au-
« tant qu'au duc de Bouillon? » répondit-elle.

Bonaparte lui ayant fait dire en 1815 qu'il fallait qu'elle
revînt à Paris, parce qu'on avait besoin d'elle pour les
idées constitutionnelles, elle refusa en disant : « Il s'est
« bien passé de constitution et de moi pendant douze ans,
« et à présent même, il ne nous aime guère plus l'une que
« l'autre. » Cependant, à cette époque, lorsqu'il passait à
Coppet des Français qui allaient rejoindre l'armée des alliés, elle cherchait à les détourner de leur dessein, n'ap-

prouvant pas que l'on compromit l'indépendance nationale, fût-ce pour conquérir la liberté.

Elle était déjà dangereusement malade, lorsque le manuscrit venu de Sainte-Hélène causa en France une si vive
sensation. Malgré l'état de faiblesse auquel madame de
Staël était réduite, elle voulut que ses enfants lui fissent
la lecture de cet ouvrage, et elle le jugea avec toute la
force de son esprit. « Les Chaldéens adoraient le serpent,
« dit-elle, les bonapartistes en feront de même pour ce
« manuscrit de Sainte-Hélène; mais je suis loin de partager
« leur admiration. Ce n'est que le style des notes du Mo-
« niteur; et si jamais je me rétablis, je crois pouvoir réfu-
« ter cet écrit de bien haut. »

Je finirai par une remarque générale sur l'effet de la
conversation de madame de Staël. En laissant de côté des
jugements politiques sur lesquels on ne peut encore s'accorder entièrement, il est certain que son influence a toujours été salutaire. Non-seulement elle foudroyait de sa
rapide indignation toute parole répréhensible sous le rapport de la religion ou de la morale, mais rien de douteux
et d'équivoque dans les sentiments ne pouvait subsister
en sa présence. On paraissait, pour un moment du moins,
abjurer sincèrement tout ce qui était vain, puéril ou égoïste.
Il fallait avouer ses motifs à soi et aux autres, et chacun
était forcé à cet examen de ses propres mouvements, qui
est toujours si utile aux consciences délicates. La vie se
simplifiait avec madame de Staël; devoir, gloire, affection,
plaisir, voilà à quoi tout se réduisait à ses yeux; et les
prétextes tombaient en poussière auprès d'elle.

De plus, elle n'a jamais agi sur les autres qu'au moyen
de leurs qualités. Jamais elle n'a pris qui que ce fût par
des intérêts ignobles, par des motifs bas et personnels,
car elle était convaincue qu'il y a au fond de tous les
cœurs un principe de générosité auquel on doit s'adresser.
Différente en cela de son père, si j'ose le dire, qui méprisait assez les individus, mais qui avait une grande idée de
l'humanité prise en masse, madame de Staël a parlé aux
nations de leurs intérêts, et aux hommes isolés de leurs
vertus; et elle a été mieux entendue des uns et des autres.

Voilà sans doute une des raisons de la tendresse extraordinaire qu'elle a inspirée à ses alentours; ses enfants, ses
domestiques, les pauvres qu'elle secourait, sentaient tous
leur existence ennoblie auprès d'elle. Elle distribuait à
chacun des jouissances inconnues; et comme elle semblait proposer à tous les efforts généreux la récompense
d'un plus haut degré d'affection, le bonheur de s'estimer
soi-même se joignait à celui d'être aimé d'elle.

*Genre de vie, affaires, études, correspondance, théâtre de
société.*

Il s'est passé beaucoup de temps avant que madame de
Staël pût s'astreindre à régler l'emploi de ses heures. Depuis qu'elle a été forcée à vivre dans la retraite, elle a senti
la grande utilité d'une distribution raisonnée des occupations; trouvant non-seulement que c'est un moyen de travailler davantage, mais ayant encore observé que dans une
vie dénuée d'événements, la monotonie des journées berce
et assoupit, pour ainsi dire, la trop grande activité de
l'âme.

Néanmoins, elle n'a mis aucune roideur dans la règle
qu'elle s'imposait, et n'a point contracté d'habitude tenace.
Jamais le mécanisme de l'organisation humaine ne s'est
moins fait sentir que chez madame de Staël; aucune puissance aveugle ne la dominait; et chaque fois que l'occasion
l'exigeait, elle pouvait changer subitement de manière de

vivre. Éprouvant très-peu de besoins matériels, ignorant ce
que c'est que la langueur et le découragement, elle n'était
jamais lasse d'agir ni de penser. Le froid, le chaud, les variations de la saison, n'exerçaient sur elle aucune influence. Si
elle avait un grand besoin de mouvement moral, l'exercice
corporel ne lui était nullement nécessaire. Aussi elle
croyait peu à la faiblesse des nerfs, et méprisait assez le
soin minutieux de la santé : « J'aurais pu être malade tout
« comme une autre, » me dit-elle un jour, « si je n'avais
« pas vaincu la nature physique; » mais hélas! avec cette
nature on n'a jamais le dernier mot.

Elle consacrait donc la matinée aux affaires, c'est-à-
dire au soin de sa fortune et à l'étude, et le soir, à la société ou à sa correspondance. Je vais la considérer un instant encore sous quelques-uns de ces rapports.

Malgré la libéralité et la noble facilité du caractère de
madame de Staël, il régnait un grand ordre dans l'administration de sa maison et de ses biens; en sorte que sa
fortune a constamment prospéré pendant qu'elle l'a gouvernée. Elle avait pris de l'humeur contre ceux qui lui
supposaient une mauvaise tête, parce qu'elle avait un beau
génie; et comme il lui était souvent arrivé que ses débiteurs lui avaient annoncé, ainsi qu'une chose simple et
qui allait sans dire, avec une personne aussi distinguée,
qu'ils ne la paieraient pas, ce genre d'hommage l'impatientait singulièrement. Regardant l'esprit comme propre
à tout, elle s'en serait moins cru à elle-même, si elle n'a-
vait pas su conserver son patrimoine. Elle n'eût pas été
inaccessible aux soucis de fortune, et son imagination se
serait aisément transportée dans ces sortes de peines. Durant les temps de révolution, elle a souvent craint d'être
ruinée; alors l'idée qu'elle ferait subsister ses enfants par
son travail la soutenait, et elle entrait dans des calculs
précis à cet égard. Plus tard elle a exigé que son fils mît
beaucoup de persévérance dans l'affaire du recouvrement
de ses biens; mais il y avait de la dignité et de la philosophie dans toutes ses recommandations : « Ne te tourmente
« pas sur le non-succès, lui écrivait-elle, fais-ce que dois,
« advienne que pourra; tout ce qui ne touche pas au cœur
« laisse la vie libre. »

Un ministre de Bonaparte lui ayant fait dire que l'empereur la paierait, si elle l'aimait : « Je savais bien, » répon-
« dit-elle, que pour recevoir ses rentes il fallait un certificat
« de vie; mais je ne savais pas qu'il fallût une déclaration
« d'amour. »

L'essentiel pour madame de Staël dans les affaires de
fortune, était de n'avoir rien à se reprocher. En conséquence, les dépenses superflues lui déplaisaient, et si elle
aimait beaucoup à procurer du plaisir, elle n'accordait
rien à la vanité. On voulait un jour lui faire honte de ce
que sa chambre à Coppet n'était pas plafonnée, et de ce
qu'on y voyait les poutres. « Voit-on les poutres? dit-elle,
« je n'y avais jamais pris garde. Permettez que cette an-
« née, où il y a tant de misérables, je ne me passe que les
« fantaisies dont je m'aperçois. »

Le seul luxe auquel elle mît du prix, était la facilité de
loger ses amis chez elle, et de donner à dîner aux personnes qu'elle avait envie de connaître. « J'ai pris un
« cuisinier qui court la poste, disait-elle; n'est-ce pas là
« exactement que qu'il me faut pour donner à dîner au dé-
« botté dans toute l'Europe? »

Madame de Staël était singulièrement aimable et naïve,
quand elle rendait compte de l'impression que produisait
sur elle tout le matériel de la vie. Les petites ruses des
subalternes, leur genre d'esprit, la finesse des paysans,
l'amusaient à observer. Elle prenait un plaisir d'enfant à

certains petits détails, et croyait s'être arrangé un cabinet superbe, lorsqu'elle y avait fait mettre un papier neuf.

Sa manière de travailler était d'accord avec tout le reste, et elle n'a mis aucune pédanterie dans sa vocation d'auteur. L'étude et la composition étaient pour madame de Staël une ressource nécessaire, un moyen de calmer et de retremper à la fois son âme agitée, de maintenir son esprit à sa véritable hauteur. La route et le but convenaient également à sa destinée; et cependant, ses amis avaient sans cesse le tort de la détourner de ses occupations, parce qu'ils étaient toujours bienvenus auprès d'elle. Il n'y a pas d'exemple que dans le moment où elle écrivait avec le plus de feu et de rapidité, elle ait témoigné autre chose que du plaisir en voyant entrer ceux qu'elle aimait.

Dès sa plus tendre jeunesse elle avait contracté l'habitude de prendre en gaieté les interruptions. Comme M. Necker avait interdit à sa femme la composition, dans la crainte d'être gêné par l'idée de la déranger en entrant dans sa chambre, mademoiselle Necker, qui ne voulait pas s'attirer une telle défense, s'était accoutumée à écrire, pour ainsi dire, à la volée; en sorte que la voyant toujours debout, ou appuyée sur un angle de cheminée, son père ne pouvait imaginer qu'il lui fît suspendre un travail sérieux. Elle a tellement respecté ce petit faible de M. Necker, que ce n'est que longtemps après l'avoir perdu, qu'elle a eu dans sa chambre le moindre établissement pour écrire. Enfin, lorsque Corinne eut fait un grand fracas dans les pays étrangers, elle me dit : « J'ai bien envie d'avoir une « grand table, il me semble que j'en ai le droit à présent. »

Pour s'accommoder de cette manière décousue de travailler, il fallait un cœur aussi avide d'amitié que celui de madame de Staël, et il fallait encore un esprit aussi présent que le sien. Elle retrouvait à volonté le cours et le mouvement de ses idées. Il n'y avait point de hasard dans sa verve, et elle eût écrit dans tous les moments ses pages les plus éloquentes; on pouvait remarquer en elle la double faculté de ne point perdre de vue un objet, et de n'en être point trop préoccupée. Ainsi elle tournait souvent la conversation sur le sujet du travail qu'elle avait entrepris, pour essayer l'effet de ses propres idées et recueillir celles des autres; mais cela arrivait sans que l'on s'en doutât, souvent même sans intention précise de sa part, et parce qu'elle pensait tout haut avec ses amis.

Je n'ai jamais compris où elle prenait du temps pour méditer ses ouvrages; l'organisation de sa vie prouve même qu'elle ne consacrait particulièrement aucun moment à la réflexion. Elle m'a toujours développé le plan de son prochain écrit, et nous discutions ce plan en détail. Une fois, à Genève, il m'arriva de lui dire : « Mais vous qui dormez « toute la nuit et qui agissez ou causez tout le jour, quand « avez-vous donc songé à cette ordonnance ? — Eh mais, « dans ma chaise à porteurs, » me répondit-elle en riant. Or, cette chaise à porteurs, elle n'y était jamais plus de cinq minutes; cependant elle avait déterminé le titre et la matière de tous les chapitres.

Il y a eu, en conséquence, dans sa vie peu de moments où elle ait tout à fait abandonné le travail. Ses facultés dominaient le plus souvent sa douleur; et, comme il existait toujours une relation entre ce qu'elle écrivait et le sujet de ses peines, elle pouvait encore composer, lorsque la lecture ne lui offrait pas une distraction suffisante. « Je « ne comprends rien à ce que je lis, disait-elle, et je suis « obligée d'écrire. »

Mais, si son esprit aimait à former des projets littéraires, il perdait en revanche très-promptement de vue ses anciennes productions. « Quand un ouvrage est imprimé,

« disait-elle, je ne m'en occupe plus; il fait bien ou mal « son affaire tout seul. » A l'exception de DELPHINE, qu'elle a examinée avec soin, parce qu'on l'avait inquiétée sur l'effet moral de ce roman, je ne crois pas qu'il lui soit arrivé de relire ses propres livres; elle y pensait même si peu qu'elle les oubliait tous successivement. Lorsqu'on lui en citait quelque phrase, elle était tout étonnée, et répondait : « Eh mais! vraiment, est-ce moi qui ai écrit « cela? j'en suis charmée, c'est dit à merveille. » Une fois deux de ses amis avaient arrangé ensemble son chapitre sur l'Amour, dans L'INFLUENCE DES PASSIONS, en mettant l'amour divin à la place de l'amour terrestre. Lorsqu'ils vinrent lui lire ce morceau, elle l'écouta jusqu'à la fin avec la plus grande attention, toujours enchantée et toujours impatiente d'en connaître l'auteur.

L'ennui d'avoir à revenir sur de vieilles idées et de vieilles rédactions, entrait pour quelque chose dans la magnanimité qu'elle a eue de ne répondre à aucune critique. Si on l'eût menacée de détruire tous ses livres déjà publiés, on ne l'aurait pas fort effrayée. Les oracles une fois rendus, elle eût volontiers, comme la Sibylle, laissé emporter au vent les feuilles de chêne.

Elle avait même le besoin d'écrire plus que celui de publier; elle supporta très-patiemment la saisie de son ouvrage sur l'Allemagne; et quand on lui vint dire que le général Savary mettait l'édition au pilon pour en faire du carton : « Je voudrais bien au moins, répondit-elle, qu'il « m'envoyât ces cartons pour mes bonnets. »

Jamais auteur n'a moins vécu en présence de sa réputation, jamais on n'a moins été enivré par le succès. Il y avait toujours quelque triste retour sur le reste de sa destinée dans les jouissances de son amour-propre, et elle semblait dire de ce genre de plaisir : « N'est-ce donc que « cela ? »

Toutefois, elle n'affectait nullement de désavouer sa gloire, ni ses droits à cette gloire même. Elle avait la conscience de sa supériorité, et parfois elle a dit de tel auteur cité : « Il n'est pas mon égal, et si jamais nous nous « battons, il sortira boiteux de la lutte. » Très-jeune encore, et dans un temps où on avait le pressentiment plutôt que la preuve de ses forces, je lui ai entendu porter si haut ses espérances, qu'il m'est arrivé de douter qu'elle parvînt à les réaliser. On pouvait quelquefois être étonné de certaines phrases peu reçues qu'elle prononçait fort simplement : « Avec tout l'esprit que j'ai, avec mon talent, ma réputa« tion, etc. » Elle répétait souvent à ses amis les louanges qu'on lui donnait en lui écrivant; mais il y avait une extrême bonhomie dans son amour-propre. Il n'était point toujours là, et quand il s'y trouvait, il disait franchement : « Me voici. » Ce qui est vraiment insupportable dans la vanité, c'est quand on la découvre tout à coup à la place du sentiment ou de la dignité du caractère. Lorsqu'elle se donne naïvement pour ce qu'elle est, et qu'elle n'a jamais ni calomnie, ni arrogance, ce n'est point un principe dominant dans l'âme.

D'ailleurs, les moments de vanité étaient courts chez madame de Staël; la louange lui donnait du plaisir, mais on voyait bientôt briller en elle quelque nouvel éclair de talent ou de sensibilité. Une preuve encore que son amour-propre n'avait nulle âpreté, c'est, comme elle l'a dit mille fois, que les éloges lui ont toujours donné plus de satisfaction que les critiques ne lui ont causé de peine.

Si l'on a beaucoup vanté les lettres de madame de Staël, c'est parce qu'on y retrouvait une faible image d'elle-même. Il ne me semble pas qu'elle eût, comme madame de Sévigné, pour le style épistolaire, un talent particulier, un de ces dons naturels qui paraissent presque indépendants des facultés de la personne. Ses lettres, pour le feu et la verve, n'égalaient pas sa conversation; elle n'y mettait que l'esprit qu'elle ne pouvait pas s'empêcher d'avoir; mais cela même était beaucoup sans doute. Il y régnait un grand charme de sensibilité, et une teinte douce de tristesse qui en faisait tour à tour le mérite et le défaut. Au reste, elle ne regardait les lettres que comme des moyens indispensables de communication, et ne les envisageait jamais sous le rapport littéraire. « Depuis que j'ai « visé tout ouvertement à la célébrité par mes livres, je « n'ai plus donné aucun soin à mes lettres, » disait-elle; en conséquence, elle prenait souvent, pour sa correspondance, le temps de la société, et écrivait tout en soutenant la conversation.

Les plus remarquables des lettres de madame de Staël, après celles qu'elle adressait à son père, sont celles qu'elle a écrites dans l'intimité. Sa longue correspondance avec moi est un trésor d'amitié, de candeur, une source de larmes, et néanmoins de bonheur pour le reste de ma vie. Elle a encore été prodigieusement distinguée dans les lettres qu'elle écrivait au moment de l'inquiétude, de l'indignation ou de la douleur. Alors, entraînée par un sentiment impérieux, elle entassait, sans y songer, de nombreuses pages, toutes brillantes de la plus admirable éloquence.

Je ne ferai pas le même éloge des lettres que madame de Staël a tracées dans un mouvement d'enthousiasme passager, ou sans mouvement véritable. Elle n'a pas toujours été exempte, dans ces sortes de lettres, d'un peu d'exagération, et on y reconnait parfois le talent du romancier qui tire parti pour l'effet de l'impression du moment ou d'une supposition chimérique, et qui ne sait pas résister à l'attrait des couleurs éclatantes. Ainsi, une nuance d'intérêt faible et fugitive la jetait dans l'idéal du sentiment, et elle s'exaltait sur ce qu'elle aurait pu éprouver. Elle-même disait que quand elle tenait la plume, sa tête se montait, et elle racontait qu'à l'âge de quatorze ans sa mère l'ayant chargée d'écrire à un vieux ami de la maison, elle se servit d'expressions si vives et si passionnées qu'on fut obligé de lui faire recommencer trois fois sa lettre avant que le style en fût assez calme pour qu'on pût l'envoyer à son adresse.

Madame de Staël a connu la meilleure partie de la littérature européenne, sans avoir jamais employé un temps considérable à l'étude; elle lisait vite sans lire superficiellement, et elle n'a jamais rien passé d'intéressant, ni donné une minute à rien d'inutile. Elle jugeait de génie, si on peut le dire; un tact très-sûr lui indiquait bientôt l'esprit, le caractère et l'intention secrète d'un auteur; et elle se servait ensuite de cette connaissance pour apprécier l'ouvrage. Aussi mérite d'exécution ne pouvait la réconcilier avec un but ou des sentiments moralement équivoques, ou avec la stérilité d'idées, et c'était toujours en leur qualité d'hommes qu'elle évaluait les écrivains. Et comme le style offre, selon elle, la couleur propre à l'individu, elle a toujours lu en original les auteurs étrangers, et elle a eu le courage d'apprendre dans l'âge mûr les langues qu'on ne lui avait pas enseignées durant sa jeunesse. Elle attachait un prix infini à ce genre d'étude, trouvant que la pensée s'ouvre de nouvelles routes en changeant d'idiome. Apprendre et juger les langues était, suivant son avis, l'exercice le plus salutaire pour l'esprit, et le seul moyen de connaître le caractère des peuples. Elle citait avec plaisir le mot du vieux poëte Ennius, qui disait qu'il avait trois âmes parce qu'il parlait trois langues.

Une fois on lui demanda quel serait le livre qu'elle choisirait, si elle était condamnée à n'en posséder qu'un. Après avoir excepté la BIBLE et le COURS DE MORALE RELIGIEUSE, de son père, elle dit que pour la pensée elle prendrait Bacon; c'est l'auteur qui lui semblait le plus inépuisable.

Dans le domaine de la pure littérature, elle ne tenait compte que des effets; la difficulté vaincue n'était rien pour elle; il lui fallait de la beauté; mais il n'est aucune beauté qui ne la touchât. Extrêmement sensible au charme des sons, elle répétait avec ravissement des mots ou des phrases harmonieuses; certaines strophes lyriques lui donnaient un plaisir tout à fait indépendant de leur signification, et après les avoir pompeusement récitées, elle s'écriait : « Voilà de la poésie! ce que j'aime là dedans, c'est « qu'il n'y a pas une idée. » Elle se moquait d'elle-même, sous ce rapport, avec beaucoup de grâce, et disait qu'elle n'avait jamais pu entendre sans avoir des larmes dans les yeux, ce vers :

Votre nom ? — Moncassin. — Votre pays ? — La France.

Elle citait encore cette phrase : « Les orangers du royaume « de Grenade, et les citronniers des rois maures, » comme produisant sur elle un grand effet.

C'est ainsi que les plaisirs de la littérature et même ceux du monde étaient pour elle ce qu'ils ne sont pour personne : il y avait de l'émotion, et, si on peut le dire, du talent dans tout ce qu'elle éprouvait. Une musique, une danse la frappaient; un mauvais orgue dans la rue la ravissait. Une fois qu'elle vit danser le menuet à mademoiselle Bigottini, elle fut dans l'enchantement, et dit à sa fille : « Pendant ce temps, j'aurais voulu le rétablisse« ment de l'ancien régime. »

Mais, pour en revenir à ses goûts littéraires, ce qui la transportait au delà de toute idée, c'étaient les morceaux d'imagination. Elle avait à cet égard des impressions d'une vivacité extraordinaire, et quand elle faisait quelque découverte dans ce genre, elle en parlait et reparlait sans cesse. Elle avait besoin de donner à lire à tous ses amis les endroits qui l'avaient frappée, et sa joie faisait événement dans sa société. René, l'épisode de Velleda, dans LES MARTYRS; la scène de l'enterrement, dans L'ANTIQUAIRE, et les premiers poëmes de lord Byron, lui ont causé des émotions inexprimables, et ont pour un temps renouvelé son existence.

Cette grande sensibilité lui donnait en littérature un tact très-sûr, parce qu'elle était certaine que ce qui ne la touchait pas n'avait point de beauté réelle. « Cela est bien, » disait-elle quelquefois de certains morceaux, « mais cela « n'est pas prenant, » ou « cela n'est pas impressif. On peut « m'en croire dans mes observations sur l'effet, parce que « je suis peuple par l'imagination. »

Aussi elle ne s'est jamais trompée sur le succès futur d'un ouvrage; ses conseils aux littérateurs étaient tous remarquables, parce qu'elle avait la connaissance la plus précise, soit des moyens de l'auteur, soit de la manière propre au sujet, soit des dispositions d'une nation ou d'un public. Elle parlait aux écrivains qui la consultaient avec cette énergique franchise, que sa supériorité, la qualité de femme, et surtout l'intérêt extrême qu'elle mettait à leurs succès, lui donnaient le droit de montrer.

Sans doute, quelques amours-propres irritables ont pu être froissés par ses observations; mais elle avait un sentiment si vif de chaque mérite, qu'elle renvoyait pleins d'espérance ceux que sa bonne foi avait un moment contristés; souvent elle a découvert, réchauffé le germe du talent qui s'ignorait lui-même. Rien n'enflammait l'émulation comme ses encouragements; et quand c'étaient ses

amis qui se lançaient dans l'arène, quelle vivacité, quel
í :! pour les servir! quel désir de leur voir tirer le meilleur
parti de leur talent, de leur sujet, de leurs moindres pensées! Quand elle examinait avec eux leurs écrits, aucun
détail n'était trop minutieux pour sa patience. Elle relevait
les plus petits défauts d'élégance et d'exactitude, s'engageant parfois dans les distinctions grammaticales les plus
subtiles; et souvent on lui voyait déployer une telle sagacité, un tel tact d'imagination, que même pour un tiers
ces discussions étaient très-intéressantes.

Non-seulement l'ensemble de sa société et de sa conversation a fourni l'occasion d'un grand développement aux
hommes distingués qui ont vécu dans son atmosphère,
mais ses conseils positifs leur ont été d'une extrême utilité; et je ne crois pas qu'un seul d'entre eux osât soutenir, que sans elle, il eût atteint le degré de hauteur auquel
il est parvenu dans la suite.

Et moi qui m'essaie ici à tracer cette faible esquisse
d'elle-même; moi qui, dépourvue à la fois de jeunesse et
d'expérience, me hasarde à écrire pour la première fois,
j'ai besoin d'elle à tout instant; je l'interroge à chaque ligne; je ne sais si j'exprime ce que je sens, et toujours
l'espoir d'être approuvée d'elle est la chimère qui me
soutient.

Parmi les beaux-arts, le plus habituellement nécessaire
à madame de Staël était la musique. Musicienne elle-
même, et douée d'une belle et grande voix, elle n'a cessé
d'exercer son talent que lorsque ses enfants ont pu lui
procurer le genre de distraction qu'elle demandait à l'harmonie. Elle voulait y puiser à la fois du calme et de l'inspiration, l'oubli de la réalité et le pressentiment d'une
autre existence. Cet art qui imprime du mouvement à
notre esprit sans le secours des pensées, et excite des
émotions tendres sans celui des affections, avait pour madame de Staël un charme que rien ne pouvait remplacer.

Cependant tous les genres de musique ne lui plaisaient
pas. Les airs dont le rhythme et la mélodie sont marqués,
faisaient seuls impression sur elle. La musique savante,
la musique spirituelle ne lui disaient rien; et quand je lui
faisais remarquer que certains morceaux pleins de piquant
et d'originalité, tels qu'Hayden en offre un si grand nombre, produisent sur nous un effet très-analogue à celui de
l'esprit : « J'aimerais mieux que cet esprit fût parlé, » me
répondait-elle. Elle s'impatientait comme d'une espérance
trompée de tout ce qui ne l'attendrissait pas, mais elle
éprouvait aussi quelquefois d'inconcevables ravissements.
Je l'ai vue fondre en larmes en écoutant la romance de
Marie Stuart exécutée par des instruments à vent; et
comme les impressions vives étaient créatrices chez elle,
c'est pendant qu'elle entendait certains airs touchants ou
sublimes, que lui est venue comme d'en haut, l'idée de
ses morceaux les plus poétiques.

Mais de tous les amusements de société, le plus vif pour
elle était des représentations théâtrales; et sans parler ici
des plaisirs qu'ont donnés à une personne si sensible, si
mobile d'imagination, les chefs-d'œuvre de la scène exécutés par les plus grands artistes, je dirai le plaisir qu'elle
a trouvé comme actrice au milieu de la petite troupe d'a-
mis qu'elle avait formée elle-même. Jouer la tragédie surtout, exciter en parlant une langue divine de profondes
émotions, se mettre tellement en harmonie avec les sentiments d'une assemblée nombreuse, qu'un regard, un geste,
une inflexion de voix retentisse au fond de tous les cœurs,
était, selon madame de Staël, un développement de l'existence, une jouissance exaltée et sympathique dont rien ne
peut donner l'idée.

III.

Elle produisait véritablement de très-grands effets; l'enthousiasme dont elle était saisie imprimait à sa figure un
caractère frappant et élevé; la blancheur éclatante de ses
bras, ses gestes nobles et gracieux, ses poses pittoresques,
et son regard surtout, son regard tour à tour sombre, pénétrant, enflammé, et toujours naturel, donnaient à l'ensemble de sa personne un genre de beauté en rapport avec
l'art, et tel que le poète tragique l'eût choisie; sa voix
sonore et nuancée remplissait la salle, et jamais on n'a
maîtrisé avec plus de force l'attention des spectateurs.

Elle n'avait pas sans doute un talent d'artiste, mais son
jeu était spirituel et pathétique au dernier point; elle faisait verser beaucoup de larmes, et la vérité de son expression remuait le fond du cœur. Sa troupe entière était électrisée par elle, un assemblage un peu hétérogène se mettait
en harmonie sous son influence; et de même que dans la
conversation, elle faisait de tous ses interlocuteurs des
gens d'esprit, sur son petit théâtre, elle changeait en héros
tous ses amis.

Comme elle déclamait d'inspiration, son jeu variait
beaucoup d'une représentation à l'autre : assez sujette à
se blaser sur les effets prévus d'avance, elle se plaisait
tour à tour à tromper et à surpasser l'attente. Ainsi elle
repoussait souvent dans l'ombre ces mots fameux qui sont
regardés comme l'épreuve du talent, et puis elle relevait
avec tant d'éclat telle autre expression jusqu'alors peu
remarquée, qu'elle la faisait paraître sublime. S'éloignant
à chaque instant par là des routines théâtrales, elle trouvait moyen d'être originale avec ce que tout le monde sait
par cœur.

Son émotion en jouant la tragédie était très-forte; dans
Zaïre, par exemple, elle n'a jamais pu apprendre à détacher sa croix sans la casser. Cependant cette émotion ne
produisait aux yeux des spectateurs aucun effet irrégulier,
et semblait lui donner de l'élan et non du trouble; elle
avait l'esprit parfaitement présent aux divers incidents de
la scène, et ne perdait point la direction d'elle-même ni des
autres.

Mais rien n'était plus piquant que de lui voir jouer la
comédie; toute sa verve, toute sa gaieté éclataient dans
son jeu; les rôles de soubrettes l'amusaient surtout, et il
y avait déjà du comique dans le contraste senti par elle
et par tous, du petit manége, des ruses intéressées du personnage, avec l'élévation des pensées et des sentiments
de l'acteur.

Peut-être pour la perfection de l'art se laissait-elle un
peu trop reconnaître dans tous ses rôles; elle transportait
ses personnages en elle, plutôt qu'elle ne se transportait
dans ses personnages; et il est étonnant qu'elle ait pu rendre toutes les nuances des caractères les plus opposés au
sien, en restant madame de Staël dans son plus parfait
naturel; mais c'est ainsi qu'elle a été dans ses écrits et
dans la société, toujours variée et toujours elle-même.

Cependant il est des rôles qu'elle n'a jamais bien saisis;
quand, par exemple, un caractère lui rappelait un certain
idéal dont elle s'était longtemps occupée, elle le ramenait
à cet idéal sans tenir compte des différences. Ainsi, soit
qu'elle ait voulu jouer ou composer des Nina, elle a toujours échoué. Elle n'imitait jamais que le délire poétique,
et représentait des Sapho ou des Corinne. La véritable
folie, l'incohérence des pensées n'a pu être comprise d'elle;
sa tête était foncièrement trop bien organisée pour la concevoir.

Ceci me rappelle une anecdote qui fera connaître madame de Staël sous un autre rapport. Il y a environ vingt
ans que dans un séjour qu'elle faisait chez moi à la cam-

4

pagne, il fut question de jouer des proverbes : on fit choix d'un canevas de Carmontel, intitulé LE BAVARD, dans lequel une grande dame, malade et vaporeuse, consent à s'intéresser en faveur d'un vieux militaire qui sollicite une pension, mais sous la condition expresse qu'il lui expliquera son affaire en peu de mots. Le Bavard, à qui l'on a fait sa leçon d'avance, se laisse néanmoins entraîner à une telle intempérance de paroles, qu'il excède sa protectrice, et qu'elle ne veut plus entendre parler de lui. Madame de Staël représentait la grande dame. Elle remplit d'abord fort bien son rôle ; elle contrefit à merveille la langueur, puis l'ennui, puis le dépit et l'impatience; mais quand vint le moment d'affliger le vieux soldat, il lui fut impossible de s'y résoudre. Il avait parlé de sa femme et de ses enfants, c'était au fond le meilleur homme du monde ; il fallait trop de dureté pour le refuser. Sortant donc tout à fait de son rôle, et manquant net l'épigramme de la pièce, elle lui dit avec une émotion véritable, qu'une autre fois il ferait mieux de ne pas tant parler, mais que quant à présent elle se chargeait de son affaire. Telle était en effet madame de Staël ; non-seulement elle n'a jamais pu affliger volontairement qui que ce fût, mais cette personne si sujette à l'ennui n'en éprouvait réellement aucun, dès qu'il s'agissait d'être utile aux autres.

La gaieté vive et piquante qui animait la conversation de madame de Staël, n'ayant laissé que des traces éparses dans ses écrits, il est curieux d'en retrouver l'expression dans de petites comédies qu'elle composait pour son théâtre de société. Ces pièces étaient pleines d'originalité, et les idées favorites de l'auteur s'y montraient travesties de la manière la plus plaisante.

Tantôt c'était une Corinne bourgeoise, une signora Fantastici, musicienne, comédienne, poëte, qui arrive dans une petite ville de Suisse, où depuis deux cents ans chacun faisait chaque jour la même chose. Elle tourne d'abord la tête à un des fils de la maison, puis à l'autre, puis au père, puis à la mère elle-même, puis jusqu'au commissaire qu'on envoie pour l'arrêter ; et elle emmène tous ces personnages avec elle en Italie. Tantôt c'était un fat qui échange le portrait de sa maîtresse contre deux copies de son propre portrait, qui renonce à une femme pleine d'esprit et de grâce, parce qu'elle l'éclipse en société, et finit par demander en mariage une personne du mérite le plus modeste, mais qui, par malheur, se trouve n'être qu'un mannequin.

De toutes ces petites pièces, celle où il y a le plus de force comique, c'est une comédie qui n'a point de but précis, et qui est intitulée : LE CAPITAINE KERNADEC. Le sel d'une telle plaisanterie ne saurait passer dans un extrait, et il ne resterait que l'invraisemblance de l'idée principale. Mais partout où il se trouvera de bons acteurs, on pourra juger de l'effet original de cette bagatelle au théâtre.

Madame de Staël a composé aussi quelques drames sérieux sur des sujets tirés de la Bible ou de la Légende. La beauté pathétique de son langage, la grandeur, et je dirai la sincérité de ses sentiments, étaient bien nécessaires pour qu'elle se crût certaine de disposer religieusement toute une assemblée préparée au plaisir, et pour qu'elle n'eût pas également à redouter l'indifférence ou les scrupules de ses juges. Cette difficulté était peut-être d'autant plus grande, que les spectateurs la pressentaient, et néanmoins elle en a toujours triomphé. Elle avait quelque chose de si pénétré ; il régnait tant de douceur dans sa manière ; tant de modeste et noble candeur dans une sorte d'application faite confusément de ses rôles à elle-même, qu'on

était attendri dès le début. Cette mère, ces enfants, principaux acteurs de ces pièces, touchaient sous mille rapports, et une suite de tableaux enchanteurs que madame de Staël avait l'art d'amener, répandaient une magie puissante sur l'ensemble. AGAR DANS LE DÉSERT, entre autres, drame que mademoiselle de Staël, alors âgée de six ans, embellissait de tout son charme en remplissant le rôle du petit Ismaël, Agar dans le désert offrait une succession de poses et de groupes dignes d'inspirer un grand artiste.

Un de ces drames, le plus distingué peut-être par la couleur antique et orientale du langage, la SUNAMITE, donna lieu à un singulier développement de caractère chez madame de Staël, et nous fit voir comment son talent pouvait réagir sur elle-même. Elle avait voulu peindre la vanité maternelle dans la personne d'une femme, qui, ayant obtenu du ciel le bonheur inespéré de devenir mère, jouit avec trop d'ivresse des dons brillants dont sa fille a été comblée, et ne peut se résoudre à tenir la promesse qu'elle a faite, de vouer cette enfant au Seigneur. Une scène très-frappante montrait la punition de la Sunamite : à une époque qui devait être particulièrement sacrée pour cette mère, elle avait préparé une fête mondaine où sa fille pût paraître avec éclat. Déjà la jeune personne avait fait entendre sa belle voix ; déjà elle commençait à déployer ses grâces dans une danse figurée, quand on la voit tout à coup défaillir et tomber, comme atteinte d'un trait mortel, au milieu de ses compagnes. Cette situation, dont madame de Staël n'avait peut-être pas prévu toute la force, fit sur elle une telle impression, que le lendemain, sa fille (qui avait joué le rôle de la jeune personne) ayant été légèrement indisposée, elle fut dans l'état d'inquiétude le plus violent, et crut s'être attiré le malheur de la Sunamite.

On a pu juger, par ces légères productions, que madame de Staël avait à un haut degré le talent de l'effet théâtral; talent difficile à analyser, en ce qu'il ne paraît dépendre d'aucune qualité appréciable, et qu'il tient sans doute à un genre particulier d'imagination. Ses pièces produisaient toujours beaucoup plus d'impression à la répétition qu'à la lecture, et à la représentation qu'à la répétition ; plus l'assemblée était nombreuse, et plus l'effet en était fort et remarquable. De même ses ouvrages nous ont frappés davantage, étant imprimés que manuscrits ; et plus ils ont été répandus, plus ils ont gagné aux yeux de leurs premiers juges. Elle avait l'art de s'emparer des esprits en grand, et possédait le don d'agir sur les masses.

Quand on songe aux titres qu'avait madame de Staël à une gloire solide, on peut s'étonner de l'intérêt prodigieux qu'elle mettait à ces représentations théâtrales ; mais elle trouvait là ce qui lui était le plus agréable dans tous les succès, la certitude de s'entendre avec les autres, le plaisir de faire vibrer fortement certaines cordes au fond des cœurs. Elle n'en demandait pas davantage à la gloire. C'est dans les yeux de ses contemporains qu'elle aimait à lire le présage du rang que lui accorderaient les siècles futurs ; et elle jouissait du moment présent, comme si elle n'eût pas espéré l'immortalité.

Effets du temps.

Un Suédois, homme d'esprit, qui a tracé le portrait de madame de Staël, a dit que chaque année de sa vie valait moralement mieux que la précédente, comme le dernier de ses ouvrages est toujours le plus parfait pour le style et la composition. Puis donc que les traits que j'ai rassemblés appartiennent surtout à la jeunesse, il m'importe d'indiquer les changements qui se sont graduellement opérés chez madame de Staël.

Et d'abord, elle a eu plus de naturel à mesure qu'elle s'est éloignée de la jeunesse. A la sincérité du caractère qu'elle avait toujours eue, elle a joint de plus en plus la vérité de l'expression. Il est des âmes qui se montrent mieux à découvert au commencement de la vie, il en est d'autres qui semblent comme enveloppées dans les brillantes vapeurs de leurs illusions. Madame de Staël a été plus elle-même avec l'âge, soit, comme elle me l'écrivait, que le succès l'eût encouragée à mettre au jour ce qu'elle appelait ses bizarreries, soit qu'elle se fût défaite de certaines formes romanesques qui voilaient sa véritable originalité. Peut-être y a-t-il eu un temps où la vie, la mort, la mélancolie, le dévouement passionné, jouaient un trop grand rôle dans sa conversation. Mais quand la contagion de ses phrases a envahi tout son salon et menacé son antichambre, il lui en a pris un ennui mortel. L'affectation de ses imitateurs a constamment guéri madame de Staël de tout ridicule : « Je marche avec des sabots sur la terre, « me disait-elle, quand on veut me forcer à vivre dans les « nuages. »

En outre, lorsqu'elle a cessé de se placer dans le point de vue de la jeunesse, qui pour être le plus brillant n'est pas le plus étendu, elle a vu que les sentiments exaltés ne tenaient pas dans la vie une si grande place qu'elle l'avait cru, et elle a été mieux en accord avec tout le monde. La race humaine s'était longtemps divisée à ses yeux en deux classes, celle des êtres sensibles, dont elle était, et celle des êtres froids, qui ne l'intéressait guère : comme la statue dans Pygmalion, elle semblait dire successivement de tout ce qu'elle voyait, C'est moi, ce n'est plus moi, c'est encore moi. Moins jeune elle a dit davantage, C'est moi, de toutes les dispositions des âmes honnêtes.

De plus, par une suite de justesse toujours croissante, elle a su mieux apprécier les véritables biens de la vie, et elle a perdu quelque chose non pas de sa pitié, mais de sa trop grande estime pour le malheur. Plus heureuse elle-même, disait à lord Erskine : elle a regardé davantage l'existence comme un bienfait. « Quand je n'aurais pas l'espérance « d'une vie à venir, disait-elle, je rendrais encore grâce à « Dieu d'avoir vécu, d'avoir connu et aimé mon père. »

Par la même raison elle redoutait moins la solitude, et savait mieux jouir soit des beautés de la nature, soit de l'exercice de la pensée. Elle disait à son fils, en l'excitant à l'étude : « Lorsqu'il n'y a pas de malheurs extraordi-« naires, je ne sens aucune peine jusqu'à cinq heures après « midi, que finit pour moi le moment du travail. » Elle citait souvent l'exemple de Horn-Tooke, qui dans un âge très-avancé, disait à lord Erskine : « Si vous aviez obtenu « pour moi dix ans de vie au fond d'un cachot, avec des « plumes et des livres, je vous en aurais remercié. »

Il ne me semble pas que les années aient fait essuyer aucune perte réelle à madame de Staël; elle avait été dans sa jeunesse une improvisatrice merveilleuse, mais jamais elle n'a cessé d'employer en poëte les matériaux qu'elle avait continuellement rassemblés au moyen de l'étude et de l'observation; la sphère de ses idées s'est toujours agrandie, plusieurs mondes nouveaux se sont présentés l'un après l'autre à ses regards, et ses découvertes successives ont fait naître ses divers ouvrages. Ainsi, la connaissance des tourments infligés par l'opinion a créé DELPHINE; celle de la nature et des arts, CORINNE; celle des idées métaphysiques et de la philosophie idéaliste, l'ALLEMAGNE; celle de l'état politique et social de l'Angleterre, son dernier ouvrage. Chaque événement avait laissé un résultat dans son esprit, chaque sentiment lui avait enseigné quelque chose. La jeunesse éternelle du génie conservait ses droits, tandis qu'elle s'enrichissait des fruits de l'âge.

Le temps avait encore pour elle des trésors en réserve, et, par exemple, elle écrivait au sujet de son poëme de RICHARD : « Je crois que je ferai une belle peinture des « effets de l'imagination dans l'âge mûr; cet âge où les ob-« jets qui vont bientôt s'obscurcir sont encore illuminés « par les rayons pourprés du soleil qui baisse. »

Mais ce qu'on a surtout remarqué chez madame de Staël à mesure qu'elle a fait route dans la vie, c'est une réserve plus grande, ce sont des manières plus contenues. S'étant quelquefois mal trouvée d'avoir accordé aux indifférents le droit de la blesser, elle se laissait moins facilement aborder sur les sujets intimes. Aussi certaines personnes lui ont trouvé moins de charme, mais il n'y avait pourtant en elle aucune froideur : redoutant les émotions et voulant les éviter, elle avait substitué à la généreuse noblesse de son ancien abandon, cette dignité qui tient les autres à quelque distance. Elle ne désirait plus étendre le cercle de ses affections, et ne cherchait pas à en inspirer de nouvelles. Autrefois elle avait dit : « Il y a toujours un peu « de coquetterie dans les services que rendent les femmes, « puisqu'elles cherchent ainsi à se faire aimer. » Vers la fin de sa vie, elle voulait à peine de la reconnaissance; et la satisfaction de faire le bien lui suffisait. « La porte de « mon cœur est fermée, » disait-elle, et en cela elle se trompait. Jamais aucun genre d'excellence n'a cessé d'intéresser sa sensibilité; mais il y avait quelque chose de doux pour ses anciens amis, dans l'idée de cette barrière par laquelle elle les séparait de tout l'univers.

Les qualités de madame de Staël ont pris un caractère plus solide avec l'âge, et elle a fait plus de cas chez les autres de la solidité. Toute la théorie de l'exaltation a fait place à celle de la moralité; son estime pour les dons naturels s'est transportée sur les vertus acquises; le courage et la résignation ont obtenu l'admiration qu'elle avait vouée pour les grands mouvements de la sensibilité. Elle-même a eu plus de calme, et quand il n'y avait pas de sujets véritables de peine, elle ne s'en forgeait pas de chimériques. Il pouvait y avoir des vagues majestueuses, mais non de l'orage dans son cœur.

Dans l'intérieur de sa maison, je l'ai trouvée également plus intéressante, plus occupée des autres pour eux-mêmes; sa bonté, sa générosité s'exerçaient avec plus de prudence et moins de distraction. Ses paroles, plus mesurées, comptaient davantage; ses éloges, plus justement flatteurs, donnaient plus de plaisir. Moins irrésistiblement entraînée par le torrent de ses pensées et de son enthousiasme, elle cédait librement au désir de persuader ou de plaire; ce qu'elle avait perdu en vivacité se retrouvait en profondeur et en harmonie. Peut-être sa figure plus pâle était-elle plus touchante; peut-être le brillant éclair du génie frappait-il encore davantage sur son visage un peu abattu. Et qui sait si, dans les derniers temps, quelques signes précurseurs de l'orage qui allait assaillir sa vie, quelques signes dont nous craignions d'interpréter les sinistres avertissements, n'ajoutaient pas au prix de ses moindres paroles, et à la grande et solennelle impression qu'elle produisait sur nous?

Dans une sphère plus étendue, chez les nations étrangères, par exemple, elle n'a jamais produit autant d'effet que pendant ses dernières années. A Paris, on lui a trouvé une modération, une sagesse remarquables. Soutenant toujours les grands intérêts de la liberté, dans les questions de politique intérieure, elle a conseillé d'observer vis-à-vis des étrangers tous les ménagements que réclamait la situation de la France. Elle s'est attachée aux amis les plus purs et les plus sincères de la monarchie constitutionnelle, et a fait, politiquement, beaucoup de bien, à ce qu'on assure. On l'écoutait avec un grand respect; ses prédictions avaient été si souvent justifiées par l'événement, que ce qu'on avait pris pour de l'inspiration paraissait être de l'expérience. Plus certaine elle-même de porter la conviction, et sachant que désormais elle ne pouvait être ni méconnue, ni calomniée, elle parlait avec plus d'autorité.

Madame de Staël avait certainement pris de la confiance en elle-même, mais sans aucun mélange de présomption. Elle paraissait d'autant plus imposante, qu'elle ne parlait point en son propre nom, mais qu'on la voyait comme l'interprète des éternelles lois de l'équité. Ce n'était plus un grand maître en éloquence qui se plaît à déployer son talent, c'était un missionnaire profondément pénétré des vérités qu'il annonce; et l'admiration dont elle était l'objet s'absorbait, pour ainsi dire, dans l'attention excitée par la question qu'elle traitait. Il ne s'agissait plus d'elle-même, il s'agissait pour chacun de ce qui lui importait le plus; et comme elle parlait aux hommes de leurs intérêts les plus pressants, c'était leur affaire que de l'entendre. Elle a peint sous les couleurs les plus fortes, et le moment présent et ses suites inévitables; elle a expliqué les classes, les nations les unes aux autres, les besoins, les sentiments de tous à chacun : on sentait qu'elle annonçait vrai, et que le fait répéterait avec dureté ce qu'on se serait refusé à apprendre d'elle.

Voilà pourquoi les souverains eux-mêmes l'ont écoutée avec avidité, et souvent avec émotion. Et lorsque, usant de son pouvoir naturel pour ébranler les âmes, elle montrait dans ces mêmes dispositions de la Providence qu'elle dévoilait, le soulagement d'une masse de misères; quand elle plaidait la cause sacrée, et de son pays, et de l'humanité, on était entraîné, attendri, électrisé par elle. C'est ainsi que la renommée de madame de Staël s'est constamment accrue, que sa gloire déjà grande dans la France y a été comme importée de nouveau par l'enthousiasme des autres nations, et que, sans étonner les témoins de l'effet qu'elle produisait, on a pu dire que son éloquence avait hâté le renvoi de trois cent mille soldats étrangers et la libération de sa patrie.

Il faut comprendre parmi les heureux effets du temps sur madame de Staël, la fixité toujours plus grande des idées religieuses dans son esprit, et l'habitude mieux contractée de les appliquer à la vie réelle. Ses scrupules, qui avaient toujours eu pour objet des conséquences de ses actions, se sont davantage attachés à leurs motifs. La prière, ce besoin de sentiment pour elle, la mettant sans cesse en communication avec la source de toute excellence, à l'égard religieux, parce qu'ils se retrouvent dans le sentiment de la prière. » A tout moment on voit dans ses lettres la demande de prier pour elle et pour ses enfants.

Madame de Staël pensait qu'il y a de l'orgueil dans l'homme à vouloir pénétrer le secret de l'univers; et en parlant de la haute métaphysique, elle disait : « J'aime « mieux l'Oraison dominicale que tout cela. » Durant ses longues insomnies, elle répétait sans cesse cette prière pour se calmer. Des soupirs, de certaines exclamations, dont elle avait l'habitude, étaient chez elle des invocations pieuses; ainsi ces mots qui lui échappaient souvent : « Pauvre nature humaine! hélas! qu'est-ce que de nous?

« ah! la vie, la vie! » étaient un sentiment religieux qui s'exhalait.

C'était encore de la piété en elle que cette conviction si profonde et si souvent exprimée, que la justice divine commence déjà à s'exercer sur cette terre. « La vie, » disait-elle à sa fille en appliquant à la religion une comparaison déjà connue, « la vie ressemble à ces tapisseries des Gobe-« lins; dont vous ne discernez pas le tissu quand vous les « voyez du beau côté, mais dont on découvre tous les fils « en regardant l'autre face. Le mystère de l'existence, c'est « eu un tort qu'il n'ait été la cause d'un malheur. »

Une chose qui peut paraître bizarre, c'est qu'elle appliquait cette idée de rétribution à la vie présente plus encore qu'à la vie à venir. « Les auteurs catholiques, écrivait-« elle, font constamment usage de l'enfer; sans oser juger « une telle croyance, je n'ai jamais senti qu'elle rendît « meilleur. » Néanmoins pendant ses accès de chagrin elle lisait souvent Fénélon, trouvant chez cet auteur une connaissance admirable des peines de l'âme. L'IMITATION DE JÉSUS-CHRIST, qui ne lui avait pas plu d'abord, était aussi une ressource pour elle vers la fin de sa vie.

Le Suédois [1] dont j'ai parlé a fait sur madame de Staël cette remarque qu'il faut prendre dans un sens favorable : « Elle avait une vénération d'enfant pour la religion chré-« tienne. »

C'est dans son dernier ouvrage qu'elle a dit ces mots sublimes : « L'homme est réduit en poussière par l'incré-« dulité, » et cet autre : « La religion est la vie de l'âme. »

En 1815, comme l'intolérance et les excès du fanatisme religieux étaient continuellement l'objet de son animadversion, je craignais que la religion même n'eût souffert dans son esprit de l'abus que l'on faisait de ce nom sacré. Lui ayant témoigné mes doutes à cet égard : « Je vous pro-« teste que cela n'est pas, me répondit-elle. Il entre de la « piété dans mon indignation, et il n'est pas un quart « d'heure, je pourrais peut-être dire moins, où l'idée de « la Divinité ne soit présente à mon cœur. »

Néanmoins on doit s'exprimer avec modestie lorsqu'on parle des sentiments religieux de ceux qu'on a aimés. On le doit même pour tout le monde, puisque bien des gens se croient en droit d'exiger des vertus plus qu'humaines du cœur qui nourrit ces sentiments; mais on le doit surtout en pensant à leur objet sublime. Ce n'est pas quand on élève ses regards vers l'Être suprême, qu'on peut louer aucun mortel. « Dieu seul est grand; » ce beau mot qui a retenti sur le cercueil de Louis XIV, ce mot peut aussi être prononcé sur le tombeau de ceux qui ont régné par la pensée. Madame de Staël parlait avec une modeste défiance de sa piété; elle n'a jamais eu aucun orgueil, mais sous le rapport religieux, elle était véritablement humble de cœur. Le sentiment de sa supériorité l'abandonnait, soit devant ces hommes consacrés à Dieu auxquels il a communiqué des clartés merveilleuses, soit devant ces âmes simples qu'il a purifiées avec son feu. Elle se croyait en marche et non arrivée; et quoique la religion ne puisse encore donner ici-bas, ni la perfection ni le bonheur, elle n'y voyait pas moins le seul moyen puissant d'avancer vers l'un et vers l'autre.

Que cette marche ait été arrêtée, que madame de Staël nous ait été ravie au moment où s'annonçait le plus beau développement de ses qualités comme de son talent, ce sont là des voies qu'il ne nous appartient pas de sonder. Le juge suprême évaluera tout; il sera clément envers le

---

[1] M. Brinckman.

génie. Ce n'est pas pour l'exposer à plus de périls, qu'il lui a confié une sublime mission; et si les hautes lumières qu'il lui a départies, étaient envers lui un motif de sévérité, le malheur, le trouble, la fièvre ardente auxquels il semble l'avoir condamné sur la terre, en seraient un plus grand d'indulgence.

Maladie. Conclusion.

Parlerai-je du dépérissement d'une telle personne? Évoquerai-je des images que le sort m'a épargnées, en la montrant aux prises pendant des mois entiers avec la souffrance, avec la mort? Oserai-je me représenter cette imagination si redoutable, cet esprit si pénétrant, portés sur les progrès de la maladie qui livrait peu à peu à l'engourdissement les organes de l'être le plus actif, le plus mobile, le plus vivant de tous? Ah! que cet affreux tableau qui ne s'offre que trop à ma pensée soit tracé par d'autres que par moi! Mais comme dans la maladie de madame de Staël il est des circonstances moins douloureuses pour ses amis, comme il en est de consolantes même, c'est sur celles-là, sans doute, qu'il me sera permis de m'arrêter.

Pendant cette cruelle épreuve son caractère ne s'est point altéré; et si elle a montré parfois, ce qui est bien naturel, sa grande capacité de douleur morale, jamais ses plaintes n'ont été des murmures, jamais elle ne s'est révoltée. Au milieu des agitations terribles qui passent si rapidement du physique au moral dans des maux de cette espèce, son inaltérable douceur ne s'est pas un instant démentie. Elle a été, jusqu'à son dernier soupir, tendre, confiante comme un pauvre enfant, et profondément reconnaissante envers ceux qui l'entouraient, et envers l'amie incomparable (mademoiselle Randall), dont les soins ont été aussi touchants que son attachement était profond. On lui a vu constamment exercer les vertus qui l'ont distinguée, et dans ses jours les plus douloureux, elle s'est occupée à rendre des services. La grâce d'un condamné (Barry) qu'elle avait sollicitée pendant sa maladie, a même été obtenue de la bonté du roi, le lendemain de sa mort; en sorte qu'elle a fait du bien même après avoir expiré.

On a encore entendu d'elle des mots charmants dans son genre particulier. « J'ai toujours été la même, vive et « triste, » a-t-elle dit à M. de Châteaubriand; « j'ai aimé « Dieu, mon père, et la liberté. »

En citant ces paroles de Fontenelle : « Je suis Français, « j'ai quatre-vingts ans, et je n'ai jamais donné le moindre « ridicule à la plus petite vertu, » elle ajoutait : «Voilà ce « que je puis dire de la plus petite peine. »

Sans doute elle a vivement regretté ses enfants et ses amis. Le stoïcisme ou le genre particulier d'exaltation qui peuvent fermer le cœur aux douleurs de la séparation, n'étaient pas dans son caractère. Sa fille, surtout, lui a coûté bien des soupirs. « Avec une telle fortune de cœur, » a-t-elle dicté pour moi, en parlant des objets de ses affections, « avec une telle fortune de cœur, il est triste de « quitter la vie. Je serais bien fâchée, a-t-elle dit encore, « que tout fût fini entre Albertine (madame de Broglie) et « moi dans un autre monde. » Mais elle a regretté la vie plutôt qu'elle n'a véritablement redouté la mort. Elle a pu craindre les dernières souffrances; une imagination telle que la sienne a pu concevoir quelque horreur à l'idée, terrible pour tous, de la dissolution matérielle; mais le trépas moralement considéré ne lui a pas causé d'effroi. Elle avait conservé assez de calme pour désirer encore dicter

à M. Schlegel la peinture de ce qu'elle éprouvait. Toujours sa pensée s'est portée, avec espérance, vers son père et vers l'immortalité. « Mon père m'attend sur l'autre bord, » disait-elle. Elle voyait son père auprès de Dieu, et ne pouvait voir dans Dieu même autre chose qu'un père. Ces deux idées étaient confondues dans son cœur, et celle d'une bonté protectrice était inséparable de l'une et de l'autre. Un jour, en sortant d'un état de rêverie, elle dit : « Je crois savoir ce que c'est que le passage de la vie à la « mort, et je suis sûre que la bonté de Dieu nous l'adou- « cit. Nos idées se troublent, et la souffrance n'est pas « très-vive. »

Sa confiance n'a pas été trompée; la plus profonde paix a présidé à ses derniers moments. Longtemps avant qu'elle eût expiré, la grande lutte était terminée, et son âme s'est envolée avec douceur.

Telle a été la fin de madame de Staël, le génie le plus aimant qui ait peut-être jamais existé. L'histoire des regrets, du vide affreux qui ont suivi sa perte, est celle du reste de notre vie, et n'appartient plus à la sienne; mais pour laisser une impression moins douloureuse et plus salutaire, j'essaierai d'embrasser le cours de ses pensées sous le point de vue religieux, le seul qui permette de saisir l'ensemble d'une destinée et ses rapports avec le sort général de l'humanité.

S'il est intéressant pour le moraliste de connaître l'effet de la vie, de savoir quel est dans un esprit éclairé le résultat naturel des scènes qui se succèdent assez régulièrement dans notre existence, jamais cet examen ne sera plus instructif que lorsque madame de Staël en deviendra l'objet. Trop avide de bonheur, trop ardente dans tous ses vœux pour s'être soustraite aux grandes chances, et avoir évité les vicissitudes du sort, chaque événement a fait impression sur un cœur très-sensible, et laissé sa leçon dans un esprit singulièrement observateur. Elle a donc subi l'action de la vie dans toute sa force, et tiré de la vie même tout l'enseignement qu'elle peut donner.

Mais quel est cet enseignement? Y a-t-il un dessein bienfaisant dans l'ordonnance générale de la destinée humaine? c'est ce dont madame de Staël était persuadée. Elle voulait écrire un livre qu'elle aurait intitulé : ÉDUCATION DU CŒUR PAR LA VIE. Le projet seul de composer un tel ouvrage montre en elle le sentiment d'une continuelle amélioration.

Examinons rapidement l'éducation que lui a donnée la vie. Douée de l'âme la plus expansive, dans cet âge où l'agrandissement des facultés semble être commandé à toute la création animée, elle étend, elle exerce sans cesse son esprit; l'amitié, la tendresse filiale ont en elle un caractère exalté. Les premières impressions religieuses sont reçues comme un sentiment de plus, et peut-être comme la source des plus sublimes émotions. Mais bientôt arrive la jeunesse, cet âge à la fois raisonneur et enthousiaste, où le cœur croit tout et où l'esprit ne croit rien, où l'examen de toutes les questions conduit à la récusation de tous les jugements, et où, bien souvent, un âpre stoïcisme dans les principes ne laisse que plus de prise aux sophismes des passions. L'influence de cette saison de la vie, et celle d'un siècle en accord avec elle, peut se faire sentir chez madame de Staël; mais l'idée de la Divinité n'est pas altérée dans son cœur, et une faculté d'observation prématurée l'amène bientôt à ce grand résultat, c'est que dans les passions il n'est pas de bonheur. Tous les sentiments terrestres sont déclarés dangereux par elle; et dans le naufrage des espérances, elle ne voit pour ressource assurée que la charité et la résignation, deux vertus éminemment chrétiennes auxquelles elle rend hommage sous d'autres noms. Mais ensuite portant son regard investigateur sur l'histoire et sur les travaux de l'esprit humain, elle s'étonne de ce qu'elle découvre, et le christianisme se montre à elle sous son vrai jour. Frappée de sa grande influence, elle l'est davantage de sa beauté. Elle sent qu'une harmonie secrète avec le cœur, avec tout ce qu'il y a de bon et d'élevé dans notre nature, peut seule expliquer de tels effets, et peu à peu elle se prépare à recevoir, comme une loi divine, une loi salutaire pour le genre humain; l'expérience du secours, de l'intime consolation attachée à la prière, fortifie en elle cette disposition; mais il appartenait à la douleur de régénérer son âme entière et d'ouvrir son cœur à la foi chrétienne.

Quand on pense que cette même route parcourue avec tant d'éclat par madame de Staël dans une région supérieure, est suivie par d'innombrables créatures, dans la sphère assignée à chacune d'elles; quand nous voyons se succéder, dans presque toutes les destinées, les illusions des passions, puis leurs espérances déçues, puis cette observation des individus et de la société, qui conduit à sentir les avantages de la religion, pour la moralité, pour la paix, pour l'union des familles; puis enfin ces douleurs inévitables de l'âge mûr, ces douleurs dénuées des pompeuses émotions de la jeunesse, ces douleurs où le cœur, privé du pouvoir de se distraire et conservant celui de souffrir, ne peut plus écouter que la voix qui promet une autre existence; quand, dis-je, nous considérons l'ensemble de cette ordonnance, ne nous semble-t-il pas qu'elle a été calculée pour soumettre le cœur à l'empire de la religion, et que l'Être qui est le commencement et la fin, l'origine et le terme, ne nous a lancés un moment sur le fleuve de la vie que parce que le cours de l'onde tend à nous ramener à lui?

Madame de Staël a fait beaucoup de bien dans son siècle; et je ne considère ici ni les secours de tout genre qu'elle a prodigués à l'infortune, ni la masse immense de plaisir et d'instruction qu'ont répandue sa conversation et ses ouvrages; ce que je me plais surtout à penser à cette heure, c'est qu'elle a été utile à la cause sacrée de la religion. Elle l'a peut-être été d'autant plus, qu'elle n'a pas professé le but formel de plaider cette cause, mais qu'une persuasion profonde, un sentiment intime et puissant, éclatent involontairement dans ses écrits.

Comme elle n'annonçait aucun dessein, l'incrédulité n'a pu s'armer d'avance contre elle. C'est toujours avec douceur, avec simplicité qu'elle s'est présentée. Elle n'a point parlé en docteur de la loi, ni en prédicateur sévère; mais tirant un nouveau genre de force, précisément de ce qu'elle a connu, de ce qu'elle a aimé tout ce qui peut charmer le cœur et l'esprit sur la terre, elle a dit aux gens du monde, aux hommes d'État, aux littérateurs : « Tous les intérêts qui vous animent m'ont occupée, mais j'ai senti qu'il n'existait rien de grand ou de durable sans la religion; il n'y a qu'elle pour la morale, appui de la société; il n'y a qu'elle dans l'infortune; et sans elle le talent même est privé de sa plus haute inspiration. Ceux qui ne se sont jamais élancés vers le ciel n'ont pas ravi l'étincelle créatrice, et ils n'obtiendront pas même l'ombre d'immortalité que dispense la renommée. »

Un génie pareil à celui de madame de Staël est le seul missionnaire possible dans un monde savant et raisonneur, frivole et dédaigneux. Sans entrer dans le temple même, elle s'est placée sur le parvis, et a prélude aux chants sacrés devant cette multitude païenne de cœur, qui encense les muses et lapide les prophètes.

Mais c'est aux êtres sensibles qu'elle s'est adressée de préférence; et, comme le grand apôtre qui avait trouvé dans Athènes un autel consacré à une divinité inconnue, elle a dit aux âmes tendres et enthousiastes : « Le dieu « inconnu que vous adorez, c'est celui que nous vous an- « nonçons. »

CONSIDÉRATIONS

SUR

LES PRINCIPAUX ÉVÉNEMENTS

DE LA RÉVOLUTION FRANÇAISE

PUBLIÉES EN 1818

PAR M. LE DUC DE BROGLIE ET M. LE BARON DE STAEL.

> Les révolutions qui arrivent dans les grands États ne sont point un effet du hasard ni du caprice des peuples.
>
> MÉM. DE SULLY, t. 1, p. 133.

AVIS DES ÉDITEURS

DE 1818.

En remplissant la tâche que madame de Staël a daigné nous confier, nous devons, avant tout, faire connaître dans quel état nous avons trouvé le manuscrit remis à nos soins.

Madame de Staël s'était tracé, pour toutes ses compositions, une règle de travail dont elle ne s'écartait jamais. Elle écrivait d'un seul trait toute l'ébauche de l'ouvrage dont elle avait conçu le plan, sans revenir sur ses pas, sans interrompre le cours de ses pensées, si ce n'est par les recherches que son sujet rendait nécessaires. Cette première composition achevée, madame de Staël la transcrivait en entier de sa main; et, sans s'occuper encore de la correction du style, elle modifiait l'expression de ses idées, et les classait souvent dans un ordre nouveau. Le second travail était ensuite mis au net par un secrétaire, et ce n'était que sur la copie, souvent même sur les épreuves imprimées, que madame de Staël perfectionnait les détails de la diction : plus occupée de transmettre à ses lecteurs toutes les nuances de sa pensée, toutes les émotions de son âme, que d'atteindre une correction minutieuse, qu'on peut obtenir d'un travail, pour ainsi dire, mécanique.

Madame de Staël avait achevé, dès les premiers jours de 1816, la composition de l'ouvrage que nous publions. Elle avait consacré une année à en revoir les deux premiers volumes, ainsi qu'une partie du troisième. Elle était revenue à Paris pour terminer les morceaux relatifs à des événements récents dont elle n'avait pas été témoin, et sur lesquels des renseignements plus précis devaient modifier quelques-unes de ses opinions. Enfin les *Considérations sur les principaux événements de la révolution française* (car tel est le titre que madame de Staël avait elle-même choisi) auraient paru à la fin de l'année dernière, si celle qui faisait notre gloire et notre bonheur nous eût été conservée.

Nous avons trouvé les deux premiers volumes, et plusieurs chapitres du troisième, dans l'état où ils auraient été livrés à l'impression. D'autres chapitres étaient copiés, mais non revus par l'auteur; d'autres enfin n'étaient composés que de premier jet; et des notes marginales, écrites ou dictées par madame de Staël, indiquaient les points qu'elle se proposait de développer.

Le premier sentiment, comme le premier devoir de ses enfants, a été un respect religieux pour les moindres indications de sa pensée; et il est presque superflu de dire que nous ne nous sommes permis ni une addition ni même un changement, et que l'ouvrage qu'on va lire est parfaitement conforme au manuscrit de madame de Staël.

Le travail des éditeurs s'est borné uniquement à la révision des épreuves, et à la correction de ces légères inexactitudes

III.

de style qui échappent à la vue, dans le manuscrit le plus soigné. Ce travail s'est fait sous les yeux de M. A. W. de Schlegel, dont la rare supériorité d'esprit et de savoir justifie la confiance avec laquelle madame de Staël le consultait dans tous ses travaux littéraires, autant que son honorable caractère mérite l'estime et l'amitié qu'elle n'a pas cessé d'avoir pour lui, pendant une liaison de treize années.

AVERTISSEMENT DE L'AUTEUR.

J'avais d'abord commencé cet ouvrage avec l'intention de le borner à l'examen des actes et des écrits politiques de mon père. Mais, en avançant dans mon travail, j'ai été conduite par le sujet même à retracer, d'une part, les principaux événements de la révolution française, et à présenter, de l'autre, le tableau de l'Angleterre, comme une justification de l'opinion de M. Necker, relativement aux institutions politiques de ce pays. Mon plan s'étant agrandi, il m'a semblé que je devais changer de titre, quoique je n'eusse pas changé d'objet. Il restera néanmoins dans ce livre plus de détails relatifs à mon père, et même à moi, que je n'y en aurais mis, si je l'eusse d'abord conçu sous un point de vue général; mais peut-être des circonstances particulières servent-elles à faire mieux connaître l'esprit et le caractère des temps qu'on veut décrire.

PREMIÈRE PARTIE.

CHAPITRE PREMIER.

Réflexions générales.

La révolution de France est une des grandes époques de l'ordre social. Ceux qui la considèrent comme un événement accidentel n'ont porté leurs regards ni dans le passé, ni dans l'avenir. Ils ont pris les acteurs pour la pièce; et, afin de satisfaire leurs passions, ils ont attribué aux hommes du moment ce que les siècles avaient préparé.

Il suffisait cependant de jeter un coup d'œil sur les principales crises de l'histoire, pour se convaincre qu'elles ont été toutes inévitables, quand elles se rattachaient de quelque manière au développement des idées, et qu'après une lutte et des malheurs plus ou moins prolongés, le triomphe des lumières a toujours été favorable à la grandeur et à l'amélioration de l'espèce humaine.

Mon ambition serait de parler du temps dans lequel nous avons vécu, comme s'il était déjà loin de nous. Les hommes éclairés, qui sont toujours contemporains des siècles futurs par leurs pensées, jugeront si j'ai su m'élever à la hauteur d'impartialité à laquelle je voulais atteindre.

Je me bornerai, dans ce chapitre, à des considérations générales sur la marche politique de la civilisation européenne, mais seulement par rapport à la révolution de France : car c'est à ce sujet, déjà bien vaste, que cet ouvrage est consacré.

Les deux peuples anciens dont la littérature et l'histoire composent encore aujourd'hui notre principale fortune intellectuelle, n'ont dû leur étonnante supériorité qu'à la jouissance d'une patrie libre. Mais l'esclavage existait chez eux, et, par conséquent, les droits et les motifs d'émulation qui doivent être communs à tous les hommes, étaient le partage exclusif d'un petit nombre de citoyens. Les nations grecque et romaine ont disparu du monde à cause de ce qu'il y avait de barbare, c'est-à-dire d'injuste, dans leurs institutions. Les vastes contrées de l'Asie se sont perdues dans le despotisme; et, depuis nombre de siècles, ce qu'il y reste de civilisation est stationnaire. Ainsi donc, la grande révolution historique dont les résultats peuvent s'appliquer au sort actuel des nations modernes, date de l'invasion des peuples du Nord; car le droit public de la plupart des États européens repose encore aujourd'hui sur le code de la conquête.

Néanmoins, le cercle des hommes auxquels il était permis de se considérer comme tels, s'est étendu sous le régime féodal. La condition des serfs était moins dure que celle des esclaves : il y avait diverses manières d'en sortir; et, depuis ce temps, différentes classes ont commencé par degrés à s'affranchir de la destinée des vaincus. C'est sur l'agrandissement graduel de ce cercle que la réflexion doit se porter.

Le gouvernement absolu d'un seul est la plus informe de toutes les combinaisons politiques. L'aristocratie vaut mieux : quelques-uns, au moins, y sont quelque chose, et la dignité morale de l'homme se retrouve dans les rapports des grands seigneurs avec leur chef. L'ordre social, qui admet tous nos semblables à l'égalité devant la loi,

comme devant Dieu, est aussi bien d'accord avec la religion chrétienne qu'avec la véritable liberté : l'une et l'autre, dans des sphères différentes, doivent suivre les mêmes principes.

Depuis que les nations du Nord et de la Germanie ont renversé l'empire occidental, les lois qu'elles ont apportées se sont modifiées successivement : car le temps, comme dit Bacon, est le plus grand des novateurs. Il serait difficile de fixer avec précision la date des divers changements qui ont eu lieu; car, en discutant les faits principaux, on trouve qu'ils empiètent les uns sur les autres. Mais il me semble cependant que l'attention peut s'arrêter sur quatre époques dans lesquelles ces changements, annoncés d'avance, se sont manifestés avec éclat.

La première période politique est celle où les nobles, c'est-à-dire les conquérants, se considéraient comme les copartageants de la puissance royale de leur chef, tandis que la nation était divisée entre les différents seigneurs, qui disposaient d'elle à leur gré. Il n'y avait alors ni instruction, ni industrie, ni commerce : la propriété foncière était presque la seule connue; et Charlemagne lui-même s'occupe, dans ses Capitulaires, de l'économie rurale des domaines de la couronne. Les nobles allaient à la guerre en personne, amenant avec eux leurs hommes d'armes : ainsi les rois n'avaient pas besoin de lever des impôts, puisqu'ils n'entretenaient point d'armée ni d'établissement public. Tout démontre que, dans ces temps, les grands seigneurs étaient très-indépendants des rois; ils maintenaient la liberté pour eux, si toutefois on est libre soi-même, alors qu'on impose la servitude aux autres. La Hongrie peut encore, à cet égard, donner l'idée d'un tel genre de gouvernement, qui a de la grandeur dans ceux qui en jouissent.

Les champs de mai, si souvent cités dans l'histoire de France, pourraient être appelés le gouvernement démocratique de la noblesse, tel qu'il a existé en Pologne. La féodalité s'établit plus tard. L'hérédité du trône, sans laquelle il n'existe point de repos dans les monarchies, n'a été régulièrement fixée que sous la troisième race; durant la seconde, la nation, c'est-à-dire alors, les barons et le clergé, choisissaient un successeur parmi les individus de la famille régnante. La primogéniture fut heureusement reconnue avec la troisième race. Mais, jusqu'au sacre de Louis XVI inclusivement, le consentement du peuple a toujours été rappelé comme la base des droits du souverain au trône.

Il y avait déjà, sous Charlemagne, quelque chose qui ressemblait plus à la pairie d'Angleterre que l'institution de la noblesse, telle qu'on l'a vue en France depuis deux siècles. Je fais cette observation sans y attacher beaucoup d'importance. Tant mieux, sans doute, si la raison en politique est d'antique origine; mais, fût-elle une parvenue, encore faudrait-il l'accueillir.

Le régime féodal valait beaucoup mieux pour les nobles que l'état de courtisans, auquel le despotisme royal les a condamnés. C'est une question purement métaphysique maintenant, que de savoir si l'espèce humaine gagnerait à l'indépendance d'une classe plutôt qu'à l'oppression exercée doucement, mais également, sur toutes. Il s'agit seulement de remarquer que les nobles, dans le temps de leur splendeur, avaient un genre de liberté politique, et que le pouvoir absolu des rois s'est établi contre les grands avec l'appui des peuples.

Dans la seconde période politique, celle des affranchissements partiels, les bourgeois des villes ont réclamé quelques droits; car, dès que les hommes se réunissent, ils y gagnent, au moins autant en sagesse qu'en force. Les républiques d'Allemagne et d'Italie, les priviléges municipaux du reste de l'Europe, datent de ce temps. Les murailles de chaque ville servaient de garantie à ses habitants. On voit encore, dans l'Italie surtout, des traces singulières de toutes ces défenses individuelles contre les puissances collectives : des tours multipliées dans chaque enceinte, des palais fortifiés; enfin des essais mal combinés, mais dignes d'estime, puisqu'ils avaient tous pour but d'accroître l'importance et l'énergie de chaque citoyen. On ne peut se dissimuler néanmoins que ces tentatives de petits États pour s'assurer l'indépendance, n'étant point régularisées, ont souvent amené l'anarchie; mais Venise, Gênes, la ligue lombarde, les républiques toscanes, la Suisse, les villes hanséatiques ont honorablement fondé leur liberté à cette époque. Toutefois, les institutions de ces républiques se sont ressenties des temps où elles s'étaient établies, et les droits de la liberté individuelle, ceux qui assurent l'exercice et le développement des facultés de tous les hommes, n'y étaient point garantis. La Hollande, devenue république plus tard, se rapprocha des véritables principes de l'ordre social : elle dut cet avantage, en particulier, à la réforme religieuse. La période des affranchissements partiels, telle que je viens de l'indiquer, ne se fait plus remarquer clairement que dans les villes libres, et dans les républiques qui ont subsisté jusqu'à nos jours.

Aussi ne devrait-on admettre dans l'histoire des grands États modernes que trois époques tout à fait distinctes : la féodalité, le despotisme, et le gouvernement représentatif.

Depuis environ cinq siècles, l'indépendance et les lumières ont agi dans tous les sens, et presque au hasard; mais la puissance royale s'est constamment accrue par diverses causes et par divers moyens. Les rois, ayant souvent à redouter l'arrogance des grands, cherchèrent contre eux l'alliance des peuples. Les troupes réglées rendirent l'assistance des nobles moins nécessaire; le besoin des impôts, au contraire, força les souverains à recourir au tiers état; et pour en obtenir des tributs directs, il fallut qu'ils le dégageassent plus ou moins de l'influence des seigneurs. La renaissance des lettres, l'invention de l'imprimerie, la réformation, la découverte du nouveau monde, et les progrès du commerce, apprirent aux hommes qu'il peut exister une autre puissance que celle des armes; et depuis ils ont su que celle des armes aussi n'appartenait pas exclusivement aux gentilshommes.

On ne connaissait, dans le moyen âge, en fait de lumières, que celles des prêtres; ils avaient rendu de grands services pendant les siècles de ténèbres; mais, lorsque le clergé se vit attaqué par la réformation, il combattit les progrès de l'esprit humain, au lieu de les favoriser. La seconde classe de la société s'empara des sciences, des lettres, de l'étude des lois, et du commerce; et son importance s'accrut ainsi chaque jour. D'un autre côté, les États se concentraient davantage, les moyens de gouvernement devenaient plus forts; et les rois, en se servant du tiers état contre les barons et le haut clergé, établirent leur propre despotisme, c'est-à-dire, la réunion dans les mains d'un seul du pouvoir exécutif et du pouvoir législatif tout ensemble.

Louis XI est le premier qui fit authentiquement l'essai de ce fatal système en France, et l'inventeur est vraiment digne de l'œuvre. Henri VIII, en Angleterre, Philippe II, en Espagne, Christiern, dans le Nord, travaillèrent sur le même plan, avec des circonstances différentes. Mais Henri VIII, en préparant la religion réformée, affranchit son pays sans le vouloir. Charles-Quint aurait peut-être accompli momentanément son projet de monarchie universelle, si, malgré le fanatisme de ses États du midi, il se fût appuyé sur l'esprit novateur du temps, en acceptant la confession d'Augsbourg. On dit qu'il en eut l'idée, mais cette lueur de son génie disparut sous le pouvoir ténébreux de son fils, et l'empreinte du terrible règne de Philippe II pèse encore tout entière sur la nation espagnole : là, l'inquisition s'est chargée de conserver l'héritage du despotisme.

Christiern voulut asservir la Suède et le Danemark à la même domination absolue. L'esprit d'indépendance des Suédois s'y opposa. On voit dans leur histoire différentes périodes analogues à celles que nous avons signalées dans les autres pays. Charles XI fit de grands efforts pour triompher de la noblesse par le peuple. Mais la Suède avait une constitution, en vertu de laquelle les députés des bourgeois et des paysans composaient la moitié de la diète, et la nation était assez éclairée pour savoir qu'il ne faut sacrifier des priviléges qu'à des droits, et que l'aristocratie, avec tous ses défauts, est encore moins avilissante que le despotisme.

Les Danois ont donné le plus scandaleux exemple politique dont l'histoire nous ait conservé le souvenir. Un jour, en 1660, fatigués du pouvoir des grands, ils ont déclaré leur roi législateur et souverain maître de leurs propriétés et de leurs vies ; ils lui ont attribué tous les pouvoirs, excepté celui de révoquer l'acte par lequel il devenait despote ; et, quand cette donation d'eux-mêmes fut achevée, ils y ajoutèrent encore que si les rois de quelque autre pays avaient un privilége quelconque qui ne fût pas compris dans leur acte, ils l'accordaient d'avance, et à tout hasard, à leurs monarques. Cependant cette résolution inouïe ne faisait, après tout, que manifester ouvertement ce qui se passait dans d'autres pays avec plus de pudeur. La religion protestante, et surtout la liberté de la presse, ont depuis créé dans le Danemark une opinion indépendante, qui sert de limites morales au pouvoir absolu.

La Russie, bien qu'elle diffère des autres empires de l'Europe par ses institutions et par ses mœurs asiatiques, a subi sous Pierre Ier la seconde crise des monarchies européennes, l'abaissement des grands par le monarque.

L'Europe devait être citée au ban de la Pologne, pour les injustices toujours croissantes dont ce pays avait été la victime jusqu'au règne de l'empereur Alexandre. Mais, sans nous arrêter maintenant aux troubles qui ont dû naître de la funeste réunion du servage des paysans et de l'indépendance anarchique des nobles, d'un superbe amour de la patrie et d'une contrée tout ouverte au pernicieux ascendant des étrangers, nous dirons seulement que la constitution rédigée en 1792, par des hommes éclairés, celle que le général Kosciusko

a si honorablement défendue, était aussi libérale que sagement combinée.

L'Allemagne, comme empire politique, en est encore restée, sous divers rapports, à la première période de l'histoire moderne, c'est-à-dire, au gouvernement féodal ; toutefois l'esprit des temps a pénétré dans ses vieilles institutions. La France, l'Espagne et l'empire britannique ont cherché constamment à faire un tout politique : l'Allemagne a maintenu sa subdivision par un esprit d'indépendance et d'aristocratie tout ensemble. Le traité de Westphalie, en reconnaissant la religion réformée dans la moitié de l'empire, a mis en présence deux parties de la même nation, qui, par une longue lutte, avaient appris à se respecter mutuellement. Ce n'est pas ici le moment de discuter les avantages politiques et militaires d'une réunion plus compacte. L'Allemagne a bien assez de force à présent pour maintenir son indépendance, tout en conservant ses formes fédératives ; et l'intérêt des hommes éclairés ne doit jamais être la conquête au dehors, mais la liberté au dedans.

La pauvre riche Italie ayant été sans cesse en proie aux étrangers, il est difficile de suivre la marche de l'esprit humain dans son histoire, comme dans celle des autres pays de l'Europe. La seconde période, celle de l'affranchissement des villes, que nous avons désignée comme se confondant avec la troisième, est plus sensible en Italie que partout ailleurs, puisqu'elle a donné naissance à diverses républiques, admirables au moins par les hommes distingués qu'elles ont produits. Le despotisme ne s'est établi chez les Italiens que par la division ; ils sont, à cet égard, dans une situation très-différente de l'Allemagne. Le sentiment patriotique, en Italie, doit faire désirer la réunion. Les étrangers sont attirés sans cesse par les délices de ce pays ; les Italiens ont besoin de l'unité pour former enfin une nation. Le gouvernement ecclésiastique a toujours rendu cette réunion impossible ; non que les papes fussent les partisans des étrangers ; au contraire, ils auraient voulu les repousser : mais, en leur qualité de prêtres, ils étaient hors d'état de défendre le pays, et ils empêchaient cependant tout autre pouvoir de s'en charger.

L'Angleterre est le seul des grands empires de l'Europe où le dernier perfectionnement de l'ordre social à nous connu se soit accompli. Le tiers état, ou, pour mieux dire, la nation, a, comme ailleurs, aidé le pouvoir royal, sous Henri VIII, à comprimer les grands et le clergé, et à s'étendre à leurs dépens. Mais la noblesse anglaise a été de bonne heure plus libérale que celle de tous les autres pays; et dès la grande charte, on voit les barons stipuler en faveur des libertés du peuple. La révolution d'Angleterre a duré près de cinquante ans, à dater des premières guerres civiles, sous Charles Ier, jusqu'à l'avénement de Guillaume III, en 1688; et les efforts de ces cinquante années n'ont eu pour but réel et permanent que l'établissement de la constitution actuelle, c'est-à-dire, du plus beau monument de justice et de grandeur morale existant parmi les Européens.

Le même mouvement dans les esprits a produit la révolution d'Angleterre et celle de France en 1789. L'une et l'autre appartiennent à la troisième époque de la marche de l'ordre social, à l'établissement du gouvernement représentatif, vers lequel l'esprit humain s'avance de toutes parts.

Examinons maintenant les circonstances particulières à cette France, dont on a vu sortir les gigantesques événements qui ont fait éprouver de nos jours tant d'espérances et tant de craintes.

CHAPITRE II.

Considérations sur l'histoire de France.

Les hommes ne savent guère que l'histoire de leur temps; et l'on dirait, en lisant les déclamations de nos jours, que les huit siècles de la monarchie qui ont précédé la révolution française n'ont été que des temps tranquilles, et que la nation était alors sur des roses. On oublie les templiers brûlés sous Philippe le Bel; les triomphes des Anglais sous les Valois; la guerre de la Jacquerie; les assassinats du duc d'Orléans et du duc de Bourgogne; les cruautés perfides de Louis XI; les protestants français condamnés à d'affreux supplices sous François Ier, pendant qu'il s'alliait lui-même aux protestants d'Allemagne; les horreurs de la Ligue surpassées toutes encore par le massacre de la Saint-Barthélemi; les conspirations contre Henri IV, et son assassinat, œuvre effroyable des ligueurs; les échafauds arbitraires élevés par le cardinal de Richelieu; les dragonnades, la révocation de l'édit de Nantes, l'expulsion des protestants et la guerre des Cévennes, sous Louis XIV; enfin les querelles plus douces, mais non moins importantes, des parlements, sous Louis XV.

Des troubles sans fin se sont élevés pour obtenir la liberté telle qu'on la concevait à différentes périodes, soit féodale, soit religieuse, enfin représentative; et, si l'on en excepte les règnes où des monarques, tels que François Ier, et surtout Louis XIV, ont eu la dangereuse habileté d'occu-

per les esprits par la guerre, il ne s'est pas écoulé, pendant l'espace de huit siècles, vingt-cinq ans durant lesquels, ou les grands vassaux armés contre les rois, ou les paysans soulevés contre les seigneurs, ou les réformés se défendant contre les catholiques, ou les parlements se prononçant contre la cour, n'aient essayé d'échapper au pouvoir arbitraire, le plus insupportable fardeau qui puisse peser sur un peuple. Les troubles civils, aussi bien que les violences auxquelles on a eu recours pour les étouffer, attestent que les Français ont lutté autant que les Anglais pour obtenir la liberté légale, qui seule peut faire jouir une nation du calme, de l'émulation et de la prospérité.

Il importe de répéter à tous les partisans des droits qui reposent sur le passé, que c'est la liberté qui est ancienne, et le despotisme qui est moderne. Dans tous les États européens, fondés au commencement du moyen âge, le pouvoir des rois a été limité par celui des nobles; les diètes en Allemagne, en Suède, en Danemark, avant sa charte de servitude, les parlements en Angleterre, les cortès en Espagne, les corps intermédiaires de tout genre en Italie, prouvent que les peuples du Nord ont apporté avec eux des institutions qui resserraient le pouvoir dans une classe, mais qui ne favorisaient en rien le despotisme. Les Francs n'ont jamais reconnu leurs chefs pour despotes. L'on ne peut nier que, sous les deux premières races, tout ce qui avait droit de citoyen, c'est-à-dire, les nobles, et les nobles étaient les Francs, ne participât au gouvernement. « Tout le monde sait, dit « M. de Boulainvilliers, qui certes n'est pas philo- « sophe, que les Français étaient des peuples libres « qui se choisissaient des chefs sous le nom de « rois, pour exécuter des lois qu'eux-mêmes avaient « établies, ou pour les conduire à la guerre, et « qu'ils n'avaient garde de considérer les rois « comme des législateurs qui pouvaient tout or- « donner selon leur bon plaisir. Il ne reste aucune « ordonnance des deux premières races de la mo- « narchie qui ne soit caractérisée du consentement « des assemblées générales des champs de mars ou « de mai; et même aucune guerre ne se faisait « alors sans leur approbation. »

La troisième race des rois français se fonda sur le régime féodal; les deux précédentes tenaient de plus près à la conquête. Les premiers princes de la troisième race s'intitulaient : Rois par la grâce de Dieu et par le consentement du peuple; et ensuite la formule de leur serment contenait la promesse de conserver les lois et les droits de la nation. Les rois de France, depuis saint Louis jusqu'à

Louis XI, ne se sont point arrogé le droit de faire des lois sans le consentement des états généraux. Mais les querelles des trois ordres, qui ne purent jamais s'accorder, les obligèrent à recourir aux rois comme médiateurs; et les ministres se sont servis habilement de cette nécessité, ou pour ne pas convoquer les états généraux, ou pour les rendre inutiles. Lorsque les Anglais entrèrent en France, Édouard III dit, dans sa proclamation, qu'il venait rendre aux Français leurs droits qu'on leur avait ôtés.

Les quatre meilleurs rois de France, saint Louis, Charles V, Louis XII, et surtout Henri IV, chacun suivant les idées de son siècle, ont voulu fonder l'empire des lois. Les croisades ont empêché saint Louis de consacrer tout son temps au bien du royaume. Les guerres contre les Anglais et la captivité de Jean le Bon ont absorbé d'avance les ressources que préparait la sagesse de son fils Charles V. La malheureuse expédition d'Italie, mal commencée par Charles VIII, mal continuée par Louis XII, a privé la France d'une partie des biens que ce dernier lui destinait; et les ligueurs, les atroces ligueurs, étrangers et fanatiques, ont arraché au monde le roi, l'homme le meilleur, et le prince le plus grand et le plus éclairé que la France ait produit, Henri IV. Néanmoins, malgré les obstacles singuliers qui ont arrêté la marche de ces quatre souverains, supérieurs de beaucoup à tous les autres, ils se sont occupés, pendant leur règne, à reconnaître des droits qui limitaient les leurs.

Saint Louis continua les affranchissements des communes, commencés par Louis le Gros; il fit des règlements pour assurer l'indépendance et la régularité de la justice; et, chose remarquable, lorsqu'il fut choisi par les barons anglais pour arbitre entre eux et leur monarque Henri III, il blâma les barons rebelles, mais il fut d'avis que Henri III devait être fidèle à la charte qu'il avait jurée. Celui qui resta prisonnier en Afrique, pour ne pas manquer à ses serments, pouvait-il énoncer une autre opinion? « J'aimerais mieux, disait-« il, qu'un étranger de l'extrémité de l'Europe, « qu'un Écossais vînt gouverner la France, plutôt « que mon fils, s'il ne devait pas être sage et « juste. » Charles V, pendant qu'il n'était que régent, convoqua les états généraux de 1355, les plus remarquables de l'histoire de France, par les réclamations qu'ils firent en faveur de la nation. Ce même Charles V, devenu roi, assembla les états généraux en 1369, afin d'en obtenir l'impôt des gabelles, alors établi pour la première fois; il

permit aux bourgeois de Paris d'acheter des fiefs; mais, comme les étrangers occupaient alors une partie du royaume, l'on peut aisément concevoir que le premier intérêt d'un roi de France était de les repousser : et cette cruelle situation fut cause que Charles V se permit d'exiger quelques impôts sans le consentement de la nation. Mais, en mourant, il déclara qu'il s'en repentait, et reconnut qu'il n'en avait pas eu le droit. Les troubles intérieurs, combinés avec les invasions des Anglais, rendirent pendant longtemps la marche du gouvernement très-difficile. Charles VII établit le premier les troupes de ligne; funeste époque dans l'histoire des nations! Louis XI, dont le nom suffit, comme celui de Néron ou de Tibère, essaya de s'arroger le pouvoir absolu. Il fit quelques pas dans la route que le cardinal de Richelieu a si bien suivie depuis; mais il rencontra dans les parlements une grande opposition. En général, ces corps ont donné de la consistance aux lois en France, et il n'est presque pas une de leurs remontrances où ils ne rappellent aux rois leurs engagements envers la nation. Ce même Louis XI était encore bien loin cependant de se croire un roi sans limites; et, dans l'instruction qu'il laissa en mourant à son fils Charles VIII, il lui dit : « Quand les rois ou les princes n'ont regard à la « loi, en ce faisant, ils font leur peuple serf, et « perdent le nom de roi; car nul ne doit être ap-« pelé roi fors celui qui règne et seigneurie sur les « Francs. Les Francs de nature aiment leur sei-« gneur; mais les serfs naturellement haïssent « comme les esclaves leurs maîtres. » Tant il est vrai que, par testament du moins, les tyrans mêmes ne peuvent s'empêcher de blâmer le despotisme! Louis XII, surnommé le Père du peuple, soumit à la décision des états généraux le mariage du comte d'Angoulême, depuis François Ier, avec sa fille Claude, et le choix de ce prince pour successeur. La continuation de la guerre d'Italie était impolitique; mais, comme Louis XII diminua les impôts par l'ordre qu'il mit dans les finances, et qu'il vendit ses propres domaines pour subvenir aux dépenses de l'État, le peuple ressentit moins sous lui qu'il n'aurait fait sous tout autre monarque, les inconvénients de cette expédition. Dans le concile de Tours, le clergé de France, d'après les désirs de Louis XII, déclara qu'il ne devait point une obéissance implicite au pape. Lorsque des comédiens s'avisèrent de représenter une pièce pour se moquer de la respectable avarice du roi, il ne souffrit pas qu'on les punît, et dit ces paroles remarquables : « Ils peu-

« vent nous apprendre des vérités utiles. Lais-
« sons-les se divertir, pourvu qu'ils respectent
« l'honneur des dames. Je ne suis pas fâché que
« l'on sache que, sous mon règne, on a pris cette
« liberté impunément. » La liberté de la presse
n'était-elle pas tout entière dans ces paroles ? car
alors la publicité du théâtre était bien plus grande
que celle des livres. Jamais un monarque vraiment
vertueux ne s'est trouvé en possession de la puissance souveraine, sans avoir désiré de modérer sa
propre autorité, au lieu d'empiéter sur les droits
des peuples ; les rois éclairés veulent limiter le
pouvoir de leurs ministres et de leurs successeurs.
Un esprit de lumière se fait toujours sentir suivant la nature des temps, dans tous les hommes
d'État de premier rang, ou par leur raison, ou par
leur âge.

Les premiers jours du seizième siècle virent
naître la réforme religieuse dans les États les plus
éclairés de l'Europe : en Allemagne, en Angleterre,
bientôt après en France. Loin de se dissimuler
que la liberté de conscience tient de près à la liberté politique, il me semble que les protestants
doivent se vanter de cette analogie. Ils ont toujours été et seront toujours des amis de la liberté ; l'esprit d'examen en matière de religion
conduit nécessairement au gouvernement représentatif, en fait d'institutions politiques. La proscription de la raison sert à tous les despotismes,
et seconde toutes les hypocrisies.

La France fut sur le point d'adopter la réformation à la même époque où elle se consolida en
Angleterre ; les plus grands seigneurs de l'État,
Condé, Coligny, Rohan, Lesdiguières, professè-
rent la foi évangélique. Les Espagnols, guidés par
l'infernal génie de Philippe II, soutinrent la Ligue
en France, conjointement avec Catherine de Médicis. Une femme de son caractère devait souhaiter le pouvoir sans bornes, et Philippe II voulait
faire de sa fille une reine de France, au préjudice
de Henri IV. On voit que le despotisme ne respecte pas toujours la légitimité. Les parlements
ont refusé cent édits royaux de 1562 à 1589. Néanmoins, le chancelier de l'Hôpital trouva plus d'appui pour la tolérance religieuse dans les états généraux qu'il put rassembler, que dans le parlement.
Ce corps de magistrature, très-bon pour maintenir les anciennes lois, comme sont tous les corps,
ne participait pas aux lumières du temps. Des
députés élus par la nation peuvent seuls s'associer à ses besoins et à ses désirs, selon chaque
époque.

Henri IV fut longtemps le chef des réformés ;

mais il se vit enfin forcé de céder à l'opinion dominante, bien qu'elle fût celle de ses adversaires.
Toutefois il montra tant de sagesse et de magnanimité pendant son règne, que le souvenir de ce
peu d'années est plus récent encore pour les cœurs
français que celui même des deux siècles qui se
sont écoulés depuis.

L'édit de Nantes, publié en 1598, fondait la tolérance religieuse pour laquelle on n'a point encore cessé de lutter. Cet édit opposait une barrière au despotisme ; car, quand le gouvernement
est obligé de tenir la balance égale entre deux partis opposés, c'est un exercice continuel de raison
et de justice. D'ailleurs, comment un homme tel
que Henri IV eût-il désiré le pouvoir absolu ? C'é-
tait contre la tyrannie de Médicis et des Guise
qu'il s'était armé ; il avait combattu pour en délivrer la France, et sa généreuse nature lui inspirait bien plus le besoin de l'admiration libre, que
de l'obéissance servile. Sully mettait dans les finances du royaume un ordre qui aurait pu rendre
l'autorité royale tout à fait indépendante des peuples ; mais Henri IV ne faisait point ce coupable
usage d'une vertu, l'économie : il convoqua donc
l'assemblée des notables à Rouen, et voulut qu'elle
fût librement élue, sans que l'influence du souverain eût part au choix de ses membres. Les troubles civils étaient encore bien récents, et l'on aurait pu se servir de ce prétexte pour remettre
tous les pouvoirs entre les mains du souverain ;
mais c'est dans la vraie liberté que se trouve le
remède le plus efficace contre l'anarchie. Chacun
sait par cœur les belles paroles de Henri IV, à
l'ouverture de l'assemblée. La conduite du roi fut
d'accord avec son langage : il se soumit aux demandes de l'assemblée, bien qu'elles fussent assez
impérieuses, parce qu'il avait promis d'obtempérer aux désirs des délégués du peuple. Enfin, le
même respect pour la publication de la vérité qu'a-
vait montré Louis XII, se trouve dans les discours que Henri IV tint à son historien Matthieu
contre la flatterie.

A l'époque où vivait Henri IV, les esprits n'é-
taient tournés que vers la liberté religieuse ; il
crut l'assurer par l'édit de Nantes : mais, comme
il en était seul l'auteur, un autre roi put défaire
son ouvrage. Chose étonnante ! Grotius prédit
sous Louis XIII, dans un de ses écrits, que l'édit
de Nantes étant une concession et non pas un
pacte réciproque, un des successeurs de Henri IV
pourrait changer ce qu'il avait établi. Si ce grand
monarque avait vécu de nos jours, il n'aurait pas
voulu que le bien qu'il faisait à la France fût pré-

caire comme sa vie, et il aurait donné des garanties politiques à cette même tolérance, dont, après sa mort, la France fut cruellement privée.

Henri IV, peu de temps avant de mourir, conçut, dit-on, la grande idée d'établir l'indépendance des divers États de l'Europe par un congrès. Mais ce qui est certain au moins, c'est que son but principal était de soutenir le parti des protestants en Allemagne.. Le fanatisme, qui le fit assassiner, ne se trompa point sur ses véritables intentions.

Ainsi périt le souverain le plus français qui ait régné sur la France. Souvent nos rois ont tenu de leurs mères un caractère étranger; mais Henri IV était en tout compatriote de ses sujets. Lorsque Louis XIII hérita de sa mère, Italienne, une grande dissimulation, on ne reconnut plus le sang du père dans le fils. Qui pourrait croire que la maréchale d'Ancre ait été brûlée comme sorcière, et en présence de la même nation qui venait, vingt ans auparavant, d'applaudir à l'édit de Nantes? Il y a des époques où le sort de l'esprit humain dépend d'un homme; celles-là sont malheureuses, car rien de durable ne peut se faire que par l'impulsion universelle.

Le cardinal de Richelieu voulut détruire l'indépendance des grands vassaux de la couronne, et, dans ce but, il attira les nobles à Paris, afin de changer en courtisans les seigneurs des provinces. Louis XI avait conçu la même idée; mais la capitale, à cette époque, ne présentait aucune séduction de société, et la cour encore moins. Plusieurs hommes d'un rare talent et d'une grande âme, d'Ossat, Mornai, Sully, s'étaient développés avec Henri IV; mais après lui l'on ne vit bientôt plus aucun de ces grands chevaliers, dont les noms sont encore comme les traditions héroïques de l'histoire de France. Le despotisme du cardinal de Richelieu détruisit en entier l'originalité du caractère français, sa loyauté, sa candeur, son indépendance. On a beaucoup vanté le talent du prêtre ministre, parce qu'il a maintenu la grandeur politique de la France, et sous ce rapport on ne saurait lui refuser des talents supérieurs; mais Henri IV atteignait au même but, en gouvernant par des principes de justice et de vérité. Le génie se manifeste non-seulement dans le triomphe qu'on remporte, mais dans les moyens qu'on a pris pour l'obtenir. La dégradation morale, empreinte sur une nation qu'on accoutume au crime, tôt ou tard doit lui nuire plus que les succès ne l'ont servie.

Le cardinal de Richelieu fit brûler comme sorcier un pauvre innocent curé, Urbain Grandier, se prêtant ainsi bassement et perfidement aux su-perstitions qu'il ne partageait pas. Il fit enfermer dans sa propre maison de campagne, à Ruelle, le maréchal de Marillac qu'il haïssait, pour le faire condamner à mort plus sûrement sous ses yeux. M. de Thou porta sa tête sur un échafaud, pour n'avoir pas dénoncé son ami. Aucun délit politique ne fut jugé légalement sous le ministère du cardinal de Richelieu, et des commissions extraordinaires furent toujours nommées pour prononcer sur le sort des victimes. Cependant, de nos jours encore, on a pu vanter un tel homme! Il est mort à la vérité dans la plénitude de sa puissance : précaution bien nécessaire aux tyrans qui veulent conserver un grand nom dans l'histoire. On peut, à quelques égards, considérer le cardinal de Richelieu comme un étranger en France; sa qualité de prêtre, et de prêtre élevé en Italie, le sépare du véritable caractère français. Son grand pouvoir n'en est que plus facile à expliquer, car l'histoire fournit plusieurs exemples d'étrangers qui ont dominé les Français. Les individus de cette nation sont trop vifs pour s'astreindre à la persévérance qu'il faut pour être despote; mais celui qui a cette persévérance est très-redoutable dans un pays où, la loi n'ayant jamais régné, l'on ne juge de rien que par l'événement.

Le cardinal de Richelieu, en appelant les grands à Paris, les priva de leur considération dans les provinces, et créa cette influence de la capitale sur le reste de la France, qui n'a jamais cessé depuis cet instant. Une cour a nécessairement beaucoup d'ascendant sur la ville qu'elle habite, et il est commode de gouverner l'empire à l'aide d'une très-petite réunion d'hommes; je dis commode pour le despotisme.

On prétend que Richelieu a préparé les merveilles du siècle de Louis XIV, qu'on a souvent mis en parallèle avec ceux de Périclès et d'Auguste. Mais des époques analogues à ces siècles brillants se trouvent chez plusieurs nations sous diverses formes, au moment où la littérature et les beaux-arts apparaissent pour la première fois, après de longs troubles civils ou des guerres prolongées. Les grandes phases de l'esprit humain sont bien plutôt l'œuvre des temps que l'œuvre d'un homme; car elles se ressemblent toutes entre elles, quelque différents que soient les caractères des principaux chefs contemporains.

Après Richelieu, sous la minorité de Louis XIV, quelques idées politiques un peu sérieuses se mêlèrent à la frivolité de l'esprit de la Fronde. Le parlement demanda qu'aucun Français ne pût être mis en prison sans être traduit devant ses juges naturels. On voulut mettre aussi des bornes au pouvoir ministériel, et quelque liberté aurait pu s'établir par haine contre Mazarin. Mais bientôt Louis XIV développa les mœurs des cours dans toute leur dangereuse splendeur; il flatta la fierté française par le succès de ses armées à la guerre, et sa gravité toute espagnole éloigna de lui la familiarité des jugements : mais il fit descendre les nobles encore plus bas que sous le règne précédent; car, au moins Richelieu les persécutait, ce qui leur donnait toujours quelque considération, tandis que sous Louis XIV ils ne pouvaient se distinguer du reste de la nation qu'en portant de plus près le joug du même maître.

Le roi qui a pensé que les propriétés de ses sujets lui appartenaient, et qui s'est permis tous les genres d'actes arbitraires; enfin, le roi (ose-t-on le dire, et peut-on l'oublier!) qui vint, le fouet à la main, interdire comme une offense le dernier reste de l'ombre d'un droit, les remontrances du parlement, ne respectait que lui-même, et n'a jamais pu concevoir ce que c'était qu'une nation. Tous les torts qu'on a reprochés à Louis XIV sont une conséquence naturelle de la superstition de son pouvoir, dont on l'avait imbu dès son enfance. Comment le despotisme n'entraînerait-il pas la flatterie? et comment la flatterie ne fausserait-elle pas les idées de toute créature humaine qui y est exposée? Quel est l'homme de génie qui se soit entendu dire la centième partie des éloges prodigués aux rois les plus médiocres? et cependant ces rois, par cela même qu'ils ne méritent pas qu'on leur adresse ces éloges, en sont plus facilement enivrés.

Si Louis XIV fût né simple particulier, on n'aurait probablement jamais parlé de lui, parce qu'il n'avait en rien des facultés transcendantes; mais il entendait bien cette dignité factice qui met l'âme des autres mal à l'aise. Henri IV s'entretenait familièrement avec tous ses sujets, depuis la première classe jusqu'à la dernière; Louis XIV a fondé cette étiquette exagérée qui a privé les rois de sa maison, soit en France, soit en Espagne, de toute communication franche et naturelle avec les hommes : aussi ne les connut-il pas, dès que les circonstances devinrent menaçantes. Un ministre (Louvois) l'engagea dans une guerre sanglante, pour avoir été tourmenté par lui sur les fenêtres d'un bâtiment; et, pendant soixante-huit années de règne, Louis XIV, bien qu'il n'eût aucun talent comme général, a pourtant fait cinquante-six ans la guerre. Le Palatinat a été ravagé; des exécutions atroces ont eu lieu dans la Bretagne. Le ban-

nissement de deux cent mille Français protestants, les dragonnades et la guerre des Cévennes, n'égalent pas encore les horreurs réfléchies qui se trouvent dans les différentes ordonnances rendues après la révocation de l'édit de Nantes, en 1685. Le code lancé alors contre les religionnaires peut tout à fait se comparer aux lois de la Convention contre les émigrés, et porte les mêmes caractères. L'état civil leur était refusé, c'est-à-dire, que leurs enfants n'étaient pas considérés comme légitimes, jusqu'en 1787, que l'assemblée des notables a provoqué la justice de Louis XVI à cet égard. Non-seulement leurs biens étaient confisqués, mais ils étaient attribués à ceux qui les dénonçaient; leurs enfants leur étaient pris de force, pour être élevés dans la religion catholique. Les ministres du culte, et ceux qu'on appelait les relaps, étaient condamnés aux galères ou à la mort; et, comme enfin on avait déclaré qu'il n'y avait plus de protestants en France, on considérait tous ceux qui l'étaient comme relaps, quand il convenait de les traiter ainsi.

Des injustices de tout genre ont signalé ce règne de Louis XIV, objet de tant de madrigaux; et personne n'a réclamé contre les abus d'une autorité qui était elle-même un abus continuel. Fénélon a seul osé élever sa voix; mais c'est assez aux yeux de la postérité. Ce roi, si scrupuleux sur les dogmes religieux, ne l'était guère sur les bonnes mœurs, et ce n'est qu'à l'époque de ses revers qu'il a développé de véritables vertus. On ne se sent pas avec lui la moindre sympathie, jusqu'au moment où il fut malheureux; alors une grandeur native reparut dans son âme.

On vante les beaux édifices que Louis XIV a fait élever. Mais nous savons par expérience que, dans tous les pays où les députés de la nation ne défendent pas l'argent du peuple, il est aisé d'en avoir pour toute espèce de dépense. Les pyramides de Memphis ont coûté plus de travail que les embellissements de Paris, et cependant les despotes d'Égypte disposaient facilement de leurs esclaves pour les bâtir.

Attribuera-t-on aussi à Louis XIV les grands écrivains de son temps? Il persécuta Port-Royal dont Pascal était le chef; il fit mourir de chagrin Racine; il exila Fénélon; il s'opposa constamment aux honneurs qu'on voulait rendre à la Fontaine, et ne professa de l'admiration que pour Boileau. La littérature, en l'exaltant avec excès, a bien plus fait pour lui qu'il n'a fait pour elle. Quelques pensions accordées aux gens de lettres n'exerceront jamais beaucoup d'influence sur les vrais talents.

Le génie n'en veut qu'à la gloire, et la gloire ne jaillit que de l'opinion publique.

La littérature n'a pas été moins brillante dans le siècle suivant, quoique sa tendance fût plus philosophique; mais cette tendance même a commencé vers la fin du règne de Louis XIV. Comme il a régné plus de soixante ans, le siècle a pris son nom; néanmoins les pensées de ce siècle ne relèvent point de lui; et, si l'on en excepte Bossuet, qui, malheureusement pour nous et pour lui, asservit son génie au despotisme et au fanatisme, presque tous les écrivains du dix-septième siècle firent des pas très-marquants dans la route que les écrivains du dix-huitième ont depuis parcourue. Fénélon, le plus respectable des hommes, sut apprécier, dans un de ses écrits, la constitution anglaise, peu d'années après son établissement; et, vers la fin du règne de Louis XIV, on vit de toutes parts grandir la raison humaine.

Louis XIV accrut la France par les conquêtes de ses généraux; et, comme un certain degré d'étendue est nécessaire à l'indépendance d'un État, à cet égard il mérita la reconnaissance de la nation. Mais il laissa l'intérieur du pays dans un état de désorganisation dont le régent et Louis XV n'ont cessé de souffrir pendant leur règne. A la mort de Henri IV, les finances et toutes les branches de l'administration étaient dans l'ordre le plus parfait, et la France se maintint encore pendant plusieurs années par la force qu'elle lui devait. A la mort de Louis XIV les finances étaient épuisées à un degré tel, que jusqu'à l'avénement de Louis XVI on n'a pu les rétablir. Le peuple insulta le convoi funèbre de Louis XIV, et le parlement cassa son testament. L'excessive superstition sous laquelle il s'était courbé, pendant les dernières années de son règne, avait tellement fatigué les esprits, que la licence même de la régence fut excusée, parce qu'elle les soulageait du poids de la cour intolérante de Louis XIV. Comparez cette mort avec celle de Henri IV. Il était si simple bien que roi, si doux bien que guerrier, si spirituel, si gai, si sage; il savait si bien que se rapprocher des hommes c'est s'agrandir à leurs yeux, quand on est véritablement grand, que chaque Français crut sentir au cœur le poignard qui trancha sa belle vie.

Il ne faut jamais juger les despotes par les succès momentanés que la tension même du pouvoir leur fait obtenir. C'est l'état dans lequel ils laissent le pays à leur mort ou à leur chute, c'est ce qui reste de leur règne après eux, qui révèle ce qu'ils ont été. L'ascendant politique des nobles et du clergé a fini en France avec Louis XIV; il ne les avait fait servir qu'à sa puissance; ils se sont trouvés après lui sans liens avec la nation même, dont l'importance s'accroissait chaque jour.

Louis XV, ou plutôt ses ministres, ont eu des disputes continuelles avec les parlements, qui se rendaient populaires en refusant les impôts; et les parlements tenaient à la classe du tiers état, du moins en grande partie. Les écrivains, qui étaient pour la plupart aussi de cette classe, conquéraient par leur talent la liberté de la presse qu'on leur refusait légalement. L'exemple de l'Angleterre agissait chaque jour sur les esprits, et l'on ne concevait pas bien pourquoi sept lieues de mer séparaient un pays où la nation était tout, d'un pays où la nation n'était rien.

L'opinion, et le crédit, qui n'est que l'opinion appliquée aux affaires de finance, devenaient chaque jour plus essentiels. Les capitalistes ont plus d'influence à cet égard que les grands propriétaires eux-mêmes; et les capitalistes vivent à Paris, et discutent toujours librement les intérêts publics qui touchent à leurs calculs personnels.

Le caractère débile de Louis XV, et les erreurs de tout genre que ce caractère lui fit commettre, fortifièrent nécessairement l'esprit de résistance. On voyait d'une part lord Chatham, à la tête de l'Angleterre, environné de tous les grands orateurs du parlement, qui reconnaissaient volontiers sa prééminence; et dans le même temps, les maîtresses les plus subalternes du roi de France faisant nommer et renvoyer ses ministres. L'esprit public gouvernait l'Angleterre; les hasards et les intrigues les plus imprévues et les plus misérables disposaient du sort de la France. Cependant Voltaire, Montesquieu, Rousseau, Buffon, des penseurs profonds, des écrivains supérieurs, faisaient partie de cette nation ainsi gouvernée; et comment les Français n'auraient-ils pas envié l'Angleterre, puisqu'ils pouvaient se dire avec raison que c'était à ses institutions politiques surtout qu'elle devait ses avantages? Car les Français comptaient parmi eux autant d'hommes de génie que leurs voisins, bien que la nature de leur gouvernement ne leur permît pas d'en tirer le même parti.

Un homme d'esprit a dit avec raison que la littérature était l'expression de la société; si cela est vrai, les reproches que l'on adresse aux écrivains du dix-huitième siècle doivent être dirigés contre cette société même. A cette époque, les écrivains ne cherchaient pas à flatter le gouvernement; ainsi donc ils voulaient complaire à l'opinion; car il est impossible que le plus grand nombre des hommes de lettres ne suive pas une de ces deux routes: ils ont trop besoin d'encouragement pour fronder à la fois l'autorité et le public. La majorité des Français, dans le dix-huitième siècle, voulait la suppression du régime féodal, l'établissement des institutions anglaises, et avant tout, la tolérance religieuse. L'influence du clergé sur les affaires temporelles révoltait universellement; et, comme le vrai sentiment religieux est ce qui éloigne le plus des intrigues et du pouvoir, on n'avait plus aucune foi dans ceux qui se servaient de la religion pour influer sur les affaires de ce monde. Quelques écrivains, et Voltaire surtout, méritent d'être blâmés, pour n'avoir pas respecté le christianisme en attaquant la superstition; mais il ne faut pas oublier les circonstances dans lesquelles Voltaire a vécu : il était né sur la fin du siècle de Louis XIV, et les atroces injustices qu'on a fait souffrir aux protestants avaient frappé son imagination dès son enfance.

Les vieilles superstitions du cardinal de Fleury, les ridicules querelles du parlement et de l'archevêque de Paris sur les billets de confession, sur les convulsionnaires, sur les jansénistes et les jésuites; tous ces détails puérils, qui pouvaient néanmoins coûter du sang, devaient persuader à Voltaire que l'intolérance religieuse était encore à redouter en France. Le procès de Calas, ceux de Sirven, du chevalier de la Barre, etc., le confirmèrent dans cette crainte, et les lois civiles contre les protestants étaient encore dans l'état de barbarie où les avait plongées la révocation de l'édit de Nantes.

Je ne prétends point par là justifier Voltaire, ni ceux des écrivains de son temps qui ont marché sur ses traces; mais il faut avouer que les caractères irritables (et tous les hommes à talent le sont) éprouvent presque toujours le besoin d'attaquer le plus fort; c'est à cela qu'on peut reconnaître l'impulsion naturelle du sang et de la verve. Nous n'avons senti, pendant la révolution, que le mal de l'incrédulité, et de l'atroce violence avec laquelle on voulait la propager; mais les mêmes sentiments généreux qui faisaient détester la proscription du clergé, vers la fin du dix-huitième siècle, inspiraient, cinquante ans plus tôt, la haine de son intolérance. Il faut juger les actions et les écrits d'après leur date.

Nous traiterons ailleurs la grande question des dispositions religieuses de la nation française. Dans ce genre, comme en politique, ce n'est pas une nation de vingt-cinq millions d'hommes qu'on doit accuser; car c'est, pour ainsi dire, quereller avec le genre humain. Mais il faut examiner pour-

quoi cette nation n'a pas été formée, selon le gré de quelques-uns, par d'anciennes institutions qui ont duré toutefois assez longtemps pour exercer leur influence; il faut examiner aussi quelle est maintenant la nature des sentiments en harmonie avec le cœur des hommes : car le feu sacré n'est et ne sera jamais éteint; mais c'est au grand jour de la vérité seulement qu'il peut reparaître.

CHAPITRE III.

De l'opinion publique en France, à l'avénement de Louis XVI.

Il existe une lettre de Louis XV, adressée à la duchesse de Choiseul, dans laquelle il lui dit : « J'ai eu bien de la peine à me tirer d'affaire avec « les parlements, pendant mon règne; mais que « mon petit-fils y prenne garde, ils pourraient « bien mettre sa couronne en danger. » En effet, il est aisé de voir, en suivant l'histoire du dix-huitième siècle, que ce sont les corps aristocratiques de France qui ont attaqué les premiers le pouvoir royal; non qu'ils voulussent renverser le trône, mais ils étaient poussés par l'opinion publique : or elle agit sur les hommes à leur insu, et souvent même contre leur intérêt. Louis XV laissa en France, pour héritage à son successeur, un esprit frondeur nécessairement excité par les fautes sans nombre qu'il avait commises. Les finances n'avaient marché qu'à l'aide de la banqueroute. Les querelles des jésuites et des jansénistes avaient déconsidéré le clergé. Des exils, des emprisonnements, sans cesse renouvelés, n'avaient pu vaincre l'opposition du parlement, et l'on avait été forcé de substituer à ce corps, dont la résistance était soutenue par l'opinion, une magistrature sans considération, présidée par un chancelier mésestimé, M. de Maupeou. Les nobles, si soumis sous Louis XIV, prenaient part au mécontentement général. Les grands seigneurs, et les princes du sang eux-mêmes, allèrent rendre hommage à un ministre, M. de Choiseul, exilé parce qu'il avait résisté au méprisable ascendant de l'une des maîtresses du roi. Des modifications dans l'organisation politique étaient souhaitées par tous les ordres de l'État, et jamais les inconvénients de l'arbitraire ne s'étaient fait sentir avec plus de force que sous un règne qui, sans être tyrannique, avait été d'une inconséquence perpétuelle. Cet exemple démontrait plus qu'aucun raisonnement le malheur de dépendre d'un gouvernement qui tombait entre les mains des maîtresses, puis des favoris et des parents des maîtresses, jusqu'au plus bas étage de la société. Le procès de l'ordre de choses qui régissait la France, s'était instruit sous Louis XV, de la façon la plus authentique, aux yeux de la nation; et de quelque vertu que le successeur de Louis XV fût doué, il était difficile qu'il ôtât de l'esprit des hommes sérieux l'idée que des institutions fixes devaient mettre la France à l'abri des hasards de l'hérédité du trône. Plus cette hérédité même est nécessaire au bien-être général, plus il faut que la stabilité des lois, sous un gouvernement représentatif, préserve une nation des changements dans le système politique, inséparables du caractère de chaque roi, et encore plus de celui de chaque ministre.

Certainement, s'il fallait dépendre sans restriction des volontés d'un souverain, Louis XVI méritait mieux que tout autre ce que personne ne peut mériter. Mais l'on pouvait espérer qu'un monarque d'une conscience aussi scrupuleuse serait heureux d'associer de quelque manière la nation à la responsabilité des affaires publiques. Telle aurait été, sans doute, sa manière constante de penser, si, d'une part, l'opposition s'était montrée, dès l'origine, avec plus d'égards; et si, de l'autre, certains publicistes n'avaient pas voulu, de tout temps, faire envisager aux rois leur autorité comme une espèce d'article de foi. Les ennemis de la philosophie tâchent de représenter le despotisme royal comme un dogme religieux, afin de mettre ainsi leurs opinions politiques hors de l'atteinte du raisonnement. En effet, elles sont plus en sûreté de cette manière.

La reine de France, Marie-Antoinette, était une des personnes les plus aimables et les plus gracieuses qu'on eût vues sur le trône, et rien ne s'opposait à ce qu'elle conservât l'amour des Français, car elle n'avait rien fait pour le perdre. Le caractère personnel de la reine et du roi était donc tout à fait digne d'attachement; mais l'arbitraire du gouvernement français, tel que les siècles l'avaient fait, s'accordait si mal avec l'esprit du temps, que les vertus mêmes des princes disparaissaient dans le vaste ensemble des abus dont ils étaient environnés. Quand les peuples sentent le besoin d'une réforme politique, les qualités privées du monarque ne suffisent point pour arrêter la force de cette impulsion. Une fatalité malheureuse plaça le règne de Louis XVI dans une époque où de grands talents et de hautes lumières étaient nécessaires pour lutter avec l'esprit du siècle, ou pour faire, ce qui valait mieux, un pacte raisonnable avec cet esprit.

Le parti des aristocrates, c'est-à-dire les pri-

vilégiés, sont persuadés qu'un roi d'un caractère plus ferme aurait pu prévenir la révolution. Ils oublient qu'ils ont eux-mêmes commencé les premiers, et avec courage et raison, l'attaque contre le pouvoir royal; et quelle résistance ce pouvoir pouvait-il leur opposer, puisque la nation était alors avec eux? Doivent-ils se plaindre d'avoir été les plus forts contre le roi, et les plus faibles contre le peuple? Cela devait être ainsi.

Les dernières années de Louis XV, on ne saurait trop le répéter, avaient déconsidéré le gouvernement; et, à moins qu'un roi militaire n'eût dirigé l'imagination des Français vers les conquêtes, rien ne pouvait détourner les différentes classes de l'État des réclamations importantes que toutes se croyaient en droit de faire valoir. Les nobles étaient fatigués de n'être que courtisans; le haut clergé désirait plus d'influence encore dans les affaires; les parlements avaient trop et trop peu de force politique pour se contenter de n'être que juges; et la nation, qui renfermait les écrivains, les capitalistes, les négociants, un grand nombre de propriétaires, et une foule d'individus employés dans l'administration; la nation comparait impatiemment le gouvernement d'Angleterre, où les lent conduisait à tout, avec celui de France, où l'on n'était rien que par la faveur ou par la naissance. Ainsi donc, toutes les paroles et toutes les actions, toutes les vertus et toutes les passions, tous les sentiments et toutes les vanités, l'esprit public et la mode, tendaient également au même but.

On a beau parler avec dédain du caractère français, il veut énergiquement ce qu'il veut. Si Louis XVI eût été un homme de génie, disent les uns, il se fût mis à la tête de la révolution : il l'aurait empêchée, disent les autres. Qu'importent ces suppositions? il est impossible que le génie soit héréditaire dans aucune famille. Or, un gouvernement qui ne pourrait se défendre contre les vœux de la nation que par le génie supérieur de ses rois, serait dans un terrible danger de succomber.

En examinant la conduite de Louis XVI, on y trouvera sûrement des fautes, soit que les uns lui reprochent de n'avoir pas assez habilement défendu son pouvoir illimité, soit que les autres l'accusent de n'avoir pas cédé sincèrement aux lumières du siècle; mais ses fautes ont été tellement dans la nature des circonstances, qu'elles se renouvelleraient presque autant de fois que les mêmes combinaisons extérieures se représenteraient.

Le premier choix que fit Louis XVI, pour diriger le ministère, ce fut M. de Maurepas. Certes, ce n'était pas un philosophe novateur que ce vieux courtisan; il ne s'était occupé, durant quarante ans d'exil, que du regret de n'avoir pas su prévenir sa disgrâce; aucune action courageuse ne la lui avait méritée; une intrigue manquée était le seul souvenir qu'il eût emporté dans sa retraite, et il en sortit tout aussi frivole que s'il ne se fût pas un instant éloigné de cette cour, l'objet unique de ses pensées. Louis XVI ne choisit M. de Maurepas que par un sentiment de respect pour la vieillesse, sentiment très-honorable dans un jeune roi.

Cet homme, cependant, pour qui les termes mêmes qui désignent le progrès des lumières et les droits des nations, étaient un langage étranger, se vit tellement entraîné par l'opinion publique, à son insu, que le premier acte qu'il proposa au roi, fut de rappeler les anciens parlements, bannis pour s'être opposés aux abus du règne précédent. Ces parlements, plus convaincus de leur force par leur rappel même, résistèrent constamment au ministre de Louis XVI, jusqu'au moment où ils aperçurent que leur propre existence politique était compromise par les mouvements qu'ils avaient provoqués.

Deux hommes d'État du plus rare mérite, M. Turgot et M. de Malesherbes, furent aussi choisis par ce même M. de Maurepas, qui sûrement n'avait aucune idée en commun avec eux; mais la rumeur publique les désignait pour des emplois éminents, et l'opinion se fit encore une fois obéir, bien qu'elle ne fût représentée par aucune assemblée légale.

M. de Malesherbes voulait le rétablissement de l'édit de Henri IV en faveur des protestants, l'abolition des lettres de cachet, et la suppression de la censure, qui anéantit la liberté de la presse. Il y a plus de quarante années que M. de Malesherbes soutenait cette doctrine; il aurait suffi de l'adopter alors, pour préparer, par les lumières, ce qu'il a fallu depuis céder à la violence.

M. Turgot, ministre non moins éclairé, non moins ami de l'humanité que M. de Malesherbes, abolit la corvée, proposa de supprimer, dans l'intérieur, les douanes qui tenaient aux priviléges particuliers des provinces, et se permit d'énoncer courageusement la nécessité de soumettre les nobles et le clergé à payer leur part des impôts dans la même proportion que le reste de la nation. Rien n'était plus juste et plus populaire que cette mesure; mais elle excita le mécontentement des privilégiés : M. Turgot leur fut sacrifié. C'était un

homme roide et systématique, tandis que M. de Malesherbes avait un caractère doux et conciliant : mais ces deux citoyens généreux, dont les manières étaient différentes, bien que leurs opinions fussent semblables, éprouvèrent le même sort; et le roi, qui les avait appelés, peu de temps après renvoya l'un, et rebuta l'autre, dans le moment où la nation s'attachait le plus fortement aux principes de leur administration.

C'était une grande faute que de flatter l'esprit public par de bons choix, pour l'en priver ensuite; mais M. de Maurepas nommait et renvoyait les ministres, d'après ce qui se disait à la cour. L'art de gouverner consistait pour lui dans le talent de dominer le maître, et de contenter ceux qui l'entouraient. Les idées générales, en aucun genre, n'étaient de son ressort; il savait seulement ce qu'aucun ministre ne peut ignorer, c'est qu'il faut de l'argent pour soutenir l'État, et que les parlements devenaient tous les jours plus difficiles sur l'enregistrement des impôts.

Sans doute, ce qu'on appelait alors en France la constitution de l'État, c'est-à-dire, l'autorité du roi, renversait toutes les barrières, puisqu'elle faisait taire, quand on le voulait, les résistances du parlement par un lit de justice. Le gouvernement de France a été constamment arbitraire, et, de temps en temps, despote; mais il était sage de ménager l'emploi de ce despotisme, comme toute autre ressource : car tout annonçait que bientôt elle serait épuisée.

Les impôts, et le crédit, qui vaut en un jour une année d'impôts, étaient devenus tellement nécessaires à la France, que l'on redoutait avant tout des obstacles à cet égard. Souvent, en Angleterre, les communes unissent, d'une façon inséparable, un bill relatif aux droits de la nation avec un bill de consentement aux subsides. Les corporations judiciaires, en France, ont essayé quelque chose de semblable : quand on leur demandait l'enregistrement de nouveaux tributs, bien que cet enregistrement pût leur être enjoint, elles accompagnaient leur acquiescement, ou leur refus, de remontrances sur l'administration, appuyées par l'opinion publique. Cette nouvelle puissance acquérait chaque jour plus de force, et la nation s'affranchissait, pour ainsi dire, par elle-même. Tant que les classes privilégiées avaient seules une grande existence, on pouvait gouverner l'État comme une cour, en maniant habilement les passions ou les intérêts de quelques individus; mais, lorsqu'une fois la seconde classe de la société, la plus nombreuse et la plus agissante de toutes, avait senti son importance, la connaissance et l'adoption d'un plus grand système de conduite devenaient indispensables.

Depuis que la guerre ne se fait plus avec les soldats conduits par les grands vassaux, et que les rois de France ont besoin d'impôts pour payer une armée, le désordre des finances a toujours été la source des troubles du royaume. Le parlement de Paris, vers la fin du règne de Louis XV, commençait à faire entendre qu'il n'avait pas le droit d'accorder les subsides, et la nation approuvait toujours sa résistance à cet égard; mais tout rentrait dans le repos et l'obéissance dont le peuple français avait depuis si longtemps l'habitude, quand le gouvernement marchait sur ses roulettes accoutumées, sans rien demander à aucune corporation qui pût se croire indépendante du trône. Il était donc clair que, dans les circonstances d'alors, le plus grand danger pour le pouvoir du roi était de manquer d'argent; et c'est d'après cette conviction que M. de Maurepas proposa de nommer M. Necker directeur général du trésor royal.

Étranger et protestant, il était tout à fait hors de la ligne des choix ordinaires; mais il avait montré une si grande habileté en matière de finances, soit dans la compagnie des Indes, dont il était membre, soit dans le commerce, qu'il avait pratiqué lui-même vingt ans, soit dans ses écrits, soit enfin dans les divers rapports qu'il avait constamment entretenus avec les ministres du roi, depuis le duc de Choiseul jusqu'en 1776, époque de sa nomination, que M. de Maurepas fit choix de lui, seulement pour qu'il attirât de l'argent au trésor royal. M. de Maurepas n'avait pas réfléchi sur la connexion du crédit public avec les grandes mesures d'administration; il croyait donc que M. Necker pourrait rétablir la fortune de l'État comme celle d'une maison de banque, en faisant des spéculations heureuses. Rien n'était plus superficiel qu'une telle manière de concevoir les finances d'un grand empire. La révolution qui se manifestait dans les esprits ne pouvait être écartée du foyer même des affaires qu'en satisfaisant l'opinion par toutes les réformes qu'elle désirait; il fallait aller au-devant d'elle, de peur qu'elle ne s'avançât trop rudement. Un ministre des finances ne saurait être un jongleur qui fait passer et repasser de l'argent d'une caisse à l'autre, sans avoir aucun moyen réel d'augmenter la recette, ou de diminuer la dépense. On ne pouvait remettre l'équilibre entre l'une et l'autre qu'à l'aide de l'économie, des impôts ou du crédit; et ces diverses ressources exigeaient l'appui de l'opinion publique. Examinons maintenant de quels moyens un ministre devait se servir pour la captiver.

CHAPITRE IV.

Du caractère de M. Necker, comme homme public.

Monsieur Necker, citoyen de la république de Genève, avait cultivé dès son enfance la littérature avec beaucoup de soin; et lorsqu'il fut appelé par sa situation à se vouer aux affaires de commerce et de finance, son premier goût pour les lettres mêla toujours des sentiments élevés et des considérations philosophiques aux intérêts positifs de la vie. Madame Necker, qui était certainement une des femmes les plus instruites de son temps, réunissait constamment chez elle tout ce que le dix-huitième siècle, si fécond en hommes distingués, pouvait offrir alors de talents illustres. Mais l'extrême sévérité de ses principes la rendit inaccessible à toute doctrine contraire à la religion éclairée dans laquelle elle avait eu le bonheur de naître. Ceux qui l'ont connue attestent qu'elle a traversé toutes les opinions et toutes les passions de son temps, sans cesser d'être une chrétienne protestante, aussi éloignée de l'impiété que de l'intolérance : il en était de même de M. Necker. D'ailleurs, aucun système exclusif ne plaisait à son esprit, dont la prudence était l'un des traits distinctifs. Il ne trouvait aucun plaisir dans l'innovation en elle-même; mais il n'avait point les préjugés d'habitude, auxquels une raison supérieure ne saurait jamais s'asservir.

Le premier de ses écrits fut un éloge de Colbert, qui remporta le prix à l'Académie française. Il fut blâmé par les philosophes d'alors, parce que l'auteur n'adoptait pas en entier, relativement au commerce et aux finances, le système dont on voulait faire un devoir à l'esprit; déjà se manifestait le fanatisme philosophique, l'une des maladies de la révolution. On voulait accorder à un petit nombre de principes le pouvoir absolu que s'était arrogé jusque-là un petit nombre d'hommes : dans le domaine de la pensée aussi, il ne faut rien d'exclusif.

Dans le second ouvrage de M. Necker, intitulé : *Sur la Législation et le Commerce des grains*, il reconnut de même la nécessité de quelques restrictions à la libre exportation des blés, restrictions commandées par l'intérêt pressant et journalier de la classe indigente. M. Turgot et ses amis se brouillèrent à cette occasion avec M. Necker : une émeute, causée par la cherté du pain, eut lieu dans l'année 1775, où M. Necker publia son livre; et, parce qu'il avait signalé les fausses mesures qui provoquèrent cette émeute, quelques-uns des économistes les plus exagérés en accusèrent son ouvrage. Mais ce reproche était absurde; car un écrit fondé sur des idées purement générales ne peut avoir d'influence à son début que sur les classes supérieures.

M. Necker, ayant eu toute sa vie affaire aux choses réelles, savait se plier aux modifications qu'elles exigent : toutefois il ne rejetait pas avec dédain les principes, car il n'y a que les gens médiocres qui mettent en opposition la théorie et la pratique. L'une doit être le résultat de l'autre, et elles se confirment toujours mutuellement.

Peu de mois avant d'être nommé ministre, M. Necker fit un voyage en Angleterre. Il rapporta de ce pays une admiration profonde pour la plupart de ses institutions; mais ce qu'il étudia particulièrement, c'est la grande influence de la publicité sur le crédit, et les moyens immenses que donne une assemblée représentative pour soutenir et pour renouveler les ressources financières de l'État. Néanmoins, il n'avait pas alors l'idée de proposer le moindre changement à l'organisation politique de la France. Si les circonstances n'avaient pas forcé le roi lui-même à ce changement, M. Necker ne se serait jamais cru le droit de s'en mêler. Il considérait, avant tout, le devoir individuel et présent auquel il se trouvait lié; et quoiqu'il fût plus convaincu que personne des avantages d'un gouvernement représentatif, il ne pensait pas qu'une telle proposition pût partir d'un ministre nommé par le roi, sans que son souverain l'y eût autorisé positivement. D'ailleurs, il était dans la nature de son caractère et de son esprit d'attendre les circonstances, et de ne pas prendre sur lui les résolutions qu'elles peuvent amener. Bien que M. Necker fût très-prononcé contre des priviléges tels que les droits féodaux et les exemptions d'impôts, il voulait entrer en traité avec les possesseurs de ces priviléges, afin de ne jamais sacrifier sans ménagement les droits présents aux biens futurs. Ainsi, lorsque, d'après sa proposition, le roi abolit dans ses domaines les restes de la servitude personnelle, la mainmorte, etc., l'autorité royale ne prononça rien sur la conduite que devaient tenir les seigneurs à cet égard. Elle se confia seulement à l'effet de son exemple.

M. Necker désapprouvait hautement l'inégalité de la répartition des impôts; il ne pensait pas que les privilégiés dussent supporter une moindre part des charges publiques que tous les autres citoyens de l'État; cependant, il n'engagea point le roi à rien décider à cet égard. L'établissement des administrations provinciales, comme on le verra dans un chapitre suivant, était, selon lui, le meilleur moyen pour obtenir du consentement volontaire des nobles et du clergé le sacrifice de cette inégalité d'impôts, qui révoltait encore plus la masse de la nation que toute autre distinction. Ce ne fut que dans le second ministère de M. Necker, en 1788, lorsque le roi avait déjà promis les états généraux, et que le désordre des finances, causé par le mauvais choix de ses ministres, l'avait remis de nouveau dans la dépendance des parlements; ce fut, dis-je, seulement alors que M. Necker aborda les grandes questions de l'organisation politique de la France; tant qu'il put s'en tenir à de sages mesures d'administration, il ne recommanda qu'elles.

Les partisans du despotisme, qui auraient voulu trouver un cardinal de Richelieu dans la personne du premier ministre du roi, ont été très-mécontents de M. Necker; et, d'un autre côté, les amis ardents de la liberté se sont plaints de la constante persévérance avec laquelle il a défendu, non-seulement l'autorité royale, mais les propriétés même abusives des classes privilégiées, lorsqu'il croyait possible de les racheter, au lieu de les supprimer sans compensation. M. Necker se trouva placé par les circonstances, comme le chancelier de l'Hôpital, entre les catholiques et les protestants. Car les querelles politiques de la France, dans le dix-huitième siècle, peuvent être comparées aux dissensions religieuses du seizième; et M. Necker, comme le chancelier de l'Hôpital, essaya de rallier les esprits à ce foyer de raison qui était au fond de son cœur. Jamais personne n'a réuni d'une façon plus remarquable la sagesse des moyens à l'ardeur pour le but.

M. Necker ne se déterminait à aucune démarche sans une délibération longue et réfléchie, dans laquelle il consultait tour à tour sa conscience et son jugement; mais nullement son intérêt personnel. Méditer, pour lui, c'était se détacher de soi-même; et, de quelque manière qu'on puisse juger les divers partis qu'il a pris, il faut en chercher la cause hors des mobiles ordinaires des actions des hommes. Le scrupule dominait en lui, comme la passion domine chez les autres. L'étendue de son esprit et de son imagination lui donnait quelquefois la maladie de l'incertitude; il était de plus singulièrement susceptible de regrets, et s'accusait souvent en toutes choses avec une injuste facilité. Ces deux nobles inconvénients de sa nature avaient encore accru sa soumission à la morale; il ne trouvait qu'en elle décision pour le présent, et calme sur le passé. Tout homme juste qui examinera la conduite publique de M. Necker dans ses moindres détails, y verra toujours l'influence d'un principe de vertu. Je ne sais si cela s'appelle n'être pas un homme d'État; mais si l'on veut le blâmer sous ce rapport, c'est aux délicatesses de sa conscience qu'il faut s'en prendre : car il avait l'intime conviction que la morale est encore plus nécessaire dans un homme public que dans un particulier, parce que le gouvernement des choses grandes et durables est plus évidemment soumis que celui des circonstances passagères aux lois de probité instituées par le Créateur.

Pendant le premier ministère de M. Necker, lorsque l'opinion n'était point encore pervertie par l'esprit de parti, et que les affaires marchaient d'après les règles généralement reconnues, l'admiration qu'inspira son caractère fut universelle, et toute la France considéra sa retraite comme une calamité publique. Examinons d'abord ce premier ministère, avant de passer aux cruelles circonstances qui ont amené la haine et l'ingratitude dans les jugements des hommes.

CHAPITRE V.

Des plans de M. Necker, relativement aux finances.

Les principes que M. Necker avait adoptés dans la direction des finances, sont d'une telle simplicité, que leur théorie est à la portée de tout le monde, bien que l'application en soit très-difficile. On peut dire aux ministres d'État : Soyez justes et fermes; comme aux écrivains : Soyez ingénieux et profonds; ces conseils sont très-clairs, mais les qualités qui permettent de les suivre, sont fort rares.

M. Necker pensait que l'économie, et la publicité qui est la garantie de la fidélité dans les engagements, sont les bases de l'ordre et du crédit dans un grand empire; et de même que, dans sa manière de voir, la morale publique ne devait pas différer de la morale privée, il croyait aussi que la fortune de l'État pouvait, à beaucoup d'égards, se conduire par les mêmes règles que celle de chaque famille. Mettre les recettes de niveau avec les dépenses, arriver à ce niveau plutôt par le retranchement des dépenses que par l'augmentation des impôts; et lorsque la guerre devenait malheureusement nécessaire, y suffire par des emprunts dont l'intérêt fût assuré, ou par une économie nouvelle, ou par un impôt de plus, tels sont les premiers principes dont M. Necker ne s'écartait jamais.

Il est aisé de concevoir qu'aucun peuple ne peut faire la guerre avec son revenu habituel; il faut donc que le crédit permette d'emprunter, c'est-à-dire, de faire partager aux générations futures le poids d'une guerre qui doit avoir leur prospérité pour objet. On pourrait encore supposer dans un État l'existence d'un trésor, comme en avait le grand Frédéric : mais, outre qu'il n'existait rien de pareil en France, il n'y a que les conquérants, ou ceux qui veulent le devenir, qui privent leurs pays des avantages attachés à la circulation du numéraire et à l'action du crédit. Les gouvernements arbitraires, soit révolutionnaires, soit despotiques, ont recours, pour soutenir la guerre, à des emprunts forcés, à des contributions extraordinaires, à des papiers-monnaies; car nul pays ne peut ni ne doit faire la guerre avec son revenu : le crédit est donc la véritable découverte moderne qui a lié les gouvernements avec les peuples. C'est le besoin du crédit qui oblige les gouvernements à ménager l'opinion publique; et, de même que le commerce a civilisé les nations, le crédit, qui en est une conséquence, a rendu nécessaires des formes constitutionnelles quelconques, pour assurer la publicité dans les finances et garantir les engagements contractés. Comment le crédit pourrait-il se fonder sur les maîtresses, les favoris, ou les ministres, qui changent à la cour des rois du jour au lendemain? Quel père de famille confierait sa fortune à cette loterie?

M. Necker cependant a su, le premier et le seul parmi les ministres, obtenir du crédit en France sans aucune institution nouvelle. Son nom inspirait une telle confiance, que, très-imprudemment même, les capitalistes de l'Europe ont compté sur lui comme sur un gouvernement, oubliant qu'il pouvait perdre sa place d'un instant à l'autre. Les Anglais et les Français s'accordaient pour le citer, avant la révolution, comme la plus forte tête financière de l'Europe. L'on regardait comme un miracle d'avoir fait cinq ans la guerre sans augmenter les impôts, et seulement en assurant l'intérêt des emprunts sur des économies. Mais, quand l'esprit de parti vint tout empoisonner, on imagina de dire qu'il y avait du charlatanisme dans le système de finances de M. Necker. Singulier charlatanisme que celui qui repose sur l'austérité du caractère, et fait renoncer au plaisir de s'attacher beaucoup de créatures, en donnant facilement l'argent levé sur le peuple! Les juges irrécusables des talents et de l'honnêteté d'un ministre des finances, ce sont les créanciers de l'État.

Pendant l'administration de M. Necker, les fonds publics montèrent, et l'intérêt de l'argent baissa jusqu'à un taux dont on n'avait point eu d'exemple en France. Les fonds anglais, au contraire, subirent dans le même temps une dépréciation considérable, et les capitalistes de tous les pays s'empressèrent de concourir aux emprunts ouverts à Paris, comme si les vertus d'un homme avaient pu tenir lieu de la fixité des lois.

M. Necker, a-t-on dit, a fait des emprunts, ce qui devait ruiner les finances. Et de quel moyen l'Angleterre s'est-elle servie, pour arriver au degré de richesse qui lui a permis de soutenir avec éclat vingt-cinq ans de la plus terrible guerre? Les emprunts dont l'intérêt n'est pas assuré ruineraient l'État, s'ils étaient longtemps praticables : mais heureusement ils ne le sont pas; car les créanciers sont très-avisés sur ce qui les touche, et ne prêtent volontairement que sur des gages positifs. M. Necker, afin d'assurer l'intérêt et le fonds d'amortissement nécessaires à la garantie des payements, attachait une réforme à chaque emprunt; et il résultait de cette réforme une diminution de dépense plus que suffisante pour le payement des intérêts. Mais cette méthode si simple, de retrancher sur ses dépenses pour augmenter ses revenus, ne paraît pas assez ingénieuse aux écrivains qui veulent montrer des vues profondes en traitant des affaires publiques.

L'on a dit aussi que les emprunts viagers dont M. Necker a fait quelquefois usage pour attirer les capitaux, favorisaient le penchant des pères à consumer d'avance la fortune qu'ils devaient laisser à leurs enfants. Cependant il est généralement reconnu que l'intérêt viager, tel que M. Necker l'avait combiné, est une spéculation tout comme l'intérêt perpétuel. Les meilleurs pères de famille plaçaient sur les trente têtes à Genève, dans l'intention d'augmenter leur bien après eux. Il y a des tontines viagères en Irlande; il en existait depuis longtemps en France. Il faut se servir de différents genres de spéculations pour captiver les diverses manières de voir des capitalistes; mais on ne saurait mettre en doute si un père de famille peut, lorsqu'il veut régler sa dépense, s'assurer une grande augmentation de capital, en plaçant une partie de ce qu'il possède à un intérêt très-haut, et en épargnant chaque année une portion de cet intérêt. Au reste, on est honteux de répéter des vérités si généralement répandues parmi tous les financiers de l'Europe. Mais, quand en France les ignorants des salons ont attrapé sur un sujet sérieux une phrase quelconque, dont la rédaction est à la portée de tout le monde, ils s'en vont la redisant à tout propos; et ce rempart de sottise est très-difficile à renverser.

Faut-il répondre aussi à ceux qui accusent M. Necker de n'avoir pas changé le système des impôts, et supprimé les gabelles, en soumettant les pays d'états qui en étaient exempts, à une contribution sur le sel? Il ne fallait pas moins que la révolution pour détruire les priviléges particuliers des provinces. Le ministre qui aurait osé les attaquer n'aurait produit qu'une résistance nuisible à l'autorité du roi, sans obtenir aucun résultat utile. Les privilégiés étaient tout-puissants en France, il y a quarante ans, et l'intérêt seul de la nation était sans force. Le gouvernement et le peuple, qui sont pourtant deux parties essentielles de l'État, ne pouvaient rien contre telle ou telle province, tel ou tel corps; et des droits bigarrés, héritages des événements passés, empêchaient le roi même de rien faire pour le bien général.

M. Necker, dans son ouvrage sur l'administration des finances, a montré tous les inconvénients du système inégal d'impôts qui régnait en France; mais c'est une preuve de plus de sa sagesse, que de n'avoir entrepris à cet égard aucun changement pendant son premier ministère. Les ressources qu'exigeait la guerre ne permettaient de s'exposer à aucune lutte intérieure; car, pour innover en matière de finances, il fallait être en paix, afin de pouvoir captiver le peuple, en diminuant la masse des impôts, alors qu'on en aurait changé la nature.

Si les uns ont blâmé M. Necker d'avoir laissé subsister l'ancien système des impôts, d'autres l'ont accusé d'avoir montré trop de hardiesse, en imprimant le *Compte rendu* au roi sur la situation de ses finances. M. Necker était, comme je l'ai dit, dans des circonstances à peu près semblables à celles du chancelier de l'Hôpital. Il n'a pas fait un pas dans la carrière politique, sans que les novateurs lui reprochassent sa prudence, et les partisans de tous les anciens abus sa témérité. Aussi l'étude de ses deux ministères est-elle peut-être la plus utile que puisse faire un homme d'État. On y verra la route de la raison tracée entre les factions contraires, et des efforts toujours renaissants pour amener une transaction sage entre les vieux intérêts et les nouvelles idées.

La publicité du *Compte rendu* avait pour but de suppléer en quelque manière aux débats de la chambre des communes d'Angleterre, en faisant connaître à tous le véritable état des finances. C'était porter, disait-on, atteinte à l'autorité du roi, que d'informer la nation de l'état des affaires. Si l'on n'avait eu rien à demander à cette nation, on aurait pu lui cacher la situation du trésor royal;

mais le mouvement des esprits ne permettait pas qu'on pût exiger la continuation de taxes très-onéreuses, sans montrer au moins l'usage qu'on en avait fait, ou qu'on en voulait faire. Les courtisans criaient contre les mesures de publicité en finances, les seules propres à fonder le crédit, et néanmoins ils sollicitaient avec une égale véhémence, pour eux et les leurs, tout l'argent que ce crédit même, pouvait à peine fournir. Cette inconséquence s'explique toutefois par la juste crainte qu'ils éprouvaient de voir le jour entrer dans les dépenses qui les concernaient; car la publicité de l'état des finances avait aussi un avantage important, celui d'assurer au ministre l'appui de l'opinion publique, dans les divers retranchements qu'il était nécessaire d'effectuer. L'économie offrait de grands moyens en France à l'homme courageux qui, comme M. Necker, voulait y avoir recours. Le roi, quoiqu'il n'eût point de luxe pour lui-même, était d'une telle bonté, qu'il ne savait rien refuser à ceux qui l'entouraient; et les grâces de tout genre excédaient sous son règne, quelque austère que fût sa conduite; les dépenses mêmes de Louis XV. M. Necker devait considérer comme son premier devoir, et comme la principale ressource de l'État, la diminution des grâces; il se faisait ainsi beaucoup d'ennemis à la cour et parmi les employés des finances; mais il remplissait son devoir : car le peuple alors était réduit, par les impôts, à une détresse dont personne ne s'occupait, et que M. Necker a proclamée et soulagée le premier. Souffrir pour ceux qu'on ne connaissait pas, et refuser à ceux que l'on connaissait, était un effort pénible, mais dont la conscience faisait une loi à celui qui l'a toujours prise pour guide.

A l'époque du premier ministère de M. Necker, la classe la plus nombreuse de l'État était surchargée de dîmes et de droits féodaux, dont la révolution l'a délivrée; les gabelles et les impôts que supportaient certaines provinces, et dont d'autres étaient affranchies, l'inégalité de la répartition, fondée sur les exemptions des nobles et du clergé, tout concourait à rendre la situation du peuple infiniment moins heureuse qu'elle ne l'est maintenant. Chaque année, les intendants faisaient vendre les derniers meubles de la misère, parce que plusieurs contribuables se trouvaient dans l'impossibilité d'acquitter les taxes qu'on leur demandait : dans aucun État de l'Europe le peuple n'était traité d'une manière aussi révoltante. A l'intérêt sacré de tant d'hommes se joignait aussi celui du roi, qu'il ne fallait pas exposer aux résistances du parlement pour l'enregistrement des

impôts. M. Necker rendait donc un service signalé à la couronne, lorsqu'il soutenait la guerre par le simple fruit des économies, et le ménagement habile du crédit : car de nouvelles charges irritaient la nation, et popularisaient le parlement en lui donnant l'occasion de s'y opposer.

Un ministre qui peut prévenir une révolution en faisant le bien, doit suivre cette route, quelle que soit son opinion politique. M. Necker se flattait donc de retarder, du moins encore pendant plusieurs années, par l'ordre dans les finances, la crise qui s'approchait; et, si l'on avait adopté ses plans en administration, il se peut que cette crise même n'eût été qu'une réforme juste, graduelle et salutaire.

CHAPITRE VI.

Des plans de M. Necker en administration.

Le ministre des finances, avant la révolution, n'était pas seulement chargé du trésor public, ses devoirs ne se bornaient pas à mettre de niveau la recette et la dépense; toute l'administration du royaume était encore dans son département; et, sous ce rapport, le bien-être de la nation entière ressortissait au contrôleur général. Plusieurs branches de l'administration étaient singulièrement négligées. Le principe du pouvoir absolu se combinait avec des obstacles sans cesse renaissants dans l'application de ce pouvoir. Il y avait partout des traditions historiques dont les provinces voulaient faire des droits, et que l'autorité royale n'admettait que comme des usages. De là vient que l'art de gouverner était une espèce d'escamotage, dans lequel on tâchait d'extorquer de la nation le plus possible pour enrichir le roi, comme si la nation et le roi devaient être considérés comme des adversaires.

Les dépenses du trône et de l'armée étaient exactement acquittées; mais là détresse du trésor royal était si habituelle, qu'on négligeait, faute d'argent, les soins les plus nécessaires à l'humanité. L'on ne peut se faire une idée de l'état dans lequel monsieur et madame Necker trouvèrent les prisons et les hôpitaux de Paris. Je nomme madame Necker à cette occasion, parce qu'elle a consacré tout son temps, pendant le ministère de son mari, à l'amélioration des établissements de bienfaisance, et qu'à cet égard les changements les plus remarquables furent opérés par elle.

Mais M. Necker sentit plus vivement que personne combien la bienfaisance d'un ministre même est peu de chose au milieu d'un royaume aussi vaste et aussi arbitrairement gouverné que la France; et ce fut son motif pour établir des assemblées provinciales, c'est-à-dire, des conseils composés des principaux propriétaires de chaque province, dans lesquels on discuterait la répartition des impôts et les intérêts locaux de l'administration. M. Turgot en avait conçu l'idée; mais aucun ministre du roi, avant M. Necker, ne s'était senti le courage de s'exposer à la résistance que devait rencontrer une institution de ce genre; et il était à prévoir que les parlements et les courtisans, rarement coalisés, la combattraient également....

.. Les provinces réunies le plus tard à la couronne, telles que le Languedoc, la Bourgogne, la Bretagne, etc., s'appelaient *pays d'états*, parce qu'elles s'étaient réservé le droit d'être régies par une assemblée composée des trois ordres de la province. Le roi fixait la somme totale qu'il exigeait, mais les états en faisaient la répartition. Ces provinces se maintenaient dans le refus de certaines taxes, dont elles prétendaient être exemptes par les traités qu'elles avaient conclus avec la couronne. De là venaient les inégalités du système d'impositions, les occasions multipliées de contrebande entre une province et une autre, et l'établissement des douanes dans l'intérieur.

Les pays d'états jouissaient de grands avantages : non-seulement ils payaient moins, mais la somme exigée était répartie par des propriétaires qui connaissaient les intérêts locaux, et qui s'en occupaient activement. Les routes et les établissements publics y étaient beaucoup mieux soignés, et les contribuables traités avec plus de ménagement. Le roi n'avait jamais admis que ces états possédassent le droit de consentir l'impôt; mais eux se conduisaient comme s'ils avaient eu ce droit réellement. Ils ne refusaient pas l'argent qu'on leur demandait; mais ils appelaient leurs contributions *un don gratuit;* en tout, leur administration valait bien mieux que celle des autres provinces, dont le nombre était pourtant beaucoup plus grand, et qui ne méritaient pas moins l'intérêt du gouvernement.

Des intendants étaient nommés par le roi pour gouverner les trente-deux généralités du royaume : ils ne rencontraient d'obstacles ni dans les pays d'états, et quelquefois de la part de l'un des douze parlements de province (le parlement de Paris était le treizième); mais, dans la plupart des généralités conduites par un intendant, cet agent du pouvoir disposait à lui seul des intérêts de toute une province. Il avait sous ses ordres une armée d'employés du fisc, détestés des gens du peuple.

Ces employés les tourmentaient un à un pour eu arracher des impôts disproportionnés à leurs moyens; et, lorsque l'on écrivait au ministre des finances, pour se plaindre des vexations de l'intendant, ou du subdélégué, c'était à cet intendant même que le ministre renvoyait les plaintes, puisque l'autorité suprême ne communiquait que par eux avec les provinces.

Les jeunes gens et les étrangers qui n'ont pas connu la France avant la révolution, et qui voient aujourd'hui le peuple enrichi par la division des propriétés et la suppression des dîmes et du régime féodal, ne peuvent avoir l'idée de la situation de ce pays, lorsque la nation portait le poids de tous les priviléges. Les partisans de l'esclavage, dans les colonies, ont souvent dit qu'un paysan de France était plus malheureux qu'un nègre. C'était un argument pour soulager les blancs, mais non pour s'endurcir contre les noirs. La misère accroît l'ignorance, l'ignorance accroît la misère; et, quand on se demande pourquoi le peuple français a été si cruel dans la révolution, on ne peut en trouver la cause que dans l'absence de bonheur, qui conduit à l'absence de moralité.

On a voulu vainement, pendant le cours de ces vingt-cinq années, exciter en Suisse et en Hollande des scènes semblables à celles qui se sont passées en France : le bon sens de ces peuples, formé depuis longtemps par la liberté, s'y est constamment opposé.

Une autre cause des malheurs de la révolution c'est la prodigieuse influence de Paris sur la France. Or, l'établissement des administrations provinciales devait diminuer l'ascendant de la capitale sur tous les points du royaume; car les grands propriétaires, intéressés par les affaires dont ils se seraient mêlés chez eux, auraient eu un motif pour quitter Paris, et vivre dans leurs terres. Les grands d'Espagne ne peuvent pas s'éloigner de Madrid sans la permission du roi : c'est un puissant moyen de despotisme, et par conséquent de dégradation, que de changer les nobles en courtisans. Les assemblées provinciales devaient rendre aux grands seigneurs de France une consistance politique. Les dissensions qu'on a vues tout à coup éclater entre les classes privilégiées et la nation, n'auraient peut-être pas existé, si, depuis longtemps, les trois ordres se fussent rapprochés, en discutant en commun les affaires d'une même province.

M. Necker composa les administrations provinciales instituées sous son ministère, comme l'ont été depuis les états généraux, d'un quart de nobles,

6.

un quart du clergé, et moitié du tiers état, divisé en députés des villes et en députés des campagnes. Ils délibéraient ensemble, et déjà l'harmonie s'établissait tellement entre eux, que les deux premiers ordres avaient parlé de renoncer volontairement à leurs priviléges en matière d'impôts. Les procès-verbaux de leurs séances devaient être imprimés, afin d'encourager leurs travaux par l'estime publique.

Les grands seigneurs français n'étaient pas assez instruits, parce qu'ils ne gagnaient rien à l'être. La grâce en conversation, qui conduisait à plaire à la cour, était la voie la plus sûre pour arriver aux honneurs. Cette éducation superficielle a été l'une des causes de la ruine des nobles : ils ne pouvaient plus lutter contre les lumières du tiers état; ils auraient dû tâcher de les surpasser. Les assemblées provinciales auraient, par degrés, amené les grands seigneurs à primer par leur savoir en administration, comme jadis ils l'emportaient par leur épée; et l'esprit public en France aurait précédé l'établissement des institutions libres.

Les assemblées provinciales n'auraient point empêché qu'un jour on ne demandât la convocation des états généraux; mais du moins, quand l'époque inévitable d'un gouvernement représentatif serait arrivée, la première classe et la seconde, s'étant occupées ensemble depuis longtemps de l'administration de leur pays, ne seraient point présentées aux états généraux, l'une avec l'horreur et l'autre avec la passion de l'égalité.

L'archevêque de Bourges et l'évêque de Rhodez furent choisis pour présider les deux assemblées provinciales établies par M. Necker. Ce ministre, qui était protestant, montra en toute occasion une grande déférence pour le clergé de France, parce qu'il était en effet composé d'hommes très-sages, dans tout ce qui ne concernait pas les préjugés de corps; mais, depuis la révolution, les haines de parti et la nature du gouvernement doivent écarter les ecclésiastiques des emplois publics.

Les parlements prirent de l'ombrage des assemblées provinciales, comme d'une institution qui pouvait donner au roi une force d'opinion indépendante de la leur. M. Necker souhaitait que les provinces ne fussent point exclusivement soumises aux autorités qui siégeaient à Paris; mais, loin de vouloir détruire ce qu'il y avait de vraiment utile dans les pouvoirs politiques des parlements, c'est-à-dire, l'obstacle qu'ils pouvaient mettre à l'extension de l'impôt, ce fut lui, M. Necker, qui obtint du roi que l'on soumît aussi l'augmentation de la taille, impôt arbitraire dont le ministère seul fixait la quotité, à l'enregistrement du parlement. M. Necker cherchait sans cesse à mettre des bornes au pouvoir ministériel, parce qu'il savait, par sa propre expérience, qu'un homme chargé de tant d'affaires, et à une si grande distance des intérêts sur lesquels il est appelé à prononcer, finit toujours par s'en remettre, de subalterne en subalterne, aux derniers commis, les plus incapables de juger des motifs qui doivent influer sur des décisions importantes.

Oui, dira-t-on encore, M. Necker, ministre temporaire, mettait volontiers des bornes au pouvoir ministériel; mais c'était ainsi qu'il portait atteinte à l'autorité permanente des rois. Je ne traiterai point ici la grande question de savoir si le roi d'Angleterre n'a pas autant et plus de pouvoir que n'en avait un roi de France. La nécessité de gouverner dans le sens de l'opinion publique est imposée au souverain anglais; mais, cette condition remplie, il réunit la force de la nation à celle du trône, tandis qu'un monarque arbitraire, ne sachant où prendre l'opinion que ses ministres ne lui représentent pas fidèlement, rencontre à chaque instant des obstacles imprévus dont il ne peut calculer les dangers. Mais, sans anticiper sur un résultat qui, j'espère, acquerra quelque évidence nouvelle par cet ouvrage, je m'en tiens aux administrations provinciales, et je demande s'ils étaient les vrais serviteurs du roi, ceux qui voulaient lui persuader que ces administrations diminuaient son autorité.

La quotité des impôts n'était point soumise à leur décision; la répartition de la somme fixée d'avance leur était seule accordée. Était-ce donc un avantage pour la couronne, que l'impôt, mal subdivisé par un mauvais intendant, fît souffrir le peuple, et le révoltât plus encore contre l'autorité qu'un tribut, quelque considérable qu'il soit, quand il est sagement partagé? Tous les agents du pouvoir en appelaient, dans chaque détail, à la volonté du roi : les Français ne sont contents que quand ils peuvent, en toute occasion, s'appuyer sur les désirs du prince. Les habitudes serviles sont chez eux invétérées; tandis que les ministres, dans les pays libres, ne se fondent que sur le bien public. Il se passera du temps encore avant que les habitants de la France, accoutumés depuis plusieurs siècles à l'arbitraire, apprennent à rejeter ce langage de courtisan, qui ne doit pas sortir de l'enceinte des palais où il a pris naissance.

Le roi, sous le ministère de M. Necker, n'a jamais eu la moindre discussion avec les parlements. Cela n'est pas étonnant, dira-t-on, puisque le roi, pendant ce temps, n'exigea point de nouveaux impôts, et s'abstint de tout acte arbitraire. Mais c'est en cela que le ministre se conduisit avec prudence; car un roi, dans le pays même où des lois constitutionnelles ne servent point de bornes à son pouvoir, aurait tort d'essayer jusqu'à quel point le peuple supporterait ses fautes. Personne ne doit faire tout ce qu'il peut, surtout sur un terrain aussi chancelant que celui de l'autorité arbitraire, dans un pays éclairé.

M. Necker, dans son premier ministère, était encore plus ami de la probité publique, si l'on peut s'exprimer ainsi, que de la liberté; parce que la nature du gouvernement qu'il servait permettait l'une plus que l'autre; mais il souhaitait tout ce qui pouvait donner quelque stabilité au bien, indépendamment du caractère personnel des rois, et de celui de leurs ministres, plus incertain encore. Les deux administrations provinciales qu'il établit dans le Berri et le Rouergue, réussirent admirablement. Plusieurs autres étaient préparées, et le mouvement nécessaire aux esprits, dans un grand empire, se tournait vers ces améliorations partielles. Il n'y avait alors que deux seuls moyens de satisfaire l'opinion, qui s'agitait déjà beaucoup sur les affaires en général : les administrations provinciales et la publicité des finances. Mais, dira-t-on, pourquoi satisfaire l'opinion? Je m'abstiendrai de toutes les réponses que feraient les amis de la liberté à cette singulière question. Je dirai simplement que, même pour éviter la demande d'un gouvernement représentatif, le mieux était d'accorder alors ce qu'on attendait de ce gouvernement, c'est-à-dire, de l'ordre et de la stabilité dans l'administration. Enfin, le crédit, c'est-à-dire, l'argent, dépendait de l'opinion; et puisqu'on avait besoin de cet argent, il fallait au moins ménager par intérêt le vœu national, auquel, peut-être, on aurait dû céder par devoir.

CHAPITRE VII.
De la guerre d'Amérique.

En jugeant le passé d'après la connaissance des événements qui l'ont suivi, on peut dire, je crois, que Louis XVI eut tort de se mêler de la guerre entre l'Amérique et l'Angleterre, quoique l'indépendance des États-Unis fût désirée par toutes les âmes généreuses. Les principes de la monarchie française ne permettaient pas d'encourager ce qui devait être considéré comme une révolte, d'après ces mêmes principes. D'ailleurs, la France n'avait point à se plaindre alors de l'Angleterre; et, dé-

clarer une guerre seulement d'après la rivalité toujours subsistante entre ces deux pays, c'est un genre de politique mauvais en lui-même, et plus nuisible encore à la France qu'à l'Angleterre. Car la France ayant de plus grandes sources naturelles de prospérité, et beaucoup moins de puissance et d'habileté sur mer, c'est la paix qui la fortifie, et la guerre maritime qui la ruine.

La cause de l'Amérique et les débats du parlement d'Angleterre à ce sujet excitèrent un grand intérêt en France. Tous les Français qui furent envoyés pour servir avec le général Washington, revinrent pénétrés d'un enthousiasme de liberté qui devait leur rendre difficile de retourner tranquillement à la cour de Versailles, sans rien souhaiter de plus que l'honneur d'y être admis. Il faut donc, dira-t-on, attribuer la révolution à la faute que fit le gouvernement français, en prenant part à la guerre d'Amérique. Il faut attribuer la révolution à tout et à rien : chaque année du siècle y conduisait par toutes les routes. Il était très-difficile de se refuser aux cris de Paris en faveur de l'indépendance des Américains. Déjà le marquis de la Fayette, un noble Français, amoureux de la gloire et de la liberté, avait obtenu l'approbation générale en allant se joindre aux Américains, avant même que le gouvernement français eût pris parti pour eux. La résistance à la volonté du roi, dans cette circonstance, fut encouragée par les applaudissements du public. Or, quand l'autorité du prince est en défaveur auprès de l'opinion, le principe de la monarchie, qui place l'honneur dans l'obéissance, est attaqué par sa base.

A quoi fallait-il donc se décider? M. Necker fit au roi des représentations très-fortes en faveur du maintien de la paix, et ce ministre, accusé de sentiments républicains, se prononça contre une guerre dont l'indépendance d'un peuple était l'objet. Ce n'est point, je n'ai pas besoin de le dire, qu'il ne souhaitât vivement le triomphe des Américains dans leur admirable cause; mais d'une part il ne croyait pas permis de déclarer la guerre sans une nécessité positive, et de l'autre, il était convaincu qu'aucune combinaison politique ne vaudrait à la France les avantages qu'elle pouvait retirer de ses capitaux consumés par cette guerre. Ces arguments ne prévalurent pas, et le roi se décida pour la guerre. Il faut convenir néanmoins qu'elle pouvait être appuyée par des motifs essentiels; et, quelque parti qu'on prît, on s'exposait à de graves inconvénients. Déjà le temps approchait où l'on devait appliquer à Louis XVI ce que Hume dit de Charles Iᵉʳ : *Il se trouvait dans une situa-*

tion *où les fautes étaient irréparables, et cette situation ne saurait convenir à là faible nature humaine.*

CHAPITRE VIII.

De la retraite de M. Necker, en 1781.

M. Necker n'avait d'autre but, dans son premier ministère, que d'engager le roi à faire par lui-même tout le bien que la nation réclamait, et pour lequel elle a souhaité depuis d'avoir des représentants. C'était l'unique manière d'empêcher une révolution pendant la vie de Louis XVI, et je n'ai point vu mon père varier depuis dans la conviction qu'alors, en 1781, il y aurait réussi. Le reproche le plus amer qu'il se soit donc fait dans sa vie, c'est de n'avoir pas tout supporté, plutôt que de donner sa démission. Mais il ne prévoyait pas à cette époque ce que les événements ont révélé; et, bien qu'un sentiment généreux l'attachât seul à sa place, il y a dans les âmes élevées une crainte délicate de ne pas abdiquer aussi facilement le pouvoir, quand la fierté le leur conseille.

La seconde classe des courtisans se déclara contre M. Necker. Les grands seigneurs, n'ayant point d'inquiétude sur leur situation ni sur leur fortune, ont en général plus d'indépendance dans leur manière de voir que cet essaim obscur qui s'accroche à la faveur, pour en obtenir quelques dons nouveaux à chaque occasion nouvelle. M. Necker faisait des retranchements dans la maison du roi, dans la somme destinée aux pensions, dans les charges de finances, dans les gratifications accordées aux gens de la cour sur ces charges. Ce système économique ne convenait point à tous ceux qui avaient déjà pris l'habitude d'être payés par le gouvernement, et de pratiquer l'industrie des sollicitations comme moyen de vivre. En vain, pour se donner plus de force, M. Necker avait-il montré un désintéressement personnel inouï jusqu'alors, en refusant tous les appointements de sa place. Qu'importait ce désintéressement à ceux qui rejetaient bien loin d'eux un tel exemple? Cette conduite vraiment généreuse ne désarma point la colère des hommes et des femmes qui rencontraient dans M. Necker un obstacle à des abus tellement passés en habitude, qu'il leur semblait injuste de vouloir les supprimer.

Les femmes d'un certain rang se mêlaient de tout avant la révolution. Leurs maris ou leurs frères les employaient toujours pour aller chez les ministres; elles pouvaient insister sans manquer de convenance, passer la mesure même sans qu'on fût dans le cas de s'en plaindre; et toutes les insinuations qu'elles savaient faire en parlant, exerçaient beaucoup d'empire sur la plupart des hommes en place. M. Necker les écoutait très-poliment; mais il avait trop d'esprit pour ne pas démêler ces ruses de conversation, qui ne produisent aucun effet sur les esprits éclairés et naturels. Ces dames alors avaient recours à de grands airs, rappelaient négligemment les noms illustres qu'elles portaient, et demandaient une pension comme un marechal de France se plaindrait d'un passe-droit. M. Necker s'en tenait toujours à la justice, et ne se permettait point de prodiguer l'argent acquis par les sacrifices du peuple. « Qu'est-ce que mille écus pour le roi? disaient-elles. — Mille écus, répondait M. Necker, c'est la taille d'un village. »

De tels sentiments n'étaient appréciés que des personnes les plus respectables à la cour. M. Necker pouvait aussi compter sur des amis dans le clergé, qu'il avait toujours honoré, et parmi les grands propriétaires et les nobles, qu'il voulait introduire, à l'aide des administrations provinciales, au maniement et à la connaissance des affaires publiques. Mais les courtisans des princes et les financiers étaient vivement contre lui. Un mémoire qu'il remit au roi sur l'établissement des assemblées provinciales avait été indiscrètement publié, et les parlements y avaient vu que M. Necker donnait comme un des motifs de cette institution, l'appui d'opinion qu'elle pourrait prêter dans la suite contre les parlements eux-mêmes, s'ils se conduisaient comme des corporations ambitieuses, et non d'après le vœu national. C'en fut assez pour que ces magistrats, jaloux d'une autorité politique contestée, nommassent hardiment M. Necker un novateur. Mais, de toutes les innovations, celle que les courtisans et les financiers détestaient le plus, c'était l'économie. De tels ennemis, cependant, n'auraient pu faire renvoyer un ministre pour lequel la nation montrait plus d'attachement qu'elle n'en avait témoigné à personne, depuis l'administration de Sully et de Colbert, si le comte de Maurepas n'avait pas habilement saisi le moyen de le renverser.

Il en voulait à M. Necker d'avoir fait nommer, sans sa participation, M. le maréchal de Castries au ministère de la marine. Aucun homme cependant n'était plus considéré que M. de Castries, et ne méritait davantage de l'être. Mais M. de Maurepas ne voulait pas que M. Necker, ni personne, s'avisât d'avoir un crédit direct sur le roi : il était jaloux de la reine elle-même, et la reine alors traitait M. Necker avec beaucoup de bonté. M. de

Maurepas assistait toujours au travail du roi avec les ministres; mais ce fût pendant un de ses accès de goutte que M. Necker, se trouvant seul avec le roi, en obtint la destitution de M. de Sartines, et la nomination de M. le maréchal de Castries au ministère de la marine.

M. de Sartines était un exemple du genre de choix qu'on fait dans les monarchies où la liberté de la presse et l'assemblée des députés n'obligent pas à recourir aux hommes de talent. Il avait été un excellent lieutenant de police; une intrigue quelconque le fit élever au rang de ministre de la marine. M. Necker alla chez lui quelques jours après sa nomination; il avait fait tapisser sa chambre de cartes géographiques, et dit à M. Necker, en se promenant dans ce cabinet d'étude : « Voyez « quels progrès j'ai déjà faits; je puis mettre la « main sur cette carte, et vous montrer, en fer- « mant les yeux, où sont les quatre parties du « monde. » Ces belles connaissances n'auraient pas semblé suffisantes en Angleterre pour diriger la marine.

A cette ignorance M. de Sartines joignait une inconcevable ineptie dans la comptabilité de son département, et le ministre des finances ne pouvait pas rester étranger aux désordres qui avaient lieu dans cette partie des dépenses publiques. Malgré l'importance de ces motifs, M. de Maurepas ne pardonna pas à M. Necker d'avoir parlé directement au roi; et, à dater de ce jour, il devint son ennemi mortel. C'est un caractère singulier qu'un vieux ministre courtisan! La chose publique n'était de rien à M. de Maurepas : il ne s'occupait que de ce qu'il appelait le service du roi, et ce service du roi consistait dans la faveur qu'on pouvait gagner ou perdre à la cour : les affaires les plus essentielles étaient toutes subordonnées au maniement de l'esprit du souverain. Il fallait bien avoir une certaine connaissance des choses pour s'en entretenir avec le roi; il fallait bien mériter jusqu'à un certain point l'estime, pour que le roi n'entendît pas dire trop de mal de vous; mais le mobile et le but de tout, c'était de lui plaire. M. de Maurepas tâchait de conserver sa faveur par une multitude de soins inaperçus, afin d'entourer, comme avec des filets, le monarque qu'il voulait séparer de toutes relations dans lesquelles il aurait pu entendre des paroles sérieuses et sincères. Il n'osait pas proposer au roi de renvoyer un homme aussi utile que M. Necker. Quand on n'aurait fait aucun cas de son amour pour le bien public, l'argent qu'il procurait par son crédit au trésor royal n'était pas à dédaigner. Cependant le vieux minis-

tre était aussi imprudent, en fait d'intérêt général, que précautionné dans ce qui le concernait personnellement, et il ne s'embarrassait guère de ce qui arriverait aux finances de l'État, pourvu que M. Necker ne se hasardât pas, sans son consentement, à parler au roi. Il était difficile toutefois de dire à ce roi : « Vous devez disgracier votre ministre, parce qu'il s'est avisé de s'adresser à vous sans me consulter. » Il fallait donc attendre une circonstance d'un autre genre; et, quelque réservé que fût M. Necker, il avait un caractère fier, une âme irritable; c'était un homme énergique enfin dans toute sa manière de sentir : c'était assez pour commettre, tôt ou tard, des fautes à la cour.

Dans une des maisons des princes, il se trouvait une espèce d'intendant, M. de Sainte-Foix, intrigant tranquille, mais persévérant dans sa haine contre tous les sentiments exaltés : cet homme, jusqu'à son dernier jour, et lorsque sa tête blanchie semblait appeler des pensées plus graves, cherchait encore, chez les ministres mêmes de la révolution, un dîner, des secrets et de l'argent. M. de Maurepas l'employa pour faire répandre des libelles contre M. Necker. Comme il n'y avait point en France de liberté de la presse, c'était une chose toute nouvelle que des écrits contre un homme en place, encouragés par le premier ministre, et par conséquent distribués publiquement à tout le monde.

Il fallait, et M. Necker se l'est bien souvent répété depuis, il fallait mépriser ces pièges tendus à son caractère; mais madame Necker ne put supporter la douleur que lui causait la calomnie dont son époux était l'objet; elle crut devoir lui dérober la connaissance du premier libelle qui parvint entre ses mains, afin de lui épargner une peine amère. Mais elle imagina d'écrire à son insu à M. de Maurepas pour s'en plaindre, et pour lui demander de prendre les mesures nécessaires contre ces écrits anonymes : c'était s'adresser à celui même qui les encourageait en secret. Quoique madame Necker eût beaucoup d'esprit, élevée dans les montagnes de la Suisse, elle ne se faisait pas l'idée du caractère de M. de Maurepas, de cet homme qui ne voyait dans l'expression des sentiments qu'une occasion de découvrir le côté vulnérable. Dès qu'il connut la susceptibilité de M. Necker, par le chagrin que sa femme avait fait voir, il se flatta, en l'irritant, de le pousser à donner sa démission.

Quand M. Necker sut la démarche de sa femme, il la blâma, mais il en fut très-ému. Après ses devoirs religieux, l'opinion publique était ce qui l'occupait le plus; il sacrifiait la fortune, les honneurs, tout ce que les ambitieux recherchent, à l'estime de la nation; et cette voix du peuple, alors non encore altérée, avait pour lui quelque chose de divin. Le moindre nuage sur sa réputation était la plus grande souffrance que les choses de la vie pussent lui causer. Le but mondain de ses actions, le vent de terre qui le faisait naviguer, c'était l'amour de la considération. Un ministre du roi de France n'avait pas d'ailleurs, comme les ministres anglais, une force indépendante de la cour : il ne pouvait manifester en public, dans la chambre des communes, son caractère et sa conduite; et, la liberté de la presse n'existant pas, les libelles clandestins en étaient d'autant plus dangereux.

M. de Maurepas faisait répandre sourdement que c'était plaire au roi que d'attaquer son ministre. Si M. Necker avait demandé un entretien particulier au roi pour l'éclairer sur M. de Maurepas, peut-être l'aurait-il fait disgracier. Mais la vieillesse de cet homme, quelque frivole qu'elle fût, méritait toujours des égards, et d'ailleurs M. Necker se croyait lié par la reconnaissance envers celui qui l'avait appelé au ministère. M. Necker se contenta donc de requérir un signe quelconque de la faveur du souverain qui décourageât les libellistes; il désirait qu'on les éloignât de la maison de monseigneur le comte d'Artois, dans laquelle ils occupaient des emplois, et qu'on lui accordât l'entrée au conseil d'État dont on l'avait écarté, sous prétexte de la religion protestante qu'il professait, bien que sa présence y eût été éminemment utile. Un ministre des finances, chargé de demander au peuple les sacrifices qu'exige la guerre, doit prendre part aux délibérations sur la possibilité de faire la paix.

M. Necker était convaincu que si le roi ne témoignait pas de quelque manière qu'il le protégeait sincèrement contre ses ennemis tout-puissants, il n'aurait plus la force nécessaire pour conduire les finances avec la sévérité dont il se faisait un devoir. Il se trompait toutefois : l'attachement de la nation pour lui était plus grand qu'il ne le croyait; et s'il avait attendu la mort du premier ministre, qui arriva six mois après, il aurait occupé sa place. Le règne de Louis XVI eût été probablement paisible, et la nation se serait préparée, par une bonne administration, à l'émancipation qui lui était due.

M. Necker offrit sa démission, si les conditions qu'il demandait n'étaient pas accordées. M. de Maurepas, qui l'avait excité à cette démarche, en prévoyait avec certitude le résultat; car plus les monarques sont faibles, plus ils sont fidèles à quelques maximes de fermeté qui leur ont été données dès leur enfance, et dont l'une des premières est sans doute, qu'un roi ne doit jamais refuser une démission offerte, ni souscrire aux conditions qu'un fonctionnaire public met à la continuation de ses services.

La veille du jour où M. Necker se proposait de demander au roi sa retraite, s'il n'obtenait pas ce qu'il désirait, il se rendit avec sa femme à l'hospice qui porte encore leur nom à Paris. Il allait souvent dans cet asile respectable reprendre du courage contre les difficultés cruelles de sa situation. Les sœurs de la Charité, la plus touchante des communautés religieuses, soignaient les malades de l'hôpital : ces sœurs ne prononcent des vœux que pour une année, et plus elles font de bien, moins elles sont intolérantes. M. et madame Necker, tous les deux protestants, étaient l'objet de leur amour. Ces saintes filles leur offrirent des fleurs, et leur chantèrent des vers tirés des psaumes, la seule poésie qu'elles connussent : elles les appelaient leurs bienfaiteurs, parce qu'ils venaient au secours du pauvre. Mon père, ce jour-là, fut plus attendri, je m'en souviens encore, qu'il ne l'avait jamais été par de semblables témoignages de reconnaissance : sans doute il regrettait le pouvoir qu'il allait perdre, celui de servir la France. Hélas! qui dans ce temps aurait pu croire qu'un tel homme serait un jour accusé d'être dur, arrogant et factieux? Ah! jamais une âme plus pure n'a traversé la région des orages, et ses ennemis, en le calomniant, commettent une impiété; car le cœur de l'homme vertueux est le sanctuaire de la Divinité dans ce monde.

Le lendemain, M. Necker revint de Versailles, ayant cessé d'être ministre. Il entra chez ma mère, et tous les deux, après une demi-heure de conversation, donnèrent l'ordre à leurs gens de nous établir dans vingt-quatre heures à Saint-Ouen, maison de campagne de mon père, à deux lieues de Paris. Ma mère se soutenait par l'exaltation même de ses sentiments; mon père gardait le silence; moi j'étais trop enfant pour n'être pas ravie d'un changement quelconque de situation; cependant, quand je vis à dîner les secrétaires et les commis du ministère tous dans une morne tristesse, je commençai à craindre que ma joie ne fût pas trop bien fondée. Cette inquiétude fut dissipée par les hommages sans nombre que mon père reçut à Saint-Ouen.

Toute la France vint le voir : les grands seigneurs, le clergé, les magistrats, les négociants, les hommes de lettres, s'attiraient chez lui les uns les autres; il reçut près de cinq cents lettres [1] des administrations et des diverses corporations des provinces, qui exprimaient un respect et une affection dont aucun homme public en France n'avait peut-être jamais eu l'honneur d'être l'objet. Les mémoires du temps qui ont déjà paru, attestent la vérité de ce que j'avance à cet égard [2].

[1] Ces lettres sont un trésor de famille que je possède à Coppet.

[2] *Correspondance littéraire, philosophique et critique, adressée à un souverain d'Allemagne, par le baron de Grimm et par Diderot.* (Tome V, page 297, mai 1781.)

« Ce n'est que le dimanche matin, 20 de ce mois, que l'on fut instruit, à Paris, de la démission donnée la veille par M. Necker : on y avait été préparé, depuis longtemps, par les bruits de la ville et de la cour, par l'impunité des libelles les plus injurieux, et par l'espèce de protection accordée à ceux qui avaient eu le front de les avouer, par toutes les démarches ouvertes et cachées d'un parti puissant et redoutable. Cependant l'on eût dit, à voir l'étonnement universel, que jamais nouvelle n'avait été plus imprévue : la consternation était peinte sur tous les visages; ceux qui éprouvaient un sentiment contraire étaient en trop petit nombre; ils auraient rougi de le montrer. Les promenades, les cafés, tous les lieux publics étaient remplis de monde; mais il y régnait un silence extraordinaire. On se regardait, on se serrait tristement la main, je dirais comme à la vue d'une calamité publique; si ces premiers moments de trouble n'eussent ressemblé davantage à la douleur d'une famille désolée, qui vient de perdre l'objet et le soutien de ses espérances.

« On donnait, ce même soir, à la Comédie française, une représentation de la Partie de chasse de Henri IV. J'ai vu souvent au spectacle, à Paris, des allusions aux circonstances du moment saisies avec beaucoup de finesse; mais je n'en ai point vu qui aient été avec un intérêt aussi sensible, aussi général. Chaque applaudissement (quand il s'agissait de Sully) semblait, pour ainsi dire, porter un caractère particulier, une nuance propre au sentiment dont on était pénétré; c'était tour à tour celui des regrets et de la tristesse, de la reconnaissance et du respect; tous ces mouvements étaient si vrais, si justes, si bien marqués, que la parole même n'aurait pu leur donner une expression plus vive et plus intéressante. Rien de ce qui pouvait s'appliquer sans réserve au sentiment du public pour M. Necker ne fut négligé; souvent les applaudissements venaient interrompre l'acteur, au moment où l'on prévoyait que la suite du discours ne serait plus susceptible d'une application aussi pure, aussi flatteuse, aussi naturelle. Enfin, nous osons croire qu'il est peu d'exemples d'un concert d'opinions plus sensible, plus délicat, et, s'il est permis de s'exprimer ainsi, plus involontairement unanime. Les comédiens ont été s'excuser auprès de M. le lieutenant de police, d'avoir donné lieu à une scène si touchante, mais dont on ne pouvait leur savoir mauvais gré. Ils ont justifié leur innocence, en prouvant que la pièce était sur le répertoire depuis huit jours. On leur a pardonné, et l'on s'est contenté de défendre, à cette occasion, aux journalistes de parler à l'avenir de M. Necker, ni en bien ni en mal.

« Si jamais ministre n'emporta dans sa retraite une gloire plus pure et plus intègre que M. Necker, jamais ministre aussi n'y reçut plus de témoignages de la bienveillance et de l'admiration publiques. Il y eut, les premiers jours, sur le chemin qui conduit à sa maison de campagne, à Saint-Ouen, à deux lieues de Paris, une procession de carrosses presque continuelle. Des hommes de toutes les classes et de toutes les conditions s'empressèrent à lui porter l'hommage de leurs regrets et de leur sensibilité; et, dans ce nombre, on a pu compter les personnes les plus respectables de la ville et de la cour, les prélats les plus distingués par leur naissance et par leur piété, M. l'archevêque de Paris à la tête, les Biron, les Beauveau, les Richelieu, les Choiseul, les Noailles, les Luxembourg, enfin les noms les plus respectés de la France, sans

La France, à cette époque, ne voulait encore rien de plus qu'un bon ministre : elle s'était successivement attachée à M. Turgot, à M. de Malesherbes, et particulièrement à M. Necker, parce qu'il avait plus de talent que les deux autres pour les choses positives. Mais, lorsque les Français virent que, même sous un roi aussi vertueux que Louis XVI, aucun ministre austère et capable ne pouvait rester en place, ils comprirent que les institutions stables peuvent seules mettre l'État à l'abri des vicissitudes des cours.

Joseph II, Catherine II, la reine de Naples, écrivirent à M. Necker, pour lui offrir la direction de leurs finances : il avait le cœur trop français pour accepter un tel dédommagement, quelque honorable qu'il pût être. La France et l'Europe furent consternées de la retraite de M. Necker : ses vertus et ses facultés méritaient cet hommage; mais il y avait de plus, dans cette impression universelle, la crainte confuse de la crise politique dont on était menacé, et que la sagesse seule du ministère français pouvait retarder ou prévenir.

On n'aurait, certes, pas vu sous Louis XVI un ministre disgracié, comblé de preuves d'estime par toutes les classes de la société. Ce nouvel esprit d'indépendance devait apprendre à un homme d'État la force de l'opinion; néanmoins, loin de la ménager, pendant les sept années qui se passèrent entre la retraite de M. Necker et la promesse des états généraux donnée par l'archevêque de Sens, il n'est sorte de fautes que les ministres n'aient commises; et ils ont exaspéré chaque jour la nation sans avoir entre leurs mains aucune force réelle pour la contenir.

CHAPITRE IX.

Des circonstances qui ont amené la convocation des états généraux. — Ministère de M. de Calonne.

M. Turgot et M. Necker avaient été renversés, en grande partie, par l'influence des parlements, qui ne voulaient ni la suppression des priviléges en matière d'impôts, ni l'établissement des assemblées provinciales. Le roi crut donc qu'il se trouverait mieux de choisir ses ministres des finances dans le parlement même, afin de n'avoir rien à craindre de l'opposition de ce corps, lorsqu'il serait question de demander de nouveaux impôts.

oublier celui de successeur même de M. Necker, qui n'a pas cru pouvoir mieux rassurer les esprits sur les principes de son administration, qu'en donnant lui-même les plus grands éloges à celle de M. Necker, et en se félicitant de n'avoir qu'à suivre une route qu'il trouvait si heureusement tracée. »

Il nomma successivement, à cet effet, contrôleurs généraux, M. Joly de Fleury et M. d'Ormesson; mais ni l'un ni l'autre n'avaient la moindre idée de la manutention des finances, et l'on peut regarder leur ministère comme un temps d'anarchie à cet égard. Cependant les circonstances où ils se trouvaient étaient beaucoup plus favorables que celles contre lesquelles M. Necker avait eu à lutter. M. de Maurepas n'existait plus, et la paix était signée. Que d'améliorations M. Necker n'aurait-il pas faites dans une position si avantageuse! Mais il était dans l'esprit des magistrats, ou plutôt du corps dont ils faisaient partie, de n'admettre aucun progrès en aucun genre. . .

Les représentants du peuple, chaque année, et surtout à chaque élection, sont éclairés par les lumières qui se développent de toutes parts; mais le parlement de Paris était et serait resté constamment étranger à toute idée nouvelle. La raison en est fort simple : un corps privilégié, quel qu'il soit, ne peut tenir sa patente que de l'histoire; il n'a de force actuelle que parce qu'il a existé autrefois. Nécessairement donc il s'attache au passé, et redoute les innovations. Il n'en est pas de même des députés, qui participent à la force renouvelée de la nation qu'ils représentent.

Le choix des parlementaires n'ayant pas réussi, il ne restait que la classe des intendants, c'est-à-dire, des administrateurs de province, nommés par le roi. M. Senac de Meilhan, écrivain superficiel, qui n'avait de profondeur que dans l'amour-propre, ne pouvait pardonner à M. Necker d'avoir été appelé à sa place, car il considérait le ministère comme son droit; mais il avait beau haïr et calomnier, il ne parvenait pas à faire tourner sur lui l'opinion publique. Un seul des concurrents passait pour très-distingué par son esprit : c'était M. de Calonne; on lui croyait des talents supérieurs, parce qu'il traitait légèrement les choses les plus sérieuses, y compris la vertu. C'est une grande erreur que l'on commet en France, de se persuader que les hommes immoraux ont des ressources merveilleuses dans l'esprit. Les fautes causées par la passion dénotent assez souvent des facultés distinguées; mais la corruption et l'intrigue tiennent à un genre de médiocrité qui ne permet d'être utile à rien qu'à soi-même. On serait plus près de la vérité, en considérant comme incapable des affaires publiques, un homme qui a consacré sa vie au ménagement artificieux des circonstances et des personnes. Tel était M. de Calonne, et dans ce genre encore la frivolité de son caractère le poursuivait, et il ne faisait pas habi-

lement le mal, même lorsqu'il en avait l'intention.

Sa réputation, fondée par les femmes, avec lesquelles il passait sa vie, l'appelait au ministère. Le roi résista longtemps à ce choix, parce que son instinct consciencieux le repoussait. La reine partageait la répugnance du roi, quoiqu'elle fût entourée de personnes d'un avis différent; on eût dit qu'ils pressentaient l'un et l'autre dans quel malheur un tel caractère allait les jeter. Je le répète, aucun homme en particulier ne peut être considéré comme l'auteur de la révolution de France; mais, si l'on voulait s'en prendre à un individu d'un événement séculaire, ce serait les fautes de M. de Calonne qu'il faudrait en accuser. Il voulait plaire à la cour, en répandant l'argent à pleines mains; il encouragea le roi, la reine et les princes, à ne se gêner sur aucun de leurs goûts, assurant que le luxe était la source de la prospérité des États; il appelait la prodigalité une large économie : enfin, il voulait être en tout un ministre facile et complaisant, pour se mettre en contraste avec l'austérité de M. Necker; mais, si M. Necker était plus vertueux, il est également vrai qu'il avait aussi beaucoup plus d'esprit. La controverse par écrit qui s'établit entre ces deux ministres sur le déficit, quelque temps après, a prouvé que, même en fait de plaisanteries, M. Necker avait tout l'avantage.

La légèreté de M. de Calonne consistait plutôt dans ses principes que dans ses manières; il lui paraissait brillant de se jouer avec les difficultés, et cela le serait en effet, si l'on en triomphait; mais, quand elles sont plus fortes que celui qui veut avoir l'air d'en être le maître, sa négligente confiance n'est rien qu'un ridicule de plus.

M. de Calonne continua pendant la paix le système des emprunts qui, de l'avis de M. Necker, ne convenait que pendant la guerre. Le crédit du ministre baissant chaque jour, il fallait qu'il haussât l'intérêt, pour se procurer de l'argent, et le désordre s'accroissait ainsi par le désordre même. M. Necker, vers ce temps, publia l'*Administration des finances :* cet ouvrage, reconnu maintenant pour classique, produisit dès lors un effet prodigieux; on en vendit quatre-vingt mille exemplaires. Jamais aucun écrit, sur des sujets aussi sérieux, n'avait eu un succès tellement populaire. Les Français s'occupaient déjà beaucoup dans ce temps de la chose publique, sans songer encore à la part qu'ils y pourraient prendre.

L'ouvrage sur l'administration des finances renfermait tous les plans de réforme adoptés depuis par l'assemblée constituante, dans le système des impôts; et l'heureux effet que ces changements ont produit sur l'aisance de la nation, a fait connaître la vérité de ce que M. Necker a constamment proclamé dans ses écrits sur les richesses naturelles de la France.

M. de Calonne n'avait de popularité que parmi les courtisans; mais telle était la détresse dans laquelle ses prodigalités et son insouciance plongeaient les finances, qu'il se vit obligé de songer à la ressource proposée par l'homme d'État qui lui ressemblait le moins, à tous égards, M. Turgot : la répartition égale des impôts entre toutes les classes. Quels obstacles cependant une telle innovation ne devait-elle pas rencontrer, et quelle bizarre situation que celle d'un ministre qui a dilapidé le trésor royal, pour se faire des partisans parmi les privilégiés, et qui se voit contraint à les indisposer tous, en leur imposant des tributs en masse, pour acquitter les dons qu'il leur a faits en détail?

M. de Calonne savait que le parlement ne consentirait pas à de nouveaux impôts, et il savait aussi que le roi n'aimait point à recourir au lit de justice; ce droit royal manifestait le despotisme de la couronne, en annulant la seule résistance que permit la constitution de l'État. D'un autre côté l'opinion publique grandissait, et l'esprit d'indépendance se manifestait dans toutes les classes. M. de Calonne crut qu'il pourrait se faire un appui de cette opinion contre le parlement, tandis qu'elle était autant contre lui que le parlement même. Il proposa au roi de convoquer l'assemblée des notables, chose dont il n'y avait pas eu d'exemple depuis Henri IV, depuis un roi qui pouvait tout risquer en fait d'autorité, puisqu'il était certain de tout regagner par l'amour.

Ces assemblées de notables n'avaient d'autre pouvoir que de dire au roi leur avis sur les questions que les ministres jugeaient à propos de leur adresser. Rien n'est plus mal combiné, dans un temps où les esprits sont agités, que ces réunions d'hommes dont les fonctions se bornent à parler; on excite ainsi d'autant plus l'opinion, qu'on ne lui donne point d'issue. Les états généraux, convoqués pour la dernière fois en 1614, avaient seuls le droit légal de consentir les impôts : mais comme on en avait sans cesse établi de nouveaux depuis cent soixante-quinze ans, sans rappeler ce droit, il n'y avait point d'habitude contractée chez les Français à cet égard, et l'on entendait beaucoup plus parler à Paris de la constitution anglaise que de celle de France. Les principes politiques développés dans les livres des publicistes anglais, étaient

bien mieux connus des Français mêmes que d'anciennes institutions laissées en oubli depuis deux siècles.

A l'ouverture de l'assemblée des notables, en 1787, M. de Calonne, dans son Compte rendu des finances, avoua que la dépense surpassait; la recette de 56 millions par an; mais il prétendit que ce déficit avait commencé longtemps avant lui, et que M. Necker n'avait pas dit la vérité, en présentant, en 1781, un excédant de 10 millions de la recette sur la dépense. A peine ce discours parvint-il à M. Necker, qu'il se hâta de le réfuter dans un mémoire victorieux et accompagné de pièces justificatives, dont les notables d'alors furent à portée de connaître l'exactitude. M. Joly de Fleury et M. d'Ormesson, successeurs de M. Necker, attestèrent la vérité de ses réclamations. Il envoya ce mémoire au roi, qui en parut satisfait, mais lui fit dire néanmoins de ne point l'imprimer.

Dans les gouvernements arbitraires, les rois, même les meilleurs, ont de la peine à comprendre l'importance que chaque homme doit attacher à l'estime publique. La cour leur paraît le centre de tout, et ils sont eux-mêmes à leurs yeux le centre de la cour. M. Necker fut forcé de désobéir à l'injonction du roi; c'était interdire à un homme la défense de son honneur que d'obliger un ministre retiré à supporter en silence qu'un ministre en place l'accusât de mensonge en présence de la nation. Il ne fallait pas autant de susceptibilité qu'en avait M. Necker sur tout ce qui concernait la considération, pour repousser à tout prix une telle offense. L'ambition conseillait sans doute de se soumettre à la volonté royale; mais comme l'ambition de M. Necker était la gloire, il fit publier son livre, bien que tout le monde lui dît qu'il s'exposait ainsi pour le moins à ne jamais rentrer dans le ministère.

Un soir, dans l'hiver de 1787, deux jours après que la réponse aux attaques de M. de Calonne eut paru, on fit demander mon père dans le salon où nous étions tous rassemblés avec quelques amis; il sortit, et fit appeler d'abord ma mère, et puis moi, quelques minutes après, et me dit que M. le Noir, lieutenant de police, venait de lui apporter une lettre de cachet qui l'exilait à quarante lieues de Paris. Je ne saurais peindre l'état où je fus à cette nouvelle; cet exil me parut un acte de despotisme sans exemple; il s'agissait de mon père, dont tous les sentiments nobles et purs m'étaient intimement connus. Je n'avais pas encore l'idée de ce que c'est qu'un gouvernement, et la conduite de celui de France me paraissait la plus révoltante de toutes les injustices. Certes, je n'ai point changé à l'égard de l'exil imposé sans jugement ; je pense, et je tâcherai de le prouver, que c'est, parmi les peines cruelles, celle dont on peut le plus facilement abuser. Mais alors les lettres de cachet, comme tant d'autres illégalités, étaient passées en habitude, et le caractère personnel du roi adoucissait l'abus autant qu'il était possible.

L'opinion publique, d'ailleurs, changeait les persécutions en triomphe. Tout Paris vint visiter M. Necker pendant les vingt-quatre heures qu'il lui fallut pour faire les préparatifs de son départ. L'archevêque de Toulouse, protégé de la reine, et qui se préparait à remplacer M. de Calonne, se crut obligé, même par un calcul d'ambition, à se montrer chez un exilé. De toutes parts on s'empressait d'offrir des habitations à M. Necker ; tous les châteaux, à quarante lieues de Paris, furent mis à sa disposition. Le malheur d'un exil qu'on savait momentané ne pouvait être très-grand, et la compensation était superbe. Mais est-ce ainsi qu'un pays peut être gouverné ? Rien n'est si agréable, pendant un certain temps, que le déclin d'un gouvernement quelconque, car sa faiblesse lui donne l'apparence de la douceur : mais la chute qui s'ensuit est terrible.

Loin que l'exil de M. Necker disposât les notables en faveur de M. de Calonne, ils s'en irritèrent, et l'assemblée fut plus opposée que jamais à tous les plans proposés par le ministre des finances. Les impôts auxquels il voulait qu'on eût recours avaient toujours pour base l'abolition des priviléges pécuniaires. Mais, comme ils étaient, dit-on, très-mal combinés, l'assemblée des notables les rejeta sous ce prétexte. Cette assemblée, presqu'en entier composée de nobles et de prélats, n'était certainement pas, à quelques exceptions près, de l'avis d'établir l'égale répartition des taxes ; mais elle se garda bien d'exprimer son désir secret à cet égard ; et se mêlant à ceux dont les opinions étaient purement libérales, elle fit corps avec la nation, qui craignait tous les impôts, de quelque nature qu'ils fussent.

La défaveur publique dont M. de Calonne était l'objet devenait si vive, et la présence des notables donnait à cette défaveur des organes si imposants, que le roi se vit contraint, non-seulement à renvoyer M. de Calonne, mais même à le punir. Quels que fussent les torts de M. de Calonne, le roi avait déclaré aux notables, deux mois auparavant, qu'il approuvait ses projets ; il nuisait donc presque autant à la dignité de son pouvoir en abandonnant ainsi un mauvais ministre, que lors-

qu'il en avait sacrifié de bons. Il y nuisit surtout par l'incroyable successeur qui fut nommé. La reine voulait l'archevêque de Toulouse, mais le roi n'y était pas encore disposé. M. le maréchal de Castries, alors ministre de la marine, proposa M. Necker ; mais le baron de Breteuil qui le redoutait, excita l'amour-propre royal de Louis XVI, en lui disant qu'il ne pouvait choisir pour ministre celui qu'il venait d'exiler. Les souverains qui ont le moins de résolution dans le caractère, sont ceux sur lesquels on produit le plus d'effet en leur parlant de leur autorité : on dirait qu'ils se flattent qu'elle marchera d'elle-même, comme une puissance surnaturelle, tout à fait indépendamment des circonstances et des moyens. Le baron de Breteuil écarta donc M. Necker ; la reine n'obtint pas l'archevêque de Toulouse, et l'on se réunit pour un moment sur un terrain bien neutre, ou plutôt bien nul, la nomination de M. de Fourqueux.

Jamais perruque du conseil d'État n'avait couvert une plus pauvre tête ; il se rendit d'abord justice à lui-même, et voulut refuser la place qu'il était incapable de remplir ; mais on insista tellement sur son acceptation, qu'à l'âge de soixante ans qu'il avait, il crut que sa modestie lui avait dérobé jusqu'alors la connaissance de son propre mérite, et que la cour venait enfin de le découvrir. Ainsi, les partisans de M. Necker et de l'archevêque de Toulouse remplirent momentanément le fauteuil du ministère, comme on fait occuper les places dans les loges avant que les maîtres soient arrivés. Chacun des deux partis se flatta de gagner du temps pour assurer le ministère à l'un des deux adversaires entre lesquels les chances étaient partagées.

Il existait peut-être encore des moyens de sauver l'État d'une révolution, ou du moins le gouvernement pouvait tenir les rênes des événements. Les états généraux n'étaient pas encore promis ; les anciennes traces de la routine n'étaient point franchies ; peut-être que le roi, aidé de la grande popularité de M. Necker, aurait pu encore opérer les réformes nécessaires pour rétablir l'ordre dans les finances. Or, ces finances, qui se liaient au crédit public et à l'influence des parlements, étaient, pour ainsi dire, la clef de la voûte. M. Necker, alors en exil à quarante lieues de Paris, sentait l'importance de la crise des affaires ; et pendant que le courrier qui lui apporta la nouvelle de la nomination de l'archevêque de Toulouse était encore dans sa chambre, il me dit ces paroles remarquables : « Dieu veuille que ce nouveau ministre « parvienne à servir l'État et le roi mieux que je

« n'aurais pu le faire! C'est déjà une bien grande
« tâche que les circonstances actuelles; mais bien-
« tôt elles surpasseront la force d'un homme, quel
« qu'il puisse être. »

CHAPITRE X.

*Suite du précédent. — Ministère de l'archevêque
de Toulouse.*

M. de Brienne, archevêque de Toulouse, n'avait
guère plus de sérieux réel dans l'esprit que M. de
Calonne; mais sa dignité de prêtre, jointe au désir
constant d'arriver au ministère, lui avait donné
l'extérieur réfléchi d'un homme d'État, et il en
avait la réputation, avant d'avoir été mis à portée
de la démentir. Depuis quinze ans, il travaillait,
par le crédit des subalternes, à se faire estimer de
la reine; mais le roi, qui n'aimait pas les prêtres
philosophes, s'était refusé constamment à le nommer ministre. Enfin il céda, car Louis XVI n'avait
pas de confiance en lui-même; il n'est point
d'homme qui eût été plus heureux d'être né roi
d'Angleterre, c'est-à-dire, de pouvoir connaître
le vœu national avec certitude, pour se décider
d'après cette infaillible lumière.

L'archevêque de Toulouse n'était ni assez éclairé
pour être philosophe, ni assez ferme pour être despote; il admirait tour à tour la conduite du cardinal de Richelieu, et les principes des encyclopédis-
tes; il tentait des actes de force, mais il reculait
au premier obstacle; et, en effet, il entreprenait
des choses beaucoup trop difficiles pour être accomplies. Il proposa des impôts, celui du timbre
en particulier. Les parlements le rejetèrent, il fit
tenir un lit de justice; les parlements cessèrent
leurs fonctions de magistrats, il les exila; personne ne voulut prendre leur place : enfin il imagina de leur substituer une cour plénière, composée de grands seigneurs ecclésiastiques et séculiers.
Cette idée pouvait être bonne, si c'était la chambre
des pairs d'Angleterre qu'on avait en vue; mais
il fallait y joindre une chambre de députés élus,
puisque la cour plénière était nommée par le roi.
Les parlements pouvaient être renversés par les
députés de la nation; mais comment l'auraient-ils
été par des grands seigneurs convoqués extraordinairement par le premier ministre? Aussi les
courtisans eux-mêmes refusèrent-ils de siéger dans
cette assemblée, tant l'opinion y était contraire.

Dans cet état de choses, les coups d'autorité
que le gouvernement voulait frapper ne servaient
qu'à manifester sa faiblesse, et l'archevêque de
Toulouse, arbitraire et constitutionnel tour à tour,

était maladroit dans les deux systèmes qu'il essayait alternativement.

Le maréchal de Ségur avait commis la grande
faute d'exiger, au dix-huitième siècle, des preuves
de noblesse pour être officier. Il fallait avoir été
anobli depuis cent années pour obtenir l'honneur
de défendre la patrie. Cette ordonnance irrita le
tiers état, sans que les nobles, qu'elle favorisait,
fussent pour cela plus attachés à l'autorité du roi.
Plusieurs officiers, parmi les gentilshommes, déclarèrent qu'ils n'obéiraient point aux ordres du
roi, s'il s'agissait d'arrêter les magistrats ou leurs
partisans. Les castes privilégiées commencèrent
l'insurrection contre l'autorité royale, et le parlement prononça le mot dont devait dépendre le sort
de la France.

Les magistrats demandaient à grands cris au
ministre les états de recette et de dépense, lorsque
l'abbé Sabatier, conseiller au parlement, homme
très-spirituel, s'écria : *Vous demandez, messieurs,
les états de recette et de dépense, et ce sont les
états généraux qu'il vous faut.* Cette parole, bien
que rédigée en calembour, porta la lumière dans
les désirs confus de chacun : celui qui l'avait prononcée fut envoyé en prison; mais, bientôt après,
les parlements déclarèrent qu'ils n'avaient pas le
droit d'enregistrer les impôts, droit dont ils avaient
cependant usé depuis deux siècles; et, par ambition, c'est-à-dire, pour se mettre à la tête du mouvement des esprits, ils abdiquèrent en faveur de
la nation un pouvoir qu'ils avaient défendu avec
opiniâtreté contre le trône. Dès ce moment, la révolution fut faite, car il n'y eut plus qu'un vœu
dans tous les partis, celui d'obtenir la convocation
des états généraux.

Les mêmes magistrats qui, plus tard, ont qualifié de rebelles les amis de la liberté, demandèrent
cette convocation avec tant de véhémence, que le
roi se crut obligé d'envoyer saisir au milieu d'eux,
par ses gardes du corps, deux de leurs membres,
MM. d'Esprémenil et de Monsabert. Plusieurs des
nobles, devenus depuis les ennemis ardents de la
monarchie limitée, allumèrent alors le feu qui produisit l'explosion. Douze gentilshommes bretons
furent envoyés à la Bastille, et le même esprit
d'opposition qu'on punissait en eux animait le reste
de la noblesse de Bretagne. Le clergé lui-même
demanda les états généraux. Aucune révolution,
dans un grand pays, ne peut réussir que quand
elle commence par la classe aristocratique; le peuple ensuite s'en empare, mais il ne sait point diriger les premiers coups. En rappelant que ce sont
les parlements, les nobles et le clergé, qui, les

premiers, ont voulu limiter l'autorité royale, je ne prétends point assurément que leur dessein fût coupable. Un enthousiasme sincère et désintéressé animait alors tous les Français; il y avait de l'esprit public; et, dans les hautes classes, les meilleurs étaient ceux qui désiraient le plus vivement que la volonté de la nation fût de quelque chose dans la direction de ses propres intérêts. Mais comment ces privilégiés, qui, pourtant, ont commencé la révolution, se permettent-ils d'en accuser un homme, ou une résolution de cet homme? Nous voulions, disent les uns, que les changements politiques s'arrêtassent à tel point; les autres, un peu plus loin : sans doute, mais les mouvements d'un grand peuple ne peuvent se réprimer à volonté; et, dès qu'on commence à reconnaître ses droits, l'on est obligé d'accorder tout ce que la justice exige.

L'archevêque de Toulouse rappela les parlements; il les trouva tout aussi rebelles à la faveur qu'à la disgrâce. De toutes parts la résistance allait croissant; les adresses pour demander les états généraux se multipliaient tellement, qu'enfin le ministre se vit obligé de les promettre au nom du roi : mais il renvoya la convocation à cinq ans, comme si l'opinion publique pouvait consentir au retard de son triomphe. Le clergé réclama contre ces cinq ans, et le roi s'engaga solennellement à convoquer les états généraux pour le mois de mai de l'année suivante, 1789.

L'archevêque de Sens, car c'était ainsi qu'il s'appelait alors, n'ayant point oublié, au milieu de tous les troubles, de changer son archevêché de Toulouse contre un beaucoup plus considérable; l'archevêque de Sens, se voyant battu comme despote, se rapprocha de ses anciens amis les philosophes, et, mécontent des castes privilégiées, il essaya de plaire à la nation, en invitant tous les écrivains à donner leur avis sur le mode d'organisation des états généraux. Mais on ne tient jamais compte à un homme d'État de ce qu'il fait par nécessité. Ce qui rend l'opinion publique une si belle chose, c'est qu'elle a de la finesse et de la force tout ensemble; elle se compose des aperçus de chacun et de l'ascendant de tous.

L'archevêque de Sens excita le tiers état, pour s'en faire un appui contre les classes privilégiées. Le tiers état fit dès lors connaître qu'il prendrait sa place de nation dans les états généraux; mais il ne voulait pas tenir cette place de la main d'un ministre qui ne revenait aux idées libérales qu'après avoir vainement tenté d'établir les institutions les plus despotiques.

Enfin l'archevêque de Sens acheva d'exaspérer toutes les classes, en suspendant le payement d'un tiers des rentes de l'État. Alors un cri général s'éleva contre lui; les princes eux-mêmes allèrent demander au roi de le renvoyer, et beaucoup de gens le crurent fou, tant sa conduite parut misérable. Il ne l'était pas cependant, et c'était même un homme d'esprit, dans l'acception commune de ce mot; il avait les talents nécessaires pour être un bon ministre, dans le train ordinaire d'une cour. Mais, quand les nations commencent à être de quelque chose dans les affaires publiques, tous ces esprits de salon sont inférieurs à la circonstance : ce sont des hommes à principes qu'il faut; ceux-là seuls suivent une marche ferme et décidée; car il n'y a que les grands traits du caractère et de l'âme qui, comme la Minerve de Phidias, puissent agir sur les masses, en étant vus à distance. Ce qu'on appelle l'habileté, selon l'ancienne manière de gouverner les États, du fond des cabinets ministériels, ne fait qu'inspirer de la défiance dans les gouvernements représentatifs.

CHAPITRE XI.

Y avait-il une constitution en France avant la révolution?

De toutes les monarchies modernes, la France est certainement celle dont les institutions politiques ont été les plus arbitraires et les plus variables : peut-être la réunion successive des provinces à la couronne en est-elle une des causes. Chacune de ces provinces apportait des coutumes et des prétentions différentes; le gouvernement se servait habilement des anciennes contre les nouvelles, et le pays n'a fait un tout que graduellement.

Quoi qu'il en soit, il n'est aucune loi, même fondamentale, qui n'ait été disputée dans un siècle quelconque; il n'est rien qui n'ait été l'objet d'opinions opposées. Les rois étaient-ils ou non législateurs du royaume, et pouvaient-ils ou non lever des impôts *de leur propre mouvement et certaine science?* ou bien les états généraux étaient-ils les représentants du peuple à qui seuls appartînt ce droit de consentir les subsides? De quelle manière ces états généraux devaient-ils être composés? Les ordres privilégiés, qui sur trois voix en avaient deux, pouvaient-ils se considérer comme des nations distinctes, qui votaient séparément les impôts et s'y soustrayaient à leur gré, en faisant porter sur le peuple le poids des taxes nécessaires? Quels étaient les privilèges du clergé, qui se disait tantôt indépendant du roi, tantôt indépendant du pape? Quels étaient les pouvoirs des nobles qui tantôt, jusque sous la minorité de Louis XIV, se croyaient autorisés à réclamer leurs droits à main armée, en s'alliant avec les étrangers, et qui tantôt reconnaissaient le roi pour monarque absolu? Quelle devait être l'existence du tiers état, affranchi par les rois, introduit dans les états généraux par Philippe le Bel, et cependant condamné à une minorité perpétuelle, puisqu'on ne lui attribuait qu'une voix sur trois, et que ses doléances, présentées à genoux, n'avaient aucune force positive?

Quelle était la puissance politique de parlements, qui tantôt déclaraient eux-mêmes qu'ils n'avaient rien à faire qu'à rendre la justice, et tantôt se disaient les états généraux *au petit pied*, c'est-à-dire, les représentants des représentants du peuple? Les mêmes parlements ne reconnaissaient pas la juridiction des intendants, administrateurs des provinces au nom du roi. Des ministres disputaient aux pays d'états le droit qu'ils prétendaient avoir à consentir les impôts. L'histoire de France nous fournirait une foule d'exemples de ce manque de fixité, dans les moindres choses aussi bien que dans les plus grandes; mais il suffit des résultats déplorables de cette absence de principes. Les individus prévenus de crime d'État ont été presque tous soustraits à leurs juges naturels; plusieurs d'entre eux, sans que leur procès ait même été fait, ont passé leur vie entière dans les prisons où le gouvernement les avait envoyés de sa propre autorité. Le code de terreur contre les protestants, les supplices cruels et la torture ont subsisté jusqu'à la révolution.

Les impôts, qui ont pesé exclusivement sur le peuple, l'ont réduit à la pauvreté sans espoir. Un jurisconsulte français, il y a cinquante ans, appelait encore, selon l'usage, le tiers état *la gent corvéable et taillable à merci et miséricorde.* Les emprisonnements, les exils, dont on avait disputé la puissance aux rois, sont devenus leurs prérogatives; et le despotisme ministériel, habile instrument de celui du trône, a fini par faire admettre l'inconcevable maxime, *Si veut le roi, si veut la loi*, comme l'unique institution politique de la France.

Les Anglais, fiers avec raison de leur liberté, n'ont pas manqué de dire que si les Français n'étaient pas faits pour le despotisme, ils ne l'auraient pas supporté si longtemps; et Blackstone, le premier jurisconsulte de l'Angleterre, a imprimé dans le dix-huitième siècle ces paroles : *On pourrait alors emprisonner, faire périr ou exiler tous ceux*

qui déplairaient au gouvernement, ainsi que cela se pratique en Turquie ou en France [1]. Je renvoie à la fin de cet ouvrage l'examen du caractère français, trop calomnié de nos jours; mais il me suffit de répéter ici ce que j'ai déjà affirmé, c'est que dans l'histoire de France on peut citer autant d'efforts contre le despotisme que dans celle d'Angleterre. M. de Boulainvilliers, le grand défenseur de la féodalité, ne cesse de répéter que les rois n'avaient ni le droit de battre monnaie, ni de fixer la force de l'armée, ni de prendre à leur solde des troupes étrangères, ni surtout de lever des impôts sans le consentement des nobles. Seulement il s'afflige un peu de ce qu'on a fait un second ordre du clergé, et encore plus, un troisième du peuple; il s'indigne de ce que les rois de France se sont arrogé le droit de donner des lettres de noblesse, qu'il appelle avec raison des affranchissements; car, en effet, l'anoblissement est une tache d'après les principes de la noblesse, et d'après ceux de la liberté, ces mêmes lettres sont une offense. Enfin, M. de Boulainvilliers est un aristocrate tel qu'il faut l'être, c'est-à-dire, sans mélange de l'esprit de courtisan, le plus avilissant de tous. Il croit que la nation se réduit aux nobles, et que, sur vingt-quatre millions d'hommes et plus, il n'y a que cent mille descendants des Francs; car il supprime avec raison, dans son système, les familles d'anoblis et le clergé du second ordre : et ces descendants des Francs étant les vainqueurs, et les Gaulois les vaincus, ils sont les seuls qui puissent participer à la direction des affaires publiques. Les citoyens d'un État doivent avoir part à la confection des lois et à leur garantie; mais s'il n'y a que cent mille citoyens d'un État, il n'y a qu'eux qui aient ce droit politique. La question toutefois est de savoir si les vingt-trois millions neuf cent mille âmes qui composent maintenant le tiers état en France, ne sont en effet et ne veulent être que des Gaulois vaincus. Tant que l'abrutissement des serfs a permis cet ordre de choses, on a vu partout des gouvernements où les libertés, si ce n'est la liberté, ont été parfaitement reconnues, c'est-à-dire, où les privilèges se sont fait respecter comme des droits. L'histoire et la raison naturelle démontrent également que si, sous la première race, ceux qui avaient le droit de citoyen devaient sanctionner les actes législatifs; que si, sous Philippe le Bel, les hommes libres du tiers état, alors en petit nombre, puisqu'il y avait encore beaucoup de serfs, ont été associés aux deux autres ordres, les rois n'ont pu se servir d'eux pour balancer le pouvoir, sans les reconnaître pour

[1] Liv. IV, chap. 27; § 5.

citoyens : or, les citoyens doivent avoir, relativement aux impôts et aux lois, les droits politiques
exercés d'abord seulement par les nobles; et quand
le nombre des citoyens est tel qu'ils ne sauraient
assister en personne aux délibérations sur les affaires de l'État, de là naît le gouvernement représentatif.

Les différentes provinces, à mesure qu'elles ont
été réunies à la couronne, ont stipulé des priviléges et des droits, et les douze parlements ont été
successivement établis pour rendre la justice d'une
part, mais de l'autre et surtout pour vérifier si les
édits des rois, qu'ils avaient le droit d'enregistrer
ou de ne pas promulguer, étaient ou non d'accord,
soit avec les traités particuliers faits par les provinces, soit avec les lois fondamentales du royaume.
Toutefois leur autorité, sous ce rapport, était fort
précaire. Nous les voyons répondre, en 1484, à
Louis XII, alors duc d'Orléans (qui se plaignait à
eux de ce qu'on n'avait aucun égard aux demandes
des derniers états), qu'ils étaient des gens lettrés
devant s'occuper de l'état judiciaire, et non pas se
mêler du gouvernement. Ils montrèrent bientôt,
cependant, de beaucoup plus grandes prétentions,
et leur pouvoir a été tellement étendu, même en
matière politique, que Charles-Quint envoya deux
ambassadeurs au parlement de Toulouse, pour
s'assurer s'il avait ratifié le traité conclu avec
François Ier. Les parlements semblaient donc destinés à servir de limites habituelles à l'autorité des
rois, et les états généraux, qui étaient au-dessus
des parlements, devaient être considérés comme
une barrière encore plus puissante. Dans le moyen
âge, on a presque toujours confondu le pouvoir
judiciaire et le pouvoir législatif; et le double droit
des pairs en Angleterre, comme juges dans certains
cas, et comme législateurs dans tous, est un reste
de cette ancienne réunion. Il est très-naturel que,
dans des temps peu civilisés, les décisions particulières aient précédé les lois générales. La considération des juges était telle alors, qu'on les croyait
éminemment appelés à rédiger en lois leurs propres sentences. Saint Louis est le premier, à ce
qu'on croit, qui ait érigé le parlement en cour de
justice; il paraît qu'il n'était auparavant que le
conseil du roi : mais ce monarque, éclairé par ses
vertus, sentit le besoin de fortifier les institutions
qui pouvaient servir de garantie à ses sujets. Les
états généraux n'avaient point de rapport avec les
fonctions judiciaires ; ainsi nous reconnaissons
deux pouvoirs indépendants de l'autorité royale,
quoique mal organisés, dans la monarchie de
France : les états généraux et les parlements. La

troisième race eut pour système d'affranchir les
villes et les campagnes, et d'opposer graduellement le tiers états aux grands seigneurs. Philippe
le Bel fit entrer les députés de la nation comme
troisième ordre dans les états généraux, parce
qu'il avait besoin d'argent, parce qu'il craignait la
malveillance que son caractère lui avait attirée,
et qu'il cherchait un appui contre les nobles, et
contre le pape qui le persécutait alors. A dater de
ce jour, en 1302, les états généraux eurent de droit,
si ce n'est de fait, le même pouvoir législatif que
le parlement anglais. Les ordonnances des états de
1355 et de 1356 étaient aussi favorables à la liberté que la grande charte d'Angleterre ; mais ils n'assurèrent point le retour annuel de leurs propres
assemblées ; et la séparation en trois ordres, au
lieu de la division en deux chambres, rendait bien
plus facile aux rois de les opposer l'un à l'autre.
La confusion de l'autorité politique des parlements,
qui était perpétuelle, et de celle des états généraux, qui tenait de plus près à l'élection, n'a pas
cessé un seul instant pendant la troisième race;
et, dans les guerres intestines qui ont eu lieu, le
roi, les états généraux et les parlements allégue-
rent toujours des prétentions diverses ; mais, jusqu'à Louis XIV, la doctrine du pouvoir absolu
n'avait été avouée par aucun monarque, quelques
tentatives violentes ou souterraines qu'ils fissent
pour l'obtenir. Le droit d'enregistrement faisait
toute la force des parlements, puisque aucune loi
n'était promulguée, ni par conséquent exécutée,
sans leur consentement. Charles VI essaya le premier de changer le lit de justice, qui ne signifiait
jadis que la présence du roi dans les séances du
parlement, en un ordre d'enregistrer par commandement exprès, et malgré les remontrances. Peu
de temps après, on fut obligé de casser les édits
qu'on avait fait accepter au parlement par force ;
et l'un des conseillers de Charles VI, qui avait été
d'avis de ces mêmes édits, et qui proposait de les
annuler, répondit à un membre du parlement qui
l'interrogeait sur ce changement : « C'est notre
« coutume de vouloir ce que veulent les princes.
« Nous nous réglons sur le temps, et nous ne
« trouvons pas de meilleur expédient, pour nous
« tenir toujours sur nos pieds, parmi toutes les ré-
« volutions des cours, que d'être toujours du côté
« du plus fort. » En vérité, à cet égard, la perfectibilité de l'espèce humaine pourrait tout à fait le
nier. Henri III défendit que l'on mît en tête des
édits enregistrés, *par exprès commandement*, de
peur que le peuple ne voulût pas y obéir. Lorsque
Henri IV devint roi en 1589, il dit lui-même,

dans une de ses harangues citées par Joly, que l'enregistrement du parlement était nécessaire pour la validité des édits. Le parlement de Paris, dans ses remontrances sur le ministère de Mazarin, rappela les promesses de Henri IV, et répéta les propres paroles que le monarque avait prononcées à ce sujet. « L'autorité des rois, disait-il, se dé-« truit en voulant trop s'établir. » Tout le système politique du cardinal de Richelieu consistait dans la destruction du pouvoir des grands, avec l'appui du peuple : mais avant, et même pendant le ministère de Richelieu, les magistrats du parlement professaient toujours les maximes les plus libérales. Pasquier, sous Henri III, disait que la royauté était une des formes de la république ; entendant par ce mot le gouvernement qui avait pour but le bien du peuple. Le célèbre magistrat Talon s'exprimait ainsi sous Louis XIII : « Autre-« fois les volontés de nos rois n'étaient point exé-« cutées par les peuples, qu'elles ne fussent sous-« crites en original par tous les grands du royaume, « les princes, et les officiers de la couronne qui « étaient à la suite de la cour. A présent, cette « juridiction politique est dévolue dans les parle-« ments. Nous jouissons de cette puissance se-« conde, que la prescription du temps autorise, « que les sujets souffrent avec patience et honorent « avec respect. » Tels ont été les principes des parlements ; ils ont admis, comme les constitutionnels d'aujourd'hui, la nécessité du consentement du peuple ; mais ils s'en sont déclarés les représentants, sans pourtant pouvoir nier que les états généraux n'eussent, à cet égard, un titre supérieur au leur. Le parlement de Paris trouva mauvais que Charles IX se fût fait déclarer majeur à Rouen, et que Henri IV eût consulté les notables. Ce parlement, étant le seul dans lequel siégeassent les pairs de France, pouvait seul, à ce titre, réclamer un droit politique, et cependant tous les parlements du royaume y prétendaient. C'était une étrange idée, pour un corps de juges parvenus à leurs emplois, ou par la nomination du roi, ou par la vénalité des charges, de se prétendre les représentants de la nation. Néanmoins, quelque bizarre que fût cette prétention, elle servait encore quelquefois de bornes au despotisme.

Le parlement de Paris, il est vrai, avait constamment persécuté les protestants ; il avait institué, chose horrible, une procession annuelle en action de grâces pour la Saint-Barthélemi, mais il était en cela l'instrument d'un parti ; et, quand le fanatisme fut apaisé, ce même parlement, composé d'hommes intègres et courageux, a souvent

résisté aux empiétements du trône et des ministres. Mais que signifiait cette opposition, puisqu'en définitive le lit de justice, tenu par le roi, imposait nécessairement silence ? En quoi donc consistait la constitution de l'État ? dans l'hérédité du pouvoir royal uniquement. C'est une très-bonne loi, sans doute, puisqu'elle est favorable au repos des empires ; mais ce n'est pas une constitution.

Les états généraux ont été convoqués dix-huit fois seulement, depuis 1302 jusqu'à 1789, c'est-à-dire, pendant près de cinq siècles, et les états généraux, cependant, avaient seuls le droit de consentir les impôts. Ainsi donc, ils auraient dû être rassemblés chaque fois qu'on renouvelait les taxes ; mais les rois leur ont souvent disputé cette prérogative, et se sont passés d'eux arbitrairement. Les parlements sont intervenus par la suite entre les rois et les états généraux ; ils ne niaient pas le pouvoir absolu de la couronne, et cependant ils se disaient les gardiens des lois du royaume. Or, quelles lois y a-t-il dans un pays où l'autorité royale est sans bornes ? Les parlements faisaient des remontrances sur les édits qu'on leur envoyait ? le roi leur ordonnait de les enregistrer et de se taire. S'ils n'avaient pas obéi, ils auraient été inconséquents : car, reconnaissant la volonté du roi comme suprême en toutes choses, qu'étaient-ils, et que pouvaient-ils dire, à moins qu'ils n'en obtinssent la permission du monarque même dont ils étaient censés limiter les volontés ? Ce cercle de prétendues oppositions se terminait toujours par la servitude, et la trace funeste en est restée sur le front de la nation.

La France a été gouvernée par des coutumes, souvent par des caprices, et jamais par des lois. Il n'y a pas un règne qui ressemble à l'autre sous le rapport politique ; on pouvait tout soutenir et tout défendre dans un pays où les circonstances seules disposaient de ce que chacun appelait son droit. Dira-t-on qu'il y avait des pays d'états qui maintenaient leurs anciens traités ? Ils pouvaient s'en servir comme d'arguments ; mais l'autorité du roi coupait court à toutes les difficultés, et les formes encore subsistantes n'étaient, pour ainsi dire, que des étiquettes maintenues ou supprimées selon le bon plaisir des ministres. Était-ce les nobles qui avaient des privilèges, excepté celui de payer moins d'impôts ? Encore un roi despote pouvait-il l'abolir. Il n'existait pas un droit politique quelconque dont la noblesse pût ou dût se vanter : car, se faisant gloire de reconnaître l'autorité du roi comme sans bornes, elle ne devait se plaindre ni des commissions extraordinaires qui ont condamné à mort les plus grands seigneurs de France, ni des prisons, ni des exils qu'ils ont subis. Le roi pouvait tout; quelle objection donc faire à rien ?

Le clergé, qui reconnaissait la puissance du pape, d'où dérivait, selon lui, celle des rois, pouvait seul être fondé à quelque résistance. Mais c'était précisément le clergé qui soutenait le droit divin, sur lequel repose le despotisme, sachant bien que ce droit divin ne pouvait s'appuyer d'une manière durable que sur les prêtres. Cette doctrine, faisant dériver tout pouvoir de Dieu, interdit aux hommes d'y mettre une limite. Certes, ce n'est pas là ce que nous enseigne la religion chrétienne, mais il s'agit ici de ce qu'en disent ceux qui s'en servent à leur avantage.

On peut affirmer, ce me semble, que l'histoire de France n'est autre chose que les tentatives continuelles de la nation et de la noblesse; l'une pour avoir des droits, et l'autre des priviléges, et les efforts continuels de la plupart des rois pour se faire reconnaître comme absolus. L'histoire d'Angleterre, à quelques égards, présente la même lutte; mais comme il y avait eu de tout temps deux chambres, le moyen de réclamation était meilleur, et les Anglais ont fait à la couronne des demandes plus sages et plus importantes que ne l'étaient celles des Français. Le clergé en Angleterre n'existant pas comme un ordre politique à part, les nobles et les évêques réunis, qui ne composaient tout au plus que la moitié de la représentation nationale, ont toujours eu beaucoup plus de respect pour le peuple qu'en France. Le grand malheur de ce pays, et de tous ceux que les cours seules gouvernent, c'est d'être dominés par la vanité. Aucun principe fixe ne s'établit dans aucune tête, et l'on ne songe qu'aux moyens d'acquérir du pouvoir, puisqu'il est tout dans un État où les lois ne sont rien.

En Angleterre, le parlement renfermait en lui seul le pouvoir législatif des états généraux et des parlements de France. Le parlement anglais était censé permanent; mais, comme il avait peu de fonctions judiciaires habituelles, les rois le renvoyaient, et retardaient sa convocation le plus qu'ils pouvaient. En France, la lutte de la nation et de l'autorité royale a pris une autre forme : ce sont les parlements, faisant fonction de cours judiciaires, qui ont résisté au pouvoir des ministres, plus constamment et plus énergiquement que les états généraux; mais leurs priviléges étant confus, il en est résulté que tantôt les rois ont été mis en tutelle par eux, et tantôt ils ont été foulés aux pieds par les rois. Deux chambres, telles que celles d'Angleterre, auraient donné moins d'embarras au roi et plus de garanties à la nation. La révolution de 1789 n'a donc eu pour but que de régulariser les limites qui, de tout temps, ont existé en France. Montesquieu considère les droits des corps intermédiaires comme constituant la force et la liberté des monarchies. Quel est le corps intermédiaire qui représente le plus fidèlement tous les intérêts de la nation? les deux chambres d'Angleterre; et, quand il ne serait pas insensé en théorie de remettre à des privilégiés, nobles ou magistrats, la discussion exclusive des intérêts de la nation, qui n'a jamais pu leur confier légalement ses pouvoirs, les derniers siècles de l'histoire de France, qui n'ont présenté qu'une succession presque continuelle de disputes relatives à l'étendue des pouvoirs, et d'actes arbitraires, commis tour à tour par les divers partis, prouvent assez que le temps était venu de mieux organiser l'institution politique par laquelle la nation devait être représentée. Quant à son droit à cet égard, depuis qu'il y a une France, ce droit a toujours été reconnu par les souverains, les ministres et les magistrats qui ont mérité l'estime de la nation. Sans doute, le pouvoir absolu des rois a toujours eu aussi des partisans; tant d'intérêts personnels peuvent se rallier à cette opinion! Mais quels noms en regard dans cette cause! Il faut opposer Louis XI à Henri IV, Louis XIII à Louis XII, Richelieu à l'Hôpital, le cardinal Dubois à M. de Malesherbes; et, si l'on voulait citer tous les noms qui se sont conservés dans l'histoire, on pourrait parier, à peu d'exceptions près, que, là où il se trouve une âme honnête ou un esprit éclairé, dans quelque rang que ce puisse être, il y a un ami des droits des nations; mais que l'autorité sans bornes n'a presque jamais été défendue, ni par un homme de génie, ni surtout par un homme vertueux.

Les *Maximes du droit public français*, publiées en 1775 par un magistrat du parlement de Paris, s'accordent en entier avec celles qui ont été proclamées par l'assemblée constituante, sur la nécessité de la balance des pouvoirs, du consentement de la nation aux subsides, de sa participation aux actes législatifs, et de la responsabilité des ministres. Il n'y a pas une page où l'auteur ne rappelle le contrat existant entre le peuple et les rois, et c'est sur les faits de l'histoire qu'il se fonde.

D'autres hommes respectables dans la magistrature française assurent qu'il y avait des lois constitutionnelles en France, mais qu'elles étaient tombées en désuétude. Les uns disent qu'elles ont cessé d'être en vigueur depuis Richelieu, d'autres depuis Charles V, d'autres depuis Philippe le Bel, d'autres enfin depuis Charlemagne. Assurément il importerait peu que de telles lois eussent existé, si depuis tant de siècles on les avait mises en oubli. Mais il est facile de terminer cette discussion. S'il y a des lois fondamentales, s'il est vrai qu'elles contiennent tous les droits assurés à la nation anglaise, alors les amis de la liberté sont d'accord avec les partisans de l'ancien ordre de choses; et cependant le traité me semble encore difficile à conclure.

M. de Calonne, qui s'était déclaré contre la révolution, a fait un livre pour prouver que la France n'avait pas de constitution. M. de Monthion, chancelier de monseigneur le comte d'Artois, répondit à M. de Calonne, et cette réfutation est intitulée : *Rapport à S. M. Louis XVIII, en 1796.*

Il commence par déclarer que s'il n'y avait pas de constitution en France, la révolution était justifiée, car tout peuple a droit d'avoir une constitution politique. C'était un peu se hasarder d'après ses opinions; mais enfin il affirme que, par les statuts constitutionnels de France, le roi n'avait pas le droit de faire des lois sans le consentement des états généraux; que les Français ne pouvaient être jugés que par leurs juges naturels; que tout tribunal extraordinaire était illégitime; que tout emprisonnement par ordre du roi, toute lettre de cachet, tout exil enfin était illégal; que tous les Français étaient admissibles à tous les emplois; que la profession des armes anoblissait tous ceux qui la prenaient; que les quarante mille municipalités du royaume avaient le droit d'être régies par des administrateurs de leur choix, qui répartissent la somme de l'impôt; que le roi ne pouvait rien ordonner sans son conseil, ce qui impliquait la responsabilité des ministres; que l'on devait bien distinguer entre les ordonnances ou lois du roi, et les lois de l'État; que les juges ne devaient pas obtempérer aux ordres du roi, s'ils étaient contraires aux lois de l'État ci-dessus mentionnées; que la force armée ne pouvait être employée dans l'intérieur que contre les troubles, ou d'après les mandats de justice. Il ajoute que le retour fixe des états généraux fait partie de la constitution de France, et finit par dire, en présence de Louis XVIII, que la constitution d'Angleterre est la plus parfaite de l'univers.

Si tous les partisans de l'ancien régime avaient énoncé de tels principes, c'est alors que la révolution n'aurait point eu d'excuse, puisqu'elle eût été tout à fait inutile. Mais, du propre aveu de ce même M. de Monthyon [1], s'adressant solennellement au roi, voici le tableau des abus existants en France dans les temps qui ont précédé la révolution.

« D'abord le droit de citoyen le plus essentiel, « le droit du suffrage sur les lois et sur les impôts, « était tombé dans une espèce de désuétude, et la « puissance royale était dans l'usage d'ordonner « seule ce qu'elle ne pouvait ordonner qu'avec le « concours des représentants de la nation.

« Ce droit, essentiellement appartenant à la nation, « semblait transporté aux tribunaux; et encore la « liberté de leurs suffrages avait été enfreinte par « des lits de justice, et par des emprisonnements « arbitraires.

« Les lois, les règlements, les décisions générales du roi, qui devaient être délibérés en conseil, « et qui faisaient mention de l'avis du conseil, souvent n'y étaient point portés; et sur plusieurs « matières ce mensonge légal était devenu habituel.

« Quelques membres du clergé, par la réunion de « plusieurs titres de bénéfice sur une même tête, « par le défaut de résidence, et par l'emploi qu'ils « faisaient des biens ecclésiastiques, contrevenaient « aux lois de l'État et à l'esprit de ces lois. Une « partie de la noblesse avait une origine peu analogue à l'objet de son institution; et les services « qu'elle devait rendre n'avaient point été exigés « depuis longtemps.

« Les exemptions d'impôts accordées aux deux « premiers ordres étaient sanctionnées par les lois « de l'État, mais n'étaient pas le genre de récompense qui devait payer leurs services.

« Des commissions criminelles, composées de « juges arbitrairement choisis, pouvaient faire « trembler l'innocence.

« Ces actes d'autorité qui, sans accusation et « sans jugement, privaient de la liberté, étaient « des infractions à la sûreté du droit de citoyen.

« Les cours de justice, dont la stabilité était d'autant plus importante, que, dans l'absence du « corps national, elles étaient le seul défenseur de « la nation, avaient été supprimées, et remplacées « par des corps de magistrats qui n'avaient pas la « confiance publique; et, depuis leur rétablissement, « des innovations avaient été tentées sur les objets « les plus essentiels de leur juridiction.

« Mais c'était en fait de finance que les lois « avaient reçu les plus fortes infractions; des impôts avaient été établis sans le consentement de « la nation ou de ses représentants.

[1] Édition de Londres, page 154.

7.

« Des impôts avaient été perçus après l'époque
« fixée par le gouvernement pour leur cessation.

« Des impôts, faibles dans leur origine, avaient
« eu un accroissement prodigieux et irrégulier;
« une partie des impôts portait plus sur la classe
« indigente que sur la classe riche.

« Les impôts étaient répartis entre les provinces,
« sans notions exactes de la force de la contribu-
« tion qu'elles devaient supporter.

« Quelquefois il y avait sujet de soupçonner que
« la résistance à l'établissement des impôts en avait
« fait alléger le poids; en sorte que le défaut de
« patriotisme était devenu le motif d'un traitement
« avantageux.

« Quelques provinces avaient obtenu des abon-
« nements d'impôts; et ces abonnements étant tou-
« jours avantageux, c'était une faveur partielle qui
« tournait au préjudice des autres provinces.

« Ces abonnements restant toujours au même
« taux, et les provinces non abonnées étant sujettes
« à des vérifications qui augmentaient annuellement
« le produit de l'impôt, c'était encore une autre
« source d'inégalité.

« Des impôts qui devaient être répartis par les
« contribuables, étaient répartis par les officiers du
« roi, ou même par ses commissaires.

« Les rois s'étaient établis juges, en leur conseil,
« de quelques contributions. Des commissions de-
« vaient être établies pour juger d'affaires fiscales,
« dont la connaissance appartenait aux tribunaux.

« Les dettes qui grevaient la nation avaient été
« contractées sans le consentement de la nation.

« Des emprunts auxquels les cours de justice avaient
« donné un consentement qu'elles n'étaient pas en
« droit de donner, avaient été excédés par cent
« infidélités qui trahissaient tout à la fois les tri-
« bunaux, dont les jugements devenaient illusoires,
« les créanciers de l'État, qui avaient des concur-
« rents dont ils ignoraient l'existence, et la nation,
« dont les charges étaient augmentées à son insu.
« La dépense n'était fixée sur aucun objet par au-
« cune loi.

« Les fonds destinés aux dépenses personnelles
« du roi, aux dettes de l'État et aux dépenses du
« gouvernement, n'étaient distingués que par un
« acte particulier et secret de la volonté du roi.

« Les dépenses personnelles de nos rois avaient
« été portées à des sommes excessives; quelques
« dettes de l'État avaient un assignat spécial qui
« avait été éludé; le roi pouvait à son gré hâter
« ou retarder le payement de diverses parties de
« dépense.

« Dans le traitement des gens de guerre, la somme
« employée à celui des officiers était presque aussi
« forte que celle employée au traitement des sol-
« dats.

« Presque tous les employés du gouvernement,
« à quelque titre que ce fût, avaient une solde
« excessive, surtout dans un pays où l'honneur de-
« vait être la récompense ou unique, ou du moins
« principale des services rendus à l'État.

« Les pensions avaient été portées à une somme
« fort supérieure à celle admise dans les autres
« États de l'Europe, proportion gardée des revenus.

« Tels étaient les faits dont la nation avait juste
« sujet de se plaindre; et, si l'existence de ces
« abus était un tort du gouvernement, la possibilité
« de leur existence était un tort de la constitution
« de l'État. »

Si telle était la situation de la France, et l'on
ne peut récuser le témoignage d'un chancelier de
monseigneur le comte d'Artois, témoignage présenté officiellement au roi; si donc telle était la
situation de la France, de l'avis même de ceux qui
prétendaient qu'elle avait une constitution, qui
pourrait nier qu'un changement ne fût nécessaire,
soit pour faire marcher une constitution qui n'avait
jamais été qu'enfreinte, soit pour admettre des
garanties qui pussent donner aux lois de l'État
des moyens de se maintenir et d'être obéies?

CHAPITRE XII.

Du rappel de M. Necker, en 1788.

Si M. Necker, en sa qualité de ministre, avait
proposé la convocation des états généraux, on
aurait pu l'accuser d'avoir trahi son devoir, puisqu'il est convenu, dans la doctrine d'un certain
parti, que le pouvoir absolu des rois est une chose
sacrée. Mais, quand l'opinion publique força la
cour à renvoyer l'archevêque de Sens et à rappeler
M. Necker, les états généraux étaient solennellement promis; les nobles, le clergé et le parlement
avaient sollicité cette promesse; la nation l'avait
reçue; et telle était la puissance de l'opinion universelle sur ce point, qu'aucune force militaire ni
civile ne se serait prêtée alors à la combattre. Je
consigne cette assertion à l'histoire; si elle diminue le mérite de M. Necker, en reconnaissant
qu'il n'a pas donné les états généraux, elle place
la responsabilité des événements de la révolution
là où elle doit être. Car se pouvait-il qu'un homme
tel que M. Necker vînt proposer à un monarque
vertueux, à Louis XVI, de rétracter sa parole? et
de quelle utilité aurait pu lui être un ministre dont

l'ascendant consistait dans sa popularité, si le premier acte de ce ministre eût été de conseiller au roi de manquer aux engagements qu'il avait pris avec son peuple?

Cette même aristocratie, qui trouve plus simple de calomnier un homme que de reconnaître la part qu'elle a prise elle-même au mouvement général; cette aristocratie, dis-je, eût été la première indignée de la perfidie du ministre; il n'aurait pu tirer aucun parti politique de la dégradation à laquelle il aurait consenti. Quand donc une chose n'est ni morale ni utile, quelle est l'espèce de fou, ou de prétendu sage, qui pourrait la conseiller?

M. Necker, à l'époque où l'opinion publique le reporta au ministère, était plus effrayé qu'heureux de sa nomination. Il avait amèrement regretté sa place, quand il la perdit en 1781, parce qu'il se croyait alors certain de faire beaucoup de bien. Lorsqu'il apprit la mort de M. de Maurepas, il se reprocha comme une faute sa démission, donnée six mois auparavant, et j'ai toujours présentes à mon souvenir ses longues promenades à Saint-Ouen, dans lesquelles il répétait souvent qu'il se dévorait lui-même par ses réflexions et par ses scrupules. Tout entretien qui lui rappelait son ministère, tout éloge sur ce sujet lui faisait mal. Pendant les sept années qui s'écoulèrent entre son premier ministère et le second, il souffrait constamment du renversement de ses projets pour améliorer le sort de la France. Au moment où l'archevêque de Sens fut appelé au ministère, il fut encore affligé de n'avoir pas été nommé; mais, lorsque je vins lui annoncer à Saint-Ouen, en 1788, qu'il allait être ministre : *Ah!* me dit-il, *que ne m'a-t-on donné ces quinze mois de l'archevêque de Sens! à présent, c'est trop tard!*

M. Necker venait de publier son ouvrage sur l'importance des opinions religieuses. En toute occasion, il a toujours attaqué les partis dans leur force; la fierté de son âme l'inspirait ainsi. C'était la première fois qu'un écrivain, assez éclairé pour être nommé philosophe, signalait les dangers de l'esprit irréligieux du dix-huitième siècle; et cet ouvrage avait rempli l'âme de son auteur de pensées plus hautes que toutes celles qui naissent des intérêts de la terre, même les plus relevés. Aussi se rendit-il aux ordres du roi avec un sentiment de tristesse que je ne partageais certes pas; il me dit, en voyant ma joie : « La fille d'un ministre « n'a que du plaisir, elle jouit du reflet du pouvoir « de son père; mais le pouvoir lui-même, à pré- « sent surtout, est une responsabilité terrible. » Il n'avait que trop raison; mais dans la vivacité

des premiers jours de la jeunesse, l'esprit, si l'on en a, peut faire parler comme une personne avancée dans la vie; mais l'imagination n'est pas d'un jour plus âgée que nous.

En traversant le bois de Boulogne, la nuit, pour me rendre à Versailles, j'avais une peur horrible d'être attaquée par des voleurs; car il me semblait que tout le bonheur que me causait l'élévation de mon père devait être compensé par quelques accidents cruels. Les voleurs ne m'attaquèrent pas, mais la destinée ne justifia que trop mes craintes.

J'allai chez la reine, selon l'usage, le jour de la Saint-Louis; la nièce de l'archevêque de Sens, disgracié le matin, faisait sa cour en même temps que moi : la reine manifesta clairement, par sa manière de nous accueillir toutes les deux, qu'elle préférait de beaucoup le ministre renvoyé à son successeur. Les courtisans ne firent pas de même; car jamais tant de personnes ne s'offrirent pour me reconduire jusqu'à ma voiture. Toutefois la disposition de la reine fut alors un des grands obstacles que M. Necker rencontra dans sa carrière politique; elle l'avait protégé pendant son premier ministère; mais, quoi qu'il fît pour lui plaire dans le second, elle le considéra toujours comme nommé par l'opinion publique; et les princes, dans les gouvernements arbitraires, s'accoutument malheureusement à regarder l'opinion comme leur ennemie.

Quand M. Necker fut nommé ministre, il ne restait que deux cent cinquante mille francs au trésor royal. Le lendemain les capitalistes lui apportèrent des secours considérables. Les fonds publics remontèrent de trente pour cent dans une matinée. Un tel effet, produit sur le crédit public par la confiance en un homme, n'a point d'exemple dans l'histoire. M. Necker obtint le rappel de tous les exilés, la délivrance de tous les prisonniers pour des opinions politiques, entre autres des douze gentilshommes bretons dont j'ai parlé précédemment. Enfin, il fit tout le bien de détail qui pouvait dépendre d'un ministre; mais déjà l'importance de la nation s'accroissait, et celle des hommes en place diminuait nécessairement en proportion.

CHAPITRE XIII.

De la conduite des derniers états généraux tenus à Paris en 1614.

Le parti des aristocrates, en 1789, ne cessait de réclamer les anciens usages. La nuit des temps est très-favorable à ceux qui ne veulent pas admettre la discussion des vérités en elles-mêmes. Ils criaient sans cesse : Rendez-nous 1614 et nos derniers états généraux; ce sont nos maîtres, ce sont nos modèles!

Je ne m'arrêterai point à prouver que les états généraux de Blois, en 1576, différaient presque autant, soit pour la composition, soit pour la forme, des états de Paris en 1614, que des états plus anciens, sous le roi Jean et sous Louis XII; aucune des convocations des trois ordres n'ayant été fondée sur des principes positifs, aucune n'a conduit à des résultats durables. Mais il peut être intéressant de rappeler quelques traits principaux de ces derniers états généraux, que ceux de 1789, après environ deux cents ans d'interruption, devaient, dit-on, prendre pour guides. Le tiers état proposa de déclarer qu'aucune puissance, ni spirituelle ni temporelle, ne pouvait délier les sujets du roi de leur fidélité envers lui. Le clergé, ayant pour organe le cardinal du Perron, s'y opposa, réservant les droits du pape; la noblesse suivit l'exemple du clergé; et le pape les en remercia vivement et publiquement l'un et l'autre. On traite encore aujourd'hui de jacobins ceux qui parlent d'un pacte entre la nation et le trône; alors on établissait que l'autorité royale était dans la dépendance du chef de l'Église.

L'édit de Nantes avait été publié en 1598, et le sang de Henri IV, versé par les ligueurs, coulait, pour ainsi dire, encore, quand les protestants de l'ordre de la noblesse et du tiers état demandèrent, en 1614, que l'on confirmât, dans les déclarations relatives à la religion, les articles de l'édit de Henri IV qui maintenaient la tolérance pour leur culte; leur requête fut rejetée.

Le lieutenant civil de Mesmes, s'adressant de la part du tiers état à la noblesse, dit que les trois ordres devaient se considérer comme trois frères, dont le cadet était le tiers état. Le baron de Sennecy répondit, au nom de la noblesse, que le tiers état ne pouvait s'arroger le nom de frère, *n'étant ni du même sang, ni de la même vertu.* Le clergé demanda qu'il lui fût permis de lever des dîmes sur toute espèce de fruits et de grains, et qu'on défendît de lui faire payer des droits à l'entrée des villes, ou de lui imposer sa part des contributions pour les chemins; il réclama de nouvelles entraves à la liberté de la presse. La noblesse demanda que les principaux emplois fussent tous donnés exclusivement aux gentilshommes, qu'on interdît aux roturiers les arquebuses, les pistolets, et l'usage des chiens, à moins qu'ils n'eussent les jarrets coupés. Elle demanda de plus que les roturiers

payassent de nouveaux droits seigneuriaux aux gentilshommes possesseurs de fiefs; que l'on supprimât toutes les pensions accordées aux membres du tiers état, mais que les gentilshommes fussent exempts de la contrainte par corps, et de tout subside sur les denrées de leurs terres; qu'ils pussent prendre du sel dans les greniers du roi, au même prix que les marchands; enfin, que le tiers état fût obligé de porter un habit différent de celui des gentilshommes.

J'abrége cet extrait des procès-verbaux, dans lequel je pourrais relever encore bien des choses ridicules, si celles qui sont révoltantes ne réclamaient pas toute l'attention. Mais il suffit de prouver que cette séparation des trois ordres n'a donné lieu qu'aux réclamations constantes des nobles pour ne pas payer d'impôts, s'assurer de nouvelles prérogatives, et faire supporter au tiers état toutes les humiliations que l'arrogance peut inventer. Les mêmes demandes d'exemptions d'impôts étaient faites de la part du clergé, et l'on y joignait toutes les vexations de l'intolérance. Quant aux affaires publiques, elles ne regardaient que le tiers état, puisque toutes les taxes devaient porter sur lui. Voilà pourtant l'esprit des états généraux qu'on proposait de faire revivre en 1789; et ce qu'on ne cesse de reprocher à M. Necker, c'est d'avoir pu souhaiter des modifications à de telles choses.

CHAPITRE XIV.

De la division par ordres dans les états généraux.

Les états généraux de France, ainsi que nous venons de le dire, étaient divisés en trois ordres, le clergé, la noblesse et le tiers état, délibérant séparément comme trois nations distinctes, et présentant leurs doléances au roi, chacune pour ses intérêts particuliers, qui avaient, selon les circonstances, plus ou moins de rapport avec les intérêts publics. Le tiers état renfermait à peu près toute la nation, dont les deux autres ordres formaient à peine le centième. Le tiers état, qui avait gagné considérablement en importance, dans le cours des derniers siècles, demandait, en 1789, que le commerce ou les villes, séparément des campagnes, eussent dans le troisième ordre assez de députés pour que le nombre des représentants du tiers état fût égal à celui des deux autres ordres réunis; et cette demande était appuyée par des motifs et des circonstances de la plus grande force.

La principale cause de la liberté de l'Angleterre, c'est qu'on y a toujours délibéré en deux chambres, et non pas en trois. Dans tous les pays où les trois ordres sont restés séparés, aucune liberté ne s'est encore établie. La division en quatre ordres, telle qu'elle existe en Suède, et qu'elle existait jadis en Aragon, ralentit aussi la marche des affaires, mais elle est beaucoup plus favorable à la liberté. L'ordre des paysans en Suède, en Aragon l'ordre équestre, donnaient deux parts égales aux représentants de la nation et aux privilégiés du premier rang; car l'ordre équestre, dont l'équivalent se trouve dans la chambre des communes en Angleterre, soutenait naturellement l'intérêt du peuple. Il est donc résulté de la division en quatre ordres, que dans ces deux pays, la Suède et l'Aragon, les principes libéraux se sont établis de bonne heure et maintenus longtemps. Il est à désirer pour la Suède que sa constitution soit rapprochée de celle de l'Angleterre; mais il faut rendre hommage au sentiment de justice qui, de tout temps, a fait admettre l'ordre des paysans dans la diète. Aussi les paysans de Suède sont-ils éclairés, heureux et religieux, parce qu'ils ont joui du sentiment de repos et de dignité qui ne peut naître que des institutions libres. En Allemagne, les ecclésiastiques ont siégé dans la chambre haute, mais ils n'ont point fait un ordre à part, et la division naturelle en deux chambres s'est toujours maintenue. Les trois ordres n'ont guère existé qu'en France et dans quelques États, tels que la Sicile, qui ne formaient pas à eux seuls une monarchie. Cette funeste institution, donnant toujours la majorité aux privilégiés contre la nation, a porté souvent le peuple français à préférer le despotisme royal à la dépendance légale où le plaçait la division en trois ordres, par rapport aux castes aristocratiques.

Un autre inconvénient de la France, c'était cette foule de gentilshommes du second ordre, anoblis de la veille, soit par les lettres de noblesse que les rois donnaient, comme faisant suite à l'affranchissement des Gaulois, soit par les charges vénales de secrétaire du roi, etc., qui associaient de nouveaux individus aux droits et aux privilèges des anciens gentilshommes. La nation se serait soumise volontiers à la prééminence des familles historiques, et je n'exagère pas en affirmant qu'il n'y en a pas plus de deux cents en France. Mais les cent mille nobles et les cent mille prêtres qui voulaient avoir des privilèges, à l'égal de ceux de MM. de Montmorency, de Grammont, de Crillon, etc., révoltaient généralement; car des négociants, des hommes de lettres, des propriétaires, des capitalistes, ne pouvaient comprendre la supériorité qu'on voulait accorder à cette noblesse acquise à prix de révérences ou d'argent, et à laquelle

vingt-cinq ans de date suffisaient pour siéger dans la chambre des nobles, et pour jouir des privilèges dont les plus honorables membres du tiers état se voyaient privés.

La chambre des pairs en Angleterre est une magistrature patricienne, fondée sans doute sur les anciens souvenirs de la chevalerie, mais tout à fait associée à des institutions d'une nature très-différente. Un mérite distingué dans le commerce, et surtout dans la jurisprudence, en ouvre journellement l'entrée, et les droits représentatifs que les pairs exercent dans l'État, attestent à la nation que c'est pour le bien public que leurs rangs sont institués. Mais quel avantage les Français pouvaient-ils trouver dans ces vicomtes de la Garonne, ou dans ces marquis de la Loire, qui ne payaient pas seulement leur part des impôts de l'État, et que le roi lui-même ne recevait pas à sa cour, puisqu'il fallait faire des preuves de plus de quatre siècles pour y être admis, et qu'ils étaient à peine anoblis depuis cinquante ans? La vanité des gens de cette classe ne pouvait s'exercer que sur leurs inférieurs; et ces inférieurs c'étaient vingt-quatre millions d'hommes.

Il peut être utile à la dignité d'une religion dominante qu'il y ait des archevêques et des évêques dans la chambre haute, comme en Angleterre. Mais quelle amélioration pourrait jamais s'accomplir dans un pays où le clergé catholique, composant le tiers de la représentation, aurait une part égale à celle de la nation même dans le pouvoir législatif? Ce clergé pourrait-il consentir à la tolérance des cultes, à l'admission des protestants à tous les emplois? Ne s'est-il pas refusé obstinément à l'égalité des impôts, pour conserver la forme des dons gratuits qui augmentait son importance auprès des ministres? Lorsque Philippe le Long renvoya les ecclésiastiques du parlement de Paris, il dit qu'ils devaient être trop occupés des spiritualités pour avoir le temps de songer aux temporalités. Que ne se sont-ils toujours soumis à cette sage maxime!

Jamais il ne s'était rien fait de décisif dans les états généraux, précisément parce qu'ils délibéraient séparément en trois ordres, au lieu de deux; et le chancelier de l'Hôpital n'avait pu obtenir, même momentanément, son édit de paix que d'une convocation à Saint-Germain, en 1562, dans laquelle, par un grand hasard, le clergé ne se trouva pas.

Les assemblées des notables, appelées par les rois, votèrent presque toutes par tête; et le parlement, qui avait d'abord consenti, en 1558, à faire un quatrième ordre à part, demanda, en 1626, qu'on délibérât par tête dans une assemblée de notables, parce qu'il ne voulait pas être distingué de la noblesse. Les variations infinies qu'on retrouve dans tous les usages de la monarchie française, se font remarquer dans la composition des états généraux, encore plus que dans toute autre institution politique. Si l'on voulait s'acharner sur le passé pour en faire l'immuable loi du présent, bien que ce passé ait été fondé lui-même sur l'altération d'un autre passé; si on le voulait, dis-je, on se perdrait dans des discussions interminables. Revenons donc à ce qui ne peut se nier : les circonstances dont nous avons été les témoins.

L'archevêque de Sens, agissant au nom du roi, invita tous les écrivains de France à faire connaître leur opinion sur le mode de convocation des états généraux. S'il avait existé des lois constitutionnelles qui en décidassent, pourquoi le ministre du roi aurait-il consulté la nation à cet égard par la liberté de la presse? L'archevêque de Sens, en établissant des assemblées provinciales, non-seulement les avait composées d'un nombre de députés du tiers égal à celui des deux autres ordres réunis, mais il avait même décidé, au nom du roi, que l'on y voterait par tête. Ainsi l'opinion publique était singulièrement préparée, soit par les mesures de l'archevêque de Sens, soit par la force même du tiers état, à ce que cet ordre obtînt, dans les états généraux de 1789, plus d'influence que dans les assemblées précédentes. Aucune loi ne fixait le nombre des députés des trois ordres; le seul principe établi était que chacun de ces ordres ne devait avoir qu'une voix. Si l'on n'avait pas accordé légalement une double représentation au tiers, on savait, à n'en pas douter, qu'irrité de n'avoir pas obtenu ce qu'il demandait, il aurait envoyé aux états généraux un nombre de députés beaucoup plus considérable encore. Ainsi tous les avant-coureurs des crises politiques dont un homme d'État doit avoir connaissance, annonçaient la nécessité de transiger avec l'esprit du temps.

Cependant M. Necker ne prit pas sur lui la décision qu'il croyait la plus sage; et, se fiant trop, il faut l'avouer, à l'empire de la raison, il conseilla au roi d'assembler de nouveau les notables qui avaient été convoqués par M. de Calonne; la majorité de ces notables, étant composée de privilégiés, fut contre le doublement du tiers : un seul bureau se déclara pour cette mesure; il était présidé par Monsieur (maintenant Louis XVIII). On se complaît à penser qu'un roi, le premier auteur d'une charte constitutionnelle émanée du trône, était alors de l'opinion populaire, sur l'importante question que le parti des aristocrates cherche encore à signaler comme la cause du renversement de la monarchie.

On a reproché à M. Necker d'avoir consulté les notables pour ne pas suivre leur avis; sa faute consiste en effet dans le parti qu'il prit de les consulter; mais pouvait-on imaginer que ces privilégiés, qui s'étaient montrés la veille si violents contre les abus du pouvoir royal, défendraient le lendemain toutes les injustices du leur, avec un acharnement si contraire à l'opinion générale?

Néanmoins M. Necker suspendit toute décision sur le doublement du tiers, lorsqu'il vit dans la majorité des notables une opinion différente de la sienne; et il s'écoula plus de deux mois entre la fin de leur assemblée et le résultat du conseil du 27 décembre 1788. Pendant ce temps, M. Necker étudia constamment l'esprit public, comme la boussole à laquelle, dans cette circonstance, les décisions du roi devaient se conformer. La correspondance des provinces était unanime sur la nécessité d'accorder au tiers état ce qu'il demandait, car le parti des aristocrates purs était, comme toujours, en très-petit nombre; beaucoup de nobles et de prêtres, dans la classe des curés, se ralliaient à l'opinion nationale. Le Dauphiné assembla à Romans ses anciens états tombés en désuétude, et on y admit non-seulement le doublement du tiers, mais la délibération par tête. Un grand nombre d'officiers de l'armée se montraient favorables au désir du tiers état. Tous ceux et toutes celles qui, de la haute compagnie de France, influaient sur l'opinion, parlaient vivement en faveur de la cause de la nation : la mode était dans ce sens; c'était le résultat de tout le dix-huitième siècle, et les vieux préjugés, qui combattaient encore pour les anciennes institutions, avaient beaucoup moins de force alors qu'ils n'en ont eu à aucune époque, pendant les vingt-cinq années suivantes. Enfin l'ascendant de l'esprit public était tel, qu'il entraîna le parlement lui-même. Aucun corps ne s'est jamais montré plus ardemment défenseur des anciens usages que le parlement de Paris; toute institution nouvelle lui paraissait un acte de rébellion, parce qu'en effet son existence ne pouvait être fondée sur les principes de la liberté politique. Des charges vénales, un corps judiciaire se prétendant en droit de consentir les impôts, et renonçant pourtant à ce droit quand les rois le commandaient : toutes ces contradictions, qui ne sauraient être que l'œuvre du hasard, n'admettaient point la discussion; aussi était-elle singulièrement suspecte aux membres de la magistrature française. Tous les réquisitoires contre la liberté de la presse partaient du parlement de Paris; et, s'il mettait des bornes au pouvoir actif des rois, il encourageait en revanche ce genre d'ignorance, en matière de gouvernement, qui, seul, favorise l'autorité absolue. Un corps aussi fortement attaché aux vieux usages, et néanmoins composé d'hommes qui, par leurs vertus privées, méritaient beaucoup d'estime, décidait nécessairement la question, en déclarant, par un arrêté des premiers jours de décembre 1788, deux mois après l'assemblée des notables, que le nombre des députés de chaque ordre n'étant fixé par aucun usage constant, ni par aucune loi de l'État, c'était à la sagesse du roi à prononcer à cet égard [1].

[1] *Extrait de l'arrêté du parlement, du 5 décembre 1788, les pairs y séant.* Considérant la situation actuelle de la nation, etc., déclare qu'en distinguant dans les états de 1614 la convocation, la composition et le nombre;

A l'égard du premier objet, la cour a dû réclamer la forme pratiquée à cette époque, c'est-à-dire, la convocation par bailliages et sénéchaussées, non par gouvernements ou généralités : cette forme, consacrée de siècle en siècle par les exemples les plus nombreux et par les derniers états, étant surtout le seul moyen d'obtenir la réunion complète des électeurs, par les formes légales, devant des officiers indépendants par leur état;

A l'égard de la composition, la cour n'a pu ni dû porter la moindre atteinte au droit des électeurs, droit naturel, constitutionnel, et respecté jusqu'à présent, de donner leurs pouvoirs aux citoyens qu'ils en jugent les plus dignes :

A l'égard du nombre, celui des députés respectifs n'étant déterminé par aucune loi, ni par aucun usage constant pour aucun ordre, il n'a été ni dans le pouvoir ni dans l'intention de la cour d'y suppléer, ladite cour ne pouvant, sur cet objet, que s'en rapporter à la sagesse du roi, sur les mesures nécessaires à prendre pour parvenir aux modifications que la raison, la liberté, la justice et le vœu général peuvent indiquer.

Ladite cour a de plus arrêté que ledit seigneur roi serait supplié très-humblement de ne plus permettre aucun délai pour la tenue des états généraux, et de considérer qu'il ne subsisterait aucun prétexte d'agitation dans les esprits, ni d'inquiétude parmi les ordres, s'il lui plaisait, en convoquant les états généraux, de déclarer et consacrer :

Le retour des états généraux;

Leur droit d'hypothéquer aux créanciers de l'État des impôts déterminés; leur obligation envers les peuples de n'accorder aucun autre subside qui ne soit défini pour la somme et pour le temps; leur droit de fixer et d'assigner librement, sur les demandes dudit seigneur roi, les fonds de chaque département;

La résolution dudit seigneur roi de concerter d'abord la suppression de tous impôts distinctifs des ordres, avec le seul qui les supporte; ensuite leur remplacement, avec les trois ordres, par des subsides communs, également répartis;

La responsabilité des ministres;

Le droit des états généraux d'accuser et traduire devant les cours, dans tous les cas intéressant directement la nation entière, sans préjudice des droits du procureur général dans les mêmes cas;

Les rapports des états généraux avec les cours souveraines, en telle sorte que les cours ne doivent ni ne puissent souffrir la levée d'aucun subside qui ne soit accordé, ni concourir à l'exécution d'aucune loi qui ne soit demandée ou concertée par les états généraux; la liberté individuelle des citoyens,

Quoi! le corps que l'on considérait comme le représentant du passé, cédant à l'opinion d'alors, renonçait indirectement à maintenir les anciennes coutumes dans cette occasion; et le ministre, dont la seule force consistait dans son respect pour la nation, aurait pris sur lui de refuser à cette nation ce qu'en sa conscience il croyait équitable, ce que dans son jugement il considérait comme nécessaire!

Ce n'est pas tout encore. A cette époque, les adversaires de l'autorité du roi, c'étaient les privilégiés; le tiers état, au contraire, désirait se rallier à la couronne; et si le roi ne s'était pas éloigné des représentants du tiers, après l'ouverture des états généraux, il n'y a pas de doute qu'ils n'eussent soutenu son pouvoir. Mais, quand un souverain adopte un système en politique, il doit le suivre avec constance, car il ne recueille du changement que les inconvénients de tous les partis opposés. « Une grande révolution était prête, dit « Monsieur (Louis XVIII) à la municipalité de « Paris, en 1789; le roi, par ses intentions, ses « vertus et son rang suprême, devait en être le « chef. » Toute la sagesse de la circonstance était dans ces paroles.

M. Necker, dans le rapport joint au résultat du conseil du 27 décembre, indiqua, au nom du roi, que le monarque accorderait la suppression des lettres de cachet, la liberté de la presse, et le retour périodique des états généraux pour la révision des finances. Il tâcha de dérober aux députés futurs le bien qu'ils voulaient faire, afin d'accaparer l'amour du peuple pour le roi. Aussi jamais résolution partie du trône ne produisit-elle un enthousiasme pareil à celui qu'excita le résultat du conseil. Il arriva des adresses de félicitation de toutes les parties du royaume; et, parmi les lettres sans nombre que M. Necker reçut, deux des plus marquantes furent celles de l'abbé Maury, depuis cardinal, et de M. de Lamoignon. L'autorité du roi

par l'obligation de remettre immédiatement tout homme arrêté dans une prison royale, entre les mains de ses juges naturels;

Et la liberté légitime de la presse, seule ressource prompte et certaine des gens de bien contre la licence des méchants, sauf à répondre d'écrits répréhensibles après l'impression, suivant l'exigence des cas.

Au moyen de ces préliminaires, qui sont dès à présent dans la main du roi, et sans lesquels on ne peut concevoir une assemblée vraiment nationale, il semble à la cour que le roi donnerait à la magistrature la plus douce récompense de son zèle, en procurant à la nation, par le moyen d'une solide liberté, tout le bonheur dont elle est digne.

Arrête, en conséquence, que les motifs, les principes et les vœux du présent arrêté seront mis sous les yeux du seigneur roi par la voie de très-humbles et très-respectueuses supplications.

fut alors plus puissante sur les esprits que jamais; on admirait la force de raison et la loyauté de sentiment qui le faisait marcher en avant des réformes demandées par la nation, tandis que l'archevêque de Sens l'avait placé dans la situation la plus fausse, en l'engageant à refuser toujours la veille ce qu'il était forcé d'accorder le lendemain.

Mais, pour profiter de cet enthousiasme populaire, il fallait marcher fermement dans la même route. Un plan tout à fait contraire a été suivi par le roi, six mois après; comment donc accuser M. Necker des événements qui sont résultés de ce qu'on a rejeté ses avis pour adopter ceux du parti contraire? Lorsqu'un général malhabile perd la campagne victorieusement commencée par un autre, dit-on que le vainqueur des premiers jours est coupable des défaites de son successeur, dont la manière de voir et d'agir diffère en tout de la sienne? Mais, répétera-t-on encore, la conséquence naturelle du doublement du tiers n'était-elle pas la délibération par tête et non par ordre, et n'a-t-on pas vu les suites de la réunion en une seule assemblée? La conséquence du doublement du tiers aurait dû être de délibérer en deux chambres; et certes, loin de craindre un tel résultat, il fallait le désirer. Pourquoi donc, diront les adversaires de M. Necker, n'a-t-il pas fait prononcer au roi sa résolution sur ce point, lorsque le doublement du tiers fut accordé? Il ne l'a pas fait, parce qu'il pensait qu'un tel changement devait être concerté avec les représentants de la nation; mais il l'a proposé dès que ces représentants ont été rassemblés. Malheureusement le parti aristocrate s'y opposa, et perdit ainsi la France en se perdant lui-même.

Une disette de blé, telle qu'il ne s'en était pas fait sentir depuis longtemps en France, menaça Paris de la famine pendant l'hiver de 1788 à 1789. Les soins infinis de M. Necker, et le dévouement de sa propre fortune, dont il avait déposé la moitié au trésor royal, prévinrent à cet égard des malheurs incalculables. Rien ne dispose le peuple au mécontentement comme les craintes sur les subsistances; cependant il avait tant de confiance dans l'administration, que nulle part le trouble n'éclata. Les états généraux s'annonçaient sous les plus heureux auspices; les privilégiés, par leur situation même, ne pouvaient abandonner le trône, bien qu'ils l'eussent ébranlé; les députés du tiers état étaient reconnaissants de ce qu'on avait écouté leurs réclamations. Sans doute, il restait encore de grands sujets de discorde entre la nation et les privilégiés; mais le roi était placé de manière à pouvoir être leur arbitre, en se réduisant de lui-

même à une monarchie limitée; si toutefois c'est se réduire que de s'imposer des barrières qui vous mettent à l'abri de vos propres erreurs, et surtout de celles de vos ministres. Une monarchie sagement limitée n'est que l'image d'un honnête homme, dans l'âme duquel la conscience préside toujours à l'action.

Le résultat du conseil du 27 décembre fut adopté par les ministres du roi les plus éclairés, tels que MM. de Saint-Priest, de Montmorin et de la Luzerne; et la reine elle-même voulut assister à la délibération qui eut lieu sur le doublement du tiers. C'était la première fois qu'elle paraissait au conseil; et l'approbation qu'elle donna spontanément à la mesure proposée par M. Necker, pourrait être considérée comme une sanction de plus; mais M. Necker, en remplissant son devoir, dut en prendre la responsabilité sur lui-même. La nation entière, à l'exception peut-être de quelques milliers d'individus, partageait alors son opinion; depuis il n'y a que les amis de la justice et de la liberté politique, telle qu'on la concevait à l'ouverture des états généraux, qui soient restés toujours les mêmes à travers vingt-cinq années de vicissitudes. Ils sont en petit nombre, et la mort les moissonne chaque jour; mais la mort seule en effet pouvait diminuer cette fidèle armée; car ni la séduction ni la terreur n'en sauraient détacher le plus obscur champion.

CHAPITRE XV.

Quelle était la disposition des esprits en Europe, au moment de la convocation des états généraux.

Les lumières philosophiques, c'est-à-dire, l'appréciation des choses d'après la raison, et non d'après les habitudes, avaient fait de tels progrès en Europe, que les possesseurs des priviléges, rois, nobles ou prêtres, étaient les premiers à s'excuser des avantages abusifs dont ils jouissaient. Ils voulaient bien les conserver, mais ils prétendaient à l'honneur d'y être indifférents; et les plus adroits se flattaient d'endormir assez l'opinion pour qu'elle ne leur disputât pas ce qu'ils avaient l'air de dédaigner.

L'impératrice Catherine courtisait Voltaire; Frédéric II était presque son rival en littérature, Joseph II était le philosophe le plus prononcé de ses États; le roi de France avait pris deux fois, en Amérique et en Hollande, le parti des sujets contre leurs princes: sa politique l'avait conduit à soutenir ceux qui combattaient contre le pouvoir royal et stathoudérien. L'opinion de l'Angleterre sur tous les principes politiques était en harmonie avec ses institutions; et, avant la révolution de France, il y avait certainement plus d'esprit de liberté en Angleterre qu'à présent.

M. Necker avait donc raison quand il disait, dans le résultat du conseil du 27 septembre, que le bruit sourd de l'Europe invitait le roi à consentir aux vœux de la nation. La constitution anglaise qu'elle souhaitait alors, elle la réclame encore à présent. Examinons avec impartialité quels sont les orages qui l'ont éloignée de ce port, le seul où elle puisse trouver le calme.

CHAPITRE XVI.

Ouverture des états généraux, le 5 mai 1789.

Je n'oublierai jamais le moment où l'on vit passer les douze cents députés de la France, se rendant en procession à l'église pour entendre la messe, la veille de l'ouverture des états généraux. C'était un spectacle bien imposant et bien nouveau pour des Français; tout ce qu'il y avait d'habitants dans la ville de Versailles, ou de curieux arrivés de Paris, se rassemblait pour le contempler. Cette nouvelle sorte d'autorité dans l'État, dont on ne connaissait encore ni la nature, ni la force, étonnait la plupart de ceux qui n'avaient pas réfléchi sur les droits des nations.

Le haut clergé avait perdu une partie de sa considération, parce que beaucoup de prélats ne s'étaient pas montrés assez réguliers dans leur conduite, et qu'un plus grand nombre encore n'étaient occupés que des affaires politiques. Le peuple est sévère pour les prêtres comme pour les femmes : il veut, dans les uns et dans les autres, du dévouement à leurs devoirs. La gloire militaire, qui constitue la considération de la noblesse, comme la piété celle du clergé, ne pouvait plus apparaître que dans le passé. Une longue paix n'avait donné à aucun des nobles qui en auraient été les plus avides, l'occasion de recommencer leurs aïeux, et c'étaient d'illustres obscurs que tous les grands seigneurs de France. La noblesse du second ordre n'avait pas eu plus d'occasions de se distinguer, puisque la nature du gouvernement ne permettait aux gentilshommes que la carrière des armes. Les anoblis, qu'on voyait marcher en grand nombre dans les rangs des nobles, portaient d'assez mauvaise grâce le panache et l'épée; et l'on se demandait pourquoi ils se plaçaient dans le premier ordre de l'État, seulement parce qu'ils avaient obtenu de ne pas payer leur part des impôts publics; car, en effet, c'était à cet injuste privilège que se bornaient leurs droits politiques.

La noblesse se trouvant déchue de sa splendeur par l'esprit de courtisan, par l'alliage des anoblis, et par une longue paix; le clergé ne possédant plus l'ascendant des lumières qu'il avait eu dans les temps barbares, l'importance des députés du tiers état en était augmentée. Leurs habits et leurs manteaux noirs, leurs regards assurés, leur nombre imposant, attiraient l'attention sur eux : des hommes de lettres, des négociants, un grand nombre d'avocats composaient ce troisième ordre. Quelques nobles s'étaient fait nommer députés du tiers, et parmi ces nobles on remarquait surtout le comte de Mirabeau : l'opinion qu'on avait de son esprit était singulièrement augmentée par la peur que faisait son immoralité; et cependant, c'est cette immoralité même qui a diminué l'influence que ses étonnantes facultés devaient lui valoir. Il était difficile de ne pas le regarder longtemps, quand on l'avait une fois aperçu : son immense chevelure le distinguait entre tous; on eût dit que sa force en dépendait comme celle de Samson; son visage empruntait de l'expression de sa laideur même, et toute sa personne donnait l'idée d'une puissance irrégulière, mais enfin, d'une puissance telle qu'on se la représenterait dans un tribun du peuple.

Aucun nom, excepté le sien, n'était encore célèbre dans les six cents députés du tiers; mais il y avait beaucoup d'hommes honorables, et beaucoup d'hommes à craindre. L'esprit de faction commençait à planer sur la France, et l'on ne pouvait l'abattre que par la sagesse ou par le pouvoir. Or, si l'opinion avait déjà miné le pouvoir, que pouvait-on faire sans sagesse?

J'étais placée à une fenêtre près de madame de Montmorin, femme du ministre des affaires étrangères, et je me livrais, je l'avoue, à la plus vive espérance, en voyant pour la première fois en France des représentants de la nation. Madame de Montmorin, dont l'esprit n'était en rien distingué, me dit avec un ton décidé, qui cependant me fit effet : « Vous avez tort de vous réjouir, il arrivera « de ceci de grands désastres à la France et à nous. » Cette malheureuse femme a péri sur l'échafaud avec un de ses fils, l'autre s'est noyé; son mari a été massacré le 2 septembre; sa fille aînée a péri dans l'hôpital d'une prison; sa fille cadette, madame de Beaumont, personne spirituelle et généreuse, a succombé sous le poids de ses regrets avant trente ans; la famille de Niobé n'a pas été plus cruellement frappée que celle de cette pauvre mère : on eût dit qu'elle le pressentait.

L'ouverture des états généraux eut lieu le lendemain : on avait construit à la hâte une grande salle dans l'avenue de Versailles pour y recevoir les députés. Beaucoup de spectateurs furent admis à cette cérémonie. Une estrade était élevée pour y placer le trône du roi, le fauteuil de la reine, et des chaises pour le reste de la famille royale.

Le chancelier, M. de Barentin, s'assit sur l'avant-scène de cette espèce de théâtre. Les trois ordres étaient, pour ainsi dire, dans le parterre, le clergé et la noblesse à droite et à gauche, les députés du tiers état en face. Ils avaient déclaré d'avance qu'ils ne se mettraient pas à genoux au moment de l'arrivée du roi, suivant l'ancien usage, encore pratiqué la dernière fois que les états généraux s'étaient rassemblés. Si les députés du tiers état s'étaient mis à genoux en 1789, tout le monde, y compris les aristocrates les plus purs, aurait trouvé cette action ridicule, c'est-à-dire, en désaccord avec les idées du temps.

Lorsque Mirabeau parut, un murmure se fit entendre dans l'assemblée. Il en comprit le sens; mais, traversant la salle fièrement jusqu'à sa place, il eut l'air de se préparer à faire naître assez de troubles dans l'État pour confondre les rangs de l'estime aussi bien que tous les autres. M. Necker fut couvert d'applaudissements dès qu'il entra; sa popularité était alors entière, et le roi pouvait s'en servir utilement, en restant fidèle au système dont il avait adopté les principes fondamentaux.

Quand le roi vint se placer sur le trône, au milieu de cette assemblée, j'éprouvai pour la première fois un sentiment de crainte. D'abord je remarquai que la reine était très-émue; elle arriva plus tard que l'heure assignée, et les couleurs de son teint étaient altérées. Le roi prononça son discours avec sa simplicité accoutumée; mais les physionomies des députés exprimaient plus d'énergie que celle du monarque, et ce contraste devait inquiéter, dans des circonstances où, rien n'étant encore établi, il fallait de la force des deux côtés.

Les discours du roi, du chancelier et de M. Necker, avaient tous les trois pour but le rétablissement des finances. Celui de M. Necker présentait toutes les améliorations dont l'administration était susceptible, mais il touchait à peine aux questions constitutionnelles; et se bornant à prévenir l'assemblée contre la précipitation dont elle n'était que trop susceptible, il lui dit ce mot qui est devenu proverbe : « Ne soyez pas envieux du temps. » En sortant de la séance, le parti populaire, c'est-à-dire, la majorité du tiers, la minorité de la noblesse et plusieurs membres du clergé, se plaignirent de ce que M. Necker avait traité les états généraux comme une administration provinciale, en ne leur parlant que des mesures à prendre pour garantir la dette de l'État, et pour perfectionner le système des impôts. Le principal objet des états généraux, sans doute, était de faire une constitution : mais pouvaient-ils exiger que le ministre du roi entamât le premier des questions qui ne devaient être mises en avant que par les représentants de la nation ?

D'un autre côté, les aristocrates, ayant vu, dans le discours de M. Necker, qu'en huit mois il avait assez rétabli les finances pour être en état de se passer de nouveaux impôts, commencèrent à blâmer le ministre d'avoir convoqué les états généraux, puisque le besoin d'argent ne les rendait pas indispensables. Ils oubliaient apparemment que la promesse de ces états généraux était donnée avant le rappel de M. Necker. Dans cette circonstance, comme dans presque toutes, il marchait entre les deux extrêmes, car il ne voulait point dire aux représentants du peuple : Ne vous occupez que de constitution; et il ne voulait pas non plus retomber dans l'arbitraire, en se contentant des ressources momentanées qui ne mettaient point en sûreté les créanciers de l'État, et ne répondaient pas au peuple de l'emploi de ses sacrifices.

CHAPITRE XVII.

De la résistance des ordres privilégiés aux demandes du tiers état, en 1789.

M. de la Luzerne, évêque de Langres, un des meilleurs esprits de France, écrivit, à l'ouverture des états généraux, une brochure pour proposer que les trois ordres se formassent en deux chambres, le haut clergé se réunissant à la noblesse, et le bas clergé aux communes. M. le marquis de Montesquiou, depuis général, en fit la motion, mais en vain, dans la chambre de la noblesse. En un mot, tous les hommes éclairés sentaient la nécessité de détruire cette délibération en trois ordres, avec le veto de l'un sur l'autre; car, indépendamment de son injustice radicale, elle rendait impossible de terminer aucune affaire.

Il y a dans l'ordre social, comme dans l'ordre naturel, de certains principes dont on ne saurait s'écarter sans amener la confusion. Les trois pouvoirs sont dans l'essence des choses. La monarchie, l'aristocratie et la démocratie existent dans tous les gouvernements, comme l'action, la conservation et le renouvellement, dans la marche de la nature. Si vous introduisez dans l'organisation politique un quatrième pouvoir, le clergé, qui est tout ou rien; suivant la façon dont on le considère, vous ne pouvez plus établir aucun raisonnement fixe sur les lois nécessaires au bien de l'État, puisqu'on vous met pour entraves des autorités mystérieuses, là où vous ne devez admettre que des intérêts publics.

Deux grands dangers, la banqueroute et la famine, menaçaient la France au moment de la convocation des états généraux, et tous les deux exigeaient des ressources promptes. Comment pouvait-on prendre aucune résolution rapide avec le *veto* de chaque ordre? Les deux premiers ne voulaient pas consentir sans condition à l'égalité des impôts, et cependant la nation demandait que ce moyen fût employé avant tout autre, pour rétablir les finances. Les privilégiés avaient dit qu'ils accéderaient à cette égalité, mais ils ne l'avaient point encore formellement décrété, et ils étaient toujours les maîtres de décider ce qui les concernait d'après l'ancienne manière de délibérer. Ainsi la masse de la nation n'avait point d'influence décisive, quoique la plus grande partie des sacrifices portât sur elle. Les députés du tiers réclamèrent donc le vote par tête, et la noblesse et le clergé le vote par ordre. La dispute à cet égard commença dès la vérification des pouvoirs; et dès ce moment aussi M. Necker proposa un plan de conciliation, qui, bien que très-favorable aux deux premiers ordres, pouvait cependant alors être accepté, parce que l'on négociait encore. A toutes les entraves qu'apportait la délibération en trois ordres, il faut ajouter ce qu'on appelait les mandats impératifs, c'est-à-dire, des mandats rédigés par les électeurs, qui imposaient aux députés l'obligation de se conformer à la volonté de leurs commettants, sur les principaux objets dont il devait être question dans l'assemblée. Cette forme surannée ne pouvait convenir qu'au temps où le gouvernement représentatif était dans son enfance. L'opinion publique n'avait guère d'ascendant, lorsque les communications d'une province à l'autre étaient peu faciles, et surtout lorsque les journaux ne répandaient encore ni les nouvelles ni les idées. Mais vouloir contraindre de nos jours les députés à ne s'écarter en rien des cahiers rédigés dans leurs bailliages, c'était faire des états généraux une réunion d'hommes qui auraient eu seulement le droit de déposer des pétitions sur la table. En vain la discussion les eût-elle éclairés, puisqu'il ne leur était permis de rien changer aux injonctions qu'ils

avaient reçues d'avance. C'est pourtant sur ces cahiers impératifs que les nobles se fondaient principalement, pour refuser la délibération par tête. Les gentilshommes du Dauphiné, au contraire, avaient apporté le mandat formel de ne jamais délibérer par ordre.

La minorité de la noblesse, c'est-à-dire, plus de soixante membres de la naissance la plus illustre, mais qui participaient par leurs lumières à l'esprit du siècle, voulaient aussi qu'on délibérât par tête sur la constitution future de la France; mais la majorité de leur ordre, d'accord avec une partie du clergé, bien que celui-ci se montrât plus modéré, mettait une obstination inouïe à n'adopter aucun mode de conciliation. Ils assuraient qu'ils étaient prêts à renoncer à leurs exemptions d'impôts; et néanmoins, au lieu de déclarer formellement cette résolution à l'ouverture de leurs séances, ils voulaient faire, de ce que la nation regardait comme son droit, un objet de négociation. Le temps se perdit en arguties, en refus polis, en difficultés nouvelles. Quand le tiers état élevait le ton, et montrait sa force, qui consistait dans le vœu de la France, la noblesse de la cour fléchissait, habituée qu'elle était à céder au pouvoir; mais, dès que la crise paraissait se calmer, elle reprenait bientôt toute son arrogance, et se mettait à mépriser le tiers état, comme dans le temps où les vilains sollicitaient leur affranchissement des seigneurs.

La noblesse de province était plus intraitable encore que les grands seigneurs. Ceux-ci étaient toujours assurés de leur existence : les souvenirs de l'histoire la leur garantissaient; mais tous ces gentilshommes, dont les titres n'étaient connus que d'eux-mêmes, se voyaient en danger de perdre des distinctions qui n'imposaient plus de respect à personne. Il fallait les entendre parler de leurs rangs comme si ces rangs eussent existé avant la création du monde, quoique la date en fût très-récente. Ils considéraient leurs privilèges, qui n'étaient d'aucune utilité que pour eux-mêmes, comme le droit de propriété sur lequel se fonde la sécurité de tous. Les privilèges ne sont sacrés que quand ils servent au bien de l'État; il faut donc raisonner pour les maintenir, et ils ne peuvent être vraiment solides que quand l'utilité publique les consacre. Mais la majorité de la noblesse ne sortait pas de ces trois mots : *C'était ainsi jadis.* Cependant, leur répondait-on, ce sont des circonstances qui ont amené ce qui était, et ces circonstances sont entièrement changées : n'importe, rien n'arrivait à leur conviction. Ils avaient une certaine fatuité aristocratique dont on ne peut avoir l'idée nulle part ailleurs qu'en France ; un mélange de frivolité dans les manières, et de pédanterie dans les opinions ; et le tout réuni au plus complet dédain pour les lumières et pour l'esprit, à moins qu'il ne se fît bête, c'est-à-dire, qu'il ne s'employât à faire rétrograder la raison.

En Angleterre, le fils aîné d'un lord est d'ordinaire membre de la chambre des communes, jusqu'à ce qu'il puisse, à la mort de son père, entrer dans la chambre haute ; les fils cadets restent dans le corps de la nation dont ils font partie. Un lord disait spirituellement : « Je ne puis pas devenir « aristocrate, car j'ai chez moi constamment des « représentants du parti populaire ; ce sont mes fils « cadets. » La réunion graduée des divers états de l'ordre social est une des admirables beautés de la constitution anglaise. Mais ce que l'usage avait introduit en France, c'étaient deux choses, pour ainsi dire, contradictoires : un respect tel pour l'antiquité de la noblesse, qu'il n'était pas même permis d'entrer dans les carrosses du roi sans des preuves vérifiées par le généalogiste de la cour, et qui remontaient au delà de 1400, c'est-à-dire, avant l'époque où les rois ont introduit les anoblissements ; et, d'un autre côté, la plus grande importance attachée à la faculté donnée au roi d'anoblir. 'Aucune puissance humaine ne peut faire un noble véritable ; ce serait disposer du passé, ce qui paraît impossible à la Divinité même ; mais rien n'était plus facile en France que de devenir un privilégié ; et cependant c'était entrer dans une caste à part, et acquérir, pour ainsi dire, le droit de nuire au reste de la nation, en augmentant le nombre de ceux qui ne supportaient pas les charges de l'État, et qui se croyaient des droits particuliers à ses faveurs. Si la noblesse française était restée purement militaire, on aurait pu longtemps encore, par le sentiment de l'admiration et de la reconnaissance, se soumettre aux avantages dont elle jouissait ; mais, depuis un siècle, un tabouret à la cour était demandé avec autant d'instance qu'un régiment à l'armée. Les nobles de France n'étaient ni des magistrats par la pairie, comme en Angleterre, ni des seigneurs suzerains comme en Allemagne. Qu'étaient-ils donc ? Ils se rapprochaient malheureusement de ceux d'Espagne et d'Italie, et ils n'échappaient à cette triste comparaison que par leur élégance en société, et l'instruction de quelques-uns d'entre eux ; mais ceux-là même, pour la plupart, abjuraient la doctrine de leur ordre, et l'ignorance seule restait à la garde des préjugés.

Quels orateurs pouvaient soutenir ce parti, abandonné par ses membres les plus distingués ? L'abbé Maury, qui était bien loin d'occuper un premier rang dans le clergé de France, défendait ses abbayes sous le nom du bien public ; et un capitaine de cavalerie, anobli depuis vingt-cinq ans, M. de Casalès, fut le champion des priviléges de la noblesse dans l'assemblée constituante. On a vu depuis ce même homme se rattacher l'un des premiers à la dynastie de Bonaparte ; et le cardinal Maury, ce me semble, s'y est assez volontiers prêté. L'on peut donc croire, dans cette occasion comme dans toute autre, que de nos jours, les avocats des préjugés sont souvent très-disposés à transiger pour des intérêts personnels. La majorité de la noblesse, se sentant délaissée en 1789 par les talents et les lumières, proclamait indiscrètement la nécessité d'employer la force contre le parti populaire. Nous verrons si cette force existait alors ; mais on peut dire d'avance que, si elle n'existait pas, c'était une grande imprudence que d'en menacer.

CHAPITRE XVIII.

De la conduite du tiers état, pendant les deux premiers mois de la session des états généraux.

Quelques individus de la noblesse et du clergé, les premiers de leur pays, inclinaient fortement, comme nous l'avons dit, pour le parti populaire ; beaucoup d'hommes éclairés se trouvaient parmi les députés du tiers état. Il ne faut pas juger de la France d'alors par celle d'aujourd'hui : vingt-cinq ans de périls continuels en tout genre ont malheureusement accoutumé les Français à n'employer leurs facultés qu'à la protection d'eux-mêmes ; mais on comptait en 1789 un grand nombre d'esprits supérieurs et philosophiques. Pourquoi donc, dira-t-on, ne pas s'en tenir au régime sous lequel ils s'étaient formés ainsi? Ce n'était pas le gouvernement, mais les lumières du siècle qui avaient développé tous ces talents, et ceux qui se les sentaient éprouvaient le besoin de les exercer : toutefois l'ignorance du peuple à Paris, et plus encore dans les provinces, cette ignorance résultat d'une longue oppression et du peu de soin que l'on prenait de l'éducation des dernières classes, menaçait la France de tous les maux dont elle a été depuis accablée. Il y avait peut-être autant d'hommes marquants chez nous que parmi les Anglais ; mais la masse de bon sens dont une nation libre est propriétaire, n'existait point en France La religion fondée sur l'examen, l'instruction publique, les élections et la liberté de la presse, sont des sources de perfectionnement qui avaient agi depuis plus de cent ans en Angleterre. Le tiers état voulait que les Français fussent enrichis d'une partie de ces biens; l'esprit public appuyait son désir avec énergie : mais le tiers état, étant le plus fort, ne pouvait avoir qu'un mérite, celui de la modération, et malheureusement il ne voulut pas se le donner.

Deux partis existaient dans les députés de cet ordre; l'un avait pour chefs principaux, Mounier et Malouet, et l'autre Mirabeau et Sieyes : le premier voulait une constitution en deux chambres, et conservait l'espoir d'obtenir ce changement de la noblesse et du roi, par les voies de la conciliation; l'autre était plutôt dirigé par les passions que par les opinions, bien que l'avantage des talents pût lui être attribué.

Mounier était le chef de l'insurrection calme et réfléchie du Dauphiné; c'était un homme passionnément raisonnable; plus éclairé qu'éloquent, mais constant et ferme dans sa route, tant qu'il lui fut possible d'en choisir une. Malouet, dans quelque situation qu'il se soit trouvé, a toujours été guidé par sa conscience. Je n'ai pas connu d'âme plus pure; et, si quelque chose lui a manqué pour agir efficacement, c'est qu'il avait traversé les affaires sans se mêler avec les hommes, se fiant toujours à la démonstration de la vérité, sans réfléchir assez aux moyens de l'introduire dans la conviction des autres.

Mirabeau, qui savait tout et qui prévoyait tout, ne voulait se servir de son éloquence foudroyante que pour se faire place au premier rang, dont son immoralité l'avait banni. Sieyes était l'oracle mystérieux des événements qui se préparaient; il a, on ne saurait le nier, un esprit de la première force et de la plus grande étendue; mais cet esprit a pour guide un caractère très-sujet à l'humeur; et, comme on pouvait à peine arracher de lui quelques paroles, elles comptaient, par leur rareté même, comme des ordres ou des prophéties. Pendant que les privilégiés discutaient leurs pouvoirs, leurs intérêts, leurs étiquettes, enfin, tout ce qui ne concernait qu'eux, le tiers état les invitait à s'occuper en commun de la disette et des finances. Sur quel terrain avantageux les députés du peuple ne se plaçaient-ils pas, quand ils sollicitaient pour de semblables motifs la réunion de tous les députés! Enfin, le tiers état se lassa de ses vains efforts, et les factieux se réjouirent de ce que leur inutilité semblait démontrer la nécessité de recourir à des moyens plus énergiques.

Malouet demanda que la chambre du tiers se déclarât l'assemblée des représentants de la majorité de la nation. Il n'y avait rien à dire à ce titre incontestable. Sieyes proposa de se constituer purement et simplement l'assemblée nationale de France, et d'inviter les membres des deux ordres à se réunir à cette assemblée : ce décret passa, et ce décret était la révolution elle-même. Combien n'importait-il donc pas de le prévenir! Mais tel fut le succès de cette démarche, qu'à l'instant les députés de la noblesse du Dauphiné et quelques prélats accédèrent à l'invitation de l'assemblée; son ascendant croissait à toute heure. Les Français sentent où est la force, mieux qu'aucun peuple du monde; et, moitié par calcul, moitié par enthousiasme, ils se précipitent vers la puissance, et l'augmentent de plus en plus en s'y ralliant.

Le roi, comme on le verra dans le chapitre suivant, se détermina beaucoup trop tard à intervenir dans la crise; mais par une maladresse ordinaire au parti des privilégiés, toujours faible sans cesser d'être confiant, le grand maître des cérémonies imagina de faire fermer la salle où se rassemblait le tiers état, pour y placer l'estrade et le tapis nécessaires à la réception du roi. Le tiers état crut, ou fit semblant de croire qu'on lui défendait de se rassembler; les troupes qui s'avançaient de toutes parts autour de Versailles, mettaient les députés dans la situation du monde la plus avantageuse. Le danger était assez apparent pour leur donner l'air du courage; et ce danger, cependant, n'était pas assez réel pour que les hommes timides y cédassent. Tout ce qui composait l'assemblée nationale se réunit donc dans la salle du jeu de paume, pour prêter serment de maintenir ses droits; ce serment n'était pas sans quelque dignité; et, si le parti des privilégiés avait été plus fort dans le moment où on l'attaquait, et que le parti national se fût montré plus sage après le triomphe, l'histoire aurait consacré ce jour comme l'un des plus mémorables dans les annales de la liberté.

CHAPITRE XIX.

Des moyens qu'avait le roi, en 1789, pour s'opposer à la révolution.

La véritable opinion publique, celle qui plane au-dessus des factions, est la même depuis vingt-sept ans en France; et toute autre direction, étant factice, ne saurait avoir qu'une influence momentanée.

L'on ne pensait point dans ce temps à renverser le trône, mais on ne voulait pas que la loi fût faite par ceux qui devaient l'exécuter; car ce n'est pas dans les mains du roi, mais dans celles de ses ministres, que l'autorité des anciens gouvernements arbitraires est remise. Les Français ne se soumettaient pas volontiers alors à la singulière humilité qu'on prétend exiger d'eux maintenant, celle de se croire indignes d'influer, comme les Anglais, sur leur propre sort. Que pouvait-on objecter à ces vœux presque universels de la France, et jusqu'à quel point un roi consciencieux devait-il s'y refuser? Pourquoi se charger à lui seul de la responsabilité de l'État, et pourquoi les lumières qui lui seraient venues d'une assemblée de députés, composée comme le parlement anglais, n'auraient-elles pas valu pour lui celles qu'il tirait de son conseil ou de sa cour? Pourquoi mettre enfin, à la place des devoirs mutuels entre le souverain et son peuple, la théorie renouvelée des Juifs sur le droit divin? Mais, sans la discuter ici, on ne saurait nier au moins qu'il ne faille de la force pour maintenir cette théorie, et que le droit divin n'ait besoin d'une armée terrestre pour se manifester aux incrédules. Or, quels étaient alors les moyens dont l'autorité royale pouvait se servir?

Deux partis raisonnables seulement restaient à prendre : triompher de l'opinion, ou traiter avec elle. La force, la force, s'écrièrent ces hommes qui croient s'en donner, seulement en prononçant ce mot. Mais en quoi consiste la force d'un souverain, si ce n'est dans l'obéissance de ses troupes? Or, l'armée, dès 1789, partageait en grande partie les opinions populaires contre lesquelles on voulait l'employer. Elle n'avait presque pas fait la guerre depuis vingt-cinq ans, et c'était une armée de citoyens, imbue des sentiments de la nation, et qui se faisait honneur de s'y associer. Si le roi s'était mis à sa tête, dira-t-on, il en aurait disposé. Le roi n'avait pas reçu une éducation militaire, et tous les ministres du monde, y compris le cardinal de Richelieu, ne sauraient suppléer, à cet égard, à l'action personnelle d'un monarque. On peut écrire pour lui, mais non commander une armée à sa place, surtout quand il s'agit de l'employer dans l'intérieur. La royauté ne peut être conduite comme la représentation de certains spectacles, où l'un des acteurs fait les gestes pendant que l'autre prononce les paroles. Mais quand la plus énergique volonté des temps modernes, celle de Bonaparte, se serait trouvée sur le trône, elle se serait brisée contre l'opinion publique, au moment de l'ouverture des états généraux. La politique était alors un champ nouveau pour l'imagination des Français; chacun se flattait d'y jouer un rôle, chacun

voyait un but pour soi dans les chances multipliées qui s'annonçaient de toutes parts; cent ans d'événements et d'écrits divers avaient préparé les esprits aux biens sans nombre que l'on se croyait prêt à saisir. Lorsque Napoléon a établi le despotisme en France, les circonstances étaient favorables à ce dessein; on était lassé de troubles, ou avait peur des maux horribles qu'on avait soufferts, et que le retour des mêmes factions pouvait ramener; d'ailleurs, l'enthousiasme public était tourné vers la gloire militaire; la guerre de la révolution avait exalté l'orgueil national. L'opinion, au contraire, sous Louis XVI, ne s'attachait qu'aux intérêts purement philosophiques; elle avait été formée par les livres, qui proposaient un grand nombre d'améliorations pour l'ordre civil, administratif et judiciaire; on vivait depuis longtemps dans une profonde paix; la guerre même était hors de mode depuis Louis XVI. Tout le mouvement des esprits consistait dans le désir d'exercer des droits politiques, et toute l'habileté d'un homme d'État se fondait sur l'art de ménager cette opinion.

Lorsqu'on peut gouverner un pays par la force militaire, la tâche des ministres est simple, et de grands talents ne sont pas nécessaires pour se faire obéir; mais si, par malheur, on a recours à cette force et qu'elle manque, alors l'autre ressource, celle de captiver l'opinion, n'existe plus, car on l'a perdue pour jamais, dès qu'on a vainement tenté de la contraindre. Examinons, d'après ces principes, les plans proposés par M. Necker, et ceux qu'on fit adopter au roi, en sacrifiant ce ministre.

CHAPITRE XX.

De la séance royale du 23 juin 1789.

Le conseil secret du roi différait entièrement de son ministère ostensible; il y avait bien quelques ministres de l'avis du conseil secret, mais le chef reconnu de l'administration, M. Necker, était précisément celui contre lequel les privilégiés dirigeaient leurs efforts.

En Angleterre, la responsabilité des ministres met obstacle à ce double gouvernement des affidés du roi et de ses agents officiels. Aucun acte du pouvoir royal n'étant exécuté sans la signature d'un ministre, et cette signature pouvant coûter la vie à celui qui la donne à tort, quand le roi serait entouré de chambellans qui prêcheraient le pouvoir absolu, aucun de ces chambellans mêmes ne se risquerait à faire, comme ministre, ce qu'il soutiendrait comme courtisan. Il n'en était pas ainsi de la France : on faisait venir, à l'insu du ministre principal, des régiments allemands, parce qu'on n'était pas assez sûr des régiments français, et l'on se persuadait qu'avec cette troupe étrangère on viendrait à bout de l'opinion, dans un pays tel qu'était alors l'illustre France.

Le baron de Breteuil, qui aspirait à remplacer M. Necker, était incapable de comprendre autre chose que l'ancien régime; et encore, dans l'ancien régime, ses idées ne s'étaient jamais étendues au delà des cours, soit en France, soit dans les pays étrangers où il avait été envoyé comme ambassadeur. Il avait revêtu son ambition des formes de la bonhomie; il serrait la main à la manière anglaise à tous ceux qu'il rencontrait, comme s'il eût dit à chacun : « Je voudrais être ministre; « quel mal cela vous fait-il? » A force de répéter qu'il voulait être ministre, on y avait consenti, et il avait aussi bien gouverné qu'un autre, quand il ne s'agissait que de signer le travail ordinaire que les commis apportaient tout fait à leurs chefs. Mais dans la grande circonstance dont je vais parler, il fit, par ses conseils, un mal affreux à la cause du roi. Son gros son de voix ressemblait à de l'énergie; il marchait à grand bruit en frappant du pied, comme s'il avait voulu faire sortir de terre une armée, et toutes ses manières décidées faisaient illusion à ceux qui avaient foi à leurs propres désirs.

Quand M. Necker disait au roi et à la reine : Êtes-vous assurés de l'armée? on croyait voir dans ce doute un sentiment factieux; car l'un des traits qui caractérisent le parti des aristocrates en France, c'est d'avoir pour suspecte la connaissance des faits. Ces faits, qui sont opiniâtres, se sont en vain soulevés dix fois contre les espérances des privilégiés : toujours ils les ont attribués à ceux qui les ont prévus, mais jamais à la nature des choses. Quinze jours après l'ouverture des états généraux, avant que le tiers état se fût constitué assemblée nationale, lorsque les deux partis ignoraient encore leur force réciproque, et qu'ils s'adressaient tous les deux au gouvernement, pour requérir son appui, M. Necker présenta au roi un tableau de la situation de la monarchie. « Sire, « lui dit-il, je crains qu'on ne vous trompe sur « l'esprit de votre armée : la correspondance des « provinces nous fait croire qu'elle ne marchera « pas contre les états généraux. Ne la faites donc « point approcher de Versailles, comme si vous « aviez l'intention de l'employer hostilement contre « les députés. Le parti populaire ne sait point en-« core positivement quelle est la disposition de « cette armée. Servez-vous de cette incertitude « même, pour maintenir votre autorité dans l'opi-« nion; car si le fatal secret de l'insubordination « des troupes était connu, comment serait-il pos-« sible de contenir les esprits factieux? Ce dont il « s'agit maintenant, sire, c'est d'accéder aux vœux « raisonnables de la France : daignez vous résigner « à la constitution anglaise; vous n'éprouverez per-« sonnellement aucune contrainte par le règne des « lois; car jamais elles ne vous imposeront autant « de barrières que vos propres scrupules; et, en « allant au-devant des désirs de votre nation, vous « accorderez encore aujourd'hui ce que peut-être « elle exigera demain. »

A la suite de ces observations, M. Necker remit le projet d'une déclaration qui devait être donnée au roi un mois plus tôt que le 23 juin, c'est-à-dire, longtemps avant que le tiers état se fût déclaré assemblée nationale, avant le serment du Jeu de paume, enfin avant que les députés eussent pris aucune mesure hostile. Les concessions du roi avaient alors plus de dignité. La déclaration, telle que l'avait rédigée M. Necker, était, presque mot pour mot, semblable à celle qui fut donnée par Louis XVIII, à Saint-Ouen, le 2 mai 1814[1], vingt-cinq années après l'ouverture des états généraux. N'est-il pas permis de croire que le cercle sanglant de ces vingt-cinq années n'aurait pas été parcouru, si l'on avait consenti, dès le premier jour, à ce que la nation voulait alors, et ne cessera point de vouloir?

Un moyen ingénieux assurait le succès de la proposition de M. Necker. Le roi devait ordonner le vote par tête en matière d'impôts, et ce n'était que sur les intérêts, sur les affaires et les priviléges de chaque ordre, qu'ils étaient appelés à délibérer séparément, avant que la constitution fût établie. Le tiers état, ne s'étant point encore assuré du vote par tête, eût été reconnaissant de l'obtenir en matière d'impôts, ce qui était de toute justice : car se figure-t-on des états généraux dans lesquels la majorité, c'est-à-dire, les deux ordres privilégiés, qui comparativement ne payaient presque rien, auraient décidé des taxes que la minorité, le tiers état, devait acquitter en entier? Le roi déclarait aussi dans le projet de M. Necker, que relativement à l'organisation future des états généraux, il ne sanctionnerait qu'un corps législatif en deux chambres. Venaient ensuite différentes

[1] C'est dans ce même lieu, Saint-Ouen, que mon père a passé sa vie. Je ne puis m'empêcher, tout puéril qu'est ce rapprochement, d'en être frappée.

III.

8

propositions populaires en finances et en législation, qui auraient achevé de concilier l'opinion en faveur de la déclaration royale. Le roi l'adopta tout entière, et dans le premier moment il est sûr qu'il l'approuvait. M. Necker fut cette fois au comble de l'espérance; car il se flattait de faire accepter ce plan sagement combiné à la majorité des députés du tiers, quoique les plus exagérés fussent disposés à repousser tout ce qui viendrait de la cour.

Tandis que M. Necker exposait volontiers sa popularité, en se déclarant le défenseur d'une chambre haute, les aristocrates se croyaient au contraire dépouillés par cette institution. Chaque parti, depuis vingt-cinq ans, a repoussé et regretté tour à tour la constitution anglaise, suivant qu'il était vainqueur ou vaincu. La reine dit, en 1792, au chevalier de Coigny : « Je voudrais qu'il m'en eût coûté un bras, et que la constitution anglaise fût établie en France. » Les nobles n'ont cessé de l'invoquer, quand on les a dépouillés de toute leur existence; et le parti populaire, sous Bonaparte, se serait sûrement trouvé très-heureux de l'obtenir. On dirait que la constitution anglaise, ou plutôt la raison, en France, est comme la belle Angélique dans la comédie du *Joueur :* il l'invoque dans sa détresse, et la néglige quand il est heureux.

M. Necker attachait la plus grande importance à ce que le roi ne perdît pas un instant pour interposer sa médiation au milieu des débats des trois ordres. Mais le roi se tranquillisait sur la popularité de son ministre, croyant qu'il serait toujours temps d'y avoir recours, s'il le fallait. C'était une grande erreur : M. Necker pouvait aller jusqu'à tel point, il pouvait mettre telles bornes aux prétentions des députés du tiers, en leur accordant telle chose qu'ils ne se croyaient pas encore sûrs d'obtenir; mais, s'il avait abjuré ce qui faisait sa force, la nature même de ses opinions, il aurait eu moins d'influence que tout autre homme.

Un parti dans les députés du tiers, celui dont Mounier et Malouet étaient les chefs, se concertait avec M. Necker; mais l'autre voulait une révolution, et ne se contentait pas de recevoir ce qu'il aimait mieux conquérir. Pendant que M. Necker luttait avec la cour en faveur de la liberté nationale, il défendait l'autorité royale et les nobles eux-mêmes contre le tiers état; toutes ses heures et toutes ses facultés étaient consacrées à prémunir le roi contre les courtisans, et les députés contre les factieux.

N'importe, dira-t-on, puisque M. Necker n'a pas réussi, c'est qu'il n'a pas été assez habile. Depuis treize années, cinq de ministère et huit de

retraite, M. Necker s'était soutenu au plus haut point de la faveur populaire; il en jouissait encore à un tel degré, que la France entière fut soulevée à la nouvelle de son exil. En quoi donc a-t-il jamais rien perdu par sa faute? et comment, je ne saurais assez le répéter, peut-on rendre un homme responsable des malheurs qui sont arrivés pour n'avoir pas suivi ses conseils? Si la monarchie a été renversée, parce que le système contraire au sien a été adopté, n'est-il pas probable qu'elle eût été sauvée, si le roi ne s'était pas écarté de la route dans laquelle il avait marché depuis le retour de M. Necker au ministère.

Un jour très-prochain était choisi pour la séance royale, lorsque les ennemis secrets de M. Necker déterminèrent le roi à faire un voyage à Marly, séjour où l'opinion publique se faisait encore moins entendre qu'à Versailles. Les courtisans se placent d'ordinaire entre le prince et la nation, comme un écho trompeur qui altère ce qu'il répète. M. Necker raconte que le soir du conseil d'État dans lequel la séance royale devait être fixée pour le lendemain, un billet de la reine engagea le roi à sortir du conseil; et la délibération fut renvoyée au jour suivant. Alors deux magistrats de plus furent admis à la discussion, ainsi que les deux princes frères du roi. Ces magistrats ne connaissaient que les anciennes formes, et les princes, jeunes alors, se confiaient trop dans l'armée.

Le parti qui se donnait pour défenseur du trône, parlait avec beaucoup de dédain de l'autorité du roi d'Angleterre; il voulait faire considérer comme un attentat la pensée de réduire un roi de France au misérable sort du monarque britannique. Non-seulement cette manière de voir était erronée, mais peut-être même n'était-elle inspirée que par des calculs égoïstes; car, dans le fait, ce n'est pas le roi, mais les nobles, et surtout les nobles de seconde classe, qui, selon leur manière de voir, devaient perdre à n'être que les citoyens d'un pays libre.

Les institutions anglaises n'auraient diminué ni les jouissances du roi, ni l'autorité dont il voulait et pouvait user. Ces institutions ne portaient pas atteinte non plus à la dignité des premières familles historiques de France; au contraire, en les plaçant dans la chambre des pairs, on leur donnait des prérogatives plus assurées, et qui les séparaient plus distinctement du reste de leur ordre. Ce n'étaient donc que les privilégiés de la seconde classe de la noblesse, et la puissance politique du haut clergé, qu'il fallait sacrifier. Les parlements aussi craignaient de perdre les pouvoirs contestés auxquels ils avaient eux-mêmes renoncé, mais qu'ils regrettaient toujours; peut-être même prévoyaient-ils d'avance l'institution des jurés, cette sauvegarde de l'humanité dans l'exercice de la justice. Mais encore une fois, les intérêts des corps n'étaient point unis à ceux de la prérogative royale, et, en voulant les rendre inséparables, les privilégiés ont entraîné le trône dans leur propre chute. Leur intention n'était sûrement pas de renverser la monarchie, mais ils ont voulu que la monarchie triomphât par eux et avec eux; tandis que les choses en étaient venues au point qu'il fallait sacrifier sincèrement et clairement ce qui était impossible à défendre, pour sauver ce qui pouvait être maintenu.

Telle était l'opinion de M. Necker; mais elle n'était point partagée par les nouveaux membres du conseil du roi. Ils proposèrent divers changements, tous conformes aux passions de la majorité des privilégiés. M. Necker lutta plusieurs jours contre les nouveaux adversaires qu'on lui opposait, avec une énergie étonnante dans un ministre qui désirait certainement de plaire au roi et à sa famille. Mais il était si convaincu de la vérité de ce qu'il affirmait, qu'il montra dans cette circonstance une décision imperturbable. Il prédit la défection de l'armée, si l'on avait besoin d'y avoir recours contre le parti populaire; il annonça que le roi perdrait tout son ascendant sur le tiers état, par l'esprit dans lequel on voulait rédiger la déclaration; enfin il indiqua respectueusement qu'il ne pouvait prêter son appui à un projet qui n'était pas le sien, et dont les suites, selon lui, seraient funestes.

On ne voulait pas condescendre aux conseils de M. Necker; mais on aurait souhaité que sa présence à la séance royale fît croire aux députés du peuple qu'il approuvait la démarche adoptée par le conseil du roi. M. Necker s'y refusa en envoyant sa démission. Cependant, disaient les aristocrates, une partie du plan de M. Necker était conservée; sans doute, il restait, dans la déclaration du 23 juin, quelques-unes des concessions que la nation désirait : la suppression de la taille, l'abolition des priviléges en matière d'impôts, l'admission de tous les citoyens aux emplois civils et militaires, etc.; mais en un mois les choses avaient bien changé : on avait laissé le tiers état grandir assez pour qu'il ne fût plus reconnaissant des concessions qu'il était certain d'obtenir. M. Necker voulait que le roi commençât par accorder la délibération par tête en matière d'impôts, dès les premiers mots de son discours; alors le tiers état

aurait cru que la séance royale avait pour but de soutenir ses intérêts, et cela aurait suffi pour le captiver. Mais dans la rédaction nouvelle qu'on avait fait accepter au roi, le premier article cassait tous les arrêtés que le tiers état avait pris comme assemblée nationale, et qu'il avait consacrés par le serment du Jeu de paume. Avant tous ces engagements contractés par le tiers état envers l'opinion, M. Necker avait proposé la séance royale : était-il sage d'accorder beaucoup moins au parti populaire, quand il était devenu plus puissant encore, dans l'espace de temps que la cour avait perdu en incertitudes?

L'à-propos est la nymphe Égérie des hommes d'État, des généraux, de tous ceux qui ont affaire à la mobile nature de l'espèce humaine. Un coup d'autorité contre le tiers état n'était pas possible le 23 juin 1789, et c'était plutôt aux nobles que le roi devait commander : car le point d'honneur des nobles peut consister dans l'obéissance; c'est un des statuts de l'ancienne chevalerie que de se soumettre aux rois comme à des chefs militaires; mais l'obéissance implicite du peuple n'est que de la sujétion; et l'esprit du siècle n'y portait plus. Le trône ne peut être solidement appuyé, de nos jours, que sur le pouvoir de la loi.

Le roi ne devait pas sacrifier la popularité qu'il avait acquise en accordant le doublement du tiers : elle valait mieux pour lui que toutes les promesses de ses courtisans. Mais il la perdit par sa déclaration du 23 juin; et, quoique cette déclaration contînt de très-bonnes choses, elle manqua totalement son effet. Les premières paroles révoltèrent le tiers état, et dès ce moment il n'écouta plus tout ce qu'il aurait bien accueilli, s'il avait pu croire que le monarque voulait défendre la nation contre les prétentions des privilégiés, et non les privilégiés contre les intérêts de la nation.

CHAPITRE XXI.

Des événements causés par la séance royale du 23 juin 1789.

Les prédictions de M. Necker ne furent que trop réalisées; et cette séance royale, contre laquelle il s'était élevé avec tant de force, eut des suites plus déplorables encore que celles qu'il avait prévues. A peine le roi fut-il sorti de la salle, que le tiers état, resté seul en permanence, déclara qu'il continuerait ses délibérations sans avoir égard à ce qui venait de se passer. Le mouvement était donné; la séance royale, loin d'atteindre le but qu'on se proposait, avait augmenté l'élan du tiers état, en lui offrant l'occasion d'un nouveau triomphe.

Le bruit de la démission de M. Necker se répandit, et toutes les rues de Versailles furent remplies à l'instant par les habitants de la ville, qui proclamaient son nom. Le roi et la reine le firent appeler le soir même de la séance royale, et lui demandèrent tous les deux, au nom du salut de l'État, de reprendre sa place; la reine ajouta que la sûreté de la personne du roi était attachée à ce qu'il restât ministre. Pouvait-il ne pas obéir? La reine s'engagea solennellement à ne plus suivre que ses conseils; telle était alors sa résolution, parce que le mouvement populaire l'avait émue : mais, comme elle était toujours convaincue que toute limite donnée à l'autorité royale était un malheur, elle devait nécessairement retomber sous l'influence de ceux qui pensaient comme elle.

Le roi, l'on ne saurait trop le dire, avait toutes les vertus nécessaires pour être un monarque constitutionnel, car un tel monarque est plutôt le magistrat suprême que le chef militaire de son pays. Mais, quoiqu'il eût beaucoup d'instruction, et qu'il lût surtout avec intérêt les historiens anglais, le descendant de Louis XIV avait de la peine à se départir de la doctrine du droit divin. Elle est considérée en Angleterre comme un crime de lèse-majesté, puisque c'est d'après un pacte avec la nation que la dynastie actuelle a été appelée au trône. Mais bien que Louis XVI ne fût nullement porté à désirer le pouvoir absolu, ce pouvoir était un préjugé funeste, auquel, malheureusement pour la France et pour lui, il n'a jamais renoncé tout à fait.

M. Necker, vaincu par les instances que le roi et la reine daignèrent lui faire, promit de rester ministre, et ne parla plus que de l'avenir; il ne dissimula point les dangers de la situation des affaires; néanmoins il dit qu'il se flattait encore d'y remédier, pourvu qu'on ne fît pas venir les troupes autour de Paris, si l'on n'était pas certain de leur obéissance; dans ce cas, il demandait à quitter le ministère, ne pouvant plus que faire des vœux pour le roi dans sa retraite.

Il ne restait que trois moyens pour prévenir la crise politique dont on était menacé : l'espoir que le tiers état fondait encore sur les dispositions personnelles du roi; l'inquiétude vague du parti que prendraient les troupes, inquiétude qui pouvait encore contenir les factieux; enfin la popularité de M. Necker. Nous allons voir comment ces ressources furent perdues en quinze jours, par les conseils du comité auquel la cour s'abandonnait en secret.

En retournant de chez le roi à sa maison, M. Necker fut porté en triomphe par le peuple. De si vifs transports sont encore présents à mon souvenir, et raniment en moi l'émotion qu'ils m'ont causée, dans ces beaux temps de jeunesse et d'espérance. Toutes ces voix, qui répétaient le nom de mon père, me semblaient celles d'une foule d'amis qui partageaient ma respectueuse tendresse. Le peuple ne s'était encore souillé d'aucun crime; il aimait son roi; il le croyait trompé, et chérissait le ministre qu'il considérait comme son défenseur; tout était bon et vrai dans son enthousiasme. Les courtisans ont tâché de faire croire que M. Necker avait préparé cette scène. Quand on l'aurait voulu, comment aurait-on pu faire naître, par de sourdes menées, de semblables mouvements dans une telle multitude? La France entière s'y associait, les adresses des provinces arrivaient de toutes parts, et c'étaient alors des adresses qui exprimaient le vœu général. Mais un des grands malheurs de ceux qui vivent dans les cours, c'est de ne pouvoir se faire l'idée de ce que c'est qu'une nation. Ils attribuent tout à l'intrigue, et cependant l'intrigue ne peut rien sur l'opinion publique. On a vu, durant le cours de la révolution, des factieux agiter tel ou tel parti; mais, en 1789, la France était presque unanime; et vouloir lutter contre ce colosse par la seule puissance des dignités aristocratiques, c'était se battre avec des jouets contre des armes.

La majorité du clergé, la minorité de la noblesse, tous les députés du tiers se rendirent auprès de M. Necker, à son retour de chez le roi; sa maison pouvait à peine contenir ceux qui s'y étaient réunis, et c'est là qu'on voyait ce qu'il y a de vraiment aimable dans le caractère des Français, la vivacité de leurs impressions, leur désir de plaire, et la facilité avec laquelle un gouvernement peut les captiver ou les révolter, selon qu'il s'adresse bien ou mal au génie d'imagination dont ils sont susceptibles. J'entendais mon père conjurer les députés du tiers de ne pas porter trop loin leurs prétentions. « Vous êtes les plus forts maintenant, disait-il; c'est donc à vous que convient la sagesse.» Il leur peignait l'état de la France, et le bien qu'ils pouvaient faire; plusieurs pleuraient, et lui promettaient de se laisser guider par ses conseils; mais ils lui demandaient aussi de leur répondre des intentions du roi. La puissance royale inspirait encore non-seulement du respect, mais un reste de crainte; c'était ces sentiments qu'il fallait ménager.

Cent cinquante ecclésiastiques, parmi lesquels se trouvaient des prélats d'un ordre supérieur, avaient déjà passé à l'assemblée nationale; quarante-sept membres de la noblesse, placés pour la plupart au premier rang par leurs talents et leur naissance, les avaient suivis; plus de trente autres n'attendaient que la permission de leurs commettants pour s'y joindre. Le peuple demandait à grands cris la réunion des trois ordres, et il insultait les nobles et les ecclésiastiques qui se rendaient dans leur chambre séparée. M. Necker alors proposa au roi d'ordonner au clergé et à la noblesse de délibérer avec le tiers, afin de leur sauver l'anxiété pénible dans laquelle ils se trouvaient, et de leur ôter l'embarras d'avoir l'air de céder à la puissance du peuple. Cette injonction du roi produisit encore un effet étonnant sur l'esprit public. On sut gré à l'autorité de sa condescendance, bien qu'elle y fût presque forcée. On accueillit la majorité de la chambre des nobles, quoique l'on sût qu'elle avait signé une protestation contre la démarche même qu'elle faisait. L'espoir du bien se ranima, et Mounier, qui était le rapporteur du comité de constitution, déclara qu'il proposerait un système politique presque en tout semblable à celui de la monarchie anglaise.

En comparant donc l'état des choses et des esprits à la fermentation terrible qui s'était manifestée le soir du 23 juin, on ne pouvait nier que M. Necker n'eût remis une seconde fois les rênes du gouvernement entre les mains du roi, comme après le renvoi de l'archevêque de Sens. Le trône sans doute était ébranlé, mais il était encore possible de le raffermir, en évitant avant tout une insurrection, puisque cette insurrection devait l'emporter sur les moyens qui restaient au gouvernement pour y résister. Mais les mauvais succès du 23 juin ne découragèrent point ceux qui les avaient amenés; et, pendant qu'on laissait M. Necker diriger les démarches extérieures du roi, le même comité secret lui conseillait de feindre d'acquiescer à tout, jusqu'à ce que les troupes allemandes commandées par le maréchal de Broglie fussent près de Paris. L'on se garda bien d'avouer à M. Necker qu'on leur avait ordonné de venir pour dissoudre l'assemblée : on prit pour prétexte de cet ordre, lorsqu'il fut connu, des troubles partiels dont Paris avait été le théâtre, et dans lesquels les gardes-françaises, appelées pour rétablir l'ordre, avaient manifesté l'insubordination la plus complète.

M. Necker n'ignorait pas le véritable objet pour lequel on faisait avancer les troupes, bien qu'on voulût le lui cacher. L'intention de la cour était de réunir à Compiègne tous les membres des trois ordres qui n'avaient point favorisé le système des innovations, et là de leur faire consentir à la hâte les impôts et les emprunts dont elle avait besoin, afin de les congédier ensuite. Comme un tel projet ne pouvait être secondé par M. Necker, on se proposait de le renvoyer dès que la force militaire serait rassemblée. Cinquante avis par jour l'informaient de sa situation, et il ne lui était pas possible d'en douter; mais, ayant vu l'effet violent qu'avait produit, le 23 juin, la nouvelle de sa démission, il était décidé à ne pas exposer la chose publique à une nouvelle secousse; car ce qu'il redoutait le plus au monde, c'était d'obtenir un triomphe personnel aux dépens de l'autorité du roi. Ses partisans, effrayés des ennemis dont il était environné, le conjuraient de se retirer : il savait qu'il était question de le mettre à la Bastille; mais il savait aussi que, dans les circonstances où l'on se trouvait alors, il ne pouvait quitter sa place sans confirmer les bruits qui se répandaient sur les mesures violentes que l'on préparait à la cour. Le roi s'étant résolu à ces mesures, M. Necker ne voulut pas y prendre part; mais il ne voulait pas non plus donner le signal de s'y opposer, et il restait là comme une sentinelle qu'on laissait encore à son poste, pour tromper les attaquants sur la manœuvre.

Le parti populaire ne comprenant que trop bien ce qu'on méditait contre lui, et ne se résignant pas, comme M. Necker, à en être la victime, Mirabeau fit adopter à l'assemblée nationale sa fameuse adresse pour le renvoi des troupes. C'était la première fois que la France entendait cette éloquence populaire, dont la puissance naturelle était augmentée par la grandeur des circonstances. Le respect pour le caractère personnel du roi se faisait encore remarquer dans cette harangue tribunitienne. « Et comment s'y prend-on, sire, disait l'ora-« teur de la chambre, pour vous faire douter de « l'attachement et de l'amour de vos sujets? Avez-« vous prodigué leur sang? êtes-vous cruel, im-« placable? avez-vous abusé de la justice? le peuple « vous impute-t-il ses malheurs? vous nomme-t-il « dans ses calamités? . . . Ne croyez pas ceux qui « vous parlent légèrement de la nation, et qui ne « savent qué vous la représenter, selon leurs vues, « tantôt insolente, rebelle, séditieuse, tantôt sou-« mise, docile au joug, prompte à courber la tête « pour le recevoir. Ces deux tableaux sont égale-« ment infidèles.

« Toujours prêts à vous obéir, sire, parce que « vous commandez au nom des lois, notre fidélité « est sans bornes comme sans atteinte.

« Sire, nous vous en conjurons au nom de la
« patrie, au nom de votre bonheur et de votre
« gloire, renvoyez vos soldats aux postes d'où vos
« conseillers les ont tirés; renvoyez cette artillerie
« destinée à couvrir vos frontières; renvoyez sur-
« tout les troupes étrangères, ces alliés de la na-
« tion, que nous payons pour défendre et non pour
« troubler nos foyers : Votre Majesté n'en a pas
« besoin. Eh! pourquoi un monarque adoré de
« vingt-cinq millions de Français ferait-il accourir
« à grands frais, autour du trône, quelques milliers
« d'étrangers? Sire, au milieu de vos enfants,
« soyez gardé par leur amour. »

Ces paroles sont la dernière lueur de l'attachement que les Français devaient à leur roi pour
ses vertus personnelles. Quand la force militaire
fut essayée, et le fut vainement, le pouvoir et l'a-
mour semblèrent s'éclipser ensemble.

M. Necker continua d'aller tous les jours chez
le roi; mais rien de sérieux ne lui fut jamais communiqué. Ce silence envers le ministre principal
était bien inquiétant, quand de toutes parts on
voyait arriver des régiments étrangers qui se plaçaient autour de Paris et de Versailles. Mon père
nous disait confidentiellement chaque soir, qu'il
s'attendait à être arrêté le lendemain, mais que le
danger auquel le roi s'exposait était si grand à ses
yeux, qu'il se faisait une loi de rester, pour n'avoir
pas l'air de soupçonner ce qui se passait.

Le 11 juillet, à trois heures après midi, M. Necker reçut une lettre du roi qui lui ordonnait de
quitter Paris et la France, et lui recommandait
seulement de cacher à tout le monde son départ.
Le baron de Breteuil avait été d'avis, dans le comité, d'arrêter M. Necker, parce que son renvoi
devait causer une émeute. « Je réponds, dit le roi,
qu'il obéira strictement au secret que je lui demanderai. » M. Necker fut touché de cette confiance
dans sa probité, bien qu'elle fût accompagnée d'un
ordre d'exil.

Il sut, depuis, que deux officiers des gardes du
corps l'avaient suivi pour s'assurer de sa personne,
s'il ne s'était pas soumis à l'injonction du roi;
mais à peine purent-ils arriver aussi vite à la frontière que M. Necker lui-même. Madame Necker fut
sa seule confidente; elle partit au sortir de son salon, sans aucun préparatif de voyage, avec les précautions que prendrait un criminel pour échapper
à sa sentence; et cette sentence si redoutée, c'é-
tait le triomphe que le peuple préparait à M. Necker, s'il avait voulu s'y prêter. Deux jours après
son départ, dès que sa disgrâce fut connue, les
spectacles furent fermés comme pour une calamité

publique. Tout Paris prit les armes; la première
cocarde que l'on porta fut verte, parce que c'était
la couleur de la livrée de M. Necker; on frappa
des médailles à son effigie; et, s'il s'était rendu à
Paris, au lieu de sortir de France par la frontière
la plus rapprochée, celle de Flandre, on ne peut
pas assigner de terme à l'influence qu'il aurait acquise.

Certainement, le devoir lui commandait d'obéir
à l'ordre du roi : mais quel est celui qui, tout en
obéissant, ne se serait pas laissé reconnaître, ne
se serait pas laissé ramener malgré lui par la multitude? L'histoire n'offre peut-être pas d'exemple
d'un homme évitant le pouvoir avec le soin qu'on
mettrait à fuir la proscription : car il fallait être
à la fois le défenseur du peuple, pour être banni
de cette manière; et le plus fidèle sujet du monarque, pour lui sacrifier si scrupuleusement les
hommages d'une nation entière.

CHAPITRE XXII
Révolution du 14 juillet.

On renvoya deux ministres en même temps que
M. Necker, M. de Montmorin, homme attaché personnellement au roi depuis son enfance, et M. de
Saint-Priest, distingué par la sagesse de son esprit. Mais ce que la postérité aura de la peine à
croire, c'est qu'en se déterminant à une résolution
de cette importance, on ne prit aucune mesure
pour garantir la sûreté de la personne du roi, en
cas de malheur. On se croyait si certain du succès, qu'on ne rassembla pas de forces autour de
Louis XVI, pour l'accompagner à quelque distance, si la capitale se révoltait. On fit camper les
troupes dans la plaine, aux portes de Paris, ce qui
leur donnait l'occasion de communiquer avec les
habitants; ils venaient en foule voir les soldats,
et les engageaient à ne pas se battre contre le peuple. Ainsi donc, excepté deux régiments allemands
qui n'entendaient pas le français, et qui tirèrent le
sabre dans le jardin des Tuileries, seulement comme
s'ils avaient voulu donner un prétexte à l'insurrection, toutes les troupes sur lesquelles on comptait partagèrent l'esprit des citoyens, et ne se prêtèrent en rien à ce qu'on attendait d'elles.

Dès que la nouvelle du départ de M. Necker
fut répandue dans Paris, on barricada les rues;
chacun se fit garde national, prit un costume militaire quelconque, et se saisit au hasard de la première arme, fusil, sabre, faux, n'importe. Une
foule innombrable d'hommes de la même opinion
s'embrassaient dans les rues comme des frères, et

l'armée du peuple de Paris, composée de plus de cent mille hommes, se forma dans un instant comme par miracle. La Bastille, cette citadelle du gouvernement arbitraire, fut prise le 14 juillet 1789. Le baron de Breteuil, qui s'était vanté de terminer la crise des affaires en trois jours, ne conserva la place de ministre que pendant ces trois jours, assez longtemps. pour assister au renversement de la monarchie.

Tel fut le résultat des conseils donnés par les adversaires de M. Necker. Comment des esprits de cette trempe veulent-ils prononcer encore sur les affaires d'un grand peuple? Quelles étaient les ressources préparées contre les dangers qu'eux-mêmes avaient provoqués? et vit-on jamais des hommes qui ne voulaient pas du raisonnement, s'entendre si mal à s'assurer de la force!

Le roi, dans cette circonstance, ne pouvait inspirer qu'un profond sentiment d'intérêt et de compassion. Car les princes élevés pour régner en France n'ont jamais contemplé les choses de la vie face à face : on leur faisait un monde factice, dans lequel ils vivaient depuis le premier jusqu'au dernier jour de l'année, et le malheur a dû les trouver sans défense en eux-mêmes.

Le roi fut conduit à Paris, pour adopter à l'Hôtel de ville la révolution qui venait d'avoir lieu contre son pouvoir. Son calme religieux lui conserva toujours de la dignité personnelle, dans cette circonstance comme dans toutes les suivantes; mais son autorité n'existait plus; et, si les chars des rois ne doivent pas traîner après eux les nations, il ne faut pas non plus que les nations fassent d'un roi l'ornement de leur triomphe. Les hommages apparents qu'on rend alors au souverain détrôné révoltent les caractères généreux, et jamais la liberté ne peut s'établir par la fausse situation du monarque ou du peuple : chacun doit être dans ses droits, pour être dans sa sincérité. La contrainte morale imposée au chef d'un gouvernement ne saurait fonder l'indépendance constitutionnelle de l'État.

Cependant, quoique des assassinats sanguinaires eussent été commis par la populace, la journée du 14 juillet avait de la grandeur : le mouvement était national; aucune faction intérieure ni étrangère ne pouvait exciter un tel enthousiasme. La France entière le partageait, et l'émotion de tout un peuple tient toujours à des sentiments vrais et naturels. Les noms les plus honorables, Bailly, la Fayette, Lally, étaient proclamés par l'opinion publique; on sortait du silence d'un pays gouverné par une cour, pour entendre le bruit des acclama-tions spontanées de tous les citoyens. Les esprits étaient exaltés, mais il n'y avait encore rien que de bon dans les âmes, et les vainqueurs n'avaient pas eu le temps de contracter les passions orgueilleuses, dont le parti du plus fort ne sait presque jamais se préserver en France.

CHAPITRE XXIII.

Retour de M. Necker.

M. Necker, arrivé à Bruxelles, se reposa deux jours avant de se mettre en route pour se rendre en Suisse par l'Allemagne. Sa plus vive inquiétude dans ce moment, c'était la disette dont Paris était menacé. Pendant l'hiver précédent, ses soins infatigables avaient déjà préservé la capitale des malheurs de la famine. Mais la mauvaise récolte rendait toujours plus nécessaire de recourir aux envois de l'étranger et au crédit des principales maisons de commerce de l'Europe. En conséquence, il avait écrit, dans les premiers jours de juillet, à MM. Hope, célèbres négociants d'Amsterdam; et craignant que, dans la situation des affaires, ils ne voulussent pas se charger d'un achat de grains pour la France, s'il n'en garantissait pas lui-même le payement, il leur avait offert une caution d'un million sur sa fortune personnelle. Arrivé à Bruxelles, M. Necker se rappela cette caution. Il avait lieu de craindre que, dans la crise d'une révolution, les soins de l'administration ne fussent négligés, ou que le bruit de son départ ne nuisît au crédit de l'État. MM. Hope, en particulier, pouvaient présumer que M. Necker retirerait sa garantie dans une pareille circonstance; il leur écrivit donc de Bruxelles même qu'il était banni de France, mais qu'il n'en maintenait pas moins l'engagement personnel qu'il avait pris.

Le baron de Breteuil, pendant le peu de jours qu'il fut ministre, reçut la réponse de MM. Hope à la première lettre de M. Necker, qui contenait l'offre de garantir leurs envois sur sa propre fortune. M. Dufresne de Saint-Léon, premier commis des finances, homme d'un esprit pénétrant et d'un caractère décidé, remit cette lettre à M. le baron de Breteuil, qui n'y vit que de la folie. « Qu'est-ce « que la fortune particulière d'un ministre a de « commun, dit-il, avec les intérêts publics? » Que n'ajoutait-il : « Pourquoi cet étranger se mêle-t-il des affaires de la France? »

Pendant que M. Necker traversait l'Allemagne, la révolution s'opérait à Paris. Madame de Polignac, qu'il avait laissée à Versailles toute-puissante par la faveur de la reine, le fit demander, à son grand étonnement, dans une auberge à Bâle, et lui apprit qu'elle était en fuite, en conséquence de ce qui venait de se passer. M. Necker ne supposait pas la possibilité des proscriptions, et il fut long-temps à comprendre les motifs qui avaient pu déterminer le départ de madame de Polignac. Des lettres apportées par des courriers, des ordres du roi, et des invitations de l'assemblée, le pressaient de reprendre sa place. *M. Necker*, dit Burke, dans l'un de ses écrits, *fut rappelé, comme Pompée, pour son malheur, et, comme Marius, il s'assit sur des ruines.* Monsieur et madame Necker en jugèrent ainsi eux-mêmes, et l'on peut voir, par les détails que j'ai donnés dans la Vie privée de mon père, combien il lui en coûta de se déterminer à revenir.

Toutes les circonstances flatteuses dont son rappel était accompagné ne purent lui faire illusion sur l'état des choses. Des meurtres avaient été commis par le peuple, le 14 juillet, et, dans sa manière de voir, à la fois religieuse et philosophique, M. Necker ne croyait plus au succès d'une cause ensanglantée. Il ne pouvait pas non plus se flatter de la confiance du roi, puisque Louis XVI ne le rappelait que par la crainte des dangers auxquels l'avait exposé son absence. S'il n'eût été qu'un ambitieux, rien n'était plus facile que de revenir triomphant, en s'appuyant sur la force de l'assemblée constituante; mais c'était uniquement pour se sacrifier au roi et à la France que M. Necker consentit à reprendre sa place, après la révolution du 14 juillet. Il se flatta de servir l'État, en prodiguant sa popularité pour défendre l'autorité royale, alors trop affaiblie. Il espérait qu'un homme banni par le parti des privilégiés serait entendu avec quelque faveur, lorsqu'il plaiderait leur cause. Un grand citoyen, en qui vingt-sept ans de révolution ont développé chaque jour de nouvelles vertus, un admirable orateur, dont l'éloquence a défendu la cause de son père, de sa patrie et de son roi, Lally Tollendal, fort de raisonnement et d'émotion tout ensemble, et ne s'écartant jamais de la vérité par l'enthousiasme, s'exprimait ainsi, au moment du renvoi de M. Necker, sur son caractère et sur sa conduite :

« On vient de nous dénoncer, Messieurs, la « surprise faite à la religion d'un roi que nous « chérissons, et l'atteinte portée aux espérances « de la nation que nous représentons.

« Je ne répéterai point tout ce qui vous a été « dit avec autant de justesse que d'énergie; je « vous présenterai un simple tableau, et je vous

« demande de vous reporter avec moi à l'époque « du mois d'août de l'année dernière.

« Le roi était trompé;

« Les lois étaient sans ministres, et vingt-cinq « millions d'hommes sans juges;

« Le trésor public sans fonds, sans crédit, sans « moyens pour prévenir une banqueroute générale, « dont on n'était plus séparé que par quelques « jours;

« L'autorité sans respect pour la liberté des par- « ticuliers, et sans force pour maintenir l'ordre « public; le peuple sans autre ressource que les « états généraux, mais sans espérance de les obte- « nir, et sans confiance même dans la promesse « d'un roi dont il révérait la probité, parce qu'il « s'obstinait à croire que les ministres d'alors en « éluderaient toujours l'exécution.

« A ces fléaux politiques, la nature, dans sa « colère, était venue joindre les siens : le ravage « et la désolation étaient dans les campagnes; la « famine se montrait déjà de loin, menaçant une « partie du royaume.

« Le cri de la vérité est parvenu jusqu'aux « oreilles du roi; son œil s'est fixé sur ce tableau « déchirant; son cœur honnête et pur s'est senti « ému; il s'est rendu aux vœux de son peuple, il a « rappelé un ministre que ce peuple demandait.

« La justice a repris cours.

« Le trésor public s'est rempli, le crédit a re- « paru comme dans les temps les plus prospères; « le nom infâme de banqueroute n'a plus même été « prononcé.

« Les prisons se sont ouvertes, et ont rendu à « la société les victimes qu'elles renfermaient.

« Les révoltes qui avaient été semées dans plu- « sieurs provinces, et dont on avait lieu de crain- « dre le développement le plus terrible, se sont « bornées à des troubles toujours affligeants sans « doute, mais passagers, et bientôt apaisés par la « sagesse et par l'indulgence.

« Les états généraux ont été annoncés de nou- « veau : personne n'en a plus douté, quand on a « vu un roi vertueux confier l'exécution de ses pro- « messes à un vertueux ministre. Le nom du roi a « été couvert de bénédictions.

« Le temps de la famine est arrivé. Des travaux « immenses, les mers couvertes de vaisseaux, « toutes les puissances de l'Europe sollicitées, les « deux mondes mis à contribution pour notre sub- « sistance, plus de quatorze cent mille quintaux « de farine et de grains importés parmi nous, plus « de vingt-cinq millions sortis du trésor royal, une « sollicitude active, efficace, perpétuelle, appli-

« quée à tous les jours, à tous les instants, à tous
‹ les lieux, ont encore écarté ce fléau; et les in-
« quiétudes paternelles, les sacrifices généreux du
« roi, publiés par son ministre, ont excité dans
« tous les cœurs de ses sujets de nouveaux senti-
« ments d'amour et de reconnaissance.

« Enfin, malgré des obstacles sans nombre, les
« états généraux ont été ouverts. Les états géné-
« raux ont été ouverts !... Que de choses, messieurs,
« sont renfermées dans ce peu de mots! que de
« bienfaits y sont retracés! comme la reconnais-
« sance des Français vient s'y rattacher! Quel-
« ques divisions ont éclaté dans les commencements
« de cette mémorable assemblée; gardons de nous
« les reprocher l'un à l'autre, et que personne ne
« prétende en être totalement innocent. Disons
« plutôt, pour l'amour de la paix, que chacun de
« nous a pu se laisser entraîner à quelques erreurs
« trop excusables; disons qu'il en est de l'agonie
« des préjugés comme de celle des malheureux hu-
« mains qu'ils tourmentent, qu'au moment d'ex-
« pirer ils se raniment encore et jettent une der-
« nière lueur d'existence. Convenons que, dans
« tout ce qui pouvait dépendre des hommes, il
« n'est pas de plan de conciliation que le ministre
« n'ait tenté avec la plus exacte impartialité, et
« que le reste a été soumis à la force des choses.
« Mais, au milieu de la diversité des opinions, le
« patriotisme était dans tous les cœurs : les ef-
« forts pacificateurs du ministre, les invitations
« réitérées du roi, ont enfin produit leur effet.
« Une réunion s'est opérée, chaque jour a fait dis-
« paraître un principe de division, chaque jour a
« produit une cause de rapprochement; un projet
« de constitution, tracé par une main exercée,
« conçu par un esprit sage et par un cœur droit
« (par Mounier), a rallié tous les esprits et tous
« les cœurs. Nous avons marché en avant : on
« nous a vus entrer dans nos travaux, et la France
« a commencé à respirer.

« C'est dans cet instant, après tant d'obstacles
« vaincus, au milieu de tant d'espérances et de
« besoins, que des conseillers perfides enlèvent au
« plus juste des rois son serviteur le plus fidèle,
« et à la nation le ministre citoyen en qui elle
« avait mis sa confiance.

« Quels sont donc ses accusateurs auprès du
« trône? Ce ne sont pas sans doute les parlements
« qu'il a rappelés; ce n'est pas sûrement le peuple
« qu'il a nourri; ce ne sont pas les créanciers de
« l'Etat qu'il a payés, les bons citoyens dont il a
« secondé les vœux. Qui sont-ils donc? Je l'ignore,
« mais il en est; la justice, la bonté reconnue du

« roi, ne me permettent pas d'en douter; quels
« qu'ils soient, ils sont bien coupables.

« Au défaut des accusateurs, je cherche les
« crimes qu'ils ont pu dénoncer. Ce ministre, que
« le roi avait accordé à ses peuples comme un
« don de son amour, comment est-il devenu tout
« à coup un objet d'animadversion? Qu'a-t-il fait
« depuis un an? Nous venons de le voir, je l'ai dit,
« je le répète : quand il n'y avait point d'argent,
« il nous a payés; quand il n'y avait pas de pain,
« il nous a nourris; quand il n'y avait point d'au-
« torité, il a calmé les révoltes. Je l'ai entendu
« accuser tour à tour d'ébranler le trône et de
« rendre le roi despote, de sacrifier le peuple à la
« noblesse, et de sacrifier la noblesse au peuple.
« J'ai reconnu dans cette accusation le partage or-
« dinaire des hommes justes et impartiaux, et ce
« double reproche m'a paru un double hommage.

« Je me rappelle encore que je l'ai entendu ap-
« peler du nom de factieux, et je me suis demandé
« alors quel était le sens de cette expression. Je
« me suis demandé quel autre ministre avait jamais
« été plus dévoué au maître qu'il servait, quel autre
« avait été plus jaloux de publier les vertus et les
« bienfaits du roi, quel autre lui avait donné et
« lui avait attiré plus de bénédictions, plus de té-
« moignages d'amour et de respect.

« Membres des communes, qu'une sensibilité si
« noble précipitait au-devant de lui, le jour de son
« dernier triomphe, ce jour où, après avoir craint
« de le perdre, vous crûtes qu'il vous était rendu
« pour plus longtemps, lorsque vous l'entouriez,
« lorsqu'au nom du peuple dont vous êtes les au-
« gustes représentants, au nom du roi dont vous
« êtes les sujets fidèles, vous le conjuriez de rester
« toujours le ministre de l'un et de l'autre, lorsque
« vous l'arrosiez de vos larmes vertueuses : ah!
« dites si c'est avec un visage de factieux, si c'est
« avec l'insolence d'un chef de parti qu'il recevait
« tous ces témoignages de vos bontés. Vous di-
« sait-il, vous demandait-il autre chose *que de vous*
« *confier au roi, que de chérir le roi, que de faire*
« *aimer au roi les états généraux?* Membres des
« communes, répondez, je vous en conjure; et si
« ma voix ose publier un mensonge, que la vôtre
« s'élève pour me confondre.

« Et sa retraite, messieurs, sa retraite avant-
« hier a-t-elle été celle d'un factieux? Ses servi-
« teurs les plus intimes, ses amis les plus tendres,
« sa famille même ont ignoré son départ. Il a pré-
« texté un projet de campagne; il a laissé en proie
« aux inquiétudes tout ce qui l'approchait, tout ce
« qui le chérissait; on a passé une nuit à le cher-

« cher de tous côtés. Que cette conduite soit celle
« d'un prévaricateur qui veut échapper à l'indigna-
« tion publique, cela se conçoit; mais, quand on
« songe qu'il voulait se dérober à des hommages,
« à des regrets qu'il eût recueillis partout sur son
« passage, et qui eussent pu adoucir sa disgrâce;
« qu'il a mieux aimé se priver de cette consolation,
« et souffrir dans la personne de tous ceux qu'il
« aimait, que d'être l'occasion d'un instant de
« troubles ou d'émotion populaire; qu'enfin le der-
« nier sentiment qu'il a éprouvé, le dernier devoir
« qu'il s'est prescrit, en quittant la France d'où
« on le bannissait, a été de donner au roi et à la
« nation encore cette preuve de respect et de dé-
« vouement; il faut, ou ne pas croire à la vertu,
« ou reconnaître une des vertus les plus pures qui
« aient jamais existé sur la terre. »

Les transports de tout un peuple dont je venais
d'être témoin, la voiture de mon père traînée par
les citoyens des villes que nous traversions, les
femmes à genoux dans les campagnes, quand elles
le voyaient passer, rien ne me fit éprouver une
émotion aussi vive qu'une telle opinion prononcée
par un tel homme.

En moins de quinze jours, deux millions de
gardes nationaux furent sur pied en France. On
hâta sans doute l'armement de ces milices, en répandant habilement le bruit dans chaque ville et
dans chaque village, que les brigands allaient arriver; mais le sentiment unanime qui fit sortir le
peuple de tutelle ne fut inspiré par aucune adresse,
ni dirigé par aucun homme; l'ascendant des corps
privilégiés et la force des troupes réglées disparurent en un instant. La nation remplaça tout, elle
dit comme le Cid : *Nous nous levons alors ;* et il
lui suffit de se montrer pour remporter la victoire.
Mais, hélas ! en peu de temps aussi les flatteurs la
dépravèrent, parce qu'elle était devenue une puissance.

Dans le voyage de Bâle à Paris, les nouvelles
autorités constituées venaient haranguer M. Necker
à son passage; il leur recommandait le respect des
propriétés, les égards pour les prêtres et les nobles,
l'amour pour le roi. Il fit donner des passe-ports
à différentes personnes qui sortaient de France.
Le baron de Besenval, qui avait commandé une
partie des troupes allemandes, était arrêté à dix
lieues de Paris. La municipalité de cette ville avait
ordonné qu'il y fût ramené. M. Necker prit sur lui
de suspendre l'exécution de cet ordre, dans la
crainte, trop bien motivée, que la populace de Paris ne le massacrât dans sa fureur. Mais M. Necker
sentait à quel danger il s'exposait, en s'arrogeant

ainsi un pouvoir fondé seulement sur sa popularité; aussi, le lendemain de son retour à Versailles,
se rendit-il à l'Hôtel de ville pour expliquer sa conduite.

Qu'il me soit permis de m'arrêter encore une
fois sur ce jour, le dernier de la prospérité de ma
vie, cependant, qui, s'ouvrait à peine devant moi.
La population entière de Paris se pressait en foule
dans les rues; on voyait des hommes et des femmes
aux fenêtres et sur les toits, criant : Vive M. Necker! Quand il arriva près de l'Hôtel de ville, les
acclamations redoublèrent; la place était remplie
d'une multitude animée du même sentiment, et
qui se précipitait sur les pas d'un seul homme, et
cet homme était mon père. Il monta dans la salle
de l'Hôtel de ville, rendit compte aux magistrats
nouvellement élus de l'ordre qu'il avait donné pour
sauver M. de Besenval; et, leur faisant sentir avec
sa délicatesse accoutumée tout ce qui plaidait en
faveur de ceux qui avaient obéi à leur souverain,
et qui défendaient un ordre de choses existant depuis plusieurs siècles, il demanda l'amnistie pour
le passé, quel qu'il fût, et la réconciliation pour
l'avenir. Les confédérés du Rutli, au commencement du quatorzième siècle, en jurant la délivrance de la Suisse, jurèrent aussi d'être justes
envers leurs adversaires; et c'est sans doute à cette
noble résolution qu'ils durent leur triomphe. Au
moment où M. Necker prononça ce mot d'amnistie, il retentit dans tous les cœurs; aussitôt le
peuple, rassemblé sur la place publique, voulut s'y
associer. M. Necker alors s'avança sur le balcon,
et, proclamant à haute voix les saintes paroles de
la paix entre les Français de tous les partis, la
multitude entière y répondit avec transport. Je ne
vis rien de plus dans cet instant, car je perdis connaissance à force de joie.

Aimable et généreuse France, adieu! Adieu
France, qui vouliez la liberté, et qui pouviez alors
si facilement l'obtenir! Je suis maintenant condamnée à retracer d'abord vos fautes, puis vos forfaits, puis vos malheurs : des lueurs de vos vertus
apparaîtront encore; mais l'éclat même qu'elles
jetteront ne servira qu'à mieux faire voir la profondeur de vos misères. Toutefois vous avez tant
mérité d'être aimée, qu'on se flatte encore de vous
retrouver enfin telle que vous étiez dans les premiers jours de la réunion nationale. Un ami qui
reviendrait après une longue absence n'en serait
que plus vivement accueilli.

SECONDE PARTIE.

CHAPITRE PREMIER.

Mirabeau.

On dirait qu'à toutes les époques de l'histoire il y a des personnages qu'on peut considérer comme les représentants du bon et du mauvais principe. Tels étaient Cicéron et Catilina dans Rome; tels furent M. Necker et Mirabeau en France. Mirabeau, doué de l'esprit le plus énergique et le plus étendu, se crut assez fort pour renverser le gouvernement, et pour établir sur ses ruines un ordre de choses quelconque qui fût l'œuvre de ses mains. Ce projet gigantesque perdit la France et le perdit lui-même; car il se conduisit d'abord comme un factieux, bien que sa véritable manière de voir fût celle de l'homme d'État le plus réfléchi. Ayant passé toute sa vie, jusqu'à quarante ans qu'il avait alors, dans les procès, les enlèvements et les prisons, il était banni de la bonne compagnie, et son premier désir était d'y rentrer. Mais il fallait mettre le feu à l'édifice social, pour que les portes des salons de Paris lui fussent ouvertes. Mirabeau, comme tous les hommes sans morale, vit d'abord son intérêt personnel dans la chose publique, et sa prévoyance fut bornée par son égoïsme.

Un malheureux député de la commune, homme à bonnes intentions, mais sans aucune sorte de talent, rendit compte à l'assemblée constituante de la journée de l'Hôtel de ville, dans laquelle M. Necker avait triomphé des passions haineuses qu'on voulait exciter parmi le peuple; ce député hésitait si péniblement, il s'exprimait avec une telle froideur, et cependant il montrait un tel désir d'être éloquent, qu'il détruisit tout l'effet de l'admirable récit dont il s'était chargé. Mirabeau, blessé néanmoins jusqu'au fond de son orgueil des succès de M. Necker, se promit de défaire par l'ironie dans l'assemblée, et par des soupçons auprès du peuple, ce que l'enthousiasme avait produit. Il se rendit dès le jour même dans toutes les sections de Paris, et il obtint la rétractation de l'amnistie accordée la veille; il tâcha d'exaspérer les esprits contre les projets qu'avait eus la cour, et fit naître chez les Parisiens une certaine crainte de passer pour bons jusqu'à la duperie, crainte qui agit toujours sur eux, car ils veulent avant tout qu'on les croie pénétrants et redoutables. Mirabeau, en arrachant à M. Necker la palme de

la paix intérieure, porta le premier coup à sa popularité : mais ce revers devait être suivi de beaucoup d'autres; car, du moment que l'on excitait le parti populaire à persécuter les vaincus, M. Necker ne pouvait plus rester avec les vainqueurs.

Mirabeau se hâta de proclamer les principes les plus désorganisateurs, lui dont la raison, isolée de son caractère, était parfaitement sage et lumineuse. M. Necker a dit de lui, dans un de ses ouvrages, qu'il était *tribun par calcul et aristocrate par goût.* Rien ne pouvait mieux le peindre : non-seulement son esprit était trop supérieur pour ne pas connaître l'impossibilité de la démocratie en France; mais ce gouvernement eût été praticable qu'il ne s'en serait pas soucié. Il attachait un grand prix de vanité à sa naissance; en parlant de la Saint-Barthélemi, on l'entendait dire : *L'amiral Coligny, qui, par parenthèse, était mon cousin;* tant il cherchait l'occasion de rappeler qu'il était bon gentilhomme.

Ses goûts dispendieux lui rendaient l'argent fort nécessaire, et l'on a reproché à M. Necker de ne lui en avoir pas donné, à l'ouverture des états généraux. Les autres ministres s'étaient chargés de ce genre d'affaires, auquel le caractère de M. Necker n'était point propre. D'ailleurs Mirabeau, soit qu'il acceptât ou non l'argent de la cour, était bien décidé à se faire le maître et non l'instrument de cette cour, et l'on n'aurait jamais obtenu de lui qu'il renonçât à sa force démagogique, avant que cette force l'eût conduit à la tête du gouvernement. Il proclamait la réunion de tous les pouvoirs dans une seule assemblée, bien qu'il sût parfaitement qu'une telle organisation politique était destructive de tout bien; mais il se persuadait que la France serait dans sa main, et qu'il pourrait, après l'avoir précipitée dans la confusion, l'en retirer à sa volonté. La morale est la science des sciences, à ne la considérer que sous le rapport du calcul, et il y a toujours des limites à l'esprit de ceux qui n'ont pas senti l'harmonie de la nature des choses avec les devoirs de l'homme. *La petite morale tue la grande*, répétait souvent Mirabeau; mais l'occasion de la grande ne se présentait guère, selon lui, dans tout le cours d'une vie.

Il avait plus d'esprit que de talent, et ce n'était jamais qu'avec effort qu'il improvisait à la tribune. Cette même difficulté de rédaction le fit avoir recours à ses amis, pour l'aider dans tous ses ouvrages; mais cependant aucun d'eux, après sa mort, n'aurait pu écrire ce qu'il savait leur inspirer. Il disait, en parlant de l'abbé Maury : *Quand il a raison, nous disputons; quand il a tort, je l'écrase;* mais c'est que l'abbé Maury défendait souvent, même de bonnes causes, avec cette espèce de faconde qui ne vient pas de l'émotion intime de l'âme.

Si l'on avait admis les ministres dans l'assemblée, M. Necker, qui plus que personne était capable de s'exprimer avec force et avec chaleur, aurait, je le crois, triomphé de Mirabeau. Mais il était réduit à envoyer des mémoires, et ne pouvait entrer dans la discussion. Mirabeau attaquait le ministre en son absence, tout en louant sa bonté, sa générosité, sa popularité, avec un respect trompeur singulièrement redoutable, et pourtant il admirait sincèrement M. Necker, et ne s'en cachait point à ses amis; mais il savait bien qu'un caractère aussi scrupuleux ne s'allierait jamais avec le sien, et il voulait en détruire l'influence.

M. Necker était réduit au système défensif; l'autre attaquait avec d'autant plus d'audace, que ni les succès, ni la responsabilité de l'administration ne le regardaient. M. Necker, en défendant l'autorité royale, abdiquait nécessairement la faveur du parti populaire. Cependant il savait par expérience que le roi avait des conseillers secrets et des plans particuliers, et il n'était pas assuré de lui faire suivre la marche qu'il croirait la meilleure. Les obstacles de tous genres entravaient chacun de ses pas; il ne pouvait parler ouvertement sur rien; néanmoins la ligne qu'il suivait toujours, c'était celle que lui traçait son devoir de ministre. La nation et le roi avaient changé de place : le roi était devenu de beaucoup, et de beaucoup trop, le plus faible. Ainsi donc, M. Necker devait défendre le trône auprès de la nation, comme il avait défendu la nation auprès du trône. Mais tous ces sentiments généreux n'embarrassaient point Mirabeau; il se mettait à la tête du parti qui voulait gagner à tout prix de l'importance politique, et les principes les plus abstraits n'étaient pour lui que des moyens d'intrigue.

La nature l'avait bien servi, en lui donnant les défauts et les avantages qui agissent sur une assemblée populaire : de l'amertume, de la plaisanterie, de la force et de l'originalité. Quand il se levait pour parler, quand il montait à la tribune, la curiosité de tous était excitée; personne ne l'estimait, mais on avait une si haute idée de ses facultés, que nul n'osait l'attaquer, si ce n'est ceux des aristocrates qui, ne se servant point de la parole, lui envoyaient défi sur défi pour l'appeler en duel. Il s'y refusait toujours, prenant note sur ses tablettes des propositions de ce genre

qu'on lui adressait, et promettant qu'il y répondrait à la fin de l'assemblée. *Il n'est pas juste,* disait-il, en parlant d'un honnête gentilhomme de je ne sais quelle province, *que j'expose un homme d'esprit comme moi contre un sot comme lui.* Et, chose bizarre dans un pays tel que la France, cette conduite ne le déconsidérait pas; elle ne faisait pas même suspecter son courage. Il y avait quelque chose de si martial dans son esprit, de si hardi dans ses manières, qu'on ne pouvait accuser un tel homme d'aucune peur.

CHAPITRE II.

De l'assemblée constituante, après le 14 juillet.

Le tiers état et la minorité de la noblesse et du clergé composaient la majorité de l'assemblée constituante, et cette assemblée disposait de la France. Depuis le 14 juillet, rien n'était plus imposant que le spectacle de douze cents députés, écoutés par de nombreux spectateurs, et s'enflammant au seul nom des grandes vérités qui ont occupé l'esprit humain, depuis l'origine de la société sur la terre. Cette assemblée était peuple par ses passions, mais aucune réunion ne pouvait présenter une aussi grande masse de lumières. L'électricité des pensées s'y communiquait en un instant, parce que l'action des hommes sur les hommes est irrésistible, et que rien ne parlait plus à l'imagination que cette volonté sans armes, brisant d'antiques chaînes que la conquête avait jadis forgées, et que la simple raison faisait tout à coup disparaître. Il faut se transporter en 1789, lorsque les préjugés seuls avaient fait du mal au monde, et que la liberté non souillée était le culte de tous les esprits supérieurs. L'on concevra facilement l'enthousiasme dont on était saisi à l'aspect de tant d'individus appartenant à diverses classes, et venant, les uns offrir leurs sacrifices, les autres prendre possession de leurs droits. Néanmoins on pressentait l'arrogance du pouvoir, dans ces souverains d'un nouveau genre, qui se disaient les dépositaires d'une autorité sans limites, celle du peuple. Les Anglais s'étaient créé lentement une organisation politique nouvelle; les Français, la voyant solidement établie ailleurs depuis plus de cent ans, devaient s'en tenir à l'imiter.

Mounier, Lally, Malouet, Clermont-Tonnerre, se montrèrent les appuis de la prérogative royale, dès que la révolution eut désarmé les partisans de l'ancien régime. Non-seulement la réflexion, mais un mouvement involontaire, attache aux puissants tombés dans le malheur, surtout quand d'augustes souvenirs les environnent. Cette disposition généreuse aurait été celle des Français, si le besoin d'être applaudi ne l'emportait pas chez eux sur toute autre impulsion; et l'esprit du temps inspirait des maximes démagogiques à ces mêmes gens qui devaient faire ensuite l'apologie du despotisme.

Un homme d'esprit disait jadis : « Quel que soit « le ministre des finances qui doive être nommé, je « suis d'avance son ami, et même un peu son pa- « rent. » Il faudrait, au contraire, en France, être toujours l'ami du parti battu, quel qu'il soit; car la puissance déprave les Français plus que les autres hommes. L'habitude de vivre à la cour, ou de désirer d'y arriver, a formé les esprits à la vanité; et dans un gouvernement arbitraire, on n'a pas l'idée d'une autre doctrine que celle du succès. Ce sont les défauts acquis et développés par la servilité qui ont été la cause des excès de la licence.

Chaque ville, chaque village envoyait des félicitations à l'assemblée constituante, et celui qui avait rédigé l'une de ces quarante mille adresses se croyait un émule de Montesquieu.

La foule des spectateurs qu'on admettait dans les galeries animait les orateurs tellement, que chacun voulait obtenir pour son compte ce bruit des applaudissements, dont la jouissance nouvelle séduisait les amours-propres. En Angleterre, il est interdit de lire un discours ; il faut l'improviser; ainsi le nombre des personnes capables de parler est nécessairement très-réduit : mais lorsqu'on permet de lire ce qu'on a écrit soi-même, ou ce que les autres ont écrit pour nous, les hommes supérieurs ne sont plus les chefs permanents des assemblées, et l'on perd ainsi l'un des plus grands avantages des gouvernements libres, celui de mettre le talent à sa place, et par conséquent d'encourager tous les hommes à perfectionner leurs facultés. Quand on peut être courtisan du peuple avec aussi peu de talents qu'il en faut pour être courtisan des princes, l'espèce humaine n'y gagne rien.

Les déclamations démocratiques avec lesquelles on réussissait à la tribune, se transformaient en mauvaises actions dans les provinces; on brûlait les châteaux, en exécution des épigrammes prononcées par les orateurs de l'assemblée, et c'était à coups de phrases que l'on désorganisait le royaume.

L'assemblée était saisie par un enthousiasme philosophique dont l'exemple de l'Amérique était une des causes. On voyait un pays qui, n'ayant point encore d'histoire, n'avait rien eu d'ancien à ménager, si ce n'est les excellentes règles de la jurisprudence anglaise qui, depuis longtemps adoptées en Amérique, y avaient fondé l'esprit de justice et de raison. On se flattait en France de pouvoir prendre pour base les principes de gouvernement qu'un peuple nouveau avait eu raison d'adopter; mais au milieu de l'Europe, et avec une caste de privilégiés dont il fallait apaiser les prétentions, un tel projet était impraticable; et, d'ailleurs, comment concilier les institutions d'une république avec l'existence d'une monarchie? La constitution anglaise offrait le seul exemple de ce problème résolu. Mais une manie de vanité presque littéraire inspirait aux Français le besoin d'innover à cet égard. Ils craignaient, comme un auteur, d'emprunter les caractères ou les situations d'un ouvrage déjà existant. Or, en fait de fictions, on a raison d'être original; mais quand il s'agit d'institutions réelles, l'on est trop heureux que l'expérience les ait garanties. Certes, j'aurais honte, dans ce temps-ci plus que dans tout autre, de me mêler aux déclamations contre la première assemblée représentative de France : elle renfermait des hommes du plus rare mérite, et c'est à la réforme opérée par elle que la nation est redevable encore des richesses de raison et de liberté qu'elle veut et doit conserver à tout prix. Mais si cette assemblée avait joint à ses rares lumières une moralité plus scrupuleuse, elle aurait trouvé le point juste entre les deux partis qui se disputaient, pour ainsi dire, la théorie publique.

CHAPITRE III.

Le général la Fayette.

M. de la Fayette, ayant combattu dès sa première jeunesse pour la cause de l'Amérique, s'était pénétré de bonne heure des principes de liberté qui font la base du gouvernement des États-Unis; s'il a commis des erreurs relativement à la révolution de France, elles tiennent toutes à son admiration pour les institutions américaines, et pour le héros citoyen Washington, qui a guidé les premiers pas de sa nation dans la carrière de l'indépendance. M. de la Fayette, jeune, riche, noble, aimé dans sa patrie, quitta tous ces avantages à l'âge de dix-neuf ans, pour aller servir au delà des mers cette liberté dont l'amour a décidé de toute sa vie. S'il avait eu le bonheur de naître aux États-Unis, sa conduite eût été celle de Washington : le même désintéressement, le même enthousiasme, la même persévérance dans les opinions, distinguent l'un et l'autre de ces généreux amis de l'humanité.

Si le général Washington avait été, comme le marquis de la Fayette, chef de la garde nationale de Paris, peut-être aussi n'aurait-il pu triompher des circonstances; peut-être aurait-il aussi échoué contre la difficulté d'être fidèle à ses serments envers le roi, et d'établir cependant la liberté de la nation.

M. de la Fayette, il faut le dire, doit être considéré comme un véritable républicain; aucune des vanités de sa classe n'est jamais entrée dans sa tête; la puissance, dont l'effet est si grand en France, n'a point d'ascendant sur lui; le désir de plaire dans les salons ne modifie pas la moindre de ses paroles; il a sacrifié toute sa fortune à ses opinions avec la plus généreuse indifférence. Dans les prisons d'Olmutz, comme au pinacle du crédit, il a été également inébranlable dans son attachement aux mêmes principes. C'est un homme dont la façon de voir et de se conduire est parfaitement directe. Qui l'a observé peut savoir d'avance avec certitude ce qu'il fera dans toute occasion. Son esprit politique est pareil à celui des Américains des États-Unis, et sa figure même est plus anglaise que française. Les haines dont M. de la Fayette est l'objet n'ont jamais aigri son caractère, et sa douceur d'âme est parfaite; mais aussi rien n'a jamais modifié ses opinions, et sa confiance dans le triomphe de la liberté est la même que celle d'un homme pieux dans la vie à venir. Ces sentiments, si contraires aux calculs égoïstes de la plupart des hommes qui ont joué un rôle en France, pourraient bien paraître à quelques-uns assez dignes de pitié : il est si niais, pensent-ils, de préférer son pays à soi; de ne pas changer de parti, quand le parti qu'on servait est battu; enfin, de considérer la race humaine, non comme des cartes à jouer qu'il faut faire servir à son profit, mais comme l'objet sacré d'un dévouement absolu! Néanmoins, si c'est ainsi qu'on peut encourir le reproche de niaiserie, puissent nos hommes d'esprit le mériter une fois! C'est un phénomène singulier qu'un caractère pareil à celui de M. de la Fayette se soit développé dans le premier rang des gentilshommes français; mais on ne peut l'accuser ni le juger impartialement, sans le reconnaître pour tel que je viens de le peindre. Il est alors facile de comprendre les divers contrastes qui devaient naître entre sa situation et sa manière d'être. Soutenant la monarchie par devoir plus que par goût, il se rapprochait involontairement des principes des démocrates qu'il était obligé de combattre; et l'on pouvait apercevoir en lui quelque faible pour les amis de la république, quoique sa raison lui défendît d'admettre leur système en France. Depuis le départ de M. de la Fayette pour l'Amérique, il y a quarante ans, on ne peut citer ni une action, ni une parole de lui qui n'ait été dans la même ligne, sans qu'aucun intérêt personnel se soit jamais mêlé à sa conduite. Le succès aurait mis cette manière d'être en relief; mais elle mérite toute l'attention de l'historien, malgré les circonstances et même les fautes qui peuvent servir d'armes aux ennemis.

Le 11 juillet, avant que le tiers état eût triomphé, M. de la Fayette parut à la tribune de l'assemblée constituante, pour proposer une déclaration des droits à peu près semblable à celle que les Américains mirent à la tête de leur constitution, lorsqu'ils eurent conquis leur indépendance. Les Anglais aussi, quand ils appelèrent Guillaume III à la couronne, après l'exclusion des Stuarts, lui firent signer un bill des droits sur lesquels la constitution actuelle de l'Angleterre est fondée. Mais la déclaration des droits d'Amérique étant destinée à un peuple où nul privilége antérieur n'opposait d'obstacle au dessein pur de la raison, on mit à la tête de cette déclaration des principes universels sur la liberté et l'égalité politiques, tout à fait d'accord avec les lumières déjà répandues parmi la nation américaine. En Angleterre, le bill des droits ne portait point sur des idées générales, il consacrait dès lois et des institutions positives.

La déclaration des droits de 1789 renfermait ce qu'il y avait de meilleur dans celles d'Angleterre et d'Amérique; mais peut-être aurait-il mieux valu s'en tenir à ce qui, d'une part, n'est pas contestable, et, de l'autre, ne saurait être susceptible d'aucune interprétation dangereuse. *Les distinctions sociales, on n'en saurait douter, ne peuvent avoir d'autre but que l'utilité de tous; les pouvoirs politiques émanent tous de l'intérêt du peuple; les hommes naissent et demeurent libres et égaux devant la loi :* mais il y a bien de l'espace pour des sophismes dans un champ aussi vaste, tandis que rien n'est plus clair et plus positif que l'application de ces vérités à la liberté individuelle, à l'établissement du jury, à la liberté de la presse, à l'élection populaire, à la division du pouvoir législatif, au consentement des subsides, etc. Philippe le Long a dit que *tout homme, et en particulier tout Français, naissait et demeurait libre;* l'on sait, au reste, qu'il ne s'est pas laissé gêner par les conséquences de cette maxime; mais les nations pourraient y attacher un sens plus étendu que les rois. Quand la déclaration des droits de l'homme parut dans l'assemblée constituante, au milieu de tous ces jeunes gentilshommes naguère courtisans, ils apportèrent l'un après l'autre, à la tribune, leurs phrases philosophiques, se complaisant dans les débats minutieux sur la rédaction de telle ou telle maxime, dont la vérité est pourtant si évidente, que les mots les plus simples de toutes les langues peuvent l'exprimer également. L'on prévit alors que rien de stable ne pourrait sortir d'un travail dont la vanité, frivole et factieuse tout ensemble, s'était si vite emparée.

CHAPITRE IV.

Des biens opérés par l'assemblée constituante.

Avant de retracer les funestes événements qui ont dénaturé la révolution française, et perdu en Europe, pour longtemps peut-être, la cause de la raison et de la liberté, examinons les principes proclamés par l'assemblée constituante, et présentons le tableau des biens que leur application a produits et produit encore en France, malgré tous les malheurs qui ont pesé sur ce pays.

La torture subsistait en 1789; le roi n'avait aboli que la question préparatoire; des supplices tels que la roue, et des tourments pareils à ceux qui avaient été infligés pendant trois jours à Damiens, étaient encore admis dans de certains cas. L'assemblée constituante abolit jusqu'au nom de ces barbaries judiciaires. Les lois sur les protestants, déjà améliorées par les avant-coureurs des états généraux, en 1787, furent remplacées par la liberté des cultes la plus complète.

Les procès criminels n'étaient point instruits en public; et non-seulement il se commettait beaucoup d'erreurs irréparables, mais on en supposait encore davantage : car tout ce qui n'est pas mis en évidence, en fait d'actes des tribunaux, passe toujours pour injuste.

L'assemblée constituante introduisit en France toute la jurisprudence criminelle de l'Angleterre, et peut-être la perfectionna-t-elle encore à quelques égards, n'étant liée dans son travail par aucune coutume ancienne. M. de la Fayette, dès qu'il fut nommé chef de la force armée de Paris, déclara à la commune de cette ville qu'il ne pouvait se permettre d'arrêter personne, si l'on n'accordait pas aux accusés un défenseur, la communication des pièces, la confrontation des témoins, et la publicité de la procédure. En conséquence de cette réclamation, aussi belle que rare dans un chef militaire, la commune demanda et obtint de l'assemblée constituante ces précieuses garanties, en attendant que l'établissement des jurés prévînt toute anxiété sur l'équité des jugements.

Les parlements étaient, comme l'histoire le prouve, des corps privilégiés, instruments des passions politiques; mais, par cela seul qu'il y avait quelque indépendance dans leur organisation, et que le respect des formes y était consacré, les ministres des rois ont été sans cesse en guerre avec eux; et, comme nous l'avons dit plus haut, il n'y a presque pas eu, depuis le commencement de la monarchie française, un crime d'État dont la connaissance n'ait été soustraite aux tribunaux ordinaires, ou dans le jugement duquel les formes voulues par la loi aient été suivies. En examinant la liste sans fin des ministres, des nobles et des citoyens condamnés à mort pour des causes politiques, depuis plusieurs siècles, on voit, il faut le dire à l'honneur de la magistrature légale, que le gouvernement a été obligé de renvoyer les procès à des commissions extraordinaires, quand il a voulu s'assurer des sentences. Ces commissions étaient souvent prises, il est vrai, parmi les anciens magistrats, mais non d'après les coutumes établies; et cependant le gouvernement ne pouvait que trop se fier en général à l'esprit des tribunaux. La jurisprudence criminelle de France était tout entière vengeresse de ce qu'on appelait l'État, et nullement protectrice des individus. Par une suite des abus aristocratiques qui dévoraient la nation, les procès civils étaient conduits avec beaucoup plus d'équité que les procès criminels, parce que les premières classes y étaient plus intéressées. On ne fait guère encore, en France, de distinction entre un accusé et un homme reconnu coupable; tandis qu'en Angleterre, le juge avertit lui-même le prévenu qu'il interroge, de l'importance des questions qu'il lui fait, et du danger auquel pourraient l'exposer ses réponses. Il n'est sorte de moyens, à commencer par les commissaires de police, et à finir par la torture, qui n'aient été employés par la jurisprudence ancienne et par les tribunaux révolutionnaires, pour faire tomber dans le piége l'homme à qui la société doit accorder d'autant plus de moyens de défense, qu'elle se croit le triste droit de le faire périr.

Si l'assemblée constituante avait supprimé la peine de mort, au moins pour les délits politiques, peut-être les assassinats judiciaires dont nous avons été les témoins n'auraient-ils pas eu lieu. L'empereur Léopold II, comme grand-duc de Toscane, supprima la peine de mort dans ses États; et, loin que les délits aient été augmentés par la douceur de la législation, les prisons furent vides pendant des mois entiers, ce qui n'avait jamais eu lieu auparavant. L'assemblée nationale susbtitua aux parlements, composés de membres dont les charges étaient vénales, l'admirable institution des jurés, qui sera chaque jour plus vénérée, à mesure qu'on en sentira mieux les bienfaits. Quelques circonstances bien rares peuvent intimider les jurés, lorsque les autorités et le peuple se réunissent pour les effrayer ; mais néanmoins, l'on a vu la plupart des factions qui se sont emparées du pouvoir, se défier de l'équité des jurés, et les suspendre, pour y substituer des commissions militaires, des cours spéciales, des cours prévôtales, tous ces noms qui servent de déguisement aux meurtres politiques. L'assemblée constituante, au contraire, a restreint le plus qu'il était possible la compétence des conseils de guerre, les bornant uniquement aux délits commis par des militaires en temps de guerre et en pays étrangers; elle a retiré aux cours prévôtales les attributions qu'on a voulu malheureusement rétablir depuis, et même étendre.

Les lettres de cachet permettaient au pouvoir royal, et par conséquent ministériel, d'exiler, de bannir, de déporter, d'enfermer pour sa vie entière, sans jugement, un homme quel qu'il fût. Une telle puissance, partout où elle existe, constitue le despotisme : elle devait être anéantie du jour où il y avait des députés de la nation réunis en France.

L'assemblée constituante, en proclamant la parfaite liberté des cultes, replaçait la religion dans son sanctuaire, la conscience; et douze siècles de superstition, d'hypocrisie et de massacres, ne laissaient plus de vestiges, grâce à quelques moments pendant lesquels le pouvoir s'était trouvé entre les mains d'hommes éclairés.

Les vœux religieux n'ont plus été reconnus par la loi; chaque individu de l'un et de l'autre sexe pouvait encore s'imposer les privations les plus bizarres, s'il croyait plaire ainsi à l'auteur de toutes les jouissances vertueuses et pures; mais la société ne s'est plus chargée de forcer les moines et les religieuses à rester dans leurs couvents, quand ils se repentaient des promesses infortunées que l'exaltation leur avait inspirées. Les cadets de famille, que l'on forçait souvent à prendre l'état ecclésiastique, se sont trouvés libres de leurs chaînes, et plus libres encore quand les biens du clergé furent devenus la propriété de l'État.

Cent mille nobles étaient exempts de payer des impôts. Ils ne pouvaient pas rendre raison d'une insulte à un citoyen, ou à un soldat du tiers état, parce qu'ils étaient censés d'une autre race. L'on ne pouvait choisir des officiers que parmi ces privilégiés, excepté dans l'artillerie et le génie, armes

pour lesquelles il fallait plus d'instruction que les nobles de province n'en avaient d'ordinaire; et cependant l'on donnait des régiments à de jeunes seigneurs incapables de les conduire, parce qu'un gentilhomme ne pouvant faire que le métier des armes, il fallait bien que l'État se chargeât de son existence. De là résulte qu'à la bravoure près, l'armée française de l'ancien régime devenait chaque jour moins respectable aux yeux des étrangers. Quelle émulation et quels talents militaires l'égalité des citoyens n'a-t-elle pas fait naître en France! C'est ainsi que l'on a dû à l'assemblée constituante cette gloire de nos armes dont nous avons eu raison d'être fiers, tant qu'elle n'est pas devenue la propriété d'un seul homme.

L'autorité suprême du roi lui permettait de dérober, par des lettres de cachet, un gentilhomme à l'action de la loi, quand il avait commis un crime. Le comte de Charolois en fut un exemple frappant dans le dernier siècle, et beaucoup d'autres du même genre pourraient être cités. Cependant, par un singulier contraste, les parents des nobles ne perdaient rien de leur éclat quand un des leurs subissait la peine de mort, et la famille d'un homme du tiers état était déshonorée si les tribunaux le condamnaient au supplice infamant de la potence, dont les nobles seuls étaient exempts.

Tous ces préjugés disparurent en un jour. L'autorité de la raison est immense dès qu'elle peut se montrer sans obstacles. L'on a beau faire depuis quinze ans, rien ne relèvera dans l'opinion nationale les abus que la force seule avait maintenus.

On doit à l'assemblée constituante la suppression des castes en France, et la liberté civile pour tous : on la lui doit au moins telle qu'elle existe dans ses décrets; car il a fallu toujours s'en écarter, dès qu'on a voulu rétablir, sous des noms nouveaux ou anciens, tous les abus supprimés.

La législation en France était tellement bigarrée, que non-seulement dés lois particulières régissaient les divers ordres de l'État, mais que chaque province, comme nous l'avons dit, avait ses priviléges distincts. L'assemblée constituante, en divisant la France en quatre-vingt-trois départements, effaça ces anciennes séparations; elle supprima les impôts sur le sel et sur le tabac, taxes aussi dispendieuses que gênantes, et qui exposaient aux peines les plus graves une foule de pères de famille, que la facilité de la contrebande entraînait à violer des lois injustes. Un système uniforme d'impôts fut établi, et ce bienfait au moins est pour jamais assuré.

Des distinctions de tout genre étaient inventées

par les gentilshommes du second ordre, afin de se garantir de l'égalité dont ils sont, il est vrai, menacés de près. Des privilégiés de la veille aspiraient avant tout à ne pas être confondus avec la nation, dont ils faisaient naguère partie. Les droits féodaux, ainsi que les dîmes, pesaient sur la classe indigente; des servitudes personnelles, telles que les corvées, et d'autres restes de la barbarie féodale, existaient encore partout. Les droits de chasse ruinaient les agriculteurs, et l'insolence de ces droits était au moins aussi révoltante que le mal positif qu'on en souffrait.

Si l'on s'étonne de voir que la France a tant de ressources encore, malgré ses revers; si, malgré la perte des colonies, le commerce s'est ouvert de nouvelles routes; si les progrès de l'agriculture sont inconcevables, malgré la conscription et l'invasion des troupes étrangères, c'est aux décrets de l'assemblée constituante qu'il faut l'attribuer. La France de l'ancien régime aurait succombé à la millième partie des maux que la France nouvelle a supportés.

La division des propriétés, par la vente des biens du clergé, a retiré de la misère une très-nombreuse classe de la société. C'est à la suppression des maîtrises, des jurandes, de toutes les gênes imposées à l'industrie, qu'il faut attribuer l'accroissement des manufactures et l'esprit d'entreprise qui s'est montré de toutes parts. Enfin, une nation depuis longtemps attachée à la glèbe est sortie, pour ainsi dire, de dessous terre; et l'on s'étonne encore, malgré les fléaux de la discorde civile, de tout ce qu'il y a de talents, de richesses et d'émulation, dans un pays qu'on délivre de la triple chaîne d'une église intolérante, d'une noblesse féodale, et d'une autorité royale sans limites.

Les finances, qui paraissaient un travail si compliqué, s'arrangèrent, pour ainsi dire, d'elles-mêmes, du moment qu'il fut décidé que les impôts seraient consentis par les représentants du peuple, et que la publicité serait admise dans le compte des revenus et des dépenses. L'assemblée constituante est peut-être la seule en France qui ait véritablement représenté le vœu de la nation; et c'est à cause de cela que sa force était incalculable.

Une autre aristocratie, celle de la capitale, existait impérieusement. Tout se faisait à Paris, ou plutôt à Versailles, car le pouvoir était concentré tout entier dans les ministres et dans la cour. L'assemblée constituante accomplit facilement le projet que M. Necker avait en vain tenté, l'éta-

blissement des assemblées provinciales. Il y en eut dans chaque département, et des municipalités furent instituées dans chaque ville. Les intérêts locaux furent ainsi soignés par des administrateurs qui y prenaient part, et qui étaient connus des administrés. De toutes parts se répandaient la vie, l'émulation, les lumières; il y eut une France au lieu d'une capitale, une capitale au lieu d'une cour. Enfin, la voix du peuple, appelée depuis si longtemps la voix de Dieu, fut consultée par le gouvernement; et elle l'aurait bien dirigé, si, comme nous sommes condamnée à le rappeler, l'assemblée constituante n'avait pas mis trop de précipitation dans ses réformes dès les premiers jours de sa puissance, et si elle n'était pas, bientôt après, tombée dans les mains des factieux qui, n'ayant plus rien à moissonner dans le champ du bien, essayèrent du mal pour s'ouvrir une nouvelle carrière.

L'établissement de la garde nationale est encore l'un des plus grands bienfaits de l'assemblée constituante; là où les soldats seuls sont armés, et non les citoyens, il ne peut exister aucune liberté durable. Enfin, l'assemblée constituante, en proclamant le renoncement aux conquêtes, semblait inspirée par une crainte prophétique; elle voulait tourner la vivacité des Français vers les améliorations intérieures, et mettre l'empire de la pensée au-dessus de celui des armes. Tous les hommes médiocres appellent volontiers les baïonnettes à leur secours contre les arguments de la raison, afin d'agir par quelque chose qui soit aussi machine que leur tête; mais les esprits supérieurs, ne désirant que le développement de la pensée, savent combien la guerre y met d'obstacles. Le bien que l'assemblée constituante a fait à la France a sans doute inspiré à la nation le sentiment d'énergie qui l'a portée à défendre les droits qu'elle avait acquis; mais les principes de cette même assemblée, il faut lui rendre cette justice, étaient très-pacifiques; elle ne portait envie à aucune portion de l'Europe; et, si dans un miroir magique on lui eût présenté la France perdant sa liberté par ses victoires, elle aurait tâché de combattre cette impulsion du sang par celle des idées, qui est d'un ordre bien plus élevé.

CHAPITRE V.
De la liberté de la presse, et de la police, pendant l'assemblée constituante.

Non-seulement l'assemblée constituante mérite la reconnaissance du peuple français, pour la réforme des abus sous lesquels il était accablé, mais il faut lui rendre encore hommage de ce que, seule entre les autorités qui ont gouverné la France, avant et depuis la révolution, elle a permis franchement et sincèrement la liberté de la presse. Sans doute elle l'a maintenue d'autant plus volontiers, qu'elle était certaine d'avoir l'opinion en sa faveur; mais on ne peut être un gouvernement libre qu'à cette condition; d'ailleurs, quoique la grande majorité des écrits fût dans le sens des principes de la révolution, les journaux des aristocrates attaquaient avec la plus grande amertume les individus du parti populaire, et leur amour-propre pouvait en être irrité.

Avant 1789, la Hollande et l'Angleterre jouissaient seules en Europe d'une liberté de la presse garantie par les lois. Les journaux politiques ont commencé en même temps que les gouvernements représentatifs, et ces gouvernements en sont inséparables. La gazette de la cour, dans les monarchies absolues, suffit à la publication des nouvelles officielles; mais, pour que toute une nation lise chaque jour des discussions sur les affaires publiques, il faut qu'elle considère les affaires publiques comme les siennes. La liberté de la presse est donc une question tout à fait différente dans les pays où il y a des assemblées dont les débats peuvent être imprimés chaque matin dans les journaux, ou sous le gouvernement silencieux du pouvoir sans limites. La censure préalable, sous un tel gouvernement, peut vous priver d'un bon ouvrage, ou vous préserver d'un mauvais écrit. Mais il n'en est pas ainsi des journaux, dont l'intérêt est éphémère; ils dépendent nécessairement des ministres, s'ils sont soumis à une censure préalable; et il n'existe pas de représentation nationale, dès que le pouvoir exécutif a dans sa main, par les gazettes, la fabrique journalière des raisonnements et des faits; par ce moyen il est autant le maître de commander à l'opinion qu'aux troupes de ligne.

Tout le monde est d'accord sur la nécessité de réprimer par les lois les abus de la liberté de la presse; mais, si le pouvoir exécutif seul a le droit de faire parler à son gré les journaux qui rendent compte aux commettants des débats de leurs mandataires, la censure ne s'en tient point à défendre, elle ordonne; car il faut dicter l'esprit dans lequel les feuilles publiques doivent être rédigées. Ce n'est donc pas un pouvoir négatif, mais positif, que l'on donne aux ministres d'un État, quand on leur accorde la censure, ou plutôt la composition des gazettes. Ils peuvent ainsi faire dire sur chaque individu ce qui leur plaît, et empêcher que cet in-

dividu ne publie sa justification. Du temps de la révolution en Angleterre, c'était par les sermons prononcés dans les églises que l'opinion se formait. Il en est de même des journaux en France : si l'assemblée constituante eût interdit les *Actes des Apôtres*, et permis seulement les écrits périodiques dirigés contre le parti des aristocrates, le public, soupçonnant quelque mystère, puisqu'il y aurait eu de la contrainte, ne se serait point aussi franchement rattaché aux députés, dont il n'aurait pu ni suivre, ni juger avec certitude la conduite.

Le silence complet des journaux serait alors infiniment préférable, car, au moins, le peu de lettres qui pourraient arriver dans les départements contiendraient quelques vérités pures. L'imprimerie ferait tomber le genre humain dans les ténèbres des sophismes, si l'autorité seule pouvait en disposer, et que les gouvernements eussent ainsi la possibilité de contrefaire la voix publique. Chaque découverte sociale est un moyen de despotisme, si elle n'est pas un moyen de liberté.

Mais, dira-t-on, tous les troubles de France ont été causés par la licence de la presse. Qui ne reconnaît aujourd'hui que l'assemblée constituante aurait dû soumettre les écrits factieux, comme tout autre délit public, au jugement des tribunaux? Mais si, pour maintenir son pouvoir, elle avait fait taire ses adversaires, et laissé la parole imprimée seulement à ses amis, le gouvernement représentatif aurait été anéanti. Une représentation nationale imparfaite n'est qu'un instrument de plus pour la tyrannie. On a vu, dans l'histoire d'Angleterre, combien les parlements asservis ont été plus loin que les ministres eux-mêmes dans la bassesse envers le pouvoir. La responsabilité n'est point à craindre pour les corps; d'ailleurs, plus les choses sont belles en elles-mêmes, la représentation nationale, l'art de parler, l'art d'écrire, plus elles deviennent méprisables quand elles dévient de leur destination naturelle; et alors, ce qui est mauvais par essence vaudrait encore mieux.

Ce n'est pas une caste à part que des représentants; le don des miracles ne leur est pas accordé; ils ne sont quelque chose que quand ils ont la nation derrière eux; mais, dès que cet appui leur manque, un bataillon de grenadiers est toujours plus fort qu'une assemblée de trois cents députés. C'est donc une puissance morale qui leur sert à balancer la force physique de l'autorité à laquelle les soldats obéissent; et cette force morale consiste tout entière dans l'action de l'esprit public par la liberté de la presse. Le pouvoir, qui donne les places, est tout, du moment que l'opinion, qui distribue la considération, n'est plus rien.

Mais ne pouvait-on pas, dira-t-on, suspendre ce droit pour un temps? Et par quel moyen alors faire sentir la nécessité de le rétablir? La liberté de la presse est le seul droit dont tous les autres dépendent; les sentinelles font là sécurité de l'armée. Quand vous voulez écrire contre la suspension de cette liberté, c'est précisément ce que vous dites sur ce sujet qu'on ne vous permet pas de publier.

Une seule circonstance, cependant, peut obliger à soumettre les journaux à la censure, c'est-à-dire, à l'autorité du gouvernement même qu'ils doivent éclairer; c'est quand les étrangers sont maîtres d'un pays. Mais alors il n'y a rien dans ce pays, quoi qu'on fasse, qui puisse ressembler à une existence politique. Le seul intérêt de la nation opprimée est donc alors de recouvrer, s'il se peut, son indépendance; et, comme dans les prisons le silence apaise plus les geôliers que la plainte, il faut se taire tant que les verrous sont fermés tout à la fois sur le sentiment et sur la pensée.

L'un des premiers mérites qu'on ne saurait contester à l'assemblée constituante, c'est le respect qu'elle a toujours eu pour les principes de liberté qu'elle proclamait. J'ai vu cent fois vendre à la porte d'une assemblée plus puissante que ne l'a jamais été aucun roi de France, les insultes les plus mordantes contre les membres de la majorité, leurs amis et leurs principes. L'assemblée s'interdisait également toutes les ressources secrètes du pouvoir, et ne s'appuyait que sur l'adhésion de la France presque entière. Le secret des lettres était respecté, et l'invention d'un ministère de la police ne paraissait pas alors au nombre des fléaux possibles : il en est de cette police comme de la censure pour les journaux; la situation actuelle de la France, occupée par les étrangers, peut seule en faire concevoir la cruelle nécessité.

Lorsque l'assemblée constituante, transportée à Paris, n'était déjà plus maîtresse, à beaucoup d'égards, de ses propres délibérations, un de ses comités s'avisa de s'appeler *comité des recherches*, relativement à quelques conspirations dénoncées à l'assemblée. Il n'avait aucune force, il ne pouvait recourir à aucun espionnage, puisqu'il n'avait point d'agents sous ses ordres, et que d'ailleurs la liberté de parler était complète. Mais ce seul nom de comité des recherches, analogue à celui des institutions inquisitoriales, que les tyrans religieux et politiques ont adoptées, inspirait une aversion universelle; et le pauvre homme Voydel, qui présidait

ce comité, quoiqu'il ne fît aucun mal, n'était reçu dans aucun parti.

La terrible secte des jacobins prétendit dans la suite établir la liberté par le despotisme, et de ce système sont sortis tous les forfaits. Mais l'assemblée constituante était bien loin de l'avoir adopté; ses moyens étaient analogues à son but, et c'est dans la liberté même qu'elle cherchait la force nécessaire pour établir la liberté. Si l'assemblée constituante avait joint à cette noble indifférence pour les attaques de ses adversaires, dont l'opinion publique la vengeait, une juste sévérité contre tous les écrits et les rassemblements qui provoquaient au désordre; si elle s'était dit qu'au moment où un parti quelconque devient puissant, c'est d'abord les siens qu'il doit réprimer, elle aurait gouverné avec tant d'énergie et de sagesse, que l'œuvre des siècles se serait accompli peut-être en deux années. L'on ne peut s'empêcher de croire que la fatalité, qui doit punir en tout l'orgueil de l'homme, s'y est seule opposée : car tout semblait facile alors, tant il y avait d'union dans les esprits, et de bonheur dans les circonstances!

CHAPITRE VI.

Des divers partis qui se faisaient remarquer dans l'assemblée constituante.

La direction générale des esprits était la même dans tout le parti populaire, car tous voulaient la liberté; mais il y avait des divisions particulières dans la majorité comme dans la minorité de l'assemblée, et la plupart de ces divisions étaient fondées sur les intérêts personnels qui commençaient à s'agiter. Quand l'influence des assemblées n'est pas renfermée dans les limites de la législation, et qu'une grande partie du pouvoir qui dispense l'argent et les emplois, se trouve entre leurs mains, alors, dans tous les pays, mais surtout en France, les idées et les principes ne donnent plus lieu qu'à des sophismes qui font habilement servir les vérités générales aux calculs individuels.

Le côté des aristocrates, que l'on appelait le côté droit, était composé presque en entier de nobles, de parlementaires et de prélats; à peine trente membres du tiers état s'y étaient réunis. Ce parti, qui avait protesté contre toutes les résolutions de l'assemblée, n'y assistait que par prudence; tout ce qu'on y faisait lui paraissait insolent, mais très-peu sérieux, tant il trouvait ridicule cette découverte du dix-huitième siècle, *une nation*, tandis qu'on n'avait eu jusqu'alors que des nobles, des prêtres et du peuple! Quand les députés du côté droit sortaient de l'ironie, c'était pour traiter d'impiété tout changement apporté aux institutions anciennes; comme si l'ordre social devait être seul condamné dans la nature à la double infirmité de l'enfance et de la vieillesse, et passer d'un commencement informe à une vétusté débile, sans que les lumières acquises par le temps pussent jamais lui donner une véritable force. Les privilégiés se servaient de la religion comme d'une sauvegarde pour les intérêts de leur caste; et c'est en confondant ainsi les priviléges et les dogmes, qu'ils ont beaucoup diminué l'empire du véritable christianisme en France.

La noblesse avait pour orateur, ainsi que je l'ai déjà dit, M. de Casalès, anobli depuis vingt-cinq ans; car la plupart des hommes de talent, parmi les anciens gentilshommes, avaient adopté le parti populaire. L'abbé Maury, l'orateur du clergé, soutenait souvent la bonne cause, puisqu'il était du parti des vaincus, et cet avantage contribuait plus à ses succès que son talent même; l'archevêque d'Aix, l'abbé de Montesquiou, etc., spirituels défenseurs de leur ordre, cherchaient quelquefois, aussi bien que Casalès, à captiver leurs adversaires, afin d'en obtenir, non un acquiescement à leurs opinions, mais un suffrage pour leurs talents. Le reste des aristocrates n'adressait que des injures au parti populaire, et, ne transigeant jamais avec les circonstances, ils croyaient faire le bien en aggravant le mal; tout occupés de justifier leur réputation de prophètes, ils désiraient leur propre malheur, pour jouir de la satisfaction d'avoir prédit juste.

Les deux partis les plus exagérés de l'assemblée se plaçaient dans la salle, comme aux deux extrémités d'un amphithéâtre, et s'asseyaient de chaque côté, sur les banquettes les plus élevées. En descendant du côté droit, l'on trouvait ce que l'on appelait la plaine ou le marais, c'est-à-dire, les modérés, pour la plupart défenseurs de la constitution anglaise. J'ai déjà nommé les principaux d'entre eux : Malouet, Lally, Mounier; il n'y avait point d'hommes plus consciencieux dans l'assemblée. Mais, quoique Lally fût doué d'une superbe éloquence, que Mounier fût un publiciste de la plus haute sagesse, et Malouet un administrateur de première force; quoique au dehors ils fussent soutenus par les ministres, ayant M. Necker à leur tête, et que souvent, dans l'assemblée, plusieurs hommes de mérite se ralliassent à leurs opinions, les deux partis extrêmes couvraient ces voix, les plus courageuses et les plus pures de toutes. Elles ne cessaient pas de se faire entendre dans le dé-

sert d'une foule égarée; mais les aristocrates exagérés ne pouvaient souffrir ces hommes qui voulaient établir une constitution sage, libre, et par conséquent durable; et souvent on les voyait donner plus volontiers la main aux démagogues forcenés, dont les folies menaçaient la France, ainsi qu'eux-mêmes, d'une affreuse anarchie. C'est là ce qui caractérise l'esprit de parti, ou plutôt cette exaltation d'amour-propre qui ne permet pas de supporter une autre manière de voir que la sienne.

On remontait des impartiaux au parti populaire, qui, bien que réuni tout entier sur les questions importantes, se divisait en quatre sections, dont on pouvait aisément saisir les différences. M. de la Fayette, comme chef de la garde nationale, et comme l'ami le plus désintéressé et le plus ardent de la liberté, avait une grande considération dans l'assemblée; mais ses opinions scrupuleuses ne lui permettaient pas d'influer sur les délibérations des représentants du peuple, et peut-être aussi lui en coûtait-il trop de risquer sa popularité hors de l'assemblée, par les débats dans lesquels il fallait soutenir l'autorité royale contre les principes démocratiques. Il aimait à rentrer dans le rôle passif qui convient à la force armée. Depuis, il a sacrifié courageusement cet amour de la popularité, la passion favorite de son âme; mais, pendant la durée de l'assemblée constituante, il perdit de son crédit parmi les députés, parce qu'il s'en servit trop rarement.

Mirabeau, que l'on savait corruptible, n'avait guère avec lui personnellement que ceux qui voulaient partager les chances de sa fortune. Mais, bien qu'il n'eût pas précisément un parti, il exerçait l'ascendant sur tous, quand il faisait usage de la force admirable de son esprit. Les hommes influents du côté populaire, un petit nombre de jacobins excepté, étaient Duport, Barnave, et quelques jeunes gens de la cour, devenus démocrates; hommes très-purs sous le rapport de l'argent, mais très-avides de jouer un rôle. Duport, conseiller au parlement, avait été toute sa vie pénétré des inconvénients de l'institution dont il faisait partie; ses connaissances profondes dans la jurisprudence de tous les pays lui méritaient, à cet égard, la confiance de l'assemblée.

Barnave, jeune avocat du Dauphiné, de la plus rare distinction, était plus fait, par son talent, qu'aucun autre député, pour être orateur à la manière des Anglais. Il se perdit dans le parti des aristocrates par un mot irréfléchi. Après le 14 juillet, on s'indignait avec raison de la mort des trois victimes assassinées pendant l'émeute. Barnave, enivré du triomphe de cette journée, souffrait impatiemment les accusations dont le peuple entier semblait l'objet, et il s'écria, en parlant de ceux qu'on avait massacrés : *Leur sang était-il donc si pur ?* Funeste parole, sans nul rapport avec son caractère vraiment honnête, délicat, et même sensible ; mais sa destinée fut à jamais gâtée par ces expressions condamnables : tous les journaux, tous les discours du côté droit les imprimèrent sur son front, et l'on irrita sa fierté au point de lui rendre impossible de se repentir sans s'humilier.

Les meneurs du côté gauche auraient fait triompher la constitution anglaise, s'ils s'étaient réunis dans ce but à M. Necker parmi les ministres, et à ses amis dans l'assemblée ; mais alors ils n'auraient été que des agents secondaires dans la marche des événements, et ils voulaient se placer au premier rang : ils prirent donc, très-imprudemment, leur appui au dehors, dans les rassemblements qui commençaient à préparer un orage souterrain. Ils gagnèrent de l'ascendant dans l'assemblée, en se moquant des modérés, comme si la modération était de la faiblesse, et qu'eux seuls fussent des caractères forts ; on les voyait, dans les salles et sur les bancs des députés, tourner en ridicule quiconque s'avisait de leur représenter qu'avant eux les hommes avaient existé en société, que les écrivains avaient pensé, et que l'Angleterre était en possession de quelque liberté. On eût dit qu'on leur répétait les contes de leur nourrice, tant ils écoutaient avec impatience, tant ils prononçaient avec dédain de certaines phrases bien exagérées et bien décisives sur l'impossibilité d'admettre un sénat héréditaire, un sénat même à vie, un veto absolu, une condition de propriété, enfin tout ce qui, disaient-ils, attentait à la souveraineté du peuple ! Ils portaient la fatuité des cours dans la cause démocratique, et plusieurs députés du tiers étaient, tout à la fois, éblouis par leurs belles manières de gentilshommes, et captivés par leurs doctrines démocratiques.

Ces chefs élégants du parti populaire voulaient entrer dans le ministère. Ils souhaitaient de conduire les affaires jusqu'au point où l'on aurait besoin d'eux ; mais, dans cette rapide descente, le char ne s'arrêta point à leur relais ; ils n'étaient point conspirateurs, mais ils se confiaient trop en leur pouvoir sur l'assemblée, et se flattaient de relever le trône, dès qu'ils l'auraient fait arriver jusqu'à leur portée : mais, quand ils voulurent de bonne foi réparer le mal déjà fait, il n'était plus temps. On ne saurait compter combien de désastres auraient pu être épargnés à la France, si ce parti de jeunes gens se fût réuni avec les modérés ; car, avant les événements du 6 octobre, lorsque le roi n'avait point été enlevé de Versailles, et que l'armée française, répandue dans les provinces, conservait encore quelque respect pour le trône, les circonstances étaient telles qu'on pouvait établir une monarchie raisonnable en France. La philosophie commune se plaît à croire que tout ce qui est arrivé était inévitable : mais à quoi serviraient donc la raison et la liberté de l'homme, si sa volonté n'avait pu prévenir ce que cette volonté a si visiblement accompli ?

Au premier rang du côté populaire, on remarquait l'abbé Sieyes, isolé par son caractère, bien qu'entouré des admirateurs de son esprit. Il avait mené, jusqu'à quarante ans, une vie solitaire, réfléchissant sur les questions politiques, et portant une grande force d'abstraction dans cette étude ; mais il était peu fait pour communiquer avec les autres hommes, tant il s'irritait aisément de leurs travers, et tant il les blessait par les siens ! Toutefois, comme il avait un esprit supérieur et des façons de s'exprimer laconiques et tranchantes, c'était le mode dans l'assemblée de lui montrer un respect presque superstitieux. Mirabeau ne demandait pas mieux que d'accorder au silence de l'abbé Sieyes le pas sur sa propre éloquence, car ce genre de rivalité n'est pas redoutable. On croyait à Sieyes, à cet homme mystérieux, des secrets sur les constitutions, dont on espérait toujours des effets étonnants, quand il les révélerait. Quelques jeunes gens, et même des esprits d'une grande force, professaient la plus haute admiration pour lui, et on s'accordait à le louer aux dépens de tout autre, parce qu'il ne se faisait jamais juger en entier dans aucune circonstance.

Ce qu'on savait avec certitude, c'est qu'il détestait les distinctions nobiliaires ; et cependant il avait conservé de son état de prêtre un attachement au clergé, qui se manifesta le plus clairement du monde lors de la suppression des dîmes. *Ils veulent être libres, et ne savent pas être justes,* disait-il à cette occasion ; et toutes les fautes de l'assemblée étaient renfermées dans ces paroles. Mais il fallait les appliquer également aux diverses classes de la société qui avaient droit à des dédommagements pécuniaires. L'attachement de l'abbé Sieyes pour le clergé aurait perdu tout autre homme auprès du parti populaire ; mais, en considération de sa haine contre les nobles, les montagnards lui pardonnèrent son faible pour les prêtres.

Ces montagnards formaient le quatrième **parti**

du côté gauche. Robespierre était déjà dans leurs rangs, et le jacobinisme se préparait par leurs clubs. Les chefs de la majorité du parti populaire se moquaient de l'exagération des jacobins, et se complaisaient dans l'air de sagesse qu'ils pouvaient se donner, par comparaison avec des factieux conspirateurs. On eût dit que les prétendus modérés se faisaient suivre des plus violents démocrates, comme le chasseur de sa meute, en se glorifiant de savoir la retenir.

L'on se demandera quel est le parti qui, dans cette assemblée, pouvait être appelé le parti d'Orléans. Peut-être n'en existait-il aucun, car nul ne reconnaissait le duc d'Orléans pour chef, et lui-même ne voulait l'être de personne. La cour, en 1788, l'avait exilé six semaines dans une de ses terres; elle s'était quelquefois opposée à ses voyages continuels en Angleterre : c'est à ces contrariétés que son irritation doit être attribuée. Il avait plus de mécontentement que de projets, plus de velléités que d'ambition réelle. Ce qui faisait croire à l'existence d'un parti d'Orléans, c'était l'idée généralement établie dans la tête des publicistes d'alors, qu'une déviation de la ligne d'hérédité, telle qu'elle avait eu lieu en Angleterre, pouvait être favorable à l'établissement de la liberté, en plaçant à la tête de la constitution un roi qui lui devrait le trône, au lieu d'un roi qui se croirait dépouillé par elle. Mais le duc d'Orléans était, sous tous les rapports possibles, l'homme le moins propre à jouer en France le rôle de Guillaume III en Angleterre; et, mettant même à part le respect qu'on avait pour Louis XVI, et qu'on lui devait, le duc d'Orléans ne pouvait ni se soutenir lui-même, ni servir d'appui à personne. Il avait de la grâce, des manières nobles et de l'esprit en société; mais ses succès dans le monde ne développèrent en lui qu'une grande légèreté de principes, et quand les tourmentes révolutionnaires l'ont agité, il s'est trouvé sans frein comme sans force. Mirabeau sonda sa valeur morale dans quelques entretiens, et se convainquit, après l'avoir examiné, qu'aucune entreprise politique ne pouvait être fondée sur un tel caractère.

Le duc d'Orléans vota toujours avec le parti populaire de l'assemblée constituante, peut-être par l'espoir très-vague de gagner le premier lot; mais cet espoir n'a jamais pris de consistance dans aucune tête. Il a, dit-on, soudoyé la populace. Mais, que cela soit ou non, il faut n'avoir aucune idée de la révolution pour imaginer que cet argent, s'il a été donné, ait exercé la moindre influence. Un peuple entier n'est pas mis en mouvement par des moyens de ce genre. La grande erreur des gens de la cour a toujours été de chercher dans quelques faits de détail la cause des sentiments exprimés par la nation entière.

CHAPITRE VII.

Des fautes de l'assemblée constituante, en fait d'administration.

Toute la puissance du gouvernement était tombée entre les mains de l'assemblée, qui pourtant ne devait avoir que des fonctions législatives; mais la division des partis amena malheureusement la confusion des pouvoirs. La défiance qu'excitaient les intentions du roi, ou plutôt celles de sa cour, empêcha qu'on ne lui donnât les moyens nécessaires pour rétablir l'ordre; et les chefs de l'assemblée ne combattirent point cette défiance, afin de s'en faire un prétexte pour exercer une inspection immédiate sur les ministres. M. Necker était naturellement l'intermédiaire entre l'autorité royale et l'assemblée nationale. L'on savait bien qu'il ne voulait trahir ni les droits de l'une, ni ceux de l'autre; mais les députés qui lui restaient attachés malgré sa modération politique, croyaient que les aristocrates le trompaient; et ils le plaignaient d'être leur dupe. Il n'en était rien cependant : M. Necker avait autant de finesse dans l'esprit que de droiture dans la conduite, et il savait parfaitement que les privilégiés se réconcilieraient avec tous les partis, plutôt qu'avec celui des premiers amis de la liberté. Mais il accomplissait son devoir, en cherchant à redonner de la force au gouvernement; car une constitution libre ne peut jamais résulter du relâchement universel de tous les liens; le despotisme en est plutôt la conséquence.

L'action du pouvoir exécutif étant arrêtée par divers décrets de l'assemblée, les ministres ne pouvaient rien faire sans y être autorisés par elle. Les impôts n'étaient plus acquittés, parce que le peuple croyait que la révolution dont on lui faisait tant de fête devait lui valoir la jouissance de ne rien payer. Le crédit, plus sage encore que l'opinion, bien qu'il ait l'air d'en dépendre, s'effrayait des fautes que commettait l'assemblée. Elle avait beaucoup plus de moyens qu'il n'en fallait pour arranger les finances, et pour faciliter les achats de grains que rendait nécessaires la disette dont la France était une seconde fois menacée. Mais elle répondait avec négligence aux sollicitations réitérées de M. Necker sur ce sujet, parce qu'elle ne voulait point être considérée comme les anciens états généraux, rassemblés seulement pour s'occuper des finances; c'était aux discussions constitutionnelles qu'elle mettait le plus grand intérêt. A cet égard elle avait raison; mais, en négligeant les objets d'administration, elle provoquait le désordre dans le royaume, et par le désordre tous les malheurs dont elle-même a porté le poids.

Pendant que la France avait à craindre la famine et la banqueroute, les députés prononçaient des discours dans lesquels ils disaient que *chaque homme tient de la nature le droit et le désir d'être heureux*, que *la société a commencé par le père et le fils*, et d'autres vérités philosophiques faites pour être discutées dans les livres, et non au milieu des assemblées. Mais si le peuple avait besoin de pain, les orateurs avaient besoin de succès; et la disette, à cet égard, leur aurait paru très-difficile à supporter.

L'assemblée mit, par un arrêté solennel, la dette publique sous la sauvegarde de l'honneur et de la loyauté française, et néanmoins aucune mesure ne fut prise pour donner à ces belles paroles un résultat positif. M. Necker proposa un emprunt à cinq pour cent; l'assemblée trouva, comme de raison, que quatre et demi était moins que cinq; elle réduisit l'intérêt à ce taux, et l'emprunt manqua, parce qu'une assemblée ne peut pas avoir, comme un ministre, le tact qui fait connaître jusqu'où peut aller la confiance des capitalistes. Le crédit, en affaires d'argent, est presque aussi délicat que le style dans les productions littéraires : un seul mot peut dénaturer ce qu'on écrit, comme une légère circonstance les spéculations qu'on entreprend. C'est toujours la même chose, prétendra-t-on; mais de telle manière vous captivez l'imagination des hommes, et de telle autre elle vous échappe.

M. Necker proposa un don volontaire, et il versa le premier, pour y exciter, cent mille francs de sa propre fortune au trésor royal, lui qui avait déjà été obligé de placer un million en rentes viagères, pour subvenir, par l'accroissement de son revenu, à sa dépense comme ministre; car, durant son second ministère comme pendant le premier, il refusa tous les appointements de sa place. L'assemblée constituante loua M. Necker de son désintéressement, mais elle ne s'occupa pas pour cela plus sérieusement des affaires de finances. Le secret de cette conduite du parti populaire était peut-être l'envie de se laisser forcer, par la pénurie d'argent, à ce qu'il désirait, c'est-à-dire, à s'emparer des biens du clergé. M. Necker, au contraire, voulait rendre l'État indépendant de cette ressource, afin qu'elle fût employée d'après la justice, et non d'a-

près les besoins du trésor. Mirabeau, qui aspirait à remplacer M. Necker, se servait de la jalousie que toute assemblée a sur sa puissance, pour lui faire ombrage de l'attachement que la nation témoignait encore au ministre des finances. Il avait une manière perfide de louer M. Necker : *Je n'approuve pas ses plans*, disait-il; *mais, puisque l'opinion lui décerne la dictature, il faut les accepter de confiance.* Les amis de M. Necker sentaient avec quel art Mirabeau cherchait à lui ravir la faveur publique, en représentant cette faveur sous des couleurs exagérées; car les nations sont comme les individus, elles aiment moins dès qu'on leur a trop répété qu'elles aiment.

Le jour où Mirabeau fut le plus éloquent, fut celui où, défendant astucieusement un décret de finance proposé par M. Necker, il peignit les horreurs de la banqueroute. Trois fois il reparut à la tribune pour effrayer sur ce malheur; les députés des provinces n'y étaient pas très-sensibles; mais comme on ne savait pas alors ce qu'on a trop appris depuis, à quel point une nation peut supporter la banqueroute, la famine, les massacres, les échafauds, la guerre civile, la guerre étrangère et la tyrannie, l'on reculait à l'idée des souffrances dont l'orateur présentait le tableau. J'étais à peu de distance de Mirabeau, quand il se fit entendre avec tant d'éclat dans l'assemblée; et, quoique je ne crusse pas à ses bonnes intentions, il captiva pendant deux heures toute mon admiration. Rien n'était plus *impressif* que sa voix, si l'on peut s'exprimer ainsi : les gestes et les paroles mordantes dont il savait se servir ne venaient peut-être pas purement de l'âme, c'est-à-dire, de l'émotion intérieure; mais on sentait une puissance de vie dans ses discours, dont l'effet était prodigieux. *Que serait-ce, si vous aviez vu le monstre?* dit Garat, dans son spirituel *Journal de Paris*. Le mot d'Eschine sur Démosthène ne pouvait mieux être appliqué, et l'incertitude sur le sens de l'expression qui veut dire prodige, en bien comme en mal, ne laissait pas d'avoir son prix.

Toutefois il ne serait pas juste de ne voir dans Mirabeau que des vices; avec tant de véritable esprit, il y a toujours quelque mélange de bons sentiments. Mais il n'avait pas de conscience en politique, et c'est le grand défaut qu'on peut souvent reprocher en France aux individus comme aux assemblées. Les uns pensent aux succès, les autres aux honneurs, plusieurs à l'argent, quelques-uns, et ce sont les meilleurs, au triomphe de leur opinion. Mais où sont ceux qui se demandent avec recueillement quel est leur devoir, sans s'informer du sacrifice quelconque que ce devoir peut exiger d'eux?

CHAPITRE VIII.

Des fautes de l'assemblée nationale, en fait de constitution.

On peut distinguer dans le code de la liberté ce qui est fondé sur des principes invariables, et ce qui appartient à des circonstances particulières. Les droits imprescriptibles consistent dans l'égalité devant la loi, la liberté individuelle, la liberté de la presse, la liberté des cultes, l'admission à tous les emplois, les impôts consentis par les représentants du peuple. Mais la forme du gouvernement, aristocratique ou démocratique, monarchique ou républicaine, n'est qu'une organisation des pouvoirs; et les pouvoirs ne sont eux-mêmes que la garantie de la liberté. Il n'est pas de droit naturel que tous les gouvernements soient composés d'une chambre des pairs, d'une chambre de députés élus, et d'un roi qui, par sa sanction, fasse partie du pouvoir législatif : mais la sagesse humaine n'a rien trouvé jusqu'à nos jours qui mette plus en sûreté les bienfaits de l'ordre social pour un grand État.

Dans la seule révolution à nous connue, qui ait eu pour principal but l'établissement d'un gouvernement représentatif, on a changé l'ordre de succession au trône, parce qu'on était convaincu que Jacques II ne renoncerait pas de bonne foi au pouvoir absolu, pour l'échanger contre un pouvoir légal. L'assemblée constituante ne se permit pas de déposer un souverain aussi vertueux que Louis XVI, et cependant elle voulait établir une constitution libre; il est résulté de cette situation qu'elle a considéré le pouvoir exécutif comme un ennemi de la liberté, au lieu d'en faire l'une de ses sauvegardes. Elle a combiné une constitution, comme on combinerait un plan d'attaque. Tout est venu de cette faute; car que le roi fût, ou non, résigné dans son cœur aux limites que commandait l'intérêt de la nation, il ne fallait pas examiner ses pensées secrètes, mais fonder le pouvoir royal indépendamment de ce qu'on pouvait craindre ou espérer du monarque. Les institutions, à la longue, disposent des hommes beaucoup plus facilement que les hommes ne s'affranchissent des institutions. Conserver le roi et le dépouiller de ses prérogatives nécessaires, était le parti le plus absurde et le plus condamnable de tous.

Mounier, ami prononcé de la constitution anglaise, se rendait volontiers impopulaire, en professant cette opinion; mais il déclara pourtant à la tribune que les lois constitutionnelles n'avaient pas besoin de la sanction du roi, partant du principe que la constitution était antérieure au trône, et que le roi n'existait que par elle. Il doit y avoir un pacte entre les rois et les peuples, et il serait aussi contraire à la liberté qu'à la monarchie de nier l'existence de ce contrat. Mais, comme une sorte de fiction est nécessaire à la royauté, l'assemblée avait tort d'appeler le monarque un fonctionnaire public; il est un des pouvoirs indépendants de l'État, participant à la sanction des lois fondamentales, comme à celle de la législation journalière; s'il n'était qu'un simple citoyen, il ne pourrait être roi.

Il y a dans une nation une certaine masse de sentiments qu'il faut ménager comme une force physique. La république a son enthousiasme, que Montesquieu appelle son principe; la monarchie a le sien; le despotisme même, quand il est, comme en Asie, un dogme religieux, est maintenu par de certaines vertus; mais une constitution qui fait entrer dans ses éléments l'humiliation du souverain ou celle du peuple, doit être nécessairement renversée par l'un ou par l'autre.

Le même empire des circonstances qui, en France, décide de tant de choses, empêcha de proposer une chambre des pairs. M. de Lally, qui la voulait, essaya d'y suppléer en demandant au moins un sénat à vie; mais le parti populaire était irrité contre les privilégiés, qui se séparaient constamment de la nation, et ce parti rejeta l'institution durable par des préventions momentanées. Cette faute était bien grande, non-seulement parce qu'il fallait une chambre haute, comme intermédiaire entre le souverain et les députés de la nation, mais parce qu'il n'existait pas une autre manière de faire tomber dans l'oubli la noblesse du second ordre, si nombreuse en France; noblesse que l'histoire ne consacre point, qu'aucun genre d'utilité publique ne recommande, et dans laquelle se manifeste, bien plus encore que dans le premier rang, le mépris du tiers état, parce que sa vanité lui fait toujours craindre de ne pas pouvoir assez s'en distinguer.

Le côté droit de l'assemblée constituante, c'est-à-dire, les aristocrates, pouvaient faire adopter le sénat à vie, en se réunissant à M. de Lally et à son parti. Mais ils imaginèrent de voter pour une seule chambre, au lieu de deux, dans l'espoir d'amener le bien par l'excès même du mal; détestable calcul, quoiqu'il séduisît les esprits par un air de profondeur. Les hommes croient que tromper fait plus d'honneur à leur esprit qu'être vrais, parce que le mensonge est de leur invention : c'est un amour-propre d'auteur très-mal placé.

Après que la cause des deux chambres fut perdue, on s'occupa de la sanction du roi. Le *veto* qu'on devait lui accorder serait-il suspensif ou absolu ? Ce mot *absolu* retentisssait aux oreilles du vulgaire, comme s'il avait été question du despotisme, et l'on vit commencer la funeste influence des cris du peuple sur les décisions des hommes éclairés. A peine la pensée peut-elle se recueillir assez en elle-même pour comprendre toutes les questions qui tiennent à des institutions politiques : or, qu'y a-t-il de plus funeste que de livrer de telles questions aux raisonnements, et surtout aux plaisanteries de la multitude? On parlait du *veto* dans les rues de Paris, comme d'une espèce de monstre qui devait dévorer les petits enfants. Il ne faut pas en conclure ce que le dédain de l'espèce humaine inspire à quelques personnes, c'est-à-dire, que les nations ne sont pas faites pour juger de ce qui les intéresse. Les gouvernements aussi ont souvent donné de terribles preuves d'incapacité, et les freins sont nécessaires à tous les genres d'autorité.

Le parti populaire ne voulait qu'un *veto* suspensif, au lieu d'un *veto* absolu; c'est-à-dire, que le refus du roi de sanctionner une loi cessât de droit à l'assemblée suivante, si elle insistait de nouveau sur la même loi. La discussion s'échauffa : d'une part, l'on soutenait que le *veto* absolu du roi empêchait toute espèce d'amélioration proposée par l'assemblée; et de l'autre, que le *veto* suspensif réduirait le roi tôt ou tard à la nécessité d'obéir en tout aux représentants du peuple. M. Necker, dans un mémoire où il traite avec une rare sagacité toutes les questions constitutionnelles, indiqua, pour terme moyen, trois législatures au lieu de deux, c'est-à-dire, que le *veto* du roi ne cédât qu'à la proposition réitérée de la troisième assemblée. Voici quels étaient les motifs énoncés par M. Necker à ce sujet :

En Angleterre, disait-il, le roi n'use que très-rarement de son *veto*, parce que la chambre des pairs lui en épargne presque toujours la peine; mais comme il a été malheureusement décidé qu'en France il n'y aurait qu'une chambre, le roi et son conseil se trouvent réduits à remplir, tout à la fois, les fonctions de chambre haute et de pouvoir exécutif. La nécessité de se servir habituellement du *veto* oblige à le rendre plus flexible, comme on a besoin d'armes plus légères, quand il faut les employer plus souvent. On doit être assuré qu'à la troisième législature, c'est-à-dire, au bout de trois ou quatre ans, la vivacité des Français, sur quelque sujet que ce soit, sera toujours calmée; et, le cas contraire arrivant, il est également certain que si trois assemblées représentatives de suite demandaient la même chose, l'opinion serait assez forte pour que le roi ne dût pas s'y refuser.

Dans les circonstances où l'on se trouvait, il ne fallait pas irriter les esprits par le mot de *veto* absolu, quand, dans le fait, par tout pays, le *veto* royal plie toujours plus ou moins devant le vœu national. On pouvait regretter la pompe du mot; mais il fallait aussi en craindre le danger, quand on avait placé le roi seul en présence d'une assemblée unique, et lorsque étant privé des gradations de rang, il semblait, pour ainsi dire, tête à tête avec le peuple, et forcé de mettre sans cesse en balance la volonté d'un homme et celle de vingt-quatre millions. Cependant, M. Necker protestait, pour ainsi dire, contre ce moyen de conciliation, tout en le proposant : car, en montrant comment le *veto* suspensif était le résultat nécessaire de l'institution d'une seule chambre, il répétait qu'une seule chambre ne pouvait s'accorder avec rien de bon ni de stable.

CHAPITRE IX.

Des efforts que fit M. Necker auprès du parti populaire de l'assemblée constituante, pour le déterminer à établir la constitution anglaise en France.

Le roi n'ayant plus de force militaire, depuis la révolution du 14 juillet, il ne restait à son ministre que le pouvoir de la persuasion, soit en agissant immédiatement sur les députés, soit en trouvant assez d'appui dans l'opinion pour influer par elle sur l'assemblée. Pendant les deux mois de calme dont on put jouir encore depuis le 14 juillet 1789, jusqu'à l'affreuse insurrection du 5 octobre, on voyait déjà reparaître l'ascendant du roi sur les esprits. M. Necker lui conseilla successivement diverses démarches qui eurent l'approbation des provinces.

La suppression du régime féodal, prononcée pendant la nuit du 4 août, fut présentée à la sanction du monarque; il y donna son consentement, mais en adressant à la députation de l'assemblée des observations auxquelles tous les gens sages applaudirent. Il blâma la rapidité avec laquelle des résolutions si nombreuses et si importantes avaient été prises; il fit sentir la nécessité de dédommager équitablement les ci-devant propriétaires de plusieurs des revenus supprimés. La déclaration des droits fut de même offerte à la sanction royale, avec quelques-uns des décrets qu'on avait déjà rendus sur la constitution. M. Necker fut d'avis que le roi devait répondre qu'il ne pouvait sanctionner que l'ensemble d'une constitution, et non une portion séparée, et que les principes généraux de la déclaration des droits, très-justes en eux-mêmes, avaient besoin d'être appliqués, pour être soumis aux formes ordinaires des décrets. En effet, que signifiait l'acquiescement royal à l'énonciation abstraite des droits naturels? Mais il existait depuis longtemps en France une telle habitude de faire intervenir le roi en toutes choses, qu'en vérité les républicains auraient pu lui demander sa sanction pour la république.

L'institution d'une seule chambre, et plusieurs autres décrets constitutionnels qui s'écartaient déjà en entier du système politique de l'Angleterre, causaient une grande douleur à M. Necker; car il voyait dans cette *démocratie royale,* comme on l'appelait alors, le plus grand danger pour le trône et pour la liberté. L'esprit de parti n'a qu'une crainte : la sagesse en éprouve toujours deux. On peut voir dans les divers ouvrages de M. Necker le respect qu'il portait au gouvernement anglais, et les arguments sur lesquels il se fondait pour vouloir en adapter les principales bases à la France. Ce fut parmi les députés populaires, alors tout-puissants, qu'il rencontra cette fois d'aussi grands obstacles que ceux qu'il avait combattus précédemment dans le conseil du roi. Comme ministre et comme écrivain, il a toujours tenu, à cet égard, le même langage.

L'argument que les deux partis opposés, aristocrate et démocrate, s'accordaient à faire contre l'adoption de la constitution anglaise, c'était que l'Angleterre pouvait se passer de troupes réglées, tandis que la France, comme État continental, devant maintenir une grande armée, la liberté ne pourrait pas résister à la prépondérance que cette armée donnerait au roi. Les aristocrates ne s'apercevaient pas que cette objection se retournait contre eux; car, si le roi de France a, par la nature des choses, plus de moyens de force que le roi d'Angleterre, quel inconvénient a-t-il à donner à son autorité au moins les mêmes limites?

Les arguments du parti populaire étaient plus spécieux, puisqu'il les appuyait sur ceux même de ses adversaires. L'armée de ligne, disait-il, assurant au roi de France plus de pouvoir qu'à celui d'Angleterre, il faut donc borner davantage sa prérogative, si l'on veut obtenir autant de liberté que les Anglais en possèdent. A cette objection

M. Necker répondait que, dans un gouvernement représentatif, c'est-à-dire, fondé sur des élections indépendantes, et maintenu par la liberté de la presse, l'opinion a toujours tant de moyens de se former et de se montrer, qu'elle peut valoir une armée; d'ailleurs, l'établissement des gardes nationales était un contre-poids suffisant à l'esprit de corps des troupes de ligne, en supposant, ce qui n'est guère probable, que, dans un État où les officiers seraient choisis, non dans telle classe exclusivement, mais d'après leur mérite, l'armée ne se sentît pas une partie de la nation, et ne fît pas gloire d'en partager l'esprit.

La chambre des pairs, ainsi que je l'ai déjà dit, déplaisait aussi aux deux partis : à l'un, comme réduisant la noblesse à cent ou cent cinquante familles, dont les noms sont historiques; à l'autre, comme renouvelant les institutions héréditaires, contre lesquelles beaucoup de gens en France sont armés, parce que les priviléges et les prétentions des gentilshommes y ont blessé profondément la nation entière. M. Necker fit de vains efforts néanmoins pour prouver aux communes, que changer la noblesse conquérante en magistrature patricienne, c'était le seul moyen de détruire radicalement la féodalité; car il n'y a de vraiment détruit que ce qui est remplacé. Il essaya de démontrer aussi aux démocrates qu'il valait beaucoup mieux procéder à l'égalité en élevant le mérite au premier rang, qu'en cherchant inutilement à rabaisser les souvenirs historiques dont l'effet est indestructible. C'est un trésor idéal que ces souvenirs, dont on peut tirer parti en associant les hommes distingués à leur éclat. *Nous sommes ce qu'étaient vos aïeux,* disait un brave général français à un noble de l'ancien régime; et c'est pour cela qu'il faut une institution où les anciennes tiges des races se mêlent aux nouveaux rejetons; en établissant l'égalité par le mélange, on y arrive bien plus sûrement que par les tentatives de nivellement.

Cette haute sagesse, développée par un homme tel que M. Necker, parfaitement simple et vrai dans sa manière de s'exprimer, ne put cependant rien contre les passions, dont l'amour-propre irrité était la cause; et les factieux, s'apercevant que le roi, bien guidé par les conseils de son ministre, regagnait chaque jour une popularité salutaire, résolurent de lui faire perdre cette influence morale, après l'avoir privé de tout pouvoir réel. L'espoir d'une monarchie constitutionnelle fut donc de nouveau perdu pour la France, dans un temps où la nation ne s'était point encore souillée de grands crimes, et lorsqu'elle avait sa propre estime, aussi bien que celle de l'Europe.

CHAPITRE X.

Le gouvernement anglais a-t-il donné de l'argent pour fomenter les troubles en France?

Comme l'idée dominante des aristocrates français a toujours été que les plus grands changements dans l'ordre social tiennent à des anecdotes particulières, ils ont accueilli pendant longtemps l'absurde bruit qui s'était répandu que le ministère anglais avait soudoyé les troubles révolutionnaires. Les jacobins, de leur côté, ennemis naturels de l'Angleterre, ont assez aimé à plaire au peuple, en affirmant que *tout le mal venait de l'or anglais répandu en France.* Mais quiconque est capable d'un peu de réflexion ne saurait croire un moment à cette absurdité mise en circulation. Un ministère soumis comme celui d'Angleterre à la surveillance des représentants du peuple, pourrait-il disposer d'une somme d'argent considérable, sans oser jamais en avouer l'emploi au parlement? Toutes les provinces de France, soulevées en même temps, n'avaient point de chef, et ce qui se passait à Paris était préparé de longue date par la marche des événements. D'ailleurs un gouvernement quelconque, et le plus éclairé de l'Europe surtout, n'aurait-il pas senti le danger d'établir près de soi une si contagieuse anarchie? L'Angleterre, et M. Pitt en particulier, n'ont-ils pas dû craindre que l'étincelle révolutionnaire ne se communiquât sur la flotte et dans les rangs inférieurs de la société?

Le ministère anglais a donné souvent des secours au parti des émigrés; mais c'était dans un système tout à fait contraire à celui qui provoquerait le jacobinisme. Comment supposer que des individus, très-respectables dans leur caractère privé, auraient soudoyé, dans la dernière classe du peuple, des hommes qui ne pouvaient alors se mêler des affaires publiques que par le vol ou par le meurtre? Or, de quelque manière qu'on juge la diplomatie du gouvernement anglais, peut-on imaginer que des chefs de l'État qui, pendant quinze ans, n'ont pas attenté à la vie d'un homme, Bonaparte, dont l'existence menaçait celle de leur pays, se fussent permis un bien plus grand crime, en payant au hasard des assassinats? L'opinion publique en Angleterre peut être entièrement égarée sur la politique extérieure, mais jamais sur la morale chrétienne, si je puis m'exprimer ainsi, c'est-à-dire, sur les actions qui ne sont pas soumises à l'empire ou à l'excuse des circonstances. Louis XV

a généreusement rejeté le feu grégeois dont le fatal secret lui fut offert; de même les Anglais n'auraient jamais excité la flamme dévastatrice du jacobinisme, quand il eût été en leur pouvoir de créer ce monstre nouveau qui s'acharnait sur l'ordre social.

A ces arguments, qui me semblent plus évidents encore que des faits mêmes, j'ajouterai cependant ce que mon père m'a souvent attesté; c'est qu'entendant parler sans cesse de prétendus agents secrets de l'Angleterre, il fit l'impossible pour les découvrir, et que toutes les recherches de la police, ordonnées et suivies pendant son ministère, servirent à prouver que l'or de l'Angleterre n'était pour rien dans les troubles civils de 'la France. Jamais on n'a pu trouver la moindre trace d'une connexion entre le parti populaire et le gouvernement anglais; en général les plus violents, dans ce parti, n'ont point eu de rapport avec les étrangers, et d'autre part le gouvernement anglais, loin d'encourager la démocratie en France, a toujours fait tous ses efforts pour la réprimer.

CHAPITRE XI.

Des événements du 5 et du 6 octobre.

Avant de retracer des jours trop funestes, il faut se rappeler qu'à l'époque de la révolution, depuis près d'un siècle, en France et dans le reste de l'Europe, on jouissait d'une sorte de tranquillité, qui tendait, il est vrai, au relâchement et à la corruption, mais qui était en même temps la cause et l'effet de mœurs fort douces. Personne n'imaginait en 1789, qu'il existât des passions véhémentes sous ce repos apparent. Ainsi l'assemblée constituante s'est livrée sans crainte au généreux désir d'améliorer le sort du peuple. On ne l'avait vu qu'asservi, et l'on ne soupçonnait pas ce qui n'a été que trop prouvé depuis, c'est que la violence de la révolte étant toujours en proportion de l'injustice de l'esclavage, il fallait opérer en France les changements avec d'autant plus de prudence que l'ancien régime avait été plus oppresseur.

Les aristocrates diront qu'ils ont prévu tous nos malheurs; mais les prédictions provoquées par l'intérêt personnel ne font effet sur qui que ce soit. Revenons au tableau de la situation de la France, à l'approche des premiers forfaits dont tous les autres sont dérivés.

La direction générale des affaires à la cour était la même qu'avant la révolution du 14 juillet; mais, les moyens de l'autorité royale se trouvant singulièrement diminués, le danger de provoquer une insurrection nouvelle devait être encore plus grand. M. Necker savait bien qu'il n'avait pas la confiance entière du roi, ce qui l'affaiblissait aux yeux des représentants du peuple; mais il n'hésita point à sacrifier par degrés toute sa popularité à la défense du trône. Il n'y a point sur cette terre de plus grandes épreuves pour la morale que les emplois politiques; car les arguments dont on peut se servir à ce sujet, pour concilier sa conscience avec son intérêt, sont sans nombre. Cependant le principe dont·on ne doit guère s'écarter, c'est de porter ses secours aux faibles; il est rare qu'on se trompe en se dirigeant sur cette boussole.

M. Necker pensait que la plus parfaite sincérité envers les représentants du peuple était le meilleur calcul pour le roi; il lui conseillait de se servir de son *veto* pour refuser ce qui lui paraissait devoir être rejeté; de n'accepter que ce qu'il approuvait, et de motiver ses résolutions par des considérants qui pussent graduellement influer sur l'opinion publique. Déjà ce système avait produit quelque bien, et peut-être, s'il eût été constamment suivi, aurait-il encore évité beaucoup de malheurs. Mais il était si naturel que le roi fût irrité de sa situation, qu'il prêtait l'oreille avec trop de complaisance à tous les projets qui satisfaisaient ses désirs, en lui offrant de prétendus moyens pour une contre-révolution. Il est bien difficile à un roi, héritier d'un pouvoir qui, depuis Henri IV, n'avait pas été contesté, de se croire sans force au milieu de son royaume; et le dévouement de ceux qui l'entourent doit exciter aisément ses espérances et ses illusions. La reine était encore plus susceptible de cette confiance; et l'enthousiasme de ses gardes du corps et des autres personnes de sa cour lui parut suffisant pour faire reculer le flot populaire, qui s'avançait toujours plus à mesure qu'on lui opposait d'impuissantes digues.

Marie-Antoinette se présenta donc, comme Marie-Thérèse, aux gardes du corps à Versailles, pour leur recommander son auguste époux et ses enfants. Ils répondirent par des acclamations à cette prière, qui devait en effet les émouvoir jusqu'au fond de l'âme; mais il n'en fallait pas davantage pour exciter les soupçons de cette foule d'hommes exaltés par les nouvelles perspectives que leur offrait la situation des affaires. L'on répétait à Paris, dans toutes les classes, que le roi voulait partir, qu'il voulait essayer une seconde fois de dissoudre l'assemblée; et le monarque se trouva dans la plus périlleuse des situations. Il avait excité l'inquiétude comme s'il eût été fort,

et néanmoins tous les moyens de se défendre lui manquaient.

Le bruit se répandit que deux cent mille hommes se préparaient à marcher sur Versailles, pour amener à Paris le roi et l'assemblée nationale. *Ils sont entourés*, disait-on, *des ennemis de la chose publique; il faut les conduire au milieu des bons patriotes.* Dès qu'on a trouvé, dans des temps de troubles, une phrase un peu spécieuse, les hommes de parti, et surtout les Français, trouvent un plaisir singulier à la répéter; les arguments qu'on pourrait y opposer sont sans pouvoir sur leur esprit; car ce qu'il leur faut, c'est de penser et de parler comme les autres, afin d'être certains d'en être applaudis.

J'appris, le matin du 5 octobre, que le peuple marchait sur Versailles; mon père et ma mère y étaient établis. Je partis à l'instant pour aller les rejoindre, et je passai par une route peu fréquentée, sur laquelle je ne rencontrai personne. Seulement, en approchant de Versailles, je vis les piqueurs qui avaient accompagné le roi à la chasse, et je sus, en arrivant, qu'on lui avait envoyé un exprès pour le supplier de revenir. Singulier pouvoir des habitudes dans la vie des cours! le roi faisait les mêmes choses, de la même manière et à la même heure que dans les temps les plus calmes; la tranquillité d'âme que cela suppose lui a mérité l'admiration, quand les circonstances ne lui ont plus permis que les vertus des victimes. M. Necker monta très-vite au château, pour se rendre au conseil; et ma mère, toujours plus effrayée par les nouvelles menaçantes qu'on apportait de Paris, se rendit dans la salle qui précédait celle où se tenait le roi, afin de partager le sort de mon père, quoi qu'il arrivât. Je la suivis, et je trouvai cette salle remplie d'un grand nombre de personnes, attirées là par des sentiments bien divers.

Nous vîmes passer Mounier, qui venait, fort à contre-cœur, exiger, comme président de l'assemblée constituante, la sanction royale pure et simple à la déclaration des droits. Le roi en avait, pour ainsi dire, littéralement admis les maximes; mais il attendait, avait-il dit, leur application pour y apposer son consentement. L'assemblée s'était révoltée contre ce léger obstacle à ses volontés; car il n'y a rien de si violent en France que la colère qu'on a contre ceux qui s'avisent de résister sans être les plus forts.

Chacun se demandait, dans la salle où nous étions réunis, si le roi partirait ou non. On apprit d'abord qu'il avait commandé ses voitures, et que le peuple de Versailles les avait dételées; ensuite qu'il avait ordonné au régiment de Flandre, alors en garnison à Versailles, de prendre les armes, et que ce régiment s'y était refusé. Nous avons su, depuis, qu'on avait délibéré dans le conseil si le roi se retirerait dans une province; mais, comme le trésor royal manquait d'argent, que la disette de blé était telle qu'on ne pouvait faire aucun rassemblement de troupes, et que l'on n'avait rien préparé pour s'assurer des régiments dont on croyait encore pouvoir disposer, le roi craignait de s'exposer à tout en s'éloignant; il était d'ailleurs convaincu que, s'il partait, l'assemblée donnerait la couronne au duc d'Orléans. Mais l'assemblée n'y songeait pas, même à cette époque; et, lorsque le roi consentit, dix-huit mois 'après, au voyage de Varennes, il dut voir qu'il n'avait eu aucune raison de crainte à cet égard. M. Necker n'était pas d'avis que la cour s'en allât ainsi sans aucun secours qui pût assurer le succès de cette démarche décisive; mais il offrit pourtant au roi de le suivre, s'il s'y décidait, prêt à lui dévouer sa fortune et sa vie, quoiqu'il sût bien quelle serait sa situation, en conservant ses principes au milieu de courtisans qui n'en connaissent qu'un en politique comme en religion, l'intolérance.

Le roi ayant succombé à Paris sous le glaive des factieux, il est naturel que ceux qui ont été d'avis de son départ, le 5 octobre, s'en glorifient : car on peut toujours dire ce qu'on veut des bons effets d'un conseil qui n'a pas été suivi. Mais, outre qu'il était peut-être déjà impossible au roi de sortir de Versailles, il ne faut point oublier que M. Necker, en admettant la nécessité de venir à Paris, proposait en même temps que le roi marchât désormais sincèrement avec la constitution, et ne s'appuyât que sur elle : sans cela l'on s'exposait, quoi qu'on fît, aux plus grands malheurs.

Le roi, tout en se déterminant à rester, pouvait encore prendre le parti de se mettre à la tête des gardes du corps, et de repousser la force par la force. Mais Louis XVI se faisait un scrupule religieux d'exposer la vie des Français pour sa défense personnelle; et son courage, dont on ne saurait douter quand on l'a vu périr, ne le portait jamais à aucune résolution spontanée. D'ailleurs, à cette époque, un succès même ne l'aurait pas sauvé; l'esprit public était dans le sens de la révolution, et c'est en étudiant le cours des choses qu'on parvient à prévoir, autant que cela est donné à l'esprit humain, les événements que les esprits vulgaires voudraient faire passer pour le résultat du hasard ou de l'action inconsidérée de quelques hommes.

Le roi se résolut donc à attendre l'armée, ou plutôt la foule parisienne, qui déjà s'était mise en marche; et tous les regards se tournaient vers le chemin qui était en face des croisées. Nous pensions que les canons pourraient d'abord se diriger contre nous, et cela nous faisait assez de peur; mais cependant aucune femme, dans une aussi grande circonstance, n'eut l'idée de s'éloigner.

Tandis que cette masse s'avançait sur nous, on annonçait l'arrivée de M. de la Fayette, à la tête de la garde nationale, et c'était sans doute un motif pour se tranquilliser. Mais il avait résisté longtemps au désir de la garde nationale, et ce n'était que par un ordre exprès de la commune de Paris qu'il avait marché, pour prévenir par sa présence les malheurs dont on était menacé. La nuit approchait, et la frayeur s'accroissait avec l'obscurité, lorsque nous vîmes entrer dans le palais M. de Chinon, qui, depuis, sous le nom de duc de Richelieu, a si justement acquis une grande considération. Il était pâle, défait, vêtu presque comme un homme du peuple; c'était la première fois qu'un tel costume entrait dans la demeure des rois, et qu'un aussi grand seigneur que M. de Chinon se trouvait réduit à le porter. Il avait marché quelque temps de Paris à Versailles, confondu dans la foule, pour entendre les propos qui s'y tenaient, et il s'en était séparé à moitié chemin, afin d'arriver à temps pour prévenir la famille royale de ce qui se passait. Quel récit que le sien! Des femmes et des enfants armés de piques et de faux se pressaient de toutes parts. Les dernières classes du peuple étaient encore plus abruties par l'ivresse que par la fureur. Au milieu de cette bande infernale, des hommes se vantaient d'avoir reçu le nom de *coupe-têtes*, et promettaient de le mériter. La garde nationale marchait avec ordre, obéissait à son chef, et n'exprimait que le désir de ramener à Paris le roi et l'assemblée. Enfin M. de la Fayette entra dans le château, et traversa la salle où nous étions, pour se rendre chez le roi. Chacun l'entourait avec ardeur, comme s'il eût été le maître des événements, et déjà le parti populaire était plus fort que son chef; les principes cédaient aux factions, ou plutôt ne leur servaient plus que de prétexte.

M. de la Fayette avait l'air très-calme; personne ne l'a jamais vu autrement : mais sa délicatesse souffrait de l'importance de son rôle; il demanda les postes intérieurs du château, pour en garantir la sûreté. On se contenta de lui accorder ceux du dehors. Ce refus était simple, puisque les gardes du corps ne devaient point être déplacés; mais le plus grand des malheurs faillit en résulter. M. de la Fayette sortit de chez le roi en nous rassurant tous : chacun se retira chez soi après minuit ; il semblait que c'était bien assez de la crise de la journée, et l'on se crut en parfaite sécurité, comme il arrive presque toujours quand on a longtemps éprouvé une grande crainte, et qu'elle ne s'est pas réalisée. M. de la Fayette, à cinq heures du matin, pensa que tous les dangers étaient passés, et s'en fia aux gardes du corps, qui avaient répondu de l'intérieur du château. Une issue qu'ils avaient oublié de fermer permit aux assassins de pénétrer. On a vu le même hasard favoriser deux conspirations en Russie, dans les moments où la surveillance était la plus exacte et les circonstances extérieures les plus calmes ; il est donc absurde de reprocher à M. de la Fayette un événement si difficile à supposer. A peine en fut-il instruit, qu'il se précipita au secours de ceux qui étaient menacés, avec une chaleur qui fut reconnue dans le moment même, avant que la calomnie eût combiné ses poisons.

Le 6 octobre, de grand matin, une femme très-âgée, la mère du comte de Choiseul-Gouffier, auteur du charmant *Voyage en Grèce*, entra dans ma chambre ; elle venait, dans son effroi, se réfugier chez nous, quoique nous n'eussions jamais eu l'honneur de la voir. Elle m'apprit que des assassins avaient pénétré jusqu'à l'antichambre de la reine, qu'ils avaient massacré quelques-uns de ses gardes à sa porte, et que, réveillée par leurs cris, elle n'avait pu sauver sa propre vie qu'en fuyant dans l'appartement du roi par une issue dérobée. Je sus en même temps que mon père était déjà parti pour le château, et que ma mère se disposait à le suivre ; je me hâtai de l'accompagner.

Un long corridor conduisait du contrôle général où nous demeurions, jusqu'au château : en approchant, nous entendîmes des coups de fusil dans les cours ; et, comme nous traversions la galerie, nous vîmes sur le plancher des traces récentes de sang. Dans la salle suivante, les gardes du corps embrassaient les gardes nationaux avec cette effusion qu'inspire toujours le trouble des grandes circonstances ; ils échangeaient leurs marques distinctives ; les gardes nationaux portaient la bandoulière des gardes du corps, et les gardes du corps la cocarde tricolore ; tous criaient alors avec transport : Vive la Fayette ! parce qu'il avait sauvé la vie des gardes du corps, menacés par la populace. Nous passâmes au milieu de ces braves gens, qui venaient de voir périr leurs camarades, et s'attendaient au même sort. Leur émotion contenue, mais visible, arrachait des larmes aux assistants. Mais, plus loin, quelle scène !

Le peuple exigeait, avec de grandes clameurs, que le roi et sa famille se transportassent à Paris ; on annonça de leur part qu'ils y consentaient, et les cris et les coups de fusil que nous entendions étaient des signes de réjouissance de la troupe parisienne. La reine parut alors dans le salon ; ses cheveux étaient en désordre, sa figure était pâle, mais digne, et tout, dans sa personne, frappait l'imagination : le peuple demanda qu'elle se montrât sur le balcon ; et comme toute la cour appelée la Cour de marbre était remplie d'hommes qui tenaient en main des armes à feu, on put apercevoir dans la physionomie de la reine ce qu'elle redoutait. Néanmoins elle s'avança, sans hésiter, avec ses deux enfants qui lui servaient de sauvegarde.

La multitude parut attendrie en voyant la reine comme mère, et les fureurs politiques s'apaisèrent à cet aspect ; ceux qui, la nuit même, avaient peut-être voulu l'assassiner, portèrent son nom jusqu'aux nues.

Le peuple en insurrection est inaccessible d'ordinaire au raisonnement, et l'on n'agit sur lui que par des sensations aussi rapides que les coups de l'électricité, et qui se communiquent de même. Les masses sont, suivant les circonstances, meilleures ou plus mauvaises que les individus qui les composent ; mais dans quelque disposition qu'elles soient, on ne peut les porter au crime comme à la vertu, qu'en faisant usage d'une impulsion naturelle.

La reine, en sortant du balcon, s'approcha de ma mère, et lui dit, avec des sanglots étouffés : *Ils vont nous forcer, le roi et moi, à nous rendre à Paris, avec les têtes de nos gardes du corps portées devant nous au bout de leurs piques.* Sa prédiction faillit s'accomplir. Ainsi la reine et le roi furent amenés dans leur capitale. Nous revînmes à Paris par une autre route, qui nous éloignait de cet affreux spectacle : c'était à travers le bois de Boulogne que nous passâmes, et le temps était d'une rare beauté ; l'air agitait à peine les arbres, et le soleil avait assez d'éclat pour ne laisser rien de sombre dans la campagne : aucun objet extérieur ne répondait à notre tristesse. Combien de fois ce contraste, entre la beauté de la nature et les souffrances imposées par les hommes, ne se renouvelle-t-il pas dans le cours de la vie !

Le roi se rendit à l'Hôtel de ville, et la reine y montra la présence d'esprit la plus remarquable.

Le roi dit au maire : *Je viens avec plaisir au milieu de ma bonne ville de Paris ;* la reine ajouta : *Et avec confiance.* Ce mot était heureux, bien qu'hélas ! l'événement ne l'ait pas justifié. Le lendemain, la reine reçut le corps diplomatique et les personnes de sa cour; elle ne pouvait prononcer une parole sans que les sanglots la suffoquassent, et nous étions de même dans l'impossibilité de lui répondre.

Quel spectacle en effet que cet ancien palais des Tuileries, abandonné depuis plus d'un siècle par ses augustes hôtes ! La vétusté des objets extérieurs agissait sur l'imagination, et la faisait errer dans les temps passés. Comme on était loin de prévoir l'arrivée de la famille royale, très-peu d'appartements étaient habitables, et la reine avait été obligée de faire dresser des lits de camp pour ses enfants dans la chambre même où elle recevait; elle nous en fit des excuses, en ajoutant : *Vous savez que je ne m'attendais pas à venir ici.* Sa physionomie était belle et irritée; on ne peut l'oublier quand on l'a vue.

Madame Élisabeth, sœur du roi, semblait tout à la fois calme sur son propre sort, et agitée pour celui de son frère et de sa belle-sœur. Le courage se manifestait en elle par la résignation religieuse : et cette vertu, qui ne suffit pas toujours aux hommes, est de l'héroïsme dans une femme.

CHAPITRE XII.

L'assemblée constituante à Paris.

L'assemblée constituante, transportée à Paris par la force armée, se trouva, à quelques égards, dans la situation du roi lui-même : elle ne jouit plus entièrement de sa liberté. Le 5 et le 6 octobre furent, pour ainsi dire, les premiers jours de l'avénement des jacobins; la révolution changea d'objet et de sphère; ce n'était plus la liberté, mais l'égalité qui en devenait le but, et la classe inférieure de la société commença dès ce jour à prendre de l'ascendant sur celle qui est appelée par ses lumières à gouverner. Mounier et Lally quittèrent l'assemblée et la France. Une juste indignation leur fit commettre cette erreur; il en résulta que le parti modéré fut sans force. Le vertueux Malouet et un orateur tout à la fois brillant et sérieux, M. de Clermont-Tonnerre, essayèrent de le soutenir; mais on ne vit plus guère de débats qu'entre les opinions extrêmes.

L'assemblée constituante avait été maîtresse du sort de la France depuis le 14 juillet jusqu'au 5 octobre 1789; mais, à dater de cette dernière époque,

c'est la force populaire qui l'a dominée. On ne saurait trop le répéter, il n'y a pour les individus, comme pour les corps politiques, qu'un moment de bonheur et de puissance; il faut le saisir, car l'épreuve de la prospérité ne se renouvelle guère deux fois dans le cours d'une même destinée, et qui n'en a pas profité ne reçoit, par la suite, que la triste leçon des revers. La révolution devait descendre toujours plus bas, chaque fois que les classes plus élevées laissaient échapper les rênes, soit par leur manque de sagesse, soit par leur manque d'habileté.

Le bruit se répandit que Mirabeau et quelques autres députés seraient nommés ministres. Ceux de la montagne, qui étaient bien certains que le choix ne pouvait les regarder, proposèrent de déclarer que les fonctions de député et celles de ministre étaient incompatibles; décret absurde qui transformait l'équilibre des pouvoirs en hostilités réciproques. Mirabeau, dans cette occasion, proposa très-spirituellement de s'en tenir à l'exclure lui seul, nominativement, de tout emploi dans le ministère, afin que l'injustice personnelle dont il était l'objet, disait-il, ne fît pas prendre une mesure contraire à l'intérêt public. Il demanda du moins que les ministres assistassent toujours aux délibérations de l'assemblée, si, contre son opinion, on leur interdisait d'en être membres. Les jacobins s'écrièrent qu'il suffisait de leur présence pour influer sur l'opinion des représentants du peuple, et de telles phrases ne manquaient jamais d'être applaudies avec transport par les galeries : on eût dit que personne en France ne pouvait voir un homme puissant, qu'aucun membre du tiers état ne pouvait approcher d'un homme de la cour, sans être subjugué. Triste effet du gouvernement arbitraire et des distinctions de rang trop exclusives ! L'animadversion des classes inférieures contre la classe aristocratique ne détruit pas son ascendant sur ceux même dont elle est haïe; les subalternes, dans la suite, tuèrent leurs anciens maîtres, comme l'unique moyen de cesser de leur obéir.

La minorité de la noblesse, c'est-à-dire, les gentilshommes du parti populaire, étaient infiniment supérieurs, par la pureté de leurs sentiments, aux hommes exagérés du tiers état. Ces nobles étaient désintéressés dans la cause qu'ils soutenaient, et, ce qui est plus honorable encore, ils préféraient les principes généreux de la liberté aux avantages dont ils jouissaient personnellement. Dans tous les pays où l'aristocratie est dominante, ce qui abaisse la nation place d'autant plus haut quelques individus, qui réunissent les habitudes d'un rang élevé aux lumières acquises par le travail et la réflexion. Mais il est trop cher de comprimer l'essor de tant d'hommes, pour qu'une minorité de la noblesse, telle que MM. de Clermont-Tonnerre, de Crillon, de Castellane, de la Rochefoucauld, de Toulongeon, de la Fayette, de Montmorenci, etc., puisse être considérée comme l'élite de la France; car, malgré leurs vertus et leurs talents, ils se sont trouvés sans force à cause de leur petit nombre. Depuis que l'assemblée délibérait à Paris, le peuple exerçait de toutes parts sa puissance tumultueuse; déjà les clubs s'établissaient, les dénonciations des journaux, les vociférations des tribunes égaraient tous les esprits; la peur était la funeste muse de la plupart des orateurs; et, chaque jour, on inventait de nouveaux genres de raisonnements et de nouvelles formes oratoires pour obtenir les applaudissements de la multitude. Le duc d'Orléans fut accusé d'avoir trempé dans la conspiration du 6 octobre; le tribunal chargé d'examiner les pièces de ce procès ne trouva point de preuves contre lui; mais M. de la Fayette ne supportait pas l'idée que l'on attribuât même les violences populaires à ce qu'on pouvait appeler une conspiration. Il exigea du duc d'aller en Angleterre; et ce prince, dont on ne saurait qualifier la déplorable faiblesse, accepta sans résistance une mission qui n'était qu'un prétexte pour l'éloigner. Depuis cette singulière condescendance, je ne crois pas que les jacobins mêmes aient jamais eu l'idée qu'un tel homme pût influer en rien sur le sort de la France : les vertus de sa famille nous commandent de ne plus parler de lui.

Les provinces partageaient l'agitation de la capitale, et l'amour de l'égalité mettait en mouvement la France, comme la haine du papisme excitait les passions des Anglais dans le dix-septième siècle. L'assemblée constituante était battue par les flots au milieu desquels elle semblait diriger sa course. L'homme le plus marquant entre les députés, Mirabeau, inspirait pour la première fois quelque estime; et l'on ne pouvait même s'empêcher d'avoir pitié de la contrainte imposée à sa supériorité naturelle. Sans cesse, dans le même discours, il faisait la part de la popularité et celle de la raison; il essayait d'obtenir de l'assemblée un décret monarchique avec des phrases démagogiques, et souvent il exerçait son amertume contre le parti des royalistes, alors même qu'il voulait faire passer quelques-unes de leurs opinions; enfin, on voyait manifestement qu'il se débattait toujours entre son jugement et son besoin de succès. Il était payé secrètement par le ministère pour défendre les intérêts du trône; néanmoins, quand il montait à la tribune, il lui arrivait souvent d'oublier les engagements qu'il avait pris, et de céder à ce bruit des applaudissements dont le prestige est presque irrésistible. S'il eût été consciencieux, peut-être avait-il assez de talent pour faire naître dans l'assemblée un parti indépendant du peuple et de la cour; mais trop d'intérêts personnels entravaient son génie pour qu'il pût s'en servir librement. Ses passions l'enveloppaient de toutes parts, comme les serpents du Laocoon, et l'on voyait sa force dans la lutte, sans pouvoir espérer son triomphe.

CHAPITRE XIII.

Des décrets de l'assemblée constituante relativement au clergé.

Le reproche le plus sérieux qu'on ait fait à l'assemblée constituante, c'est d'avoir été indifférente au maintien de la religion en France; et de là viennent les déclamations contre la philosophie, qui ont remplacé toutes celles dont la superstition fut jadis l'objet. On doit justifier les intentions de l'assemblée constituante à cet égard, en examinant le motif de ses décrets. Les privilégiés ont pris en France un moyen de défense commun à la plupart des hommes, celui de rattacher une idée générale à leurs intérêts particuliers. Ainsi, les nobles disaient que la valeur est l'héritage exclusif de la noblesse, et les prêtres, que la religion ne saurait passer des biens du clergé : ces deux assertions sont également fausses. On s'est battu admirablement en Angleterre et en France depuis qu'il n'y existe plus un corps de noblesse, et la religion rentrerait dans tous les cœurs français, si l'on ne voulait pas sans cesse confondre les articles de foi avec les questions politiques, et la richesse du haut clergé avec l'ascendant simple et naturel des curés sur les gens du peuple.

Le clergé en France faisait partie des quatre pouvoirs législatifs; et, du moment qu'on jugeait nécessaire de changer cette bizarre constitution, il fallait que le tiers des propriétés du royaume ne restât pas entre les mains des ecclésiastiques : c'est comme ordre que le clergé possédait une telle fortune, et qu'il l'administrait collectivement. Les biens des prêtres et les établissements religieux ne pouvant être soumis au genre de lois civiles qui assurent l'héritage des pères aux enfants, du moment que la constitution de l'État changeait, il n'eût pas été sage de laisser au clergé des richesses qui pouvaient lui servir à regagner l'influence politique dont on voulait le priver. La justice exigeait qu'on maintînt les possesseurs dans leur jouissance viagère; mais que devait-on à ceux qui ne s'étaient pas faits prêtres encore, surtout quand le nombre des ecclésiastiques surpassait de beaucoup ce que le service public peut rendre nécessaire? Donnerait-on pour motif qu'on ne doit jamais changer ce qui était? Dans quel moment le fameux *ce qui était* a-t-il dû s'établir pour toujours? quand aucune amélioration n'a-t-elle plus été possible?

Depuis la destruction des Albigeois par le fer et le feu, depuis les supplices des protestants sous François Ier, le massacre de la Saint-Barthélemi, la révocation de l'édit de Nantes et la guerre des Cévennes, le clergé français a constamment prêché, et prêche encore l'intolérance; or, la liberté des cultes ne pouvait se concilier avec les opinions des prêtres qui protestent contre elle, si on leur laissait une existence politique, ou si leur grande fortune les mettait en état de reconquérir cette existence qu'ils ne cesseront jamais de regretter. L'Église ne recule pas plus que les émigrés n'avancent; il faut conformer les institutions à cette certitude.

Quoi! dira-t-on encore, le clergé anglais n'est-il pas propriétaire? Les ecclésiastiques anglais, étant de la religion réformée, ont été dans le sens de la réforme politique, lorsque les derniers Stuarts voulurent rétablir le catholicisme en Angleterre. Il n'en est pas de même du clergé français, ennemi naturel des principes de la révolution. Le clergé anglais n'a d'ailleurs aucune influence sur les affaires d'État; il est beaucoup moins riche que ne l'était celui de France, puisqu'il n'existe en Angleterre ni couvent, ni abbaye, ni rien de semblable. Les prêtres anglais se marient, et font ainsi partie de la société. Enfin, le clergé français a longtemps hésité entre l'autorité du pape et celle du roi; et, lorsque Bossuet a soutenu ce qu'on appelle les libertés de l'Église gallicane, il a, dans sa politique sacrée, conclu l'alliance de l'autel et du trône, mais en la fondant sur les maximes de l'intolérance religieuse et du despotisme royal.

Lorsque les prêtres en France sont sortis de la vie retirée pour se mêler de la politique, ils y ont porté presque toujours un genre d'audace et de ruse très-défavorable au bien du pays. L'habileté d'esprit qui distingue des hommes obligés de bonne heure à concilier deux choses opposées, leur état et le monde; cette habileté est telle, que depuis deux cents ans ils se sont constamment insinués dans les affaires, et la France a presque toujours eu pour ministres des cardinaux et des évêques.

Les Anglais, malgré la libéralité de principes qui dirige leur clergé, n'admettent point les ecclésiastiques du second ordre dans la chambre des communes, et il n'y a pas d'exemple qu'un membre du haut clergé soit devenu ministre d'État depuis la réformation. Il en était de même à Gênes, dans un pays très-catholique; et le gouvernement et les prêtres se sont également bien trouvés de cette prudente séparation.

Comment le système représentatif serait-il conciliable avec la doctrine, les habitudes et les richesses du clergé français, tel qu'il était autrefois? Une analogie frappante devait engager l'assemblée constituante à ne plus le reconnaître comme propriétaire. Les rois possédaient des domaines considérés jadis comme inaliénables; et certes ces propriétés étaient aussi légitimes que tout autre héritage paternel. Cependant, en France comme en Angleterre, et dans tous les pays où les principes constitutionnels sont établis, les rois ont une liste civile, et l'on regarderait comme funeste à la liberté, qu'ils pussent posséder des revenus indépendants de la sanction nationale. Pourquoi donc le clergé serait-il, à cet égard, mieux traité que la couronne? Pourquoi la magistrature ne réclamerait-elle pas des propriétés à plus forte raison que le clergé, si le but du payement en fonds de terre était d'affranchir ceux qui en jouissent de l'ascendant du gouvernement?

Qu'importent, dira-t-on, les inconvénients ou les avantages des propriétés du clergé? on n'avait pas le droit de les prendre. Cette question est épuisée par les excellents discours prononcés dans l'assemblée constituante sur ce sujet; il a été démontré que les corps ne possédaient point au même titre que les individus, et que l'État ne pouvait maintenir l'existence de ces corps, qu'autant qu'ils n'étaient point contraires aux intérêts publics et aux lois constitutionnelles. Lorsque la réformation s'établit en Allemagne, les princes protestants attribuèrent une partie des biens de l'Église, soit aux dépenses de l'État, soit aux établissements de bienfaisance; et plusieurs princes catholiques, en diverses autres occasions, ont de même disposé de ces biens. Les décrets de l'assemblée constituante, sanctionnés par le roi, devaient certainement avoir aussi bien force de loi que la volonté des souverains dans le seizième siècle et les suivants. Les rois de France touchaient les revenus des bénéfices, pendant qu'ils étaient vacants. Les ordres religieux, qu'il faut distinguer dans cette question du clergé séculier, ont souvent cessé d'exister; et l'on ne concevrait pas, comme l'a dit l'un des plus

III.

spirituels orateurs que nous ayons entendus dans la session dernière, M. de Barante : « On ne con- « cevrait pas *comment les biens des ordres qui ne* « *sont plus seraient dus à ceux qui ne sont pas.* » Les trois quarts des biens des prêtres leur ont été donnés par la couronne, c'est-à-dire, par l'autorité souveraine d'alors, non pas comme une faveur personnelle, mais pour assurer le service divin. Comment donc les états généraux, conjointement avec le roi, n'auraient-ils pas eu le droit de changer la manière de pourvoir à l'entretien du clergé? Mais les fondateurs particuliers, dira-t-on, ayant destiné leur héritage aux ecclésiastiques, était-il permis d'en détourner l'emploi ? Quel moyen a l'homme d'imprimer l'éternité à ses résolutions? Peut-on aller chercher dans la nuit des temps, les titres qui n'existent plus, pour les opposer à la raison vivante? Quel rapport y a-t-il entre la religion et les chicanes continuelles dont la vente des biens nationaux est l'objet? Les sectes particulières en Angleterre, et notamment celle des méthodistes, qui est très-nombreuse, fournissent avec ordre et spontanément aux dépenses de leur culte. Oui, dira-t-on; mais les méthodistes sont très-religieux, et les habitants de la France ne feraient point de sacrifice d'argent pour leurs prêtres. Cette incrédulité ne s'est-elle pas introduite précisément par le spectacle des richesses ecclésiastiques et des abus qu'elles entraînaient? Il en est de la religion comme des gouvernements; quand vous voulez maintenir de force ce qui n'est plus en rapport avec le temps, vous dépravez le cœur humain, au lieu de l'améliorer. Ne trompez pas les faibles; n'irritez pas non plus une autre espèce d'hommes faibles, les esprits forts, en excitant les passions politiques contre la religion; séparez bien l'une des autres, et les sentiments solitaires ramèneront toujours aux pensées élevées.

Un grand tort, dont il semble cependant qu'il devait être facile à l'assemblée constituante de se préserver, c'est la funeste invention d'un clergé constitutionnel; exiger des prêtres un serment contraire à leur conscience, et lorsqu'ils s'y refusent, les persécuter par la privation d'une pension, et plus tard même par la déportation, c'était avilir ceux qui prêtaient ce serment, auquel étaient attachés des avantages temporels.

L'assemblée constituante ne devait point songer à se faire un clergé à sa dévotion, et donner ainsi lieu, comme on l'a fait depuis, à tourmenter les ecclésiastiques attachés à leur ancienne croyance. C'était mettre l'intolérance politique à la place de l'intolérance religieuse. Une seule résolution ferme

et juste devait être prise par des hommes d'État dans cette circonstance; il fallait imposer à chaque communion le devoir d'entretenir les prêtres de son culte : l'assemblée constituante s'est cru plus de profondeur de vues en divisant le clergé, en établissant le schisme, et détachant ainsi de la cour de Rome ceux qui s'enrôlaient sous les bannières de la révolution. Mais à quoi servaient de tels prêtres? Les catholiques n'en voulaient pas, et les philosophes n'en avaient pas besoin ; c'était une sorte de milice discréditée d'avance, qui ne pouvait que nuire au gouvernement qu'elle soutenait. Le clergé constitutionnel révoltait tellement les esprits, qu'il fallut employer la violence pour le fonder : trois évêques étaient nécessaires pour sacrer les schismatiques, et leur communiquer ainsi le pouvoir d'ordonner d'autres prêtres à leur tour, sur ces trois évêques, dont la fondation du nouveau clergé dépendait, deux, au dernier moment, furent près de renoncer à la bizarre entreprise que la religion et la philosophie condamnaient également.

L'on ne saurait trop le répéter, il faut aborder sincèrement toutes les grandes idées, et se garder de mettre des combinaisons machiavéliques dans l'application de la vérité; car les préjugés fondés par le temps ont encore plus de force que la raison même, dès qu'on emploie de mauvais moyens pour l'établir. Il importait aussi, dans le débat encore subsistant entre les privilégés et le peuple, de ne jamais mettre les partisans des vieilles institutions dans une situation qui pût inspirer aucune espèce de pitié ; et l'assemblée constituante excitait ce sentiment en faveur des prêtres, du moment qu'elle les privait de leurs propriétés viagères, et qu'elle donnait ainsi à la loi un effet rétroactif. Jamais on ne peut oublier ceux qui souffrent ; la nature humaine, à cet égard, vaut mieux qu'on ne croit.

Mais qui enseignera la religion et la morale aux enfants, dira-t-on, s'il n'y a point de prêtres dans les écoles? Ce n'était certainement pas le haut clergé qui 'remplissait ce devoir; et quant aux curés, ils sont plus nécessaires aux soins des malades et des mourants qu'à l'enseignement même, excepté dans ce qui concerne la connaissance de la religion ; le temps est passé où, sous le rapport de l'instruction, les prêtres étaient supérieurs aux autres hommes. Il faut établir et multiplier les écoles dans lesquelles, comme en Angleterre, on apprend aux enfants pauvres à lire, écrire et compter; il faut des collèges pour enseigner les langues anciennes, et des universités pour porter **plus loin** encore l'étude de ces belles langues et celle des hautes sciences. Mais le moyen le plus efficace de fonder la morale, ce sont les institutions politiques; elles excitent l'émulation, et forment la dignité du caractère : on n'enseigne point à l'homme ce qu'il ne peut apprendre que par lui-même. On ne dit aux Anglais dans aucun catéchisme qu'il faut aimer leur constitution; il n'y a point de maître de patriotisme dans les écoles; le bonheur public et la vie de famille inspirent plus efficacement la religion que tout ce qu'il reste d'anciennes coutumes destinées à la maintenir.

CHAPITRE XIV.

De la suppression des titres de noblesse.

Le moins impopulaire des deux ordres privilégiés en France, c'est peut-être encore le clergé; car le principe moteur de la révolution étant l'égalité, la nation se sentait moins blessée par les préjugés des prêtres que par les prétentions des nobles. Cependant rien n'est plus funeste, on ne saurait trop le répéter, que l'influence politique des ecclésiastiques dans un État, tandis qu'une magistrature héréditaire dont les souvenirs de la naissance fassent partie, est un élément indispensable de toute monarchie limitée. Mais la haine du peuple contre les gentilshommes ayant éclaté dès les premiers jours de la révolution, la minorité de la noblesse dans l'assemblée constituante aurait voulu détruire ce germe d'inimitié, et s'unir en tout à la nation. Un soir donc, dans un moment de fermentation, un membre fit la proposition d'abolir tous les titres. Aucun noble du parti populaire ne pouvait se refuser à l'appuyer, sans avoir l'air d'une vanité ridicule; néanmoins il serait fort à désirer que les titres, tels qu'ils existaient, n'eussent été supprimés qu'en étant remplacés par la pairie et par les distinctions qui émanent d'elle. Un grand publiciste anglais a dit, avec raison, que *toutes les fois qu'il existe dans un pays un principe de vie quelconque, le législateur doit en tirer parti.* En effet, comme rien n'est si difficile que de créer, il faut le plus souvent greffer une institution sur une autre.

L'assemblée constituante traitait la France comme une colonie dans laquelle il n'y aurait point eu de passé; mais, quand il y en a un, on ne peut empêcher qu'il n'ait son influence. La nation française était fatiguée de la noblesse de second ordre; mais elle avait, mais elle aura toujours du respect pour les noms historiques. C'était de ce sentiment qu'il fallait se servir pour établir une

chambre haute, et tâcher de faire tomber, par degrés, en désuétude, toutes ces dénominations de comtes et de marquis qui, lorsqu'elles ne s'attachent ni à des souvenirs ni à des fonctions politiques, ressemblent plutôt à des sobriquets qu'à des titres.

L'une des plus singulières propositions de ce jour fut celle de renoncer aux noms des terres que plusieurs familles portaient depuis des siècles, pour obliger à reprendre les noms patronymiques. Ainsi les Montmorenci se seraient appelés Bouchard; la Fayette, Mottié; Mirabeau, Riquetti. C'était dépouiller la France de son histoire, et nul homme, quelque démocrate qu'il fût, ne voulait ni ne devait renoncer ainsi à la mémoire de ses aïeux. Le lendemain du jour où ce décret fut porté, les journalistes imprimèrent dans le récit des séances, *Riquetti l'aîné*, au lieu du comte de Mirabeau; il s'approcha furieux des écrivains qui assistaient à l'assemblée, et leur dit : *Avec votre Riquetti vous avez désorienté l'Europe pendant trois jours.* Ce mot encouragea chacun à reprendre le nom de son père; il eût été difficile de l'empêcher sans une inquisition bien contraire aux principes de l'assemblée, car on ne doit pas cesser de rappeler qu'elle ne s'est jamais servie des moyens du despotisme pour établir la liberté.

M. Necker seul, dans le conseil d'État, proposa au roi de refuser sa sanction au décret qui anéantissait la noblesse, sans établir le patriciat à sa place; et, son opinion n'ayant pu prévaloir, il eut le courage de la publier. Le roi avait résolu de sanctionner indistinctement tous les décrets de l'assemblée : son système était de se faire considérer, à dater du 6 octobre, comme en état de captivité; et ce fut seulement pour obéir à ses scrupules religieux qu'il ne voulut pas dans la suite apposer son nom aux décrets qui proscrivaient les prêtres soumis à la puissance du pape.

M. Necker, au contraire, désirait que le roi fît un usage sincère et constant de sa prérogative; il lui représentait que, s'il reprenait un jour toute sa puissance, il serait toujours le maître de déclarer qu'il avait été prisonnier depuis son arrivée à Paris; mais que s'il ne le reprenait pas, il perdrait de sa considération, et surtout de sa force dans la nation, en ne faisant pas usage de son veto pour arrêter les décrets inconsidérés de l'assemblée, décrets dont elle se repentait souvent, dès que la fièvre de la popularité était apaisée. L'objet important pour la nation française, comme pour toutes les nations du monde, c'est que le mérite, les talents et les services puissent élever aux premiers rangs de l'État. Mais vouloir organiser la France d'après les principes de l'égalité abstraite, c'était se priver d'un ressort d'émulation si analogue au caractère des Français, que Napoléon, qui s'en est saisi à sa manière, les a dominés surtout par là. Le mémoire que M. Necker fit publier à l'époque de la suppression des titres, dans l'été de 1790, était terminé par les réflexions suivantes :

« En poursuivant dans les plus petits détails « tous les signes de distinction, on court peut-être « le risque d'égarer le peuple sur le véritable sens « de ce mot *égalité*; qui ne peut jamais signifier, « chez une nation civilisée et dans une société déjà « subsistante, égalité de rang ou de propriété. La « diversité des travaux et des fonctions, les diffé-« rences de fortune et d'éducation, l'émulation, « l'industrie, la gradation des talents et des con-« naissances, toutes ces disparités productrices du « mouvement social entraînent inévitablement des « inégalités extérieures ; et le seul but du législa-« teur est, en imitation de la nature, de les réunir « toutes vers un bonheur égal, quoique différent « dans ses formes et dans ses développements.

« Tout s'unit, tout s'enchaîne dans la vaste éten-« due des combinaisons sociales; et souvent les « genres de supériorité qui paraissent un abus aux « premiers regards de la philosophie, sont essen-« tiellement utiles pour servir de protection aux « différentes lois de subordination, à ces lois qu'il « est si nécessaire de défendre, et qu'on attaque-« rait avec tant de moyens, si l'habitude et l'ima-« gination cessaient jamais de leur servir d'appui. »

J'aurai, par la suite, l'occasion de faire remarquer que, dans les divers ouvrages publiés par M. Necker pendant l'espace de vingt ans, il a toujours annoncé d'avance les événements qui ont eu lieu depuis; tant la sagacité de son esprit était pénétrante! Le règne du jacobinisme a eu pour cause principale l'enivrement sauvage d'un certain genre d'égalité; il me semble que M. Necker signalait ce danger, lorsqu'il écrivait les observations que je viens de citer.

CHAPITRE XV.

De l'autorité royale, telle qu'elle fut établie par l'assemblée constituante.

C'était déjà un grand danger pour le repos social, que de briser tout à coup la force qui résidait dans les deux ordres privilégiés de l'État. Néanmoins, si les moyens donnés au pouvoir exécutif eussent été suffisants, on aurait pu suppléer par des institutions réelles à des institutions ficti-

ves, si je puis m'exprimer ainsi. Mais l'assemblée, se défiant toujours des intentions des courtisans, organisa l'autorité royale contre le roi, au lieu de la combiner pour le bien public. Le gouvernement était entravé de telle sorte, que ses agents, qui répondaient de tout, ne pouvaient agir sur rien. Le ministère avait à peine un huissier à sa nomination ; et, dans son examen de la constitution de 1791, M. Necker a montré que le pouvoir exécutif d'aucune république, y compris les petits cantons suisses, n'était aussi limité dans son action constitutionnelle que le roi de France. L'éclat apparent de la couronne et son impuissance réelle jetaient les ministres et le monarque lui-même dans une anxiété toujours croissante : certes il ne faut pas que vingt-cinq millions d'hommes existent pour un seul ; mais il ne faut pas non plus qu'un seul soit malheureux, même sous le prétexte du bonheur de vingt-cinq millions ; car une injustice quelconque, soit qu'elle atteigne le trône ou la cabane, rend impossible un gouvernement libre; c'est-à-dire, équitable.

Un prince qui ne se contenterait pas du pouvoir accordé au roi d'Angleterre, ne serait pas digne de régner ; mais, dans la constitution française, la position du roi et de ses ministres était insupportable. L'État en souffrait plus encore que son chef; et cependant l'assemblée ne voulait ni éloigner le roi du trône, ni faire abnégation de ses défiances passagères quand il s'agissait d'une œuvre durable.

Les hommes éminents du parti populaire, ne sachant pas se tirer de cette incertitude, mirent toujours dans leurs décrets le mal à côté du bien. L'établissement des assemblées provinciales était depuis longtemps désiré; mais l'assemblée constituante les combina de manière à placer les ministres tout à fait en dehors de l'administration. La crainte salutaire de toutes ces guerres, entreprises si souvent pour des querelles de rois, avait dirigé l'assemblée constituante dans l'organisation de l'état militaire; mais elle avait mis tant d'entraves à l'influence de l'autorité sous ce rapport, que l'armée n'aurait pas été en état de servir au dehors; tant on craignait qu'elle ne pût opprimer au dedans ! La réforme de la jurisprudence criminelle et l'établissement des jurés faisaient bénir le nom de l'assemblée constituante ; mais elle décréta que les juges seraient à la nomination du peuple et non à celle du roi, et qu'ils seraient réélus tous les trois ans. Cependant l'exemple de l'Angleterre et une réflexion éclairée concourent à démontrer que les juges, sous quelque gouvernement que ce soit, doivent être inamovibles, et que, dans un gouvernement monarchique, il convient que leur nomination appartienne à la couronne. Le peuple est beaucoup moins en état de connaître les qualités nécessaires pour être homme de loi que celles qu'il faut pour être député : un mérite ostensible et des lumières universelles doivent désigner à tous les yeux un représentant du peuple, mais de longues études rendent seules capable des fonctions de magistrat. Il importe, avant tout, que les juges ne puissent être ni destitués par le roi, ni renommés ou rejetés par le peuple. Si, dès les premiers jours de la révolution, tous les partis s'étaient accordés à respecter inviolablement les formes judiciaires, de combien de maux on aurait préservé la France! Car c'est surtout pour les cas extraordinaires que les tribunaux ordinaires sont établis.

On dirait que chez nous la justice est comme une bonne femme dont on peut se servir dans le ménage les jours ouvriers, mais qui ne doit pas paraître dans les occasions solennelles ; et c'est dans ces occasions cependant que, les passions étant le plus agitées, l'impassibilité des lois devient plus nécessaire que jamais.

Le 4 février 1790, le roi s'était rendu à l'assemblée pour accepter, dans un discours très-bien fait, auquel M. Necker avait travaillé, les principales lois décrétées déjà par l'assemblée. Mais le roi, dans ce même discours, montrait avec force le malheureux état du royaume, la nécessité d'améliorer et d'achever la constitution. Cette démarche était indispensable, parce que, les conseillers secrets du roi le représentant toujours comme captif, on excitait la défiance du parti populaire sur ses intentions. Rien ne convenait moins à un homme de la moralité de Louis XVI qu'un état présumé de fausseté continuelle ; les prétendus avantages tirés d'un semblable système détruisaient la force réelle de la vertu.

CHAPITRE XVI.

De la fédération du 14 juillet 1790.

Malgré les fautes que nous venons d'indiquer, l'assemblée constituante avait opéré tant de bien, et triomphé de tant de maux, qu'elle était adorée de la France presque entière. Il fallait une grande connaissance des principes de la législation politique, pour s'apercevoir de tout ce qui manquait à l'œuvre de la constitution, et l'on jouissait de la liberté, quoique les précautions prises pour sa durée ne fussent pas bien combinées. La carrière

ouverte à tous les talents excitait l'émulation générale ; les discussions d'une assemblée éminemment spirituelle, le mouvement varié de la liberté de la presse, la publicité sous tous les rapports essentiels, délivraient de ses chaînes l'esprit français, le patriotisme français, enfin toutes les qualités énergiques dont on a vu depuis des résultats quelquefois cruels, mais toujours gigantesques. On respirait plus librement, il y avait plus d'air dans la poitrine, et l'espoir indéfini d'un bonheur sans entraves s'était emparé de la nation dans sa force, comme il s'empare des hommes dans leur jeunesse, avec illusion et sans prévoyance.

La principale inquiétude de l'assemblée constituante ayant pour objet les dangers que les troupes de ligne pouvaient faire courir un jour à la liberté, il était naturel qu'elle cherchât de toutes les manières à captiver les milices nationales, puisqu'elle les regardait avec raison comme la force armée des citoyens : d'ailleurs elle était si sûre de l'opinion publique en 1790, qu'elle aimait à s'entourer des soldats de la patrie. Les troupes de ligne sont une invention tout à fait moderne, et dont le véritable but est de mettre entre les mains des rois un pouvoir indépendant des peuples. C'est de l'institution des gardes nationales en France qu'est résultée dans la suite la conquête de l'Europe continentale ; mais l'assemblée constituante alors était très-loin de souhaiter la guerre, car elle avait beaucoup trop de lumières pour ne pas préférer à tout la liberté ; et cette liberté est inconciliable avec l'esprit d'envahissement et les habitudes militaires.

Les quatre-vingt-trois départements envoyèrent des députés de leurs gardes nationales pour prêter serment à la constitution nouvelle. Elle n'était pas encore achevée, il est vrai ; mais les principes qu'elle consacrait avaient pour eux l'assentiment universel. L'enthousiasme patriotique était si vif, que tout Paris se portait en foule à la fédération de 1790, comme l'année précédente à la destruction de la Bastille.

C'était dans le Champ de Mars, en face de l'École militaire, et non loin de l'Hôtel des Invalides, que la réunion des milices nationales devait avoir lieu. Il fallait élever autour de cette vaste enceinte des tertres de gazon pour y placer les spectateurs. Des femmes du premier rang se joignirent à la multitude des travailleurs volontaires qui venaient concourir aux préparatifs de cette fête. Devant l'École militaire, en face de la rivière qui borde le Champ de Mars, on avait placé des gradins avec une tente pour servir d'abri au roi, à la reine et à toute la cour. Quatre-vingt-trois lances plantées en terre, et auxquelles étaient suspendues les bannières de chaque département, formaient un grand cercle dont l'amphithéâtre où devait s'asseoir la famille royale faisait partie. On voyait à l'autre extrémité un autel préparé pour la messe, que M. de Talleyrand, alors évêque d'Autun, célébra dans cette grande circonstance. M. de la Fayette s'approcha de ce même autel pour y jurer fidélité à la nation, à la loi et au roi; et le serment et l'homme qui le prononçait excitèrent un grand sentiment de confiance. Les spectateurs étaient dans l'ivresse; le roi et la liberté leur paraissaient alors complétement réunis. La monarchie limitée a toujours été le véritable vœu de la France; et le dernier mouvement d'un enthousiasme vraiment national s'est fait voir à cette fédération de 1790.

Toutefois, les personnes capables de réflexion étaient loin de se livrer à la joie générale. Je voyais dans la physionomie de mon père une profonde inquiétude; dans le moment où l'on croyait fêter un triomphe, peut-être sentait-il qu'il n'y avait déjà plus de ressources. M. Necker ayant sacrifié sa popularité tout entière à la défense des principes d'une monarchie libre et limitée, M. de la Fayette devait être dans ce jour le premier objet de l'affection du peuple; il inspirait à la garde nationale un dévouement très-exalté; mais, quelle que fût son opinion politique, s'il avait voulu s'opposer à l'esprit du temps, son pouvoir eût été brisé. Les idées régnaient à cette époque, et non les individus. La terrible volonté de Bonaparte lui-même n'aurait pu rien contre la direction des esprits; car les Français alors, loin d'aimer le pouvoir militaire, auraient obéi bien plus volontiers à une assemblée qu'à un général.

Le respect pour la représentation nationale, première base d'un gouvernement libre, existait dans toutes les têtes en 1790, comme si cette représentation eût daté d'un siècle, et non d'une année. En effet, si les vérités d'un certain ordre se reconnaissent, au lieu de s'apprendre, il doit suffire de les montrer aux hommes pour qu'ils s'y attachent.

CHAPITRE XVII.

Ce que c'était que la société de Paris, pendant l'assemblée constituante.

Les étrangers ne sauraient concevoir le charme et l'éclat tant vanté de la société de Paris, s'ils n'ont vu la France que depuis vingt ans; mais on peut dire avec vérité que jamais cette société n'a été aussi brillante et aussi sérieuse tout ensemble, que pendant les trois ou quatre premières années de la révolution, à compter de 1788 jusqu'à la fin de 1791. Comme les affaires politiques étaient encore entre les mains de la première classe, toute la vigueur de la liberté et toute la grâce de la politesse ancienne se réunissaient dans les mêmes personnes. Les hommes du tiers état, distingués par leurs lumières et leurs talents, se joignaient à ces gentilshommes, plus fiers de leur propre mérite que des priviléges de leur corps; et les plus hautes questions que l'ordre social ait jamais fait naître étaient traitées par les esprits les plus capables de les entendre et de les discuter.

Ce qui nuit aux agréments de la société en Angleterre, ce sont les occupations et les intérêts d'un État depuis longtemps représentatif. Ce qui rendait au contraire la société française un peu superficielle, c'étaient les loisirs de la monarchie. Mais tout à coup la force de la liberté vint se mêler à l'élégance de l'aristocratie: dans aucun pays ni dans aucun temps, l'art de parler sous toutes ses formes n'a été aussi remarquable que dans les premières années de la révolution.

Les femmes en Angleterre sont accoutumées à se taire devant les hommes, quand il est question de politique; les femmes en France dirigeaient chez elles presque toutes les conversations, et leur esprit s'était formé de bonne heure à la facilité que ce talent exige. Les discussions sur les affaires publiques étaient donc adoucies par elles, et souvent entremêlées de plaisanteries aimables et piquantes. L'esprit de parti, il est vrai, divisait la société; mais chacun vivait avec les siens.

A la cour, les deux bataillons de la bonne compagnie, l'un fidèle à l'ancien régime, et l'autre partisan de la liberté, se rangeaient en présence, et ne s'approchaient guère. Il m'arrivait quelquefois, par esprit d'entreprise, d'essayer quelques mélanges des deux partis, en faisant dîner ensemble les hommes les plus spirituels des bancs opposés; car on s'entend presque toujours à une certaine hauteur; mais les choses devenaient trop graves pour que cet accord, même momentané, pût se renouveler facilement.

L'assemblée constituante, comme je l'ai déjà dit, ne suspendit pas un seul jour la liberté de la presse. Ainsi ceux qui souffraient de se trouver constamment en minorité dans l'assemblée, avaient au moins la satisfaction de se moquer de tout le parti contraire. Leurs journaux faisaient de spirituels calembours sur les circonstances les plus importantes: c'était l'histoire du monde changé en commérage. Tel est partout le caractère de l'aristocratie des cours. Néanmoins, comme les violences qui avaient signalé les commencements de la révolution s'étaient promptement apaisées, et qu'aucune confiscation, aucun jugement révolutionnaire n'avaient eu lieu, chacun conservait encore assez de bien-être pour se livrer au développement entier de son esprit; les crimes dont on a souillé depuis la cause des patriotes, n'oppressaient pas alors leur âme; et les aristocrates n'avaient point encore assez souffert pour qu'on n'osât plus même avoir raison contre eux.

Tout était en opposition dans les intérêts, dans les sentiments, dans la manière de penser; mais, tant que les échafauds n'avaient point été dressés, la parole était encore un médiateur acceptable entre les deux partis. C'est la dernière fois, hélas! que l'esprit français se soit montré dans tout son éclat; c'est la dernière fois, et à quelques égards aussi la première, que la société de Paris ait pu donner l'idée de cette communication des esprits supérieurs entre eux, la plus noble jouissance dont la nature humaine soit capable. Ceux qui ont vécu dans ce temps ne sauraient s'empêcher d'avouer qu'on n'a jamais vu ni tant de vie ni tant d'esprit nulle part; l'on peut juger, par la foule d'hommes de talent que les circonstances développèrent alors, ce que seraient les Français s'ils étaient appelés à se mêler des affaires publiques, dans la route tracée par une constitution sage et sincère.

On peut mettre en effet dans les institutions politiques une sorte d'hypocrisie qui condamne, dès qu'on se trouve en société, à se taire ou à tromper. La conversation en France est aussi gâtée depuis quinze ans par les sophismes de l'esprit de parti et par la prudence de la bassesse, qu'elle était franche et spirituelle lorsqu'on abordait hardiment toutes les questions les plus importantes; on n'éprouvait alors qu'une crainte, celle de ne pas mériter assez l'estime publique; et cette crainte agrandit les facultés, au lieu de les comprimer.

CHAPITRE XVIII

De l'établissement des assignats, et de la retraite de M. Necker.

Les membres du comité des finances proposèrent à l'assemblée constituante d'acquitter les dettes de l'État, en créant dix-huit cents millions de billets avec un cours forcé, assignés sur les biens du clergé. C'était une manière fort simple d'arranger les finances; toutefois il était probable qu'en se débarrassant ainsi des difficultés que présente toujours l'administration d'un grand pays, l'on dépenserait un capital énorme en peu d'années, et

que l'on alimenterait, par la disposition de ce capital, des révolutions nouvelles. En effet, sans une ressource d'argent aussi immense, ni les troubles intérieurs, ni la guerre au dehors n'auraient eu lieu si facilement. Plusieurs des députés qui engageaient l'assemblée constituante à cette énorme émission de papier-monnaie, n'en prévoyaient point assurément les suites funestes; mais ils aimaient le pouvoir que la jouissance d'un tel trésor allait leur donner.

M. Necker s'opposa fortement à l'établissement des assignats; d'abord, comme nous l'avons déjà rappelé, il n'approuvait pas la confiscation de tous les biens ecclésiastiques, et il en aurait toujours excepté, selon sa manière de voir, les archevêchés, les évêchés, et surtout les presbytères : car les curés n'ont jamais été assez payés en France, bien qu'ils soient, entre les prêtres, la classe la plus utile. Les suites d'un papier-monnaie, sa dépréciation graduelle, et les spéculations immorales auxquelles cette dépréciation donnait lieu, étaient développées, dans le mémoire de M. Necker, avec une force que l'événement n'a que trop confirmée. Les loteries, contre lesquelles, avec raison, plusieurs membres de l'assemblée constituante se prononcèrent, et M. l'évêque d'Autun en particulier, ne sont qu'un simple jeu de hasard; tandis que le gain qui résulte de la variation continuelle du papier-monnaie, se fonde presque entièrement sur l'art de tromper, à chaque instant du jour, soit relativement au change, soit relativement à la valeur des marchandises, et les gens du peuple, transformés en agioteurs, se dégoûtent du travail par un gain trop facile; enfin, les débiteurs qui s'acquittent d'une manière injuste, ne sont plus des hommes d'une probité parfaite dans aucune autre relation de la vie. M. Necker prédit, en 1790, tout ce qui est arrivé depuis relativement aux assignats : la détérioration de la fortune publique par le vil prix auquel les biens nationaux seraient vendus, et ces ruines et ces richesses subites, qui altèrent nécessairement le caractère de ceux qui perdent comme de ceux qui gagnent; car une si grande latitude de crainte et d'espérance donne à la nature humaine de trop violentes agitations.

En s'opposant au projet du papier-monnaie, M. Necker ne se renferma point dans le rôle aisé de l'attaque; il proposa, comme moyen de remplacement, l'établissement d'une banque dont on a depuis adopté les principales bases, et dans laquelle il faisait entrer, pour gage, une portion des biens du clergé, suffisante pour remettre les finances dans l'état le plus prospère. Il insista fortement aussi, mais en vain, pour que les membres du bureau de la trésorerie fussent admis dans l'assemblée, afin qu'ils pussent discuter les questions de finances, en l'absence du ministre, qui n'avait pas le droit d'y siéger. Enfin M. Necker, avant de quitter sa place, se servit une dernière fois du respect qu'il inspirait, pour refuser positivement à l'assemblée constituante, et en particulier au député Camus, la connaissance du livre rouge.

Ce livre contenait les dépenses secrètes de l'État, sous le règne précédent et sous celui de Louis XVI. Il n'y avait pas un seul article ordonné par M. Necker; et ce fut lui cependant qui soutint la plus désagréable lutte, pour obtenir que l'assemblée ne fût pas mise en possession d'un registre qui attestait les torts de Louis XV et la trop grande bonté de Louis XVI : sa bonté seulement, car M. Necker eut soin de faire savoir que, dans l'espace de seize années, la reine et le roi n'avaient pris pour eux-mêmes que onze millions sur ces dépenses secrètes; mais plusieurs personnes vivantes pouvaient être compromises par la connaissance des sommes considérables qu'elles avaient reçues. Ces personnes étaient précisément les ennemis de M. Necker, parce qu'il avait blâmé les largesses de la cour envers elles; et ce fut cependant lui seul qui osa déplaire à l'assemblée, en s'opposant à la publicité des fautes de ses antagonistes. Tant de vertus en tous genres, générosité, désintéressement, persévérance, avaient été récompensées, dans d'autres temps, par l'opinion publique, et méritaient de l'être plus que jamais. Mais, ce qui doit inspirer un profond intérêt à quiconque a conçu la situation de M. Necker, c'est de voir un homme, du plus beau génie et du plus beau caractère, placé entre des partis tellement opposés et des devoirs si différents, que le sacrifice entier de lui-même, de sa réputation et de son bonheur, ne pouvait rapprocher ni les préjugés des principes, ni les opinions des intérêts.

Si Louis XVI s'en fût remis véritablement aux conseils de M. Necker, il eût été du devoir de ce ministre de ne pas demander sa démission. Mais les partisans de l'ancien régime conseillaient alors au roi, comme ils le feraient peut-être encore aujourd'hui, de ne jamais suivre les avis d'un homme qui avait aimé la liberté : c'est à leurs yeux le crime irrémissible. D'ailleurs M. Necker s'aperçut que le roi, mécontent de la part qu'on lui faisait dans la constitution, lassé de la conduite de l'assemblée, avait résolu de se soustraire à une telle situation. S'il se fût adressé à M. Necker, pour concerter avec lui son départ, sans doute son mi-

nistre aurait cru devoir le seconder de toutes ses forces, tant la position du monarque lui paraissait cruelle et dangereuse. Et cependant il était fort contraire au penchant naturel d'un homme appelé par le vœu national, de passer sur le territoire étranger; mais le roi et la reine ne lui parlant pas de leurs projets à cet égard, devait-il provoquer la confidence? Les choses en étaient venues à cet excès, qu'il fallait être factieux ou contre-révolutionnaire pour avoir de l'influence, et ni l'un ni l'autre de ces rôles ne pouvait convenir à M. Necker.

Il prit donc la résolution de se retirer, et sans doute, à cette époque, il le devait; mais, constamment guidé par le désir de porter le dévouement à la chose publique aussi loin qu'il était possible, il laissa deux millions de sa fortune en dépôt au trésor royal, précisément parce qu'il avait prédit que le papier-monnaie avec lequel on payerait les rentes serait dans peu sans valeur. Il ne voulait pas nuire, comme particulier, à l'opération qu'il blâmait comme ministre. Si M. Necker eût été très-riche, cette façon d'abandonner sa fortune aurait encore été fort remarquable; mais, comme ces deux millions formaient plus de la moitié d'une fortune diminuée par sept années de ministère sans appointements, on s'étonnera peut-être qu'un homme qui avait acquis son bien par lui-même, eût ainsi le besoin de le sacrifier au moindre sentiment de délicatesse.

Mon père partit le 8 septembre 1790. Je ne pus le suivre alors, parce que j'étais malade; et la nécessité de rester me fut d'autant plus pénible, que je craignais les difficultés qu'il pouvait rencontrer dans sa route. En effet, quatre jours après son départ, un courrier m'apporta une lettre de lui qui m'annonçait son arrestation à Arcis-sur-Aube. Le peuple, convaincu qu'il n'avait perdu son crédit dans l'assemblée que pour avoir immolé la cause de la nation à celle du roi, voulut l'empêcher de continuer sa route. Ce qui faisait surtout souffrir M. Necker dans cette circonstance, c'étaient les mortelles inquiétudes que sa femme ressentait pour lui; elle l'aimait avec un sentiment si sincère et si passionné, qu'il se permit, peut-être à tort, de parler d'elle et de sa douleur dans la lettre qu'il adressa, en partant, à l'assemblée. Le temps ne se prêtait guère, il faut en convenir, aux affections domestiques; mais cette sensibilité, qu'un grand homme d'État n'a pu contenir dans toutes les circonstances de sa vie, était précisément la source de ses qualités distinctives, la pénétration et la bonté : quand on est capable d'émotions vraies et profondes, on n'est jamais enivré par le pouvoir; et c'est à cela surtout qu'on reconnaît, dans un ministre, une véritable grandeur d'âme.

L'assemblée constituante décida que M. Necker continuerait sa route. Il fut mis en liberté et se rendit à Bâle, mais non sans courir encore de grands risques; il fit ce cruel voyage par le même chemin, à travers les mêmes provinces, où, treize mois auparavant, il avait été porté en triomphe. Les aristocrates ne manquèrent pas de se glorifier de ses peines, sans songer, ou plutôt sans vouloir s'avouer qu'il s'était mis dans cette situation pour les défendre, et pour les défendre seulement par esprit de justice, car il savait bien que rien ne pouvait les ramener en sa faveur; et certes ce n'était pas dans cette espérance, mais par attachement à son devoir, qu'il avait sacrifié volontairement, en treize mois, une popularité de vingt années.

Il s'en allait, le cœur brisé, ayant perdu le fruit d'une longue carrière; et la nation française aussi ne devait peut-être jamais retrouver un ministre qui l'aimât d'un sentiment pareil. Qu'y avait-il donc de si satisfaisant pour personne dans un tel malheur? Quoi! s'écrieront les incorrigibles, n'était-il pas partisan de cette liberté qui nous a fait tant de mal? Assurément, je ne vous dirai point tout le bien que cette liberté vous aurait fait, si vous aviez voulu l'adopter quand elle se présentait à vous pure et sans tache; mais en supposant que M. Necker se fût trompé avec Caton et Sidney, avec Chatham et Washington, une telle erreur, qui a été celle de toutes les âmes généreuses, depuis deux mille ans, devrait-elle étouffer toute reconnaissance pour ses vertus?

CHAPITRE XIX.

De l'état des affaires et des partis politiques, dans l'hiver de 1790 à 1791.

Dans toutes les provinces de France, il éclatait des troubles causés par le changement total des institutions, et par la lutte entre les partisans de l'ancien et du nouveau régime.

Le pouvoir exécutif *faisait le mort*, selon l'expression d'un député du côté gauche de l'assemblée, parce qu'il espérait, mais à tort, que le bien pourrait naître de l'excès même du mal. Les ministres se plaignaient sans cesse des désordres; et, quoiqu'ils eussent peu de moyens pour s'y opposer, encore ne les employaient-ils pas, se flattant que le malheureux état des choses obligerait l'assemblée à rendre plus de force au gouvernement. L'assemblée, qui s'apercevait de ce sys-

tème, s'emparait de toutes les affaires administratives, au lieu de s'en tenir à faire des lois. Après la retraite de M. Necker, elle demanda le renvoi des ministres; et, dans ses décrets constitutionnels, ne songeant qu'à la circonstance, elle ôtait successivement au roi la nomination de tous les agents du pouvoir exécutif. Elle mettait en décret sa mauvaise humeur contre telle ou telle personne, croyant toujours à la durée du présent, comme presque tous les hommes en puissance. Les députés du côté gauche disaient : *Le chef du pouvoir exécutif, en Angleterre, a des agents nommés par lui; tandis que le pouvoir exécutif de France, non moins puissant et plus heureux, aura l'avantage de ne commander qu'aux élus de la nation, et d'être ainsi plus intimement uni avec le peuple.* Il y a des phrases pour tout, particulièrement dans le français, qui a tant servi pour tant de buts divers et momentanés. Rien n'était si simple, cependant, que de démontrer que l'on ne peut commander à des hommes sur le sort desquels on n'a pas d'influence. Cette vérité n'était avouée que par le parti aristocratique, mais il se rejetait dans l'extrême opposé, en ne reconnaissant pas la nécessité de la responsabilité des ministres. Une des plus grandes beautés de la constitution anglaise, c'est que chaque branche du gouvernement y est tout ce qu'elle peut être : le roi, les pairs et les communes. Les pouvoirs y sont égaux entre eux, non par leur faiblesse, mais par leur force.

Dans tout ce qui ne tenait pas à l'esprit de parti, l'assemblée constituante montrait le plus haut degré de raison et de lumières; mais il y a quelque chose de si violent dans les passions, que la chaîne des raisonnements en est brisée; de certains mots allument le sang, et l'amour-propre fait triompher les satisfactions éphémères sur tout ce qui pourrait être durable.

La même défiance contre le roi, qui entravait la marche de l'administration et de l'ordre judiciaire, se faisait encore plus sentir dans les décrets relatifs à la force militaire. On fomentait volontairement l'indiscipline dans l'armée, tandis que rien n'était si facile que de la contenir; on en vit la preuve dans l'insurrection du régiment de Châteauvieux : il plut à l'assemblée constituante de réprimer cette révolte, et dans peu de jours ses ordres furent exécutés. M. de Bouillé, officier d'un vrai mérite, dans l'ancien régime, à la tête des troupes restées fidèles, força les soldats insurgés à rendre la ville de Nancy dont ils s'étaient emparés. Ce succès, qu'on devait seulement à l'ascendant des décrets de l'assemblée, donna de fausses espérances à la cour : elle imagina, et M. de Bouillé ne manqua pas de l'entretenir dans cette illusion, que l'armée ne demandait pas mieux que de rendre au roi son ancien pouvoir; et l'armée, comme toute la nation, voulait des limites à la volonté d'un seul. A dater de l'expédition de M. de Bouillé, pendant l'automne de 1790, la cour entra en négociation avec lui, et l'on se flatta de pouvoir amener de quelque manière Mirabeau à se concerter avec ce général. La cour se figurait que le meilleur moyen d'arrêter la révolution, était d'en gagner les chefs; mais cette révolution n'avait que des chefs invisibles : c'étaient les croyances à de certaines vérités, et nulle séduction ne pouvait les atteindre. Il faut transiger avec les principes en politique, et ne pas s'embarrasser des individus, qui se placent d'eux-mêmes, dès qu'on a bien dessiné le cadre dans lequel ils doivent entrer.

Le parti populaire, de son côté, sentait cependant qu'il était entraîné trop loin, et que les clubs, qui s'établissaient hors de l'assemblée, commençaient à donner des lois à l'assemblée elle-même. Dès qu'on admet dans un gouvernement un pouvoir qui n'est pas légal, il finit toujours par être le plus fort. Comme il n'a d'autres fonctions que de blâmer ce qui se fait, et non d'agir lui-même, il ne prête point à la critique, et il a pour partisans tous ceux qui désirent un changement dans l'État. Il en est de même des esprits forts qui attaquent toutes les religions, mais qui ne savent que dire quand on leur demande de mettre un système quelconque à la place de ceux qu'ils veulent renverser. Il ne faut pas confondre ces autorités en dehors, dont l'existence est si nuisible, avec l'opinion qui se fait sentir partout, mais ne se forme en corps politique nulle part. Les clubs des jacobins étaient organisés comme un gouvernement, plus que le gouvernement lui-même; ils rendaient des décrets; ils étaient affiliés, par la correspondance dans les provinces, avec d'autres clubs non moins puissants; enfin, on devait les considérer comme la mine souterraine toujours prête à faire sauter les institutions existantes, quand l'occasion s'en présenterait.

Le parti des Lameth, de Barnave et de Duport, le plus populaire de tous, après les jacobins, était pourtant déjà menacé par les démagogues d'alors, qui allaient être à leur tour considérés, l'année suivante, à quelques exceptions près, comme des aristocrates. L'assemblée, néanmoins, rejeta toujours avec persévérance les mesures proposées dans les clubs contre l'émigration, contre la liberté de la presse, contre les réunions des nobles; jamais, à son honneur, on ne saurait se lasser de le répéter, elle n'adopta la terrible doctrine de l'établissement de la liberté par le despotisme. C'est à ce détestable système qu'il faut attribuer la perte de l'esprit public en France.

M. de la Fayette et ses partisans ne voulurent point aller au club des jacobins; et, pour balancer son influence, ils tâchèrent de fonder une autre réunion appelée le club de 1789, où les amis de l'ordre et de la liberté devaient se rassembler. Mirabeau, quoiqu'il eût d'autres vues personnelles, venait à ce raisonnable club, qui pourtant fut désert en peu de temps, parce qu'aucun intérêt actif n'y appelait personne. On était là pour conserver, pour réprimer, pour arrêter; mais ce sont des fonctions d'un gouvernement, et non pas celles d'un club. Les monarchistes, c'est-à-dire, les partisans d'un roi et d'une constitution, auraient dû naturellement se rattacher à ce club de 1789; mais Sieyes et Mirabeau, qui en étaient, n'auraient consenti, pour rien au monde, à se dépopulariser, en se rapprochant de Malouet, de Clermont-Tonnerre, de ces hommes qui étaient aussi opposés à l'impulsion du moment, que d'accord avec l'esprit du siècle. Les modérés se trouvaient donc divisés en deux ou trois sections différentes, tandis que les attaquants étaient presque toujours réunis. Les sages et courageux partisans des institutions anglaises se voyaient repoussés de toutes parts, parce qu'ils n'avaient pour eux que la vérité. On peut cependant trouver dans le *Moniteur* du temps les aveux précieux des coryphées du côté droit sur la constitution anglaise. L'abbé Maury dit : *La constitution anglaise, que les amis du trône et de la liberté doivent également prendre pour modèle.* Cazalès dit : *L'Angleterre, ce pays dans lequel la nation est aussi libre que le roi est respecté.* Enfin, tous les défenseurs des vieux abus, se voyant menacés d'un danger beaucoup plus grand que la réforme de ces abus mêmes, exaltaient alors le gouvernement anglais, autant qu'ils l'avaient déprécié deux ans plus tôt, lorsqu'il leur était si facile de l'obtenir. Les privilégiés ont renouvelé cette manœuvre plusieurs fois, mais toujours sans inspirer de confiance : les principes de la liberté ne sauraient être une affaire de tactique; car il y a quelque chose qui tient du culte dans le sentiment dont les âmes sincères sont pénétrées pour la dignité de l'espèce humaine.

CHAPITRE XX.

Mort de Mirabeau.

Un grand seigneur brabançon, d'un esprit sage et pénétrant, était l'intermédiaire entre la cour et Mirabeau; il avait obtenu de lui de se concerter secrètement par lettres avec le marquis de Bouillé, le général en qui la famille royale avait le plus de confiance. Il paraît que le projet de Mirabeau était de conduire le roi à Compiègne, au milieu des régiments dont M. de Bouillé se croyait sûr, et d'y appeler l'assemblée constituante, pour la dégager de l'influence de Paris, et la soumettre à celle de la cour. Mais en même temps Mirabeau avait l'intention de faire adopter la constitution anglaise, car jamais un homme vraiment supérieur ne souhaitera le rétablissement du pouvoir arbitraire. Un caractère ambitieux pourrait se complaire dans ce pouvoir, s'il était sûr d'en disposer toute sa vie; mais Mirabeau savait très-bien que, parvînt-il à relever en France la monarchie sans limites, la direction de cette monarchie ne lui serait pas longtemps accordée par la cour; et il voulait le gouvernement représentatif, dans lequel les hommes de talent étant toujours nécessaires, sont toujours considérés.

J'ai eu entre les mains une lettre de Mirabeau, écrite pour être montrée au roi; il y offrait tous ses moyens pour rendre à la France une monarchie forte et digne, mais limitée; il se servait entre autres de cette expression remarquable : *Je ne voudrais pas avoir travaillé seulement à une vaste destruction.* Toute la lettre faisait honneur à la justesse de sa manière de voir. Sa mort fut un grand mal, à l'époque où elle arriva : une supériorité transcendante dans la carrière de la pensée offre toujours de grandes ressources. « Vous avez « trop d'esprit, disait un jour M. Necker à Mira- « beau, pour ne pas reconnaître tôt ou tard que « la morale est dans la nature des choses. » Mirabeau n'était pas encore tout à fait un homme de génie, mais il en approchait à force de talents.

Je l'avouerai donc, malgré les torts affreux de Mirabeau, malgré le juste ressentiment que j'avais des attaques qu'il s'était permises contre mon père en public (car, dans l'intimité, il n'en parlait jamais qu'avec admiration), sa mort me frappa douloureusement, et tout Paris éprouva la même impression. Pendant sa maladie, une foule immense se rassemblait chaque jour et à chaque heure devant sa porte : cette foule ne faisait pas le moindre bruit, dans la crainte de l'incommoder; elle se renouvelait plusieurs fois pendant le cours des vingt-quatre heures, et des individus de différentes classes se conduisaient tous avec les mêmes égards. Un jeune homme, ayant ouï dire que si l'on introduisait du sang nouveau dans les veines d'un mourant, il revivrait, vint s'offrir pour sauver la vie de Mirabeau aux dépens de la sienne. On ne peut voir sans être attendri les hommages rendus au talent : ils diffèrent tant de ceux qu'on prodigue à la puissance!

Mirabeau savait qu'il allait mourir. Dans cet instant, loin de s'affliger, il s'enorgueillissait : on tirait le canon pour une cérémonie; il s'écria : *J'entends déjà les funérailles d'Achille.* En effet, un orateur intrépide qui défendrait avec constance la cause de la liberté, pourrait se comparer à un héros. *Après ma mort*, dit-il encore, *les factieux se partageront les lambeaux de la monarchie.* Il avait conçu le projet de réparer beaucoup de maux, mais il ne lui fut pas accordé d'expier lui-même ses fautes. Il souffrit cruellement dans les derniers jours de sa vie; et, ne pouvant plus parler, il écrivit à Cabanis, son médecin, pour en obtenir de l'opium, ces mots de Hamlet : *Mourir, c'est dormir.* Les idées religieuses ne vinrent point à son secours; il fut atteint par la mort dans la plénitude des intérêts de ce monde, et lorsqu'il se croyait près du terme où son ambition aspirait. Il y a dans la destinée de tous les hommes, quand on se donne la peine d'y regarder, la preuve manifeste d'un but moral et religieux dont ils ne se doutent pas toujours eux-mêmes, et vers lequel ils marchent à leur insu.

Tous les partis regrettaient alors Mirabeau. La cour se flattait de l'avoir gagné; les amis de la liberté comptaient néanmoins sur son secours. Les uns se disaient qu'avec une telle hauteur de talent il ne pouvait désirer l'anarchie, puisqu'il n'avait pas besoin de la confusion pour être le premier; et les autres étaient certains qu'il souhaitait des institutions libres, puisque la valeur personnelle n'est à sa place que là où elles existent. Enfin il mourut dans le moment le plus brillant de sa carrière, et les larmes du peuple qui accompagnait son enterrement en rendirent la pompe très-touchante. C'était la première fois en France qu'un homme célèbre par ses écrits et par son éloquence recevait des honneurs qu'on n'accordait jadis qu'aux grands seigneurs, ou aux guerriers. Le lendemain de sa mort, personne, dans l'assemblée constituante, ne regardait sans tristesse la place où Mirabeau avait coutume de s'asseoir. Le grand chêne était tombé, le reste ne se distinguait plus.

Je me reproche d'exprimer ainsi des regrets pour

un caractère peu digne d'estime; mais tant d'esprit est si rare, et il est malheureusement si probable qu'on ne verra rien de pareil dans le cours de sa vie, qu'on ne peut s'empêcher de soupirer, lorsque la mort ferme ses portes d'airain sur un homme naguère si éloquent, si animé, enfin si fortement en possession de la vie.

CHAPITRE XXI.

Départ du roi, le 21 juin 1791.

Louis XVI aurait accepté de bonne foi la constitution anglaise, si elle lui avait été présentée réellement, et avec le respect qu'on doit au chef de l'État; mais l'on blessa toutes ses affections, surtout par trois décrets qui étaient plutôt nuisibles qu'utiles à la cause de la nation. On abolit le droit de faire grâce, ce droit qui doit exister dans toute société civilisée, et qui ne peut appartenir qu'à la couronne, dans une monarchie; on exigea des prêtres un serment à la constitution civile du clergé, sous peine de la perte de leurs appointements; et l'on voulut ôter la régence à la reine. Le plus grand tort peut-être de l'assemblée constituante fût, comme nous l'avons déjà dit, de vouloir créer un clergé dans sa dépendance, ainsi que l'ont fait plusieurs souverains absolus. Elle s'écarta, dans ce but, du système parfait de raison sur lequel elle devait s'appuyer. Elle provoqua la conscience et l'honneur des ecclésiastiques à résister. Or, les amis de la liberté s'égarent toutes les fois qu'on peut les combattre avec des sentiments généreux, car la vraie liberté ne saurait avoir d'opposants que parmi ceux qui veulent usurper ou servir; et cependant le prêtre qui refusait un serment théologique exigé par la menace, agissait plus en homme libre que ceux qui tâchaient de le faire mentir à son opinion.

Enfin le troisième décret, celui de la régence, ayant pour but d'écarter la reine, qui était suspecte au parti populaire, devait, par divers motifs, offenser personnellement Louis XVI. Ce décret le déclarait *premier fonctionnaire public*, titre très-inconvenable pour un roi, car tout fonctionnaire doit être responsable; et il faut nécessairement faire entrer dans la monarchie héréditaire un sentiment de respect qui s'allie avec l'inviolabilité de la personne du souverain. Ce respect n'exclut pas le pacte mutuel entre le roi et la nation, pacte qui de tout temps a existé, soit tacitement, soit authentiquement; mais la raison et la délicatesse peuvent toujours s'accorder, quand on le veut réellement.

Le second article du décret sur la régence était condamnable par des motifs semblables à ceux que nous avons déjà énoncés; on y déclarait que le roi serait déchu du trône, s'il sortait de France. C'était prononcer ce qui ne doit pas être prévu, le cas où l'on pourrait destituer un roi. Les vertus et les institutions républicaines élèvent très-haut les peuples à qui leur situation permet d'en jouir; mais, dans les États monarchiques, le peuple se déprave, si on l'accoutume à ne pas respecter l'autorité qu'il a reconnue. Un code pénal contre un monarque est une idée sans application, que ce monarque soit fort ou qu'il soit faible. Dans le second cas, le pouvoir qui le renverse ne s'en tient pas à la loi, de quelque manière qu'on l'ait conçue.

C'est donc sous le seul rapport de la prudence qu'on doit juger le parti que prit le roi en s'échappant des Tuileries, le 21 juin 1791. On avait certes assez de torts envers lui à cette époque, pour qu'il eût le droit de quitter la France; et peut-être rendait-il un grand service aux amis mêmes de la liberté, en faisant cesser une situation hypocrite; car leur cause était gâtée par les vains efforts qu'ils faisaient pour persuader à la nation que les actes politiques du roi, depuis son arrivée à Paris, étaient volontaires, quand on voyait clairement qu'ils ne l'étaient pas.

M. Fox me dit en Angleterre, en 1793, qu'à l'époque du départ du roi pour Varennes, il aurait souhaité qu'on le laissât sortir en paix, et que l'assemblée constituante proclamât la république. La France au moins ne se serait pas souillée des crimes commis depuis envers la famille royale; et, soit que la république pût ou non réussir dans un grand État, il valait toujours mieux que d'honnêtes gens en fissent l'essai. Mais ce qu'on devait craindre le plus arriva: l'arrestation du roi et de sa famille.

Un voyage qui exigeait tant d'adresse et de rapidité, fut arrangé presque comme dans un temps ordinaire; et l'étiquette est si puissante dans les cours, qu'on ne sut pas s'en débarrasser même dans la plus périlleuse des circonstances; il avint de là que l'entreprise manqua.

Quand l'assemblée constituante apprit le départ du roi, son attitude fut très-ferme et très-convenable; ce qui lui avait manqué jusqu'à ce jour, c'était un contre-poids à sa toute-puissance. Malheureusement les Français n'apprennent en politique la raison que par la force. Une idée vague de danger planait sur l'assemblée; il se pouvait que le roi se rendît à Montmédy, comme il en avait le

dessein, et qu'il fût aidé par des troupes étrangères; il se pouvait qu'un grand parti se déclarât
pour lui dans l'intérieur. Enfin les inquiétudes faisaient cesser les exagérations, et parmi les députés
du parti populaire, tel qui avait crié à la tyrannie
quand on lui proposait la constitution anglaise, y
aurait souscrit bien volontiers alors.

Jamais on ne saurait se consoler de l'arrestation
du roi à Varennes; des fautes irréparables, des
forfaits dont on doit longtemps rougir, ont altéré
le sentiment de la liberté dans les âmes les plus
faites pour l'éprouver. Si le roi avait passé la frontière, peut-être une constitution raisonnable serait-
elle sortie de la lutte entre les deux partis. Il fallait avant tout, s'écriera-t-on, éviter la guerre
civile. Avant tout, non; beaucoup d'autres fléaux
sont encore plus à craindre. Des vertus généreuses
se développent dans ceux qui combattent pour
leur opinion, et il est plus naturel de verser son
sang en la défendant, que pour l'un des milliers
d'intérêts politiques, causes habituelles des guerres. Sans doute il est cruel de se battre contre ses
concitoyens; mais il est bien plus horrible encore
d'être opprimé par eux; et ce qu'il faut surtout
éviter à la France, c'est le triomphe complet d'un
parti. Car une longue habitude de la liberté est
nécessaire, pour que le sentiment de la justice ne
soit point altéré par l'orgueil de la puissance.

Le roi laissa, en s'en allant, un manifeste qui
contenait les motifs de son départ; il rappelait les
traitements qu'on lui avait fait éprouver, et déclarait que son autorité était tellement réduite, qu'il
n'avait plus les moyens de gouverner. Au milieu
de ces plaintes si légitimes, il ne fallait pas insérer
quelques observations trop minutieuses sur le
mauvais état du château des Tuileries : il est très-
difficile aux souverains héréditaires de ne pas se
laisser dominer par les habitudes, dans les plus
petites comme dans les plus grandes circonstances
de leur vie; mais c'est peut-être pour cela même
qu'ils sont plus propres que les chefs électifs au
règne des lois et de la paix. Le manifeste de Louis XVI
finissait par cette assurance mémorable, *qu'en re-
couvrant son indépendance, il voulait la consacrer à fonder la liberté du peuple français sur des
bases inébranlables.* Tel était le mouvement des
esprits alors, que personne, ni le roi lui-même,
n'envisageait comme possible le rétablissement
d'une monarchie sans limites.

Dès que l'on sut dans l'assemblée que la famille
royale avait été arrêtée à Varennes, on y envoya
des commissaires, parmi lesquels étaient Péthion
et Barnave. Péthion, homme sans lumières et sans

élévation d'âme, vit le malheur des plus touchantes
victimes sans en être ému; Barnave sentit une
respectueuse pitié pour le sort de la reine en particulier; et, dès cet instant, lui, Duport, Lameth,
Regnault de Saint-Jean d'Angely, Chapelier, Thouret, etc., réunirent tous leurs moyens à ceux de
M. de la Fayette, pour relever la monarchie renversée.

Le roi et sa famille firent, à leur retour de Varennes, leur entrée funèbre dans Paris; les habits
de la reine et ceux du roi étaient couverts de poussière; les deux enfants de la race royale regardaient avec étonnement ce peuple entier qui se
montrait en maître devant ses maîtres abattus.
Madame Élisabeth paraissait au milieu de cette
illustre famille, comme un être déjà sanctifié, qui
n'a plus rien de commun avec la terre. Trois gardes du corps, placés sur le siége de la voiture, se
voyaient exposés, à chaque instant, au risque d'être
massacrés, et des députés de l'assemblée constituante se mirent plusieurs fois entre eux et les
furieux qui voulaient les faire périr. C'est ainsi que
le roi retourna dans le palais de ses pères. Hélas !
quel triste présage ! et comme il fut accompli !

CHAPITRE XXII.

Révision de la constitution.

L'assemblée se vit forcée, par le mouvement
populaire, à déclarer que le roi serait tenu prisonnier dans le château des Tuileries, jusqu'à ce qu'on
eût présenté la constitution à son acceptation.
M. de la Fayette, comme chef de la garde nationale, eut le malheur d'être condamné à l'exécution
de ce décret. Mais si d'une part il plaçait des sentinelles aux portes du palais du roi, de l'autre il
s'opposait avec une énergie consciencieuse au parti
qui voulait faire prononcer sa déchéance. Il employa contre ceux qui la demandaient la force armée dans le Champ de Mars, et il prouva du moins
ainsi que ce n'était point par des vues ambitieuses
qu'il s'exposait à déplaire au monarque, puisqu'en
même temps il provoquait contre lui-même la
haine des ennemis du trône. Il me semble que la
seule manière de juger avec équité le caractère
d'un homme, c'est d'examiner s'il n'y a point de
calcul personnel dans sa conduite : s'il n'y en a
point, l'on peut blâmer sa manière de voir, mais
l'on n'en est pas moins obligé de l'estimer.

Le parti républicain est le seul qui se soit montré lors de l'arrestation du roi. Le nom du duc
d'Orléans ne fut pas seulement prononcé; personne
n'osa songer à un autre roi que Louis XVI; et du

moins lui rendit-on l'hommage de ne lui opposer que des institutions. Enfin la personne du monarque fut déclarée inviolable : on spécifia les cas dans lesquels la déchéance serait prononcée; mais, si l'on détruisait ainsi le prestige dont on doit entourer la personne du roi, on s'engageait d'autant plus à respecter la loi qui lui garantissait l'inviolabilité, dans toutes les suppositions possibles.

L'assemblée constituante a toujours cru, bien à tort, qu'il y avait quelque chose de magique dans ses décrets, et qu'on s'arrêterait, en tout, juste à la ligne qu'elle aurait tracée. Mais son autorité, sous ce rapport, ressemblait à celle du ruban qu'on avait tendu dans le jardin des Tuileries, pour empêcher le peuple de s'approcher du palais : tant que l'opinion fut favorable à ceux qui avaient tendu ce ruban, personne n'imagina de passer outre; mais dès que le peuple ne voulut plus.de la barrière, elle ne signifia plus rien.

On trouve dans quelques constitutions modernes, comme article constitutionnel : *Le gouvernement sera juste et le peuple obéissant.* S'il était possible de commander un tel résultat., la balance des pouvoirs serait bien inutile; mais, pour arriver à mettre les bonnes maximes en exécution, il faut combiner les.institutions de manière que chacun trouve son intérêt à les maintenir. Les doctrines religieuses peuvent se passer de l'intérêt personnel pour commander aux hommes, et c'est en cela surtout qu'elles sont d'un ordre supérieur ; mais les législateurs, chargés des intérêts de ce monde, tombent dans une sorte de duperie, quand ils font entrer les sentiments patriotiques comme un ressort nécessaire dans leur machine sociale. C'est méconnaître l'ordre naturel des événements, que de compter sur les effets pour organiser la cause : les peuples ne deviennent pas libres parce qu'ils sont vertueux, mais parce qu'une circonstance heureuse, ou plutôt une volonté forte les mettant en possession de la liberté, ils acquièrent les vertus qui en dérivent.

Les lois dont dépend la liberté civile et politique se réduisent à un très-petit nombre, et ce décalogue politique mérite seul le nom d'articles constitutionnels. Mais l'assemblée nationale a donné ce titre à presque tous ses décrets; soit qu'elle voulût ainsi se soustraire à la sanction du roi, soit qu'elle se fît une sorte d'illusion d'auteur sur la perfection et la durée de son propre ouvrage.

Les hommes sensés cependant parvinrent à faire diminuer le nombre des articles constitutionnels; mais une discussion s'éleva pour savoir si l'on ne déciderait pas que tous les vingt ans une nouvelle assemblée constituante se réunirait pour réviser la constitution qu'on venait d'établir, bien entendu que dans cet intervalle on n'y changerait rien. Quelle confiance dans la stabilité d'un tel ouvrage! et comme elle a été trompée !

Enfin l'on décréta qu'aucun article constitutionnel ne pourrait être modifié que sur la demande de trois assemblées consécutives. C'était se faire une étonnante idée de la patience humaine sur des objets d'une telle importance.

Les Français, d'ordinaire, ne voient guère dans la vie que le réel des choses, et ils tournent assez volontiers en dérision les principes, s'ils leur paraissent un obstacle au succès momentané de leurs désirs; mais l'assemblée constituante, au contraire, fut dominée par la passion des idées abstraites. Cette mode, tout à fait opposée à l'esprit de la nation, ne dura pas longtemps. Les factieux se servirent d'abord des arguments métaphysiques pour motiver les actions les plus coupables, et puis ils renversèrent bientôt après cet échafaudage, pour proclamer nettement l'empire des circonstances et le mépris des doctrines.

Le côté droit de l'assemblée avait eu souvent raison, pendant le cours de la session, et plus souvent encore on s'était intéressé à lui, parce que le parti le plus fort l'opprimait et lui refusait la parole. Il n'est pas de pays où il soit plus nécessaire qu'en France, de faire des règlements dans les assemblées délibérantes en faveur de la minorité; car on y a tant de goût pour la puissance, qu'on est tenté de vous imputer à crime d'être du parti le moins nombreux [1]. Après l'arrestation du roi, les aristocrates, ·sachant que la monarchie avait acquis des défenseurs dans le parti populaire, crurent plus sage de les laisser agir, et de se mettre moins en avant eux-mêmes. Les députés convertis firent ce qu'ils purent pour augmenter l'autorité du pouvoir exécutif; mais ils n'osèrent pas cependant aborder les questions dont la décision aurait pu seule raffermir l'état politique de la France; on craignait de parler de deux chambres comme d'une conspiration. Le droit de dissoudre le corps législatif, si nécessaire au maintien de l'autorité royale, ne lui fut point accordé. On effrayait les hommes raisonnables en les appelant

[1] Un ouvrage excellent, intitulé *Tactique des assemblées délibérantes,* rédigé par M. Dumont, de Genève, et contenant en partie les idées de M. Bentham, jurisconsulte anglais, penseur très-profond, devrait être sans cesse consulté par nos législateurs; car il ne suffit pas d'enlever une délibération dans une chambre, il faut que le parti le plus faible ait été patiemment entendu : tel est l'avantage et le droit du gouvernement représentatif.

des aristocrates. Cependant, les aristocrates n'é-
taient point redoutables alors ; c'est à cause de
cela même qu'on avait fait une injure de ce nom.
Dans ce temps, comme depuis, on a toujours eu
en France l'art de faire porter les inquiétudes sur
les vaincus ; on dirait que les faibles sont seuls à
craindre. C'est un bon prétexte pour accroître
la puissance des vainqueurs, que d'exagérer les
moyens de leurs adversaires. Il faut se créer des
ennemis en effigie, si l'on veut exercer son bras à
frapper fort.

La majorité de l'assemblée croyait contenir les
jacobins, et cependant elle composait avec eux, et
perdait du terrain à chaque victoire. Aussi fit-elle
une constitution comme un traité entre deux partis, et non comme une œuvre pour tous les temps.
Les auteurs de cette constitution lancèrent à la
mer un vaisseau mal construit, et crurent justifier
chaque faute en citant la volonté de tel homme,
ou le crédit de tel autre. Mais les flots de l'Océan,
que le navire devait traverser, ne se prêtaient point
à de tels commentaires.

Cependant quel parti prendre, dira-t-on, quand
les circonstances étaient défavorables à ce qu'on
croyait la raison ? Résister, toujours résister, et
prendre son point d'appui en soi-même. C'est aussi
une circonstance que le courage d'un honnête
homme, et personne ne saurait prévoir ce qu'elle
peut entraîner. Si dix députés du parti populaire,
si cinq, si trois, si même un seul avait fait sentir
tous les malheurs qui devaient résulter d'une œuvre politique sans défense contre les factions ; s'il
avait adjuré l'assemblée au nom des principes admirables qu'elle avait décrétés, et des préjugés
qu'elle avait renversés, de ne pas mettre au hasard
tant de biens, formant le trésor de la raison humaine ; si l'inspiration de la pensée avait révélé à
quelque orateur, comment on allait livrer le saint
nom de la liberté à l'association funeste des plus
cruels souvenirs, peut-être un seul homme eût-il
fait reculer la destinée. Mais les applaudissements
ou les murmures des tribunes influaient sur des
questions qui auraient dû être discutées dans le
calme par les hommes les plus éclairés et les plus
réfléchis. La fierté qui fait résister à la multitude
est d'un autre genre que celle qui rend indépendant d'un despote ; néanmoins, le même mouvement de sang sert à lutter contre tous les genres
d'oppression.

Il ne restait plus qu'un moyen de réparer les
erreurs des lois : c'était le choix des hommes. Les
députés qui devaient succéder à l'assemblée constituante pouvaient recommencer des travaux impar-

faits, et rectifier par un esprit sage les fautes déjà
commises. Mais d'abord on repoussa la condition
de propriété, nécessaire pour resserrer l'élection
dans la classe de ceux qui ont intérêt au maintien
de l'ordre. Robespierre, qui devait jouer un si
grand rôle dans le règne du sang, s'éleva contre
cette condition, à quelque degré qu'elle fût fixée,
comme contre une injustice : il mit en avant la
déclaration des droits de l'homme relativement à
l'égalité, comme si cette égalité, même dans son
sens le plus étendu, admettait la faculté de tout
obtenir sans talent et sans travail. Car, s'arroger
des droits politiques sans aucun titre pour les
exercer, c'est aussi une usurpation. Robespierre
joignait de la métaphysique obscure à des déclamations communes, et c'était ainsi qu'il se faisait
de l'éloquence. On a composé pour lui de meilleurs discours quand il a été puissant ; mais pendant l'assemblée constituante personne ne faisait
attention à lui ; et, chaque fois qu'il montait à la
tribune, les démocrates de bon goût étaient bien
aises de le tourner en ridicule, pour se donner
l'air d'un parti modéré.

On décréta qu'une imposition d'un marc d'argent, c'est-à-dire, de cinquante-quatre livres, serait
nécessaire pour être député. C'en était assez pour
provoquer des complaintes à la tribune sur tous
les cadets de famille, sur tous les hommes de génie qui seraient exclus, par leur pauvreté, de la
représentation nationale ; et cela ne suffisait pas
néanmoins pour borner les choix du peuple à la
classe des propriétaires.

L'assemblée constituante, pour remédier à cet
inconvénient, établit deux degrés d'élection : elle
décréta que le peuple élirait des électeurs qui choi-
siraient les députés. Cette gradation devait sans
doute amortir l'action de l'élément démocratique ;
et les chefs révolutionnaires l'ont pensé, puisqu'ils
l'abolirent quand ils furent les maîtres. Mais le
choix direct du peuple, soumis à une juste condition de propriété, est infiniment plus favorable à
l'énergie des gouvernements libres. L'élection immédiate, telle qu'elle existe en Angleterre, peut
seule faire pénétrer dans toutes les classes l'esprit
public et l'amour de la patrie. La nation s'attache
à ses représentants, quand c'est elle-même qui les
a choisis ; mais, lorsqu'elle doit se borner à élire
ceux qui doivent élire à leur tour, cette combinaison artificielle refroidit son intérêt. D'ailleurs, les
collèges électoraux, par cela seul qu'ils sont composés d'un petit nombre d'hommes, prêtent bien
plus à l'intrigue que les grandes masses ; ils prêtent surtout à cette sorte d'intrigue bourgeoise si

avilissante, où l'on voit les hommes du tiers état venir demander aux grands seigneurs de placer leurs fils dans les antichambres de la cour.

Dans les gouvernements libres, le peuple doit se rallier à la première classe, en y prenant ses représentants; et la première classe doit chercher à plaire au peuple par des talents et des vertus. Ce double lien n'a presque plus de force, quand l'acte de choisir passe à travers deux degrés. On détruit ainsi la vie pour se préserver du trouble; il vaut bien mieux, comme en Angleterre, balancer sagement l'élément démocratique par l'élément aristocratique, mais laisser à tous les deux leur indépendance naturelle.

M. Necker a proposé, dans son dernier ouvrage [1], une manière nouvelle d'établir les deux degrés d'élection; il pense que ce devrait être au collège électoral à donner la liste d'un certain nombre de candidats, entre lesquels les assemblées primaires pourraient choisir. Les motifs de cette institution sont développés d'une manière ingénieuse dans le livre de M. Necker. Mais ce qui est évident, c'est qu'il a cru toujours nécessaire que le peuple exerçât pleinement son droit et son jugement, et que les hommes distingués eussent un constant intérêt à captiver son suffrage.

Les réviseurs de la constitution, en 1791, étaient accusés sans cesse, par les jacobins, d'être partisans du despotisme, lors même qu'ils en étaient réduits à chercher des détours pour parler du pouvoir exécutif, comme si le nom d'un roi ne pouvait se prononcer dans une monarchie. Néanmoins, les constituants seraient peut-être encore parvenus à sauver la France, s'ils eussent été membres de l'assemblée suivante. Les députés les plus éclairés sentaient ce qui manquait à la constitution qu'on venait de terminer à coups d'événements, et ils auraient tâché de l'amender en l'interprétant. Mais le parti de la médiocrité, qui compte tant de soldats dans tous les rangs, ce parti qui hait les talents, comme les amis de la liberté haïssent les despotes, parvint à faire interdire par un décret, aux députés de l'assemblée constituante, la possibilité d'être réélus. Les aristocrates et les jacobins, qui avaient joué un rôle très-inférieur pendant la session, ne se flattaient pas d'être nommés une seconde fois; ils trouvaient donc du plaisir à empêcher ceux qui étaient assurés du suffrage de leurs concitoyens, d'occuper des places dans l'assemblée suivante. Car, de toutes les lois agraires, celle qui plairait le plus au commun des hommes, ce serait la division des suffrages publics en portions égales,

[1] Dernières vues de politique et de finance.

dont le talent ne pût jamais obtenir un plus grand nombre que la médiocrité. Beaucoup d'individus croiraient y gagner, mais l'émulation, qui enrichit l'espèce humaine, y perdrait tout.

Vainement les premiers orateurs de l'assemblée tâchaient-ils de faire sentir que des successeurs tout nouveaux, et choisis dans un temps de troubles, seraient ambitieux de faire une révolution non moins éclatante que celle qui avait signalé leurs prédécesseurs. Les membres de l'extrémité du côté gauche, d'accord avec l'extrémité du côté droit, criaient que leurs collègues voulaient accaparer le pouvoir; et des députés ennemis jusque alors, les jacobins et les aristocrates, se touchaient la main de joie, en pensant qu'ils auraient le bonheur d'écarter des hommes dont la supériorité les offusquait depuis deux années.

Quelle faute d'après les circonstances! mais aussi quelle erreur de principes, que d'interdire au peuple le choix de ceux qui ont déjà mérité sa confiance! Dans quel pays trouve-t-on une assez grande quantité d'individus capables, pour que l'on puisse arbitrairement écarter les hommes déjà connus, déjà éprouvés, et qui ont acquis l'expérience des affaires? Rien ne coûte plus à l'État que ces députés qui ont à se créer une fortune nouvelle en fait de réputation; les propriétaires en ce genre aussi doivent être préférés à ceux qui ont besoin de s'enrichir.

CHAPITRE XXIII.

Acceptation de la constitution, appelée constitution de 1791.

Ainsi finit cette fameuse assemblée qui réunit tant de lumières à tant d'erreurs, qui a fait un bien durable, mais un grand mal immédiat, et dont le souvenir servira longtemps encore de prétexte aux attaques des ennemis de la liberté.

Voyez, disent-ils, ce qu'ont produit les délibérations des hommes les plus éclairés de France. Mais aussi pourrait-on leur répondre : Songez à ce que doivent être les hommes qui, n'ayant jamais exercé aucun droit politique, se trouvent tout à coup en possession d'une jouissance funeste à tous les individus, le pouvoir sans bornes; ils seront longtemps avant de savoir qu'une injustice soufferte par un citoyen quelconque, ami ou ennemi de la liberté, retombe sur la tête de tous; ils seront longtemps avant de connaître la théorie de la liberté, si simple quand on est né dans un pays où les lois et les mœurs vous l'enseignent, si difficile quand on a vécu sous un gouvernement arbitraire, où rien ne se décide que par les circonstances, et où les principes leur sont toujours soumis. Enfin, dans tous les temps et dans tous les pays, faire passer une nation du gouvernement des cours à celui de la loi, c'est une crise de la plus grande difficulté, lors même que l'opinion la rend inévitable.

L'histoire doit donc considérer l'assemblée constituante sous deux points de vue : les abus qu'elle a détruits, et les institutions qu'elle a créées. Sous le premier rapport, elle a de grands droits à la reconnaissance de la race humaine; sous le second, les plus graves erreurs peuvent lui être reprochées.

Sur la proposition de M. de la Fayette, une amnistie générale fut accordée à tous ceux qui avaient pris part au voyage du roi, ou commis ce qu'on peut appeler des délits politiques. Il fit décréter aussi que tout individu pourrait sortir de France et y rentrer sans passe-port. L'émigration était alors déjà commencée. Je distinguerai dans le chapitre suivant l'émigration politique de l'émigration nécessaire qui eut lieu plus tard. Mais ce qu'il importe de remarquer, c'est que l'assemblée constituante rejeta toutes les mesures qui lui furent proposées pour entraver la liberté civile. La minorité de la noblesse avait cet esprit de justice, inséparable du désintéressement. Parmi les députés du tiers état, Dupont de Nemours, qui a survécu, malgré son courage, Thouret, Barnave, Chapelier, et tant d'autres, qui ont péri victimes de leurs excellents principes, ne portaient certainement dans les délibérations que les intentions les plus pures. Mais la majorité tumultueuse et ignorante eut le dessus dans les décrets relatifs à la constitution. On était assez éclairé en France sur tout ce qui concernait l'ordre judiciaire et l'administration; mais la théorie des pouvoirs exigeait des connaissances plus approfondies. C'était donc le plus pénible des spectacles intellectuels, que de voir les bienfaits de la liberté civile mis sous la sauvegarde d'une liberté politique sans mesure et sans force.

Cette malheureuse constitution, si bonne par ses bases et si mauvaise par son organisation, fut présentée à l'acceptation du roi. Il ne pouvait certainement pas la refuser, puisqu'elle terminait sa captivité; mais on se flatta que son consentement était volontaire. On fit des fêtes, comme si l'on s'était cru heureux ; l'on commanda des réjouissances pour se persuader que les dangers étaient passés; les mots de roi, d'assemblée représentative, de monarchie constitutionnelle, ré

pondaient au véritable vœu de tous les Français. On crut avoir atteint la réalité des choses, dont on n'avait obtenu que le nom.

On pria le roi et la reine d'aller à l'Opéra; leur entrée y fut célébrée par des applaudissements sincères et universels. On donnait le ballet de *Psyché;* au moment où les Furies dansaient en secouant leurs flambeaux, et où cet éclat d'incendie se répandait dans toute la salle, je vis le visage du roi et de la reine à la pâle lueur de cette imitation des enfers, et des pressentiments funestes sur l'avenir me saisirent. La reine s'efforçait d'être aimable, mais on apercevait une profonde tristesse à travers son obligeant sourire. Le roi, comme à son ordinaire, semblait plus occupé de ce qu'il voyait que de ce qu'il éprouvait; il regardait de tous les côtés avec calme, et l'on eût dit même avec insouciance; il s'était habitué, comme la plupart des souverains, à contenir l'expression de ses sentiments, et peut-être en avait-il ainsi diminué la force. L'on alla se promener après l'opéra dans les Champs Élysées, qui étaient superbement illuminés. Le palais et le jardin des Tuileries n'en étant séparés que par la fatale place de la Révolution, l'illumination de ce palais et du jardin se joignait admirablement à celle des longues allées des Champs Élysées, réunies entre elles par des guirlandes de lumières.

Le roi et la reine se promenaient lentement dans leur voiture, au milieu de la foule, et chaque fois qu'on apercevait cette voiture, on criait : *Vive le roi!* Mais c'étaient les mêmes gens qui avaient insulté le même roi à son retour de Varennes, et ils ne se rendaient pas mieux compte de leurs applaudissements que de leurs outrages.

Je rencontrai, en me promenant, quelques membres de l'assemblée constituante. Ils ressemblaient à des souverains détrônés, très-inquiets de leurs successeurs. Certes, chacun aurait souhaité, comme eux, qu'ils fussent chargés de maintenir la constitution telle qu'elle était, car on en savait assez déjà sur l'esprit des élections pour ne pas se flatter d'une amélioration dans les affaires. Mais on s'étourdissait par le bruit qu'on entendait de toutes parts. Le peuple chantait, et les colporteurs de journaux faisaient retentir les airs en proclamant à haute voix *la grande acceptation du roi, la constitution monarchique,* etc., etc.

Il semblait que la révolution fût achevée, et la liberté fondée. Toutefois l'on se regardait les uns les autres comme pour obtenir de son voisin la sécurité dont on manquait soi-même.

L'absence des nobles surtout ébranlait cette sé

III.   11 curité, car il ne peut exister de monarchie sans que la classe aristocratique en fasse partie ; et, malheureusement les préjugés des gentilshommes français étaient tels, qu'ils repoussaient toute espèce de gouvernement libre ; c'est à cette grande difficulté qu'il faut attribuer les défauts les plus graves de la constitution de 1791. Car les seigneurs propriétaires n'offrant aucun soutien à la liberté, la force démocratique a pris nécessairement le dessus. Les barons anglais, dès le temps de la grande charte, ont stipulé les droits des communes, conjointement avec les leurs. En France, les nobles ont combattu ces droits, quand le tiers état les a réclamés ; mais, n'étant pas assez forts pour lutter contre la nation, ils ont quitté leur pays en masse, et sont allés se joindre aux étrangers. Cette résolution funeste a rendu alors la monarchie constitutionnelle impossible, puisqu'elle en a détruit les éléments conservateurs. Nous allons développer les suites nécessaires de l'émigration.

TROISIÈME PARTIE.

CHAPITRE PREMIER.

De l'émigration.

L'on doit distinguer l'émigration volontaire de l'émigration forcée. Après le renversement du trône en 1792, lorsque le règne de la terreur a commencé, nous avons tous émigré, pour nous soustraire aux périls dont chacun était menacé. Ce n'est pas un des moindres crimes du gouvernement d'alors, que d'avoir considéré comme coupables ceux qui ne s'éloignaient de leurs foyers que pour échapper à l'assassinat populaire ou juridique, et d'avoir compris dans leur proscription, non-seulement les hommes en état de porter les armes, mais les vieillards, les femmes, les enfants même. L'émigration de 1791, au contraire, n'étant provoquée par aucun genre de danger, doit être considérée comme une résolution de parti ; et, sous ce rapport, on peut la juger d'après les principes de la politique.

Au moment où le roi fut arrêté à Varennes, et ramené captif à Paris, un grand nombre de nobles se déterminèrent à quitter leur pays, pour réclamer le secours des puissances étrangères, et pour les engager à réprimer la révolution par les armes. Les premiers émigrés obligèrent les gentilshommes

restés en France à les suivre ; ils leur commandèrent ce sacrifice au nom d'un genre d'honneur qui tient à l'esprit de corps, et l'on vit la caste des privilégiés français couvrir les grandes routes pour se rendre aux camps des étrangers, sur la rive ennemie. La postérité prononcera, je crois, que la noblesse, en cette occasion, s'écarta des vrais principes qui servent de base à l'union sociale. En supposant que les gentilshommes n'eussent pas mieux fait de s'associer dès l'origine aux institutions que nécessitaient les progrès des lumières et l'accroissement du tiers état, du moins dix mille nobles de plus autour du roi auraient peut-être empêché qu'il ne fût détrôné. Mais, sans se perdre dans des suppositions qui peuvent toujours être contestées, il y a des devoirs inflexibles en politique comme en morale, et le premier de tous, c'est de ne jamais livrer son pays aux étrangers, lors même qu'ils s'offrent pour appuyer avec leurs armées le système qu'on regarde comme le meilleur. Un parti se croit le seul vertueux, le seul légitime ; un autre le seul national, le seul patriote : comment décider entre eux ? Était-ce un jugement de Dieu pour les Français, que le triomphe des troupes étrangères ? Le jugement de Dieu, dit le proverbe, c'est la voix du peuple. Quand une guerre civile eût été nécessaire pour mesurer les forces et manifester la majorité, la nation en serait devenue plus grande à ses propres yeux comme à ceux de ses rivaux. Les chefs de la Vendée inspirent mille fois plus de respect que ceux d'entre les Français qui ont excité les diverses coalitions de l'Europe contre leur patrie. On ne saurait triompher dans la guerre civile qu'à l'aide du courage, de l'énergie ou de la justice ; c'est aux facultés de l'âme qu'appartient le succès dans une telle lutte : mais, pour attirer les puissances étrangères dans son pays, une intrigue, un hasard, une relation avec un général ou avec un ministre en faveur, peuvent suffire. De tout temps les émigrés se sont joués de l'indépendance de leur patrie, ils la veulent, comme un jaloux sa maîtresse, morte ou fidèle ; et l'arme avec laquelle ils croient combattre les factieux s'échappe souvent de leurs mains, et frappe d'un coup mortel le pays même qu'ils prétendaient sauver.

Les nobles de France se considèrent malheureusement plutôt comme les compatriotes des nobles de tous les pays, que comme les concitoyens des Français. D'après leur manière de voir, la race des anciens conquérants de l'Europe se doit mutuellement des secours d'un empire à l'autre ; mais les nations, au contraire, se sentant un tout homogène, veulent disposer de leur sort; et, depuis l'antiquité jusqu'à nos jours, les peuples libres ou seulement fiers n'ont jamais supporté sans frémir l'intervention des gouvernements étrangers dans leurs querelles intestines.

Des circonstances particulières à l'histoire de France y ont séparé les privilégiés et le tiers état d'une manière plus prononcée que dans aucun autre pays de l'Europe. L'urbanité des mœurs cachait les divisions politiques; mais les priviléges pécuniaires, le nombre des emplois donnés exclusivement aux nobles, l'inégalité dans l'application des lois, l'étiquette des cours, tout l'héritage des droits de conquête traduits en faveurs arbitraires, ont créé en France, pour ainsi dire, deux nations dans une seule. En conséquence, les nobles émigrés ont voulu traiter la presque totalité du peuple français comme des vassaux révoltés; et, loin de rester dans leur pays, soit pour triompher de l'opinion dominante, soit pour s'y réunir, ils ont trouvé plus simple d'invoquer la gendarmerie européenne, afin de mettre Paris à la raison. C'était, disaient-ils, pour délivrer la majorité du joug d'une minorité factieuse, qu'on recourait aux armes des alliés voisins. Une nation qui aurait besoin des étrangers pour s'affranchir d'un joug quelconque, serait tellement avilie, qu'aucune vertu ne pourrait de longtemps s'y développer : elle rougirait de ses oppresseurs et de ses libérateurs tout ensemble. Henri IV, il est vrai, admit des corps étrangers dans son armée; mais il les avait comme auxiliaires, et ne dépendait point d'eux. Il opposait des Anglais et des Allemands protestants aux ligueurs dominés par les catholiques espagnols; mais toujours il était entouré d'une force française assez considérable pour être le maître de ses alliés. En 1791, le système de l'émigration était faux et condamnable, car une poignée de Français se perdait au milieu de toutes les baïonnettes de l'Europe. Il y avait d'ailleurs encore beaucoup de moyens de s'entendre en France entre soi; des hommes très-estimables étaient à la tête du gouvernement, des erreurs en politique pouvaient être réparées, et les meurtres judiciaires n'avaient point encore été commis.

Loin que l'émigration ait maintenu la considération de la noblesse, elle y a porté la plus forte atteinte. Une génération nouvelle s'est élevée pendant l'absence des gentilshommes; et, comme cette génération a vécu, prospéré, triomphé sans les privilégiés, elle croit encore pouvoir exister par elle-même. Les émigrés, d'autre part, vivant toujours dans le même cercle, se sont persuadé que

tout était rébellion hors de leurs anciennes habitudes; ils ont pris ainsi par degrés le même genre d'inflexibilité qu'ont les prêtres. Toutes les traditions politiques sont devenues à leurs yeux des articles de foi, et ils se sont fait des dogmes des abus. Leur attachement à la famille royale, dans son malheur, est très-digne de respect; mais pourquoi faire consister cet attachement dans la haine des institutions libres et l'amour du pouvoir absolu? Et pourquoi repousser le raisonnement en politique, comme s'il s'agissait des saints mystères, et non pas des affaires humaines? En 1791, le parti des aristocrates s'est séparé de la nation, de fait et de droit; d'une part, en s'éloignant de France, et de l'autre, en ne reconnaissant pas que la volonté d'un grand peuple doit être de quelque chose dans le choix de son gouvernement. Qu'est-ce que cela signifie, des nations? répétaient-ils sans cesse : il faut des armées. Mais les armées ne font-elles pas partie des nations? Tôt ou tard l'opinion ne pénètre-t-elle pas aussi dans les rangs mêmes des soldats, et de quelle manière peut-on étouffer ce qui anime maintenant tous les pays éclairés, la connaissance libre et réfléchie des intérêts et des droits de tous?

Les émigrés ont dû se convaincre, par leurs propres sentiments, dans différentes circonstances, que le parti qu'ils avaient pris était digne de blâme. Quand ils se trouvaient au milieu des uniformes étrangers, quand ils entendaient les langues germaniques, dont aucun son ne leur rappelait les souvenirs de leur vie passée, pouvaient-ils se croire encore sans reproche? Ne voyaient-ils pas la France tout entière se défendant sur l'autre bord? N'éprouvaient-ils pas une insupportable douleur, en reconnaissant les airs nationaux, les accents de leur province, dans le camp qu'il fallait appeler ennemi? Combien d'entre eux ne se sont pas retournés tristement vers les Allemands, vers les Anglais, vers tant d'autres peuples qu'on leur ordonnait de considérer comme leurs alliés! Ah! l'on ne peut transporter ses dieux pénates dans les foyers des étrangers. Les émigrés, lors même qu'ils faisaient la guerre à la France, ont souvent été fiers des victoires de leurs compatriotes. Ils étaient battus comme émigrés, mais ils triomphaient comme Français, et la joie qu'ils en ressentaient était la noble inconséquence des cœurs généreux. Jacques II s'écriait à la bataille de la Hogue, pendant la défaite de la flotte française, qui soutenait sa propre cause contre l'Angleterre : « *Comme mes braves Anglais se battent!* » Et ce sentiment lui donnait plus de droits au trône qu'aucun des arguments employés pour l'y maintenir.. En effet, l'amour de la patrie est indestructible comme toutes les affections sur lesquelles nos premiers devoirs sont fondés. Souvent une longue absence ou des querelles de parti ont brisé toutes vos relations; vous ne connaissez plus personne dans cette patrie qui est la vôtre : mais à son nom, mais à son aspect, tout votre cœur est ému; et, loin qu'il faille combattre de telles impressions comme des chimères, elles doivent servir de guide à l'homme vertueux.

Plusieurs écrivains politiques ont accusé l'émigration de tous les maux arrivés à la France. Il n'est pas juste de s'en prendre aux erreurs d'un parti des crimes de l'autre; mais il paraît démontré néanmoins qu'une crise démocratique est devenue beaucoup plus probable, quand tous les hommes employés dans la monarchie ancienne, et qui pouvaient servir à recomposer la nouvelle, s'ils l'avaient voulu, ont abandonné leur pays. L'égalité s'offrant alors de toutes parts, les hommes passionnés se sont trop abandonnés au torrent démocratique; et le peuple, ne voyant plus la royauté que dans le roi, a cru qu'il suffisait de renverser un homme pour fonder une république.

CHAPITRE II.

Prédiction de M. Necker sur le sort de la constitution de 1791.

Pendant les quatorze dernières années de sa vie, M. Necker ne s'est pas éloigné de sa terre de Coppet en Suisse. Il a vécu dans la retraite la plus absolue; mais le repos qui naît de la dignité n'exclut pas l'activité de l'esprit; aussi ne cessa-t-il point de suivre avec la plus grande sollicitude chaque événement qui se passait en France; et les ouvrages qu'il a composés à différentes époques de la révolution, ont un caractère de prophétie; parce qu'en examinant les défauts des constitutions diverses qui ont régi momentanément la France, il annonçait d'avance les conséquences de ces défauts, et ce genre de prédictions ne saurait manquer de se réaliser.

M. Necker joignait à l'étonnante sagacité de son esprit une sensibilité pour le sort de l'espèce humaine et de la France en particulier, dont il n'y a eu d'exemple, je crois, dans aucun publiciste. On traite d'ordinaire la politique d'une manière abstraite, et en la fondant presque toujours sur le calcul; mais M. Necker s'est surtout occupé des rapports de cette science avec la morale individuelle, le bonheur et la dignité des nations. C'est le Fénélon de

la politique, si j'ose m'exprimer ainsi, en honorant ces deux grands hommes par l'analogie de leurs vertus.

Le premier ouvrage qu'il publia en 1791 est intitulé : *de l'Administration de M. Necker, par lui-même.* A la suite d'une discussion politique très-approfondie sur les diverses compensations que l'on aurait dû accorder aux privilégiés pour la perte de leurs anciens droits, il dit, en s'adressant à l'assemblée : « Je l'entends; on me reprochera « mon attachement obstiné aux principes de la jus- « tice, et l'on essayera de le déprimer en y donnant « le nom de *pitié aristocratique.* Je sais mieux « que vous de quelle sorte est la mienne. C'est pour « vous, les premiers, que j'ai connu ce sentiment « d'intérêt; mais alors vous étiez sans union et sans « force; c'est pour vous, les premiers, que j'ai « combattu. Et dans le temps où je me plaignais si « fortement de l'indifférence qu'on vous témoignait; « lorsque je parlais des égards qui vous étaient « dus; lorsque je montrais une inquiétude conti- « nuelle sur le sort du peuple, c'était aussi par des « jeux de mots qu'on cherchait à ridiculiser mes « sentiments. Je voudrais bien en aimer d'autres « que vous, lorsque vous m'abandonnez; je vou- « drais bien le pouvoir, mais je n'ai pas cette con- « solation; vos ennemis et les miens ont mis entre « eux et moi une barrière que je ne chercherai ja- « mais à rompre, et ils doivent me haïr toujours, « puisqu'ils m'ont rendu responsable de leurs « propres fautes. Ce n'est pas moi cependant qui « les ai encouragés à jouir sans mesure de leur an- « cienne puissance, et ce n'est pas moi qui les ai « rendus inflexibles, lorsqu'il fallait commencer à « traiter avec la fortune. Ah! s'ils n'étaient pas « dans l'oppression, s'ils n'étaient pas malheureux, « combien de reproches n'aurais-je pas à leur faire! « Aussi, quand je les défends encore dans leurs « droits et leurs propriétés, ils ne croiront pas, je « l'espère, que je songe un instant à les regarder. « Je ne veux aujourd'hui ni d'eux ni de personne; « c'est de mes souvenirs, de mes pensées, que je « cherche à vivre et à mourir. Quand je fixe mon « attention sur la pureté des sentiments qui m'ont « guidé, je ne trouve nulle part une association « qui me convienne; et, dans le besoin cependant « que toute âme sensible en éprouve, je la forme « cette association, je la forme en espérance avec « les hommes honnêtes de tous les pays, avec ceux, « en si petit nombre, dont la première passion est « l'amour du bien sur cette terre. »

M. Necker regrettait amèrement cette popularité qu'il avait, sans hésiter, sacrifiée à ses devoirs. Quelques personnes lui ont fait un tort du prix qu'il y attachait. Malheur aux hommes d'État qui n'ont pas besoin de l'opinion publique! Ce sont des courtisans ou des usurpateurs; ils se flattent d'obtenir, par l'intrigue ou par la terreur, ce que les caractères généreux ne veulent devoir qu'à l'estime de leurs semblables.

En nous promenant ensemble, mon père et moi, sous ces grands arbres de Coppet qui me semblent encore des témoins amis de ses nobles pensées, il me demanda une fois si je croyais que toute la France partageât les soupçons populaires dont il avait été la victime, dans sa route de Paris en Suisse. « Il me semble, me disait-il, que dans quel- « ques provinces ils ont reconnu jusqu'au dernier « jour la pureté de mes intentions et mon atta- « chement à la France. » A peine m'eut-il adressé cette question, qu'il craignit d'être trop attendri par ma réponse? « N'en parlons plus, dit-il : Dieu « lit dans mon cœur : c'est assez. » Je n'osai pas, ce jour-là même, le rassurer, tant je voyais d'é- motion contenue dans tout son être! Ah! que les ennemis d'un tel homme doivent être durs et bor- nés! C'est à lui qu'il fallait adresser ces paroles de Ben Johnson, en parlant de son illustre ami le chancelier d'Angleterre. « Je prie Dieu qu'il vous « donne de la force dans votre adversité; car, pour « de la grandeur, vous n'en sauriez manquer. »

M. Necker, au moment où le parti démocra- tique, alors tout-puissant, lui faisait des proposi- tions de rapprochement, s'exprimait avec la plus grande force sur la funeste situation à laquelle on avait réduit l'autorité royale; et quoiqu'il crût peut-être trop à l'ascendant de la morale et de l'é- loquence, dans un temps où l'on commençait à ne s'occuper que de l'intérêt personnel, il se ser- vait mieux que personne de l'ironie et du raison- nement, quand il le jugeait à propos. J'en vais citer un exemple entre plusieurs.

« J'oserai le dire, la hiérarchie politique établie « par l'assemblée nationale semblait exiger, plus « qu'aucune autre ordonnance sociale, l'interven- « tion efficace du monarque. Cette auguste média- « tion pouvait seule, peut-être, conserver les dis- « tances entre tant de pouvoirs qui se rapprochent, « entre tant d'élus à titres pareils, entre tant de « dignitaires égaux par leur premier état, et si « près encore les uns des autres par la nature de « leurs fonctions et la mobilité de leurs places; « elle seule pouvait vivifier en quelque manière « les gradations abstraites et toutes constitution- « nelles qui doivent composer dorénavant l'échelle « des subordinations.

« Je vois bien

« Des assemblées primaires qui nomment un « corps électoral ;

« Ce corps électoral, qui choisit des députés à « l'assemblée nationale ;

« Cette assemblée, qui rend des décrets, et de- « mande au roi de les sanctionner et de les pro- « mulguer;

« Le roi qui les adresse aux départements ;

« Les départements qui les transmettent aux « districts;

« Les districts qui donnent des ordres aux muni- « cipalités;

« Les municipalités qui, pour l'exécution de « ces décrets, requièrent au besoin, l'assistance « des gardes nationales;

« Les gardes nationales qui doivent contenir le « peuple;

« Le peuple qui doit obéir.

« L'on aperçoit dans cette succession un ordre « de numéros, auquel il n'y a rien à redire ; un, « deux, trois, quatre, cinq, six, sept, huit, neuf, « dix; tout se suit dans la perfection. Mais en « gouvernement, mais en obéissance, c'est par la « liaison, c'est par le rapport moral des diffé- « rentes autorités que l'ordre général se main- « tient. Le législateur aurait une fonction trop « aisée, si, pour opérer cette grande œuvre poli- « tique, la soumission du grand nombre à la sa- « gesse de quelques-uns, il lui suffisait de conju- « guer le verbe *commander*, et de dire comme au « collège, je commanderai, tu commanderas, il « commandera, nous commanderons, etc. Il faut « nécessairement, pour établir une subordination « effective, et pour assurer le jeu de toutes les « parties ascendantes et descendantes, qu'il y ait « entre toutes les supériorités de convention, une « gradation proportionnelle de considération et de « respect. Il faut, de rang en rang, une distinc- « tion qui impose, et, au sommet de ces grada- « tions, il faut un pouvoir qui, par un mélange de « réalité et d'imagination, influe, par son action, « sur l'ensemble de la hiérarchie politique.

« Il n'est point de pays où les distinctions d'état « soient plus effacées que sous le gouvernement « despote des califes de l'Orient; mais nulle part « aussi les châtiments ne sont plus rapides, plus « sévères et plus multipliés. Les chefs de la jus- « tice et de l'administration y ont une décoration « qui suffit à tout ; c'est le cortége des janissaires, « des muets et des bourreaux. »

Ces derniers paragraphes se rapportent à la né- cessité d'un corps aristocratique, c'est-à-dire, d'une chambre des pairs, pour maintenir une monarchie. Pendant son dernier ministère, M. Necker avait défendu les principes du gouvernement anglais successivement contre le roi, les nobles et les représentants du peuple, à l'époque où chacune de ces autorités avait été la plus forte. Il continua le même rôle comme écrivain, et il combattit dans ses ouvrages l'assemblée constituante, la convention, le directoire et Bonaparte, tous les quatre au faîte de leur prospérité, opposant à tous les mêmes principes, et leur annonçant qu'ils se perdaient, même en atteignant leur but, parce qu'en fait de politique, ce qui égare le plus les corps et les individus, c'est le triomphe que l'on peut momentanément remporter sur la justice; ce triomphe finit toujours par renverser ceux qui l'obtiennent.

M. Necker, qui jugeait la constitution de 1791 en homme d'État, publia son opinion sur ce sujet, sous la première assemblée, lorsque cette constitution inspirait encore un grand enthousiasme. Son ouvrage intitulé : *Du Pouvoir exécutif dans les grands États*, est reconnu pour classique par les penseurs. Il contient des idées très-nouvelles sur la force nécessaire aux gouvernements en général; mais ces réflexions sont d'abord spécialement appliquées à l'ordre de choses que l'assemblée constituante venait de proclamer. Dans ce livre, plus encore que dans le précédent, l'on pourrait prendre les prédictions pour une histoire, tant les événements que les défauts des institutions devaient amener y sont détaillés avec précision et clarté! M. Necker, en comparant la constitution anglaise avec l'œuvre de l'assemblée constituante, finit par ces paroles remarquables : « Les Français « regretteront trop tard de n'avoir pas eu plus de « respect pour l'expérience, *et d'avoir méconnu* « *sa noble origine, sous ses vêtements usés et dé-* « *chirés par le temps.* »

Il prédit dans le même livre la terreur qui allait naître du pouvoir des jacobins, et, chose plus remarquable encore, la terreur qui naîtrait après eux par l'établissement du despotisme militaire.

Il ne suffisait pas à un publiciste tel que M. Necker, de présenter le tableau de tous les malheurs qui résulteraient de la constitution de 1791. Il devait encore donner à l'assemblée législative des conseils pour y échapper. L'assemblée constituante avait décrété plus de trois cents articles, auxquels aucune des législatures suivantes n'avait le droit de toucher qu'à des conditions qu'il était presque impossible de réunir; et cependant parmi ces articles immuables se trouvait le mode adopté pour nommer à des places inférieures, et autres choses d'aussi peu d'importance; de manière « qu'il ne « serait ni plus facile, ni moins difficile de changer « en république la monarchie française, que de « modifier les plus indifférents de tous les détails « compris, on ne sait pourquoi, dans l'acte consti- « tutionnel.

« Il me semble, dit ailleurs M. Necker, que dans « un grand État, on ne peut vouloir la liberté, et « renoncer en aucun temps aux conditions sui- « vantes :

« 1° L'attribution exclusive du droit législatif « aux représentants de la nation, sous une sanc- « tion du monarque; et dans ce droit législatif se « trouvent compris, sans exception, le choix et « l'établissement des impôts.

« 2° La fixation des dépenses publiques par la « même autorité; et à ce droit se rapporte évi- « demment la détermination des forces militaires.

« 3° La reddition de tous les comptes de recettes « et de dépenses par-devant les commissaires des « représentants de la nation.

« 4° Le renouvellement annuel des pouvoirs né- « cessaires pour la levée des contributions, en ex- « ceptant de cette condition les impôts hypothé- « qués au payement des intérêts de la dette pu- « blique.

« 5° La proscription de toute espèce d'autorité « arbitraire, et le droit donné à tous les citoyens « d'intenter une action civile ou criminelle contre « tous les officiers publics qui auraient abusé en- « vers eux de leur pouvoir.

« 6° L'interdiction aux officiers militaires d'agir « dans l'intérieur du royaume sans la réquisition « des officiers civils.

« 7° Le renouvellement annuel, par le corps lé- « gislatif, des lois qui constituent la discipline, et « par conséquent l'action et la force de l'armée.

« 8° La liberté de la presse étendue jusqu'au de- « gré compatible avec la morale et la tranquillité « publique.

« 9° L'égale répartition des charges publiques, « et l'aptitude légale de tous les citoyens à l'exer- « cice des fonctions publiques.

« 10° La responsabilité des ministres et des pre- « miers agents du gouvernement.

« 11° L'hérédité du trône, afin de prévenir les « factions, et de conserver la tranquillité de l'État.

« 12° L'attribution pleine et entière du pouvoir « exécutif au monarque, avec tous les moyens né- « cessaires pour l'exercer, afin d'assurer ainsi l'or- « dre public, afin d'empêcher que tous les pouvoirs « rassemblés dans le corps législatif n'introduisent

« un despotisme non moins oppresseur que tout
« autre.

« On devrait ajouter à ces principes le respect
« le plus absolu pour les droits de propriété, si ce
« respect ne composait pas un des éléments de la
« morale universelle, sous quelque forme de gou-
« vernement que les hommes soient réunis.

« Les douze articles que je viens d'indiquer pré-
« sentent à tous les hommes éclairés les bases fon-
« damentales de la liberté civile et politique d'une
« nation. Il fallait donc les placer hors de ligne
« dans l'acte constitutionnel, et l'on ne devait pas
« les confondre avec les nombreuses dispositions
« que l'on voulait soumettre à un renouvellement
« continuel de discussion.

« Pourquoi ne l'a-t-on pas fait? C'est qu'en as-
« signant à ces articles une place marquée dans la
« charte constitutionnelle, on eût montré distinc-
« tement deux vérités que l'on voulait obscurcir.

« L'une, que les principes fondamentaux de la
« liberté française se trouvaient en entier, ou dans
« le texte, ou dans l'esprit de la déclaration que le
« monarque avait faite le 27 décembre 1788, et
« dans ses explications subséquentes.

« L'autre, que tous les ordres de l'État, que
« toutes les classes de citoyens, après un premier
« temps d'incertitude et d'agitation, auraient fini
« vraisemblablement par donner leur assentiment
« à ces mêmes principes, et l'y donneraient peut-
« être encore, s'ils étaient appelés à le faire. »

On les a vus reparaître, ces articles qui constituent l'évangile social, sous une forme à peu près
semblable, dans la déclaration du 2 mai, datée de
Saint-Ouen, par S. M. Louis XVIII, et dans une
autre circonstance dont nous aurons occasion de
parler plus tard. Depuis le 27 décembre 1788, jusqu'au 8 juillet 1815, voilà ce que les Français ont
voulu quand ils ont pu vouloir.

Le livre *du Pouvoir exécutif dans les grands
États* est le meilleur guide que puissent prendre
les hommes appelés à faire ou à modifier une constitution quelconque; car c'est, pour ainsi dire, la
carte politique où tous les dangers qui se présentent sur la route de la liberté sont signalés.

A la tête de cet ouvrage, M. Necker s'adresse
ainsi aux Français :

« Il me souvient du temps où, en publiant le
« résultat de mes longues réflexions sur les finan-
« ces de la France, j'écrivais ces paroles : *Oui, na-
« tion généreuse, c'est à vous que je consacre cet
« ouvrage*. Hélas! qui me l'eût dit, que, dans la
« révolution d'un si petit nombre d'années, le mo-
« ment arriverait où je ne pourrais plus me servir

« des mêmes expressions, et où j'aurais besoin de
« tourner mes regards vers d'autres nations, pour
« avoir de nouveau le courage de parler de justice
« et de morale! Ah! pourquoi ne m'est-il pas per-
« mis de dire aujourd'hui : C'est à vous que j'a-
« dresse cet ouvrage, à vous, nation plus généreuse
« encore, depuis que la liberté a développé votre
« caractère et l'a dégagé de toutes ses gênes; à
« vous, nation plus généreuse encore, depuis que
« votre front ne porte plus l'empreinte d'aucun
« joug; à vous, nation plus généreuse encore, de-
« puis que vous avez fait l'épreuve de vos forces,
« et que vous dictez vous-même les lois auxquelles
« vous obéissez? — Ah! que j'aurais tenu ce lan-
« gage avec délices! mon sentiment existe encore;
« mais il me semble errant, il me semble en exil;
« et, dans mes tristes regrets, je ne puis, ni con-
« tracter de nouveaux liens, ni reprendre, même
« en espérance, l'idée favorite et l'unique passion
« dont mon âme fut si long-temps remplie. »

Je ne sais, mais il me semble que jamais on n'a
mieux exprimé ce que nous sentons tous : cet
amour pour la France qui fait tant de mal à présent, tandis qu'autrefois il n'était point de jouissance plus noble ni plus douce.

CHAPITRE III.

*Des divers partis dont l'assemblée législative
était composée.*

On ne peut s'empêcher d'éprouver un profond
sentiment de douleur, lorsqu'on se retrace les
époques de la révolution où une constitution libre
aurait pu être établie en France, et qu'on voit
non-seulement cet espoir renversé, mais les événements les plus funestes prendre la place des
institutions les plus salutaires. Ce n'est pas un
simple souvenir qu'on se retrace, c'est une peine
vive qui recommence.

L'assemblée constituante, vers la fin de son règne, se repentit de s'être laissé entraîner par les
factions populaires. Elle avait vieilli en deux années, comme Louis XIV en quarante ans; c'était
aussi par de justes craintes que la modération
avait repris quelque empire sur elle. Mais ses successeurs arrivèrent avec la fièvre révolutionnaire,
dans un temps où il n'y avait plus rien à réformer
ni à détruire. L'édifice social penchait du côté démocratique, et il fallait le relever, en augmentant
le pouvoir du trône. Toutefois, le premier décret
de cette assemblée législative fut pour refuser le
titre de majesté au roi, et pour lui assigner un
fauteuil en tout semblable à celui du président.

Les représentants du peuple se donnaient ainsi l'air de croire qu'on n'avait un roi que pour lui faire plaisir à lui-même, et qu'en conséquence on devait retrancher de ce plaisir le plus possible. Le décret du fauteuil fut rapporté, tant il excita de réclamations parmi les hommes sensés! mais le coup était porté, soit dans l'esprit du roi, soit dans celui du peuple; l'un sentit que sa position n'était pas tenable, l'autre embrassa le désir et l'espoir de la république.

Trois partis très-distincts se faisaient remarquer dans l'assemblée : les constitutionnels, les jacobins et les républicains. Il n'y avait presque pas de nobles, et point de prêtres parmi les constitutionnels; la cause des privilégiés était déjà perdue, mais celle du trône se disputait encore, et les propriétaires et les esprits sages formaient un parti conservateur au milieu de la tourmente populaire.

Ramond, Matthieu Dumas, Jaucourt, Beugnot, Girardin, se distinguaient parmi les constitutionnels : ils avaient du courage, de la raison, de la persévérance, et l'on ne pouvait les accuser d'aucun préjugé aristocratique. Ainsi, la lutte qu'ils soutinrent en faveur de la monarchie fait infiniment d'honneur à leur conduite politique. Le même parti jacobin, qui existait dans l'assemblée constituante, sous le nom de la Montagne, se remontra dans l'assemblée législative; mais il était encore moins digne d'estime que ses prédécesseurs. Car, au moins, dans l'assemblée constituante, l'on avait eu lieu de craindre, pendant quelques moments, que la cause de la liberté ne fût pas la plus forte, et les partisans de l'ancien régime, restés députés, pouvaient encore être redoutables; mais, dans l'assemblée législative, il n'y avait ni dangers, ni obstacles, et les factieux étaient obligés de créer des fantômes pour exercer contre eux l'escrime de la parole.

Un trio singulier, Merlin de Thionville, Bazire et le ci-devant capucin Chabot, se signalaient parmi les jacobins; ils en étaient les chefs, précisément parce qu'étant placés au dernier rang sous tous les rapports, ils rassuraient entièrement l'envie : c'était le principe de ce parti, qui soulevait l'ordre social par ses fondements, de mettre à la tête des attaquants ceux qui ne possédaient rien dans l'édifice que l'on voulait renverser. L'une des premières propositions que le trio démagogue fit à la tribune, ce fut de supprimer l'appellation *d'honorable membre*, dont on avait coutume de se servir comme en Angleterre; ils sentirent que ce titre, adressé à qui que ce fût d'entre eux, ne pourrait jamais passer que pour une ironie.

Un second parti, d'une tout autre valeur, donnait de la force à ces hommes sans moyens, et se flattait, bien à tort, de pouvoir se servir, des jacobins d'abord, et de les contenir ensuite. La députation de la Gironde était composée d'une vingtaine d'avocats, nés à Bordeaux et dans le Midi : ces hommes, choisis presque au hasard, se trouvèrent doués des plus grands talents; tant cette France renferme dans son sein d'hommes distingués, mais inconnus, que le gouvernement représentatif met en évidence! Les girondins voulurent la république, et ne parvinrent qu'à renverser la monarchie; ils périrent peu de temps après, en essayant de sauver la France et son roi. Aussi M. de Lally a-t-il dit, avec son éloquence accoutumée, que *leur existence et leur mort furent également funestes à la patrie.*

A ces députés de la Gironde se joignirent Brissot, écrivain désordonné dans ses principes comme dans son style, et Condorcet, dont les hautes lumières ne sauraient être contestées, mais qui cependant a joué, dans la politique, un plus grand rôle par ses passions que par ses idées. Il était irréligieux comme les prêtres sont fanatiques, avec de la haine, de la persévérance, et l'apparence du calme : sa mort aussi tint du martyre.

On ne peut considérer comme un crime la préférence accordée à la république sur toute autre forme de gouvernement, si des forfaits ne sont pas nécessaires pour l'établir; mais, à l'époque où l'assemblée législative se déclara l'ennemie du reste de royauté qui subsistait encore en France, les sentiments véritablement républicains, c'est-à-dire, la générosité envers les faibles, l'horreur des mesures arbitraires, le respect pour la justice, toutes les vertus enfin dont les amis de la liberté s'honorent, portaient à s'intéresser à la monarchie constitutionnelle et à son chef. Dans une autre époque, on aurait pu se rallier à la république, si elle avait été possible en France; mais lorsque Louis XVI vivait encore, lorsque la nation avait reçu ses serments, et qu'en retour elle lui en avait prêté de parfaitement libres, lorsque l'ascendant politique des privilégiés était entièrement anéanti, quelle assurance dans l'avenir ne fallait-il pas pour risquer, en faveur d'un nom, tout ce qu'on possédait déjà de biens réels!

L'ambition du pouvoir se mêlait à l'enthousiasme des principes chez les républicains de 1792, et quelques-uns d'entre eux offrirent de maintenir la royauté, si toutes les places du ministère étaient données à leurs amis. Dans ce cas seulement, disaient-ils, nous serons sûrs que les opinions des patriotes triompheront. C'est une chose fort importante, sans doute, que le choix des ministres dans une monarchie constitutionnelle, et le roi fit souvent la faute d'en nommer de très-suspects au parti de la liberté; mais il n'était que trop facile alors d'obtenir leur renvoi, et la responsabilité des événements politiques doit peser tout entière sur l'assemblée législative. Aucun argument, aucune inquiétude, n'étaient écoutés par ses chefs; ils répondaient aux observations de la sagesse, et de la sagesse désintéressée, par un sourire moqueur, symptôme de l'aridité qui résulte de l'amour-propre : on s'épuisait à leur rappeler les circonstances, et à leur en déduire les causes; on passait tour à tour de la théorie à l'expérience, et de l'expérience à la théorie, pour leur en montrer l'identité; et, s'ils consentaient à répondre, ils niaient les faits les plus authentiques, et combattaient les observations les plus évidentes, en y opposant quelques maximes communes, bien qu'exprimées avec éloquence. Ils se regardaient entre eux comme s'ils avaient été seuls dignes de s'entendre, et s'encourageaient par l'idée que tout était pusillanimité dans la résistance à leur manière de voir. Tels sont les signes de l'esprit de parti chez les Français : le dédain pour leurs adversaires en est la base, et le dédain s'oppose toujours à la connaissance de la vérité; les girondins méprisèrent les constitutionnels jusqu'à ce qu'ils eussent fait descendre, sans le vouloir, la popularité dans les derniers rangs de la société; ils se virent traités de têtes faibles à leur tour, par des caractères féroces; le trône qu'ils attaquaient leur servait d'abri, et ce ne fut qu'après en avoir triomphé, qu'ils furent à découvert devant le peuple : les hommes, en révolution, ont souvent plus à craindre de leurs succès que de leurs revers.

CHAPITRE IV.

Esprit des décrets de l'assemblée législative.

L'assemblée constituante avait fait plus de lois en deux ans que le parlement d'Angleterre en cinquante; mais au moins ces lois réformaient des abus et se fondaient sur des principes. L'assemblée législative ne rendit pas moins de décrets, quoique rien de vraiment utile ne restât plus à faire; mais l'esprit de faction inspira tout ce qu'elle appelait des lois. Elle accusa les frères du roi, confisqua les biens des émigrés, et rendit contre les prêtres un décret de proscription dont les amis de la liberté devaient être encore plus révoltés que les bons catholiques, tant il était contraire à la philosophie et à l'équité! Quoi! dira-t-on, les émigrés et les prêtres n'étaient-ils pas les ennemis de la révolution? Ce motif était suffisant pour ne pas élire députés de tels hommes, pour ne pas les appeler à la direction des affaires publiques; mais que deviendrait la société humaine, si, loin de ne s'appuyer que sur des principes immuables, l'on pouvait diriger les lois contre ses adversaires, comme une batterie? L'assemblée constituante ne persécuta jamais ni les individus, ni les classes; mais l'assemblée suivante ne fit que des décrets de circonstance, et l'on ne saurait guère citer une résolution prise par elle, qui pût durer au delà du moment qui l'avait dictée.

L'arbitraire, contre lequel la révolution devait être dirigée, avait acquis une nouvelle force par cette révolution même; en vain prétendait-on tout faire pour le peuple : les révolutionnaires n'étaient plus que les prêtres d'un dieu Moloch, appelé l'intérêt de tous, qui demandait le sacrifice du bonheur de chacun. En politique, persécuter ne mène à rien, qu'à la nécessité de persécuter encore; et tuer n'est pas détruire. On a dit, avec une atroce intention, que les morts seuls ne reviennent pas; et cette maxime n'est pas même vraie, car les enfants et les amis des victimes sont plus forts par les ressentiments que ne l'étaient par leurs opinions ceux même qu'on a fait périr. Il faut éteindre les haines et non pas les comprimer. La réforme est accomplie dans un pays, quand on a su rendre les adversaires de cette réforme fastidieux, mais non victimes.

CHAPITRE V.

De la première guerre entre la France et l'Europe.

On ne doit pas s'étonner que les rois et les princes n'aient jamais aimé les principes de la révolution française. *C'est mon métier, à moi, d'être royaliste,* disait Joseph II. Mais comme l'opinion des peuples pénètre toujours dans le cabinet des rois, au commencement de la révolution, lorsqu'il ne s'agissait que d'établir une monarchie limitée, aucun monarque de l'Europe ne songeait sérieusement à faire la guerre à la France pour s'y opposer. Le progrès des lumières était tel dans toutes les parties du monde civilisé, qu'alors, comme aujourd'hui, un gouvernement représentatif, plus ou moins semblable à celui de l'Angleterre, paraissait convenable et juste; et ce système ne rencontrait point d'adversaires imposants parmi les Anglais, ni parmi les Allemands. Burke, dès l'année 1791, exprima son indignation contre les crimes déjà commis en France et contre les faux systèmes de politique qu'on y avait adoptés ; mais ceux du parti aristocrate qui, sur le continent, citent aujourd'hui Burke comme l'ennemi de la révolution, ignorent peut-être qu'à chaque page il reproche aux Français de ne s'être pas conformés aux principes de la constitution d'Angleterre.

« Je recommande aux Français notre constitu- « tion, dit-il ; tout notre bonheur vient d'elle. La « démocratie absolue, dit-il ailleurs [1], n'est pas « plus un gouvernement légitime que la monarchie « absolue. Il n'y a [2] qu'une opinion en France con- « tre la monarchie absolue ; elle était à sa fin, elle « expirait sans agonie et sans convulsions ; toutes « les dissensions sont venues de la querelle entre « une démocratie despotique et un gouvernement « balancé. »

Si la majorité de l'Europe, en 1789, approuvait l'établissement d'une monarchie limitée en France, d'où vient donc, dira-t-on, que dès l'année 1791 toutes les provocations sont venues du dehors ? Car bien que la France ait imprudemment déclaré la guerre à l'Autriche en 1792, dans le fait les puissances étrangères se sont montrées, les premières, ennemies des Français par la convention de Pilnitz et les rassemblements de Coblentz. Les récriminations réciproques doivent remonter jusqu'à cette époque. Toutefois l'opinion européenne et la sagesse de l'Autriche auraient prévenu la guerre, si l'assemblée législative eût été modérée. La plus grande précision dans la connaissance des dates est nécessaire pour juger avec impartialité qui, de l'Europe ou de la France, a été l'agresseur. Six mois plus tard rendent sage en politique ce qui ne l'était pas six mois plus tôt, et souvent on confond les idées, parce qu'on a confondu les temps.

Les puissances eurent tort, en 1791, de se laisser entraîner aux mesures imprudentes conseillées par les émigrés. Mais, après le 10 août 1792, quand le trône fut renversé, l'état des choses en France devint tout à fait inconciliable avec l'ordre social. Ce trône, toutefois, ne se serait-il pas maintenu, si l'Europe n'avait pas menacé la France d'intervenir à main armée dans ses débats intérieurs, et révolté la fierté d'une nation indépendante, en lui imposant des lois ? La destinée seule a le secret de semblables suppositions : une chose est incontestable ; c'est que la convention de Pilnitz a commencé la longue guerre européenne. Or les jacobins désiraient cette guerre aussi vive-

ment que les émigrés ; car les uns et les autres croyaient qu'une crise quelconque pourrait seule amener les chances dont ils avaient besoin pour triompher.

Au commencement de 1792, avant la déclaration de guerre, Léopold, empereur d'Allemagne, l'un des princes les plus éclairés dont le dix-huitième siècle puisse se vanter, écrivit à l'assemblée législative une lettre, pour ainsi dire, intime. Quelques députés de l'assemblée constituante, Barnave, Duport, l'avaient composée, et le modèle en fut envoyé par la reine à Bruxelles, à M. le comte de Mercy-Argenteau, qui avait été longtemps ambassadeur d'Autriche à Paris. Léopold attaquait, dans cette lettre, nominativement le parti des jacobins, et offrait son appui aux constitutionnels. Ce qu'il disait était sans doute éminemment sage, mais on ne trouva pas convenable que l'empereur d'Allemagne entrât dans de si grands détails sur les affaires de France, et les députés se révoltèrent contre les conseils que leur donnait un monarque étranger. Léopold avait gouverné la Toscane avec une parfaite modération, et l'on doit lui rendre la justice que toujours il avait respecté l'opinion publique et les lumières du siècle. Ainsi donc il crut de bonne foi au bien que ses avis pouvaient produire. Mais dans les débats politiques où la masse d'une nation prend part, il n'y a que la voix des événements qui soit entendue ; les arguments n'inspirent que le désir de leur répondre.

L'assemblée législative, qui voyait la rupture prête à éclater, sentait aussi que le roi ne pouvait guère s'intéresser aux succès des Français combattant pour la révolution. Elle se défiait des ministres, persuadée qu'ils ne voulaient pas sincèrement repousser les ennemis dont ils invoquaient en secret l'assistance. On confia le département de la guerre, à la fin de 1791, à M. de Narbonne, qui a péri depuis dans le siége de Torgau. Il s'occupa avec un vrai zèle de tous les préparatifs nécessaires à la défense du royaume. Grand seigneur, homme d'esprit, courtisan et philosophe, ce qui dominait dans son âme, c'était l'honneur militaire et la bravoure française. S'opposer aux étrangers, dans quelque circonstance que ce fût, lui paraissait toujours le devoir d'un citoyen et d'un gentilhomme. Ses collègues se liguèrent contre lui, et parvinrent à le faire renvoyer : ils saisirent le moment où sa popularité dans l'assemblée était diminuée, pour se débarrasser d'un homme qui faisait son métier de ministre de la guerre aussi consciencieusement qu'il l'aurait fait dans tout autre temps.

Un soir, M. de Narbonne, en rendant compte à

[1] OEuvres de Burke, vol. III, page 179.
[2] Page 183.

l'assemblée de quelques affaires de son département, se servit de cette expression : « *J'en appelle*
« *aux membres les plus distingués de cette assem-*
« *blée.* » Aussitôt la montagne en fureur se leva
tout entière, et Merlin, Bazire et Chabot déclarèrent que tous les députés étaient également distingués : l'aristocratie du talent les révoltait autant
que celle de la naissance.

Le lendemain de cet échec, les autres ministres,
ne craignant plus l'ascendant de M. de Narbonne
sur le parti populaire, engagèrent le roi à le renvoyer. Ce triomphe inconsidéré dura peu. Les républicains forcèrent le roi à prendre des ministres
à leur dévotion, et ceux-là l'obligèrent à faire usage
de l'initiative constitutionnelle pour aller lui-même
à l'assemblée proposer la guerre contre l'Autriche.
J'étais à cette séance où l'on contraignit Louis XVI
à la démarche qui devait le blesser de tant de manières. Sa physionomie n'exprimait pas sa pensée,
mais ce n'était point par fausseté qu'il cachait ses
impressions ; un mélange de résignation et de dignité réprimait en lui tout signe extérieur de ses
sentiments. En entrant dans l'assemblée, il regardait à droite et à gauche, avec cette sorte de curiosité vague, qu'ont d'ordinaire les personnes dont
la vue est si basse qu'elles cherchent en vain à s'en
servir. Il proposa la guerre du même son de voix
avec lequel il aurait pu commander le décret le
plus indifférent du monde. Le président lui répondit avec le laconisme arrogant adopté dans cette
assemblée, comme si la fierté d'un peuple libre
consistait à maltraiter le roi qu'il a choisi pour
chef constitutionnel.

Lorsque Louis XVI et ses ministres furent
sortis, l'assemblée vota la guerre par acclamation.
Quelques membres ne prirent point part à la délibération, mais les tribunes applaudirent avec
transport ; les députés levèrent leurs chapeaux en
l'air ; et ce jour, le premier de la lutte sanglante
qui a déchiré l'Europe pendant vingt-trois années,
ce jour ne fit pas naître dans la plupart des esprits
la moindre inquiétude. Cependant, parmi les députés qui ont voté cette guerre, un grand nombre
a péri d'une manière violente, et ceux qui se réjouissaient le plus venaient à leur insu de prononcer leur arrêt de mort.

CHAPITRE VI.

Des moyens employés en 1792 *pour établir la république.*

Les Français sont peu disposés à la guerre civile, et n'ont point de talent pour les conspirations.

Ils sont peu disposés à la guerre civile, parce que
chez eux la majorité entraîne presque toujours la
minorité ; le parti qui passe pour le plus fort devient bien vite tout-puissant, car tout le monde
s'y réunit. Ils n'ont point de talent pour les conspirations, par cela même qu'ils sont très-propres
aux révolutions ; ils ont besoin de s'exciter mutuellement par la communication de leurs idées ; le
silence profond, la résolution solitaire qu'il faut
pour conspirer, ne sont pas dans leur caractère.
Ils en seraient peut-être plus capables, maintenant
que des traits italiens se sont mêlés à leur naturel ; mais l'on ne voit pas d'exemples d'une conjuration dans l'histoire de France ; Henri III et
Henri IV furent assassinés l'un et l'autre par deux
fanatiques sans complices. La cour, il est vrai,
sous Charles IX, prépara dans l'ombre le massacre de la Saint-Barthélemi ; mais ce fut une reine
italienne qui donna son esprit de ruse et de dissimulation aux instruments dont elle se servit. Les
moyens employés pour accomplir la révolution ne
valaient pas mieux que ceux dont on se sert pour
ourdir une conspiration : en effet, commettre un
crime sur la place publique, ou le combiner dans
son cabinet, c'est être également coupable ; mais
il y a la perfidie de moins.

L'assemblée législative renversait la monarchie
avec des sophismes. Ses décrets altéraient le bon
sens et dépravaient la moralité de la nation. Il
fallait une sorte d'hypocrisie politique, encore plus
dangereuse que l'hypocrisie religieuse, pour détruire le trône pièce à pièce, en jurant toutefois
de le maintenir. Aujourd'hui les ministres étaient
accusés ; demain la garde du roi était licenciée ; un
autre jour l'on accordait des récompenses aux soldats du régiment de Châteauvieux qui s'étaient révoltés contre leurs chefs ; les massacres d'Avignon
trouvaient des défenseurs dans le sein de l'assemblée : enfin, soit que l'établissement d'une république en France parût ou non désirable, il ne pouvait y avoir qu'une façon de penser sur le choix
des moyens employés pour y parvenir ; et, plus
on était ami de la liberté, plus la conduite du
parti républicain excitait d'indignation au fond de
l'âme.

Ce qu'il importe, avant tout, de considérer dans
les grandes crises politiques, c'est si la révolution
qu'on désire est en harmonie avec l'esprit du temps.
En tâchant d'opérer le retour des anciennes institutions, c'est-à-dire, en voulant faire reculer la
raison humaine, on enflamme toutes les passions
populaires. Mais si l'on aspire au contraire à fonder une république dans un pays qui la veille avait

tous les défauts et tous les vices que les monarchies absolues doivent enfanter, on se voit dans la nécessité d'opprimer pour affranchir, et de se souiller ainsi de forfaits, en proclamant le gouvernement qui se fonde sur la vertu. Une manière sûre de ne pas se tromper sur ce que veut la majorité d'une nation, c'est de ne suivre jamais qu'une marche légale pour parvenir au but même que l'on croit le plus utile. Dès qu'on ne se permet rien d'immoral, on ne contrarie jamais violemment le cours des choses.

La guerre des Français, qui fut depuis si brillante, commença par des revers. Les soldats, à Lille, après leur déroute, massacrèrent leur chef Théobald Dillon, dont ils soupçonnaient bien à tort la bonne foi. Ces premiers échecs avaient rendu la méfiance générale. Aussi l'assemblée législative poursuivait-elle sans cesse de dénonciations les ministres, comme des chevaux rétifs que les coups d'éperons ne peuvent faire avancer. Le premier devoir d'un gouvernement, aussi bien que d'une nation, est sans doute d'assurer son indépendance contre l'envahissement des étrangers. Mais une position aussi fausse pouvait-elle durer? Et ne valait-il pas mieux ouvrir les portes de la France au roi qui voulait en sortir, que de chicaner du matin au soir la puissance ou plutôt la faiblesse royale, et de traiter le descendant de saint Louis, captif sur le trône, comme l'oiseau qu'on attache au sommet d'un arbre, et contre lequel chacun lance des traits tour à tour?

L'assemblée législative, lassée de la patience même de Louis XVI, imagina de lui présenter deux décrets, auxquels sa conscience et sa sûreté ne lui permettaient pas de donner sa sanction. Par le premier, on condamnait à la déportation tout prêtre qui avait refusé de prêter serment, s'il était dénoncé par vingt citoyens actifs, c'est-à-dire, payant une contribution; et par le second, on appelait à Paris une légion de Marseillais qu'on avait décidés à conspirer contre la couronne. Quel décret cependant, que celui dont les prêtres étaient les victimes! On livrait l'existence d'un citoyen à des dénonciations qui portaient sur ses opinions présumées. Que craint-on du despotisme, si ce n'est un tel décret? Au lieu de vingt citoyens actifs, il n'y a qu'à supposer des courtisans qui sont actifs aussi à leur manière, et l'on aura l'histoire de toutes les lettres de cachet, de tous les exils, de tous les empoisonnements que l'on veut empêcher par l'institution du gouvernement libre.

Un généreux mouvement de l'âme décida le roi à s'exposer à tout plutôt que d'accéder à la pros-

cription des prêtres : il pouvait, en se considérant comme prisonnier, donner sa sanction à cette loi, et protester contre elle en secret; mais il ne put consentir à traiter la religion comme la politique; et, s'il dissimula comme roi, il fut vrai comme martyr.

Dès que le veto du roi fut connu, l'on sut de toutes parts qu'il se préparait une émeute dans les faubourgs. Le peuple étant devenu despote, le moindre obstacle à ses volontés l'irritait. On vit aussi dans cette occasion le terrible inconvénient de placer l'autorité royale en présence d'une seule chambre. Le combat entre ces deux pouvoirs manque d'arbitre, et c'est l'insurrection qui lui en sert.

Vingt mille hommes de la dernière classe de la société, armés de piques et de lances, marchèrent aux Tuileries sans savoir pourquoi; ils étaient prêts à commettre tous les forfaits, ou pouvaient être entraînés aux plus belles choses, suivant l'impulsion des événements et des hommes.

Ces vingt mille hommes pénétrèrent dans le palais du roi; leurs physionomies étaient empreintes de cette grossièreté morale et physique dont on ne peut supporter le dégoût, quelque philanthrope que l'on soit. Si quelque sentiment vrai les avait animés, s'ils étaient venus réclamer contre des injustices, contre la cherté des grains, contre l'accroissement des impôts, contre les enrôlements militaires, enfin contre tout ce que le pouvoir et la richesse peuvent faire souffrir à la misère, les haillons dont ils étaient revêtus, leurs mains noircies par le travail, la vieillesse prématurée des femmes, l'abrutissement des enfants, tout aurait excité de la pitié. Mais leurs affreux jurements entremêlés de cris, leurs gestes menaçants, leurs instruments meurtriers, offraient un spectacle épouvantable, et qui pouvait altérer à jamais le respect que la race humaine doit inspirer.

L'Europe a su comment madame Élisabeth, sœur du roi, voulut empêcher qu'on ne détrompât les furieux qui la prenaient pour la reine, et la menaçaient à ce titre. La reine elle-même devait être reconnue à l'ardeur avec laquelle elle pressait ses enfants contre son cœur. Le roi, dans ce jour, montra toutes les vertus d'un saint. Il n'était déjà plus temps de se sauver en héros; le signe horrible du massacre, le bonnet rouge, fut placé sur sa tête dévouée; mais rien ne pouvait l'humilier, puisque toute sa vie n'était qu'un sacrifice continuel.

L'assemblée, honteuse de ses auxiliaires, envoya quelques-uns des députés pour sauver la famille royale; et Vergniaud, l'orateur le plus éloquent peut-être de tous ceux qui se sont fait entendre à la tribune française, dissipa dans peu d'instants la populace.

Le général la Fayette, indigné de ce qui se passait à Paris, quitta son armée pour venir à la barre de l'assemblée demander justice de l'affreuse journée du 20 juin 1792. Si les girondins alors s'étaient réunis à lui et à ses amis, on pouvait peut-être encore empêcher l'entrée des étrangers, et rendre au roi l'autorité constitutionnelle qui lui était due. Mais à l'instant où M. de la Fayette termina son discours par ces paroles, qu'il lui convenait si bien de prononcer : « Telles sont les « représentations que soumet à l'assemblée un « citoyen auquel on ne saurait du moins disputer « son amour pour la liberté, » Guadet, collègue de Vergniaud, monta rapidement à la tribune, et se servit avec habileté de la défiance que doit avoir toute assemblée représentative contre un général qui se mêle des affaires intérieures. Cependant, quand il rappelait les souvenirs de Cromwell, dictant au nom de son armée des lois aux représentants de son pays, on savait bien qu'il n'y avait là ni tyran, ni soldats, mais un citoyen vertueux qui, bien qu'ami de la république en théorie, ne pouvait supporter le crime, sous quelque bannière qu'il prétendît se ranger.

CHAPITRE VII.

Anniversaire du 14 juillet, célébré en 1792.

Des adresses de toutes les parties de la France, alors sincères, puisqu'il y avait du danger à les signer, exprimaient le vœu de la grande majorité des citoyens en faveur du maintien de la constitution. Quelque imparfaite qu'elle fût, c'était une monarchie limitée; et tel a toujours été le vœu des Français : les factieux ou les soldats ont pu seuls empêcher qu'il ne prévalût. Si les chefs du parti populaire avaient pu croire que la nation désirât véritablement la république, ils n'auraient pas eu besoin des moyens les plus injustes pour l'établir. On n'a point recours au despotisme, quand on a pour soi l'opinion ; et quel despotisme, juste ciel ! que celui qu'on voyait sortir alors des classes de la société les plus grossières, comme les vapeurs s'élèvent des marais pestilentiels ! Marat, dont la postérité se souviendra peut-être, afin de rattacher à un homme les crimes d'une époque, Marat se servait chaque jour de son journal, pour menacer des plus affreux supplices la famille royale et ses défenseurs. Jamais on n'avait vu la parole humaine ainsi dénaturée; les hurlements des bêtes féroces pourraient être traduits dans ce langage.

Paris était divisé en quarante-huit sections, qui toutes envoyaient des députés à la barre de l'assemblée, pour dénoncer les moindres actes comme des forfaits. Quarante-quatre mille municipalités renfermaient chacune un club de jacobins qui relevait de celui de Paris, soumis lui-même aux ordres des faubourgs. Jamais une ville de sept cent mille âmes ne fut ainsi transformée. L'on entendait de toutes parts des injures dirigées contre le palais des rois; rien ne le défendait plus qu'une sorte de respect qui servait encore de barrière autour de cette antique demeure; mais à chaque instant, cette barrière pouvait être franchie, et tout alors était perdu.

On écrivait des départements qu'on envoyait les hommes les plus furieux à Paris, pour célébrer le 14 juillet, et qu'ils n'y venaient que pour massacrer le roi et la reine. Le maire de Paris, Péthion, un froid fanatique, poussant à l'extrême toutes les idées nouvelles, parce qu'il était plus capable de les exagérer que de les comprendre; Péthion, avec une niaiserie extérieure qu'on prenait pour de la bonne foi, favorisait toutes les émeutes. Ainsi l'autorité même se mettait du parti de l'insurrection. L'administration départementale, en vertu d'un article constitutionnel, suspendit Péthion de ses fonctions; les ministres du roi confirmèrent cet arrêté, mais l'assemblée rétablit le maire dans sa place, et son ascendant s'accrut par sa disgrâce momentanée. Un chef populaire ne peut rien désirer de mieux qu'une persécution apparente, suivie d'un triomphe réel.

Les Marseillais envoyés au Champ de Mars pour célébrer le 14 juillet portaient écrit sur leurs chapeaux déguenillés : *Péthion, ou la Mort !* Ils passaient devant l'espèce d'estrade sur laquelle était placée la famille royale, en criant : *Vive Péthion !* misérable nom que le mal même qu'il a fait n'a pu sauver de l'obscurité ! A peine quelques faibles voix faisaient entendre : *Vive le roi !* comme un dernier adieu, comme une dernière prière.

L'expression du visage de la reine ne s'effacera jamais de mon souvenir : ses yeux étaient abîmés de pleurs ; la splendeur de sa toilette, la dignité de son maintien, contrastant avec le cortége dont elle était environnée. Quelques gardes nationaux la séparaient seuls de la populace; les hommes armés, rassemblés dans le Champ de Mars, avaient plus l'air d'être réunis pour une émeute que pour une fête. Le roi se rendit à pied, du pavillon sous lequel il était, jusqu'à l'autel élevé à l'extrémité du Champ de Mars. C'est là qu'il devait prêter serment pour la seconde fois à la constitution, dont les débris allaient écraser le trône. Quelques enfants suivaient le roi en l'applaudissant; ces enfants ne savaient pas encore de quel forfait leurs pères étaient prêts à se souiller.

Il fallait le caractère de Louis XVI, ce caractère de martyr qu'il n'a jamais démenti, pour supporter ainsi une pareille situation. Sa manière de marcher, sa contenance, avaient quelque chose de particulier; dans d'autres occasions, on aurait pu lui souhaiter plus de grandeur; mais il suffisait, dans ce moment, de rester en tout le même pour paraître sublime. Je suivis de loin sa tête poudrée au milieu de ces têtes à cheveux noirs; son habit, encore brodé comme jadis, ressortait à côté du costume des gens du peuple qui se pressaient autour de lui. Quand il monta les degrés de l'autel, on crut voir la victime sainte, s'offrant volontairement en sacrifice. Il redescendit; et, traversant de nouveau les rangs en désordre, il revint s'asseoir auprès de la reine et de ses enfants. Depuis ce jour le peuple ne l'a plus revu que sur l'échafaud.

CHAPITRE VIII.

Manifeste du duc de Brunswick.

On a beaucoup dit que les termes dans lesquels le manifeste du duc de Brunswick était conçu ont été l'une des principales causes du soulèvement de la nation française contre les alliés en 1792. Je ne le crois pas: les deux premiers articles de ce manifeste contenaient ce que la plupart des écrits de ce genre, depuis la révolution, ont renfermé; c'est-à-dire, que les puissances étrangères ne feraient point de conquête sur la France, et qu'elles ne voulaient point s'immiscer dans le gouvernement intérieur du pays. A ces deux promesses, qui sont rarement tenues, on ajoutait, il est vrai, la menace de traiter en rebelles ceux des gardes nationaux qui seraient trouvés les armes à la main; comme si, dans aucun cas, une nation pouvait être coupable en défendant son territoire! mais, quand même le manifeste eût été plus sagement rédigé, il n'aurait point affaibli alors l'esprit public des Français. On sait bien que toute puissance armée désire la victoire, et ne demande pas mieux que de diminuer les obstacles qu'elle doit rencontrer pour l'obtenir. Aussi les proclamations des étrangers, adressées aux nations contre lesquelles ils combattent, se réduisent-elles toutes à dire: Ne nous résistez pas; et la réponse des peuples fiers doit être: Nous vous résisterons.

Les amis de la liberté, dans cette circonstance, étaient, comme ils le seront toujours, opposés aux étrangers; mais ils ne pouvaient pas se dissimuler non plus qu'on avait mis le roi dans une situation qui le réduisait à désirer le secours des coalisés. Quelles ressources pouvait-il alors rester aux patriotes vertueux?

M. de la Fayette fit proposer à la famille royale de venir se réfugier à Compiègne, dans son armée. C'était le parti le meilleur et le plus sûr; mais les personnes qui avaient la confiance du roi et de la reine haïssaient M. de la Fayette autant que s'il eût été un jacobin forcené. Les aristocrates de ce temps-là aimaient mieux tout risquer pour obtenir le rétablissement de l'ancien régime, que d'accepter un secours efficace, à la condition d'adopter sincèrement les principes de la révolution, c'est-à-dire, le gouvernement représentatif. L'offre de M. de la Fayette fut donc refusée, et le roi se soumit au terrible hasard d'attendre à Paris les troupes allemandes.

Les royalistes, qui sont sujets à toute l'imprudence de l'espoir, se persuadèrent que les défaites des armées françaises feraient une telle peur au peuple de Paris, qu'il deviendrait doux et soumis dès qu'il les apprendrait. La grande erreur des hommes passionnés en politique, c'est d'attribuer tous les genres de vices et de bassesses à leurs adversaires. Il faut savoir apprécier à quelques égards ceux qu'on hait, et ceux même qu'on méprise; car nul homme, et surtout nulle masse d'hommes, n'a jamais entièrement abdiqué tout sentiment moral. Ces jacobins furieux, capables alors de tous les forfaits, avaient pourtant de l'énergie; et c'est à l'aide de cette qualité qu'ils ont triomphé de tant d'armées étrangères.

CHAPITRE IX.

Révolution du 10 août 1792. Renversement de la monarchie.

L'opinion publique se montre toujours, même au milieu des factions qui l'oppriment. Une seule révolution, celle de 1789, a été faite par la puissance de cette opinion; mais, depuis cette année, presque aucune des crises qui ont eu lieu en France n'a été désirée par la nation.

Quatre jours avant le 10 août, on voulut porter dans l'assemblée un décret d'accusation contre M. de la Fayette, et quatre cent vingt-quatre voix, sur six cent soixante-dix, l'acquittèrent. Le vœu de cette majorité n'était certainement pas pour la révolution qui se préparait. La déchéance du roi fut demandée; l'assemblée la rejeta : mais la minorité, qui la voulait, eut recours au peuple pour l'obtenir.

Le parti des constitutionnels était néanmoins toujours le plus nombreux; et si, d'une part, les nobles n'étaient pas sortis de France, et que, de l'autre, les royalistes qui entouraient le roi se fussent réconciliés franchement avec les amis de la liberté, on aurait pu sauver encore la France et le trône. Ce n'est ni la première ni la dernière fois que nous avons été et que nous serons appelés, dans le cours de cet ouvrage, à montrer que le bien ne peut s'opérer en France que par la réunion sincère des royalistes de l'ancien régime avec les royalistes constitutionnels. Mais dans ce mot de *sincère*, que d'idées sont renfermées!

Les constitutionnels avaient en vain demandé la permission d'entrer dans le palais du roi pour le défendre. Les invincibles préjugés des courtisans les en avaient écartés. Incapables cependant, malgré le refus qu'on leur faisait subir, de se rallier au parti contraire, ils erraient autour du château, s'exposant à se faire massacrer pour se consoler de ne pouvoir se battre. De ce nombre étaient MM. de Lally, Narbonne, la Tour du Pin Gouvernet, Castellane, Montmorency, et plusieurs autres encore, dont les noms ont reparu dans toutes les circonstances honorables.

Avant minuit, le 9 août, les quarante-huit tocsins des sections de Paris commencèrent à se faire entendre, et toute la nuit ce son monotone, lugubre et rapide, ne cessa pas un instant. J'étais à ma fenêtre avec quelques-uns de mes amis, et, de quart d'heure en quart d'heure, la patrouille volontaire des constitutionnels nous envoyait des nouvelles. On nous disait que les faubourgs s'avançaient, ayant à leur tête Santerre le brasseur, et Westermann, militaire, qui depuis s'est battu contre la Vendée. Personne ne pouvait prévoir ce qui arriverait le lendemain, et nul ne s'attendait alors à vivre au delà d'un jour. Il y eut néanmoins quelques moments d'espoir pendant cette nuit effroyable; on se flatta, je ne sais pourquoi, peut-être seulement parce qu'on avait épuisé la crainte.

Tout à coup, à sept heures, le bruit affreux du canon des faubourgs se fait entendre; et, dans la première attaque, les gardes suisses furent vainqueurs. Le peuple fuyait dans les rues avec autant d'effroi qu'il avait eu de fureur. Il faut le dire, le roi devait alors se mettre à la tête des troupes, et combattre ses ennemis. La reine fut de cet avis, et le conseil courageux qu'elle donna dans cette circonstance à son époux, l'honore et la recommande à la postérité.

Plusieurs bataillons de la garde nationale, entre autres celui des Filles-Saint-Thomas, étaient pleins d'ardeur et de zèle; mais le roi, en quittant les Tuileries, ne pouvait plus compter sur cet enthousiasme qui fait la force des citoyens armés.

Beaucoup de républicains pensent que si Louis XVI eût triomphé le 10 août, les étrangers seraient arrivés à Paris, et y auraient rétabli l'ancien despotisme, devenu plus odieux encore par le moyen même dont il aurait tenu sa force. Il est possible que les choses fussent arrivées à cette extrémité; mais qui les y avait conduites? L'on peut toujours, dans les troubles civils, rendre un crime politiquement utile; mais c'est par les crimes précédents qu'on parvient à créer cette infernale nécessité.

On vint me dire que tous mes amis, qui faisaient la garde en dehors du château, avaient été saisis et massacrés. Je sortis à l'instant pour en savoir des nouvelles; le cocher qui me conduisait fut arrêté sur le pont par des hommes qui, silencieusement, lui faisaient signe qu'on égorgeait de l'autre côté. Après deux heures d'inutiles efforts pour passer, j'appris que tous ceux qui m'intéressaient vivaient encore, mais que la plupart d'entre eux étaient contraints à se cacher, pour éviter les proscriptions dont ils étaient menacés. Lorsque j'allais les voir le soir, à pied, dans les maisons obscures où ils avaient pu trouver asile, je rencontrais des hommes armés couchés devant les portes, assoupis par l'ivresse, et ne se réveillant à demi que pour prononcer des juremens exécrables. Plusieurs femmes du peuple étaient aussi dans le même état, et leurs vociférations avaient quelque chose de plus odieux encore. Dès qu'on apercevait une patrouille destinée à maintenir l'ordre, les honnêtes gens fuyaient pour l'éviter; car, ce qu'on appelait maintenir l'ordre, c'était contribuer au triomphe des assassins, et les préserver de tout obstacle.

CHAPITRE X.

Anecdotes particulières.

L'on ne peut se résoudre à continuer de tels tableaux. Encore le 10 août semblait-il avoir pour but de s'emparer du gouvernement, afin de diriger tous ses moyens contre l'invasion des étrangers; mais les massacres qui eurent lieu vingt-deux jours après le renversement du trône, n'étaient qu'une débauche de forfaits. On a prétendu que la terreur qu'on éprouvait à Paris, et dans toute la France, avait décidé les Français à se réfugier dans les camps. Singulier moyen que la peur, pour recruter une armée! Mais une telle supposition est une offense faite à la nation. Je tâcherai de montrer, dans le chapitre suivant, que c'est malgré le crime, et non par son affreux secours, que les Français ont repoussé les étrangers qui voulaient leur imposer la loi.

A des criminels succédaient des criminels plus détestables encore. Les vrais républicains ne restèrent pas un jour les maîtres après le 10 août. Dès que le trône qu'ils attaquaient fut renversé, ils eurent à se défendre eux-mêmes; ils n'avaient montré que trop de condescendance envers les horribles instruments dont on s'était servi pour établir la république; mais les jacobins étaient bien sûrs de finir par les épouvanter de leur propre idole, à force de forfaits; et l'on eût dit que les scélérats les plus intrépides en fait de crimes essayaient la tête de Méduse sur les différents chefs de parti, afin de se débarrasser de tous ceux qui n'en pouvaient supporter l'aspect.

Les détails de ces horribles massacres repoussent l'imagination, et ne fournissent rien à la pensée. Je m'en tiendrai donc à raconter ce que j'ai vu moi-même à cette époque; peut-être est-ce la meilleure manière d'en donner une idée.

Pendant l'intervalle du 10 août au 2 septembre, de nouvelles arrestations avaient eu lieu à chaque instant. Les prisons étaient combles; toutes les adresses du peuple qui, depuis trois ans, annonçaient d'avance ce que les chefs de parti avaient résolu, demandaient la punition des traîtres; et ce nom s'étendait aux classes comme aux individus, aux talents comme à la fortune, à l'habit comme aux opinions; enfin, à tout ce que les lois protégent, et que l'on voulait anéantir.

Les troupes des Autrichiens et des Prussiens avaient déjà passé la frontière, et l'on répétait de toutes parts que si les étrangers avançaient, tous les honnêtes gens de Paris seraient massacrés. Plusieurs de mes amis, MM. de Narbonne, Montmorency, Baumets, étaient personnellement menacés, et chacun d'eux se tenait caché dans la maison de quelque bourgeois. Mais il fallait chaque jour changer de demeure, parce que la peur prenait à ceux qui donnaient un asile. On ne voulut pas d'abord se servir de ma maison, parce qu'on craignait qu'elle n'attirât l'attention; mais d'un autre côté, il me semblait qu'étant celle d'un ambassadeur, et portant sur la porte le nom d'hôtel de Suède, elle pourrait être respectée, quoi-

que M. de Staël fût absent. Enfin, il n'y eut plus à délibérer, quand on ne trouva plus personne qui osât recevoir les proscrits. Deux d'entre eux vinrent chez moi; je ne mis dans ma confidence qu'un de mes gens dont j'étais sûre. J'enfermai mes amis dans la chambre la plus reculée, et je passais la nuit dans les appartements qui donnaient sur la rue, redoutant à chaque instant ce qu'on appelait les visites domiciliaires.

Un matin, un de mes domestiques, dont je me défiais, vint me dire que l'on avait affiché, au coin de ma rue, le signalement et la dénonciation de M. de Narbonne : c'était l'une des personnes cachées chez moi. Je crus que cet homme voulait pénétrer mon secret en m'effrayant, mais il me racontait le fait tout simplement. Peu de temps après, la redoutable visite domiciliaire se fit dans ma maison. M. de Narbonne, étant mis hors la loi, périssait le même jour, s'il était découvert; et quelques précautions que j'eusse prises, je savais bien que si la recherche était exactement faite, il ne pouvait y échapper. Il fallait donc, à tout prix, empêcher cette recherche; je rassemblai mes forces, et j'ai senti, dans cette circonstance, qu'on peut toujours dominer son émotion, quelque violente qu'elle soit, quand on sait qu'elle expose la vie d'un autre.

On avait envoyé, pour s'emparer des proscrits, dans toutes les maisons de Paris, des commissaires de la classe la plus subalterne; et, pendant qu'ils faisaient leurs visites, des postes militaires gardaient les deux extrémités de la rue pour empêcher que personne ne s'échappât. Je commençai par effrayer, autant que je pus, ces hommes, sur la violation du droit des gens qu'ils commettaient en visitant la maison d'un ambassadeur; et, comme ils ne savaient pas trop bien la géographie, je leur persuadai que la Suède était une puissance qui pouvait les menacer d'une attaque immédiate, parce qu'elle était frontière de la France. Vingt ans après, chose inouïe, cela s'est trouvé vrai; car Lubeck et la Poméranie suédoise étaient au pouvoir des Français.

Les gens du peuple sont prenables tout de suite ou jamais : il n'y a presque point de gradations ni dans leurs sentiments, ni dans leurs idées. Je m'aperçus donc que mes raisonnements leur faisaient impression, et j'eus le courage, avec la mort dans le cœur, de leur faire des plaisanteries sur l'injustice de leurs soupçons. Rien n'est plus agréable aux hommes de cette classe que des plaisanteries; car, dans l'excès de leur fureur contre les nobles, ils ont du plaisir à être traités par eux comme des égaux. Je les reconduisis ainsi jusqu'à la porte, et je bénis Dieu de la force extraordinaire qu'il m'avait prêtée dans cet instant; néanmoins cette situation ne pouvait se prolonger, et le moindre hasard suffisait pour perdre un proscrit qui était très-connu par son ministère récent.

Un Hanovrien généreux et spirituel, le docteur Bollmann, qui, depuis, s'est exposé pour délivrer M. de la Fayette des prisons d'Autriche, apprit mon anxiété, et m'offrit, sans autre motif que l'enthousiasme de la bonté, de conduire M. de Narbonne en Angleterre, en lui donnant le passe-port d'un de ses amis. Rien n'était plus hardi que cette action; car, si un étranger, quel qu'il fût, avait été pris emmenant un proscrit sous un nom supposé, il eût été condamné à mort. Le courage du docteur Bollmann ne se démentit ni dans la volonté ni dans l'exécution, et quatre jours après son départ, M. de Narbonne était à Londres.

On m'avait accordé des passe-ports pour me rendre en Suisse; mais il était si triste de se mettre en sûreté toute seule, quand on laissait encore tant d'amis en danger, que je retardais de jour en jour pour savoir ce que chacun d'eux était devenu. On vint me dire, le 31 août, que M. de Jaucourt, député à l'assemblée législative, et M. de Lally-Tollendal, venaient d'être conduits tous les deux à l'Abbaye, et l'on savait déjà qu'on n'envoyait dans cette prison que ceux qu'on voulait livrer aux assassins. Le beau talent de M. de Lally lui servit d'égide d'une façon singulière. Il fit le plaidoyer d'un de ses camarades de prison, traduit devant le tribunal avant le massacre; le prisonnier fut acquitté, et chacun sut qu'il le devait à l'éloquence de Lally. M. de Condorcet admirait son rare talent, et s'employa pour le sauver; d'ailleurs, M. de Lally trouvait une protection efficace dans l'intérêt de l'ambassadeur d'Angleterre, qui était encore à Paris à cette époque [1]. M. de Jaucourt n'avait pas le même appui : je me fis montrer la liste de tous les membres de la commune de Paris, alors maîtres de la ville; je ne les connaissais que par leur terrible réputation, et je cherchais au hasard un motif pour déterminer mon choix. Je me rappelai tout à coup que Manuel, l'un d'entre eux, se mêlait de littérature, et qu'il venait de publier des Lettres de Mirabeau avec une préface, bien mauvaise, il est vrai, mais dans laquelle cependant on remarquait la bonne volonté de montrer de l'esprit. Je me persuadai qu'aimer les applaudisse-

ments pouvait rendre accessible de quelque manière aux sollicitations; ce fut donc à Manuel que j'écrivis pour lui demander une audience. Il me l'assigna pour le lendemain, chez lui, à sept heures du matin; c'était une heure un peu démocratique, mais certes j'y fus exacte. J'arrivai avant qu'il fût levé, je l'attendis dans son cabinet, et je vis son portrait, à lui-même, placé sur son propre bureau; cela me fit espérer que, du moins, il était un peu prenable par la vanité. Il entra, et je dois lui rendre la justice que ce fut par les bons sentiments que je parvins à l'ébranler.

Je lui peignis les vicissitudes effrayantes de la popularité, dont on pouvait lui citer des exemples chaque jour. « Dans six mois, lui dis-je, vous « n'aurez peut-être plus de pouvoir (avant six mois « il périt sur l'échafaud). Sauvez M. de Lally et « M. de Jaucourt; réservez-vous un souvenir doux « et consolant pour l'époque où vous serez peut-« être proscrit à votre tour. » Manuel était un homme remuable, entraîné par ses passions, mais capable de mouvements honnêtes; car c'est pour avoir défendu le roi qu'il fut condamné à mort. Il m'écrivit, le 1er septembre, que M. de Condorcet avait obtenu la liberté de M. de Lally, et qu'à ma prière il venait de faire mettre M. de Jaucourt en liberté. Heureuse d'avoir sauvé la vie d'un homme aussi estimable, je résolus de partir le lendemain, mais je m'engageai à prendre, hors de la barrière, l'abbé de Montesquiou aussi proscrit, et à le conduire, déguisé en domestique, jusqu'en Suisse; pour que le changement fût plus facile et plus sûr, je donnai à l'un de ses gens le passe-port d'un des miens, et nous convînmes de la place où je trouverais l'abbé de Montesquiou sur le grand chemin. Il était donc impossible de manquer à ce rendez-vous, dont l'heure et le lieu étaient fixés, sans exposer celui qui m'attendait à faire naître les soupçons des patrouilles qui parcouraient les grandes routes.

La nouvelle de la prise de Longwy et de Verdun était arrivée le matin du 2 septembre. On entendait de nouveau, de toutes parts, cet effrayant tocsin, dont le souvenir n'était que trop gravé dans mon âme par la nuit du 10 août. On voulut m'empêcher de partir; mais pouvais-je compromettre la sûreté d'un homme qui s'était alors confié à moi?

J'avais des passe-ports très en règle, et je me figurais que le mieux serait de sortir en berline à six chevaux, avec mes gens en grande livrée. Il me semblait qu'en me voyant dans cet apparat, on me croirait le droit de partir, et qu'on me laisse-

---

[1] Lady Sutherland, à présent marquise de Stafford, alors ambassadrice d'Angleterre, prodigua, dans ces temps affreux, les soins les plus dévoués à la famille royale.

rait passer. C'était très-mal combiné ; car, ce qu'il faut avant tout dans de tels moments, c'est de ne pas frapper l'imagination du peuple, et la plus mauvaise chaise de poste m'aurait conduite plus sûrement. A peine ma voiture avait-elle fait quatre pas, qu'au bruit des fouets des postillons un essaim de vieilles femmes, sorties de l'enfer, se jettent sur mes chevaux, et crient qu'on doit m'arrêter, que j'emporte avec moi l'or de la nation, que je vais rejoindre les ennemis, que sais-je? mille autres injures plus absurdes encore. Ces femmes attirent la foule à l'instant; et des gens du peuple, avec des physionomies féroces, se saisissent de mes postillons, et leur ordonnent de me mener à l'assemblée de la section du quartier où je demeurais (le faubourg Saint-Germain). En descendant de voiture, j'eus le temps de dire tout bas au domestique de l'abbé de Montesquiou de s'en aller, et d'avertir son maître.

J'entrai dans cette assemblée, dont les délibérations avaient l'air d'une insurrection en permanence. Celui qui se disait le président me déclara que j'étais dénoncée comme voulant emmener avec moi des proscrits, et qu'on allait examiner mes gens. Il trouva qu'il en manquait un désigné sur mon passe-port (c'était celui que j'avais renvoyé); et, en conséquence de cette erreur, il exigea que je fusse conduite par un gendarme à l'Hôtel de ville. Rien n'était plus effrayant qu'un tel ordre; il fallait traverser la moitié de Paris, et descendre sur la place de Grève, en face de l'Hôtel de ville : or, c'était sur les degrés mêmes de l'escalier de cet hôtel que plusieurs personnes avaient été massacrées, le 10 août; aucune femme n'avait encore péri, mais le lendemain la princesse de Lamballe fut assassinée par le peuple, dont la fureur était déjà telle que tous les yeux semblaient demander du sang.

Je fus trois heures à me rendre du faubourg Saint-Germain à l'Hôtel de ville : on me conduisit au pas, à travers une foule immense qui m'assaillait par des cris de mort; ce n'était pas moi qu'on injuriait, à peine alors me connaissait-on; mais une grande voiture et des habits galonnés représentaient aux yeux du peuple ceux qu'il devait massacrer. Ne sachant pas encore combien dans les révolutions l'homme devient inhumain, je m'adressai deux ou trois fois aux gendarmes, qui passaient près de ma voiture, pour leur demander du secours, et ils me répondirent par les gestes les plus dédaigneux et les plus menaçants. J'étais grosse, et cela ne les désarmait pas; tout au contraire, ils étaient d'autant plus irrités qu'ils se

sentaient plus coupables : néanmoins le gendarme qu'on avait mis dans ma voiture, n'étant point animé par ses camarades, se laissa toucher par ma situation, et il me promit de me défendre au péril de sa vie. Le moment le plus dangereux devait être à la place de Grève : mais j'eus le temps de m'y préparer d'avance, et les figures dont j'étais entourée avaient une expression si méchante, que l'aversion qu'elles m'inspiraient me donnait plus de force.

Je sortis de ma voiture au milieu d'une multitude armée, et je m'avançai sous une voûte de piques. Comme je montais l'escalier, également hérissé de lances, un homme dirigea contre moi celle qu'il tenait dans sa main. Mon gendarme m'en garantit avec son sabre; si j'étais tombée dans cet instant, c'en était fait de ma vie : car il est de la nature du peuple de respecter ce qui est encore debout; mais, quand la victime est déjà frappée, il l'achève.

J'arrivai donc enfin à cette commune présidée par Robespierre, et je respirai, parce que j'échappais à la populace : quel protecteur cependant que Robespierre! Collot d'Herbois et Billaud-Varennes lui servaient de secrétaires, et ce dernier avait conservé sa barbe depuis quinze jours, pour se mettre plus sûrement à l'abri de tout soupçon d'aristocratie. La salle était comble de gens du peuple; les femmes, les enfants, les hommes criaient de toutes leurs forces : *Vive la nation!* Le bureau de la commune, étant un peu élevé, permettait à ceux qui s'y trouvaient placés de se parler. On m'y avait fait asseoir; et, pendant que je reprenais mes sens, le bailli de Virieu, envoyé de Parme, qui avait été arrêté en même temps que moi, se leva pour déclarer qu'il ne me connaissait pas; que mon affaire, quelle qu'elle fût, n'avait aucun rapport avec la sienne, et qu'on ne devait pas nous confondre ensemble. Le manque de chevalerie du pauvre homme me déplut, et cela m'inspira un désir d'autant plus vif de m'être utile à moi-même, puisqu'il ne paraissait pas que le bailli de Virieu eût envie de m'en épargner le soin. Je me levai donc; et je représentai le droit que j'avais de partir, comme ambassadrice de Suède, et les passe-ports qu'on m'avait donnés en conséquence de ce droit. Dans ce moment Manuel arriva : il fut très-étonné de me voir dans une si triste position; et, répondant aussitôt de moi jusqu'à ce que la commune eût décidé de mon sort, il me fit quitter cette terrible place, et m'enferma avec ma femme de chambre dans son cabinet.

Nous restâmes là six heures à l'attendre, mourant de faim, de soif et de peur. La fenêtre de l'appartement de Manuel donnait sur la place de Grève, et nous voyions les assassins revenir des prisons avec les bras nus et sanglants, et poussant des cris horribles.

Ma voiture chargée était restée au milieu de la place, et le peuple se préparait à la piller, lorsque j'aperçus un grand homme en habit de garde national, qui monta sur le siége, et défendit à la populace de rien dérober. Il passa deux heures à défendre mes bagages, et je ne pouvais concevoir comment un si mince intérêt l'occupait, au milieu de circonstances si effroyables. Le soir cet homme entra dans la chambre où l'on me tenait renfermée, accompagnant Manuel. C'était le brasseur Santerre, si cruellement connu depuis; il avait été plusieurs fois témoin et distributeur, dans le faubourg Saint-Antoine, où il demeurait, des approvisionnements de blé envoyés par mon père dans les temps de disette, et il en conservait de la reconnaissance. D'ailleurs ne voulant pas, comme il l'aurait dû en sa qualité de commandant, courir au secours des prisonniers, garder ma voiture lui servait de prétexte. Il voulut s'en vanter auprès de moi, mais je ne pus m'empêcher de lui rappeler ce qu'il devait faire dans un pareil moment. Dès que Manuel me revit, il s'écria avec beaucoup d'émotion : *Ah! que je suis bien aise d'avoir mis hier vos deux amis en liberté!* En effet, il souffrait amèrement des assassinats qui venaient de se commettre, mais il n'avait déjà plus le pouvoir de s'y opposer. L'abîme s'entr'ouvrait derrière les pas de chaque homme qui acquérait de l'autorité; et, dès qu'il reculait, il y tombait.

Manuel, à la nuit, me ramena chez moi dans ma voiture; il aurait craint de se dépopulariser en me conduisant de jour. Les réverbères n'étaient point allumés dans les rues, mais on rencontrait beaucoup d'hommes avec des flambeaux dont la lueur causait plus d'effroi que l'obscurité même. Souvent on arrêtait Manuel pour lui demander qui il était; mais, quand il répondait, *le procureur de la commune,* cette dignité révolutionnaire était respectueusement saluée.

Arrivée chez moi, Manuel me dit qu'on m'expédierait un nouveau passe-port, sans qu'il me fût permis d'emmener aucune autre personne pour me suivre que ma femme de chambre. Un gendarme devait me conduire jusqu'à la frontière. Le lendemain Tallien, le même qui délivra vingt mois après la France de Robespierre, au 9 thermidor, vint chez moi, chargé par la commune de m'accompagner jusqu'à la barrière. A chaque instant

on apprenait de nouveaux massacres. Plusieurs personnes, très-compromises alors, étaient dans ma chambre; je priai Tallien de ne pas les nommer; il s'y engagea et tint sa promesse. Je montai dans ma voiture avec lui, et nous nous quittâmes sans avoir pu nous dire mutuellement notre pensée; la circonstance glaçait la parole sur les lèvres.

Je rencontrai encore dans les environs de Paris quelques difficultés dont je me tirai; mais en s'éloignant de la capitale, le flot de la tempête semblait s'apaiser, et dans les montagnes du Jura rien ne rappelait l'agitation épouvantable dont Paris était le théâtre. Cependant on entendait dire partout aux Français qu'ils voulaient repousser les étrangers. Je l'avouerai, dans cet instant je ne voyais d'étrangers que les assassins, sous les poignards desquels j'avais laissé mes amis, la famille royale, et tous les honnêtes gens de France.

CHAPITRE XI.

Les étrangers repoussés de France en 1792.

Les prisonniers d'Orléans avaient subi le sort des prisonniers de Paris, les prêtres avaient été massacrés au pied des autels, la famille royale était captive au Temple; M. de la Fayette, fidèle au vœu durable de la nation, la monarchie constitutionnelle, avait quitté son armée plutôt que de faire un serment contraire à celui qu'il venait de prêter au roi. Une convention nationale était convoquée, et la république fut proclamée en présence des rois victorieux, dont les armées n'étaient qu'à quarante lieues de Paris. Cependant la plupart des officiers français étaient émigrés; ce qu'il restait de troupes n'avait jamais fait la guerre, et l'administration était dans un état affreux. Il y avait de la grandeur dans une telle résolution, prise au milieu des plus grands périls; bientôt elle fit revivre dans tous les cœurs l'intérêt que l'on prenait à la nation française; et si, rentrés dans leurs foyers, les guerriers vainqueurs eussent renversé les révolutionnaires, encore une fois la cause de la France était gagnée.

Le général Dumourier montra, dans cette première campagne de 1792, un talent qu'on ne peut oublier. Il sut mettre en œuvre avec habileté la force militaire, qui, fondée par le patriotisme, a depuis servi l'ambition. A travers les horreurs dont cette époque était souillée, l'esprit public de 1792 avait quelque chose de vraiment admirable. Les citoyens, devenus soldats, se dévouaient à leur pays; et les calculs personnels, l'amour de l'argent et du pouvoir, n'entraient pour rien encore dans les efforts des armées françaises. Aussi l'Europe elle-même éprouva-t-elle une sorte de respect pour la résistance inattendue qu'elle rencontra. Bientôt après, la fureur du crime s'empara du parti dominateur; et, depuis, tous les vices ont succédé à tous les forfaits : triste amélioration pour l'espèce humaine!

CHAPITRE XII.

Procès de Louis XVI.

Quel sujet! il a été traité tant de fois, que je ne me permets ici de retracer qu'un petit nombre d'observations particulières.

Au mois d'octobre 1792, avant que l'horrible procès du roi fût commencé, avant que Louis XVI eût nommé ses défenseurs, M. Necker se présenta pour être chargé de cette noble et périlleuse fonction. Il publia un mémoire que la postérité recueillera comme un des témoignages les plus vrais et les plus désintéressés qu'on pût rendre en faveur du vertueux monarque jeté dans les fers [1]. M. de Malesherbes fut choisi par le roi pour son avocat auprès de la convention nationale. L'affreuse mort de cet homme admirable et de sa famille l'emporte sur tout autre souvenir; mais la haute raison et la sincère éloquence de l'écrit de M. Necker pour la défense du roi doivent en faire un document de l'histoire.

On ne pouvait nier que Louis XVI, depuis son départ pour Varennes, ne se fût considéré comme captif, et en conséquence il n'avait rien fait pour seconder l'établissement d'une constitution que les plus sincères efforts n'auraient peut-être pu maintenir. Mais avec quelle délicatesse M. Necker, qui croyait toujours à la force de la vérité, ne la présente-t-il pas dans cette circonstance!

« Les hommes attentifs, les hommes justes « admireront dans le roi la patience et la modé-« ration qu'il a montrées, lorsque tout changeait « autour de lui, et lorsqu'il était exposé sans cesse « à tous les genres d'insultes; mais s'il eût fait « des fautes, s'il eût méconnu dans quelques points « ses nouvelles obligations, ne serait-ce pas à la « nouvelle forme du gouvernement qu'il faudrait « s'en prendre? Ne serait-ce pas à cette constitu-« tion, où un monarque n'était rien qu'en appa-« rence; où la royauté même se trouvait hors de « place; où le chef du pouvoir exécutif ne pouvait « discerner ni ce qu'il était, ni ce qu'il devait être;

« où il était trompé jusque par les mots, et par les « divers sens qu'on pouvait leur donner; où il « était roi sans aucun ascendant; où il occupait le « trône sans jouir d'aucun respect; où il semblait « en possession du droit de commander, sans avoir « le moyen de se faire obéir; où il était successi-« ment, et selon le libre arbitre d'une seule as-« semblée délibérante, tantôt un simple fonction-« naire public, et tantôt le représentant héréditaire « de la nation? Comment pourrait-on exiger d'un « monarque, mis tout à coup dans les liens d'un « système politique aussi obscur que bizarre, et « finalement proscrit par les députés de la nation « eux-mêmes; comment pourrait-on exiger de lui « d'être seul conséquent au milieu de la variation « continuelle des idées? Et ne serait-ce pas une « injustice extrême de juger un monarque sur tous « ses projets, sur toutes ses pensées, dans le cours « d'une révolution tellement extraordinaire, qu'il « aurait eu besoin d'être en accord parfait, non-« seulement avec les choses connues, mais encore « avec toutes celles dont on aurait vainement es-« sayé de se former d'avance une juste idée? »

M. Necker retrace ensuite dans son mémoire les bienfaits du règne de Louis XVI, avant la révolution; les restes de la servitude abolis, la question préparatoire interdite, la corvée supprimée, les administrations provinciales établies, les états généraux convoqués. « N'est-ce pas Louis XVI, dit-« il, qui, en s'occupant sans cesse de l'améliora-« tion des prisons et des hôpitaux, a porté les « regards d'un père tendre et d'un ami pitoyable « dans les asiles de la misère et dans les réduits de « l'infortune ou de l'erreur? N'est-ce pas lui qui, « seul peut-être avec saint Louis, entre tous les « chefs de l'empire français, a donné le rare exem-« ple de la pureté des mœurs? Ne lui accordera-t-on « pas encore le mérite particulier d'avoir été reli-« gieux sans superstition, et scrupuleux sans in-« tolérance? Et n'est-ce pas de lui qu'une partie « des habitants de la France (les protestants), per-« sécutés sous tant de règnes, ont reçu non-seu-« lement une sauvegarde légale, mais encore un « état civil qui les admettait au partage de tous les « avantages de l'ordre social? Ces bienfaits sont « dans le temps passé; mais la vertu de la recon-« naissance s'applique-t-elle à d'autres époques, à « d'autres portions de la vie? »

On est encore plus frappé du manque d'égards envers Louis XVI, dans le cours de son procès, que de sa condamnation même. Quand le président de la convention dit à celui qui fut son roi : « Louis, « vous pouvez vous asseoir! » on se sent plus d'in-

---

[1] L'on séquestra la fortune de M. Necker en France, à compter du jour même où parut son mémoire justificatif de Louis XVI.

dignation que lors même qu'on le voit accuser de forfaits qu'il n'avait jamais commis. Il faut être sorti de la poussière pour ne pas respecter de longs souvenirs, surtout quand le malheur les consacre ; et la vulgarité, jointe au crime, inspire autant de mépris que d'horreur. Aucun homme, vraiment supérieur, ne s'est fait remarquer parmi ceux qui ont entraîné la convention à condamner le roi ; le flot populaire s'élevait et s'abaissait à de certains mots, à de certaines phrases, sans que le talent d'un orateur aussi éloquent que Vergniaud pût influer sur les esprits. Il est vrai que la plupart des députés qui défendirent le roi dans la convention se mirent sur un détestable terrain. Ils commencèrent par déclarer qu'il était coupable ; l'un d'eux, entre autres, dit à la tribune que *Louis XVI était un traître, mais que la nation devait lui pardonner;* et ils appelaient cela de la tactique d'assemblée! Ils prétendaient qu'il fallait ménager l'opinion dominante, pour la modérer quand il en serait temps. Comment, avec cette prudence cauteleuse, auraient-ils pu lutter contre leurs ennemis, qui s'élançaient de toutes leurs forces sur la victime? En France, on capitule toujours avec la majorité, lors même qu'on veut la combattre ; et cette misérable adresse diminue certainement les moyens, au lieu de les accroître. La puissance de la minorité ne peut consister que dans l'énergie de la conviction. Qu'est-ce que des faibles en nombre, qui sont faibles aussi en sentiment?

Saint-Just, après avoir cherché vainement des faits authentiques contre le roi, finit par s'écrier : « Nul ne peut régner innocemment, » et rien ne prouvait mieux la nécessité de l'inviolabilité des rois que cette maxime; car il n'est point de monarque qui ne pût être accusé d'une manière quelconque, si l'on ne mettait pas une barrière constitutionnelle autour de lui. Celle qui environnait le trône de Louis XVI devait être sacrée plus qu'aucune autre, puisqu'elle n'était pas sous-entendue comme ailleurs, mais solennellement garantie.

Les girondins voulaient sauver le roi; et, pour y parvenir, ils demandaient l'appel au peuple. Mais en demandant cet appel, ils ne cessaient de se mettre en mesure avec les jacobins, en répétant continuellement que le roi méritait la mort. C'était désintéresser entièrement de sa cause. Louis XVI, dit Biroteau, est déjà condamné dans mon cœur ; mais je demande l'appel au peuple, afin qu'il soit condamné par lui. Les girondins avaient raison d'exiger un tribunal compétent, s'il pouvait en exister un dans cette cause; mais combien n'auraient-ils pas produit plus d'effet, s'ils l'avaient

réclamé en faveur d'un innocent, au lieu de l'invoquer pour un prétendu coupable? Les Français, on ne saurait trop le répéter, n'ont pas encore appris, dans la carrière civile, à être modérés quand ils sont forts, et hardis quand ils sont faibles; ils devraient transporter dans la politique toutes leurs vertus guerrières, les affaires en iraient mieux.

Ce qu'on a le plus de peine à concevoir dans cette terrible discussion de la convention nationale, c'est l'abondance de paroles que chacun prodiguait dans une semblable circonstance. On s'attendait surtout à trouver dans ceux qui voulaient la mort du roi, une fureur concentrée; mais montrer de l'esprit, mais faire des phrases : quelle persistance de vanité dans une telle scène!

Thomas Payne était le plus violent des démocrates américains ; cependant, comme il n'y avait point de calcul ni d'hypocrisie dans ses exagérations en politique, quand il fut question du jugement de Louis XVI, il donna le seul avis qui pût encore honorer la France, s'il eût été adopté; c'était d'offrir au roi l'asile de l'Amérique. « Les Américains sont reconnaissants envers lui, disait Payne, parce qu'il a favorisé leur indépendance.» A ne considérer cette résolution que sous le point de vue républicain, c'était la seule qui pût affaiblir alors en France l'intérêt pour la royauté. Louis XVI n'avait pas les talents qu'il faut pour reconquérir à main armée une couronne, une situation qui n'aurait point excité la pitié n'eût pas fait naître le dévouement. La mort que l'on donnait au plus honnête homme de France, mais en même temps au moins redoutable, à celui qui, pour ainsi dire, ne s'était pas mêlé de son sort, ne pouvait être qu'un horrible hommage que l'on rendait encore à son ancienne grandeur. Il y aurait eu plus de républicanisme dans une résolution qui aurait montré moins de crainte et plus de justice.

Louis XVI ne refusa point, comme Charles Iᵉʳ, de reconnaître le tribunal devant lequel il fut traduit, et répondit à toutes les questions qui lui furent adressées, avec une douceur inaltérable. Le président demandant à Louis XVI pourquoi il avait rassemblé les troupes au château, le 10 août, il répondit : *Le château était menacé, toutes les autorités constituées l'ont vu; et, comme j'étais moi même une autorité constituée, il était de mon devoir de me défendre.* Quelle manière modeste et indifférente de parler de soi, et par quel éclat d'éloquence pourrait-on attendrir plus profondément!

M. de Malesherbes, ancien ministre du roi, se présenta comme son défenseur. Il était l'un des trois hommes d'État, lui, M. Turgot et M. Necker, qui avaient conseillé à Louis XVI l'adoption volontaire des principes de la liberté. Il fut forcé, de même que les deux autres, à renoncer à sa place, à cause de ses opinions, dont les parlements étaient ennemis; et maintenant, malgré son âge avancé, il reparaissait pour plaider la cause du roi en présence du peuple, comme jadis il avait plaidé celle du peuple auprès du roi; mais le nouveau maître fut implacable.

Garat, alors ministre de la justice, et, dans des temps plus heureux pour lui, l'un des meilleurs écrivains de France; Garat, dis-je, a consigné dans ses mémoires particuliers que, lorsqu'il se vit réduit par sa funeste place à porter au roi la sentence qui le condamnait à mort, le roi montra le calme le plus admirable en l'écoutant; une fois seulement il exprima par un geste son mépris et son indignation : c'est à l'article qui l'accusait d'avoir voulu verser le sang du peuple français. Sa conscience se révolta, lorsque tous ses autres sentiments étaient contenus. Le matin même de son exécution, le roi dit à l'un de ses serviteurs : *Vous irez vers la reine;* puis, se reprenant, il répéta : *Vous irez vers ma femme.* Il se soumettait dans cet instant même à la privation de son rang, qui lui avait été imposée par ses meurtriers. Sans doute, il croyait que la destinée, en toutes choses, exécute les desseins de Dieu sur ses créatures.

Le testament du roi fait connaître tout son caractère. La simplicité la plus touchante y règne : chaque mot est une vertu, et l'on y voit toutes les lumières qu'un esprit juste, dans de certaines bornes, et une bonté infinie peuvent inspirer. La condamnation de Louis XVI a tellement ému tous les cœurs, que la révolution, pendant plusieurs années, en a été comme maudite.

CHAPITRE XIII.

De Charles Ier et de Louis XVI.

Beaucoup de personnes ont attribué les désastres de la France à la faiblesse du caractère de Louis XVI, et l'on n'a cessé de répéter que sa condescendance pour les principes de la liberté a été l'une des causes essentielles de la révolution. Il me semble donc curieux de montrer à ceux qui se persuadent qu'il suffisait en France, à cette époque, de tel ou tel homme pour tout prévenir, de telle ou telle résolution pour tout arrêter; il me semble curieux, dis-je, de leur montrer que la conduite de Charles Ier a été, sous tous les rapports, l'opposé de celle de Louis XVI, et que pourtant deux systèmes contraires ont amené la même catastrophe : tant est

invincible la force des révolutions dont l'opinion du grand nombre est la cause!

Jacques Ier, le père de Charles, disait *que l'on pouvait juger la conduite des rois, puisque l'on se permettait bien d'examiner les décrets de la Providence, mais que leur puissance ne pouvait pas plus être mise en doute que celle de Dieu.* Charles Ier avait été élevé dans ces maximes, et il regardait comme une mesure aussi condamnable qu'impolitique toute concession faite par l'autorité royale. Louis XVI, cent cinquante ans plus tard, était modifié par son siècle; la doctrine de l'obéissance passive, qui subsistait encore en Angleterre du temps de Charles Ier, n'était plus soutenue, même par le clergé de France, en 1789. Le parlement anglais avait existé de tout temps; et, quoiqu'il ne fût pas irrévocablement décidé que son consentement fût nécessaire pour l'impôt, cependant on avait coutume de le lui demander. Mais, comme il accordait des subsides pour plusieurs années, le roi d'Angleterre n'était pas, comme aujourd'hui, dans l'obligation de le rassembler tous les ans, et très-souvent on prolongeait les impôts, sans que le renouvellement en fût prononcé par les représentants du peuple. Toutefois le parlement protestait toujours contre cet abus; la querelle des communes avec Charles Ier commença sur ce terrain. On lui reprocha deux impôts qu'il percevait sans le consentement de la nation. Irrité de ce reproche, il l'ordonna, d'après le droit constitutionnel qu'il en avait, que le parlement fût dissous, et il resta douze ans sans en convoquer un autre : interruption presque sans exemple dans l'histoire d'Angleterre. La querelle de Louis XVI commença, comme celle de Charles Ier, par des embarras de finances, et ce sont toujours ces embarras qui mettent les rois dans la dépendance des peuples; mais Louis XVI convoqua les états généraux qui, depuis près de deux cents ans, étaient presque oubliés en France.

Louis XIV avait supprimé jusqu'aux remontrances du parlement de Paris, seul privilége politique laissé à ce corps, lorsqu'il enregistrait les édits bursaux. Henri VIII, en Angleterre, avait fait recevoir ses proclamations comme ayant force de loi. Ainsi donc, Charles Ier et Louis XVI pouvaient tous les deux se considérer comme les héritiers d'un pouvoir sans bornes, mais avec cette différence, que le peuple anglais s'appuyait toujours, avec raison, sur le passé, pour réclamer ses droits; tandis que les Français demandaient une chose nouvelle, puisque la convocation des états généraux n'était prescrite par aucune loi. Louis XVI, d'après la constitution ou la non-constitution de France, n'était point obligé à appeler les états généraux ; Charles Ier, en restant douze années sans rassembler le parlement anglais, violait les privilèges reconnus.

Pendant les douze années d'interruption du parlement sous Charles Ier, la chambre étoilée, tribunal irrégulier qui exécutait les volontés du roi d'Angleterre, exerça toutes les rigueurs imaginables. Prynne fut condamné à avoir les oreilles coupées, pour avoir écrit d'après la doctrine des puritains contre les spectacles et contre la hiérarchie ecclésiastique. Allison et Robins subirent la même peine, parce qu'ils manifestaient une opinion différente de celle de l'archevêque d'York. Lilburne fut attaché au pilori, inhumainement livré aux verges, et de plus bâillonné, parce que ses courageuses complaintes faisaient effet sur le peuple. Williams, un évêque, subit un supplice du même genre. Les plus cruelles punitions furent infligées à ceux qui se refusaient à payer les taxes ordonnées par une simple proclamation du roi ; des amendes assez fortes pour ruiner ceux qui y étaient condamnés, furent exigées par la même chambre étoilée dans une foule de cas différents : mais en général, c'était surtout contre la liberté de la presse qu'on sévissait avec violence. Louis XVI ne fit presque pas usage du moyen arbitraire des lettres de cachet pour exiler, ou pour mettre en prison ; aucun acte de tyrannie ne put lui être reproché ; et, loin de réprimer la liberté de la presse, ce fut l'archevêque de Sens, premier ministre du roi, qui invita, en son nom, tous les écrivains à faire connaître leur opinion sur la forme et la convocation des états généraux.

La religion protestante était établie en Angleterre ; mais comme l'Église anglicane admet le roi pour chef, Charles Ier avait certainement beaucoup plus d'influence sur son Église que le roi de France sur la sienne. Le clergé anglais, conduit par Laud, quoique protestant, était et plus absolu sous tous les rapports, et plus sévère que le clergé français : car l'esprit philosophique s'était introduit chez quelques-uns des chefs de l'Église gallicane, et Laud était plus sûrement orthodoxe que le cardinal de Rohan, le premier des évêques de France. L'autorité et la hiérarchie ecclésiastiques furent maintenues avec une extrême sévérité par Charles Ier. La plupart des sentences cruelles qu'on peut reprocher à la chambre étoilée eurent pour objet de faire respecter le clergé anglais. Celui de France ne se défendit guère, et ne fût pas défendu ; tous les deux furent également supprimés par la révolution.

La noblesse anglaise n'eut point recours au mau-

vais moyen de l'émigration, au plus mauvais moyen encore d'appeler les étrangers ; elle entoura le trône constamment, et se battit avec le roi pendant la guerre civile. Les principes philosophiques, à la mode en France au commencement de la révolution, excitaient un grand nombre de nobles à tourner eux-mêmes en ridicule leurs privilèges. L'esprit du dix-septième siècle ne portait pas la noblesse anglaise à douter de ses propres droits. La chambre étoilée punit, avec une extrême rigueur, des hommes qui s'étaient permis de plaisanter sur quelques lords. La plaisanterie n'est jamais interdite aux Français. Les nobles d'Angleterre étaient graves et sérieux, tandis que ceux de France sont légers et moqueurs ; et cependant les uns et les autres furent également dépouillés de leurs privilèges : et, tandis que tout a différé dans les mesures de défense, tout fut pareil dans la défaite.

L'on a souvent dit que la grande influence de Paris sur le reste de la France était l'une des causes de la révolution. Londres n'a jamais exercé le même ascendant sur l'Angleterre, parce que les grands seigneurs anglais vivaient beaucoup plus dans les provinces que les grands seigneurs français. Enfin, on a prétendu que le premier ministre de Louis XVI, M. Necker, avait des principes républicains, et qu'un homme tel que le cardinal de Richelieu aurait su prévenir la révolution. Le comte de Strafford, ministre favori de Charles Ier, était d'un caractère ferme et même despotique ; il avait, de plus que le cardinal de Richelieu, l'avantage d'être un grand et brave militaire, ce qui donne une meilleure grâce à l'exercice du pouvoir absolu. M. Necker a joui de la plus grande popularité qu'aucun homme ait eue en France ; le comte de Strafford a toujours été l'objet de l'animosité du peuple, et tous les deux cependant ont été renversés par la révolution, et sacrifiés par leur maître : le premier, parce que les communes le dénoncèrent, le second, parce que les courtisans exigèrent son renvoi.

Enfin (c'est ici la plus remarquable des différences) on n'a cessé de reprocher à Louis XVI de n'avoir pas monté à cheval, de n'avoir pas repoussé la force par la force, et d'avoir craint la guerre civile avant tout. Charles Ier l'a commencée, avec des motifs sans doute très-plausibles, mais enfin il l'a commencée. Il quitta Londres, se rendit dans la province, et se mit à la tête d'une armée qui défendit l'autorité royale jusqu'à la dernière extrémité. Charles Ier ne voulut pas reconnaître la compétence du tribunal qui le condamna; Louis XVI ne fit pas une seule protestation contre ses juges. Charles Ier était infiniment supérieur à Louis XVI par son esprit, sa figure et ses talents militaires; tout fait contraste entre ces deux monarques, excepté leur malheur.

Il existait cependant un rapport dans les sentiments, qui seul peut expliquer la ressemblance des destinées : c'est que Charles 1er aimait au fond du cœur le catholicisme proscrit par l'opinion dominante en Angleterre, et que Louis XVI aussi souhaitait de maintenir les anciennes institutions politiques de la France. Ce rapport a causé la perte de tous les deux. C'est dans l'art de conduire l'opinion, ou d'y céder à propos, que consiste la science de gouverner dans les temps modernes.

CHAPITRE XIV.

Guerre entre la France et l'Angleterre. M. Pitt et M. Fox.

Pendant plusieurs siècles, les rivalités de la France et de l'Angleterre ont fait le malheur de ces deux pays. C'était un combat de puissance, mais la lutte causée par la révolution ne peut être considérée sous le même rapport. S'il y a eu, depuis vingt-trois ans, des circonstances où l'Angleterre aurait pu traiter avec la France, il faut convenir aussi qu'elle a eu pendant ce temps de grandes raisons de lui faire la guerre, et plus souvent encore de se défendre contre elle. La première rupture, qui éclata en 1793, était fondée sur les motifs les plus justes. Si la convention, en se rendant coupable du meurtre de Louis XVI, n'avait point professé et propagé des principes subversifs de tous les gouvernements, si elle n'avait point attaqué la Belgique et la Hollande, les Anglais auraient pu ne pas prendre plus de part à la mort de Louis XVI, que Louis XIV n'en prit à celle de Charles 1er. Mais, au moment où le ministère renvoya l'ambassadeur de France, la nation anglaise souhaitait la guerre, plus vivement encore que son gouvernement.

Je crois avoir suffisamment développé, dans les chapitres précédents, qu'en 1791, pendant la durée de l'assemblée constituante, et même en 1792, sous l'assemblée législative, les puissances étrangères ne devaient pas accéder à la convention de Pilnitz. Ainsi donc, si la diplomatie anglaise s'est mêlée de ce grand acte politique, elle s'est intervenue trop tôt dans les affaires de France, et l'Europe s'en est mal trouvée, puisque c'est ainsi qu'elle a donné d'immenses forces militaires aux Français.

Mais, au moment où l'Angleterre a déclaré formellement la guerre à la France, en 1793, les jacobins s'étaient tout à fait emparés du pouvoir, et non-seulement leur invasion en Hollande, mais leurs crimes et les principes qu'ils proclamaient, faisaient un devoir d'interrompre toute communication avec eux. La persévérance de l'Angleterre, à cette époque, l'a préservée des troubles qui menaçaient son repos intérieur, lors de la révolte de la flotte et de la fermentation des sociétés populaires; et de plus, elle a soutenu l'espoir des honnêtes gens, en leur montrant quelque part sur cette terre la morale et la liberté réunies à une grande puissance. Si l'on avait vu la nation anglaise envoyer des ambassadeurs à des assassins, la vraie force de cette île merveilleuse, la confiance qu'elle inspire, l'aurait abandonnée.

Il ne s'ensuit pas de cette manière de voir que l'opposition qui voulait la paix, et M. Fox qui par ses étonnantes facultés, représentait un parti à lui seul, ne fussent inspirés par des sentiments très-respectables. M. Fox se plaignait, et avec raison, de ce que l'on confondait sans cesse les amis de la liberté avec ceux qui l'ont souillée; et il craignait que la réaction d'une tentative si malheureuse n'affaiblît l'esprit de liberté, principe vital de l'Angleterre. En effet, si la réformation eût échoué il y a trois siècles, que serait devenue l'Europe? Et dans quel état serait-elle maintenant, si l'on enlevait à la France tout ce qu'elle a gagné par sa réforme politique?

M. Pitt rendit à cette époque de grands services à l'Angleterre, en tenant d'une main ferme le gouvernail des affaires. Mais il penchait trop vers l'amour du pouvoir, malgré la simplicité parfaite de ses goûts et de ses habitudes; ayant été ministre très-jeune, il n'avait pas eu le temps d'exister comme homme privé, et d'éprouver ainsi l'action de l'autorité sur ceux qui dépendent d'elle. Son cœur ne battait pas pour le faible, mais les artifices politiques, qu'on est convenu d'appeler machiavélisme, ne lui inspiraient pas tout le mépris qu'on devait attendre d'un génie tel que le sien. Néanmoins, son admirable éloquence lui faisait aimer les débats d'un gouvernement représentatif : il tenait encore à la liberté par le talent, car il était ambitieux de convaincre, tandis que les hommes médiocres n'aspirent qu'à commander. Le ton sarcastique de ses discours était singulièrement adapté aux circonstances dans lesquelles il s'est trouvé, lorsque toute l'aristocratie des sentiments et des principes triomphait à l'aspect des excès populaires, l'énergique ironie de M. Pitt convenait au patricien qui jette sur ses adversaires l'odieuse couleur de l'irréligion et de l'immoralité.

La clarté, la sincérité, la chaleur de M. Fox, pouvaient seules échapper à ces armes tranchantes. Il n'avait point de mystère en politique, parce qu'il regardait la publicité comme plus nécessaire encore dans les affaires des nations que dans tout autre rapport. Lors même qu'on n'était pas de son avis, on l'aimait mieux que son adversaire; et, quoique la force de l'argumentation fût le caractère distinctif de son éloquence, on sentait tant d'âme au fond de ses raisonnements, que l'on en était ému. Son caractère portait l'empreinte de la dignité anglaise, comme celui de son antagoniste; mais il avait une candeur naturelle, à laquelle le contact avec les hommes ne saurait porter atteinte, parce que la bienveillance du génie est inaltérable.

Il n'est pas nécessaire de décider entre ces deux grands hommes, et personne n'oserait se croire capable d'un tel jugement. Mais la pensée salutaire qui doit résulter des discussions sublimes dont le parlement anglais a été le théâtre, c'est que le parti ministériel a toujours eu raison, quand il a combattu le jacobinisme et le despotisme militaire; mais toujours tort, et grand tort, quand il s'est fait l'ennemi des principes libéraux en France. Les membres de l'opposition, au contraire, ont dévié des nobles fonctions qui leur sont attribuées, quand ils ont défendu les hommes dont les forfaits perdaient la cause de l'espèce humaine; et cette même opposition a bien mérité de l'avenir, quand elle a soutenu la généreuse élite des amis de la liberté qui, depuis vingt-cinq ans, se dévoue à la haine des deux partis en France, et qui n'est forte que d'une grande alliance, celle de la vérité.

Un fait peut donner l'idée de la différence essentielle qui existe entre les torys et les whigs, entre les ministériels et l'opposition, relativement aux affaires de France. L'esprit de parti réussit à dénaturer les plus belles actions, tant que vivent encore ceux qui les ont faites; mais il n'en est pas moins certain que l'antiquité n'offre rien de plus beau que la conduite du général la Fayette, de sa femme et de ses filles, dans les prisons d'Olmutz[1].

Le général était dans ces prisons pour avoir,

[1] On peut trouver les détails les plus exacts à cet égard, dans l'excellent ouvrage de M. Emmanuel de Toulongeon, intitulé : *Histoire de France depuis* 1789. Il importe aux étrangers qu'on leur fasse connaître les écrits véridiques sur la révolution; car jamais on n'a publié, sur aucun sujet, un aussi grand nombre de livres et de brochures où le mensonge se soit replié de tant de manières, pour tenir lieu du talent et satisfaire à mille genres de vanités.

d'une part, quitté la France après l'emprisonnement du roi; et de l'autre, pour s'être refusé à toute liaison avec les gouvernements qui faisaient la guerre à son pays; et l'admirable madame de la Fayette, à peine sortie des cachots de Robespierre, ne perdit pas un jour pour venir s'enfermer avec son mari, et s'exposer à toutes les souffrances qui ont abrégé sa vie. Tant de fermeté dans un homme depuis si longtemps fidèle à la même cause, tant d'amour conjugal et filial dans sa famille, devaient intéresser le pays où ces vertus sont natives. Le général Fitz Patrick demanda donc que le ministère anglais intercédât auprès de ses alliés pour en obtenir la liberté du général la Fayette. M. Fox plaida cette cause; et cependant, le parlement anglais entendit le discours sublime dont nous allons transcrire la fin, sans que les députés d'un pays libre se levassent tous pour accéder à la proposition de l'orateur, qui n'aurait dû être, dans cette occasion, que leur interprète. Les ministres s'opposèrent à la motion du général Fitz Patrick, en disant, comme à l'ordinaire, que la captivité du général la Fayette concernait les puissances du continent, et que l'Angleterre, en s'en mêlant, violerait le principe général qui lui défend de *s'immiscer* dans l'administration intérieure des pays étrangers. M. Fox combattit admirablement cette réponse, dès lors astucieuse. M. Windham, secrétaire de la guerre, repoussa les éloges que M. Fox avait donnés au général la Fayette, et ce fut à cette occasion que M. Fox lui répondit ainsi :

« Le secrétaire de la guerre a parlé, et ses « principes sont désormais au grand jour. Il ne « faut jamais pardonner à ceux qui commencent « les révolutions, et cela dans le sens le plus ab- « solu, sans distinction ni de circonstances ni de « personnes. Quelque corrompu, quelque intolé- « rant, quelque oppressif, quelque ennemi des « droits et du bonheur de l'humanité que soit un « gouvernement; quelque vertueux, quelque mo- « déré, quelque patriote, quelque humain que soit « un réformateur, celui qui commence la réforme « la plus juste doit être dévoué à la vengeance la « plus irréconciliable. S'il vient après lui des hom- « mes indignes de lui, qui ternissent par leurs « excès la cause de la liberté, ceux-là peuvent être « pardonnés. Toute la haine de la révolution cri- « minelle doit se porter sur celui qui a commencé « une révolution vertueuse. Ainsi le très-honora- « ble secrétaire de la guerre pardonne de tout son « cœur à Cromwell, parce que Cromwell n'est « venu qu'en second, qu'il a trouvé les choses pré- « parées, et qu'il n'a fait que tourner les circons-

« tances à son profit; mais nos grands, nos illus-
« tres ancêtres, Pym, Hampden, le lord Falkland,
« le comte de Bedford, tous ces personnages à
« qui nous sommes accoutumés à rendre des hon-
« neurs presque divins, pour le bien qu'ils ont
« fait à la race humaine et à leur patrie, pour les
« maux dont ils nous ont délivrés, pour le courage
« prudent, l'humanité généreuse, le noble désinté-
« ressement, avec lesquels ils ont poursuivi leurs
« desseins : voilà les hommes qui, suivant la doc-
« trine professée dans ce jour, doivent être voués
« à une exécration éternelle.   ,

« Jusqu'ici nous trouvons Hume assez sévère,
« lorsqu'il dit que Hampden est mort au moment
« favorable pour sa gloire, parce que, s'il eût vécu
« quelques mois de plus, il allait probablement
« découvrir le feu caché d'une violente ambition.
« Mais Hume va nous paraître bien doux auprès
« du très-honorable secrétaire de la guerre. Selon
« ce dernier, les hommes qui ont noirci par leurs
« crimes la cause brillante de la liberté, ont été
« vertueux en comparaison de ceux qui voulaient
« seulement délivrer leur pays du poids des abus,
« des fléaux de la corruption et du joug de la ty-
« rannie. Cromwell, Harrisson, Bradshaw, l'exé-
« cuteur masqué qui a fait tomber la tête de l'in-
« fortuné Charles Ier, voilà les objets de la tendre
« commisération et de l'indulgence éclairée du
« très-honorable secrétaire de la guerre. Hampden,
« Bedford, Falkland, tué en combattant pour son
« roi, voilà les criminels pour lesquels il ne trouve
« pas encore assez de haine dans son cœur, ni
« assez de supplices sur la terre. Le très-honora-
« ble secrétaire de la guerre nous l'a dit positive-
« ment : aux yeux de ses rois et de ses ministres
« absolus, Collot d'Herbois est bien loin de méri-
« ter autant de haine et de vengeance que la Fayette.

« Après m'être étonné d'abord de cette opinion,
« je commence à la concevoir. En effet, Collot
« d'Herbois est un infâme et un monstre; la Fayette
« est un grand caractère et un homme de bien.
« Collot d'Herbois souille la liberté, il la rend
« haïssable par tous les crimes qu'il ose revêtir de
« son nom; la Fayette l'honore, il la fait chérir
« par toutes les vertus dont il la montre environ-
« née, par la noblesse de ses principes, par la pu-
« reté inaltérable de ses actions, par la sagesse et
« la force de son esprit, par la douceur, le désin-
« téressement, la générosité de son âme. Oui, je
« le reconnais, d'après les nouveaux principes,
« c'est la Fayette qui est dangereux, c'est lui qu'il
« faut haïr; et le *pauvre* Collot d'Herbois a droit
« à cet accent si tendre avec lequel on a sollicité

« pour lui l'intérêt de la chambre. Oui, je rends
« justice à la sincérité du très-honorable secrétaire
« de la guerre : il n'a rien feint, j'en suis sûr; le
« son de sa voix n'a été que l'expression de son
« âme, chaque fois qu'il a imploré la miséricorde
« pour le pauvre Collot d'Herbois, ou appelé de
« tous les coins de la terre, la haine, la vengeance
« et la tyrannie, pour exterminer le général la
« Fayette, sa femme et ses enfants, ses compa-
« gnons et ses serviteurs.

« Mais moi qui sens autrement, moi qui suis en-
« core ce que j'ai toujours été, moi qui vivrai et
« mourrai l'ami de l'ordre, mais de la liberté,
« l'ennemi de l'anarchie, mais de la servitude, je
« n'ai pas cru qu'il me fût permis de garder le si-
« lence après de tels outrages, après de tels blas-
« phèmes vomis dans l'enceinte d'un parlement
« anglais, contre l'innocence et la vérité, contre
« les droits et le bonheur de l'espèce humaine,
« contre les principes de notre glorieuse révolu-
« tion; enfin, contre la mémoire sacrée de nos il-
« lustres ancêtres, de ces hommes dont la sagesse,
« les vertus et les bienfaits seront révérés et bénis
« par le peuple anglais jusqu'à la dernière généra-
« tion. »

Malgré l'incomparable beauté de ces paroles, tel
était l'effroi qu'inspirait alors aux Anglais la
crainte d'un bouleversement social, que le mot de
liberté même ne retentissait plus à leur âme. De
tous les sacrifices qu'on peut faire à sa conscience
d'homme public, il n'en est point de plus grand
que ceux auxquels s'est condamné M. Fox, pendant la révolution de France. Ce n'est rien que de
supporter des persécutions sous un gouvernement
arbitraire; mais de voir l'opinion s'éloigner de soi
dans un pays libre; mais d'être abandonné par ses
anciens amis, quand, parmi ces amis, il y avait
un homme tel que Burke; mais de se trouver impopulaire dans la cause même du peuple, c'est une
douleur pour laquelle M. Fox mérite d'être plaint
autant qu'admiré. On l'a vu verser des larmes au
milieu de la chambre des communes, en prononçant le nom de cet illustre Burke, devenu si violent dans ses passions nouvelles. Il s'approcha de
lui, parce qu'il savait que son cœur était brisé par
la mort de son fils; car jamais l'amitié, dans un
caractère tel que celui de Fox, ne saurait être altérée par les sentiments politiques.

Il pouvait être avantageux toutefois à l'Angleterre que M. Pitt fût le chef de l'État, dans la
crise la plus dangereuse où ce pays se soit trouvé;
mais il ne l'était pas moins qu'un esprit aussi
étendu que celui de M. Fox soutînt les principes

malgré les circonstances, et sût préserver les dieux pénates des amis de la liberté, au milieu de l'incendie. Ce n'est point pour contenter les deux partis que je les loue ainsi tous les deux, quoiqu'ils aient soutenu des opinions très-opposées. Le contraire en France devait peut-être avoir lieu ; les factions diverses y sont presque toujours également blâmables ; mais, dans un pays libre, les partisans du ministère et les membres de l'opposition peuvent avoir tous raison à leur manière, et ils font souvent chacun du bien selon l'époque ; ce qui importe seulement, c'est de ne pas prolonger le pouvoir acquis par la lutte, après que le danger est passé.

CHAPITRE XV.

Du fanatisme politique.

Les événements que nous avons rappelés jusqu'à présent ne sont que de l'histoire, dont l'exemple peut s'offrir ailleurs. Mais un abîme va s'ouvrir maintenant sous nos pas ; nous ne savons quelle route suivre dans un tel gouffre, et la pensée se précipite avec effroi de malheurs en malheurs, jusqu'à l'anéantissement de tout espoir et de toute consolation. Nous passerons, le plus rapidement qu'il nous sera possible, sur cette crise affreuse, dans laquelle aucun homme ne doit fixer l'attention, aucune circonstance ne saurait exciter l'intérêt : tout est semblable, bien qu'extraordinaire ; tout est monotone, bien qu'horrible ; et l'on serait presque honteux de soi-même, si l'on pouvait regarder ces atrocités grossières d'assez près pour les caractériser en détail. Examinons seulement le grand principe de ces monstrueux phénomènes, le fanatisme politique.

Les passions mondaines ont toujours fait partie du fanatisme religieux ; et souvent, au contraire, la foi véritable à quelques idées abstraites alimente le fanatisme politique ; le mélange se trouve partout, mais c'est dans sa proportion que consiste le bien et le mal. L'ordre social est en lui-même un bizarre édifice : on ne peut cependant le concevoir autrement qu'il n'est ; mais les concessions auxquelles il faut se résoudre, pour qu'il subsiste, tourmentent par la pitié les âmes élevées, satisfont la vanité de quelques-uns, et provoquent l'irritation et les désirs du grand nombre. C'est à cet état de choses, plus ou moins prononcé, plus ou moins adouci par les mœurs et par les lumières, qu'il faut attribuer le fanatisme politique dont nous avons été témoins en France. Une sorte de fureur s'est emparée des pauvres en présence des riches, et les distinctions nobiliaires ajoutant à la jalousie qu'inspire la propriété, le peuple a été fier de sa multitude ; et tout ce qui fait la puissance et l'éclat de la minorité, ne lui a paru qu'une usurpation. Les germes de ce sentiment ont existé dans tous les temps ; mais on n'a senti trembler la société humaine dans ses fondements qu'à l'époque de la terreur en France : on ne doit point s'étonner si cet abominable fléau a laissé de profondes traces dans les esprits, et la seule réflexion qu'on puisse se permettre, et que le reste de cet ouvrage, j'espère, confirmera, c'est que le remède aux passions populaires n'est pas dans le despotisme, mais dans le règne de la loi.

Le fanatisme religieux présente un avenir indéfini qui exalte toutes les espérances de l'imagination ; mais les jouissances de la vie sont aussi sans bornes aux yeux de ceux qui ne les ont pas goûtées. Le vieux de la Montagne envoyait ses sujets à la mort, à force de leur accorder des délices sur cette terre, et l'on voit souvent les hommes s'exposer à mourir pour mieux vivre. D'autre part, la vanité s'exalte par la défense des supériorités qu'elle possède ; elle paraît moins coupable que les attaquants, parce qu'une idée de propriété s'attache même aux injustices, lorsqu'elles ont existé depuis longtemps. Néanmoins les deux éléments du fanatisme religieux et du fanatisme politique subsistent toujours : la volonté de dominer, dans ceux qui sont au haut de la roue, l'ardeur de la faire tourner dans ceux qui sont en bas. Tel est le principe de toutes les violences : le prétexte change, la cause reste, et l'acharnement réciproque demeure le même. Les querelles des patriciens et des plébéiens, la guerre des esclaves, celle des paysans, celle qui dure encore entre les nobles et les bourgeois, toutes ont eu également pour origine la difficulté de maintenir la société humaine sans désordre et sans injustice. Les hommes ne pourraient exister aujourd'hui ni séparés, ni réunis, si le respect de la loi ne s'établissait pas dans les têtes : tous les crimes naîtraient de la société même qui doit les prévenir. Le pouvoir abstrait des gouvernements représentatifs n'irrite en rien l'orgueil des hommes, et c'est par cette institution que doivent s'éteindre les flambeaux des furies. Ils se sont allumés dans un pays où tout était amour-propre ; et l'amour-propre irrité, chez le peuple, ne ressemble point à nos nuances fugitives ; c'est le besoin de donner la mort.

Des massacres, non moins affreux que ceux de la terreur, ont été commis au nom de la religion ; la race humaine s'est épuisée pendant plusieurs siècles en efforts inutiles pour contraindre tous les hommes à la même croyance. Un tel but ne pouvait être atteint, et l'idée la plus simple, la tolérance, telle que Guillaume Penn l'a professée, a banni pour toujours du nord de l'Amérique le fanatisme dont le Midi a été l'affreux théâtre. Il en est de même du fanatisme politique; la liberté seule peut le calmer. Après un certain temps, quelques vérités ne seront plus contestées, et l'on parlera des vieilles institutions comme des anciens systèmes de physique, entièrement effacés par l'évidence des faits.

Les différentes classes de la société n'ayant presque point eu de relations entre elles en France, leur antipathie mutuelle en était plus forte. Il n'est aucun homme, même le plus criminel, qu'on puisse détester quand on le connaît, comme quand on se le représente. L'orgueil mettait partout des barrières, et nulle part des limites. Dans aucun pays, les gentilshommes n'ont été aussi étrangers au reste de la nation; ils ne touchaient à la seconde classe que pour la froisser. Ailleurs, une certaine bonhomie, des habitudes même plus vulgaires, confondent davantage les hommes, bien qu'ils soient légalement séparés; mais l'élégance de la noblesse française accroissait l'envie qu'elle inspirait. Il était aussi difficile d'imiter ses manières que d'obtenir ses prérogatives. La même scène se répétait de rang en rang; l'irritabilité d'une nation très-vive portait chacun à la jalousie envers son voisin, envers son supérieur, envers son maître; et tous les individus, non contents de dominer, s'humiliaient les uns les autres. C'est en multipliant les rapports politiques entre les divers rangs, en leur donnant les moyens de se servir mutuellement, qu'on peut apaiser dans le cœur la plus horrible des passions, la haine des mortels contre leurs semblables, l'aversion mutuelle des créatures dont les restes doivent tous reposer sous la même terre, et se ranimer en même temps au dernier jour.

CHAPITRE XVI.

Du gouvernement appelé le règne de la terreur.

On ne sait comment approcher des quatorze mois qui ont suivi la proscription de la Gironde, le 31 mai 1793. Il semble qu'on descende, comme le Dante, de cercle en cercle, toujours plus bas dans les enfers. A l'acharnement contre les nobles et les prêtres on voit succéder l'irritation contre les propriétaires, puis contre les talents, puis contre la beauté même; enfin, contre tout ce qui

pouvait rester de grand et de généreux dans la nature humaine. Les faits se confondent à cette époque, et l'on craint de ne pouvoir entrer dans une telle histoire, sans que l'imagination en conserve d'ineffaçables traces de sang. L'on est donc forcé de considérer philosophiquement des événements sur lesquels on épuiserait l'éloquence de l'indignation, sans jamais satisfaire le sentiment intérieur qu'ils font éprouver.

Sans doute, en ôtant tout frein au peuple, on l'a mis en mesure de commettre tous les forfaits, mais d'où vient que ce peuple était ainsi dépravé? Le gouvernement dont on nous parle comme d'un objet de regrets, avait eu le temps de former la nation qui s'est montrée si coupable. Les prêtres, dont l'enseignement, l'exemple et les richesses sont propres, nous dit-on, à faire tant de bien, avaient présidé à l'enfance de la génération qui s'est déchaînée contre eux. La classe soulevée en 1789 devait être accoutumée à ces priviléges de la noblesse féodale, si particulièrement agréables, nous assure-t-on encore, à ceux sur lesquels ils doivent peser. D'où vient donc que tant de vices ont germé sous les institutions anciennes? Et qu'on ne prétende pas que les autres nations de nos jours se fussent montrées de même, si une révolution y avait eu lieu. L'influence française a excité des insurrections en Hollande et en Suisse, et rien de pareil au jacobinisme ne s'y est manifesté. Pendant les quarante années de l'histoire d'Angleterre, qu'on peut assimiler à celle de France sous tant de rapports, il n'est point de période comparable aux quatorze mois de la terreur. Qu'en faut-il conclure? Qu'aucun peuple n'avait été aussi malheureux depuis cent ans que le peuple français. Si les nègres à Saint-Domingue ont commis bien plus d'atrocités encore, c'est parce qu'ils avaient été plus opprimés.

Il ne s'ensuit certes pas de ces réflexions, que les crimes méritent moins de haine; mais, après plus de vingt années, il faut réunir à la vive indignation des contemporains, l'examen éclairé qui doit servir de guide dans l'avenir. Les querelles religieuses ont provoqué la révolution d'Angleterre; l'amour de l'égalité, volcan souterrain de la France, agissait aussi sur la secte des puritains; mais les Anglais alors étaient réellement religieux, et religieux protestants, ce qui rend à la fois plus austère et plus modéré. Quoique l'Angleterre, comme la France, se soit souillée par le meurtre de Charles Ier, et par le despotisme de Cromwell, le règne des jacobins est une affreuse singularité, dont il n'appartient qu'à la France de porter le poids dans l'histoire. Cependant on n'a point observé les troubles civils en penseur, quand on ne sait pas que la réaction est égale à l'action. Les fureurs des révoltes donnent la mesure des vices des institutions; et ce n'est pas au gouvernement qu'on veut avoir, mais à celui qu'on a eu longtemps, qu'il faut s'en prendre de l'état moral d'une nation. On dit aujourd'hui que les Français sont pervertis par la révolution. Et d'où venaient donc les penchants désordonnés qui se sont si violemment développés dans les premières années de la révolution, si ce n'est de cent ans de superstition et d'arbitraire?

Il semblait, en 1793, qu'il n'y eût plus de place pour des révolutions en France, lorsqu'on avait tout renversé, le trône, la noblesse, le clergé, et que le succès des armées devait faire espérer la paix avec l'Europe. Mais c'est précisément quand le danger est passé, que les tyrannies populaires s'établissent : tant qu'il y a des obstacles et des craintes, les plus mauvais hommes se modèrent; quand ils ont triomphé, leurs passions contenues se montrent sans frein.

Les girondins firent de vains efforts pour mettre en activité des lois quelconques, après la mort du roi; mais ils ne purent faire accepter aucune organisation sociale : l'instinct de la férocité les repoussait toutes. Hérault de Séchelles proposa une constitution scrupuleusement démocratique, l'assemblée l'adopta; mais elle ordonna qu'elle fût suspendue jusqu'à la paix. Le parti jacobin voulait exercer le despotisme, et c'est bien à tort qu'on a qualifié d'anarchie ce gouvernement. Jamais une autorité plus forte n'a régné sur la France; mais c'était une bizarre sorte de pouvoir; dérivant du fanatisme populaire, il inspirait l'épouvante à ceux même qui commandaient en son nom; car ils craignaient toujours d'être proscrits à leur tour par des hommes qui iraient plus loin qu'eux encore dans l'audace de la persécution. Le seul Marat vivait sans crainte dans ce temps; car sa figure était si basse, ses sentiments si forcenés, ses opinions si sanguinaires, qu'il était sûr que personne ne pouvait se plonger plus avant que lui dans l'abîme des forfaits. Robespierre ne put atteindre lui-même à cette infernale sécurité.

Les derniers hommes qui, dans ce temps, soient encore dignes d'occuper une place dans l'histoire, ce sont les girondins. Ils éprouvaient sans doute au fond du cœur un vif repentir des moyens qu'ils avaient employés pour renverser le trône; et quand ces mêmes moyens furent dirigés contre eux, quand ils reconnurent leurs propres armes dans les blessures qu'ils recevaient, ils durent sans doute réfléchir à cette justice rapide des révolutions, qui concentre dans quelques instants les événements de plusieurs siècles.

Les girondins combattaient chaque jour et chaque heure avec une éloquence intrépide contre des discours aiguisés comme des poignards, et qui renfermaient la mort dans chaque phrase. Les filets meurtriers dont on enveloppait de toutes parts les proscrits, ne leur ôtaient en rien l'admirable présence d'esprit qui seule peut faire valoir tous les talents de l'orateur.

M. de Condorcet, lorsqu'il fut mis hors la loi, écrivit sur la perfectibilité de l'esprit humain un livre qui contient sans doute des erreurs, mais dont le système général est inspiré par l'espoir du bonheur des hommes; et il nourrissait cet espoir sous la hache des bourreaux, dans le moment même où sa propre destinée était perdue sans ressource. Vingt-deux des députés républicains furent traduits devant le tribunal révolutionnaire, et leur courage ne se démentit pas un instant. Quand la sentence de mort leur fut prononcée, l'un d'entre eux, Valazé, tomba du siége qu'il occupait; un autre député, condamné comme lui, se trouvant à ses côtés, et croyant que son collègue avait peur, le releva rudement avec des reproches; il le releva mort. Valazé venait de s'enfoncer un poignard dans le cœur, d'une main si ferme, qu'il ne respirait plus une seconde après s'être frappé. Telle est cependant l'inflexibilité de l'esprit de parti, que ces hommes qui défendaient tout ce qu'il y avait d'honnêtes gens en France, ne pouvaient se flatter d'obtenir quelque intérêt par leurs efforts. Ils luttaient, ils succombaient, ils périssaient, sans que le bruit avant-coureur de l'avenir pût leur promettre quelque récompense. Les royalistes constitutionnels eux-mêmes étaient assez insensés pour désirer le triomphe des terroristes, afin d'être ainsi vengés des républicains. Vainement ils savaient que ces terroristes les proscrivaient, l'orgueil irrité l'emportait sur tout : ils oubliaient, en se livrant ainsi à leurs ressentiments, la règle de conduite dont il ne faut jamais s'écarter en politique : c'est de se rallier toujours au parti le moins mauvais parmi ses adversaires, lors même que ce parti est encore loin de votre propre manière de voir.

La disette des subsistances, l'abondance des assignats, et l'enthousiasme excité par la guerre, furent les trois grands ressorts dont le comité de salut public se servit pour animer et dominer le peuple tout ensemble. Il l'effrayait, ou le payait, ou le faisait marcher aux frontières, selon qu'il lui convenait de s'en servir. L'un des députés à la convention disait : « *Il faut continuer la guerre*, « *afin que les convulsions de la liberté soient plus* « *fortes.* » On ne peut savoir si ces douze membres du comité de salut public avaient dans leur tête l'idée d'un gouvernement quelconque. Si l'on en excepte la conduite de la guerre, la direction des affaires n'était qu'un mélange de grossièreté et de férocité, dans lequel on ne peut découvrir aucun plan, hors celui de faire massacrer la moitié de la nation par l'autre. Car il était si facile d'être considéré par les jacobins comme faisant partie de l'aristocratie proscrite, que la moitié des habitants de la France encourait le soupçon qui suffisait pour conduire à la mort.

L'assassinat de la reine et de madame Élisabeth causa peut-être encore plus d'étonnement et d'horreur que l'attentat commis contre la personne du roi; car on ne saurait attribuer à ces forfaits épouvantables d'autre but que l'effroi même qu'ils inspiraient. La condamnation de MM. de Malesherbes, de Bailly, de Condorcet, de Lavoisier, décimait la France de sa gloire; quatre-vingts personnes étaient immolées chaque jour, comme si le massacre de la Saint-Barthélemi dût se renouveler goutte à goutte. Une grande difficulté s'offrait à ce gouvernement, si l'on peut l'appeler ainsi; c'est qu'il fallait à la fois se servir de tous les moyens de la civilisation pour faire la guerre, et de toute la violence de l'état sauvage pour exciter les passions. Le peuple et même les bourgeois n'étaient point atteints par les malheurs des classes élevées; les habitants de Paris se promenaient dans les rues comme les Turcs pendant la peste, avec cette seule différence que les hommes obscurs pouvaient assez facilement se préserver du danger. En présence des supplices, les spectacles étaient remplis comme à l'ordinaire; on publiait des romans intitulés : *Nouveau voyage sentimental*, *l'Amitié dangereuse*, *Ursule et Sophie ;* enfin toute la fadeur et toute la frivolité de la vie subsistaient à côté de ses plus sombres fureurs.

Nous n'avons point tenté de dissimuler ce qu'il n'est pas au pouvoir des hommes d'effacer de leur souvenir; mais nous nous hâtons, pour respirer plus à l'aise, de rappeler dans le chapitre suivant les vertus qui n'ont pas cessé d'honorer la France, même à l'époque la plus horrible de son histoire.

CHAPITRE XVII.

De l'armée française, pendant la terreur ; des fédéralistes et de la Vendée.

La conduite de l'armée française, pendant le temps de la terreur, a été vraiment patriotique. On n'a point vu de généraux traîtres à leur serment envers l'État; ils repoussaient les étrangers, tandis qu'ils étaient eux-mêmes menacés de périr sur l'échafaud, au moindre soupçon suscité contre leur conduite. Les soldats n'appartenaient point à tel ou tel chef, mais à la France. La patrie ne consistait plus que dans les armées; mais là, du moins, elle était encore belle, et ses bannières triomphantes servaient, pour ainsi dire, de voile aux forfaits commis dans l'intérieur. Les étrangers étaient forcés de respecter le rempart de fer qu'on opposait à leur invasion; et bien qu'ils se soient avancés jusqu'à trente lieues de Paris, un sentiment national, encore dans toute sa force, ne leur permit pas d'y arriver. Le même enthousiasme se manifestait dans la marine; l'équipage d'un vaisseau de guerre, *le Vengeur*, foudroyé par les Anglais, répétait comme en concert le cri de *Vive la république!* en s'enfonçant dans la mer, et les chants d'une joie funèbre semblaient retentir encore du fond de l'abîme.

L'armée française ne connaissait pas alors le pillage, et ses chefs marchaient quelquefois comme les plus simples soldats à la tête de leurs troupes, parce que l'argent leur manquait pour acheter des chevaux dont ils auraient eu besoin. Dugommier, général en chef de l'armée des Pyrénées, à l'âge de soixante ans, partit de Paris à pied pour aller rejoindre ses troupes sur les frontières d'Espagne. Les hommes que la gloire des armes a tant illustrés depuis, se distinguaient aussi par leur désintéressement. Ils portaient sans rougir des habits usés par la guerre, et plus honorables cent fois que les broderies et les décorations de toute espèce dont, plus tard, on les a vus chamarrés.

Les républicains honnêtes, mêlés à des royalistes, résistèrent avec courage au gouvernement conventionnel, à Toulon, à Lyon, et dans quelques autres départements. Ce parti fut appelé du nom de fédéralistes; mais je ne crois pas cependant que les girondins, ou leurs partisans, aient jamais conçu le projet d'établir un gouvernement fédératif en France. Rien ne s'accorderait plus mal avec le caractère de la nation, qui aime l'éclat et le mouvement : il faut pour l'un et l'autre une ville qui soit le foyer des talents et des richesses de l'empire. On peut avoir raison de se plaindre de la corruption d'une capitale, et de tous les grands rassemblements d'hommes en général ; telle est la condition de l'espèce humaine ; mais on ne saurait guère ramener en France les esprits à la vertu que par les lumières et le besoin des suffrages. L'amour de la considération ou de la gloire, dans ses différents degrés, peut seul faire remonter graduellement de l'égoïsme à la conscience. D'ailleurs, l'État politique et militaire des grandes monarchies qui environnent la France exposerait son indépendance, si l'on affaiblissait sa force de réunion. Les girondins n'y ont point songé ; mais, comme ils avaient beaucoup d'adhérents dans les provinces, où l'on commençait à acquérir des connaissances en politique, par le simple effet d'une représentation nationale, c'est dans les provinces que l'opposition aux tyrans factieux de Paris s'est montrée.

C'est vers ce temps aussi qu'a commencé la guerre de la Vendée, et rien ne fait plus d'honneur au parti royaliste que les essais de guerre civile qu'il fit alors. Le peuple de ces départements sut résister à la convention et à ses successeurs pendant près de six années, ayant à sa tête des gentilshommes qui tiraient leurs plus grandes ressources de leur âme. Les républicains comme les royalistes ressentaient un profond respect pour ces guerriers citoyens : Lescure, la Roche-Jaquelin, Charette, etc., quelles que fussent leurs opinions, accomplissaient un devoir auquel tous les Français, dans ce temps, pouvaient se croire tenus également. Le pays qui a été le théâtre de la guerre vendéenne est coupé par des haies destinées à enclore les héritages. Ces haies paisibles servirent de boulevards aux paysans devenus soldats ; ils soutinrent un à un la lutte la plus dangereuse et la plus hardie. Les habitants de ces campagnes avaient beaucoup de vénération pour les prêtres, dont l'influence a fait du bien alors. Mais, dans un État où la liberté subsisterait depuis longtemps, l'esprit public n'aurait besoin d'être excité que par les institutions politiques. Les Vendéens ont, il est vrai, demandé dans leur détresse quelques secours à l'Angleterre ; mais ce n'étaient que des auxiliaires, et non des maîtres qu'ils acceptaient ; car leurs forces étaient de beaucoup supérieures à celles qu'ils empruntaient des étrangers. Ils n'ont donc point compromis l'indépendance de leur patrie. Aussi les chefs de la Vendée sont-ils considérés même par le parti contraire ; ils s'expriment sur la révolution avec plus de mesure que les émigrés d'outre-Rhin. Les Vendéens s'étant battus, pour ainsi dire, corps à corps avec les

Français, ne se persuadent pas aisément que leurs adversaires n'aient été qu'une poignée de rebelles qu'un bataillon aurait pu faire rentrer dans le devoir ; et, comme ils ont eu recours eux-mêmes à la puissance des opinions, ils savent ce qu'elles sont, et reconnaissent la nécessité de transiger avec elles.

Un problème encore reste à résoudre : c'est comment il se peut que le gouvernement de 1793 et 1794 ait triomphé de tant d'ennemis. La coalition de l'Autriche, de la Prusse, de l'Espagne, de l'Angleterre, la guerre civile dans l'intérieur, la haine que la convention inspirait à tout ce qui restait encore d'hommes honnêtes hors des prisons, rien n'a diminué la résistance contre laquelle les étrangers ont vu leurs efforts se briser. Ce prodige ne peut s'expliquer que par le dévouement de la nation à sa propre cause. Un million d'hommes s'armèrent pour repousser les forces des coalisés ; le peuple était animé d'une fureur aussi fatale dans l'intérieur qu'invincible au dehors. D'ailleurs, l'abondance factice, mais inépuisable, du papier-monnaie, le bas prix des denrées, l'humiliation des propriétaires, qui en étaient réduits à se condamner extérieurement à la misère, tout faisait croire aux gens de la classe ouvrière que le joug de la disparité des fortunes allait enfin cesser de peser sur eux ; cet espoir insensé doublait les forces que la nature leur a données ; et l'ordre social, dont le secret consiste dans la patience du grand nombre, parut tout à coup menacé. Mais l'esprit militaire, n'ayant pour but alors que la défense de la patrie, rendit le calme à la France en la couvrant de son bouclier. Cet esprit a suivi sa noble direction jusqu'au moment où, comme nous le verrons dans la suite, un homme a tourné contre la liberté même des légions sorties de terre pour la défendre.

CHAPITRE XVIII.

De la situation des amis de la liberté hors de France pendant le règne de la terreur.

Il est difficile de raconter ces temps horribles sans se rappeler vivement ses propres impressions, et je ne sais pas pourquoi l'on combattrait ce penchant naturel. Car la meilleure manière de représenter des circonstances si extraordinaires, c'est encore de montrer dans quel état elles mettaient les individus au milieu de la tourmente universelle.

L'émigration, pendant le règne de la terreur, n'était plus une mesure politique. L'on se sauvait de France pour échapper à l'échafaud, et l'on n'y pouvait rester qu'en s'exposant à la mort, pour éviter la ruine. Les amis de la liberté étaient plus détestés par les jacobins que les aristocrates eux-mêmes, parce qu'ils avaient lutté de près les uns contre les autres, et que les jacobins craignaient les constitutionnels, auxquels ils croyaient une influence encore assez forte sur l'esprit de la nation. Ces amis de la liberté se trouvaient donc presque sans asile sur la terre. Les royalistes purs ne manquaient point à leurs principes en se battant avec les armées étrangères contre leur pays; mais les constitutionnels ne pouvaient adopter une telle résolution; ils étaient proscrits par la France, et mal vus pas les anciens gouvernements de l'Europe, qui ne les connaissaient guère que par les récits des Français aristocrates, leurs ennemis les plus acharnés.

Je cachais chez moi, dans le pays de Vaud, quelques amis de la liberté, respectables à tous égards, et par leur rang et par leurs vertus; et comme on ne pouvait obtenir des autorités suisses d'alors une permission en règle pour autoriser leur séjour, ils portaient des noms suédois que M. de Staël leur attribuait, pour avoir le droit de les protéger. Les échafauds étaient dressés pour eux sur la frontière de leur patrie, et des persécutions de tout genre les attendaient sur la terre étrangère. Ainsi des religieux de l'ordre de la Trappe se sont vus détenus dans une île, au milieu d'une rivière qui sépare la Prusse de la Russie : chacun des deux pays se les renvoyait comme des pestiférés, et cependant on ne pouvait leur reprocher que d'être fidèles à leurs vœux.

Une circonstance particulière peut aider à peindre cette époque de 1793, où les périls se multipliaient à chaque pas. Un jeune gentilhomme français, M. Achille du Chayla, neveu du comte de Jaucourt, voulut sortir de France avec un passe-port suisse que nous lui avions envoyé, pour le sauver sous un nom supposé, car nous croyions très-permis de tromper la tyrannie. A Moret, ville frontière, située au pied du mont Jura, on soupçonna M. du Chayla de n'être pas ce que son passe-port indiquait, et on l'arrêta, en déclarant qu'il resterait prisonnier jusqu'à ce que le lieutenant baillival de Nyon attestât qu'il était Suisse. M. de Jaucourt demeurait alors chez moi, sous l'un de ces noms suédois dont nous étions les inventeurs. A la nouvelle de l'arrestation de son neveu, son désespoir fut extrême; car ce jeune homme, alors de la réquisition, porteur d'un faux passe-port, et de plus fils d'un des chefs de l'armée de Condé, devait

être fusillé à l'instant même, si l'on devinait son nom. Il ne restait qu'un espoir; c'était d'obtenir de M. Reverdil, lieutenant baillival à Nyon, de réclamer M. du Chayla comme véritablement natif du pays de Vaud.

J'allai chez M. Reverdil pour lui demander cette grâce; c'était un ancien ami de mes parents, et l'un des hommes les plus éclairés et les plus considérés de la Suisse française [1]. Il me refusa d'abord, en m'opposant des motifs respectables; il se faisait scrupule d'altérer la vérité pour quelque objet que ce pût être; et de plus, comme magistrat, il craignait de compromettre son pays par un acte de faux. « Si la vérité est découverte, me disait-il, « nous n'aurons plus de droit de réclamer nos « propres compatriotes qui peuvent être arrêtés « en France, et j'expose ainsi l'intérêt de ceux qui « me sont confiés, pour le salut d'un homme au- « quel je ne dois rien. » Cet argument avait un côté très-plausible; mais la fraude pieuse que je sollicitais pouvait seule sauver la vie d'un homme qui avait la hache meurtrière suspendue sur sa tête. Je restai deux heures avec M. Reverdil, cherchant à vaincre sa conscience par son humanité; il résista longtemps : mais quand je lui répétai plusieurs fois : « Si vous dites *non*, un fils unique, un « homme sans reproche, est assassiné dans vingt- « quatre heures, et votre simple parole le tue, » mon émotion, ou plutôt la sienne, triompha de toute autre considération, et le jeune du Chayla fut réclamé. C'est la première fois qu'il se soit offert à moi une circonstance dans laquelle deux devoirs luttaient l'un contre l'autre avec une égale force; mais je pense encore, comme je pensais il y a vingt-trois ans, que le danger présent de la victime devait l'emporter sur les dangers incertains de l'avenir. Il n'y a pas, dans le court espace de l'existence, une plus grande chance de bonheur que de sauver la vie à un homme innocent; et je ne sais comment l'on pourrait résister à cette séduction, en supposant que, dans ce cas-là, c'en soit une.

Hélas! je ne fus pas toujours si heureuse dans mes rapports avec mes amis. Il me fallut annoncer, peu de mois après, à l'homme le plus capable d'affections, et par conséquent de douleurs profondes, à M. Matthieu de Montmorency, l'arrêt de mort prononcé contre son jeune frère, l'abbé de Montmorency, dont le seul tort était l'illustre nom qu'il

---

[1] M. Reverdil avait été choisi pour présider à l'éducation du roi de Danemark. Il a écrit, pendant son séjour dans le Nord, des Mémoires d'un grand intérêt sur les événements dont il a été témoin. Ces Mémoires n'ont pas encore paru.

avait reçu de ses ancêtres. Dans ce même temps, la femme, la mère et la belle-mère de M. de Montmorency étaient également menacées de périr; encore quelques jours, et tous les prisonniers étaient, à cette époque affreuse, envoyés à l'échafaud. L'une des réflexions qui nous frappait le plus, dans nos longues promenades sur les bords du lac de Genève, c'était le contraste de l'admirable nature dont nous étions environnés, du soleil éclatant de la fin de juin, avec le désespoir de l'homme, de ce prince de la terre qui aurait voulu lui faire porter son propre deuil. Le découragement s'était emparé de nous; plus nous étions jeunes, moins nous avions de résignation : car dans la jeunesse surtout on s'attend au bonheur, l'on croit en avoir le droit, et l'on se révolte à l'idée de ne pas l'obtenir. C'était pourtant dans ces moments mêmes, lorsque nous regardions en vain le ciel et les fleurs, et que nous leur reprochions d'éclairer et de parfumer l'air en présence de tant de forfaits; c'était alors pourtant que se préparait la délivrance. Un jour, dont le nom nouveau déguise peut-être la date aux étrangers, le 9 thermidor, porta dans le cœur des Français une émotion de joie inexprimable. La pauvre nature humaine n'a jamais pu devoir une jouissance si vive qu'à la cessation de la douleur.

CHAPITRE XIX.

Chute de Robespierre, et changement de système dans le gouvernement.

Les hommes et les femmes que l'on conduisait à l'échafaud faisaient preuve d'un courage imperturbable; les prisons offraient l'exemple des actes de dévouement les plus généreux; on vit des pères s'immoler pour leurs fils, des femmes pour leurs époux; mais le parti des honnêtes gens, comme le roi lui-même, ne se montra capable que des vertus privées. En général, dans un pays où il n'y a point de liberté, l'on ne trouve d'énergie que dans les factieux; mais en Angleterre, l'appui de la loi et le sentiment de la justice rendent la résistance des classes supérieures tout aussi forte que pourrait l'être l'attaque de la populace. Si la division ne s'était pas mise entre les députés de la convention eux-mêmes, on ne sait combien de temps l'atroce gouvernement du comité de salut public aurait duré.

Ce comité n'était point composé d'hommes d'un talent supérieur; la machine de terreur, dont les ressorts avaient été montés par les événements, exerçait seule la toute-puissance. Le gouvernement

III.

ressemblait à l'affreux instrument qui donnait la mort : on y voyait la hache plutôt que la main qui la faisait mouvoir. Il suffisait d'une question pour renverser le pouvoir de ces hommes; c'était : Combien sont-ils? Mais on mesurait leurs forces à l'atrocité de leurs crimes, et personne n'osait les attaquer. Ces douze membres du comité de salut public se défiaient les uns des autres, comme la convention se défiait d'eux, comme ils se défiaient d'elle, comme l'armée, le peuple et les révolutionnaires se craignaient mutuellement. Aucun nom ne restera de cette époque, excepté Robespierre. Il n'était cependant ni plus habile ni plus éloquent que les autres; mais son fanatisme politique avait un caractère de calme et d'austérité qui le faisait redouter de tous ses collègues.

J'ai causé une fois avec lui chez mon père, en 1789, lorsqu'on ne le connaissait que comme un avocat de l'Artois, très-exagéré dans ses principes démocratiques. Ses traits étaient ignobles, son teint pâle, ses veines d'une couleur verte; il soutenait les thèses les plus absurdes avec un sang-froid qui avait l'air de la conviction; et je croirais assez que, dans les commencements de la révolution, il avait adopté de bonne foi; sur l'égalité des fortunes aussi bien que sur celle des rangs, de certaines idées attrapées dans ses lectures, et dont son caractère envieux et méchant s'armait avec plaisir. Mais il devint ambitieux lorsqu'il eut triomphé de son rival en démagogie, Danton, le Mirabeau de la populace. Ce dernier était plus spirituel que Robespierre, plus accessible à la pitié; mais on le soupçonnait avec raison de pouvoir être corrompu par l'argent, et cette faiblesse finit toujours par perdre les démagogues; car le peuple ne peut souffrir ceux qui s'enrichissent : c'est un genre d'austérité dont rien ne saurait l'engager à se départir.

Danton était un factieux, Robespierre un hypocrite; Danton voulait du plaisir, Robespierre seulement du pouvoir; il envoyait à l'échafaud les uns comme contre-révolutionnaires, les autres comme ultra-révolutionnaires. Il y avait quelque chose de mystérieux dans sa façon d'être, qui faisait planer une terreur inconnue au milieu de la terreur ostensible que le gouvernement proclamait. Jamais il n'adopta les moyens de popularité généralement reçus alors : il n'était point mal vêtu; au contraire, il portait seul de la poudre sur ses cheveux, ses habits étaient soignés, et sa contenance n'avait rien de familier. Le désir de dominer le portait sans doute à se distinguer des autres, dans le moment même où l'on voulait en tout l'égalité.

L'on aperçoit aussi les traces d'un dessein secret, dans les discours embrouillés qu'il tenait à la convention, et qui rappellent, à quelques égards, ceux de Cromwell. Il n'y a guère cependant qu'un chef militaire qui puisse devenir dictateur. Mais alors le pouvoir civil était bien plus influent que le pouvoir militaire; l'esprit républicain portait à la défiance contre tous les généraux victorieux; les soldats eux-mêmes livraient leurs chefs, aussitôt qu'il s'élevait la moindre inquiétude sur leur bonne foi. Les dogmes politiques, si ce nom peut convenir à de tels égarements, régnaient alors, et non les hommes. On voulait quelque chose d'abstrait dans l'autorité, pour que tout le monde fût censé y avoir pris part. Robespierre avait acquis la réputation d'une haute vertu démocratique, on le croyait incapable d'une vue personnelle : dès qu'on l'en soupçonna, sa puissance fut ébranlée.

L'irréligion la plus indécente servait de levier au bouleversement de l'ordre social. Il y avait une sorte de conséquence à fonder le crime sur l'impiété; c'est un hommage rendu à l'union intime des opinions religieuses avec la morale. Robespierre imagina de faire célébrer la fête de l'Être suprême, se flattant sans doute de pouvoir appuyer son ascendant politique sur une religion arrangée à sa manière, ainsi que l'ont fait souvent ceux qui ont voulu s'emparer de l'autorité. Mais, à la procession de cette fête impie, il s'avisa de passer le premier, pour s'arroger la prééminence sur ses collègues, et dès lors il fut perdu. L'esprit du moment et les moyens personnels de l'homme ne se prêtaient point à cette entreprise. D'ailleurs, on savait qu'il ne connaissait d'autre moyen d'écarter ses concurrents que de les faire périr par le tribunal révolutionnaire, qui donnait au meurtre un air de légalité. Les collègues de Robespierre, non moins abominables que lui, Collot d'Herbois, Billaud-Varennes, l'attaquèrent pour se sauver eux-mêmes : l'horreur du crime ne leur inspira point cette résolution; ils pensaient à tuer un homme, mais non à changer de gouvernement.

Il n'en était pas ainsi de Tallien, l'homme du 9 thermidor, ni de Barras, chef de la force armée ce jour-là, ni de plusieurs autres conventionnels qui se réunirent à eux contre Robespierre; ils voulurent, en le renversant, briser du même coup le sceptre de la terreur. On vit donc cet homme qui avait signé pendant plus d'une année un nombre inouï d'arrêts de mort, couché tout sanglant sur la table même où il apposait son nom à ses sentences funestes. Sa mâchoire était brisée d'un coup de pistolet; il ne pouvait pas même parler pour se défendre, lui qui avait tant parlé pour proscrire! Ne dirait-on pas que la justice divine ne dédaigne pas, en punissant, de frapper l'imagination des hommes par toutes les circonstances qui peuvent le plus agir sur elle!

CHAPITRE XX.

De l'état des esprits, au moment où la république directoriale s'est établie en France.

Le règne de la terreur doit être uniquement attribué aux principes de la tyrannie; on les y retrouve tout entiers. Les formes populaires adoptées par ce gouvernement n'étaient qu'une sorte de cérémonial qui convenait à ces despotes farouches; mais les membres du comité de salut public professaient à la tribune même le code du machiavélisme, c'est-à-dire, le pouvoir fondé sur l'avilissement des hommes; ils avaient seulement soin de traduire en termes nouveaux ces vieilles maximes. La liberté de la presse leur était bien plus odieuse encore qu'aux anciens États féodaux ou théocratiques; ils n'accordaient aucune garantie aux accusés, ni par les lois, ni par les juges. L'arbitraire sans bornes était leur doctrine; il leur suffisait de donner pour prétexte à toutes les violences le nom propre de leur gouvernement, *le salut public :* funeste expression, qui renferme le sacrifice de la morale à ce qu'on est convenu d'appeler l'intérêt de l'État, c'est-à-dire, aux passions de ceux qui gouvernent!

Depuis la chute de Robespierre jusqu'à l'établissement du gouvernement républicain sous la forme d'un directoire, il y a eu un intervalle d'environ quinze mois, qu'on peut considérer comme la véritable époque de l'anarchie en France. Rien ne ressemble moins à la terreur que ce temps, quoiqu'il se soit encore commis bien des crimes alors. On n'avait point renoncé au funeste héritage des lois de Robespierre; mais la liberté de la presse commençait à renaître, et la vérité avec elle. Le vœu général était de fonder des institutions sages et libres, et de se débarrasser des hommes qui avaient gouverné pendant le règne du sang. Toutefois rien n'était si difficile que de satisfaire à ce double désir; car la convention tenait encore l'autorité dans ses mains, et beaucoup d'amis de la liberté craignaient que la contre-révolution n'eût lieu, si l'on ôtait le pouvoir à ceux dont la vie était compromise par le rétablissement de l'ancien régime. C'est une pauvre garantie, cependant, que celle des forfaits qu'on a commis au nom de la liberté; il s'ensuit bien qu'on redoute le retour des hommes qu'on a fait souffrir ; mais on est tout prêt à sacrifier ses principes à sa sûreté, si l'occasion s'en présente. ·

Ce fut donc un grand malheur pour la France que d'être obligée de remettre la république entre les mains des conventionnels. Quelques-uns étaient doués d'une grande habileté; mais ceux qui avaient participé au gouvernement de la terreur devaient nécessairement y avoir contracté des habitudes serviles et tyranniques tout ensemble. C'est dans cette école que Bonaparte a pris plusieurs des hommes qui, depuis, ont fondé sa puissance; comme ils cherchaient avant tout un abri, ils n'étaient rassurés que par le despotisme.

La majorité de la convention voulait punir quelques-uns des députés les plus atroces qui l'avaient opprimée; mais elle traçait la liste des coupables d'une main tremblante, craignant toujours qu'on ne pût l'accuser elle-même des lois qui avaient servi de justification ou de prétexte à tous les crimes. Le parti royaliste envoyait des agents au dehors, et trouvait des partisans dans l'intérieur, par l'irritation même qu'excitait la durée du pouvoir conventionnel. Néanmoins, la crainte de perdre tous les avantages de la révolution rattachait le peuple et les soldats à l'autorité existante. L'armée se battait toujours contre les étrangers avec la même énergie, et ses exploits avaient déjà obtenu une paix importante pour la France, le traité de Bâle avec la Prusse. Le peuple aussi, l'on doit le dire, supportait des maux inouïs avec une persévérance étonnante; la disette d'une part, et la dépréciation du papier-monnaie de l'autre, réduisaient la dernière classe de la société à l'état le plus misérable. Si les rois de France avaient fait subir à leurs sujets la moitié de ces souffrances, on se serait révolté de toutes parts. Mais la nation croyait se dévouer à la patrie, et rien n'égale le courage inspiré par une telle conviction.

La Suède ayant reconnu la république française, M. de Staël résidait à Paris comme ministre. J'y passai quelques mois pendant l'année 1795, et c'était vraiment alors un spectacle bien bizarre que la société de Paris. Chacun de nous sollicitait le retour de quelques émigrés de ses amis. J'obtins à cette époque plusieurs rappels; en conséquence, le député Legendre, homme presque du peuple, fît une dénonciation contre moi à la tribune de la convention. L'influence des femmes, l'ascendant de la bonne compagnie, ce qu'on appelait vulgairement *les salons dorés*, semblaient très-redoutables à ceux qui n'y étaient point admis, et dont on séduisait les collègues en les y invitant. L'on

voyait, les jours de décade, car les dimanches n'existaient plus, tous les éléments de l'ancien et du nouveau régime réunis dans les soirées, mais non réconciliés. Les élégantes manières des personnes bien élevées perçaient à travers l'humble costume qu'elles gardaient encore, comme au temps de la terreur. Les hommes convertis du parti jacobin entraient pour la première fois dans la société du grand monde, et leur amour-propre était plus ombrageux encore sur tout ce qui tient au bon ton qu'ils voulaient imiter, que sur aucun autre sujet. Les femmes de l'ancien régime les entouraient pour en obtenir la rentrée de leurs frères, de leurs fils, de leurs époux, et la flatterie gracieuse dont elles savaient se servir venait frapper ces rudes oreilles, et disposait les factieux les plus acerbes à ce que nous avons vu depuis; c'est-à-dire, à refaire une cour, à reprendre tous ses abus, mais en ayant grand soin de se les appliquer à eux-mêmes. ·

Les apologies de ceux qui avaient pris part à la terreur étaient vraiment la plus incroyable école de sophisme à laquelle on pût assister. Les uns disaient qu'ils avaient été contraints à tout ce qu'ils avaient fait, et l'on aurait pu leur citer mille actions spontanément serviles ou sanguinaires. Les autres prétendaient qu'ils s'étaient sacrifiés au bien public, et l'on savait qu'ils n'avaient songé qu'à se préserver du danger; tous rejetaient le mal sur quelques-uns; et, chose singulière dans un pays immortel par sa bravoure militaire, plusieurs des chefs politiques donnaient simplement la peur comme une excuse suffisante de leur conduite.

Un conventionnel très-connu me racontait un jour, entre autres, qu'au moment où le tribunal révolutionnaire avait été décrété, il avait prévu tous les malheurs qui en sont résultés; « et cependant, ajoutait-il, le décret passa dans l'assemblée à l'unanimité. » Or, il assistait lui-même à cette séance, votant pour ce qu'il regardait comme l'établissement de l'assassinat juridique, mais il ne lui venait pas seulement dans l'esprit, en me racontant ce fait, que l'on pût s'attendre à sa résistance. Une telle naïveté de bassesse laisse ignorer jusqu'à la possibilité de la vertu.

Les jacobins qui avaient trempé personnellement dans les crimes de la terreur, tels que Lebon, Carrier, etc., se faisaient presque tous remarquer par le même genre de physionomie. On les voyait lire leur plaidoyer avec une figure pâle et nerveuse, allant d'un côté à l'autre de la tribune de la convention, comme un animal féroce dans sa cage;

étaient-ils assis, ils se balançaient sans se lever ni changer de place, avec une sorte d'agitation stationnaire qui semblait indiquer seulement l'impossibilité du repos.

Au milieu de ces éléments dépravés, il existait un parti de républicains, débris de la Gironde, persécutés avec elle, sortant des prisons ou des cavernes qui leur avaient servi d'asile contre la mort. Ce parti méritait de l'estime à beaucoup d'égards, mais il n'était pas guéri des systèmes démocratiques; et, de plus, il avait un esprit soupçonneux qui lui faisait voir partout des fauteurs de l'ancien régime. Louvet, l'un de ces girondins échappés à la proscription, l'auteur d'un roman, *Faublas*, que les étrangers prennent souvent pour la peinture des mœurs françaises, était républicain de bonne foi. Il ne se fiait à personne; il appliquait à la politique le genre de défaut qui a fait le malheur de la vie de Jean-Jacques; et plusieurs hommes de la même opinion lui ressemblaient à cet égard. Mais les soupçons des républicains et des jacobins en France tenaient d'abord à ce qu'ils ne pouvaient faire adopter leurs principes exagérés, et secondement à une certaine haine contre les nobles, dans laquelle il se mêlait de mauvais mouvements. On avait raison de ne pas vouloir de la noblesse en France, telle qu'elle existait jadis; mais l'aversion contre les gentilshommes n'est qu'un sentiment subalterne qu'il faut savoir dominer, pour organiser la France d'une manière stable.

L'on vit proposer cependant, en 1795, un plan de constitution républicaine, beaucoup plus raisonnable et mieux combiné que la monarchie décrétée par l'assemblée constituante en 1791. Boissy d'Anglas, Daunou et Lanjuinais, noms qu'on retrouve toujours quand un rayon de liberté luit sur la France, étaient membres du comité de constitution. On osa proposer deux chambres, sous le nom de conseil des anciens et de conseil des cinq-cents; des conditions de propriété pour être éligible; deux degrés d'élection, ce qui n'est pas une bonne institution en soi-même, mais ce que les circonstances rendaient nécessaire alors, pour relever les choix; enfin un directoire composé de cinq personnes. Ce pouvoir exécutif n'avait point encore l'autorité nécessaire pour maintenir l'ordre; il lui manquait plusieurs prérogatives indispensables, et dont la privation amena, comme on le verra dans la suite, des convulsions destructives.

L'essai d'une république avait de la grandeur; toutefois, pour qu'il pût réussir, il aurait fallu peut-être sacrifier Paris à la France, et adopter des formes fédératives, ce qui, nous l'avons dit, ne s'accorde ni avec le caractère ni avec les habitudes de la nation. D'un autre côté, l'unité du gouvernement républicain paraît impossible, contraire à la nature même des choses dans un grand pays. Mais du reste l'essai a surtout manqué par le genre d'hommes qui ont exclusivement occupé les emplois; le parti auquel ils avaient tenu pendant la terreur les rendait odieux à la nation : ainsi l'on jeta trop de serpents dans le berceau d'Hercule.

La convention, instruite par l'exemple de l'assemblée constituante, dont l'ouvrage avait été renversé parce qu'elle l'avait abandonné trop tôt à ses successeurs, rendit les décrets du 5 et du 13 fructidor, qui maintenaient dans leurs places les deux tiers des députés existants; mais on convint cependant que l'un des tiers restants serait renouvelé dans dix-huit mois, et l'autre un an plus tard. Ce décret produisit une sensation terrible dans l'opinion, et rompit tout à fait le traité tacitement signé entre la convention et les honnêtes gens : on voulait pardonner aux conventionnels, pourvu qu'ils renonçassent au pouvoir; mais il était naturel qu'ils voulussent le conserver au moins comme une sauvegarde. Les Parisiens furent un peu trop violents dans cette circonstance, et peut-être l'envie d'occuper toutes les places, passion qui commençait à fermenter dans les esprits, les aigrit-elle alors. On savait pourtant que des hommes très-estimables étaient désignés comme devant être directeurs; les conventionnnels voulaient se faire honneur par de bons choix, et peut-être était-il sage d'attendre le terme fixé pour écarter légalement et graduellement le reste des députés; mais il se mêla des royalistes dans le parti qui ne voulait que s'approprier les places de la république; et, comme il est constamment arrivé depuis vingt-cinq ans, du moment où la cause de la révolution parut compromise, ceux qui la défendaient eurent pour eux le peuple et l'armée, les faubourgs et les soldats. C'est alors que l'on vit s'établir entre la force populaire et la force militaire une alliance qui rendit bientôt celle-ci maîtresse de l'autre. Les guerriers français, si admirables dans la résistance qu'ils opposaient aux puissances coalisées, se sont faits, pour ainsi dire, les janissaires de la liberté chez eux; et, s'immisçant dans les affaires intérieures de la France, ils ont disposé de l'autorité civile, et se sont chargés d'opérer les diverses révolutions dont nous avons été les témoins.

Les sections de Paris, de leur côté, ne furent peut-être pas exemptes de l'esprit de faction, car la cause de leur tumulte n'était pas d'un intérêt public urgent, puisqu'il suffisait d'attendre dix-huit mois pour qu'il ne restât plus un conventionnel en place. L'impatience les perdit; elles attaquèrent l'armée de la convention le 13 vendémiaire, et l'issue ne fut pas douteuse. Le commandant de cette armée était le général Bonaparte : son nom .parut pour la première fois dans les annales du monde, le 13 vendémiaire (4 octobre 1795.) Il avait déjà contribué, mais sans être cité, à la reprise de Toulon, en 1793, lorsque cette ville se révolta contre la convention. Le parti qui renversa Robespierre l'avait destitué après le 9 thermidor; et, n'ayant alors aucune ressource de fortune, il présenta un mémoire aux comités .du gouvernement, pour aller à Constantinople former les Turcs à la guerre. C'est ainsi que Cromwell voulut partir pour l'Amérique, dans les premiers moments de la révolution d'Angleterre. Barras, depuis directeur, s'intéressait à Bonaparte, et le désigna dans les comités de la convention pour la défendre. On prétend que le général Bonaparte a dit qu'il aurait pris le parti des sections, si elles lui avaient offert de commander leurs bataillons. Je doute de cette anecdote; non que le général Bonaparte ait été, dans aucune époque de la révolution, exclusivement attaché à une opinion quelconque, mais parce qu'il a eu toujours trop bien l'instinct de la force pour avoir voulu se mettre du côté nécessairement alors le plus faible.

On craignait beaucoup à Paris que, le lendemain du 13 vendémiaire, le règne de la terreur ne fût rétabli. En effet, ces mêmes conventionnels qui avaient cherché à plaire quand ils se croyaient réconciliés avec les honnêtes gens, pouvaient se porter à tous les excès, en voyant que leurs efforts pour faire oublier leur conduite passée étaient sans fruit. Mais les vagues de la révolution commençaient à se retirer, et le retour durable du jacobinisme était déjà devenu impossible. Cependant il résulta de ce combat du 13 vendémiaire, que la convention se fit un principe de nommer cinq directeurs qui eussent voté la mort du roi; et, comme la nation n'approuvait en aucune manière cette aristocratie du régicide, elle ne s'identifia point avec ses magistrats. Un résultat non moins fâcheux de la journée du 13 vendémiaire, ce fut un décret du 2 brumaire qui excluait de tout emploi public les parents des émigrés, et tous ceux qui dans les sections avaient voté pour des projets *liberticides*. Telle était l'expression du jour, car en France, à chaque révolution, on rédige une phrase nouvelle, qui sert à tout le monde, pour que chacun ait de l'esprit ou du sentiment tout

fait, si par hasard la nature lui avait refusé l'un et l'autre.

Le décret d'exclusion du 2 brumaire faisait une classe de proscrits dans l'État; ce qui certes ne vaut pas mieux qu'une classe de privilégiés, et n'est pas moins contraire à l'égalité devant la loi. Le directoire était le maître d'exiler, d'emprisonner, de déporter à son gré les individus désignés comme attachés à l'ancien régime, les nobles et les prêtres, auxquels on refusait le bienfait de la constitution en les plaçant sous le joug de l'arbitraire. Une amnistie accompagne d'ordinaire l'installation de tout gouvernement nouveau; ce fut au contraire une proscription en masse qui signala celle du directoire. Quels dangers présentaient tout à la fois à ce gouvernement les prérogatives constitutionnelles qui lui manquaient, et la puissance révolutionnaire dont on avait été prodigue envers lui!

CHAPITRE XXI.

Des vingt mois pendant lesquels la république a existé en France, depuis le mois de novembre 1795 jusqu'au 18 fructidor (4 septembre 1797.)

Il faut rendre justice aux directeurs, et plus encore à la puissance des institutions libres, sous quelque forme qu'elles soient admises. Les vingt premiers mois qui succédèrent à l'établissement de la république, présentent une période d'administration singulièrement remarquable. Cinq hommes, Carnot, Rewbell, Barras, Lareveillère, Letourneur, choisis par la colère, et ne possédant pas pour la plupart des facultés transcendantes, arrivèrent au pouvoir dans les circonstances les plus défavorables. Ils entrèrent au palais du Luxembourg qui leur était destiné, sans y trouver une table pour écrire, et l'État n'était pas plus en ordre que le palais. Le papier-monnaie était réduit presque au millième de sa valeur nominale; il n'y avait pas cent mille francs en espèces au trésor public; les subsistances étaient encore si rares, que l'on contenait à peine le mécontentement du peuple à cet égard; l'insurrection de la Vendée durait toujours; les troubles civils avaient fait naître des bandes de brigands, connus sous le nom de chauffeurs, qui commettaient d'horribles excès dans les campagnes; enfin, presque toutes les armées françaises étaient désorganisées.

En six mois le directoire releva la France de cette déplorable situation. L'argent remplaça le papier sans secousse; les propriétaires anciens vécurent en paix à côté des acquéreurs de biens nationaux ; les routes et les campagnes redevinrent d'une sûreté parfaite ; les armées ne furent que trop victorieuses ; la liberté de la presse reparut ; les élections suivirent leur cours légal, et l'on aurait pu dire que la France était libre, si les deux classes des nobles et des prêtres avaient joui des mêmes garanties que les autres citoyens. Mais la sublime perfection de la liberté consiste en ceci, qu'elle ne peut rien faire à demi. Si vous voulez persécuter un seul homme dans l'État, la justice ne s'établira jamais pour tous ; à plus forte raison, lorsque cent mille individus se trouvent placés hors du cercle protecteur de la loi. Les mesures révolutionnaires ont donc gâté la constitution, dès l'établissement du directoire : la dernière moitié de l'existence de ce gouvernement, qui a duré en tout quatre années, a été si misérable sous tous les rapports, qu'on a pu facilement attribuer le mal aux institutions elles-mêmes. Mais l'histoire impartiale mettra cependant sur deux lignes très-différentes la république avant le 18 fructidor, et la république après cette époque, si toutefois ce nom peut encore être mérité par les autorités factieuses qui se renversèrent l'une l'autre, sans cesser d'opprimer la masse sur laquelle elles retombaient.

Les deux partis extrêmes, les jacobins et les royalistes, attaquèrent le directoire dans les journaux, chacun à sa manière, pendant la première période directoriale, sans que le gouvernement s'y opposât, sans qu'il en fût ébranlé. La société de Paris était d'autant plus libre, que la classe des gouvernants n'en faisait pas partie. Cette séparation avait et devait avoir sans doute beaucoup d'inconvénients à la longue ; mais, précisément parce que le gouvernement n'était pas à la mode, tous les esprits ne s'agitaient pas, comme ils se sont agités depuis, par le désir effréné d'obtenir des places, et il existait d'autres objets d'intérêt et d'activité. Une chose surtout digne de remarque sous le directoire, ce sont les rapports de l'autorité civile avec l'armée. On a beaucoup dit que la liberté, comme elle existe en Angleterre, n'est pas possible pour un État continental, à cause des troupes réglées qui dépendent toujours du chef de l'État. Je répondrai ailleurs à ces craintes sur la durée de la liberté, toujours exprimées par ses ennemis, par ceux même qui ne veulent pas permettre qu'une tentative sincère en soit faite. Mais on ne saurait trop s'étonner de la manière dont les armées ont été conduites par le directoire, jusqu'au moment où, craignant le retour de l'ancienne royauté, il les a lui-même malheureusement introduites dans les révolutions intérieures de l'État.

Les meilleurs généraux de l'Europe obéissaient à cinq directeurs, dont trois n'étaient que des hommes de loi. L'amour de la patrie et de la liberté était encore assez puissant sur les soldats eux-mêmes, pour qu'ils respectassent la loi plus que leur général, si ce général voulait se mettre au-dessus d'elle. Toutefois la prolongation indéfinie de la guerre a nécessairement mis un grand obstacle à l'établissement d'un gouvernement libre en France ; car, d'une part, l'ambition des conquêtes commençait à s'emparer de l'armée, et de l'autre, les décrets de recrutement qu'on obtenait des législateurs, ces décrets avec lesquels on a depuis asservi le continent, portaient déjà des atteintes funestes au respect pour les institutions civiles. On ne peut s'empêcher de regretter qu'à cette époque les puissances encore en guerre avec la France, c'est-à-dire, l'Autriche et l'Angleterre, n'aient pas accédé à la paix. La Prusse, Venise, la Toscane, l'Espagne et la Suède avaient déjà traité en 1795, avec un gouvernement beaucoup moins régulier que celui du directoire ; et peut-être l'esprit d'envahissement qui a fait tant de mal aux peuples du continent comme aux Français eux-mêmes, ne se serait-il pas développé, si la guerre avait cessé avant les conquêtes du général Bonaparte en Italie. Il était encore temps de tourner l'activité française vers les intérêts politiques et commerciaux. On n'avait jusqu'alors considéré la guerre que comme un moyen d'assurer l'indépendance de la nation ; l'armée ne se croyait destinée qu'à maintenir la révolution ; les militaires n'étaient point un ordre à part dans l'État ; enfin il y avait encore en France quelque enthousiasme désintéressé, sur lequel on pouvait fonder le bien public.

Depuis 1793 jusqu'au commencement de 1795, l'Angleterre et ses alliés se seraient déshonorés en traitant avec la France ; qu'aurait-on dit des augustes ambassadeurs d'une nation libre, revenant à Londres après avoir reçu l'accolade de Marat ou de Robespierre? Mais, quand une fois l'intention d'établir un gouvernement régulier se manifesta, il fallait ne rien négliger pour interrompre l'éducation guerrière des Français.

L'Angleterre, en 1797, dix-huit mois après l'installation du directoire, envoya des négociateurs à Lille ; mais les succès de l'armée d'Italie avaient inspiré de l'arrogance aux chefs de la république ; les directeurs étaient déjà vieux dans le pouvoir, et s'y croyaient affermis. Les gouvernements qui commencent souhaitent tous la paix : il faut savoir profiter de cette circonstance avec habileté ; en politique comme à la guerre, il y a des coups de temps qu'on doit se hâter de saisir. Mais l'opinion en Angleterre était exaltée par Burke, qui avait acquis un grand ascendant sur ses compatriotes, en prédisant trop bien les malheurs de la révolution. Il écrivit, lors de la négociation de Lille, des lettres *sur la paix régicide* qui renouvelèrent l'indignation publique contre les Français. M. Pitt, cependant, avait donné lui-même quelques éloges à la constitution de 1795; et d'ailleurs, si le système politique adopté par la France, quel qu'il fût, cessait de compromettre la sûreté des autres pays, que pouvait-on exiger de plus?

Les passions des émigrés, auxquelles le ministère anglais s'est toujours beaucoup trop abandonné, lui ont souvent fait commettre des erreurs dans le jugement des affaires de France. Il crut opérer une grande diversion en transportant les royalistes à Quiberon, et n'amena qu'une scène sanglante, dont tous les efforts les plus courageux de l'escadre anglaise ne purent adoucir l'horreur. Les malheureux gentilshommes français qui s'étaient vainement flattés de trouver en Bretagne un grand parti prêt à se lever pour eux, furent abandonnés en un instant. Le général Lemoine, commandant de l'armée française, m'a raconté avec admiration les tentatives réitérées des marins anglais pour s'approcher de la côte, et recevoir dans les chaloupes les émigrés cernés de toutes parts, et fuyant à la nage pour regagner les vaisseaux hospitaliers de l'Angleterre. Mais les ministres anglais, et M. Pitt à leur tête, en voulant toujours faire triompher en France le parti purement royaliste, ne consultèrent nullement l'opinion du pays, et de cette erreur sont nés les obstacles qu'ils ont rencontrés pendant longtemps dans leurs combinaisons politiques. Le ministère anglais devait, plus que tout autre gouvernement de l'Europe, comprendre l'histoire de la révolution de France, si semblable à celle d'Angleterre : mais l'on dirait qu'à cause de l'analogie même, il voulait s'en montrer d'autant plus l'ennemi.

CHAPITRE XXII.

Deux prédictions singulières tirées de l'Histoire de la révolution, par M. Necker.

M. Necker n'a jamais publié un livre politique sans braver un danger quelconque, soit pour sa fortune, soit pour lui-même. Les circonstances dans lesquelles il a fait paraître son Histoire de la révolution, pouvaient l'exposer à tant de chances

funestes, que je fis beaucoup d'efforts pour l'en empêcher. Il était inscrit sur la liste des émigrés, c'est-à-dire, soumis à la peine de mort d'après les lois françaises, et déjà l'on répandait de toutes parts que le directoire avait l'intention de faire une invasion en Suisse. Néanmoins il publia, vers la fin de l'année 1796, un ouvrage sur la révolution, en quatre volumes, dans lequel il présenta les vérités les plus hardies. Il n'y mit d'autre ménagement que celui de se placer à la distance de la postérité pour juger les hommes et les choses. Il joignit à cette Histoire, pleine de chaleur, de sarcasme et de raison, l'analyse des principales constitutions libres de l'Europe; et l'on serait vraiment découragé d'écrire, en lisant ce livre, où toutes les questions sont approfondies, si l'on ne se disait pas que dix-huit années de plus, et une manière de sentir individuelle, peuvent ajouter encore quelques idées au même système.

Deux prédictions bien extraordinaires doivent être signalées dans cet ouvrage : l'une annonce la lutte du directoire avec le corps représentatif, qui eut lieu quelque temps après, et qui fut amenée, ainsi que M. Necker l'annonçait, par les prérogatives constitutionnelles qui manquaient au pouvoir exécutif.

« La disposition essentielle de la constitution « républicaine donnée à la France en 1795, dit-il, « la disposition capitale, et qui peut mettre en pé- « ril l'ordre ou la liberté, c'est la séparation com- « plète et absolue des deux autorités premières : « l'une qui fait les lois, l'autre qui dirige et sur- « veille leur exécution. On avait réuni, confondu « tous les pouvoirs dans l'organisation monstrueuse « de la convention nationale; et par un autre ex- « trême, moins dangereux sans doute, on n'a « voulu conserver entre eux aucune des affinités « que le bien de l'État exige. On s'est alors ressaisi « tout à coup des maximes écrites; et, sur la foi « d'un petit nombre d'instituteurs politiques, on a « cru qu'on ne pouvait établir une trop forte bar- « rière entre le pouvoir exécutif et le pouvoir lé- « gislatif. Rappelons d'abord que les instructions « tirées de l'exemple nous donnent un résultat bien « différent. On ne connaît aucune république où « les deux pouvoirs dont je viens de parler ne « soient entremêlés dans une certaine mesure; et « les temps anciens, comme les temps modernes, « nous offrent le même tableau. Quelquefois un « sénat, dépositaire de l'autorité exécutive, pro- « pose les lois à un conseil plus étendu, ou à la « masse entière des citoyens; et quelquefois aussi « ce sénat, exerçant dans un sens inverse son droit

« d'association au pouvoir législatif, suspend ou
« révise les décrets du grand nombre. Le gouver-
« nement libre de l'Angleterre est fondé sur les
« mêmes principes, et le monarque y concourt aux
« lois par sa sanction et par l'assistance ordinaire
« de ses ministres aux deux chambres du parle-
« ment. Enfin, l'Amérique a donné un droit de
« réjection mitigé au président du congrès, à ce
« chef de l'État, qu'elle a investi de l'autorité exé-
« cutive ; et dans le même temps elle a mis en part
« de cette autorité l'une des deux sections du corps
« législatif.

    « La constitution républicaine de la France est
« le premier modèle, ou plutôt le premier essai
« d'une séparation absolue entre les deux pouvoirs
« suprêmes.

    « L'autorité exécutive agira toujours seule et
« sans aucune inspection habituelle de la part de
« l'autorité législative ; et, en revanche, aucun
« assentiment de la part de l'autorité exécutive ne
« sera nécessaire à la plénitude des lois. Enfin, les
« deux pouvoirs n'auront pour lien politique que
« des adresses exhortatives, et ils ne communi-
« queront ensemble que par des envoyés ordinai-
« res et extraordinaires.

    « Une organisation si nouvelle ne doit-elle pas
« entraîner des inconvénients ? ne doit-elle pas, un
« jour à venir, exposer à de grands dangers ?

    « Supposons en effet que le choix des cinq direc-
« teurs tombe, en tout ou en partie, sur des hom-
« mes d'un caractère faible ou incertain ; quelle
« considération pourront-ils conserver en parais-
« sant tout à fait séparés du corps législatif, et de
« simples machines obéissantes ?

    « Que si, au contraire, les cinq directeurs élus
« se trouvaient des hommes vigoureux, hardis,
« entreprenants et parfaitement unis entre eux, le
« moment arriverait où l'on regretterait peut-être
« l'isolement de ces chefs exécutifs, où l'on vou-
« drait que la constitution les eût mis dans la né-
« cessité d'agir en présence d'une section du corps
« législatif, et de concert avec elle. Le moment
« arriverait où l'on se repentirait peut-être d'avoir
« laissé, par la constitution même, un champ libre
« aux premières suggestions de leur ambition, aux
« premiers essais de leur despotisme. »

    Ces directeurs hardis et entreprenants se sont
trouvés ; et, comme il ne leur était pas permis de
dissoudre le corps législatif, ils ont employé des
grenadiers à la place du droit légal que la constitution devait leur donner. Rien ne présageait encore
cette crise, quand M. Necker l'a prédite ; mais,
ce qui est plus étonnant, c'est qu'il a pressenti la

tyrannie militaire qui devait résulter de la crise
même qu'il annonçait en 1796.

    Dans une autre partie de son ouvrage, M. Nec-
ker, en mêlant sans cesse l'éloquence au raisonnement, rend la politique populaire. Il suppose un
discours de saint Louis, adressé à la nation française, et vraiment admirable ; il faut le lire tout
entier, car il y a un charme et une pensée dans
chaque parole. Toutefois, l'objet principal de cette
fiction, c'est de se figurer un prince qui, dans son
illustre vie, s'est montré capable d'un dévouement
héroïque, déclarant à la nation jadis soumise à ses
aïeux, qu'il ne veut pas troubler par la guerre in-
testine les efforts qu'elle fait maintenant pour obtenir la liberté, même républicaine, mais qu'au
moment où les circonstances tromperaient son espoir, et la livreraient au despotisme, il viendrait
aider ses anciens sujets à s'affranchir de l'oppression d'un tyran.

    Quelle vue perçante dans l'avenir et dans l'en-
chaînement des causes et des effets ne faut-il pas,
pour avoir formé une telle conjecture sous le directoire, il y a vingt ans !

CHAPITRE XXIII.

De l'armée d'Italie.

    Les deux grandes armées de la république, celles
du Rhin et de l'Italie, furent presque constamment
victorieuses jusqu'au traité de Campo-Formio, qui
suspendit pendant quelques instants la longue
guerre continentale. L'armée du Rhin, dont le général Moreau était le chef, avait conservé toute la
simplicité républicaine ; l'armée d'Italie, commandée par le général Bonaparte, éblouissait par ses
conquêtes, mais elle s'écartait chaque jour davantage de l'esprit patriotique qui avait animé jusqu'a-
lors les armées françaises. L'intérêt personnel prenait la place de l'amour de la patrie, et l'attachement
à un homme l'emportait sur le dévouement à
la liberté. Bientôt aussi les généraux de l'armée
d'Italie commencèrent à s'enrichir, ce qui diminua
d'autant leur enthousiasme pour les principes aus-
tères sans lesquels un État libre ne saurait subsister.

    Le général Bernadotte, dont j'aurai l'occasion
de parler dans la suite, vint, à la tête d'une division de l'armée du Rhin, se joindre à l'armée d'I-
talie. Il y avait une sorte de contraste entre la
noble pauvreté des uns et la richesse irrégulière
des autres ; ils ne se ressemblaient que par la bravoure. L'armée d'Italie était celle de Bonaparte,
l'armée du Rhin celle de la république française.

Toutefois rien ne fut si brillant que la conquête rapide de l'Italie. Sans doute, le désir qu'ont eu de tout temps les Italiens éclairés de se réunir en un seul État, et d'avoir assez de force nationale pour ne plus rien craindre ni rien espérer des étrangers, contribua beaucoup à favoriser les progrès du général Bonaparte. C'est au cri de *vive l'Italie* qu'il a passé le pont de Lodi, et c'est à l'espoir de l'indépendance qu'il dut l'accueil des Italiens. Mais les victoires qui soumettaient à la France des pays au delà de ses limites naturelles, loin de favoriser sa liberté, l'exposaient au danger du gouvernement militaire.

On parlait déjà beaucoup à Paris du général Bonaparte; la supériorité de son esprit en affaires, jointe à l'éclat de ses talents comme général, donnait à son nom une importance que jamais un individu quelconque n'avait acquise depuis le commencement de la révolution. Mais, bien qu'il parlât sans cesse de la république dans ses proclamations, les hommes attentifs s'apercevaient qu'elle était à ses yeux un moyen et non un but. Il en fut ainsi pour lui de toutes les choses et de tous les hommes. Le bruit se répandit qu'il voulait se faire roi de Lombardie. Un jour je rencontrai le général Augereau qui venait d'Italie, et qu'on citait, je crois alors avec raison, comme un républicain zélé. Je lui demandai s'il était vrai que le général Bonaparte songeât à se faire roi. « Non, assuré- « ment, répondit-il, c'est un jeune homme trop « bien élevé pour cela. » Cette singulière réponse était tout à fait d'accord avec les idées du moment. Les républicains de bonne foi auraient regardé comme une dégradation pour un homme, quelque distingué qu'il fût, de vouloir faire tourner la révolution à son avantage personnel. Pourquoi ce sentiment n'a-t-il pas eu plus de force et de durée parmi les Français!

Bonaparte s'arrêta dans sa marche sur Rome en signant la paix de Tolentino, et c'est alors qu'il obtint la cession des superbes monuments des arts qu'on a vus longtemps réunis dans le Musée de Paris. La véritable place de ces chefs-d'œuvre était sans doute en Italie, et l'imagination les y regrettait : mais de tous les illustres prisonniers, ce sont ceux auxquels les Français avaient raison d'attacher le plus de prix.

Le général Bonaparte écrivit au directoire qu'il avait fait de ces monuments une des conditions de la paix avec le pape. *J'ai particulièrement insisté,* dit-il, *sur les bustes de Junius et de Marcus Brutus que je veux envoyer à Paris les premiers.* Le général Bonaparte qui, depuis, a fait ôter ces bus-tes de la salle du corps législatif, aurait pu leur épargner la peine du voyage.

CHAPITRE XXIV.

De l'introduction du gouvernement militaire en France, par la journée du 18 fructidor.

Aucune époque de la révolution n'a été plus désastreuse que celle qui a substitué le régime militaire à l'espoir justement fondé d'un gouvernement représentatif. J'anticipe toutefois sur les événements, car le gouvernement d'un chef militaire ne fut point encore proclamé, au moment où le directoire envoya des grenadiers dans les deux chambres; seulement cet acte tyrannique, dont des soldats furent les agents, prépara les voies à la révolution opérée deux ans après par le général Bonaparte lui-même ; et il parut simple alors qu'un chef militaire adoptât une mesure que des magistrats s'étaient permise.

Les directeurs ne se doutaient guère cependant des suites inévitables du parti qu'ils prenaient. Leur situation était périlleuse; ils avaient, ainsi que j'ai tâché de le montrer, trop de pouvoir arbitraire, et trop peu de pouvoir légal. On leur avait donné tous les moyens de persécuter qui excitent la haine, mais aucun des droits constitutionnels avec lesquels ils auraient pu se défendre. Au moment où le second tiers des chambres fut renouvelé par l'élection de 1797, l'esprit public devint une seconde fois impatient d'écarter les conventionnels des affaires; mais une seconde fois aussi, au lieu d'attendre une année pendant laquelle la majorité du directoire devait changer, et le dernier tiers des chambres se renouveler, la vivacité française porta les ennemis du gouvernement à vouloir le renverser sans nul délai. L'opposition au directoire ne fut pas d'abord formée par des royalistes purs; mais ils s'y mêlèrent par degrés. D'ailleurs, dans les dissensions civiles les hommes finissent toujours par prendre les opinions dont on les accuse, et le parti qui attaquait le directoire était ainsi forcément poussé vers la contre-révolution.

On vit s'agiter de toutes parts un esprit de réaction intolérable; à Lyon, à Marseille, on assassinait des hommes, il est vrai, très-coupables, mais on les assassinait. Les journaux proclamaient chaque jour la vengeance, en s'armant de la calomnie, en annonçant ouvertement la contre-révolution. Il y avait dans l'intérieur des deux conseils, comme au dehors, un parti très-décidé à ramener l'ancien régime, et le général Pichegru en était un des principaux instruments.

Le directoire, en tant que conservateur de sa propre existence politique, avait de grandes raisons de se mettre en défense; mais comment le pouvait-il? Les défauts de la constitution, que M. Necker avait si bien signalés, rendaient très-difficile au gouvernement de résister légalement aux attaques des conseils. Celui des anciens inclinait à défendre les directeurs, seulement parce qu'il tenait, quoique bien imparfaitement, la place d'une chambre des pairs; mais, comme les députés de ce conseil n'étaient point nommés à vie, ils avaient peur de se dépopulariser en soutenant des magistrats repoussés par l'opinion publique. Si le gouvernement avait eu le droit de dissoudre les cinq-cents, la simple menace d'user de cette prérogative aurait suffi pour les contenir. Enfin si le pouvoir exécutif avait pu opposer un *veto* même suspensif, aux décrets des conseils, il se serait contenté des moyens dont la loi l'eût armé pour se maintenir. Mais ces mêmes magistrats, dont l'autorité était si bornée, avaient une grande force comme faction révolutionnaire; et ils n'étaient pas assez scrupuleux pour se laisser battre selon les règles de l'escrime constitutionnelle, quand ils n'avaient qu'à recourir à la force pour se débarrasser de leurs adversaires. On vit, dans cette occasion, ce qu'on verra toujours, l'intérêt personnel de quelques individus renverser les barrières de la loi, si ces barrières ne sont pas construites de manière à se maintenir par elles-mêmes.

Deux directeurs, Barthélemy et Carnot, étaient du parti des conseils représentatifs. Certainement on ne pouvait soupçonner Carnot de souhaiter le retour de l'ancien régime; mais il ne voulait pas, ce qui lui fait honneur, adopter des moyens illégaux pour repousser l'attaque du pouvoir législatif. La majorité du directoire, Rewbell, Barras et Lareveillère, hésitèrent quelque temps entre deux auxiliaires dont ils pouvaient également disposer : le parti jacobin, et l'armée. Ils eurent peur, avec raison, du premier; c'était une arme bien redoutable encore que les terroristes, et celui qui s'en servait pouvait être terrassé par elle. Les directeurs crurent donc qu'il valait mieux faire venir des adresses des armées, et demander au général Bonaparte, celui de tous les commandants en chef qui se prononçait alors le plus fortement contre les conseils, d'envoyer un de ses généraux de brigade à Paris pour être aux ordres du directoire. Bonaparte choisit le général Augereau; c'était un homme très-décidé dans l'action, et peu capable

de raisonnement, ce qui le rendait un excellent instrument du despotisme, pourvu que ce despotisme s'intitulât révolution.

Par un contraste singulier, le parti royaliste des deux conseils invoquait les principes républicains, la liberté de la presse, celle des suffrages, toutes les libertés enfin, surtout celle de renverser le directoire. Le parti populaire, au contraire, se fondait toujours sur les circonstances, et défendait les mesures révolutionnaires qui servaient de garantie momentanée au gouvernement. Les républicains se voyaient contraints à désavouer leurs propres principes, parce qu'on les tournait contre eux; et les royalistes empruntaient les armes des républicains pour attaquer la république. Cette bizarre combinaison des armes troquées dans le combat s'est représentée dans d'autres circonstances. Toutes les minorités invoquent la justice, et la justice c'est la liberté. L'on ne peut juger un parti que par la doctrine qu'il professe quand il est le plus fort.

Néanmoins, quand le directoire prit la funeste résolution d'envoyer des grenadiers saisir les législateurs sur leurs bancs, il n'avait même déjà plus besoin du mal qu'il se déterminait à faire. Le changement de ministère et les adresses des armées suffisaient pour contenir le parti royaliste, et le directoire se perdit en poussant trop loin son triomphe; car il était si contraire à l'esprit d'une république, de faire agir des soldats contre les représentants du peuple, qu'on devait ainsi la tuer, tout en voulant la sauver. La veille du jour funeste, chacun savait qu'un grand coup allait être frappé; car, en France, on conspire toujours sur la place publique, ou plutôt on ne conspire pas; on s'excite les uns les autres, et qui sait écouter ce qu'on dit saura d'avance ce qu'on va faire.

Le soir qui précéda l'entrée du général Augereau dans les conseils, la frayeur était telle, que la plupart des personnes connues quittèrent leurs maisons dans la crainte d'y être arrêtées. Un de mes amis me fit trouver un asile dans une petite chambre, dont la vue donnait sur le pont Louis XVI. J'y passai la nuit à regarder les préparatifs de la terrible scène qui devait avoir lieu dans peu d'heures; on ne voyait dans les rues que des soldats, tous les citoyens étaient renfermés chez eux. Les canons qu'on amenait autour du palais où se rassemblait le corps législatif, roulaient sur le pavé; mais hors ce bruit, tout était silence. On n'apercevait nulle part un rassemblement hostile, et l'on ne savait contre qui tous ces moyens étaient dirigés. La liberté fut la seule puissance vaincue dans cette malheureuse lutte; on eût dit qu'on la voyait s'enfuir comme une ombre à l'approche du jour qui allait éclairer sa perte.

On apprit le matin que le général Augereau avait conduit ses bataillons dans le conseil des cinq-cents, et qu'il y avait arrêté plusieurs des députés qui s'y trouvaient réunis en comité, et que présidait alors le général Pichegru. On s'étonne du peu de respect que les soldats témoignèrent pour un général qui les avait souvent conduits à la victoire; mais on était parvenu à le désigner comme un contre-révolutionnaire, et ce nom exerce en France une sorte de puissance magique, quand l'opinion est en liberté. D'ailleurs, le général Pichegru n'avait aucun moyen de faire effet sur l'imagination : c'était un homme fort honnête, mais sans physionomie, ni dans ses traits, ni dans ses paroles; le souvenir de ses victoires ne tenait pas sur lui, parce que rien ne les annonçait dans sa façon d'être. On a souvent répandu le bruit qu'il avait été guidé par les conseils d'un autre à la guerre; je ne sais ce qui en était, mais cela pouvait se croire, parce que son regard et son entretien étaient si ternes, qu'ils ne donnaient pas l'idée qu'il fût propre à devenir le chef d'aucune entreprise. Néanmoins son courage et sa persévérance politique ont, depuis, mérité l'intérêt autant que son malheur.

Quelques membres du conseil des anciens, parmi lesquels on distinguait l'intrépide et généreux vieillard Dupont de Nemours et le respectable Barbé-Marbois, se rendirent à pied à la salle de leurs séances, ayant à leur tête Laffon-Ladébat, alors président; et, après avoir constaté que l'entrée du conseil leur était interdite par les troupes, ils revinrent de même, passant au milieu des soldats alignés, sans que le peuple qui les regardait comprît qu'il s'agissait de ses représentants opprimés par la force armée. La crainte de la contre-révolution avait malheureusement désorganisé l'esprit public : on ne savait où saisir la cause de la liberté, entre ceux qui la déshonoraient et ceux qu'on accusait de la haïr. On condamna les hommes les plus honorables, Barbé-Marbois, Tronçon-Ducoudray, Camille Jordan, etc., à la déportation outre-mer. Des mesures atroces suivirent cette première violation de toute justice. La dette publique fut réduite de deux tiers, et l'on appela cette opération, *la mobiliser;* tant les Français sont habiles à trouver des mots qui semblent doux pour les actions les plus dures! Les prêtres et les nobles furent proscrits de nouveau avec une impitoyable barbarie. On abolit la liberté de la presse, car elle est inconciliable avec l'exercice du pouvoir arbi-

traire. L'invasion de la Suisse, le projet insensé d'une descente en Angleterre, éloignèrent tout espoir de paix avec l'Europe. On évoqua l'esprit révolutionnaire, mais il reparut sans l'enthousiasme qui l'avait jadis animé; et, comme l'autorité civile ne s'appuyait point sur la justice, sur la magnanimité, enfin sur aucune des grandes qualités qui doivent la caractériser, l'ardeur patriotique se tourna vers la gloire militaire, qui du moins alors pouvait satisfaire l'imagination.

CHAPITRE XXV.

Anecdotes particulières.

Il en coûte de parler de soi, dans une époque surtout où les récits les plus importants commandent seuls l'attention des lecteurs. Néanmoins je ne puis me refuser à repousser une inculpation qui me blesse. Les journaux chargés, en 1797, d'insulter tous les amis de la liberté, ont prétendu que, voulant la république, j'approuvais la journée du 18 fructidor. Je n'aurais sûrement pas conseillé, si j'y avais été appelée, d'établir une république en France; mais, une fois qu'elle existait, je n'étais pas d'avis qu'on dût là renverser. Le gouvernement républicain, considéré abstraitement et sans application à un grand État, mérite le respect qu'il a de tout temps inspiré; et la révolution du 18 fructidor, au contraire, doit toujours faire horreur, et par les principes tyranniques dont elle partait, et par les suites affreuses qui en ont été la conséquence nécessaire. Parmi les individus dont le directoire était composé, je ne connaissais que Barras; et, loin d'avoir le moindre crédit sur les autres, quoiqu'ils ne pussent ignorer combien j'aimais la liberté, ils me savaient si mauvais gré de mon attachement pour les proscrits, qu'ils donnèrent l'ordre sur les frontières de la Suisse, à Versoix, près de Coppet, de m'arrêter et de me conduire en prison à Paris, à cause, disaient-ils, de mes efforts pour faire rentrer les émigrés. Barras me défendit avec chaleur et générosité; et c'est lui qui m'obtint la permission de retourner en France quelque temps après. La reconnaissance que je lui devais entretint entre lui et moi des relations de société.

M. de Talleyrand était revenu d'Amérique un an avant le 18 fructidor. Les honnêtes gens, en général, désiraient la paix avec l'Europe, qui était alors disposée à traiter. Or, M. de Talleyrand paraissait devoir être, ce qu'on l'a toujours trouvé depuis, un négociateur fort habile. Les amis de la liberté souhaitaient que le directoire s'affermît par des mesures constitutionnelles, et qu'il choisît dans ce but des ministres en état de soutenir le gouvernement. M. de Talleyrand semblait alors le meilleur choix possible pour le département des affaires étrangères, puisqu'il voulait bien l'accepter. Je le servis efficacement à cet égard, en le faisant présenter à Barras par un de mes amis, et en le recommandant avec force. M. de Talleyrand avait besoin qu'on l'aidât pour arriver au pouvoir; mais il se passait ensuite très-bien des autres pour s'y maintenir. Sa nomination est la seule part que j'aie eue dans la crise qui a précédé le 18 fructidor, et je croyais ainsi la prévenir; car on pouvait espérer que l'esprit de M. de Talleyrand amènerait une conciliation entre les deux partis. Depuis, je n'ai pas eu le moindre rapport avec les diverses phases de sa carrière politique.

La proscription s'étendit de toutes parts après le 18 fructidor; et cette nation, qui avait déjà perdu sous le règne de la terreur les hommes les plus respectables, se vit encore privée de ceux qui lui restaient. On fut au moment de proscrire Dupont de Nemours, le plus chevaleresque champion de la liberté qu'il y eût en France, mais qui ne pouvait la reconnaître dans la dispersion des représentants du peuple par la force armée. J'appris le danger qu'il courait, et j'envoyai chercher Chénier le poëte, qui, deux ans auparavant, avait, à ma prière, prononcé le discours auquel M. de Talleyrand dut son rappel. Chénier, malgré tout ce qu'on peut reprocher à sa vie, était susceptible d'être attendri, puisqu'il avait du talent, et du talent dramatique. Il s'émut à la peinture de la situation de Dupont de Nemours et de sa famille, et courut à la tribune, où il parvint à le sauver, en le faisant passer pour un homme de quatre-vingts ans, quoiqu'il en eût à peine soixante. Ce moyen déplut à l'aimable Dupont de Nemours, qui a toujours eu de grands droits à la jeunesse par son âme.

Chénier était un homme à la fois violent et susceptible de frayeur; plein de préjugés, quoiqu'il fût enthousiaste de la philosophie; inabordable au raisonnement quand on voulait combattre ses passions, qu'il respectait comme ses dieux pénates. Il se promenait à grands pas dans la chambre, répondait sans avoir écouté, pâlissait, tremblait de colère, lorsqu'un mot qui lui déplaisait frappait tout seul ses oreilles, faute d'avoir la patience d'entendre le reste de la phrase. C'était néanmoins un homme d'esprit et d'imagination, mais tellement dominé par son amour-propre, qu'il s'étonnait de lui-même, au lieu de travailler à se perfectionner.

Chaque jour accroissait l'effroi des honnêtes gens. Quelques mots d'un général qui m'accusa publiquement de pitié pour les conspirateurs, me firent quitter Paris pour me retirer à la campagne; car, dans les crises politiques, la pitié s'appelle trahison. J'allai donc dans la maison d'un de mes amis, où je trouvai, par un hasard singulier, l'un des plus illustres et des plus braves royalistes de la Vendée, le prince de la Tremoille, qui était venu dans l'espoir de faire tourner les circonstances en faveur de sa cause, et dont la tête était à prix. Je voulus lui céder un asile dont il avait plus besoin que moi; il s'y refusa, se proposant de sortir de France, puisque alors tout espoir de contre-révolution était perdu. Nous nous étonnions, avec raison, que le même coup de vent nous eût atteints tous les deux, quoique nos situations précédentes fussent très-diverses.

Je revins à Paris; tous les jours, on tremblait pour quelques nouvelles victimes enveloppées dans la persécution générale qu'on faisait subir aux émigrés et aux prêtres. Le marquis d'Ambert, qui avait été le colonel du général Bernadotte avant la révolution, fut pris et traduit devant une commission militaire : terrible tribunal, dont l'existence, hors de l'armée, suffit pour constater qu'il y a tyrannie. Le général Bernadotte alla trouver le directoire, et lui demanda, pour seul prix de tous ses services, la grâce de son colonel; les directeurs furent inflexibles : ils appelaient justice une égale répartition de malheur.

Deux jours après le supplice de M. d'Ambert, je vis entrer dans ma chambre, à dix heures du matin, le frère de M. Norvins de Monbreton, que j'avais connu en Suisse pendant son émigration. Il me dit, avec une grande émotion, que l'on avait arrêté son frère, et que la commission militaire était assemblée pour le juger à mort; il me demanda si je pouvais trouver un moyen quelconque de le sauver. Comment se flatter de rien obtenir du directoire, quand les prières du général Bernadotte avaient été infructueuses? et comment se résoudre cependant à ne rien tenter pour un homme qu'on connaît, et qui sera fusillé dans deux heures, si personne ne vient à son secours? Je me rappelai tout à coup que j'avais vu chez Barras, un général Lemoine, celui que j'ai cité à l'occasion de l'expédition de Quiberon, et qu'il m'avait paru causer volontiers avec moi. Ce général commandait la division de Paris, et il avait le droit de suspendre les jugements de la commission militaire établie dans cette ville. Je remerciai Dieu de cette idée, et je partis à l'instant même avec le frère du malheureuxNorvins ; nous entrâmes tous les deux dans la chambre du général, qui fut bien étonné de me voir. Il commença par me faire des excuses sur sa toilette du matin, sur son appartement ; enfin, je ne pouvais l'empêcher de revenir continuellement à la politesse, quoique je le suppliasse de n'y pas donner un instant, car cet instant pouvait être irréparable. Je me hâtai de lui dire le sujet de ma venue, et d'abord il me refusa nettement. Mon cœur tressaillait à l'aspect de ce frère qui pouvait penser que je ne trouvais pas les paroles faites pour obtenir ce que je demandais. Je recommençai mes sollicitations, en me recueillant pour rassembler toutes mes forces : je craignais d'en dire trop, ou trop peu ; de perdre l'heure fatale après laquelle c'en était fait, ou de négliger un argument qui pouvait frapper au but. Je regardais tour à tour la pendule et le général, pour voir laquelle des deux puissances, son âme ou le temps, approchait le plus vite du terme. Deux fois le général prit la plume pour signer le sursis, et deux fois la crainte de se compromettre l'arrêta ; enfin, il ne put nous refuser, et grâces lui soient encore rendues. Il donna le papier sauveur, et M. de Monbreton courut au tribunal, où il apprit que son frère avait déjà tout avoué ; mais le sursis rompit la séance, et l'homme innocent a vécu.

C'est notre devoir, à nous autres femmes, de secourir dans tous les temps les individus accusés pour des opinions politiques, quelles qu'elles puissent être ; car, qu'est-ce que des opinions dans les temps de partis ? Pouvons-nous être certains que tels ou tels événements, telle ou telle situation, n'auraient pas changé notre manière de voir ? Et, si l'on en excepte quelques sentiments invariables, qui sait comment le sort aurait agi sur nous ?

CHAPITRE XXVI.

Traité de Campo-Formio en 1797. Arrivée du général Bonaparte à Paris.

Le directoire n'était point enclin à la paix, non qu'il voulût étendre la domination française au delà du Rhin et des Alpes, mais parce qu'il croyait la guerre utile à la propagation du système républicain. Son plan était d'entourer la France d'une ceinture de républiques, telles que celles de Hollande, de Suisse, de Piémont, de Lombardie, de Gênes. Partout il établissait un directoire, deux conseils de députés, enfin une constitution semblable en tout à celle de France. C'est un des grands défauts des Français, résultat de leurs habitudes sociales, que de s'imiter les uns les autres, et de

vouloir qu'on les imite. Ils prennent les variétés naturelles dans la manière de penser de chaque homme, ou même de chaque nation, pour un esprit d'hostilité contre eux.

Le général Bonaparte était assurément moins sérieux et moins sincère dans l'amour des idées républicaines que le directoire, mais il avait beaucoup plus de sagesse dans l'appréciation des circonstances. Il pressentit que la paix allait devenir populaire en France, parce que les passions s'apaisaient, et qu'on était las des sacrifices ; en conséquence il signa le traité de Campo-Formio avec l'Autriche. Mais ce traité contenait la cession de la république de Venise, et l'on ne conçoit pas encore comment il parvint à déterminer ce directoire, qui pourtant était, à certains égards, républicain, au plus grand attentat qu'on pût commettre d'après ses propres principes. A dater de cet acte, non moins arbitraire que le partage de la Pologne, il n'a plus existé dans le gouvernement de France aucun respect pour aucune doctrine politique, et le règne d'un homme a commencé quand celui des principes a fini.

Le général Bonaparte se faisait remarquer par son caractère et son esprit autant que par ses victoires, et l'imagination des Français commençait à s'attacher vivement à lui. On citait ses proclamations aux républiques cisalpine et ligurienne. Dans l'une on remarquait cette phrase : *Vous étiez divisés et pliés par la tyrannie ; vous n'étiez pas en état de conquérir la liberté.* Dans l'autre : *Les vraies conquêtes, les seules qui ne coûtent point de regrets, ce sont celles que l'on fait sur l'ignorance.* Il régnait un ton de modération et de noblesse dans son style, qui faisait contraste avec l'âpreté révolutionnaire des chefs civils de la France. Le guerrier parlait alors en magistrat, tandis que les magistrats s'exprimaient avec la violence militaire. Le général Bonaparte n'avait point mis à exécution dans son armée les lois contre les émigrés. On disait qu'il aimait beaucoup sa femme, dont le caractère était plein de douceur ; on assurait qu'il était sensible aux beautés d'Ossian ; on se plaisait à lui croire toutes les qualités généreuses qui donnent un beau relief aux facultés extraordinaires. On était d'ailleurs si fatigué des oppresseurs empruntant le nom de la liberté, et des opprimés regrettant l'arbitraire, que l'admiration ne savait où se prendre ; et le général Bonaparte semblait réunir tout ce qui devait la captiver.

C'est avec ce sentiment du moins que je le vis pour la première fois à Paris. Je ne trouvai pas de paroles pour lui répondre, quand il vint à moi me dire qu'il avait cherché mon père à Coppet, et qu'il regrettait d'avoir passé en Suisse sans le voir. Mais lorsque je fus un peu remise du trouble de l'admiration, un sentiment de crainte très-prononcé lui succéda. Bonaparte alors n'avait aucune puissance ; on le croyait même assez menacé par les soupçons ombrageux du directoire ; ainsi la crainte qu'il inspirait n'était causée que par le singulier effet de sa personne sur presque tous ceux qui l'approchent. J'avais vu des hommes très-dignes de respect, j'avais vu aussi des hommes féroces : il n'y avait rien dans l'impression que Bonaparte produisit sur moi, qui pût me rappeler ni les uns ni les autres. J'aperçus assez vite, dans les différentes occasions que j'eus de le rencontrer pendant son séjour à Paris, que son caractère ne pouvait être défini par les mots dont nous avons coutume de nous servir ; il n'était ni bon, ni violent, ni doux, ni cruel, à la façon des individus à nous connus. Un tel être, n'ayant point de pareil, ne pouvait ni ressentir, ni faire éprouver aucune sympathie : c'était plus ou moins qu'un homme. Sa tournure, son esprit, son langage sont empreints d'une nature étrangère ; avantage de plus pour subjuguer les Français, ainsi que nous l'avons dit ailleurs.

Loin de me rassurer en voyant Bonaparte plus souvent, il m'intimidait toujours davantage. Je sentais confusément qu'aucune émotion du cœur ne pouvait agir sur lui. Il regarde une créature humaine comme un fait ou comme une chose, mais non comme un semblable. Il ne hait pas plus qu'il n'aime ; il n'y a que lui pour lui ; tout le reste des créatures sont des chiffres. La force de sa volonté consiste dans l'imperturbable calcul de son égoïsme ; c'est un habile joueur d'échecs dont le genre humain est la partie adverse qu'il se propose de faire échec et mat. Ses succès tiennent autant aux qualités qui lui manquent, qu'aux talents qu'il possède. Ni la pitié, ni l'attrait, ni la religion, ni l'attachement à une idée quelconque, ne sauraient le détourner de sa direction principale. Il est pour son intérêt ce que le juste doit être pour la vertu : si le but était bon, sa persévérance serait belle.

Chaque fois que je l'entendais parler, j'étais frappée de sa supériorité : elle n'avait pourtant aucun rapport avec celle des hommes instruits et cultivés par l'étude ou la société, tels que l'Angleterre et la France peuvent en offrir des exemples. Mais ses discours indiquaient le tact des circonstances, comme le chasseur a celui de sa proie. Quelquefois il racontait les faits politiques et mi-

litaires de sa vie d'une façon très-intéressante ; il avait même, dans les récits qui permettaient de la gaieté, un peu de l'imagination italienne. Cependant rien ne pouvait triompher de mon invincible éloignement pour ce que j'apercevais en lui. Je sentais dans son âme une épée froide et tranchante qui glaçait en blessant ; je sentais dans son esprit une ironie profonde à laquelle rien de grand ni de beau, pas même sa propre gloire, ne pouvait échapper ; car il méprisait la nation dont il voulait les suffrages, et nulle étincelle d'enthousiasme ne se mêlait à son besoin d'étonner l'espèce humaine.

Ce fut dans l'intervalle entre le retour de Bonaparte et son départ pour l'Égypte, c'est-à-dire, vers la fin de 1797, que je le vis plusieurs fois à Paris ; et jamais la difficulté de respirer que j'éprouvais en sa présence ne put se dissiper. J'étais un jour à table entre lui et l'abbé Sieyes : singulière situation, si j'avais pu prévoir l'avenir ! J'examinais avec attention la figure de Bonaparte ; mais, chaque fois qu'il découvrait en moi des regards observateurs, il avait l'air d'ôter à ses yeux toute expression, comme s'ils fussent devenus de marbre. Son visage était alors immobile, excepté un sourire vague qu'il plaçait sur ses lèvres à tout hasard, pour dérouter quiconque voudrait observer les signes extérieurs de sa pensée.

L'abbé Sieyes, pendant le dîner, causa simplement et facilement, ainsi qu'il convient à un esprit de sa force. Il s'exprima sur mon père avec une estime sentie. *C'est le seul homme*, dit-il, *qui ait jamais réuni la plus parfaite précision dans les calculs d'un grand financier à l'imagination d'un poète.* Cet éloge me plut, parce qu'il était caractérisé. Le général Bonaparte, qui l'entendit, me dit aussi quelques mots obligeants sur mon père et sur moi, mais en homme qui ne s'occupe guère des individus dont il ne peut tirer parti.

Sa figure, alors maigre et pâle, était assez agréable ; depuis, il est engraissé, ce qui lui va très-mal : car on a besoin de croire un tel homme tourmenté par son caractère, pour tolérer un peu que ce caractère fasse tellement souffrir les autres. Comme sa stature est petite, et cependant sa taille fort longue, il était beaucoup mieux à cheval qu'à pied ; en tout, c'est la guerre, et seulement la guerre qui lui sied. Sa manière d'être dans la société est gênée sans timidité ; il a quelque chose de dédaigneux quand il se contient, et de vulgaire quand il se met à l'aise ; le dédain lui va mieux, aussi ne s'en fait-il pas faute.

Par une vocation naturelle pour l'état de prince,

il adressait déjà des questions insignifiantes à tous ceux qu'on lui présentait. Êtes-vous marié? demandait-il à l'un des convives. Combien avez-vous d'enfants? disait-il à l'autre. Depuis quand êtes-vous arrivé? Quand partez-vous? et autres interrogations de ce genre, qui établissent la supériorité de celui qui les fait sur celui qui veut bien se laisser questionner ainsi. Il se plaisait déjà dans l'art d'embarrasser, en disant des choses désagréables : art dont il s'est fait depuis un système, comme de toutes les manières de subjuguer les autres en les avilissant. Il avait pourtant, à cette époque, le désir de plaire, puisqu'il renfermait dans son esprit le projet de renverser le directoire, et de se mettre à sa place ; mais, malgré ce désir, on eût dit qu'à l'inverse du prophète, il maudissait involontairement, quoiqu'il eût l'intention de bénir.

Je l'ai vu un jour s'approcher d'une Française très-connue par sa beauté, son esprit et la vivacité de ses opinions ; il se plaça tout droit devant elle comme le plus roide des généraux allemands, et lui dit : *Madame, je n'aime pas que les femmes se mêlent de politique.* « *Vous avez raison,* « *général,* lui répondit-elle : *mais dans un pays* « *où on leur coupe la tête, il est naturel qu'elles* « *aient envie de savoir pourquoi.* » Bonaparte alors ne répliqua rien. C'est un homme que la résistance véritable apaise ; ceux qui ont souffert son despotisme doivent en être autant accusés que lui-même.

Le directoire fit au général Bonaparte une réception solennelle qui, à plusieurs égards, doit être considérée comme une époque dans l'histoire de la révolution. On choisit la cour du palais du Luxembourg pour cette cérémonie. Aucune salle n'aurait été assez vaste pour contenir la foule qu'elle attirait ; il y avait des spectateurs à toutes les fenêtres et sur tous les toits. Les cinq directeurs, en costume romain, étaient placés sur une estrade au fond de la cour, et près d'eux les députés des deux conseils, les tribunaux et l'Institut. Si ce spectacle avait eu lieu avant que la représentation nationale eût subi le joug du pouvoir militaire, le 18 fructidor, on y aurait trouvé de la grandeur ; une belle musique jouait des airs patriotiques, des drapeaux servaient de dais au directoire, et ces drapeaux rappelaient de grandes victoires.

Bonaparte arriva très-simplement vêtu, suivi de ses aides de camp, tous d'une taille plus haute que la sienne, mais presque courbés par le respect qu'ils lui témoignaient. L'élite de la France, alors présente, couvrait le général victorieux d'applaudissements ; il était l'espoir de chacun : républicains, royalistes, tous voyaient le présent et l'avenir dans l'appui de sa main puissante. Hélas ! de tous les jeunes gens qui criaient alors *vive Bonaparte,* combien son insatiable ambition en a-t-elle laissé vivre !

M. de Talleyrand, en présentant Bonaparte au directoire, l'appela *le libérateur de l'Italie et le pacificateur du continent.* Il assura *que le général Bonaparte détestait le luxe et l'éclat, misérable ambition des âmes communes, et qu'il aimait les poésies d'Ossian, surtout parce qu'elles détachent de la terre.* La terre n'eût pas mieux demandé, je crois, que de le laisser se détacher d'elle. Enfin Bonaparte parla lui-même avec une sorte de négligence affectée, comme s'il eût voulu faire comprendre qu'il aimait peu le régime sous lequel il était appelé à servir.

Il dit que depuis vingt siècles, le royalisme et la féodalité avaient gouverné le monde, et que la paix qu'il venait de conclure était l'ère du gouvernement républicain. *Lorsque le bonheur des Français,* ajouta-t-il, *sera assis sur de meilleures lois organiques, l'Europe entière sera libre.* Je ne sais s'il entendait, par les lois organiques de la liberté, l'établissement de son pouvoir absolu. Quoi qu'il en soit, Barras, alors son ami, et président du directoire, lui répondit, en le supposant de bonne foi dans tout ce qu'il venait de dire ; il finit par le charger spécialement de conquérir l'Angleterre, mission un peu difficile.

On chanta de toutes parts l'hymne que Chénier avait composé pour célébrer cette journée. En voici le premier couplet :

Contemplez nos lauriers civiques !
L'Italie a produit ces fertiles moissons ;
Ceux-là croissaient pour nous au milieu des glaçons ;
Voici ceux de Fleurus, ceux des plaines belgiques.
Tous les fleuves surpris nous ont vus triomphants ;
Tous les jours nous furent prospères.
Que le front blanchi de nos pères
Soit couvert des lauriers cueillis par leurs enfants.
Tu fus longtemps l'effroi, sois l'honneur de la terre,
O république des Français !
Que le chant des plaisirs succède aux cris de guerre,
La victoire a conquis la paix.

Hélas ! que sont-ils devenus, ces jours de gloire et de paix, dont la France se flattait il y a vingt années ! Tous ces biens ont été dans les mains d'un seul homme : qu'en a-t-il fait ?

CHAPITRE XXVII.

Préparatifs du général Bonaparte pour aller en Égypte. Son opinion sur l'invasion de la Suisse.

Le général Bonaparte, à cette même époque, à la fin de 1797, sonda l'opinion publique relativement aux directeurs ; il vit qu'ils n'étaient point aimés, mais qu'un sentiment républicain rendait encore impossible à un général de se mettre à la place des magistrats civils. Un soir il parlait avec Barras de son ascendant sur les peuples italiens, qui avaient voulu le faire duc de Milan et roi d'Italie. *Mais je ne pense*, dit-il, *à rien de semblable dans aucun pays.« Vous faites bien de n'y pas « songer en France*, répondit Barras ; *car*, *si le « directoire vous envoyait demain au Temple*, *il « n'y aurait pas quatre personnes qui s'y oppo- « sassent.* » Bonaparte était assis sur un canapé à côté de Barras ; à ces paroles il s'élança vers la cheminée, n'étant point maître de son irritation ; puis, reprenant cette espèce de calme apparent dont les hommes les plus passionnés parmi les habitants du Midi sont capables, il déclara qu'il voulait être chargé d'une expédition militaire. Le directoire lui proposa la descente en Angleterre ; il alla visiter les côtes ; et, reconnaissant bientôt que cette expédition était insensée, il revint, décidé à tenter la conquête de l'Égypte.

Bonaparte a toujours cherché à s'emparer de l'imagination des hommes, et, sous ce rapport, il sait bien comment il faut les gouverner, quand on n'est pas né sur le trône. Une invasion en Afrique, la guerre portée dans un pays presque fabuleux, l'Égypte, devait agir sur tous les esprits. L'on pouvait aisément persuader aux Français qu'ils tireraient un grand avantage d'une telle colonie dans la Méditerranée, et qu'elle leur offrirait un jour les moyens d'attaquer les établissements des Anglais dans l'Inde. Ces projets avaient de la grandeur, et devaient augmenter encore l'éclat du nom de Bonaparte. S'il était resté en France, le directoire aurait lancé contre lui, par tous les journaux dont il disposait, des calomnies sans nombre, et terni ses exploits dans l'imagination des oisifs : Bonaparte se serait trouvé réduit en poussière avant même que la foudre l'eût frappé. Il avait donc raison de vouloir se faire un personnage poétique, au lieu de rester exposé aux commérages jacobins qui, sous leur forme populaire, ne sont pas moins adroits que ceux des cours.

Il n'y avait point d'argent pour transporter une armée en Égypte ; et ce que Bonaparte fit surtout de condamnable, ce fut d'exciter le directoire à l'invasion de la Suisse, afin de s'emparer du trésor de Berne, que deux cents ans de sagesse et d'économie avaient amassé. La guerre avait pour prétexte la situation du pays de Vaud. Il n'est pas douteux que le pays de Vaud n'eût le droit de réclamer une existence indépendante, et qu'il ne fasse très-bien maintenant de la conserver. Mais, si l'on a blâmé les émigrés de s'être réunis aux étrangers contre la France, le même principe ne doit-il pas s'appliquer aux Suisses qui invoquaient le terrible secours des Français ? D'ailleurs il ne s'agissait pas du pays de Vaud seul, dans une guerre qui devait nécessairement compromettre l'indépendance de la Suisse entière. Cette cause me paraissait si sacrée que je ne croyais point encore alors tout à fait impossible d'engager Bonaparte à la défendre. Dans toutes les circonstances de ma vie, les erreurs que j'ai commises en politique sont venues de l'idée que les hommes étaient toujours remuables par la vérité, si elle leur était présentée avec force.

Je restai près d'une heure tête à tête avec Bonaparte ; il écoute bien et patiemment, car il veut savoir si ce que l'on lui dit pourrait l'éclairer sur ses propres affaires ; mais Démosthène et Cicéron réunis ne l'entraîneraient pas au moindre sacrifice de son intérêt personnel. Beaucoup de gens médiocres appellent cela de la raison : c'est de la raison du second ordre ; il y en a une plus haute, mais qui ne se devine point par le calcul seulement.

Le général Bonaparte, en causant avec moi sur la Suisse, m'objecta l'état du pays de Vaud comme un motif pour y faire entrer les troupes françaises. Il me dit que les habitants de ce pays étaient soumis aux aristocrates de Berne, et que des hommes ne pouvaient pas maintenant exister sans droits politiques. Je tempérai, tant que je le pus, cette ardeur républicaine, en lui représentant que les Vaudois étaient parfaitement libres sous tous les rapports civils, et que, quand la liberté existait de fait, il ne fallait pas, pour l'obtenir de droit, s'exposer au plus grand des malheurs, celui de voir les étrangers sur son territoire. « L'amour-propre « et l'imagination, reprit le général, font tenir à « l'avantage de participer au gouvernement de son « pays, et c'est une injustice que d'en exclure une « portion des citoyens. » — Rien n'est plus vrai en principe, lui dis-je, général ; mais il est également vrai que c'est par ses propres efforts qu'il faut obtenir la liberté, et non en appelant comme auxiliaire une puissance nécessairement dominante. — Le mot de *principe* a depuis paru très-suspect au général Bonaparte; mais alors il lui convenait de s'en servir, et il me l'objecta. J'insistai de nouveau sur le bonheur et la beauté de l'Helvétie, sur le repos dont elle jouissait depuis plusieurs siècles. « Oui, sans doute, interrompit « Bonaparte, mais il faut aux hommes des *droits* « *politiques; oui*, répéta-t-il, comme une chose « apprise, *oui, des droits politiques;* » et, changeant de conversation, parce qu'il ne voulait plus rien entendre sur ce sujet, il me parla de son goût pour la retraite, pour la campagne, pour les beauxarts, et se donna la peine de se montrer à moi sous les rapports analogues au genre d'imagination qu'il me supposait.

Cette conversation me fit cependant concevoir l'agrément qu'on peut lui trouver quand il prend l'air bonhomme, et parle comme d'une chose simple de lui-même et de ses projets. Cet art, le plus redoutable de tous, a captivé beaucoup de gens. A cette même époque, je revis encore quelquefois Bonaparte en société, et il me parut toujours profondément occupé des rapports qu'il voulait établir entre lui et les autres hommes, les tenant à distance, ou les rapprochant de lui, suivant qu'il croyait se les attacher plus sûrement. Quand il se trouvait avec les directeurs surtout, il craignait d'avoir l'air d'un général sous les ordres de son gouvernement, et il essayait tour à tour dans ses manières, avec cette sorte de supérieurs, la dignité ou la familiarité; mais il manquait le ton vrai de l'une et de l'autre. C'est un homme qui ne saurait être naturel que dans le commandement.

CHAPITRE XXVIII.

Invasion de la Suisse.

La Suisse étant menacée d'une invasion prochaine, je quittai Paris au mois de janvier 1798, pour aller rejoindre mon père à Coppet. Il était encore inscrit sur la liste des émigrés, et une loi positive condamnait à mort un émigré qui restait dans un pays occupé par les troupes françaises. Je fis l'impossible pour l'engager à quitter sa demeure; il ne le voulut point : *A mon âge*, disait-il, *il ne faut point errer sur la terre.* Je crois que son motif secret était de ne pas s'éloigner du tombeau de ma mère; il avait, à cet égard, une superstition de cœur qu'il n'aurait sacrifiée qu'à l'intérêt de sa famille, mais jamais au sien propre. Depuis quatre ans que la compagne de sa vie n'existait plus, il ne se passait presque pas un jour qu'il n'allât se promener près du monument où elle repose, et en partant il aurait cru l'abandonner.

Lorsque l'entrée des Français fut positivement annoncée, nous restâmes seuls, mon père et moi, dans le château de Coppet, avec mes enfants en bas âge. Le jour marqué pour la violation du territoire suisse, nos gens curieux descendirent au bas de l'avenue, et mon père et moi, qui attendions ensemble notre sort, nous nous plaçâmes sur un balcon, d'où l'on voyait le grand chemin par lequel les troupes devaient arriver. Quoique ce fût au milieu de l'hiver, le temps était superbe, les Alpes se réfléchissaient dans le lac, et le bruit du tambour troublait seul le calme de la scène. Mon cœur battait cruellement, par la crainte de ce qui pouvait menacer mon père. Je savais que le directoire parlait de lui avec respect; mais je connaissais aussi l'empire des lois révolutionnaires sur ceux qui les avaient faites. Au moment où les troupes françaises passèrent la frontière de la confédération helvétique, je vis un officier quitter sa troupe pour monter à notre château. Une frayeur mortelle me saisit; mais ce qu'il nous dit me rassura bientôt. Il était chargé par le directoire d'offrir à mon père une sauvegarde. Cet officier, trèsconnu depuis sous le titre de maréchal Suchet, se conduisit à merveille pour nous, et son état-major, qu'il amena le lendemain chez mon père, suivit son exemple.

Il est impossible de ne pas trouver chez les Français, malgré les torts qu'on a pu avoir raison de leur reprocher, une facilité sociale qui fait vivre à l'aise avec eux. Néanmoins cette armée, qui avait si bien défendu l'indépendance dans son pays, voulait conquérir la Suisse entière, et pénétrer jusque dans les montagnes des petits cantons, où des hommes simples conservaient l'antique trésor de leurs vertus et de leurs usages. Sans doute, Berne et d'autres villes de Suisse possédaient d'injustes priviléges, et de vieux préjugés se mêlaient à la démocratie des petits cantons; mais était-ce par la force qu'on pouvait améliorer des pays accoutumés à ne reconnaître que l'action lente et progressive du temps? Les institutions politiques de la Suisse, il est vrai, se sont perfectionnées à plusieurs égards, et, jusqu'à ces derniers temps, on aurait pu croire que la médiation même de Bonaparte avait éloigné quelques préjugés des cantons catholiques. Mais l'union et l'énergie patriotique ont beaucoup perdu depuis la révolution. L'on s'est habitué à recourir aux étrangers, à prendre part aux passions politiques des autres nations, tandis que le seul intérêt de l'Helvétie, c'est d'être pacifique, indépendante et fière.

On parlait, en 1797, de la résistance que le

canton de Berne et les petits cantons démocratiques voulaient opposer à l'invasion dont ils étaient
menacés. Je fis des vœux alors contre les Français
pour la première fois de ma vie ; pour la première
fois de ma vie j'éprouvai la douloureuse angoisse
de blâmer mon propre pays assez pour souhaiter
le triomphe de ceux qui le combattaient. Jadis, au
moment de livrer la bataille de Granson, les
Suisses se prosternèrent devant Dieu, et leurs ennemis crurent qu'ils allaient rendre les armes ;
mais ils se relevèrent, et furent vainqueurs. Les
petits cantons, en 1798, dans leur noble ignorance
des choses de ce monde, envoyèrent leur contin-
gent à Berne; ces soldats religieux se mirent à genoux devant l'église, en arrivant sur la place publique. *Nous ne redoutons pas, disaient-ils, les
armées de la France ; nous sommes quatre cents,
et, si cela ne suffit pas, nous sommes prêts à
faire marcher encore quatre cents autres de nos
compagnons au secours de notre patrie.* Qui ne
serait touché de cette grande confiance en de si
faibles moyens ? Mais le temps des trois cents
Spartiates était passé ; le nombre pouvait tout, et
le dévouement individuel luttait en vain contre les
ressources d'un grand État et les combinaisons de
la tactique. .

Le jour de la première bataille des Suisses contre les Français, quoique Coppet soit à trente
lieues de Berne, nous entendions, dans le silence
de la fin du jour, les coups de canon qui retentissaient au loin à travers les échos des montagnes.
On osait à peine respirer pour mieux distinguer ce
bruit funeste ; et, quoique toutes les probabilités
fussent pour l'armée française, on espérait encore
un miracle en faveur de la justice ; mais le temps
seul en est l'allié tout-puissant. Les troupes suisses
furent vaincues en bataille rangée; les habitants
se défendirent toutefois très-longtemps dans leurs
montagnes; les femmes et les enfants prirent les
armes ; des prêtres furent massacrés au pied des
autels. Mais, comme il y avait dans ce petit espace une volonté nationale, les Français furent
obligés de transiger avec elle ; et jamais les petits
cantons n'acceptèrent la république une et indivi-
sible, présent métaphysique que le directoire leur
offrait à coups de canon. Il faut pourtant convenir qu'il y avait en Suisse un parti pour l'unité de
la république, et que ce parti comptait des noms
fort respectables. Jamais le directoire n'a influé
sur les affaires des nations étrangères, sans s'appuyer sur une portion quelconque des hommes du
pays. Mais ces hommes, quelque prononcés qu'ils
fussent en faveur de la liberté, ont eu peine à

maintenir leur popularité, parce qu'ils s'étaient
ralliés à la toute-puissance des Français.

Lorsque le général Bonaparte fut à la tête de la
France, il fit la guerre pour augmenter son empire, cela se conçoit ; mais bien que le directoire
désirât aussi de s'emparer de la Suisse comme
d'une position militaire avantageuse, son principal but était d'étendre le système républicain en
Europe. Or, comment pouvait-il se flatter d'y parvenir, en contraignant l'opinion des peuples, et
surtout de ceux qui, comme les Suisses, avaient
le droit de se croire les plus anciens amis de la
liberté? La violence ne convient qu'au despotisme;
aussi s'est-elle enfin montrée sous son véritable
nom, sous celui d'un chef militaire; mais le directoire y préluda par des mesures tyranniques.

Ce fut encore par une suite de ces combinaisons, moitié abstraites et moitié positives, moitié
révolutionnaires et moitié diplomates, que le directoire voulut réunir Genève à la France; il
commit à cet égard une injustice d'autant plus révoltante, qu'elle était en opposition avec tous les
principes qu'il professait. On ôtait à un petit État
libre son indépendance, malgré le vœu bien prononcé de ses habitants; on anéantissait complètement la valeur morale d'une république, berceau
de la réformation, et qui avait produit plus d'hommes distingués qu'aucune des plus grandes provinces de France; enfin, le parti démocratique faisait ce qu'il eût considéré comme un crime dans
ses adversaires. En effet, que n'aurait-on pas dit
des rois ou des aristocrates qui eussent voulu ôter
à Genève son existence individuelle? car les États
aussi ont une âme. Les Français retiraient-ils de
cette acquisition ce qu'elle faisait perdre à la richesse de l'esprit humain en général ? et la fable
de la poule aux œufs d'or ne peut-elle pas s'appliquer aux petits États indépendants que les grands
sont jaloux de posséder ? On détruit par la conquête les biens mêmes dont on désirait la possession.

Mon père, par la réunion de Genève, se trouvait Français légalement, lui qui l'avait toujours
été par ses sentiments et par sa carrière. Il fallait
donc qu'il obtînt sa radiation de la liste des émigrés pour vivre en sûreté dans la Suisse, alors occupée par les armées du directoire. Il me remit,
pour le porter à Paris, un mémoire, véritable
chef-d'œuvre de dignité et de logique. Le directoire, après l'avoir lu, fut unanime dans la résolution de rayer M. Necker ; et, quoique cet acte
fût de la justice la plus évidente, j'en conserverai
toujours de la reconnaissance, tant j'en éprouvai
de plaisir !

Je traitai alors avec le directoire pour le payement des deux millions que mon père avait laissés en dépôt au trésor public. Le gouvernement reconnut la dette, mais il offrit de la payer en biens du clergé, et mon père s'y refusa : non qu'il prétendît adopter ainsi la couleur de ceux qui considèrent la vente de ces biens comme illégitime, mais parce que, dans aucune circonstance, il n'avait voulu réunir ses opinions à ses intérêts, afin qu'il ne pût exister le moindre doute sur sa parfaite impartialité.

CHAPITRE XXIX.

De la fin du directoire.

Après le coup funeste que la force militaire avait porté, le 18 fructidor, à la considération des représentants du peuple, le directoire se maintint encore, comme on vient de le voir, pendant près de deux années, sans aucun changement extérieur dans son organisation. Mais le principe de vie qui l'avait animé n'existait plus; et l'on aurait pu dire de lui comme du géant dans l'Arioste, qu'il combattait encore, oubliant qu'il était mort. Les élections, les délibérations des conseils, ne présentaient aucun intérêt, puisque les résultats en étaient toujours connus d'avance. Les persécutions qu'on faisait subir aux nobles et aux prêtres n'étaient plus même provoquées par la haine populaire; la guerre n'avait plus d'objet, puisque l'indépendance de la France et la limite du Rhin étaient assurées. Mais loin de rattacher l'Europe à la France, les directeurs commençaient déjà l'œuvre funeste que Napoléon a si cruellement terminée : ils inspiraient aux nations autant d'aversion pour le gouvernement français, que les princes seuls en avaient d'abord éprouvé.

On proclama la république romaine du haut du Capitole, mais il n'y avait de républicains dans la Rome de nos jours que les statues; et c'était n'avoir aucune idée de la nature de l'enthousiasme, que d'imaginer qu'en le contrefaisant on le ferait naître. Le consentement libre des peuples peut seul donner aux institutions politiques une certaine beauté native et spontanée, une harmonie naturelle qui garantisse leur durée. Le monstrueux système du despotisme dans les moyens, sous prétexte de la liberté dans le but, ne créait que des gouvernements à ressort, qu'il fallait remonter sans cesse, et qui s'arrêtaient dès qu'on cessait de les faire marcher. On donnait des fêtes à Paris avec des costumes grecs et des chars antiques, mais rien n'était fondé dans les âmes, et l'immoralité seule faisait des progrès de toutes parts; car l'opinion publique ne récompensait ni n'intimidait personne.

Une révolution avait eu lieu dans l'intérieur du directoire comme dans l'intérieur d'un sérail, sans que la nation y prît la moindre part. Les nouveaux choix étaient tombés sur des hommes tellement vulgaires, que la France, tout à fait lassée d'eux, appelait à grands cris un chef militaire; car elle ne voulait, ni des jacobins dont le souvenir lui faisait horreur, ni de la contre-révolution que l'arrogance des émigrés rendait redoutable.

Les avocats qu'on avait appelés dans l'année 1799 à la place de directeurs, n'y développaient que les ridicules de l'autorité, sans les talents et les vertus qui la rendent utile et respectable : c'était en effet une chose singulière que la facilité avec laquelle un directeur se donnait des airs de cour, du soir au lendemain; il faut que ce ne soit pas un rôle bien difficile. Gohier, Moulins, que sais-je? les plus inconnus des mortels, étaient-ils nommés directeurs, le jour d'après ils ne s'occupaient plus que d'eux-mêmes : ils vous parlaient de leur santé, de leurs intérêts de famille, comme s'ils étaient devenus des personnages chers à tout le monde. Ils étaient entretenus dans cette illusion par des flatteurs de bonne ou mauvaise compagnie, mais qui faisaient enfin leur métier de courtisans, en montrant à leur prince une sollicitude touchante sur tout ce qui pouvait le regarder, à condition d'en obtenir une petite audience pour une requête particulière. Ceux de ces hommes qui avaient eu des reproches à se faire pendant le règne de la terreur, conservaient toujours à ce sujet une agitation remarquable. Prononciez-vous un mot qui pût se rapporter au souvenir qui les inquiétait, ils vous racontaient aussitôt leur histoire dans le plus grand détail, et quittaient tout pour vous en parler des heures entières. Reveniez-vous à l'affaire dont vous vouliez les entretenir, ils ne vous écoutaient plus. La vie de tout individu qui a commis un crime politique est toujours rattachée à ce crime, soit pour le justifier, soit pour le faire oublier à force de pouvoir.

La nation, fatiguée de cette caste révolutionnaire, en était arrivée à ce période des crises politiques où l'on croit trouver du repos par le pouvoir d'un seul. Ainsi Cromwell gouverna l'Angleterre, en offrant aux hommes compromis par la révolution l'abri de son despotisme. L'on ne peut nier à quelques égards la vérité de ce mot, qu'a dit depuis Bonaparte : *J'ai trouvé la couronne de France* par terre, et je l'ai ramassée; mais c'était la nation française elle-même qu'il fallait relever.

Les Russes et les Autrichiens avaient remporté de grandes victoires en Italie; les partis se multipliaient à l'infini dans l'intérieur, et l'on entendait dans le gouvernement cette sorte de craquement qui précède la chute de l'édifice. On souhaita d'abord que le général Joubert se mît à la tête de l'État; il préféra le commandement des troupes, et se fit tuer noblement par l'ennemi, ne voulant pas survivre aux revers des armées françaises. Les vœux de tous auraient désigné Moreau pour premier magistrat de la république; et certainement ses vertus l'en rendaient digne : mais il ne se sentait peut-être pas assez d'habileté politique pour une telle situation, et il aimait mieux s'exposer aux dangers qu'aux affaires.

Parmi les autres généraux français, on n'en connaissait guère qui fussent propres à la carrière civile. Un seul, le général Bernadotte, réunissait, comme il l'a prouvé dans la suite, les qualités d'un homme d'État et d'un grand militaire. Mais le parti républicain était le seul qui le portât alors, et ce parti n'approuvait pas plus l'usurpation de la république, que les royalistes n'approuvaient celle du trône. Bernadotte se borna donc, comme nous le rappellerons dans le chapitre suivant, à rétablir les armées pendant qu'il fut ministre de la guerre. Les scrupules, de quelque genre qu'ils pussent être, n'arrêtaient pas le général Bonaparte; aussi nous allons voir comment il s'est emparé des destinées de la France, et de quelle manière il les a conduites.

QUATRIÈME PARTIE.

CHAPITRE PREMIER.

Nouvelles d'Égypte ; retour de Bonaparte.

Rien n'était plus propre à frapper les esprits que la guerre d'Égypte; et, bien que la grande victoire navale remportée par Nelson près d'Aboukir en eût détruit les avantages possibles, des lettres datées du Caire, des ordres qui partaient d'Alexandrie pour arriver jusqu'aux ruines de Thèbes, vers les confins de l'Éthiopie, accroissaient la réputation d'un homme qu'on ne voyait plus, mais qui semblait de loin un phénomène extraordinaire. Il mettait à la tête de ses proclamations : *Bonaparte, général en chef, et membre*

de *l'Institut national;* on en concluait qu'il était ami des lumières, et qu'il protégeait les lettres; mais la garantie qu'il donnait à cet égard n'était pas plus sûre que sa profession de foi mahométane, suivie de son concordat avec le pape. Il commençait déjà la mystification de l'Europe, convaincu, comme il l'est, que la science de la vie ne consiste pour chacun que dans les manœuvres de l'égoïsme. Bonaparte n'est pas seulement un homme, mais un système; et, s'il avait raison, l'espèce humaine ne serait plus ce que Dieu l'a faite. On doit donc l'examiner comme un grand problème dont la solution importe à la pensée dans tous les siècles.

En réduisant tout au calcul, Bonaparte en savait pourtant assez sur ce qu'il y a d'involontaire dans la nature des hommes, pour sentir la nécessité d'agir sur l'imagination, et sa double adresse consistait dans l'art d'éblouir les masses et de corrompre les individus.

Sa conversation avec le mufti dans la pyramide de Chéops devait enchanter les Parisiens, parce qu'elle réunissait deux choses qui les captivent : un certain genre de grandeur, et de la moquerie tout ensemble. Les Français sont bien aises d'être émus, et de rire de ce qu'ils sont émus; le charlatanisme leur plaît, ils aident volontiers à se tromper eux-mêmes, pourvu qu'il leur soit permis, tout en se conduisant comme des dupes, de montrer par quelques bons mots que pourtant ils ne le sont pas.

Bonaparte, dans la pyramide, se servit du langage oriental. « *Gloire à Allah!* dit-il; *il n'y a de « vrai Dieu que Dieu, et Mahomet est son pro- « phète. Le pain dérobé par le méchant se réduit « en poussière dans sa bouche. — Tu as parlé,* « dit le mufti, *comme le plus docte des mullahs.* « *— Je puis faire descendre du ciel un char de « feu,* continuait Bonaparte, *et le diriger sur la « terre. — Tu es le plus grand capitaine,* ré- « pondit le mufti, *dont la puissance de Mahomet « ait armé le bras.* » Mahomet, toutefois, n'empêcha pas que sir Sidney Smith n'arrêtât, par sa brillante valeur, les succès de Bonaparte à Saint-Jean d'Acre.

Lorsque Napoléon, en 1805, fut nommé roi d'Italie, il dit au général Berthier, dans un de ces moments où il causait de tout pour essayer ses idées sur les autres : « Ce Sidney Smith m'a fait « manquer ma fortune à Saint-Jean d'Acre; je vou- « lais partir d'Égypte, passer par Constantinople, « et prendre l'Europe à revers pour arriver à Pa- « ris. » Cette fortune manquée paraissait alors néanmoins en assez bon état. Quoi qu'il en soit de ses regrets, gigantesques comme les entreprises qui les ont suivis, le général Bonaparte trouva le moyen de faire passer ses revers en Égypte pour des succès; et, bien que son expédition n'eût d'autre résultat que la ruine de la flotte et la destruction d'une de nos plus belles armées, on l'appela le vainqueur de l'Orient.

Bonaparte, s'emparant avec habileté de l'enthousiasme des Français pour la gloire militaire, associa leur amour-propre à ses victoires comme à ses défaites. Il prit par degrés la place que tenait la révolution dans toutes les têtes, et reporta sur son nom seul tout le sentiment national qui avait grandi la France aux yeux des étrangers.

Deux de ses frères, Lucien et Joseph, siégeaient au conseil des cinq-cents, et tous les deux, dans des genres différents, avaient assez d'esprit et de talents pour être éminemment utiles au général. Ils veillaient pour lui sur l'état des affaires, et, quand le moment fut venu, ils lui conseillèrent de revenir en France. Les armées étaient alors battues en Italie, et, pour la plupart, désorganisées par les fautes de l'administration. Les jacobins commençaient à se remontrer, le directoire était sans considération et sans force : Bonaparte reçut toutes ces nouvelles en Égypte; et, après s'être enfermé quelques heures pour les méditer, il se résolut à partir. Cet aperçu rapide et sûr des circonstances est précisément ce qui le distingue, et l'occasion ne s'est jamais offerte à lui en vain. On a beaucoup répété qu'en s'éloignant alors, il avait déserté son armée. Sans doute, il est un genre d'exaltation désintéressée qui n'aurait pas permis à un guerrier de se séparer ainsi de ceux qui l'avaient suivi, et qu'il laissait dans la détresse. Mais le général Bonaparte courait de tels risques en traversant la mer couverte de vaisseaux anglais; le dessein qui l'appelait en France était en lui-même si hardi, qu'il est absurde de traiter de lâcheté son départ d'Égypte. Il ne faut pas attaquer un être de ce genre par les déclamations communes : tout homme qui a produit un grand effet sur les autres hommes doit être approfondi pour être jugé.

Un reproche d'une nature beaucoup plus grave, c'est l'absence totale d'humanité que le général Bonaparte manifesta dans sa campagne d'Égypte. Toutes les fois qu'il a trouvé quelque avantage dans la cruauté, il se l'est permise, sans que, pour cela, sa nature fût sanguinaire. Il n'a pas plus d'envie de verser le sang qu'un homme raisonnable n'a envie de dépenser de l'argent quand cela n'est pas nécessaire; mais ce qu'il appelle la nécessité, c'est son ambition; et, lorsque cette ambition était

compromise, il n'admettait pas même un moment qu'il pût hésiter à sacrifier les autres à lui; et ce que nous nommons la conscience ne lui a jamais paru que le nom poétique de la duperie.

CHAPITRE II.

Révolution du 18 brumaire.

Dans le temps qui s'était écoulé depuis les lettres que les frères de Bonaparte lui avaient écrites en Égypte pour le rappeler, les affaires avaient singulièrement changé de face en France. Le général Bernadotte, nommé ministre de la guerre, avait en peu de mois réorganisé les armées. L'extrême activité de ce général réparait tous les maux que la négligence avait causés. Un jour, comme il passait en revue les jeunes gens de Paris qui allaient partir pour la guerre, *Enfants*, leur dit-il, *il y a sûrement parmi vous de grands capitaines*. Ces simples paroles électrisaient les âmes, en rappelant l'un des premiers avantages des institutions libres, l'émulation qu'elles excitent dans toutes les classes.

Les Anglais avaient fait une descente en Hollande, mais ils en étaient déjà repoussés. Les Russes avaient été battus à Zurich par Masséna; les armées françaises reprenaient l'offensive en Italie. Ainsi, quand le général Bonaparte revint, la Suisse, la Hollande et le Piémont étaient encore sous l'influence française; la barrière du Rhin, conquise par la république, ne lui était point disputée, et la force de la France était en équilibre avec celle des autres États de l'Europe. Pouvait-on imaginer alors que, de toutes les combinaisons que le sort offrait à la France, celle qui devait la conduire à être conquise et subjuguée était de prendre pour chef le plus habile des généraux ? La tyrannie anéantit jusqu'aux forces militaires mêmes auxquelles elle a tout sacrifié.

Ce n'étaient donc plus les revers de la France au dehors qui faisaient désirer Bonaparte en 1799; mais la peur que causaient les jacobins le servit puissamment. Ils n'avaient plus de moyens, et leur apparition n'était que celle d'un spectre qui vient remuer des cendres; mais c'en était assez pour ranimer la haine qu'ils inspiraient, et la nation se précipita dans les bras de Bonaparte en fuyant un fantôme.

Le président du directoire avait dit, le 10 août de l'année même où Bonaparte se fit consul : *La royauté ne se relèvera jamais; on ne verra plus ces hommes qui se disaient délégués du ciel pour opprimer avec plus de sécurité la terre, et qui ne voyaient dans la France que leur patrimoine, dans les Français que leurs sujets, et dans les lois que l'expression de leur bon plaisir.* Ce qu'on ne devait plus voir, on le vit bientôt néanmoins ; et ce que la France souhaitait en appelant Bonaparte, le repos et la paix, était précisément ce que son caractère repoussait, comme un élément dans lequel il ne pouvait vivre.

Lorsque César renversa la république romaine, il avait à combattre Pompée et les plus illustres patriciens de son temps ; Cicéron et Caton luttaient contre lui : tout était grandeur en opposition à la sienne. Le général Bonaparte ne rencontra que des adversaires dont les noms ne valent pas la peine d'être cités. Si le directoire même avait été dans toute sa force passée, il aurait dit comme Rewbell, lorsqu'on lui faisait craindre que le général Bonaparte n'offrît sa démission : *Eh bien, acceptons-la, car la république ne manquera jamais d'un général pour commander ses armées.* En effet, ce qui avait rendu les armées de la république française redoutables jusqu'alors, c'était de n'avoir eu besoin d'aucun homme en particulier pour les conduire. La liberté développe dans une grande nation tous les talents qu'exigent les circonstances.

Le 18 brumaire précisément, j'arrivai de Suisse à Paris ; et comme je changeais de chevaux, à quelques lieues de la ville, on me dit que le directeur Barras venait de passer, retournant à sa terre de Grosbois, accompagné par des gendarmes. Les postillons racontaient les nouvelles du jour ; et cette façon populaire de les apprendre leur donnait encore plus de vie. C'était la première fois, depuis la révolution, qu'on entendait un nom propre dans toutes les bouches. Jusqu'alors on disait : L'assemblée constituante a fait telle chose, le peuple, la convention ; maintenant, on ne parlait plus que de cet homme qui devait se mettre à la place de tous, et rendre l'espèce humaine anonyme, en accaparant la célébrité pour lui seul, et en empêchant tout être existant de pouvoir jamais en acquérir.

Le soir même de mon arrivée, j'appris que, pendant les cinq semaines que le général Bonaparte avait passées à Paris depuis son retour, il avait préparé les esprits à la révolution qui venait d'éclater. Tous les partis s'étaient offerts à lui, et il leur avait donné de l'espoir à tous. Il avait dit aux jacobins qu'il les préserverait du retour de l'ancienne dynastie ; il avait au contraire laissé les royalistes se flatter qu'il rétablirait les Bourbons ; il avait fait dire à Sieyes qu'il lui donnerait les moyens de mettre au jour la constitution qu'il tenait dans un nuage depuis dix ans ; il avait surtout captivé le public, qui n'est d'aucun parti, par des

protestations générales d'amour de l'ordre et de la tranquillité. On lui parla d'une femme dont le directoire avait fait saisir les papiers ; il se récria sur l'absurde atrocité de tourmenter les femmes, lui qui en a tant condamné selon son caprice à des exils sans terme ; il ne parlait que de la paix, lui qui a introduit la guerre éternelle dans le monde. Enfin, il y avait dans sa manière une hypocrisie doucereuse qui faisait un odieux contraste avec ce qu'on savait de sa violence. Mais, après une tourmente de dix années, l'enthousiasme des idées avait fait place dans les hommes de la révolution aux craintes et aux espérances qui les concernaient personnellement. Au bout d'un certain temps les idées reviennent ; mais la génération qui a eu part à de grands troubles civils, n'est presque jamais capable d'établir la liberté : elle s'est trop souillée pour accomplir une œuvre si pure.

La révolution de France n'a plus été, depuis le 18 fructidor, qu'une succession continuelle d'hommes qui se perdaient, en préférant leur intérêt à leur devoir : ils donnaient du moins ainsi une grande leçon à leurs successeurs.

Bonaparte ne rencontra point d'obstacles pour arriver au pouvoir. Moreau n'était pas entreprenant dans les affaires civiles ; le général Bernadotte demanda vivement au directoire de le rappeler au ministère de la guerre. Sa nomination fût écrite, mais le courage manqua pour la signer. Presque tous les militaires se rallièrent donc à Bonaparte ; car, en se mêlant encore une fois des révolutions intérieures, ils étaient résolus à placer un des leurs à la tête de l'État, afin de s'assurer ainsi les récompenses qu'ils voulaient obtenir.

Un article de la constitution qui permettait au conseil des anciens de transférer le corps législatif dans une autre ville que Paris, fut le moyen dont on se servit pour amener le renversement du directoire.

Le conseil des anciens ordonna, le 18 brumaire, que le corps législatif se transportât à Saint-Cloud le lendemain 19, parce qu'on pouvait y faire agir plus facilement la force militaire. Le 18 au soir, la ville entière était agitée par l'attente de la grande journée du lendemain ; et sans aucun doute la majorité des honnêtes gens, craignant le retour des jacobins, souhaitait alors que le général Bonaparte eût l'avantage. Mon sentiment, je l'avoue, était fort mélangé. La lutte étant une fois engagée, une victoire momentanée des jacobins pouvait amener des scènes sanglantes ; mais j'éprouvais néanmoins, à l'idée du triomphe de Bonaparte, une douleur que je pourrais appeler prophétique.

Un de mes amis, présent à la séance de Saint-Cloud, m'envoyait des courriers d'heure en heure : une fois il me manda que les jacobins allaient l'emporter, et je me préparai à quitter de nouveau la France ; l'instant d'après j'appris que le général Bonaparte avait triomphé, les soldats ayant dispersé la représentation nationale ; et je pleurai, non la liberté, elle n'exista jamais en France, mais l'espoir de cette liberté sans laquelle il n'y a pour ce pays que honte et malheur. Je me sentais dans cet instant une difficulté de respirer qui est devenue depuis, je crois, la maladie de tous ceux qui ont vécu sous l'autorité de Bonaparte.

On a parlé diversement de la manière dont s'est accomplie cette révolution du 18 brumaire. Ce qui importe surtout, c'est d'observer dans cette occasion les traits caractéristiques de l'homme qui a été près de quinze ans le maître du continent européen. Il se rendit à la barre du conseil des anciens, et voulut les entraîner en leur parlant avec chaleur et avec noblesse ; mais il ne sait pas s'exprimer dans le langage soutenu ; ce n'est que dans la conversation familière que son esprit mordant et décidé se montre à son avantage ; d'ailleurs, comme il n'a d'enthousiasme véritable sur aucun sujet, il n'est éloquent que dans l'injure, et rien ne lui était plus difficile que de s'astreindre, en improvisant, au genre de respect qu'il faut pour une assemblée qu'on veut convaincre. Il essaya de dire au conseil des anciens : *Je suis le dieu de la guerre et de la fortune ; suivez-moi.* Mais il se servait de ces paroles pompeuses par embarras, à la place de celles qu'il aurait aimé leur dire : *Vous êtes tous des misérables, et je vous ferai fusiller, si vous ne m'obéissez pas.*

Le 19 brumaire, il arriva dans le conseil des cinq-cents, les bras croisés, avec un air très-sombre, et suivi de deux grands grenadiers qui protégeaient sa petite stature. Les députés appelés jacobins poussèrent des hurlements en le voyant entrer dans la salle ; son frère Lucien, bien heureusement pour lui, était alors président ; il agitait en vain la sonnette pour rétablir l'ordre ; les cris de *traître* et d'*usurpateur* se faisaient entendre de toutes parts ; et l'un des députés, compatriote de Bonaparte, le Corse Aréna, s'approcha de ce général et le secoua fortement par le collet de son habit. On a supposé, mais sans fondement, qu'il avait un poignard pour le tuer. Son action cependant effraya Bonaparte, et il dit aux grenadiers qui étaient à côté de lui, en laissant tomber sa tête sur l'épaule de l'un d'eux : *Tirez-moi d'ici.* Les grenadiers l'enlevèrent du milieu des députés

qui l'entouraient, ils le portèrent hors de la salle en plein air ; et, dès qu'il y fut, sa présence d'esprit lui revint. Il monta à cheval à l'instant même ; et, parcourant les rangs de ses grenadiers, il les détermina bientôt à ce qu'il voulait d'eux.

Dans cette circonstance, comme dans beaucoup d'autres, on a remarqué que Bonaparte pouvait se troubler quand un autre danger que celui de la guerre était en face de lui, et quelques personnes en ont conclu bien ridiculement qu'il manquait de courage. Certes on ne peut nier son audace ; mais, comme il n'est rien, pas même brave, d'une façon généreuse, il s'ensuit qu'il ne s'expose jamais que quand cela peut être utile. Il serait très-fâché d'être tué, parce que c'est un revers, et qu'il veut en tout du succès ; il en serait aussi fâché, parce que la mort déplaît à son imagination ; mais il n'hésite pas à hasarder sa vie, lorsque, suivant sa manière de voir, la partie vaut le risque de l'enjeu, s'il est permis de s'exprimer ainsi.

Après que le général Bonaparte fut sorti de la salle des cinq-cents, les députés qui lui étaient opposés demandèrent avec véhémence qu'il fût mis hors la loi, et c'est alors que son frère Lucien, président de l'assemblée, lui rendit un éminent service, en se refusant, malgré toutes les instances qu'on lui faisait, à mettre cette proposition aux voix. S'il y avait consenti, le décret aurait passé, et personne ne peut savoir l'impression que ce décret eût encore produite sur les soldats : ils avaient constamment abandonné depuis dix ans ceux de leurs généraux que le pouvoir législatif avait proscrits ; et, bien que la représentation nationale eût perdu son caractère de légalité par le 18 fructidor, la ressemblance des mots l'emporte souvent sur la diversité des choses. Le général Bonaparte se hâta d'envoyer la force armée prendre Lucien pour le mettre en sûreté hors de la salle ; et, dès qu'il fut sorti, les grenadiers entrèrent dans l'orangerie, où les députés étaient rassemblés, et les chassèrent en marchant en avant d'une extrémité de la salle à l'autre, comme s'il n'y avait eu personne. Les députés, repoussés contre le mur, furent forcés de s'enfuir par la fenêtre dans les jardins de Saint-Cloud, avec leurs toges sénatoriales. On avait déjà proscrit des représentants du peuple en France ; mais c'était la première fois depuis la révolution qu'on rendait l'état civil ridicule en présence de l'état militaire ; et Bonaparte, qui voulait fonder son pouvoir sur l'avilissement des corps aussi bien que sur celui des individus, jouissait d'avoir su, dès les premiers instants, détruire la considération des députés du peuple. Du moment que la force morale de la représentation nationale était anéantie, un corps législatif, quel qu'il fût, n'offrait aux yeux des militaires qu'une réunion de cinq cents hommes beaucoup moins forts et moins dispos qu'un bataillon du même nombre, et ils ont toujours été prêts depuis, si leur chef le commandait, à redresser les diversités d'opinion comme des fautes de discipline.

Dans les comités des cinq-cents, en présence des officiers de sa suite et de quelques amis des directeurs, le général Bonaparte tint un discours qui fut imprimé dans les journaux du temps. Ce discours offre un rapprochement singulier, et que l'histoire doit recueillir. *Qu'ont-ils fait*, dit-il en parlant des directeurs, *de cette France que je leur ai laissée si brillante? Je leur avais laissé la paix, et j'ai retrouvé la guerre; je leur avais laissé des victoires, et j'ai retrouvé des revers. Enfin qu'ont-ils fait de cent mille Français que je connaissais tous, mes compagnons d'armes, et qui sont morts maintenant?* Puis, terminant tout à coup sa harangue d'un ton plus calme, il ajouta : *Cet état de choses ne peut durer ; il nous mènerait dans trois ans au despotisme.* Bonaparte s'est chargé de hâter l'accomplissement de sa prédiction.

Mais ne serait-ce pas une grande leçon pour l'espèce humaine, si ces directeurs, hommes très-peu guerriers, se relevaient de leur poussière, et demandaient compte à Napoléon de la barrière du Rhin et des Alpes, conquise par la république; compte des étrangers arrivés deux fois à Paris; compte de trois millions de Français qui ont péri depuis Cadix jusqu'à Moscou; compte surtout de cette sympathie que les nations ressentaient pour la cause de la liberté en France, et qui s'est maintenant changée en aversion invétérée? Certes, les directeurs n'en seraient pas pour cela plus à louer; mais on devrait conclure que de nos jours une nation éclairée ne peut rien faire de pis que de se remettre entre les mains d'un homme. Le public a plus d'esprit qu'aucun individu maintenant, et les institutions rallient les opinions beaucoup plus sagement que les circonstances. Si la nation française, au lieu de choisir ce fatal étranger, qui l'a exploitée pour son propre compte, et mal exploitée même sous ce rapport; si la nation française, dis-je, alors si imposante, malgré toutes ses fautes, s'était constituée elle-même, en respectant les leçons que dix ans d'expérience venaient de lui donner, elle serait encore la lumière du monde.

CHAPITRE III.

Comment la constitution consulaire fut établie.

Le sortilége le plus puissant dont Bonaparte se soit servi pour fonder son pouvoir, c'est, comme nous l'avons déjà dit, la terreur qu'inspirait le nom seul du jacobinisme, bien que tous les hommes capables de réflexion sachent parfaitement que ce fléau ne peut renaître en France. On se donne volontiers l'air de craindre les partis battus, pour motiver des mesures générales de rigueur. Tous ceux qui veulent favoriser l'établissement du despotisme rappellent avec violence les forfaits commis par la démagogie. C'est une tactique très-facile ; aussi Bonaparte paralysait-il toute espèce de résistance à ses volontés par ces mots : *Voulez-vous que je vous livre aux jacobins?* Et la France alors pliait devant lui, sans que des hommes énergiques osassent lui répondre : *Nous saurons combattre les jacobins et vous.* Enfin même alors on ne l'aimait pas, mais on le préférait ; il s'est presque toujours offert en concurrence avec une autre crainte, afin de faire accepter sa puissance comme un moindre mal.

Une commission, composée de cinquante membres des cinq-cents et des anciens, fût chargée de discuter avec le général Bonaparte la constitution qu'on allait proclamer. Quelques-uns de ces membres qui avaient sauté la veille par la fenêtre, pour échapper aux baïonnettes, traitaient sérieusement les questions abstraites des lois nouvelles, comme si l'on avait pu supposer encore que leur autorité serait respectée. Ce sang-froid pouvait être beau s'il eût été joint à de l'énergie ; mais on ne discutait les questions abstraites que pour établir une tyrannie; comme du temps de Cromwell on cherchait dans la Bible des passages pour autoriser le pouvoir absolu.

Bonaparte laissait ces hommes, accoutumés à la tribune, dissiper en paroles leur reste de caractère ; mais, quand ils approchaient, par la théorie, trop près de la pratique, il abrégeait toutes les difficultés en les menaçant de ne plus se mêler de leurs affaires, c'est-à-dire, de les terminer par la force. Il se complaisait assez dans ces longues discussions, parce qu'il aime beaucoup lui-même à parler. Son genre de dissimulation en politique n'est pas le silence ; il aime mieux dérouter les esprits par un tourbillon de discours, qui fait croire tour à tour aux choses le plus opposées. En effet, on trompe souvent mieux en parlant qu'en se taisant. Le moindre signe trahit ceux qui se taisent ; mais, quand on a l'impudeur de mentir activement, on peut agir davantage sur la conviction. Bonaparte se prêtait donc aux arguties d'un comité qui discutait l'établissement d'un ordre social comme la composition d'un livre. Il n'était pas alors question de corps anciens à ménager, de priviléges à conserver, ou même d'usages à respecter : la révolution avait tellement dépouillé la France de tous les souvenirs du passé, qu'aucune base antique ne gênait le plan de la constitution nouvelle.

Heureusement pour Bonaparte, il n'était pas même nécessaire, dans une pareille discussion, d'avoir recours à des connaissances approfondies; il suffisait de combattre contre des raisonnements, espèce d'armes dont il se jouait à son gré, et auxquelles il opposait, quand cela lui convenait, une logique où tout était inintelligible, excepté sa volonté. Quelques personnes ont cru que Bonaparte avait une grande instruction sur tous les sujets, parce qu'il a fait à cet égard, comme à tant d'autres, usage de son charlatanisme. Mais, comme il a peu lu dans sa vie, il ne sait que ce qu'il a recueilli par la conversation. Le hasard peut faire qu'il vous dise, sur un sujet quelconque, une chose très-détaillée et même très-savante, s'il a rencontré quelqu'un qui l'en ait informé la veille; mais, l'instant d'après, on découvre qu'il ne sait pas ce que tous les gens instruits ont appris dès leur enfance. Sans doute il faut avoir beaucoup d'esprit d'un certain genre, de l'esprit d'adresse, pour déguiser ainsi son ignorance; toutefois, il n'y a que les personnes éclairées par des études sincères et suivies, qui puissent avoir des idées vraies sur le gouvernement des peuples. La vieille doctrine de la perfidie n'a réussi à Bonaparte que parce qu'il y joignait le prestige de la victoire. Sans cette association fatale, il n'y aurait pas deux manières de voir un tel homme.

On nous racontait tous les soirs les séances de Bonaparte avec son comité, et ces récits auraient pu nous amuser, s'ils ne nous avaient pas profondément attristés sur le sort de la France. La servilité de l'esprit de courtisan commençait à se développer dans les hommes qui avaient montré le plus d'âpreté révolutionnaire. Ces féroces jacobins préludaient aux rôles de barons et de comtes qui leur étaient destinés par la suite, et tout annonçait que leur intérêt personnel serait le vrai protée qui prendrait à volonté les formes les plus diverses.

Pendant cette discussion, je rencontrai un conventionnel que je ne nommerai point; car pourquoi nommer, quand la vérité du tableau ne l'exige pas?

Je lui exprimai mes alarmes sur la liberté. « Oh! « me répondit-il, madame, nous en sommes arrivés « au point de ne plus songer à sauver les principes « de la révolution, mais seulement les hommes qui « l'ont faite. » Certes, ce vœu n'était pas celui de la France.

On croyait que Sieyes présenterait toute rédigée cette fameuse constitution dont on parlait depuis dix ans comme de l'arche d'alliance qui devait réunir tous les partis; mais, par une bizarrerie singulière, il n'avait rien d'écrit sur ce sujet. La supériorité de l'esprit de Sieyes ne saurait l'emporter sur la misanthropie de son caractère; la race humaine lui déplaît, et il ne sait pas traiter avec elle : on dirait qu'il voudrait avoir affaire à autre chose qu'à des hommes, et qu'il renonce à tout, faute de pouvoir trouver sur la terre une espèce plus selon son goût. Bonaparte, qui ne perdait son temps ni dans la contemplation des idées abstraites, ni dans le découragement de l'humeur, aperçut très-vite en quoi le système de Sieyes pouvait lui être utile; c'était parce qu'il anéantissait très-artistement les élections populaires : Sieyes y substituait des listes de candidats sur lesquelles le sénat devait choisir les membres du corps législatif et du tribunat; car on mettait, je ne sais pourquoi, trois corps dans cette constitution, et même quatre, si l'on y comprend le conseil d'État, dont Bonaparte s'est si bien servi depuis. Quand le choix des députés n'est pas purement et directement fait par le peuple, il n'y a plus de gouvernement représentatif; des institutions héréditaires peuvent accompagner celle de l'élection, mais c'est en elle que consiste la liberté. Aussi l'important pour Bonaparte était-il de paralyser l'élection populaire, parce qu'il savait bien qu'elle est inconciliable avec le despotisme.

Dans cette constitution, le tribunat, composé de cent personnes, devait parler, et le corps législatif, composé de deux cent cinquante, devait se taire; mais on ne concevait pas pourquoi l'on donnait à l'un cette permission, en imposant à l'autre cette contrainte. Le tribunat et le corps législatif n'étaient point assez nombreux en proportion de la population de la France, et toute l'importance politique devait se concentrer dans le sénat conservateur, qui réunissait tous les pouvoirs hors un seul, celui qui naît de l'indépendance de fortune. Les sénateurs n'existaient que par les appointements qu'ils recevaient du pouvoir exécutif. Le sénat n'était en effet que le masque de la tyrannie; il donnait aux ordres d'un seul l'apparence d'être discutés par plusieurs.

Quand Bonaparte fut assuré de n'avoir affaire

qu'à des hommes payés, divisés en trois corps, et nommés les uns par les autres, il se crut certain d'atteindre son but. Ce beau nom de tribun signifiait des pensions pour cinq ans ; ce grand nom de sénateur signifiait des canonicats à vie, et il comprit bien vite que les uns voudraient acquérir ce que les autres désireraient conserver. Bonaparte se faisait dire sa volonté sur divers tons, tantôt par la voix sage du sénat, tantôt par les cris commandés des tribuns, tantôt par le scrutin silencieux du corps législatif; et ce chœur à trois parties était censé l'organe de la nation, quoiqu'un même maître en fût le coryphée.

L'œuvre de Sieyes fut sans doute altérée par Bonaparte. Sa vue longue d'oiseau de proie lui fit découvrir et supprimer tout ce qui, dans les institutions proposées, pouvait un jour amener quelque résistance ; mais Sieyes avait perdu la liberté, en substituant quoi que ce fût à l'élection populaire.

Bonaparte lui-même n'aurait peut-être pas été assez fort pour opérer alors un tel changement dans les principes généralement admis ; il fallait que le philosophe servît à cet égard les desseins de l'usurpateur. Non assurément que Sieyes voulût établir la tyrannie en France, on doit lui rendre la justice qu'il n'y a jamais pris part : et d'ailleurs, un homme d'autant d'esprit ne peut aimer l'autorité d'un seul, si ce seul n'est pas lui-même. Mais, par sa métaphysique, il embrouilla la question la plus simple, celle de l'élection ; et c'est à l'ombre de ces nuages que Bonaparte s'introduisit impunément dans le despotisme.

CHAPITRE IV.

Des progrès du pouvoir absolu de Bonaparte.

On ne saurait trop observer les premiers symptômes de la tyrannie ; car, quand elle a grandi à un certain point, il n'est plus temps de l'arrêter. Un seul homme enchaîne la volonté d'une multitude d'individus dont la plupart, pris séparément, souhaiteraient d'être libres, mais qui néanmoins se soumettent, parce que chacun d'eux redoute l'autre, et n'ose lui communiquer franchement sa pensée. Souvent il suffit d'une minorité très-peu nombreuse pour faire face tour à tour à chaque portion de la majorité qui s'ignore elle-même.

Malgré les diversités de temps et de lieux, il y a des points de ressemblance entre l'histoire de toutes les nations tombées sous le joug. C'est presque toujours après de longs troubles civils que la tyrannie s'établit, parce qu'elle offre à tous les partis

épuisés et craintifs l'espoir de trouver en elle un abri. Bonaparte a dit de lui-même, avec raison, qu'il savait jouer à merveille de l'instrument du pouvoir. En effet, comme il ne tient à aucune idée, et qu'il n'est arrêté par aucun obstacle, il se présente dans l'arène des circonstances en athlète aussi souple que vigoureux, et son premier coup d'œil lui fait connaître ce qui, dans chaque personne, ou dans chaque association d'hommes, peut servir à ses desseins personnels. Son plan, pour parvenir à dominer la France, se fonda sur trois bases principales : contenter les intérêts des hommes aux dépens de leurs vertus, dépraver l'opinion par des sophismes, et donner à la nation pour but la guerre au lieu de la liberté. Nous le verrons suivre ces diverses routes avec une rare habileté. Les Français, hélas ! ne l'ont que trop bien secondé ; néanmoins, c'est à son funeste génie surtout qu'il faut s'en prendre ; car, les gouvernements arbitraires ayant empêché de tout temps que cette nation n'eût des idées fixes sur aucun sujet, Bonaparte a fait mouvoir ses passions sans avoir à lutter contre ses principes. Il pouvait dès lors honorer la France, et s'affermir lui-même par des institutions respectables ; mais le mépris de l'espèce humaine a tout desséché dans son âme, et il a cru qu'il n'existait de profondeur que dans la région du mal.

Nous avons déjà vu que le général Bonaparte fit décréter une constitution dans laquelle il n'existait point de garanties. De plus, il eut grand soin de laisser subsister les lois émises pendant la révolution, afin de prendre à son gré l'arme qui lui convenait dans cet arsenal détestable. Les commissions extraordinaires, les déportations, les exils, l'esclavage de la presse, ces mesures malheureusement prises au nom de la liberté, étaient fort utiles à la tyrannie. Il mettait en avant, pour les adopter, tantôt la raison d'État, tantôt la nécessité des temps, tantôt l'activité de ses adversaires, tantôt le besoin de maintenir le calme. Telle est l'artillerie des phrases qui fondent le pouvoir absolu, car les circonstances ne finissent jamais, et plus on veut comprimer par des mesures illégales, plus on fait de mécontents qui motivent la nécessité de nouvelles injustices. C'est toujours à demain qu'on remet l'établissement de la loi, et c'est un cercle vicieux dont on ne peut sortir, car l'esprit public qu'on attend pour permettre la liberté ne saurait résulter que de cette liberté même.

La constitution donnait à Bonaparte deux collègues ; il choisit avec une sagacité singulière, pour ses consuls adjoints, deux hommes qui ne servaient qu'à déguiser son unité despotique : l'un, **Camba-**

cérès, jurisconsulte d'une grande instruction, mais qui avait appris, dans la convention, à plier méthodiquement devant la terreur; et l'autre, Lebrun, homme d'un esprit très-cultivé et de manières très-polies, mais qui s'était formé sous le chancelier Maupeou, sous ce ministre qui avait substitué un parlement nommé par lui à ceux de France, ne trouvant pas encore assez d'arbitraire dans la monarchie telle qu'elle était alors. Cambacérès était l'interprète de Bonaparte auprès des révolutionnaires, et Lebrun auprès des royalistes; l'un et l'autre traduisaient le même texte en deux langues différentes. Deux habiles ministres avaient aussi chacun pour mission d'adapter l'ancien et le nouveau régime au mélange du troisième. Le premier, grand seigneur engagé dans la révolution, disait aux royalistes qu'il leur convenait de retrouver les institutions monarchiques, en renonçant à l'ancienne dynastie. Le second, un homme des temps funestes, mais néanmoins prêt à servir au rétablissement des cours, prêchait aux républicains la nécessité d'abandonner leurs opinions politiques, pourvu qu'ils pussent conserver leurs places. Parmi ces chevaliers de la circonstance, Bonaparte, le grand maître, savait la créer, et les autres manœuvraient selon le vent que ce génie des orages avait soufflé dans les voiles.

L'armée politique du premier consul était composée de transfuges des deux partis. Les royalistes lui sacrifiaient leur fidélité envers les Bourbons, et les patriotes leur attachement à la liberté; ainsi donc aucune façon de penser indépendante ne pouvait se montrer sous son règne, car il pardonnait plus volontiers un calcul égoïste qu'une opinion désintéressée. C'était par le mauvais côté du cœur humain qu'il croyait pouvoir s'en emparer.

Bonaparte prit les Tuileries pour sa demeure, et ce fut un coup de partie que le choix de cette habitation. On avait vu là le roi de France, les habitudes monarchiques y étaient encore présentes à tous les yeux, et il suffisait, pour ainsi dire, de laisser faire les murs pour tout rétablir. Vers les derniers jours du dernier siècle, je vis entrer le premier consul dans le palais bâti par les rois; et quoique Bonaparte fût bien loin encore de la magnificence qu'il a développée depuis, l'on voyait déjà dans tout ce qui l'entourait un empressement de se faire courtisan à l'orientale, qui dut lui persuader que gouverner la terre était chose bien facile. Quand sa voiture fut arrivée dans la cour des Tuileries, ses valets ouvrirent la portière et précipitèrent le marchepied avec une violence qui semblait dire que les choses physiques elles-mê-

mes étaient insolentes, quand elles retardaient un instant la marche de leur maître. Lui ne regardait ni ne remerciait personne, comme s'il avait craint qu'on pût le croire sensible aux hommages mêmes qu'il exigeait. En montant l'escalier au milieu de la foule qui se pressait pour le suivre, ses yeux ne se portaient ni sur aucun objet, ni sur aucune personne en particulier; il y avait quelque chose de vague et d'insouciant dans sa physionomie, et ses regards n'exprimaient que ce qu'il lui convient toujours de montrer, l'indifférence pour le sort, et le dédain pour les hommes.

Ce qui servait singulièrement le pouvoir de Bonaparte, c'est qu'il n'avait rien à ménager que la masse. Toutes les existences individuelles étaient anéanties par dix ans de troubles, et rien n'agit sur un peuple comme les succès militaires; il faut une grande puissance de raison pour combattre ce penchant, au lieu d'en profiter. Personne en France ne pouvait croire sa situation assurée : les hommes de toutes les classes, ruinés ou enrichis, bannis ou récompensés, se trouvaient également un à un, pour ainsi dire, entre les mains du pouvoir. Des milliers de Français étaient portés sur la liste des émigrés; d'autres milliers étaient acquéreurs de biens nationaux; des milliers étaient proscrits comme prêtres ou comme nobles; d'autres milliers craignaient de l'être pour leurs faits révolutionnaires. Bonaparte, qui marchait toujours entre deux intérêts contraires, se gardait bien de mettre un terme à ces inquiétudes par des lois fixes qui pussent faire connaître à chacun ses droits. Il rendait à tel ou tel ses biens, à tel ou tel il les ôtait pour toujours. Un arrêté sur la restitution des bois réduisait l'un à la misère, l'autre retrouvait fort au delà de ce qu'il avait possédé. Il rendait quelquefois les biens du père au fils, ceux du frère aîné au frère cadet, selon qu'il était content ou mécontent de leur attachement à sa personne. Il n'y avait pas un Français qui n'eût quelque chose à demander au gouvernement, et ce quelque chose c'était la vie; car alors la faveur consistait, non dans le frivole plaisir qu'elle peut donner, mais dans l'espérance de revoir sa patrie, et de retrouver au moins une portion de ce qu'on possédait. Le premier consul s'était réservé la faculté de disposer, sous un prétexte quelconque, du sort de tous et de chacun. Cet état inouï de dépendance excuse à beaucoup d'égards la nation. Peut-on, en effet, s'attendre à l'héroïsme universel? et ne faut-il pas de l'héroïsme, pour s'exposer à la ruine et au bannissement qui pesaient sur toutes les têtes par l'application d'un décret quelconque? Un concours unique de circonstances mettait à la disposition d'un homme les lois de la terreur, et la force militaire créée par l'enthousiasme républicain. Quel héritage pour un habile despote!

Ceux, parmi les Français, qui cherchaient à résister au pouvoir toujours croissant du premier consul, devaient invoquer la liberté pour lutter avec succès contre lui. Mais à ce mot, les aristocrates et les ennemis de la révolution criaient au jacobinisme, et secondaient ainsi la tyrannie, dont ils ont voulu depuis faire retomber le blâme sur leurs adversaires.

Pour calmer les jacobins, qui ne s'étaient pas encore tous ralliés à cette cour, dont ils ne comprenaient pas bien le sens, on répandait des brochures dans lesquelles on disait que l'on ne devait pas craindre que Bonaparte voulût ressembler à César, à Cromwell ou à Monk; rôles usés, disait-on, qui ne conviennent plus au siècle. Il n'est pas bien sûr, cependant, que les événements de ce monde ne se répètent pas, quoique cela soit interdit aux auteurs des pièces nouvelles; mais ce qui importait alors, c'était de fournir une phrase à tous ceux qui voulaient être trompés d'une manière décente. La vanité française commença dès lors à se porter sur l'art de la diplomatie : la nation entière, à qui l'on disait le secret de la comédie, était flattée de la confidence, et se complaisait dans la réserve intelligente que l'on exigeait d'elle.

On soumit bientôt les nombreux journaux qui existaient en France à la censure la plus rigoureuse, mais en même temps la mieux combinée; car il ne s'agissait pas de commander le silence à une nation qui a besoin de faire des phrases, dans quelque sens que ce soit, comme le peuple romain avait besoin de voir les jeux du cirque. Bonaparte établit dès lors cette tyrannie bavarde dont il a tiré depuis un si grand avantage. Les feuilles périodiques répétaient toutes la même chose chaque jour, sans que jamais il fût permis de les contredire. La liberté des journaux diffère à plusieurs égards de celle des livres. Les journaux annoncent les nouvelles dont toutes les classes de personnes sont avides, et la découverte de l'imprimerie, loin d'être, comme on l'a dit, la sauvegarde de la liberté, serait l'arme la plus terrible du despotisme, si les journaux, qui sont la seule lecture des trois quarts de la nation, étaient exclusivement soumis à l'autorité. Car, de même que les troupes réglées sont plus dangereuses que les milices pour l'indépendance des peuples, les écrivains soldés dé-

pravent l'opinion bien plus qu'elle ne pouvait se dépraver, quand on ne communiquait que par la parole, et que l'on formait ainsi son jugement d'après les faits. Mais, lorsque la curiosité pour les nouvelles ne peut se satisfaire qu'en recevant un appoint de mensonges; lorsque aucun événement n'est raconté sans être accompagné d'un sophisme; lorsque la réputation de chacun dépend d'une calomnie répandue dans des gazettes qui se multiplient de toutes parts sans qu'on accorde à personne la possibilité de les réfuter; lorsque les opinions sur chaque circonstance, sur chaque ouvrage, sur chaque individu, sont soumises au mot d'ordre des journalistes, comme les mouvements des soldats aux chefs de file; c'est alors que l'art de l'imprimerie devient ce que l'on a dit du canon, *la dernière raison des rois*.

Bonaparte, lorsqu'il disposait d'un million d'hommes armés, n'en attachait pas moins d'importance à l'art de guider l'esprit public par les gazettes; il dictait souvent lui-même des articles de journaux qu'on pouvait reconnaître aux saccades violentes du style; on voyait qu'il aurait voulu mettre dans ce qu'il écrivait des coups au lieu de mots. Il a dans tout son être un fonds de vulgarité que le gigantesque même de son imagination ne saurait toujours cacher. Ce n'est pas qu'il ne sache très-bien, un jour donné, se montrer avec beaucoup de convenance; mais il n'est à son aise que dans le mépris pour les autres; et, dès qu'il peut y rentrer, il s'y complaît. Toutefois, ce n'était pas uniquement par goût qu'il se livrait à faire servir, dans ses notes du *Moniteur*, le cynisme de la révolution au maintien de sa puissance. Il ne permettait qu'à lui d'être jacobin en France. Mais, lorsqu'il insérait dans ses bulletins des injures grossières contre les personnes les plus respectables, il croyait ainsi captiver la masse du peuple et des soldats, en se rapprochant de leur langage et de leurs passions, sous la pourpre même dont il était revêtu.

On ne peut arriver à un grand pouvoir qu'en mettant à profit la tendance de son siècle : aussi Bonaparte étudia-t-il bien l'esprit du sien. Il y avait eu, parmi les hommes supérieurs du dix-huitième siècle en France, un superbe enthousiasme pour les principes qui fondent le bonheur et la dignité de l'espèce humaine; mais à l'abri de ce grand chêne croissaient des plantes vénéneuses, l'égoïsme et l'ironie; et Bonaparte sut habilement se servir de ces dispositions funestes. Il tourna toutes les belles choses en ridicule, excepté la force; et la maxime proclamée sous son règne était : *Honte aux vaincus!* Aussi l'on ne serait tenté de dire aux disciples de sa doctrine qu'une seule injure : *Et pourtant vous n'avez pas réussi;* car tout blâme tiré du sentiment moral ne leur importerait guère.

Il fallait cependant donner un principe de vie à ce système de dérision et d'immoralité, sur lequel se fondait le gouvernement civil. Ces puissances négatives ne suffisaient pas pour marcher en avant, sans l'impulsion des succès militaires. L'ordre dans l'administration et dans les finances, les embellissements des villes, la confection des canaux et des grandes routes, tout ce qu'on a pu louer enfin dans les affaires de l'intérieur, avait pour unique base l'argent obtenu par les contributions levées sur les étrangers. Il ne fallait pas moins que les revenus du continent pour procurer alors de tels avantages à la France; et, loin qu'ils fussent fondés sur des institutions durables, la grandeur apparente de ce colosse ne reposait que sur des pieds d'argile.

CHAPITRE V.

L'Angleterre devait-elle faire la paix avec Bonaparte, à son avénement au consulat?

Lorsque le général Bonaparte fut nommé consul, ce qu'on attendait de lui, c'était la paix. La nation était fatiguée de sa longue lutte; et, sûre alors d'obtenir son indépendance, avec la barrière du Rhin et des Alpes, elle ne souhaitait que la tranquillité; certes, elle s'adressait mal pour l'obtenir. Cependant le premier consul fit des démarches pour se rapprocher de l'Angleterre, et le ministère d'alors s'y refusa. Peut-être eut-il tort, car, deux ans après, lorsque Bonaparte avait déjà assuré sa puissance par la victoire de Marengo, le gouvernement anglais se vit dans la nécessité de signer le traité d'Amiens, qui, sous tous les rapports, était plus désavantageux que celui qu'on aurait obtenu dans un moment où Bonaparte voulait un succès nouveau, la paix avec l'Angleterre. Cependant je ne partage pas l'opinion de quelques personnes qui prétendent que si le ministère anglais avait alors accepté les propositions de la France, Bonaparte eût dès cet instant adopté un système pacifique. Rien n'était plus contraire à sa nature et à son intérêt. Il ne sait vivre que dans l'agitation, et si quelque chose peut plaider pour lui auprès de ceux qui réfléchissent sur l'être humain, c'est qu'il ne respire librement que dans une atmosphère volcanique; son intérêt aussi lui conseillait la guerre.

Tout homme, devenu chef unique d'un grand pays autrement que par l'hérédité, peut difficilement s'y maintenir, s'il ne donne pas à la nation de la liberté ou de la gloire militaire, s'il n'est pas Washington ou un conquérant. Or, comme il était difficile de ressembler moins à Washington que Bonaparte, il ne pouvait établir et conserver un pouvoir absolu qu'en étourdissant le raisonnement; qu'en présentant, tous les trois mois, aux Français, une perspective nouvelle, afin de suppléer, par la grandeur et la variété des événements, à l'émulation honorable, mais tranquille, dont les peuples libres sont appelés à jouir.

Une anecdote peut servir à faire connaître comment, dès les premiers jours de l'avénement de Bonaparte au consulat, ses alentours savaient déjà de quelle façon servile il fallait s'y prendre pour lui plaire. Parmi les arguments allégués par lord Grenville pour ne pas faire la paix avec Bonaparte, il y avait que, le gouvernement du premier consul tenant à lui seul, on ne pouvait fonder une paix durable sur la vie d'un homme. Ces paroles irritèrent le premier consul; il ne pouvait souffrir qu'on discutât la chance de sa mort. En effet, quand on ne rencontre plus d'obstacle dans les hommes, on s'indigne contre la nature, qui seule est inflexible; il nous est, à nous autres, plus facile de mourir; nos ennemis, souvent même nos amis, tout notre sort enfin nous y prépare. L'homme chargé de réfuter dans le Moniteur la réponse de lord Grenville, se servit de ces expressions : *Quant à la vie et à la mort de Bonaparte, ces choses-là, milord, sont au-dessus de votre portée.* Ainsi le peuple de Rome appelait les empereurs *Votre Éternité.* Bizarre destinée de l'espèce humaine, condamnée à rentrer dans le même cercle par les passions, tandis qu'elle avance toujours dans la carrière des idées! Le traité d'Amiens fut conclu, lorsque les succès de Bonaparte en Italie le rendaient déjà maître du continent; les conditions en étaient très-désavantageuses pour les Anglais, et pendant l'année qu'il subsista, Bonaparte se permit des empiétements tellement redoutables, qu'après la faute de signer ce traité, celle de ne pas le rompre eût été la plus grande. A cette époque, en 1803, malheureusement pour l'esprit de liberté en Angleterre, et par conséquent sur le continent, dont elle est le fanal, le parti de l'opposition, ayant à sa tête M. Fox, fit entièrement fausse route par rapport à Bonaparte; et dès lors ce parti, si honorable d'ailleurs, a perdu dans la nation l'ascendant qu'il eût été désirable à d'autres égards de lui voir conserver. C'était déjà beaucoup trop que d'avoir défendu la révolution française sous le règne de la terreur; mais quelle faute, s'il se peut, plus dangereuse encore, que de considérer Bonaparte comme tenant aux principes de cette révolution dont il était le plus habile destructeur! Sheridan, qui, par ses lumières et ses talents, avait de quoi faire la gloire de l'Angleterre et la sienne propre, montra clairement à l'opposition le rôle qu'elle devait jouer, dans le discours éloquent qu'il prononça à l'occasion de la paix d'Amiens.

« La situation de Bonaparte et l'organisation de « son pouvoir sont telles, dit Sheridan, qu'il doit « entrer avec ses sujets dans un terrible échange; « il faut qu'il leur promette de les rendre les maî- « tres du monde, afin qu'ils consentent à être ses « esclaves; et, si tel est son but, contre quelle « puissance doit-il tourner ses regards inquiets, « si ce n'est contre la Grande-Bretagne? Quelques- « uns ont prétendu qu'il ne voulait avoir avec nous « d'autre rivalité que celle du commerce; heureux « cet homme, si des vues administratives étaient « entrées dans sa tête! mais qui pourrait le croire? « il suit l'ancienne méthode des taxes exagérées et « des prohibitions. Toutefois il voudrait arriver « par un chemin plus court à notre perte; peut- « être se figure-t-il que ce pays une fois subjugué, « il pourra transporter chez lui notre commerce, « nos capitaux et notre crédit, comme il a fait ve- « nir à Paris les tableaux et les statues d'Italie. « Mais ses ambitieuses espérances seraient bientôt « trompées; ce crédit disparaîtrait sous la griffe « du pouvoir; ces capitaux s'enfonceraient dans la « terre, s'ils étaient foulés aux pieds d'un despote; « et ces entreprises commerciales seraient sans « vigueur, en présence d'un gouvernement arbi- « traire. S'il écrit sur ses tablettes des notes mar- « ginales relatives à ce qu'il doit faire des divers « pays qu'il a soumis ou qu'il veut soumettre, le « texte entier est consacré à la destruction de no- « tre patrie. C'est sa première pensée en s'éveil- « lant, c'est sa prière, à quelque divinité qu'il l'a- « dresse, à Jupiter ou à Mahomet, au dieu des « batailles ou à la déesse de la raison. Une impor- « tante leçon doit être tirée de l'arrogance de Bo- « naparte : il se dit l'instrument dont la Provi- « dence a fait choix pour rendre le bonheur à la « Suisse, et la splendeur et l'importance à l'Italie; « et nous aussi, nous devons le considérer comme « un instrument dont la Providence a fait choix « pour nous rattacher davantage, s'il se peut, à « notre constitution, pour nous faire sentir le prix « de la liberté qu'elle nous assure; pour anéantir « toutes les différences d'opinion en présence de

« cet intérêt; enfin, pour avoir sans cesse présent « à l'esprit, que tout homme qui arrive en Angle- « terre, en sortant de France, croit s'échapper « d'un donjon, pour respirer l'air et la vie de l'in- « dépendance. »

La liberté triompherait aujourd'hui dans l'opinion universelle, si tous ceux qui se sont ralliés à ce noble espoir avaient bien vu, dès le commencement du règne de Bonaparte, que le premier des contre-révolutionnaires, et le seul redoutable alors, c'était celui qui se revêtait des couleurs nationales, pour rétablir impunément tout ce qui avait disparu devant elles.

Les dangers dont l'ambition du premier consul menaçait l'Angleterre, sont signalés avec autant de vérité que de force dans le discours que nous venons de citer. Le ministère anglais est donc amplement justifié d'avoir recommencé la guerre; mais, quoiqu'il ait pu, dans la suite, prêter plus ou moins d'appui aux adversaires personnels de Bonaparte, il ne s'est jamais permis d'autoriser un attentat contre sa vie; une telle idée ne vint pas aux chefs d'un peuple de chrétiens. Bonaparte courut un grand danger par la machine infernale, assassinat le plus coupable de tous, puisqu'il menaçait la vie d'un grand nombre d'autres personnes en même temps que celle du consul. Mais le ministère anglais n'entra point dans cette conspiration; il y a lieu de croire que les chouans, c'est-à-dire, les jacobins du parti aristocrate, en furent seuls coupables. A cette occasion pourtant, on déporta cent trente révolutionnaires, bien qu'ils n'eussent pris aucune part à la machine infernale. Mais il parut simple alors de profiter du trouble que causait cet événement, pour se débarrasser de tous ceux qu'on voulait proscrire. Singulière façon, il faut le dire, de traiter l'espèce humaine! Il s'agissait d'hommes odieux! s'écriera-t-on. Cela se peut; mais qu'importe? N'apprendra-t-on jamais en France qu'il n'y a point d'acception de personnes devant la loi? Les agents de Bonaparte s'étaient fait alors le bizarre principe de frapper les deux partis à la fois, lorsque l'un des deux avait tort; ils appelaient cela de l'impartialité. Vers ce temps, un homme, auquel il faut épargner son nom, proposa de brûler vifs ceux qui seraient convaincus d'un attentat contre la vie du premier consul. La proposition des supplices cruels semblait appartenir à d'autres siècles que le nôtre; mais la flatterie ne s'en tient pas toujours à la platitude, et la bassesse est très-facilement féroce.

CHAPITRE VI.

De l'inauguration du concordat à Notre-Dame.

A l'époque de l'avénement de Bonaparte, les partisans les plus sincères du catholicisme, après avoir été si longtemps victimes de l'inquisition politique, n'aspiraient qu'à une parfaite liberté religieuse. Le vœu général de la nation se bornait à ce que toute persécution cessât désormais à l'égard des prêtres, et qu'on n'exigeât plus d'eux aucun genre de serment; enfin, que l'autorité ne se mêlât en rien des opinions religieuses de personne. Ainsi donc, le gouvernement consulaire eût contenté l'opinion, en maintenant en France la tolérance absolue, telle qu'elle existe en Amérique, chez un peuple dont la piété constante et les mœurs sévères qui en sont la preuve ne sauraient être mises en doute. Mais le premier consul ne s'occupait point de ces saintes pensées; il savait que, si le clergé reprenait une consistance politique, son influence ne pouvait seconder que les intérêts du despotisme; et, ce qu'il voulait, c'était préparer les voies pour son arrivée au trône.

Il lui fallait un clergé comme des chambellans, comme des titres, comme des décorations, enfin, comme toutes les anciennes cariatides du pouvoir; et lui seul était en mesure de les relever. L'on s'est plaint du retour des vieilles institutions, et l'on ne devrait pas oublier que Bonaparte en est la véritable cause. C'est lui qui a recomposé le clergé, pour le faire servir à ses desseins. Les révolutionnaires, qui étaient encore redoutables il y a quatorze ans, n'auraient jamais souffert que l'on redonnât ainsi une existence politique aux prêtres, si un homme qu'ils considéraient, à quelques égards, comme l'un d'entre eux, en leur présentant un concordat avec le pape, ne leur eût pas assuré que c'était une mesure très-profondément combinée, et qui servirait au maintien des institutions nouvelles. Les révolutionnaires, à quelques exceptions près, sont plus violents que rusés, et par cela même on les flatte, quand on les traite en hommes habiles.

Bonaparte, assurément, n'est pas religieux, et l'espèce de superstition dont on a pu découvrir quelques traces dans son caractère, tient uniquement au culte de lui-même. Il croit à sa fortune, et ce sentiment s'est manifesté en lui de diverses manières; mais, depuis le mahométisme jusqu'à la religion des Pères du désert, depuis la loi agraire jusqu'à l'étiquette de la cour de Louis XIV, son esprit est prêt à concevoir et son caractère à exécuter ce que la circonstance peut exiger. Toutefois, son penchant naturel étant pour le despotisme, ce

qui le favorise lui plaît, et il aurait aimé l'ancien régime de France plus que personne, s'il avait pu persuader au monde qu'il descendait en droite ligne de saint Louis.

Il a souvent exprimé le regret de ne pas régner dans un pays où le monarque fût en même temps le chef de l'Église, comme en Angleterre et en Russie; mais, trouvant encore le clergé de France dévoué à la cour de Rome, il voulut négocier avec elle. Un jour il assurait aux prélats que, dans son opinion, il n'y avait que la religion catholique de vraiment fondée sur les traditions anciennes; et, d'ordinaire, il leur montrait sur ce sujet quelque érudition acquise de la veille; puis, se trouvant avec des philosophes, il dit à Cabanis : *Savez-vous ce que c'est que le concordat que je viens de signer? C'est la vaccine de la religion : dans cinquante ans, il n'y en aura plus en France.* Ce n'étaient ni la religion ni la philosophie qui lui importaient, dans l'existence d'un clergé tout à fait soumis à ses volontés; mais, ayant entendu parler de l'alliance entre l'autel et le trône, il commença par relever l'autel. Aussi, en célébrant le concordat, fit-il, pour ainsi dire, la répétition habillée de son couronnement.

Il ordonna, au mois d'avril 1802, une grande cérémonie à Notre-Dame. Il y alla avec toute la pompe royale, et nomma pour l'orateur de cette inauguration, qui? l'archevêque d'Aix, le même qui avait fait le sermon du sacre à la cathédrale de Reims, le jour où Louis XVI fut couronné. Deux motifs le déterminèrent à ce choix : l'espoir ingénieux que plus il imitait la monarchie, plus il faisait naître l'idée de l'en nommer le chef; et le dessein perfide de déconsidérer l'archevêque d'Aix, assez pour le mettre entièrement dans sa dépendance, et pour donner à tous la mesure de son ascendant. Toujours il a voulu, quand cela se pouvait, qu'un homme connu fît quelque chose d'assez blâmable, en s'attachant à lui, pour être perdu dans l'estime de tout autre parti que le sien. Brûler ses vaisseaux, c'était lui sacrifier sa réputation; il voulut faire des hommes une monnaie qui ne reçût sa valeur que de l'empreinte du maître. La suite a prouvé que cette monnaie savait rentrer en circulation avec une autre effigie.

Le jour du concordat, Bonaparte se rendit à l'église de Notre-Dame dans les anciennes voitures du roi, avec les mêmes cochers, les mêmes valets de pied marchant à côté de la portière; il se fit dire jusque dans le moindre détail toute l'étiquette de la cour; et, bien que premier consul d'une république, il s'appliqua tout cet appareil de la royauté.

Rien, je l'avoue, ne me fit éprouver un sentiment d'irritation pareil. Je m'étais renfermée dans ma maison pour ne pas voir cet odieux spectacle ; mais j'y entendais les coups de canon qui célébraient la servitude du peuple français. Car y avait-il quelque chose de plus honteux que d'avoir renversé les antiques institutions royales, entourées au moins de nobles souvenirs, pour reprendre ces mêmes institutions sous des formes de parvenus et avec les fers du despotisme? C'était ce jour-là qu'on pouvait adresser aux Français ces belles paroles de Milton à ses compatriotes : *Nous allons devenir la honte des nations libres, et le jouet de celles qui ne le sont pas ; est-ce là, diront les étrangers, cet édifice de liberté que les Anglais se glorifiaient de bâtir? Ils n'en ont fait tout juste que ce qu'il fallait pour se rendre à jamais ridicules aux yeux de l'Europe entière.* Les Anglais, du moins, ont appelé de cette prédiction.

Au retour de Notre-Dame, le premier consul, se trouvant au milieu de ses généraux, leur dit : *N'est-il pas vrai qu'aujourd'hui tout paraissait rétabli dans l'ancien ordre?* « Oui, répondit no-« blement l'un d'entre eux, excepté deux millions « de Français qui sont morts pour la liberté, et « qu'on ne peut faire revivre. » D'autres millions ont péri depuis, mais pour le despotisme.

On accuse amèrement le Français d'être irréligieux ; mais l'une des principales causes de ce funeste résultat, c'est que les différents partis, depuis vingt-cinq ans, ont toujours voulu diriger la religion vers un but politique, et rien ne dispose moins à la piété que d'employer la religion pour un autre projet qu'elle-même. Plus les sentiments sont beaux par leur nature, plus ils inspirent de répugnance quand l'ambition et l'hypocrisie s'en emparent. Lorsque Bonaparte fut empereur, il nomma le même archevêque d'Aix, dont nous venons de parler, à l'archevêché de Tours ; et celui-ci, dans un de ses mandements, exhorta la nation à reconnaître Napoléon comme souverain légitime de la France. Le ministre des cultes, se promenant alors avec un de ses amis, lui montra le mandement, et lui dit : « Voyez, il appelle l'empereur grand, gé-« néreux, illustre, tout cela est fort bien ; mais « c'est *légitime* qui était le mot important dans la « bouche d'un prêtre. » Pendant douze ans, à dater du concordat, les ecclésiastiques de tous les rangs n'ont laissé passer aucune occasion de louer Bonaparte à leur manière, c'est-à-dire, en l'appelant l'envoyé de Dieu, l'instrument de ses décrets, le représentant de la Providence sur la terre. Les mêmes prêtres ont depuis prêché sans doute une

autre doctrine ; mais comment veut-on qu'un clergé, toujours aux ordres de l'autorité, quelle qu'elle soit, ajoute à l'ascendant de la religion sur les âmes?

Le catéchisme qui a été reçu dans toutes les églises, pendant le règne de Bonaparte, menaçait des peines éternelles quiconque *n'aimerait pas ou ne défendrait pas la dynastie de Napoléon.* « Si vous n'aimez pas Napoléon et sa famille, » disait ce catéchisme (qui, à cela près, est celui de Bossuet), « que vous en arrivera-t-il? — Réponse : Alors nous encourrons la damnation éternelle [1]. » Fallait-il croire, toutefois, que Bonaparte disposerait de l'enfer dans l'autre monde, parce qu'il en donnait l'idée dans celui-ci? En vérité, les nations n'ont de piété sincère que dans les pays où la doctrine de l'Église n'a point de rapport avec les dogmes politiques, dans les pays où les prêtres n'exercent point de pouvoir sur l'État, dans les pays enfin où l'on peut aimer Dieu et la religion chrétienne de toute son âme, sans perdre et surtout sans obtenir aucun avantage terrestre par la manifestation de ce sentiment.

CHAPITRE VII.

Dernier ouvrage de M. Necker sous le consulat de Bonaparte.

M. Necker eut un entretien avec Bonaparte à son passage en Italie par le mont Saint-Bernard, peu de temps avant la bataille de Marengo ; pendant cette conversation, qui dura deux heures, le premier consul fit à mon père une impression assez agréable, par la sorte de confiance avec laquelle il lui parla de ses projets futurs. Ainsi donc aucun ressentiment personnel n'animait M. Necker contre

---

[1] P. 55. D. *Quels sont les devoirs des chrétiens à l'égard des princes qui les gouvernent, et quels sont en particulier nos devoirs envers Napoléon Ier notre empereur?*
R. Les chrétiens doivent aux princes qui les gouvernent, et nous devons en particulier à Napoléon Ier, notre empereur, l'amour, le respect, l'obéissance, la fidélité, le service militaire, les tributs ordonnés pour la conservation et la défense de l'empire et de son trône..... Honorer et servir notre empereur est donc honorer et servir Dieu même.
D. *N'y a-t-il pas des motifs particuliers qui doivent plus fortement nous attacher à Napoléon Ier, notre empereur?*
R. Oui : car il est celui que Dieu a suscité dans les circonstances difficiles, pour rétablir le culte public de la religion sainte de nos pères, et pour en être le protecteur. Il a ramené et conservé l'ordre public par sa sagesse profonde et active ; il défend l'État par son bras puissant ; il est devenu l'oint du Seigneur par la consécration qu'il a reçue du souverain pontife, chef de l'Église universelle.
D. *Que doit-on penser de ceux qui manqueraient à leur devoir envers notre empereur?*
R. Selon l'apôtre saint Paul, ils résisteraient à l'ordre établi de Dieu même, et se rendraient dignes de la damnation éternelle.

Bonaparte, quand il publia son livre intitulé : *Dernières vues de politique et de finances*. La mort du duc d'Enghien n'avait point encore eu lieu; beaucoup de gens espéraient un grand bien du gouvernement de Bonaparte, et M. Necker était sous deux rapports dans sa dépendance, soit parce qu'il voulait bien désirer que je ne fusse pas bannie de Paris, dont j'aimais beaucoup le séjour; soit parce que son dépôt de deux millions était encore entre les mains du gouvernement, c'est-à-dire, du premier consul. Mais M. Necker s'était fait une magistrature de vérité dans sa retraite, dont il ne négligeait les obligations par aucun motif : il souhaitait pour la France l'ordre et la liberté, la monarchie et le gouvernement représentatif; et, toutes les fois qu'on s'écartait de cette ligne, il croyait de son devoir d'employer son talent d'écrivain, et ses connaissances comme homme d'État, pour essayer de ramener les esprits vers le but. Toutefois, regardant Bonaparte alors comme le défenseur de l'ordre, et comme celui qui préservait la France de l'anarchie, il l'appela *l'homme nécessaire*, et revint, dans plusieurs endroits de son livre, à vanter ses talents avec la plus haute estime. Mais ces éloges n'apaisèrent pas le premier consul. M. Necker avait touché au point sensible de son ambition, en discutant le projet qu'il avait formé d'établir une monarchie en France, de s'en faire le chef, et de s'entourer d'une noblesse de sa propre création. Bonaparte ne voulait pas qu'on annonçât ce dessein avant qu'il fût accompli; encore moins permettait-il qu'on en fît sentir tous les défauts. Aussi, dès que cet ouvrage parut, les journalistes reçurent-ils l'ordre de l'attaquer avec le plus grand acharnement. Bonaparte signala M. Necker comme le principal auteur de la révolution; car, s'il aimait cette révolution comme l'ayant placé sur le trône, il la haïssait par son instinct de despote : il aurait voulu l'effet sans la cause. D'ailleurs, son habileté en fait de haine lui avait très-bien suggéré que M. Necker, souffrant plus que personne des malheurs qui avaient frappé tant de gens respectables en France, serait profondément blessé, si, de la manière même la plus injuste, on le désignait comme les ayant préparés.

Aucune réclamation pour la restitution du dépôt de mon père ne fut admise, à dater de la publication de son livre, en 1802; et le premier consul déclara, dans le cercle de sa cour, qu'il ne me laisserait plus revenir à Paris, *puisque*, disait-il, *j'avais porté des renseignements si faux à mon père sur l'état de la France*. Certes, mon père n'avait besoin de moi pour aucune chose dans ce monde,

excepté, je l'espère, pour mon affection; et, quand j'arrivai à Coppet, son manuscrit était déjà livré à l'impression. Il est curieux d'observer ce qui, dans ce livre, put exciter si vivement la colère du premier consul.

Dans la première partie de son ouvrage, M. Necker analysait la constitution consulaire telle qu'elle existait alors, et il approfondissait aussi l'hypothèse de la royauté constituée par Bonaparte, ainsi qu'on pouvait la prévoir. Il posait en maxime qu'il n'y a point de système représentatif sans élection directe du peuple, et que rien n'autorisait à dévier de ce principe. Examinant ensuite l'institution aristocratique servant de barrière entre la représentation nationale et le pouvoir exécutif, M. Necker jugea d'avance le sénat conservateur, tel qu'il s'est montré depuis, comme un corps à qui l'on renvoyait tout et qui ne pouvait rien, un corps qui recevait des appointements, chaque premier du mois, de ce gouvernement qu'il était censé contrôler. Les sénateurs devaient nécessairement n'être que des commentateurs de la volonté consulaire. Une assemblée nombreuse s'associait à la responsabilité des actes d'un seul, et chacun se sentait plus à l'aise, pour s'avilir à l'ombre de la majorité.

M. Necker prédit ensuite l'élimination du tribunat, telle qu'elle eut lieu sous le consulat même. « Les tribuns y penseront à deux fois, dit-il, avant « de se rendre importuns, avant de s'exposer à « déplaire à un sénat qui doit chaque année fixer « leur sort politique, et les perpétuer, ou non, « dans leurs places. La constitution, donnant au « sénat conservateur le droit de renouveler tous les « ans le corps législatif et le tribunat par cinquième, « n'explique point de quelle manière l'opération « s'exécutera : elle ne dit point si le cinquième qui « devra faire place à un autre cinquième sera dé- « terminé par le sort, ou par la désignation arbi- « traire du sénat. On ne peut mettre en doute qu'à « commencer de l'époque où un droit d'ancienneté « s'établira, le cinquième de première date ne soit « désigné pour sortir à la révolution de cinq an- « nées, et chacun des autres cinquièmes dans ce « même ordre de rangs. Mais la question est en- « core très-importante, en l'appliquant seulement « aux membres du tribunat et du corps législatif, « choisis tous à la fois au moment de la constitu- « tion; et si le sénat, sans recourir au sort, s'ar- « roge le droit de désigner à sa volonté le cinquième « qui devra sortir chaque année pendant cinq ans « (c'est ce qu'il fit), la liberté des opinions sera « gênée dès à présent d'une manière très-puissante. « C'est véritablement une singulière disparate,

III.   15

« que le pouvoir donné au sénat conservateur de
« faire sortir du tribunat qui bon lui semble, jus-
« ques à la concurrence d'un cinquième du total,
« et de n'être autorisé lui-même à agir comme con-
« servateur, comme défenseur de la constitution,
« que sur l'avertissement et l'impulsion du tribu-
« nat. Quelle supériorité dans un sens! quelle infé-
« riorité dans l'autre! Rien ne paraît avoir été fait
« d'ensemble [1]. »

Sur ce point j'oserai n'être pas de l'avis de mon
père : il y avait un ensemble dans cette organisation incohérente; elle avait constamment et artistement pour but de ressembler à la liberté, et d'a-
mener la servitude. Les constitutions mal faites
sont très-propres à ce résultat; mais cela tient
toujours à la mauvaise foi du fondateur, car tout
esprit sincère aujourd'hui sait en quoi consistent
les ressorts naturels et spontanés de la liberté.

Passant ensuite à l'examen du corps législatif
muet, dont nous avons déjà parlé, M. Necker dit,
à propos de l'initiative des lois : « Le gouverne-
« ment, par une attribution exclusive, doit seul
« proposer toutes les lois. Les Anglais se croiraient
« perdus, comme hommes libres, si l'exercice d'un
« pareil droit était enlevé à leur parlement; si la
« prérogative la plus importante et la plus civique
« sortait jamais de ses mains. Le monarque lui-
« même n'y participe qu'indirectement, et par la
« médiation des membres de la chambre haute et
« de la chambre des communes qui sont en même
« temps ses ministres.

« Les représentants de la nation, qui, de toutes
« les parties d'un royaume ou d'une république,
« viennent se réunir tous les ans dans la capitale,
« et qui se rapprochent encore de leurs foyers,
« pendant l'ajournement des sessions, recueillent
« nécessairement des notions précieuses sur les
« améliorations dont l'administration de l'État est
« susceptible; le pouvoir, d'ailleurs, de proposer
« des lois, est une faculté politique, féconde en
« pensées sociales et d'une utilité universelle, et
« il faut, pour l'exercer, un esprit investigateur,
« une âme patriotique, tandis que, pour accepter
« ou refuser une loi, le jugement seul est néces-
« cessaire. C'était l'office des anciens parlements
« de France; et, réduits qu'ils étaient à cette fonc-
« tion, ne pouvant jamais juger des objets qu'un
« à un, ils n'ont jamais acquis des idées géné-
« rales [2]. »

Le tribunat était institué pour dénoncer les actes
arbitraires en tout genre : les emprisonnements, les

[1] *Dernières vues de politique et de finances*, p. 41.
[2] Page 53.

exils, les atteintes portées à la liberté de la presse.
M. Necker montre comment ce tribunat, tenant
son élection du sénat et non du peuple, n'avait
point assez de force pour un tel ministère. Néanmoins, comme le premier consul voulait lui donner
beaucoup d'occasions de se plaindre, il aima mieux
le supprimer, quelque apprivoisé qu'il fût. Son nom
seul était encore trop républicain pour les oreilles
de Bonaparte.

C'est ainsi que M. Necker s'exprime ensuite sur
la responsabilité des agents du pouvoir : « Indiquons
« cependant une disposition d'une conséquence
« plus réelle, mais dans un sens absolument op-
« posé aux idées de responsabilité, et destinées à
« déclarer indépendants les agents du gouverne-
« ment. La constitution consulaire dit que les
« agents du gouvernement, autres que les minis-
« tres, ne peuvent être poursuivis pour des faits
« relatifs à leurs fonctions, qu'en vertu d'une dé-
« cision du conseil d'État; en ce cas, la poursuite
« a lieu devant les tribunaux ordinaires. Observons
« d'abord qu'en vertu d'une décision du conseil
« d'État, ou en vertu d'une décision du premier
« consul, sont deux choses semblables ; car le con-
« seil ne délibère de lui-même sur aucun objet : le
« consul, qui nomme et révoque à sa volonté les
« membres de ce conseil, prend leurs avis, ou tous
« réunis, ou le plus souvent divisés par sections ,
« selon la nature des objets; et, en dernier résul-
« tat, sa propre décision fait règle. Mais peu im-
« porte ; l'objet principal , dans la disposition que
« j'ai rappelée, c'est l'affranchissement des agents
« du gouvernement de toute espèce d'inspection
« et de poursuites de la part des tribunaux, sans
« le consentement du gouvernement lui-même.
« Ainsi, qu'un receveur, un répartiteur d'impôts
« prévarique audacieusement, prévarique avec
« scandale, le premier consul détermine, avant
« tout, s'il y a lieu à accusation. Il jugera seul de
« même, si d'autres agents de son autorité méri-
« rent d'être pris à partie, pour aucun abus de
« pouvoir : n'importe que ces abus soient relatifs
« aux contributions, à la corvée, aux subventions
« de toute espèce, aux logements militaires, et aux
« enrôlements forcés, désignés sous le nom de
« conscription. Jamais un gouvernement modéré
« n'a pu subsister à de telles conditions. Je laisse là
« l'exemple de l'Angleterre, où de pareilles lois
« politiques seraient considérées comme une disso-
« lution absolue de la liberté; mais je dirai
« que, sous l'ancienne monarchie française, jamais
« un parlement, ni même une justice inférieure,
« n'aurait demandé le consentement du prince

« pour sévir contre une prévarication connue, de
« la part d'un agent public, contre un abus de
« pouvoir manifeste; et un tribunal particulier,
« sous le nom de cour des aides, était juge or-
« dinaire des droits et des délits fiscaux, et n'a-
« vait pas besoin d'une permission spéciale pour
« acquitter ce devoir dans toute son étendue.

« Enfin, c'est une expression trop vague que
« celle d'agent du gouvernement; l'autorité, dans
« son immense circonférence, peut avoir des
« agents ordinaires et des agents extraordinaires ;
« une lettre d'un ministre, d'un préfet, d'un lieu-
« tenant de police, suffit pour créer un agent ; et
« si, dans l'exercice de leurs fonctions, ils sont tous
« hors de l'atteinte de la justice, à moins d'une
« permission spéciale de la part du prince, le gou-
« vernement aura dans sa main des hommes qu'un
« tel affranchissement rendra fort audacieux, et
« qui seront encore à couvert de la honte par leur
« dépendance directe de l'autorité suprême. Quels
« instruments de choix pour la tyrannie ! »

Ne dirait-on pas que M. Necker, écrivant ces
paroles en 1802, prévoyait ce que l'empereur a
fait depuis de son conseil d'État? Nous avons vu
les fonctions de l'ordre judiciaire passer par degrés dans les mains de ce pouvoir administratif,
sans responsabilité comme sans bornes ; nous l'a-
vons vu même usurper les attributions législatives ; et ce divan n'avait à redouter que son maître.

M. Necker, après avoir prouvé qu'il n'y avait
point de république en France sous le gouvernement consulaire, en conclut aisément que l'intention de Bonaparte était d'arriver à la royauté ; et
c'est alors qu'il développe, avec une force extrême,
la difficulté d'établir une monarchie tempérée,
sans avoir recours à grands seigneurs déjà existants, et qui, d'ordinaire, sont inséparables d'un
prince d'une ancienne race. La gloire militaire
peut certainement tenir lieu d'ancêtres ; elle agit
plus vivement même sur l'imagination que les
souvenirs : mais, comme il faut qu'un roi s'entoure des rangs supérieurs, il est impossible de
trouver assez de citoyens illustres par leurs exploits, pour qu'une aristocratie toute nouvelle
puisse servir de barrière à l'autorité qui l'aurait
créée. Les nations ne sont pas des Pygmalions qui
adorent leur propre ouvrage, et le sénat, composé d'hommes nouveaux, choisis dans une foule
d'hommes pareils, ne se sentait pas de force, et
n'inspirait pas de respect.

Écoutons, sur ce sujet, les propres paroles de
M. Necker ; elles s'appliquent à la chambre des
pairs, telle qu'on la fit improviser par Bonaparte

en 1815 ; elles s'appliquent surtout au gouvernement militaire de Napoléon, qui était pourtant
bien loin, en 1802, d'être établi comme nous l'a-
vons vu depuis. « Si donc, ou par une révolution
« politique, ou par une révolution dans l'opinion,
« vous aviez perdu les éléments productifs des
« grands seigneurs, considérez-vous comme ayant
« perdu les éléments productifs de la monarchie
« héréditaire tempérée, et tournez vos regards,
« fût-ce avec peine, vers un autre ordre social.

« Je ne crois pas que Bonaparte lui-même, avec
« son talent, avec son génie, avec toute sa puis-
« sance, pût venir à bout d'établir en France, au-
« jourd'hui, une monarchie héréditaire tempérée.
« C'est une opinion bien importante; voici mes
« motifs : qu'on juge.

« Je fais observer auparavant que cette opinion
« est contraire à ce que nous avons entendu répé-
« ter après l'élection de Bonaparte. Voilà la France,
« disait-on, qui va se reprendre au gouvernement
« d'un seul, c'est un point de gagné pour la mo-
« narchie. Mais que signifient de telles paroles?
« rien du tout; car nous ne voulons pas parler in-
« différemment de la monarchie élective ou héré-
« ditaire, despotique ou tempérée, mais uniquement
« de la monarchie héréditaire et tempérée; et sans
« doute que le gouvernement d'un prince de l'Asie,
« le premier qu'on voudra nommer, est plus dis-
« tinct de la monarchie d'Angleterre que la répu-
« blique américaine.

« Il est un moyen étranger aux idées républicai-
« nes, étranger aux principes de la monarchie
« tempérée, et dont on peut se servir pour fonder et
« pour soutenir un gouvernement héréditaire. C'est
« le même qui introduisit, qui perpétua l'empire
« dans les grandes familles de Rome, les Jules, les
« Claudiens, les Flaviens, et qui servit ensuite à
« renverser leur autorité. C'est la force militaire,
« les prétoriens, les armées de l'Orient et de l'Oc-
« cident. Dieu garde la France d'une semblable
« destinée ! »

Quelle prophétie! Si je suis revenue plusieurs
fois sur le mérite singulier qu'a eu M. Necker dans
ses ouvrages politiques, de prédire les événements,
c'est pour montrer comment un homme très-versé
dans la science des constitutions peut connaître
d'avance leurs résultats. On a beaucoup dit en
France que les constitutions ne signifiaient rien, et
que les circonstances étaient tout. Les adorateurs
de l'arbitraire doivent parler ainsi, mais c'est une
assertion aussi fausse que servile.

L'irritation de Bonaparte fut très-vive, à la publication de cet ouvrage, parce qu'il signalait d'a-

15.

vance ses projets les plus chers, et ceux que le ridicule pouvait le plus facilement atteindre. Sphinx d'un nouveau genre, c'était contre celui qui devinait ses énigmes que se tournait sa fureur. La considération tirée de la gloire militaire peut, il est vrai, suppléer à tout; mais un empire fondé sur les hasards des batailles ne suffisait pas à l'ambition de Bonaparte, car il voulait établir sa dynastie, bien qu'il ne pût de son vivant supporter que sa propre grandeur.

Le consul Lebrun écrivit à M. Necker, sous la dictée de Bonaparte, une lettre où toute l'arrogance des préjugés anciens était combinée avec la rude âpreté du nouveau despotisme. On y accusait aussi M. Necker d'être l'auteur du doublement du tiers, d'avoir toujours le même système de constitution, etc. Les ennemis de la liberté tiennent tous le même langage, bien qu'ils partent d'une situation très-différente. On conseillait ensuite à M. Necker de ne plus se mêler de politique, et de s'en remettre au premier consul, seul capable de bien gouverner la France : ainsi, les despotes trouvent toujours les penseurs de trop dans les affaires. Le consul finissait en déclarant que moi, fille de M. Necker, je serais exilée de Paris, précisément à cause *des dernières vues de politique et de finances* publiées par mon père.

J'ai mérité depuis, je l'espère, cet exil aussi pour moi-même; mais Bonaparte, qui se donnait la peine de connaître pour mieux blesser, voulait troubler l'intimité de notre vie domestique, en me représentant mon père comme l'auteur de mon exil. Cette réflexion frappa mon père, qui ne repoussait jamais un scrupule; mais, grâce au ciel, il a pu s'assurer qu'elle n'approchait pas un instant de moi.

Une chose très-remarquable dans le dernier ouvrage politique de M. Necker, peut-être supérieur encore à tous les autres, c'est qu'après avoir combattu dans les précédents avec beaucoup de force le système républicain en France, il examine dans cet écrit, pour la première fois, quelle serait la meilleure forme à donner à ce gouvernement. D'une part, les sentiments d'opposition qui animaient déjà M. Necker contre le despotisme de Bonaparte, le portaient à se servir contre lui des seules armes qui pussent encore l'atteindre; d'autre part, dans un moment où le danger d'exalter les esprits n'était pas à redouter, un politique philosophe se plaisait à traiter dans toute sa vérité une question très-importante.

L'idée la plus remarquable de cet examen, c'est que, loin de vouloir rapprocher autant que cela se

peut, une république d'une monarchie, alors qu'on se décide à la république, il faut, au contraire, puiser toute sa force dans les éléments populaires. La dignité d'une telle institution ne pouvant reposer que sur l'assentiment de la nation, il faut essayer de faire reparaître sous diverses formes la puissance qui doit, dans ce cas, tenir lieu de toutes les autres. Cette profonde pensée est la base du projet de république dont M. Necker détaille chaque partie, en répétant néanmoins qu'il ne saurait en conseiller l'adoption dans un grand pays.

Enfin, il termine son dernier ouvrage par des considérations générales sur les finances. Elles renferment deux vérités essentielles : l'une, que le gouvernement consulaire se trouvait dans une beaucoup meilleure situation à cet égard que celle où le roi de France avait jamais été, puisque, d'une part, l'augmentation du territoire accroissait les recettes, et que, de l'autre, la réduction de la dette diminuait les dépenses; que d'ailleurs les impôts rendaient davantage, sans que le peuple fût aussi chargé, parce que les dîmes et les droits féodaux étaient supprimés. Secondement, M. Necker affirmait, en 1802, que jamais le crédit ne pourrait exister sans une constitution libre; non assurément que les prêteurs de nos jours aiment la liberté par enthousiasme, mais le calcul de leur intérêt leur apprend qu'on ne peut se fier qu'à des institutions durables, et non à des ministres des finances qu'un caprice a choisis, qu'un caprice peut écarter, et qui, décidant du juste et de l'injuste au fond de leur cabinet, ne sont jamais éclairés par le grand jour de l'opinion publique.

En effet, Bonaparte a soutenu ses finances par le produit des contributions étrangères et par le revenu de ses conquêtes; mais il n'aurait pu se faire prêter librement la plus faible partie des sommes qu'il recueillait par la force. L'on pourrait conseiller en général aux souverains qui veulent savoir la vérité sur leur gouvernement, d'en croire plutôt la manière dont leurs emprunts se remplissent, que les témoignages de leurs flatteurs.

Bien que, dans l'ouvrage de M. Necker, le premier consul ne pût trouver que des paroles flatteuses sur sa personne, il lança contre lui, avec une amertume inouïe, les journaux tous à ses ordres; et, depuis cette époque, ce système de calomnie n'a point cessé. Les mêmes écrivains, sous des couleurs diverses, n'ont pas dû varier dans leur haine contre un homme qui a voulu, dans les finances, l'économie la plus sévère, et dans le gouvernement les institutions qui forcent à la justice.

CHAPITRE VIII.

De l'exil.

Parmi toutes les attributions de l'autorité, l'une des plus favorables à la tyrannie, c'est la faculté d'exiler sans jugement. On avait présenté avec raison les lettres de cachet de l'ancien régime, comme l'un des motifs les plus pressants pour faire une révolution en France; et c'était Bonaparte, l'élu du peuple, qui, foulant aux pieds tous les principes en faveur desquels le peuple s'était soulevé, s'arrogeait le pouvoir d'exiler quiconque lui déplaisait un peu, et d'emprisonner, sans que les tribunaux s'en mêlassent, quiconque lui déplaisait davantage. Je comprends, je l'avoue, comment les anciens courtisans, en grande partie, se sont ralliés au système politique de Bonaparte; ils n'avaient qu'une concession à lui faire, celle de changer de maître; mais les républicains, que le gouvernement de Napoléon devait heurter dans chaque parole, dans chaque acte, dans chaque décret, comment pouvaient-ils se prêter à sa tyrannie?

Un nombre très-considérable d'hommes et de femmes de diverses opinions ont subi ces décrets d'exil qui donnent au souverain de l'État une autorité plus absolue encore que celle même qui peut résulter des emprisonnements illégaux; car il est plus difficile d'user d'une mesure violente que d'un genre de pouvoir qui, bien que terrible au fond, a quelque chose de bénin dans la forme. L'imagination s'attache toujours à l'obstacle insurmontable; on a vu des grands hommes, Thémistocle, Cicéron, Bolingbroke, profondément malheureux de l'exil; et Brolingbroke, en particulier, déclare, dans ses écrits, que la mort lui paraît moins redoutable.

Éloigner un homme ou une femme de Paris, les envoyer, ainsi qu'on le disait alors, respirer l'air de la campagne, c'était désigner une grande peine avec des expressions si douces, que tous les flatteurs du pouvoir la tournaient facilement en dérision. Cependant il suffit de la crainte d'un tel exil, pour porter à la servitude tous les habitants de la ville principale de l'empire. Les échafauds peuvent à la fin réveiller le courage; mais les chagrins domestiques de tout genre, résultat du bannissement, affaiblissent la résistance, et portent seulement à redouter la disgrâce du souverain qui peut vous infliger une existence si malheureuse. L'on peut volontairement passer sa vie hors de son pays; mais, lorsqu'on y est contraint, on se figure sans cesse que les objets de notre affection peuvent être malades, sans qu'il soit permis d'être auprès d'eux, sans qu'on puisse jamais peut-être les revoir. Les affections de choix, souvent même celles de famille, les habitudes de société, les intérêts de fortune, tout est compromis; et, ce qui est plus cruel encore, tous les liens se relâchent, et l'on finit par être étranger à sa patrie.

Souvent j'ai pensé, pendant les douze années d'exil auxquelles Napoléon m'a condamnée, qu'il ne pouvait sentir le malheur d'être privé de la France; il n'avait point de souvenir français dans le cœur. Les rochers de la Corse lui retraçaient seuls les jours de son enfance; mais la fille de M. Necker était plus Française que lui. Je renvoie à un autre ouvrage dont plusieurs morceaux sont déjà écrits, toutes les circonstances de mon exil, et des voyages jusqu'aux confins de l'Asie qui en ont été la suite; mais, comme je me suis presque interdit les portraits des hommes vivants, je ne pourrais donner à une histoire individuelle le genre d'intérêt qu'elle doit avoir. Maintenant, il ne me convient de rappeler que ce qui doit servir au plan général de ce livre.

Je devinai, plus vite que d'autres, et je m'en vante, le caractère et les desseins tyranniques de Bonaparte. Les véritables amis de la liberté sont éclairés à cet égard par un instinct qui ne les trompe pas. Mais ce qui rendait, dans les commencements du consulat, ma position plus cruelle, c'est que la bonne compagnie de France croyait voir dans Bonaparte celui qui la préservait de l'anarchie ou du jacobinisme. Ainsi donc elle blâma fortement l'esprit d'opposition que je montrai contre lui. Quiconque prévoit en politique le lendemain, excite la colère de ceux qui ne conçoivent que le jour même. J'oserai donc le dire, il me fallait plus de force encore pour supporter la persécution de la société, que pour m'exposer à celle du pouvoir.

J'ai toujours conservé le souvenir d'un de ces supplices de salon, s'il est permis de s'exprimer ainsi, que les aristocrates français, quand cela leur convient, savent si bien infliger à ceux qui ne partagent pas leurs opinions. Une grande partie de l'ancienne noblesse s'était ralliée à Bonaparte: les uns, comme on l'a vu depuis, pour reprendre leurs habitudes de courtisans; les autres, espérant alors que le premier consul ramènerait l'ancienne dynastie. L'on savait que j'étais très-prononcée contre le système de gouvernement que suivait et que préparait Napoléon, et les partisans de l'arbitraire nommaient, suivant leur coutume, opinions antisociales, celles qui tendent à relever la dignité des nations. Si l'on rappelait à quelques émigrés rentrés sous le règne de Bonaparte, avec quelle fureur ils blâmaient alors les amis de la liberté toujours attachés au même système, peut-être apprendraient-ils l'indulgence, en se ressouvenant de leurs erreurs.

Je fus la première femme que Bonaparte exila; mais bientôt après il en bannit un grand nombre d'opinions opposées. Une personne très-intéressante entre autres, la duchesse de Chevreuse, est morte du serrement de cœur que son exil lui a causé. Elle ne put obtenir de Napoléon, lorsqu'elle était mourante, la permission de retourner une dernière fois à Paris, pour consulter son médecin et revoir ses amis. D'où venait ce luxe en fait de méchanceté, si ce n'est d'une sorte de haine contre tous les êtres indépendants? Et comme les femmes, d'une part, ne pouvaient servir en rien ses desseins politiques, et que, de l'autre, elles étaient moins accessibles que les hommes aux craintes et aux espérances dont le pouvoir est dispensateur, elles lui donnaient de l'humeur comme des rebelles, et il se plaisait à leur dire des choses blessantes et vulgaires. Il haïssait autant l'esprit de chevalerie qu'il recherchait l'étiquette; c'était faire un mauvais choix parmi les anciennes mœurs. Il lui restait aussi de ses premières habitudes, pendant la révolution, une certaine antipathie jacobine contre la société brillante de Paris, sur laquelle les femmes exerçaient beaucoup d'ascendant; il redoutait en elle l'art de la plaisanterie, qui, l'on doit en convenir, appartient particulièrement aux Françaises. Si Bonaparte avait voulu s'en tenir au superbe rôle de grand général et de premier magistrat de la république, il aurait plané de toute la hauteur du génie au-dessus des petits traits acérés de l'esprit de salon. Mais, quand il avait le dessein de se faire roi parvenu, bourgeois gentilhomme sur le trône, il s'exposait précisément à la moquerie du bon ton, et il ne pouvait la comprimer, comme il l'a fait, que par l'espionnage et la terreur.

Bonaparte voulait que je le louasse dans mes écrits, non assurément qu'un éloge de plus eût été remarqué dans la fumée d'encens dont on l'environnait; mais comme j'étais positivement le seul écrivain connu parmi les Français, qui eût publié des livres sous son règne sans faire mention en rien de sa gigantesque existence, cela l'importunait, et il finit par supprimer mon ouvrage sur l'Allemagne avec une incroyable fureur. Jusqu'alors ma disgrâce avait consisté seulement dans l'éloignement de Paris; mais depuis on m'interdit tout voyage, on me menaça de la prison pour le reste

de mes jours : et la contagion de l'exil, invention digne des empereurs romains, était l'aggravation la plus cruelle de cette peine. Ceux qui venaient voir les bannis s'exposaient au bannissement à leur tour; la plupart des Français que je connaissais me fuyaient comme une pestiférée. Quand je n'en souffrais pas trop, cela me semblait une comédie; et, de la même manière que les voyageurs en quarantaine jettent par malice leurs mouchoirs aux passants, pour les obliger à partager l'ennui du lazaret, lorsqu'il m'arrivait de rencontrer par hasard dans les rues de Genève un homme de la cour de Bonaparte, j'étais tentée de lui faire peur avec mes politesses.

Mon généreux ami, M. Matthieu de Montmorency, étant venu me voir à Coppet, il y reçut, quatre jours après son arrivée, une lettre de cachet qui l'exilait, pour le punir d'avoir donné la consolation de sa présence à une amie de vingt-cinq années. Je ne sais ce que je n'aurais pas fait dans ce moment pour éviter une telle douleur. Dans le même temps, madame Récamier, qui n'avait avec la politique d'autres rapports que son intérêt courageux pour les proscrits de toutes les opinions, vint aussi me voir à Coppet, où nous nous étions déjà plusieurs fois réunies; et, le croirait-on? la plus belle femme de France, une personne qui à ce titre aurait trouvé partout des défenseurs, fut exilée, parce qu'elle était venue dans le château d'une amie malheureuse, à cent cinquante lieues de Paris. Cette coalition de deux femmes établies sur le bord du lac de Genève parut trop redoutable au maître du monde, et il se donna le ridicule de les persécuter. Mais il avait dit une fois : *La puissance n'est jamais ridicule;* et certes il a bien mis à l'épreuve cette maxime.

Combien n'a-t-on pas vu de familles divisées par la frayeur que causaient les moindres rapports avec les exilés! Dans le commencement de la tyrannie, quelques actes de courage se font remarquer; mais par degrés le chagrin altère les sentiments, les contrariétés fatiguent; l'on vient à penser que les disgrâces de ses amis sont causées par leurs propres fautes. Les sages de la famille se rassemblent, pour dire qu'il ne faut pas trop communiquer avec madame ou monsieur un tel; leurs excellents sentiments, assure-t-on, ne sauraient se mettre en doute; mais leur imagination est si vive! En vérité, l'on proclamerait volontiers tous ces pauvres proscrits de grands poëtes, à condition que leur imprudence ne permît pas de les voir ni de leur écrire. Ainsi l'amitié, l'amour même, se glacent dans tous les cœurs; les qualités intimes tombent avec les vertus publiques; on ne s'aime plus entre soi, après avoir cessé d'aimer la patrie; et l'on apprend seulement à se servir d'un langage hypocrite, qui contient le blâme doucereux des personnes en défaveur, l'apologie adroite des gens puissants, et la doctrine cachée de l'égoïsme.

Bonaparte avait plus que tout autre le secret de faire naître ce froid isolement qui ne lui présentait les hommes qu'un à un, et jamais réunis. Il ne voulait pas qu'un seul individu de son temps existât par lui-même, qu'on se mariât, qu'on eût de la fortune, qu'on choisît un séjour, qu'on exerçât un talent, qu'une résolution quelconque se prît sans sa permission; et, chose singulière, il entrait dans les moindres détails des relations de chaque individu, de manière à réunir l'empire du conquérant à une inquisition de commérage, s'il est permis de s'exprimer ainsi, et de tenir entre ses mains les fils les plus déliés comme les chaînes les plus fortes.

La question métaphysique du libre arbitre de l'homme était devenue très-inutile sous le règne de Bonaparte; car personne ne pouvait plus suivre en rien sa propre volonté, dans les plus grandes comme dans les plus petites circonstances.

CHAPITRE IX.

Des derniers jours de M. Necker.

Je ne parlerais point du sentiment que m'a laissé la perte de mon père, si ce n'était pas un moyen de plus de le faire connaître. Quand les opinions politiques d'un homme d'État sont encore à beaucoup d'égards l'objet des débats du monde, il ne faut rien négliger pour donner aux principes de cet homme la sanction de son caractère. Or, quelle plus grande garantie peut-on en offrir que l'impression qu'il a produite sur les personnes le plus à portée de le juger? Il y a maintenant douze années que la mort m'a séparée de mon père, et chaque jour mon admiration pour lui s'est accrue; le souvenir que j'ai conservé de son esprit et de ses vertus me sert de point de comparaison pour apprécier ce que peuvent valoir les autres hommes; et, quoique j'aie parcouru l'Europe entière, jamais un génie de cette trempe, jamais une moralité de cette vigueur ne s'est offerte à moi. M. Necker pouvait être faible par bonté, incertain à force de réfléchir; mais, quand il croyait le devoir intéressé dans une résolution, il lui semblait entendre la voix de Dieu; et, quoi qu'on pût tenter alors pour l'ébranler, il n'écou-

tait jamais qu'elle. J'ai plus de confiance encore aujourd'hui dans la moindre de ses paroles, que je n'en aurais dans aucun individu existant, quelque supérieur qu'il pût être; tout ce que m'a dit M. Necker est ferme en moi comme le rocher; tout ce que j'ai gagné par moi-même peut disparaître; l'identité de mon être est dans l'attachement que je garde à sa mémoire. J'ai aimé qui je n'aime plus; j'ai estimé qui je n'estime plus; le flot de la vie a tout emporté, excepté cette grande ombre qui est là sur le sommet de la montagne, et qui me montre du doigt la vie à venir.

Je ne dois de reconnaissance véritable sur cette terre qu'à Dieu et à mon père; tout le reste de mes jours s'est passé dans la lutte; lui seul y a répandu sa bénédiction. Mais combien n'a-t-il pas souffert! La prospérité la plus brillante avait signalé la moitié de sa vie : il était devenu riche; il avait été nommé premier ministre de France; l'attachement sans bornes des Français l'avait récompensé de son dévouement pour eux : pendant les sept années de sa première retraite, ses ouvrages avaient été placés au premier rang de ceux des hommes d'État, et peut-être était-il le seul qui se fût montré profond dans l'art d'administrer un grand pays sans s'écarter jamais de la moralité la plus scrupuleuse, et même de la délicatesse la plus pure. Comme écrivain religieux, il n'avait jamais cessé d'être philosophe; comme écrivain philosophe, il n'avait jamais cessé d'être religieux; l'éloquence ne l'avait pas entraîné au delà de la raison, et la raison ne le privait pas d'un seul mouvement vrai d'éloquence. A ces grands avantages il avait joint les succès les plus flatteurs en société : madame du Deffant, la femme de France à qui l'on reconnaissait la conversation la plus piquante, écrivit qu'elle n'avait point rencontré d'homme plus aimable que M. Necker. Il possédait aussi ce charme, mais il ne s'en servait qu'avec ses amis. Enfin, en 1789, l'opinion universelle des Français était que jamais un ministre n'avait porté plus loin tous les genres de talents et de vertus. Il n'est pas une ville, pas un bourg, pas une corporation en France, dont nous n'ayons des adresses qui expriment ce sentiment. Je transcris ici, entre mille autres, celle qui fut écrite à la république de Genève par la ville de Valence :

« MESSIEURS LES SYNDICS,

« Dans l'enthousiasme de la liberté qui embrase « toute la nation française, et qui nous pénètre de « reconnaissance pour les bontés de notre auguste « monarque, nous avons pensé que nous vous de-

« vions un tribut de notre gratitude. C'est dans le
« sein de votre république que M. Necker a pris le
« jour; c'est au foyer de vos vertus publiques que
« son cœur s'est formé dans la pratique de toutes
« celles dont il nous a donné le touchant spectacle;
« c'est à l'école de vos bons principes qu'il a puisé
« cette douce et consolante morale qui fortifie la
« confiance, inspire le respect, prescrit l'obéis-
« sance pour l'autorité légitime. C'est encore parmi
« vous, Messieurs, que son âme a acquis cette
« trempe ferme et vigoureuse dont l'homme d'État
« a besoin, quand il se livre avec intrépidité à la
« pénible fonction de travailler au bonheur public.
« Pénétrés de vénération pour tant de qualités
« différentes, dont la réunion dans M. Necker
« exalte notre admiration, nous croyons devoir aux
« citoyens de la ville de Genève des témoignages
« publics de notre reconnaissance, pour avoir formé
« dans son sein un ministre aussi parfait sous tous
« les rapports.

« Nous désirons que notre lettre soit consignée
« dans les registres de la république, pour être un
« monument durable de notre vénération pour votre
« respectable concitoyen. »

Hélas! aurait-on prévu que tant d'admiration
serait suivie de tant d'injustice; qu'on reprocherait
des sentiments d'étranger à celui qui a chéri la
France avec une prédilection presque trop grande;
qu'un parti l'appellerait l'auteur de la révolution,
parce qu'il respectait les droits de la nation, et que
les meneurs de cette nation l'accuseraient d'avoir
voulu la sacrifier au maintien de la monarchie? Ainsi
dans d'autres temps, je me plais à le répéter, le
chancelier de l'Hôpital était menacé par les catholiques et les protestants tour à tour; ainsi, l'on
aurait vu Sully succomber sous les haines de parti,
si la fermeté de son maître ne l'avait soutenu. Mais
aucun de ces deux hommes d'État n'avait cette imagination du cœur qui rend accessible à tous les
genres de peine. M. Necker était calme devant
Dieu, calme aux approches de la mort, parce que
la conscience seule parle dans cet instant. Mais,
lorsque les intérêts de ce monde l'occupaient encore, il n'est pas un reproche qui ne l'ait blessé,
pas un ennemi dont la malveillance ne l'ait atteint,
pas un jour pendant lequel il ne se soit vingt fois
interrogé lui-même, tantôt pour se faire un tort
des maux qu'il n'avait pu prévenir, tantôt pour se
placer en arrière des événements, et peser de nouveau les différentes résolutions qu'il aurait pu prendre. Les jouissances les plus pures de la vie étaient
empoisonnées pour lui par les persécutions inouïes

de l'esprit de parti. Cet esprit de parti se montrait
jusque dans la manière dont les émigrés, dans le
temps de leur détresse, s'adressaient à lui pour demander des secours. Plusieurs, en lui écrivant à
ce sujet, s'excusaient de ne pouvoir aller chez lui,
parce que les principaux d'entre eux le leur avaient
défendu; ils jugeaient bien du moins de la générosité de M. Necker, quand ils croyaient que cette
soumission à l'impertinence de leurs chefs ne le dé-
tournerait pas de leur rendre service.

Parmi les inconvénients de l'esclavage de la presse,
il y avait encore que les jugements sur la littérature étaient entre les mains du gouvernement : il
en résultait que, par l'intermédiaire des journalistes, la police disposait, au moins momentanément,
de la fortune littéraire d'un écrivain, comme d'un
autre côté elle délivrait des permissions pour l'entreprise des jeux de hasard. Les écrits de M. Necker, pendant les derniers temps de sa vie, n'ont
donc point été jugés en France avec impartialité,
et c'est une peine de plus qu'il a supportée dans sa
retraite. L'avant-dernier de ses ouvrages, intitulé
Cours de morale religieuse, est, je crois pouvoir
l'affirmer, un des livres de piété les mieux écrits,
les plus forts de pensée et d'éloquence dont les
protestants puissent se vanter, et souvent je l'ai
trouvé entre les mains de personnes que les peines
du cœur avaient atteintes. Toutefois, les journaux
sous Bonaparte n'en firent presque pas mention,
et le peu qu'on en dit n'en donnait aucune idée.
Il y a eu de même, et d'autres pays, quelques exemples de chefs-d'œuvre littéraires, qui n'ont été jugés que longtemps après la mort de leurs auteurs.
Cela fait mal de penser que celui qui nous fut si
cher a été privé même du plaisir que ses talents,
comme écrivain, lui méritaient incontestablement.

Il n'a point vu le jour de l'équité luire pour sa
mémoire, et sa vie a fini l'année même où Bonaparte allait se faire empereur, c'est-à-dire, dans une
époque où aucun genre de vertu n'était en honneur
en France. La délicatesse de son âme était telle, que
la pensée qui le tourmentait pendant sa dernière
maladie, c'était la crainte d'avoir été la cause de
mon exil : et je n'étais pas près de lui pour le rassurer! Il écrivit à Bonaparte, d'une main affaiblie,
pour lui demander de me rappeler quand il ne serait plus. J'envoyai cette requête sacrée à l'empereur; il n'y répondit point : la magnanimité lui a
toujours paru de l'affectation, et il en parlait assez
volontiers comme d'une vertu de mélodrame : s'il
avait pu connaître l'ascendant de cette vertu, il eût
été tout à la fois meilleur et plus habile. Après
tant de douleurs, après tant de vertus, la puissance

d'aimer semblait s'être accrue dans mon père, à l'âge où elle diminue chez les autres hommes; et tout annonçait en lui, quand il a fini de vivre, le retour vers le ciel.

CHAPITRE X.

Résumé des principes de M. Necker, en matière de gouvernement.

On a souvent dit que la religion était nécessaire au peuple; et je crois facile de prouver que les hommes d'un rang élevé en ont plus besoin encore. Il en est de même de la morale dans ses rapports avec la politique. On n'a cessé de répéter qu'elle convenait aux particuliers, et non aux nations : il est au contraire vrai que c'est aux gouvernements surtout que les principes fixes sont applicables. L'existence de tel ou tel individu étant passagère, il arrive quelquefois qu'une mauvaise action lui sert pour un moment, dans une conjoncture où son intérêt personnel est compromis; mais, les nations étant durables, elles ne sauraient s'affranchir des lois générales et permanentes de l'ordre intellectuel, sans marcher à leur perte. L'injustice qui peut servir à un homme, par exception, est toujours nuisible aux successions d'hommes dont le sort rentre forcément dans la règle universelle. Mais ce qui a donné quelque crédit à la maxime infernale qui place la politique au-dessus de la morale, c'est qu'on a confondu les chefs de l'État avec l'État lui-même : or, ces chefs ont souvent trouvé qu'il leur était plus commode et plus avantageux de se tirer à tout prix d'une difficulté présente, et ils ont mis en principe les mesures que leur égoïsme ou leur incapacité leur ont fait prendre. Un homme embarrassé dans ses affaires établirait volontiers en théorie, que d'emprunter à usure est le meilleur système de finances qu'on puisse adopter. Or, l'immoralité en tout genre est aussi un emprunt à usure; elle sauve pour le moment, et ruine plus tard.

M. Necker, pendant son premier ministère, n'était point en mesure de songer à l'établissement d'un gouvernement représentatif; en proposant les administrations provinciales, il voulait mettre une borne à la puissance des ministres, et donner de l'influence aux hommes éclairés et aux riches propriétaires de toutes les parties de la France. La première maxime de M. Necker, en fait de gouvernement, était d'éviter l'arbitraire, et de limiter l'action ministérielle dans tout ce qui n'est pas nécessaire au maintien de l'ordre. Un ministre qui veut tout faire, tout ordonner, et qui est jaloux du pouvoir comme d'une jouissance personnelle, convient aux cours, mais non aux nations. Un homme de génie, quand par hasard il se trouve à la tête des affaires publiques, doit travailler à se rendre inutile. Les bonnes institutions réalisent et maintiennent les hautes pensées qu'un individu, quel qu'il soit, ne peut mettre en œuvre que passagèrement.

A la haine de l'arbitraire, M. Necker joignait un grand respect pour l'opinion, un profond intérêt pour cet être abstrait, mais réel, qu'on appelle le peuple, et qui n'a pas cessé d'être à plaindre, quoiqu'il se soit montré redoutable. Il croyait nécessaire d'assurer à ce peuple des lumières et de l'aisance, deux bienfaits inséparables. Il ne voulait point qu'on sacrifiât la nation aux castes privilégiées; mais il était d'avis cependant qu'on transigeât avec les anciennes coutumes, à cause des nouvelles circonstances. Il croyait à la nécessité des distinctions dans la société, afin de diminuer la rudesse du pouvoir par l'ascendant volontaire de la considération; mais l'aristocratie, telle qu'il la concevait, avait pour but d'exciter l'émulation de tous les hommes de mérite.

M. Necker haïssait les guerres d'ambition, appréciait très-haut les ressources de la France, et croyait qu'un tel pays, gouverné par la sagesse d'une véritable représentation nationale, et non par les intrigues des courtisans, n'avait, au milieu de l'Europe, rien à désirer ni à craindre.

Quelque belle que fût la doctrine de M. Necker, dira-t-on, puisqu'il n'a pas réussi, elle n'était donc pas adaptée aux hommes tels qu'ils sont. Il se peut qu'un individu n'obtienne pas du ciel la faveur d'assister lui-même au triomphe des vérités qu'il proclame : mais en sont-elles moins pour cela des vérités? Quoiqu'on ait jeté Galilée dans les prisons, les lois de la nature découvertes par lui n'ont-elles pas été depuis généralement reconnues? La morale et la liberté sont aussi sûrement les seules bases du bonheur et de la dignité de l'espèce humaine, que le système de Galilée est la véritable théorie des mouvements célestes.

Considérez la puissance de l'Angleterre : d'où lui vient-elle? de ses vertus et de sa constitution. Supposez un moment que cette île, maintenant si prospère, fût privée tout à coup de ses lois, de son esprit public, de la liberté de la presse, et du parlement, qui tire sa force de la nation et lui rend la sienne à son tour : comme les champs seraient desséchés! comme les ports deviendraient déserts! Les agents des puissances absolues eux-mêmes, ne pouvant plus obtenir les subsides de ce pays sans crédit et sans patriotisme, regretteraient la liberté, qui, pendant si longtemps du moins, leur a prêté ses trésors.

Les malheurs de la révolution sont résultés de la résistance irréfléchie des privilégiés à ce que voulaient la raison et la force; cette question est encore débattue après vingt-sept années. Les dangers de la lutte sont moins grands, parce que les partis sont plus affaiblis; mais l'issue en serait la même. M. Necker dédaignait le machiavélisme dans la politique, la charlatanerie dans les finances, et l'arbitraire dans le gouvernement. Il pensait que la suprême habileté consiste à mettre la société en harmonie avec les lois silencieuses, mais immuables, auxquelles la Divinité a soumis la nature humaine. On peut l'attaquer sur ce terrain, car il s'y placerait encore s'il vivait.

Il ne se targuait point du genre de talents qu'il faut pour être un factieux ou un despote; il avait trop d'ordre dans l'esprit, et de paix dans l'âme, pour être propre à ces grandes irrégularités de la nature, qui dévorent le siècle et le pays dans lequel elles apparaissent. Mais, s'il fût né Anglais, je dis avec orgueil qu'aucun ministre ne l'eût jamais surpassé, car il était plus ami de la liberté que M. Pitt, plus austère que M. Fox, et non moins éloquent, non moins énergique, non moins pénétré de la dignité de l'État que lord Chatham. Ah! que n'a-t-il pu, comme lui, prononcer ses dernières paroles dans le sénat de la patrie, au milieu d'une nation qui sait juger, qui sait être reconnaissante, et dont l'enthousiasme, loin d'être le présage de la servitude, est la récompense de la vertu!

Maintenant, retournons à l'examen du personnage politique le plus en contraste avec les principes que nous venons de retracer, et voyons si lui-même aussi, Bonaparte, ne doit pas servir à prouver la vérité de ces principes, qui seuls auraient pu le maintenir en puissance, et conserver la gloire du nom français.

CHAPITRE XI.

Bonaparte empereur. La contre-révolution faite par lui.

Lorsqu'à la fin du dernier siècle, Bonaparte se mit à la tête du peuple français, la nation entière souhaitait un gouvernement libre et constitutionnel. Les nobles, depuis longtemps hors de France, n'aspiraient qu'à rentrer en paix dans leurs foyers; le clergé catholique réclamait la tolérance; les guerriers républicains ayant effacé par leurs ex-

ploits l'éclat des distinctions nobiliaires, la race féodale des anciens conquérants respectait les nouveaux vainqueurs, et la révolution était faite dans les esprits. L'Europe se résignait à laisser à la France la barrière du Rhin et des Alpes, et il ne restait qu'à garantir ces biens, en réparant les maux que leur acquisition avait entraînés. Mais Bonaparte conçut l'idée d'opérer la contre-révolution à son avantage, en ne conservant dans l'État, pour ainsi dire, aucune chose nouvelle que lui-même. Il rétablit le trône, le clergé et la noblesse; une monarchie, comme l'a dit M. Pitt, sans légitimité et sans limites; un clergé qui n'était que le prédicateur du despotisme; une noblesse composée des anciennes et des nouvelles familles, mais qui n'exerçait aucune magistrature dans l'État, et ne servait que de parure au pouvoir absolu.

Bonaparte ouvrit la porte aux anciens préjugés, se flattant de les arrêter juste au point de sa toute-puissance. On a beaucoup dit que, s'il avait été modéré, il se serait maintenu. Mais qu'entend-on par modéré? S'il avait établi sincèrement et dignement la constitution anglaise en France, sans doute il serait encore empereur. Ses victoires le créaient prince; il a fallu son amour de l'étiquette, son besoin de flatterie, les titres, les décorations et les chambellans, pour faire reparaître en lui le parvenu. Mais quelque insensé que fût son système de conquête, dès qu'il était assez misérable d'âme pour ne voir de grandeur que dans le despotisme, peut-être ne pouvait-il se passer de guerres continuelles; car que serait-ce qu'un despote sans gloire militaire, dans un pays tel que la France? Pouvait-on opprimer la nation dans l'intérieur, sans lui donner au moins le funeste dédommagement de dominer ailleurs à son tour? Le fléau de l'espèce humaine, c'est le pouvoir absolu, et tous les gouvernements français qui ont succédé à l'assemblée constituante ont péri pour avoir cédé à cette amorce, sous un prétexte ou sous un autre.

Au moment où Bonaparte voulut se faire nommer empereur, il crut à la nécessité de rassurer, d'une part, les révolutionnaires sur la possibilité du retour des Bourbons; et de prouver de l'autre, aux royalistes, qu'en s'attachant à lui, ils rompaient sans retour avec l'ancienne dynastie. C'est pour remplir ce double but qu'il commit le meurtre d'un prince du sang, le duc d'Enghien. Il passa le Rubicon du crime, et de ce jour son malheur fut écrit sur le livre du destin.

Un des machiavélistes de la cour de Bonaparte dit, à cette occasion, que *cet assassinat était bien pis qu'un crime, puisque c'était une faute.* J'ai, je l'avoue, un profond mépris pour tous ces politiques dont l'habileté consiste à se montrer supérieurs à la vertu. Qu'ils se montrent donc une fois supérieurs à l'égoïsme; cela sera plus rare et même plus habile !

Néanmoins ceux qui avaient blâmé le meurtre du duc d'Enghien, comme une mauvaise spéculation, eurent aussi raison même sous ce rapport. Les révolutionnaires et les royalistes, malgré la terrible alliance du sang innocent, ne se crurent point unis irrévocablement au sort de leur maître. Il avait fait de l'intérêt la divinité de ses partisans, et les adeptes de sa doctrine l'ont mise en pratique contre lui-même, quand le malheur l'a frappé.

Au printemps de 1804, après la mort du duc d'Enghien, et l'abominable procès de Moreau et de Pichegru, lorsque tous les esprits étaient remplis d'une terreur qui pouvait en un instant se changer en révolte, Bonaparte fit venir chez lui quelques sénateurs pour leur parler négligemment, et comme d'une idée sur laquelle il n'était pas encore fixé, de la proposition qu'on lui faisait de se déclarer empereur. Il passa en revue les différents partis qu'on pouvait adopter pour la France : une république; le rappel de l'ancienne dynastie; enfin la création d'une monarchie nouvelle; comme un homme qui se serait entretenu des affaires d'autrui, et les aurait examinées avec une parfaite impartialité. Ceux qui causaient avec lui le contrariaient avec la plus énergique véhémence, toutes les fois qu'il présentait des arguments en faveur d'une autre puissance que la sienne. A la fin, Bonaparte se laissa convaincre : *Eh bien,* dit-il, *puisque vous croyez que ma nomination au titre d'empereur est nécessaire au bonheur de la France, prenez au moins des précautions contre ma tyrannie; oui, je vous le répète, contre ma tyrannie. Qui sait si, dans la situation où je vais être, je ne serai pas tenté d'abuser du pouvoir.*

Les sénateurs s'en allèrent attendris par cette candeur aimable, dont les conséquences furent la suppression du tribunat, tout benin qu'il était alors; l'établissement du pouvoir unique du conseil d'État, servant d'instrument dans la main de Bonaparte; le gouvernement de la police, un corps permanent d'espions, et dans la suite sept prisons d'État, dans lesquelles les détenus ne pouvaient être jugés par aucun tribunal, leur sort dépendant uniquement de la simple décision des ministres.

Afin de faire supporter une semblable tyrannie, il fallait contenter l'ambition de tous ceux qui s'engageraient à la maintenir. Les contributions de l'Europe entière y suffisaient à peine en fait d'argent. Aussi Bonaparte chercha-t-il d'autres trésors dans la vanité.

Le principal mobile de la révolution française était l'amour de l'égalité. L'égalité devant la loi fait partie de la justice, et par conséquent de la liberté; mais le besoin d'anéantir tous les rangs supérieurs tient aux petitesses de l'amour-propre. Bonaparte a très-bien connu l'ascendant de ce défaut en France; et voici comme il s'en est servi. Les hommes qui avaient pris part à la révolution ne voulaient plus qu'il y eût des castes au-dessus d'eux. Bonaparte les a ralliés à lui en leur promettant les titres et les rangs dont ils avaient dépouillé les nobles. « Vous voulez l'égalité! » leur disait-il : « je ferai mieux encore, je vous donnerai « l'inégalité en votre faveur; MM. de la Trémoille, « de Montmorency, etc., seront légalement de « simples bourgeois dans l'État, pendant que les « titres de l'ancien régime et les charges de cour « seront possédés par les noms les plus vulgaires, « si cela plaît à l'empereur. » Quelle bizarre idée ! et n'aurait-on pas cru qu'une nation, si propre à saisir les inconvenances, se serait livrée au rire inextinguible des dieux d'Homère, en voyant tous ces républicains masqués en ducs, en comtes, en barons, et s'essayant à l'étude des manières des grands seigneurs, comme on répète un rôle de comédie? On faisait bien quelques chansons sur ces parvenus de toute espèce, rois et valets; mais l'éclat des victoires et la force du despotisme ont tout fait passer, au moins pendant quelques années. Ces républicains qu'on avait vus dédaigner les récompenses données par les monarques, n'avaient plus assez d'espace sur leurs habits pour y placer les larges plaques allemandes, russes, italiennes, dont on les avait affublés. Un ordre militaire, la Couronne de fer ou la Légion d'honneur, pouvait être accepté par des guerriers dont ces signes rappelaient les blessures et les exploits; mais les rubans et les clefs de chambellans, mais tout cet appareil des cours, convenait-il à des hommes qui avaient remué ciel et terre pour l'abolir ? Une caricature anglaise représente Bonaparte découpant le bonnet rouge pour en faire un grand cordon de la Légion d'honneur. Quelle parfaite image de cette noblesse inventée par Bonaparte, et qui n'avait à se glorifier que de la faveur de son maître! Les militaires français ne sont plus considérés que comme les soldats d'un homme, après avoir été les défenseurs de la nation. Ah! qu'ils étaient plus grands alors!

Bonaparte avait lu l'histoire d'une manière confuse : peu accoutumé à l'étude, il se rendait beaucoup moins compte de ce qu'il avait appris dans les livres que de ce qu'il avait recueilli par l'observation des hommes. Il n'en était pas moins resté dans sa tête un certain respect pour Attila et pour Charlemagne, pour les lois féodales et pour le despotisme de l'Orient, qu'il appliquait à tort et à travers, ne se trompant jamais, toutefois, sur ce qui servait instantanément à son pouvoir; mais du reste, citant, blâmant, louant et raisonnant comme le hasard le conduisait; il parlait ainsi des heures entières, avec d'autant plus d'avantage, que personne ne l'interrompait, si ce n'est par les applaudissements involontaires qui échappent toujours dans des occasions semblables. Une chose singulière, c'est que, dans la conversation, plusieurs officiers bonapartistes ont emprunté de leur chef cet héroïque galimatias, qui véritablement ne signifie rien qu'à la tête de huit cent mille hommes.

Bonaparte imagina donc, pour se faire un empire oriental et carlovingien tout ensemble, de créer des fiefs dans les pays conquis par lui, et d'en investir ses généraux ou ses principaux administrateurs. Il constitua des majorats, il décréta des substitutions; il rendit à l'un le service de cacher sa vie sous le titre inconnu de duc de Rovigo; et, tout au contraire, en ôtant à Macdonald, à Bernadotte, à Masséna, les noms qu'ils avaient illustrés par tant d'exploits, il frauda, pour ainsi dire, les droits de la renommée, et resta seul, comme il le voulait, en possession de la gloire militaire de la France.

Ce n'était pas assez d'avoir avili le parti républicain, en le dénaturant tout entier; Bonaparte voulut encore ôter aux royalistes la dignité qu'ils devaient à leur persévérance et à leur malheur. Il fit occuper la plupart des charges de sa maison par des nobles de l'ancien régime; il flattait ainsi la nouvelle race, en la mêlant avec la vieille, et lui-même aussi, réunissant les vanités d'un parvenu aux facultés gigantesques d'un conquérant, il aimait les flatteries des courtisans d'autrefois, parce qu'ils s'entendaient mieux à cet art que les hommes nouveaux, même les plus empressés. Chaque fois qu'un gentilhomme de l'ancienne cour rappelait l'étiquette du temps jadis, proposait une révérence de plus, une certaine façon de frapper à la porte de quelque antichambre, une manière plus cérémonieuse de présenter une dépêche, de plier une lettre, de la terminer par telle ou telle formule, il était accueilli comme s'il avait fait faire des progrès au bonheur de l'espèce humaine. Le code de l'étiquette impériale est le document le plus re-marquable de la bassesse à laquelle on peut réduire l'espèce humaine. Les machiavélistes diront que c'est ainsi qu'il faut tromper les hommes; mais est-il vrai que de nos jours on trompe les hommes? On obéissait à Bonaparte, ne cessons de le répéter, parce qu'il donnait de la gloire militaire à la France. Que ce fût bon ou mauvais, c'était un fait clair et sans mensonge. Mais toutes les farces chinoises qu'il faisait jouer devant son char de triomphe, ne plaisaient qu'à ses serviteurs, qu'il aurait pu mener de cent autres manières, si cela lui avait convenu. Bonaparte a souvent pris sa cour pour son empire; il aimait mieux qu'on le traitât comme un prince que comme un héros: peut-être, au fond de son âme, se sentait-il encore plus de droits au premier de ces titres qu'au second.

Les partisans des Stuarts, lorsqu'on offrait la royauté à Cromwell, s'appuyèrent sur les principes des amis de la liberté pour s'y opposer, et ce n'est qu'à l'époque de la restauration qu'ils reprirent la doctrine du pouvoir absolu; mais au moins restèrent-ils fidèles à l'ancienne dynastie. Une grande partie de la noblesse française s'est précipitée dans les cours de Bonaparte et de sa famille. Lorsqu'on reprochait à un homme du plus grand nom de s'être fait chambellan d'une des nouvelles princesses: *Mais que voulez-vous*, disait-il, *il faut bien servir quelqu'un*. Quelle réponse! Et toute la condamnation des gouvernements fondés sur l'esprit de cour n'y est-elle pas renfermée?

La noblesse anglaise eut bien plus de dignité dans les troubles civils, car elle ne commit pas deux fautes énormes dont les gentilshommes français peuvent difficilement se disculper: l'une, de s'être réunis aux étrangers contre leur propre pays; l'autre, d'avoir accepté des places dans le palais d'un homme qui, d'après leurs maximes, n'avait aucun droit au trône; car l'élection du peuple, à supposer que Bonaparte pût s'en vanter, n'était pas à leurs yeux un titre légitime. Certes, il ne leur est pas permis d'être intolérants après de telles preuves de condescendance; et l'on offense moins, ce me semble, l'illustre famille des Bourbons, en souhaitant des limites constitutionnelles à l'autorité du trône, qu'en ayant accepté des places auprès d'un nouveau souverain souillé par l'assassinat d'un jeune guerrier de l'ancienne race.

La noblesse française qui a servi Bonaparte dans les emplois du palais, prétendrait-elle y avoir été contrainte? Bien plus de pétitions encore ont été refusées que de places données; et ceux qui n'ont pas voulu se soumettre aux désirs de Bonaparte à cet égard, ne furent point forcés à faire

partie de sa cour. Adrien et Matthieu de Montmorency, dont le nom et le caractère attiraient les
regards, Elzear de Sabran, le duc et la duchesse
de Duras, plusieurs autres encore, quoique pas
en grand nombre, n'ont point voulu des emplois
offerts par Bonaparte ; et bien qu'il fallût du courage pour résister à ce torrent qui emporte tout
en France dans le sens du pouvoir, ces courageuses personnes ont maintenu leur fierté, sans
être obligées de renoncer à leur patrie. En général, ne pas faire est presque toujours possible, et
il faut que cela soit ainsi, puisque rien n'est une
excuse pour agir contre ses principes.

Il n'en est pas assurément des nobles français
qui se sont battus dans les armées, comme des
courtisans personnels de la dynastie de Bonaparte.
Les guerriers, quels qu'ils soient, peuvent présenter mille excuses, et mieux que des excuses,
suivant les motifs qui les ont déterminés, et la
conduite qu'ils ont tenue. Car, enfin, dans toutes
les époques de la révolution, il a existé une
France ; et, certes, les premiers devoirs d'un citoyen sont toujours envers sa patrie.

Jamais homme n'a su multiplier les liens de la
dépendance plus habilement que Bonaparte. Il
connaissait mieux que personne les grands et les
petits moyens du despotisme ; on le voyait s'occuper avec persévérance de la toilette des femmes,
afin que leurs époux, ruinés par leurs dépenses,
fussent plus souvent obligés de recourir à lui. Il
voulait aussi frapper l'imagination des Français
par la pompe de sa cour. Le vieux soldat qui fu-
mait à la porte de Frédéric II suffisait pour le
faire respecter de toute l'Europe. Certainement
Bonaparte avait assez de talents militaires pour
obtenir le même résultat par les mêmes moyens ;
mais il ne lui suffisait pas d'être le maître, il voulait encore être le tyran ; et, pour opprimer l'Europe et la France, il fallait avoir recours à tous les
moyens qui avilissent l'espèce humaine : aussi, le
malheureux n'y a-t-il que trop bien réussi !

La balance des motifs humains pour faire le
bien ou le mal est d'ordinaire en équilibre dans la
vie, et c'est la conscience qui décide. Mais quand,
sous Bonaparte, un milliard de revenus, et huit
cent mille hommes armés, pesaient en faveur des
mauvaises actions, quand l'épée de Brennus était
du même côté que l'or, pour faire pencher la balance, quelle terrible séduction ! Néanmoins, les
calculs de l'ambition et de l'avidité n'auraient pas
suffi pour soumettre la France à Bonaparte ; il faut
quelque chose de grand pour remuer les masses,
et c'était la gloire militaire qui enivrait la nation,

tandis que les filets du despotisme étaient tendus
par quelques hommes dont on ne saurait assez signaler la bassesse et la corruption. Ils ont traité
de chimère les principes constitutionnels, comme
l'auraient pu faire les courtisans des vieux gouvernements de l'Europe, dans les rangs desquels
ils aspiraient à se placer. Mais le maître, ainsi que
nous allons le voir, voulait encore plus que la couronne de France, et ne s'en est pas tenu au despotisme bourgeois dont ses agents civils auraient
souhaité qu'il se contentât chez lui, c'est-à-dire,
chez nous.

CHAPITRE XII.

*De la conduite de Napoléon envers le continent
européen.*

Deux plans de conduite très-différents s'offraient
à Bonaparte lorsqu'il se fit couronner empereur
de France. Il pouvait se borner à la barrière du
Rhin et des Alpes, que l'Europe ne lui disputait
plus après la bataille de Marengo, et rendre la
France, ainsi agrandie, le plus puissant empire
du monde. L'exemple de la liberté constitutionnelle en France aurait agi graduellement, mais
avec certitude, sur le reste de l'Europe. On n'aurait plus entendu dire que la liberté ne peut convenir qu'à l'Angleterre, parce qu'elle est une île ;
qu'à la Hollande, parce qu'elle est une plaine ; qu'à
la Suisse, parce que c'est un pays de montagnes ;
et l'on aurait vu une monarchie continentale fleurir
à l'ombre de la loi qui, après la religion dont elle
émane, est ce qu'il y a de plus saint sur la terre.

Beaucoup d'hommes de génie ont épuisé tous
leurs efforts pour faire un peu de bien, pour laisser
quelques traces de leurs institutions après eux. La
destinée, prodigue envers Bonaparte, lui remit une
nation de quarante millions d'hommes alors, une
nation assez aimable pour influer sur l'esprit et
les goûts européens. Un chef habile, à l'ouverture
de ce siècle, aurait pu rendre la France heureuse
et libre sans aucun effort, seulement avec quelques vertus. Napoléon est plus coupable encore
pour le bien qu'il n'a pas fait, que pour les maux
dont on l'accuse.

Enfin, si sa dévorante activité se trouvait à l'é-
troit dans la plus belle des monarchies, si c'était
un trop misérable sort pour un Corse, sous-lieutenant en 1790, de n'être qu'empereur de France,
il fallait au moins qu'il soulevât l'Europe au nom
de quelques avantages pour elle. Le rétablissement
de la Pologne, l'indépendance de l'Italie, l'affranchissement de la Grèce, avaient de la grandeur.

les peuples pouvaient s'intéresser à la renaissance des peuples. Mais fallait-il inonder la terre de sang pour que le prince Jérôme prît la place de l'électeur de Hesse, et pour que les Allemands fussent gouvernés par des administrateurs français, qui prenaient chez eux des fiefs dont ils savaient à peine prononcer les titres, bien qu'ils les portassent, mais dont ils touchaient très-facilement les revenus dans toutes les langues? Pourquoi l'Allemagne se serait-elle soumise à l'influence française? Cette influence ne lui apportait aucune lumière nouvelle, et n'établissait chez elle d'autres institutions libérales que des contributions et des conscriptions, encore plus fortes que toutes celles qu'avaient jamais imposées ses anciens maîtres. Il y avait sans doute beaucoup de changements raisonnables à faire dans les constitutions de l'Allemagne; tous les hommes éclairés le savaient, et pendant longtemps aussi ils s'étaient montrés favorables à la cause de la France, parce qu'ils en espéraient l'amélioration de leur sort. Mais, sans parler de la juste indignation que tout peuple doit ressentir à l'aspect des soldats étrangers sur son territoire, Bonaparte ne faisait rien en Allemagne que dans le but d'y établir son pouvoir et celui de sa famille : une telle nation était-elle faite pour servir de piédestal à son égoïsme? L'Espagne aussi devait repousser avec horreur les perfides moyens que Bonaparte employa pour l'asservir. Qu'offrait-il donc aux empires qu'il voulait subjuguer ? Était-ce de la liberté? était-ce de la force? était-ce de la richesse? Non; c'était lui, toujours lui, dont il fallait se récréer, en échange de tous les biens de ce monde.

Les Italiens, par l'espoir confus d'être enfin réunis en un seul État, les infortunés Polonais, qui demandent à l'enfer aussi bien qu'au ciel de redevenir une nation, étaient les seuls qui servissent volontairement l'empereur. Mais il avait tellement en horreur l'amour de la liberté, que, bien qu'il eût besoin des Polonais pour auxiliaires, il haïssait en eux le noble enthousiasme qui les condamnait à lui obéir. Cet homme, si habile dans l'art de dissimuler, ne pouvait se servir même avec hypocrisie des sentiments patriotiques dont il aurait pu tirer toutefois tant de ressources : c'était une arme qu'il ne savait pas manier, et toujours il craignait qu'elle n'éclatât dans sa main. A Posen, les députés polonais vinrent lui offrir leur fortune et leur vie pour rétablir la Pologne. Napoléon leur répondit, avec cette voix sombre et cette déclamation précipitée qu'on a remarquées en lui quand il se contraignait, quelques paroles de liberté bien ou mal rédigées,

mais qui lui coûtaient tellement, que c'était le seul mensonge qu'il ne pût prononcer avec son apparente bonhomie. Lors même que les applaudissements du peuple étaient en sa faveur, le peuple lui déplaisait toujours. Cet instinct de despote lui a fait élever un trône sans base, et l'a contraint à manquer à sa vocation ici-bas, l'établissement de la réforme politique.

Les moyens de l'empereur pour asservir l'Europe ont été l'audace dans la guerre, et la ruse dans la paix. Il signait des traités quand ses ennemis étaient à demi terrassés, afin de ne les pas porter au désespoir, et de les affaiblir assez cependant pour que la hache, restée dans le tronc de l'arbre, pût le faire périr à la longue. Il gagnait quelques amis parmi les anciens gouvernants, en se montrant en toutes choses l'ennemi de la liberté. Aussi ce sont les nations qui se soulevèrent à la fin contre lui, car il les avait plus offensées que les rois mêmes. Cependant on s'étonne de trouver encore des partisans de Bonaparte ailleurs que chez les Français, auxquels il donnait au moins la victoire pour dédommagement du despotisme. Ces partisans, en Italie surtout, ne sont en général que des amis de la liberté qui s'étaient flattés à tort de l'obtenir de lui, et qui aimeraient encore mieux un grand événement, quel qu'il pût être, que le découragement dans lequel ils sont tombés. Sans vouloir entrer dans les intérêts des étrangers, dont nous nous sommes promis de ne point parler, nous croyons pouvoir affirmer que les biens de détail opérés par Bonaparte, les grandes routes nécessaires à ses projets, les monuments consacrés à sa gloire, quelques restes des institutions libérales de l'assemblée constituante dont il permettait quelquefois l'application hors de France, tels que l'amélioration de la jurisprudence, celle de l'éducation publique, les encouragements donnés aux sciences; tous ces biens, dis-je, quelque désirables qu'ils fussent, ne pouvaient compenser le joug avilissant qu'il faisait peser sur les caractères. Quel homme supérieur a-t-on vu se développer sous son règne? Quel homme verra-t-on même de longtemps là où il a dominé? S'il avait voulu le triomphe d'une liberté sage et digne, l'énergie se serait montrée de toutes parts, et une nouvelle impulsion eût animé le monde civilisé. Mais Bonaparte n'a pas concilié à la France l'amitié d'une nation. Il a fait des mariages, des arrondissements, des réunions; il a taillé les cartes de géographie, et compté les âmes à la manière admise depuis, pour compléter les domaines des princes; mais où a-t-il implanté ces principes politiques qui sont les remparts, les trésors et la gloire de l'Angleterre? ces institutions invincibles, dès qu'elles ont duré dix ans? car elles ont alors donné tant de bonheur, qu'elles rallient tous les citoyens d'un pays à leur défense.

CHAPITRE XIII.

Des moyens employés par Bonaparte pour attaquer l'Angleterre.

Si l'on peut entrevoir un plan dans la conduite vraiment désordonnée de Bonaparte, relativement aux nations étrangères, c'était celui d'établir une monarchie universelle dont il se serait déclaré le chef, en donnant en fief des royaumes, des duchés, et en recommençant le régime féodal, ainsi qu'il s'est établi jadis par la conquête. Il ne paraît pas même qu'il dût se borner aux confins de l'Europe, et ses vues certainement s'étendaient jusqu'à l'Asie. Enfin il voulait toujours marcher en avant, tant qu'il ne rencontrerait point d'obstacle; mais il n'avait pas calculé que, dans une entreprise aussi vaste, un obstacle ne forçait pas seulement à s'arrêter, mais détruisait entièrement l'édifice d'une prospérité contre nature, qui devait s'anéantir dès qu'elle ne s'élevait plus.

Pour faire supporter la guerre à la nation française qui, comme toutes les nations, désirait la paix; pour obliger les troupes étrangères à suivre les drapeaux des Français, il fallait un motif qui pût se rattacher, du moins en apparence, au bien public. Nous avons essayé de montrer, dans le chapitre précédent, que si Napoléon avait pris pour étendard la liberté des peuples, il aurait soulevé l'Europe sans avoir recours aux moyens de terreur; mais son pouvoir impérial n'y aurait rien gagné, et certes il n'était pas homme à se conduire par des sentiments désintéressés. Il voulait un mot de ralliement qui pût faire croire qu'il avait en vue l'avantage et l'indépendance de l'Europe, et c'est la liberté des mers qu'il choisit. Sans doute la persévérance et les ressources financières des Anglais s'opposaient à ses projets, et il avait de plus une aversion naturelle pour leurs institutions libres et la fierté de leur caractère. Mais ce qui lui convenait surtout, c'était de substituer à la doctrine des gouvernements représentatifs, qui se fonde sur le respect dû aux nations, les intérêts mercantiles et commerciaux, sur lesquels on peut parler sans fin, raisonner sans bornes, et n'atteindre jamais au but. La devise des malheureuses époques de la révolution française : *Liberté*, *égalité*, donnait aux peuples une impulsion qui ne devait pas plaire à Bonaparte ; mais la devise de ses drapeaux : *Liberté des mers*, le conduisait où il voulait, nécessitait le voyage aux Indes, comme la paix la plus raisonnable, si tout à coup il lui convenait de la signer. Enfin il avait dans ces mots de ralliement un singulier avantage, celui d'animer les esprits sans les diriger contre le pouvoir. M. de Gentz et M. A W. de Schlegel, dans leurs écrits sur le système continental, ont parfaitement traité les avantages et les inconvénients de l'ascendant maritime de l'Angleterre, lorsque l'Europe est dans sa situation ordinaire. Mais au moins est-il certain que cet ascendant balançait seul, il y a quelques années, la domination de Bonaparte, et qu'il ne serait pas resté peut-être un coin de la terre pour y échapper, si l'océan anglais n'avait pas entouré le continent de ses bras protecteurs.

Mais, dira-t-on, tout en admirant l'Angleterre, la France doit toujours être rivale de sa puissance, et de tout temps ses chefs ont essayé de la combattre. Il n'est qu'un moyen d'égaler l'Angleterre, c'est de l'imiter. Si Bonaparte, au lieu d'imaginer cette ridicule comédie de descente, qui n'a servi que de sujet aux caricatures anglaises, et ce blocus continental, plus sérieux, mais aussi plus funeste ; si Bonaparte n'avait voulu conquérir sur l'Angleterre que sa constitution et son industrie, la France aurait aujourd'hui un commerce fondé sur le crédit, un crédit fondé sur la représentation nationale et sur la stabilité qu'elle donne. Mais le ministère anglais sait malheureusement trop bien qu'une monarchie constitutionnelle est le seul moyen, et tout à fait le seul, d'assurer à la France une prospérité durable. Quand Louis XIV luttait avec succès sur les mers contre les flottes anglaises, c'est que les richesses financières des deux pays étaient alors à peu près les mêmes ; mais, depuis quatre-vingts ou cent ans que la liberté s'est consolidée en Angleterre, la France ne peut se mettre en équilibre avec elle que par des garanties légales de la même nature. Au lieu de prendre cette vérité pour boussole, qu'a fait Bonaparte ?

La gigantesque idée du blocus continental ressemblait à une espèce de croisade européenne contre l'Angleterre, dont le sceptre de Napoléon était le signe de ralliement. Mais si, dans l'intérieur, l'exclusion des marchandises anglaises a donné quelque encouragement aux manufactures, les ports ont été déserts et le commerce anéanti. Rien n'a rendu Napoléon plus impopulaire que ce renchérissement du sucre et du café, qui portait sur les habitudes journalières de toutes les classes. En faisant brûler, dans les villes de sa dépendance, depuis Hambourg jusqu'à Naples, les produits de l'industrie anglaise, il révoltait tous les témoins de ces *actes de foi* en l'honneur du despotisme. J'ai vu sur la place publique, à Genève, de pauvres femmes se jeter à genoux devant le bûcher où l'on brûlait des marchandises, en suppliant qu'on leur permît d'arracher à temps aux flammes quelques morceaux de toile ou de drap, pour vêtir leurs enfants dans la misère : de pareilles scènes devaient se renouveler partout ; mais, quoique les hommes d'État dans le genre ironique répétassent alors qu'elles ne signifiaient rien, elles étaient le tableau vivant d'une absurdité tyrannique, le blocus continental. Qu'est-il résulté des terribles anathèmes de Bonaparte ? La puissance de l'Angleterre s'est accrue dans les quatre parties du monde, son influence sur les gouvernements étrangers a été sans bornes, et elle devait l'être, vu la grandeur du mal dont elle préservait l'Europe. Bonaparte, qu'on persiste à nommer habile, a pourtant trouvé l'art maladroit de multiplier partout les ressources de ses adversaires, et d'augmenter tellement celles de l'Angleterre en particulier, qu'il n'a pu réussir à lui faire qu'un seul mal peut-être, il est vrai le plus grand de tous, celui d'accroître ses forces militaires à un tel degré, qu'on pourrait craindre pour sa liberté, si l'on ne se fiait pas à son esprit public.

On ne peut nier qu'il ne soit très-naturel que la France envie la prospérité de l'Angleterre; et ce sentiment l'a portée à se laisser tromper sur quelques-uns des essais de Bonaparte pour élever l'industrie française à la hauteur de celle de l'Angleterre. Mais est-ce par des prohibitions armées qu'on crée de la richesse? La volonté des souverains ne saurait plus diriger le système industriel et commercial des nations : il faut les laisser aller à leur développement naturel, et seconder leurs intérêts selon leurs vœux. Mais de même qu'une femme, pour s'irriter des hommages offerts à sa rivale, n'en obtient pas davantage elle-même, une nation, en fait de commerce et d'industrie, ne peut l'emporter qu'en sachant attirer les tributs volontaires, et non en proscrivant la concurrence.

Les gazetiers officiels étaient chargés d'insulter la nation et le gouvernement anglais ; dans les feuilles de chaque jour, d'absurdes dénominations, telles que celles de *perfides insulaires*, de *marchands avides*, étaient sans cesse répétées avec des variations qui ne devaient pourtant pas trop s'éloigner du texte. On est remonté, dans quelques écrits, jusqu'à Guillaume le Conquérant, pour qualifier de révolte la bataille de Hastings, et l'igno-

rance facilitait à la bassesse les plus misérables calomnies. Les journalistes de Bonaparte, auxquels nul ne pouvait répondre, ont défiguré l'histoire, les institutions et le caractère de la nation anglaise. C'est encore un des fléaux de l'esclavage de la presse : la France les a tous subis.

Comme Bonaparte se respectait lui-même plus que ceux qui lui étaient soumis, il se permettait quelquefois dans la conversation de dire assez de bien de l'Angleterre, soit qu'il voulût préparer les esprits, pour telle circonstance où il lui conviendrait de traiter avec le gouvernement anglais, soit plutôt qu'il aimât à s'affranchir un moment du faux langage qu'il commandait à ses serviteurs. C'était le cas de dire : *Faisons mentir nos gens.*

CHAPITRE XIV.

Sur l'esprit de l'armée française.

Il ne faut pas l'oublier, l'armée française a été admirable pendant les dix premières années de la guerre de la révolution. Les qualités qui manquaient aux hommes employés dans la carrière civile, on les retrouvait dans les militaires : persévérance, dévouement, audace, et même bonté, quand l'impétuosité de l'attaque n'altérait pas leur caractère naturel. Les soldats et les officiers se faisaient souvent aimer dans les pays étrangers, lors même que leurs armes y avaient fait du mal; non-seulement ils bravaient la mort avec cette incroyable énergie qu'on retrouvera toujours dans leur sang et dans leur cœur, mais ils supportaient les plus affreuses privations avec une sérénité sans exemple. Cette légèreté, dont on accuse avec raison les Français dans les affaires politiques, devenait respectable, quand elle se transformait en insouciance du danger, en insouciance même de la douleur. Les soldats français souriaient au milieu des situations les plus cruelles, et se ranimaient encore dans les angoisses de la souffrance, soit par un sentiment d'enthousiasme pour leur patrie, soit par un bon mot qui faisait revivre cette gaieté spirituelle à laquelle les dernières classes mêmes de la société sont toujours sensibles en France.

La révolution avait perfectionné singulièrement l'art funeste du recrutement; mais le bien qu'elle avait fait, en rendant tous les grades accessibles au mérite, excita dans l'armée française une émulation sans bornes. C'est à ces principes de liberté que Bonaparte a dû les ressources dont il s'est servi contre la liberté même. Bientôt l'armée, sous Napoléon, ne conserva guère de ses vertus populaires que son admirable valeur et un noble sentiment d'orgueil national ; combien elle était déchue toutefois, quand elle se battait pour un homme, tandis que ses devanciers, tandis que ses vétérans même, dix ans plus tôt, ne s'étaient dévoués qu'à la patrie ! Bientôt aussi les troupes de presque toutes les nations continentales furent forcées à combattre sous les étendards de la France. Quel sentiment patriotique pouvait animer les Allemands, les Hollandais, les Italiens, quand rien ne leur garantissait l'indépendance de leur pays, ou plutôt quand son asservissement pesait sur eux ? Ils n'avaient de commun entre eux qu'un même chef, et c'est pour cela que rien n'était moins solide que leur association ; car l'enthousiasme pour un homme, quel qu'il soit, est nécessairement variable ; l'amour seul de la patrie et de la liberté ne peut changer, parce qu'il est désintéressé dans son principe. Ce qui faisait le prestige de Napoléon, c'était l'idée qu'on avait de sa fortune ; l'attachement à lui n'était que l'attachement à soi. L'on croyait aux avantages de tout genre qu'on obtiendrait sous ses drapeaux ; et comme il jugeait à merveille le mérite militaire, et savait le récompenser, le plus simple soldat de l'armée pouvait nourrir l'espoir de devenir maréchal de France. Les titres, la naissance, les services de courtisan, influaient peu sur l'avancement dans l'armée. Il existait là, malgré le despotisme du gouvernement, un esprit d'égalité, parce que là Bonaparte avait besoin de force, et qu'il n'en peut exister sans un certain degré d'indépendance. Aussi, sous le règne de l'empereur, ce qui valait encore le mieux, c'était certainement l'armée. Les commissaires qui frappaient les pays conquis de contributions, d'emprisonnements, d'exils ; ces nuées d'agents civils qui venaient, comme les vautours, fondre sur le champ de bataille, après la victoire, ont fait détester les Français bien plus que ces pauvres braves conscrits qui passaient de l'enfance à la mort, en croyant défendre leur patrie. C'est aux hommes profonds dans l'art militaire qu'il appartient de prononcer sur les talents de Bonaparte comme capitaine. Mais, à ne juger du lui sous ce rapport que par les observations à la portée de tout le monde, il me semble que son ardent égoïsme a peut-être contribué à ses premiers triomphes comme à ses derniers revers. Il lui manquait dans la carrière des armes, aussi bien que dans toutes les autres, ce respect pour les hommes, et ce sentiment du devoir, sans lesquels rien de grand n'est durable.

Bonaparte, comme général, n'a jamais ménagé le sang de ses troupes : c'est en prodiguant la foule des soldats que la révolution lui avait valus, qu'il

a remporté ses étonnantes victoires. Il a marché sans magasins, ce qui rendait ses mouvements singulièrement rapides, mais doublait les maux de la guerre pour les pays qui en étaient le théâtre. Enfin, il n'y a pas jusqu'à son genre de manœuvres militaires qui ne soit en rapport quelconque avec le reste de son caractère ; il risque toujours le tout pour le tout, comptant sur les fautes de ses ennemis qu'il méprise, et prêt à sacrifier ses partisans, dont il ne se soucie guère, s'il n'obtient pas avec eux la victoire.

On l'a vu, dans la guerre d'Autriche, en 1809, quitter l'île de Lobau, quand il jugeait la bataille perdue ; il traversa le Danube, seul avec M. de Czernitchef, l'un des intrépides aides de camp de l'empereur de Russie, et le maréchal Berthier. L'empereur leur dit assez tranquillement, qu'*après avoir gagné quarante batailles, il n'était pas extraordinaire d'en perdre une ;* et, lorsqu'il fut arrivé de l'autre côté du fleuve, il se coucha et dormit jusqu'au lendemain matin, sans s'informer du sort de l'armée française, que ses généraux sauvèrent pendant son sommeil. Quel singulier trait de caractère ! Et, cependant, il n'est point d'homme plus actif, plus audacieux dans la plupart des occasions importantes. Mais on dirait qu'il ne sait naviguer qu'avec un vent favorable, et que le malheur le glace tout à coup, comme s'il avait fait un pacte magique avec la fortune, et qu'il ne pût marcher sans elle.

La postérité, déjà même beaucoup de nos contemporains, objecteront aux antagonistes de Bonaparte l'enthousiasme qu'il inspirait à son armée. Nous traiterons ce sujet aussi impartialement qu'il nous sera possible, quand nous serons arrivés au funeste retour de l'île d'Elbe. Que Bonaparte fût un homme d'un génie transcendant à beaucoup d'égards, qui pourrait le nier ? Il voyait aussi loin que la connaissance du mal peut s'étendre ; mais il y a quelque chose par delà, c'est la région du bien. Les talents militaires ne sont pas toujours la preuve d'un esprit supérieur ; beaucoup de hasards peuvent servir dans cette carrière ; d'ailleurs, le genre de coup d'œil qu'il faut pour conduire les hommes sur le champ de bataille ne ressemble point à l'intime vue qu'exige l'art de gouverner. L'un des plus grands malheurs de l'espèce humaine, c'est l'impression que les succès de la force produisent sur les esprits ; et néanmoins il n'y aura ni liberté, ni morale dans le monde, si l'on n'arrive pas à ne considérer une bataille que d'après la bonté de la cause et l'utilité du résultat, comme tout autre fait de ce monde.

III.

L'un des plus grands maux que Bonaparte ait faits à la France, c'est d'avoir donné le goût du luxe à ces guerriers qui se contentaient si bien de la gloire dans les jours où la nation était encore vivante. Un intrépide maréchal, couvert de blessures, et impatient d'en recevoir encore, demandait pour son hôtel un lit tellement chargé de dorures et de broderies, qu'on ne pouvait trouver dans tout Paris de quoi satisfaire son désir : *Eh bien*, dit-il alors, dans sa mauvaise humeur, *donnez-moi une botte de paille, et je dormirai très-bien dessus.* En effet, il n'y avait point d'intervalle pour ces hommes, entre la pompe des Mille et une Nuits, et la vie rigide à laquelle ils étaient accoutumés.

Il faut accuser encore Bonaparte d'avoir altéré le caractère français, en le formant aux habitudes de dissimulation dont il donnait l'exemple. Plusieurs chefs militaires sont devenus diplomates à l'école de Napoléon, capables de cacher leurs véritables opinions, d'étudier les circonstances et de s'y plier. Leur bravoure est restée la même, mais tout le reste a changé. Les officiers attachés de plus près à l'empereur, loin d'avoir conservé l'aménité française, étaient devenus froids, circonspects, dédaigneux; ils saluaient de la tête, parlaient peu, et semblaient partager le mépris de leur maître pour la race humaine. Les soldats ont toujours des mouvements généreux et naturels; mais la doctrine de l'obéissance passive, que des partis opposés dans leurs intérêts, bien que d'accord dans leurs maximes, ont introduite parmi les chefs de l'armée, a nécessairement altéré ce qu'il y avait de grand et de patriote dans les troupes françaises.

La force armée doit être, dit-on, essentiellement obéissante. Cela est vrai sur le champ de bataille, en présence de l'ennemi, et sous le rapport de la discipline militaire. Mais les Français pouvaient-ils et devaient-ils ignorer qu'ils immolaient une nation en Espagne? Pouvaient-ils et devaient-ils ignorer qu'ils ne défendaient pas leurs foyers à Moscou, et que l'Europe n'était en armes que parce que Bonaparte avait su se servir successivement de chacun des pays qui la composent pour l'asservir tout entière? On voudrait faire des militaires une sorte de corporation en dehors de la nation, et qui ne pût jamais s'unir avec elle. Ainsi les malheureux peuples auraient toujours deux ennemis, leurs propres troupes et celles des étrangers, puisque toutes les vertus des citoyens seraient interdites aux guerriers.

L'armée d'Angleterre est aussi soumise à la discipline que celle des États les plus absolus de l'Europe; mais les officiers n'en font pas moins usage de leur raison, soit comme citoyens, en se mêlant, de retour chez eux, des intérêts publics de leur pays, soit comme militaires, en connaissant et respectant l'empire de la loi dans ce qui les concerne. Jamais un officier anglais n'arrêterait un individu, ni ne tirerait même sur le peuple en émeute, que d'après les formes voulues par la constitution. Il y a intention de despotisme toutes les fois qu'on veut interdire aux hommes l'usage de la raison que Dieu leur a donnée. Il suffit, dira-t-on, d'obéir à son serment; mais qu'y a-t-il qui exige plus l'emploi de la raison, que la connaissance des devoirs attachés a ce serment même? Penserait-on que celui qu'on avait prêté à Bonaparte pût obliger aucun officier à enlever le duc d'Enghien sur la terre étrangère qui devait lui servir d'asile? Toutes les fois qu'on établit des maximes antilibérales, c'est pour s'en servir comme d'une batterie contre ses adversaires, mais à condition que ces adversaires ne les retournent pas contre nous. Il n'y a que les lumières et la justice dont on n'ait rien à craindre dans aucun parti. Qu'arrive-t-il enfin de cette maxime emphatique : *L'armée ne doit pas juger, mais obéir?* C'est que l'armée, dans les troubles civils, dispose toujours du sort des empires; mais seulement elle en dispose mal, parce qu'on lui a interdit l'usage de sa raison. C'est par une suite de cette obéissance aveugle à ses chefs, dont on avait fait un devoir à l'armée française, qu'elle a maintenu le gouvernement de Bonaparte : combien ne l'a-t-on pas blâmée cependant de ne l'avoir pas renversé! Les corps civils, pour se justifier de leur servilité envers l'empereur, s'en prenaient à l'armée; et il est facile de faire dire dans la même phrase aux partisans du pouvoir absolu, qui d'ordinaire ne sont pas forts en logique, d'abord que les militaires ne doivent jamais avoir d'opinion sur rien en politique, et puis, qu'ils ont été bien coupables de se prêter aux guerres injustes de Bonaparte. Certes, ceux qui versent leur sang pour l'État ont bien un peu le droit de savoir si c'est de l'État qu'il s'agit quand ils se battent. Il ne s'ensuit pas que l'armée puisse être le gouvernement : Dieu nous en préserve! Mais, si l'armée doit se tenir à part des affaires publiques dans tout ce qui concerne leur direction habituelle, la liberté du pays n'en est pas moins sous sa sauvegarde; et quand le despotisme s'en empare, il faut qu'elle se refuse à le soutenir. Quoi! dira-t-on, vous voulez que l'armée délibère? Si vous appelez délibérer, connaître son devoir et se servir de ses facultés pour l'accomplir, je répondrai que, si vous défendez aujourd'hui de raisonner contre vos ordres, vous trouverez mauvais demain qu'on n'ait pas raisonné contre ceux d'un autre ; tous les partis qui exigent, en matière de politique comme en matière de foi, qu'on renonce à l'exercice de sa pensée, veulent seulement que l'on pense comme eux, quoi qu'il arrive ; et cependant, quand on transforme les soldats en machines, si ces machines cèdent à la force, on n'a pas le droit de s'en plaindre. L'on ne saurait se passer de l'opinion des hommes pour les gouverner. L'armée, comme toute autre association, doit savoir qu'elle fait partie d'un État libre, et défendre, envers et contre tous, la constitution légalement établie. L'armée française peut-elle ne pas se repentir amèrement aujourd'hui de cette obéissance aveugle envers son chef, qui a perdu la France ? Si les soldats n'avaient pas cessé d'être des citoyens, ils seraient encore les soutiens de leur patrie.

Il faut en convenir toutefois, et de bon cœur, c'est une funeste invention que les troupes de ligne ; et si l'on pouvait les supprimer à la fois dans toute l'Europe, l'espèce humaine aurait fait un grand pas vers le perfectionnement de l'ordre social. Si Bonaparte s'était arrêté après quelques-unes de ses victoires, son nom et celui des armées françaises produisaient alors un tel effet, qu'il aurait pu se contenter de gardes nationales pour la défense du Rhin et des Alpes. Tout ce qu'il y a de bien dans les choses humaines a été en sa puissance ; mais la leçon qu'il devait donner au monde était d'une autre nature.

Lors de la dernière invasion de la France, un général des alliés a déclaré qu'il ferait fusiller tout Français simple citoyen, qui serait trouvé les armes à la main ; des généraux français avaient eu quelquefois le même tort en Allemagne : et cependant les soldats des armées de ligne sont beaucoup plus étrangers au sort de la guerre défensive que les habitants du pays. S'il était vrai, comme le disait ce général, qu'il ne fût pas permis aux citoyens de se défendre contre les troupes réglées, tous les Espagnols seraient coupables, et l'Europe obéirait encore à Bonaparte ; car, il ne faut pas l'oublier, ce sont les simples habitants de l'Espagne qui ont commencé la lutte ; ce sont eux qui, les premiers, ont pensé que les probabilités du succès n'étaient de rien dans le devoir de la résistance. Aucun de ces Espagnols, et quelque temps après, aucun des paysans russes ne faisait partie d'une armée de ligne ; et ils n'en étaient que plus respectables, en combattant pour l'indépendance de leur pays.

CHAPITRE XV.

De la législation et de l'administration sous Bonaparte.

On n'a point encore assez caractérisé l'arbitraire sans bornes et la corruption sans pudeur du gouvernement civil sous Bonaparte. On pourrait croire, qu'après le torrent d'injures auquel on s'abandonne toujours en France contre les vaincus, il ne peut rester sur une puissance renversée aucun mal à dire que les flatteurs du règne suivant n'aient épuisé. Mais comme on voulait ménager la doctrine du despotisme, tout en attaquant Bonaparte ; comme un grand nombre de ceux qui l'injurient aujourd'hui l'avaient loué la veille, il fallait, pour mettre quelque accord dans une conduite où il n'y avait de conséquent que la bassesse, attaquer l'homme au delà même de ce qu'il mérite, et néanmoins se taire, à beaucoup d'égards, sur un système dont on voulait se servir encore. Le plus grand crime de Napoléon toutefois, celui pour lequel tous les penseurs, tous les écrivains dispensateurs de la gloire dans la postérité, ne cesseront de l'accuser auprès de l'espèce humaine, c'est l'établissement et l'organisation du despotisme. Il l'a fondé sur l'immoralité ; car les lumières qui existaient en France étaient telles, que le pouvoir absolu ne pouvait s'y maintenir que par la dépravation, tandis qu'ailleurs il subsiste par l'ignorance.

Peut-on parler de législation dans un pays où la volonté d'un seul homme décidait de tout ; où cet homme, mobile et agité comme les flots de la mer pendant la tempête, ne pouvait pas même supporter la barrière de sa propre volonté, quand il lui opposait celle de la veille, quand il avait envie d'en changer le lendemain ? Une fois un de ses conseillers d'État s'avisa de lui représenter que le Code Napoléon s'opposait à la résolution qu'il allait prendre. *Eh bien*, dit-il, *le Code Napoléon a été fait pour le salut du peuple ; et, si ce salut exige d'autres mesures, il faut les prendre.* Quel prétexte pour une puissance illimitée que celui du salut public ! Robespierre a bien fait d'appeler ainsi son gouvernement. Peu de temps après la mort du duc d'Enghien, lorsque Bonaparte était peut-être encore troublé dans le fond de son âme par l'horreur que cet assassinat avait inspirée, il dit, en parlant de littérature avec un artiste très-capable d'en bien juger : « La raison d'État, voyez-vous, a remplacé chez les modernes le fatalisme des anciens. « Corneille est le seul des tragiques français qui « ait senti cette vérité. S'il avait vécu de mon « temps, je l'aurais fait mon premier ministre. »

Il y avait deux sortes d'instruments du pouvoir impérial, les lois et les décrets. Les lois étaient sanctionnées par le simulacre d'un corps législatif; mais c'était dans les décrets émanés directement de l'empereur, et discutés dans son conseil, que consistait la véritable action de l'autorité. Napoléon abandonnait aux beaux parleurs du conseil d'État, et aux députés muets du corps législatif, la délibération et la décision de quelques questions abstraites en fait de jurisprudence, afin de donner à son gouvernement un faux air de sagesse philosophique. Mais, quand il s'agissait des lois relatives à l'exercice du pouvoir, alors toutes les exceptions, comme toutes les règles, ressortissaient à l'empereur. Dans le Code Napoléon, et même dans le Code d'Instruction criminelle, il est resté de très-bons principes, dérivés de l'assemblée constituante : l'institution du jury, ancre d'espoir de la France, et divers perfectionnements dans la procédure, qui l'ont tirée des ténèbres où elle était avant la révolution, et où elle est encore dans plusieurs États de l'Europe. Mais qu'importaient les institutions légales, puisque des tribunaux extraordinaires nommés par l'empereur, des cours spéciales, des commissions militaires jugeaient tous les délits politiques, c'est-à-dire, ceux qui ont le plus besoin de l'égide invariable de la loi? Nous montrerons dans le volume suivant combien, dans ces procès politiques, les Anglais ont multiplié les précautions, afin de mettre la justice plus sûrement à l'abri du pouvoir. Quels exemples n'a-t-on pas vus, sous Bonaparte, de ces tribunaux extraordinaires qui devenaient habituels! car, dès qu'on se permet un acte arbitraire, ce poison s'insinue dans toutes les affaires de l'État. Des exécutions rapides et ténébreuses n'ont-elles pas souillé le sol de la France? Le Code militaire ne se mêle que trop, d'ordinaire, au Code civil, dans tous les pays, l'Angleterre exceptée; mais il suffisait sous Bonaparte d'être accusé d'embauchage, pour être traduit devant les commissions militaires; et c'est ainsi que le duc d'Enghien a été jugé. Bonaparte n'a pas permis une seule fois qu'un homme pût avoir recours, pour un délit politique, à la décision du jury. Le général Moreau et ses coaccusés en ont été privés; mais ils eurent heureusement affaire à des juges qui respectaient leur conscience. Ces juges n'ont pu cependant prévenir les iniquités qui se commirent dans cette horrible procédure, et la torture fut introduite de nouveau dans le dixneuvième siècle, par un chef national dont le pouvoir devait émaner de l'opinion.

Il était difficile de distinguer la législation de l'administration sous le règne de Napoléon; car l'une et l'autre dépendaient également de l'autorité suprême. Cependant nous ferons une observation principale sur ce sujet : toutes les fois que les améliorations possibles dans les diverses branches du gouvernement ne portaient en rien atteinte au pouvoir de Bonaparte, et que ces améliorations, au contraire, contribuaient à ses plans et à sa gloire, il faisait, pour les accomplir, un usage habile des immenses ressources que lui donnait la domination de presque toute l'Europe; et, comme il possédait un grand tact pour connaître parmi les hommes ceux qui pouvaient lui servir d'instruments, il employait presque toujours des têtes très-propres aux affaires dont il les chargeait. L'on doit au gouvernement impérial les musées des arts et les embellissements de Paris, des grands chemins, des canaux qui facilitaient les communications des départements entre eux; enfin, tout ce qui pouvait frapper l'imagination, en montrant, comme dans le Simplon et le mont Cenis, que la nature obéissait à Napoléon presque aussi docilement que les hommes. Ces prodiges divers se sont opérés, parce qu'il pouvait porter sur chaque point en particulier les tributs et le travail de quatrevingts millions d'hommes; mais les rois d'Égypte et les empereurs romains ont eu, sous ce rapport, d'aussi grands titres à la gloire. Ce qui constitue le développement moral des peuples, dans quel pays Bonaparte s'en est-il occupé? Et que de moyens, au contraire, n'a-t-il pas employés en France pour étouffer l'esprit public, qui s'était accru malgré les mauvais gouvernements enfantés par les passions?

Toutes les autorités locales, dans les provinces, ont été par degrés supprimées ou annulées; il n'y a plus en France qu'un seul foyer de mouvement, Paris; et l'instruction qui naît de l'émulation a dépéri dans les provinces, tandis que la négligence avec laquelle on entretenait les écoles achevait de consolider l'ignorance, si bien d'accord avec la servitude. Cependant, comme les hommes qui ont de l'esprit éprouvent le besoin de s'en servir, tous ceux qui avaient quelque talent ont été bien vite dans la capitale pour tâcher d'obtenir des places. De là vient cette fureur d'être employé par l'État, et pensionné par lui, qui avilit et dévore la France. Si l'on avait quelque chose à faire chez soi; si l'on pouvait se mêler de l'administration de sa ville et de son département; si l'on avait occasion de s'y rendre utile, d'y mériter de la considération, et de s'assurer par là l'espoir d'être un jour élu député, l'on ne verrait pas aborder à Paris quiconque peut se flatter de l'emporter sur ses concurrents par une intrigue ou par une flatterie de plus.

Aucun emploi n'était laissé au choix libre des citoyens. Bonaparte se complaisait à rendre lui-même des décrets sur des nominations d'huissiers, datés des premières capitales de l'Europe. Il voulait se montrer comme présent partout, comme suffisant à tout, comme le seul être gouvernant dans le monde. Toutefois un homme ne saurait parvenir à se multiplier à cet excès que par le charlatanisme; car la réalité du pouvoir tombe toujours entre les mains des agents subalternes, qui exercent le despotisme en détail. Dans un pays où il n'y a ni corps intermédiaire indépendant, ni liberté de la presse, ce qu'un despote, de l'esprit même le plus supérieur, ne parvient jamais à savoir, c'est la vérité qui pourrait lui déplaire.

Le commerce, le crédit, tout ce qui demande une action spontanée dans la nation, et une garantie certaine contre les caprices du gouvernement, ne s'adaptait point au système de Bonaparte. Les contributions des pays étrangers en étaient la seule base. On respectait assez la dette publique, ce qui donnait une apparence de bonne foi au gouvernement, sans le gêner beaucoup, vu la petitesse de la somme. Mais les autres créanciers du trésor public savaient que d'être payé ou de ne l'être pas, devait être considéré comme une chance dans laquelle ce qui entrait le moins, c'était leur droit. Aussi personne n'imaginait-il de prêter rien à l'État, quelque puissant que fût son chef, et précisément parce qu'il était trop puissant. Les décrets révolutionnaires, que quinze ans de troubles avaient entassés, étaient pris ou laissés selon la décision du moment. Il y avait presque toujours sur chaque affaire une loi pour et contre, que les ministres appliquaient selon leur convenance. Les sophismes qui n'étaient que de luxe, puisque l'autorité pouvait tout, justifiaient tour.à tour les mesures les plus opposées.

Quel indigne établissement que celui de la police! Cette inquisition politique, dans les temps modernes, a pris la place de l'inquisition religieuse. Était-il aimé, le chef qui avait besoin de faire peser sur la nation un esclavage pareil? Il se servait des uns pour accuser les autres, et se vantait de mettre en pratique cette vieille maxime, de diviser pour commander, qui, grâce aux progrès de la raison, n'est plus qu'une ruse bien facilement découverte. Le revenu de cette police était digne de son emploi. C'étaient les jeux de Paris qui l'entretenaient : elle soudoyait le vice avec l'argent du vice qui la payait. Elle échappait à l'animadversion

publique par le mystère dont elle s'enveloppait; mais, quand le hasard faisait mettre au jour un procès où les agents de police se trouvaient mêlés de quelque manière, peut-on se représenter quelque chose de plus dégoûtant, de plus perfide et de plus bas, que les disputes qui s'élevaient entre ces misérables? Tantôt ils déclaraient qu'ils avaient professé une opinion pour en servir secrètement une opposée; tantôt ils se vantaient des embûches qu'ils avaient dressées aux mécontents, pour les engager à conspirer, afin de les trahir s'ils conspiraient; et l'on a reçu la déposition d'hommes semblables devant les tribunaux! L'invention malheureuse de cette police s'est tournée depuis contre les partisans de Bonaparte, à leur tour : n'ont-ils pas dû penser que c'était le taureau de Phalaris, dont ils subissaient eux-mêmes le supplice, après en avoir conçu la funeste idée?

CHAPITRE XVI.

De la littérature sous Bonaparte.

Cette même police, pour laquelle nous n'avons pas de termes assez méprisants, pas de termes qui puissent mettre assez de distance entre un honnête homme et quiconque pouvait entrer dans une telle caverne, c'était elle que Bonaparte avait chargée de diriger l'esprit public en France : et, en effet, dès qu'il n'y a pas de liberté de la presse, et que la censure de la police ne s'en tient pas à réprimer, mais dicte à tout un peuple les opinions qu'il doit avoir sur la politique, sur la religion, sur les mœurs, sur les livres, sur les individus, dans quel état doit tomber une nation qui n'a d'autre nourriture pour ses pensées que celle que permet ou prépare l'autorité despotique! Il ne faut donc pas s'étonner si en France la littérature et la critique littéraire sont déchues à un tel point. Ce n'est pas certainement qu'il y ait nulle part plus d'esprit et plus d'aptitude à tout que chez les Français. On peut voir quels progrès étonnants ils ne cessent de faire dans les sciences et dans l'érudition, parce que ces deux carrières ne touchent en aucune façon à la politique; tandis que la littérature ne peut rien produire de grand maintenant sans la liberté. On objecte toujours les chefs-d'œuvre du siècle de Louis XIV; mais l'esclavage de la presse était beaucoup moins sévère sous ce souverain que sous Bonaparte. Vers la fin du règne de Louis XIV, Fénelon et d'autres penseurs traitaient déjà les questions essentielles aux intérêts de la société. Le génie poétique s'épuise dans chaque pays tour à tour, et ce n'est qu'après de certains intervalles qu'il peut renaître;

mais l'art d'écrire en prose, inséparable de la pensée, embrasse nécessairement toute la sphère philosophique des idées; et, quand on condamne des hommes de lettres à tourner dans le cercle des madrigaux et des idylles, on leur donne aisément le vertige de la flatterie : ils ne peuvent rien produire qui dépasse les faubourgs de la capitale et les bornes du temps présent.

La tâche imposée aux écrivains sous Bonaparte était singulièrement difficile. Il fallait qu'ils combattissent avec acharnement les principes libéraux de la révolution, mais qu'ils en respectassent tous les intérêts, de façon que la liberté fût anéantie, mais que les titres, les biens et les emplois des révolutionnaires fussent consacrés. Bonaparte disait un jour, en parlant de J. J. Rousseau : *C'est pourtant lui qui a été cause de la révolution. Au reste, je ne dois pas m'en plaindre, car j'y ai attrapé le trône.* C'était ce langage qui devait servir de texte aux écrivains, pour saper sans relâche les lois constitutionnelles, et les droits imprescriptibles sur lesquels ces lois sont fondées, mais pour exalter le conquérant despote que les orages de la révolution avaient produit, et qui les avait calmés. S'agissait-il de la religion, Bonaparte faisait mettre sérieusement dans ses proclamations que les Français doivent se défier des Anglais, parce qu'ils étaient des hérétiques; mais voulait-il justifier les persécutions que subissait le plus vénérable et le plus modéré des chefs de l'Église, le pape Pie VII, il l'accusait de fanatisme. La consigne était de dénoncer, comme partisan de l'anarchie, quiconque émettait une opinion philosophique en aucun genre : mais, si quelqu'un, parmi les nobles, semblait insinuer que les anciens princes s'entendaient mieux que les nouveaux à la dignité des cours, on ne manquait pas de le signaler comme un conspirateur. Enfin, il fallait repousser ce qu'il y avait de bon dans chaque manière de voir, afin de composer le pire des fléaux humains, la tyrannie dans un pays civilisé.

Quelques écrivains ont essayé de faire une théorie abstraite du despotisme, afin de le recrépir, pour ainsi dire, de façon à lui donner un air de nouveauté philosophique. D'autres, du parti des parvenus, se sont plongés dans le machiavélisme, comme s'il y avait là de la profondeur, et ils ont présenté le pouvoir des hommes de la révolution, comme une garantie suffisante contre le retour des anciens gouvernements : comme s'il n'y avait que des intérêts dans ce monde, et que la direction de l'espèce humaine n'eût rien de commun avec la vertu! Il n'est resté de ces tours d'adresse qu'une

certaine combinaison de phrases, sans l'appui d'aucune idée vraie, et néanmoins construites comme il le faut grammaticalement, avec des verbes, des nominatifs et des accusatifs. Le *papier souffre tout*, disait un homme d'esprit. Sans doute il souffre tout, mais les hommes ne gardent point le souvenir des sophismes; et, fort heureusement pour la dignité de la littérature, aucun monument de cet art généreux ne peut s'élever sur de fausses bases. Il faut des accents de vérité pour être éloquent, il faut des principes justes pour raisonner, il faut du courage d'âme pour avoir des élans de génie; et rien de semblable ne peut se trouver dans ces écrivains qui suivent à tout vent la direction de la force.

Les journaux étaient remplis des adresses à l'empereur, des promenades de l'empereur, de celles des princes et des princesses, des étiquettes et des présentations à la cour. Ces journaux, fidèles à l'esprit de servitude, trouvaient le moyen d'être fades à l'époque du bouleversement du monde; et, sans les bulletins officiels qui venaient de temps en temps nous apprendre que la moitié de l'Europe était conquise, on aurait pu croire qu'on vivait sous des berceaux de fleurs, et qu'on n'avait rien de mieux à faire que de compter les pas des Majestés et des Altesses impériales, et de répéter les paroles gracieuses qu'elles avaient bien voulu laisser tomber sur la tête de leurs sujets prosternés. Est-ce ainsi que les hommes de lettres, que les magistrats de la pensée, doivent se conduire en présence de la postérité ?

Quelques personnes, cependant, ont tenté d'imprimer des livres sous la censure de la police; mais, qu'en arrivait-il? une persécution comme celle qui m'a forcée de m'enfuir par Moscou, pour chercher un asile en Angleterre. Le libraire Palm a été fusillé en Allemagne, pour n'avoir pas voulu nommer l'auteur d'une brochure qu'il avait imprimée. Et si des exemples plus nombreux encore de proscriptions ne peuvent être cités, c'est que le despotisme était si fortement mis en exécution, qu'on avait fini par s'y soumettre, comme aux terribles lois de la nature, la maladie et la mort. Ce n'est pas seulement à des rigueurs sans fin qu'on s'exposait sous une tyrannie aussi persévérante, mais on ne pouvait jouir d'aucune gloire littéraire dans son pays, quand les journaux aussi multipliés que sous un gouvernement libre, et néanmoins soumis tous au même langage, vous harcelaient de leurs plaisanteries de commande. J'ai fourni, pour ma part, des refrains continuels aux journalistes français depuis quinze ans : la mélancolie du Nord, la perfectibilité de l'espèce humaine, les muses romantiques, les muses germaniques. Le joug de l'autorité et l'esprit d'imitation étaient imposés à la littérature, comme le journal officiel dictait les articles de foi en politique. Un bon instinct de despotisme faisait sentir aux agents de la police littéraire, que l'originalité dans la manière d'écrire peut conduire à l'indépendance du caractère, et qu'il faut bien se garder de laisser introduire à Paris les livres des Anglais et des Allemands, si l'on ne veut pas que les écrivains français, tout en respectant les règles du goût, suivent les progrès de l'esprit humain dans les pays où les troubles civils n'en ont pas ralenti la marche.

Enfin, de toutes les douleurs que l'esclavage de la presse fait éprouver, la plus amère, c'est de voir insulter dans les feuilles publiques ce qu'on a de plus cher, ce qu'on respecte le plus, sans qu'il soit possible de faire admettre une réponse dans ces mêmes gazettes, qui sont nécessairement plus populaires que les livres. Quelle lâcheté dans ceux qui insultent les tombeaux, quand les amis des morts ne peuvent en prendre la défense! Quelle lâcheté dans ces folliculaires qui attaquaient aussi les vivants avec l'autorité derrière eux, et servaient d'avant-garde à toutes les proscriptions que le pouvoir absolu prodigue, dès qu'on lui suggère le moindre soupçon! Quel style que celui qui porte le cachet de la police! A côté de cette arrogance, à côté de cette bassesse, quand on lisait quelques discours des Américains ou des Anglais, des hommes publics enfin qui ne cherchent, en s'adressant aux autres hommes, qu'à leur communiquer leur conviction intime, on se sentait ému, comme si la voix d'un ami s'était tout à coup fait entendre à l'être abandonné qui ne savait plus où trouver un semblable.

CHAPITRE XVII.

Un mot de Bonaparte, imprimé dans le Moniteur.

Ce n'était pas assez que tous les actes de Bonaparte fussent empreints d'un despotisme toujours plus audacieux, il fallait encore qu'il révélât lui-même le secret de son gouvernement, méprisant assez l'espèce humaine pour le lui dire. Il fit mettre dans le Moniteur du mois de juillet 1810 ces propres paroles, qu'il adressait au second fils de son frère Louis Bonaparte; cet enfant était alors destiné au grand-duché de Berg : *N'oubliez jamais*, lui dit-il, *dans quelque position que vous placent ma politique et l'intérêt de mon empire,*

que vos premiers devoirs sont envers moi; vos seconds envers la France : tous vos autres devoirs, même ceux envers les peuples que je pourrais vous confier, ne viennent qu'après. Il ne s'agit pas là de libelles, il ne s'agit pas là d'opinions de parti : c'est lui, lui Bonaparte, qui s'est dénoncé ainsi plus sévèrement que la postérité n'aurait jamais osé le faire. Louis XIV fut accusé d'avoir dit dans son intérieur : *L'État, c'est moi;* et les historiens éclairés se sont appuyés avec raison sur ce langage égoïste, pour condamner son caractère. Mais si, lorsque ce monarque plaça son petit-fils sur le trône d'Espagne, il lui avait enseigné publiquement la même doctrine que Bonaparte enseignait à son neveu, peut-être que Bossuet lui-même n'aurait pas osé préférer les intérêts des rois à ceux des nations; et c'est un homme élu par le peuple, qui a voulu mettre son *moi* gigantesque à la place de l'espèce humaine! et c'est lui que les amis de la liberté ont pu prendre un instant pour le représentant de leur cause! Plusieurs ont dit : Il est l'enfant de la révolution. Oui, sans doute, mais un enfant parricide : devaient-ils donc le reconnaître?

CHAPITRE XVIII.

De la doctrine politique de Bonaparte.

Un jour M. Suard, l'homme de lettres français qui réunit au plus haut degré le tact de la littérature à la connaissance du grand monde, parlait avec courage devant Napoléon sur la peinture des empereurs romains, dans Tacite. *Fort bien*, dit Napoléon; *mais il devait nous expliquer pourquoi le peuple romain tolérait et même aimait ces mauvais empereurs. C'était là ce qu'il importait de faire connaître à la postérité.* Tâchons de ne pas mériter, relativement à l'empereur de France lui-même, les reproches qu'il faisait à l'historien romain.

Les deux principales causes du pouvoir de Napoléon en France ont été sa gloire militaire avant tout, et l'art qu'il eut de rétablir l'ordre sans attaquer les passions intéressées que la révolution avait fait naître. Mais tout ne consistait pas dans ces deux problèmes.

On prétend qu'au milieu du conseil d'État, Napoléon montrait dans la discussion une sagacité universelle. Je doute un peu de l'esprit qu'on trouve à un homme tout-puissant; il nous en coûte davantage, à nous autres particuliers, pour gagner notre vie de célébrité. Néanmoins on n'est pas quinze ans le maître de l'Europe, sans avoir

une vue perçante sur les hommes et sur les choses. Mais il y avait dans la tête de Bonaparte une
incohérence, trait distinctif de tous ceux qui ne
classent pas leurs pensées sous la loi du devoir.
La puissance du commandement avait été donnée
par la nature à Bonaparte; mais c'était plutôt
parce que les hommes n'agissaient point sur lui
que parce qu'il agissait sur eux, qu'il parvenait à
en être le maître; les qualités qu'il n'avait pas lui
servaient autant que les talents qu'il possédait, et
il ne se faisait obéir qu'en avilissant ceux qu'il soumettait. Ses succès sont étonnants, ses revers
plus étonnants encore; ce qu'il a fait avec l'énergie de la nation est admirable; l'état d'engourdissement dans lequel il l'a laissée peut à peine se
concevoir. La multitude d'hommes d'esprit qu'il a
employés est extraordinaire; mais les caractères
qu'il a dégradés nuisent plus à la liberté que toutes les facultés de l'intelligence ne pourraient y servir. C'est à lui surtout que peut s'appliquer la
belle image du despotisme dans l'*Esprit des lois :*
il a coupé l'arbre par la racine pour en avoir le
fruit, et peut-être a-t-il desséché le sol même.

Enfin Bonaparte, maître absolu de quatre-
vingts millions d'hommes, ne rencontrant plus
d'opposition nulle part, n'a su fonder ni une institution dans l'État, ni un pouvoir stable pour
lui-même. Quel est donc le principe destructeur
qui suivait ses pas triomphants? quel est-il? le mépris des hommes, et par conséquent de toutes les
lois, de toutes les études, de tous les établissements, de toutes les institutions dont la base est
le respect pour l'espèce humaine. Bonaparte s'est
enivré de ce mauvais vin du machiavélisme; il ressemblait, sous plusieurs rapports, aux tyrans italiens du quatorze et du quinzième siècle; et,
comme il avait peu lu, l'instruction ne combattait
point dans sa tête la disposition naturelle de son
caractère. L'époque du moyen âge étant la plus
brillante de l'histoire des Italiens, beaucoup d'entre eux n'estiment que trop les maximes des gouvernements d'alors; et ces maximes ont toutes été
recueillies par Machiavel.

En relisant dernièrement en Italie son fameux
écrit du Prince, qui trouve encore des croyants
parmi les possesseurs du pouvoir, un fait nouveau
et une conjecture nouvelle m'ont paru dignes d'attention. D'abord on vient de publier, en 1813, les
lettres de Machiavel, trouvées dans les manuscrits
de la bibliothèque Barberini, qui prouvent positivement que c'est pour se raccommoder avec les
Médicis qu'il a publié *le Prince*. On lui avait fait
subir la question, à cause de ses efforts en faveur

de la liberté; il était ruiné, malade, et sans ressources; il transigea, mais après la torture : en
vérité, l'on cède à moins, de nos jours.

Ce traité du Prince, où l'on retrouve malheureusement la supériorité d'esprit que Machiavel
avait développée dans une meilleure cause, n'a
point été composé, comme on l'a cru, pour faire
haïr le despotisme en montrant quelles affreuses
ressources les despotes doivent employer pour se
maintenir. C'est une supposition trop détournée
pour être admise. Il me semble plutôt que Machiavel, détestant avant tout le joug des étrangers en
Italie, tolérait et encourageait même les moyens,
quels qu'ils fussent, dont les princes du pays pouvaient se servir pour être les maîtres, espérant
qu'ils seraient assez forts un jour pour repousser
les troupes allemandes et françaises. Machiavel
analyse l'art de la guerre dans ses écrits, comme
les hommes du métier pourraient le faire; il revient sans cesse à la nécessité d'une organisation
militaire purement nationale : et, s'il a souillé sa
vie par son indulgence pour les crimes des Bor-
gia, c'est peut-être parce qu'il s'abandonnait trop
au besoin de tout tenter pour recouvrer l'indépendance de sa patrie. Bonaparte n'a sûrement pas
examiné le Prince de Machiavel sous ce point de
vue; mais il y a cherché ce qui passe encore pour
de la profondeur parmi les âmes vulgaires : l'art
de tromper les hommes. Cette politique doit tomber à mesure que les lumières s'étendront; ainsi
la croyance à la sorcellerie n'existe plus, depuis
qu'on a découvert les véritables lois de la physique.

Un principe général, quel qu'il fût, déplaisait à
Bonaparte, comme une niaiserie ou comme un
ennemi. Il n'écoutait que les considérations du
moment, et n'examinait les choses que sous le
rapport de leur utilité immédiate, car il aurait
voulu mettre le monde entier en rente viagère sur
sa tête. Il n'était point sanguinaire, mais indifférent à la vie des hommes. Il ne la considérait que
comme un moyen d'arriver à son but, ou comme
un obstacle à écarter de sa route. Il n'était pas
même aussi colère qu'il a souvent paru l'être : il
voulait effrayer avec ses paroles, afin de s'épargner le fait par la menace. Tout était chez lui
moyen ou but; l'involontaire ne se trouvait nulle
part, ni dans le bien, ni dans le mal. On prétend
qu'il a dit : *J'ai tant de conscrits à dépenser par
an.* Ce propos est vraisemblable, car Bonaparte a
souvent assez méprisé ses auditeurs pour se complaire dans un genre de sincérité qui n'est que de
l'impudence.

Jamais il n'a cru aux sentiments exaltés, soit

dans.les individus, soit dans les nations; il a pris l'expression de ces sentiments pour de l'hypocrisie. Il pensait tenir la clef de la nature humaine par la crainte et par l'espérance, habilement présentées aux égoïstes et aux ambitieux. Il faut en convenir, sa persévérance et son activité ne se ralentissaient jamais, quand il s'agissait des moindres intérêts du despotisme; mais c'était le despotisme même qui devait retomber sur sa tête. Une anecdote, dans laquelle j'ai eu quelque part, peut offrir une donnée de plus sur le système de Bonaparte, relativement à l'art de gouverner.

Le duc de Melzi, qui a été pendant quelque temps vice-président de la république Cisalpine, était un des hommes les plus distingués que cette Italie, si féconde en tout genre, ait produits. Né d'une mère espagnole et d'un père italien, il réunissait la dignité d'une nation à la vivacité de l'autre; et je ne sais si l'on pourrait citer, même en France, un homme plus remarquable par sa conversation, et par le talent plus important et plus nécessaire de connaître et de juger tous ceux qui jouaient un rôle politique en Europe. Le premier consul fut obligé de l'employer, parce qu'il jouissait du plus grand crédit parmi ses concitoyens, et que son attachement à sa patrie n'était mis en doute par personne. Bonaparte n'aimait point à se servir d'hommes qui fussent désintéressés, et qui eussent des principes quelconques inébranlables; aussi tournait-il sans cesse autour de Melzi pour le corrompre.

Après s'être fait couronner roi d'Italie, en 1805, Bonaparte se rendit au corps législatif de Lombardie, et dit à l'assemblée qu'il voulait donner une terre considérable au duc de Melzi, pour acquitter la reconnaissance publique envers lui : il espérait ainsi le dépopulariser. Me trouvant alors à Milan, je vis le soir M. de Melzi, qui était vraiment au désespoir du tour perfide que Napoléon lui avait joué, sans l'en prévenir en aucune manière; et, comme Bonaparte se serait irrité d'un refus, je conseillai à M. de Melzi de consacrer tout de suite à un établissement public les revenus dont on avait voulu l'accabler. Il adopta mon avis; et, dès le jour suivant, en se promenant avec l'empereur, il lui dit que telle était son intention. Bonaparte lui saisit le bras, et s'écria : *C'est une idée de madame de Staël que vous me dites là; je le parie. Mais ne donnez pas, croyez-moi, dans cette philanthropie romanesque du dix-huitième siècle : il n'y a qu'une seule chose à faire dans ce monde, c'est d'acquérir toujours plus d'argent et de pouvoir; tout le reste est chi-*

mère. Beaucoup de gens diront qu'il avait raison; je crois, au contraire, que l'histoire montrera qu'en établissant cette doctrine, en déliant les hommes de l'honneur, partout ailleurs que sur le champ de bataille, il a préparé ses partisans à l'abandonner, conformément à ses propres préceptes, quand il cesserait d'être le plus fort. Aussi peut-il se vanter d'avoir eu plus de disciples fidèles à son système, que de serviteurs dévoués à son infortune. Il consacrait sa politique par le fatalisme, seule religion qui puisse s'accorder avec le dévouement à la fortune; et, sa prospérité croissant toujours, il a fini par se faire le grand prêtre et l'idole de son propre culte, croyant en lui, comme si ses désirs étaient des présages, et ses desseins des oracles.

La durée du pouvoir de Bonaparte était une leçon d'immoralité continuelle : s'il avait toujours réussi, qu'aurions-nous pu dire à nos enfants? Il nous serait toujours resté sans doute la jouissance religieuse de la résignation, mais la masse des habitants de la terre aurait en vain cherché les intentions de la Providence dans les affaires humaines.

Toutefois, en 1811, les Allemands appelaient encore Bonaparte l'homme de la destinée; l'imagination de quelques Anglais même était ébranlée par ses talents extraordinaires. La Pologne et l'Italie espéraient encore de lui leur indépendance, et la fille des Césars était devenue son épouse. Cet insigne honneur lui causa comme un transport de joie, étranger à sa nature; et, pendant quelque temps, on dut croire que cette illustre compagne pourrait changer le caractère de celui que le sort avait rapproché d'elle. Il ne fallait encore, à cette époque, à Bonaparte, qu'un sentiment honnête pour être le plus grand souverain du monde; soit l'amour paternel, qui porte les hommes à soigner l'héritage de leurs enfants; soit la pitié pour ces Français, qui se faisaient tuer pour lui au moindre signe; soit l'équité envers les nations étrangères, qui le regardaient avec étonnement; soit enfin cette espèce de sagesse naturelle à tout homme, au milieu de la vie, quand il voit s'approcher les grandes ombres qui doivent bientôt l'envelopper : une vertu, une seule vertu, et c'en était assez pour que toutes les prospérités humaines s'arrêtassent sur la tête de Bonaparte. Mais l'étincelle divine n'existait pas dans son cœur.

Le triomphe de Bonaparte, en Europe, comme en France, reposait en entier sur une grande équivoque qui dure encore pour beaucoup de gens. Les peuples s'obstinaient à le considérer comme le défenseur de leurs droits, dans le moment où il en était le plus grand ennemi. La force de la révolution de France, dont il avait hérité, était immense, parce qu'elle se composait de la volonté des Français et du vœu secret des autres nations. Napoléon s'est servi de cette force contre les anciens gouvernements pendant plusieurs années, avant que les peuples aient découvert qu'il ne s'agissait pas d'eux. Les mêmes noms subsistaient encore : c'était toujours la France, jadis le foyer des principes populaires; et, bien que Bonaparte détruisît les républiques, et qu'il excitât les rois et les princes à des actes de tyrannie, contraires même à leur modération naturelle, on croyait encore que tout cela finirait par de la liberté, et souvent lui-même parlait de constitution, du moins quand il s'agissait du règne de son fils. Toutefois le premier pas que Napoléon ait fait vers sa ruine, c'est l'entreprise contre l'Espagne; car il a trouvé là une résistance nationale, la seule dont l'art ni la corruption de la diplomatie ne pussent le débarrasser. Il ne s'est pas douté du danger qu'une guerre de villages et de montagnes pouvait faire courir à son armée; il ne croyait point à la puissance de l'âme; il comptait les baïonnettes; et comme, avant l'arrivée des armées anglaises, il n'y en avait presque point en Espagne, il n'a pas su redouter la seule puissance invincible, l'enthousiasme de tout un peuple. *Les Français*, disait Bonaparte, *sont des machines nerveuses;* et il voulait expliquer par là le mélange d'obéissance et de mobilité qui est dans leur nature. Ce reproche est peut-être juste; mais il est pourtant vrai qu'une persévérance invincible, depuis près de trente ans, se trouve au fond de ces défauts, et c'est parce que Bonaparte a ménagé l'idée dominante qu'il a régné. Les Français ont cru, pendant longtemps, que le gouvernement impérial les préservait des institutions de l'ancien régime, qui leur sont particulièrement odieuses. Ils ont confondu longtemps aussi la cause de la révolution avec celle d'un nouveau maître. Beaucoup de gens de bonne foi se sont laissé séduire par ce motif; d'autres ont tenu le même langage, lors même qu'ils n'avaient plus la même opinion; et ce n'est que très-tard que la nation s'est désintéressée de Bonaparte. A dater de ce jour, l'abîme a été creusé sous ses pas.

CHAPITRE XIX.

Enivrement du pouvoir; revers et abdication de Bonaparte.

Cette *vieille Europe m'ennuie*, disait Napoléon,

avant de partir pour la Russie. En effet, il ne rencontrait plus d'obstacle à ses volontés nulle part, et l'inquiétude de son caractère avait besoin d'un aliment nouveau. Peut-être aussi la force et la clarté de son jugement s'altérèrent-elles, quand les hommes et les choses plièrent tellement devant lui, qu'il n'eut plus besoin d'exercer sa pensée sur aucune des difficultés de la vie. Il y a dans le pouvoir sans bornes une sorte de vertige qui saisit le génie comme la sottise, et les perd également l'un et l'autre.

L'étiquette orientale que Bonaparte avait établie dans sa cour, interceptait les lumières que l'on peut recueillir par les communications faciles de la société. Quand il y avait quatre cents personnes dans son salon, un aveugle aurait pu s'y croire seul, tant le silence qu'on observait était profond ! Les maréchaux de France, au milieu des fatigues de la guerre, au moment de la crise d'une bataille, entraient dans la tente de l'empereur pour lui demander ses ordres, et il ne leur était pas permis de s'y asseoir. Sa famille ne souffrait pas moins que les étrangers de son despotisme et de sa hauteur. Lucien a mieux aimé vivre prisonnier en Angleterre que de régner sous les ordres de son frère. Louis Bonaparte, dont le caractère est généralement estimé, se vit contraint, par sa probité même, à renoncer à la couronne de Hollande; et, le croirait-on? quand il causait avec son frère, pendant deux heures, tête à tête, forcé par sa mauvaise santé de s'appuyer péniblement contre la muraille, Napoléon ne lui offrait pas une chaise; il demeurait lui-même debout, de crainte que quelqu'un n'eût l'idée de se familiariser assez avec lui pour s'asseoir en sa présence.

La peur qu'il causait dans les derniers temps était telle, que personne ne lui adressait le premier la parole sur rien. Quelquefois il s'entretenait avec la plus grande simplicité au milieu de sa cour, et dans son conseil d'État. Il souffrait la contradiction, il y encourageait même, quand il s'agissait de questions administratives ou judiciaires, sans relation avec son pouvoir. Il fallait voir alors l'attendrissement de ceux auxquels il avait rendu pour un moment la respiration libre; mais, quand le maître reparaissait, on demandait en vain aux ministres de présenter un rapport à l'empereur contre une mesure injuste. S'agissait-il même de la victime d'une erreur, de quelque individu pris par hasard sous le grand filet tendu sur l'espèce humaine, les agents du pouvoir vous objectaient la difficulté de s'adresser à Napoléon, comme s'il eût été question du grand Lama. Une telle stupeur causée par la puissance aurait fait rire, si l'état où se trouvaient les hommes, sans appui sous ce despotisme, n'eût pas inspiré la plus profonde pitié.

Les compliments, les hymnes, les adorations sans nombre et sans mesure dont ses gazettes étaient remplies, devaient fatiguer un homme d'un esprit aussi transcendant; mais le despotisme de son caractère était plus fort que sa propre raison. Il aimait moins les louanges vraies que les flatteries serviles, parce que, dans les unes, on n'aurait vu que son mérite, tandis que les autres attestaient son autorité. En général, il a préféré la puissance à la gloire; car l'action de la force lui plaisait trop pour qu'il s'occupât de la postérité, sur laquelle on ne peut l'exercer. Mais un des résultats du pouvoir absolu qui a le plus contribué à précipiter Bonaparte de son trône, c'est que, par degrés, l'on n'osait plus lui parler avec vérité sur rien. Il a fini par ignorer qu'il faisait froid à Moscou dès le mois de novembre, parce que personne, parmi ses courtisans, ne s'est trouvé assez Romain pour oser lui dire une chose aussi simple.

En 1811, Napoléon avait fait insérer et désavouer en même temps, dans le Moniteur, une note secrète, imprimée dans les journaux anglais, comme ayant été adressée par son ministre des affaires étrangères à l'ambassadeur de Russie. Il y était dit que l'Europe ne pouvait être en paix tant que l'Angleterre et sa constitution subsisteraient. Que cette note fût authentique ou non, elle portait du moins le cachet de l'école de Napoléon, et exprimait certainement sa pensée. Un instinct, dont il ne pouvait se rendre compte, lui apprenait que tant qu'il y aurait un foyer de justice et de liberté dans le monde, le tribunal qui devait le condamner tenait ses séances permanentes.

Bonaparte joignait peut-être à la folle idée de la guerre de Russie celle de la conquête de la Turquie, du retour en Égypte, et de quelques tentatives sur les établissements des Anglais dans l'Inde; tels étaient les projets gigantesque avec lesquels il se rendit la première fois à Dresde, traînant après lui les armées de tout le continent de l'Europe, qu'il obligeait à marcher contre la puissante nation limitrophe de l'Asie. Les prétextes étaient de peu de chose pour un homme arrivé à un tel degré de pouvoir; cependant il fallait adopter sur l'expédition de Russie une phrase à donner aux courtisans, comme le mot d'ordre. Cette phrase était *que la France se voyait obligée de faire la guerre à la Russie, parce qu'elle n'observait pas le blocus continental envers l'Angleterre.* Or, pendant ce temps, Bonaparte accordait lui-même sans cesse à Paris des

licences pour des échanges avec les négociants de Londres; et l'empereur de Russie aurait pu, à meilleur droit, lui déclarer la guerre, comme manquant au traité par lequel ils s'étaient engagés réciproquement à ne point faire de commerce avec les Anglais. Mais qui se donnerait la peine aujourd'hui de justifier une telle guerre? Personne, pas même Bonaparte; car son respect pour le succès est tel, qu'il doit se condamner lui-même d'avoir encouru de si grands revers.

Cependant le prestige de l'admiration et de la terreur que Napoléon inspirait était si grand, que l'on n'avait guère de doute sur ses triomphes. Pendant qu'il était à Dresde, en 1812, environné de tous les souverains de l'Allemagne, et commandant une armée de cinq cent mille hommes, composée de presque toutes les nations européennes, il paraissait impossible, d'après les calculs humains, que son expédition ne fût pas heureuse. En effet, dans sa chute, la Providence s'est montrée de plus près à la terre que dans tout autre événement, et les éléments ont été chargés de frapper les premiers le maître des hommes. On peut à peine se figurer aujourd'hui que, si Bonaparte avait réussi dans son entreprise contre la Russie, il n'y avait pas un coin de terre continentale où l'on pût lui échapper. Tous les ports étant fermés, le continent était, comme la tour d'Ugolin, muré de toutes parts.

Menacée de la prison par un préfet très-docile au pouvoir, si je montrais la moindre intention de m'éloigner un jour de ma demeure, je m'échappai, lorsque Bonaparte était près d'entrer en Russie, craignant de ne plus trouver d'issue en Europe, si j'eusse différé plus longtemps. Je n'avais déjà plus que deux chemins pour aller en Angleterre : Constantinople ou Pétersbourg. La guerre entre la Russie et la Turquie rendait la route par ce dernier pays presque impraticable; je ne savais ce que je deviendrais, quand l'empereur Alexandre voulut bien m'envoyer à Vienne un passe-port. En entrant dans son empire, reconnu pour absolu, je me sentis libre pour la première fois, depuis le règne de Bonaparte, non pas seulement à cause des vertus personnelles de l'empereur Alexandre, mais parce que la Russie était le seul pays où Napoléon ne fît point sentir son influence. Il n'est aucun ancien gouvernement que l'on pût comparer à cette tyrannie entée sur une révolution, à cette tyrannie qui s'était servie du développement même des lumières, pour mieux enchaîner tous les genres de libertés.

Je me propose d'écrire un jour ce que j'ai vu de

la Russie. Toutefois je dirai, sans me détourner de mon sujet, que c'est un pays mal connu, parce qu'on n'a presque observé de cette nation qu'un petit nombre d'hommes de cour, dont les défauts sont d'autant plus grands que le pouvoir du souverain est moins limité. Ils ne brillent pour la plupart que par l'intrépide bravoure commune à toutes les classes; mais les paysans russes, cette nombreuse partie de la nation qui ne connaît que la terre qu'elle cultive, et le ciel qu'elle regarde, a quelque chose en elle de vraiment admirable. La douceur de ces hommes, leur hospitalité, leur élégance naturelle, sont extraordinaires; aucun danger n'a d'existence à leurs yeux; ils ne croient pas que rien soit impossible quand leur maître le commande. Ce mot de maître, dont les courtisans font un objet de flatterie et de calcul, ne produit pas le même effet sur un peuple presque asiatique. Le monarque, étant chef du culte, fait partie de la religion; les paysans se prosternent en présence de l'empereur, comme ils saluent l'église devant laquelle ils passent; aucun sentiment servile ne se mêle à ce qu'ils témoignent à cet égard.

Grâce à la sagesse éclairée du souverain actuel, toutes les améliorations possibles s'accompliront graduellement en Russie. Mais il n'est rien de plus absurde que les discours répétés d'ordinaire par ceux qui redoutent les lumières d'Alexandre. « Pourquoi, disent-ils, cet empereur, dont les « amis de la liberté sont si enthousiastes, n'éta- « blit-il pas chez lui le régime constitutionnel qu'il « conseille aux autres pays ? » C'est une des mille et une ruses des ennemis de la raison humaine, que de vouloir empêcher ce qui est possible et désirable pour une nation, en demandant ce qui ne l'est pas actuellement chez une autre. Il n'y a point encore de tiers état en Russie : comment donc pourrait-on y créer un gouvernement représentatif ? La classe intermédiaire entre les boyards et le peuple manque presque entièrement. On pourrait augmenter l'existence politique des grands seigneurs, et défaire, à cet égard, l'ouvrage de Pierre Ier; mais ce serait reculer au lieu d'avancer; car le pouvoir de l'empereur, tout absolu qu'il est encore, est une amélioration sociale, en comparaison de ce qu'était jadis l'aristocratie russe. La Russie, sous le rapport de la civilisation, n'en est qu'à cette époque de l'histoire, où, pour le bien des nations, il fallait limiter le pouvoir des privilégiés par celui de la couronne. Trente-six religions, en y comprenant les cultes païens, trente-six peuples divers sont, non pas réunis, mais épars sur un terrain immense. D'une part,

le culte grec s'accorde avec une tolérance parfaite, et de l'autre, le vaste espace qu'occupent les hommes leur laisse la liberté de vivre chacun selon ses mœurs. Il n'y a point encore dans cet ordre de choses, des lumières qu'on puisse concentrer, des individus qui puissent faire marcher des institutions. Le seul lien qui unisse des peuples presque nomades, et dont les maisons ressemblent à des tentes de bois établies dans la plaine, c'est le respect pour le monarque, et la fierté nationale; le temps en développera successivement d'autres.

J'étais à Moscou un mois, jour pour jour, avant que l'armée de Napoléon y entrât, et je n'osai m'y arrêter que peu de moments, craignant déjà son approche. En me promenant au haut du Kremlin, palais des anciens czars, qui domine sur l'immense capitale de la Russie et sur ses dix-huit cents églises, je pensais qu'il était donné à Bonaparte de voir les empires à ses pieds, comme Satan les offrit à Notre-Seigneur. Mais c'est lorsqu'il ne lui restait plus rien à conquérir en Europe, que la destinée l'a saisi, pour le faire tomber aussi rapidement qu'il était monté. Peut-être a-t-il appris depuis que, quels que soient les événements des premières scènes, il existe une puissance de vertu qui reparaît toujours au cinquième acte des tragédies; comme, chez les anciens, un dieu tranchait le nœud quand l'action en était digne.

La persévérance admirable de l'empereur Alexandre, en refusant la paix que Bonaparte lui offrait, selon sa coutume, quand il fut vainqueur; l'énergie des Russes qui ont mis le feu à Moscou, pour que le martyre d'une ville sauvât le monde chrétien, contribuèrent certainement beaucoup aux revers que les troupes de Bonaparte ont éprouvés dans la retraite de Russie. Mais c'est le froid, ce froid de l'enfer, tel qu'il est peint dans le Dante, qui pouvait seul anéantir l'armée de Xercès.

Nous qui avons le cœur français, nous nous étions cependant habitués, pendant les quinze années de la tyrannie de Napoléon, à considérer ses armées par delà le Rhin comme ne tenant plus à la France; elles ne défendaient plus les intérêts de la nation, elles ne servaient que l'ambition d'un seul homme; il n'y avait rien en cela qui pût réveiller l'amour de la patrie; et, loin de souhaiter alors le triomphe de ces troupes, étrangères en grande partie, on pouvait considérer leurs défaites comme un bonheur même pour la France. D'ailleurs, plus on aime la liberté dans son pays, plus il est impossible de se réjouir des victoires dont l'oppression des autres peuples doit être le résultat. Mais, qui pourrait entendre néanmoins le récit des maux qui ont accablé les Français dans la guerre de Russie, sans en avoir le cœur déchiré?

Incroyable homme! il a vu des souffrances dont on ne peut aborder la pensée; il a su que les grenadiers français, dont l'Europe ne parle encore qu'avec respect, étaient devenus le jouet de quelques juifs, de quelques vieilles femmes de Wilna, tant leurs forces physiques les avaient abandonnés, longtemps avant qu'ils pussent mourir! Il a reçu de cette armée des preuves de respect et d'attachement, lorsqu'elle périssait un à un pour lui; et il a refusé six mois après, à Dresde, une paix qui le laissait maître de la France jusqu'au Rhin, et de l'Italie tout entière! Il était venu rapidement à Paris, après la retraite de Russie, afin d'y réunir de nouvelles forces. Il avait traversé avec une fermeté plus théâtrale que naturelle l'Allemagne dont il était haï, mais qui le redoutait encore. Dans son dernier bulletin, il avait rendu compte des désastres de son armée, plutôt en les outrant qu'en les dissimulant. C'est un homme qui aime tellement à causer des émotions fortes que, quand il ne peut pas cacher ses revers, il les exagère pour faire toujours plus qu'un autre. Pendant son absence, on avait essayé contre lui la conspiration la plus généreuse (celle de Mallet) dont l'histoire de la révolution de France ait offert l'exemple. Aussi lui causa-t-elle plus de terreur que la coalition même. Ah! que n'a-t-elle réussi, cette conjuration patriotique! La France aurait eu la gloire de s'affranchir elle-même, et n'est pas sous les ruines de la patrie que son oppresseur eût été accablé.

Le général Mallet était un ami de la liberté, il attaquait Bonaparte sur ce terrain. Or Bonaparte savait qu'il n'en existait pas de plus dangereux pour lui; aussi ne parlait-il, en revenant à Paris, que de l'*idéologie*. Il avait pris en horreur ce mot très-innocent, parce qu'il signifie la théorie de la pensée. Toutefois il était singulier de ne redouter que ce qu'il appelait *les idéologues*, quand l'Europe entière s'armait contre lui. Ce serait beau si, en conséquence de cette crainte, il eût recherché par-dessus tout l'estime des philosophes; mais il détestait tout individu capable d'une opinion indépendante. Sous le rapport même de la politique, il a trop cru qu'on ne gouvernait les hommes que par leur intérêt; cette vieille maxime, quelque commune qu'elle soit, est souvent fausse. La plupart des hommes que Bonaparte a comblés de places et d'argent ont déserté sa cause; et ses soldats, attachés à lui par ses victoires, ne l'ont point abandonné. Il se moquait de l'enthousiasme, et cependant c'est l'enthousiasme, ou du moins le fanatisme militaire

qui l'a soutenu. La frénésie des combats qui, dans ses excès mêmes, a de la grandeur, a seule fait la force de Bonaparte. Les nations ne peuvent avoir tort : jamais un principe pervers n'agit longtemps sur la masse; les hommes ne sont mauvais qu'un à un.

Bonaparte fit, ou plutôt la nation fit pour lui un miracle. Malgré ses pertes immenses en Russie, elle créa, en moins de trois mois, une nouvelle armée qui put marcher en Allemagne et y gagner encore des batailles. C'est alors que le démon de l'orgueil et de la folie se saisit de Bonaparte, d'une façon telle que le raisonnement fondé sur son propre intérêt ne peut plus expliquer les motifs de sa conduite : c'est à Dresde qu'il a méconnu la dernière apparition de son génie tutélaire.

Les Allemands, depuis longtemps indignés, se soulevèrent enfin contre les Français qui occupaient leur pays; la fierté nationale, cette grande force de l'humanité, reparut parmi les fils des Germains. Bonaparte apprit alors ce qu'il advient des alliés qu'on a contraints par la force, et combien tout ce qui n'est pas volontaire se détruit au premier revers. Les souverains de l'Allemagne se battirent avec l'intrépidité des simples soldats, et l'on crut voir dans les Prussiens et dans leur roi guerrier, le souvenir de l'insulte personnelle que Bonaparte avait fait subir quelques années auparavant à leur belle et vertueuse reine.

La délivrance de l'Allemagne avait été depuis longtemps l'objet des désirs de l'empereur de Russie. Lorsque les Français furent repoussés de son pays, il se dévoua à cette cause, non-seulement comme souverain, mais comme général; et plusieurs fois il exposa sa vie, non en monarque garanti par ses courtisans, mais en soldat intrépide. La Hollande accueillit ses libérateurs, et rappela cette maison d'Orange, dont les princes sont maintenant, comme jadis, les défenseurs de l'indépendance et les magistrats de la liberté. Quelque influence qu'aient eue aussi sur cette époque les victoires des Anglais en Espagne, nous parlerons ailleurs de lord Wellington; car il faut s'arrêter à ce nom, on ne peut le prononcer en passant.

Bonaparte revint à Paris, et dans ce moment encore la France pouvait être sauvée. Cinq membres du corps législatif, Gallois, Raynouard, Flaugergues, Maine de Biran et Lainé, demandèrent la paix au péril de leur vie : chacun d'eux pourrait être désigné par un mérite particulier; et le dernier que j'ai nommé, Lainé, perpétue chaque jour, par ses talents et sa conduite, le souvenir d'une action qui suffirait pour honorer le caractère d'un homme. Si le sénat avait secondé les cinq du corps législatif, si les généraux avaient appuyé le sénat, la France aurait disposé de son sort, et, quelque parti qu'elle eût pris, elle fût restée France. Mais quinze années de tyrannie dénaturent toutes les idées, altèrent tous les sentiments; les mêmes hommes qui exposeraient noblement leur vie à la guerre, ne savent pas que le même honneur et le même courage commandent dans la carrière civile la résistance à l'ennemi de tous, le despotisme.

Bonaparte répondit à la députation du corps législatif avec une fureur concentrée; il parla mal, mais son orgueil se fit jour à travers le langage embrouillé dont il se servit. Il dit que *la France avait plus besoin de lui que lui d'elle;* oubliant que c'était lui qui l'avait réduite à cet état. Il dit *qu'un trône n'était qu'un morceau de bois sur lequel on étendait un tapis, et que tout dépendait de celui qui l'occupait;* enfin il parut toujours enivré de lui-même. Toutefois, une anecdote singulière ferait croire qu'il était atteint déjà par l'engourdissement qui s'est montré dans son caractère pendant la dernière crise de sa vie politique. Un homme tout à fait digne de foi m'a dit que, causant seul avec lui, la veille de son départ pour l'armée, au mois de janvier 1814, quand les alliés étaient déjà entrés en France, Bonaparte avoua, dans cet entretien secret, qu'il n'avait pas de moyen de résister. Son interlocuteur discuta la question; Bonaparte lui en présenta le mauvais côté dans tout son jour, et puis, chose inouïe, il s'endormait en parlant sur un tel sujet, sans qu'aucune fatigue précédente expliquât cette bizarre apathie. Il n'en a pas moins déployé depuis une extrême activité dans sa campagne de 1814; il s'est laissé sans doute reprendre aussi par une confiance présomptueuse; d'un autre côté, l'existence physique, à force de jouissances et de facilités, s'était emparée de cet homme autrefois si dominé par sa pensée. Il était, pour ainsi dire, épaissi d'âme comme de corps; son génie ne perçait plus que par moments cette enveloppe d'égoïsme qu'une longue habitude d'être compté pour tout lui avait donnée. Il a succombé sous le poids de la prospérité, avant d'être renversé par l'infortune.

On prétend qu'il n'a pas voulu céder les conquêtes qui avaient été faites par la république, et qu'il n'a pu se résoudre à ce que la France fût affaiblie sous son règne. Si cette considération l'a déterminé à refuser la paix qui lui fut offerte à Châtillon, au mois de mars 1814, c'est la première fois que l'idée d'un devoir aurait agi sur lui; et

sa persévérance, en cette occasion, quelque imprudente qu'elle fût, méritait de l'estime. Mais il paraît plutôt qu'il a trop compté sur son talent, après quelques succès en Champagne, et qu'il s'est caché à lui-même les difficultés qu'il avait à surmonter, comme aurait pu le faire un de ses flatteurs. On était tellement accoutumé à le craindre, qu'on n'osait pas lui dire les faits qui l'intéressaient le plus. Assurait-il qu'il y avait vingt mille Français dans tel endroit, personne ne se sentait le courage de lui apprendre qu'il n'y en avait que dix mille : prétendait-il que les alliés n'étaient qu'en tel nombre, nul ne se hasardait à lui prouver que ce nombre était double. Son despotisme était tel, qu'il avait réduit les hommes à n'être que les échos de lui-même, et que sa propre voix lui revenant de toutes parts, il était ainsi seul au milieu de la foule qui l'environnait.

Enfin, il n'a pas vu que l'enthousiasme avait passé de la rive gauche du Rhin à la rive droite; qu'il ne s'agissait plus de gouvernements indécis, mais de peuples irrités; et que, de son côté, au contraire, il n'y avait qu'une armée et plus de nation; car, dans ce grand débat, la France est demeurée neutre : elle ne s'est pas doutée qu'il s'agissait d'elle quand il s'agissait de lui. Le peuple le plus guerrier a vu, presque avec insouciance, les succès de ces mêmes étrangers qu'il avait combattus tant de fois avec gloire; et les habitants des villes et des campagnes n'aidèrent que faiblement les soldats français, ne pouvant se persuader qu'après vingt-cinq ans de victoires, un événement inouï, l'entrée des alliés à Paris, pût arriver. Elle eut lieu cependant, cette terrible justice de la destinée. Les coalisés furent généreux; Alexandre, ainsi que nous le verrons dans la suite, se montra toujours magnanime. Il entra le premier dans la ville conquise en sauveur tout-puissant, en philanthrope éclairé; mais, tout en l'admirant, qui pouvait être Français et ne pas sentir une effroyable douleur?

Du moment où les alliés passèrent le Rhin et pénétrèrent en France, il me semble que les vœux des amis de la France devaient être absolument changés. J'étais alors à Londres, et l'un des ministres anglais me demanda ce que je souhaitais. J'osai lui répondre que mon désir était que Bonaparte fût *victorieux et tué.* Je trouvai dans les Anglais assez de grandeur d'âme pour n'avoir pas besoin de cacher ce sentiment français devant eux : toutefois il me fallut apprendre, au milieu des transports de joie dont la ville des vainqueurs retentissait, que Paris était au pouvoir des alliés. Il me sembla dans cet instant qu'il n'y avait plus de France : je crus la prédiction de Burke accomplie, et que là où elle existait on ne verrait plus qu'un abîme. L'empereur Alexandre, les alliés, et les principes constitutionnels adoptés par la sagesse de Louis XVIII, éloignèrent ce triste pressentiment.

Bonaparte entendit alors de toutes parts la vérité si longtemps captive. C'est alors que des courtisans ingrats méritèrent le mépris de leur maître pour l'espèce humaine. En effet, si les amis de la liberté respectent l'opinion, désirent la publicité, cherchent partout l'appui sincère et libre du vœu national, c'est parce qu'ils savent que la lie des âmes se montre seule dans les secrets et les intrigues du pouvoir arbitraire.

Il y avait cependant encore de la grandeur dans les adieux de Napoléon à ses soldats et à leurs aigles si longtemps victorieuses : sa dernière campagne avait été longue et savante; enfin le prestige funeste qui rattachait à lui la gloire militaire de la France n'était pas encore détruit. Aussi le congrès de Paris a-t-il à se reprocher de l'avoir mis dans le cas de revenir. Les représentants de l'Europe doivent avouer franchement cette faute, et il est injuste de la faire porter à la nation française. C'est sans aucun mauvais dessein assurément que les ministres des monarques étrangers ont laissé planer sur le trône de Louis XVIII un danger qui menaçait également l'Europe entière; mais pourquoi ceux qui ont suspendu cette épée ne s'accusent-ils pas du mal qu'elle a fait?

Beaucoup de gens se plaisent à soutenir que si Bonaparte n'avait tenté ni l'expédition d'Espagne, ni celle de Russie, il serait encore empereur; et cette opinion flatte les partisans du despotisme, qui veulent qu'un si beau gouvernement ne puisse pas être renversé par la nature même des choses, mais seulement par un accident. J'ai déjà dit ce que l'observation de la France confirmera, c'est que Bonaparte avait besoin de la guerre pour établir et pour conserver le pouvoir absolu. Une grande nation n'aurait pas supporté le poids monotone et avilissant du despotisme, si la gloire militaire n'avait pas sans cesse animé ou relevé l'esprit public. Les avancements continuels dans les divers grades, auxquels toutes les classes de la nation pouvaient participer, rendaient la conscription moins pénible aux habitants de la campagne. L'intérêt continuel des victoires tenait lieu de tous les autres; l'ambition était le principe actif du gouvernement dans ses moindres ramifications; titres, argent, puissance, Bonaparte donnait tout aux Français à la place de la liberté. Mais, pour

être en état de leur dispenser ces dédommagements funestes, il ne fallait pas moins que l'Europe à dévorer. Si Napoléon eût été ce qu'on pourrait appeler un tyran raisonnable, il n'aurait pu lutter contre l'activité des Français, qui demandait un but. C'était un homme condamné, par sa destinée, aux vertus de Washington ou aux conquêtes d'Attila; mais il était plus facile d'atteindre les confins du monde civilisé que d'arrêter les progrès de la raison humaine, et bientôt l'opinion de la France aurait accompli ce que les armes des alliés ont opéré.

Maintenant ce n'est plus lui qui seul occupera l'histoire dont nous voulons esquisser le tableau, et notre malheureuse France va de nouveau reparaître, après quinze ans pendant lesquels on n'avait entendu parler que de l'empereur et de son armée. Quels revers nous avons à décrire! quels maux nous avons à redouter! Il nous faudra demander compte encore une fois à Bonaparte de la France, puisque ce pays, trop confiant et trop guerrier, s'est encore une fois remis à lui de son sort.

Dans les diverses observations que je viens de rassembler sur Bonaparte, je n'ai point approché de sa vie privée que j'ignore, et qui ne concerne pas les intérêts de la France. Je n'ai pas dit un fait douteux sur son histoire; car les calomnies qu'on lui a prodiguées me semblent plus viles encore que les adulations dont il fut l'objet. Je me flatte de l'avoir jugé comme tous les hommes publics doivent l'être, d'après ce qu'ils ont fait pour la prospérité, les lumières et la morale des nations. Les persécutions que Bonaparte m'a fait éprouver n'ont pas, je puis l'attester, exercé d'influence sur mon opinion. Il m'a fallu plutôt, au contraire, résister à l'espèce d'ébranlement que produisent sur l'imagination un génie extraordinaire et une destinée redoutable. Je me serais même assez volontiers laissé séduire par la satisfaction que trouvent les âmes fières à défendre un homme malheureux, et par le plaisir de se placer ainsi plus en contraste avec ces écrivains et ces orateurs qui, prosternés hier devant lui, ne cessent de l'injurier à présent, en se faisant bien rendre compte, j'imagine, de la hauteur des rochers qui le renferment. Mais on ne peut se taire sur Bonaparte, lors même qu'il est malheureux, parce que sa doctrine politique règne encore dans l'esprit de ses ennemis comme de ses partisans. Car, de tout l'héritage de sa terrible puissance, il ne reste au genre humain que la connaissance funeste de quelques secrets de plus dans l'art de la tyrannie.

CINQUIÈME PARTIE [1].

CHAPITRE PREMIER.

De ce qui constitue la royauté légitime.

En considérant la royauté, comme toutes les institutions doivent être jugées, sous le rapport du bonheur et de la dignité des nations, je dirai d'une manière générale, et en respectant les exceptions, que les princes des anciennes familles conviennent beaucoup mieux au bien de l'État que les princes parvenus. Ils ont d'ordinaire des talents moins remarquables, mais leur disposition est plus pacifique; ils ont plus de préjugés, mais moins d'ambition; ils sont moins étonnés du pouvoir, puisque, dès leur enfance, on leur a dit qu'ils y étaient destinés; et ils ne craignent pas autant de le perdre, ce qui les rend moins soupçonneux et moins inquiets. Leur manière d'être est plus simple, parce qu'ils n'ont pas besoin de recourir à des moyens factices pour imposer, et qu'ils n'ont rien de nouveau à conquérir en fait de respect : les habitudes et les traditions leur servent de guides. Enfin, l'éclat extérieur, attribut nécessaire de la royauté, paraît convenable quand il s'agit de princes dont les aïeux, depuis des siècles, ont été placés à la même hauteur de rang. Lorsqu'un homme, le premier de sa famille, est élevé tout à coup à la dignité suprême, il lui faut le prestige de la gloire pour faire disparaître le contraste entre la pompe royale et son état précédent de simple particulier. Or, la gloire propre à inspirer le respect que les hommes accordent volontairement à une ancienne prééminence, ne saurait être acquise que par des exploits militaires; et l'on sait quel caractère les grands capitaines, les conquérants portent presque toujours dans les affaires civiles.

D'ailleurs, l'hérédité dans les monarchies est indispensable au repos, je dirai même à la morale et aux progrès de l'esprit humain. La royauté élective ouvre un vaste champ à l'ambition : les factions qui en résultent infailliblement finissent par corrompre les cœurs, et détournent la pensée de toute occupation qui n'a pas l'intérêt du lendemain pour objet. Mais les prérogatives accordées à la naissance, soit pour fonder la noblesse, soit pour fixer la succession au trône dans une seule famille, ont besoin d'être confirmées par le temps; elles diffèrent à cet égard des droits naturels, indépendants de toute sanction conventionnelle. Le principe de l'hérédité est donc mieux établi dans les anciennes dynasties. Mais, afin que ce principe ne devienne pas contraire à la raison, et au bien général, en faveur duquel il a été admis, il doit être indissolublement lié à l'empire des lois. Car, s'il fallait que des millions d'hommes fussent dominés par un seul, au gré de ses volontés ou de ses caprices, encore vaudrait-il mieux que cet homme eût du génie; ce qui est plus probable lorsqu'on a recours au choix, que lorsqu'on s'attache au hasard de la naissance.

Nulle part l'hérédité n'est plus solidement établie qu'en Angleterre, bien que le peuple anglais ait rejeté la légitimité fondée sur le droit divin, pour y substituer l'hérédité consacrée par le gouvernement représentatif. Tous les gens de bon sens comprennent très-bien comment, en vertu des lois faites par les délégués du peuple, et acceptées par le monarque, il convient aux nations, qui sont aussi héréditaires et mêmes légitimes, de reconnaître une dynastie appelée au trône par droit de primogéniture. Si l'on fondait au contraire le pouvoir royal sur la doctrine que toute puissance vient de Dieu, rien ne serait plus favorable à l'usurpation, car ce n'est pas la puissance qui manque d'ordinaire aux usurpateurs : aussi les mêmes hommes qui ont encensé Bonaparte se prononcent-ils aujourd'hui pour le droit divin. Toute leur théorie se borne à dire que la force est la force, et qu'ils en sont les grands prêtres; nous demandons un autre culte et d'autres desservants, et nous croyons qu'alors seulement la monarchie sera stable.

Un changement de dynastie, même légalement prononcé, n'a jamais eu lieu que dans les pays où le gouvernement qu'on renversait était arbitraire; car, le caractère personnel du souverain faisant alors le sort des peuples, il a bien fallu, comme on l'a souvent vu dans l'histoire, déposséder ceux qui n'étaient pas en état de gouverner; tandis que sous nos yeux le respectable monarque de l'Angleterre a longtemps régné, bien que ses facultés fussent troublées, parce qu'un ministère responsable permettait de retarder la résolution de proclamer la régence. Ainsi, d'une part, le gouverne-

---

[1] Nous croyons devoir rappeler ici qu'une partie du troisième volume de cet ouvrage n'a point été revue par madame de Staël. Quelques-uns des chapitres que l'on va lire paraîtront peut-être incomplets; mais nous avons considéré comme un devoir de publier le manuscrit dans l'état où nous l'avons trouvé, sans nous permettre d'ajouter quoi que ce soit au travail de l'auteur.

Nous devons faire observer aussi que cette portion de l'ouvrage a été écrite au commencement de l'année 1816, et qu'il est par conséquent essentiel de rapporter à cette époque les jugements énoncés par l'auteur, soit en blâme, soit en éloge.

(Note des éditeurs de 1818.)

ment représentatif inspire plus de respect pour le souverain à ceux qui ne veulent pas qu'on transforme en dogmes les affaires de ce monde, de peur qu'on ne prenne le nom de Dieu en vain; et de l'autre, les souverains consciencieux n'ont pas à craindre que tout le salut de l'État ne repose sur leur seule tête.

La légitimité, telle qu'on l'a proclamée nouvellement, est donc tout à fait inséparable des limites constitutionnelles. Que les limites qui existaient anciennement en France aient été insuffisantes pour opposer une barrière efficace aux empiétements du pouvoir, qu'elles aient été graduellement enfreintes et oblitérées, peu importe : elles devraient commencer d'aujourd'hui, quand on ne pourrait pas prouver leur antique origine.

On est honteux de remonter aux titres de l'histoire, pour prouver qu'une chose aussi absurde qu'injuste ne doit être ni adoptée, ni maintenue. On n'a point allégué en faveur de l'esclavage les quatre mille ans de sa durée; le servage qui lui a succédé n'a pas paru plus équitable, pour avoir duré plus de dix siècles; la traite des nègres n'a point été défendue comme une ancienne institution de nos pères. L'inquisition et la torture, qui sont de plus vieille date, ont été, j'en conviens, rétablies dans un État de l'Europe; mais je n'imagine pas que ce soit avec l'approbation des défenseurs mêmes de tout ce qui a jadis existé. Il serait curieux de savoir à laquelle des générations de nos pères l'infaillibilité a été accordée. Quel est ce temps passé qui doit servir de modèle au temps actuel, et dont on ne peut se départir d'une ligne sans tomber dans des innovations pernicieuses ? Si tout changement, quelle que soit son influence sur le bien général et les progrès du genre humain, est condamnable, uniquement parce que c'est un changement; il sera facile d'opposer à l'ancien ordre de choses que vous invoquez, un autre ordre de choses plus ancien qu'il a remplacé. Ainsi, les pères de ceux de vos aïeux auxquels vous voulez vous arrêter, et les pères de ces pères auraient eu à se plaindre de leurs fils et de leurs petits-fils, comme d'une jeunesse turbulente, acharnée à renverser leurs sages institutions. Enfin, quelle est la créature humaine douée de son bon sens, qui puisse prétendre que le changement des mœurs et des idées ne doive pas en amener un dans les institutions? Faudra-t-il donc toujours gouverner à trois cents ans en arrière? ou un nouveau Josué commandera-t-il au soleil de s'arrêter? Non, dira-t-on, il y a des choses qui doivent changer, mais il faut que le gouvernement soit immuable. Si l'on vou-

lait mettre en système les révolutions, on ne pourrait pas mieux s'y prendre. Car, si le gouvernement d'un pays ne veut participer en rien à la marche des choses et des hommes, il sera nécessairement brisé par elle. Est-ce de sang-froid qu'on peut discuter si les formes des gouvernements d'aujourd'hui doivent être en accord avec les besoins de la génération présente, ou de celles qui n'existent plus? si c'est dans les antiquités obscures et contestées de l'histoire qu'un homme d'État doit chercher la règle de sa conduite, ou si cet homme doit avoir le génie et la fermeté de M. Pitt, savoir où est la puissance, où tend l'opinion, où l'on peut prendre son point d'appui pour agir sur la nation? Car sans la nation on ne peut rien, et avec elle on peut tout, excepté ce qui tend à l'avilir elle-même : les baïonnettes servent seules à ce triste but. En recourant à l'histoire du passé, comme à la loi et aux prophètes, il arrive en effet à l'histoire ce qui est arrivé à la loi et aux prophètes : elle devient le sujet d'une guerre d'interprétation interminable. S'agit-il aujourd'hui de savoir, d'après les diplômes du temps, si un roi méchant, Philippe le Bel, ou un roi fou, Charles VI, ont eu des ministres qui, en leur nom, aient permis à la nation d'être quelque chose? Au reste, les faits de l'histoire de France, bien loin de servir d'appui à la doctrine que nous combattons, confirment l'existence d'un pacte primitif entre la nation et les rois, autant que la raison humaine en démontre la nécessité. Je crois avoir prouvé qu'en Europe, comme en France, ce qui est ancien, c'est la liberté; ce qui est moderne, c'est le despotisme; et que ces défenseurs des droits des nations qu'on se plaît à représenter comme des novateurs, n'ont pas cessé d'invoquer le passé. Quand cette vérité ne serait pas évidente, il n'en résulterait qu'un devoir plus pressant d'inaugurer le règne de la justice qui n'aurait pas encore été mis en vigueur. Mais les principes de liberté sont tellement gravés dans le cœur de l'homme, que, si l'histoire de tous les gouvernements offre le tableau des efforts du pouvoir pour envahir, elle présente aussi celui de la lutte des peuples contre ces efforts.

CHAPITRE II.

De la doctrine politique de quelques émigrés français et de leurs adhérents.

Les opposants à la révolution de France, en 1789, nobles, prêtres et magistrats, ne se lassaient pas de répéter qu'aucun changement dans le gou-

vernement n'était nécessaire, parce que les corps
intermédiaires existant alors suffisaient pour prévenir le despotisme; et maintenant ils proclament
le despotisme comme le rétablissement de l'ancien
régime. Cette inconséquence dans les principes est
une conséquence dans les intérêts. Quand les privilégiés servaient de limites à l'autorité des rois,
ils étaient contre le pouvoir arbitraire de la couronne; mais, depuis que la nation a su se mettre
à la place des privilégiés, ils se sont ralliés à la
prérogative royale, et veulent faire considérer
toute opposition constitutionnelle, et toute liberté
politique, comme une rébellion.

Ils fondent la puissance des rois sur le droit divin : absurde doctrine qui a perdu les Stuarts, et
que dès lors même leurs adhérents les plus éclairés
repoussaient en leur nom, craignant de leur fermer à jamais l'entrée de l'Angleterre. Lord Erskine, dans son admirable plaidoyer en faveur du
doyen de Saint-Asaph, sur une question de liberté
de la presse, cite d'abord le traité de Locke, concernant la question du droit divin et de l'obéissance
passive, dans lequel ce célèbre philosophe déclare
positivement que tout agent de l'autorité royale qui
dépasse la latitude accordée par la loi, doit être
considéré comme l'instrument de la tyrannie, et
que, sous ce rapport, il est permis de lui fermer sa
maison, et de le repousser par la force, comme
si l'on était attaqué par un brigand ou par un pi-
rate. Locke se fait à lui-même l'objection tant répétée, qu'une telle doctrine répandue parmi les
peuples peut encourager les insurrections. « Il
« n'existe aucune vérité, dit-il, qui ne puisse con-
« duire à l'erreur, ni aucun remède qui ne puisse
« devenir un poison. Il n'est aucun des dons que
« nous tenons de la bonté de Dieu dont nous puis-
« sions faire usage, si l'abus qui en est possible
« devait nous en priver. On n'aurait pas dû publier
« les Évangiles; car, bien qu'ils soient le fonde-
« ment de toutes les obligations morales qui unis-
« sent les hommes en société, cependant la con-
« naissance imparfaite et l'étude mal entendue de
« ces saintes paroles a conduit beaucoup d'hommes
« à la folie. Les armes nécessaires à la défense
« peuvent servir à la vengeance et au meurtre. Le
« feu qui nous réchauffe expose à l'incendie; les
« médicaments qui nous guérissent peuvent nous
« donner la mort. Enfin on ne pourrait éclairer les
« hommes sur aucun point de gouvernement, on
« ne pourrait profiter d'aucune des leçons de l'his-
« toire, si les excès auxquels les faux raisonne-
« ments peuvent porter, étaient toujours présentés
« comme un motif pour interdire la pensée.

« Les sentiments de M. Locke, dit lord Erskine,
« ont été publiés trois ans après l'avénement du
« roi Guillaume au trône d'Angleterre, et lorsque
« ce monarque avait élevé l'auteur à un rang émi-
« nent dans l'État. Mais Bolingbroke, non moins
« célèbre que Locke dans la république des lettres
« et sur le théâtre du monde, s'exprime de même
« sur cette question. Lui qui s'était armé pour
« faire remonter Jacques II sur le trône, il atta-
« chait beaucoup de prix à justifier les jacobites
« de ce qu'il considérait comme une dangereuse
« calomnie; l'imputation de vouloir fonder les pré-
« tentions de Jacques II sur le droit divin, et non sur
« la constitution de l'Angleterre. Et c'est du con-
« tinent, où il était exilé par la maison d'Hanovre,
« qu'il écrivait ce qu'on va lire. Le devoir des peu-
« ples, dit Bolingbroke, est maintenant si claire-
« ment établi, qu'aucun homme ne peut ignorer
« les circonstances dans lesquelles il doit obéir,
« et celles où il doit résister. La conscience n'a
« plus à lutter avec la raison. Nous savons que
« nous devons défendre la couronne aux dépens
« de notre fortune et de notre vie, si la couronne
« nous protége et ne s'écarte point des limites assi-
« gnées par les lois; mais nous savons de même
« que, si elle les excède, nous devons lui ré-
« sister. »

Je remarquerai, en passant, que ce droit divin,
depuis longtemps réfuté en Angleterre, se soutient en France par une équivoque. On objecte la
formule : *Par la grâce de Dieu, roi de France
et de Navarre*. Ces paroles si souvent répétées,
que les rois tiennent leur couronne de Dieu et de
leur épée, avaient pour but de s'affranchir des
prétentions que formaient les papes au droit de
destituer ou de couronner les rois. Les empereurs
d'Allemagne, qui étaient très-incontestablement
élus, s'intitulaient également *empereurs par la
grâce de Dieu*. Les rois de France qui, en vertu
du régime féodal, rendaient hommage pour telle
province, ne faisaient pas moins usage de cette
formule; et les princes et les évêques, jusqu'aux
plus petits feudataires, s'intitulaient seigneurs et
prélats par la grâce de Dieu. Le roi d'Angleterre
emploie aujourd'hui la même formule qui n'est
dans le fait qu'une expression d'humilité chrétienne; et cependant une loi positive de l'Angleterre déclare coupable de haute trahison quiconque
soutiendrait le droit divin. Il en est de ces prétendus
priviléges du despotisme, qui ne peut jamais en
avoir d'autres que ceux de la force, comme du
passage de saint Paul : *Respectez les puissances
de la terre, car tout pouvoir vient de Dieu*. Bo-

naparte a beaucoup insisté sur l'autorité de cet apôtre. Il a fait prêcher ce texte à tout le clergé de France et de Belgique ; et, en effet, on ne pouvait refuser à Bonaparte le titre de puissant de la terre. Mais que voulait dire saint Paul, si ce n'est que les chrétiens ne devaient pas s'immiscer dans les factions politiques de son temps ? Prétendrait-on que saint Paul a voulu justifier la tyrannie ? n'a-t-il pas résisté lui-même aux ordres émanés de Néron, en prêchant la religion chrétienne ? et les martyrs obéissaient-ils à la défense qui leur était faite par les empereurs, de professer leur culte ? Saint Pierre appelle, avec raison, les gouvernements un *ordre humain*. Il n'est aucune question, ni de morale, ni de politique, dans laquelle il faille admettre ce qu'on appelle l'autorité. La conscience des hommes est en eux une révélation perpétuelle, et leur raison un fait inaltérable. Ce qui fait l'essence de la religion chrétienne, c'est l'accord de nos sentiments intimes avec les paroles de Jésus-Christ. Ce qui constitue la société, ce sont les principes de la justice, différemment appliqués, mais toujours reconnus pour la base du pouvoir et des lois.

Les nobles, comme nous l'avons montré dans le cours de cet ouvrage, avaient passé, sous Richelieu, de l'état de vassaux indépendants à celui de courtisans. On dirait que le changement même des costumes annonçait celui des caractères. Sous Henri IV, l'habit français avait quelque chose de chevaleresque ; mais les grandes perruques et cet habit si sédentaire et si affecté que l'on portait à la cour de Louis XIV, n'ont commencé que sous Louis XIII. Pendant la jeunesse de Louis XIV, le mouvement de la Fronde a encore développé quelque énergie ; mais depuis sa vieillesse, sous la régence et pendant le règne de Louis XV, peut-on citer un homme public qui mérite un nom dans l'histoire ? Quelles intrigues de cour ont occupé les grands seigneurs ! et dans quel état d'ignorance et de frivolité la révolution n'a-t-elle pas trouvé la plupart d'entre eux !

J'ai parlé de l'émigration, de ses motifs et de ses conséquences. Parmi les gentilshommes qui embrassèrent ce parti, quelques-uns sont restés constamment hors de France, et ont suivi la famille royale avec une fidélité digne d'éloges. Le plus grand nombre est rentré sous Bonaparte, et beaucoup d'entre eux se sont confirmés à son école dans la doctrine de l'obéissance passive, dont ils ont fait l'essai le plus scrupuleux avec celui qu'ils devaient considérer comme un usurpateur. Que les émigrés puissent être justement aigris par la vente

de leurs biens, je le conçois ; cette confiscation est infiniment moins justifiable que la vente très-légale des biens ecclésiastiques. Mais faut-il faire porter ce ressentiment, d'ailleurs fort naturel, sur tout le bon sens dont l'espèce humaine est en possession dans ce monde ? On dirait que les progrès du siècle, et l'exemple de l'Angleterre, et la connaissance même de l'état actuel de la France, sont si loin de leur esprit, qu'ils seraient tentés, je crois, de supprimer le mot de nation de la langue, comme un terme révolutionnaire. Ne vaudrait-il pas mieux, même comme calcul, se rapprocher franchement de tous les principes qui sont d'accord avec la dignité de l'homme ? Quels prosélytes peuvent-ils gagner avec cette doctrine *ab irato*, sans autre base que l'intérêt personnel ? Ils veulent un roi absolu, une religion exclusive et des prêtres intolérants, une noblesse de cour, fondée sur la généalogie, un tiers état affranchi de temps en temps par des lettres de noblesse, un peuple ignorant et sans aucun droit, une armée purement machine, des ministres sans responsabilité, point de liberté de la presse, point de jurés, point de liberté civile, mais des espions de police, et des journaux à gages, pour vanter cette œuvre de ténèbres. Ils veulent un roi dont l'autorité soit sans bornes, pour qu'il puisse leur rendre tous les privilèges qu'ils ont perdus, et que jamais les députés de la nation, quels qu'ils soient, ne consentiraient à restituer. Ils veulent que la religion catholique soit seule permise dans l'État : les uns, parce qu'ils se flattent de recouvrer ainsi les biens de l'Église ; les autres, parce qu'ils espèrent trouver dans certains ordres religieux des auxiliaires zélés du despotisme. Le clergé a lutté jadis contre les rois de France, pour soutenir l'autorité de Rome ; mais maintenant tous les privilégiés font ligue entre eux. Il n'y a que la nation qui n'ait d'autre appui qu'elle-même. Ils veulent un tiers état qui ne puisse occuper aucun emploi élevé, pour que ces emplois soient tous réservés aux nobles. Ils veulent que le peuple ne reçoive point d'instruction, pour en faire un troupeau d'autant plus facile à conduire. Ils veulent une armée dont les officiers fusillent, arrêtent et dénoncent, et soient plus ennemis de leurs concitoyens que des étrangers. Car, pour refaire l'ancien régime en France, moins la gloire d'une part, et ce qu'il y avait de liberté de l'autre, moins l'habitude du passé qui est rompue, et en opposition avec l'attachement invincible au nouvel ordre de choses, il faut une force étrangère à la nation, pour la comprimer sans cesse. Ils ne veulent point de jurés, parce

17

qu'ils souhaitent le rétablissement des anciens parlements du royaume. Mais, outre que ces parlements n'ont pu prévenir jadis, malgré leurs honorables efforts, ni les jugements arbitraires, ni les lettres de cachet, ni les impôts établis en dépit de leurs remontrances, ils seraient dans le cas des autres priviléges; ils n'auraient plus leur ancien esprit de résistance aux empiétements des ministres. Étant rétablis contre le vœu de la nation, et seulement par la volonté du trône, comment s'opposeraient-ils aux rois, qui pourraient leur dire : Si nous cessons de vous soutenir, la nation, qui ne veut plus de vous, vous renversera ? Enfin, pour maintenir le système qui a le vœu public contre lui, il faut pouvoir arrêter qui l'on veut, et accorder aux ministres la faculté d'emprisonner sans jugement, et d'empêcher qu'on n'imprime une ligne pour se plaindre. L'ordre social ainsi conçu serait le fléau du grand nombre, et la proie de quelques-uns. Henri IV en serait aussi révolté que Franklin ; et il n'est aucun temps de l'histoire de France assez reculé pour y trouver rien de semblable à cette barbarie. Faut-il qu'à une époque où toute l'Europe semble marcher vers une amélioration graduelle, on prétende se servir de la juste horreur qu'inspirent quelques années de la révolution, pour constituer l'oppression et l'avilissement chez une nation naguère invincible ?

Tels sont les principes de gouvernement développés dans une foule d'écrits des émigrés et de leurs adhérents; ou plutôt telles sont les conséquences de cet égoïsme de corps ; car on ne peut pas donner le nom de principes à cette théorie qui interdit la réfutation, et ne soutient pas la lumière. La situation des émigrés leur dicte les opinions qu'ils proclament, et voilà pourquoi la France a toujours redouté que le pouvoir fût entre leurs mains. Ce n'est point l'ancienne dynastie qui lui inspire aucun éloignement, c'est le parti qui veut régner sous son nom. Quand les émigrés ont été rappelés par Bonaparte, il pouvait les contenir, et l'on ne s'est point aperçu de leur influence. Mais comme ils se disent exclusivement les défenseurs des Bourbons, on a craint que la reconnaissance de cette famille envers eux ne pût l'entraîner à remettre l'autorité militaire et civile à ceux contre lesquels la nation avait combattu pendant vingt-cinq ans, et qu'elle avait toujours vus dans les rangs des armées ennemies. Ce ne sont point non plus les individus composant le parti des émigrés qui déplaisent aux Français; restés en France ils se sont mêlés avec eux dans les camps et même dans la cour de Bonaparte. Mais comme la doctrine politique des émigrés est contraire au bien de la nation, aux droits pour lesquels deux millions d'hommes ont péri sur le champ de bataille, aux droits pour lesquels, ce qui est plus douloureux encore, des forfaits commis au nom de la liberté sont retombés sur la France, la nation ne pliera jamais volontairement sous le joug des opinions émigrées ; et c'est la crainte de s'y voir contrainte qui l'a empêchée de prendre part au rappel des anciens princes. La charte constitutionnelle, en garantissant les bons principes de la révolution, est le palladium du trône et de la patrie.

CHAPITRE III.

Des circonstances qui rendent le gouvernement représentatif plus nécessaire maintenant en France que partout ailleurs.

Le ressentiment de ceux qui ont beaucoup souffert par la révolution et qui ne peuvent se flatter de recouvrer leurs priviléges que par l'intolérance de la religion et le despotisme de la couronne, est, comme nous venons de le dire, le plus grand danger que la France puisse courir. Son bonheur et sa gloire consistent dans un traité entre les deux partis, dont la charte constitutionnelle soit la base. Car, outre que la prospérité de la France repose sur les avantages que la masse de la nation a acquis en 1789, je ne sais pas ce qui serait plus humiliant pour les Français, que d'être renvoyés dans la servitude, comme des enfants qu'il faut châtier.

Deux grands faits historiques peuvent se comparer, à quelques égards, à la restauration en France : le retour des Stuarts en Angleterre, et l'avénement de Henri IV. Examinons d'abord le plus moderne de ces événements; nous retournerons ensuite au second, qui concerne de plus près la France.

Charles II fut rappelé en Angleterre après les crimes des révolutionnaires et le despotisme de Cromwell; la réaction que produisent toujours sur le vulgaire les forfaits commis sous prétexte d'une belle cause, comprima l'élan du peuple anglais vers la liberté. Ce fut la nation presque entière qui, représentée par son parlement, redemanda Charles II; ce fut l'armée anglaise qui le proclama : aucun soldat étranger ne se mêla de cette restauration, et, sous ce rapport, Charles II se trouva dans une situation beaucoup meilleure que celle des princes français. Mais, comme il y avait en Angleterre un parlement déjà établi, le fils de Charles Ier ne fut point dans le cas d'accepter ni de donner une charte nouvelle. Le débat entre lui et le parti qui avait fait la révolution porta sur les querelles religieuses : la nation anglaise voulait la réformation, et considérait la religion catholique comme inconciliable avec la liberté. Charles II fut donc obligé de se dire protestant : mais comme il professait au fond du cœur une autre croyance, pendant tout son règne il rusa constamment avec l'opinion ; et lorsque son frère, qui avait plus de violence de caractère, permit toutes les atrocités que le nom de Jefferies nous retrace, la nation sentit la nécessité d'avoir pour chef un prince qui fût roi par la liberté, au lieu d'être roi malgré elle ; et plus tard l'on porta l'acte qui excluait de la succession au trône tout prince papiste, ou qui aurait épousé une princesse de cette religion. Le principe de cet acte était de maintenir l'hérédité, en ne cherchant pas un souverain au hasard, mais d'exclure formellement celui qui n'adopterait pas le culte politique et religieux de la majorité de l'Angleterre. Le serment prononcé par Guillaume III, et depuis par tous ses successeurs, constate le contrat entre la nation et le roi ; et, comme je l'ai déjà dit, une loi d'Angleterre déclare coupable de haute trahison quiconque soutiendrait le droit divin, c'est-à-dire, la doctrine par laquelle un roi possède une nation comme un seigneur une ferme, les bestiaux et les peuples étant placés sur la même ligne, et n'ayant pas plus les uns que les autres le droit d'influer sur leur sort. Lorsque les Anglais accueillirent avec transport l'ancienne dynastie, ils espéraient qu'elle adopterait une doctrine nouvelle, et, les héritiers directs s'y refusant, les amis de la liberté se rallièrent à celui qui se soumit à la condition sans laquelle il n'y avait pas de légitimité. La révolution de France, jusqu'à la chute de Bonaparte, ressemble beaucoup à celle d'Angleterre. Le rapprochement avec la guerre de la Ligue et l'avénement de Henri IV est moins frappant ; mais, en revanche, nous le dirons avec plaisir, l'esprit et le caractère de Louis XVIII rappellent bien plus Henri IV que Charles II.

A ne considérer l'abjuration de Henri IV que sous le rapport de son influence politique, c'était un acte par lequel il adoptait l'opinion de la majorité des Français. L'édit de Nantes aussi peut se comparer à la déclaration du 2 mai de Louis XVIII ; ce sage traité entre les deux partis les apaisa pendant la vie de Henri IV. En citant ces deux époques si différentes, et sur lesquelles on peut disputer longtemps, car les droits seuls sont incontestables, tandis que les faits donnent souvent lieu à des interprétations diverses, j'ai voulu uniquement

démontrer ce que l'histoire et la raison confirment ; c'est qu'après de grandes commotions dans l'État, un souverain ne peut reprendre les rênes du gouvernement qu'autant qu'il adopte sincèrement l'opinion dominante dans son pays, tout en cherchant à rendre les sacrifices de la minorité moins pénibles. Un roi doit, comme Henri IV, renoncer jusqu'à un certain point à ceux même qui l'ont servi dans son adversité, parce que, si Louis XIV était coupable, en prononçant ces fameuses paroles : *L'État, c'est moi*, l'homme de bien sur le trône doit dire, au contraire : *Moi, c'est l'État.*

La masse du peuple n'a pas cessé, depuis la révolution, de craindre l'ascendant des anciens privilégiés ; d'ailleurs, comme les princes étaient absents depuis vingt-trois ans, la nation ne les connaissait pas ; et les troupes étrangères, en 1814, ont traversé la France sans entendre exprimer ni un regret pour Bonaparte, ni un désir prononcé pour aucune forme de gouvernement. Ce fut donc une combinaison politique, et non un mouvement populaire, qui rétablit l'ancienne dynastie en France ; et si les Stuarts, rappelés par la nation sans aucun secours étranger, et soutenus par une noblesse qui n'avait jamais émigré, se perdirent en voulant s'appuyer sur le droit divin, combien n'était-il pas plus nécessaire à la maison de Bourbon de refaire un pacte avec la France, afin d'adoucir l'amertume que doit causer à un peuple fier l'influence des étrangers sur son gouvernement intérieur ! Il fallait donc qu'un appel à la nation sanctionnât ce que la force avait établi. Telle a été, comme nous allons le voir, l'opinion d'un homme, l'empereur Alexandre, qui, bien que souverain tout-puissant, est assez supérieur d'esprit et d'âme pour avoir, comme les simples particuliers, des jaloux et des envieux. Louis XVIII, par sa charte constitutionnelle, et surtout par la sagesse de sa déclaration du 2 mai, par son étonnante instruction et la grâce imposante de ses manières, suppléa sous beaucoup de rapports à ce qui manquait à l'inauguration populaire de son retour. Mais nous pensons toujours, et nous allons développer les motifs de cette opinion, que Bonaparte n'eût point été accueilli en moins d'une année par un parti considérable, si les ministres du roi avaient franchement établi le gouvernement représentatif et les principes de la charte en France, et si l'intérêt de la liberté constitutionnelle eût remplacé celui de la gloire militaire.

CHAPITRE IV.

De l'entrée des alliés à Paris, et des divers partis qui existaient alors en France.

Les quatre grandes puissances, l'Angleterre, l'Autriche, la Russie et la Prusse, qui se coalisèrent en 1813 pour repousser les agressions de Napoléon, ne s'étaient jamais réunies jusqu'alors; et nul État continental ne saurait résister à une telle force. Peut-être la nation française aurait-elle encore été capable de se défendre, avant que le despotisme eût comprimé tout ce qu'elle avait d'énergie; mais comme il ne restait que des soldats en France, armée contre armée, le nombre était entièrement, et sans nulle proportion, à l'avantage des étrangers. Les souverains qui conduisaient ces troupes de ligne et ces milices volontaires, formant près de huit cent mille hommes, montrèrent une bravoure qui leur donne des droits ineffaçables à l'attachement de leurs peuples; mais il faut distinguer toutefois, parmi ces grands personnages, l'empereur de Russie, qui a le plus éminemment contribué aux succès de la coalition de 1813.

Loin que le mérite de l'empereur Alexandre soit exagéré par la flatterie, je dirais presque qu'on ne lui rend pas encore assez de justice, parce qu'il subit, comme tous les amis de la liberté, la défaveur attachée à cette opinion, dans ce qu'on appelle la bonne compagnie européenne. On ne se lasse point d'attribuer sa manière de voir en politique à des calculs personnels, comme si de nos jours les sentiments désintéressés ne pouvaient plus entrer dans le cœur humain. Sans doute, il importe beaucoup à la Russie que la France ne soit pas écrasée; et la France ne peut se relever qu'à l'aide d'un gouvernement constitutionnel soutenu par l'assentiment de la nation. Mais l'empereur Alexandre s'est-il livré à des pensées égoïstes, lorsqu'il a donné à la partie de la Pologne qu'il a acquise par les derniers traités, les droits que la raison humaine réclame maintenant de toutes parts? On voudrait lui reprocher l'admiration qu'il a témoignée pendant quelque temps à Bonaparte; mais n'était-il pas naturel que de grands talents militaires éblouissent un jeune souverain guerrier? Pouvait-il, à la distance où il était de la France, pénétrer comme nous les ruses dont Bonaparte se servait souvent, de préférence même à tous ses autres moyens? Quand l'empereur Alexandre a bien connu l'ennemi qu'il avait à combattre, quelle résistance ne lui a-t-il pas opposée! L'une de ses capitales étant conquise, il a refusé la paix que Napoléon lui offrait avec une instance extrême. Après que les troupes de Bonaparte furent repoussées de la Russie, il porta toutes les siennes en Allemagne, pour aider à la délivrance de ce pays; et, lorsque le souvenir de la force des Français faisait hésiter encore sur le plan de campagne qu'on devait suivre, l'empereur Alexandre décida qu'il fallait marcher sur Paris; or, c'est à la hardiesse de cette résolution que se rattachent tous les succès de l'Europe. Il m'en coûterait, je l'avoue, de rendre hommage à cet acte de volonté, si l'empereur Alexandre, en 1814, ne s'était pas conduit généreusement pour la France, et si, dans les conseils qu'il a donnés, il n'avait pas constamment respecté l'honneur et la liberté de la nation. Le côté libéral dans chaque occasion est toujours celui qu'il a soutenu; et, s'il ne l'a pas fait triompher autant qu'on aurait pu le souhaiter, ne doit-on pas au moins s'étonner qu'un tel instinct de ce qui est beau, qu'un tel amour pour ce qui est juste, soit né dans son cœur, comme une fleur du ciel, au milieu de tant d'obstacles?

J'ai eu l'honneur de causer plusieurs fois avec l'empereur Alexandre, à Saint-Pétersbourg et à Paris, au moment de ses revers, au moment de son triomphe. Également simple, également calme dans l'une et l'autre situation, son esprit fin, juste et sage, ne s'est jamais démenti. Sa conversation n'a point de rapport avec ce qu'on appelle d'ordinaire une conversation officielle; nulle question insignifiante, nul embarras réciproque, ne condamnent ceux qui l'approchent à ces propos chinois, s'il est permis de s'exprimer ainsi, qui ressemblent plutôt à des révérences qu'à des paroles. L'amour de l'humanité inspire à l'empereur Alexandre le besoin de connaître le véritable sentiment des autres, et de traiter avec ceux qu'il en croit dignes les grandes vues qui peuvent tendre aux progrès de l'ordre social. A sa première entrée à Paris, il s'est entretenu avec des Français de diverses opinions, en homme qui peut se mesurer à découvert avec les autres hommes.

Sa conduite à la guerre est aussi valeureuse qu'humaine, et de toutes les vies il n'y a que la sienne qu'il expose sans réflexion. L'on attend avec raison de lui qu'il se hâtera de faire à son pays tout le bien que les lumières de ce pays permettent. Mais, quoiqu'il maintienne encore une grande force armée, on aurait tort de le considérer en Europe comme un monarque ambitieux. Ses opinions ont plus d'empire sur lui que ses passions; et ce n'est pas, ce me semble, à des conquêtes qu'il aspire; le gouvernement représentatif, la tolérance religieuse, l'amélioration de l'espèce humaine par la liberté et le christianisme, ne sont pas à ses yeux des chimères. S'il accomplit ses desseins, la postérité lui décernera tous les honneurs du génie : mais si les circonstances dont il est entouré, si la difficulté de trouver des instruments pour le seconder, ne lui permettent pas de réaliser ce qu'il souhaite, ceux qui l'auront connu sauront du moins qu'il avait conçu de grandes pensées.

Ce fut à l'époque même de l'invasion de la Russie par les Français, que l'empereur Alexandre vit le prince royal de Suède, autrefois le général Bernadotte, dans la ville d'Abo, sur les bords de la mer Baltique. Bonaparte avait tout essayé pour engager le prince de Suède à se joindre à lui, dans son attaque contre la Russie ; il lui avait présenté l'appât de la Finlande, qui avait été enlevée à la Suède ; et que les Suédois regrettaient vivement. Bernadotte, par respect pour la personne d'Alexandre, et par haine contre la tyrannie que Bonaparte faisait peser sur la France et sur l'Europe, se joignit à la coalition, et refusa les propositions de Napoléon, qui consistaient au reste, pour la plupart, dans la permission accordée à la Suède, de prendre ou de reprendre tout ce qui lui conviendrait chez ses voisins ou chez ses alliés.

L'empereur de Russie, dans sa conférence avec le prince de Suède, lui demanda son avis sur les moyens qu'on devait employer contre l'invasion des Français. Bernadotte les développa en général habile qui avait jadis défendu la France contre les étrangers, et sa confiance dans le résultat définitif de la guerre était d'un grand poids. Une autre circonstance fait beaucoup d'honneur à la sagacité du prince de Suède. Lorsqu'on vint lui annoncer que les Français étaient entrés dans Moscou, les envoyés des puissances à Stockholm, alors réunis chez lui, étaient consternés ; lui seul déclara fermement qu'à dater de cet événement la campagne des vainqueurs était manquée ; et, s'adressant à l'envoyé d'Autriche, lorsque les troupes de cette puissance faisaient encore partie de l'armée de Napoléon : « Vous pouvez le mander à « votre empereur, lui dit-il ; Napoléon est perdu, « bien que cette prise de Moscou semble le plus « grand exploit de sa carrière militaire. » J'étais près de lui quand il s'exprima ainsi, et j'avoue que je ne croyais pas entièrement à ses prophéties. Mais sa grande connaissance de l'art militaire lui révéla l'événement le plus inattendu pour tous. Dans les vicissitudes de l'année suivante, le prince de Suède rendit d'éminents services à la coalition,

soit en se mêlant activement et savamment de la guerre, dans les moments les plus difficiles, soit en soutenant l'espoir des alliés lorsque, après les batailles gagnées en Allemagne par l'armée nouvelle sortie de terre à la voix de Bonaparte, on recommençait à croire les Français invincibles.

Néanmoins le prince de Suède a des ennemis en Europe, parce qu'il n'est point entré en France avec ses troupes, quand les alliés, après leur triomphe à Leipsick, passèrent le Rhin et se dirigèrent sur Paris. Je crois très-facile de justifier sa conduite en cette occasion. Si l'avantage de la Suède avait exigé que la France fût envahie, il devait, en l'attaquant, oublier qu'il était Français, puisqu'il avait accepté l'honneur d'être chef d'un autre État ; mais la Suède n'était intéressée qu'à la délivrance de l'Allemagne ; l'assujettissement de la France même est contraire à la sûreté des États du Nord. Il était donc permis au général Bernadotte de s'arrêter à l'aspect des frontières de son ancienne patrie, de ne pas porter les armes contre le pays auquel il devait tout l'éclat de son existence. On a prétendu qu'il avait eu l'ambition de succéder à Bonaparte ; nul ne sait ce qu'un homme ardent peut rêver en fait de gloire ; mais ce qui est certain, c'est qu'en ne rejoignant pas les alliés avec ses troupes, il s'ôtait toute chance de succès par eux. Bernadotte a donc uniquement obéi dans cette circonstance à un sentiment honorable, sans pouvoir se flatter d'en retirer aucun avantage personnel.

Une anecdote singulière mérite d'être rapportée à l'occasion du prince de Suède. Loin que Napoléon eût souhaité qu'il fût choisi par la nation suédoise, il en était très-mécontent, et Bernadotte avait raison de craindre qu'il ne le laissât pas sortir de France. Bernadotte a beaucoup de hardiesse à la guerre, mais il est prudent dans tout ce qui tient à la politique ; et sachant très-bien sonder le terrain, il ne marche avec force que vers le but dont la fortune lui ouvre la route. Depuis plusieurs années, il s'était adroitement maintenu auprès de l'empereur de France entre la faveur et la disgrâce ; mais, ayant trop d'esprit pour être considéré comme l'un de ces militaires formés à l'obéissance aveugle, il était toujours plus ou moins suspect à Napoléon, qui n'aimait pas à trouver réunis dans le même homme un sabre et une opinion. Bernadotte, en racontant à Napoléon comment son élection venait d'avoir lieu en Suède, le regardait avec ces yeux noirs et perçants qui donnent à sa physionomie quelque chose de très-singulier. Bonaparte se promenait à côté de lui, et lui faisait des objections que Bernadotte réfutait le plus tranquillement qu'il pouvait, tâchant de cacher la vivacité de son désir; enfin, après un entretien d'une heure, Napoléon lui dit tout à coup : *Eh bien, que la destinée s'accomplisse!* Bernadotte entendit très-vite ces paroles, mais il se les fit répéter comme s'il ne les eût pas comprises, pour mieux s'assurer de son bonheur. *Que la destinée s'accomplisse!* redit encore une fois Napoléon; et Bernadotte partit pour régner sur la Suède. On a pu quelquefois agir en conversation sur Bonaparte contre son intérêt même, il y en a des exemples; mais c'est un des hasards de son caractère sur lequel on ne saurait compter.

La campagne de Bonaparte contre les alliés, dans l'hiver de 1814, est généralement reconnue pour très-belle; et ceux même des Français qu'il avait proscrits pour toujours, ne pouvaient s'empêcher de souhaiter qu'il parvînt à sauver l'indépendance de leur pays. Quelle combinaison funeste, et dont l'histoire ne présente point d'exemple! Un despote défendait alors la cause de la liberté, en essayant de repousser les étrangers que son ambition avait attirés sur le sol de la France! Il ne méritait pas du ciel l'honneur de réparer le mal qu'il avait fait. La nation française demeura neutre dans le grand débat qui décidait de son sort; cette nation si vive, si véhémente jadis, était réduite en poussière par quinze ans de tyrannie. Ceux qui connaissaient le pays savaient bien qu'il restait de la vie au fond de ces âmes paralysées, et de l'union au milieu de l'apparente diversité que le mécontentement faisait naître. Mais on eût dit que, pendant son règne, Bonaparte avait couvert les yeux de la France, comme ceux d'un faucon que l'on tient dans les ténèbres jusqu'à ce qu'on le lâche sur sa proie. On ne savait où était la patrie; on ne voulait plus ni de Bonaparte ni d'aucun des gouvernements dont on prononçait le nom. Les ménagements mêmes des puissances européennes empêchaient presque de voir en elles des ennemis, sans qu'il fût possible cependant de les accueillir comme des alliés. La France, dans cet état, subit le joug des étrangers, pour ne s'être pas affranchie elle-même de celui de Bonaparte : à quels maux n'aurait-elle pas échappé, si, comme aux premiers jours de la révolution, elle eût conservé dans son cœur la sainte horreur du despotisme!

Alexandre entra dans Paris presque seul, sans garde, sans aucune précaution; le peuple lui sut gré de cette généreuse confiance; la foule se pressait autour de son cheval, et les Français, si longtemps victorieux, ne se sentaient pas encore humiliés dans les premiers moments de leur défaite. Tous les partis espéraient un libérateur dans l'empereur de Russie, et certainement il en portait le désir dans son âme. Il descendit chez M. de Talleyrand, qui, ayant conservé dans toutes les phases de la révolution la réputation d'un homme de beaucoup d'esprit, pouvait lui donner des renseignements certains sur toutes choses. Mais, comme nous l'avons dit plus haut, M. de Talleyrand considère la politique comme une manœuvre selon le vent, et les opinions fixes ne sont nullement à son usage. Cela s'appelle de l'habileté, et peut-être en faut-il en effet pour louvoyer ainsi jusqu'à la fin d'une vie mortelle : mais le sort des États doit être conduit par des hommes dont les principes soient invariables; et, dans les temps de troubles surtout, la flexibilité, qui semble le comble de l'art, plonge les affaires publiques dans des difficultés insurmontables. Quoi qu'il en soit, M. de Talleyrand est, quand il veut plaire, l'homme le plus aimable que l'ancien régime ait produit; c'est le hasard qui l'a placé dans les dissensions populaires; il y a porté les manières des cours; et cette grâce, qui devait être suspecte à l'esprit de démocratie, a séduit souvent des hommes d'une grossière nature, qui se sentaient pris sans savoir par quels moyens. Les nations qui veulent être libres, doivent se garder de choisir de tels défenseurs : ces pauvres nations, sans armées et sans trésors, n'inspirent de dévouement qu'à la conscience.

C'était un grand événement pour le monde que le gouvernement proclamé dans Paris par les armées victorieuses de l'Europe; quel qu'il fût, on ne saurait se le dissimuler, les circonstances qui l'amenaient rendaient sa position très-difficile : aucun peuple doué de quelque fierté ne peut supporter l'intervention des étrangers dans ses affaires intérieures, et c'est en vain qu'ils feraient ce qu'il y a de plus raisonnable et de plus sage, il suffit de leur influence pour gâter le bonheur même. L'empereur de Russie, qui a le sentiment de l'opinion publique, fit tout ce qui était en son pouvoir pour laisser à cette opinion autant de liberté que les circonstances le permettaient. L'armée voulait la régence, dans l'espoir que, sous la minorité du fils de Napoléon, le même gouvernement et les mêmes emplois militaires seraient conservés. La nation souhaitait ce qu'elle souhaitera toujours : le maintien des principes constitutionnels. Quelques individus croyaient que le duc d'Orléans, homme d'esprit, ami sincère de la liberté et soldat de la France à Jemmapes, servirait de médiateur entre les différents intérêts; mais il avait alors à peine vécu en

France, et son nom représentait plutôt un traité qu'un parti. L'impulsion des souverains devait être pour l'ancienne dynastie; elle était appelée par le clergé, les gentilshommes, et les adhérents qu'ils réunissaient dans quelques départements du Midi et de l'Ouest. Mais en même temps l'armée ne renfermait presque pas d'officiers ni de soldats élevés dans l'obéissance envers des princes absents depuis tant d'années. Les intérêts accumulés par la révolution; la suppression des dîmes et des droits féodaux; la vente des biens nationaux; l'anéantissement des priviléges de la noblesse et du clergé; tout ce qui fait la richesse et la grandeur de la masse du peuple, la rendait nécessairement ennemie des partisans de l'ancien régime, qui se présentaient comme les défenseurs exclusifs de la famille royale; et jusqu'à ce que la charte constitutionnelle eût prouvé la modération et la sagesse éclairée de Louis XVIII, il était naturel que le retour des Bourbons fît craindre tous les inconvénients de la restauration des Stuarts en Angleterre.

L'empereur Alexandre jugea de toutes les circonstances comme l'aurait pu faire un Français éclairé, et il fut d'avis qu'un pacte devait être conclu, ou plutôt renouvelé entre la nation et le roi; car, si autrefois les barons fixaient les limites du trône et exigeaient du monarque le maintien de leurs priviléges, il était juste que la France, qui ne faisait plus qu'un peuple, eût par ses représentants le même droit dont jouissaient jadis, et dont jouissent encore les nobles dans plusieurs États de l'Europe. D'ailleurs, Louis XVIII n'ayant pu revenir en France que par l'appui des étrangers, il importait que cette triste circonstance fût effacée par des garanties volontaires et mutuelles entre les Français et leur roi. La politique, aussi bien que l'équité, conseillait un tel système; et si Henri IV, après une longue guerre civile, se soumit à la nécessité d'adopter la croyance de la majorité des Français, un homme d'autant d'esprit que Louis XVIII pouvait bien conquérir un royaume tel que la France, en acceptant la situation du roi d'Angleterre : elle n'est pas, en vérité, si fort à dédaigner.

CHAPITRE V.

Des circonstances qui ont accompagné le premier retour de la maison de Bourbon en 1814.

Lorsque le retour des Bourbons fut décidé par les puissances européennes, M. de Talleyrand mit en avant le principe de la légitimité, pour servir de point de ralliement au nouvel esprit de parti qui devait régner en France. Certainement, on ne saurait trop le répéter, l'hérédité du trône est une excellente garantie de repos et de bonheur; mais, comme les Turcs jouissent aussi de cet avantage, il y a lieu de penser qu'il faut encore quelques autres conditions pour assurer le bien d'un État. D'ailleurs, rien n'est plus funeste dans un temps de crise que ces mots d'ordre qui dispensent la plupart des hommes de raisonner. Si les révolutionnaires avaient proclamé, non l'égalité seule, mais l'égalité devant la loi, ce développement eût suffi pour faire naître quelques réflexions dans les têtes. Il en est ainsi de la légitimité, si l'on y joint la nécessité des limites du pouvoir. Mais l'une et l'autre de ces paroles sans restriction, égalité ou légitimité, ne sont bonnes qu'à justifier les sentinelles, lorsqu'elles tirent sur ceux qui ne répondent pas tout d'abord au cri de *qui vive*, comme il le faut selon le temps.

Le sénat fut indiqué par M. de Talleyrand pour faire les fonctions de représentant de la France dans cette circonstance solennelle. Ce sénat pouvait-il s'en attribuer le droit? et ce qu'il n'avait pas légalement, le méritait-il par sa conduite passée? Puisqu'on n'avait pas le temps de convoquer des députés envoyés par les départements, ne fallait-il pas au moins appeler le corps législatif? Cette assemblée avait montré du caractère dans la dernière époque du règne de Bonaparte, et la nomination de ses membres appartenait un peu plus à la France elle-même. Enfin, le sénat prononça la déchéance de ce même Napoléon, auquel il devait son existence; la déchéance fut motivée sur des principes de liberté : que n'avaient-ils été reconnus avant l'entrée des alliés en France! Les sénateurs étaient sans force alors, dira-t-on; l'armée pouvait tout. Il y a des circonstances, on doit en convenir, où les hommes les plus courageux n'ont aucun moyen de se montrer activement; mais il n'en existe aucune qui puisse obliger à rien faire de contraire à sa conscience. La noble minorité du sénat, Cabanis, Tracy, Lanjuinais, Boissy d'Anglas, Volney, Collaud, Chollet, etc., avait bien prouvé, depuis quelques années, qu'une résistance passive était possible.

Les sénateurs, parmi lesquels il y avait plusieurs membres de la convention, demandèrent le retour de l'ancienne dynastie, et M. de Talleyrand s'est vanté, dans cette occasion, d'avoir fait crier *vive le roi* à ceux qui avaient voté la mort de son frère. Mais que pouvait-on attendre de ce tour d'adresse? et n'y aurait-il pas eu plus de dignité à ne pas mêler ces hommes dans une telle délibération? Faut-il tromper même des coupables? et s'ils sont assez courbés par la servitude pour tendre la tête a la proscription, à quoi bon se servir d'eux? Enfin, ce fut encore ce sénat qui rédigea la constitution que l'on devait présenter à l'acceptation de Louis XVIII; et dans ces articles si essentiels à la liberté de la France, M. de Talleyrand, tout-puissant alors, laissa mettre la plus ridicule des conditions, celle qui devait infirmer toutes les autres : les sénateurs se déclarèrent héréditaires et leurs pensions avec eux. Certes, que des hommes haïs et ruinés s'efforcent maladroitement d'assurer leur existence, cela se conçoit : mais M. de Talleyrand devait-il le souffrir? et ne doit-on pas conclure de cette négligence apparente, qu'un homme aussi pénétrant voulait déjà plaire aux royalistes non constitutionnels, en laissant altérer dans l'opinion le respect que méritaient d'ailleurs les principes énoncés dans la déclaration du sénat? C'était faciliter au roi le moyen de dédaigner cette déclaration, et de revenir sans aucun genre d'engagement préalable.

M. de Talleyrand se flattait alors que pour tant de complaisance il échapperait à l'implacable ressentiment de l'esprit de parti. Avait-il eu pendant toute sa vie assez de fidélité, en fait de reconnaissance, pour imaginer qu'on n'en manquerait jamais envers lui? Espérait-il échapper seul au naufrage de son parti, quand toute l'histoire nous apprend qu'il est des haines politiques à jamais irréconciliables? Les hommes à préjugés, dans toute réformation, ne pardonnent point à ceux qui ont participé de quelque manière aux idées nouvelles; aucune pénitence, aucune quarantaine ne peut les rassurer à cet égard : ils se servent des individus qui abjurent; mais, si ces prétendus convertis veulent retenir quelques demi-principes dans quelques petites circonstances, la fureur se ranime aussitôt contre eux; les partisans de l'ancien régime considèrent ceux du gouvernement représentatif comme en état de révolte à l'égard du pouvoir légitime et absolu. Que signifient donc, aux yeux de ces royalistes non constitutionnels, les services que les anciens amis de la révolution peuvent rendre à leur cause? un commencement d'expiation, et rien de plus : et comment M. de Talleyrand n'a-t-il pas senti que, pour l'intérêt du roi comme pour celui de la France, il fallait qu'un pacte constitutionnel tranquillisât les esprits, affermît le trône, et présentât la nation française, aux yeux de toute l'Europe, non comme des rebelles qui demandent grâce, mais comme des citoyens qui

se lient à leur chef suprême par des devoirs réciproques?

Louis XVIII revint sans avoir reconnu la nécessité de ce pacte; mais, étant personnellement un homme d'un esprit très-éclairé, et dont les idées s'étendaient au delà du cercle des cours, il y suppléa en quelque manière par sa déclaration du 2 mai, datée de Saint-Ouen : il accordait ce que l'on désirait qu'il acceptât; mais enfin cette déclaration, supérieure à la charte constitutionnelle sous le rapport des intérêts de la liberté, était si bien conçue, qu'elle satisfît momentanément les esprits. On put espérer alors l'heureuse réunion de la légitimité dans le souverain, et de la légalité dans les institutions. Le même roi pouvait être Charles II par ses droits héréditaires, et Guillaume III par sa volonté éclairée. La paix semblait conclue entre les partis; l'existence de courtisan était laissée à ceux qui sont faits pour elle; on plaçait dans la chambre des pairs les noms illustrés par l'histoire et les hommes de mérite du temps présent; enfin, la nation dut croire qu'elle réparerait ses malheurs, en tournant vers l'émulation de la liberté constitutionnelle l'activité dévorante qui l'avait consumée elle-même, aussi bien que l'Europe.

Deux seuls dangers pouvaient anéantir toutes ces espérances : l'un, si le système constitutionnel n'était pas suivi par l'administration avec force et sincérité; l'autre, si le congrès de Vienne laissait Bonaparte à l'île d'Elbe, en présence de l'armée française. C'était un glaive suspendu sur le trône des Bourbons. Napoléon, en combattant jusqu'au dernier instant contre les étrangers, s'était mieux placé dans l'opinion des Français; et peut-être alors avait-il plus de partisans sincères que pendant sa prospérité désordonnée. Il fallait donc, pour que la restauration se maintînt, que, d'une part, les Bourbons pussent triompher des souvenirs de la victoire par les garanties de la liberté; et que, de l'autre, Bonaparte ne fût pas établi à trente lieues de ses anciens soldats : jamais une plus grande faute ne pouvait être commise relativement à la France.

CHAPITRE VI.

De l'aspect de la France et de Paris, pendant la première occupation.

On aurait grand tort de s'étonner de la douleur que les Français ont éprouvée, en voyant leur célèbre capitale envahie en 1814 par les armées étrangères. Les souverains qui s'en étaient rendus les maîtres se conduisirent alors avec l'équité la plus parfaite; mais c'est un cruel malheur pour une nation que d'avoir même à se louer des étrangers, puisque c'est une preuve que son sort dépend d'eux. Les armées françaises, il est vrai, étaient entrées plusieurs fois dans presque toutes les capitales de l'Europe, mais aucune de ces villes n'avait une aussi grande importance pour le pays dont elle faisait partie, que Paris pour la France. Les monuments des beaux-arts, les souvenirs des hommes de génie, l'éclat de la société, tout contribuait à faire de Paris le foyer de la civilisation continentale. Pour la première fois, depuis que Paris occupait un tel rang dans le monde, les drapeaux de l'étranger flottaient sur ses remparts. Naguère la voûte des Invalides était tapissée des étendards conquis dans quarante batailles, et maintenant les bannières de la France ne pouvaient se montrer que sous les ordres de ses conquérants. Je n'ai pas affaibli, je crois, dans cet ouvrage, le tableau des fautes qui ont amené les Français à cet état déplorable : mais, plus ils en souffraient, et plus ils étaient dignes d'estime.

La meilleure manière de juger des sentiments qui agitent les grandes masses, c'est de consulter ses propres impressions : on est sûr de deviner, d'après ce qu'on éprouve soi-même, ce que la multitude ressentira; et c'est ainsi que les hommes d'une imagination forte peuvent prévoir les mouvements populaires dont une nation est menacée.

Après dix ans d'exil, j'abordai à Calais, et je comptais sur un grand plaisir en revoyant ce beau pays de France que j'avais tant regretté : mes sensations furent tout autres que celles que j'attendais. Les premiers hommes que j'aperçus sur la rive portaient l'uniforme prussien; ils étaient les maîtres de la ville, ils en avaient acquis le droit par la conquête : mais il me semblait assister à l'établissement du règne féodal, tel que les anciens historiens le décrivent, lorsque les habitants du pays n'étaient là que pour cultiver la terre dont les guerriers de la Germanie devaient recueillir les fruits. O France ! ô France! il fallait un tyran étranger pour vous réduire à cet état ; un souverain français, quel qu'il fût, vous aurait trop aimée pour jamais vous y exposer.

Je continuai ma route, le cœur toujours souffrant par la même pensée ; en approchant de Paris, les Allemands, les Russes, les Cosaques, les Baskirs, s'offrirent à mes yeux de toutes parts : ils étaient campés autour de l'église de Saint-Denis, où la cendre des rois de France repose. La discipline commandée par les chefs de ces soldats empêchait qu'ils ne fissent aucun mal à personne,

aucun mal, excepté l'oppression de l'âme, qu'il était impossible de ne pas ressentir. Enfin, je rentrai dans cette ville, où se sont passés les jours les plus heureux et les plus brillants de ma vie, comme si j'eusse fait un rêve pénible. Étais-je en Allemagne ou en Russie? Avait-on imité les rues et les places de la capitale de la France, pour en retracer les souvenirs, alors qu'elle n'existait plus? Enfin, tout était trouble en moi; car, malgré l'âpreté de ma peine, j'estimais les étrangers d'avoir secoué le joug. Je les admirais sans restriction à cette époque; mais, voir Paris occupé par eux, les Tuileries, le Louvre, gardés par des troupes venues des confins de l'Asie, à qui notre langue, notre histoire, nos grands hommes, tout était moins connu que le dernier kan de Tartarie; c'était une douleur insupportable. Si telle était mon impression à moi, qui n'aurais pu revenir en France sous le règne de Bonaparte, quelle devait être celle de ces guerriers couverts de blessures, d'autant plus fiers de leur gloire militaire qu'ils ne pouvaient depuis longtemps en réclamer une autre pour la France?

Quelques jours après mon arrivée, je voulus aller à l'Opéra; plusieurs fois, dans mon exil, je m'étais retracé cette fête journalière de Paris, comme plus gracieuse et plus brillante encore que toutes les pompes extraordinaires des autres pays. On donnait le ballet de Psyché, qui, depuis vingt ans, a sans cesse été représenté dans bien des circonstances différentes. L'escalier de l'Opéra était garni de sentinelles russes; en entrant dans la salle, je regardai de tous les côtés pour découvrir un visage qui me fût connu, et je n'aperçus que quelques uniformes étrangers; à peine quelques vieux bourgeois de Paris se montraient-ils encore au parterre, pour ne pas perdre leurs anciennes habitudes; du reste, tous les spectateurs étaient changés, le spectacle seul restait le même : les décorations, la musique, la danse, n'avaient rien perdu de leur charme, et je me sentais humiliée de la grâce française prodiguée devant ces sabres et ces moustaches, comme s'il était du devoir des vaincus d'amuser encore les vainqueurs.

Au Théâtre-Français, les tragédies de Racine et de Voltaire étaient représentées devant des étrangers, plus jaloux de notre gloire littéraire qu'empressés à la reconnaître. L'élévation des sentiments exprimés dans les tragédies de Corneille n'avait plus de piédestal en France; on ne savait où se prendre pour ne pas rougir en les écoutant. Nos comédies, où l'art de la gaieté est porté si loin, divertissaient nos vainqueurs, lorsqu'il ne nous était plus possible d'en jouir, et nous avions presque honte des talents mêmes de nos poëtes, quand ils semblaient, comme nous, enchaînés au char des conquérants. Aucun officier de l'armée française, on doit leur en savoir gré, ne paraissait au spectacle pendant que les troupes alliées occupaient la capitale : ils se promenaient tristement, sans uniforme, ne pouvant plus supporter leurs décorations militaires, puisqu'ils n'avaient pu défendre le territoire sacré dont la garde leur était confiée. L'irritation qu'ils éprouvaient ne leur permettait pas de comprendre que c'était leur chef ambitieux, égoïste et téméraire, qui les avait réduits à l'état où ils se trouvaient : la réflexion ne pouvait s'accorder avec les passions dont ils étaient agités.

La situation du roi, revenant avec les étrangers, au milieu de l'armée qui devait les haïr, présentait des difficultés sans nombre. Il a fait individuellement tout ce que l'esprit et la bonté peuvent inspirer à un souverain qui veut plaire; mais il avait affaire à des sentiments d'une nature trop forte, pour que les moyens de l'ancien régime y pussent suffire. C'était de la nation qu'il fallait s'aider pour ramener l'armée; examinons si le système adopté par les ministres de Louis XVIII pouvait atteindre à ce but.

CHAPITRE VII.

De la charte constitutionnelle donnée par le roi en 1814.

Je me glorifie de rappeler ici que la déclaration signée par Louis XVIII, à Saint-Ouen, en 1814, contenait presque tous les articles garants de la liberté que M. Necker avait proposés à Louis XVI, en 1789, avant que la révolution du 14 juillet eût éclaté.

Cette déclaration ne portait pas la date des dix-neuf ans de règne, dans lesquels consistait la question du droit divin ou du pacte constitutionnel : le silence à cet égard était plein de sagesse, car il est manifeste que le gouvernement représentatif est inconciliable avec la doctrine du droit divin. Toutes les disputes des Anglais avec leurs rois sont provenues de cette inconséquence. En effet, si les rois sont les maîtres absolus des peuples, ils doivent exiger les impôts et non les demander ; mais, s'ils ont quelque chose à demander à leurs sujets, il s'ensuit nécessairement qu'ils ont aussi quelque chose à leur promettre. D'ailleurs, le roi de France étant remonté sur le trône en 1814, avec l'appui de la force étrangère, ses ministres auraient dû inventer l'idée du contrat avec la nation, du con-

sentement de ses députés, enfin de tout ce qui pouvait garantir et prouver le vœu des Français, quand même ces principes n'auraient pas été généralement reconnus en France. Il était fort à craindre que l'armée qui avait prêté serment à Bonaparte, et qui avait combattu près de vingt ans sous lui, ne regardât comme nuls les serments demandés par les puissances européennes. Il importait donc de lier et de confondre les troupes françaises avec le peuple français, par toutes les formes possibles d'acquiescement volontaire.

Quoi! dira-t-on, vouliez-vous nous replonger dans l'anarchie des assemblées primaires? Nullement; ce que l'opinion souhaitait, c'était l'abjuration du système sur lequel se fonde le pouvoir absolu; mais l'on n'aurait point chicané le ministère de Louis XVIII sur le mode d'acceptation de la charte constitutionnelle; il suffisait seulement alors qu'elle fût considérée comme un contrat et non comme un édit du roi; car l'édit de Nantes de Henri IV a été aboli par Louis XIV; et tout acte qui ne repose pas sur des engagements réciproques, peut être révoqué par l'autorité dont il émane.

Au lieu d'inviter au moins les deux chambres à choisir elles-mêmes les commissaires qui devaient examiner l'acte constitutionnel, les ministres les firent nommer par le roi. Très-probablement les chambres auraient élu les mêmes hommes; mais c'est une des erreurs des ministres de l'ancien régime, d'avoir envie de mettre l'autorité royale partout, tandis qu'il faut être sobre de ce moyen, dès qu'on n'en a pas un besoin indispensable. Tout ce qu'on peut laisser faire à la nation, sans qu'il en résulte aucun désordre, accroît les lumières, fortifie l'esprit public, et met plus d'accord entre le gouvernement et le peuple.

Le 4 juin 1814, le roi vint déclarer aux deux chambres la charte constitutionnelle. Son discours était plein de dignité, d'esprit et de convenance ; mais son chancelier commença par appeler la charte constitutionnelle *une ordonnance de réformation.* Quelle faute ! N'était-ce pas faire sentir que ce qui était donné par le roi pouvait être retiré par ses successeurs? Ce n'est pas tout encore : dans le préambule de la charte, il était dit que l'autorité tout entière résidait dans la personne du roi, mais que souvent l'exercice en avait été modifié par les monarques prédécesseurs de Louis XVIII, tels que Louis le Gros, Philippe le Bel, Louis XI, Henri II, Charles IX et Louis XIV. Certes les exemples étaient mal choisis; car, sans parler de Louis XI et de Charles IX, l'ordonnance de Louis le Gros, en 1127, relevait le tiers état des villes de la servitude, et il y a un peu longtemps que la nation française a oublié ce bienfait; et, quant à Louis XIV, ce n'est pas de son nom que l'on peut se servir, lorsqu'il est question de liberté.

A peine entendis-je ces paroles, que les plus grands maux me parurent à craindre pour l'avenir, car de si indiscrètes prétentions exposaient le trône encore plus qu'elles ne menaçaient les droits de la nation.. Elle était alors si forte dans l'intérieur, qu'il n'y avait rien à redouter pour elle; mais c'est précisément parce que l'opinion était toute-puissante, qu'on ne pouvait s'empêcher de s'irriter contre des ministres qui compromettaient ainsi l'autorité tutélaire du roi, sans avoir aucun appui réel pour la soutenir. La charte était précédée de l'ancienne formule usitée dans les ordonnances : *Nous accordons, nous faisons concession et octroi*, etc. Mais le nom même de *charte*, consacré par l'histoire d'Angleterre, rappelle les engagements que les barons firent signer au roi Jean, en faveur de la nation et d'eux-mêmes. Or, comment les concessions de la couronne pourraient-elles devenir la loi fondamentale de l'État, si elles n'étaient que le bienfait d'un monarque ? A peine la charte constitutionnelle fut-elle lue, que le chancelier se hâta de demander aux membres des deux chambres de jurer d'y être fidèles. Qu'aurait-on dit alors de la réclamation d'un sourd qui se serait levé pour s'excuser de prêter serment à une constitution dont il n'aurait pas entendu un seul article ? Eh bien, ce sourd, c'était le peuple français; et c'est parce que ses représentants avaient pris l'habitude d'être muets sous Bonaparte, qu'ils ne se permirent aucune objection alors. Aussi beaucoup de ceux qui, le 4 juin, jurèrent d'obéir à tout un code de lois qu'ils n'avaient pas seulement eu le temps de comprendre, ne se dégagèrent-ils que trop facilement, dix mois après, d'une promesse aussi légèrement donnée.

C'était un spectacle bien singulier, que la réunion, en présence du roi, des deux assemblées, le sénat et le corps législatif, qui avaient servi si longtemps Bonaparte. Les sénateurs et les députés portaient encore le même uniforme que l'empereur Napoléon leur avait donné; ils faisaient les mêmes révérences, en se tournant vers l'orient, au lieu de l'occident; mais ils saluaient tout aussi bas que de coutume. La cour de la maison de Bourbon était dans les galeries, arborant des mouchoirs blancs, et criant : *Vive le roi!* de toutes ses forces. Les hommes du régime impérial, sénateurs, maréchaux et députés, se trouvaient cernés par ces transports, et ils avaient tellement l'habitude de

la soumission, que tous les sourires habituels de leurs physionomies servaient, comme d'ordinaire, à l'admiration du pouvoir. Mais qui connaissait le cœur humain devait-il se fier à de telles démonstrations ? et ne valait-il pas mieux réunir des représentants librement élus par la France, que des hommes qui ne pouvaient alors avoir d'autre mobile que des intérêts, et non des opinions ?

Quoiqu'à plusieurs égards la charte dût contenter le vœu public, elle laissait cependant beaucoup de choses à désirer. C'était une expérience nouvelle, tandis que la constitution anglaise a subi l'épreuve du temps; et, quand on compare la charte d'un pays avec la constitution de l'autre, tout est à l'avantage de l'Angleterre, soit pour le peuple, soit pour les grands, soit même pour le roi, qui ne peut se séparer de l'intérêt général dans un pays libre.

Le parti royaliste inconstitutionnel, dont il faut sans cesse relever les paroles, puisque c'est surtout ainsi qu'il agit, n'a cessé de répéter que si le roi s'était conduit comme Ferdinand VII, s'il avait établi purement et simplement l'ancien régime, il n'aurait eu rien à craindre de ses ennemis. Le roi d'Espagne pouvait disposer de son armée; celle de Louis XVIII ne lui était point attachée : les prêtres aussi sont l'armée succursale du roi d'Espagne; en France, l'ascendant des prêtres n'existe presque plus; enfin, tout est en contraste dans la situation politique et morale des deux pays; et qui veut les rapprocher se livre à son humeur, sans considérer en rien les éléments dont l'opinion et la force sont composées.

Mais, dira-t-on encore, Bonaparte savait pourtant séduire ou dominer l'esprit d'opposition! Rien ne serait plus fatal pour un gouvernement quelconque en France, que d'imiter Bonaparte. Ses exploits guerriers étaient de nature à produire une funeste illusion sur son despotisme; encore Napoléon n'a-t-il pu résister à son propre système, et sûrement aucune autre main ne saurait manier la massue qui est retombée sur sa tête.

En 1814, les Français semblaient plus faciles à gouverner qu'à aucune autre époque de la révolution; car ils étaient assoupis par le despotisme, et lassés des agitations auxquelles le caractère inquiet de leur maître les avait condamnés. Mais, loin de croire à cet engourdissement trompeur, il aurait fallu, pour ainsi dire, les prier de vouloir être libres, afin que la nation pût servir d'appui à l'autorité royale contre l'armée. Il importait de remplacer l'enthousiasme militaire par les intérêts politiques, afin de donner un aliment à l'esprit public, qui en a toujours besoin en France. Mais, de tous les jougs le plus impossible à rétablir, c'était l'ancien; et l'on doit, avant tout, se garder de ce qui le rappelle. Il y a peu de Français qui sachent encore très-bien ce que c'est que la liberté; et, certes, Bonaparte ne leur a pas appris à s'y connaître : mais toutes les institutions qui pourraient blesser l'égalité, produisent en France la même fermentation que le retour du papisme causait autrefois en Angleterre.

La dignité de la pairie diffère autant de la noblesse par généalogie, que la monarchie constitutionnelle de la monarchie fondée sur le droit divin; mais c'était une grande erreur de la charte, que de conserver tous les titres des nobles, soit anciens, soit modernes. On ne rencontrait, après la restauration, que des barons et des comtes de la façon de Bonaparte, de celle de la cour, ou quelquefois même de la leur, tandis que les pairs seuls devaient être considérés comme les dignitaires du pays, afin de détruire la noblesse féodale, et d'y substituer une magistrature héréditaire, qui, ne s'étendant qu'à l'aîné de la famille, n'établît point dans l'État des distinctions de sang et de race.

S'ensuit-il néanmoins de ces observations que l'on fût malheureux en France sous la première restauration? La justice et même la bonté la plus parfaite n'étaient-elles pas pratiquées envers tout le monde? Sans doute, et les Français se repentiront longtemps de ne l'avoir pas alors assez senti. Mais, s'il y a des fautes qui doivent irriter contre ceux qui les font, il y en a qui vous inquiètent pour le sort d'un gouvernement que l'on estime; et de ce nombre étaient celles que commettaient les agents de l'autorité. Toutefois, les amis de la liberté les plus sincèrement attachés à la personne du roi voulaient une garantie pour l'avenir; et leur désir à cet égard était juste et raisonnable.

CHAPITRE VIII.

De la conduite du ministère pendant la première année de la restauration.

Quelques publicistes anglais prétendent que l'histoire démontre l'impossibilité de faire adopter sincèrement une monarchie constitutionnelle à une race de princes qui aurait joui pendant plusieurs siècles d'une autorité sans bornes. Les ministres n'avaient, en 1814, qu'une manière de réfuter cette opinion : c'était de manifester assez en toutes choses la supériorité d'esprit du roi, pour que l'on fût convaincu qu'il cédait volontairement aux lumières de son siècle; parce que, s'il y perdait

comme souverain, il y gagnait comme homme éclairé. Le roi lui-même a produit à son retour cet effet salutaire sur ceux qui ont eu des rapports avec lui; mais plusieurs de ses ministres semblaient prendre à tâche de détruire ce grand bien produit par la sagesse du monarque.

Un homme élevé ensuite à une dignité éminente avait dit, dans une adresse au roi, au nom du département de la Seine-Inférieure, que la révolution n'était qu'une rébellion de vingt-cinq années. En prononçant ces paroles, il s'était rendu incapable d'être utile à la chose publique; car, si cette révolution n'est qu'une révolte, pourquoi donc consentir à ce qu'elle amène le changement de toutes les institutions politiques, changement consacré par la charte constitutionnelle? Pour être conséquent, il aurait fallu répondre à cette objection, que la charte était un mal nécessaire auquel on devait se résigner, tant que le malheur des temps l'exigeait. Or, comment une telle manière de voir pouvait-elle inspirer de la confiance? comment pouvait-elle donner aucune stabilité, aucune force à un ordre de choses nominalement établi? Un certain parti considérait la constitution comme une maison de bois dont il fallait supporter les inconvénients, en attendant que l'on rebâtît la véritable demeure, l'ancien régime.

Les ministres parlaient en public de la charte avec le plus grand respect, surtout lorsqu'ils proposaient les mesures qui la détruisaient pièce à pièce; mais, en particulier, ils souriaient au nom de cette charte, comme si c'était une excellente plaisanterie que les droits d'une nation. Quelle frivolité, grand Dieu! et sur les bords d'un abîme! Se peut-il qu'il y ait dans les habitudes des cours quelque chose qui perpétue la légèreté d'esprit jusque dans l'âge avancé? Il en résulte souvent de la grâce; mais elle coûte bien cher dans les temps sérieux de l'histoire.

La première proposition que l'on soumit au corps législatif, fut la suspension de la liberté de la presse. Le ministre chicana sur les termes de la charte, qui étaient les plus clairs du monde; et les journaux furent remis à la censure. Si l'on croyait que les gazettes ne pouvaient être encore abandonnées à elles-mêmes, au moins fallait-il que le ministère, s'étant rendu responsable de ce qu'elles contenaient, soumît la direction de ces journaux, devenus tous officiels par le seul fait de la censure, à des esprits sages qui ne permissent dans aucun cas la moindre insulte à la nation française. Comment un parti évidemment le plus faible à un degré que le fatal retour de Bonaparte n'a que trop manifesté ; comment ce parti prend-il envers tant de millions d'hommes le ton prédicateur d'un jour de jeûne ? Comment leur déclare-t-il à tous qu'ils sont des criminels de divers genres, de diverses époques, et qu'ils doivent expier, par l'abandon de toute prétention à la liberté, les maux qu'ils ont causés en s'efforçant de l'obtenir ? Je crois qu'en vérité les écrivains de ce parti auraient admis seulement pour un jour, le gouvernement représentatif, s'il eût consisté dans quelques députés en robe blanche, qui seraient venus, la corde au cou, demander grâce pour la France. D'autres, d'un air plus doux, disaient, comme du temps de Bonaparte, qu'il fallait ménager les intérêts de la révolution, pourvu qu'on anéantît ses principes ; ce qui voulait dire simplement qu'on avait encore peur des intérêts, et qu'on espérait les affaiblir en les séparant des principes.

Est-ce ainsi que l'on doit traiter vingt-cinq millions d'hommes qui naguère avaient vaincu l'Europe ? Les étrangers, malgré, peut-être même à cause de leur victoire, montraient beaucoup plus d'égards à la nation française que ces journalistes qui, sous tous les gouvernements, avaient été les pourvoyeurs de sophismes pour le compte de la force. Ces gazettes, dont le ministère était pourtant censé dicter l'esprit, attaquaient tous les individus, morts ou vivants, qui avaient proclamé les premiers les principes mêmes de la charte constitutionnelle ; il nous fallait supporter que les noms vénérés qui ont un autel dans notre cœur, fussent constamment insultés par les écrivains de parti, sans que nous pussions leur répondre, sans que nous pussions leur dire une seule fois combien ces illustres tombeaux sont placés au-dessus de leurs indignes atteintes, et quels champions nous avons dans l'Europe et dans la postérité, pour le soutien de notre cause. Mais que faire, quand toutes les discussions sont commandées d'avance, et que nul accent de l'âme ne peut pénétrer à travers ces écrits assermentés à la bassesse ? Tantôt ils insinuaient les avantages de l'exil, ou discutaient les inconvénients de la liberté individuelle. J'ai entendu proposer que le gouvernement consentît à la liberté de la presse, à condition qu'on lui accordât la détention arbitraire ; comme si l'on pouvait écrire quand on est menacé d'être puni sans jugement pour avoir écrit !

Lorsque les partisans du despotisme se servent des baïonnettes, ils font leur métier ; mais, lorsqu'ils emploient des formes philosophiques pour établir leur doctrine, ils se flattent en vain de tromper ; on a beau priver les peuples de la lu-

mière et de la publicité, ils n'en sont que plus défiants ; et toutes les profondeurs du machiavélisme ne sont que de mauvais jeux d'enfants, à côté de la force magique et naturelle tout ensemble de la parfaite sincérité. Il n'y a point de secret entre les gouvernements et le peuple ; ils se comprennent, ils se connaissent. On peut prendre sa force dans tel ou tel parti ; mais se flatter d'amener à pas de loup les institutions contre lesquelles l'opinion est en garde, c'est n'avoir aucune idée de ce qu'est devenu le public de notre temps.

Une suite de résolutions rétablissait chaque chose comme jadis ; on entourait la charte constitutionnelle de manière à la rendre un jour tellement étrangère à l'assemblée, qu'elle tombât, pour ainsi dire, d'elle-même, étouffée par les ordonnances et les étiquettes. Tantôt on proposait de réformer l'Institut, qui a fait la gloire de la France éclairée, et d'imposer de nouveau à l'Académie française ces vieux éloges du cardinal de Richelieu et de Louis XIV, exigés depuis plus d'un siècle ; tantôt on décrétait d'anciennes formules de serment dans lesquelles il n'était pas question de la charte ; et, quand elles excitaient des plaintes, on vous citait l'exemple de l'Angleterre : car elle faisait loi contre la liberté, mais jamais en sa faveur. Néanmoins il était très-aisé, dans cette occasion comme dans toutes, de réfuter l'exemple de l'Angleterre par un argument ainsi conçu : Le roi d'Angleterre jurant lui-même de maintenir les lois constitutionnelles du royaume, les fonctionnaires publics ne prêtent serment qu'à lui. Mais vaut-il la peine de raisonner, quand tout le but des adversaires est d'avoir des mots pour cacher leur pensée ?

L'institution de la noblesse créée par Bonaparte n'était vraiment bonne qu'à montrer le ridicule de cette multitude de titres sans réalité, auxquels une vanité puérile peut seule attacher de l'importance. Dans la pairie, le fils aîné hérite des titres et des droits de son père ; mais le reste de la famille doit rentrer dans la classe des citoyens ; et, comme nous n'avons cessé de le répéter, ce n'est point une noblesse de race, mais une magistrature héréditaire, à laquelle sont attachés les honneurs, à cause de l'utilité dont les pairs sont à la chose publique, et non en conséquence de l'héritage de la conquête, héritage qui constitue la noblesse féodale. Les anoblissements que le chancelier de France envoyait de toutes parts, en 1814, portaient nécessairement atteinte aux principes de la liberté politique. Car, que signifie anoblir, si ce n'est déclarer que le tiers état, c'est-à-dire, la nation, est roturière, qu'il n'est pas honorable d'être simple citoyen, et qu'il faut relever de cet abaissement les individus qui ont mérité d'en sortir? Or, ces individus, d'ordinaire, c'étaient ceux qu'on savait enclins à sacrifier les droits de la nation aux priviléges de la noblesse. Le goût des priviléges, dans ceux qui les possèdent en vertu de leur naissance, a du moins quelque grandeur; mais qu'y a-t-il de plus subalterne que ces hommes du tiers état, s'offrant pour servir de marchepied à ceux qui veulent monter sur leurs têtes?

Les lettres de noblesse datent en France de Philippe le Hardi : elles avaient pour but principal l'exemption des impôts que le tiers état payait seul. Mais les anciens nobles de France ne regardaient jamais comme leurs égaux ceux qui n'étaient point nobles d'origine; et, à cet égard, ils avaient raison; car la noblesse perd tout son empire sur l'imagination, dès qu'elle ne remonte pas dans la nuit des temps. Ainsi donc, sur le terrain de la liberté comme sur celui de l'aristocratie, les lettres de noblesse sont également à rejeter. Écoutons ce qu'en dit l'abbé de Velly, historien très-sage, et reconnu pour tel, non-seulement par l'opinion publique, mais par les censeurs royaux de son temps [1]. « Ce qu'il y a de plus remarquable dans les « lettres d'anoblissement, est qu'elles exigent en « même temps une finance pour le monarque, qui « doit être indemnisé des subsides dont la lignée du « nouveau noble est affranchie, et une aumône « pour le peuple, qui se trouve surchargé par cette « exemption. C'est la chambre des comptes qui dé- « cide de toutes les deux. Le roi peut remettre « l'une et l'autre : mais il remet rarement l'au- « mône, parce qu'elle regarde les pauvres. On ne « doit pas oublier ici la réflexion d'un célèbre juris- « consulte : *Toutefois*, dit-il, *à bien entendre, cette* « *abolition de roture n'est qu'une effaçure dont la* « *marque demeure; elle semble même plutôt une* « *fiction qu'une vérité, le prince ne pouvant par* « *effet réduire l'être au non-être. C'est pourquoi* « *nous sommes si curieux en France de cacher le* « *commencement de notre noblesse, afin de la* « *faire remonter à cette première espèce de gen-* « *tillesse ou générosité immémoriale, qui seule* « *constituait autrefois les nobles.* »

On s'étonne, quand on lit tout ce qui a été écrit en Europe depuis la découverte de l'imprimerie, et même tout ce qu'on cite des anciennes chroniques, combien les principes des amis de la liberté sont anciens dans chaque pays; combien, à travers les superstitions de certaines époques, il perce d'i-

[1] Velly, tom. III, pag. 424.

dées justes dans ceux qui ont publié de quelque manière leurs réflexions indépendantes. Nous avons certainement pour nous la raison de tous les temps, ce qui ne laisse pas d'être une légitimité comme une autre.

La religion étant un des grands ressorts de tout gouvernement, la conduite à tenir à cet égard devait occuper sérieusement les ministres; et le principe de la charte qu'ils devaient maintenir avec le plus de scrupule, c'était la tolérance universelle. Mais, parce qu'il existe encore dans le midi de la France quelques traces de fanatisme qui a si long-temps ensanglanté ces provinces; parce que l'ignorance de quelques-uns de leurs habitants est égale à leur vivacité, fallait-il leur permettre d'insulter les protestants sur les places publiques par des chansons sanguinaires, annonçant les assassinats qui depuis ont été commis? Les acquéreurs de biens du clergé ne devaient-ils pas frémir à leur tour, quand ils voyaient les protestants du Midi désignés aux massacres? Les paysans, qui ne payent plus ni les dîmes ni les droits féodaux, ne voyaient-ils pas aussi leur cause dans celle des protestants, dans celle enfin des principes de la révolution, reconnus par le roi lui-même, mais éludés constamment par les ministres? On se plaint avec raison, en France, de ce que le peuple est peu religieux; mais, si l'on veut se servir du clergé pour ramener l'ancien régime, on est certain d'accroître l'incrédulité par l'irritation.

Que pouvait-on avoir en vue, par exemple, en substituant à la fête de Napoléon, le 15 août, une procession pour célébrer le vœu de Louis XIII, qui consacre la France à la Vierge? Il faut convenir que cette nation française a terriblement d'âpreté guerrière, pour qu'on la soumette à une cérémonie si candide. Les courtisans suivent cette procession dévotement, pour obtenir des places, comme les femmes mariées font des pèlerinages pour avoir des enfants; mais quel bien fait-on à la France, en voulant mettre en honneur d'anciens usages qui n'ont plus d'influence sur le peuple? C'est l'accoutumer à se jouer de la religion, au lieu de lui rendre l'habitude de la révérer. Vouloir donner de la puissance à des superstitions qui n'en ont plus, c'est imiter don Pèdre de Portugal, qui, lorsqu'il fut sur le trône, retira du tombeau les restes d'Inès de Castro, pour les faire couronner : elle n'en fut pas plus reine pour cela.

Combien ces remarques sont loin de s'appliquer aux funérailles de Louis XVI, célébrées à Saint-Denis le vingt et un janvier! Personne n'a pu voir ce spectacle sans émotion. Le cœur s'associait tout entier aux souffrances de cette princesse, qui rentrait dans les palais, non pour jouir de leur splendeur, mais pour honorer les morts, et rechercher leurs sanglants débris. On a dit que cette cérémonie était impolitique, mais elle causait un tel attendrissement, que le blâme ne pouvait s'y attacher.

L'admission à tous les emplois est l'un des principes auxquels les Français tiennent le plus. Mais, bien que ce principe fût consacré par la charte, les choix des ministres, dans la carrière diplomatique surtout, étaient exclusivement bornés à la classe de l'ancien régime. On introduisait dans l'armée trop d'officiers généraux qui n'avaient jamais fait la guerre que dans les salons; encore n'y avaient-ils pas toujours été vainqueurs. Enfin, il était manifeste que l'on n'avait goût qu'à redonner les places aux courtisans d'autrefois, et rien ne blessait autant les hommes du tiers état qui se sentaient du talent, ou qui voulaient développer l'émulation de leurs fils.

Les finances, qui agissent sur le peuple d'une façon immédiate, étaient gouvernées, sous quelques rapports, avec habileté; mais la promesse qui avait été faite de supprimer les droits réunis ne fut point accomplie, et la popularité de la restauration en a beaucoup souffert.

Enfin, le devoir du ministère était, avant tout, d'obtenir que les princes ne se mêlassent en rien des affaires publiques, si ce n'est dans des emplois responsables. Que dirait-on en Angleterre, si les fils ou les frères du roi siégeaient dans le conseil, votaient pour la guerre et la paix, enfin participaient au gouvernement, sans être soumis au premier principe de ce gouvernement, la responsabilité, dont le roi seul est excepté? La place convenable pour les princes, c'est la chambre des pairs; c'est là qu'ils devaient prêter serment à la charte constitutionnelle; ils l'ont prêté, ce serment, lorsque Bonaparte s'avançait déjà sur Paris. N'était-ce pas reconnaître qu'ils avaient négligé jusqu'alors un grand moyen de captiver la confiance du peuple? La liberté constitutionnelle est, pour les princes de la maison de Bourbon, la parole magique qui peut seule leur ouvrir la porte du palais de leurs ancêtres. L'art qu'ils pourraient mettre à se dispenser de la prononcer serait bien facilement remarqué; et ce mot, comme les images de Brutus et de Cassius, attirerait d'autant plus l'attention qu'on aurait pris plus de soin pour l'éviter.

Il n'y avait point d'accord entre les ministres, point de plan reconnu par tous; le ministère de la police, détestable institution en soi-même, ne savait rien et ne s'occupait de rien; car, pour peu qu'il y ait des lois, que peut faire un ministre de la police? Sans avoir recours à l'espionnage, aux arrestations, enfin à tout l'abominable édifice d'arbitraire que Bonaparte a fondé, les hommes d'État doivent savoir où est la direction de l'opinion publique, et de quelle manière on peut marcher dans son sens. Il faut, ou commander à une armée qui vous obéisse comme une machine, ou prendre sa force dans les sentiments de la nation: la science de la politique a besoin d'un Archimède qui lui fournisse son point d'appui.

M. de Talleyrand, à qui l'on ne saurait contester une profonde connaissance des partis qui ont agité la France, étant au congrès de Vienne, ne pouvait influer sur la marche des affaires intérieures. M. de Blacas, qui avait montré au roi, dans son exil, l'attachement le plus chevaleresque, inspirait aux gens de la cour ces anciennes jalousies de *l'œil de bœuf*, qui ne laissent pas un moment de repos à ceux qu'on croit en faveur auprès du monarque; et cependant M. de Blacas était peut-être, de tous les hommes revenus avec Louis XVIII, celui qui jugeait le mieux la situation de la France, quelque nouvelle qu'elle fût pour lui. Mais que pouvait un ministère constitutionnel en apparence, et contre-révolutionnaire au fond; un ministère, en général composé d'honnêtes gens, chacun à sa manière, mais qui se dirigeaient par des principes opposés, quoique le premier désir de chacun fût de plaire à la cour? Tout le monde disait: *Cela ne peut durer*, bien qu'alors la situation de tout le monde fût douce; mais le manque de force c'est-à-dire, de bases durables, inquiétait les esprits. Ce n'est pas la force arbitraire qu'on désirait, car elle n'est qu'une convulsion dont il résulte toujours tôt ou tard une réaction funeste, tandis qu'un gouvernement qui s'établit sur la vraie nature des choses va toujours en s'affermissant.

Comme on voyait le danger sans précisément se rendre compte du remède, quelques personnes eurent la funeste idée de proposer pour le ministère de la guerre le maréchal Soult, qui venait de commander avec succès les armées de Bonaparte. Il avait su gagner le cœur de certains royalistes, en professant la doctrine du pouvoir absolu dont il avait fait un long usage. Les adversaires de tout principe constitutionnel se sentent bien plus d'analogie avec les bonapartistes qu'avec les amis de la liberté, parce qu'entre les deux partis il n'y a que le nom du maître à changer pour être d'accord. Mais les royalistes ne s'apercevaient pas que ce nom était tout, car le despotisme ne pouvait s'établir alors avec Louis XVIII, soit à cause de ses qualités personnelles, soit parce que l'armée n'était pas disposée à s'y prêter. Le véritable parti du roi devait être l'immense majorité de la nation, qui veut une constitution représentative. Il fallait donc se garder de toute alliance avec les bonapartistes, parce qu'ils ne pouvaient que perdre la monarchie des Bourbons, soit qu'ils les servissent de bonne foi, soit qu'ils voulussent les tromper. Les amis de la liberté étaient au contraire les alliés naturels dont le parti du roi devait s'appuyer ; car, du moment que le roi donnait une charte constitutionnelle, il ne pouvait employer avec avantage que ceux qui en professaient les principes.

Le maréchal Soult demanda qu'un monument fût élevé aux émigrés de Quiberon, lui qui, depuis vingt ans, avait combattu pour la cause opposée à la leur ; c'était désavouer toute sa vie passée, et cette abjuration cependant charma beaucoup de royalistes. Mais en quoi consiste la force d'un général, dès l'instant qu'il perd la faveur de ses compagnons d'armes ? Quand on oblige un homme du parti populaire à sacrifier sa popularité, il n'est plus bon à rien au nouveau parti qu'il embrasse. Les royalistes persévérants inspireront toujours plus d'estime que les bonapartistes convertis.

On croyait captiver l'armée, en nommant le maréchal Soult ministre de la guerre ; on se trompait : la grande erreur des personnes élevées dans l'ancien régime, c'est d'attacher une trop grande importance aux chefs en tout genre. Les masses sont tout aujourd'hui, les individus peu de chose. Si les maréchaux perdent la confiance de l'armée, il se présente aussitôt des généraux non moins habiles que leurs supérieurs ; ces généraux sont-ils renversés à leur tour, il se trouve des soldats capables de les remplacer. L'on en peut dire autant dans la carrière civile : ce ne sont pas les hommes, mais les systèmes qui ébranlent ou qui garantissent le pouvoir. Napoléon, je l'avoue, est une exception à cette vérité ; mais, outre que ses talents sont extraordinaires, encore a-t-il cherché, dans les différentes circonstances où il s'est trouvé, à captiver l'opinion du moment, à séduire les passions du peuple, lorsqu'il voulait l'asservir.

Le maréchal Soult ne s'aperçut pas que l'armée de Louis XVIII devait être conduite par de tout autres principes que celle de Napoléon ; il fallait la détacher par degrés de ce besoin de la guerre, de cette frénésie de conquêtes avec laquelle on avait obtenu tant de succès militaires, et fait un mal si cruel au monde. Mais le respect de la loi, le sentiment de la liberté, pouvaient seuls opérer ce changement. Le maréchal Soult, au contraire, croyait que le despotisme était le secret de tout. Trop de gens se persuadent qu'ils seront obéis comme Bonaparte, en exilant les uns, en destituant les autres, en frappant du pied, en fronçant le sourcil, en répondant avec hauteur à ceux qui s'adressent respectueusement à eux ; enfin, en pratiquant tous ces arts de l'impertinence que les gens en place apprennent en vingt-quatre heures, mais dont ils se repentent souvent toute leur vie.

La volonté du maréchal échoua contre les obstacles sans nombre dont il n'avait pas la moindre idée. Je suis persuadée que c'est sans fondement qu'on l'a soupçonné d'avoir trahi. En général, la trahison chez les Français n'est que le résultat de la séduction momentanée du pouvoir, et presque jamais ils ne sont capables de la combiner d'avance. Mais un émigré de Coblentz n'aurait pas commis autant de fautes envers l'armée française, s'il eût été chargé du même emploi, car, du moins, il aurait ménagé ses adversaires ; tandis que le maréchal Soult frappait sur ses anciens subordonnés, sans se douter qu'il y avait, depuis la chute de Bonaparte, quelque chose de semblable à une opinion, à une législation, enfin, à une résistance possible. Les courtisans se persuadaient que le maréchal Soult était un homme supérieur, parce qu'il disait qu'on doit gouverner avec un sceptre de fer. Mais où forger ce sceptre, quand on n'a pour soi ni l'armée ni le peuple ? En vain répète-t-on qu'il faut faire rentrer dans l'obéissance, soumettre, punir, etc. ; toutes ces maximes n'agissent pas d'elles-mêmes, et l'on peut les prononcer du ton le plus rude sans être plus puissant pour cela. Le maréchal Soult avait été très-habile dans l'art d'administrer un pays conquis ; mais, en l'absence des étrangers, la France n'en était pas un.

CHAPITRE IX.

Des obstacles que le gouvernement a rencontrés pendant la première année de la restauration.

Nous dirons les obstacles que le ministère de la restauration avait à surmonter en 1814, et nous ne craindrons pas d'exprimer notre avis sur le système qu'il fallait suivre pour en triompher ; certes le tableau de cette époque n'est point encore étranger au temps actuel.

La France tout entière était cruellement désorganisée par le règne de Bonaparte. Ce qui accuse le plus ce règne, c'est la dégradation manifeste des lumières et des vertus, pendant les quinze années de sa durée. Il restait, après le jacobinisme, une nation qui n'avait point pris part à ses crimes, et l'on pouvait considérer la tyrannie révolutionnaire comme un fléau de la nature sous lequel on avait succombé, mais sans s'avilir. L'armée pouvait alors se vanter encore d'avoir combattu seulement pour la patrie, sans aspirer à la fortune, ni aux titres, ni au pouvoir. Durant les quatre années directoriales, on avait essayé un gouvernement qui se rattachait à de grandes pensées; et, si l'étendue de la France et ses habitudes rendaient cette sorte de gouvernement inconciliable avec la tranquillité générale, au moins les esprits étaient-ils électrisés par les efforts individuels qu'excite toujours une république. Mais, après le despotisme militaire, et la tyrannie civile fondée sur l'intérêt personnel, de quelles vertus pouvait-on trouver la trace dans les partis politiques dont le gouvernement impérial s'était entouré? Les masses, dans tous les ordres de la société, soldats, paysans, gentilshommes, bourgeois, possèdent encore de grandes et belles qualités : mais ceux qui se sont mis en avant dans les affaires, présentent, à quelques exceptions près, le plus misérable des spectacles. Le lendemain de la chute de Bonaparte, il n'y avait d'actif en France que Paris, et à Paris, que quelques milliers de solliciteurs demandant de l'argent et des places au gouvernement, quel qu'il pût être.

Les militaires étaient et sont encore ce qu'il y a de plus énergique dans un pays où, pendant longtemps, il n'a pu briller qu'une vertu, la bravoure. Mais ces guerriers, qui tenaient leur gloire de la liberté, devaient-ils porter l'esclavage chez les nations étrangères? Ces guerriers, qui avaient soutenu si longtemps les principes de l'égalité sur lesquels la révolution est fondée, devaient-ils se montrer, pour ainsi dire, tatoués d'ordres, de rubans et de titres que les princes de l'Europe leur avaient donnés, pour échapper aux tributs qu'on exigeait d'eux? La plupart des généraux français, avides des distinctions nobiliaires, troquaient leur gloire, comme les sauvages, contre des morceaux de verre.

C'est en vain qu'après la restauration, tout en négligeant beaucoup trop les officiers du second rang, le gouvernement a comblé de grâces les officiers supérieurs. Du moment que les guerriers de Bonaparte voulaient être des gens de cour, il était impossible de tranquilliser leur vanité sur ce sujet; car rien ne peut faire que des hommes nouveaux soient d'une ancienne famille, quelque titre qu'on leur donne. Un général tout poudré, de

l'ancien régime, fait rire les vieilles moustaches qui ont vaincu l'Europe entière. Mais un chambellan, fils d'un bourgeois ou d'un paysan, n'est guère moins ridicule dans son genre. L'on ne pouvait donc, comme nous l'avons dit tout à l'heure, rallier sincèrement la nouvelle cour à l'ancienne, et l'ancienne même devait avoir l'air de mauvaise foi, en voulant rassurer à cet égard les inquiétudes avisées des grands seigneurs créés par Bonaparte.

Il était également impossible de donner une seconde fois l'Europe à partager à ces militaires, que l'Europe avait à la fin vaincus; et cependant, ils se persuadaient que le retour de l'ancienne dynastie était la seule cause du traité de paix qui leur faisait perdre la barrière du Rhin et l'ascendant en Italie.

Les royalistes de la *seconde main*, selon l'expression anglaise, c'est-à-dire, ceux qui, après avoir servi Bonaparte, s'offraient pour mettre en vigueur les mêmes principes de despotisme sous la restauration; ces hommes, ne pouvant inspirer que le mépris, n'étaient propres à conduire que des intrigues. Ils étaient à craindre, disait-on, si l'on ne les employait pas : mais, ce dont il faut se garder le plus en politique, c'est d'employer ceux qu'on redoute; car il est bien sûr que, démêlant ce sentiment, ils serviront, comme on se sert d'eux, d'après l'alliance de l'intérêt, qui se rompt de droit par l'adversité.

Les émigrés attendaient des dédommagements de l'ancienne dynastie, pour les biens qu'ils avaient perdus en lui restant fidèles; et certes, à cet égard, leurs plaintes étaient naturelles. Mais il fallait venir à leur secours sans porter atteinte en aucune manière à la vente des propriétés nationales, et leur faire comprendre ce que les protestants avaient compris sous Henri IV; c'est que, bien qu'ils eussent été les amis et les défenseurs de leur roi, ils devaient consentir, pour le bien de l'État, à ce que le monarque adoptât les intérêts dominants dans le pays sur lequel il voulait régner. Mais les émigrés ne conçoivent jamais qu'il y a des Français en France, et que ces Français doivent compter pour quelque chose, voire même pour beaucoup.

Le clergé redemandait son ancienne existence, comme si cinq millions de propriétaires dans un pays pouvaient être dépossédés, quand même leurs titres de propriété ne seraient pas consacrés maintenant par toutes les lois ecclésiastiques et civiles. Certainement la France, sous Bonaparte, a presque autant perdu sous le rapport de la religion qu'en fait de lumières. Mais est-il nécessaire que le clergé soit un corps politique dans l'État, et qu'il possède des richesses territoriales, pour que le peuple français reprenne des sentiments plus religieux? D'ailleurs, lorsque le clergé catholique exerçait un grand pouvoir en France dans le dix-septième siècle, il fit révoquer l'édit de Nantes; et ce même clergé, dans le dix-huitième siècle, s'opposa jusqu'à la révolution aux propositions de M. de Malesherbes, pour rendre l'état civil aux protestants. Comment donc les prêtres catholiques, s'ils étaient reconstitués en ordre de l'État, pourraient-ils admettre l'article de la charte qui proclame la tolérance religieuse? Enfin la disposition générale des esprits est telle, qu'une force étrangère pourrait seule faire supporter à la nation le rétablissement de l'ancienne existence des ecclésiastiques. Il faudrait, pour un tel but, que les baïonnettes de l'Europe restassent toujours sur le territoire de France, et ce moyen ne ranimerait sûrement pas l'attachement des Français pour le clergé.

Sous le règne de Bonaparte, on n'a bien fait que la guerre; et tout le reste a été sciemment et volontairement abandonné. On ne lit presque plus en province, et l'on ne connaît guère les livres à Paris que par les journaux, qui, tels que nous les voyons, exercent la dictature de la pensée, puisque c'est par eux seuls que se forment les jugements. Nous rougirions de comparer l'Angleterre et l'Allemagne avec la France, sous le rapport de l'instruction universelle. Quelques hommes distingués cachent encore notre misère aux yeux de l'Europe; mais l'instruction du peuple est négligée à un degré qui menace toute espèce de gouvernement. S'ensuit-il qu'on doive remettre l'éducation publique aux prêtres exclusivement? Le pays le plus religieux de l'Europe, l'Angleterre, n'a jamais admis une telle idée. On n'y songe ni dans l'Allemagne catholique ni dans l'Allemagne protestante. L'éducation publique est un devoir des gouvernements envers les peuples, sur lequel ils ne peuvent prélever la taxe de telle ou telle opinion religieuse.

Ce que veut le clergé en France, ce qu'il a toujours voulu, c'est du pouvoir; en général les réclamations qu'on entend, au nom de l'intérêt public, se réduisent à des ambitions de corps ou d'individus. Se publie-t-il un livre sur la politique, avez-vous de la peine à le comprendre, vous paraît-il ambigu, contradictoire, confus? traduisez-le par ces paroles : *Je veux être ministre ;* et toutes les obscurités vous seront expliquées. En effet, le parti dominant en France, c'est celui qui demande des places; le reste n'est qu'une nuance accidentelle à côté de cette uniforme couleur; la nation cependant n'est et ne peut être de rien dans ce parti.

En Angleterre, quand le ministère change, tous ceux qui remplissent des emplois donnés par les ministres n'imaginent pas qu'ils puissent en recevoir de leurs successeurs; et cependant il ne s'agit entre les divers partis anglais que d'une très-légère différence : les Torys et les Whigs veulent tous les deux la monarchie et la liberté, quoiqu'ils diffèrent dans le degré de leur attachement pour l'une et pour l'autre. Mais, en France, on se croyait le droit d'être nommé par Louis XVIII, parce qu'on avait occupé des places sous Bonaparte; et beaucoup de gens, qui s'appelaient patriotes, trouvaient extraordinaire que le roi ne composât pas son conseil de ceux qui avaient jugé son frère à mort. Incroyable démence de l'amour du pouvoir! Le premier article des droits de l'homme en France, c'est la nécessité pour tout Français d'occuper un emploi public.

La caste des solliciteurs ne sait vivre que de l'argent de l'État; aucune industrie, aucun commerce, rien de ce qui vient de soi ne leur semble une existence convenable. Bonaparte avait accoutumé de certains hommes, qui se disaient la nation, à être pensionnés par le gouvernement; et le désordre qu'il avait mis dans la fortune de tout le monde, autant par ses dons que par ses injustices, ce désordre était tel, qu'à son abdication un nombre incalculable de personnes, sans aucune ressource indépendante, se présentaient pour toutes les places, à la marine, ou dans la magistrature, au civil ou dans le militaire, n'importe. La dignité du caractère, la conséquence dans les opinions, l'inflexibilité dans les principes, toutes les qualités d'un citoyen, d'un chevalier, d'un ami de la liberté, n'existent plus dans les actifs candidats formés par Bonaparte. Ils sont intelligents, hardis, décidés, habiles chiens de chasse, ardents oiseaux de proie; mais cette intime conscience, qui rend incapable de tromper, d'être ingrat, de se montrer servile envers le pouvoir et dur pour le malheur; toutes ces vertus, qui sont dans le sang aussi bien que dans la volonté raisonnée, étaient traitées de chimères, ou d'exaltation romanesque, par les jeunes gens mêmes de cette école. Hélas! les malheurs de la France lui rendront de l'enthousiasme; mais, à l'époque de la restauration, il n'y avait presque point de vœux décidément formés pour rien; et la nation se réveillait à peine du despotisme qui avait fait marcher les hommes mécaniquement, sans que la vivacité même de leurs actions pût exercer leur volonté.

C'était donc, répéteront encore les royalistes, une belle occasion pour régner par la force. Mais, encore une fois, la nation ne consentait à servir sous Bonaparte que pour en obtenir l'éclat des victoires; la dynastie des Bourbons ne pouvait ni ne devait faire la guerre à ceux qui l'avaient rétablie. Existait-il un moyen d'asservir les esprits dans l'intérieur, quand l'armée n'était point rattachée au trône, et que, la population étant presque toute renouvelée depuis que les princes de la maison de Bourbon avaient quitté la France, il fallait avoir plus de quarante ans pour les connaître ?

Tels étaient les éléments principaux de la restauration. Nous examinerons en particulier l'esprit de la société à cette époque, et nous finirons par le tableau des moyens qui, selon nous, pouvaient seuls triompher de ces divers obstacles.

CHAPITRE X.

De l'influence de la société sur les affaires politiques en France.

Parmi les difficultés que le ministère avait à vaincre en 1814, il faut mettre au premier rang l'influence que les salons exerçaient sur le sort de la France. Bonaparte avait ressuscité les vieilles habitudes des cours, en y joignant de plus tous les défauts des classes moins raffinées. Il en était résulté que le goût du pouvoir et la vanité qu'il inspire avaient pris des caractères plus forts et plus violents encore dans les bonapartistes que dans les émigrés. Tant qu'il n'y a pas de liberté dans un pays, chacun recherche le crédit, parce que l'espoir d'obtenir des places est l'unique principe de vie qui anime la société. Les variations continuelles dans la façon de s'exprimer, le style embrouillé des écrits politiques, dont les restrictions mentales et les explications flexibles se prêtent à tout; les révérences, et les refus de révérences, les emportements et les condescendances, ont pour unique but le crédit, et puis le crédit, et toujours le crédit. De là vient qu'on souffre assez de n'en pas avoir, puisqu'on n'obtient qu'à ce prix les signes de la bienveillance sur la figure humaine. Il faut beaucoup de fierté d'âme et beaucoup de constance dans ses opinions pour se passer de cet avantage, car vos amis eux-mêmes vous font sentir ce que vaut la puissance exclusive, par l'empressement qu'ils témoignent à ceux qui la possèdent.

En Angleterre, le parti de l'opposition est souvent mieux reçu en société que celui de la cour; en France, on s'informe, pour inviter quelqu'un à dîner, s'il est en faveur auprès des ministres, et, dans un temps de famine, on pourrait bien refuser du pain aux hommes en disgrâce.

Les bonapartistes avaient joui des hommages de la société pendant leur règne, tout comme le parti royaliste qui leur succédait, et rien ne les blessait autant que de n'occuper qu'une place très-secondaire dans les mêmes salons où jadis ils dominaient. Les hommes de l'ancien régime avaient de plus sur eux l'avantage que donnent la grâce et l'habitude des bonnes manières d'autrefois. Une jalousie constante subsistait donc entre les anciens et les nouveaux titrés; et dans les hommes nouveaux, des passions plus fortes étaient réveillées par chacune des petites circonstances que les prétentions diverses faisaient naître.

Le roi, cependant, n'avait point rétabli les conditions qu'on exigeait sous l'ancien régime pour être reçu à la cour; il accueillait avec une politesse parfaitement bien calculée tous ceux qui lui étaient présentés; mais, quoique les emplois ne fussent que trop souvent donnés aux ci-devant serviteurs de Bonaparte, rien n'était plus difficile que de calmer des vanités qui étaient devenues avisées. Dans la société même, l'on voulait que le mélange des deux partis eût lieu, et chacun s'y prêtait, du moins en apparence. Les plus modérés dans leur parti étaient encore les royalistes revenus avec le roi, et qui ne l'avaient pas quitté pendant tout le cours de son exil : le comte de Blacas, le duc de Grammont, le duc de Castries, le comte de Vaudreuil, etc.; leur conscience leur rendant témoignage qu'ils avaient agi de la manière la plus noble et la plus désintéressée selon leur opinion, ils étaient tranquilles et bienveillants. Mais ceux dont on avait le plus de peine à contenir l'indignation vertueuse contre le parti de l'usurpateur, c'étaient les nobles ou leurs adhérents, qui avaient demandé des places à ce même usurpateur pendant sa puissance, et qui s'en étaient séparés bien nettement le jour de sa chute. L'enthousiasme pour la légitimité de tel chambellan de Madame mère, ou de telle dame d'atour de Madame sœur, ne connaissait point de bornes; et certes, nous autres que Bonaparte avait proscrits pendant tout le cours de son règne, nous nous examinions pour savoir si nous n'avions pas été ses favoris, quand une certaine délicatesse d'âme nous obligeait à le défendre contre les invectives de ceux qu'il avait comblés de bienfaits.

On aperçoit souvent une arrogance contenue dans les aristocrates ; mais certes les bonapartistes en avaient eu plus encore pendant les jours de leur pouvoir ; et du moins les aristocrates s'en tenaient alors à leurs armes ordinaires, les airs contraints, les politesses cérémonieuses, les conversations à voix basse, enfin tout ce que les yeux fins peuvent observer, mais que les caractères un peu fiers dédaignent. On pouvait aisément deviner que les royalistes outrés se commandaient les égards qu'ils montraient au parti contraire : mais il leur en coûtait plus encore d'en témoigner aux amis de la liberté, qu'aux généraux de Bonaparte ; et ces derniers obtenaient d'eux les attentions que des sujets soumis doivent toujours, conformément à leur système, aux agents de l'autorité royale, quels qu'ils soient.

Les défenseurs des idées libérales, également opposés aux partisans de l'ancien et du nouveau despotisme, auraient pu se plaindre de se voir préférer les flatteurs de Bonaparte, qui n'offraient pour garantie à leur nouveau maître que le rapide abandon du précédent. Mais que leur importaient toutes les tracasseries misérables de la société ? Il se peut cependant que de tels motifs aient excité les ressentiments d'une certaine classe de gens, au moins autant que les intérêts les plus essentiels. Mais était-ce une raison pour replonger le monde dans le malheur, par le rappel de Bonaparte, et pour jouer l'indépendance et la liberté de son pays tout ensemble ?

Dans les premières années de la révolution, on pouvait souffrir assez du terrorisme de la société, si l'on peut s'exprimer ainsi, et l'aristocratie se servait habilement de sa vieille considération pour déclarer telle ou telle opinion hors de la bonne compagnie. Cette compagnie par excellence exerçait jadis une grande juridiction : on avait peur d'en être banni, on désirait d'y être reçu, et toutes les prétentions les plus actives erraient autour des grands seigneurs et des grandes dames de l'ancien régime. Mais il n'existait presque plus rien de pareil sous la restauration ; Bonaparte, en imitant grossièrement les cours, en avait fini le prestige : quinze ans de despotisme militaire changent tout dans les mœurs d'un pays. Les jeunes nobles participaient à l'esprit de l'armée ; ils conservaient encore les bonnes manières qu'ils tenaient de leurs parents, mais ils ne possédaient aucune instruction sérieuse. Les femmes ne se sentent nulle part le besoin d'être supérieures aux hommes, et quelques-unes seulement s'en donnaient la peine. Il restait à Paris un très-petit nombre de personnes aimables de l'ancien régime, car les gens âgés étaient la plupart abattus par de longs malheurs, ou aigris par des colères opiniâtres. La conversation des hommes nouveaux avait nécessairement plus d'intérêt, puisqu'ils avaient agi, puisqu'ils allaient en avant des événements, à la suite desquels leurs adversaires se laissaient à peine traîner. Les étrangers recherchaient plus volontiers ceux qui s'étaient fait connaître pendant la révolution ; ainsi, sous ce rapport, leur amour-propre devait être satisfait. D'ailleurs l'ancien empire de la bonne compagnie de France consistait dans les conditions difficiles exigées pour en faire partie, et dans la liberté des entretiens, au milieu d'une société très-choisie : ces deux grands avantages ne pouvaient plus se retrouver.

Le mélange des rangs et des partis avait fait adopter la méthode anglaise des réunions nombreuses ; elle interdit le choix parmi les invités, et par conséquent diminue de beaucoup le prix de l'invitation. La crainte qu'inspirait le gouvernement impérial avait détruit toute habitude d'indépendance dans la conversation ; les Français, sous ce gouvernement, étaient presque tous devenus diplomates, de façon que la société se passait en propos insignifiants, et qui ne rappelaient nullement l'esprit audacieux de la France. On n'avait assurément rien à craindre en 1814, sous Louis XVIII, mais l'habitude de la réserve était prise, et d'ailleurs les courtisans voulaient qu'il fût du bon ton de ne pas parler politique, de ne traiter aucun sujet sérieux : ils espéraient refaire ainsi la nation frivole, et par conséquent soumise ; mais le seul résultat qu'ils obtinssent, c'était de rendre les entretiens insipides, et de se priver de tout moyen de connaître la véritable opinion de chacun.

Une société si peu piquante était pourtant un objet singulier de jalousie pour un grand nombre de courtisans de Bonaparte ; et de leurs mains vigoureuses ils auraient volontiers, comme Samson, renversé l'édifice, afin de faire tomber la salle dans laquelle ils n'étaient pas admis au festin. Les généraux qu'illustraient des batailles gagnées voulaient être gentilshommes de la chambre, et que leurs femmes fussent dames du palais : singulière ambition pour un guerrier, qui se prétend le défenseur de la liberté ! Qu'est-ce donc que cette liberté ? Est-ce seulement les biens nationaux, les grades militaires et les emplois civils ? Est-ce l'argent et le pouvoir de quelques hommes, plutôt que de quelques autres, dont il s'agit ? ou bien est-on chargé de la noble mission d'introduire en France le sentiment de la justice, la dignité dans toutes les classes, la fixité dans les principes, le respect pour les lumières et pour le mérite personnel ?

Néanmoins il eût été plus politique de donner à ces généraux des places de chambellan, puisque tel était leur désir ; mais, en vérité, les vainqueurs de l'Europe auraient dû se trouver embarrassés de la vie de courtisan, et ils pouvaient bien permettre que le roi continuât de vivre dans son intérieur avec ceux dont il avait pris l'habitude pendant de longues années d'exil. Qu'importe, en Angleterre, que tel ou tel homme soit dans la maison du roi ? Ceux qui se vouent à cette carrière ne se mêlent d'ordinaire en rien des affaires publiques, et l'on n'a pas ouï dire que les Fox et les Pitt fussent bien désireux de remplir ainsi leur temps. C'est Napoléon qui pouvait seul faire entrer dans la tête des soldats de la république toutes ces fantaisies de bourgeois gentilshommes, qui les assujettissaient nécessairement à la faveur des cours. Qu'auraient dit Dugommier, Hoche, Joubert, Dampierre, et tant d'autres qui ont péri pour l'indépendance de leur pays, si, pour récompense de leur victoire, on leur eût offert une place dans la maison d'un prince, quel qu'il fût? Mais les hommes formés par Bonaparte ont toutes les passions de la révolution, et toutes les vanités de l'ancien régime; pour obtenir le sacrifice de ces petitesses, il n'existait qu'un moyen, c'était d'y substituer de grands intérêts nationaux.

Enfin, l'étiquette des cours dans toute sa rigueur ne peut guère se rétablir dans un pays qui s'en est déshabitué. Si Bonaparte n'avait pas mêlé la vie des camps à tout cela, personne ne l'aurait supporté. Henri IV vivait familièrement avec toutes les personnes distinguées de son temps; et Louis XI lui-même, Louis XI soupait chez les bourgeois, et les invitait à sa table. L'empereur de Russie, les archiducs d'Autriche, les princes de la maison de Prusse, ceux d'Angleterre, enfin tous les souverains de l'Europe, vivent, à quelques égards, comme de simples particuliers. En France, au contraire, les princes de la famille royale ne sortent presque jamais du cercle de la cour. L'étiquette, telle qu'elle existait jadis, est tout à fait en contradiction avec les mœurs et les opinions du siècle; elle a le double inconvénient de prêter au ridicule, et cependant d'exciter l'envie. On ne veut être exclu de rien en France, pas même des distinctions dont on se moque; et, comme on n'a, point encore de route grande et publique pour servir l'État, on s'agite sur toutes les disputes auxquelles peut donner lieu le code civil des entrées à la cour. On se hait pour les opinions dont la vie peut dépendre, mais on se hait encore plus pour toutes les combinaisons d'amour-propre que deux règnes et deux noblesses ont développées et multipliées. Les Français sont devenus si difficiles à contenter par l'accroissement infini des prétentions de toutes les classes, qu'une constitution représentative est aussi nécessaire au gouvernement, pour le délivrer des réclamations sans nombre des individus, qu'aux individus, pour les préserver de l'arbitraire du gouvernement.

CHAPITRE XI.

Du système qu'il fallait suivre en 1814 pour maintenir la maison de Bourbon sur le trône de France.

Beaucoup de personnes croient que si Napoléon ne fût point revenu, les Bourbons n'avaient rien à redouter. Je ne le pense pas; mais, il faut en convenir du moins, c'était un terrible prétendant qu'un tel homme; et, si la maison d'Hanovre a pu craindre le prince Édouard, il était insensé de laisser Bonaparte dans une situation qui l'invitait, pour ainsi dire, à former des projets audacieux.

M. de Talleyrand, en reprenant, dans le congrès de Vienne, presque autant d'ascendant sur les affaires de l'Europe que la diplomatie française en avait exercé sur Bonaparte, a certainement donné une très-grande preuve de son adresse personnelle; mais le gouvernement de France ayant changé de nature, devait-il se mêler des affaires d'Allemagne ? Les justes ressentiments de la nation allemande n'étaient-ils pas encore trop récents pour être effacés? Le premier devoir des ministres du roi était donc de demander au congrès de Vienne l'éloignement de Bonaparte. Comme Caton dans le sénat de Rome, lorsqu'il répétait sans cesse : *Il faut détruire Carthage*, les ministres de France devaient mettre à part tout autre intérêt, jusqu'à ce que Napoléon ne fût plus en regard de la France et de l'Italie.

C'était sur la côte de Provence que les hommes zélés pour la cause royale pouvaient être utiles à leur pays, en le préservant de Bonaparte. Le simple bon sens des paysans suisses, je m'en souviens, les portait à prédire, pendant la première année de la restauration, que Bonaparte reviendrait. Chaque jour, dans la société, l'on essayait d'en convaincre ceux qui pouvaient se faire écouter à la cour; mais comme l'étiquette, qui ne règne qu'en France, ne permet pas d'approcher le monarque, et que la gravité ministérielle, autre inconséquence pour les temps actuels, éloignait des chefs de l'État ceux qui auraient pu leur apprendre ce qui se passait, une imprévoyance sans exemple a perdu la patrie. Toutefois, quand Bonaparte ne serait pas débarqué à Cannes, le système suivi par les ministres, ainsi que nous avons tâché de le démontrer, avait déjà compromis la restauration, et laissait le roi sans force réelle au milieu de la France. Examinons d'abord la conduite que le gouvernement devait tenir envers chaque parti, et concluons, en rappelant les principes d'après lesquels il fallait diriger les affaires et choisir les hommes.

L'armée était, dit-on, difficile à ramener. Sans doute, si l'on voulait garder encore une armée propre à conquérir l'Europe et à établir le despotisme dans l'intérieur, cette armée devait préférer Bonaparte, comme chef militaire, aux princes de de la maison de Bourbon; rien ne pouvait changer cette·disposition. Mais si, tout en payant exactement les appointements et les pensions des guerriers qui ont donné tant d'éclat au nom français, on eût fait connaître à l'armée qu'on n'avait ni peur, ni besoin d'elle, puisqu'on était décidé à prendre pour guide une politique purement libérale et pacifique; si, loin d'insinuer tout bas aux officiers qu'on leur saurait bien bon gré d'appuyer les empiétements de l'autorité, on leur avait dit que le gouvernement constitutionnel, ayant le peuple pour lui, voulait tendre à diminuer les troupes de ligne, à transformer les soldats en citoyens, et à changer l'activité guerrière en émulation civile, les officiers pendant quelque temps encore auraient regretté leur importance passée : mais la nation, dont ils font partie, plus que dans aucune autre armée, puisqu'ils sont pris dans toutes les classes, cette nation, satisfaite de sa constitution et rassurée sur ce qu'elle craint le plus au monde, le retour des priviléges des nobles et du clergé, aurait calmé les militaires, au lieu de les irriter par ses inquiétudes. Il ne fallait pas viser à imiter Bonaparte pour plaire à.l'armée; on ne saurait, dans cet inutile effort, se donner que du ridicule; mais en adoptant un genre à soi tout différent, même tout opposé, on pouvait obtenir le respect qui naît de la justice et de l'obéissance à la loi; cette route-là, du moins, n'était pas usée par les traces de Bonaparte.

Quant aux émigrés, dont les biens sont confisqués, on aurait pu, ainsi qu'on l'a fait en 1814, demander quelquefois encore une somme extraordinaire au corps législatif, pour acquitter les dettes personnelles du roi ; et comme, sans le retour de Bonaparte, on n'aurait point eu de tributs à payer au étrangers, les députés se seraient prêtés aux désirs du monarque, en respectant l'usage qu'il voulait faire d'un supplément accidentel à sa liste civile [1]. Qu'on se le demande avec sincérité, si en Angleterre, lorsque la cause des royalistes semblait désespérée, on avait dit aux émigrés : Louis XVIII remontera sur le trône de France, mais à condition de s'en tenir au pouvoir du roi d'Angleterre; et vous qui rentrerez avec lui, vous obtiendrez tous les dédommagements et toutes les faveurs qu'un monarque selon vos vœux pourra vous accorder; mais, si vous retrouvez de la fortune, ce sera par ses dons, et non à titre de droits; et, si vous acquérez du pouvoir, ce sera par vos talents personnels, et non par des priviléges de classe : n'auraient-ils pas souscrit à ce traité? Pourquoi donc se laisser enivrer par un moment de prospérité? et si, je me plais à le répéter, Henri IV qui avait été protestant, et Sully qui l'était resté, savaient contenir les prétentions de leurs compagnons d'armes, pourquoi les ministres de Louis XVIII n'avaient-ils pas aussi l'art de gouverner les dangereux amis que Louis XVI avait désignés lui-même dans son testament comme lui ayant beaucoup nui par un zèle mal entendu?

Le clergé existant, ou plutôt celui qu'on voulait rétablir, était une autre difficulté qui se présentait dès la première année de la restauration. La conduite du gouvernement doit être la même envers le clergé qu'envers toutes les classes : tolérance et liberté, à partir des choses telles qu'elles sont. Si la nation veut un clergé riche et puissant, en France elle saura bien le rétablir; mais si personne ne le souhaite, c'est aliéner de plus en plus la disposition.des Français à la piété, que de leur présenter la religion comme un impôt, et les prêtres comme des gens qui veulent s'enrichir aux dépens du peuple. On rappelle sans cesse les persécutions que les ecclésiastiques ont éprouvées pendant la révolution. C'était un devoir de les servir alors autant qu'on en avait les moyens, mais le rétablissement de l'influence politique du clergé

[1] Le roi donna l'ordre, en 1815, que sur ce supplément les deux millions déposés par mon père au trésor royal fussent restitués à sa famille, et cet ordre devait être exécuté à l'époque même du débarquement de Bonaparte. La justice de notre réclamation ne saurait être contestée; mais je n'en admire pas moins la conduite du roi, qui, portant l'économie dans plusieurs de ses dépenses personnelles, ne voulait point retrancher celles que l'équité recommandait. Depuis le retour de Sa Majesté, le capital de deux millions nous a été payé en une inscription de cent mille livres de rente sur le grand livre.   (Note de l'auteur.)

n'a point de rapport avec la juste pitié qu'ont inspirée les souffrances des prêtres : il en est de même de la noblesse ; ses priviléges ne doivent point lui être rendus en compensation des injustices dont elle a été l'objet. De même aussi, parce que le souvenir de Louis XVI et de sa famille inspire un intérêt profond et déchirant, il ne s'ensuit pas que le pouvoir absolu soit la consolation nécessaire qu'il faille donner à ses descendants. Ce serait imiter Achille qui faisait immoler des esclaves sur le tombeau de Patrocle.

La nation existe toujours : c'est elle qui ne meurt point ; et les institutions qu'il lui faut ne peuvent lui être ôtées sous aucun prétexte. Quand on peint les horreurs qui se sont commises en France, seulement avec l'indignation qu'elles doivent inspirer, tout le monde s'y associe ; mais, quand on en fait un moyen d'exciter à la haine contre la liberté, on dessèche les larmes que les regrets spontanés auraient fait couler.

Le grand problème que les ministres avaient à résoudre en 1814, ils pouvaient l'étudier dans l'histoire d'Angleterre. Il fallait prendre pour modèle la conduite de la maison d'Hanovre, et non celle des Stuarts.

Mais, dira-t-on, quels effets merveilleux aurait donc produits la constitution anglaise en France, puisque la charte qui s'en rapproche ne nous a point sauvés? D'abord on aurait eu plus de confiance dans la durée même de la charte, si elle eût été fondée sur un pacte avec la nation, et si l'on n'avait pas vu la famille royale entourée de personnes qui professaient, pour la plupart, des principes inconstitutionnels. Personne n'a voulu bâtir sur un terrain aussi mouvant, et les factions sont restées debout pour attendre la chûte de l'édifice.

Il importait d'établir des autorités locales dans les villes et dans les villages, de créer des intérêts politiques dans les provinces, afin de diminuer l'ascendant de Paris, où l'on veut tout obtenir par la faveur. On pouvait faire renaître le besoin de l'estime chez des individus qui s'en sont terriblement passés, en leur rendant nécessaire le suffrage de leurs concitoyens pour être députés. Une élection nombreuse pour la chambre des représentants (six cents députés au moins : la chambre des communes d'Angleterre en a davantage) aurait donné plus de considération au corps législatif, et par conséquent beaucoup de personnes honorables se seraient vouées à cette carrière. On a reconnu que la condition d'âge, fixée à quarante ans, étouffait toute espèce d'émulation. Mais les ministres craignaient avant tout les assemblées délibérantes ; et,

s'en tenant à leur ancienne connaissance des premiers événements de la révolution, c'est contre la liberté de la tribune qu'ils dirigeaient tous leurs efforts. Ils ne s'apercevaient pas que, dans un État qui s'est enivré de l'esprit militaire, la tribune est une garantie, au lieu d'être un danger, puisqu'elle relève la puissance civile.

Pour augmenter autant qu'on le pouvait l'influence de la chambre des pairs, l'on ne devait point s'astreindre à conserver tous les anciens sénateurs, s'ils n'avaient pas des droits à cet honneur par leur mérite personnel. La pairie devait être héréditaire, et composée sagement des anciennes familles de France qui lui donnaient de la dignité, et des hommes qui s'étaient acquis un nom honorable dans la carrière militaire ou civile. Les nouveaux auraient tiré du lustre des anciens, et les anciens des nouveaux ; c'est ainsi qu'on aurait marché vers cette fusion constitutionnelle des classes, sans laquelle il n'y a jamais que de l'arrogance d'une part, et de la subalternité de l'autre.

Il importait aussi de ne point condamner la chambre des pairs à délibérer en secret : c'était lui ôter le plus sûr moyen d'acquérir de l'ascendant sur les esprits. La chambre des députés, qui n'avait cependant aucun titre vraiment populaire, puisqu'elle n'était point élue directement, exerçait plus de pouvoir sur l'opinion que la chambre des pairs, par cela seul qu'on connaissait et qu'on entendait ses orateurs.

Enfin, les Français veulent le renom et le bonheur attachés à la constitution anglaise, et cet essai vaut bien la peine d'être tenté ; mais le système étant admis, il importe d'y conformer les discours, les institutions et les usages. Car il en est de la liberté comme de la religion ; toute hypocrisie dans une belle chose révolte plus que son abjuration complète. Aucune adresse ne devait être reçue, aucune proclamation ne devait être faite, qui ne rappelât formellement le respect pour la constitution aussi bien que pour le trône. La superstition de la royauté, comme toutes les autres, éloigne ceux que la simplicité du vrai aurait captivés.

L'éducation publique, non celle qui était confiée aux ordres religieux, à laquelle on ne peut revenir, mais une éducation libérale, l'établissement d'écoles d'enseignement mutuel dans tous les départements, les universités, l'école polytechnique, tout ce qui pouvait rendre à la France l'éclat des lumières, devait être encouragé sous le gouvernement d'un prince aussi éclairé que Louis XVIII. C'était ainsi qu'on pouvait détourner les esprits de l'enthousiasme militaire, et compenser pour la nation la perte de cette fatale gloire qui fait tant de mal, soit qu'on l'obtienne, soit qu'on la perde.

Aucun acte arbitraire, et nous insisterons avec bonheur sur ce fait, aucun acte arbitraire n'a été commis pendant la première année de la restauration. Mais l'existence de la police, formant un ministère comme sous Bonaparte, était en désaccord avec la justice et la douceur du gouvernément royal. La principale fonction de cette police était, comme nous l'avons dit, la censure des journaux, et leur esprit était détestable. En supposant que cette surveillance fût nécessaire, au moins fallait-il choisir les censeurs parmi les députés et les pairs; mais c'était violer tous les principes du gouvernement représentatif, que de remettre aux ministres eux-mêmes la direction de l'opinion qui doit les juger et les éclairer. Si la liberté de la presse avait existé en France, j'ose affirmer que Bonaparte ne serait point revenu; on aurait signalé le danger de son retour de manière à dissiper les illusions opiniâtres, et la vérité aurait servi de guide, au lieu de produire une expulsion funeste.

Enfin, le choix des ministres, c'est-à-dire, du parti dans lequel il fallait les chercher, était la condition la plus importante pour mettre en sûreté la restauration. Dans les temps où les esprits sont occupés des débats politiques, comme ils l'étaient jadis des querelles religieuses, l'on ne peut gouverner les nations libres qu'à l'aide des hommes qui sont d'accord avec les opinions de la majorité: je commencerai donc par signaler ceux qu'on devait exclure, avant de désigner ceux qu'il fallait prendre.

Aucun des hommes qui ont commis un crime dans la révolution, c'est-à-dire, versé le sang innocent, ne peut être utile en rien à la France. Le public les repousse, et leur propre inquiétude les fait dévier en tous les sens. Repos pour eux, sécurité; car, nul ne peut dire ce qu'il aurait fait dans de si grandes tourmentes. Celui qui n'a pas su tirer sa conscience et son honneur intacts de quelque lutte que ce soit, peut encore être assez adroit pour se servir lui-même, mais ne peut jamais servir sa patrie.

Parmi ceux qui ont pris une part active au gouvernement de Napoléon, un grand nombre de militaires ont des vertus qui honorent la France; quelques administrateurs possèdent de rares talents dont on peut tirer avantage; mais les principaux chefs, mais les favoris du pouvoir, ceux qui se sont enrichis de la servitude, ceux qui ont livré la France à cet homme qui l'aurait respectée peut-être, s'il avait rencontré quelque obstacle à son ambition, quelque fierté dans ses alentours, il n'est point de choix plus nuisibles à la dignité, comme à la sûreté de la couronne; s'il est dans le système des bonapartistes de servir toujours la puissance, s'ils apportent leur science de despotisme au pied de tous les trônes, d'antiques vertus doivent-elles s'allier avec leur corruption? Si l'on voulait repousser toute liberté, mieux aurait valu alors s'appuyer sur les royalistes purs, qui du moins étaient sincères dans leur opinion, et se faisaient un article de foi du pouvoir absolu; mais ces hommes dégagés de tout scrupule politique, comment compter sur leurs promesses? Ils ont de l'esprit, dit-on; ah! qu'il soit maudit, l'esprit, s'il dispense d'un seul sentiment vrai, d'un seul acte de moralité droit et ferme! Et de quelle utilité sont donc les facultés de ceux qui vous accablent, quand vous succombez? Qu'un grain noir se montre sur l'horizon, par degrés leur physionomie perd son empressement gracieux; ils commencent à raisonner sur les fautes qu'on a commises; ils accusent leurs collègues amèrement, et font des lamentations doucereuses sur leur maître; enfin, par une métamorphose graduée, ils se changent en ennemis, ceux qui naguère avaient égaré les princes par leurs flatteries orientales.

Après avoir prononcé ces exclusions, il ne reste, et c'est un grand bien; il ne reste, dis-je, à choisir que des amis de la liberté, soit ceux qui ont conservé cette opinion sans la souiller, depuis 1789, soit ceux qui, plus jeunes, la suivent maintenant, qui l'adoptent au milieu des efforts que l'on fait pour l'étouffer, génération nouvelle qui s'est montrée dans ces derniers temps, et sur laquelle l'avenir repose.

De tels hommes sont appelés à terminer la révolution par la liberté, et c'est le seul dénoûment possible à cette sanglante tragédie. Tous les efforts pour remonter le torrent feront chavirer la barque; mais faites entrer ce torrent dans des canaux, et toute la contrée qu'il ravageait sera fertilisée.

Un ami de la liberté, ministre du roi, respecterait le chef suprême de la nation, et serait fidèle au monarque constitutionnel, à la vie et à la mort; mais il renoncerait à ces flatteries officieuses qui nuisent à la vérité, au lieu d'accroître l'attachement. Beaucoup de souverains de l'Europe sont très-obéis, sans exiger l'apothéose. Pourquoi donc en France les écrivains la prodiguent-ils en toute occasion? Un ami de la liberté ne souffrirait jamais que la France fût insultée par aucun homme qui dépendît en rien de l'autorité. N'entend-on pas dire à quelques émigrés que le roi seul est la patrie, qu'on ne peut se fier aux Français, etc.? Quelle est la conséquence de ces propos insensés? quelle est-elle? Qu'il faut gouverner la France par des armées étrangères. Quel blasphème! quel attentat! Sans doutes ces armées sont plus fortes que nous maintenant, mais elles n'auraient jamais l'assentiment volontaire d'un cœur français; et, à quelque état que Bonaparte ait réduit la France, il y a dans un ministre, ami de la liberté, telle dignité de caractère, tel amour pour son pays, tel noble respect pour le monarque et pour la loi, qui écarteraient toutes les arrogances de la force armée, quels qu'en fussent les chefs. De tels ministres, ne se permettant jamais un acte arbitraire, ne seraient point dans la dépendance du militaire; car, c'est bien plus pour établir le despotisme que pour défendre le pays, que les divers partis ont courtisé les troupes de ligne. Bonaparte, comme dans les siècles de barbarie, prétendait que tout le secret de l'ordre social consistait dans les baïonnettes. Comment sans elles, dira-t-on, pourriez-vous faire marcher ensemble les protestants et les catholiques, les républicains et les Vendéens? Tous ces éléments de discorde existaient sous des noms différents en Angleterre, en 1688; mais l'invincible ascendant d'une constitution mise à flot par des pilotes habiles et sincères, a tout soumis à la loi.

Une assemblée de députés vraiment élus par la nation exerce une puissance majestueuse; et les ministres du monarque dans l'âme desquels on sentira l'amour de la patrie et de la liberté, trouveront partout des Français qui les aideront, même à leur insu; parce qu'alors les opinions, et non les intérêts, formeront le lien entre le gouvernement et les gouvernés. Mais si vous chargez, ne cessons de le répéter, les individus qui haïssent les institutions libres, de les faire marcher, quelque honnêtes qu'ils soient, quelque résolus qu'ils puissent être à tenir leur promesse, sans cesse le désaccord se fera sentir entre leur penchant involontaire et leur impérieux devoir.

Les artistes du xviie siècle ont peint Louis XIV en Hercule, avec une grande perruque sur la tête; les doctrines surannées, reproduites à la tribune populaire, n'offrent pas une moindre disparate. Tout cet édifice des vieux préjugés qu'on veut rétablir en France, n'est qu'un château de cartes que le premier souffle de vent doit abattre. Il n'y a que deux forces à compter dans ce pays : l'opinion qui veut la liberté, et les troupes étrangères qui obéissent à leurs souverains : tout le reste n'est que bavardage.

Ainsi donc, dès qu'un ministre dira que ses concitoyens ne sont pas faits pour être libres, acceptez cet acte d'humilité, pour sa part de Français, comme une démission de sa place; car le ministre qui peut nier le vœu presque universel de la France, la connaît trop mal pour être capable de diriger ses affaires.

CHAPITRE XII.

Quelle devait être la conduite des amis de la liberté, en 1814.

Les amis de la liberté, nous l'avons dit, pouvaient seuls servir d'une manière efficace à l'établissement de la monarchie constitutionnelle en 1814; mais quel parti devaient-ils prendre à cette époque? Cette question, non moins importante que la première, mérite aussi d'être traitée. Nous la discuterons sans détours, puisque nous sommes nous-mêmes persuadés qu'il était du devoir de tout bon Français de défendre la restauration et la charte constitutionnelle.

Charles Fox, dans son histoire des deux derniers rois de la maison des Stuarts, dit *qu'une restauration est d'ordinaire la plus dangereuse et la plus mauvaise de toutes les révolutions.* Il avait raison, en appliquant cette maxime aux deux règnes de Charles II et de Jacques II, dont il écrivait l'histoire; il voyait d'une part une dynastie nouvelle qui devait sa couronne à la liberté, tandis que l'ancienne avait cru qu'on la dépouillait de son droit naturel, en limitant le pouvoir absolu, et s'était en conséquence vengée de tous ceux qui en avaient eu la pensée. Le principe de l'hérédité, si indispensable en général au repos des États, y nuisait nécessairement dans cette circonstance. Les Anglais ont donc fait très-sagement d'appeler au trône la branche protestante; leur constitution ne se serait jamais établie sans ce changement. Mais, quand le hasard de l'hérédité vous a donné pour monarque un homme tel que Louis XVIII, dont les études sérieuses et la placidité d'âme s'accordent volontiers avec la liberté constitutionnelle; et lorsque d'un autre côté, le chef d'une dynastie nouvelle s'est montré pendant quinze années le despote le plus violent que l'on ait vu dans les temps modernes, comment une telle combinaison peut-elle rappeler en rien le sage Guillaume III, et le sanguinaire et superstitieux Jacques II?

Guillaume III, bien qu'il dût sa couronne à l'élection, trouvait souvent les manières de la liberté peu gracieuses; et s'il l'avait pu, il se serait fait despote tout comme son beau-père. Les souve-

rains d'ancienne date, il est vrai, se croient indépendants du choix des peuples; les papes aussi
pensent qu'ils sont infaillibles; les nobles s'enor-
gueillissent de leur généalogie; chaque homme et
chaque classe a sa prétention disputée. Mais qu'a-
vait-on à craindre de ces prétentions en France
maintenant? L'on ne pouvait redouter pour la liberté, dans la première époque de la restauration,
que le malheur qui l'a frappée : un mouvement
militaire, ramenant un chef despotique, dont le
retour et la défaite servaient de motif et de prétexte à l'établissement des étrangers en France.

Louis XVIII était essentiellement magistrat, par
son esprit et par son caractère. Autant il est absurde de regarder le passé comme le despote du
présent, autant il est désirable d'ajouter, quand
on le peut, l'appui de l'un au perfectionnement de
l'autre. La chambre haute avait l'avantage d'inspirer à quelques grands seigneurs le goût des institutions nouvelles. En Angleterre, les ennemis
les plus décidés du pouvoir arbitraire se trouvent
parmi les patriciens du premier rang; et ce serait
un grand bonheur pour la France, si les nobles
voulaient enfin aimer et comprendre les institutions libres. Il y a des qualités attachées à une illustre naissance dont il est heureux que l'État
profite. Un peuple tout de bourgeois aurait de la
peine à se constituer au milieu de l'Europe, à
moins qu'il n'eût recours à l'aristocratie militaire,
la plus funeste de toutes pour la liberté.

Les guerres civiles doivent finir par des concessions mutuelles, et déjà l'on voyait les grands
seigneurs se plier à la liberté pour plaire au roi;
la nation devait gagner du terrain chaque jour;
les limiers de la force, qui sentent où elle est, et
se précipitent sur ses traces, ne se rattachaient
point alors aux royalistes exagérés. L'armée commençait à prendre un air libéral : c'était, il est
vrai, parce qu'elle regrettait son ancienne influence
dans l'État; mais enfin la raison profitait de l'humeur; l'on entendait des généraux de Bonaparte
s'essayer à parler liberté de la presse, liberté individuelle, à prononcer ces mots dont ils avaient
reçu la consigne, mais qu'ils auraient fini par
comprendre, à force de les répéter.

Les hommes les plus respectables parmi les militaires souffraient des défaites de l'armée, mais
ils reconnaissaient la nécessité d'arrêter les repré-
sailles continuelles qui détruiraient à la fin la civilisation. Car si les Russes devaient venger Moscou
à Paris, et les Français Paris à Pétersbourg, les
promenades sanglantes des soldats à travers l'Europe anéantiraient les lumières et les jouissances

de l'ordre social. D'ailleurs cette première entrée
des étrangers effaçait-elle les nombreux triomphes
des Français? N'étaient-ils pas encore présents à
l'Europe entière? Ne parlait-elle pas de la bravoure des Français avec respect? et n'était-il pas
juste alors, quoique cela fût douloureux, que les
Français à leur tour ressentissent les dangers attachés à leurs injustes guerres? Enfin l'irritation
qui portait quelques individus à désirer de voir
renverser un gouvernement proposé par les étrangers, était-elle un sentiment patriotique? Certainement les nations européennes n'avaient point
pris les armes pour rétablir les Bourbons sur le
trône; ainsi l'on ne devait pas attribuer la coalition à l'ancienne dynastie : on ne pouvait pas nier
aux descendants de Henri IV qu'ils ne fussent
Français, et Louis XVIII s'était conduit comme
tel dans la négociation de la paix, lorsque, après
toutes les concessions faites avant son arrivée, il
avait su conserver intact l'ancien territoire de
France. Il n'était donc pas vrai de dire que l'orgueil national exigeât de nouvelles guerres; la
France avait encore beaucoup de gloire; et, si
elle avait su repousser Bonaparte, et devenir libre
comme l'Angleterre, jamais elle n'aurait vu les
étendards britanniques flotter une seconde fois sur
ses remparts.

Aucune confiscation, aucun exil, aucune arrestation illégale n'a eu lieu pendant dix mois : quels
progrès en sortant de quinze ans de tyrannie! A
peine si l'Angleterre est arrivée à ce noble bonheur trente ans après la mort de Cromwell! Enfin
il n'était pas douteux que dans la session suivante
on n'eût décrété la liberté de la presse. Or, l'on
peut appliquer à cette loi, la première d'un État
libre, les paroles de l'Écriture : « Que la lumière
« soit, et la lumière fut. »

La plus grande erreur de la charte, le mode
d'élection et les conditions d'éligibilité, était déjà
reconnue par tous les hommes éclairés, et des
changements à cet égard auraient été la conséquence naturelle de la liberté de la presse, puisqu'elle met toujours les grandes vérités en évidence : l'esprit, le talent d'écrire, l'exercice de la
pensée, tout ce que le règne des baïonnettes avait
étouffé se remontrait par degrés; et, si l'on a
parlé constitution à Bonaparte, c'est parce qu'on
avait respiré pendant dix mois sous Louis XVIII.

Quelques vanités se plaignaient, quelques imaginations étaient inquiètes, les écrivains stipen-
diés, en parlant chaque jour à la nation de son
bonheur, l'en faisaient douter; mais quand les
champions de la pensée seraient entrés dans la

lice, les Français auraient reconnu la voix de leurs amis; ils auraient appris de quels dangers l'indépendance nationale était menacée; quels motifs ils avaient de rester en paix au dehors comme au dedans, et de regagner l'estime de l'Europe par l'exercice des vertus civiles. Les récits monotones des guerres se confondent dans la mémoire, ou se perdent dans l'oubli; l'histoire politique des peuples libres de l'antiquité est encore présente à tous les esprits, et sert d'étude au monde depuis deux mille ans.

CHAPITRE XIII.

Retour de Bonaparte.

Non, jamais je n'oublierai le moment où j'appris par un de mes amis, le matin du 6 mars 1815, que Bonaparte était débarqué sur les côtes de France; j'eus le malheur de prévoir à l'instant les suites de cet événement, telles qu'elles ont eu lieu depuis, et je crus que la terre allait s'entr'ouvrir sous mes pas. Pendant plusieurs jours, après le triomphe de cet homme, le secours de la prière m'a manqué complétement; et, dans mon trouble, il me semblait que la Divinité s'était retirée de la terre, et qu'elle ne voulait plus communiquer avec les êtres qu'elle y a mis.

Je souffrais jusqu'au fond du cœur, par les circonstances où je me trouvais personnellement; mais la situation de la France absorbait toute autre pensée. Je dis à M. de Lavalette, que je rencontrai presque à l'heure même où cette nouvelle retentissait autour de nous : « C'en est fait de la « liberté, si Bonaparte triomphe, et de l'indépen-« dance nationale, s'il est battu. » L'événement n'a que trop justifié, ce me semble, cette triste prédiction.

L'on ne pouvait se défendre d'une inexprimable irritation, avant le retour et pendant le voyage de Bonaparte. Depuis un mois, tous ceux qui ont quelque connaissance des révolutions sentaient l'air chargé d'orages; on ne cessait d'en avertir les alentours du gouvernement; mais plusieurs d'entre eux regardaient les amis inquiets de la liberté comme des relaps qui croyaient encore à l'influence du peuple, à la force des révolutions. Les plus modérés parmi les aristocrates pensaient que les affaires publiques ne devaient regarder que les gouvernants, et qu'il était indiscret de s'en occuper. On ne pouvait leur faire comprendre que, pour savoir ce qui se passe dans un pays où l'esprit de la liberté fermente, il ne faut négliger aucun avis, n'être indifférent à aucune circonstance,

et se multiplier par l'activité, au lieu de se renfermer dans un silence mystérieux. Les partisans de Bonaparte étaient mille fois mieux instruits sur toutes choses que les serviteurs du roi; car les bonapartistes, aussi bien que leur maître, savaient de quelle importance peut être chaque individu dans les temps de trouble. Autrefois tout consistait dans les hommes en place; maintenant, ceux qui sont hors du gouvernement agissent plus sur l'opinion que le gouvernement lui-même, et par conséquent prévoient mieux l'avenir.

Une crainte continuelle s'était emparée de mon âme, plusieurs semaines avant le débarquement de Bonaparte. Le soir, quand les beaux édifices de la ville étaient éclairés par les rayons de la lune, il me semblait que je voyais mon bonheur et celui de la France comme un ami malade, dont le sourire est d'autant plus aimable qu'il va nous quitter bientôt. Lors donc qu'on me dit que ce terrible homme était à Cannes, je reculai devant cette certitude comme devant un poignard; mais, quand il ne fut plus possible d'y échapper, je ne fus que trop assurée qu'il serait à Paris dans quinze jours. Les royalistes se moquaient de cette terreur; il fallait leur entendre dire que cet événement était le plus heureux du monde, parce qu'on allait être débarrassé de Bonaparte, parce que les deux chambres allaient sentir la nécessité de donner au roi un pouvoir absolu, comme si cela se donnait! Le despotisme, aussi bien que la liberté, se prend et ne s'accorde pas. Je ne suis pas sûre que, parmi les ennemis de toute constitution, il ne s'en soit pas trouvé qui se réjouissaient du bouleversement qui pouvait rappeler les étrangers, et les engager à imposer à la France un gouvernement absolu.

Trois jours se passèrent dans les espérances inconsidérées du parti royaliste. Enfin, le 9 mars, on nous dit qu'on ne savait rien du télégraphe de Lyon, parce qu'un nuage avait empêché de lire ce qu'il annonçait : je compris ce que c'était que ce nuage. J'allai le soir aux Tuileries pour faire ma cour au roi; en le voyant, il me sembla qu'à travers beaucoup de courage il avait une expression de tristesse; et rien n'était plus touchant que sa noble résignation dans un pareil moment. En sortant, j'aperçus sur les parois de l'appartement les aigles de Napoléon qu'on n'avait pas encore ôtées, et elles me paraissaient redevenues menaçantes.

Le soir, dans une société, une de ces jeunes dames qui avaient contribué avec tant d'autres à l'esprit de frivolité qu'on voulait opposer à l'esprit de faction, comme s'ils pouvaient lutter l'un contre l'autre; une de ces jeunes dames s'approcha de moi, et se mit à plaisanter sur l'anxiété que je ne pouvais cacher : *Quoi!* me dit-elle, *madame, pouvez-vous craindre que les Français ne se battent pas pour leur roi légitime contre un usurpateur?* Comment, sans se compromettre, répondre à cette phrase si bien faite? Mais, après vingt-cinq ans de révolution, devait-on se flatter qu'une idée respectable, mais abstraite, la légitimité, aurait plus d'empire sur les soldats que tous les souvenirs de leurs longues guerres? En effet, aucun d'eux ne lutta contre l'ascendant surnaturel du génie des îles africaines; ils appelèrent le tyran au nom de la liberté; ils repoussèrent en son nom le monarque constitutionnel; ils attirèrent six cent mille étrangers au sein de la France, pour effacer l'humiliation de les y avoir vus pendant quelques semaines; et cet horrible jour du premier de mars, ce jour où Bonaparte remit le pied sur le sol de France, fut plus fécond en malheurs qu'aucune époque de l'histoire.

Je ne me livrerai point, comme on ne se l'est que trop permis, à des déclamations de tout genre contre Napoléon. Il a fait ce qu'il était naturel de faire, en essayant de regagner le trône qu'il avait perdu, et son voyage de Cannes à Paris est une des plus grandes conceptions de l'audace que l'on puisse citer dans l'histoire. Mais que dire des hommes éclairés qui n'ont pas vu le malheur de la France et du monde dans la possibilité de son retour? On voulait un grand général, dira-t-on, pour se venger des revers que l'armée française avait éprouvés. Dans ce cas, Bonaparte n'aurait pas dû proclamer le traité de Paris; car s'il ne pouvait pas reconquérir la barrière du Rhin, sacrifiée par ce traité, à quoi servait-il d'exposer ce que la France possédait en paix? Mais, répondra-t-on, l'intention secrète de Bonaparte était de rendre à la France ses barrières naturelles. N'était-il pas certain alors que l'Europe devinerait cette intention, qu'elle se coaliserait pour la combattre, et que, surtout à cette époque, la France ne pouvait résister à l'Europe réunie? Le congrès était encore rassemblé; et, bien que beaucoup de mécontentements fussent motivés par plusieurs de ses résolutions, se pouvait-il que les nations choisissent Bonaparte pour leur défenseur? Était-ce celui qui les avait opprimées qu'elles pouvaient opposer aux fautes de leurs princes? Les nations étaient plus violentes que les rois, dans la guerre contre Bonaparte; et la France, en le reprenant pour chef, devait s'attirer la haine des gouvernants et des peuples tout ensemble. Osera-t-on prétendre que ce fût pour les intérêts de la liberté qu'on rap-

pelait l'homme qui s'était montré pendant quinze ans le plus habile dans l'art d'être le maître, un homme aussi violent que dissimulé? On parlait de sa conversion, et l'on trouvait des crédules à ce miracle; certes, il fallait moins de foi pour ceux de Mahomet. Les amis de la liberté n'ont pu voir dans Bonaparte que la contre-révolution du despotisme, et le retour d'un ancien régime plus récent, mais par cela même plus redoutable; car la nation était encore toute façonnée à la tyrannie, et ni les principes, ni les vertus publiques n'avaient eu le temps de reprendre racine. Les intérêts personnels seuls, et non les opinions, ont conspiré pour le retour de Bonaparte, et des intérêts forcenés qui s'aveuglaient sur leurs propres périls, et ne comptaient pour rien le sort de la France.

Les ministres étrangers ont appelé l'armée française une armée parjure, et ce mot ne peut se supporter. L'armée qui abandonna Jacques II pour Guillaume III était donc parjure aussi, et de plus, on se ralliait en Angleterre au gendre et à la fille pour détrôner le père, circonstance plus cruelle encore. Eh bien, dira-t-on, soit : les deux armées ont trahi leur devoir. Je n'accorde pas même la comparaison : les soldats français, pour la plupart au-dessous de quarante ans, ne connaissaient pas les Bourbons, et ils s'étaient battus depuis vingt années sous les ordres de Bonaparte; pouvaient-ils tirer sur leur général? Et, dès qu'ils ne tiraient pas sur lui, ne devaient-ils pas être entraînés à le suivre? Les hommes vraiment coupables sont ceux qui, après s'être approchés de Louis XVIII, après en avoir obtenu des grâces, et lui avoir fait des promesses, ont pu se réunir à Bonaparte; le mot, l'horrible mot de trahison est fait pour ceux-là; mais il est cruellement injuste de l'adresser à l'armée française. Les gouvernements qui ont mis Bonaparte dans le cas de revenir, doivent s'accuser de son retour. Car de quel sentiment naturel se serait-on servi, pour persuader à des soldats qu'ils devaient tuer le général qui les avait conduits vingt fois à la victoire? le général que les étrangers avaient destitué, qui s'était battu contre eux avec les Français, il y avait à peine une année? Toutes les réflexions qui nous faisaient haïr cet homme et chérir le roi n'étaient à la portée ni des soldats, ni des officiers du second ordre. Ils avaient été fidèles quinze ans à l'empereur, cet empereur s'avançait vers eux sans défense; il les appelait par leur nom, il leur parlait des batailles qu'ils avaient gagnées avec lui : comment pouvaient-ils résister? Dans quelques années, le nom du roi, les bienfaits de la liberté, devaient captiver tous les esprits, et les soldats auraient appris de leurs parents à respecter le bonheur public. Mais il y avait à peine dix mois que Bonaparte était éloigné, et son départ datait d'un événement qui devait désespérer les guerriers, l'entrée des étrangers dans la capitale de la France. Mais, diront encore les accusateurs de notre pays, si l'armée est excusable, que penserez-vous des paysans, des habitants des villes qui ont accueilli Bonaparte? Je ferai dans la nation la même distinction que dans l'armée. Les hommes éclairés n'ont pu voir dans Bonaparte qu'un despote; mais, par un concours de circonstances bien funestes, on a présenté ce despote au peuple comme le défenseur de ses droits. Tous les biens acquis par la révolution, auxquels la France ne renoncera jamais volontairement, étaient menacés par les continuelles imprudences du parti qui veut refaire la conquête des Français, comme s'ils étaient encore des Gaulois; et la partie de la nation qui craignait le plus le retour de l'ancien régime, a cru voir dans Bonaparte un moyen de s'en préserver. La plus fatale combinaison qui pût accabler les amis de la liberté, c'était qu'un despote se mît dans leurs rangs, se plaçât, pour ainsi dire, à leur tête, et que les ennemis de toute idée libérale eussent un prétexte pour confondre les violences populaires avec les maux du despotisme, et faire ainsi passer la tyrannie sur le compte de la liberté même. Il est résulté de cette fatale combinaison, que les Français ont été haïs par les souverains pour avoir voulu être libres, et par les nations pour n'avoir pas su l'être. Sans doute il a fallu de grandes fautes pour amener un tel résultat; mais les injures que ces fautes ont provoquées plongeraient toutes les idées dans la confusion, si l'on n'essayait pas de montrer que les Français, comme tout autre peuple, ont été victimes des circonstances qu'amènent les grands bouleversements dans l'ordre social.

Si l'on veut toutefois blâmer, n'y aurait-il donc rien à dire sur ces royalistes qui se sont laissé enlever le roi sans qu'une amorce ait été brûlée pour le défendre? Certes, ils doivent se rallier aux institutions nouvelles, puisqu'il est si manifeste qu'il ne reste plus rien à l'aristocratie de son ancienne énergie. Ce n'est pas assurément que les gentilshommes ne soient, comme tous les Français, de la plus brillante bravoure, mais ils se perdent par la confiance, dès qu'ils sont les plus forts, et par le découragement, dès qu'ils sont les plus faibles : leur confiance aveugle vient de ce qu'ils ont fait un dogme de la politique, et qu'ils se fient comme les Turcs au triomphe de leur foi. La

cause de leur découragement, c'est que les trois quarts de la nation française étant à présent pour le gouvernement représentatif, dès que les adversaires de ce système n'ont pas six cent mille baïonnettes étrangères à leur service, ils sont dans une telle minorité, qu'ils perdent tout espoir de se défendre. S'ils voulaient bien traiter avec la raison, ils redeviendraient ce qu'ils doivent être, alternativement l'appui du peuple et celui du trône.

CHAPITRE XIV.

De la conduite de Bonaparte à son retour.

Si c'était un crime de rappeler Bonaparte, c'était une niaiserie de vouloir masquer un tel homme en roi constitutionnel; du moment qu'on le reprenait, il fallait lui donner la dictature militaire, rétablir la conscription, faire lever la nation en masse, enfin ne pas s'embarrasser de la liberté, quand l'indépendance était compromise. L'on déconsidérait nécessairement Bonaparte, en lui faisant tenir un langage tout contraire à celui qui avait été le sien pendant quinze ans. Il était clair qu'il ne pouvait proclamer des principes si différents de ceux qu'il avait suivis, quand il était tout-puissant, que parce qu'il y était forcé par les circonstances; or, qu'est-ce qu'un tel homme, quand il se laisse forcer? La terreur qu'il inspirait, la puissance qui résultait de cette terreur n'existaient plus; c'était un ours muselé qu'on entendait murmurer encore, mais que ses conducteurs faisaient danser à leur façon. Au lieu d'obliger à parler constitution, pendant des heures entières, un homme qui avait en horreur les idées abstraites et les barrières légales, il fallait qu'il fût en campagne quatre jours après son arrivée à Paris, avant que les préparatifs des alliés fussent faits, et surtout pendant que l'étonnement causé par son retour ébranlait encore les imaginations. Il fallait qu'il soulevât les passions des Italiens et des Polonais; qu'il promît aux Espagnols d'expier ses fautes, en leur rendant leurs cortès; enfin, qu'il prît la liberté comme arme et non comme entrave.

> Quiconque est loup agisse en loup,
> C'est le plus certain de beaucoup.

Quelques amis de la liberté, cherchant à se faire illusion à eux-mêmes, ont voulu se justifier de se rattacher à Bonaparte en lui faisant signer une constitution libre; mais il n'y avait point d'excuse pour servir Bonaparte ailleurs que sur le champ de bataille. Une fois les étrangers aux portes de la France, il fallait leur en défendre l'entrée : l'estime de l'Europe elle-même ne se regagnait qu'à ce prix. Mais c'était dégrader les principes de la liberté que d'en entourer un ci-devant despote; c'était mettre de l'hypocrisie dans les plus sincères des vérités humaines. En effet, comment Bonaparte aurait-il supporté la constitution qu'on lui faisait proclamer? Lorsque des ministres responsables se seraient refusés à sa volonté, qu'en aurait-il fait? et si ces mêmes ministres avaient été sévèrement accusés par les députés pour lui avoir obéi, comment aurait-il contenu le mouvement involontaire de sa main, pour faire signe à ses grenadiers d'aller une seconde fois chasser à coups de baïonnettes les représentants d'une autre puissance que la sienne?

Quoi! cet homme aurait lu tous les matins dans les journaux des insinuations sur ses défauts, sur ses erreurs! Des plaisanteries se seraient approchées de sa patte impériale, et il n'aurait pas frappé! Aussi l'a-t-on vu souvent prêt à rentrer dans son véritable caractère; et, puisque tel était ce caractère, il ne pouvait trouver de force qu'en le montrant. Le jacobinisme militaire, l'un des plus grands fléaux du monde, s'il était encore possible, était l'unique ressource de Bonaparte. Quand il a prononcé les mots de loi et de liberté, l'Europe s'est rassurée : elle a senti que ce n'était plus son ancien et terrible adversaire.

Une grande faute aussi qu'on a fait commettre à Bonaparte, c'est l'établissement d'une chambre des pairs. L'imitation de la constitution anglaise, si souvent recommandée, avait enfin saisi les esprits français, et, comme toujours, ils ont porté cette idée à l'extrême; car une pairie ne peut pas plus se créer du soir au lendemain qu'une dynastie; il faut, pour une hérédité dans l'avenir, une hérédité précédente. Vous pouvez sans doute, je le répète, associer des noms nouveaux aux noms anciens, mais il faut que la couleur du passé se fonde avec le présent. Or, que signifiait cette anti-chambre des pairs, dans laquelle se plaçaient tous les courtisans de Bonaparte? Il y en avait parmi eux de fort estimables; mais on en pouvait citer dont les fils auraient demandé qu'on leur épargnât le nom de leur père, au lieu de leur en assurer la continuité. Quel élément pour fonder l'aristocratie d'un État libre, celle qui doit mériter les égards du monarque aussi bien que du peuple! Un roi fait pour être respecté volontairement trouve sa sécurité dans la liberté nationale; mais un chef redouté, qu'une moitié de la nation repousse, et que l'autre n'appelle que pour en obtenir des victoires, pourquoi cherchait-il un genre d'estime qu'il ne

pouvait jamais obtenir? Bonaparte, au milieu de toutes les entraves qu'on lui a imposées, n'a pu montrer le génie qui lui restait encore; il laissait faire, il ne commandait plus. Ses discours portaient l'empreinte d'un pressentiment funeste, soit qu'il connût la force de ses ennemis, soit qu'il s'impatientât de n'être pas le maître absolu de la France. L'habitude de la dissimulation, qui a toujours été dans son caractère, l'a perdu dans cette occasion; il a joué un rôle de plus avec sa facilité accoutumée; mais la circonstance était trop grave pour s'en tirer par la ruse, et l'action franche de son despotisme et de son impétuosité pouvait seule lui donner une chance de succès au moins momentanés.

CHAPITRE XV.

De la chute de Bonaparte.

Je n'ai point encore parlé du guerrier qui a fait pâlir la fortune de Bonaparte, de celui qui, depuis Lisbonne jusqu'à Waterloo, l'a poursuivi comme cet adversaire de Macbeth, qui devait avoir des dons surnaturels pour le vaincre. Ces dons surnaturels ont été le plus noble désintéressement, une inébranlable justice, des talents qui prenaient leur source dans l'âme, et une armée d'hommes libres. Si quelque chose peut consoler la France d'avoir vu les Anglais au sein de sa capitale, c'est qu'elle aura du moins appris ce que la liberté les a faits. Le génie militaire de lord Wellington ne saurait être l'œuvre de la constitution de son pays; mais la modération, mais la noblesse de sa conduite, la force qu'il a puisée dans ses vertus, lui viennent de l'air moral de l'Angleterre; et ce qui met le comble à la grandeur de ce pays et de son général, c'est que, tandis que sur le sol ébranlé de la France les exploits de Bonaparte ont suffi pour en faire un despote sans frein, celui qui l'a vaincu, celui qui n'a pas encore fait une faute, ni perdu l'occasion d'un triomphe, Wellington ne sera dans sa patrie qu'un citoyen sans pareil, mais aussi soumis à la loi que le plus obscur des hommes.

J'oserai le dire cependant, notre France n'aurait peut-être pas succombé, si tout autre que Bonaparte en eût été le chef. Il était très-habile dans l'art de commander une armée, mais il ne lui était pas donné de rallier une nation. Le gouvernement révolutionnaire lui-même s'entendait mieux à faire naître l'enthousiasme, qu'un homme qui ne pouvait être admiré que comme individu, mais jamais comme défenseur d'un sentiment ni d'une idée. Les soldats se sont très-bien battus pour Bonaparte, mais la France, à son retour, a peu fait pour lui. D'abord, il y avait un parti nombreux contre Bonaparte, un parti nombreux pour le roi, qui ne croyait pas devoir résister aux étrangers. Mais quand on aurait pu convaincre tous les Français que, dans quelque situation que ce soit, le devoir d'un citoyen est de défendre l'indépendance de la patrie, personne ne se bat avec toute l'énergie dont il est capable, quand il s'agit seulement de repousser un mal, et non d'obtenir un bien. Le lendemain d'un triomphe sur l'étranger, on était certain d'être asservi dans l'intérieur; la double force qui aurait fait repousser l'ennemi et renverser le despote, n'existait plus dans une nation qui n'avait conservé que du nerf militaire; ce qui ne ressemble point à l'esprit public.

D'ailleurs, parmi ses adhérents mêmes, Bonaparte a recueilli les fruits amers de la doctrine qu'il avait semée. Il n'avait exalté que le succès, il n'avait préconisé que les circonstances; dès qu'il s'agissait d'opinion, de dévouement, de patriotisme, la peur qu'il avait de l'esprit de liberté le portait à tourner en ridicule tous les sentiments qui pouvaient y conduire. Il n'y a pourtant que ces sentiments qui donnent de la persévérance, qui rattachent au malheur; il n'y a que ces sentiments dont la puissance soit électrique, et qui forment une association d'une extrémité d'un pays à l'autre, sans qu'on ait besoin de se parler pour être d'accord. Si l'on examine les divers intérêts des partisans de Bonaparte et de ses adversaires, on s'expliquera tout de suite les motifs de leurs dissentiments. Dans le midi comme dans le nord, les villes de fabriques étaient pour lui; les ports de mer étaient contre lui, parce que le blocus continental avait favorisé les manufactures, et détruit le commerce. Toutes les différentes classes des défenseurs de la révolution pouvaient, à quelques égards, préférer le chef dont l'illégitimité même était une garantie, puisqu'elle le plaçait en opposition avec les anciennes doctrines politiques : mais le caractère de Bonaparte est si contraire aux institutions libres, que ceux de leurs partisans qui ont cru devoir se rattacher à lui, ne l'ont pas secondé de tous leurs moyens, parce qu'ils ne lui appartenaient pas de toute leur âme; ils avaient une arrière-pensée, une arrière-espérance. S'il restait, ce qui est fort douteux, une ressource à la France, lorsqu'elle avait provoqué l'Europe, ce ne pouvait être que la dictature militaire ou la république. Mais rien n'était plus insensé que de fonder une résistance désespérée sur un mensonge : on n'a jamais le tout d'un homme avec cela.

Le même système d'égoïsme qui a toujours guidé Bonaparte, l'a porté à vouloir à tout prix une grande victoire, au lieu d'essayer un système défensif qui convenait peut-être mieux à la France, surtout si l'esprit public l'avait soutenu. Mais il arrivait en Belgique, à ce qu'on dit, portant dans sa voiture un sceptre, un manteau, enfin, tous les hochets de l'empire; car il ne s'entendait bien qu'à cette espèce de pompe mêlée de charlatanisme. Quand Napoléon revint à Paris après sa bataille perdue, il n'avait sûrement aucune idée d'abdiquer, et son but était de demander aux deux chambres des secours en hommes et en argent, pour essayer une nouvelle lutte. Elles auraient dû tout accorder dans cette circonstance, plutôt que de céder aux puissances étrangères. Mais, si les chambres ont peut-être eu tort, arrivées à cette extrémité, d'abandonner Bonaparte, que dire de la manière dont il s'est abandonné lui-même?

Quoi! cet homme qui venait d'ébranler encore l'Europe par son retour, envoie sa démission comme un simple général! il n'essaye pas de résister! Il y a une armée française sous les murs de Paris, elle veut se battre contre les étrangers, et il n'est pas avec elle, comme chef ou comme soldat! Elle se retire derrière la Loire, et il traverse cette Loire pour aller s'embarquer, pour mettre sa personne en sûreté, quand c'est par son propre flambeau que la France est embrasée!

On ne saurait se permettre d'accuser Bonaparte de manque de bravoure dans cette circonstance, non plus que dans celles de l'année précédente. Il n'a pas commandé l'armée française pendant vingt années sans s'être montré digne d'elle. Mais il y a une fermeté d'âme que la conscience peut seule donner; et Bonaparte, au lieu de cette volonté indépendante des événements, avait une sorte de foi superstitieuse à la fortune, qui ne lui permettait pas de marcher sans elle. Du jour où il a senti que c'était bien le malheur qui s'emparait de lui, il n'a pas lutté; du jour où sa destinée a été renversée, il ne s'est plus occupé de celle de la France. Bonaparte s'était intrépidement exposé à la mort dans la bataille, mais il n'a point voulu se la donner à lui-même, et cette résolution n'est pas sans quelque dignité. Cet homme a vécu pour donner au monde la leçon de morale la plus frappante, la plus sublime dont les peuples aient jamais été témoins. Il semble que la Providence ait voulu, comme un sévère poëte tragique, faire ressortir la punition d'un grand coupable des forfaits mêmes de sa vie.

Bonaparte qui, pendant dix ans, avait soulevé

III.

19

le monde contre le pays le plus libre et le plus religieux que l'ordre social européen ait encore formé, contre l'Angleterre, se remet entre ses mains ; lui qui, pendant dix ans, l'avait chaque jour outragée, en appelle à sa générosité ; enfin, lui qui ne parlait des lois qu'avec mépris, qui ordonnait si légèrement des emprisonnements arbitraires, invoque la liberté des Anglais, et veut s'en faire un bouclier. Ah ! que ne la donnait-il à la France cette liberté ! ni lui ni les Français ne se seraient trouvés à la merci des vainqueurs.

Soit que Napoléon vive ou périsse, soit'qu'il reparaisse ou non sur le continent de l'Europe, un seul motif nous excite à parler encore de lui ; c'est l'ardent désir que les amis de la liberté en France séparent entièrement leur cause de la sienne, et qu'on se garde de confondre les principes de la révolution avec ceux du régime impérial. Il n'est point, je crois l'avoir montré, de contre-révolution aussi fatale à la liberté que celle qu'il a faite. S'il eût été d'une ancienne dynastie, il aurait poursuivi l'égalité avec un acharnement extrême, sous quelque forme qu'elle pût se présenter ; il a fait sa cour aux prêtres, aux nobles et aux rois, dans l'espoir de se faire accepter pour monarque légitime ; il est vrai qu'il leur disait quelquefois des injures, et leur faisait du mal, quand il s'apercevait qu'il ne pouvait entrer dans la confédération du passé ; mais ses penchants étaient aristocrates jusqu'à la petitesse. Si les principes de la liberté succombent en Europe, c'est parce qu'il les a déracinés de la tête des peuples ; il a partout relevé le despotisme, en lui donnant pour appui la haine des nations contre les Français ; il a défait l'esprit humain, en imposant, pendant quinze ans, à ses folliculaires, l'obligation d'écrire et de développer tous les systèmes qui pouvaient égarer la raison et étouffer les lumières. Il faut des gens de mérite en tout genre pour établir la liberté ; Bonaparte n'a voulu d'hommes supérieurs que parmi les militaires, et jamais sous son règne une réputation civile n'a pu se fonder.

Au commencement de la révolution, une foule de noms illustres honoraient la France ; et c'est un des principaux caractères d'un siècle éclairé que d'avoir beaucoup d'hommes remarquables, mais difficilement un homme au-dessus de tous les autres. Bonaparte a subjugué le siècle à cet égard, non qu'il lui fût supérieur en lumières, mais au contraire parce qu'il avait quelque chose de barbare à la façon du moyen âge ; il apportait de la Corse un autre siècle, d'autres moyens, un autre caractère que tout ce que nous avions en France ;

cette nouveauté même a favorisé son ascendant sur les esprits ; Bonaparte est seul là où il règne, et nulle autre distinction n'est conciliable avec la sienne.

On peut penser diversement sur son génie et sur ses qualités ; il y a quelque chose d'énigmatique dans cet homme qui prolonge la curiosité. Chacun le peint sous d'autres couleurs, et chacun peut avoir raison, du point de vue qu'il choisit ; qui voudrait concentrer son portrait en peu de mots, n'en donnerait qu'une fausse idée. Pour arriver à quelque ensemble, il faut suivre diverses routes : c'est un labyrinthe, mais un labyrinthe qui a un fil, l'égoïsme. Ceux qui l'ont connu personnellement peuvent lui trouver dans son intérieur un genre de bonté dont le monde assurément ne s'est pas ressenti. Le dévouement de quelques amis vraiment généreux est ce qui parle le plus en sa faveur. Le temps éclaircira les divers traits de son caractère ; et ceux qui veulent admirer tout homme extraordinaire, sont en droit de le trouver tel. Mais il n'a pu, mais il ne pourrait apporter que la désolation à la France.

Dieu nous en préserve donc, et pour jamais. Mais que l'on se garde d'appeler bonapartistes ceux qui soutiennent les principes de la liberté en France ; car, avec bien plus de raison, on pourrait attribuer ce nom aux partisans du despotisme, à ceux qui proclament les maximes politiques de l'homme qu'ils proscrivent ; leur haine contre lui n'est qu'une dispute d'intérêts, et le véritable amour des pensées généreuses n'y a point de part.

CHAPITRE XVI.

De la déclaration des droits proclamée par la chambre des représentants, le 5 juillet 1815.

Bonaparte a signé sa seconde abdication le 22 juin 1815, et le 8 du mois suivant les troupes étrangères sont entrées dans la capitale. Pendant cet intervalle bien court, les partisans de Napoléon ont absorbé beaucoup de temps précieux à vouloir, contre le vœu national, assurer la couronne à son fils. La chambre des représentants, d'ailleurs, renfermait dans son sein beaucoup d'hommes qui n'auraient sûrement pas été élus sans l'influence de l'esprit de parti : néanmoins il suffisait que, pour la première fois, depuis quinze ans, six cents Français, choisis d'une manière quelconque par le peuple, fussent réunis et délibérassent en public, pour qu'on vît reparaître l'esprit de liberté et le talent de la parole. Des hommes, tout à fait nouveaux dans la carrière politique ont improvisé, à la tribune avec une supériorité remarquable ; d'autres, qu'on n'avait pas entendus pendant le règne de Bonaparte, ont retrouvé leur ancienne vigueur ; et cependant, je le répète, on voyait là des députés que la nation livrée à elle-même n'eût jamais acceptés. Mais telle est la force de l'opinion, quand on se sent en sa présence ; tel est l'enthousiasme qu'inspire une tribune d'où l'on se fait entendre à tous les esprits éclairés de l'Europe, que des principes sacrés, obscurcis par de longues années de despotisme, ont reparu en moins de quinze jours ; et dans quelles circonstances ont-ils reparu ! quand des factions de toute espèce s'agitaient dans l'assemblée même, et quand trois cent mille soldats étrangers étaient sous les murs de Paris.

Un *bill* des droits, car j'aime à me servir dans cette occasion de l'expression anglaise, elle ne rappelle que des souvenirs heureux et respectables ; un bill des droits fut proposé et adopté au milieu de ce désastre, et dans le peu de mots qu'on va lire, il existe une puissance immortelle, la vérité [1].

Je m'arrête à ce dernier acte, qui a précédé de quelques jours l'envahissement total de la France par les armées étrangères : c'est là que je finis mes Considérations historiques. Et en effet il n'y a plus de France, tant que les armées étrangères occupent notre territoire. Tournons nos regards, avant de finir, vers les idées générales qui nous ont servi de guide pendant le cours de cet ouvrage ; et présentons, s'il nous est possible, le tableau de cette Angleterre que nous n'avons cessé d'offrir pour modèle aux législateurs français, en les accusant toutes les fois qu'ils s'en sont écartés.

SIXIÈME PARTIE.

CHAPITRE PREMIER.

Les Français sont-ils faits pour être libres ?

Les Français ne sont pas faits pour être libres, dit un certain parti parmi les Français, qui veut

[1] L'auteur voulait insérer ici la déclaration de la chambre des représentants, en en retranchant ce qui pourrait ne pas être d'accord avec les principes professés dans cet ouvrage. Ce travail est d'une nature trop délicate pour que les éditeurs puissent se permettre d'y suppléer.
Ce chapitre n'est, comme on voit, qu'une ébauche. Des notes à la marge du manuscrit indiquaient les faits marquants dont madame de Staël avait l'intention de parler, et les noms honorables qu'elle voulait citer.
(*Note des éditeurs de 1818.*)

bien faire les honneurs de la nation, au point de la représenter comme la plus misérable des associations d'hommes. Qu'y a-t-il en effet de plus misérable que de n'être capable ni de respect pour la justice, ni d'amour de la patrie, ni de force d'âme, vertus dont la réunion, dont une seule peut suffire pour être digne de la liberté ? Les étrangers ne manquent pas de s'emparer d'un tel propos, et de s'en glorifier, comme s'ils étaient d'une plus noble race que les Français. Cette ridicule assertion ne signifie pourtant qu'une chose, c'est qu'il convient à de certains privilégiés d'être reconnus pour les seuls qui puissent gouverner sagement la France, et de considérer le reste de la nation comme des factieux.

C'est sous un point de vue plus philosophique et plus impartial que nous examinerons ce qu'on entend par un peuple fait pour être libre. Je répondrai simplement : C'est celui qui veut l'être. Car je ne crois pas qu'il y ait dans l'histoire l'exemple d'une volonté de nation qui n'ait pas été accomplie. Les institutions d'un pays, toutes les fois qu'elles sont au-dessous des lumières qui y sont répandues, tendent nécessairement à s'élever au même niveau. Or, depuis la vieillesse de Louis XIV jusqu'à la révolution française, l'esprit et la force ont été chez les particuliers, et le déclin dans le gouvernement. Mais, dira-t-on, les Français, pendant la révolution, n'ont pas cessé d'errer entre les folies et les forfaits. S'il en était ainsi, il faudrait s'en prendre, je ne saurais trop le répéter, à leurs anciennes institutions politiques ; car ce sont elles qui avaient formé la nation ; et si elles étaient de nature à n'éclairer qu'une classe d'hommes, et à dépraver la masse, elles ne valaient assurément rien. Mais le sophisme des ennemis de la raison humaine, c'est qu'ils veulent qu'un peuple possède les vertus de la liberté avant de l'avoir obtenue ; tandis qu'il ne peut acquérir ces vertus qu'après avoir joui de la liberté, puisque l'effet ne saurait précéder la cause. La première qualité d'une nation qui commence à se lasser des gouvernements exclusifs et arbitraires, c'est l'énergie. Les autres vertus ne peuvent être que le résultat graduel d'institutions qui aient duré assez longtemps pour former l'esprit public.

Il y a eu des pays, comme l'ancienne Égypte, où la religion, s'étant identifiée avec la politique, a imprimé aux mœurs et aux habitudes des hommes un caractère passif et stationnaire. Mais en général on voit les nations se perfectionner, ou se détériorer suivant la nature de leur gouvernement. Rome n'a point changé de climat ; et cependant depuis les Romains jusqu'aux Italiens de nos jours, on peut parcourir toute l'échelle des modifications que les hommes subissent par la diversité des gouvernements. Sans doute, ce qui constitue la dignité d'un peuple, c'est de savoir se donner le régime qui lui convient; mais cette œuvre peut rencontrer de grands obstacles; et l'un des plus grands est sans doute la coalition des vieux États européens pour arrêter le progrès des idées nouvelles. Il faut donc juger avec impartialité les difficultés et les efforts, avant de prononcer qu'un peuple n'est pas fait pour être libre, ce qui dans le fond est une phrase vide de sens : car peut-il exister des hommes auxquels la sécurité, l'émulation, le développement paisible de leur industrie, et la jouissance non troublée des fruits de leurs travaux, ne conviennent pas? Et si une nation était condamnée par une malédiction du ciel à ne pratiquer jamais ni la justice ni la morale publique, pourquoi une partie de cette nation se croirait-elle exempte de la malédiction prononcée sur la race? Si tous sont également incapables d'aucune vertu, quelle partie contraindra l'autre à en avoir?

Depuis vingt-cinq ans, dit-on encore, il n'y a pas eu un gouvernement fondé par la révolution, qui ne se soit montré fou ou méchant. Soit, mais la nation a été sans cesse agitée par les troubles civils, et toutes les nations dans cet état se ressemblent. Il existe dans l'espèce humaine des dispositions qui se retrouvent toujours, quand les mêmes circonstances les produisent au dehors. Mais, s'il n'y a pas eu une époque de la révolution à laquelle le crime n'ait eu sa part, il n'y en a pas une aussi où de grandes vertus ne se soient développées. L'amour de la patrie, la volonté d'assurer son indépendance à tout prix, se sont manifestés constamment dans le parti patriote; et si Bonaparte n'avait pas énervé l'esprit public, en introduisant le goût de l'argent et des honneurs, nous aurions vu sortir des miracles du caractère intrépide et persévérant de quelques-uns des hommes de la révolution. Les ennemis mêmes des institutions nouvelles, les Vendéens, ont montré le caractère qui fait les hommes libres. Quand on leur offrira la liberté sous ses véritables traits, ils s'y rallieront. Une résolution vive et un esprit ardent existent et existeront toujours en France. Il y a des âmes puissantes parmi ceux qui veulent la liberté, il y en a parmi les jeunes gens qui s'avancent, les uns dégagés des préjugés de leurs pères, les autres innocents de leurs crimes. Quand tout se voit, quand tout se sait de l'histoire d'une révolution; quand les intérêts les plus actifs excitent les plus

violentes passions, il semble aux contemporains que rien de pareil n'ait souillé la face de la terre. Mais, quand on se rappelle les guerres de religion en France, et les troubles de l'Angleterre, on aperçoit sous d'autres formes le même esprit de parti, et les mêmes forfaits produits par les mêmes passions.

Il me semble impossible de séparer le besoin d'un perfectionnement social du désir de s'améliorer soi-même; et, pour me servir du titre de l'ouvrage de Bossuet, dans un sens différent de celui qu'il lui donne, la politique est sacrée, parce qu'elle renferme tous les mobiles qui agissent sur les hommes en masse, et les rapprochent ou les éloignent de la vertu.

Nous ne pouvons nous le dissimuler cependant, l'on n'a encore acquis en France que peu d'idées de justice. On n'imagine pas qu'un ennemi puisse avoir droit à la protection des lois, quand il est vaincu. Mais dans un pays où, pendant si longtemps, la faveur et la disgrâce ont disposé de tout, comment saurait-on ce que c'est que des principes? Le règne des cours n'a permis aux Français que le développement des vertus militaires. Une classe très-resserrée se mêlait seule des affaires civiles; et la masse de la nation, n'ayant rien à faire, n'a rien appris, et ne s'est point exercée aux vertus politiques. L'une des merveilles de la liberté anglaise, c'est la multitude d'hommes qui s'occupent des intérêts de chaque ville, de chaque province, et dont l'esprit et le caractère sont formés par les occupations et les devoirs de citoyen. En France, on n'avait l'occasion de s'exercer qu'à l'intrigue, et il faut longtemps pour oublier cette malheureuse science.

L'amour de l'argent, des titres, enfin de toutes les jouissances et de toutes les vanités sociales, a reparu sous le règne de Bonaparte : c'est le cortége du despotisme. Dans les fureurs de la démagogie, au moins la corruption n'était de rien; et, sous Bonaparte lui-même, plusieurs guerriers sont restés dignes, par leur désintéressement, du respect que les étrangers ont pour leur courage.

Sans reprendre ici la malheureuse histoire de nos désastres, disons-le donc hardiment, il y a dans la nation française de l'énergie, de la patience dans les maux, de l'audace dans l'entreprise, en un mot de la force; et les écarts en seront toujours à craindre, jusqu'à ce que des institutions libres fassent de cette force aussi de la vertu. De certaines idées communes, mises en circulation, sont souvent ce qui égare le plus le bon sens public, parce que la plupart des hommes les prennent pour des vérités. Il y a si peu de mérite à les trouver, qu'on est tenté de croire que la raison seule peut les faire adopter à tant de gens. Mais, dans les temps de parti, les mêmes intérêts inspirent les mêmes discours, sans qu'ils acquièrent plus de vérité la centième fois qu'on les prononce:

Les Français, dit-on, sont frivoles, les Anglais sont sérieux, les Français sont vifs, les Anglais sont graves; donc il faut que les premiers soient gouvernés despotiquement, et que les autres jouissent de la liberté. Il est vrai que si les Anglais luttaient encore pour cette liberté, on leur trouverait mille défauts qui s'y opposeraient; mais le fait chez eux a réfuté l'argument. Dans notre France les troubles sont apparents, tandis que les motifs de ces troubles ne peuvent être compris que par les hommes qui pensent. Les Français sont frivoles, parce qu'ils ont été condamnés à un genre de gouvernement qui ne pouvait se soutenir qu'en encourageant la frivolité; et, quant à la vivacité, les Français en ont dans l'esprit bien plus que dans le caractère. Il y a chez les Anglais une impétuosité d'une nature beaucoup plus violente; et leur histoire en offre une foule de preuves. Qui aurait pu croire, il y a moins de deux siècles, que jamais un gouvernement régulier pût s'établir chez ces factieux insulaires? On ne cessait alors, sur le continent, de les en déclarer incapables. Ils ont déposé, tué, renversé plus de rois, plus de princes et plus de gouvernements que le reste de l'Europe ensemble; et cependant ils ont enfin obtenu le plus noble, le plus brillant et le plus religieux ordre social qui soit dans l'ancien monde. Tous les pays, tous les peuples, tous les hommes, sont propres à la liberté par leurs qualités différentes: tous y arrivent ou y arriveront à leur manière.

Mais, avant d'essayer de peindre l'admirable monument de la grandeur morale de l'homme que l'Angleterre nous présente, jetons un coup d'œil sur quelques époques de son histoire, semblables en tout à celles de la révolution française. Peut-être se réconciliera-t-on avec les Français, quand on verra en eux les Anglais d'hier.

CHAPITRE II.

Coup d'œil sur l'histoire d'Angleterre.

Il m'est pénible de représenter le caractère anglais à son désavantage, même dans les temps passés. Mais cette nation généreuse écoutera sans peine tout ce qui lui rappelle que c'est à ses institutions politiques actuelles, à ces institutions que d'autres peuples peuvent imiter, qu'elle doit ses vertus et sa splendeur. La vanité puérile de se croire une

race à part ne vaut certainement pas, aux yeux des Anglais, l'honneur d'encourager le genre humain par leur exemple. Aucun peuple de l'Europe ne peut être mis en parallèle avec les Anglais depuis 1688 : il y a cent vingt ans de perfectionnement social entre eux et le continent. La vraie liberté, établie depuis plus d'un siècle chez un grand peuple, a produit les résultats dont nous sommes les témoins; mais, dans l'histoire précédente de ce peuple, il y a plus de violences, plus d'inégalités, et, à quelques égards, plus d'esprit de servitude encore que chez les Français.

Les Anglais citent toujours la grande charte comme le plus honorable titre de leur antique généalogie d'hommes libres; et en effet c'est une chose admirable qu'un tel contrat entre la nation et le roi. Dès l'année 1215, la liberté individuelle et le jugement par jurés y sont énoncés dans les termes dont on pourrait se servir de nos jours. A cette même époque du moyen âge, comme nous l'avons indiqué dans l'introduction, il y eut un mouvement de liberté dans toute l'Europe. Mais les lumières et les institutions qu'elles font naître n'étant point encore répandues, il ne résulta rien de stable de ce mouvement en Angleterre, jusqu'en 1688, c'est-à-dire, près de cinq siècles après la grande charte. Pendant toute cette période, elle n'a pas cessé d'être enfreinte. Le successeur de celui qui l'avait signée, le fils de Jean sans Terre, Henri III, fit la guerre à ses barons, pour s'affranchir des promesses de son père. Les barons, dans cette circonstance, avaient protégé le tiers état, pour s'appuyer de la nation contre l'autorité royale. Le successeur de Henri III, Édouard Ier, jura onze fois la grande charte; ce qui prouve qu'il y manqua plus souvent encore. Ni les rois ni les nations ne tiennent les serments politiques, que lorsque la nature des choses commande aux souverains et satisfait les peuples. Guillaume le Conquérant avait détrôné Harald; la maison de Lancastre à son tour renversa Richard II, et l'acte d'élection qui appelait Henri IV au trône fut assez libéral pour être imité depuis par lord Sommers, en 1688. A l'avénement de Henri IV, en 1399, on voulut renouveler la grande charte, et du moins le roi promit de respecter les franchises et les libertés de la nation. Mais la nation ne sut pas alors se faire respecter elle-même. La guerre avec la France, les guerres intestines entre les maisons d'York et de Lancastre, donnèrent lieu aux scènes les plus sanglantes, et aucune histoire ne nous offre autant d'atteintes portées à la liberté individuelle, autant de supplices, autant de conjurations de toute espèce. L'on finit, du temps du fameux Warwick, *le faiseur de rois*, par porter une loi qui enjoignait d'obéir au souverain de fait, soit qu'il le fût ou non de droit, afin d'éviter les condamnations arbitrairement judiciaires, auxquelles les changements de gouvernement devaient donner lieu.

Vint ensuite la maison de Tudor, qui, dans la personne de Henri VII, réunissait les droits des York et des Lancastre. La nation était fatiguée des guerres civiles. L'esprit de servitude remplaça pour un temps l'esprit de faction. Henri VII, comme Louis XI et le cardinal de Richelieu, subjugua la noblesse, et sut établir le despotisme le plus complet. Le parlement, qui depuis a été le sanctuaire de la liberté, ne servait alors qu'à consacrer les actes les plus arbitraires par un faux air de consentement national; car il n'y a pas de meilleur instrument pour la tyrannie qu'une assemblée, quand elle est avilie. La flatterie se cache sous l'apparence de l'opinion générale, et la peur en commun ressemble presque à du courage; tant on s'anime les uns les autres dans l'enthousiasme du pouvoir! Henri VIII fut encore plus despote que son père, et plus désordonné dans ses volontés. Ce qu'il adopta de la réformation le servit merveilleusement, pour persécuter tout à la fois les catholiques orthodoxes et les protestants de bonne foi. Il entraîna le parlement anglais à tous les actes de servitude les plus humiliants. Ce fut le parlement qui se chargea des procès intentés aux innocentes femmes de Henri VIII. Ce fut lui qui sollicita l'honneur de condamner Catherine Howard, déclarant qu'il n'avait pas besoin de la sanction royale pour porter le bill d'accusation contre elle, afin d'épargner au roi son époux, disait-on, la douleur de la juger. Thomas Morus, l'une des plus nobles victimes de la tyrannie de Henri VIII, fut accusé par le parlement, ainsi que tous ceux dont le roi voulut la mort. Les deux chambres prononcèrent que c'était un crime de lèse-majesté de ne pas regarder le mariage du roi avec Anne de Clèves comme légalement dissous; et le parlement, se dépouillant lui-même, décréta que les proclamations du roi devaient avoir force de loi, et qu'elles seraient considérées même comme ayant l'autorité de la révélation en matière de dogme: car Henri VIII s'était fait le chef de l'Église en Angleterre, tout en conservant la doctrine catholique. Il fallait alors se dégager de la suprématie de Rome, sans s'exposer à l'hérésie en fait de dogmes. C'est dans ce temps que fut faite la sanglante loi des six articles, qui établissaient les

points de doctrine auxquels il fallait se conformer: la présence réelle, la communion sous une espèce, l'inviolabilité des vœux monastiques (malgré l'abolition des couvents), l'utilité des messes particulières, le célibat du clergé, et la nécessité de la confession auriculaire. Quiconque n'admettait pas le premier point était brûlé comme hérétique; et qui rejetait les cinq autres, mis à mort comme félon. Le parlement remercia le roi de la divine étude, du travail et de la peine que Sa Majesté avait consacrés à la rédaction de cette loi. Néanmoins Henri VIII ouvrit le chemin à la réformation religieuse; elle fut introduite en Angleterre par ses amours coupables, comme la grande charte avait dû son existence aux crimes de Jean sans Terre. Ainsi cheminent les siècles, marchant sans le savoir vers le but de la destinée humaine.

Le parlement, sous Henri VIII, violenta les consciences aussi bien que les personnes. Il ordonna, sous peine de mort, de considérer le roi comme chef de l'Église; et tous ceux qui s'y refusèrent périrent martyrs de leur courage. Les parlements changèrent quatre fois la religion de l'Angleterre. Ils consacrèrent le schisme de Henri VIII et le protestantisme d'Édouard VI, et lorsque la reine Marie fit jeter dans les flammes des vieillards, des femmes, des enfants, espérant ainsi plaire à son fanatique époux, ces atrocités furent encore sanctionnées par le parlement naguère protestant.

La réformation reparut avec Élisabeth, mais l'esprit du peuple et du parlement n'en fut pas moins servile. Cette reine eut toute la grandeur que peut donner un despotisme conduit avec modération. On pourrait comparer le règne d'Élisabeth en Angleterre à celui de Louis XIV en France.

Élisabeth avait plus d'esprit que Louis XIV; et, se trouvant à la tête du protestantisme, dont la tolérance est le principe, elle ne put, comme le monarque français, joindre le fanatisme au pouvoir absolu. Le parlement, qui avait comparé Henri VIII à Samson pour la force, à Salomon pour la prudence, et à Absalon pour la beauté, envoya son orateur déclarer à genoux à la reine Élisabeth qu'elle était une divinité. Mais, ne se bornant pas à ces servilités fades, il se souilla d'une flatterie sanglante, en secondant la criminelle haine d'Élisabeth contre Marie Stuart; il lui demanda la condamnation de son ennemie, voulant ainsi dérober à la reine la honte de ce qu'elle désirait; mais il ne fit que se déshonorer à sa suite.

Le premier roi de la maison de Stuart, aussi faible, quoique plus régulier dans ses mœurs, que le successeur de Louis XIV, professa constamment la doctrine du pouvoir absolu, sans avoir dans son caractère de quoi la maintenir. Les lumières s'étendaient de toutes parts. L'impulsion donnée à l'esprit humain, au commencement du seizième siècle, se propageait de plus en plus; la réforme religieuse fermentait dans toutes les têtes. Enfin la révolution éclata sous Charles Ier.

Les principaux traits d'analogie entre la révolution d'Angleterre et celle de France sont : un roi conduit à l'échafaud par l'esprit démocratique, un chef militaire s'emparant du pouvoir, et la restauration de l'ancienne dynastie. Quoique la réforme religieuse et la réforme politique aient beaucoup do rapports ensemble, cependant, quand le principe qui met les hommes en mouvement tient de quelque manière à ce qu'ils croient leur devoir, ils conservent plus de moralité que quand leur impulsion n'a pour mobile que le désir de recouvrer leurs droits. La passion de l'égalité était pourtant telle eu Angleterre, qu'on mit la princesse de Gloucester, fille du roi, en apprentissage chez une couturière. Plusieurs traits non moins étranges dans ce genre pourraient être cités, quoique la direction des affaires publiques, pendant la révolution d'Angleterre, ne soit pas descendue dans des classes aussi grossières qu'en France. Les communes, ayant acquis plutôt de l'importance par le commerce, étaient plus éclairées. Les nobles, qui de tout temps s'étaient ralliés à ces communes contre les usurpations du trône, ne faisaient point caste à part comme chez les Français. La fusion des états, qui n'empêche point la distinction des rangs, existait déjà depuis. longtemps. En Angleterre, la noblesse de seconde classe était réunie avec les communes[1]. Les familles de pairs étaient seules à part, tandis qu'en France on ne savait où trouver la nation, et que chacun était impatient de sortir

[1] Je rapporte ici le texte d'une adresse des communes, sous Jacques Ier, qui démontre évidemment cette vérité.

Déclaration de la chambre des communes sur ses priviléges, écrite par un comité choisi pour présenter cette adresse à Jacques Ier.

Les communes de ce royaume contiennent non-seulement les citoyens, les bourgeois, les cultivateurs, mais aussi toute la noblesse inférieure du royaume, chevaliers, écuyers, gentilshommes. Plusieurs d'entre eux appartiennent aux premières familles; d'autres sont parvenus par leur mérite au grand honneur d'être admis au conseil privé de Votre Majesté, et ont obtenu des emplois très-honorables. Enfin, excepté la plus haute noblesse, les communes renferment toute la fleur et la puissance de votre royaume. Elles soutiennent vos guerres par leurs personnes, et vos trésors par leur argent: leurs cœurs font la force et la stabilité de votre royaume. Tout le peuple, qui consiste en plusieurs millions d'hommes, est représenté par nous de la chambre des communes.

de la masse pour entrer dans la classe des privilégiés. Sans aborder les discussions religieuses, l'on ne saurait nier aussi que les opinions des protestants, étant fondées sur l'examen, ne soient plus favorables aux lumières et à l'esprit de liberté que le catholicisme, qui décide de tout d'après l'autorité, et considère les rois comme aussi infaillibles que les papes, à moins que les papes ne soient en guerre avec les rois. Enfin, et c'est sous ce rapport qu'il faut reconnaître l'avantage de la position insulaire, Cromwell n'imagina pas de faire des conquêtes sur le continent; il n'excita point la colère des rois, qui ne se crurent point menacés par les essais politiques d'un pays sans communication immédiate avec la terre européenne : encore moins les peuples prirent-ils parti dans la querelle, et les Anglais eurent l'insigne bonheur de n'avoir ni provoqué les étrangers, ni réclamé leurs secours. Les Anglais disent avec raison qu'ils n'ont. eu dans leurs derniers troubles civils rien qui ressemble aux dix-huit mois de la terreur en France. Mais, en embrassant l'ensemble de leur histoire, l'on verra trois rois déposés et tués, Édouard II, Richard II, et Henri VI; un roi assassiné, Édouard V; Marie d'Écosse et Charles Ier périssant sur l'échafaud; des princes du sang royal mourant de mort violente; des assassinats judiciaires en plus grand nombre que dans tous les autres États de l'Europe, et je ne sais quoi de dur et de factieux, qui n'annonçait guère les vertus publiques et privées dont l'Angleterre donne l'exemple depuis un siècle. Sans doute, on ne saurait tenir un compte ouvert des vices et des vertus des deux nations; mais, en étudiant l'histoire d'Angleterre, l'on ne commence à voir le caractère des Anglais tel qu'il s'élève progressivement à nos yeux, depuis la fondation de la liberté, que dans quelques hommes, pendant la révolution et sous la restauration. L'époque du retour des Stuarts et les changements opérés à leur expulsion offrent encore de nouvelles preuves de l'influence toute-puissante des nations. Charles II et Jacques II régnèrent, l'un arbitrairement, l'autre tyranniquement; et les mêmes injustices qui avaient souillé l'histoire d'Angleterre dans les temps anciens, se renouvelèrent à une époque où cependant les lumières avaient fait de très-grands progrès. Mais le despotisme produit partout et en tout temps à peu près les mêmes résultats; il ramène les ténèbres au milieu du jour. Les plus nobles amis de la liberté, Russel et Sidney, périrent sous le règne de Charles II; et bien d'autres moins célèbres furent de même condamnés à mort injustement. Russel reluisa de racheter sa vie à la condition de reconnaître que la résistance au souverain, quelque despote qu'il soit, est contraire à la religion chrétienne. Algernon Sidney dit en montant sur l'échafaud : « Je viens ici mourir pour la bonne vieille cause que « j'ai chérie depuis mon enfance. » Le lendemain de sa mort, il se trouva des journalistes qui tournèrent en ridicule ces belles et simples paroles. La plus indigne de toutes les flatteries, celle qui livre les droits des nations au bon plaisir des souverains, se manifesta de toutes parts. L'université d'Oxford condamna tous les principes de la liberté, et se montra mille fois moins éclairée au dix-septième siècle que les barons au commencement du treizième. Elle proclama qu'il n'y avait point de contrat mutuel, ni exprès, ni tacite, entre les peuples et les rois. C'est d'une ville destinée à être un foyer de lumières que partit cette déclaration qui mettait un homme au-dessus de toutes les lois divines et humaines, sans lui imposer ni devoirs ni frein. Locke, jeune encore, fut banni de l'université pour avoir refusé son adhésion à cette doctrine servile; tant il est vrai que les penseurs, de quelque objet qu'ils s'occupent, s'accordent toujours sur la dignité de l'espèce humaine ! Quoique le parlement fût très-obéissant, on avait encore peur de lui; et Louis XIV, sentant avec une sagacité remarquable qu'une constitution libre donnerait une grande force à l'Angleterre, corrompait non-seulement le ministère, mais le roi lui-même, pour prévenir l'établissement de cette constitution. Ce n'était point cependant par la crainte de l'exemple qu'il ne voulait pas de liberté en Angleterre : la France était alors trop loin de tout esprit de résistance, pour qu'il pût s'en inquiéter ; c'est uniquement, et les pièces diplomatiques le prouvent, parce qu'il considérait le gouvernement représentatif comme une source de richesse et de puissance pour les Anglais. Il fit offrir à Charles II deux cent mille louis, s'il voulait se déclarer catholique et ne plus convoquer de parlements. Charles II et ensuite Jacques II acceptèrent ces subsides, sans oser en tenir toutes les conditions. Les premiers ministres, les femmes de ces premiers ministres recevaient des présents de l'ambassadeur de France, en promettant de soumettre l'Angleterre à l'influence de Louis XIV. Charles II aurait souhaité, est-il dit dans les négociations que Dalrymple a publiées, faire venir des troupes françaises en Angleterre, pour s'en servir contre les amis de la liberté. On a peine à se convaincre de la vérité de ces faits, quand on connaît l'Angleterre du dix-huitième et du dix-neuvième siècle. Il y avait en-

core des restes de l'esprit d'indépendance chez quelques membres du parlement; mais comme la liberté de la presse ne les soutenait pas dans l'opinion, ils ne pouvaient opposer cette force à celle du gouvernement. La loi d'*Habeas corpus*, celle qui fonde la liberté individuelle, fut portée sous Charles II, et cependant il n'y eut jamais plus de violations de cette liberté que sous son règne; car les lois sans les garanties ne sont rien. Charles II se fit livrer tous les priviléges des villes, toutes leurs chartes particulières ; rien n'est si facile à l'autorité centrale que d'écraser successivement chaque partie. Les juges, pour plaire au roi, donnèrent au crime de haute trahison une extension plus grande que celle qui avait été fixée trois siècles auparavant sous le règne d'Édouard III. A cette sérieuse tyrannie se joignait autant de corruption, autant de frivolité qu'on en a pu reprocher aux Français à aucune époque. Les écrivains, les poëtes anglais, qui sont maintenant inspirés par les sentiments les plus vrais et les vertus les plus pures, étaient sous Charles II des fats, quelquefois tristes, mais toujours immoraux. Rochester, Wicherley, Congrève surtout, font de la vie humaine des tableaux qui semblent la parodie de l'enfer. Là, les enfants plaisantent sur la vieillesse de leurs pères; là, les frères cadets aspirent à la mort de leur frère aîné. Le mariage y est traité selon les maximes de Beaumarchais : mais il n'y a point de gaieté dans ces saturnales du vice; les hommes les plus corrompus ne peuvent rire à l'aspect d'un monde dont les méchants eux-mêmes ne sauraient se tirer. La mode, qui est encore la faiblesse des Anglais dans les petites choses, se jouait alors de ce qu'il y a de plus important dans la vie. Charles II avait sur sa cour, et sa cour avait sur son peuple l'influence que le régent a exercée sur la France. Et quand on voit dans les galeries d'Angleterre les portraits des maîtresses de ce roi, méthodiquement rangés ensemble, on ne peut se persuader qu'il n'y ait guère plus de cent ans qu'une frivolité si dépravée secondait, chez les Anglais, le pouvoir le plus absolu. Enfin, Jacques II, qui manifestait ouvertement les opinions que Charles II faisait avancer par des mines souterraines, régna pendant trois ans avec une tyrannie heureusement sans mesure, puisque c'est à ces excès mêmes que la nation a dû la révolution paisible et sage qui a fondé sa liberté. L'historien Hume, Écossais, partisan des Stuarts, et défenseur de la prérogative royale, comme un homme éclairé peut l'être, a plutôt adouci qu'exagéré les forfaits commis par les agents de Jacques II. J'inère ici seulement quelques-uns des traits de ce règne, tels qu'ils sont racontés par Hume.

« La cour avait inspiré des principes si arbitrai-« res à tous ses serviteurs, que Feversham, immé-« diatement après la victoire (de Sedgemoor), fit « pendre plus, de vingt prisonniers, et qu'il con-« tinuait ses exécutions, lorsque l'évêque de Bath « et de Wells lui représenta que ces malheureux « avaient droit à être jugés dans les formes, et que « leur supplice passerait pour un véritable meurtre. « Mais ces remontrances n'arrêtèrent pas l'humeur « féroce du colonel Kirke, soldat de fortune, qui, « dans un long service à Tanger, et par la fréquen-« tation des Maures, avait contracté un fonds d'in-« humanité plus rare en Europe et chez les nations « libres. En entrant dans Bridgewater, il fit con-« duire dix-neuf prisonniers au gibet sans la moin-« dre information. Ensuite, s'amusant de sa propre « cruauté, il en fit exécuter un certain nombre. « pendant qu'il buvait avec ses compagnons à la « santé du roi ou de la reine, ou du grand juge « Jefferies; et, voyant leurs pieds tressaillir dans « les convulsions de la mort, il s'écria qu'il fallait « de la musique pour leur danse, et donna l'ordre « que les tambours et les trompettes se fissent en-« tendre. Il lui vint dans l'esprit de faire pendre « trois fois le même homme, pour s'instruire, di-« sait-il, par cette bizarre expérience; et chaque « fois il lui demandait s'il ne se repentait pas de « son crime; mais le malheureux s'obstinant à pro-« tester, malgré ce qu'il avait souffert, qu'il était « toujours disposé à s'engager dans la même cause, « Kirke le fit pendre dans les chaînes. Mais rien « n'égale la perfidie et la cruauté du trait que nous « allons raconter. Une jeune fille demanda la vie « de son frère, en se jetant aux pieds du colonel « Kirke, ornée de toutes les grâces de la beauté « et de l'innocence en pleurs. Le cruel sentit s'en-« flammer ses désirs, sans être attendri par l'a-« mour ou par la clémence. Il promit ce qu'elle « demandait, à condition qu'elle consentirait à tout « ce qu'il souhaitait. Cette pauvre sœur se rendit « à la nécessité qu'on lui imposait; mais Kirke, « après avoir passé la nuit avec elle, lui fit voir le « lendemain, par la fenêtre, le frère adoré pour « lequel elle avait sacrifié sa vertu, pendu à un « gibet qu'on avait élevé secrètement pendant la « nuit. La rage et le désespoir s'emparèrent de « cette malheureuse fille, et la privèrent de sa rai-« son. Le pays entier, sans distinction de coupable « et d'innocent, fut exposé aux ravages de ce bar-« bare. Les soldats furent lâchés pour y vivre à « discrétion: et son propre régiment, instruit par

« son exemple, excité par ses exhortations, se dis-« tingua par des outrages recherchés. Il les nom-« mait ironiquement ses *agneaux*, terme dont le « souvenir s'est conservé longtemps avec horreur « dans cette partie de l'Angleterre. L'implacable « Jefferies lui succéda bientôt, et fit voir que les « rigueurs judiciaires peuvent égaler ou surpasser « les excès de la tyrannie soldatesque. Cet homme, « qui se livrait par goût à la cruauté, s'était déjà « fait connaître dans plusieurs procès auxquels il « avait présidé. Mais il partait avec une joie sau-« vage pour cette nouvelle commission, qui lui « présentait une moisson de mort et de destruc-« tion. Il commença par la ville de Dorchester, « où trente rebelles furent traduits à son tribunal. « Il les exhorta, mais en vain, à lui épargner, par « une confession volontaire, la peine de faire leur « procès. Vingt-neuf furent déclarés coupables, « et, pour punir en même temps leur crime et leur « désobéissance, il les fit conduire immédiatement « au supplice. Il n'y en eut pas moins de deux « cent quatre-vingt-douze qui reçurent la sen-« tence de mort, et quatre-vingts furent exécutés « sur-le-champ. Exeter devint ensuite le théâtre « de ses cruautés. De deux cent quarante-trois « personnes à qui l'on fit leur procès, la plus grande « partie fut condamnée et livrée aux exécuteurs. « Il transféra de là son tribunal à Taunton et à « Wells. La consternation le précédait partout. « Ses menaces avaient frappé les jurés d'une telle « épouvante, qu'ils donnaient leur *verdict* avec « précipitation, et plusieurs innocents partagèrent « le sort des coupables. En un mot, outre ceux « qui furent massacrés par les commandants mili-« taires, on en compte deux cent cinquante et un « qui périrent par le bras de la justice. Tout le pays « était jonché des membres épars des rebelles; dans « chaque village, on voyait exposé le cadavre de « quelque misérable habitant; et l'inhumain Jeffe-« ries déployait toutes les rigueurs de la justice, « sans aucun mélange de pitié.

« De toutes les exécutions de cette affreuse épo-« que, les plus atroces furent celles de madame « Gaunt et de lady Lisle, accusées d'avoir donné « asile à des traîtres. Madame Gaunt était une ana-« baptiste, connue par une bienfaisance qui s'éten-« dait aux personnes de tous les partis et de toutes « les sectes. Un rebelle qui connaissait son huma-« nité, eut recours à elle dans sa détresse, et trouva « un refuge dans sa maison. Bientôt après, ayant « entendu parler d'un acte qui offrait une amnis-« tie et des récompenses à ceux qui découvriraient « des criminels, il eut la bassesse de trahir sa bien-

« faitrice, et de déposer contre elle. Il obtint grâce
« pour sa perfidie. Elle fut brûlée vive pour sa
« charité.

« Lady Lisle était la veuve d'un régicide qui
« avait joui de beaucoup de faveur et de crédit sous
« Cromwell. Elle était poursuivie pour avoir donné
« asile à deux rebelles, après la bataille de Sedge-
« moor. En vain cette femme âgée disait-elle, pour
« sa défense, que le nom de ces rebelles ne se trou-
« vait dans aucune proclamation; qu'ils n'étaient
« condamnés par aucune sentence; que rien ne
« prouvait qu'elle eût pu les connaître pour des
« partisans de Monmouth; que, malgré le nom
« qu'elle portait, l'on savait bien que son cœur
« avait toujours été attaché à la cause royale; que
« personne n'avait versé plus de larmes qu'elle sur
« la mort de Charles Ier; que son fils, élevé par elle
« et dans ses principes, avait combattu lui-même
« contre les rebelles qu'on l'accusait d'avoir recé-
« lés. Ces arguments n'émurent point Jefferies,
« mais ils agirent sur les jurés qui voulurent deux
« fois prononcer un *verdict* favorable, et furent
« deux fois renvoyés avec des reproches et des
« menaces. Enfin on leur arracha la fatale sentence,
« et elle fut exécutée. Le roi fut sourd à toute
« prière, et crut s'excuser, en répondant qu'il avait
« promis à Jefferies de ne pas faire grâce.

« Ceux qui échappaient à la mort étaient con-
« damnés à des amendes qui les réduisaient à la
« mendicité; et si leur pauvreté les rendait inca-
« pables de payer, ils subissaient le fouet ou la
« prison. Le peuple aurait souhaité, dans cette oc-
« casion, pouvoir distinguer entre Jacques et ses
« agents; mais on prit soin de prouver qu'ils n'a-
« vaient rien fait que d'agréable à leur maître.
« Jefferies, à son retour, fut créé pair pour ses
« éminents services, et bientôt après revêtu de la
« dignité de chancelier. »

Voilà ce qu'un roi pouvait faire souffrir à des
Anglais, et voilà ce qu'ils supportaient. C'est en
1686 que l'Angleterre donnait à l'Europe de tels
exemples de barbarie et de servitude; et, deux ans
après, lorsque Jacques II fut déposé et la constitution établie, commença cette période de cent
vingt-huit ans jusqu'à nos jours, dans laquelle il
n'y a pas eu une session du parlement qui n'ait apporté un perfectionnement à l'ordre social.

Jacques II était bien coupable; cependant on ne
peut se dissimuler qu'il y eut de la trahison dans
la manière dont il fut abandonné. Ses filles lui enlevèrent la couronne. Les personnes qui lui avaient
montré le plus d'attachement, et qui lui devaient
le plus de reconnaissance, le quittèrent. Les offi-

ciers manquèrent à leur serment; mais, selon une
épigramme anglaise, le succès ayant excusé cette
trahison, on ne l'appela plus ainsi [1].

Guillaume III était un homme d'État, ferme et
sage, accoutumé, par son emploi de stathouder en
Hollande, à respecter la liberté, soit qu'il l'aimât
naturellement ou non. La reine Anne, qui lui succéda, était une femme sans talents, et ne tenant
avec force qu'à des préjugés. Quoiqu'elle fût en
possession d'un trône qu'elle aurait dû céder à son
frère, d'après les principes de la légitimité, elle
conservait un faible pour la doctrine du droit divin; et, bien que le parti des amis de la liberté
l'eût faite reine, il lui inspirait toujours un éloignement involontaire. Cependant les institutions
politiques prenaient déjà tant de force, qu'au dehors comme au dedans, ce règne a été l'un des
plus glorieux de l'Angleterre. La maison d'Hanovre acheva de garantir la réforme religieuse et politique; néanmoins, jusqu'après la bataille de Culloden, en 1746, l'esprit de faction l'emporta encore
souvent sur la justice. La tête du prince Édouard
fut mise à prix pour 30,000 louis; et, tant qu'on
craignit pour la liberté, l'on eut de la peine à se
résoudre au seul moyen de l'établir, c'est-à-dire,
au respect de ses principes, quelles que soient les
circonstances.

Mais, si on lit avec soin le règne des trois Georges, on y verra que la morale et la liberté n'ont
cessé de faire des progrès. C'est un beau spectacle
que cette constitution, vacillante encore en sortant
du port, comme un vaisseau qu'on lance à la mer,
et déployant enfin ses voiles, en donnant l'essor
à tout ce qu'il y a de grand et de généreux dans
l'âme humaine. Je sais que les Anglais prétendront
qu'ils ont eu de tout temps plus d'esprit de liberté
que les Français; que, dès César, ils ont repoussé
le joug des Romains, et que le code de ces Romains, rédigé sous les empereurs, ne fut jamais
introduit dans les lois anglaises; il est également
vrai qu'en adoptant la réformation, les Anglais ont
fondé tout à la fois, d'une manière plus ferme, la
morale et la liberté. Le clergé, ayant toujours siégé
au parlement avec les seigneurs laïques, n'a point
eu de pouvoir distinct dans l'État, et les nobles
anglais se sont montrés plus factieux, mais moins
courtisans que les nobles français. Ces différences,
on ne saurait le nier, sont à l'avantage de l'An-

---

[1] *Treason does never prosper : what's the reason ?
Why, when it prospers, none dare call it treason.*

La trahison ne réussit jamais; quelle en est la raison? La
raison, c'est que, lorsqu'elle réussit, nul n'ose l'appeler trahison.

gleterre. En France, la beauté du climat, le goût de la société, tout ce qui embellit la vie, a servi le pouvoir arbitraire, comme dans les pays du Midi où les plaisirs de l'existence suffisent à l'homme. Mais, une fois que le besoin de la liberté s'est emparé des esprits, les défauts mêmes qu'on reproche aux Français, leur vivacité, leur amour-propre, les attachent davantage à ce qu'ils ont résolu de conquérir. Ils sont le troisième peuple, en comptant les Américains, qui s'essaye au gouvernement représentatif, et l'exemple de leurs devanciers commence enfin à les diriger. De quelque manière que l'on considère chaque nation, on y trouve toujours ce qui lui rendra le gouvernement représentatif non-seulement possible, mais nécessaire. Examinons donc l'influence de ce gouvernement dans le pays qui, le premier, a eu la gloire de l'établir.

CHAPITRE III.

De la prospérité de l'Angleterre, et des causes qui l'ont accrue jusqu'à présent.

Il y avait, en 1813, vingt et un ans que les Anglais étaient en guerre avec la France, et pendant quelque temps le continent entier s'était armé contre eux. L'Amérique même, par des circonstances politiques étrangères aux intérêts de l'Europe, faisait partie de cette coalition universelle. Depuis plusieurs années le respectable monarque de la Grande-Bretagne ne possédait plus l'empire de ses facultés intellectuelles. Les grands hommes dans la carrière civile, Pitt et Fox, n'existaient plus, et personne encore n'avait succédé à leur réputation : l'on ne pouvait citer aucun nom historique à la tête des affaires, et le seul Wellington attirait l'attention de l'Europe. Quelques ministres, plusieurs membres de l'opposition, des savants, des hommes de loi, des hommes de lettres, jouissaient d'une haute estime; si d'un côté la France, à force de s'abaisser sous le joug d'un seul, avait vu disparaître les réputations individuelles, de l'autre, il y avait tant de talents, d'instruction et de mérite chez les Anglais, qu'il était devenu très-difficile de primer au milieu de cette foule illustre.

En arrivant en Angleterre, aucun homme en particulier ne s'offrait à ma pensée : je n'y connaissais presque personne, mais j'y venais avec confiance. J'étais persécutée par un ennemi de la liberté ; je me croyais donc sûre d'une honorable pitié, dans un pays dont toutes les institutions étaient en harmonie avec mes sentiments politi-

ques. Je comptais beaucoup aussi sur le souvenir de mon père pour me protéger, et je ne me suis pas trompée. Les vagues de la mer du Nord, que je traversais en venant de Suède, m'inspiraient encore de l'effroi, lorsque j'aperçus de loin l'île verdoyante qui seule avait résisté à l'asservissement de l'Europe. Il n'y avait là cependant que douze millions d'hommes; car les cinq ou six millions de plus qui composent la population de l'Irlande ont souvent été livrés, pendant le cours de la dernière guerre, à des divisions intestines. Ceux qui ne veulent pas reconnaître l'ascendant de la liberté dans la puissance de l'Angleterre, ne cessent de répéter que les Anglais auraient été vaincus par Bonaparte, comme toutes les nations continentales, s'ils n'avaient pas été protégés par la mer. Cette opinion ne peut être réfutée par l'expérience : mais, je n'en doute point, si par un coup du Léviathan, la Grande-Bretagne se fût trouvée réunie au continent européen, sans doute elle eût plus souffert, sans doute ses richesses seraient diminuées; mais l'esprit public d'une nation libre est tel, que jamais elle n'eût subi le joug des étrangers.

Lorsque je débarquai en Angleterre, au mois de juin 1813, on venait d'apprendre l'armistice conclu entre les puissances alliées et Napoléon. Il était à Dresde, et maître encore alors de se réduire au misérable sort d'empereur de la France jusqu'au Rhin, et de roi d'Italie. L'Angleterre probablement n'aurait point souscrit à ce traité, sa position était donc loin d'être favorable. Une longue guerre la menaçait de nouveau; ses finances paraissaient épuisées, à juger du moins de ses ressources d'après celles de tout autre pays de la terre. Un papier, tenant lieu de monnaie, était tombé d'un quart sur le continent; et, si ce papier n'eût pas été soutenu par l'esprit patriotique de la nation, il eût entraîné le bouleversement des affaires publiques et particulières. Les journaux de France, en comparant l'état des finances des deux pays, représentaient toujours l'Angleterre comme abîmée de dettes, et la France comme maîtresse d'un trésor considérable. Le rapprochement était vrai, mais il fallait y ajouter que l'Angleterre disposait par le crédit de moyens sans bornes, tandis que le gouvernement français ne possédait que l'or qu'il tenait entre ses mains. La France pouvait lever des milliards de contributions sur l'Europe opprimée, mais son souverain despotique n'aurait pu réussir dans un emprunt volontaire.

De Harwich à Londres on parcourt un grand chemin d'environ soixante-dix milles, qui est bordé

presque sans intervalle par des maisons de campagne à droite et à gauche : c'est une suite d'habitations avec des jardins, interrompue par des
villes. Presque tous les hommes sont bien vêtus,
presque aucune cabane n'est en décadence ; les animaux eux-mêmes ont quelque chose de paisible et
de prospère, comme s'il y avait des droits aussi
pour eux dans ce grand édifice de l'ordre social.
Les prix de toutes choses sont nécessairement fort
élevés, mais ces prix sont fixes pour la plupart ; il
y a tant d'aversion pour l'arbitraire dans ce pays,
qu'en dehors de la loi même on place la règle et
puis l'usage, pour s'assurer, autant qu'on le peut,
dans les moindres détails, quelque chose de positif
et de stable. C'était sans doute un grand inconvénient que la cherté des denrées produite par les
impôts excessifs ; mais, si la guerre était indispensable, quelle autre que cette nation, c'est-à-dire,
que cette constitution, pouvait y suffire? Montesquieu remarque, avec raison, que les pays libres
payent beaucoup plus d'impôts que les pays gouvernés despotiquement : c'est qu'on ne sait pas
encore, quoique l'exemple de l'Angleterre ait dû
l'apprendre, toutes les richesses d'un peuple qui
consent à ce qu'il donne, et considère les affaires
publiques comme les siennes. Aussi le peuple anglais, loin d'avoir perdu par vingt ans de guerre,
avait-il gagné sous tous les rapports, au milieu
même du blocus continental. L'industrie, devenue
plus active et plus ingénieuse, suppléait d'une
manière étonnante aux produits qu'on ne pouvait
plus tirer du continent. Les capitaux exclus du
commerce avaient été employés aux défrichements
et aux améliorations de l'agriculture dans plusieurs
provinces ; le nombre des maisons s'était augmenté
partout, et l'accroissement de Londres depuis peu
d'années est à peine croyable. Une branche de
commerce tombait-elle, une autre se relevait aussitôt. Les propriétaires, devenus plus riches par
la hausse des terres, consacraient une grande portion de leurs revenus à des établissements de charité publique. Lorsque l'empereur Alexandre est
arrivé en Angleterre, entouré par la multitude à
laquelle il inspirait un si juste empressement, il
demandait où était le peuple, parce qu'il ne voyait
autour de lui que des hommes vêtus comme la
classe aisée l'est ailleurs. Tout ce qui se fait en
Angleterre par des souscriptions particulières est
énorme : des hôpitaux, des maisons d'éducation,
des missions, des sociétés chrétiennes, ont été
non-seulement soutenus, mais multipliés pendant
la guerre ; et les étrangers qui en éprouvaient les
désastres, les Suisses, les Allemands, les Hollan-

dais, n'ont cessé de recevoir de l'Angleterre des
secours particuliers, produit des dons volontaires.
Lorsque la ville de Leyde fut presque à demi renversée par l'explosion d'un bateau chargé de poudre, on vit paraître, peu de temps après, le pavillon anglais sur la côte de Hollande ; et comme
le blocus continental existait alors dans toute sa
rigueur, les habitants de la côte se crurent obligés
de tirer sur ce vaisseau perfide : il arbora le signe
de parlementaire, et fit savoir qu'il apportait une
somme d'argent considérable pour les citoyens de
Leyde, ruinés par leur récent malheur.

Mais tous ces miracles de la prospérité généreuse, à quoi faut-il les attribuer? A la liberté,
c'est-à-dire, à la confiance de la nation dans un
gouvernement qui fait de la publicité le premier
principe des finances, dans un gouvernement
éclairé par la discussion et par la liberté de la
presse. La nation, qui ne peut être trompée sous
un tel ordre de choses, sait l'usage des impôts
qu'elle paye, et le crédit public soutient l'incroyable poids de la dette anglaise. Si, sans s'écarter des
proportions, on essayait quelque chose de semblable dans les États non représentatifs du continent européen, on ne pourrait aller au second pas
d'une telle entreprise. Cinq cent mille propriétaires
de fonds publics sont une grande garantie du payement de la dette, dans un pays où l'opinion et
l'intérêt de chaque homme ont de l'influence. La
justice, qui est synonyme de l'habileté, en matière
de crédit, est portée si loin en Angleterre, qu'on
n'a pas confisqué les rentes des Français, pendant
qu'ils s'emparaient de tous les biens des Anglais
en France. On n'a pas même fait supporter aux
étrangers l'impôt sur le revenu de la dette, payé
par les Anglais eux-mêmes. Cette bonne foi parfaite, le sublime du calcul, est la base des finances
d'Angleterre, et la confiance dans la durée de
cette bonne foi tient aux institutions politiques
Le changement des ministres, quels qu'ils soient,
ne peut porter aucune atteinte au crédit, puisque
la représentation nationale et la publicité rendent
toute dissimulation impossible. Les capitalistes
qui prêtent leur argent, sont des hommes du monde
qu'il est le plus difficile de tromper.

Il existe encore de vieilles lois en Angleterre qui
mettent quelques entraves aux diverses entreprises
de l'industrie dans l'intérieur, mais on les abolit
par degrés ; et d'autres sont tombées en désuétude.
Aussi chacun se crée-t-il des ressources, et nul
homme doué de quelque activité ne peut-il être en
Angleterre, sans trouver le moyen de s'enrichir en
contribuant au bien de l'État. Le gouvernement

ne se mêle jamais de ce que les particuliers peuvent faire aussi bien que lui : le respect pour la liberté individuelle s'étend à l'exercice des facultés de chacun, et la nation est si jalouse de s'administrer elle-même, quand cela se peut, qu'à beaucoup d'égards on manque à Londres de la police nécessaire à l'agrément de la ville, parce que les ministres ne peuvent pas empiéter sur les autorités locales.

La sécurité politique, sans laquelle il ne peut y avoir ni crédit ni capitaux accumulés, ne suffit pas encore pour développer toutes les ressources d'une nation : il faut que l'émulation anime les hommes au travail, tandis que les lois leur en assurent le fruit. Il faut que le commerce et l'industrie soient honorés, non par des récompenses données à tel ou tel individu, ce qui suppose deux classes dans un pays, dont l'une se croit le droit de payer l'autre, mais par un ordre de choses qui permet à chaque homme de s'élever au plus haut rang s'il le mérite. Hume dit *que le commerce a encore plus besoin de dignité que de liberté.* En effet, l'absurde préjugé qui interdisait aux nobles de France d'entrer dans le commerce, nuisait plus que tous les autres abus de l'ancien régime au progrès des richesses françaises. Il y a des pairies en Angleterre accordées nouvellement à des négociants de première classe : une fois pairs, ils ne restent pas dans le commerce, parce qu'ils sont censés devoir servir autrement la patrie; mais ce sont leurs fonctions de magistrats, et non des préjugés de caste, qui les éloignent de l'état de négociant, dans lequel les fils cadets des plus grands seigneurs entrent sans hésiter, quand les circonstances les y appellent. La même famille tient souvent à des pairs d'une part, et de l'autre aux plus simples marchands de telle ou telle ville de province. Cet ordre politique encourage toutes les facultés de chacun, parce qu'il n'y a point de bornes aux avantages que la richesse et le talent peuvent valoir, et qu'aucune exclusion n'interdit ni les alliances, ni les emplois, ni la société, ni les titres, au dernier des citoyens anglais, s'il est digne d'être le premier.

Mais, dira-t-on, en France, même sous l'ancien régime, on a nommé des individus sans naissance aux plus grandes places. Oui, on s'est servi d'eux quelquefois, quand ils étaient utiles à l'État; mais dans aucun cas on ne pouvait faire d'un bourgeois l'égal d'un gentilhomme. Comment donner des décorations de premier ordre à un homme de talent sans naissance, puisqu'il fallait des preuves généalogiques pour avoir le droit de les porter? A-t-on

vu faire un duc et pair de ce qu'on aurait appelé un parvenu? et ce mot de parvenu à lui seul n'est-il pas une offense? Les membres des parlements français eux-mêmes, nous l'avons déjà dit, n'ont jamais pu se faire considérer comme les égaux de la noblesse d'épée. En Angleterre, les rangs et l'égalité sont combinés de la manière la plus favorable à la prospérité de l'État, et le bonheur de la nation est le but de toutes les distinctions sociales. Là, comme ailleurs, les noms historiques inspirent le respect que l'imagination reconnaissante ne saurait leur refuser : mais les titres restant les mêmes, tout en passant d'une famille à l'autre, il en résulte dans l'esprit du peuple une ignorance salutaire qui lui fait accorder les mêmes égards aux mêmes titres, quel que soit le nom patronymique auquel ils sont attachés. Le grand Marlborough s'appelait Churchill, et n'était sûrement pas d'une aussi noble origine que l'antique maison de Spencer dont est le duc de Marlborough actuel ; mais, sans parler de la mémoire d'un grand homme, qui aurait suffi pour honorer ses descendants, les gens du monde savent seuls que le duc de Marlborough de nos jours est d'une beaucoup plus grande naissance que le fameux général, et sa considération dans la masse de la nation ne gagne ni ne perd rien à cela. Le duc de Northumberland, au contraire, ne descend que par les femmes du célèbre Percy Hotspur, et cependant tout le monde le considère comme le véritable héritier de cette maison. On se récrie sur la régularité du cérémonial en Angleterre : l'ancienneté d'un jour, en fait de nomination à la pairie, donne le pas sur un pair nommé quelques heures plus tard. La femme et la fille participent aux avantages de leur époux et de leur père; mais c'est précisément cette régularité de rangs qui écarte les peines de la vanité; car il se peut que le pair le plus moderne soit meilleur gentilhomme que celui qui le précède : il peut le croire du moins, et chacun se fait sa part d'amour-propre, sans que le bien public en souffre.

La noblesse de France, au contraire, ne pouvait être classée que par le généalogiste de la cour. Ses décisions fondées sur des parchemins étaient sans appel; et tandis que l'aristocratie anglaise est l'espoir de tous, puisque tout le monde y peut parvenir, l'aristocratie française en était nécessairement le désespoir; car on ne pouvait se donner, par les efforts de toute sa vie, ce que le hasard ne vous avait pas accordé. Ce n'est pas l'ordre *inglorieux* de la naissance, disait un poëte anglais à Guillaume III, qui vous a élevé au trône, mais le génie et la vertu.

En Angleterre on a fait servir le respect des ancêtres à former une classe qui donne le moyen de flatter les hommes de talent en les y associant. En effet, on ne saurait trop le répéter, qu'y a-t-il de plus insensé que d'arranger l'association politique de manière qu'un homme célèbre ait à regretter de n'être pas son petit-fils ? car, une fois anobli, ses descendants, à la troisième génération, obtenaient par son mérite des priviléges qu'on ne pouvait lui accorder à lui-même. Aussi s'empressait-on en France de quitter le commerce et même le barreau, dès qu'on avait assez d'argent pour se faire anoblir. De là venait que toute autre carrière que celle des armes n'était jamais portée aussi loin qu'elle pouvait l'être, et qu'on n'a pu savoir jusqu'où s'élèverait la prospérité de la France, si elle jouissait en paix des avantages d'une constitution libre.

Toutes les classes d'hommes bien élevés se réunissent souvent en Angleterre dans les comités divers où l'on s'occupe de telle ou telle entreprise, de tel ou tel acte de charité, soutenu volontairement par les souscriptions des particuliers. La publicité dans les affaires est un principe si généralement admis que, bien que les Anglais soient par nature les hommes les plus réservés, et ceux qui ont le plus de répugnance à parler en société, il y a presque toujours, dans les salles où les comités se rassemblent, des places pour les spectateurs, et une estrade d'où les orateurs s'adressent à l'assemblée.

J'assistais à l'une de ces discussions, dans laquelle on présentait avec force les motifs faits pour exciter la générosité des auditeurs. Il s'agissait d'envoyer des secours aux habitants de Leipsick, après la bataille donnée sous leurs murs. Le premier qui parla fut le duc d'York, le second fils du roi, la première personne du royaume après le prince régent, homme très-habile et très-estimé dans la direction de son ministère, mais qui n'a ni l'habitude, ni le goût de se faire entendre en public. Il triompha cependant de sa timidité naturelle, parce qu'il croyait ainsi donner un encouragement utile. Les courtisans des monarchies absolues n'auraient pas manqué de dire à un fils de roi, d'abord, qu'il ne devait rien faire qui lui coûtât de la peine ; et, secondement, qu'il aurait tort de se commettre en haranguant le public au milieu des marchands, ses collègues à la tribune. Cette pensée ne vint pas seulement au duc d'York, ni à aucun Anglais, de quelque opinion qu'il fût. Après le duc d'York, le duc de Sussex, le cinquième fils du roi, qui s'exprime avec beaucoup

d'élégance et de facilité, parla aussi à son tour ; et l'homme le plus aimé et le plus considéré de toute l'Angleterre, M. Wilberforce, put à peine se faire entendre, tant les applaudissements couvraient sa voix. Des hommes obscurs, et sans autre rang dans la société que leur fortune ou leur dévouement à l'humanité, succédèrent à ces noms illustres : chacun, suivant ses moyens, fit sentir l'honorable nécessité où se trouvait l'Angleterre de secourir ceux de ses alliés qui avaient plus souffert qu'elle dans la lutte commune. Les auditeurs souscrivirent en sortant, et des sommes considérables furent le résultat de cette séance. C'est ainsi que se forment les liens qui fortifient l'unité de la nation, et c'est ainsi que l'ordre social se fonde sur la raison et l'humanité.

Ces respectables assemblées n'ont pas uniquement pour but d'encourager les œuvres de bienfaisance ; il en est qui servent surtout à consolider l'union entre les grands seigneurs et les commerçants, entre la nation et le gouvernement ; et celles-là sont les plus solennelles.

La ville de Londres a eu de tout temps un lord maire, qui, pendant une année, préside le conseil de la cité, et dont les pouvoirs administratifs sont très-étendus. On se garde bien en Angleterre de tout concentrer dans l'autorité ministérielle, et l'ont veut que, dans chaque province, dans chaque ville, les intérêts de localité soient remis entre les mains d'hommes choisis par le peuple pour les diriger. Le lord maire est ordinairement un négociant de la cité, et non pas un négociant en grand, mais souvent un simple marchand, dans lequel un très-grand nombre d'individus peuvent voir leur pareil. *Lady Mayoress*, c'est ainsi qu'on appelle la femme du maire, jouit pendant un an de tous les honneurs dus aux rangs les plus distingués de l'État. On honore l'élection du peuple et la puissance d'une grande ville dans l'homme qui la représente. Le lord maire donne deux dîners de représentation, où il invite des Anglais de toutes les classes et des étrangers. J'ai vu à sa table des fils du roi, plusieurs ministres, les ambassadeurs des puissances étrangères, le marquis de Landsdowne, le duc de Devonshire, ainsi que des citoyens très-recommandables par des raisons diverses : les uns, fils de pairs ; les autres, députés ; les autres, négociants, jurisconsultes, hommes de lettres, tous citoyens anglais, tous également attachés à leur noble patrie. Deux ministres du roi se levèrent de table pour parler en public ; et tandis que sur le continent un ministre se renferme, même au milieu d'une société de choix, dans les phrases les plus insignifiantes. les chefs du gouvernement en Angleterre se considèrent toujours comme représentants du peuple, et cherchent à captiver son suffrage, tout aussi soigneusement que les membres de l'opposition ; car la dignité de la nation anglaise plane au-dessus de tous les emplois et de tous les titres. On porta, suivant la coutume, divers toasts, dont les intérêts politiques étaient l'objet : les souverains et les peuples, la gloire et l'indépendance furent célébrés ; et là, du moins, les Anglais se montrèrent amis de la liberté du monde. En effet, une nation libre peut être exclusive dans ses avantages de commerce ou de puissance ; mais elle devrait s'associer partout aux droits de l'espèce humaine.

Cette réunion avait lieu dans un vieux bâtiment de la cité, dont les voûtes gothiques ont été les témoins des luttes les plus sanglantes : le calme n'a régné en Angleterre qu'avec la liberté. Les costumes de tous les membres du conseil de la cité sont les mêmes qu'il y a plusieurs siècles. On conserve aussi quelques usages de cette époque, et l'imagination en est émue; mais c'est parce que les anciens souvenirs ne retracent point d'odieux préjugés. Ce que l'Angleterre a de gothique dans ses habitudes, et même dans quelques-unes de ses institutions, semble une cérémonie du culte du temps; mais ni le progrès des lumières, ni le perfectionnement des lois, n'en souffrent en aucune manière.

Nous ne croyons pas que la Providence ait placé ce beau monument de l'ordre social si près de la France, seulement pour nous inspirer le regret de ne pouvoir jamais l'égaler; et nous examinerons avec scrupule ce que nous voudrions imiter avec énergie.

CHAPITRE IV.

De la liberté et de l'esprit public chez les Anglais.

La première base de toute liberté, c'est la garantie individuelle, et rien n'est plus beau que la législation anglaise à cet égard. Un procès criminel est par tout pays un horrible spectacle. En Angleterre, l'excellence de la procédure, l'humanité des juges, les précautions de tout genre prises pour assurer la vie à l'innocent, et les moyens de défense au coupable, mêlent un sentiment d'admiration à l'angoisse d'un tel débat. *Comment voulez-vous être jugé?* dit l'officier du tribunal à l'accusé. *Par Dieu et mon pays,* répond-il. *Dieu vous donne une bonne délivrance,* reprend l'officier du tribunal. Dès l'ouverture des débats, si l'accusé se

trouble, s'il se compromet par ses réponses, le juge le met sur la bonne voie, et ne tient pas registre des paroles inconsidérées qui pourraient lui échapper. Dans la suite du procès, il ne s'adresse jamais à l'accusé, de peur que l'émotion que celui-ci doit éprouver ne l'expose à se nuire à lui-même. On n'admet jamais, comme cela se fait en France, des témoins indirects, c'est-à-dire, qui déposent par ouï-dire. Enfin, toutes les précautions ont pour but l'intérêt de l'accusé. La religion et la liberté président à l'acte imposant qui permet à l'homme de condamner à mort son semblable. L'admirable institution du jury, qui remonte en Angleterre à une haute antiquité, fait intervenir l'équité dans la justice. Ceux qui sont investis momentanément du droit d'envoyer le coupable à la mort, ont une sympathie naturelle avec les habitudes de sa vie, puisqu'ils sont d'ordinaire choisis dans une classe à peu près semblable à la sienne ; et, lorsque les jurés sont forcés de prononcer la sentence d'un criminel, il est du moins certain lui-même que la société a tout fait pour qu'il pût être absous, s'il le méritait; et cette conviction doit porter quelque calme dans son cœur. Depuis cent ans, il n'existe peut-être pas d'exemple en Angleterre, d'un homme condamné dont l'innocence ait été reconnue trop tard. Les citoyens d'un État libre ont une si grande portion de bon sens et de conscience, qu'avec ces deux flambeaux ils ne s'égarent jamais.

On sait quel bruit ont fait en France la sentence portée contre Calas, celle contre Lally ; et, peu de temps avant la révolution, le président Dupaty publia le plaidoyer le plus énergique en faveur de trois accusés qu'on avait condamnés au supplice de la roue, et dont l'innocence fut prouvée après leur mort. De semblables malheurs ne sauraient avoir lieu d'après les lois et les procédures criminelles d'Angleterre; et le tribunal d'appel de l'opinion, la liberté de la presse, ferait connaître la moindre erreur à cet égard, s'il était possible qu'il en fût commis.

Au reste, les délits qui ne tiennent en aucune manière à la politique, ne sont point ceux pour lesquels on peut craindre l'application de l'arbitraire. En général, il importe peu aux puissants de ce monde que les voleurs et les assassins soient jugés suivant telle ou telle forme; et personne n'a intérêt à souhaiter que les lois ne soient pas respectées dans de tels jugements. Mais quand il s'agit des crimes politiques, de ceux que les partis opposés se reprochent mutuellement avec tant d'amertume et de haine, c'est alors qu'on a vu en

France tous les genres de tribunaux extraordinaires créés par la circonstance, destinés à tel homme, et justifiés, disait-on, par la grandeur du délit, tandis que c'est précisément quand ce délit est de nature à exciter fortement les passions, que l'on a plus besoin de recourir, pour le juger, à l'impassibilité de la justice.

Les Anglais avaient été tourmentés comme les Français, comme tous les peuples de l'Europe où l'empire de la loi n'est pas établi, par la chambre étoilée, par des commissions extraordinaires, par l'extension du crime de haute trahison à tout ce qui déplaisait aux possesseurs du pouvoir. Mais, depuis que la liberté s'est consolidée en Angleterre, non-seulement un individu accusé d'un crime d'État, n'a jamais à craindre d'être détourné de ses juges naturels : qui pourrait admettre une telle pensée? mais la loi lui donne plus de moyens de défense qu'à tout autre, parce qu'il a plus d'ennemis. Une circonstance récente fera sentir la beauté de ce respect des Anglais pour la justice, l'un des traits les plus admirables de leur admirable gouvernement.

On a attenté trois fois pendant son règne à la vie du roi d'Angleterre; et certes elle était très-chère à ses sujets. La vénération qu'il inspire, dans son état actuel de maladie, a quelque chose de touchant et de délicat, dont on n'aurait jamais pu croire capable une nation tout entière; et cependant aucun des assassins qui ont voulu tuer le roi n'a été condamné à mort. On a trouvé chez eux des symptômes de folie, qu'on avait recherchés avec d'autant plus de scrupule, que l'indignation publique contre eux était plus violente. Louis XV fut frappé par Damien vers le milieu du siècle dernier, et l'on prétend aussi que ce misérable avait l'esprit égaré; mais, en supposant même qu'il eût assez de raison pour mériter la mort, une nation civilisée peut-elle tolérer le supplice effroyable auquel il a été condamné? et l'on dit que ce supplice eut des témoins curieux et volontaires : quel contraste entre une telle barbarie et ce qui s'est passé en Angleterre! Mais gardons-nous d'en tirer aucune conséquence contre le caractère français; ce sont les gouvernements arbitraires qui dépravent les nations, et non les nations qui sont destinées par le ciel, les unes à toutes les vertus, les autres à tous les forfaits.

Hatfield est le nom du troisième des insensés qui tentèrent d'assassiner le roi d'Angleterre. Il choisit le jour où le roi paraissait au spectacle après une assez longue maladie, accompagné de la reine et des princes de sa famille. Au moment de l'entrée du roi dans la salle, on entendit un coup de pistolet dirigé contre sa loge; et, comme il recula de quelques pas, on douta un instant si le meurtre était accompli; mais, quand le courageux monarque s'avança pour rassurer la foule des spectateurs, dont l'inquiétude était au comble, rien ne peut exprimer le transport qui s'empara d'eux. Les musiciens, par un mouvement spontané, jouèrent l'air consacré, *Dieu sauve le roi;* et cette prière produisit, au milieu de l'anxiété publique, une émotion dont le souvenir vit encore au fond des cœurs. A la suite de cette scène, une multitude étrangère aux vertus de la liberté aurait demandé à grands cris le supplice de l'assassin, et l'on aurait vu les courtisans se montrer peuple dans leur fureur, comme si l'excès de leur amour ne les eût plus laissés maîtres d'eux-mêmes; rien de semblable ne pouvait avoir lieu dans un pays libre. Le roi magistrat était le protecteur de son assassin par le sentiment de la justice, et nul Anglais n'avait l'idée qu'on pût plaire à son souverain aux dépens de l'immuable loi qui représente la volonté de Dieu sur la terre.

Non-seulement le cours de la justice ne fut pas hâté d'une heure, mais l'on va voir, par l'exorde du plaidoyer de M. Erskine, aujourd'hui lord Erskine, quelles sont les précautions qu'on prend en faveur d'un criminel d'État. Ajoutez-y que, dans les procès pour haute trahison, le défenseur de l'accusé a le droit de prononcer un plaidoyer. Dans les cas ordinaires de félonie, il ne peut qu'interroger les témoins, et rendre le jury attentif à leurs réponses. Et quel défenseur que celui qu'on accordait à Hatfield ! l'avocat le plus éloquent de l'Angleterre, le plus ingénieux dans l'art de la plaidoirie, Erskine ! C'est ainsi que commence son discours [1] :

« MESSIEURS LES JURÉS,

« L'objet qui nous occupe, et le devoir que je vais « remplir, non pas seulement par l'autorisation de « la cour, mais en vertu du choix spécial qu'elle a « fait de moi, offrent au monde civilisé un monu-« ment éternel de notre justice nationale. Le fait « qui est soumis à votre examen, et dont toutes « les circonstances vous sont déjà connues par la

[1] Je ne saurais trop recommander aux lecteurs français le Recueil des plaidoyers de M. Erskine, qui a été nommé chancelier d'Angleterre, après une longue illustration dans le barreau. Descendant d'une des plus anciennes maisons d'Écosse, il avait d'abord été officier ; puis, manquant de fortune, il entra dans la carrière de la loi. Les circonstances particulières auxquelles les plaidoyers de lord Erskine se rapportent, ne sont, pour ainsi dire, que des occasions de développer, avec une force et une sagacité sans pareilles, les principes de la jurisprudence criminelle qui devrait servir de modèle à tous les peuples.

« procédure, place notre pays, son gouvernement,
« ses citoyens et ses lois au plus haut point d'élé-
« vation morale où l'ordre social puisse atteindre.
« Le 15 du mois de mai dernier, un coup de pis-
« tolet a été tiré contre le roi, dans la quaran-
« tième année d'un règne pendant lequel il n'a pas
« seulement joui du pouvoir souverain, mais
« exercé sur le cœur de son peuple un empire spon-
« tanément accordé. Du moins toutes les apparen-
« tes indiquent que le coup était dirigé contre Sa
« Majesté, et cela dans un théâtre public, au cen-
« tre de sa capitale, au milieu des applaudisse-
« ments sincères de ses fidèles sujets. Toutefois,
« pas un des cheveux de la tête de l'assassin pré-
« sumé n'a été touché; et le roi lui-même, qui
« jouait le premier rôle dans cette scène, soit par
« son rang, soit parce que ses intérêts et ses sen-
« timents personnels étaient les plus compromis, a
« donné un exemple de calme et de modération
« non moins heureux que remarquable.

« Messieurs, je conviens avec l'avocat général
« (et en effet il ne saurait y avoir deux opinions à
« cet égard) que si le même coup de pistolet eût
« été tiré méchamment par le même homme con-
« tre le dernier des hommes alors présents dans
« la salle, le prisonnier que voici eût été mis en
« jugement sans aucun délai, et conduit immédia-
« tement au supplice, s'il eût été trouvé coupa-
« ble. Il n'aurait eu connaissance des preuves à sa
« charge qu'au moment de la lecture de son acte
« d'accusation; il eût ignoré les noms et jusqu'à
« l'existence de ceux qui devaient prononcer son
« arrêt, et des témoins appelés à déposer contre
« lui. Mais il s'agit d'une tentative de meurtre sur
« la personne du roi lui-même, et voici mon client
« tout couvert de l'armure de la loi. Ce sont les
« juges institués par le roi qui l'ont pourvu d'un
« défenseur, non de leur choix, mais du sien. Il a eu
« copie de son acte d'accusation dix jours avant le
« commencement de la procédure. Il a connu les
« noms, demeures et qualités de tous les jurés
« présentés à la cour; il a joui du privilège impor-
« tant de les récuser péremptoirement, sans mo-
« tiver son refus. Il a eu de même la connaissance
« détaillée de tous les témoins admis à déposer
« contre lui; enfin il faut aujourd'hui, pour le con-
« damner, un témoignage double de celui qui suf-
« firait légalement pour établir son crime, si, dans
« une poursuite semblable, le plaignant était un
« homme du dernier rang de la société.

« Messieurs, lorsque cette malheureuse catas-
« trophe arriva, je me souviens d'avoir dit à quel-
« ques personnes ici présentes, qu'il était difficile

« au premier coup d'œil de remonter au principe
« qui a dicté ces exceptions indulgentes aux règles
« générales de la procédure, et de s'expliquer pour-
« quoi nos ancêtres ont étendu aux conspirations
« contre la personne du roi, les précautions qui
« concernent les trahisons contre le gouvernement.
« En effet, dans les cas de trahison politique,
« les intérêts et les passions de grandes masses
« d'hommes en puissance, se trouvant compromis
« et agités, il devient nécessaire d'établir un con-
« tre-poids pour donner du calme et de l'impar-
« tialité aux tribunaux criminels; mais une tenta-
« tive d'homicide contre la personne du roi, sans
« aucune connexion avec les affaires publiques,
« semblait devoir être assimilée à tout autre crime
« du même genre, commis contre un simple par-
« ticulier. Mais, Messieurs, la sagesse de la loi
« est plus grande que celle d'un homme quel qu'il
« soit; combien donc n'est-elle pas au-dessus de la
« mienne! Une tentative contre la personne du roi
« est considérée comme un parricide envers l'État.
« Les jurés, les témoins, les juges eux-mêmes
« sont ses enfants : il fallait donc qu'un délai so-
« lennel précédât le jugement, pour qu'il pût être
« équitable; et quel spectacle plus sublime la jus-
« tice peut-elle nous offrir, que celui d'une nation
« tout entière déclarée récusable pendant une pé-
« riode limitée? Une quarantaine de quinze jours
« n'était-elle pas nécessaire pour garantir les esprits
« de la contagion d'une partialité si naturelle? »

Quel pays que celui où de telles paroles ne sont
que l'exposition simple et vraie de ce qui existe!

La jurisprudence civile anglaise est beaucoup
moins digne de louanges; les procès y sont trop
dispendieux et trop prolongés. Elle sera sûrement
améliorée avec le temps, comme elle l'a déjà été
sous plusieurs rapports; car ce qui caractérise
surtout le gouvernement anglais, c'est la possibilité de se perfectionner sans secousse. Il reste en
Angleterre des formes anciennes, remontant au
temps féodal, qui surchargent les lois civiles d'une
foule de longueurs inutiles; mais la constitution
s'est établie en greffant le nouveau sur l'ancien;
et, s'il en est résulté le maintien de quelques abus,
on peut dire aussi que, de cette manière, l'on a
donné à la liberté l'avantage de tenir à une ancienne origine. La condescendance pour les vieux
usages ne s'étend en Angleterre à rien de ce qui
concerne la sûreté et la liberté individuelle. Sous
ce rapport l'ascendant de la raison est complet, et
c'est sur cette base que tout repose. Avant de passer à la considération des pouvoirs politiques,
sans lesquels les droits civils n'auraient aucune

III.

20

garantie, il faut encore parler de la seule atteinte portée à la liberté individuelle qu'on puisse reprocher en Angleterre, la presse des matelots. Je n'alléguerai point les motifs tirés du grand intérêt que doit avoir un pays dont toute la puissance est maritime, à se maintenir à cet égard dans sa force ; je ne dirai point non plus que cette espèce de violence se borne à ceux qui ont déjà servi dans la marine marchande ou royale, et qui savent par conséquent, comme les soldats sur terre, le genre d'obligations auxquelles ils se sont astreints. J'aime mieux convenir franchement que c'est un grand abus, mais un abus qui, sans aucun doute, sera réformé de quelque manière; car, dans un pays où toutes les pensées sont tournées vers le perfectionnement de l'ordre social, et où la liberté de la presse favorise le développement de l'esprit public, il est impossible que toutes les vérités ne finissent pas par rentrer efficacement en circulation. On peut prédire qu'à une époque plus ou moins éloignée, on verra des changements importants dans le mode de recrutement de la marine en Angleterre.

« Eh bien ! s'écrieront les ennemis de toute vertu publique, quand les éloges que l'on fait de l'Angleterre seraient fondés, il en résulterait seulement que c'est un pays habilement et sagement gouverné, comme tout autre pays pourrait l'être, mais il n'est point libre à la manière dont les philosophes l'entendent, car c'est le ministère qui est le maître de tout, là comme ailleurs. Il achète les voix du parlement, de manière à s'assurer constamment la majorité, et toute cette constitution anglaise dont on nous parle avec admiration, n'est que l'art de faire agir la vénalité politique. » L'espèce humaine serait bien à plaindre, si le monde était ainsi dépouillé de toutes ses beautés morales, et il serait difficile alors de comprendre les vues de la Divinité dans la création de l'homme; mais heureusement ces assertions sont combattues par les faits autant que par la théorie. Il est inconcevable combien l'Angleterre est mal connue sur le continent, malgré le peu de distance qui l'en sépare. L'esprit de parti repousse les lumières qui viendraient de ce phare immortel; et l'on ne veut voir dans l'Angleterre que son influence diplomatique, ce qui n'est pas, comme je le dirai dans la suite, le beau côté de ce pays.

Est-ce en effet de bonne foi qu'on peut se persuader que les ministres anglais donnent de l'argent aux députés des communes, ou aux membres de la chambre haute, pour voter dans le sens du gouvernement ? Comment les ministres anglais,

qui rendent un compte si exact des deniers de l'État, trouveraient-ils des sommes assez fortes pour corrompre des hommes d'une aussi grande fortune, sans parler même de leur caractère ? M. Pitt vint s'en remettre, il y a quelques années, à l'indulgence de la chambre, pour quarante mille livres sterling qu'il avait employées à soutenir des maisons de commerce pendant la dernière guerre; et ce qu'on appelle les dépenses secrètes ne suffirait pas à la moindre influence politique dans l'intérieur du pays. Et de plus, comment la liberté de la presse, dont le flambeau porte le jour sur les moindres détails de la vie des hommes publics, ne ferait-elle pas connaître les présents corrupteurs qui perdraient à jamais ceux qui les auraient reçus, aussi bien que les ministres qui les auraient donnés.

Il existait, j'en conviens, sous les prédécesseurs de M. Pitt, quelques exemples de marchés conclus pour l'État, de manière à favoriser indirectement des députés; mais M. Pitt s'est tout à fait abstenu de ces moyens indignes de lui ; il a établi la libre concurrence pour les emprunts et les fournitures; et aucun homme, cependant, n'a exercé plus d'empire sur les deux chambres. « Soit, dira-t-on; les députés et les pairs ne sont point achetés par de l'argent, mais ils veulent avoir des places pour eux et leurs amis; et ce genre de séduction est aussi efficace que l'autre. » Sans doute c'est une partie de la prérogative du roi, et par conséquent de la constitution, que les faveurs dont la couronne peut disposer. Cette influence est un des points de la balance si sagement combinée, et d'ailleurs, elle est encore très-limitée. Jamais le ministère n'aurait ni le moyen, ni l'idée de changer rien à ce qui touche aux libertés constitutionnelles de l'Angleterre : l'opinion, à cet égard, lui présente une barrière invincible. La pudeur publique consacre de certaines vérités comme inattaquables, et le parti de l'opposition n'imaginerait pas plus de critiquer l'institution de la pairie, que le parti ministériel n'oserait blâmer la liberté de la presse. C'est uniquement dans le cercle des circonstances du moment que de certaines considérations personnelles ou de famille peuvent agir sur la direction de quelques esprits, mais jamais de manière à porter atteinte aux lois constitutionnelles. Quand le roi voudrait s'en affranchir, la responsabilité des ministres ne leur permettrait pas de s'y prêter; et ceux qui composent la majorité dans les deux chambres seraient encore moins disposés à renoncer à leurs droits réels de lords, de députés et de citoyens, pour mériter les faveurs d'une cour.

La fidélité de parti est l'une des vertus fondées sur l'esprit public, dont il résulte le plus d'avantage pour la liberté anglaise. Si demain les ministres avec lesquels on a voté sortent de place, ceux auxquels ils ont donné des emplois les quittent avec eux. Un homme serait déshonoré en Angleterre, s'il se séparait de ses amis politiques pour son intérêt particulier. L'opinion à cet égard est si forte, qu'on a vu, il n'y a pas longtemps, un homme d'un caractère et d'un nom très-respectables, se brûler la cervelle parce qu'il se reprochait d'avoir accepté une place indépendamment de son parti. Jamais on n'entend la même bouche proférer deux opinions opposées, et cependant il ne s'agit dans l'état actuel des choses, en Angleterre, que de nuances et non de couleurs. Les Torys, à-t-on dit, approuvent la liberté et aiment la monarchie, tandis que les Whigs approuvent la monarchie et aiment la liberté; mais entre ces deux partis il ne saurait être question de la république ou de la royauté, de la dynastie ancienne ou nouvelle, de la liberté ou de la servitude; enfin, des extrêmes et des contrastes qu'on a vu professer par les mêmes hommes en France, comme si l'on devait dire du pouvoir ainsi que de l'amour, que l'objet n'importe pas, pourvu que l'on soit toujours fidèle au sentiment, c'est-à-dire, au dévouement à la puissance.

Des dispositions bien contraires se font admirer en Angleterre. Depuis près de cinquante ans, les membres de l'opposition n'ont pas occupé plus de trois ou quatre années les places du ministère; cependant, la fidélité de parti n'a point été ébranlée parmi eux; et dernièrement encore, pendant que j'étais en Angleterre, j'ai vu des hommes de loi refuser des places de sept à huit mille livres sterling, qui ne tenaient pas même d'une façon immédiate à la politique, seulement parce qu'ils avaient des liens d'opinion avec les amis de Fox. Si quelqu'un refusait chez nous une place de huit mille louis d'appointements, en vérité, sa famille se croirait en droit de le faire interdire juridiquement.

L'existence d'un parti ministériel et d'un parti de l'opposition, quoiqu'elle ne puisse pas être prescrite par la loi, est un appui essentiel de la liberté, fondé sur la nature des choses. Dans tout pays où vous verrez une assemblée d'hommes constamment d'accord, soyez sûr qu'il y a despotisme, ou que le despotisme sera le résultat de l'unanimité, s'il n'en est pas la cause. Or, comme le pouvoir et les grâces dont il dispose ont de l'attrait pour les hommes, la liberté ne saurait exister qu'avec cette fidélité de parti qui met, pour ainsi dire, une dis-

cipline d'honneur dans les rangs des députés enrôlés sous diverses bannières.

Mais, si les opinions sont décidées d'avance, comment la vérité et l'éloquence peuvent-elles agir sur l'assemblée? Comment la majorité peut-elle changer, quand les circonstances l'exigeraient, et à quoi sert-il de discuter, si personne ne peut voter d'après sa conviction? Il n'en est point ainsi : ce qu'on appelle fidélité de parti, c'est de ne point isoler ses intérêts personnels de ceux de ses amis politiques, et de ne pas traiter séparément avec les hommes en pouvoir. Mais il arrive souvent que les circonstances ou les arguments influent sur la masse de l'assemblée, et que les neutres qui sont en assez grand nombre, c'est-à-dire, ceux qui ne jouent pas un rôle actif dans la politique, font changer la majorité. Il est dans la nature du gouvernement anglais que les ministres ne puissent se maintenir sans avoir cette majorité pour eux; mais, néanmoins, M. Pitt, bien qu'il l'eût momentanément perdue, à l'époque de la première maladie du roi, put rester en place, parce que l'opinion publique, qui lui était favorable, lui permit de casser le parlement, et de recourir à une nouvelle élection. Enfin, l'opinion règne en Angleterre; et c'est là ce qui constitue la liberté d'un État. Les amis jaloux de cette liberté désirent la réforme parlementaire, et prétendent qu'on ne peut croire à l'existence d'un gouvernement représentatif, tant que les élections seront combinées de manière à mettre le choix d'un grand nombre de députés dans la dépendance du ministère. Le ministère, il est vrai, peut influer sur plusieurs élections, telles que celles des bourgs de Cornouaille et quelques autres de ce genre, dans lesquels le droit d'élire s'est conservé, bien que les élections aient en grande partie disparu; tandis que des villes dont la population est fort augmentée n'ont pas autant de députés que leur population l'exigerait, ou même n'en ont point. Il faut compter au nombre des prérogatives de la couronne le droit de faire entrer par son influence soixante ou quatre-vingts membres dans la chambre des communes, sur six cent cinquante dont elle est composée; mais cet abus, et c'en est un, n'a point altéré jusque dans les derniers temps la force et l'indépendance du parlement anglais. Les évêques et les archevêques qui siègent dans la chambre des pairs, votent aussi presque toujours avec le ministère, excepté sur les points qui ont rapport à la religion. Ce n'est point par corruption, mais par convenance, que des prélats nommés par le roi n'attaquent pas d'ordinaire les ministres; mais tous ces éléments divers dont la représentation nationale est composée, n'empêchent pas qu'elle ne marche en présence de l'opinion, et que les hommes importants de l'Angleterre, soit par le talent, soit par la fortune, ou par la considération personnelle, ne soient pour la plupart députés. Il y a de grands propriétaires et des pairs qui disposent de quelques nominations à la chambre des communes, de la même manière que les ministres; et, lorsque ces pairs sont de l'opposition, les députés qu'ils ont fait élire votent aussi dans leur sens. Toutes ces circonstances accidentelles ne changent rien à la nature du gouvernement représentatif. Ce qui importe avant tout, ce sont les débats publics, et les belles formes de délibération qui protégent la minorité. Des députés tirés au sort, avec la liberté de la presse, représenteraient plus fidèlement dans un pays l'opinion nationale, que les députés les plus régulièrement élus, s'ils n'étaient point conduits et éclairés par cette liberté.

Il serait à désirer néanmoins que l'on supprimât graduellement les élections devenues illusoires, et que, d'autre part, l'on donnât une représentation plus équitable à la population et à la propriété, afin de renouveler un peu l'esprit du parlement, que la réaction contre la révolution de France a rendu sous quelques rapports trop docile envers le pouvoir exécutif. Mais on craint la force de l'élément populaire dont la troisième branche de la législature est composée, bien qu'il soit modifié par la sagesse et la dignité des membres de la chambre des communes. Il y a toutefois dans cette chambre quelques hommes dont les opinions démocratiques sont très-prononcées. Non-seulement cela doit arriver ainsi partout où les opinions sont libres, mais il est même désirable que l'existence de pareilles opinions rappelle aux grands du pays qu'ils ne peuvent conserver les avantages de leur rang qu'en ménageant les droits et le bonheur de la nation. Toutefois ce serait bien à tort qu'on se persuaderait sur le continent que le parti de l'opposition est démocratique. Singuliers démocrates que le duc de Devonshire, le duc de Bedfort, le marquis de Strafford! C'est au contraire la haute aristocratie d'Angleterre qui sert de barrière à l'autorité royale. Il est vrai que l'opposition est plus libérale dans ses principes que les ministres : il suffit de combattre le pouvoir pour retremper son esprit et son âme. Mais comment pourrait-on craindre un bouleversement révolutionnaire de la part des individus qui possèdent tous les genres de propriété que l'ordre fait respecter, la fortune, le rang, et surtout les lumières? car les connais-

sances réelles et profondes donnent aux hommes une consistance égale à celle de la richesse.

On ne recherche en aucune manière, dans la chambre des communes d'Angleterre, le genre d'éloquence qui soulève la multitude; la discussion domine dans cette assemblée, l'esprit d'affaires y préside, et l'on y est même plutôt trop sévère pour les mouvements oratoires. Burke lui-même, dont les écrits politiques sont si fort admirés maintenant, n'était point écouté avec faveur quand il parlait dans la chambre basse, parce qu'il mêlait à ses discours des beautés étrangères à son sujet, et qui appartenaient plutôt à la littérature. Les ministres sont souvent appelés à donner dans la chambre des communes des explications particulières qui n'entrent point dans les débats. Les députés des différentes villes ou comtés instruisent les membres du gouvernement des abus qui peuvent naître dans l'administration, des réformes et des améliorations dont elle est susceptible; et ces communications habituelles entre les représentants du peuple et les chefs du pouvoir produisent les plus heureux résultats.

« Si la majorité du parlement n'est pas achetée par le ministère, au moins vous nous accorderez, » disent ceux qui croient plaider leur propre cause, en parvenant à démontrer la dégradation de l'espèce humaine; « au moins vous nous accorderez que les candidats dépensent des sommes énormes pour être élus. » On ne saurait nier que, dans certaines élections, il n'y ait de la vénalité, malgré les lois sévères. La plus considérable de toutes les dépenses est celle des frais de voyage, dont l'objet est d'amener au lieu de l'élection des votants qui vivent à une grande distance. Il en résulte qu'il n'y a que des personnes très-opulentes qui puissent courir le risque de se présenter comme candidats pour de telles places, et que le luxe des élections devient quelquefois une folie en Angleterre, comme tout autre luxe dans d'autres monarchies. Néanmoins, dans quel pays peut-il exister des élections populaires, sans qu'on cherche à captiver la faveur du peuple? C'est précisément le grand avantage de cette institution. Il arrive alors une fois que les riches ont besoin de la classe qui, d'ordinaire, est dans leur dépendance. Lord Erskine me disait que, dans sa carrière d'avocat et de membre de la chambre des communes, il n'y avait peut-être pas un habitant de Westminster auquel il n'eût adressé la parole; tant il y a de rapports politiques entre les bourgeois et les hommes du premier rang! Les choix des cours sont presque toujours influencés par les motifs les plus étroits : le grand jour des élections populaires ne saurait être soutenu que par des individus remarquables de quelque manière. Le mérite finira toujours par triompher dans les pays où le public est appelé à le désigner.

Ce qui caractérise particulièrement l'Angleterre, c'est le mélange de l'esprit chevaleresque avec l'enthousiasme de la liberté, les deux plus nobles sentiments dont le cœur humain soit capable. Les circonstances ont amené cet heureux résultat, et l'on doit convenir que des institutions nouvelles ne suffiraient pas pour le produire : le souvenir du passé est nécessaire pour consacrer les rangs aristocratiques; car, s'ils étaient tous de la création du pouvoir, ils auraient une partie des inconvénients qu'on a éprouvés en France sous Bonaparte. Mais que faire dans un pays où la noblesse serait ennemie de toute liberté ? Le tiers état ne pourrait former aucune union avec elle ; et, comme il est le plus fort, il la menacerait sans cesse, jusqu'à ce qu'elle se fût soumise aux progrès de la raison.

L'aristocratie anglaise est plus mélangée que celle de France aux yeux d'un généalogiste ; mais la nation anglaise semble, pour ainsi dire, un corps entier de gentilshommes. Vous voyez dans chaque citoyen anglais ce qu'il peut être un jour, puisque aucun rang n'est inaccessible au talent, et que ces rangs ont toujours conservé leur éclat antique. Il est vrai que ce qui rend noble, avant tout, aux regards d'une âme élevée, c'est d'être libre. Un noble ou un gentilhomme anglais (et ce mot de gentilhomme signifie un propriétaire indépendant) exerce dans sa province un emploi utile, auquel il n'est jamais attaché d'appointements : juge de paix, shériff ou gouverneur de la contrée qui environne ses possessions, il influe sur les élections d'une manière convenable et qui ajoute à son crédit sur l'esprit du peuple; il remplit, comme pair ou comme député, une fonction politique, et son importance est réelle. Ce n'est pas l'oisive aristocratie d'un noble français, qui n'était plus rien dans l'État dès que le roi lui refusait sa faveur; c'est une distinction fondée sur tous les intérêts de la nation; et l'on ne peut s'empêcher d'être étonné que les gentilshommes français préférassent leur existence de courtisans sur la route de Versailles à Paris, à cette stabilité majestueuse d'un pair anglais dans sa terre, entouré d'hommes auxquels il peut faire mille sortes de biens, mais sur lesquels il ne saurait exercer aucun pouvoir arbitraire. L'autorité de la loi domine sur toutes les puissances de l'État en Angleterre, comme la destinée de l'ancienne mythologie sur l'autorité des dieux mêmes.

Au miracle politique du respect pour les droits de chacun, fondé sur le sentiment de la justice, il faut ajouter la réunion habile autant qu'heureuse de l'égalité devant la loi, avec les avantages attachés à la séparation des rangs. Chacun y a besoin des autres pour ses jouissances, et cependant chacun y est indépendant de tous par ses droits. Ce tiers état, qui a si prodigieusement grandi en France et dans le reste de l'Europe, ce tiers état dont l'accroissement oblige à des changements successifs dans toutes les vieilles institutions, est réuni à la noblesse en Angleterre, parce que la noblesse elle-même est identifiée avec la nation. Un grand nombre de pairs doivent originairement leur dignité à la jurisprudence, quelques-uns au commerce, d'autres à la carrière des armes, d'autres à celle de l'éloquence politique; il n'y a pas une vertu, pas un talent qui ne soit à sa place, ou qui ne doive se flatter d'y arriver; et tout contribue dans l'édifice social à la gloire de cette constitution, qui est aussi chère au duc de Norfolk qu'au dernier portefaix de l'Angleterre, parce qu'elle protége aussi équitablement l'un que l'autre.

> Thee I account still happy, and the chief
> Among the nations, seeing thou art free
> My native nook of earth! Thy clime is rude,
> Replete with vapours, and disposes much
> All hearts to sorrow, and none more than mine :
> . . . .
> Yet, being free, I love thee. . . . .

Ces vers sont d'un poëte d'un admirable talent [1], mais dont la sensibilité même avait altéré le bonheur. Il se mourait du mal de la vie ; et, quand tout le faisait souffrir, amour, amitié, philosophie, une patrie libre réveillait encore dans son âme un enthousiasme que rien ne pouvait éteindre.

Tous les hommes sont plus ou moins attachés à leur pays; les souvenirs de l'enfance, les habitudes de la jeunesse, forment cet inexprimable amour de la terre natale qu'il faut reconnaître pour une vertu, car tous les sentiments vrais en sont la source. Mais, dans un grand État, la liberté et le bonheur que donne cette liberté peuvent seuls inspirer un véritable patriotisme : aussi rien n'est comparable à l'esprit public de l'Angleterre. On accuse les Anglais d'égoïsme, et il est vrai que leur genre de vie est si bien réglé, qu'ils se renferment généralement dans le cercle de leurs affections domestiques et de leurs habitudes; mais quel est le sacrifice qui leur coûte, quand il s'agit

[1] Cowper.

de leur pays? Et chez quel peuple au monde les services rendus sont-ils sentis et récompensés avec plus d'enthousiasme? Quand on entre dans l'église de Westminster, toutes ces tombes, consacrées aux hommes qui se sont illustrés depuis plusieurs siècles, semblent reproduire le spectacle de la grandeur de l'Angleterre parmi les morts. Les penseurs et les rois reposent sous la même voûte : là, leurs querelles sont apaisées, ainsi que le dit un poëte fameux de l'Angleterre, Walter Scott [1]. Vous voyez les tombeaux de Pitt et de Fox à côté l'un de l'autre, et les mêmes larmes les arrosent; car ils méritent tous les deux le regret profond que les âmes généreuses doivent accorder à cette noble élite de l'espèce humaine, qui nous sert d'appui dans la confiance en l'immortalité de l'âme.

Qu'on se rappelle le convoi de Nelson, lorsque près d'un million d'hommes, répandus dans Londres et dans les environs, suivaient en silence son cercueil. La multitude se taisait, la multitude était respectueuse dans l'expression de sa douleur, comme on pourrait l'attendre de la société la plus raffinée. Nelson avait mis ces paroles à l'ordre sur son vaisseau, le jour de Trafalgar : « L'Angleterre « attend que chacun de nous fera son devoir. » Il l'avait accompli ce devoir, et mourant sur son bord, les obsèques honorables que sa patrie lui accorderait s'offraient à sa pensée comme le commencement d'une nouvelle vie.

Et maintenant encore, ne nous taisons pas sur lord Wellington, bien que nous puissions justement en France souffrir en rappelant sa gloire. Avec quel transport n'a-t-il pas été reçu par les représentants de la nation, par les pairs et par les communes! Aucune cérémonie ne fit les frais de ces hommages rendus à un homme vivant; mais les transports du peuple anglais échappaient de toutes parts. Les acclamations de la foule retentissaient dans la salle du parlement avant qu'il y entrât : lorsqu'il parut, tous les députés se levèrent par un mouvement spontané, sans qu'aucune étiquette le leur commandât. L'émotion inspirait à ces hommes si fiers les hommages qu'on dicte ailleurs. Rien n'était plus simple que l'accueil qu'on fit à lord Wellington : il n'y avait ni gardes, ni pompe militaire, pour faire honneur au plus grand général d'un siècle où Bonaparte a vécu; mais la

[1] Genius, and taste, and talent gone,
For ever tomb'd beneath the stone,
Where, taming thought to human pride!
The mighty chief sleep side by side.
Drop upon Fox's grave the tear,
'Twill trickle to his rival's bier.

voix du peuple célébrait cette journée, et rien de semblable n'a pu se voir en aucun autre pays de la terre.

Ah! quelle enivrante jouissance que celle de la popularité! Je sais tout ce qu'on peut dire sur l'inconstance et le caprice même des faveurs populaires; mais ces reproches s'appliquent plutôt aux républiques anciennes, où les formes démocratiques des gouvernements amenaient toutes les vicissitudes les plus rapides. Dans un pays gouverné comme l'Angleterre, et de plus éclairé par le flambeau sans lequel tout est ténèbres, la liberté de la presse, les choses et les hommes sont jugés avec beaucoup d'équité. La vérité est mise sous les yeux de tous, tandis que les diverses contraintes dont on fait usage ailleurs sont nécessairement la cause d'une grande incertitude dans les jugements. Un libelle qui se glisse à travers le silence obligé de la presse, peut altérer l'opinion sur qui que ce soit, car les louanges ou les censures ordonnées par le gouvernement sont toujours suspectes. Rien ne s'établit nettement et solidement dans la tête des hommes, que par une discussion sans entraves.

« Prétendez-vous, me dira-t-on, qu'il n'y ait point de mobilité dans le jugement du peuple anglais, et qu'il n'encense pas aujourd'hui ce que peut-être il déchirera demain? » Sans doute, les chefs du gouvernement doivent être exposés à perdre la faveur du peuple, s'ils ne réussissent pas dans la conduite des affaires publiques; il faut que les dépositaires de l'autorité soient heureux, c'est une des conditions des avantages qu'on leur accorde. D'ailleurs, comme le pouvoir déprave presque toujours ceux qui le possèdent, il est fort à désirer que dans un pays libre les mêmes hommes ne restent pas trop longtemps en place; et l'on a raison de changer de ministres, ne fût-ce que pour en changer. Mais la réputation acquise est très-durable en Angleterre, et l'opinion publique peut y être considérée comme la conscience de l'État.

Si quelque chose peut séduire l'équité du peuple anglais, c'est le malheur. Un individu persécuté par une force quelconque pourrait inspirer un intérêt non mérité, et par conséquent passager; mais cette noble erreur tient d'une part à la générosité du caractère anglais, et de l'autre à ce sentiment de liberté qui fait éprouver à tous le besoin de se défendre mutuellement contre l'oppression; car c'est sous ce rapport surtout qu'en politique il faut traiter son prochain comme soi-même.

Les lumières et l'énergie de l'esprit public sont

une réponse plus que suffisante aux arguments des personnes qui prétendent que l'armée envahirait la liberté de l'Angleterre, si l'Angleterre était une puissance continentale. Sans doute, c'est un avantage pour les Anglais que leur force consiste plutôt dans la marine que dans les troupes de terre. Il faut plus de connaissances pour être un capitaine de vaisseau qu'un colonel ; et toutes les habitudes qu'on prend sur mer ne portent point à vouloir se mêler des affaires intérieures de son pays. Mais quand la nature, devenue prodigue, ferait naître dix lords Wellington; mais quand le monde verrait encore dix batailles de Waterloo, il ne viendrait pas dans la tête de ceux qui donnent si facilement leur vie pour leur pays, de tourner leurs forces contre lui; ou tout au moins ils rencontreraient un invincible obstacle chez des hommes aussi braves qu'eux et plus éclairés, qui détestent l'esprit militaire, quoiqu'ils sachent admirer et pratiquer les vertus guerrières.

Cette sorte de préjugé qui persuadait à la noblesse de France qu'elle ne pouvait servir son pays que dans la carrière des armes, n'existe nullement en Angleterre. Un grand nombre de fils de pairs sont avocats; le barreau participe au respect qu'on a pour la loi, et dans toutes les carrières, les occupations civiles sont considérées. Dans un tel pays, on n'a pas dû craindre jusqu'à ce jour l'invasion de la puissance militaire : il n'y a que les peuples ignorants qui aient une aveugle admiration pour le sabre. C'est une superbe chose que la bravoure, quand on expose une vie chère à sa famille, une tête remplie de vertus et de lumières, et qu'un citoyen se fait soldat pour maintenir ses droits de citoyen. Mais, quand des hommes se battent seulement parce qu'ils ne veulent se donner la peine d'occuper leur esprit et leur temps par aucun travail, ils ne doivent pas être longtemps admirés chez une nation où le travail et la pensée tiennent le premier rang. Les satellites de Cromwell renversèrent des pouvoirs civils qui n'avaient encore ni force ni dignité; mais, depuis l'existence de la constitution et de l'esprit public qui en est l'âme, les princes ou les généraux ne feraient naître dans toute la nation qu'un sentiment de pitié pour leur folie, s'ils rêvaient un jour l'asservissement de leur pays.

CHAPITRE V.

Des lumières, de la religion et de la morale chez les Anglais.

Ce qui constitue les lumières d'une nation, ce sont des idées saines en politique, répandues chez toutes les classes, et une instruction générale dans les sciences et la littérature. Sous le premier de ces rapports, les Anglais n'ont point de rivaux en Europe; sous le second, je ne connais guère que les Allemands du Nord qu'on puisse leur comparer. Encore les Anglais auraient-ils un avantage qui ne saurait appartenir qu'à leurs institutions : c'est que la première classe de la société se livre autant à l'étude que la seconde. M. Fox écrivait de savantes dissertations sur le grec, pendant les intervalles de loisir que lui laissaient les débats parlementaires M. Windham a laissé divers traités intéressants sur les mathématiques et sur la littérature. Les Anglais ont de tout temps honoré le savoir : Henri VIII, qui foulait tout aux pieds, respectait cependant les hommes de lettres, quand ils ne heurtaient pas ses passions désordonnées. La grande Élisabeth connaissait à fond les langues anciennes, et parlait même le latin avec facilité; jamais on n'a vu s'introduire, chez les princes ni chez les nobles d'Angleterre, cette fatuité d'ignorance qu'on a raison de reprocher aux gentilshommes français. On dirait qu'ils se persuadent que le droit divin sur lequel ils fondent leurs privilèges, dispense entièrement de l'étude des sciences humaines. Une telle façon de voir ne saurait exister en Angleterre, et n'y paraîtrait que ridicule. Rien de factice ne peut réussir dans un pays où tout est soumis à la publicité. Les grands seigneurs anglais seraient aussi honteux de n'avoir pas reçu une éducation classique distinguée, que jadis les hommes du second rang en France l'étaient de pas aller à la cour; et ces différences ne tiennent pas, comme on le prétend, à la légèreté française. Les érudits les plus persévérants, les penseurs les plus profonds sont sortis de cette nation qui est capable de tout quand elle le veut; mais ses institutions politiques ont été si mauvaises, qu'elles ont altéré ses bonnes qualités naturelles.

En Angleterre, au contraire, les institutions favorisent tous les genres de progrès intellectuels. Les jurés, les administrations de provinces et de villes, les élections, les journaux, donnent à la nation entière une grande part d'intérêt dans la chose publique. De là vient qu'elle est plus instruite, et qu'au hasard il vaudrait mieux causer sur des questions politiques avec un fermier anglais, qu'avec la plupart des hommes, même les plus éclairés, du continent. Cet admirable bon sens, qui se fonde sur la justice et la sécurité, ne se trouve nulle part ailleurs qu'en Angleterre, ou dans le pays qui lui ressemble, l'Amérique. La pensée doit rester étrangère à des hommes qui n'ont point de droits ; car, du moment qu'ils apercevraient la vérité, ils seraient malheureux, et bientôt après révoltés. Il faut convenir aussi que, dans un pays où la force armée a presque toujours consisté dans la marine, et où le commerce a été la principale occupation, il y a nécessairement plus de lumières que là où la défense nationale est confiée aux troupes de ligne, et où l'industrie s'est presque uniquement tournée vers la culture de la terre. Le commerce, mettant les hommes en relation avec les intérêts du monde, étend les idées, exerce le jugement, et fait sentir sans cesse, par la multiplicité et la diversité des transactions, la nécessité de la justice. Dans les pays où il n'y a que de l'agriculture, la masse de la population peut se composer de serfs attachés à la glèbe, et privés de toute instruction : mais que ferait-on de négociants esclaves et ignorants ? Un pays maritime et commerçant est donc par cela seul plus éclairé qu'un autre ; néanmoins il reste beaucoup à faire pour donner au peuple d'Angleterre une éducation suffisante. Une grande portion de la dernière classe ne sait encore ni lire ni écrire ; et c'est sans doute pour remédier à ce mal qu'on accueille avec tant d'empressement les nouvelles méthodes de Bel et de Lancaster, parce qu'elles peuvent mettre l'instruction à la portée de l'indigence. Le peuple est plus instruit peut-être en Suisse, en Suède et dans quelques États du nord de l'Allemagne ; mais il n'y a dans aucun de ces pays cette vigueur de liberté qui préservera l'Angleterre, il faut l'espérer, de la réaction produite par la révolution de France. Dans un pays où il y a une immense capitale, de grandes richesses concentrées dans un petit nombre de mains, une cour, tout ce qui peut favoriser la corruption du peuple, il faut du temps pour que les lumières s'étendent et luttent avec avantage contre les inconvénients attachés à la disproportion des fortunes.

En Écosse on trouve beaucoup plus d'instruction parmi les paysans qu'en Angleterre, parce qu'il y a moins de richesse chez quelques particuliers, et plus d'aisance chez le peuple. La religion presbytérienne, établie en Écosse, exclut la hiérarchie épiscopale que l'église anglicane a conservée. En conséquence, le choix des simples ministres du culte y est meilleur ; et comme ils vivent retirés dans les montagnes, ils s'y consacrent à l'enseignement des paysans. C'est aussi un grand avantage pour l'Écosse que de n'avoir pas, comme l'Angleterre, une taxe des pauvres très-forte, et très-mal conçue, qui entretient la mendicité, et crée une classe de gens qui n'osent pas s'écarter de

la commune où des secours leur sont assurés. La ville d'Édimbourg n'est pas aussi absorbée que Londres par les affaires publiques, et elle ne renferme pas une telle réunion de fortunes et de luxe, aussi les intérêts philosophiques et littéraires y tiennent-ils plus de place. Mais, d'une autre part, les restes du régime féodal se font plus sentir en Écosse qu'en Angleterre. Le jury dans les affaires civiles ne s'y est introduit que dernièrement ; il y a beaucoup moins d'élections populaires, à proportion, que chez les Anglais. Le commerce y exerce moins d'influence, et l'esprit de liberté s'y montre, à quelques exceptions près, avec moins de vigueur.

En Irlande, l'ignorance du peuple est effrayante ; mais il faut s'en prendre, d'une part, à des préjugés superstitieux, et de l'autre, à la privation presque entière des bienfaits d'une constitution. L'Irlande n'est réunie à l'Angleterre que depuis peu d'années ; jusqu'ici elle a éprouvé tous les maux de l'arbitraire, et elle s'en est vengée souvent de la façon la plus violente. La nation étant divisée par deux religions qui forment aussi deux partis politiques, le gouvernement anglais, depuis Charles Ier, a tout accordé aux protestants, afin qu'ils pussent maintenir dans la soumission la majorité catholique. Swift, Irlandais, et l'un des plus beaux génies des trois royaumes [1], écrivit, en 1740, sur le malheureux état de l'Irlande. L'attention des hommes éclairés fut fortement excitée par les écrits de Swift, et les améliorations qui se sont opérées dans ce pays datent d'alors. Lorsque l'Amérique se déclara indépendante, et que l'Angleterre fut obligée de la reconnaître comme telle, la nécessité de ménager l'Irlande frappa tous les jours davantage les bons esprits. L'illustre talent de M. Grattan, qui, trente ans plus tard, vient de nouveau d'étonner l'Angleterre, se faisait remarquer, dès 1782, dans le parlement d'Irlande ; et, par degrés, on a décidé ce pays à l'union avec la Grande-Bretagne. Les préjugés superstitieux y sont encore cependant la source de mille maux ; car, pour arriver au point

---

[1] On raconte que Swift sentit d'avance que ses facultés l'abandonnaient, et que, se promenant un jour avec un de ses amis, il vit un chêne dont la tête était desséchée, quoique le tronc et les racines fussent encore dans toute leur vigueur. « C'est ainsi que je serai, » dit-il ; et sa triste prédiction fut accomplie. Lorsqu'il était tombé dans un tel état de stupeur que, depuis une année, il n'avait pas prononcé un seul mot, tout à coup il entendit les cloches de Saint-Patrick, dont il était le doyen, retentir de toutes parts, et il demanda ce que cela signifiait. Ses amis, enchantés de ce qu'il recouvrait la parole, se hâtèrent de lui dire que c'était pour le jour de sa naissance que ces signes de joie avaient lieu. « Ah ! s'écria-t-il, « tout cela est inutile maintenant ! » et il rentra dans le silence que la mort vint bientôt confirmer. Mais le bien qu'il avait fait lui survécut, et c'est pour cela que les hommes de génie passent sur la terre.

de prospérité où est l'Angleterre, les lumières de la réforme religieuse sont aussi nécessaires que l'esprit de liberté du gouvernement représentatif. L'exclusion politique à laquelle les catholiques irlandais sont condamnés, est contraire aux vrais principes de la justice; mais on ne sait comment mettre en possession des bienfaits de la constitution des hommes aigris par de longs ressentiments.

On ne peut donc admirer dans la nation irlandaise, jusqu'à présent, qu'un grand caractère d'indépendance et beaucoup d'esprit naturel; mais on ne jouit point encore dans ce pays de la sécurité ni de l'instruction, résultats certains de la liberté religieuse et politique. L'Écosse est à beaucoup d'égards l'opposé de l'Irlande, et l'Angleterre tient de l'une et de l'autre.

Comme il est impossible, chez les Anglais, d'être ministre sans siéger dans l'une des deux chambres, et sans discuter avec les représentants de la nation les affaires de l'État, il en résulte nécessairement que de tels ministres ne ressemblent d'ordinaire en rien à la classe des gouvernants sous les monarchies absolues. La considération publique en Angleterre est le premier but des hommes en pouvoir; ils ne font presque jamais leur fortune dans le ministère. M. Pitt est mort en ne laissant que des dettes qui furent payées par le parlement. Les sous-secrétaires d'État, les commis, tous les membres de l'administration, éclairés par l'opinion et par leur propre fierté, sont d'une intégrité parfaite. Les ministres ne peuvent favoriser leurs partisans, que si ces partisans sont pourtant assez distingués pour ne pas provoquer le mécontentement du parlement. Il ne suffit pas de la faveur du maître pour rester en place, il faut aussi l'estime des représentants de la nation; et celle-là ne peut s'obtenir que par des talents véritables. Des ministres nommés par les intrigues de cour, tels qu'on en a vu sans cesse en France, ne se soutiendraient pas vingt-quatre heures dans la chambre des communes. On aurait toisé leur médiocrité dans un instant; on ne les verrait pas là tout poudrés, tout costumés, comme les ministres de l'ancien régime ou de la cour de Bonaparte. Ils ne seraient point entourés de courtisans, faisant auprès d'eux le métier qu'ils font eux-mêmes auprès du prince, et s'extasiant à l'envi sur la justesse de leurs idées communes, et sur la profondeur de leurs conceptions fausses. Un ministre anglais arrive seul dans l'une ou l'autre chambre, sans costume, sans marque distinctive; aucun genre de charlatanisme ne vient à son aide; tout le monde l'interroge et le juge;

mais aussi tout le monde le respecte, s'il le mérite, parce que, ne pouvant se faire passer que pour ce qu'il est, on le considère surtout à cause de sa valeur personnelle.

« On ne fait pas la cour aux princes en Angleterre comme en France, dira-t-on; mais on y cherche la popularité, ce qui n'altère pas moins la vérité du caractère. » Dans un pays bien organisé, tel que l'Angleterre, désirer la popularité, c'est vouloir la juste récompense de tout ce qui est bon et noble en soi-même. Il a existé de tout temps des hommes qui ont été vertueux, malgré les inconvénients ou les périls auxquels ils s'exposaient par là; mais, quand les institutions sociales sont combinées de manière que les intérêts particuliers et les vertus publiques soient d'accord, il ne s'ensuit pas que ces vertus n'aient d'autre base que l'intérêt personnel. Seulement elles sont plus répandues, parce qu'elles sont avantageuses, aussi bien qu'honorables.

La science de la liberté, si l'on peut s'exprimer ainsi, au point où elle est cultivée en Angleterre, suppose à elle seule un très-haut degré de lumières. Rien n'est plus simple, quand une fois vous avez adopté les principes naturels sur lesquels cette doctrine repose; mais il est certain toutefois que sur le continent on ne rencontre presque personne qui comprenne d'esprit et de cœur l'Angleterre. On dirait qu'il y a des vérités morales dans lesquelles il faut être né, et que le battement de cœur vous les apprend mieux que toutes les discussions théoriques. Néanmoins, pour goûter et pour pratiquer cette liberté qui réunit tous les avantages des vertus républicaines, des lumières philosophiques, des sentiments religieux et de la dignité monarchique, il faut dans le peuple beaucoup de raison, et dans les hommes de la première classe beaucoup d'études et de vertus. Les ministres anglais doivent réunir aux qualités d'un homme d'État l'art de s'exprimer avec éloquence. Il s'ensuit que la littérature et la philosophie sont beaucoup plus appréciées, parce qu'elles servent efficacement aux succès de l'ambition la plus haute. On parle sans cesse de l'empire de la richesse et du rang chez les Anglais; il faut aussi convenir de l'admiration qu'ils accordent au vrai talent. Il est possible qu'auprès de la dernière classe de la société, la pairie et la fortune produisent plus d'effet que le nom d'un grand écrivain : cela doit être ainsi : mais, s'il s'agit des jouissances de la bonne compagnie, et par conséquent de l'opinion, je ne sais aucun pays du monde où il soit plus avantageux d'être un homme supérieur. Non-seulement tous les emplois, tous les rangs peuvent être la récompense du mérite, mais l'estime publique s'exprime d'une manière si flatteuse, qu'elle donne des jouissances plus vives que toutes les autres.

L'émulation qu'une telle perspective doit exciter est une des principales causes de l'incroyable étendue des connaissances répandues en Angleterre. Si l'on pouvait faire une statistique du savoir, on ne trouverait dans aucun pays une aussi forte proportion de gens versés dans l'étude des langues anciennes, étude malheureusement trop négligée en France. Des bibliothèques particulières sans nombre, des collections de tout genre, des souscriptions abondantes pour toutes les entreprises littéraires, des établissements d'éducation publique existent partout, dans chaque province, à l'extrémité du pays comme au centre : enfin on trouve à chaque pas des autels élevés à la pensée, et ces autels servent d'appui à ceux de la religion et de la vertu.

Grâce à la tolérance, aux institutions politiques et à la liberté de la presse, il y a plus de respect pour la religion et pour les mœurs en Angleterre que dans aucun autre pays de l'Europe. On se plaît à dire en France que c'est précisément par égard pour la religion et pour les mœurs qu'on a de tout temps eu des censeurs; et néanmoins il suffit de comparer l'esprit de la littérature en Angleterre, depuis que la liberté de la presse y est établie, avec les divers écrits qui ont paru sous le règne arbitraire de Charles II, et sous celui du régent et de Louis XV en France. La licence des écrits a été portée chez les Français, dans le dernier siècle, à un degré qui fait horreur. Il en est de même en Italie où, de tout temps, on a soumis cependant la presse aux restrictions les plus gênantes. L'ignorance dans la masse, et l'indépendance la plus désordonnée dans les esprits distingués, est toujours le résultat de la contrainte.

La littérature anglaise est certainement celle de toutes dans laquelle il y a le plus d'ouvrages philosophiques. L'Écosse renferme encore aujourd'hui des écrivains très-forts en ce genre, Dugald Stewart en première ligne, qui ne se lasse point de rechercher la vérité dans la retraite. La critique littéraire est portée au plus haut point dans les journaux, et particulièrement dans celui d'Édimbourg, où des écrivains faits pour être illustres eux-mêmes, Jeffrey, Playfair, Mackintosh, ne dédaignent point d'éclairer les auteurs par les jugements qu'ils portent sur eux. Les publicistes les plus instruits dans les questions de jurisprudence et d'économie politique, tels que Bentham, Malthus, Brougham, sont plus nombreux en Angleterre que partout ailleurs; parce qu'ils ont le juste espoir que leurs idées seront mises en pratique. Des voyages dans toutes les parties du monde rapportent en Angleterre les tributs de la science, non moins bien accueillis que ceux du commerce; mais au milieu de tant de richesses intellectuelles en tout genre, on ne saurait citer aucun de ces ouvrages irréligieux ou licencieux dont la France a été inondée; l'opinion publique les a repoussés dès qu'elle a pu les craindre, et elle s'en charge d'autant plus volontiers, qu'elle seule fait la garde à cet égard. La publicité est toujours favorable à la vérité : or, comme la morale et la religion sont la vérité par excellence, plus vous permettez aux hommes de discuter ces sujets, plus ils s'éclairent et s'ennoblissent. Les tribunaux puniraient avec raison, en Angleterre, un écrit qui pourrait causer du scandale; mais aucun ouvrage ne porte cette marque de la censure qui jette d'avance du doute sur les assertions qu'il peut renfermer.

La poésie anglaise que n'alimentent ni l'irréligion, ni l'esprit de faction, ni la licence des mœurs, est encore riche, animée, et n'éprouve pas cette décadence qui menace successivement presque toutes les littératures de l'Europe. La sensibilité et l'imagination entretiennent la jeunesse immortelle de l'âme. On voit un second âge de poésie renaître en Angleterre, parce que l'enthousiasme n'y est point éteint, et que la nature, l'amour et la patrie y exercent toujours une grande puissance. Cowper d'abord, et maintenant Rogers, Moore, Thomas Campbell, Walter Scott, lord Byron, dans des genres et dans des degrés différents, préparent un nouveau siècle de gloire à la poésie anglaise; et, tandis que tout se dégrade sur le continent, la source éternelle du beau jaillit encore de la terre libre.

Dans quel empire le christianisme est-il plus respecté qu'en Angleterre? Où prend-on plus de soins pour le propager? D'où partent des missionnaires en aussi grand nombre pour toutes les parties du monde? La société qui s'est chargée d'envoyer des exemplaires de la Bible dans les pays où la lumière du christianisme est obscurcie ou non développée, en faisait passer en France pendant la guerre, et ce soin n'était pas superflu. Mais je me détournerais maintenant de mon sujet, si je rappelais ici ce qui peut excuser la France sous ce rapport.

La réformation a mis chez les Anglais les lumières parfaitement en accord avec les sentiments religieux. C'est un grand avantage pour ce pays, et l'exaltation de piété dont on y est susceptible porte toujours à l'austérité de la morale, mais presque jamais à la superstition. Les sectes particulières de l'Angleterre, dont la plus nombreuse est celle des méthodistes, n'ont pour but que le maintien de la pureté sévère du christianisme dans la conduite de la vie. Leur renoncement à tous les plaisirs, leur zèle persévérant pour faire le bien, annoncent aux hommes qu'il y a dans l'Évangile des germes de sentiments et de vertus, plus féconds encore que tous ceux que nous avons vus se développer jusqu'à ce jour, et dont les saintes fleurs sont destinées peut-être aux générations à venir.

Dans un pays religieux, il existe nécessairement aussi de bonnes mœurs, et cependant, les passions des Anglais sont très-violentes; car c'est une grande erreur de les croire d'un caractère calme, parce qu'ils ont habituellement des manières froides. Il n'est point d'hommes plus impétueux dans les grandes choses; mais ils ressemblent à ces chiens d'Albanie envoyés par Porus à Alexandre, qui dédaignaient de se battre contre tout autre adversaire que le lion. Les Anglais sortent de leur apparente tranquillité pour se livrer à des excès en tout genre. Ils cherchent des périls, ils veulent tenter des choses extraordinaires, et désirent des émotions fortes. L'activité de l'imagination et la gêne des habitudes les leur rendent nécessaires; mais ces habitudes elles-mêmes sont fondées sur un grand respect pour la morale.

La liberté des journaux, qu'on a voulu nous représenter comme contraire à la délicatesse des mœurs, en est une des causes les plus efficaces: tout est si connu, si discuté en Angleterre, que la vérité en toutes choses est inévitable; et l'on pourrait se soumettre au jugement du public anglais, comme à celui d'un ami qui entrerait dans les détails de votre vie, dans les nuances de votre caractère, pour peser chaque action ainsi que le veut l'équité, d'après la situation de chaque individu. Plus l'opinion a de puissance en Angleterre, plus il faut de hardiesse pour s'en affranchir: aussi les femmes qui la bravent se portent-elles à de grands éclats. Mais combien ces éclats ne sont-ils pas rares, même dans la première classe, la seule où l'on puisse quelquefois en citer des exemples! Dans le second rang, parmi les habitants des provinces, on ne trouve que de bons ménages, des vertus privées, une vie intérieure entièrement consacrée à l'éducation d'une nombreuse famille qui, nourrie dans la conviction intime de la sainteté du mariage, ne se permettrait pas une pensée légère à

cet égard. Comme il n'y a point de couvents en Angleterre, les filles sont le plus souvent élevées chez leurs parents; et l'on peut voir, par leur instruction et par leurs vertus, ce qui vaut le mieux pour une femme, ce genre d'éducation ou celui qui se pratique en Italie.

« Au moins, dira-t-on, ces procès de divorce, dans lesquels on admet les discussions les plus indécentes, sont une source de scandale. » Il faut qu'ils ne le soient pas, puisque le résultat est tel que je viens de le dire. Ces procès sont un antique usage, et sous ce rapport, de certaines gens devraient les défendre; mais, quoi qu'il en soit, la terreur du scandale est un grand frein. Et d'ailleurs, on n'est point porté en Angleterre, comme en France, à faire des plaisanteries sur de tels sujets. Une sorte d'austérité, d'accord avec l'esprit des anciens rigoristes protestants, se manifeste dans ces procès. Les juges comme les spectateurs y portent une disposition sérieuse, et les conséquences en sont très-importantes, puisque le maintien des vertus domestiques en dépend, et qu'il n'y a point de liberté sans elles. Or, comme l'esprit du siècle ne les favorisait pas, c'est un hasard-heureux que l'utile ascendant de ces procès de divorce; car il y a presque toujours du hasard dans le bien ou le mal que peut produire la fidélité aux anciens usages, puisqu'ils conviennent quelquefois au temps présent, et que d'autres fois ils n'y sont plus applicables. Heureux le pays où les torts des femmes peuvent être punis avec un si haute sagesse, sans frivolité, comme sans vengeance! Il leur est permis de recourir à la protection de l'homme pour lequel elles ont tout sacrifié; mais elles sont d'ordinaire privées de tous les avantages brillants de la société. Je ne sais si la législation pourrait inventer quelque chose de plus fort et de plus doux tout ensemble.

On s'indignera peut-être contre l'usage de condamner à une peine pécuniaire le séducteur de la femme. Comme tout est empreint d'un sentiment de noblesse en Angleterre, je ne jugerai point légèrement une coutume de ce genre, puisqu'on la conserve. Il faut atteindre de quelque manière aux torts des hommes envers les mœurs, puisque l'opinion est en général trop relâchée à cet égard, et personne ne prétendra qu'une grande perte d'argent ne soit pas une punition. D'ailleurs, l'éclat de ces procès funestes fait presque toujours un devoir à l'homme d'épouser la femme qu'il a séduite; et cette obligation est une garantie qu'il ne se mêle ni légèreté, ni mensonge, aux sentiments que les hommes se permettent d'exprimer. Quand il n'y a que de l'amour dans l'amour, ses égarements sont à la fois plus rares et plus excusables. J'ai de la peine à m'expliquer, cependant, pourquoi c'est au mari que l'amende est payée par le séducteur ; souvent aussi le mari ne l'accepte pas, et c'est aux pauvres qu'il la consacre. Mais il y a lieu de croire que deux motifs ont donné naissance à cette coutume, l'une, de fournir à l'époux, dans une classe sans fortune, les moyens d'élever ses enfants, quand la mère qui en était chargée lui manque ; l'autre, et c'est un rapport plus essentiel, de mettre en cause le mari, lorsqu'il s'agit des torts de sa femme, afin d'examiner s'il n'a point à se reprocher de torts du même genre envers elle. En Écosse même, l'infidélité du mari dissout le mariage aussi bien que celle de la femme, et le sentiment du devoir, dans un pays libre, met toujours de niveau le fort et le faible.

Tout est constitué en Angleterre de telle manière que l'intérêt de chaque classe, de chaque sexe, de chaque individu, est de se conformer à la morale. La liberté politique est le moyen suprême de cette admirable combinaison. « Oui, dira-t-on encore, en ne comprenant que les mots et point les choses, il est vrai que les Anglais sont toujours gouvernés par l'intérêt. » Comme s'il y avait aucun rapport entre l'intérêt qui conduit à la vertu, et celui qui fait dériver vers le vice ! Sans doute l'Angleterre n'est pas une planète à part de la nôtre, dans laquelle les avantages personnels ne soient pas, comme ailleurs, le ressort des actions humaines. On ne peut gouverner les hommes en comptant toujours sur le dévouement et le sacrifice ; mais quand l'ensemble des institutions d'un pays est tel, qu'il soit utile d'être honnête, il en résulte une certaine habitude du bien qui se grave dans tous les cœurs : elle se transmet par le souvenir, l'air qu'on respire en est pénétré, et l'on n'a plus besoin de songer aux inconvénients de tout genre qui seraient la suite de certains torts ; car la force de l'exemple suffit pour en préserver.

CHAPITRE VI.

De la société en Angleterre, et de ses rapports avec l'ordre social.

Il n'est pas probable qu'on revoie jamais nulle part, ni même en France, une société comme celle dont on a joui dans ce pays pendant les deux premières années de la révolution, et à l'époque qui l'a précédée. Les étrangers qui se flattent de ne trouver rien de semblable en Angleterre, sont fort désappointés ; car ils s'y ennuient souvent beaucoup. Bien que ce pays renferme les hommes les plus éclairés et les femmes les plus intéressantes, les jouissances que la société peut procurer ne s'y rencontrent que rarement. Quand un étranger entend bien l'anglais, et qu'il est admis à des réunions peu nombreuses, composées des hommes transcendants du pays, il goûte, s'il en est digne, les plus nobles jouissances que la communication des êtres pensants puisse donner ; mais ce n'est point dans ces fêtes intellectuelles que consiste la société d'Angleterre. On est tous les jours invité à Londres à d'immenses assemblées, où l'on se coudoie comme au parterre : les femmes y sont en majorité, et d'ordinaire la foule est si grande, que leur beauté même n'a pas assez d'espace pour paraître : à plus forte raison n'y est-il jamais question d'aucun agrément de l'esprit. Il faut une grande force physique pour traverser les salons sans être étouffé, et pour remonter dans sa voiture sans accident : mais je ne vois pas bien qu'aucune autre supériorité soit nécessaire dans une telle cohue. Aussi les hommes sérieux renoncent-ils de très-bonne heure à la corvée qu'en Angleterre on appelle le grand monde ; et c'est, il faut le dire, la plus fastidieuse combinaison qu'on puisse former avec des éléments aussi distingués.

Ces réunions tiennent à la nécessité d'admettre un très-grand nombre de personnes dans le cercle de ses connaissances. La liste des visites que reçoit une dame anglaise est quelquefois de douze cents personnes. La société française était infiniment plus exclusive : l'esprit d'aristocratie qui présidait à la formation des cercles était favorable à l'élégance et à l'amusement, mais nullement d'accord avec la nature d'un État libre. Ainsi donc, en convenant avec franchise que les plaisirs de la société se rencontrent très-rarement et très-difficilement à Londres, j'examinerai si ces plaisirs sont conciliables avec l'ordre social de l'Angleterre. S'ils ne le sont pas, le choix ne saurait être douteux.

Les riches propriétaires anglais remplissent, pour la plupart, des emplois publics dans leurs terres ; et, désirant y être élus députés, ou influer sur l'élection de leurs parents et de leurs amis, ils passent huit ou neuf mois à la campagne. Il en résulte que les habitudes de société sont entièrement interrompues pendant les deux tiers de l'année ; et les relations familières et faciles ne se forment qu'en se voyant tous les jours. Dans la partie de Londres occupée par la bonne compagnie, il y a des mois de l'été et de l'automne pendant lesquels la ville a l'air d'être frappée de contagion, tant elle est solitaire. La rentrée du parlement n'a lieu d'ordinaire que dans le mois de janvier, et l'on ne se réunit à Londres qu'à cette époque. Les hommes, en vivant beaucoup dans leurs terres, chassent ou se promènent à cheval la moitié de la journée; ils reviennent fatigués à la maison, et ne songent qu'à se reposer, quelquefois même à boire, quoiqu'à cet égard les récits qu'on fait des mœurs anglaises soient très-exagérés, surtout si on les rapporte au temps actuel. Toutefois un tel genre de vie ne rend point propre aux agréments de la société. Les Français n'étant appelés, ni par leurs affaires, ni par leurs goûts, à demeurer à la campagne, l'on trouvait à Paris, toute l'année, des maisons où l'on pouvait jouir d'une conversation très-agréable; mais de là vient aussi que Paris seul existait en France, tandis qu'en Angleterre la vie politique se fait sentir dans toutes les provinces. Lorsque les intérêts de l'État sont du ressort de chacun, la conversation qui doit attirer le plus est celle dont les affaires publiques sont le but. Or, dans celle-là ce n'est pas la légèreté d'esprit, mais l'importance réelle des choses dont il s'agit. Souvent un homme, fort peu agréable d'ailleurs, captive ses auditeurs par la force de son raisonnement et de son savoir; l'art d'être aimable en France consistait à ne jamais épuiser un sujet, et à ne pas trop s'arrêter sur ceux qui n'intéressaient pas les femmes. En Angleterre, elles ne se mêlent jamais aux entretiens à voix haute; les hommes ne les ont point habituées à prendre part à la conversation générale : quand elles se sont retirées du dîner, cette conversation n'en est que plus vive et plus animée. Une maîtresse de maison ne se croit point obligée, comme chez les Français, à conduire la conversation, et surtout à prendre garde qu'elle ne languisse. On est très-résigné à ce malheur dans les sociétés anglaises, et il paraît beaucoup plus facile à supporter que la nécessité de se mettre en avant pour relever l'entretien. Les femmes, à cet égard, sont d'une extrême timidité; car, dans un État libre, les hommes reprenant leur dignité naturelle, les femmes se sentent subordonnées.

Il n'en est pas de même d'une monarchie arbitraire, telle qu'elle existait en France. Comme il n'y avait rien d'impossible ni de fixe, les conquêtes de la grâce étaient sans bornes, et les femmes devaient naturellement triompher dans ce genre de combat. Mais en Angleterre, quel ascendant une femme pourrait-elle exercer, quelque aimable qu'elle fût, au milieu des élections populaires, de l'éloquence du parlement et de l'inflexibilité de la loi?

Les ministres n'auraient pas l'idée qu'une femme pût leur adresser une sollicitation sur quelque sujet que ce fût, à moins qu'elle n'eût ni frère, ni fils, ni mari, pour s'en charger. Dans le pays de la plus grande publicité, les secrets d'État sont mieux gardés que nulle part ailleurs. Il n'y a point d'intermédiaires, pour ainsi dire, entre les gazettes et le cabinet des ministres, et ce cabinet est le plus discret de l'Europe. Il n'y a pas d'exemple qu'une femme ait su, ou du moins dit ce qu'il fallait faire. Dans un pays où les mœurs domestiques sont si régulières, les hommes mariés n'ont point de maîtresses; et il n'y a que les maîtresses qui sachent les secrets, et surtout qui les révèlent.

Parmi les moyens de rendre une société plus piquante, il faut compter la coquetterie : or, elle n'existe guère en Angleterre qu'entre les jeunes personnes et les jeunes hommes qui peuvent se marier ensemble; et la conversation n'y gagne rien, au contraire. A peine s'entendent-ils l'un et l'autre, tant ils se parlent à demi-voix; mais il en résulte qu'on ne se marie pas sans se connaître : tandis qu'en France, pour s'épargner tout l'ennui de ces timides amours, on ne voyait jamais de jeunes filles dans le monde avant que leur mariage fût conclu par leurs parents. S'il existe en Angleterre des femmes qui s'écartent de leur devoir, c'est avec un tel mystère ou avec un tel éclat, que le désir de plaire en société, de s'y montrer aimables, d'y briller par la grâce et par le mouvement de l'esprit, n'y entre absolument pour rien. En France, la conversation menait à tout; en Angleterre, ce talent est apprécié; mais il n'est utile en rien à l'ambition de ceux qui le possèdent; les hommes d'État et le peuple choisissent parmi les candidats du pouvoir, d'après de tout autres signes des facultés supérieures. La conséquence en est qu'on néglige ce qui ne sert pas, dans ce genre comme dans tous les autres. Le caractère national étant d'ailleurs très-enclin à la réserve et à la timidité, il faut un mobile puissant pour en triompher, et ce mobile ne se trouve que dans l'importance des discussions publiques.

On a de la peine à se rendre parfaitement compte de ce qu'on appelle en Angleterre la mauvaise honte (*shyness*), c'est-à-dire, cet embarras qui renferme au fond du cœur les expressions de la bienveillance naturelle; car l'on rencontre souvent les manières les plus froides dans des personnes qui se montreraient les plus généreuses envers vous, si vous aviez besoin d'elles. Les Anglais sont mal à l'aise entre eux, au moins autant qu'avec les étrangers; ils ne se parlent qu'après avoir été présentés l'un à l'autre : la familiarité ne s'établit que fort à la longue. On ne voit presque jamais en Angleterre les enfants, après leur mariage, demeurer dans la même maison que leurs parents ; le *chez soi* (*home*) est le goût dominant des Anglais, et peut-être ce penchant a-t-il contribué à leur faire détester le système politique qui permet ailleurs d'exiler ou d'arrêter arbitrairement. Chaque ménage a sa demeure séparée ; et Londres est composé d'un grand nombre de petites maisons fermées comme des boîtes, et où il n'est guère plus facile de pénétrer. Il n'y a pas même beaucoup de frères et de sœurs qui aillent dîner les uns chez les autres sans être invités. Cette formalité ne rend pas la vie fort amusante ; et, dans le goût des Anglais pour les voyages, il entre l'envie de se soustraire à la contrainte de leurs usages, aussi bien que le besoin d'échapper aux brouillards de leur contrée.

Les plaisirs de la société, dans tous les pays, ne concernent jamais que la première classe, c'est-à-dire, la classe oisive qui, ayant un grand loisir pour l'amusement, y attache beaucoup de prix. Mais en Angleterre, où chacun a sa carrière et ses occupations, il arrive aux grands seigneurs comme aux hommes d'affaires des autres pays, d'aimer mieux le délassement physique, les promenades, la campagne, enfin tout plaisir où l'esprit se repose, que la conversation dans laquelle il faut penser et parler presque avec autant de soin que dans les affaires les plus sérieuses. D'ailleurs, le bonheur des Anglais étant fondé sur la vie domestique, il ne leur conviendrait pas que leurs femmes se fissent, comme en France, une famille de choix d'un certain nombre de personnes constamment réunies.

On ne doit pas nier, cependant, qu'à tous ces honorables motifs il ne se mêle quelques défauts, résultats naturels de toute grande association d'hommes. D'abord, quoiqu'il y ait en Angleterre beaucoup plus de fierté que de vanité, cependant on y tient assez à marquer, par les manières, les rangs que la plupart des institutions rapprochent. Il y a de l'égoïsme dans les habitudes, et quelquefois dans le caractère. La richesse et les goûts qu'elle donne en sont la cause : on ne veut se déranger en rien, tant on peut se bien arranger en tout. Les liens de famille, si intimes dans le mariage, le sont très-peu sous d'autres rapports, parce que les substitutions affranchissent trop les fils aînés de leurs parents, et séparent aussi les intérêts des frères cadets de ceux de l'héritier de la fortune. Les majorats nécessaires au maintien de la pairie ne devraient peut-être pas s'étendre aux autres classes de propriétaires ; c'est un reste de féodalité dont il faudrait, s'il est possible, diminuer les fâcheuses conséquences. De là vient aussi que la plupart des femmes sont sans dot, et que dans un pays où l'institution des couvents ne saurait exister, il y a une quantité de jeunes filles que leurs mères ont grande envie de marier, et qui peuvent avec raison s'inquiéter de leur avenir. Cet inconvénient, produit par l'inégal partage des fortunes, se fait sentir dans le monde : car les hommes non mariés y occupent trop l'attention des femmes, et la richesse en général, loin de servir à l'agrément de la société, y nuit nécessairement. Il faut une fortune très-considérable pour recevoir ses amis à la campagne, ce qui est pourtant en Angleterre la manière la plus agréable de vivre ; il en faut pour tous les rapports de la société : non que l'on mette de la vanité dans le luxe ; mais l'importance que tout le monde attache au genre de jouissances qu'on appelle *comfortables*, fait que personne n'oserait, comme jadis dans les plus aimables sociétés de Paris, suppléer à un mauvais dîner par de jolis contes.

Dans tous les pays, les prétentions des jeunes gens à la mode sont entées sur le défaut national : on en trouve en eux la caricature, mais une caricature a toujours quelques traits de l'original. Les élégants, en France, cherchaient à faire effet, et tâchaient d'éblouir par tous les moyens possibles, bons ou mauvais. En Angleterre, cette même classe de personnes veut se distinguer par le dédain, l'insouciance et la perfection du blasé. C'est assez désagréable ; mais dans quel pays du monde la fatuité n'est-elle pas une ressource de l'amour-propre pour cacher la médiocrité naturelle ? Chez un peuple où tout est prononcé, comme en Angleterre, les contrastes sont d'autant plus frappants. La mode a un singulier empire sur les habitudes de la vie, et cependant il n'est point de nation où l'on trouve autant d'exemples de ce qu'on appelle *l'excentricité*, c'est-à-dire, une manière d'être tout à fait originale, et qui ne compte pour rien l'opinion d'autrui. La différence entre les hommes qui vivent sous l'empire des autres et ceux qui existent en eux-mêmes se retrouve partout ; mais cette opposition des caractères ressort davantage par le mélange bizarre de timidité et d'indépendance qui se fait remarquer chez les Anglais. Ils ne font rien à demi, et tout à coup ils passent de la servitude envers les moindres usages à l'insouciance la plus complète du qu'en dira-t-on. Néanmoins, la crainte du ridicule est une des principales causes de la froideur qui règne dans la société anglaise : on n'est jamais accusé d'insipidité en se taisant ; et, comme personne n'exige de vous d'animer l'entretien, on est plus frappé des hasards auxquels on s'exposerait en parlant, que de l'inconvénient du silence. Dans le pays où l'on est le plus attaché à la liberté de la presse, et où l'on s'embarrasse le moins des attaques des journaux, les plaisanteries de société sont très-redoutées. On considère les gazettes comme les volontaires des partis politiques, et dans ce genre, comme dans tous les autres, les Anglais se plaisent beaucoup à la guerre ; mais la médisance et l'ironie dont la société est le théâtre effarouchent singulièrement la délicatesse des femmes et la fierté des hommes. C'est pourquoi l'on se met en avant le moins qu'on peut en présence des autres. Le mouvement et la grâce y perdent nécessairement beaucoup. Dans aucun pays du monde, la réserve et la taciturnité n'ont, je crois, jamais été portées aussi loin que dans quelques sociétés de l'Angleterre ; et, si l'on tombe dans ces cercles, on s'explique très-bien comment le dégoût de la vie peut saisir ceux qui s'y trouvent enchaînés. Mais hors de ces enceintes glacées, quelle satisfaction de l'âme et de l'esprit ne peut-on pas trouver dans les sociétés anglaises, quand on y est heureusement placé ! La faveur et la défaveur des ministres et de la cour ne sont absolument de rien dans les rapports de la vie, et vous feriez rougir un Anglais, si vous aviez l'air de penser à la place qu'il occupe, ou au crédit dont il peut jouir. Un sentiment de fierté lui fait toujours croire que ces circonstances n'ajoutent et n'ôtent rien à son mérite personnel. Les disgrâces politiques ne peuvent influer sur les agréments dont on jouit dans le grand monde ; le parti de l'opposition y est aussi brillant que le parti ministériel : la fortune, le rang, l'esprit, les talents, les vertus, sont partagés entre eux ; et jamais aucun des deux n'imaginerait de s'éloigner ou de se rapprocher d'une personne par ces calculs d'ambition qui ont toujours dominé en France. Quitter ses amis parce qu'ils n'ont plus de pouvoir, et s'en rapprocher parce qu'ils en ont, est un genre de tactique presque inconnu en Angleterre ; et si les succès de société ne conduisent pas aux emplois publics, au moins la liberté de la société n'est-elle pas altérée par des combinaisons étrangères aux plaisirs qu'on y peut goûter. On y trouve presque invariablement la sûreté et la vérité, qui sont la base de toutes les jouissances, puisqu'elles les garantissent toutes. Vous n'avez point à craindre ces tracasse-

ries continuelles qui, ailleurs, remplissent la vie d'inquiétudes. Ce que vous possédez en fait de liaison et d'amitié, vous ne pouvez le perdre que par votre faute, et vous n'avez jamais aucune raison de douter des expressions de bienveillance qui vous sont adressées ; car les actions les surpasseront, et la durée les consacrera. La vérité surtout est une des qualités les plus éminentes du caractère anglais. La publicité qui règne dans les affaires, les discussions dans lesquelles on arrive au fond de toutes choses, ont contribué sans doute à cette habitude de vérité parfaite qui ne saurait exister que dans un pays où la dissimulation ne conduit à rien, qu'au désagrément d'être découvert.

On s'est plu à répéter sur le continent que les Anglais étaient impolis ; et une certaine habitude d'indépendance, une grande aversion pour la gêne, peuvent avoir donné lieu à ce jugement. Mais je ne connais pas une politesse ni une protection aussi délicate que celle des Anglais pour les femmes, dans toutes les circonstances de la vie. S'agit-il d'un danger, d'un embarras, d'un service à rendre, il n'est rien qu'ils négligent pour secourir les êtres faibles. Depuis le matelot qui dans la tempête appuie vos pas chancelants, jusqu'aux gentilshommes anglais du plus haut rang, jamais une femme ne se voit exposée à une difficulté quelconque sans être soutenue, et l'on retrouve partout ce mélange heureux qui caractérise l'Angleterre : l'austérité républicaine dans la vie domestique, et l'esprit de chevalerie dans les rapports de la société.

Une qualité non moins aimable des Anglais, c'est leur disposition à l'enthousiasme. Ce peuple ne peut rien voir de remarquable sans l'encourager par les louanges les plus flatteuses. On a donc raison d'aller en Angleterre, dans quelque situation malheureuse que l'on se trouve, si l'on possède en soi quelque chose de véritablement distingué. Mais si l'on y arrive comme la plupart des riches oisifs de l'Europe, qui voyagent pour passer un carnaval en Italie et un printemps à Londres, il n'est point de pays qui trompe davantage l'attente, et on en partira sûrement sans s'être douté que l'on a vu le plus beau modèle de l'ordre social, et le seul qui pendant longtemps a fait espérer encore en la nature humaine.

Je n'oublierai jamais la société de lord Grey, de lord Lansdowne et de lord Harrouwby. Je les cite, parce qu'ils appartiennent tous les trois à des partis ou à des nuances de partis différentes, qui renferment à peu près toutes les opinions politiques de l'Angleterre. Il en est d'autres que j'aurais eu de même un grand plaisir à rappeler.

Lord Grey est un des plus ardents amis de la liberté, dans la chambre des pairs : la noblesse de sa naissance, de sa figure et de ses manières, le préserve plus que personne de cette espèce de popularité vulgaire qu'on veut attribuer aux partisans des droits des nations; et je défierais qui que ce soit de ne pas éprouver pour lui tous les genres de respect. Son éloquence au parlement est généralement admirée : il réunit à l'élégance du langage une force de conviction intérieure qui fait partager ce qu'il éprouve. Les questions politiques l'émeuvent, parce qu'un généreux enthousiasme est la source de ses opinions. Comme il s'exprime toujours dans la société avec calme et simplicité sur ce qui l'intéresse le plus, c'est à la pâleur de son visage que l'on s'aperçoit quelquefois de la vivacité de ses sentiments; mais c'est sans vouloir ni cacher, ni montrer les affections de son âme, qu'il parle sur des sujets pour lesquels il donnerait sa vie : chacun sait qu'il a refusé deux fois d'être premier ministre, parce qu'il ne s'accordait pas sous quelques rapports avec le prince qui le nommait. Quelle qu'ait été la diversité des manières de voir sur les motifs de cette résolution, rien ne paraît plus simple en Angleterre que de ne pas vouloir être ministre. Je ne citerais donc pas le refus de lord Grey, s'il avait fallu, pour accepter, renoncer en rien à ses principes politiques; mais les scrupules par lesquels il s'est déterminé, étaient poussés trop loin pour être approuvés de tout le monde. Et cependant, les hommes de son parti, tout en le blâmant à cet égard, n'ont pas cru possible d'entrer sans lui dans aucune des places qui leur étaient offertes.

La maison de lord Grey offre l'exemple de ces vertus domestiques si rares ailleurs dans les premières classes. Sa femme, qui ne vit que pour lui, est digne, par ses sentiments, de l'honneur que le ciel lui a départi en l'unissant à un tel homme. Treize enfants, encore jeunes, sont élevés par leurs parents, et vivent avec eux pendant huit mois de l'année dans leur château, au fond de l'Angleterre, où ils n'ont presque jamais d'autre distraction que leur cercle de famille et leurs lectures habituelles. Je me trouvai à Londres un soir dans ce sanctuaire des plus nobles et des plus touchantes vertus; lady Grey voulut bien demander à ses filles de faire de la musique; et quatre de ces jeunes personnes, d'une candeur et d'une grâce angéliques, jouèrent des duos de harpe et de piano avec un accord admirable qui supposait une grande habitude de s'exercer ensemble : le père les écoutait avec une sensibilité touchante. Les vertus qu'il développe dans sa famille servent de garantie à la pureté des vœux qu'il forme pour son pays.

Lord Lansdowne est aussi membre de l'opposition; mais, moins prononcé dans ses opinions politiques, c'est par une profonde étude de l'administration et des finances qu'il a déjà servi et qu'il doit encore servir l'État. Riche et grand seigneur, jeune et singulièrement heureux dans le choix de sa compagne, aucun de ces avantages ne le porte à l'indolence; et c'est par son mérite supérieur qu'il est au premier rang, dans un pays où rien ne peut dispenser de valoir par soi-même. A sa campagne à Bowood, j'ai vu la plus belle réunion d'hommes éclairés que l'Angleterre, et par conséquent le monde puisse offrir : sir James Mackintosh, désigné par l'opinion pour continuer Hume et pour le surpasser, en écrivant l'histoire de la liberté constitutionnelle de l'Angleterre, homme si universel dans ses connaissances et si brillant dans sa conversation, que les Anglais le citent avec orgueil aux étrangers, pour prouver que, dans ce genre aussi, ils peuvent être les premiers; sir Samuel Romilly, la lumière et l'honneur de cette jurisprudence anglaise qui est elle-même l'objet de tous les respects de l'humanité; des poètes, des hommes de lettres non moins remarquables dans leur carrière que les hommes d'État dans la leur : chacun contribuait au pur éclat d'une telle société et de l'hôte illustre qui la présidait. Car, en Angleterre, la culture de l'esprit et la morale sont presque toujours réunies. En effet, à une certaine hauteur elles ne sauraient être séparées.

Lord Harrowby, président du conseil privé, est naturellement du parti ministériel, ou tory; mais, de même que lord Grey a toute la dignité de l'aristocratie dans son caractère, lord Harrowby tient par son esprit à toutes les lumières du parti libéral. Il connaît les littératures étrangères et celle de France en particulier, un peu mieux que nous-mêmes. J'avais l'honneur de le voir quelquefois, au milieu des plus grandes crises de l'avant-dernière guerre; et, tandis qu'ailleurs on est obligé de composer ses paroles et son maintien devant un ministre, lorsqu'il s'agit des affaires publiques, lord Harrowby se serait tenu pour offensé, si l'on s'était souvenu qu'il était autre que lui-même, en causant sur des questions d'un intérêt général. On ne voyait point à sa table, ni chez les autres ministres anglais, ces sortes de flatteurs subalternes qui entourent les puissants dans les monarchies absolues. Il n'est point de classe dans laquelle on pût en trouver en Angleterre, ni d'hommes en place qui en voulussent. Lord Harrowby est remarquable comme orateur, par la pureté de son langage et par l'ironie brillante dont il sait à propos se servir. Aussi attache-t-il, avec raison, beaucoup plus de prix à sa réputation personnelle qu'à son emploi passager. Lord Harrowby, secondé par sa spirituelle compagne, offre dans sa maison le plus parfait exemple de ce que peut être une conversation tour à tour littéraire et politique, et dans laquelle ces deux sujets sont traités avec une égale aisance.

Nous avons en France un grand nombre de femmes qui se sont fait un nom, seulement par le talent de causer ou d'écrire des lettres qui ressemblent à la conversation. Madame de Sévigné est la première de toutes en ce genre; mais depuis, madame de Tencin, madame du Deffant, mademoiselle de l'Espinasse et plusieurs autres ont été célèbres à cause de l'agrément de leur esprit. J'ai déjà dit que l'état social en Angleterre ne permettait guère ce genre de succès, et qu'on n'en saurait citer d'exemples. Il existe cependant plusieurs femmes remarquables comme écrivains : miss Edgeworth, madame d'Arblay, autrefois miss Burney, madame Hannah Moore, madame Inchbald, madame Opie, mademoiselle Boyey, sont admirées en Angleterre, et lues avidement en français; mais elles vivent en général très-retirées, et leur influence se borne à leurs livres. Si donc on voulait citer une femme qui réunît au suprême degré ce qui constitue la force et la beauté morale du caractère anglais, il faudrait la chercher dans l'histoire.

Lady Russel, la femme de l'illustre lord Russel qui périt sous Charles II, pour s'être opposé aux empiétements du pouvoir royal, me paraît le vrai modèle d'une femme anglaise dans toute sa perfection. Le tribunal qui jugeait lord Russel, lui demanda quelle personne il voulait désigner pour lui servir de secrétaire pendant son procès; il choisit lady Russel, *parce que*, dit-il, *elle réunit les lumières d'un homme à la tendre affection d'une épouse.* Lady Russel, qui adorait son mari, soutint néanmoins la présence de ses juges iniques et le barbare sophisme de leurs interrogations avec toute la présence d'esprit que lui commandait l'espoir d'être utile : ce fut en vain. La sentence de mort étant prononcée, lady Russel alla se jeter aux pieds de Charles II, en l'implorant au nom de lord Southampton, dont elle était la fille, et qui s'était dévoué pour la cause de Charles Ier. Mais le souvenir

des services rendus au père ne put rien sur le fils; car sa frivolité ne l'empêchait pas d'être cruel. Lord Russel, en se séparant de sa femme pour marcher à l'échafaud, prononça ces paroles remarquables : « A présent, la douleur de la mort est passée. » En effet, il y a telle affection dont on peut se composer toute l'existence.

On a publié des lettres de lady Russel, écrites après la mort de son époux, dans lesquelles on trouve l'empreinte de la plus profonde douleur, contenue par la résignation religieuse. Elle vécut pour élever ses enfants; elle vécut, parce qu'elle ne se serait pas permis de se donner la mort. A force de pleurer, elle devint aveugle, et toujours le souvenir de celui qu'elle avait tant aimé fut vivant dans son cœur. Elle eut un moment de joie, quand la liberté s'établit en 1668; la sentence portée contre lord Russel fut révoquée, et ses opinions triomphèrent. Les partisans de Guillaume III, et la reine Anne elle-même, consultaient souvent lady Russel sur les affaires publiques, comme ayant conservé quelques étincelles des lumières de lord Russel; c'est à ce titre aussi qu'elle répondait, et qu'à travers le profond deuil de son âme, elle s'intéressait à la noble cause pour laquelle le sang de son époux avait été répandu. Toujours elle fut la veuve de lord Russel, et c'est par l'unité de ce sentiment qu'elle mérite d'être admirée. Telle serait encore une femme vraiment anglaise, si une scène aussi tragique, une épreuve aussi terrible pouvait se présenter de nos jours, et si, grâce à la liberté, de semblables malheurs n'étaient pas écartés à jamais. La durée des regrets causés par la perte de ceux qu'on aime, absorbe souvent en Angleterre la vie des personnes qui les ont éprouvés : si les femmes n'ont pas une existence personnelle active, elles vivent avec d'autant plus de force dans les objets de leur attachement. Les morts ne sont point oubliés dans cette contrée, où l'âme humaine a toute sa beauté; et l'honorable constance qui lutte contre l'instabilité de ce monde, élève les sentiments du cœur au rang des choses éternelles.

CHAPITRE VII.
De la conduite du gouvernement anglais hors de l'Angleterre.

En exprimant, autant que je l'ai pu, ma profonde admiration pour la nation anglaise, je n'ai cessé d'attribuer sa supériorité sur le reste de l'Europe à ses institutions politiques. Il nous reste à donner une triste preuve de cette assertion; c'est que là où la constitution ne commande pas, on peut avec raison faire au gouvernement anglais les mêmes reproches que la toute-puissance a toujours mérités sur la terre. Si par quelques circonstances qui ne se sont point rencontrées dans l'histoire, un peuple eût possédé, cent ans avant le reste de l'Europe, l'imprimerie, la boussole, ou, ce qui vaut bien mieux encore, une religion qui n'est que la sanction de la morale la plus pure, ce peuple serait certainement fort supérieur à ceux qui n'auraient pas obtenu de semblables avantages. Il en est de même des bienfaits d'une constitution libre; mais ces bienfaits sont nécessairement bornés au pays même qu'elle régit. Quand les Anglais exercent des emplois militaires ou diplomatiques sur le continent, il est encore probable que des hommes élevés dans l'atmosphère de toutes les vertus, y participeront individuellement; mais il se peut que le pouvoir qui corrompt presque tous les hommes, quand ils sortent du cercle où règne la loi, ait égaré beaucoup d'Anglais, lorsqu'ils n'avaient à rendre compte de leur conduite hors de leur pays, qu'aux ministres et non à la nation. En effet, cette nation, si éclairée d'ailleurs, connaît mal ce qui se passe dans le continent; elle vit dans son intérieur de patrie, si l'on peut s'exprimer ainsi, comme chaque homme dans sa maison; et ce n'est qu'avec le temps qu'elle apprend l'histoire de l'Europe, dans laquelle ses ministres ne jouent souvent qu'un trop grand rôle, à l'aide de son sang et de ses richesses. Il en faut donc conclure que chaque pays doit toujours se défendre de l'influence des étrangers, quels qu'ils soient; car les peuples les plus libres chez eux peuvent avoir des chefs très-jaloux de la prospérité des autres États, et devenir les oppresseurs de leurs voisins, s'ils en trouvent une occasion favorable.

Examinons cependant ce qu'il y a de vrai dans ce qu'on dit sur la conduite des Anglais hors de leur patrie. Lorsqu'ils se sont trouvés, malheureusement pour eux, obligés d'envoyer des troupes sur le continent, ces troupes ont observé la plus parfaite discipline. Le désintéressement de l'armée anglaise et de ses chefs ne saurait être contesté; on les a vus payer chez leurs ennemis comme ces ennemis ne payaient pas chez eux-mêmes, et jamais ils ne négligent de mêler les soins de l'humanité aux malheurs de la guerre. Sir Sidney Smith, en Égypte, gardait les envoyés de l'armée française dans sa tente; et plusieurs fois il a déclaré à ses alliés, les Turcs, qu'il périrait avant que le droit des gens fût violé envers ses ennemis. Lors de la retraite du général Moore, en Espagne, des officiers anglais se précipitèrent dans un fleuve où des Français allaient être engloutis, afin de les

sauver d'un péril auquel le hasard, et non les armes, les exposait. Enfin, il n'est pas d'occasion où l'armée de lord Wellington, guidée par la noblesse et la sévérité consciencieuse de son illustre chef, n'ait cherché à soulager les habitants des pays qu'elle traversait. L'éclat de la bravoure anglaise, il faut le reconnaître, n'est jamais obscurci ni par la cruauté, ni par le pillage.

La force militaire, transportée dans les colonies, et particulièrement aux Indes, ne doit pas être rendue responsable des actes d'autorité dont on peut avoir à se plaindre. L'armée de ligne obéit passivement dans les pays considérés comme sujets, et qui ne sont point protégés par la constitution. Mais dans les colonies, comme ailleurs, on ne peut accuser les officiers anglais de déprédations; ce sont les employés civils auxquels on a reproché de s'enrichir par des moyens illicites. En effet, leur conduite, dans les premières années de la conquête de l'Inde, mérite la censure la plus grave, et offre une preuve de plus de ce qu'on ne saurait trop répéter: c'est que tout homme chargé de commander aux autres, s'il n'est pas soumis lui-même à la loi, n'obéit qu'à ses passions. Mais depuis le procès de M. Hastings, tous les regards de la nation anglaise s'étant tournés vers les abus affreux qu'on avait tolérés jusqu'alors dans l'Inde, l'esprit public a obligé le gouvernement à s'en occuper. Lord Cornwallis a porté ses vertus, et lord Wellesley ses lumières, dans un pays nécessairement malheureux, puisqu'il est soumis à une domination étrangère. Mais ces deux gouverneurs ont fait un bien qui se sent tous les jours davantage. Il n'existait point aux Indes de tribunaux où l'on pût appeler des injustices des gens en place; la quotité des impôts n'était point fixée. Aujourd'hui des tribunaux avec les formes de l'Angleterre y sont établis; quelques Indiens y occupent eux-mêmes les places du second rang: les contributions sont fixées sur un cadastre, et ne peuvent être augmentées. Si les employés s'enrichissent maintenant, c'est parce que leurs appointements sont très-considérables. Les trois quarts des revenus du pays sont consommés dans le pays même; le commerce est libre dans l'intérieur; le commerce des grains nommément, qui avait donné lieu à un monopole si cruel, est à présent plus favorable aux Indiens qu'au gouvernement.

L'Angleterre a adopté le principe de régir les habitants du pays d'après leurs propres lois. Mais la tolérance même par laquelle les Anglais se distinguent avantageusement de leurs prédécesseurs, dans la domination de l'Inde, soit mahométans, soit chrétiens, les oblige à ne pas employer d'autres armes que celles de la persuasion, pour détruire des préjugés enracinés depuis des milliers d'années. La différence des castes humilie encore l'espèce humaine; et la puissance que le fanatisme exerce est telle, que les Anglais n'ont pu jusqu'à ce jour empêcher les femmes de se brûler vives après la mort de leurs maris. Le seul triomphe qu'ils aient remporté sur la superstition est de faire renoncer les mères à jeter leurs enfants dans le Gange, afin de les envoyer en paradis. On essaye de fonder chez eux le respect du serment, et l'on se flatte encore de pouvoir y répandre le christianisme dans un terme quelconque. L'éducation publique est très-soignée par les autorités anglaises; et c'est à Madras que le docteur Bell a établi sa première école. Enfin on peut espérer que l'exemple des Anglais formera ces peuples, assez pour qu'ils puissent se donner un jour une existence indépendante. Tout ce qu'il y a d'hommes éclairés en Angleterre s'applaudirait de perdre l'Inde par le bien même que le gouvernement y aurait fait. C'est un des préjugés du continent, que de croire la puissance anglaise attachée à la possession de l'Inde : cet empire oriental est presque une affaire de luxe; il contribue plus à la splendeur qu'à la force réelle. L'Angleterre a perdu ses provinces d'Amérique, et son commerce s'en est accru; quand les colonies qui lui restent se déclareraient indépendantes, elle conserverait encore sa supériorité maritime et commerciale, parce qu'il y a en elle un principe d'action, de progrès et de durée, qui la met toujours au-dessus des circonstances extérieures.

On a dit sur le continent que la traite des Nègres avait été supprimée en Angleterre par des calculs politiques, afin de ruiner les colonies des autres pays par cette abolition. Rien n'est plus faux sous tous les rapports; le parlement anglais, pressé par M. Wilberforce, s'est débattu vingt ans sur cette question, dans laquelle l'humanité luttait contre ce qui semblait l'intérêt. Les négociants de Liverpool et des divers ports de l'Angleterre réclamaient avec véhémence pour le maintien de la traite. Les colons parlaient de cette abolition, comme en France aujourd'hui de certaines gens s'expriment sur la liberté de la presse et les droits politiques. Si l'on en avait cru les colons, il fallait être jacobin pour désirer qu'on n'achetât et ne vendît plus des hommes. Des malédictions contre la philosophie, au nom de la haute sagesse qui prétend s'élever au-dessus d'elle, en maintenant les choses comme elles sont, lors même qu'elles sont abominables; des sarcasmes sans nombre sur la philanthropie envers les Africains, sur la fraternité avec les Nègres; enfin, tout l'arsenal de l'intérêt personnel a été employé en Angleterre, ainsi qu'ailleurs, par les colons, par cette espèce de privilégiés qui, craignant une diminution dans leurs revenus, les défendaient au nom du salut de l'État. Néanmoins, quand l'Angleterre prononça l'abolition de la traite des Nègres, en 1806, presque toutes les colonies de l'Europe étaient entre ses mains; et, s'il pouvait jamais être nuisible de se montrer juste, c'était dans cette occasion. Depuis, il est arrivé ce qui arrivera toujours; c'est que la résolution commandée par la religion et la philosophie n'a pas eu le moindre inconvénient politique. En très-peu de temps on a suppléé par le bon traitement qui multiplie les esclaves, à la cargaison déplorable qu'on apportait chaque année; et la justice s'est fait place, parce que la vraie nature des choses s'accorde toujours avec elle.

Le ministère anglais, alors du parti des whigs, avait proposé le *bill* pour l'abolition de la traite des Nègres; il venait de donner sa démission au roi, parce qu'il n'en avait pas obtenu l'émancipation des catholiques. Mais lord Holland, le neveu de M. Fox, héritier des principes, des lumières et des amis de son oncle, se réserva l'honorable plaisir de porter encore dans la chambre des pairs la sanction du roi au décret d'abolition de la traite. M. Clarckson, l'un des hommes vertueux qui travaillaient depuis vingt ans avec M. Wilberforce, à l'accomplissement de cette œuvre éminemment chrétienne, en rendant compte de cette séance, dit qu'au moment où le bill fut sanctionné, un rayon de soleil, comme pour célébrer une fête si touchante, sortit des nuages qui couvraient le ciel ce jour-là. Certes, s'il était fastidieux d'entendre parler du beau temps qui devait consacrer les parades militaires de Bonaparte, il est permis aux âmes pieuses d'espérer un signe bienveillant du Créateur, quand elles brûlent sur son autel l'encens qu'il accueille le mieux, le bien qu'on fait aux hommes. Telle fut, dans cette circonstance, toute la politique de l'Angleterre; et, quand le parlement adopte, après des débats publics, une décision quelconque, le bien de l'humanité en est presque toujours le principal but. Mais peut-on nier, dira-t-on, que l'Angleterre ne soit envahissante et dominatrice au dehors? J'arrive maintenant à ses torts, ou plutôt à ceux de son ministère, car le parti, et il est très-nombreux, qui désapprouve la conduite du gouvernement à cet égard, ne saurait en être accusé.

Il y a une nation qui sera bien grande un jour:

ce sont les Américains. Une seule tache obscurcit le parfait éclat de raison qui vivifie cette contrée : c'est l'esclavage encore subsistant dans les provinces du Midi ; mais, quand le congrès y aura trouvé remède, comment pourra-t-on refuser le plus profond respect aux institutions des États-Unis ? D'où vient donc que beaucoup d'Anglais se permettent de parler avec dédain d'un tel peuple ? « Ce sont des marchands, » répètent-ils. Et comment les courtisans du temps de Louis XIV s'exprimaient-ils sur les Anglais eux-mêmes ? Les gens de la cour de Bonaparte aussi, que disaient-ils ? Les noblesses oisives, ou uniquement occupées du service des princes, ne dédaignent-elles pas cette magistrature héréditaire des Anglais, qui se fonde uniquement sur l'utilité dont elle est à la nation entière ? Les Américains, il est vrai, ont déclaré la guerre à l'Angleterre, dans un moment très-mal choisi par rapport à l'Europe ; car l'Angleterre seule, alors, combattait contre la puissance de Bonaparte. Mais l'Amérique n'a vu dans cette circonstance que ce qui concernait ses propres intérêts ; et certes, on ne peut pas la soupçonner d'avoir voulu favoriser le système impérial. Les nations n'en sont pas encore à ce noble sentiment d'humanité qui s'étendrait d'une partie du monde à l'autre. On se hait entre voisins : se connaît-on à distance ? Mais cette ignorance des affaires de l'Europe qui avait entraîné les Américains à déclarer mal à propos la guerre à l'Angleterre, pouvait-elle motiver l'incendie de Washington ? Il ne s'agissait pas là de détruire des établissements guerriers, mais des édifices pacifiques consacrés à la représentation nationale, à l'instruction publique, à la transplantation des arts et des sciences dans un pays naguère couvert de forêts, et conquis seulement par les travaux des hommes sur une nature sauvage. Qu'y a-t-il de plus honorable pour l'espèce humaine, que ce nouveau monde qui s'établit sans les préjugés de l'ancien ; ce nouveau monde où la religion est dans toute sa ferveur, sans qu'elle ait besoin de l'appui de l'État pour se maintenir ; où la loi commande par le respect qu'elle inspire, bien qu'aucune force militaire ne la soutienne ? Il se peut, hélas ! que l'Europe soit un jour destinée à présenter, comme l'Asie, le spectacle d'une civilisation stationnaire, qui, n'ayant pu se perfectionner, s'est dégradée. Mais s'ensuit-il que la vieille et libre Angleterre doive se refuser à l'admiration qu'inspirent les progrès de l'Amérique, parce que d'anciens ressentiments et quelques traits de ressemblance établissent entre les deux pays des haines de famille ?

Enfin, que dira la postérité de la conduite récente du ministère anglais envers la France ? Je l'avouerai, je ne puis approcher de ce sujet sans qu'un tremblement intérieur me saisisse ; et cependant s'il fallait, je ne craindrai point de le dire, qu'une des deux nations, l'Angleterre ou la France, fût anéantie, il vaudrait mieux que celle qui a cent ans de liberté, cent ans de lumières, cent ans de vertus, conservât le dépôt que la Providence lui a confié. Mais cette alternative cruelle existait-elle ? Et comment une rivalité de tant de siècles n'a-t-elle pas fait au gouvernement anglais un devoir de chevalerie autant que de justice, de ne pas opprimer cette France qui, luttant avec l'Angleterre pendant tout le cours de leur commune histoire, animait ses efforts par une jalousie généreuse ? Le parti de l'opposition a été de tout temps plus libéral et plus instruit sur les affaires du continent que le parti ministériel. Il devait donc naturellement être chargé de la paix. D'ailleurs, il était reçu en Angleterre que la paix ne doit pas être signée par les mêmes ministres qui ont dirigé la guerre On avait senti que l'irritation contre les ennemis, qui sert à conduire la guerre avec vigueur, fait abuser de la victoire ; et cette façon de voir est aussi juste que favorable à la véritable paix qui ne se signe pas, mais qui s'établit dans les esprits et dans les cœurs. Malheureusement le parti de l'opposition s'était mépris en soutenant Bonaparte. Il aurait été plus naturel que son système despotique fût défendu par les amis du pouvoir, et combattu par les amis de la liberté. Mais la question s'est embrouillée en Angleterre comme partout ailleurs. Les partisans des principes de la révolution ont cru devoir soutenir une tyrannie viagère, pour prévenir en divers lieux le retour de despotismes plus durables. Mais ils n'ont pas vu qu'un genre de pouvoir absolu fraye le chemin à tous les autres, et qu'en redonnant aux Français les mœurs de la servitude, Bonaparte a détruit l'énergie de l'esprit public. Une particularité de la constitution anglaise dont nous avons déjà parlé, c'est la nécessité dans laquelle l'opposition se croit, de combattre toujours le ministère, sur tous les terrains possibles. Mais il fallait renoncer à cet usage, applicable seulement aux circonstances ordinaires, dans un moment où le débat était tellement national que le salut du pays même dépendait de son issue. L'opposition devait se réunir franchement au gouvernement contre Bonaparte ; car en le combattant, comme il l'a fait, avec persévérance, ce gouvernement accomplissait noblement son devoir. L'opposition s'appuyait sur le désir de la paix, qui est en général très-bien accueilli par les peuples ; mais dans cette occasion, le bon sens et l'énergie des Anglais les portaient à la guerre. Ils sentaient qu'on ne pouvait traiter avec Bonaparte ; et tout ce que le ministère et lord Wellington ont fait pour le renverser, a servi puissamment au repos et à la grandeur de l'Angleterre. Mais à cette époque où elle avait atteint le sommet de la prospérité, à cette époque où le ministère anglais méritait un vote de reconnaissance pour la part qu'il avait dans le triomphe de ses héros, la fatalité qui s'empare de tous les hommes parvenus au faîte de sa puissance, a marqué le traité de Paris d'un sceau réprobateur.

Déjà le ministère anglais, dans le congrès de Vienne, avait eu le malheur d'être représenté par un homme dont les vertus privées sont très-dignes d'estime, mais qui a fait plus de mal à la cause des nations qu'aucun diplomate du continent. Un Anglais qui dénigre la liberté est un faux frère plus dangereux que les étrangers, car il a l'air de parler de ce qu'il connaît, et de faire les honneurs de ce qu'il possède. Les discours de lord Castlereagh dans le parlement sont empreints d'une sorte d'ironie glaciale, singulièrement funeste, quand elle s'attache à tout ce qu'il y a de beau dans ce monde. Car la plupart de ceux qui défendent les sentiments généreux sont aisément déconcertés, quand un ministre en puissance traite leurs vœux de chimères, quand il se moque de la liberté comme du parfait amour, et qu'il a l'air d'user d'indulgence envers ceux qui la chérissent, en ne leur imputant qu'une innocente folie.

Les députés de divers États de l'Europe, maintenant faibles et jadis indépendants, sont venus demander quelques droits, quelques garanties, au représentant de la puissance qu'ils adoraient comme libre. Ils sont repartis le cœur navré, ne sachant plus qui, de Bonaparte ou de la plus respectable nation du monde, leur avait fait le mal le plus durable. Un jour leurs entretiens seront publiés, et l'histoire ne pourra guère offrir une pièce plus remarquable. « Quoi ! disaient-ils au ministre anglais, la prospérité, la gloire de votre patrie, ne viennent-elles pas de cette constitution dont nous réclamons quelques principes, quand il vous plaît de disposer de nous pour cet équilibre prétendu de l'Europe, dont nous sommes un des poids mesurés à votre balance ? — Oui, leur répondait-on avec un sourire sarcastique, c'est un usage d'Angleterre que la liberté, mais il ne convient point aux autres pays. » Le seul de tous les rois et de tous les hommes qui ait fait mettre à la torture, non pas ses ennemis, mais ses amis, a distribué selon son bon plaisir, l'échafaud, les galères et la prison, entre des citoyens qui, s'étant battus pour la défense de leur pays sous les étendards de l'Angleterre, en réclamaient l'appui, comme ayant, de l'aveu généreux de lord Wellington, puissamment aidé ses efforts. L'Angleterre les a-t-elle protégés ? Les Américains du Nord voudraient soutenir les Américains du Mexique et du Pérou, dont l'amour pour l'indépendance a dû s'accroître lorsqu'ils ont revu à Madrid l'inquisition et la torture. Eh bien ! que craint le congrès du Nord, en secourant les frères du Midi ? l'alliance de l'Angleterre avec l'Espagne. Partout on redoute l'influence du gouvernement anglais, précisément dans le sens contraire à l'appui que les opprimés devraient en espérer.

Mais revenons de toute notre âme et de toutes nos forces à la France, que seule nous connaissons. « Pendant vingt-cinq ans, dit-on, elle n'a pas cessé de tourmenter l'Europe par ses excès démocratiques et son despotisme militaire. L'Angleterre a souffert cruellement de ses continuelles attaques, et les Anglais ont fait des sacrifices immenses pour défendre l'Europe. Il est bien juste qu'à son tour la France expie le mal qu'elle a causé. » Tout est vrai dans ces accusations, excepté la conséquence qu'on en tire. Que signifie la loi du talion en général, et la loi du talion surtout exercée contre une nation ? Un peuple est-il aujourd'hui ce qu'il était hier ? Une nouvelle génération innocente ne vient-elle pas remplacer celle que l'on a trouvée coupable ? Comprendra-t-on dans une même proscription les femmes, les enfants, les vieillards, les victimes même de la tyrannie qu'on a renversée ? Les malheureux conscrits, cachés dans les bois pour se soustraire aux guerres de Bonaparte, mais qui, forcés de porter les armes, se sont conduits en intrépides guerriers ; les pères de famille, déjà ruinés par les sacrifices qu'ils ont faits pour racheter leurs enfants ; que sais-je ! enfin, tant et tant de classes d'hommes sur qui le malheur public pèse également, bien qu'ils n'aient sûrement pas pris une part égale à la faute, méritent-ils de souffrir tous pour quelques-uns ? A peine si l'on peut, quand il s'agit d'opinions politiques, juger un homme avec équité : qu'est-ce donc que juger une nation ? La conduite de Bonaparte envers la Prusse a été prise pour modèle dans le second traité de Paris ; de même les forteresses et les provinces sont occupées par cent cinquante mille soldats étrangers. Est-ce ainsi qu'on peut persuader aux Français que Bonaparte était injuste, et qu'ils doivent le haïr ? Ils en auraient été bien mieux convaincus, si l'on n'avait en rien suivi sa doctrine. Et que promettaient les proclamations des alliés ? Paix à la France, dès que Bonaparte ne serait plus son chef. Les promesses des puissances, libres de leurs décisions, ne devaient-elles pas être aussi sacrées que les serments de l'armée française prononcés en présence des étrangers ? Et parce que les ministres de l'Europe commettent la faute de placer dans l'île d'Elbe un général dont la vue doit émouvoir ses soldats, faut-il que pendant cinq années des contributions énormes épuisent le pauvre ? Et ce qui est plus douloureux encore, faut-il que des étrangers humilient les Français, comme les Français ont humilié les autres nations; c'est-à-dire, provoquent dans leurs âmes les mêmes sentiments qui ont soulevé l'Europe contre eux ? Pense-t-on que maltraiter une nation jadis si forte, réussisse aussi bien que les punitions dans les colléges, infligées aux écoliers ? Certes, si la France se laisse instruire de cette manière, si elle apprend la bassesse envers les étrangers, quand ils sont les plus forts, après avoir abusé de la victoire quand elle avait triomphé d'eux, elle aura mérité son sort.

Mais, objectera-t-on encore, que fallait-il donc faire pour contenir une nation toujours conquérante, et qui n'avait repris son ancien chef que dans l'espoir d'asservir de nouveau l'Europe ? J'ai dit dans les chapitres précédents ce que je crois incontestable, c'est que la nation française ne sera jamais sincèrement tranquille que quand elle aura assuré le but de ses efforts, la monarchie constitutionnelle. Mais, en laissant de côté pour un moment cette manière de voir, ne suffisait-il pas de dissoudre l'armée, de prendre toute l'artillerie, de lever des contributions, pour s'assurer que la France, ainsi affaiblie, ne voudrait ni ne pourrait sortir de ses limites ? N'est-il pas clair à tous les yeux que les cent cinquante mille hommes qui occupent la France n'ont que deux buts : ou de la partager, ou de lui imposer des lois dans l'intérieur. La partager ! Eh ! depuis que la politique a commis le sacrifice humain de la Pologne, les restes déchirés de ce malheureux pays agitent encore l'Europe, ces débris se rallument sans cesse pour lui servir de brandons. Est-ce pour affermir le gouvernement actuel que cent cinquante mille soldats occupent notre territoire ? Le gouvernement a des moyens plus efficaces de se maintenir ; car, destiné pourtant un jour à ne s'appuyer que sur des Français, les troupes étrangères qui restent en France, les contributions exorbitantes qu'elles exigent, excitent chaque jour un mécontentement vague dont on ne fait pas toujours le partage avec justice.

J'accorde cependant volontiers que l'Angleterre, ainsi que l'Europe, devait désirer le retour des anciens souverains de la France ; et que, surtout, la haute sagesse qu'avait montrée le roi dans la première année de sa restauration, imposait le devoir de réparer envers lui le cruel retour de Bonaparte. Mais les ministres anglais qui, mieux que tous les autres, connaissent par l'histoire de leur pays les effets d'une longue révolution sur les esprits, ne devaient-ils pas maintenir en France avec autant de soin les garanties constitutionnelles que l'ancienne dynastie ? Puisqu'ils ramenaient la famille royale, ne devaient-ils pas veiller à ce que les droits de la nation fussent aussi bien respectés que ceux de la légitimité ? N'y a-t-il qu'une famille en France, bien que royale ? Et les engagements pris par cette famille envers vingt-cinq millions d'hommes doivent-ils être rompus pour complaire à quelques ultra-royalistes [1] ? Prononcera-t-on encore le nom de la charte, lorsqu'il n'y a plus l'ombre de liberté de la presse ; lorsque les journaux anglais ne peuvent pénétrer en France ; lorsque des milliers d'hommes sont emprisonnés sans examen ; lorsque la plupart des militaires que l'on soumet à des jugements, sont condamnés à mort par des tribunaux extraordinaires, des cours prévôtales, des conseils de guerre, composés des hommes mêmes contre lesquels les accusés se sont battus vingt-cinq ans ; lorsque la plupart des formes sont violées dans ces procès, les avocats interrompus ou réprimandés ; enfin, lorsque partout règne l'arbitraire, et nulle part la charte, que l'on devait défendre à l'égal du trône, puisqu'elle était la sauvegarde de la nation ? Prétendrait-on que l'élection des députés qui ont suspendu cette charte était régulière ? Ne sait-on pas que vingt personnes nommées par les préfets ont été envoyées dans chaque collége électoral, pour y choisir les ennemis de toute institution libre, comme les prétendus représentants d'une nation, qui, depuis 1789, n'a été invariable que sur un seul point, la haine qu'elle a montrée pour leur pouvoir ? Cent quatre-vingts protestants ont été massacrés dans le département du Gard, sans qu'un seul homme ait subi la mort en punition de ces crimes, sans que la terreur causée par les assassins ait permis aux

---

[1] Tout ceci a été écrit pendant la session de 1815, et l'on sait que personne n'a été plus empressé que madame de Staël à rendre hommage aux bienfaits de l'ordonnance du 5 septembre. *(Note des éditeurs de 1818.)*

tribunaux de les condamner. On s'est hâté de dire que ceux qui ont péri étaient des bonapartistes; comme s'il ne fallait pas empêcher aussi que les bonapartistes ne fussent massacrés. Mais cette imputation, d'ailleurs, était aussi fausse que toutes celles que l'on fait porter sur des victimes. Il est innocent, l'homme qui n'a pas été jugé; encore plus l'homme qu'on assassine, encore plus les femmes qui ont péri dans ces sanglantes scènes. Les meurtriers, dans leurs chansons atroces, désignaient aux poignards ceux qui professent le même culte que les Anglais et la moitié de l'Europe la plus éclairée. Ce ministère anglais qui a rétabli le trône papal, voit les protestants menacés en France; et, loin de les secourir, il adopte contre eux ces prétextes politiques dont les partis se sont servis les uns contre les autres, depuis le commencement de la révolution. Il en faudrait finir des arguments de la force, qui pourraient s'appliquer tour à tour aux factions opposées, en changeant seulement les noms propres. Le gouvernement anglais aurait-il maintenant pour le culte des réformés la même antipathie que pour les républiques? Bonaparte, à beaucoup d'égards, était aussi de cet avis. L'héritage de ses principes est échu à quelques diplomates, comme les conquêtes d'Alexandre à ses généraux; mais les conquêtes, quelque condamnables qu'elles soient, valent mieux que la doctrine fondée sur l'avilissement de l'espèce humaine. Laissera-t-on dire encore au ministère anglais qu'il se fait un devoir de ne pas se mêler des affaires intérieures de la France? Une telle excuse ne doit-elle pas lui être interdite? Je le demande au nom du peuple anglais, au nom de cette nation dont la sincérité est la première vertu, et que l'on fourvoie à son insu dans les perfidies politiques : peut-on se refuser au rire de l'amertume, quand on entend des hommes qui ont disposé deux fois du sort de la France, donner ce prétexte hypocrite, seulement pour ne pas lui faire du bien, pour ne pas rendre aux protestants la sécurité qui leur est due, pour ne pas réclamer l'exécution sincère de la charte constitutionnelle? Car les amis de la liberté sont aussi les frères en religion du peuple anglais. Quoi! lord Wellington est authentiquement chargé par les puissances de l'Europe de surveiller la France, puisqu'il est chargé de répondre de sa tranquillité; la note qui l'investit de ce pouvoir est publiée; dans cette même note, les puissances alliées ont déclaré, ce qui les honore, qu'elles considéraient les principes de la charte constitutionnelle comme ceux qui doivent gouverner la France; cent cinquante mille hommes sont restés sous les

ordres de celui à qui une telle dictature est accordée; et le ministère anglais viendra dire encore qu'il ne peut pas s'immiscer dans nos affaires! Le secrétaire d'État lord Castlereagh, qui avait déclaré dans la chambre des communes, quinze jours avant la bataille de Waterloo [1], que l'Angleterre ne prétendait en aucune manière imposer un gouvernement à la France, le même homme, à la même place, déclare, un an après [2], que, si, à l'expiration des cinq années, la France était représentée par un autre gouvernement, le ministère anglais n'aurait pas l'absurdité de se croire lié par les conditions du traité. Mais dans le même discours où cette incroyable déclaration est prononcée, les scrupules du noble lord par rapport à l'influence du gouvernement anglais sur la France lui reviennent, dès qu'on lui demande d'empêcher le massacre des protestants, et de garantir au peuple français quelques-uns des droits qu'il ne peut perdre, sans se déchirer le sein par la guerre civile, ou sans mordre la poussière comme les esclaves. Et qu'on ne prétende pas que le peuple anglais veuille faire porter son joug à ses ennemis! Il est fier, il doit l'être, de vingt-cinq ans et d'un jour. La bataille de Waterloo l'a rempli d'un juste orgueil. Ah! les nations qui ont une patrie partagent avec l'armée les lauriers de la victoire. Les citoyens seraient guerriers, les guerriers sont citoyens; et, de toutes les joies que Dieu permet à l'homme sur cette terre, la plus vive est peut-être celle du triomphe de son pays. Mais cette noble émotion, loin d'étouffer la générosité, la ranime; et si Fox faisait entendre encore sa voix si longtemps admirée, s'il demandait pourquoi les soldats anglais servent de geôliers à la France, pourquoi l'armée d'un peuple libre traite un autre peuple comme un prisonnier de guerre qui doit payer sa rançon à ses vainqueurs, la nation anglaise apprendrait que l'on commet en son nom une injustice; et, dès cet instant, il naîtrait de toutes parts dans son sein des avocats pour la cause de la France. Un homme, au milieu du parlement anglais, ne pourrait-il pas demander ce que serait l'Angleterre aujourd'hui, si les troupes de Louis XIV s'étaient emparées d'elle, au moment de la restauration de Charles II; si l'on avait vu camper dans Westminster l'armée des Français triomphante sur le Rhin, ou, ce qui aurait fait plus de mal encore, l'armée qui, plus tard, combattit les protestants dans les Cévennes? Elles auraient rétabli le catholicisme et supprimé le parlement; car nous voyons, dans les dépêches de

[1] Séance du 25 mai 1815.
[2] Séance du 19 février 1816.

l'ambassadeur de France, que Louis XIV les offrait à Charles II dans ce but. Alors que serait devenue l'Angleterre? l'Europe n'aurait pu entendre parler que du meurtre de Charles Ier, que des excès des puritains en faveur de l'égalité, que du despotisme de Cromwell, qui se faisait sentir au dehors comme au dedans, puisque Louis XIV a porté son deuil. On aurait trouvé des écrivains pour soutenir que ce peuple turbulent et sanguinaire méritait d'être remis dans le devoir, et qu'il lui fallait des institutions de ses pères, à l'époque où ses pères avaient perdu la liberté de leurs ancêtres. Mais aurait-on vu ce beau pays à l'apogée de puissance et de gloire que l'univers admire aujourd'hui? Une tentative malheureuse pour obtenir la liberté eût été qualifiée de rébellion, de crime, de tous les noms qu'on prodigue aux nations, quand elles veulent des droits et ne savent pas s'en mettre en possession. Les pays jaloux de la puissance maritime de l'Angleterre sous Cromwell, se seraient complu dans son abaissement. Les ministres de Louis XIV auraient dit que les Anglais n'étaient pas faits pour être libres, et l'Europe ne pourrait pas contempler le phare qui l'a guidée dans la tempête, et doit encore l'éclairer dans le calme.

Il n'y a, dit-on, en France, que des royalistes exagérés, ou des bonapartistes; et les deux partis sont également, on doit en convenir, les fauteurs du despotisme. Les amis de la liberté, dit-on encore, sont en petit nombre, et sans force contre ces deux factions acharnées. Les amis de la liberté, j'en conviens, étant vertueux et désintéressés, ne peuvent lutter activement contre les passions avides de ceux dont l'argent et les places sont l'unique objet. Mais la nation est avec eux; tout ce qui n'est pas payé, ou n'aspire pas à l'être, est avec eux. La marche de l'esprit humain les favorise par la nature même des choses. Ils arriveront graduellement, mais sûrement, à fonder en France une constitution semblable à celle de l'Angleterre, si l'Angleterre même, qui est le guide du continent, défend à ses ministres de se montrer partout les ennemis de principes qu'elle sait si bien maintenir chez elle.

CHAPITRE VIII.

Les Anglais ne perdront-ils pas un jour leur liberté?

Beaucoup de personnes éclairées, qui savent à quel degré s'élèverait la prospérité de la nation française, si les institutions politiques de l'Angle-

terre étaient établies chez elle, se persuadent que les Anglais en sont jaloux d'avance, et s'opposent de tous leurs moyens à ce que leurs rivaux puissent jouir de cette liberté dont ils connaissent les avantages. En vérité, je ne crois point à ce sentiment, du moins de la part de la nation. Elle est assez fière pour être convaincue, et avec raison, que, pendant longtemps encore, elle marchera en avant de toutes les autres; et, quand la France l'atteindrait et la surpasserait même sous quelques rapports, elle conserverait toujours des moyens exclusifs de puissance, particuliers à sa situation. Quant au ministère, celui qui le dirige, le secrétaire d'État des affaires étrangères, semble avoir, comme je l'ai dit, et comme il l'a prouvé, un tel mépris pour la liberté, que je crois vraiment qu'il en céderait à bon marché, même à la France; et pourtant la défense d'exportation hors d'Angleterre a presque uniquement porté sur les principes de la liberté, tandis que nous aurions désiré, au contraire, qu'à cet égard aussi, les Anglais voulussent bien nous communiquer les produits de leur industrie.

Le gouvernement anglais veut à tout prix éviter le retour de la guerre; mais il oublie que les rois de France les plus absolus n'ont pas cessé de former des projets hostiles contre l'Angleterre, et qu'une constitution libre est bien plus une garantie pour la durée de la paix, que la reconnaissance personnelle des princes. Mais ce qu'on doit surtout, ce me semble, représenter aux Anglais, même à ceux qui sont exclusivement occupés des intérêts de leur patrie, c'est que si, pour empêcher les Français d'être factieux ou libres, comme on le voudra, il faut entretenir une armée anglaise sur le territoire de la France, la liberté de l'Angleterre est exposée par cette convention indigne d'elle. On ne s'accoutume point à violer l'indépendance nationale chez ses voisins, sans perdre quelques degrés d'énergie, quelque nuance de la pureté des doctrines, lorsqu'il s'agit de professer chez soi ce qu'on renie ailleurs. L'Angleterre partageant la Pologne, l'Angleterre occupant la Prusse à la Bonaparte, aurait moins de force pour résister aux empiétements de son propre gouvernement dans l'intérieur. Une armée sur le continent peut l'entraîner à des guerres nouvelles, et l'état de ses finances doit les lui faire craindre. A ces considérations, qui ont déjà vivement agi dans le parlement, lors de la question sur la taxe des propriétés, il faut ajouter la plus importante de toutes, le danger imminent de l'esprit militaire. Les Anglais, en faisant du mal à la France, en y portant les flèches empoisonnées d'Hercule, peu-vent, comme Philoctète, se blesser eux-mêmes. Ils abaissent, ils foulent aux pieds leur rivale; mais qu'ils y prennent garde : la contagion les me-nace; et si, en comprimant leurs ennemis, ils étouffaient le feu sacré de leur esprit public, la vengeance ou la politique à laquelle ils se livrent, éclaterait dans leurs mains comme une mau-vaise arme.

Les ennemis de la constitution d'Angleterre ré-pètent sans cesse, sur le continent, qu'elle périra par la corruption du parlement, et que l'influence ministérielle s'accroîtra jusqu'au point d'anéantir la liberté : rien de pareil n'est à craindre. Le par-lement en Angleterre obéit toujours à l'opinion nationale; et cette opinion ne peut être corrompue dans le sens qu'on attache à ce mot, c'est-à-dire, payée. Mais ce qui est séduisant pour toute nation, c'est la gloire des armes : le plaisir que les jeunes gens trouvent dans la vie des camps ; les jouissan-ces vives que les succès de la guerre leur procu-rent, sont beaucoup plus conformes aux goûts de leur âge que les bienfaits durables de la liberté. Il faut être un homme de mérite pour avancer dans la carrière civile ; mais tous les bras vigou-reux peuvent manier un sabre, et la difficulté de se distinguer dans l'état militaire n'est point en proportion avec la peine qu'il faut se donner pour s'instruire et pour penser. Les emplois qui se mul-tiplient dans cette carrière donnent au gouverne-ment des moyens de tenir dans sa dépendance un très-grand nombre de familles. Les décorations nouvellement imaginées offrent à la vanité des récompenses qui ne dérivent pas de la source de toute gloire, l'opinion publique ; enfin, c'est sa-per l'édifice de la liberté par les fondements, que d'entretenir une armée de ligne considérable.

Dans un pays où la loi règne, et où la bravoure, fondée sur l'amour de la patrie, est au-dessus de toute louange ; dans un pays où les milices valent autant que des troupes réglées, où dans un clin d'œil les menaces d'une descente créèrent non-seulement une infanterie, mais une cavalerie aussi belle qu'intrépide, pourquoi forger l'instrument du despotisme ? Tous ces raisonnements politiques sur l'équilibre de l'Europe, ces vieux systèmes qui servent de prétexte à de nouvelles usurpations, n'é-taient-ils pas connus des fiers amis de la liberté anglaise, quand ils ne permettaient pas l'existence d'une armée de ligne, du moins assez nombreuse pour que le gouvernement s'appuyât sur elle? L'esprit de subordination et de commandement tout ensemble, cet esprit nécessaire dans une ar-

mée, rend incapable de connaître et de respecter ce qu'il y a de national dans les pouvoirs politi-ques. Déjà l'on entend quelques officiers anglais murmurer des phrases de despotisme, bien que leur accent et leur langue semblent se prêter avec effort aux paroles flétries de la servitude.

Lord Castlereagh a dit, dans la chambre des communes, que l'on ne pouvait en Angleterre se contenter des fracs bleus, quand toute l'Europe était en armes. Ce sont pourtant les fracs bleus qui ont rendu le continent tributaire de l'Angleterre. C'est parce que le commerce et les finances avaient pour base la liberté, c'est parce que les représen-tants de la nation prêtaient leur force au gouver-nement, que le levier qui a soulevé le monde a pu trouver son point d'appui dans une île moins con-sidérable qu'aucun des pays auxquels elle prêtait ses secours. Faites de ce pays un camp, et bientôt après une cour, et vous verrez sa misère et son abaissement. Mais le danger que l'histoire signale à chaque page pourrait-il n'être pas prévu, n'être pas repoussé par les premiers penseurs de l'Eu-rope, que la nature du gouvernement anglais appelle à se mêler des affaires publiques? La gloire militaire, sans doute, est la seule séduction redoutable pour des hommes énergiques ; mais comme il y a une énergie bien supérieure à celle du métier des ar-mes, l'amour de la liberté, et que cet amour ins-pire tout à la fois le plus haut degré de valeur quand la patrie est exposée, et le plus grand dédain pour l'esprit soldatesque aux ordres d'une diplomatie perfide, on doit espérer que le bon sens du peuple anglais et les lumières de ses représentants sauve-ront la liberté du seul ennemi dont elle ait à se pré-server : la guerre continuelle, et l'esprit militaire qu'elle amène à sa suite.

Quel mépris pour les lumières, quelle impatience contre les lois, quel besoin du pouvoir ne remar-que-t-on pas dans tous ceux qui ont mené long-temps la vie des camps! De tels hommes peuvent aussi difficilement se soumettre à la liberté, que la nation à l'arbitraire ; et dans un pays libre, il faut, autant qu'il est possible, que tout le monde soit soldat, mais personne en particulier. La liberté anglaise ne pouvant avoir rien à craindre que de l'esprit militaire, il me semble que sous ce rapport le parlement doit s'occuper sérieusement de la si-tuation de la France : il le devrait aussi par ce sen-timent universel de justice qu'on peut attendre de la réunion d'hommes la plus éclairée de l'Europe. Son intérêt propre le lui commande ; il faut relever l'esprit de liberté que la réaction causée par la ré-volution française a nécessairement affaibli ; il faut prévenir les prétentions vaniteuses à la manière du continent, qui se sont glissées dans quelques familles. La nation anglaise tout entière est l'aristocratie du reste du monde, par ses lumières et ses vertus. Que serait à côté de cette illustration intellectuelle quelques disputes puériles sur les généalogies ! Enfin, il faut mettre un terme à ce mépris des nations sur lequel la politique du jour est calculée. Ce mépris, artistement répandu, comme l'incrédulité religieuse, pourrait attaquer les bases de la plus belle des croyances, dans le pays même où son temple est consacré.

La réforme parlementaire, l'émancipation des catholiques, la situation de l'Irlande, toutes les diverses questions qu'on peut agiter encore dans le parlement anglais, seront résolues d'après l'intérêt national, et ne menacent l'État d'aucun péril. La réforme parlementaire peut s'opérer graduellement, en accordant chaque année quelques députés de plus aux villes nouvellement populeuses, en supprimant avec indemnité les droits de quelques bourgs qui n'ont presque plus d'électeurs. Mais la propriété a un tel empire en Angleterre, qu'on ne choisirait jamais des représentants du peuple amis du désordre, quand la réforme parlementaire serait opérée tout entière en un seul jour. Peut-être même les hommes de talent sans fortune y perdraient-ils la possibilité d'être nommés, puisque les grands propriétaires des deux partis n'auraient plus de places à donner à ceux qui n'ont pas les moyens de fortune nécessaires pour se faire élire dans les comtés et dans les villes. L'émancipation des catholiques d'Irlande est réclamée par l'esprit de tolérance universelle qui doit gouverner le monde ; toutefois ceux qui s'y opposent ne repoussent point tel ou tel culte ; mais ils craignent l'influence d'un souverain étranger, le pape, dans un pays où les devoirs de citoyen doivent l'emporter sur tout. C'est une question que l'intérêt décidera, parce que la liberté de la presse et celle des débats ne laissent rien ignorer en Angleterre sur ce qui concerne l'intérieur du pays. Si les affaires extérieures y étaient aussi bien connues, il n'y aurait pas une faute de commise à cet égard. Il importe certainement à l'Angleterre que l'état de l'Irlande soit autre qu'il n'a été jusqu'à présent ; on doit y répandre plus de bonheur, et par conséquent plus de lumières. La réunion à l'Angleterre doit valoir au peuple irlandais les bienfaits de la constitution ; et, tant que le gouvernement anglais s'appuie, pour suspendre la loi, sur la nécessité des actes arbitraires, il n'a point rempli sa tâche, et l'Irlande ne peut s'identifier sincèrement avec la patrie

qui ne lui communique pas tous ses droits. Enfin, c'est un mauvais exemple pour les Anglais, c'est une mauvaise école pour leurs hommes d'État, que l'administration de l'Irlande ; et, si l'Angleterre subsistait longtemps entre l'Irlande et la France, dans l'état actuel, elle aurait de la peine à ne pas se ressentir de la mauvaise influence que son gouvernement exerce habituellement sur l'une et maintenant sur l'autre.

Le peuple ne rend heureux l'homme qui le sert que par la satisfaction de la conscience ; il ne peut inspirer de l'attachement qu'aux amis de la justice, aux cœurs disposés à sacrifier leurs intérêts à leurs devoirs. Il en est beaucoup, et beaucoup de cette nature en Angleterre ; il y a, dans ces caractères réservés, des trésors cachés qu'on ne discerne que par la sympathie, mais qui se montrent avec force, dès que l'occasion le demande : c'est sur eux que repose le maintien de la liberté. Toutes les divagations de la France n'ont point jeté les Anglais dans les extrêmes opposés ; et, bien que dans ce moment la conduite diplomatique de leur gouvernement soit très-répréhensible, à chaque session le parlement améliore une ancienne loi, en prépare de nouvelles, traite des questions de jurisprudence, d'agriculture et d'économie politique avec des lumières toujours croissantes, enfin se perfectionne chaque jour ; tandis qu'ailleurs on voudrait tourner en ridicule ces progrès, sans lesquels la société n'aurait aucun but que la raison pût s'expliquer.

Néanmoins, la liberté anglaise échappera-t-elle à cette action du temps, qui a tout dévoré sur la terre ? La prévision humaine ne saurait pénétrer dans un avenir éloigné : cependant on voit dans l'histoire les républiques renversées par des empires conquérants, ou se détruisant elles-mêmes par leurs propres conquêtes ; on voit les peuples du Nord s'emparer des États du Midi, parce que ces États tombaient en décadence, et que d'ailleurs le besoin de la civilisation portait avec violence une partie des habitants de l'Europe vers les contrées méridionales ; partout on a vu les nations périr faute d'esprit national, faute de lumières, et surtout à cause des préjugés qui, en soumettant la plus nombreuse partie d'un peuple à l'esclavage, au servage ou à toute autre injustice, la rendaient étrangère au pays qu'elle pouvait seule défendre. Mais dans l'état actuel de l'ordre social en Angleterre, après un siècle de durée des institutions qui ont formé la nation la plus religieuse, la plus morale et la plus éclairée dont l'Europe puisse se vanter, je ne concevrais pas de quelle manière la prospérité du pays, c'est-à-dire, sa liberté, pourrait être jamais menacée. Dans le moment même où le gouvernement anglais penche vers la doctrine du despotisme, quoique ce soit un despote qu'il ait combattu ; dans le moment où la légitimité, violée authentiquement par la révolution de 1688, est soutenue par le gouvernement anglais comme le seul principe nécessaire à l'ordre social ; dans ce moment de déviation passagère, on entrevoit déjà que par degrés le vaisseau de l'État se remettra en équilibre : car de tous les orages, celui que les préjugés peuvent exciter est le plus facile à calmer, dans la patrie de tant de grands hommes, au foyer de tant de lumières.

CHAPITRE IX.

Une monarchie limitée peut-elle avoir d'autres bases que celles de la constitution anglaise?

On trouve dans les œuvres de Zwift un petit écrit intitulé *les Conversations polies*, qui renferme toutes les idées communes dont se composent les entretiens du grand monde. Un homme d'esprit avait l'idée de faire le même travail sur les entretiens politiques d'aujourd'hui. « La constitution d'Angleterre ne convient qu'à des Anglais; les Français ne sont pas dignes qu'on leur donne de bonnes lois : il faut se garder des théories et s'en tenir à la pratique. » Qu'importe, dira-t-on, que ces phrases soient fastidieuses, si elles renferment un sens vrai? Mais ce qui les rend fastidieuses, c'est leur fausseté même. La vérité sur de certains objets ne devient jamais commune, quelque répétée qu'elle soit ; car chaque homme qui la dit, la sent et l'exprime à sa manière ; mais les mots d'ordre de l'esprit de parti sont les signes indubitables de la médiocrité. On est à peu près sûr qu'une conversation qui commence par ces sentences officielles, ne vous promet que du sophisme et de l'ennui tout ensemble. En mettant donc de côté ce langage frivole qui aspire à la profondeur, il me semble que les penseurs n'ont pu trouver jusqu'à ce jour d'autres principes de la liberté monarchique et constitutionnelle que ceux qui sont admis en Angleterre.

Les démocrates diront qu'il faut un roi sans patriciat, ou qu'il ne faut ni l'un ni l'autre ; mais l'expérience a démontré l'impossibilité de ce système. Des trois pouvoirs, les aristocrates ne contestent que celui du peuple ; ainsi, quand ils prétendent que la constitution anglaise ne peut s'adapter en France, ils disent simplement qu'il ne faut pas de représentants du peuple, car ce n'est sûrement pas la noblesse, ni la royauté héréditaire qu'ils contestent. Il est donc évident que l'on ne peut s'écarter de la constitution anglaise sans établir la république, en retranchant l'hérédité ; ou le despotisme, en supprimant les communes : car des trois pouvoirs, on n'en peut ôter aucun sans produire l'un ou l'autre de ces deux extrêmes.

Après une révolution telle que celle de France, la monarchie constitutionnelle est la seule paix, le seul traité de Westphalie, pour ainsi dire, que l'on puisse conclure entre les lumières actuelles et les intérêts héréditaires ; entre la nation presque entière et les privilégiés appuyés par les puissances européennes.

Le roi d'Angleterre jouit d'un pouvoir plus que suffisant pour un homme qui veut faire le bien, et j'ai de la peine à concevoir comment la religion même n'inspire pas aux princes des scrupules sur l'usage d'une autorité sans bornes : l'orgueil l'emporte en cette occasion sur la vertu. Quant à l'argument très-usé de l'impossibilité d'être libre dans un État continental, où l'on doit conserver une nombreuse armée de ligne, les mêmes gens qui le répètent sans cesse sont prêts à citer l'Angleterre en sens inverse, et à dire que là maintenant l'armée de ligne n'est pas dangereuse pour la liberté. C'est une chose inouïe que la diversité des raisonnements de ceux qui renoncent à tous les principes : ils se servent des circonstances, quand la théorie est contre eux, de la théorie, quand les circonstances démontrent leurs erreurs ; enfin ils se replient avec une souplesse qui ne saurait échapper au grand jour de la discussion, mais qui peut égarer les esprits, quand il n'est permis ni de faire taire les sophistes, ni de leur répondre. Si l'armée de ligne donne plus de pouvoir aux rois de France qu'à ceux d'Angleterre, les ultra-royalistes, suivant leur manière de penser, jouiront de cet excédant de force ; et les amis de la liberté ne le redoutent point, si le gouvernement représentatif et ses garanties sont établis en France sincèrement et sans exception. L'existence de la chambre des pairs doit réduire, il est vrai, le nombre des familles nobles : mais l'intérêt public souffrira-t-il de ce changement? Les familles historiques se plaindront-elles de voir associer à la pairie des hommes nouveaux que le roi et l'opinion en jugeraient dignes? La noblesse, qui a le plus à faire pour se réconcilier avec la nation, serait-elle la plus obstinément attachée à des prétentions inadmissibles ? Nous avons l'avantage, nous autres Français, d'être plus spirituels, mais aussi plus bêtes qu'aucun autre peuple de l'Europe ; je ne sais si nous devons nous en vanter.

Des arguments qui méritent un examen plus sérieux, parce qu'ils ne sont pas inspirés seulement par de frivoles prétentions, se sont renouvelés contre la chambre des pairs à l'occasion de la constitution de Bonaparte. On a dit que l'esprit humain avait fait de trop grands progrès en France pour supporter aucune distinction héréditaire. M. Necker a traité quinze ans plus tôt cette question, en publiciste que n'épouvantaient ni la vanité des préjugés, ni la fatuité des théories; il me semble reconnu par tous les penseurs que la considération dont un élément conservateur entoure un gouvernement est au profit de la liberté comme de l'ordre, en rendant l'action de la force moins nécessaire. Quel obstacle y aurait-il donc en France plutôt qu'en Angleterre, à l'existence d'une chambre des pairs, nombreuse, imposante et éclairée? Les éléments en existent, et nous voyons déjà combien il serait facile de les combiner heureusement.

« Quoi! dira-t-on encore (car tous les dictons politiques valent la peine d'être combattus, à cause de la multitude d'esprits communs qui les répètent); quoi! vous voulez donc que la France ne soit qu'une copie, et une mauvaise copie du gouvernement d'Angleterre?» En vérité, je ne vois pas pourquoi les Français, ni toute autre nation, devraient rejeter l'usage de la boussole, parce que ce sont les Italiens qui l'ont découverte. Il y a dans l'administration d'un pays, dans ses finances, dans son commerce, dans ses armées, beaucoup de choses qui tiennent aux localités, et qui doivent différer selon les lieux; mais les bases d'une constitution sont les mêmes partout. La forme républicaine ou monarchique est commandée par l'étendue et la situation de l'État; mais il y a toujours trois éléments donnés par la nature : la délibération, l'exécution et la conservation de ces trois éléments sont nécessaires pour garantir aux citoyens leur liberté, leur fortune, le développement paisible de leurs facultés, et les récompenses dues à leur travail. Quel est le peuple à qui de tels droits ne soient pas nécessaires, et par quels autres principes que par ceux de l'Angleterre peut-on en obtenir la jouissance durable? Tous les défauts mêmes qu'on se plaît à attribuer aux Français peuvent-ils servir de prétexte pour leur refuser de tels droits? En vérité, quand les Français seraient des enfants mutinés, comme leurs grands parents de l'Europe le prétendent, je conseillerais d'autant plus de leur donner une constitution qui fût à leurs yeux la garantie de l'équité dans ceux qui les gouvernent; car les enfants mutinés, quand ils sont en si grand nombre,

peuvent plus facilement être corrigés par la raison que comprimés par la force.

Il faudra du temps en France, avant de pouvoir créer une aristocratie patriotique; car, la révolution ayant été dirigée plus encore contre les priviléges des nobles que contre l'autorité royale, les nobles secondent maintenant le despotisme comme leur sauvegarde. On pourrait dire, avec raison, que cet état de choses est un argument contre la création d'une chambre des pairs, comme trop favorable au pouvoir de la couronne. Mais d'abord il est de la nature d'une chambre haute, en général, de s'appuyer au trône; et l'opposition des grands seigneurs d'Angleterre est presque toujours en minorité. D'ailleurs on peut faire entrer dans une chambre des pairs beaucoup de nobles amis de la liberté; et ceux qui ne le seraient pas aujourd'hui le deviendraient, par le seul fait que l'exercice d'une grande magistrature éloigne de la vie de cour, et rattache aux intérêts de l'État. Je ne craindrai point de professer un sentiment que beaucoup de personnes appelleront aristocratique, mais dont toutes les circonstances de la révolution française m'ont pénétrée : c'est que les nobles qui ont adopté la cause du gouvernement représentatif, et par conséquent de l'égalité devant la loi, sont en général les Français les plus vertueux et les plus éclairés dont nous ayons encore à nous vanter. Ils réunissent, comme les Anglais, l'esprit de chevalerie à l'esprit de liberté; ils ont de plus le généreux avantage de fonder leur opinion sur leurs sacrifices, tandis que le tiers état doit nécessairement trouver son intérêt particulier dans l'intérêt général. Enfin, ils ont à supporter tous les jours l'inimitié de leur classe, quelquefois même de leur famille. On leur dit qu'ils sont traîtres à leur ordre, parce qu'ils sont fidèles à la patrie, tandis que les hommes de l'extrême opposé, les démocrates sans frein de raison, ni de morale, les ont persécutés comme des ennemis de la liberté, en ne considérant que leurs priviléges, et en ne croyant pas, quoique bien à tort, à la sincérité du renoncement. Ces illustres citoyens, qui se sont volontairement exposés à tant d'épreuves, sont les meilleurs gardiens de la liberté sur lesquels un État puisse compter; et il faudrait créer pour eux une chambre des pairs, quand la nécessité de cette institution, dans une monarchie constitutionnelle, ne serait pas reconnue jusqu'à l'évidence.

« Aucun genre d'assemblée délibérante, soit démocratique, soit héréditaire, ne peut réussir en « France. Les Français ont trop d'envie de briller;

« et le besoin de faire effet les porte toujours d'un « extrême à l'autre. Il suffit donc, » disent certains hommes qui se font tuteurs de la nation, pour la déclarer en minorité perpétuelle; « il suffit à la « France d'états provinciaux, au lieu d'une assem- « blée représentative. » Certes, je dois respecter plus que personne les assemblées provinciales, puisque mon père est le premier et le seul entre les ministres qui en ait établi, et qui ait perdu sa place pour les avoir soutenues contre les parlements. Il est très-sage sans doute, dans un pays aussi étendu que la France, de donner aux autorités locales plus de pouvoir, plus d'importance qu'en Angleterre. Mais, quand M. Necker proposa d'assimiler par les assemblées provinciales les pays appelés d'élection aux pays d'états, c'est-à-dire, de donner aux anciennes provinces les priviléges qui n'étaient possédés que par celles dont la réunion à la France était plus récente, il y avait à Paris un parlement, qui pouvait refuser d'enregistrer les édits bursaux, ou toute autre loi émanée directement du trône. C'était une très-mauvaise ébauche du gouvernement représentatif, que ce droit du parlement, mais enfin, c'en était une; et maintenant que toutes les anciennes limites du trône sont renversées, que seraient trente-trois assemblées provinciales relevant du despotisme ministériel, et n'ayant aucune manière d'y mettre obstacle? Il est bon que des assemblées locales discutent la répartition des impôts, et vérifient les dépenses de l'État; mais les formes populaires dans les provinces subordonnées à un pouvoir central sans bornes, c'est une monstruosité politique.

Il faut le dire avec franchise, aucun gouvernement constitutionnel ne peut s'établir, si, au début, on fait entrer dans toutes les places, celles de députés, comme celles d'agents du pouvoir, les ennemis de la constitution même. La première condition pour que le gouvernement représentatif marche, c'est que les élections soient libres; car alors elles amèneront des hommes qui auront de bonne foi le désir de voir réussir l'institution dont ils feront partie. Un député disait, à ce qu'on prétend, en société : « L'on m'accuse de n'être pas « pour la charte constitutionnelle; on a bien tort, « je suis toujours à cheval sur cette charte; il est « vrai que c'est pour la crever. » Après ce propos charmant, il est probable que ce député trouverait pourtant très-mauvais qu'on soupçonnât sa bonne foi en politique; mais il est trop fort de vouloir réunir le plaisir de révéler ses secrets avec l'avantage de les garder. Pense-t-on qu'avec ces intentions cachées, ou plutôt trop connues, l'expé-

rience du gouvernement représentatif soit faite en France? Un ministre a déclaré nouvellement à la chambre des députés, que, de tous les pouvoirs, celui sur lequel il faut que l'autorité royale exerce le plus d'influence, c'est le pouvoir électoral; ce qui veut dire, en d'autres termes, que les représentants du peuple doivent être nommés par le roi. Dans ce cas, les chambellans devraient l'être par le peuple.

Qu'on laisse la nation française élire les hommes qu'elle croira dignes de sa confiance; qu'on ne lui impose pas des représentants, et surtout des représentants choisis parmi les ennemis constants de tout gouvernement représentatif : alors, seulement alors, le problème politique sera résolu en France. On peut, je crois, considérer comme une maxime certaine, que quand des institutions libres ont duré vingt ans dans un pays, c'est à elles qu'il faut s'en prendre, si chaque jour on ne voit pas une amélioration dans la morale, dans la raison, et dans le bonheur de la nation qui les possède. C'est à ces institutions parvenues à un certain âge, pour ainsi dire, à répondre des hommes; mais, dans les premiers jours d'un nouvel établissement politique, c'est aux hommes à répondre des institutions : car on ne peut, en aucune manière, juger de la force de la citadelle, si les commandants en ouvrent les portes, ou cherchent à en miner les fondements.

CHAPITRE X.

De l'influence du pouvoir arbitraire sur l'esprit et le caractère d'une nation.

Frédéric II, Marie-Thérèse et Catherine II ont inspiré une si juste admiration pour leur talent de gouverner, qu'il est très-naturel que, dans les pays où leur souvenir est encore vivant, et leur système exactement suivi, l'on sente moins qu'en France la nécessité d'un gouvernement représentatif. Le Régent et Louis XV, au contraire, ont donné dans le dernier siècle le plus triste exemple de tous les malheurs, de toutes les dégradations attachées au pouvoir arbitraire. Nous le répétons donc, nous n'avons ici en vue que la France; c'est elle qui ne doit pas souffrir qu'après vingt-sept années de révolution, on la prive des avantages qu'elle a recueillis, et qu'on lui fasse porter le double déshonneur d'être vaincue au dedans comme au dehors.

Des partisans du pouvoir arbitraire citent les règnes d'Auguste dans l'antiquité, d'Élisabeth et de Louis XIV dans les temps modernes, comme une preuve que les monarchies absolues peuvent au moins être favorables aux progrès de la littérature. Les lettres, du temps d'Auguste, n'étaient guère qu'un art libéral, étranger aux intérêts politiques. Sous Élisabeth, la réforme religieuse excitait les esprits à tous les genres de développements, et le pouvoir les favorisait d'autant plus, que sa force consistait dans l'établissement même de cette réforme. Les progrès littéraires de la France, sous Louis XIV, comme nous l'avons déjà dit dans le commencement de cet ouvrage, ont été causés par le développement intellectuel que les guerres civiles avaient excité. Ces progrès ont conduit à la littérature du dix-huitième siècle; et, loin qu'on puisse attribuer au gouvernement de Louis XV les chefs-d'œuvre de l'esprit humain qui ont paru à cette époque, il faut les considérer presque tous comme des attaques contre ce gouvernement. Le despotisme donc, s'il entend bien ses intérêts, n'encouragera pas les lettres, car les lettres mènent à penser, et la pensée juge le despotisme. Bonaparte a dirigé les esprits vers les succès militaires; il avait parfaitement raison selon son but : il n'y a que deux genres d'auxiliaires pour l'autorité absolue ; ce sont les prêtres ou les soldats. Mais n'y a-t-il pas, dit-on, des despotismes éclairés, des despotismes modérés? Toutes ces épithètes, avec lesquelles on se flatte de faire illusion sur le mot auquel on les adjoint, ne peuvent donner le change aux hommes de bon sens. Il faut, dans un pays comme la France, détruire les lumières, si l'on ne veut pas que les principes de liberté renaissent. Pendant le règne de Bonaparte, et depuis, on a imaginé un troisième moyen ; c'est de faire servir l'imprimerie à l'oppression de la liberté, en n'en permettant l'usage qu'à de certains écrivains, chargés de commenter toutes les erreurs avec d'autant plus d'impudence qu'il est interdit de leur répondre. C'est consacrer l'art d'écrire à la destruction de la pensée, et la publicité même aux ténèbres; mais cette espèce de jonglerie ne saurait subsister longtemps. Quand on veut commander sans loi, il ne faut s'appuyer que sur la force, et non sur des arguments; car, bien qu'il soit défendu de les réfuter, la fausseté palpable de ces arguments donne envie de les combattre; et, pour bien faire taire les hommes, le mieux est encore de ne pas leur parler.

Certainement il serait injuste de ne pas reconnaître que plusieurs souverains, en possession du pouvoir arbitraire, ont su en user avec sagesse; mais est-ce sur un hasard qu'il faut fonder le sort des nations? Je citerai à cette occasion un mot de l'empereur Alexandre, qui me paraît digne d'être

consacré. J'eus l'honneur de le voir à Pétersbourg, dans le moment le plus remarquable de sa vie, lorsque les Français s'avançaient sur Moscou, et qu'en refusant la paix que Napoléon lui offrit dès qu'il se crut vainqueur, Alexandre triomphait de son ennemi plus habilement que ne l'ont fait depuis ses généraux. « Vous n'ignorez pas, me dit « l'empereur de Russie, que les paysans russes « sont esclaves. Je fais ce que je peux pour amé- « liorer leur sort graduellement dans mes domai- « nes; mais je rencontre ailleurs des obstacles que « le repos de l'empire m'ordonne de ménager. — « Sire, lui répondis-je, je sais que la Russie est « maintenant heureuse, quoiqu'elle n'ait d'autre « constitution que le caractère personnel de Votre « Majesté. — Quand le compliment que vous « me faites aurait de la vérité, répondit l'empereur, « je ne serais jamais qu'un accident heureux. » Je crois difficile que de plus belles paroles soient prononcées par un monarque dont la situation pourrait l'aveugler sur le sort des hommes. Non-seulement le pouvoir arbitraire livre les nations aux chances de l'hérédité; mais les rois les plus éclairés, s'ils sont absolus, ne sauraient, quand ils le voudraient, encourager dans leur nation la force et la dignité du caractère. Dieu et la loi peuvent seuls commander en maîtres à l'homme sans l'avilir.

Se représente-t-on comment des ministres tels que lord Chatham, M. Pitt, M. Fox, auraient été supportés par les princes qui ont nommé le cardinal Dubois ou le cardinal de Fleury? Les grands hommes de l'histoire de France, les Guise, Coligny, Henri IV, se sont formés dans les temps de troubles, parce que ces troubles, malheureux d'ailleurs, empêchaient l'action étouffante du despotisme, et donnaient à quelques individus une grande importance. Mais il n'y a que l'Angleterre où la vie politique soit régularisée de telle manière que, sans agiter l'État, le génie et la grandeur d'âme puissent naître et se montrer.

Depuis Louis XIV jusqu'à Louis XVI, un demi-siècle s'est écoulé, véritable modèle de ce qu'on appelle le gouvernement arbitraire, quand on veut le représenter sous les plus douces couleurs. Il n'y avait pas de tyrannie, parce que les moyens manquaient pour l'établir; mais on ne pouvait dérober quelque liberté que par le désordre de l'injustice Il fallait, si l'on voulait être quelque chose, et réussir dans une affaire quelconque, étudier l'intrigue des cours, la plus misérable science qui ait jamais dégradé l'espèce humaine. Il ne s'agit là, ni de talents, ni de vertus; car jamais un homme supérieur n'aurait le genre de patience qu'il faut pour plaire à un monarque élevé dans les habitudes du pouvoir absolu. Les princes ainsi formés sont si persuadés que c'est toujours l'intérêt personnel qui inspire ce qu'on leur dit, qu'on ne peut avoir d'influence sur eux qu'à leur insu. Or, pour réussir ainsi, être là toujours vaut mieux que tous les talents possibles. Les princes sont avec les courtisans dans le même rapport que nous avec ceux qui nous servent : nous trouverions mauvais qu'ils nous donnassent des conseils, qu'ils nous parlassent avec force sur nos intérêts mêmes ; mais nous sommes fâchés de leur voir un visage mécontent, et quelques mots qu'ils nous disent dans un moment opportun, quelques flatteries qui semblent leur échapper, nous domineraient complétement, si nos égaux que nous rencontrons, en sortant de chez nous, ne nous apprenaient pas ce que nous sommes. Les princes, n'ayant jamais affaire qu'à des serviteurs de bon goût, qui s'insinuent plus facilement dans leur faveur que nos gens dans la nôtre, vivent et meurent sans avoir jamais l'idée des choses telles qu'elles sont. Les courtisans, en étudiant le caractère de leurs maîtres avec beaucoup de sagacité, n'acquièrent cependant aucune lumière véritable, même sur la connaissance du cœur humain, du moins sur celle qu'il faut pour diriger les nations. Un roi devrait se faire une règle de prendre pour premier ministre un homme qui lui déplût comme courtisan ; car jamais un génie supérieur ne peut se plier au point juste qu'il faut pour captiver ceux qu'on encense. Un certain tact, moitié commun et moitié fin, sert pour avancer dans les cours : l'éloquence, le raisonnement, toutes les facultés transcendantes de l'esprit et de l'âme scandaliseraient comme de la rébellion, ou seraient accablées de ridicule. « Quels discours inconvenants ! quels projets ambitieux ! » dirait l'un ; « Que veut-il ? que prétend-il ? » dirait l'autre ; et le prince partagerait l'étonnement de sa cour. L'atmosphère de l'étiquette finit par agir tellement sur tout le monde, que je ne sais personne d'assez audacieux pour articuler une parole signifiante dans le cercle des princes qui sont restés enfermés dans leurs cours. Il faut se borner inévitablement dans les conversations au beau temps, à la chasse, à ce qu'on a bu la veille, à ce qu'on mangera le lendemain, enfin à tout ce qui n'a de sens ni d'intérêt pour personne. Quelle école cependant pour l'esprit et pour le caractère ! Quel triste spectacle, qu'un vieux courtisan qui a passé de longues années dans l'habitude d'étouffer tous ses sentiments, de dissimuler ses opinions, d'attendre le souffle d'un prince pour respirer, et son

signe pour se mouvoir ! De tels hommes finissent par gâter le plus beau des sentiments, le respect pour l'âge avancé, quand on les voit courbés par l'habitude des révérences, ridés par les faux sourires, pâles d'ennui plus encore que de vieillesse, et se tenant debout des heures entières sur leurs jambes tremblantes, dans ces salons antichambres où s'asseoir à quatre-vingts ans paraîtrait presque une révolte. On aime mieux dans ce métier les jeunes gens étourdis et fats qui savent manier avec hardiesse la flatterie envers leur maître, l'arrogance envers leurs inférieurs, et qui méprisent l'espèce humaine, au-dessus comme au-dessous d'eux. Ils s'en vont ainsi, ne se confiant qu'en leur propre mérite, jusqu'à ce qu'une disgrâce les réveille de l'enivrement de la sottise et de l'esprit tout ensemble ; car ce mélange est nécessaire pour réussir dans les intrigues de cour. Or, en France, de rang en rang, il y a toujours eu des cours, c'est-à-dire, des maisons où l'on distribuait une certaine quantité de crédit à l'usage de ceux qui voulaient de l'argent et des places. Les flatteurs du pouvoir, depuis le commis jusqu'aux chambellans, ont pris cette flexibilité de langage, cette facilité à tout dire comme à tout cacher, ce ton tranchant dans le sens de la force, cette condescendance pour la mode du jour, comme pour une puissance, qui ont fait croire à la légèreté dont on accuse les Français, et cependant cette légèreté ne se trouve que dans l'essaim des hommes qui bourdonnent autour du pouvoir. Il faut qu'ils soient légers pour changer rapidement de parti ; il faut qu'ils soient légers, pour n'entrer à fond dans aucune étude ; car autrement il leur en coûterait trop de dire le contraire de ce qu'ils auraient sérieusement appris ; en ignorant beaucoup, on affirme tout plus facilement. Il faut qu'ils soient légers enfin, pour prodiguer, depuis la démocratie jusqu'à la légitimité, depuis la république jusqu'au despotisme militaire, toutes les phrases les plus opposées par le sens, mais qui se ressemblent néanmoins entre elles, comme des personnes de la même famille, également superficielles, dédaigneuses, et faites pour ne présenter jamais qu'un côté de la question, par opposition à celui que les circonstances ont battu. Les ruses de l'intrigue se mêlant maintenant à la littérature comme à tout le reste, il n'y a pas une possibilité pour un pauvre lecteur français, d'apprendre jamais autre chose que ce qu'il convient de dire, et non ce qui est. Dans le dix-huitième siècle, au contraire, les puissants ne se doutaient pas de l'influence des écrits sur l'opinion, et ils laissaient la littérature à peu près aussi tranquille que les sciences physiques le sont encore aujourd'hui. Les grands écrivains ont tous combattu avec plus ou moins de ménagements les diverses institutions qui s'appuient sur des préjugés. Mais qu'est-il arrivé de ce combat? que les institutions ont été vaincues. On pourrait appliquer au règne de Louis XV et au genre de bonheur qu'on y trouvait, ce que disait cet homme qui tombait d'un troisième étage : *Cela va bien, pourvu que cela dure.*

Les gouvernements représentatifs, m'objectera-t-on encore, n'ont point existé en Allemagne, et cependant les lumières y ont fait d'immenses progrès. Rien ne se ressemble moins que l'Allemagne et la France. Il y a un esprit de méthode dans les gouvernements germaniques, qui diminue de beaucoup l'ascendant irrégulier des cours. On n'y voit point de coteries, de maîtresses, de favoris, ni même de ministres qui puissent changer l'ordre des choses; la littérature va son chemin sans flatter personne; la bonne foi du caractère et la profondeur des études sont telles, que, dans les troubles civils mêmes, il serait impossible de forcer un écrivain allemand à ces tours de passe-passe qui ont fait dire avec raison, en France, que le papier souffre tout, tant on exige de lui. « Vous avouez donc, me dira-t-on, que le caractère français a des défauts invincibles qui s'opposent aux lumières comme aux vertus dont la liberté ne saurait se passer? » Nullement : je dis qu'un gouvernement arbitraire, mobile, capricieux, instable, plein de préjugés et de superstitions à quelques égards, de frivolité et d'immoralité à d'autres, que ce gouvernement, comme il a existé autrefois en France, n'avait laissé de connaissances, d'esprit et d'énergie, qu'à ses opposants ; et s'il est impossible qu'un tel ordre de choses s'accorde avec le progrès des lumières, il est encore plus certain qu'il est inconciliable avec la pureté des mœurs et la dignité du caractère. On s'aperçoit déjà, malgré les malheurs de la France, que, depuis la révolution, le mariage y est beaucoup plus respecté que sous l'ancien régime. Or, c'est sur le mariage que reposent les mœurs et la liberté. Comment, sous un gouvernement arbitraire, les femmes se seraient-elles renfermées dans la vie domestique, et n'auraient-elles pas employé tous leurs moyens de séduction pour influer sur le pouvoir? Ce n'est assurément pas l'enthousiasme des idées générales qui les animait, mais le désir d'obtenir des places pour leurs amis; et rien n'était plus naturel, dans un pays où les hommes en crédit pouvaient tout, où ils disposaient des revenus de l'État, où rien ne les arrêtait que la volonté du roi, modifiée nécessai-

rement par les intrigues de ceux qui l'entouraient. Comment se serait-on fait scrupule d'employer le crédit des femmes en faveur, pour obtenir d'un ministre une exception quelconque à une règle qui n'existait pas? Croit-on que, sous Louis XIV, madame de Montespan, madame Dubarry sous Louis XV, aient jamais reçu un refus des ministres? Et, sans approcher de si près du trône, quel était le cercle où la faveur n'agît pas comme à la cour, et où chacun n'employât pas tous les moyens possibles pour parvenir? Dans un pays, au contraire, qui n'est réglé que par la loi, quelle femme aurait l'inutile hardiesse de solliciter une injustice, ou de compter plus sur ses instances que sur les titres réels de ceux qu'elle recommande? Ce n'est pas seulement la corruption des mœurs qui résulte de ces démarches continuelles, de cette activité d'intrigue, dont les femmes françaises, surtout celles du premier rang, n'ont que trop donné l'exemple; mais les passions dont elles sont susceptibles, et que la délicatesse même de leurs organes rend plus vives, dénaturent en elles tout ce que leur sexe a d'aimable.

Le véritable caractère d'une femme, le véritable caractère d'un homme, c'est dans les pays libres qu'il faut le connaître et l'admirer. La vie domestique inspire aux femmes toutes les vertus; et la carrière politique, loin d'habituer les hommes à mépriser la morale ainsi qu'un vieux conte de nourrice, exerce sans cesse les fonctionnaires publics au sacrifice d'eux-mêmes, à l'exaltation de l'honneur, à toutes les grandeurs de l'âme que la présence habituelle de l'opinion développe infailliblement. Enfin, dans un pays où les femmes sont au centre de toutes les intrigues, parce que c'est la faveur qui gouverne tout, les mœurs de la première classe n'ont aucun rapport avec celles de la nation, et nulle sympathie ne peut s'établir entre les salons et le peuple. Une femme du peuple, en Angleterre, se sent un rapport avec la reine qui a soigné son mari, élevé ses enfants, comme la religion et la morale le commandent à toutes les épouses et à toutes les mères. Mais le genre de mœurs qu'entraîne le gouvernement arbitraire transforme les femmes en une sorte de troisième sexe factice, triste production de l'ordre social dépravé. Les femmes, cependant, peuvent être excusables de prendre les choses politiques telles qu'elles sont, et de se plaire dans les intérêts vifs dont leur destinée naturelle les sépare. Mais, qu'est-ce que des hommes élevés par le gouvernement arbitraire? Nous en avons vu, au milieu des jacobins, sous Bonaparte, et dans les camps des étrangers, partout, excepté dans l'incorruptible bande des amis de la liberté. Ils s'appuient sur les excès de la révolution, pour proclamer le despotisme; et vingt-cinq ans sont opposés à l'histoire du monde qui ne présente que les horreurs commises par la superstition et la tyrannie. Pour accorder quelque bonne foi à ces partisans de l'arbitraire, il faut supposer qu'ils n'aient rien lu de ce qui précède l'époque de la révolution en France; et nous en connaissons qui peuvent largement fonder leur justification sur leur ignorance.

Notre révolution, comme nous l'avons déjà dit, a presque suivi les différentes phases de celle d'Angleterre, avec la régularité qu'offrent les crises d'une même maladie. Mais la question qui agite aujourd'hui le monde civilisé, consiste dans l'application de toutes les vérités fondamentales sur lesquelles repose l'ordre social. L'avidité du pouvoir a fait commettre aux hommes tous les forfaits dont l'histoire est souillée; le fanatisme a secondé la tyrannie; l'hypocrisie et la violence, la ruse et le fer ont enchaîné, trompé, déchiré l'espèce humaine. Deux périodes ont seules illuminé le globe : c'est l'histoire de quelques siècles de la Grèce et de Rome. L'esclavage, en resserrant le nombre des citoyens, permit que le gouvernement républicain pût s'établir même dans des États assez étendus, et les plus grandes vertus en sont résultées. Le christianisme, en affranchissant depuis les esclaves, en civilisant le reste de l'Europe, a fait à l'existence individuelle un bien source de tous les autres. Mais le désordre dans l'ordre, le despotisme, s'est constamment maintenu dans plusieurs pays; et toutes les pages de notre histoire sont ensanglantées, ou par des massacres religieux, ou par des assassinats judiciaires. Tout à coup la Providence a permis que l'Angleterre ait résolu le problème des monarchies constitutionnelles, et l'Amérique, un siècle plus tard, celui des républiques fédératives. Depuis cette époque, ni dans l'un ni dans l'autre de ces deux pays, il ne s'est versé une goutte de sang injustement par les tribunaux; depuis soixante ans, les querelles religieuses ont cessé en Angleterre, et il n'en a jamais existé en Amérique. Enfin, le venin du pouvoir, qui a corrompu tant d'hommes depuis tant de siècles, a subi par les gouvernements représentatifs l'inoculation salutaire qui en détruit toute la malignité. Depuis la bataille de Culloden, en 1746, qu'on peut considérer comme la fin des troubles civils qui avaient commencé cent ans auparavant, on ne saurait citer un abus du pouvoir en Angleterre. Il n'est pas un citoyen honnête qui n'ait

dit : *Notre heureuse constitution*, parce qu'il n'en est pas un qui ne se soit senti protégé par elle. Cette chimère, car c'est ainsi qu'on a toujours appelé le beau, est là, réalisée sous nos yeux. Quel sentiment, quel préjugé, quel endurcissement de tête et de cœur, peut faire qu'en se rappelant ce que nous lisons dans notre histoire, on ne préfère pas les soixante années dont l'Angleterre vient de nous offrir l'exemple? Nos rois, comme les siens, ont été tour à tour bons ou mauvais; mais, dans aucun temps, leurs règnes n'offrent soixante ans de paix intérieure et de liberté tout ensemble. Rien de pareil n'a seulement été rêvé possible à une autre époque. Le pouvoir est la sauvegarde de l'ordre, mais il en est aussi l'ennemi par les passions qu'il excite : réglez-en l'exercice par la liberté publique, et vous aurez banni ce mépris de l'espèce humaine qui met à l'aise tous les vices et justifie l'art d'en tirer parti.

CHAPITRE XI.

Du mélange de la religion avec la politique.

On dit beaucoup que la France est devenue irréligieuse depuis la révolution. Sans doute, à l'époque de tous les crimes, les hommes qui les commettaient devaient secouer le frein le plus sacré. Mais la disposition générale des esprits, maintenant, ne tient point à des causes funestes heureusement très-loin de nous. La religion en France, telle que les prêtres l'ont prêchée, a toujours été mêlée avec la politique; et depuis le temps où les papes déliaient les sujets de leur serment de fidélité envers les rois, jusqu'au dernier catéchisme sanctionné par la grande majorité du clergé français, catéchisme dans lequel, comme nous avons vu, ceux qui n'aimeraient pas et ne serviraient pas l'empereur Napoléon, étaient menacés de la damnation éternelle, il n'est pas une époque où les interprètes de la religion ne s'en soient servis pour établir des dogmes politiques, tous différents suivant les circonstances. Au milieu de ces changements, la seule chose invariable a été l'intolérance envers tout ce qui n'était pas conforme à la doctrine dominante. Jamais la religion n'a été représentée seulement comme le culte le plus intime de l'âme, sans nul rapport avec les intérêts de ce monde.

L'on encourt le reproche d'irréligion, quand on n'est pas de l'avis des autorités ecclésiastiques sur les affaires de gouvernement; mais tel homme s'irrite contre ceux qui veulent lui imposer leur manière de voir en politique, qui n'en est pas moins très-bon chrétien. Il ne s'ensuit pas de ce que la France veut la liberté et l'égalité devant la loi, qu'elle ne soit pas chrétienne; tout au contraire, car le christianisme est éminemment d'accord avec cette opinion. Aussi, le jour où l'on cessera de réunir ce que Dieu a séparé, la religion et la politique, le clergé aura moins de crédit et de puissance, mais la nation sera sincèrement religieuse. Tout l'art des privilégiés des deux classes est d'établir que l'on est un factieux si l'on veut une constitution, et un incrédule si l'on redoute l'influence des prêtres dans les affaires de ce monde. Cette tactique est très-connue, car elle n'est que renouvelée, aussi bien que tout le reste.

Les sermons, en France comme en Angleterre, dans les temps de parti, ont souvent porté sur des questions politiques, et je crois qu'ils ont très-mal édifié les personnes d'une opinion contraire qui les écoutaient. L'on a peu d'égards pour celui qui nous prêche le matin, s'il a fallu se disputer avec lui la veille; et la religion souffre de la haine que les questions politiques inspirent contre les ecclésiastiques qui s'en mêlent.

Il serait injuste de prétendre que la France est irréligieuse, parce qu'elle n'applique pas toujours au gré de quelques membres du clergé, le fameux texte que toute puissance vient de Dieu, texte dont l'explication sincère est facile, mais qui a merveilleusement servi les traités que le clergé a faits avec tous les gouvernements, quand ils se sont appuyés sur le droit divin de la force. A cette occasion, je citerai quelques passages de l'instruction pastorale de monseigneur l'évêque de Troyes, qui, dans le temps où il était aumônier de Bonaparte, a fait, à l'occasion du baptême du roi de Rome, un discours au moins aussi édifiant que celui dont nous allons nous occuper. Nous n'avons pas besoin de dire que cette instruction est de 1816 : on peut reconnaître toujours en France la date d'un écrit par les opinions qu'il contient.

Monseigneur l'évêque de Troyes dit : « La « France veut son roi, mais son roi légitime, « parce que la légitimité est le premier trésor d'un « peuple, et un bienfait d'autant plus inapprécia- « ble qu'il peut suppléer à tous les autres, et « qu'aucun autre ne peut y suppléer. » Arrêtons-nous un moment pour plaindre l'homme qui pense ainsi, d'avoir servi si bien et si longtemps Napoléon. Quel effort, quelle contrainte ! Mais, au reste, l'évêque de Troyes ne fait rien de plus à cet égard, que bien d'autres qui occupent encore des places ; et il faut lui rendre au moins la justice qu'il ne provoque pas la proscription de ses com-

pagnons de service auprès de Napoléon : c'est beaucoup.

Je laisserai de côté le langage de flatterie de l'auteur du mandement, langage qu'on devrait d'autant moins se permettre envers la puissance, qu'on la respecte davantage. Passons à quelque chose de moins bénin : « La France veut son roi, « mais en le voulant, elle ne prétend pas qu'elle « puisse en vouloir un autre ; et heureusement « qu'elle n'a pas ce droit funeste. Loin de nous « cette pensée, que les rois tiennent des peuples « leur autorité, et que la faculté qu'ils peuvent « avoir eue de les choisir, emporte celle de les ré- « voquer... Non, il n'est pas vrai que le peuple soit « souverain, ni que les rois soient ses mandatai- « res... C'est le cri des séditieux, c'est le rêve des « indépendants, c'est la chimère immonde de la « turbulente démagogie, c'est le mensonge le plus « cruel qu'aient pu faire nos vils tyrans, pour « tromper la multitude. Il n'est pas dans notre « dessein de réfuter sérieusement cette souverai- « neté désastreuse... Mais il est de notre devoir « de réclamer ici, au nom de la religion, contre « cette doctrine anarchique et antisociale, qu'a « vomie au milieu de nous la lave révolutionnaire, « et de prémunir les fidèles confiés à nos soins « contre cette double hérésie, et politique et reli- « gieuse, également réprouvée et des plus grands « docteurs, et des plus grands législateurs, non « moins contraire au droit naturel qu'au droit di- « vin, et non moins destructive de l'autorité des « rois que de l'autorité de Dieu. » L'évêque de Troyes en effet ne traite pas sérieusement cette question, qui avait pourtant paru digne de l'attention de quelques penseurs ; mais il est plus commode de faire d'un principe une hérésie que de l'approfondir par la discussion. Il y a cependant quelques chrétiens en Angleterre, en Amérique, en Hollande ; et, depuis que l'ordre social est fondé, l'on a vu d'honnêtes gens croire que tous les pouvoirs émanaient des nations, sans lesquelles il n'y aurait point de pouvoirs. C'est ainsi qu'en se servant de la religion pour diriger la politique, on est dans le cas de faire chaque jour des complaintes sur l'impiété des Français ; cela veut tout simplement dire qu'il y a en France beaucoup d'amis de la liberté qui sont d'avis qu'il doit exister un pacte entre les nations et les monarques. Il me semble qu'on peut croire en Dieu et penser ainsi.

Par une contradiction singulière, ce même évêque, si orthodoxe en politique, cite le fameux passage qui lui a sans doute servi à se justifier à ses propres yeux, quand il était l'aumônier de l'usurpateur : *Toute puissance vient de Dieu ; et qui résiste à la puissance résiste à Dieu même.* « Voilà, N. T. C. F. , le droit public de la religion, sans « lequel personne n'a le droit de commander, ni « l'obligation d'obéir. Voilà cette souveraineté « première de laquelle découlent toutes les autres , « et sans laquelle toutes les autres n'auraient ni « base , ni sanction; c'est la seule constitution « qui soit faite pour tous les lieux comme pour « tous les temps; la seule avec laquelle on pour-« rait se passer de toutes les autres, et sans la-« quelle aucune ne pourrait se soutenir; la seule « qui ne peut jamais être sujette à révision; la « seule à laquelle aucune faction ne saurait tou-« cher , et contre laquelle aucune rébellion ne sau-« rait prévaloir; contre laquelle enfin ne peuvent « rien ni les peuples, ni les rois , ni les maîtres, « ni les sujets ; toute puissance vient de Dieu; et « qui résiste à la puissance résiste à Dieu même. » Peut-on,, en peu de paroles, rassembler plus d'erreurs funestes et de calculs serviles ? Ainsi Néron et Robespierre, ainsi Louis XI et Charles IX , les plus sanguinaires des hommes, devraient être obéis, si celui *qui résiste à la puissance résiste à Dieu même !* Les nations ou leurs représentants sont le seul pouvoir qu'il faille excepter de ce respect implicite pour l'autorité. Quand deux partis dans l'État luttent ensemble, comment saisir le moment où l'un des deux devient sacré, c'est-à-dire le plus fort ? Ils avaient donc tort, les Français qui n'ont pas quitté le roi pendant vingt-cinq ans d'exil ! car , certes, dans ce temps c'était à Bonaparte qu'on ne pouvait contester le droit que monseigneur l'évêque de Troyes proclame, celui de la puissance. Dans quelles absurdités tombent les écrivains qui veulent mettre en théories, en dogmes, en maximes, leurs intérêts de chaque jour ! En vérité , le glaive déprave beaucoup moins que la parole, lorsqu'on en fait un tel usage. On a cent fois répété que cette phrase de l'Évangile : *Toute puissance vient de Dieu* , et l'autre : *Rendez à César ce qui appartient à César* , avaient uniquement pour but d'écarter toute discussion politique. Jésus-Christ voulait que la religion qu'il annonçait fût considérée par les Romains comme tout à fait étrangère aux affaires publiques : « Mon règne n'est pas de ce monde, » disait-il. Tout ce qu'on demande aux ministres du culte, c'est de remplir , à cet égard comme à tous les autres , les intentions de Jésus-Christ.

« *Établissez, Seigneur,* dit le prophète, *un législateur au-dessus d'eux, afin que les nations sachent qu'elles sont des hommes.* » Il ne serait pas mal non plus que les rois sussent qu'ils sont des hommes, et certainement ils doivent l'ignorer, s'ils ne contractent point d'engagement envers la nation qu'ils gouvernent. Quand le prophète prie Dieu d'établir un roi, c'est comme tous les hommes religieux prient Dieu de présider à chacun des événements de cette vie; mais comment une dynastie est-elle spécialement établie par la Providence ? Est-ce la prescription qui est le signe de la mission divine ? Les papes ont excommunié, déposé des rois de toute ancienneté; ils ont exclu Henri IV pour cause de religion;· et des motifs puissants ont déterminé nouvellement un pape à concourir au couronnement de Bonaparte. Ce sera donc au clergé à déclarer, quand il le faudra, que telle dynastie, et non pas telle autre, est choisie par la volonté de Dieu. Mais suivons l'instruction pastorale : « *Établissons un législateur,* c'est-à-« dire un roi qui est le législateur par excellence , « et sans lequel il ne peut y avoir de loi : un « législateur suprême qui parlera, et qui fera « des lois en votre nom : un législateur, et non « plusieurs; car plus il y en aurait, et moins bien « les lois seraient faites : un législateur avec une « autorité sans rivalité, pour qu'il puisse faire le « bien sans obstacle : un législateur qui, soumis « lui-même à ses propres lois, ne pourra soumet-« tre personne ni à ses passions, ni à ses caprices :. « enfin, un législateur qui , ne faisant que des « lois justes, conduira par là même son peuple à « la liberté véritable. » Un homme qui fera les lois à lui seul *n'aura ni passions ni caprices !* un homme entouré de tous les piéges de la royauté , sera le législateur unique d'un peuple, *et il ne fera que des lois justes !* Certes , il n'y a pas d'exemple du contraire ; on n'a point vu des rois abuser de leur pouvoir; point de prêtres, tels que les cardinaux de Lorraine, Richelieu, Mazarin , Dubois, qui les y aient excités ! Et comment cette doctrine est-elle conciliable avec la charte constitutionnelle que le roi lui-même a jurée ? Ce roi que la France veut, car l'évêque de Troyes se permet pourtant de le dire, quoique, selon lui, la France n'ait aucun droit à cet égard ; ce roi, qui est établi par le Seigneur, a promis sur serment qu'il y aurait plusieurs législateurs, et non un seul, quoique monseigneur l'évêque de Troyes prétende que *plus il y en aurait, moins les lois seraient bien faites.* Ainsi, les connaissances acquises par l'administration; ainsi, les vœux recueillis dans les provinces par ceux qui y habitent; ainsi, la sympathie qui naît des mêmes besoins et des mêmes souffrances, tout cela ne vaut pas les lumières d'un roi tout seul *qui se représente lui-même*, pour me servir de l'expression un peu bizarre de M. l'évêque de Troyes. L'on croirait avoir atteint à ce qui, dans ce genre, ne peut être surpassé, si ce qu'on va lire ne méritait encore la préférence.

« Aussi, N. T. C. F., avons-nous vu ce sénat » de rois, sous le nom de congrès, consacrer en « principe la légitimité des dynasties royales, « comme l'égide de leur trône et le plus sûr garant « du bonheur des peuples et de la tranquillité des « États. « Nous sommes rois, ont-ils dit, parce que « nous sommes rois : ainsi l'exigent l'ordre et la sta- « bilité du monde social; ainsi le veut notre propre « sûreté; » et ils l'ont dit sans trop s'embarrasser « s'ils n'étaient pas par là en opposition avec les « *idées* dites *libérales*, et moins encore si le par- « tage qu'ils faisaient des États qu'ils trouvaient à « leur convenance, n'était pas le plus solennel dé- « menti donné aux peuples souverains. » Ne croirait-on pas que nous venons de citer la satire la plus ironique contre le congrès de Vienne, si l'on ne savait que telle n'a pu être l'intention de l'auteur? Mais quand on est arrivé à ce degré de déraison, l'on ne se doute pas non plus du ridicule, car la folie méthodique est très-sérieuse. *Nous sommes rois, parce que nous sommes rois*, fait-on dire aux souverains de l'Europe; *je suis celui qui suis*, sont les paroles de Jéhovah dans la Bible; et l'écrivain ecclésiastique se permet d'attribuer aux monarques ce qui ne peut convenir qu'à la Divinité. *Les rois*, dit-il, *ne se sont pas embarrassés si le partage des États qu'ils trouvaient à leur convenance, était d'accord avec les idées dites libérales.* Tant pis, en effet, s'ils ont réglé ce partage comme un compte de banquier, donnant des soldes à une certaine quantité d'âmes ou de fractions d'âmes, pour se faire une somme ronde de sujets! Tant pis, s'ils n'ont consulté que leur convenance, sans songer aux intérêts et aux vœux des nations! Mais les rois repoussent, n'en doutons pas, l'indigne éloge qui leur est ainsi adressé; ils repoussent de même aussi, sans doute, le blâme que se permet contre eux l'évêque de Troyes, quoique ce blâme renferme une odieuse flatterie sous la forme d'un reproche.

« Il est vrai qu'on en a vu plusieurs favoriser, « au risque d'être en contradiction avec eux-mê- « mes, ces formes populaires, et autres théories « nouvelles que leurs ancêtres ne connaissaient « pas, et auxquelles, jusqu'à nos jours, leurs pro- « pres États avaient été étrangers sans qu'ils s'en « fussent plus mal trouvés; mais, nous ne crai-

« gnons pas de le dire, c'est la maladie de l'Eu- « rope, et le symptôme le plus alarmant de sa dé- « cadence; c'est par là que la Providence semble « l'attaquer pour hâter sa dissolution. Ajoutons à « cette manie de refondre les gouvernements, et « de les appuyer sur des livres, cette tendance des « esprits novateurs à faire une fusion de tous les « cultes, comme ils veulent en faire une de tous « les partis, et à croire que l'autorité des princes « acquiert pour elle-même toute la force et l'auto- « rité qu'ils ôtent à la religion; et nous aurons les « deux plus grands dissolvants politiques qui puis- « sent miner les empires, et avec lesquels l'Europe, « tôt ou tard, doit tomber en lambeaux et en pour- « riture. » Voilà donc le but de toutes ces homélies en faveur du pouvoir absolu : c'est la tolérance religieuse qui doit faire tomber tôt ou tard l'Europe en lambeaux et en pourriture. L'opinion publique est favorable à cette tolérance; donc il faut proscrire tout ce qui servirait d'organe à l'opinion : alors le clergé de la seule religion permise sera riche et puissant; car, d'une part, il se dira l'interprète de ce droit divin par lequel les rois règnent, et de l'autre, les peuples ne pouvant professer que le culte dominant, il faudra que les ecclésiastiques soient seuls chargés, ainsi qu'ils le demandent, de l'instruction publique, et qu'on leur remette la direction des consciences, qui s'appuie sur l'inquisition, comme le pouvoir arbitraire sur la police.

La fraternité de toutes les communions chrétiennes, telle que la sainte-alliance proposée par l'empereur Alexandre l'a fait espérer à l'humanité, est déjà condamnée par la censure portée contre *la fusion des cultes.* Quel ordre social ils nous proposent, ces partisans du despotisme et de l'intolérance, ces ennemis des lumières, ces adversaires de l'humanité, quand elle porte le nom de peuple et de nation! Où faudrait-il fuir, s'ils commandaient? Encore quelques mots sur cette instruction pastorale, dont le titre est si doux, et dont les paroles sont si amères.

« Hélas! » dit l'évêque de Troyes, en s'adressant au roi, « des séditieux, pour mieux nous asservir, « commencent déjà à nous parler de nos droits, « pour nous faire oublier les vôtres. Nous en avons, « sans doute, sire, et ils sont aussi anciens que la « monarchie. Le droit de vous appartenir comme « au chef de la grande famille, et de nous dire vos « sujets, puisque ce mot signifie vos enfants. » On ne peut s'empêcher de croire que l'écrivain, homme d'esprit, a souri lui-même, quand on a proposé pour unique droit au peuple français, celui de se dire les sujets d'un monarque qui disposerait selon son bon plaisir de leurs propriétés et de leurs vies. Les esclaves d'Alger peuvent se vanter du même genre de droit.

Enfin voici sur quoi repose tout l'échafaudage de sophismes qu'on prescrit comme un article de foi, parce que le raisonnement ne pourrait pas le soutenir. Quel usage du nom de Dieu ! et comment veut-on qu'une nation à qui l'on dit que c'est là de la religion, ne devienne pas incrédule, pour son malheur et pour celui du monde ?

« N. T. C. F., nous ne cesserons de vous répéter « ce que Moïse disait à son peuple : *Interrogez vos* « *ancêtres et le Dieu de vos pères, et remontez* « *à la source.* Songez que moins on s'écarte des « chemins battus, et plus on est en sûreté.... Son- « gez enfin que mépriser l'autorité des siècles, c'est « mépriser l'autorité de Dieu, puisque c'est Dieu « lui-même qui fait l'antiquité, et que vouloir y re- « noncer est toujours le plus grand des crimes, « quand ce ne serait pas le dernier des malheurs. » *C'est Dieu qui fait l'antiquité*, sans doute; mais Dieu est aussi l'auteur du présent, dont l'avenir va dépendre. Quelle niaiserie que cette assertion, si elle ne contenait pas un artifice habile ! et le voici : tous les honnêtes gens sont émus quand on leur parle de leurs ancêtres; il semble que l'idée de leurs pères s'unisse toujours à celle du passé; mais ce sentiment noble et pur conduit-il à rétablir la torture, la roue, l'inquisition, parce que, dans les siècles éloignés, de telles abominations étaient l'œuvre des mœurs barbares? Peut-on soutenir ce qui est absurde et criminel, parce que l'absurde et le crime ont existé? Nos pères n'ont-ils pas été coupables envers les leurs, quand ils ont adopté le christianisme et détruit l'esclavage? *Songez que moins on s'écarte des routes battues, plus on est en sûreté*, dit monseigneur l'évêque de Troyes : mais pour que ces routes soient devenues des routes battues, il a fallu passer de l'antiquité à des temps plus rapprochés; et nous voulons maintenant profiter des lumières de nos jours pour que la postérité ait aussi une antiquité qui vienne de nous, mais qu'elle pourra changer à son tour, si la Providence continue à protéger, comme elle l'a fait, les progrès de l'esprit humain dans toutes les directions.

Je ne me serais pas arrêtée si longtemps à l'écrit de l'évêque de Troyes, s'il ne renfermait la quintessence de tout ce qu'on publie chaque jour en France. Le bon sens en réchappera-t-il ? Et, ce qui est pis encore, le sentiment religieux, sans lequel les hommes n'ont point d'asile en eux-mêmes, pourra-t-il résister à ce mélange de la politique et de la religion, qui porte le caractère évident de l'hypocrisie et de l'égoïsme?

CHAPITRE XII.

De l'amour de la liberté.

La nécessité des gouvernements libres, c'est-à-dire, des monarchies limitées pour les grands États, et des républiques indépendantes pour les petits, est tellement évidente qu'on est tenté de croire que personne ne peut se refuser sincèrement à reconnaître cette vérité; et cependant, quand on rencontre des hommes de bonne foi qui la combattent, on voudrait se rendre compte de leurs motifs. La liberté a trois sortes d'adversaires en France : les nobles qui placent l'honneur dans l'obéissance passive, et les nobles plus avisés, mais moins candides, qui croient que leurs intérêts aristocratiques et ceux du pouvoir absolu ne font qu'un ; les hommes que la révolution française a dégoûtés des idées qu'elle a profanées ; enfin les bonapartistes, les jacobins, tous les hommes sans conscience politique. Les nobles qui attachent l'honneur à l'obéissance passive confondent tout à fait l'esprit des anciens chevaliers avec celui des courtisans des derniers siècles. Sans doute, les anciens chevaliers mouraient pour leur roi, et ainsi feraient tous les guerriers pour leurs chefs; mais ces chevaliers, comme nous l'avons dit, n'étaient nullement les partisans du pouvoir absolu : ils cherchaient eux-mêmes à entourer ce pouvoir de barrières, et mettaient leur gloire à défendre une liberté aristocratique, il est vrai, mais enfin une liberté. Quant aux nobles qui sentent que les priviléges de l'aristocratie doivent à présent s'appuyer sur le despotisme que jadis ils servaient à limiter, on peut leur dire comme dans le roman de Waverley : « Ce qui « vous importe, ce n'est pas tant que Jacques Stuart « soit roi, mais que Fergus Mac-Ivor soit comte. » L'institution de la pairie accessible au mérite est, pour la noblesse, ce que la constitution anglaise est pour la monarchie. C'est la seule manière de conserver l'une et l'autre; car nous vivons dans un siècle où l'on ne conçoit pas bien comment la minorité, et une si petite minorité, aurait un droit qui ne serait pas pour l'avantage de la majorité. Le sultan de Perse se faisait rendre compte, il y a quelques années, de la constitution anglaise par l'ambassadeur d'Angleterre à sa cour. Après l'avoir écouté, et, comme l'on va voir, assez bien compris : « Je conçois, lui dit-il. comment l'ordre « de choses que vous me décrivez convient mieux

« que le gouvernement de Perse à la durée et au
« bonheur de votre empire ; mais il me semble
« beaucoup moins favorable aux jouissances du mo-
« narque. » C'était très-bien poser la question ;
excepté que, même pour le monarque, il vaut mieux
être guidé par l'opinion dans la direction des affaires publiques, que de courir sans cesse le risque
d'être en opposition avec elle. La justice est l'égide
de tous et de chacun ; mais en sa qualité de justice
cependant, c'est le grand nombre qu'elle doit protéger.

Il nous reste à parler de ceux que les malheurs
et les crimes de la révolution de France ont effrayés, et qui fuient d'un extrême à l'autre, comme
si le pouvoir arbitraire d'un seul était l'unique
préservatif certain contre la démagogie. C'est ainsi
qu'ils ont élevé la tyrannie de Bonaparte ; et c'est
ainsi qu'ils rendraient Louis XVIII despote, si sa
haute sagesse ne l'en défendait pas. La tyrannie
est une parvenue, et le despotisme un grand seigneur ; mais l'une et l'autre offensent également la
raison humaine. Après avoir vu la servilité avec
laquelle Bonaparte a été obéi, on a peine à concevoir que ce soit l'esprit républicain que l'on craigne
en France. Les lumières et la nature des choses
amèneront la liberté en France, mais ce ne sera
certainement pas la nation qui se montrera d'elle-
même factieuse ni turbulente.

Quand depuis tant de siècles toutes les âmes
généreuses ont aimé la liberté ; quand les plus
grandes actions ont été inspirées par elle ; quand
l'antiquité et l'histoire des temps modernes nous
offrent tant de prodiges opérés par l'esprit public ;
quand nous venons de voir ce que peuvent les nations ; quand tout ce qu'il y a de penseurs parmi
les écrivains a proclamé la liberté ; quand on ne
peut pas citer un ouvrage politique d'une réputation durable qui ne soit animé par ce sentiment ;
quand les beaux-arts, la poésie, les chefs-d'œuvre
du théâtre, destinés à émouvoir le cœur humain,
exaltent la liberté ; que dire de ces petits hommes
à grande fatuité, qui vous déclarent avec un accent
fade et maniéré comme tout leur être, qu'il est de
bien mauvais goût de s'occuper de politique ; qu'a-
près les horreurs dont on a été témoin, personne ne
se soucie plus de la liberté ; que les élections populaires sont une institution tout à fait grossière ; que
le peuple choisit toujours mal, et que les gens
comme il faut ne sont pas faits pour aller, comme
en Angleterre, *se mêler avec le peuple? Il est de
mauvais goût de s'occuper de politique.* Eh ! juste
ciel ! à quoi donc penseront-ils, ces jeunes gens
élevés sous le régime de Bonaparte, seulement

pour aller se battre, sans aucune instruction, sans
aucun intérêt pour la littérature et les beaux-arts ?
Puisqu'ils ne peuvent avoir ni une idée nouvelle,
ni un jugement sain sur de tels sujets, au moins
ils seraient des hommes, s'ils s'occupaient de leur
pays, s'ils se croyaient citoyens, si leur vie était
utile de quelque manière. Mais que veulent-ils
mettre à la place de la politique, qu'ils se donnent
les airs de proscrire ? quelques heures passées dans
l'antichambre des ministres, pour obtenir des places qu'ils ne sont pas en état de remplir ; quelques
propos dans les salons, au-dessous même de l'esprit
des femmes les plus légères auxquelles ils les adressent. Quand ils se faisaient tuer, cela pouvait aller
encore, parce qu'il y a toujours de la grandeur
dans le courage ; mais dans un pays qui, Dieu
merci, sera en paix, ne savoir être qu'une seconde
fois chambellan, et ne pouvoir prêter ni lumières,
ni dignités à sa patrie, c'est là ce qui est vraiment
de mauvais goût. Le temps est passé où les jeunes
Français pouvaient donner le ton à tous égards.
Ils ont bien encore, il est vrai, la frivolité de jadis,
mais ils n'ont plus la grâce qui faisait pardonner
cette frivolité même.

*Après les horreurs dont on a été témoin, disent-
ils, personne ne veut plus entendre parler de liberté.* Si des caractères sensibles se laissaient aller
à une haine involontaire et nerveuse, car on pourrait la nommer ainsi, puisqu'elle tient à de certains
souvenirs, à de certaines associations de terreur
qu'on ne peut vaincre, on leur dirait, ainsi qu'un
poëte de nos jours : Qu'il ne faut pas forcer la
liberté à se poignarder comme Lucrèce, parce
qu'elle a été profanée. On leur rappellerait que la
Saint-Barthélemi n'a pas fait proscrire le catholicisme. On leur dirait enfin que le sort des vérités
ne peut dépendre des hommes qui mettent telle ou
telle devise sur leur bannière, et que le bon sens
a été donné à chaque individu, pour juger des
choses en elles-mêmes, et non d'après des circonstances accidentelles. Les coupables, de tout temps,
ont tâché de se servir d'un généreux prétexte,
pour excuser de mauvaises actions ; il n'existe presque pas de crimes dans le monde que leurs auteurs
n'aient attribués à l'honneur, à la religion, ou à la
liberté. Il ne s'ensuit pas, je pense, qu'il faille
pour cela proscrire tout ce qu'il y a de beau sur la
terre. En politique surtout, comme il y a lieu au
fanatisme aussi bien qu'à la mauvaise foi, au dévouement aussi bien qu'à l'intérêt personnel, on
est sujet à des erreurs funestes, quand on n'a pas
une certaine force d'esprit et d'âme. Si le lendemain de la mort de Charles Ier, un Anglais, mau-

dissant avec raison ce forfait, eût demandé au ciel qu'il n'y eût jamais de liberté en Angleterre, certainement on aurait pu s'intéresser à ce mouvement d'un bon cœur, qui, dans son émotion, confondait tous les prétextes d'un grand crime avec le crime lui-même, et aurait proscrit, s'il l'avait pu, jusqu'au soleil qui s'était levé ce jour-là comme de coutume. Mais, si cette prière irréfléchie avait été exaucée, l'Angleterre ne servirait pas d'exemple au monde aujourd'hui, la monarchie universelle de Bonaparte pèserait sur l'Europe, car l'Europe eût été hors d'état de s'affranchir sans le secours de cette nation libre. De tels arguments et bien d'autres pourraient être adressés à des personnes dont les préjugés mêmes méritent des égards, parce qu'ils naissent des affections du cœur. Mais que dire à ceux qui traitent de jacobins les amis de la liberté, quand eux-mêmes ont servi d'instruments au pouvoir impérial? Nous y étions forcés, disent-ils. Ah! j'en connais qui pourraient aussi parler de cette contrainte, et qui cependant y ont échappé. Mais, puisque vous vous y êtes laissé forcer, trouvez bon que l'on veuille vous donner une constitution libre, où l'empire de la loi soit tel, qu'on n'exige rien de mal de vous : car vous êtes en danger, ce me semble, de céder beaucoup aux circonstances. Ils pourraient plutôt, ceux que la nature a faits résistants, ne pas redouter le despotisme ; mais vous qu'il a si bien courbés, souhaitez donc que dans aucun temps, sous aucun prince, sous aucune forme, il ne puisse jamais vous atteindre.

Les épicuriens de nos jours voudraient que les lumières améliorassent l'existence physique sans exciter le développement intellectuel ; ils voudraient que le tiers état eût travaillé à rendre la vie sociale plus douce et plus facile, sans vouloir profiter des avantages qu'il a conquis pour tous. On savait vivre durement autrefois, et les rapports de la société étaient aussi beaucoup plus simples et plus fixes. Mais aujourd'hui que le commerce a tout multiplié, si vous ne donnez pas de motifs d'émulation au talent, c'est le goût de l'argent qui prendra sa place. Vous ne relèverez pas les châteaux forts ; vous ne ressusciterez pas les princesses qui filaient elles-mêmes les vêtements des guerriers ; vous ne recommencerez pas même le règne de Louis XIV. Le temps actuel n'admet plus un genre de gravité et de respect qui donnait alors tant d'ascendant à cette cour. Mais vous aurez de la corruption sans esprit, ce qui est le dernier degré où l'espèce humaine puisse tomber. Ce n'est donc pas entre les lumières et l'antique féodalité qu'il

faut choisir, mais entre le désir de se distinguer et l'avidité de s'enrichir.

Examinez les adversaires de la liberté dans tous les pays, vous trouverez bien parmi eux quelques transfuges du camp des gens d'esprit, mais, en général, vous verrez que les ennemis de la liberté sont ceux des connaissances et des lumières : ils sont fiers de ce qui leur manque en ce genre, et l'on doit convenir que ce triomphe négatif est facile à mériter.

On a trouvé le secret de présenter les amis de la liberté comme des ennemis de la religion : il y a deux prétextes à la singulière injustice qui voudrait interdire au plus noble sentiment de cette terre l'alliance avec le ciel. Le premier, c'est la révolution : comme elle s'est faite au nom de la philosophie, on en a conclu qu'il fallait être athée pour aimer la liberté. Certes, ce n'est que parce que les Français n'ont pas uni la religion à la liberté, que leur révolution a sitôt dévié de sa direction primitive. Il se pouvait que de certains dogmes de l'Église catholique ne s'accordassent pas avec les principes de la liberté; l'obéissance passive au pape était aussi peu soutenable que l'obéissance passive au roi. Mais le christianisme a véritablement apporté la liberté sur cette terre, la justice envers les opprimés, le respect pour les malheureux, enfin l'égalité devant Dieu, dont l'égalité devant la loi n'est qu'une image imparfaite. C'est par une confusion volontaire chez quelques-uns, aveugle chez quelques autres, qu'on a voulu faire considérer les priviléges de la noblesse et le pouvoir absolu du trône comme des dogmes de la religion. Les formes de l'organisation sociale ne peuvent toucher à la religion que par leur influence sur le maintien de la justice envers tous, et de la morale de chacun ; le reste appartient à la science de ce monde.

Il est temps que vingt-cinq années, dont quinze appartiennent au despotisme militaire, ne se placent plus comme un fantôme entre l'histoire et nous, et ne nous privent plus de toutes les leçons et de tous les exemples qu'elle nous offre. N'y aurait-il plus d'Aristide, de Phocion, d'Épaminondas en Grèce; de Régulus, de Caton, de Brutus à Rome; de Tell en Suisse; d'Egmont, de Nassau en Hollande; de Sidney, de Russel en Angleterre, parce qu'un pays gouverné longtemps par le pouvoir arbitraire, s'est vu livré pendant une révolution aux hommes que l'arbitraire même avait pervertis? Qu'y a-t-il de si extraordinaire dans un tel événement, qu'il doive changer le cours des astres, c'est-à-dire, faire reculer la vérité, qui s'avançait avec l'histoire pour éclairer le genre humain? Et par quel sentiment public serions-nous désormais émus, si nous repoussions l'amour de la liberté? Les vieux préjugés n'agissent plus sur les hommes que par calcul, ils ne sont soutenus que par ceux qui ont un intérêt personnel à les défendre. Qui veut en France le pouvoir absolu par amour pur, c'est-à-dire, pour lui-même? Informez-vous de la situation personnelle de chacun de ses défenseurs, et vous connaîtrez bien vite les motifs de leur doctrine. Sur quoi donc se fonderait la fraternité des associations humaines, si quelque enthousiasme ne se développait pas dans les cœurs? Qui serait fier d'être Français, si l'on avait vu la liberté détruite par la tyrannie, la tyrannie brisée par les étrangers, et que les lauriers de la guerre ne fussent pas au moins honorés par la conquête de la liberté? Il ne s'agirait plus que de voir lutter l'un contre l'autre l'égoïsme des privilégiés par la naissance et l'égoïsme des privilégiés par les événements. Mais la France, où serait-elle? Qui pourrait se vanter de l'avoir servie, puisque rien ne resterait dans les cœurs, ni des temps passés, ne de la réforme nouvelle?

La liberté! répétons son nom avec d'autant plus de force, que les hommes qui devraient au moins le prononcer comme excuse, l'éloignent par flatterie; répétons-le sans crainte de blesser aucune puissance respectable : car tout ce que nous aimons, tout ce que nous honorons y est compris. Rien que la liberté ne peut remuer l'âme dans les rapports de l'ordre social. Les réunions d'hommes ne seraient que des associations de commerce ou d'agriculture, si la vie du patriotisme n'excitait pas les individus à se sacrifier à leurs semblables. La chevalerie était une confrérie guerrière qui satisfaisait au besoin de dévouement qu'éprouvent tous les cœurs généreux. Les nobles étaient des compagnons d'armes qu'un honneur et un devoir réunissaient; mais depuis que les progrès de l'esprit humain ont créé les nations, c'est-à-dire, depuis que tous les hommes participent de quelque manière aux mêmes avantages, que ferait-on de l'espèce humaine sans le sentiment de la liberté? Pourquoi le patriotisme français commencerait-il à telle frontière et s'arrêterait-il à telle autre, s'il n'y avait pas dans cette enceinte des espérances, des jouissances, une émulation, une sécurité, qui font aimer son pays natal par l'âme autant que par l'habitude? Pourquoi le nom de France causerait-il une invincible émotion, s'il n'y avait d'autres liens entre les habitants de cette belle contrée que les priviléges des uns et l'asservissement des autres?

Partout où vous rencontrez du respect pour la nature humaine, de l'affection pour ses semblables, et cette énergie d'indépendance qui sait résister à tout sur la terre, et ne se prosterner que devant Dieu, là vous voyez l'homme image de son Créateur, là vous sentez au fond de l'âme un attendrissement si intime qu'il ne peut vous tromper sur la vérité. Et vous, nobles Français, pour qui l'honneur était la liberté; vous qui, par une longue transmission d'exploits et de grandeur, deviez vous considérer comme l'élite de l'espèce humaine, souffrez que la nation s'élève jusqu'à vous; elle a aussi maintenant les droits de conquête, et tout Français aujourd'hui peut se dire gentilhomme, si tout gentilhomme ne veut pas se dire citoyen.

C'est une chose remarquable en effet qu'à une certaine profondeur de pensée parmi tous les hommes, il n'y a pas un ennemi de la liberté. De la même manière que le célèbre Humboldt a tracé sur les montagnes du nouveau monde les différents degrés d'élévation qui permettent le développement de telle ou telle plante, on pourrait dire d'avance quelle étendue, quelle hauteur d'esprit fait concevoir les grands intérêts de l'humanité dans leur ensemble et dans leur vérité. L'évidence de ces opinions est telle, que jamais ceux qui les ont admises ne pourront y renoncer, et, d'un bout du monde à l'autre, les amis de la liberté communiquent par les lumières, comme les hommes religieux par les sentiments; ou plutôt les lumières et les sentiments se réunissent dans l'amour de la liberté comme dans celui de l'Être suprême. S'agit-il de l'abolition de la traite des nègres, de la liberté de la presse, de la tolérance religieuse, Jefferson pense comme la Fayette, la Fayette comme Wilberforce; et ceux qui ne sont plus comptent aussi dans la sainte ligue. Est-ce donc par calcul, est-ce donc par de mauvais motifs que des hommes si supérieurs, dans des situations et des pays si divers, sont tellement en harmonie par leurs opinions politiques? Sans doute il faut des lumières pour s'élever au-dessus des préjugés; mais c'est dans l'âme aussi que les principes de la liberté sont fondés : ils font battre le cœur comme l'amour et l'amitié; ils viennent de la nature, ils ennoblissent le caractère. Tout un ordre de vertus, aussi bien que d'idées, semble former cette chaîne d'or décrite par Homère, qui, en rattachant l'homme au ciel, l'affranchit de tous les fers de la tyrannie.

DIX ANNÉES

D'EXIL.

———•◦•———

PRÉFACE

DE M. DE STAEL FILS.

L'écrit que l'on va lire ne forme point un ouvrage complet, et ne doit pas être jugé comme tel. Ce sont des fragments de mémoires que ma mère se proposait d'achever dans ses loisirs, et qui auraient peut-être subi des changements dont j'ignore la nature, si une plus longue carrière lui eût permis de les revoir et de les terminer. Cette réflexion suffisait pour que j'examinasse avec scrupule si j'étais autorisé à les publier. La crainte d'aucun genre de responsabilité ne peut se présenter à l'esprit, lorsqu'il s'agit de nos plus chères affections ; mais le cœur est agité d'une anxiété douloureuse, quand on est réduit à deviner des volontés dont la manifestation serait une règle invariable et sacrée. Toutefois, après avoir sérieusement réfléchi que le devoir exigeait de moi, je me suis convaincu que j'avais rempli les intentions de ma mère, en prenant l'engagement de n'omettre, dans cette édition de ses OEuvres, aucun écrit susceptible d'être imprimé. Ma fidélité à tenir cet engagement me donne le droit de désavouer, par avance, tout ce qu'à une époque quelconque on pourrait prétendre ajouter à cette collection que, je le répète, renferme tout ce dont ma mère n'eût pas formellement interdit la publication.

Le titre de *Dix années d'exil* est celui dont l'auteur lui-même avait fait choix ; j'ai dû le conserver, quoique l'ouvrage, n'étant pas achevé, ne comprenne qu'un espace de sept années. Le récit commence en 1800, c'est-à-dire deux ans avant le premier exil de ma mère, et s'arrête en 1804, après la mort de M. Necker. La narration recommence en 1810, et s'arrête brusquement à l'arrivée de ma mère en Suède, dans l'automne de 1812. Ainsi, la première et la seconde partie de ces mémoires laissent entre elles un intervalle de près de six années. On en trouvera l'explication dans l'exposé fidèle de la manière dont ils ont été composés.

Je n'anticiperai point sur le récit des persécutions que ma mère a subies sous le gouvernement impérial : ces persécutions, mesquines autant que cruelles, forment l'objet de l'écrit que l'on va lire, et dont je ne pourrais qu'affaiblir l'intérêt. Il me suffira de rappeler qu'après l'avoir exilée d'abord de Paris, puis renvoyée de France, après avoir supprimé son ouvrage sur *l'Allemagne*, par le caprice le plus arbitraire, et lui avoir rendu impossible de rien publier, même sur les sujets les plus étrangers à la politique, on en vint jusqu'à lui faire de sa demeure une prison, à lui interdire toute espèce de voyage, et à lui enlever les plaisirs de la vie sociale et les consolations de l'amitié. Voilà dans quelle situation ma mère a commencé ses mémoires, et l'on peut juger quelle était alors la disposition de son âme.

En écrivant cet ouvrage, l'espoir de le faire paraître un jour se présentait à peine dans l'avenir le plus éloigné. L'Europe était encore tellement courbée sous le joug de Napoléon, qu'aucune voix indépendante ne pouvait se faire entendre : sur le continent la presse était enchaînée, et les mesures les plus rigoureuses repoussaient tout écrit imprimé en Angleterre. Ma mère songeait donc moins à composer un livre qu'à conserver la trace de ses souvenirs et de ses pensées. Tout en faisant le récit des circonstances qui lui étaient personnelles, elle y insérait les diverses réflexions que lui avaient inspirées, depuis l'origine du pouvoir de Bonaparte, l'état de la France et la marche des événements. Mais si imprimer un pareil ouvrage eût été alors un acte inouï de témérité, le seul fait de l'écrire exigeait à la fois beaucoup de courage et de prudence,

surtout dans la position où était ma mère. Elle ne pouvait pas douter que toutes ses démarches ne fussent soumises à la surveillance de la police : le préfet qui avait remplacé M. de Barante à Genève, prétendait être informé de tout ce qui se passait chez elle, et le moindre prétexte suffisait pour que l'on s'emparât de ses papiers. Les plus grandes précautions lui étaient donc recommandées : aussi à peine avait-elle écrit quelques pages, qu'elle les faisait transcrire par une de ses amies les plus intimes, en ayant soin de remplacer tous les noms propres par des noms tirés de l'histoire de la révolution d'Angleterre. Ce fut sous ce déguisement qu'elle emporta son manuscrit, lorsqu'en 1812 elle se résolut à échapper, par la fuite, à des rigueurs toujours croissantes.

Arrivée en Suède, après avoir traversé la Russie, et évité de bien près les armées qui s'avançaient sur Moscou, ma mère s'occupa de mettre au net cette première partie de ses mémoires, qui, ainsi que je l'ai dit plus haut, s'arrête à l'année 1804. Mais, avant de les continuer selon l'ordre des temps, elle voulut profiter du moment où ses souvenirs étaient dans toute leur vivacité, pour écrire le récit des circonstances remarquables de sa fuite, et des persécutions qui lui en avaient fait, pour ainsi dire, un devoir. Elle reprit donc l'histoire de sa vie à l'année 1810, époque de la suppression de son ouvrage sur *l'Allemagne*, et la continua jusqu'à son arrivée à Stockholm, en 1812 : de là le titre de *Dix années d'exil*. Ceci explique encore pourquoi, en parlant du gouvernement impérial, ma mère s'exprime tantôt comme vivant sous sa puissance, et d'autres fois comme y ayant échappé.

Enfin, lorsqu'elle conçut le plan de son ouvrage sur *la Révolution française*, elle tira de la première partie des *Dix années d'exil* les morceaux historiques et les réflexions générales qui entraient dans son nouveau cadre, réservant les détails individuels pour l'époque où elle comptait achever les mémoires de sa vie, et où elle se flattait de pouvoir nommer toutes les personnes dont elle avait reçu de généreux témoignages d'amitié, sans craindre de les compromettre par l'expression de sa reconnaissance.

Le manuscrit confié à mes soins se composait donc de deux parties distinctes ; l'une, dont la lecture offrait nécessairement moins d'intérêt, contenait plusieurs passages déjà incorporés dans les *Considérations sur la Révolution française ;* l'autre formait une espèce de journal dont aucune portion n'était encore connue du public. J'ai suivi la marche tracée par ma mère, en retranchant de la première partie de son manuscrit tous les morceaux qui, à quelques modifications près, avaient déjà trouvé place dans son grand ouvrage politique. C'est à cela que s'est borné le travail de l'éditeur, et je ne me suis pas permis la moindre addition.

Quant à la seconde partie, je la livre au public sans aucun changement, et à peine ai-je cru pouvoir y faire de légères corrections de style, tant il m'a paru important de conserver à cette esquisse toute la vivacité du caractère original. L'on se convaincra de mon respect scrupuleux pour le manuscrit de ma mère, en lisant les jugements qu'elle porte sur la conduite politique de la Russie ; mais, sans parler du pouvoir qu'exerce la reconnaissance sur les âmes élevées, l'on se rappellera sans doute que le souverain de la Russie combattait alors pour la cause de l'indépendance et de la liberté. Était-il possible de prévoir qu'au bout de si peu d'années, les forces immenses de cet empire deviendraient des instruments d'oppression pour la malheureuse Europe ?

Si l'on compare les *Dix années d'exil* avec les *Considérations sur la Révolution française*, on trouvera peut-être que le règne de Napoléon est jugé dans le premier de ces écrits avec plus de sévérité que dans l'autre, et qu'il y est attaqué avec une éloquence qui n'est pas toujours exempte d'amertume. Cette différence est facile à expliquer : l'un de ces ouvrages a été écrit après la chute du despote, avec le calme et l'impartialité d'un historien ; l'autre a été inspiré par un sentiment courageux de résistance à la tyrannie ; et quand ma mère l'a composé, le pouvoir impérial était à son apogée.

Je n'ai point choisi un moment plutôt qu'un autre pour la publication des *Dix années d'exil* ; l'ordre chronologique a été suivi dans cette édition, et les œuvres posthumes ont dû naturellement terminer le recueil. Du reste, je ne crains-

point qu'on prétende qu'il y ait manque de générosité à publier, après la chute de Napoléon, des attaques dirigées contre sa puissance. Celle dont le talent a toujours été consacré à la défense des plus nobles causes, celle dont la maison a été successivement l'asile des opprimés de tous les partis, serait trop au-dessus d'un pareil reproche. Il ne pourrait, en tout cas, s'adresser qu'à l'éditeur des *Dix années d'exil;* mais j'en serais peu touché, je l'avoue. L'on ferait, en vérité, une part trop belle au despotisme, si, après avoir imposé le silence de la terreur pendant son triomphe, il pouvait encore demander à l'histoire de l'épargner après sa défaite.

Sans doute les souvenirs du dernier gouvernement ont été le prétexte de beaucoup de persécutions ; sans doute les honnêtes gens sont révoltés des lâches invectives que l'on se permet encore contre ceux qui, ayant joui des faveurs de ce gouvernement, ont assez de dignité pour ne pas désavouer leur conduite passée ; sans doute, enfin, une grandeur déchue peut captiver l'imagination ; mais ce n'est pas de la personne de Napoléon seulement qu'il s'agit ; ce n'est pas lui qui, aujourd'hui, peut être un objet d'animadversion pour les âmes généreuses ; ce ne sont pas non plus ceux qui, sous son règne, ont servi utilement leur pays dans les différentes branches de l'administration publique : mais ce qu'on ne peut flétrir d'une censure trop sévère, c'est le système d'égoïsme et d'oppression dont Bonaparte est l'auteur. Or, ce déplorable système ne règne-t-il pas en Europe ? les puissants de la terre ne recueillent-ils pas avec soin le honteux héritage de celui qu'ils ont renversé ? Et, si l'on tourne ses regards sur notre patrie, combien ne voit-on pas de ces instruments de Napoléon qui, après l'avoir fatigué de leur servile complaisance, viennent offrir à un pouvoir nouveau le tribut de leur petit machiavélisme ? Aujourd'hui, comme alors, n'est-ce pas sur la vanité et sur la corruption que repose tout l'édifice de leur chétive science, et n'est-ce pas dans les traditions du régime impérial que sont puisés les conseils de leur sagesse ?

En peignant donc des plus vives couleurs ce régime funeste, ce n'est pas un ennemi vaincu que l'on insulte, c'est un adversaire puissant que l'on attaque ; et si, comme je l'espère, les *Dix années d'exil* sont destinées à accroître l'horreur des gouvernements arbitraires, je puis me livrer à la douce pensée qu'en les publiant je sers la sainte cause à laquelle ma mère n'a pas cessé d'être fidèle.

PREMIÈRE PARTIE.

CHAPITRE PREMIER.

Causes de l'animosité de Bonaparte contre moi.

Ce n'est point pour occuper le public de moi que j'ai résolu de raconter les circonstances de dix années d'exil ; les malheurs que j'ai éprouvés, avec quelque amertume que je les aie sentis, sont si peu de chose au milieu des désastres publics dont nous sommes témoins, qu'on aurait honte de parler de soi, si les événements qui nous concernent n'étaient pas liés à la grande cause de l'humanité menacée. L'empereur Napoléon, dont le caractère se montre tout entier dans chaque trait de sa vie, m'a persécutée avec un soin minutieux, avec une activité toujours croissante, avec une rudesse inflexible ; et mes rapports avec lui ont servi à me le faire connaître, longtemps avant que l'Europe eût appris le mot de cette énigme.

Je n'entre point dans le récit des faits qui ont précédé l'arrivée de Bonaparte sur la scène politique de l'Europe : si j'accomplis le dessein que j'ai formé d'écrire la vie de mon père, je dirai ce que j'ai vu de ces premiers jours de la révolution, dont l'influence a changé le sort de tout le monde. Je ne veux retracer maintenant que la part qui me concerne dans ce vaste tableau. Mais en jetant de ce point de vue si borné quelques regards sur l'ensemble, je me flatte de me faire souvent oublier en racontant ma propre histoire.

Le plus grand grief de l'empereur Napoléon contre moi, c'est le respect dont j'ai toujours été pénétrée pour la véritable liberté. Ces sentiments m'ont été transmis comme un héritage ; et je les ai adoptés dès que j'ai pu réfléchir sur les hautes pensées dont ils dérivent, et sur les belles actions qu'ils inspirent. Les scènes cruelles qui ont déshonoré la révolution française n'étant que de la tyrannie sous des formes populaires, n'ont pu, ce me semble, faire aucun tort au culte de la liberté. L'on pourrait, tout au plus, s'en décourager pour la France ; mais si ce pays avait le malheur de ne savoir posséder le plus noble des biens, il ne faudrait pas pour cela le proscrire sur la terre. Quand le soleil disparaît de l'horizon des pays du Nord, les habitants de ces contrées ne blasphèment pas ses rayons qui luisent encore pour d'autres pays plus favorisés du ciel.

Peu de temps après le 18 brumaire, il fut rapporté à Bonaparte que j'avais parlé dans ma société contre cette oppression naissante dont je pressentais les progrès, aussi clairement que si l'avenir m'eût été révélé. Joseph Bonaparte, dont j'aimais l'esprit et la conversation, vint me voir et me dit : « Mon frère se plaint de vous. Pourquoi, m'a-t-il « répété hier, pourquoi madame de Staël ne s'at- « tache-t-elle pas à mon gouvernement ? Qu'est-ce « qu'elle veut ? le payement du dépôt de son père ? « je l'ordonnerai : le séjour de Paris ? je le lui per- « mettrai. Enfin qu'est-ce qu'elle veut ? — Mon « Dieu, répliquai-je, il ne s'agit pas de ce que je « veux, mais de ce que je pense. » J'ignore si cette réponse lui a été rapportée ; mais je suis bien sûre au moins que, s'il l'a sue, il n'y a attaché aucun sens ; car il ne croit à la sincérité des opinions de personne ; il considère la morale en tout genre comme une formule qui ne tire pas plus à conséquence que la fin d'une lettre ; et, de même qu'après avoir assuré quelqu'un qu'on est son très-humble serviteur, il ne s'ensuit pas qu'il puisse rien exiger de vous, Bonaparte croit que lorsque quelqu'un dit qu'il aime la liberté, qu'il croit en Dieu, qu'il préfère sa conscience à son intérêt, c'est un homme qui se conforme à l'usage, qui suit la manière reçue pour expliquer ses prétentions ambitieuses, ou ses calculs égoïstes. La seule espèce de créatures humaines qu'il ne comprenne pas bien, ce sont celles qui sont sincèrement attachées à une opinion, qu'elles qu'en puissent être les suites; Bonaparte considère de tels hommes comme des niais ou comme des marchands qui surfont, c'est-à-dire, qui veulent se vendre trop cher. Aussi, comme on le verra par la suite, ne s'est-il jamais trompé dans ce monde que sur les honnêtes gens, soit comme individus, soit surtout comme nations.

CHAPITRE II.

Commencements de l'opposition dans le tribunat. — Premières persécutions à ce sujet. — Fouché.

Quelques tribuns voulaient établir dans leur assemblée une opposition analogue à celle d'Angleterre, et prendre au sérieux la constitution, comme si les droits qu'elle paraissait assurer avaient eu rien de réel, et que la division prétendue des corps de l'État n'eût pas été une simple affaire d'étiquette, une distinction entre les diverses antichambres du consul, dans lesquelles des magistrats de différents noms pouvaient se tenir. Je voyais avec plaisir, je l'avoue, le petit nombre de tribuns qui ne voulaient point rivaliser de complaisance avec les conseillers d'État; je croyais surtout que ceux qui précédemment s'étaient laissé emporter trop loin dans leur amour pour la république, se devaient de rester fidèles à leur opinion, quand elle était devenue la plus faible et la plus menacée.

L'un de ces tribuns, ami de la liberté, et doué d'un des esprits les plus remarquables que la nature ait départi à aucun homme, M. Benjamin Constant, me consulta sur un discours qu'il se proposait de faire, pour signaler l'aurore de la tyrannie : je l'y encourageai de toute la force de ma conscience. Néanmoins, comme on savait qu'il était un de mes amis intimes, je ne pus m'empêcher de craindre ce qu'il pourrait m'en arriver. J'étais vulnérable par mon goût pour la société. Montaigne a dit jadis : *Je suis François par Paris;* et s'il pensait ainsi il y a trois siècles, que serait-ce depuis que l'on a vu réunies tant de personnes d'esprit dans une même ville, et tant de personnes

accoutumées à se servir de cet esprit pour les plaisirs de la conversation ? Le fantôme de l'ennui m'a toujours poursuivie; c'est par la terreur qu'il me cause que j'aurais été capable de plier devant la tyrannie, si l'exemple de mon père, et son sang qui coule dans mes veines, ne l'emportaient pas sur cette faiblesse. Quoi qu'il en soit, Bonaparte la connaissait très-bien; il discerne promptement le mauvais côté de chacun; car c'est par leurs défauts qu'il soumet les hommes à son empire. Il joint à la puissance dont il menace, aux trésors qu'il fait espérer, la dispensation de l'ennui, et c'est aussi une terreur pour les Français. Le séjour à quarante lieues de la capitale, en contraste avec tous les avantages que réunit la plus agréable ville du monde, fait faiblir à la longue la plupart des exilés, habitués dès leur enfance aux charmes de la vie de Paris.

La veille du jour où Benjamin Constant devait prononcer son discours, j'avais chez moi Lucien Bonaparte, MM. ***, ***, ***, ***, et plusieurs autres encore, dont la conversation, dans les degrés différents, a cet intérêt toujours nouveau qu'excitent et la force des idées et la grâce de l'expression. Chacun, Lucien excepté, lassé d'avoir été proscrit par le directoire, se préparait à servir le nouveau gouvernement, en n'exigeant de lui que de bien récompenser le dévouement à son pouvoir. Benjamin Constant s'approche de moi, et me dit tout bas : « Voilà votre salon rempli de « personnes qui vous plaisent : si je parle, demain « il sera désert; pensez-y. — Il faut suivre sa « conviction, » lui répondis-je. L'exaltation m'inspira cette réponse; mais, je l'avoue, si j'avais prévu ce que j'ai souffert à dater de ce jour, je n'aurais pas eu la force de refuser l'offre que M. Constant me faisait de renoncer à se mettre en évidence pour ne pas me compromettre.

Ce n'est rien aujourd'hui, sous le rapport de l'opinion, que d'encourir la disgrâce de Bonaparte; il peut vous faire périr, mais il ne saurait entamer votre considération. Alors, au contraire, la nation n'était point éclairée sur ses intentions tyranniques; et comme chacun de ceux qui avaient souffert de la révolution espérait de lui le retour d'un frère ou d'un ami, ou la restitution de sa fortune, on accablait du nom de jacobin quiconque osait lui résister; et la bonne compagnie se retirait de vous en même temps que la faveur du gouvernement; situation insupportable, surtout pour une femme, et dont personne ne peut connaître les pointes aiguës sans l'avoir éprouvée.

Le jour où le signal de l'opposition fut donné

dans le tribunat par l'un de mes amis, je devais réunir chez moi plusieurs personnes dont la société me plaisait beaucoup, mais qui tenaient toutes au gouvernement nouveau. Je reçus dix billets d'excuses à cinq heures; je supportai assez bien le premier, le second; mais à mesure que ces billets se succédaient, je commençais à me troubler. Vainement j'en appelais à ma conscience, qui m'avait conseillé de renoncer à tous les agréments attachés à la faveur de Bonaparte; tant d'honnêtes gens me blâmaient, que je ne savais pas m'appuyer assez ferme sur ma propre manière de voir. Bonaparte n'avait encore rien fait de précisément coupable; beaucoup de gens assuraient qu'il préservait la France de l'anarchie; enfin, si dans ce moment il m'avait fait dire qu'il se raccommodait avec moi, j'en aurais eu plutôt de la joie; mais il ne veut jamais se rapprocher de quelqu'un sans en exiger une bassesse; et pour déterminer à cette bassesse, il entre d'ordinaire dans des fureurs de commande qui font une telle peur qu'on lui cède tout. Je ne veux pas dire par là que Bonaparte ne soit pas vraiment emporté; ce qui n'est pas calcul en lui est de la haine, et la haine s'exprime d'ordinaire par la colère; mais le calcul est tellement le plus fort, qu'il ne va jamais au delà de ce qu'il lui convient de montrer, suivant les circonstances et les personnes. Un jour un de mes amis le vit s'emporter avec violence contre un commissaire des guerres qui n'avait pas fait son devoir : à peine ce pauvre homme fut-il sorti tout tremblant, que Bonaparte se retourna vers un de ses aides de camp, et lui dit en riant : « J'espère que je lui ai fait une belle frayeur; » et l'on aurait pu croire l'instant d'auparavant qu'il n'était plus maître de lui-même.

Quand il convint au premier consul de faire éclater son humeur contre moi, il gronda publiquement son frère aîné, Joseph Bonaparte, sur ce qu'il venait dans ma maison. Joseph se crut obligé de n'y pas mettre les pieds pendant quelques semaines, et son exemple fut le signal que suivirent les trois quarts des personnes que je connaissais. Ceux qui avaient été proscrits le 18 fructidor, prétendaient qu'à cette époque j'aurais eu le tort de recommander à Barras M. de Talleyrand pour le ministère des affaires étrangères, et ils passaient leur vie chez le même M. de Talleyrand, qu'ils m'accusaient d'avoir servi. Tous ceux qui se conduisaient mal envers moi se gardaient bien de dire qu'ils obéissaient à la crainte de déplaire au premier consul; mais ils inventaient chaque jour un nouveau prétexte qui pût me nuire, exerçant toute

l'énergie de leurs opinions politiques contre une femme persécutée et sans défense, et se prosternant aux pieds des plus vils jacobins, dès que le premier consul les avait régénérés par le baptême de la faveur.

Le ministre de la police, Fouché, me fit demander, pour me dire que le premier consul me soupçonnait d'avoir excité celui de mes amis qui avait parlé dans le tribunat. Je lui répondis, ce qui assurément était vrai, que M. Constant était un homme d'un esprit trop supérieur pour qu'on pût s'en prendre à une femme de ses opinions, et que d'ailleurs le discours dont il s'agissait ne contenait absolument que des réflexions sur l'indépendance dont toute assemblée délibérante doit jouir, et qu'il n'y avait pas une parole qui dût blesser le premier consul personnellement. Le ministre en convint. J'ajoutai encore quelques mots sur le respect qu'on devait à la liberté des opinions dans un corps législatif; mais il me fut aisé de m'apercevoir qu'il ne s'intéressait guère à ces considérations générales : il savait déjà très-bien que sous l'autorité de l'homme qu'il voulait servir, il ne serait plus question de principes, et il s'arrangeait en conséquence. Mais comme c'est un homme d'un esprit transcendant en fait de révolution, il avait déjà pour système de faire le moins de mal possible, la nécessité du but admise. Sa conduite précédente ne pouvait en rien annoncer de la moralité, et souvent il parlait de la vertu comme d'un conte de vieille femme. Néanmoins une sagacité remarquable le portait à choisir le bien comme une chose raisonnable, et ses lumières lui faisaient parfois trouver ce que la conscience aurait inspiré à d'autres. Il me conseilla d'aller à la campagne, et m'assura qu'en peu de jours tout serait apaisé. Mais à mon retour il s'en fallait de beaucoup que cela fût ainsi.

CHAPITRE III.

Système de fusion adopté par Bonaparte. — Publication de mon ouvrage sur la Littérature.

Tandis qu'on a vu les rois chrétiens prendre deux confesseurs pour faire examiner de plus près leur conscience, Bonaparte s'était choisi deux ministres, l'un de l'ancien et l'autre du nouveau régime, dont la mission était de mettre à sa disposition les moyens machiavéliques des deux systèmes contraires.

Bonaparte suivait, dans toutes ses nominations, à peu près la même règle, de prendre, pour ainsi dire, tantôt à droite, tantôt à gauche; ou, en d'autres termes, de choisir alternativement ses agents parmi les aristocrates et parmi les jacobins : le parti mitoyen, celui des amis de la liberté, lui plaisait moins que tous les autres, parce qu'il était composé du petit nombre d'hommes qui, en France, avaient une opinion. Il aimait mieux avoir affaire à ceux qui étaient attachés à des intérêts royalistes, ou déconsidérés par des excès populaires. Il alla jusqu'à vouloir nommer conseiller d'État un conventionnel souillé des crimes les plus vils de la terreur ; mais il en fut détourné par le frissonnement de ceux qui auraient eu à siéger avec lui. Bonaparte eût aimé à donner cette preuve éclatante qu'il pouvait tout régénérer, comme tout confondre.

Ce qui caractérise le gouvernement de Bonaparte, c'est un mépris profond pour toutes les richesses intellectuelles de la nature humaine : vertu, dignité de l'âme, religion, enthousiasme, voilà quels sont, à ses yeux, *les éternels ennemis du continent,* pour me servir de son expression favorite : il voudrait réduire l'homme à la force et à la ruse, et désigner tout le reste sous le nom de bêtise ou de folie. Les Anglais l'irritent surtout, parce qu'ils ont trouvé le moyen d'avoir du succès avec de l'honnêteté, chose que Napoléon voudrait faire regarder comme impossible. Ce point lumineux du monde a offusqué ses yeux dès les premiers jours de son règne ; et ne pouvant atteindre l'Angleterre par ses armes, il n'a cessé de diriger contre elle toute l'artillerie de ses sophismes.

Je ne crois pas que Bonaparte, en arrivant à la tête des affaires, eût formé le plan de la monarchie universelle ; mais je crois que son système était ce qu'il a déclaré lui-même à un homme de mes amis, peu de jours après le 18 brumaire : « Il « faut, lui dit-il, faire quelque chose de nouveau « tous les trois mois, pour captiver l'imagination « de la nation française ; avec elle, quiconque n'a- « vance pas est perdu. » Il s'était promis d'empiéter chaque jour sur la liberté de la France, et sur l'indépendance de l'Europe ; mais, sans perdre de vue le but, il savait se prêter aux circonstances ; il tournait l'obstacle, quand cet obstacle était trop fort ; il s'arrêtait tout court, quand le vent contraire était trop violent. Cet homme, si impatient au fond de lui-même, a le talent de rester immobile quand il le faut ; il tient cela des Italiens, qui savent se contenir pour atteindre le but de leur passion, comme s'ils étaient de sang-froid dans le choix de ce but. C'est par l'art d'alterner entre la ruse et la force qu'il a subjugué l'Europe ; au reste, c'est un grand mot que l'Europe. En quoi consis-

tait-elle alors? en quelques ministres, dont aucun n'avait autant d'esprit que beaucoup d'hommes pris au hasard dans la nation qu'ils gouvernaient.

Vers le printemps de l'année 1800, je publiai mon ouvrage sur *la littérature,* et le succès qu'il obtint me remit tout à fait en faveur dans la société ; mon salon redevint peuplé, et je retrouvai ce plaisir de causer, et de causer à Paris, qui, je l'avoue, a toujours été pour moi le plus piquant de tous. Il n'y avait pas un mot sur Bonaparte dans mon livre, et les sentiments les plus libéraux y étaient exprimés, je crois, avec force. Mais alors la presse était encore loin d'être enchaînée comme à présent ; le gouvernement exerçait la censure sur les journaux, mais non pas sur les livres ; distinction qui pouvait se soutenir, si l'on avait usé de cette censure avec modération : car les journaux exercent une influence populaire, tandis que les livres, pour la plupart, ne sont lus que par des hommes instruits, et peuvent éclairer l'opinion, mais non pas l'enflammer. Plus tard on a institué dans le sénat, je crois par dérision, une commission pour la liberté de la presse, et une autre pour la liberté individuelle, dont maintenant encore on renouvelle les membres tous les trois mois. Certainement les évêchés *in partibus,* et les *sinécures* d'Angleterre, donnent plus d'occupation que ces comités.

Depuis mon ouvrage sur la littérature, j'ai publié *Delphine, Corinne,* et enfin mon livre sur *l'Allemagne,* qui a été supprimé au moment où il allait paraître. Mais, quoique ce dernier écrit m'ait attiré d'amères persécutions, les lettres ne me semblent pas moins une source de jouissances et de considération, même pour une femme. J'attribue ce que j'ai souffert dans la vie aux circonstances qui m'ont associée, dès mon entrée dans le monde, aux intérêts de la liberté que soutenaient mon père et ses amis ; mais le genre de talent qui a fait parler de moi comme écrivain, m'a toujours valu plus de plaisir que de peine. Les critiques dont les ouvrages sont l'objet, peuvent être très-aisément supportées quand on a quelque élévation d'âme, et quand on aime les grandes pensées pour elles-mêmes, encore plus que pour le succès qu'elles peuvent procurer. D'ailleurs, le public, au bout d'un certain temps, me paraît presque toujours très-équitable ; il faut que l'amour-propre s'accoutume à faire crédit à la louange ; car avec le temps on obtient ce qu'on mérite. Enfin, quand même on aurait longtemps à souffrir de l'injustice, je ne conçois pas de meilleur asile contre elle que la méditation de la philosophie et l'émotion de l'éloquence. Ces facultés mettent à nos ordres tout un monde de vérités et de sentiments dans lequel on respire toujours à l'aise.

CHAPITRE IV.

Conversation de mon père avec Bonaparte. —
Campagne de Marengo.

Bonaparte partit au printemps de 1800, pour faire la campagne d'Italie, connue surtout par la bataille de Marengo. Il passa par Genève, et comme il témoigna le désir de voir M. Necker, mon père se rendit chez lui, plus dans l'espoir de me servir que pour tout autre motif. Bonaparte le reçut fort bien, et lui parla de ses projets du moment avec cette sorte de confiance qui est dans son caractère, ou plutôt dans son calcul; car c'est toujours ainsi qu'il faut appeler son caractère. Mon père n'éprouva point, en le voyant, la même impression que moi; sa présence ne lui imposa point, et il ne trouva rien de transcendant dans sa conversation. J'ai cherché à me rendre compte de cette différence dans nos jugements, et je crois qu'elle tient d'abord à ce que la dignité simple et vraie des manières de mon père lui assurait les égards de tous ceux à qui il parlait, et que d'ailleurs le genre de supériorité de Bonaparte provenant bien plus de l'habileté dans le mal que de la hauteur des pensées dans le bien, ses paroles ne doivent pas faire concevoir ce qui le distingue; il ne pourrait, il ne voudrait expliquer son propre instinct machiavélique. Mon père ne parla point à Bonaparte de ses deux millions déposés au trésor public; il ne voulut lui montrer d'intérêt que pour moi, et il lui dit, entre autres choses, que de la même manière que le premier consul aimait à s'entourer de noms illustres, il devait se plaire aussi à accueillir les talents célèbres, comme décoration de sa puissance. Bonaparte lui répondit avec obligeance, et le résultat de cet entretien fut de m'assurer; du moins pour quelque temps encore, le séjour de la France. C'est la dernière fois que la main protectrice de mon père s'est étendue sur ma vie; depuis il n'a pas été le témoin des persécutions cruelles qui l'auraient plus irrité que moi-même.

Bonaparte se rendit à Lausanne pour préparer l'expédition du mont Saint-Bernard : le vieux général autrichien ne crut point à la hardiesse d'une telle entreprise, et ne fit pas les préparatifs nécessaires pour s'y opposer. Un corps de troupes peu considérable aurait suffi, dit-on, pour perdre l'armée française, au milieu des gorges des montagnes où Bonaparte la faisait passer; mais dans cette circonstance, comme dans plusieurs autres, on a pu appliquer aux triomphes de Bonaparte ces vers de J.-B. Rousseau :

> L'inexpérience indocile
> Du compagnon de Paul Émile
> Fit tout le succès d'Annibal.

J'arrivai en Suisse, pour passer l'été avec mon père, suivant ma coutume, à peu près vers le temps où l'armée française traversait les Alpes. On voyait sans cesse des troupes parcourir ces paisibles contrées que le majestueux rempart des Alpes devait mettre à l'abri des orages et de la politique. Pendant ces belles soirées d'été, sur le bord du lac de Genève, j'avais presque honte de tant m'inquiéter des choses de ce monde, en présence de ce ciel serein et de cette onde si pure; mais je ne pouvais vaincre mon agitation intérieure. Je souhaitais que Bonaparte fût battu, parce que c'était le seul moyen d'arrêter les progrès de sa tyrannie; toutefois je n'osais encore avouer ce désir, et le préfet du Léman, M. d'Eymar, ancien député à l'assemblée constituante, se rappelant le temps où nous chérissions ensemble l'espoir de la liberté, m'envoyait des courriers à toutes les heures, pour m'apprendre les progrès des Français en Italie. Il m'eût été difficile de faire concevoir à M. d'Eymar, homme fort intéressant d'ailleurs, que le bien de la France exigeait qu'elle eût alors des revers, et je recevais les prétendues bonnes nouvelles qu'il m'envoyait, d'une façon contraire qui s'accordait mal avec mon caractère. N'a-t-il pas fallu depuis apprendre sans cesse les triomphes de celui qui faisait retomber ses succès sur la tête de tous et de chacun; et jamais, de tant de victoires, est-il résulté un seul bonheur pour la triste France ?

La bataille de Marengo a été perdue pendant deux heures; ce fut la négligence du général Mélas, qui se fia trop à ses succès, et l'audace du général Desaix, qui rendirent la victoire aux armes françaises. Pendant que le sort de la bataille était désespéré, Bonaparte se promenait lentement à cheval, devant ses troupes, pensif, la tête baissée, courageux contre le danger plus que contre le malheur; n'essayant rien, mais attendant la fortune. Il s'est conduit plusieurs fois ainsi, et il s'en est bien trouvé. Mais je crois toujours que s'il y avait eu, parmi ses adversaires, un homme de caractère autant que de probité, Bonaparte se serait arrêté devant cet obstacle. Son grand talent est d'effrayer les faibles, et de tirer parti des hommes immoraux. Quand il rencontre l'honnêteté quelque part, on dirait que ses artifices sont déconcertés, comme les conjurations du démon par le signe de la croix.

L'armistice qui fut la suite de la bataille de Marengo, et dont la condition était la cession de toutes les places fortes du nord de l'Italie, fut très-désavantageux à l'Autriche. Bonaparte n'auroit pu rien obtenir de plus par la continuation même de ses victoires. Mais on dirait que les puissances du continent se sont fait honneur de céder ce qu'il eût encore mieux valu se laisser prendre. On s'est empressé avec Napoléon de lui sanctionner ses injustices, de lui légitimer ses conquêtes, tandis qu'il fallait, alors même qu'on ne pouvait le vaincre, au moins ne pas le seconder. Ce n'était pas trop demander aux anciens cabinets de l'Europe; mais ils ne comprenaient rien à une situation si nouvelle, et Bonaparte les étourdissait par tant de menaces et tant de promesses tout ensemble, qu'ils croyaient gagner en donnant, et se réjouissaient du mot de paix, comme si ce mot eût conservé le même sens qu'autrefois. Les illuminations, les révérences, les dîners et les coups de canon, pour célébrer cette paix, étaient absolument les mêmes que jadis; mais, loin de cicatriser les blessures, elle introduisait dans le gouvernement qui la signait un principe de mort d'un effet certain.

Le trait le plus caractérisé de la fortune de Napoléon, ce sont les souverains qu'il a trouvés sur le trône. Paul Ier surtout lui a rendu des services incalculables; il a pris pour lui l'enthousiasme que son père avait éprouvé pour Frédéric II, et il a abandonné l'Autriche dans le moment où elle essayait encore de lutter. Bonaparte lui persuada que l'Europe entière serait pacifiée pour des siècles, si les deux grands empires de l'Orient et de l'Occident étaient d'accord; et Paul Ier, qui avait quelque chose de chevaleresque dans l'esprit, se laissa prendre à ces mensonges. C'était un coup du sort pour Bonaparte que de rencontrer une tête couronnée si facile à exalter, et qui réunissait la violence à la faiblesse; aussi regretta-t-il beaucoup Paul Ier, car nul homme ne lui convenait mieux à tromper.

Lucien, ministre de l'intérieur, qui connaissait parfaitement les projets de son frère, fit publier une brochure destinée à préparer les esprits à l'établissement d'une nouvelle dynastie. Cette publication était prématurée; elle fit un mauvais effet; Fouché s'en servit pour perdre Lucien : il dit à Bonaparte que le secret était trop tôt révélé; et au parti républicain, que Bonaparte désavouait son frère. En effet, Lucien fut envoyé alors comme ambassadeur en Espagne. Le système de Bonaparte était d'avancer de mois en mois dans la carrière du pouvoir; il faisait répandre comme bruit des résolutions qu'il avait envie de prendre, afin d'essayer ainsi l'opinion. D'ordinaire même il avait soin qu'on exagérât ce qu'il projetait, afin que la chose même, quand elle arrivait, fût un adoucissement à la crainte qui avait circulé dans le public. La vivacité de Lucien cette fois s'emporta trop loin, et Bonaparte jugea nécessaire de le sacrifier, en apparence, pendant quelque temps.

CHAPITRE V.

Machine infernale. — Paix de Lunéville.

Je revins à Paris vers le mois de novembre 1800; la paix n'était point encore faite, quoique Moreau, par ses victoires, la rendît de plus en plus nécessaire aux puissances étrangères. N'a-t-il pas regretté depuis les lauriers de Stockach et de Hohenlinden, quand la France n'a pas été moins esclave que l'Europe, dont il la faisait triompher? Moreau n'a vu que la France dans les ordres du premier consul; mais il appartenait à un tel homme de juger le gouvernement qui l'employait, et de prononcer lui-même, dans une pareille circonstance, quel était le véritable intérêt de son pays. Toutefois, il faut en convenir, à l'époque des plus brillantes victoires de Moreau, c'est-à-dire, dans l'automne de 1800, il n'y avait encore que peu de personnes qui sussent démêler les projets de Bonaparte; ce qu'il y avait d'évident à distance, c'était l'amélioration des finances, et l'ordre rétabli dans plusieurs branches d'administration. Napoléon était obligé de passer par le bien pour arriver au mal; il fallait qu'il accrût les forces de la France, avant de s'en servir pour son ambition personnelle.

Un soir que je causais avec quelques amis, nous entendîmes une forte détonation, mais nous crûmes que c'étaient des coups de canon tirés pour quelque exercice, et nous continuâmes notre entretien. Nous apprîmes, peu d'heures après, qu'en allant à l'Opéra, le premier consul avait failli périr par l'explosion de ce qu'on a appelé depuis la machine infernale. Comme il échappa, l'on ne manqua pas de lui témoigner le plus vif intérêt; des philosophes proposèrent le rétablissement des supplices de la roue et du feu pour les auteurs de cet attentat; et il put voir de tout côté une nation qui tendait le cou au joug. Il discuta chez lui fort tranquillement, le soir même, ce qui serait arrivé s'il eût péri ; quelques-uns disaient que Moreau l'aurait remplacé ; Bonaparte prétendait que c'eût été le général Bernadotte : « Comme Antoine, dit-il, il aurait présenté au peuple ému la robe sanglante de César. » Je ne sais s'il croyait en effet que la France eût alors appelé le général Bernadotte à la tête des affaires ; mais ce qui est bien sûr au moins, c'est qu'il ne le disait que pour exciter l'envie contre ce général.

Si la machine infernale eût été combinée par le parti jacobin, de ce moment le premier consul aurait pu redoubler de tyrannie ; l'opinion l'eût secondé : mais comme c'était le parti royaliste qui était l'auteur de ce complot, Bonaparte n'en put tirer un grand avantage : il chercha plutôt à l'étouffer qu'à s'en servir ; car il souhaitait que la nation lui crût pour ennemis seulement les ennemis de l'ordre, mais non pas les amis d'un autre ordre, c'est-à-dire, de l'ancienne dynastie. Une chose singulière, c'est qu'à l'occasion d'un complot royaliste, Bonaparte fit déporter, par un sénatus-consulte, cent trente jacobins dans l'île de Madagascar, ou peut-être dans le fond de la mer, car on n'en a plus entendu parler depuis. Cette liste fut faite le plus arbitrairement du monde ; on y mit des noms, on en ôta, selon les recommandations des conseillers d'État qui la proposaient, et des sénateurs qui la sanctionnaient. Les honnêtes gens disaient, quand on se plaignait de la manière dont cette liste avait été faite, qu'elle était composée d'hommes très-coupables : cela se peut ; mais c'est le droit, et non le fait, qui constitue la légalité des actions. Lorsqu'on laisse déporter arbitrairement cent trente citoyens, rien n'empêchera, ce qu'on a vu depuis, de traiter ainsi des personnes très-estimables. L'opinion les défendra, dira-t-on. L'opinion ! qu'est-elle, sans l'autorité de la loi ? qu'est-elle, sans des organes indépendants ? L'opinion était pour le duc d'Enghien, pour Moreau et pour Pichegru ; a-t-elle pu les sauver ! Il n'y aura ni liberté, ni dignité, ni sûreté, dans un pays où l'on s'occupera des noms propres quand il s'agit d'une injustice ; tout homme est innocent avant qu'un tribunal légal l'ait condamné ; et quand cet homme serait le plus coupable de tous, dès qu'il est soustrait à la loi, son sort doit faire trembler les honnêtes gens comme les autres. Mais, de même que dans la chambre des communes d'Angleterre, quand un député de l'opposition sort, il prie un député du côté ministériel de se retirer avec lui, pour ne pas altérer le rapport des deux partis, Bonaparte ne frappait jamais les royalistes ou les jacobins sans partager les coups également entre les uns et les autres : il se faisait ainsi des amis de tous ceux dont il servait les haines. On verra par la suite que c'est toujours sur la haine qu'il a compté, pour fortifier son gouvernement ; car il sait qu'elle est moins inconstante que l'amour. Après une révolution, l'esprit de parti est si âpre, qu'un nouveau chef peut le captiver encore plus en servant sa vengeance qu'en soutenant ses intérêts ; chacun abandonne, s'il le faut, celui qui pense comme lui, pourvu que l'on poursuive celui qui pense autrement.

La paix de Lunéville fut proclamée : l'Autriche ne perdit, dans cette première paix, que la république de Venise, qu'elle avait reçue en dédommagement de la Belgique, et cette antique reine de la mer Adriatique repassa d'un maître à l'autre, après avoir été longtemps fière et puissante.

CHAPITRE VI.

Corps diplomatique sous le consulat. — Mort de Paul Ier.

Mon hiver à Paris se passa tranquillement. Je n'allais jamais chez le premier consul ; je ne voyais jamais M. de Talleyrand : je savais que Bonaparte ne m'aimait pas ; mais il n'en était pas encore arrivé au degré de tyrannie qu'on a vu se développer depuis. Les étrangers me traitaient avec distinction ; le corps diplomatique passait sa vie chez moi, et cette atmosphère européenne me servait de sauvegarde.

Un ministre arrivé nouvellement de Prusse croyait qu'il était encore question de république, et mettait en avant ce qu'il avait recueilli de principes philosophiques dans ses rapports avec Frédéric II : on l'avertit qu'il se trompait sur le terrain du jour, et qu'il fallait plutôt recourir à ce qu'il savait de mieux en fait d'esprit de cour : il obéit bien vite ; car c'est un homme dont les facultés distinguées sont au service d'un caractère singulièrement souple. Il finit la phrase que l'on commence, ou commence celle qu'il croit qu'on va finir, et ce n'est qu'en amenant la conversation sur des faits de l'autre siècle, sur la littérature des anciens, enfin sur des sujets étrangers aux hommes et aux choses d'aujourd'hui, qu'on peut découvrir la supériorité de son esprit.

L'ambassadeur d'Autriche était un courtisan d'un tout autre genre, mais non moins désireux de plaire à la puissance. L'un était instruit comme un homme de lettres, l'autre ne connaissait de la littérature que les comédies françaises dans lesquelles il avait joué les rôles de Crispin et de Chrysalde. On sait que chez l'impératrice Catherine II, il reçut un jour des dépêches étant déguisé en vieille femme ; le courrier consentit avec peine à reconnaître son ambassadeur sous ce costume. M. de C. était un homme d'une extrême banalité ; il adressait les mêmes propos à tous ceux qu'il rencontrait dans un salon ; il parlait à tous avec une sorte de cordialité vide de sentiments et d'idées. Ses manières étaient parfaites, sa conversation assez bien formée par le monde ; mais envoyer un tel homme pour négocier avec la force et l'âpreté révolutionnaire qui entouraient Bonaparte, c'était un spectacle digne de pitié. Un des aides de camp de Bonaparte se plaignait de la familiarité de M. de C. ; il trouvait mauvais qu'un des premiers seigneurs de la monarchie autrichienne lui serrât la main sans gêne. Ces nouveaux débutants dans la carrière de la politesse ne croyaient pas que l'aisance fût de bon goût. En effet, s'ils s'étaient mis à l'aise, ils auraient commis d'étranges inconvenances, et la roideur arrogante était encore leur plus sûre ressource dans le rôle nouveau qu'ils voulaient jouer.

Joseph Bonaparte, qui avait négocié la paix de Lunéville, invita M. de C. à sa charmante terre de Morfontaine, et je m'y trouvai avec lui. Joseph aimait beaucoup les travaux de la campagne, et se promenait très-volontiers et très-facilement huit heures de suite dans ses jardins. M. de C. essayait de le suivre, plus essoufflé que le duc de Mayenne, quand Henri IV s'amusait à le faire marcher, malgré son embonpoint. Le pauvre homme vantait beaucoup, parmi les plaisirs champêtres, la pêche, parce qu'elle permet de s'asseoir ; il parlait avec une vivacité de commande sur l'innocent plaisir d'attraper quelques petits poissons à la ligne.

Paul Ier avait maltraité M. de C. de la manière la plus indigne, lors de son ambassade à Pétersbourg. Nous jouions au trictrac, lui et moi, dans un salon de Morfontaine, lorsqu'un de mes amis vint nous apprendre la mort subite de Paul. M. de C. fit alors sur cet événement des complaintes les plus officielles du monde. « Quoique je pusse avoir « à me plaindre de lui, dit-il, je reconnaîtrai tou- « jours les excellentes qualités de ce prince, et je « ne puis m'empêcher de regretter sa perte. » Il pensait avec raison que la mort de Paul Ier était un événement heureux, et pour l'Autriche et pour l'Europe ; mais il avait dans ses paroles un deuil de cour tout à fait impatientant Il faut espérer qu'avec le temps le monde sera débarrassé de l'es-

prit de courtisan, le plus fade de tous, pour ne rien dire de plus.

Bonaparte fut très-effrayé de la mort de Paul Ier, et l'on dit qu'à cette nouvelle il lui échappa le premier *ah mon Dieu!* qu'on ait entendu sortir de sa bouche. Il pouvait cependant être tranquille, car les Français étaient alors plus disposés que les Russes à souffrir la tyrannie.

Je fus priée chez le général Berthier un jour où le premier consul devait s'y trouver ; et comme je savais qu'il s'exprimait très-mal sur mon compte, il m'entra dans l'esprit qu'il m'adresserait peut-être quelques-unes des choses grossières qu'il se plaisait souvent à dire aux femmes, même à celles qui lui faisaient la cour, et j'écrivis à tout hasard, avant de me rendre à la fête, les diverses réponses fières et piquantes que je pourrais lui faire, selon les choses qu'il me dirait. Je ne voulais pas être prise au dépourvu, s'il se permettait de m'offenser, car c'eût été manquer encore plus de caractère que d'esprit ; et comme nul ne peut se promettre de n'être pas troublé en présence d'un tel homme, je m'étais préparée d'avance à le braver. Heureusement cela fut inutile ; il ne m'adressa que la plus commune question du monde ; il en arriva de même à ceux des opposants auxquels il croyait la possibilité de lui répondre : en tout genre, il n'attaque jamais que quand il se sent de beaucoup le plus fort. Pendant le souper, le premier consul était debout derrière la chaise de madame Bonaparte, et se balançait sur un pied et sur l'autre, à la manière des princes de la maison de Bourbon. Je fis remarquer à mon voisin cette vocation pour la royauté déjà si manifeste.

CHAPITRE VII.

Paris en 1801.

L'opposition du tribunat continuait toujours, c'est-à-dire, qu'une vingtaine de membres sur cent essayaient de parler contre les mesures de tout genre avec lesquelles on préparait la tyrannie. Une belle question s'offrait : la loi qui donnait au gouvernement la funeste faculté de créer des tribunaux spéciaux pour juger ceux qui seraient accusés de crimes d'État ; comme si livrer un homme à ces tribunaux extraordinaires, ce n'était pas juger. d'avance ce qui est en question ; c'est-à-dire, s'il est criminel, et criminel d'État ; et comme si, de tous les délits, les délits politiques n'étaient pas ceux qui exigent le plus de précautions et d'indépendance dans la manière de les examiner, puisque le gouvernement est presque toujours partie dans de telles causes.

On a vu depuis ce que sont ces commissions militaires pour juger les crimes d'État, et la mort du duc d'Enghien signale à tous l'horreur que doit inspirer cette puissance hypocrite qui revêt le meurtre du manteau de la loi.

La résistance du tribunat, toute faible qu'elle était, déplaisait au premier consul; non qu'elle lui fût un obstacle, mais elle entretenait la nation dans l'habitude de penser, ce qu'il ne voulait à aucun prix. Il fit mettre dans les journaux, entre autres, un raisonnement bizarre contre l'opposition. Rien de si simple, disait-on, que l'opposition en Angleterre, puisque le roi y est l'ennemi du peuple; mais dans un pays où le pouvoir exécutif est lui-même nommé par le peuple, c'est s'opposer à la nation que de combattre son représentant. Combien de phrases de ce genre les écrivains de Napoléon n'ont-ils pas lancées depuis dix ans dans le public? En Angleterre ou en Amérique, un simple paysan rirait d'un sophisme de cette nature; en France, tout ce qu'on désire, c'est d'avoir une phrase à dire, avec laquelle on puisse donner à son intérêt l'apparence de la conviction.

Très-peu d'hommes se montraient étrangers au désir d'avoir des places; un grand nombre étaient ruinés, et l'intérêt de leurs femmes et de leurs enfants, ou de leurs neveux, s'ils n'avaient pas d'enfants, ou de leurs cousins, s'ils n'avaient pas de neveux, les forçait, disaient-ils, à demander de l'emploi au gouvernement. La grande force des chefs de l'État en France, c'est le goût prodigieux qu'on y a pour occuper des places : la vanité les fait encore plus rechercher que le besoin d'argent. Bonaparte recevait des milliers de pétitions pour chaque emploi, depuis le premier jusqu'au dernier. S'il n'avait pas eu naturellement un profond mépris pour l'espèce humaine, il en aurait conçu en parcourant toutes les requêtes signées de tant de noms illustres par leurs aïeux, ou célèbres par des actes révolutionnaires en opposition avec les nouvelles fonctions qu'ils ambitionnaient.

L'hiver de 1801, à Paris, me fut assez doux par la facilité avec laquelle Fouché m'accorda les différentes demandes que je lui adressai pour le retour des émigrés; il me donna ainsi, au milieu de ma disgrâce, le plaisir d'être utile, et je lui en conserve de la reconnaissance. Il faut l'avouer, il y a toujours un peu de coquetterie dans tout ce que font les femmes, et la plupart de leurs vertus mêmes sont mêlées au désir de plaire, et d'être entourées d'amis qui tiennent plus intimement à

elles par les services qu'ils en ont reçus. C'est sous ce seul point de vue qu'on peut leur pardonner d'aimer le crédit; mais il faut savoir renoncer aux plaisirs mêmes de l'obligeance pour la dignité; car on peut tout faire pour les autres, excepté de dégrader son caractère. Notre propre conscience est le trésor de Dieu : il ne nous est permis de le dépenser pour personne.

Bonaparte faisait encore quelques frais pour l'Institut, dont il s'était fait honneur en Égypte; mais il y avait parmi les hommes de lettres et les savants une petite opposition philosophique, malheureusement d'un très-mauvais genre, car elle portait tout entière contre le rétablissement de la religion. Par une funeste bizarrerie, les hommes éclairés en France voulaient se consoler de l'esclavage de ce monde, en cherchant à détruire l'espérance d'un monde à venir : cette singulière inconséquence n'aurait point existé dans la religion réformée; mais le clergé catholique avait des ennemis que son courage et ses malheurs n'avaient point encore désarmés, et peut-être en effet est-il difficile de concilier l'autorité du pape et des prêtres soumis au pape avec le système de la liberté d'un État. Quoi qu'il en soit, l'Institut ne montrait pas pour la religion, indépendamment de ses ministres, ce profond respect inséparable d'une haute puissance d'âme et de génie, et Bonaparte s'appuyait contre des hommes qui valaient mieux que lui, de sentiments qui valaient mieux que ces hommes.

Dans cette année (1801), le premier consul ordonna à l'Espagne de faire la guerre au Portugal, et le faible roi de l'illustre Espagne condamna son armée à cette expédition, aussi servile qu'injuste. Il marcha contre un voisin qui ne lui voulait aucun mal, contre une puissance alliée de l'Angleterre, qui s'est montrée depuis si véritablement amie de l'Espagne; tout cela pour obéir à celui qui se préparait à le dépouiller de toute son existence. Quand on a vu ces mêmes Espagnols donner avec tant d'énergie le signal de la résurrection du monde, on apprend à connaître ce que c'est que les nations, et si l'on doit leur refuser un moyen légal d'exprimer leur opinion et d'influer sur leur destinée.

Ce fut vers le printemps de 1801 que le premier consul imagina de faire un roi, et un roi de la maison de Bourbon; il lui donna la Toscane, en la désignant par le nom érudit d'Étrurie, afin de commencer ainsi la grande mascarade de l'Europe. Cet infant d'Espagne fut mandé à Paris pour montrer aux Français un prince de l'ancienne dynastie humilié devant le premier consul, humilié par ses dons, lorsqu'il n'aurait jamais pu l'être par ses persécutions. Bonaparte s'essaya sur cet agneau royal à faire attendre un roi dans son antichambre; il se laissa applaudir au théâtre, à l'occasion de ce vers :

J'ai fait des rois, madame, et n'ai pas voulu l'être;

se promettant bien d'être plus que roi, quand l'occasion s'en présenterait. On racontait tous les jours une bévue nouvelle de ce pauvre roi d'Étrurie; on le menait au Musée, au Cabinet d'histoire naturelle, et l'on citait comme traits d'esprit quelques-unes de ses questions sur les poissons ou les quadrupèdes, qu'un enfant de douze ans, bien élevé, ne ferait plus. Le soir, on le conduisait à des fêtes, où les danseuses de l'Opéra venaient se mêler aux dames nouvelles; et le petit roi, malgré sa dévotion, les préférait pour danser avec elles, et leur envoyait le lendemain, en remercîment, de beaux et bons livres pour leur instruction. C'était un singulier moment en France que ce passage des habitudes révolutionnaires aux prétentions monarchiques; comme il n'y avait ni indépendance dans les unes, ni dignité dans les autres, leurs ridicules se mariaient parfaitement bien ensemble; elles se groupaient, chacune à sa manière, autour de la puissance bigarrée qui se servait en même temps des moyens de force des deux régimes.

On célébra pour la dernière fois, cette année, le 14 juillet, anniversaire de la révolution, et une proclamation pompeuse rappela tous les biens résultant de cette journée; il n'en existait cependant pas un que le premier consul ne se promît de détruire. De tous les recueils le plus bizarre, c'est celui des proclamations de cet homme; c'est une encyclopédie de tout ce qui peut se dire de contradictoire dans ce monde; et si le chaos était chargé d'endoctriner la terre, il jetterait sans doute ainsi à la tête du genre humain l'éloge de la paix et de la guerre, des lumières et des préjugés, de la liberté et du despotisme, les louanges et les injures sur tous les gouvernements, sur toutes les religions.

Ce fut vers cette époque que Bonaparte envoya le général Leclerc à Saint-Domingue, et qu'il l'appela dans son arrêté *notre beau-frère*. Ce premier *nous* royal, qui associait les Français à la prospérité de cette famille, me fut vivement antipathique. Il exigea de sa jolie sœur d'aller avec son mari à Saint-Domingue, et c'est là que sa santé fut abîmée : singulier acte de despotisme pour un homme qui, d'ailleurs, n'est pas accoutumé à une grande sévérité de principes autour de lui! mais il ne se sert de la morale que pour contrarier les uns et

éblouir les autres. Une paix fut conclue, dans la suite, avec le chef des Nègres, Toussaint-Louverture. C'était un homme très-criminel; mais toutefois Bonaparte signa des conditions avec lui, et, au mépris de ces conditions, Toussaint fut amené dans une prison de France, où il a péri de la manière la plus misérable. Peut-être Bonaparte ne se souvient-il pas seulement de ce forfait, parce qu'il lui a été moins reproché que les autres.

Dans une grande forge, on observe avec étonnement la violence des machines qu'une seule volonté fait mouvoir; ces marteaux, ces laminoirs, semblent des personnes, ou plutôt des animaux dévorants. Si vous vouliez lutter contre leur force, vous en seriez anéanti; cependant toute cette fureur apparente est calculée, et c'est un seul moteur qui fait agir ces ressorts. La tyrannie de Bonaparte se présente à mes yeux sous cette image; il fait périr des milliers d'hommes, comme ces roues battent le fer, et ses agents, pour la plupart, sont aussi insensibles qu'elles; l'impulsion invisible de ces machines humaines vient d'une volonté tout à la fois violente et méthodique, qui transforme la vie morale en un instrument servile; enfin, pour achever la comparaison, il suffirait d'atteindre le moteur pour que tout rentrât dans le repos.

CHAPITRE VIII.

Voyage à Coppet. — Préliminaires de paix avec l'Angleterre.

J'allai, suivant mon heureuse coutume, passer l'été auprès de mon père; je le trouvai très-indigné de la marche que suivaient les affaires; et comme il avait toute sa vie autant aimé la vraie liberté que détesté l'anarchie populaire, il se sentait le désir d'écrire contre la tyrannie d'un seul, après avoir si longtemps combattu celle de la multitude. Mon père aimait la gloire, et, quelque sage que fût son caractère, l'aventureux en tout genre ne lui déplaisait pas, quand il fallait s'y exposer pour mériter l'estime publique. Je sentais très-bien les dangers que me ferait courir un ouvrage de mon père qui déplairait au premier consul; mais je ne pouvais me résoudre à étouffer ce chant du cygne, qui devait se faire entendre encore sur le tombeau de la liberté française. J'encourageai donc mon père à travailler, et nous renvoyâmes à l'année suivante la question de savoir s'il ferait publier ce qu'il écrivait.

... La nouvelle des préliminaires de paix signés entre l'Angleterre et la France vint mettre le comble aux succès de Bonaparte. En apprenant que l'Angleterre l'avait reconnu, il me sembla que j'avais tort de haïr sa puissance; mais les circonstances ne tardèrent pas à m'ôter ce scrupule. La plus remarquable des conditions de ces préliminaires, c'était l'évacuation complète de l'Égypte; ainsi toute cette expédition n'avait eu d'autre résultat que de faire parler de Bonaparte. Plusieurs écrits publiés par delà les barrières du pouvoir de Bonaparte, l'accusent d'avoir fait assassiner Kléber en Égypte, parce qu'il était jaloux de sa puissance; et des personnes dignes de foi m'ont dit que le duel dans lequel le général d'Estaing a été tué par le général Regnier, fut provoqué par une discussion sur cet objet. Toutefois il me paraît difficile de croire que Bonaparte ait eu le moyen d'armer un Turc contre la vie d'un général français, pendant qu'il était lui-même si loin du théâtre de cet attentat. On ne doit rien dire contre lui qui ne soit prouvé; s'il se trouvait une seule erreur de ce genre parmi les vérités les plus notoires, leur éclat en serait terni. Il ne faut combattre Bonaparte avec aucune de ses armes.

Je retardai mon retour à Paris, pour ne pas être témoin de la grande fête de la paix; je ne connais pas une sensation plus pénible que ces réjouissances publiques, quand l'âme s'y refuse. On prend une sorte de mépris pour ce badaud de peuple, qui vient célébrer le joug qu'on lui prépare : ces lourdes victimes dansant devant le palais de leur sacrificateur; ce premier consul appelé le père de la nation qu'il allait dévorer; ce mélange de bêtise d'une part et de ruse de l'autre; la fade hypocrisie des courtisans jetant un voile sur l'arrogance du maître, tout m'inspirait un dégoût que je ne pouvais surmonter. Il fallait se contraindre, et au milieu de ces solennités on était exposé à rencontrer des joies officielles qu'il était plus facile d'éviter dans d'autres moments.

Bonaparte proclamait alors que la paix était le premier besoin du monde; tous les jours il signalait un nouveau traité, qui ressemblait assez au soin avec lequel Polyphème comptait les moutons en les faisant entrer dans sa caverne. Les États-Unis d'Amérique firent aussi la paix avec la France, et ils envoyèrent pour plénipotentiaire un homme qui ne savait pas un mot de français, ignorant apparemment que la plus parfaite intelligence de la langue suffisait à peine pour démêler la vérité dans un gouvernement où l'on savait si bien la cacher. Le premier consul, à la présentation de M. Livingston, lui fit, à l'aide d'un interprète, des compliments sur la pureté des mœurs de l'Amérique,

et il ajouta : « L'ancien monde est bien corrompu : » puis, se tournant vers M. de ***, il lui répéta deux fois : « Expliquez-lui donc que l'ancien monde est « bien corrompu; vous en savez quelque chose, « n'est-ce pas? » C'est une des plus douces paroles qu'il ait adressées en public à ce courtisan de meilleur goût que les autres, qui aurait voulu conserver quelque dignité dans les manières, en sacrifiant celle de l'âme à son ambition.

Cependant les institutions monarchiques s'avançaient à l'ombre de la république. On organisait une garde prétorienne; les diamants de la couronne servaient d'ornement à l'épée du premier consul, et l'on voyait dans sa parure, comme dans la situation politique du jour, un mélange de l'ancien et du nouveau régime; il avait des habits tout d'or et des cheveux plats, une petite taille et une grosse tête, je ne sais quoi de gauche et d'arrogant, de dédaigneux et d'embarrassé, qui semblait réunir toute la mauvaise grâce d'un parvenu à toute l'audace d'un tyran. On a vanté son sourire comme agréable; moi, je crois qu'il aurait certainement déplu dans tout autre; car ce sourire, partant du sérieux pour y rentrer, ressemblait à un ressort plutôt qu'à un mouvement naturel, et l'expression de ses yeux n'était jamais d'accord avec celle de sa bouche; mais comme, en souriant, il rassurait ceux qui l'entouraient, on a pris pour du charme le soulagement qu'il faisait éprouver ainsi. Je me rappelle qu'un membre de l'Institut, conseiller d'État, me dit sérieusement que les ongles de Bonaparte étaient parfaitement bien faits. Un autre s'écria : « Les mains du premier consul « sont charmantes. — Ah! répondit un jeune « seigneur de l'ancienne noblesse, qui alors n'était « pas encore chambellan, de grâce, ne parlons pas « politique. » Un homme de la cour, en s'exprimant avec tendresse sur le premier consul, disait : « Ce qu'il a souvent, c'est une douceur enfantine. » En effet, dans son intérieur, il se livrait quelquefois à des jeux innocents; on l'a vu danser avec ses généraux; on prétend même qu'à Munich, dans le palais de la reine et du roi de Bavière, à qui cette gaieté parut sans doute étrange, il prit un soir le costume espagnol de l'empereur Charles VII, et se mit à danser une ancienne contredanse française, *la Monaco*.

CHAPITRE IX.

Paris en 1802. — Bonaparte président de la république italienne. — Retour à Coppet.

Chaque pas du premier consul annonçait de

plus en plus ouvertement son ambition sans bornes. Tandis qu'on négociait à Amiens la paix avec l'Angleterre, il fit rassembler à Lyon la consulte cisalpine, c'est-à-dire, les députés de toute la Lombardie et des États adjacents, qui s'étaient constitués en république sous le directoire, et qui demandaient maintenant quelle nouvelle forme ils devaient prendre. Comme on n'était point encore accoutumé à ce que l'unité de la république française fût transportée en l'unité d'un seul homme, personne n'imaginait qu'il voulût réunir sur sa tête le consulat de France et la présidence de l'Italie, de manière qu'on s'attendait à voir nommer le comte Melzi, que ses lumières, son illustre naissance et le respect de ses concitoyens désignaient pour cette place. Tout à coup le bruit se répandit que Bonaparte se faisait nommer; et à cette nouvelle, on aperçut encore un moment de vie dans les esprits. On disait que la constitution faisait perdre le droit de citoyen français à quiconque accepterait des emplois en pays étranger; mais était-il Français celui qui ne voulait se servir de la grande nation que pour opprimer l'Europe, et de l'Europe que pour mieux opprimer la grande nation? Bonaparte escamota la nomination de président à tous ces Italiens, qui n'apprirent qu'il fallait le nommer que peu d'heures avant d'aller au scrutin. On leur dit de joindre le nom de M. de Melzi, comme vice-président, à celui de Bonaparte. On les assura qu'ils ne seraient gouvernés que par celui qui serait toujours au milieu d'eux, et que l'autre ne voulait qu'un titre honorifique. Bonaparte dit lui-même, avec sa manière emphatique : « Cisalpins, je conserverai seulement « la grande pensée de vos affaires. » Et la grande pensée voulait dire la toute-puissance. Le lendemain de ce choix, on continua à faire sérieusement une constitution, comme s'il pouvait en exister une à côté de cette main de fer. On divisa la nation en trois classes : les *possidenti*, les *dotti* et les *commercianti*. Les propriétaires, pour les imposer; les hommes de lettres, pour les faire taire, et les commerçants, pour leur fermer tous les ports. Ces paroles sonores de l'italien prêtent encore mieux au charlatanisme que le français.

Bonaparte avait changé le nom de république cisalpine en celui de république italienne, et menaçait ainsi l'Europe de ses conquêtes futures dans le reste de l'Italie. Une telle démarche n'était rien moins que pacifique, et cependant elle n'arrêta point la signature du traité d'Amiens : tant l'Europe et l'Anglererre elle-même désiraient la paix ! J'étais chez le ministre d'Angleterre, lorsqu'il re-

çut les conditions de cette paix. Il les lut à tous ceux qu'il avait à dîner chez lui, et je ne puis exprimer quel fut mon étonnement à chaque article. L'Angleterre rendait toutes ses conquêtes : elle rendait Malte, dont on avait dit, lorsqu'elle fut prise par les Français, que s'il n'y avait eu personne dans la forteresse on n'y serait jamais entré. Elle cédait tout, sans compensation, à une puissance qu'elle avait constamment battue sur mer. Quel singulier effet de la passion de la paix ! Et cet homme qui avait obtenu comme par miracle de tels avantages, n'eut pas même la patience d'en profiter quelques années pour mettre la marine française en état de s'essayer contre l'Angleterre ! A peine le traité d'Amiens était-il signé, que Napoléon réunit, par un sénatus-consulte, le Piémont à la France. Pendant l'année que dura la paix, tous les jours furent marqués par des proclamations nouvelles, tendantes à faire rompre le traité. Le motif de cette conduite est facile à démêler : Bonaparte voulait éblouir les Français, tantôt par des paix inattendues, tantôt par des guerres qui le rendissent nécessaire. Il croyait qu'en tout genre la tempête était favorable à l'usurpation. Les gazettes chargées de vanter les douceurs de la paix, au printemps de 1802, disaient alors : « Nous touchons au moment où la politique sera nulle. » En effet, si Bonaparte l'avait voulu, à cette époque, il pouvait facilement donner vingt ans de paix à l'Europe effrayée et ruinée.

Les amis de la liberté, dans le tribunat, essayaient encore de lutter contre l'autorité toujours croissante du premier consul; mais l'opinion publique ne les secondait point alors. Le plus grand nombre des tribuns de l'opposition méritaient, à tous égards, la plus parfaite estime : mais trois ou quatre individus qui siégeaient dans leurs rangs, s'étaient rendus coupables des excès de la révolution, et le gouvernement avait grand soin de rejeter sur tous le blâme qui pesait sur quelques-uns. Cependant les hommes réunis en assemblée publique finissent toujours par s'électriser dans le sens de l'élévation de l'âme, et ce tribunat, tel qu'il était, aurait empêché la tyrannie, si on l'avait laissé subsister. Déjà la majorité des voix avait nommé candidat au sénat un homme qui ne plaisait point au premier consul, Daunou, républicain probe et éclairé, mais certes nullement à craindre. C'en fut assez pour déterminer le premier consul à l'*élimination* du tribunat, c'est-à-dire, à faire sortir un à un, sur la désignation des sénateurs, les vingt membres les plus énergiques de l'assemblée, et à les faire remplacer par vingt hommes dévoués au gouvernement. Les quatre-vingts qui restaient devaient chaque année subir la même opération par quart. Ainsi la leçon leur était donnée sur ce qu'ils avaient à faire pour être maintenus dans leurs places, c'est-à-dire, dans leurs quinze mille francs de rente; car le premier consul voulait conserver encore quelque temps cette assemblée mutilée, qui devait servir pendant deux ou trois ans de masque populaire aux actes de la tyrannie.

Parmi les tribuns proscrits se trouvaient plusieurs de mes amis; mais mon opinion était à cet égard indépendante de mes affections. Peut-être éprouvais-je cependant une irritation plus forte de l'injustice qui tombait sur des personnes avec qui j'étais liée, et je crois bien que je me laissai aller à quelques sarcasmes sur cette façon hypocrite d'interpréter même la malheureuse constitution dans laquelle on avait tâché de ne pas laisser entrer le moindre souffle de liberté.

Il se formait alors autour du général Bernadotte un parti de généraux et de sénateurs qui voulaient savoir de lui s'il n'y avait pas quelques résolutions à prendre contre l'usurpation qui s'approchait à grands pas. Il proposa divers plans qui se fondaient tous sur une mesure législative quelconque, regardant tout autre moyen comme contraire à ses principes. Mais pour cette mesure il fallait une délibération au moins de quelques membres du sénat, et pas un d'eux n'osait souscrire un tel acte. Pendant que toute cette négociation très-dangereuse se conduisait, je voyais souvent le général Bernadotte et ses amis : c'était plus qu'il n'en fallait pour me perdre, si leurs desseins étaient découverts. Bonaparte disait que l'on sortait toujours de chez moi moins attaché à lui qu'on n'y était entré; enfin il se préparait à ne voir que moi de coupable parmi tous ceux qui l'étaient bien plus que moi, mais qu'il lui importait davantage de ménager.

Je partis pour Coppet dans ces entrefaites, et j'arrivai chez mon père dans un état très-pénible d'accablement et d'anxiété. Des lettres de Paris m'apprirent qu'après mon départ le premier consul s'était exprimé très-vivement contre mes rapports de société avec le général Bernadotte. Tout annonçait qu'il était résolu à m'en punir; mais il s'arrêta devant l'idée de frapper le général Bernadotte, soit qu'il eût besoin de ses talents militaires, soit que les liens de famille le retinssent, soit que la popularité de ce général dans l'armée française fût plus grande que celle des autres, soit enfin

qu'un certain charme dans les manières de Bernadotte rende difficile, même à Bonaparte, d'être tout à fait son ennemi. Ce qui choquait le premier consul plus encore que les opinions qu'il me supposait, c'était le nombre d'étrangers qui étaient venus me voir. Le fils du stathouder, le prince d'Orange, m'avait fait l'honneur de dîner chez moi, et Bonaparte lui en avait adressé des reproches. C'était peu de chose que l'existence d'une femme qu'on venait voir pour sa réputation littéraire; mais ce peu de chose ne relevait pas de lui, et c'en était assez pour qu'il voulût l'écraser.

Dans cette année (1802) se traita l'affaire des princes possessionnés en Allemagne. Toute cette négociation fut conduite à Paris, au grand avantage, dit-on, des ministres qui en furent chargés. Quoi qu'il en soit, c'est à cette époque que commença le dépouillement diplomatique de l'Europe entière, qui ne devait s'arrêter qu'à ses confins. On vit tous les plus grands seigneurs de la féodale Germanie apporter à Paris leur cérémonial, dont les formes obséquieuses plaisaient plus au premier consul que l'air encore dégagé des Français, et redemander ce qui leur appartenait, avec une servilité qui ferait presque perdre des droits à ce qu'on possède, tant on a l'air de ne compter pour rien l'autorité de la justice.

Une nation éminemment fière, les Anglais, n'était pas tout à fait exempte, à cette époque, d'une curiosité pour la personne du premier consul qui tenait de l'hommage. Le parti ministériel jugeait cet homme tel qu'il était : mais le parti de l'opposition, qui devait haïr davantage la tyrannie, puisqu'il est censé plus enthousiaste de la liberté, le parti de l'opposition, et Fox lui-même, dont on ne peut rappeler le talent et la bonté sans admiration et sans attendrissement, eurent le tort de montrer beaucoup trop d'égards pour Bonaparte, et de prolonger l'erreur de ceux qui voulaient encore confondre avec la révolution de France l'ennemi le plus décidé des premiers principes de cette révolution.

CHAPITRE X.

Nouveaux symptômes de la malveillance de Bonaparte contre mon père et moi. — Affaire de Suisse.

Au commencement de l'hiver de 1802 à 1803, quand je lisais dans les papiers que Paris réunissait tant d'hommes illustres de l'Angleterre à tant d'hommes spirituels de la France, j'éprouvais, je l'avoue, un vif désir de me trouver au milieu d'eux.

Je ne dissimule point que le séjour de Paris m'a toujours semblé le plus agréable de tous : j'y suis née, j'y ai passé mon enfance et ma première jeunesse; la génération qui a connu mon père, les amis qui ont traversé avec nous les périls de la révolution, c'est là seulement que je puis les retrouver. Cet amour de la patrie qui a saisi les âmes les plus fortes, s'empare plus vivement encore de nous, quand les goûts de l'esprit se trouvent réunis aux affections du cœur et aux habitudes de l'imagination. La conversation française n'existe qu'à Paris, et la conversation a été, depuis mon enfance, mon plus grand plaisir. J'éprouvais une telle douleur à la crainte d'être privée de ce séjour, que ma raison ne pouvait rien contre elle. J'étais alors dans toute la vivacité de la vie; et c'est précisément le besoin des jouissances animées qui conduit le plus souvent au désespoir, car il rend la résignation bien difficile, et sans elle on ne peut supporter les vicissitudes de l'existence.

Aucune défense de me donner des passe-ports pour Paris n'était arrivée au préfet de Genève; mais je savais que le premier consul avait dit au milieu de son cercle, que je ferais mieux de n'y pas revenir; et il avait déjà l'habitude, sur des sujets de cette nature, de dicter ses volontés en conversation, afin qu'on le dispensât d'agir, en prévenant ses ordres. S'il avait dit ainsi que tel ou tel individu devrait se pendre, je crois qu'il trouverait très-mauvais que le sujet soumis n'eût pas, en conséquence de l'insinuation, fait acheter la corde et préparer la potence. Un autre symptôme de la malveillance de Bonaparte envers moi, ce fut la manière dont les journaux français traitèrent mon roman de Delphine, qui parut à cette époque; ils s'avisèrent de le proclamer immoral, et l'ouvrage que mon père avait approuvé, ces censeurs courtisans le condamnèrent. On pouvait trouver dans ce livre cette fougue de jeunesse et cette ardeur d'être heureuse, que dix années, et dix années de souffrances, m'ont appris à diriger d'une autre manière. Mais mes critiques n'étaient pas capables de sentir ce genre de tort, et tout simplement ils obéissaient à la même voix qui leur avait commandé de déchirer l'ouvrage du père, avant d'attaquer celui de la fille. En effet, il nous revenait de tous les côtés que la véritable raison de la colère du premier consul, c'était ce dernier écrit de mon père, dans lequel tout l'échafaudage de sa monarchie était tracé d'avance.

Mon père partageait mon goût pour le séjour de Paris, et ma mère, pendant sa vie, l'avait aussi vivement éprouvé. J'étais extrêmement triste d'être séparée de mes amis, de ne pouvoir donner à mes enfants ce genre de sentiment des beaux-arts qui s'acquiert difficilement à la campagne; et, comme il n'y avait rien de prononcé contre mon retour, dans la lettre du consul Lebrun[1], mais seulement des insinuations piquantes, je formais certains projets pour revenir, et pour essayer si le premier consul, qui alors ménageait encore l'opinion, voudrait braver le bruit que ferait mon exil. Mon père, qui daignait toujours se faire un reproche d'avoir eu part à ce qui gâtait mon sort, conçut l'idée d'aller lui-même à Paris pour parler au premier consul en ma faveur. J'avoue que dans le premier moment j'acceptai la preuve de dévouement que m'offrait mon père; je me faisais une telle idée de l'ascendant que devait exercer sa présence, qu'il me semblait impossible de lui résister : son âge, l'expression si belle de ses regards, tant de noblesse d'âme et de finesse d'esprit réunis, me paraissaient devoir captiver même Bonaparte. Je ne savais pas encore alors jusqu'à quel point le premier consul était irrité contre son livre; mais, heureusement pour moi, je réfléchis que les avantages mêmes de mon père n'auraient fait qu'exciter, dans le consul, un plus vif désir d'humilier celui qui les possédait; et sûrement il aurait trouvé, du moins en apparence, les moyens d'y parvenir : car le pouvoir, en France, a bien des alliés, et si l'on a vu souvent l'esprit d'opposition se développer dans ce pays, c'est parce que la faiblesse du gouvernement lui offrait de faciles victoires. On ne saurait trop le répéter, ce que les Français aiment en toutes choses, c'est le succès, et la puissance réussit aisément dans ce pays à rendre le malheur ridicule. Enfin, grâce au ciel, je me réveillai des illusions auxquelles je m'étais livrée, et je refusai positivement le généreux sacrifice que mon père voulait me faire. Quand il me vit bien décidée à ne pas l'accepter, j'aperçus combien il lui en aurait coûté. Quinze mois après, je perdis mon père, et, s'il eût alors exécuté le voyage qu'il projetait, j'aurais attribué sa maladie à cette cause, et le remords eût encore envenimé ma blessure.

C'est aussi dans l'hiver de 1802 à 1803 que la Suisse prit les armes contre la constitution unitaire qu'on lui avait imposée. Singulière manie des révolutionnaires français, d'obliger tous les pays à s'organiser politiquement de la même manière que la France! Il y a sans doute des principes communs à tous les pays, ce sont ceux qui assurent les droits civils et politiques des peuples libres; mais que ce

[1] Cette lettre est celle dont il est fait mention dans les *Considérations sur la révolution française*, quatrième partie, chap. VII.   (*Note de l'éditeur.*)

soit une monarchie limitée commé l'Angleterre, une république fédérée comme les États-Unis ou les treize cantons suisses, qu'importe? et faut-il réduire l'Europe à une idée, comme le peuple romain à une seule tête, afin de pouvoir commander et changer tout en un jour!

Le premier consul n'attachait assurément aucune importance à telle ou telle forme de constitution, et même à quelque constitution que ce pût être; mais ce qui lui importait, c'était de tirer de la Suisse le meilleur parti possible pour son intérêt, et, à cet égard, il se conduisit avec prudence. Il combina les divers projets qu'on lui offrit, et en forma une constitution qui conciliait assez bien les anciennes habitudes avec les prétentions nouvelles; et, en se faisant nommer médiateur de la confédération suisse, il tira plus d'hommes de ce pays qu'il n'en aurait pu faire sortir, s'il l'eût gouverné immédiatement. Il fit venir à Paris des députés nommés par les cantons et les principales villes de la Suisse, et il eut, le 29 janvier 1803, sept heures de conférence avec dix délégués choisis dans le sein de cette députation générale. Il insista sur la nécessité de rétablir les cantons démocratiques tels qu'ils avaient été, prononçant à cet égard des maximes déclamatoires sur la cruauté qu'il y aurait à priver des pâtres relégués dans les montagnes de leur seul amusement, les assemblées populaires; et disant aussi (ce qui le touchait de plus près) les raisons qu'il avait de se défier plutôt des cantons aristocratiques. Il insista beaucoup sur l'importance de la Suisse pour la France. Ces propres paroles sont consignées dans un récit de cet entretien : « Je déclare que, « depuis que je suis à la tête du gouvernement, « aucune puissance ne s'est intéressée à la Suisse; « c'est moi qui ai fait reconnaître la république « helvétique à Lunéville; l'Autriche ne s'en sou- « ciait nullement. A Amiens, je voulais en faire « autant, l'Angleterrre l'a refusé; mais l'Angle- « terre n'a rien à faire avec la Suisse. Si elle avait « exprimé la crainte que je ne voulusse me faire « déclarer votre landamman, je le serais devenu. On « a dit que l'Angleterre favorisait la dernière in- « surrection; si son cabinet avait fait une dé- « marche officielle, s'il y avait eu un mot à ce su- « jet dans la gazette de Londres, je vous réunis- « sais. » Quel incroyable langage! Ainsi, l'existence d'un peuple qui s'est assuré son indépendance, au milieu de l'Europe, par des efforts héroïques, et qui l'a maintenue pendant cinq siècles par la modération et la sagesse; cette existence eût été anéantie par un mouvement d'humeur que le moindre

hasard pouvait exciter dans un être aussi capricieux. Bonaparte ajouta, dans cette même conversation, qu'il était désagréable pour lui d'avoir une constitution à faire, parce que cela l'exposait à être sifflé, ce qu'il ne voulait pas. Cette expression porte le caractère de vulgarité faussement affable qu'il se plaît souvent à montrer. Rœderer et Desmeunier écrivirent l'acte de médiation sous sa dictée, et tout cela se passait pendant que ses troupes occupaient la Suisse. Depuis, il les a retirées, et ce pays, il faut en convenir, a été mieux traité par Napoléon que le reste de l'Europe, bien qu'il soit politiquement et militairement tout à fait sous sa dépendance; aussi restera-t-il tranquille dans l'insurrection générale. Les peuples européens étaient disposés à une mesure de patience telle, qu'il a fallu Bonaparte pour l'épuiser.

Les journaux de Londres attaquaient assez amèrement le premier consul; la nation anglaise était trop éclairée pour ne pas apercevoir où tendaient toutes les actions de cet homme. Chaque fois qu'on lui apportait une traduction des papiers anglais, il faisait une scène à lord Whitworth, qui lui répondait avec autant de sang-froid que de raison, que le roi de la Grande-Bretagne lui-même n'était pas à l'abri des sarcasmes des gazetiers, et que la constitution ne permettait pas de gêner leur liberté à cet égard. Cependant le gouvernement anglais fit intenter un procès à Pelletier, pour des articles de son journal dirigés contre le premier consul. Pelletier eut l'honneur d'être défendu par M. Mackintosh, qui fit à cette occasion l'un des plaidoyers les plus éloquents qu'on ait lus dans les temps modernes : je dirai plus tard dans quelles circonstances ce plaidoyer me parvint.

CHAPITRE VI.

Rupture avec l'Angleterre. — Commencement de mon exil.

J'étais à Genève, vivant par goût et par circonstance dans la société des Anglais, lorsque la nouvelle de la déclaration de guerre nous arriva. Le bruit se répandit aussitôt que les voyageurs anglais seraient faits prisonniers : comme on n'avait rien vu de pareil dans le droit des gens européen, je n'y croyais point, et ma sécurité faillit nuire à plusieurs de mes amis; toutefois ils se sauvèrent. Mais les hommes les plus étrangers à la politique, lord Beverley, père de onze enfants, revenant d'Italie avec sa femme et ses filles, cent autres personnes, qui avaient des passe-ports français, qui se rendaient aux universités pour s'instruire, qu dans les pays du Midi pour se guérir, voyageant sous la sauvegarde des lois admises chez toutes les nations, furent arrêtées, et languissent depuis dix ans dans des villes de province, menant la vie la plus triste que l'imagination puisse se représenter. Cet acte scandaleux n'était d'aucune utilité; à peine deux mille Anglais, pour la plupart très-peu militaires, furent-ils victimes de cette fantaisie de tyran, de faire souffrir quelques pauvres individus, par humeur contre l'invincible nation à laquelle ils appartiennent.

Ce fut pendant l'été de 1803 que commença la grande farce de la descente : des bateaux plats furent ordonnés d'un bout de la France à l'autre; on en construisait dans les forêts, sur le bord des grands chemins. Les Français, qui ont en toutes choses une assez grande ardeur imitative, taillaient planche sur planche, faisaient phrase sur phrase : les uns, en Picardie, élevaient un arc de triomphe sur lequel était écrit : *Route de Londres;* d'autres écrivaient : « A Bonaparte le Grand : nous vous « prions de nous admettre sur le vaisseau qui vous « portera en Angleterre, et avec vous les destinées « et les vengeances du peuple français. » Ce vaisseau que Bonaparte devait monter, a eu le temps de s'user dans le port. D'autres mettaient pour devise à leurs pavillons, dans la rade : *Un bon vent et trente heures.* Enfin toute la France retentissait de gasconnades dont Bonaparte seul savait très-bien le secret.

Vers l'automne je me crus oubliée de Bonaparte : on m'écrivit de Paris qu'il était tout entier absorbé par son expédition d'Angleterre, qu'il se proposait de partir pour les côtes, et de s'embarquer lui-même pour diriger la descente. Je ne croyais guère à ce projet; mais je me flattais qu'il trouverait bon que je vécusse à quelques lieues de Paris, avec le très-petit nombre d'amis qui viendraient voir à cette distance une personne en disgrâce. Je pensais aussi qu'étant assez connue pour que l'on parlât de mon exil, en Europe, le premier consul éviterait cet éclat. J'avais calculé d'après mes désirs; mais je ne connaissais pas encore à fond le caractère de celui qui devait dominer l'Europe. Loin de vouloir ménager ce qui se distinguait, dans quelque genre que ce fût, il voulait faire de tous ceux qui s'élevaient un piédestal pour sa statue, soit en les foulant aux pieds, soit en les faisant servir à ses desseins.

J'arrivai dans une petite campagne, à dix lieues de Paris, formant le projet de m'établir les hivers dans cette retraite, tant que durerait la tyrannie. Je ne voulais qu'y voir mes amis, et quelquefois aller au spectacle et au Musée. C'est tout ce que je souhaitais du séjour de Paris, dans l'état de défiance et d'espionnage qui commençait à s'établir; et j'avoue que je ne vois pas quel inconvénient il pouvait y avoir pour le premier consul à me laisser ainsi dans un exil volontaire. J'y étais en effet paisible depuis un mois, lorsqu'une femme comme il y en a tant, cherchant à se faire valoir aux dépens d'une autre femme plus connue qu'elle, vint dire au premier consul que les chemins étaient couverts de gens qui allaient me faire visite. Certes rien n'était moins vrai. Les exilés qu'on allait voir, c'étaient ceux qui, dans le dix-huitième siècle, avaient presque autant de force que les rois qui les éloignaient; mais quand on résiste au pouvoir, c'est qu'il n'est pas tyrannique, car il ne peut l'être que par la soumission générale. Quoi qu'il en soit, Bonaparte saisit le prétexte ou le motif qu'on lui donna pour m'exiler, et un de mes amis me prévint qu'un gendarme viendrait sous peu de jours me signifier l'ordre de partir. On n'a pas l'idée, dans les pays où la routine au moins garantit les particuliers de toute injustice, de l'état où jette la nouvelle subite de certain acte arbitraire. Je suis d'ailleurs très-facile à ébranler; mon imagination conçoit mieux la peine que l'espérance, et quoique souvent j'aie éprouvé que le chagrin se dissipe par des circonstances nouvelles, il me semble toujours, quand il arrive, que rien ne pourra m'en délivrer. En effet, ce qui est facile, c'est d'être malheureux, surtout lorsqu'on aspire aux lots privilégiés de la vie.

Je me retirai dans l'instant même chez une personne vraiment bonne et spirituelle [1], à qui, je dois le dire, j'étais recommandée par un homme qui occupait une place importante dans le gouvernement [2]; je n'oublierai point le courage avec lequel il m'offrit lui-même un asile : mais il aurait la même bonne intention aujourd'hui, qu'il ne pourrait se conduire de même sans perdre toute son existence. A mesure qu'on laisse avancer la tyrannie, elle croît aux regards comme un fantôme; mais elle saisit avec la force d'un être réel. J'arrivai donc dans la campagne d'une personne que je connaissais à peine, au milieu d'une société qui m'était tout à fait étrangère, et portant dans le cœur un chagrin cuisant que je ne voulais pas laisser voir. La nuit, seule avec une femme dévouée depuis plusieurs années à mon service, j'écoutais à la fenêtre si nous n'entendrions point les pas d'un gendarme à cheval : le jour j'essayais

[1] Madame de la Tour.
[2] Regnault de Saint-Jean d'Angély.

d'être aimable pour cacher ma situation. J'écrivis de cette campagne à Joseph Bonaparte une lettre qui exprimait avec vérité toute ma tristesse. Une retraite à dix lieues de Paris était l'unique objet de mon ambition, et je sentais avec désespoir que si j'étais une fois exilée, ce serait pour longtemps, et peut-être pour toujours. Joseph et son frère Lucien firent généreusement tous leurs efforts pour me sauver, et l'on va voir qu'ils ne furent pas les seuls.

Madame Récamier, cette femme si célèbre pour sa figure, et dont le caractère est exprimé par sa beauté même, me fit proposer de venir demeurer à sa campagne, à Saint-Brice, à deux lieues de Paris. J'acceptai, car je ne savais pas alors que je pouvais nuire à une personne si étrangère à la politique ; je la croyais à l'abri de tout, malgré la générosité de son caractère. La société la plus agréable se réunissait chez elle, et je jouissais là, pour la dernière fois, de tout ce que j'allais quitter. C'est dans ces jours orageux que je reçus le plaidoyer de M. Mackintosh ; là je lus ces pages où il fait le portrait d'un jacobin qui s'est montré terrible dans la révolution contre les enfants, les vieillards et les femmes, et qui se plie sous la verge du Corse qui lui ravit jusqu'à la moindre part de cette liberté pour laquelle il se prétendait armé. Ce morceau, de la plus belle éloquence, m'émut jusqu'au fond de l'âme : les écrivains supérieurs peuvent quelquefois, à leur insu, soulager les infortunés, dans tous les pays et dans tous les temps. La France se taisait si profondément autour de moi, que cette voix, qui tout à coup répondait à mon âme, me semblait descendue du ciel : elle venait d'un pays libre. Après quelques jours passés chez madame Récamier, sans entendre parler de mon exil, je me persuadai que Bonaparte y avait renoncé. Il n'y a rien de plus ordinaire que se rassurer sur un danger quelconque, lorsqu'on n'en voit point de symptômes autour de soi. Je me sentais si éloignée de tout projet comme de tout moyen hostile, même contre cet homme, qu'il me semblait impossible qu'il ne me laissât pas en paix ; et, après quelques jours, je retournai dans ma maison de campagne, convaincue qu'il ajournait ses résolutions contre moi, et se contentait de m'avoir fait peur. En effet, c'en était bien assez, non pour changer mon opinion, non pour m'obliger à la désavouer, mais pour réprimer en moi le reste d'habitude républicaine qui m'avait portée l'année précédente à parler avec trop de franchise.

J'étais à table avec trois de mes amis, dans une salle d'où l'on voyait le grand chemin et la porte d'entrée ; c'était à la fin de septembre. A quatre heures un homme en habit gris, à cheval, s'arrête à la grille et sonne ; je fus certaine de mon sort. Il me fit demander ; je le reçus dans le jardin. En avançant vers lui, le parfum des fleurs et la beauté du soleil me frappèrent. Les sensations qui nous viennent par les combinaisons de la société sont si différentes de celles de la nature ! Cet homme me dit qu'il était le commandant de la gendarmerie de Versailles, mais qu'on lui avait ordonné de ne pas mettre son uniforme dans la crainte de m'effrayer : il me montra une lettre signée de Bonaparte, qui portait l'ordre de m'éloigner à quarante lieues de Paris, et enjoignait de me faire partir dans les vingt-quatre heures, en me traitant cependant avec tous les égards dus à une femme d'un nom connu. Il prétendait que j'étais étrangère, et, comme telle, soumise à la police : cet égard pour la liberté individuelle ne dura pas longtemps, et bientôt après moi d'autres Français et d'autres Françaises furent exilés sans aucune forme de procès. Je répondis à l'officier de gendarmerie que partir dans vingt-quatre heures convenait à des conscrits, mais non pas à une femme et à des enfants, et en conséquence je lui proposai de m'accompagner à Paris, où j'avais besoin de passer trois jours pour faire les arrangements nécessaires à mon voyage. Je montai dans ma voiture avec mes enfants et cet officier, qu'on avait choisi comme le plus littéraire des gendarmes. En effet il me fit des compliments sur mes écrits. « Vous voyez, lui dis-je, monsieur, où cela mène, d'être une femme d'esprit ; déconseillez-le, je vous prie, aux personnes de votre famille, si vous en avez l'occasion. » J'essayais de me monter par la fierté, mais je sentais la griffe dans mon cœur.

Je m'arrêtai quelques instants chez madame Récamier ; j'y trouvai le général Junot, qui, par dévouement pour elle, promit d'aller parler le lendemain matin au premier consul. Il le fit en effet avec la plus grande chaleur. On croirait qu'un homme si utile par son ardeur militaire à la puissance de Bonaparte, devait avoir sur lui le crédit de faire épargner une femme ; mais les généraux de Bonaparte, tout en obtenant de lui des grâces sans nombre pour eux-mêmes, n'ont aucun crédit. Quand ils demandent de l'argent ou des places, Bonaparte trouve cela convenable, puisqu'ils se mettent dans sa dépendance : mais si, ce qui leur arrive rarement, ils voulaient défendre des infortunés, ou s'opposer à quelque injustice, on leur ferait sentir bien vite qu'ils ne sont que des bras chargés de maintenir l'esclavage, en s'y soumettant eux-mêmes.

J'arrivai à Paris dans une maison nouvellement louée, et que je n'avais pas encore habitée; je l'avais choisie avec soin dans le quartier et l'exposition qui me plaisaient; et déjà, dans mon imagination, je m'étais établie dans le salon avec quelques amis dont l'entretien est, selon moi, le plus grand plaisir dont l'esprit humain puisse jouir. Je n'entrais dans cette maison qu'avec la certitude d'en sortir, et je passais les nuits à parcourir ces appartements dans lesquels je regrettais encore plus de bonheur que je n'en avais espéré. Mon gendarme revenait chaque matin, comme dans le conte de Barbe-Bleue, me presser de partir le lendemain, et chaque fois j'avais la faiblesse de demander encore un jour. Mes amis venaient dîner avec moi, et quelquefois nous étions gais, comme pour épuiser la coupe de la tristesse, en nous montrant les uns pour les autres le plus aimables qu'il nous était possible, au moment de nous quitter pour si longtemps. Ils me disaient que cet homme qui venait chaque jour me sommer de partir, leur rappelait ces temps de la terreur pendant lesquels les gendarmes venaient demander leurs victimes.

On s'étonnera peut-être que je compare l'exil à la mort; mais de grands hommes de l'antiquité et des temps modernes ont succombé à cette peine. On rencontre plus de braves contre l'échafaud que contre la perte de sa patrie. Dans tous les codes de lois, le bannissement perpétuel est considéré comme une des peines les plus sévères; et le caprice d'un homme inflige en France, en se jouant, ce que des juges consciencieux n'imposent qu'à regret aux criminels. Des circonstances particulières m'offraient un asile et des ressources de fortune dans la patrie de mes parents, la Suisse; j'étais à cet égard moins à plaindre qu'un autre, et néanmoins j'ai cruellement souffert. Je ne serai donc point inutile au monde, en signalant tout ce qui doit porter à ne laisser jamais aux souverains le droit arbitraire de l'exil. Nul député, nul écrivain n'exprimera librement sa pensée, s'il peut être banni quand sa franchise aura déplu; nul homme n'osera parler avec sincérité, s'il peut lui en coûter le bonheur de sa famille entière. Les femmes surtout, qui sont destinées à soutenir et à récompenser l'enthousiasme, tâcheront d'étouffer en elles les sentiments généreux, s'il doit en résulter, ou qu'elles soient enlevées aux objets de leur ten-

dresse, ou qu'ils leur sacrifient leur existence en les suivant dans l'exil.

La veille du dernier jour qui m'était accordé, Joseph Bonaparte fit encore une tentative en ma faveur; et sa femme, qui est une personne de la douceur et de la simplicité la plus parfaite, eut la grâce de venir chez moi pour me proposer de passer quelques jours à sa campagne de Morfontaine. J'acceptai avec reconnaissance, car je devais être touchée de la bonté de Joseph, qui me recevait dans sa maison quand son frère me persécutait. Je passai trois jours à Morfontaine, et, malgré l'obligeance parfaite du maître et de la maîtresse de la maison, ma situation était très-pénible. Je ne voyais que des hommes du gouvernement, je ne respirais que l'air de l'autorité, qui se déclarait mon ennemie, et les plus simples lois de la politesse et de la reconnaissance me défendaient de montrer ce que j'éprouvais. Je n'avais avec moi que mon fils aîné, encore trop enfant pour que je pusse m'entretenir avec lui sur de tels sujets. Je passais des heures entières à considérer ce jardin de Morfontaine, l'un des plus beaux qu'on puisse voir en France, et dont le possesseur, alors paisible, me semblait bien digne d'envie. On l'a depuis exilé sur des trônes où je suis sûre qu'il a regretté son bel asile.

CHAPITRE XII.

Départ pour l'Allemagne. — Arrivée à Weimar.

J'hésitais sur le parti que je prendrais en m'éloignant. Retournerais-je vers mon père, ou m'en irais-je en Allemagne? Mon père eût accueilli son pauvre oiseau, battu par l'orage, avec une ineffable bonté; mais je craignais le dégoût de revenir, renvoyée, dans un pays qu'on m'accusait de trouver un peu monotone. J'avais aussi le désir de me relever, par la bonne réception qu'on me promettait en Allemagne, de l'outrage que me faisait le premier consul, et je voulais opposer l'accueil bienveillant des anciennes dynasties à l'impertinence de celle qui se préparait à subjuguer la France. Ce mouvement d'amour-propre l'emporta, pour mon malheur : j'aurais revu mon père, si j'étais retournée à Genève.

Je priai Joseph de savoir si je pouvais aller en Prusse, car il me fallait au moins la certitude que l'ambassadeur de France ne me réclamerait pas au dehors comme Française, tandis qu'on me proscrivait au dedans comme étrangère. Joseph partit pour Saint-Cloud. Je fus obligée d'attendre sa réponse dans une auberge à deux lieues de Paris, n'osant pas rentrer chez moi dans la ville. Un jour se passa sans que cette réponse me parvînt. Ne voulant pas attirer l'attention sur moi, en restant plus longtemps dans l'auberge où j'étais, je fis le tour des murs de Paris pour en aller chercher une autre, de même à deux lieues, mais sur une route différente. Cette vie errante, à quatre pas de mes amis et de ma demeure, me causait une douleur que je ne puis me rappeler sans frissonner. La chambre m'est présente; la fenêtre où je passais tout le jour pour voir arriver le messager, mille détails pénibles que le malheur entraîne après soi, la générosité trop grande de quelques amis, le calcul voilé de quelques autres, tout mettait mon âme dans une agitation si cruelle, que je ne pourrais la souhaiter à aucun ennemi. Enfin, ce message sur lequel je fondais encore quelque espoir m'arriva. Joseph m'envoyait d'excellentes lettres de recommandation pour Berlin, et me disait adieu d'une manière noble et douce. Il fallut donc partir. Benjamin Constant eut la bonté de m'accompagner; mais comme il aimait aussi beaucoup le séjour de Paris, je souffrais du sacrifice qu'il me faisait. Chaque pas des chevaux me faisait mal, et quand les postillons se vantaient de m'avoir menée vite, je ne pouvais m'empêcher de soupirer du triste service qu'ils me rendaient. Je fis ainsi quarante lieues sans reprendre la possession de moi-même. Enfin, nous nous arrêtâmes à Châlons, et Benjamin Constant, ranimant son esprit, souleva, par son étonnante conversation, au moins pendant quelques instants, le poids qui m'accablait. Nous continuâmes, le lendemain, notre route jusqu'à Metz, où je voulais m'arrêter pour attendre des nouvelles de mon père. Là, je passai quinze jours, et je rencontrai l'un des hommes les plus aimables et les plus spirituels que puissent produire la France et l'Allemagne combinées, M. Charles Villers. Sa société me charmait, mais elle renouvelait mes regrets pour ce premier des plaisirs, un entretien où l'accord le plus parfait règne dans tout ce qu'on sent et dans tout ce qu'on dit.

Mon père fut indigné des traitements qu'on m'avait fait éprouver à Paris; il se représentait sa famille ainsi proscrite, et sortant comme des criminels du pays qu'il avait si bien servi. Ce fut lui-même qui me conseilla de passer l'hiver en Allemagne, et de ne revenir auprès de lui qu'au printemps. Hélas! hélas! je comptais lui rapporter la moisson d'idées nouvelles que j'allais recueillir dans ce voyage. Depuis plusieurs années il me disait souvent qu'il ne tenait au monde que par mes récits et par mes lettres. Son esprit avait tant de vi-

vacité et de pénétration, que le plaisir de lui parler excitait à penser. J'observais pour lui raconter, j'écoutais pour lui répéter. Depuis que je l'ai perdu, je vois et je sens la moitié moins que je ne faisais, quand j'avais pour but de lui plaire, en lui peignant mes expressions.

A Francfort, ma fille, alors âgée de cinq ans, tomba dangereusement malade. Je ne connaissais personne dans la ville; la langue m'était étrangère, le médecin même auquel je confiai mon enfant parlait à peine français. Oh! comme mon père partageait ma peine! quelles lettres il m'écrivait! que de consultations de médecins, copiées de sa propre main, ne m'envoya-t-il pas de Genève! On n'a jamais porté plus loin l'harmonie de la sensibilité et de la raison; on n'a jamais été, comme lui, vivement ému par les peines de ses amis, toujours actif pour les secourir, toujours prudent pour en choisir les moyens, admirable en tout enfin. C'est par le besoin du cœur que je le dis, car que lui fait maintenant la voix même de la postérité!

J'arrivai à Weimar, où je repris courage, en voyant, à travers les difficultés de la langue, d'immenses richesses intellectuelles hors de France. J'appris à lire l'allemand; j'écoutai Goëthe et Wieland, qui, heureusement pour moi, parlaient très-bien français. Je compris l'âme et le génie de Schiller, malgré sa difficulté à s'exprimer dans une langue étrangère. La société du duc et de la duchesse de Weimar me plaisait extrêmement, et je passai là trois mois, pendant lesquels l'étude de la littérature allemande donnait à mon esprit tout le mouvement dont il a besoin pour ne pas me dévorer moi-même.

CHAPITRE XIII.

Berlin. — Le prince Louis-Ferdinand.

Je partis pour Berlin, et c'est là que je vis cette reine charmante, destinée depuis à tant de malheurs. Le roi m'accueillit avec bonté, et je puis dire que pendant les six semaines que je restai dans cette ville, je n'entendis pas un individu qui ne se louât de la justice du gouvernement. Ce n'est pas que je croie toujours désirable pour un pays d'avoir des formes constitutionnelles qui lui garantissent, par la coopération permanente de la nation, les avantages qu'il tient des vertus d'un bon roi. La Prusse, sous le règne de son souverain actuel, possédait sans doute la plupart de ces avantages; mais l'esprit public que le malheur y a développé n'y existait point encore; le régime militaire avait empêché l'opinion de prendre de la force, et l'ab-

sence d'une constitution dans laquelle chaque individu pût se faire connaître selon son mérite, avait
laissé l'État dépourvu d'hommes de talent capables
de le défendre. La faveur d'un roi, étant nécessairement arbitraire, ne peut pas suffire pour développer l'émulation ; des circonstances purement
relatives à l'intérieur des cours peuvent écarter un
homme de mérite du timon des affaires, ou y
placer un homme médiocre. La routine aussi domine singulièrement dans les pays où le devoir
royal est sans contradicteurs ; la justice même
d'un roi le porte à se donner des barrières, en conservant à chacun sa place ; et il était presque sans
exemple, en Prusse, qu'un homme fût destitué de
ses emplois civils ou militaires pour cause d'incapacité. Quel avantage ne devait donc pas avoir l'armée française presque toute composée d'hommes
nés de la révolution, comme les soldats de Cadmus
des dents du dragon ! quel avantage ne devait-elle
pas avoir sur ces anciens commandants des places
ou des armées prussiennes, à qui rien de nouveau
n'était connu ! Un roi consciencieux qui n'a pas le
bonheur, et c'est à dessein que je me sers de cette
expression, le bonheur d'avoir un parlement comme
en Angleterre, se fait des habitudes de tout, de
peur de trop user de sa propre volonté ; et dans
le temps actuel, il faut négliger les usages anciens
pour chercher partout la force du caractère et de
l'esprit. Quoi qu'il en soit, Berlin était un des pays
les plus heureux de la terre et les plus éclairés.

Les écrivains du dix-huitième siècle faisaient sans
doute un grand bien à l'Europe par l'esprit de modération et le goût des lettres que leurs ouvrages
inspiraient à la plupart des souverains ; toutefois
l'estime que les amis des lumières accordaient à
l'esprit français a été l'une des causes des erreurs
qui ont perdu pendant si longtemps l'Allemagne.
Beaucoup de gens considéraient les armées françaises comme les propagateurs des idées de Montesquieu, de Rousseau ou de Voltaire ; tandis que
s'il restait quelques traces des opinions de ces
grands hommes dans les instruments du pouvoir
de Bonaparte, c'était pour s'affranchir de ce qu'ils
appelaient des préjugés, et non pour établir un seul
principe régénérateur. Mais il y avait à Berlin et
dans le nord de l'Allemagne, à l'époque du printemps de 1804, beaucoup d'anciens partisans de la
révolution française qui ne s'étaient pas encore
aperçus que Bonaparte était un ennemi bien plus
acharné des premiers principes de cette révolution
que l'ancienne aristocratie européenne.

J'eus l'honneur de faire connaissance avec le
prince Louis - Ferdinand, celui que son ardeur

guerrière emporta tellement qu'il devança presque
par sa mort les premiers revers de sa patrie. C'é-
tait un homme plein de chaleur et d'enthousiasme,
mais qui, faute de gloire, cherchait trop les émotions qui peuvent agiter la vie. Ce qui l'irritait
surtout dans Bonaparte, c'était sa manière de calomnier tous ceux qu'il craignait, et d'abaisser
même dans l'opinion ceux qui le servaient, pour à
tout hasard les tenir mieux dans sa dépendance. Il
me disait souvent : « Je lui permets de tuer ; mais
« assassiner moralement, c'est là ce qui me ré-
« volte. » Et en effet, qu'on se représente l'état où
nous nous sommes vus lorsque ce grand détrac-
teur était maître de toutes les gazettes du continent européen, et qu'il pouvait, ce qu'il a fait
souvent, écrire des plus braves hommes qu'ils
étaient des lâches, et des femmes les plus pures
qu'elles étaient méprisables, sans qu'il y eût un
moyen de contredire ou de punir de telles assertions.

CHAPITRE XIV.

Conspiration de Moreau et de Pichegru.

La nouvelle venait d'arriver, à Berlin, de la
grande conspiration de Moreau, de Pichegru et de
Georges Cadoudal. Certainement il existait chez
les principaux chefs du parti républicain et du
parti royaliste un vif désir de renverser l'autorité
du premier consul, et de s'opposer à l'autorité
encore plus tyrannique qu'il se proposait d'établir
en se faisant déclarer empereur ; mais on a prétendu, et ce n'est peut-être pas sans fondement,
que cette conspiration, qui a si bien servi la tyrannie de Bonaparte, fut encouragée par lui-même,
parce qu'il voulait en tirer parti avec un art machiavélique dont il importe d'observer tous les ressorts. Il envoya en Angleterre un jacobin exilé,
qui ne pouvait obtenir sa rentrée en France que
des services qu'il rendrait au premier consul. Cet
homme se présenta, comme Sinon dans la ville de
Troie, se disant persécuté par les Grecs. Il vit
quelques émigrés qui n'avaient ni les vices, ni les
facultés qui servent à démêler un certain genre
de fourberie. Il lui fut donc très-facile d'attraper
un vieux évêque, un ancien officier, enfin quelques
débris d'un gouvernement sous lequel on ne savait pas seulement ce que c'était que les factions.
Il écrivit ensuite une brochure pour se moquer
avec beaucoup d'esprit de tous ceux qui l'avaient
cru, et qui en effet auraient dû suppléer à la sagacité dont ils étaient privés, par la fermeté des
principes, c'est-à-dire, n'accorder jamais la moin-

dre confiance à un homme coupable de mauvaises actions. Nous avons tous notre manière de voir; mais dès qu'on s'est montré perfide ou cruel, Dieu seul peut pardonner, car c'est à lui seul qu'il appartient de lire assez avant dans le cœur humain pour savoir s'il est changé; l'homme doit se tenir pour jamais éloigné de l'homme qui a perdu son estime. Cet agent déguisé de Bonaparte prétendit qu'il y avait de grands éléments de révolte en France; il alla trouver à Munich un envoyé anglais, M. Drake, qu'il eut aussi l'art de tromper. Un citoyen de la Grande-Bretagne devait être étranger à ce tissu de ruses, composé des fils croisés du jacobinisme et de la tyrannie.

Georges et Pichegru, qui étaient entièrement du parti des Bourbons, vinrent en France en secret, et se concertèrent avec Moreau qui voulait délivrer la France du premier consul, mais non porter atteinte au droit qu'a la nation française de choisir la forme de gouvernement par laquelle il lui convient d'être régie. Pichegru voulut avoir un entretien avec le général Bernadotte, qui s'y refusa, n'étant pas content de la manière dont l'entreprise était conduite, et désirant avant tout une garantie pour la liberté constitutionnelle de la France. Moreau, dont le caractère est très-moral, le talent militaire incontestable, et l'esprit juste et éclairé, se laissa trop aller dans la conversation à blâmer le premier consul, avant d'être assuré de le renverser. C'est un défaut bien naturel à une âme généreuse, que d'exprimer son opinion, même d'une manière inconsidérée; mais le général Moreau attirait trop les regards de Bonaparte, pour qu'une telle conduite ne dût pas le perdre. Il fallait un prétexte pour arrêter un homme qui avait gagné tant de batailles, et le prétexte se trouva dans ses paroles à défaut de ses actions.

Les formes républicaines existaient encore; on s'appelait citoyen, comme si l'inégalité la plus terrible, celle qui affranchit les uns du joug de la loi, tandis que les autres sont soumis à l'arbitraire, n'eût pas régné dans toute la France. On comptait encore les jours d'après le calendrier républicain; on se vantait d'être en paix avec toute l'Europe continentale; on faisait, comme à présent encore, des rapports sur la confection des routes et des canaux, sur la construction des ponts et des fontaines; on portait aux nues les bienfaits du gouvernement; enfin, il n'existait aucune raison apparente de changer un ordre de choses où l'on se disait si bien. On avait donc besoin d'un complot dans lequel les Anglais et les Bourbons fussent nommés, pour soulever de nou-

veau les éléments révolutionnaires de la nation, et tourner ces éléments à l'établissement d'un pouvoir ultra-monarchique, sous prétexte d'empêcher le retour de l'ancien régime. Le secret de cette combinaison, qui paraît très-compliqué, est fort simple : il fallait faire peur aux révolutionnaires du danger que couraient leurs intérêts, et leur proposer de les mettre en sûreté par un dernier abandon de leurs principes : ainsi fut-il fait.

Pichegru était devenu tout simplement royaliste, comme il avait été républicain; on avait retourné son opinion : son caractère était supérieur à son esprit; mais l'un n'était pas plus fait que l'autre pour entraîner les hommes. Georges avait plus d'élan, mais il n'était destiné, ni par son éducation ni par la nature, au rang de chef. Quand on les sut à Paris, on fit arrêter Moreau; on ferma les barrières; on déclara que celui qui donnerait asile à Pichegru ou à Georges serait puni de mort, et toutes les mesures du jacobinisme furent remises en vigueur pour défendre la vie d'un seul homme. Non-seulement cet homme a trop d'importance à ses propres yeux pour rien ménager quand il s'agit de lui-même; mais il entrait d'ailleurs dans ses calculs d'effrayer les esprits, de rappeler les jours de la terreur, afin d'inspirer, s'il était possible, le besoin de se jeter dans ses bras pour échapper aux troubles que lui-même accroissait par toutes ses mesures. On découvrit la retraite de Pichegru, et Georges fut arrêté dans un cabriolet; car, ne pouvant plus habiter dans aucune maison, il courait ainsi la ville jour et nuit, pour se dérober aux poursuites. Celui des agents de la police qui prit Georges eut pour récompense la Légion d'honneur. Il me semble que les militaires français auraient dû lui souhaiter tout autre salaire.

Le *Moniteur* fut rempli d'adresses au premier consul, à l'occasion des dangers auxquels il avait échappé; cette répétition continuelle des mêmes phrases, partant de tous les coins de la France, présente un accord de servitude dont il n'y a peut-être jamais eu d'exemple chez aucun peuple. On peut, en feuilletant le *Moniteur*, trouver, suivant les époques, des thèmes sur la liberté, sur le despotisme, sur la philosophie, sur la religion, dans lesquels les départements et les bonnes villes de France s'évertuent à dire la même chose en termes différents; et l'on s'étonne que des hommes aussi spirituels que les Français s'en tiennent au succès de la rédaction, et n'aient pas une fois l'envie d'avoir des idées à eux : on dirait que l'émulation des mots leur suffit. Ces hymnes dictées, avec les points d'admiration qui les accompagnent, annonçaient cependant que tout était tranquille en France, et que le petit nombre d'agents de la perfide Albion étaient saisis. Un général, il est vrai, s'amusait bien à dire que les Anglais avaient jeté des balles de coton du Levant sur les côtes de la Normandie, pour donner la peste à la France; mais ces inventions, gravement bouffonnes, n'étaient considérées que comme des flatteries adressées au premier consul; et les chefs de la conspiration, aussi bien que leurs agents, étant en la puissance du gouvernement, on avait lieu de croire que le calme était rétabli en France; mais Bonaparte n'avait pas encore atteint son but.

CHAPITRE XV.

Assassinat du duc d'Enghien.

Je demeurais à Berlin, sur le quai de la Sprée, et mon appartement était au rez-de-chaussée. Un matin, à huit heures, on m'éveilla pour me dire que le prince Louis-Ferdinand était à cheval sous mes fenêtres, et me demandait de venir lui parler. Très-étonnée de cette visite si matinale, je me hâtai de me lever pour aller vers lui. Il avait singulièrement bonne grâce à cheval, et son émotion ajoutait encore à la noblesse de sa figure. « Savez-« vous, me dit-il, que le duc d'Enghien a été en-« levé sur le territoire de Baden, livré à une com-« mission militaire, et fusillé vingt-quatre heures « après son arrivée à Paris? — Quelle folie! « lui répondis-je; ne voyez-vous pas que ce sont « les ennemis de la France qui ont fait circuler ce « bruit? » En effet, je l'avoue, ma haine, quelque forte qu'elle fût contre Bonaparte, n'allait pas jusqu'à me faire croire à la possibilité d'un tel forfait. « Puisque vous doutez de ce que je vous dis, me « répondit le prince Louis, je vais vous envoyer le « Moniteur, dans lequel vous lirez le jugement. » Il partit à ces mots, et l'expression de sa physionomie présageait la vengeance ou la mort. Un quart d'heure après, j'eus entre mes mains ce Moniteur du 21 mars (30 pluviôse), qui contenait un arrêt de mort prononcé par la commission militaire, séante à Vincennes, contre le nommé Louis d'Enghien! C'est ainsi que des Français désignaient le petit-fils des héros qui ont fait la gloire de leur patrie! Quand on abjurerait tous les préjugés d'illustre naissance, que le retour des formes monarchiques devait nécessairement rappeler, pourrait-on blasphémer ainsi les souvenirs de la bataille de Lens et de celle de Rocroi? Ce Bonaparte qui en a gagné des batailles, ne sait

pas même les respecter; il n'y a ni passé ni avenir pour lui; son âme impérieuse et méprisante ne veut rien reconnaître de sacré pour l'opinion; il n'admet le respect que pour la force existante. Le prince Louis m'écrivait, en commençant son billet par ces mots : « Le nommé Louis de Prusse fait demander à Madame de Staël, etc. » Il sentait l'injure faite au sang royal dont il sortait, au souvenir des héros parmi lesquels il brûlait de se placer. Comment, après cette horrible action, un seul roi de l'Europe a-t-il pu se lier avec un tel homme? La nécessité, dira-t-on? Il y a un sanctuaire de l'âme où jamais son empire ne doit pénétrer; s'il n'en était pas ainsi, que serait la vertu sur la terre? un amusement libéral qui ne conviendrait qu'aux paisibles loisirs des hommes privés.

Une personne de ma connaissance m'a raconté que peu de jours après la mort du duc d'Enghien, elle alla se promener autour du donjon de Vincennes; la terre encore fraîche marquait la place où il avait été enseveli; des enfants jouaient aux petits palets sur ce tertre de gazon, seul monument pour de telles cendres. Un vieux invalide, à cheveux blancs, assis non loin de là, était resté quelque temps à contempler ces enfants; enfin il se leva, et les prenant par la main, il leur dit, en versant quelques pleurs : « Ne jouez pas là, mes enfants, je vous prie. » Ces larmes furent tous les honneurs qu'on rendit au descendant du grand Condé, et la terre n'en porta pas longtemps l'empreinte.

Pour un moment du moins, l'opinion parut se réveiller parmi les Français, l'indignation fut générale. Mais lorsque ces flammes généreuses s'éteignirent, le despotisme s'établit d'autant mieux qu'on avait essayé vainement d'y résister. Le premier consul fut pendant quelques jours assez inquiet de la disposition des esprits. Fouché lui-même blâmait cette action; il avait dit ce mot si caractéristique du régime actuel : « C'est pis qu'un « crime; c'est une faute. » Il y a bien des pensées renfermées dans cette phrase; mais heureusement qu'on peut la retourner avec vérité, en affirmant que la plus grande des fautes, c'est le crime. Bonaparte demanda à un sénateur honnête homme : « Que pense-t-on de la mort du duc d'Enghien? — Général, lui répondit-il, on en est fort affligé. — Cela ne m'étonne pas, dit Bonaparte, une mai-« son qui a longtemps régné dans un pays intéresse « toujours, » voulant ainsi rattacher à des intérêts de parti le sentiment le plus naturel que le cœur humain puisse éprouver. Une autre fois il fit la même question à un tribun, qui, plein d'envie de lui plaire, lui répondit : « Eh bien, général, si nos

« ennemis prennent des mesures atroces contre « nous, nous avons raison de faire de même; » ne s'apercevant pas que c'était dire que la mesure était atroce. Le premier consul affectait de considérer cet acte comme inspiré par la raison d'État. Un jour, vers ce temps, il discutait avec un homme d'esprit sur les pièces de Corneille : « Voyez, lui « dit-il, le salut public, ou, pour mieux dire, la « raison d'État a pris chez les modernes la place « de la fatalité chez les anciens; il y a tel homme « qui, par sa nature, serait incapable d'un forfait; « mais les circonstances politiques lui en font une « loi. Corneille est le seul qui ait montré, dans ses « tragédies, qu'il connaissait la raison d'État; « aussi, je l'aurais fait mon premier ministre, s'il « avait vécu de mon temps. » Toute cette apparente bonhomie dans la discussion avait pour but de prouver qu'il n'y avait point de passion dans la mort du duc d'Enghien, et que les circonstances, c'est-à-dire, ce dont un chef de l'État est juge exclusivement, motivaient et justifiaient tout. Qu'il n'y ait point eu de passion dans sa résolution relativement au duc d'Enghien, cela est parfaitement vrai; on a voulu que la fureur ait inspiré ce forfait; il n'en est rien. Par quoi cette fureur aurait-elle été provoquée? Le duc d'Enghien n'avait en rien provoqué le premier consul; Bonaparte espérait d'abord de prendre M. le duc de Berri, qui, dit-on, devait débarquer en Normandie, si Pichegru lui avait fait donner avis qu'il en était temps. Ce prince est plus près du trône que le duc d'Enghien, et d'ailleurs il aurait enfreint les lois existantes s'il était venu en France. Ainsi, de toutes les manières il convenait mieux à Bonaparte de faire périr celui-là que le duc d'Enghien; mais, à défaut du premier, il choisit le second, en discutant la chose froidement. Entre l'ordre de l'enlever et celui de le faire périr, plus de huit jours s'étaient écoulés, et Bonaparte commanda le supplice du duc d'Enghien longtemps d'avance, aussi tranquillement qu'il a depuis sacrifié des millions d'hommes à ses ambitieux caprices.

On se demande maintenant quels ont été les motifs de cette terrible action, et je crois facile de les démêler. D'abord Bonaparte voulait rassurer le parti révolutionnaire, en contractant avec lui l'alliance du sang. Un ancien jacobin s'écria, en apprenant cette nouvelle : « Tant mieux ! le général « Bonaparte s'est fait de la convention. » Pendant longtemps, les jacobins voulaient qu'un homme eût voté la mort du roi pour être premier magistrat de la république; c'était ce qu'ils appelaient avoir donné des gages à la révolution. Bonaparte

remplissait cette condition du crime, mise à la place de la condition de propriété exigée dans d'autres pays; il donnait la certitude que jamais il ne servirait les Bourbons; ainsi ceux de leur parti qui s'attachaient au sien, brûlaient leurs vaisseaux *sans retour*.

A la veille de se faire couronner par les mêmes hommes qui avaient proscrit la royauté, de rétablir une noblesse par les fauteurs de l'égalité, il crut nécessaire de les rassurer par l'affreuse garantie de l'assassinat d'un Bourbon. Dans la conspiration de Pichegru et de Moreau, Bonaparte savait que les républicains et les royalistes s'étaient réunis contre lui; cette étrange coalition, dont la haine qu'il inspire était le nœud, l'avait étonné. Plusieurs hommes, qui tenaient des places de lui, étaient désignés pour servir la révolution qui devait briser son pouvoir, et il lui importait que désormais tous ses agents se crussent perdus sans ressource, si leur maître était renversé; enfin surtout, ce qu'il voulait, au moment de saisir la couronne, c'était d'inspirer une telle terreur que personne ne sût lui résister. Il viola tout dans une seule action : le droit des gens européen, la constitution telle qu'elle existait encore, la pudeur publique, l'humanité, la religion. Il n'y avait rien au delà de cette action; donc on pouvait tout craindre de celui qui l'avait commise. On crut pendant quelque temps en France que le meurtre du duc d'Enghien était le signal d'un nouveau système révolutionnaire, et que les échafauds allaient être relevés. Mais Bonaparte ne voulait qu'apprendre une chose aux Français, c'est qu'il pouvait tout, afin qu'ils lui sussent gré du mal qu'il ne faisait pas, comme à d'autres d'un bienfait. On le trouvait clément quand il laissait vivre; on avait si bien vu comme il lui était facile de faire mourir! La Russie, la Suède, et surtout l'Angleterre, se plaignirent de la violation de l'empire germanique; les princes allemands eux-mêmes se turent, et le débile souverain sur le territoire duquel cet attentat avait été commis, demanda, dans une note diplomatique, qu'on ne parlât plus *de l'événement qui était arrivé*. Cette phrase bénigne et voilée, pour désigner un tel acte, ne caractérise-t-elle pas la bassesse de ces princes qui ne faisaient plus consister leur souveraineté que dans leurs revenus, et traitaient un État comme un capital dont il faut se laisser payer les intérêts le plus tranquillement que l'on peut?

CHAPITRE XVI.

Maladie et mort de M. Necker.

Mon père eut encore le temps d'apprendre l'assassinat du duc d'Enghien, et les dernières lignes que j'ai reçues, tracées de sa main, expriment son indignation sur ce forfait.

C'est au sein de la plus profonde sécurité que je trouvai sur ma table deux lettres qui m'annonçaient que mon père était dangereusement malade. On me dissimula que le courrier qui était venu les apporter, était aussi chargé de la nouvelle de sa mort. Je partis avec de l'espérance, et je la conservai malgré toutes les circonstances qui devaient me l'ôter. Quand à Weimar la vérité me fut connue, un sentiment de terreur inexprimable se joignit à mon désespoir. Je me vis sans appui sur cette terre, et forcée de soutenir moi-même mon âme contre le malheur. Il me restait beaucoup d'objets d'attachement; mais l'admiration pleine de tendresse que j'éprouvais pour mon père exerçait sur moi un empire que rien ne pouvait égaler. La douleur, qui est le plus grand des prophètes, m'annonça que désormais je ne serais plus heureuse par le cœur, comme je l'avais été, quand cet homme tout-puissant en sensibilité veillait sur mon sort; et il ne s'est pas écoulé un jour depuis le mois d'avril 1804, dans lequel je n'aie rattaché toutes mes peines à celle-là. Tant que mon père vivait, je ne souffrais que par l'imagination; car, dans les choses réelles, il trouvait toujours le moyen de me faire du bien : après sa perte, j'eus affaire directement à la destinée. C'est cependant encore à l'espoir qu'il prie pour moi dans le ciel que je dois ce qui me reste de force. Ce n'est point l'amour filial, mais la connaissance intime de son caractère qui me fait affirmer que jamais je n'ai vu la nature humaine plus près de la perfection que dans son âme : si je n'étais pas convaincue de la vie à venir, je deviendrais folle de l'idée qu'un tel être ait pu cesser d'exister. Il y avait tant d'immortalité dans ses sentiments et dans ses pensées, que cent fois il m'arrive, quand j'ai des mouvements qui m'élèvent au-dessus de moi-même, de croire encore l'entendre.

Dans mon fatal voyage de Weimar à Coppet, j'enviais toute la vie qui circulait dans la nature, celle des oiseaux, des mouches qui volaient autour de moi : je demandais un jour, un seul jour pour lui parler encore, pour exciter sa pitié; j'enviais ces arbres des forêts dont la durée se prolonge au delà des siècles; mais l'inexorable silence du tombeau a quelque chose qui confond l'esprit humain; et, bien que ce soit la vérité la plus connue, jamais la vivacité de l'impression qu'elle produit ne peut s'éteindre. En approchant de la demeure de mon père, un de mes amis me montra sur la montagne des nuages qui ressemblaient à une grande figure d'homme qui disparaîtrait vers le soir, et il me sembla que le ciel m'offrait ainsi le symbole de la perte que je venais de faire. Il était grand en effet, cet homme qui, dans aucune circonstance de sa vie, n'a préféré le plus important de ses intérêts au moindre de ses devoirs; cet homme dont les vertus étaient tellement inspirées par sa bonté, qu'il eût pu se passer de principes, et dont les principes étaient si fermes, qu'il eût pu se passer de bonté.

En arrivant à Coppet, j'appris que mon père, dans la maladie de neuf jours qui me l'avait enlevé, s'était constamment occupé de mon sort avec inquiétude. Il se faisait des reproches de son dernier livre, comme étant la cause de mon exil; et, d'une main tremblante, il écrivit, pendant sa fièvre, au premier consul, une lettre où il lui affirmait que je n'étais pour rien dans la publication de ce dernier ouvrage, et qu'au contraire j'avais désiré qu'il ne fût pas imprimé. Cette voix d'un mourant avait tant de solennité! cette dernière prière d'un homme qui avait joué un si grand rôle en France, demandant pour toute grâce le retour de ses enfants dans le lieu de leur naissance, et l'oubli des imprudences qu'une fille, jeune encore alors, avait pu commettre, tout me semblait irrésistible; et, bien que je connusse le caractère de l'homme, il m'arriva ce qui, je crois, est dans la nature de ceux qui désirent ardemment la cessation d'une grande peine : j'espérai contre toute espérance. Le premier consul reçut cette lettre, et me crut sans doute d'une rare niaiserie d'avoir pu me flatter qu'il en serait touché. Je suis à cet égard de son avis.

CHAPITRE XVII.

Procès de Moreau.

Le procès de Moreau se continuait toujours, et bien que les journaux gardassent le plus profond silence sur ce sujet, il suffisait de la publicité du plaidoyer pour éveiller les âmes, et jamais l'opinion de Paris ne s'est montrée contre Bonaparte avec tant de force qu'à cette époque. Les Français ont plus besoin qu'aucun autre peuple d'un certain degré de liberté de la presse; il faut qu'ils pensent et qu'ils sentent en commun; l'électricité de l'émotion de leurs voisins leur est nécessaire pour en éprouver à leur tour, et leur enthousiasme ne se développe point d'une manière isolée. C'est donc très-bien fait, à celui qui veut être leur tyran de ne permettre, à l'opinion publique aucun genre de manifestation, et Bonaparte joint à cette idée, commune à tous les despotes, une ruse particulière à ce temps-ci, c'est, l'art de proclamer une opinion factice par des journaux qui ont l'air d'être libres, tant ils font de phrases dans le sens qui leur est ordonné. Il n'y a, l'on doit en convenir, que nos écrivains français qui puissent broder ainsi, chaque matin, les mêmes sophismes, et qui se complaisent dans le superflu même de la servitude. Au milieu de l'instruction de cette fameuse affaire, les journaux apprirent à l'Europe que Pichegru s'était étranglé lui-même dans le Temple; toutes les gazettes furent remplies d'un rapport chirurgical, qui parut peu vraisemblable, malgré le soin avec lequel il était rédigé. S'il est vrai que Pichegru ait péri victime d'un assassinat, se représente-t-on le sort d'un brave général surpris par des lâches dans le fond de son cachot, sans défense, condamné depuis plusieurs jours à cette solitude des prisons qui abat le courage de l'âme, ignorant même si ses amis sauront jamais de quel genre de mort il a péri, si le forfait qui le tue sera vengé, si l'on n'outragera pas sa mémoire! Pichegru, dans son premier interrogatoire, avait montré beaucoup de courage, et il menaçait, dit-on, de donner la preuve des promesses que Bonaparte avait faites aux Vendéens, relativement au retour des Bourbons. Quelques-uns prétendent qu'on lui avait fait subir la question, comme à deux autres conjurés, dont l'un, nommé Picot, montra ses mains mutilées au tribunal, et qu'on n'osa pas exposer aux yeux du peuple français un de ses anciens défenseurs soumis à la torture des esclaves. Je ne crois pas à cette conjecture; il faut toujours chercher dans les actions de Bonaparte le calcul qui les lui a conseillées, et l'on n'en verrait pas dans cette dernière supposition; tandis qu'il est peut-être vrai que la réunion de Moreau et de Pichegru à la barre d'un tribunal eût achevé d'enflammer l'opinion. Déjà la foule était immense dans les tribunes; plusieurs officiers, à la tête desquels était un homme loyal, le général Lecourbe, témoignèrent l'intérêt le plus vif et le plus courageux pour le général Moreau. Quand il se rendait au tribunal, les gendarmes chargés de le garder lui présentaient les armes avec respect. Déjà l'on commençait à sentir que l'honneur était du côté de la persécution; mais Bonaparte, en se faisant tout à coup déclarer empereur au plus fort de cette fermentation, détourna les

esprits par une nouvelle perspective, et déroba mieux sa marche au milieu de l'orage dont il était environné, qu'il n'aurait pu le faire dans le calme.

Le général Moreau prononça devant le tribunal un des discours les mieux faits que l'histoire puisse offrir; il rappela, quoique avec modestie, les batailles qu'il avait gagnées depuis que Bonaparte gouvernait la France; il s'excusa de s'être exprimé souvent, peut-être avec trop de franchise, et compara, d'une manière indirecte, le caractère d'un Breton avec celui d'un Corse; enfin, il montra tout à la fois et beaucoup d'esprit, et la plus parfaite présence de cet esprit, dans un moment si dangereux. Regnier réunissait alors le ministère de la police à celui de la justice, en l'absence de Fouché, disgracié. Il se rendit à Saint-Cloud en sortant du tribunal. L'empereur lui demanda comment était le discours de Moreau : Pitoyable, répondit-il. «En ce cas, dit l'empereur, faites-le imprimer et publier dans tout Paris.» Quand ensuite Bonaparte vit combien son ministre s'était trompé, il revint enfin à Fouché, le seul homme qui pût vraiment le seconder, en portant, malheureusement pour le monde, une sorte de modération adroite dans un système sans bornes.

Un ancien jacobin, âme damnée de Bonaparte, fut chargé de parler aux juges pour les engager à condamner Moreau à mort. « Cela est nécessaire, « leur dit-il, à la considération de l'empereur, qui « l'a fait arrêter; mais vous devez d'autant moins « vous faire scrupule d'y consentir, que l'empe- « reur est résolu de lui faire grâce. — Et qui « nous fera grâce à nous-mêmes, si nous nous « couvrons d'une telle infamie?» répondit l'un des juges [1], dont il n'est pas encore permis de prononcer le nom, de peur de l'exposer. Le général Moreau fut condamné à deux ans de prison; Georges et plusieurs autres de ses amis à mort; un de MM. de Polignac à deux ans, l'autre à quatre ans de prison, et tous les deux y sont encore, ainsi que plusieurs autres, dont la police s'est saisie quand la peine ordonnée par la justice a été subie. Moreau désira que sa prison fût changée en un bannissement perpétuel; perpétuel, dans ce cas, veut dire viager; car le malheur du monde est placé sur la tête d'un homme. Bonaparte consentit à ce bannissement, qui lui convenait à tous les égards. Souvent, sur la route de Moreau, les maires de ville, chargés de viser son passe-port d'exil, lui montrèrent la considération la plus respectueuse. «Messieurs, dit l'un d'eux à son audience, faites place au général Moreau,» et il se courba devant

[1] M. Clavier.

lui comme devant l'empereur. Il y avait encore une France dans le cœur de ces hommes, mais déjà l'on n'avait plus d'idée d'agir dans le sens de son opinion, et maintenant qui sait si même il en reste une, tant on l'a longtemps étouffée? Arrivé à Cadix, ces Espagnols, qui devaient, peu d'années après, donner un si grand exemple, rendirent tous les hommages possibles à une victime de la tyrannie. Quand Moreau passa devant la flotte anglaise, les vaisseaux le saluèrent comme s'il eût été le commandant d'une armée alliée. Ainsi les prétendus ennemis de la France se chargèrent d'acquitter sa dette envers l'un de ses plus illustres défenseurs. Lorsque Bonaparte fit arrêter Moreau, il dit : « J'aurais pu le faire venir chez moi, et lui « dire : Écoute, toi et moi, nous ne pouvons pas « rester sur le même sol ; ainsi va-t'en, puisque je « suis le plus fort ; et je crois qu'il serait parti. « Mais ces manières chevaleresques sont puériles « en affaires publiques. » Bonaparte croit, et a eu l'art de persuader à plusieurs des apprentis machiavélistes de la génération nouvelle, que tout sentiment généreux est de l'enfantillage. Il serait bien temps de lui apprendre que la vertu a aussi quelque chose de mâle, et de plus mâle que le crime avec toute son audace.

CHAPITRE XVIII.

Commencements de l'empire.

La motion pour appeler Bonaparte à l'empire fut faite dans le tribunat par un conventionnel, autrefois jacobin, appuyée par Jaubert, avocat et député du commerce de Bordeaux, et secondée par Siméon, homme d'esprit et de sens, qui avait été proscrit sous la république comme royaliste. Bonaparte voulait que les partisans de l'ancien régime et ceux des intérêts permanents de la nation fussent réunis pour le choisir. Il fut convenu qu'on ouvrirait des registres dans toute la France pour que chacun exprimât son vœu relativement à l'élévation de Bonaparte sur le trône. Mais, sans attendre ce résultat, quelque préparé qu'il fût, il prit le titre d'empereur par un sénatus-consulte, et ce malheureux sénat n'eut pas même la force de mettre des bornes constitutionnelles à cette nouvelle monarchie. Un tribun, dont je voudrais oser dire le nom [1], eut l'honneur d'en faire la motion spéciale. Bonaparte, pour aller habilement au-devant de cette idée, fit venir chez lui quelques sénateurs, et leur dit : « Il m'en coûte beaucoup de me placer « ainsi en évidence ; j'aime mieux ma situation ac-

[1] M. Gallois.

« tuelle. Toutefois, la continuation de la républi- « que n'est plus possible ; on est blasé sur ce « genre-là ; je crois que les Français veulent la « royauté. J'avais d'abord pensé à rappeler les vieux « Bourbons ; mais cela n'aurait fait que les perdre « et moi aussi. Ma conscience me dit qu'il faut à la « fin un homme à la tête de tout ceci ; cependant « peut-être vaudrait-il mieux encore attendre... J'ai « vieilli la France d'un siècle depuis quatre ans ; la « liberté, c'est un bon code civil, et les nations « modernes ne se soucient que de la propriété. Ce- « pendant, si vous m'en croyez, nommez un co- « mité, organisez la constitution, et, je vous le « dis naturellement, ajouta-t-il en souriant, prenez « des précautions contre ma tyrannie ; prenez-en, « croyez-moi. » Cette apparente bonhomie séduisit les sénateurs, qui, au reste, ne demandaient pas mieux que d'être séduits. L'un d'eux, homme de lettres assez distingué, mais l'un de ces philosophes qui trouvent toujours des motifs philanthropiques pour être contents du pouvoir, disait à un de mes amis : « C'est admirable ! avec quelle simplicité « l'empereur se laisse tout dire ! L'autre jour, je « lui ai démontré pendant une heure de suite qu'il « fallait absolument fonder la dynastie nouvelle sur « une charte qui assurât les droits de la nation. » « Et que vous a-t-il répondu ? » lui demanda-t-on. « Il « m'a frappé sur l'épaule avec une bonté parfaite, « et m'a dit : Vous avez tout à fait raison, mon cher « sénateur ; mais, fiez-vous à moi, ce n'est pas le « moment. » Et ce sénateur, comme beaucoup d'autres, se contentait du plaisir d'avoir parlé, lors même que son opinion n'était pas le moins du monde adoptée. Les besoins de l'amour-propre, chez les Français, l'emportent de beaucoup sur ceux du caractère.

Une chose bien bizarre, et que Bonaparte a pénétrée avec une grande sagacité, c'est que les Français, qui saisissent le ridicule avec tant d'esprit, ne demandent pas mieux que de se rendre ridicules eux-mêmes, dès que leur vanité y trouve son compte d'une autre manière. Rien en effet ne prête plus à la plaisanterie que la création d'une noblesse toute nouvelle, telle que Bonaparte l'établit pour le soutien de son nouveau trône. Les princesses et les reines, citoyennes de la veille, ne pouvaient s'empêcher de rire elles-mêmes, en s'entendant appeler Votre Majesté. D'autres, plus sérieux, se faisaient répéter le titre de monseigneur du matin au soir, comme le Bourgeois gentilhomme. On consultait les vieilles archives, pour retrouver les meilleurs documents sur l'étiquette ; des hommes de mérite s'établissaient gravement à composer des armoiries pour les nouvelles familles : enfin, il n'y avait pas de jour qui ne donnât lieu à quelque situation digne de Molière; mais la terreur, qui faisait le fond du tableau, empêchait que le grotesque de l'avant-scène ne fût bafoué comme il aurait dû l'être. La gloire des généraux français relevait tout, et les courtisans obséquieux se glissaient à l'ombre des militaires, qui méritaient sans doute les honneurs sévères d'un État libre, mais non les vaines décorations d'une semblable cour. La valeur et le génie descendent du ciel, et ceux qui en sont doués n'ont pas besoin d'autres ancêtres. Les distinctions accordées dans les républiques ou dans les monarchies limitées, doivent être la récompense de services rendus à la patrie, et tout le monde y peut également prétendre; mais rien ne sent le despotisme comme cette foule d'honneurs émanant d'un seul homme, et dont son caprice est la source.

Des calembours sans fin furent lancés contre cette noblesse de la veille; on citait mille mots des dames nouvelles, qui supposaient peu d'usage des bonnes manières. Et en effet, ce qu'il y a de plus difficile à apprendre, c'est le genre de politesse qui n'est ni cérémonieux ni familier; cela semble peu de chose, mais il faut que cela vienne du fond de nous-mêmes; car personne ne l'acquiert, quand les habitudes de l'enfance ou l'élévation de l'âme ne l'inspirent pas. Bonaparte lui-même a de l'embarras quand il s'agit de représenter; et souvent, dans son intérieur, et même avec des étrangers, il revient avec joie à ces termes et à ces façons vulgaires qui lui rappellent sa jeunesse révolutionnaire. Bonaparte savait très-bien que les Parisiens faisaient des plaisanteries sur ses nouveaux nobles; mais il savait aussi qu'ils n'exprimeraient leur opinion que par des quolibets, et non par des actions fortes. L'énergie des opprimés ne s'étendait pas au delà de l'équivoque qui naît des calembours; et comme dans l'Orient on en est réduit à l'apologue, en France on était tombé plus bas encore; on s'en tenait au cliquetis des syllabes. Un seul jeu de mots cependant mérite de survivre au succès éphémère de ce genre : comme l'on annonçait un jour les princesses du sang, quelqu'un ajouta *du sang d'Enghien*. En effet, tel fut le baptême de cette nouvelle dynastie.

Bonaparte croyait n'avoir encore rien fait en s'entourant d'une noblesse de sa création; il voulait mêler l'aristocratie du nouveau régime avec celle de l'ancien. Plusieurs nobles ruinés par la révolution se prêtèrent à recevoir des emplois à la cour. L'on sait par quelle injure grossière Bonaparte les remercia de leur complaisance. « Je leur « ai proposé, dit-il, des grades dans mon armée, « ils n'en ont pas voulu ; je leur ai offert des pla- « ces dans l'administration, ils les ont refusées ; « mais je leur ai ouvert mes antichambres, et ils « s'y sont précipités. » Quelques gentilshommes, dans cette circonstance, ont donné l'exemple de la plus courageuse résistance ; mais combien d'autres se sont dits menacés, avant qu'ils eussent rien à craindre! et combien d'autres aussi ont sollicité pour eux-mêmes ou pour leur famille des charges de cour que tous auraient dû refuser ! Les carrières militaires ou administratives sont les seules dans lesquelles on puisse se persuader qu'on est utile à sa patrie, quel que soit le chef qui la gouverne ; mais les emplois à la cour vous rendent dépendant de l'homme et non de l'État.

On en fit des registres pour voter sur l'empire, comme de ceux qui avaient été ouverts pour le consulat à vie ; l'on compta de même comme ayant voté pour, tous ceux qui ne signèrent pas ; on destitua de leurs emplois le petit nombre d'individus qui s'avisèrent d'écrire *non*. M. de la Fayette, constant ami de la liberté, manifesta de nouveau son invariable résistance ; et il eut d'autant plus de mérite, que déjà, dans ce pays de la bravoure, on ne savait plus estimer le courage. Il faut bien faire cette distinction, puisque l'on voit la divinité de la peur régner en France sur les guerriers les plus intrépides. Bonaparte ne voulut pas même s'astreindre à la loi de l'hérédité monarchique, et il se réserva le droit d'adopter et de choisir un successeur à la manière de l'Orient. Comme il n'avait point d'enfants alors, il ne voulait pas donner à sa famille un droit quelconque ; et, tout en l'élevant à des rangs auxquels elle n'avait sûrement pas droit de prétendre, il l'asservissait à sa volonté par des décrets profondément combinés, qui enlaçaient de chaînes les nouveaux trônes.

Le 14 juillet fut encore fêté cette année (1804), parce que, disait-on, l'empire consacrait tous les bienfaits de la révolution. Bonaparte avait dit que les orages avaient affermi les racines du gouvernement ; il prétendit que le trône garantirait la liberté ; il répéta de toutes les manières que l'Europe serait rassurée par l'ordre monarchique établi dans le gouvernement de France. En effet, l'Europe entière, excepté l'illustre Angleterre, reconnut sa dignité nouvelle : il fut appelé *mon frère* par les chevaliers de l'antique confrérie royale. On a vu comme il les a récompensés de leur fatale condescendance. S'il avait voulu sincèrement la paix, le vieux roi Georges lui-même, cet honnête homme qui a eu le plus beau règne de l'histoire d'Angleterre, aurait été forcé de le reconnaître comme son égal. Mais, peu de jours après son couronnement, il prononça des paroles qui dévoilaient tous ses desseins : « On plaisante, dit-il, « sur ma dynastie nouvelle; dans cinq ans elle sera « la plus ancienne de toute l'Europe. » Et dès cet instant, il n'a pas cessé de tendre à ce but.

Il lui fallait un prétexte pour avancer toujours, et ce prétexte, ce fut la liberté des mers. Il est inouï combien il est facile de faire prendre une bêtise pour étendard au peuple le plus spirituel de la terre. C'est encore un de ces contrastes qui seraient tout à fait inexplicables, si la malheureuse France n'avait pas été dépouillée de religion et de morale par un enchaînement funeste de mauvais principes et d'événements malheureux. Sans religion, aucun homme n'est capable de sacrifice, et sans morale, personne ne parlant vrai, l'opinion publique est sans cesse égarée. Il s'ensuit donc, comme nous l'avons dit, que l'on n'a point le courage de la conscience, lors même qu'on a celui de l'honneur, et qu'avec une intelligence admirable dans l'exécution, on ne se rend jamais compte du but.

Il n'y avait sur les trônes du continent, au moment où Bonaparte forma la résolution de les renverser, que des souverains fort honnêtes gens. Le génie politique et militaire de ce monde était éteint, mais les peuples étaient heureux; et quoique les principes des constitutions libres ne fussent point admis dans la plupart des États, les idées philosophiques, répandues depuis cinquante ans en Europe, avaient du moins l'avantage de préserver de l'intolérance et d'adoucir le despotisme. Catherine II et Frédéric II recherchaient l'estime des écrivains français, et ces deux monarques, dont le génie pouvait tout asservir, vivaient en présence de l'opinion des hommes éclairés, et cherchaient à la captiver. La tendance naturelle des esprits était à la jouissance et à l'application des idées libérales, et il n'y avait presque pas un individu qui souffrît dans sa personne ou dans ses biens. Les amis de la liberté étaient sans doute en droit de trouver qu'il fallait donner aux facultés l'occasion de se développer ; qu'il n'était pas juste que tout un peuple dépendît d'un homme, et que la représentation nationale était le seul moyen d'assurer aux citoyens la garantie des biens passagers qu'un souverain vertueux peut accorder. Mais Bonaparte, que venait-il offrir ? apportait-il aux peuples étrangers plus de liberté ? Aucun monarque de l'Europe ne se serait permis, dans une année, les insolences arbitraires qui signalent cha-

cun de ses jours. Il venait seulement leur faire échanger leur tranquillité, leur indépendance, leur langue, leurs lois, leurs fortunes, leur sang, leurs enfants, contre le malheur et la honte d'être anéantis comme nations, et méprisés comme hommes. Il commençait enfin cette entreprise de la monarchie universelle, le plus grand fléau dont l'espèce humaine puisse être menacée, et la cause assurée de la guerre éternelle.

Aucun des arts de la paix ne convient à Bonaparte ; il ne trouve d'amusement que dans les crises violentes amenées par les batailles. Il a su faire des trèves, mais il ne s'est jamais dit sérieusement : C'est assez; et son caractère, inconciliable avec le reste de la création, est comme le feu grégeois, qu'aucune force de la nature ne saurait éteindre.

━━━◆◆◆◆◆◆━━━

AVERTISSEMENT
DE M. DE STAEL FILS.

Il y a ici, dans le manuscrit, une lacune dont j'ai déjà donné l'explication [1], et à laquelle je ne saurais essayer de suppléer. Mais, pour mettre le lecteur en état de suivre le récit de ma mère, j'indiquerai rapidement les principales circonstances de sa vie pendant les cinq années qui séparent la première partie de ces Mémoires de la seconde.

Revenue en Suisse après la mort de M. Necker, le premier besoin qu'éprouva sa fille fut de chercher quelque adoucissement à sa douleur, en faisant le portrait de celui qu'elle venait de perdre, et en recueillant les dernières traces de sa pensée. Dans l'automne de 1804, elle publia les manuscrits de son père, avec une notice sur sa vie privée.

La santé de ma mère, affaiblie par le malheur, exigeait qu'elle allât respirer l'air du Midi. Elle partit pour l'Italie. Le beau ciel de Naples, les souvenirs de l'antiquité, les chefs-d'œuvre de l'art lui ouvrirent des sources de jouissances qui lui étaient restées inconnues jusqu'alors; son âme, accablée par la tristesse, sembla revivre à ces impressions nouvelles, et elle retrouva la force de penser et d'écrire. Pendant ce voyage, ma mère fut traitée, par les agents diplomatiques de France, sans faveur, mais sans injustice. On lui interdisait le séjour de Paris, on l'éloignait de ses amis et de ses habitudes; mais du moins, alors, la tyrannie ne la poursuivait pas au delà des Alpes; la persécution n'avait pas encore été mise en système, comme elle le fut plus tard. Je me plais même à rappeler que des lettres de recommandation, envoyées par Joseph Bonaparte à ma mère, contribuèrent à lui rendre le séjour de Rome plus agréable.

Elle revint d'Italie dans l'été de 1805, et passa une année, soit à Coppet, soit à Genève, où plusieurs de ses amis se trouvaient réunis. Pendant ce temps, elle commença à écrire Corinne.

L'année suivante, son amour pour la France, ce sentiment si puissant sur son cœur, lui fit quitter Genève, et se rapprocher de Paris, à la distance de quarante lieues, qui lui était permise. Je faisais alors des études pour entrer à l'École polytechnique; et, dans sa parfaite bonté pour ses enfants, elle désirait surveiller leur éducation d'aussi près que le lui permettait son exil. Elle alla donc s'établir à Auxerre, petite ville où elle ne connaissait personne, et dont le préfet, M. de la Bergerie, se conduisit envers elle avec beaucoup d'obligeance et de délicatesse.

[1] Voyez la préface.

D'Auxerre elle vint à Rouen : c'était se rapprocher de quelques lieues du centre où l'attiraient tous les souvenirs, toutes les affections de son enfance. Là, du moins, elle pouvait recevoir tous les jours des lettres de Paris ; elle avait pénétré, sans obstacles, dans l'enceinte qui lui avait été interdite ; elle pouvait espérer que ce cercle fatal se rétrécirait progressivement. Ceux qui ont souffert de l'exil comprendront seuls ce qui se passait dans son cœur. M. de Savoie-Rollin était alors préfet de la Seine-Inférieure : l'on sait par quelle criante injustice il fut destitué quelques années plus tard, et j'ai lieu de croire que son amitié pour ma mère, et l'intérêt qu'il lui témoigna pendant son séjour à Rouen, ne furent pas étrangers à la rigueur dont il devint l'objet.

Fouché était ministre de la police. Il avait pour système, ainsi que le dit ma mère, de faire le moins de mal possible, la nécessité du but admise. La monarchie prussienne venait de succomber ; aucun ennemi sur le continent ne luttait plus contre le gouvernement de Napoléon ; aucune résistance à l'intérieur n'entravait sa marche, et ne pouvait donner prétexte à des mesures arbitraires ; quel motif y avait-il de prolonger contre ma mère la persécution la plus gratuite ? Fouché lui permit donc de venir s'établir à douze lieues de Paris, dans une terre appartenant à M. de Castellane. Ce fut là qu'elle termina *Corinne*, et qu'elle en surveilla l'impression. Du reste, la vie retirée qu'elle menait dans cette terre, l'extrême prudence de toutes ses démarches, le très-petit nombre de ceux que la crainte de la défaveur ne détournait pas d'aller la voir, devaient suffire pour rassurer le despotisme le plus ombrageux. Mais ce n'était pas assez pour Bonaparte : il voulait que ma mère renonçât à tout exercice de son talent, et qu'elle s'interdît d'écrire, fût-ce sur les sujets les plus étrangers à la politique. On verra même que plus tard cette abnégation ne suffit pas pour la préserver d'une persécution toujours croissante.

A peine *Corinne* eut-elle paru, qu'un nouvel exil commença pour ma mère, et qu'elle vit s'évanouir toutes les espérances qui, depuis quelques mois, l'avaient consolée. Par une fatalité qui rendit sa douleur plus amère, ce fut le 9 avril, le jour même de l'anniversaire de la mort de son père, que lui fut signifié l'ordre qui l'éloignait de sa patrie et de ses amis. Elle revint à Coppet, le cœur navré, et l'immense succès de *Corinne* n'apporta que bien peu de distraction à sa tristesse.

Cependant, ce que n'avait pu la gloire littéraire, l'amitié y réussit ; et, grâce aux témoignages d'affection qu'elle reçut à son retour en Suisse, l'été se passa plus doucement qu'elle n'avait pu l'espérer. Quelques-uns de ses amis quittèrent Paris pour venir la voir ; et le prince Auguste de Prusse, à qui la paix venait de rendre la liberté, nous fit l'honneur de s'arrêter quelques mois à Coppet, avant de retourner dans sa patrie.

Depuis son voyage à Berlin, si cruellement interrompu par la mort de son père, ma mère n'avait pas cessé d'étudier la littérature et la philosophie allemandes ; mais un nouveau séjour en Allemagne lui était nécessaire pour achever le tableau de ce pays, qu'elle se proposait de présenter à la France. Dans l'automne de 1807, elle partit pour Vienne, et elle y retrouva, dans la société du prince de Ligne, dans celle de la maréchale Lubomirska, etc., cette urbanité de manières, cette facilité de conversation, qui avaient tant de charme à ses yeux. Le gouvernement autrichien, épuisé par la guerre, n'avait pas alors la force d'être oppresseur pour son propre compte, et cependant il conservait envers la France une attitude qui n'était pas sans indépendance et sans dignité. Ceux que poursuivait la haine de Napoléon pouvaient encore trouver à Vienne un asile ; aussi, l'année que ma mère y passa fut-elle la plus calme dont elle eût joui depuis son exil.

En revenant en Suisse, où elle consacra deux années à écrire ses réflexions sur l'Allemagne, elle ne tarda pas à s'apercevoir des progrès que faisait chaque jour la tyrannie impériale, et de la rapidité contagieuse avec laquelle s'étendaient la passion des places et la crainte de la défaveur. Sans doute quelques amis, à Genève et en France, lui conservaient dans le malheur, une courageuse et constante fidélité ; mais quit- conque tenait au gouvernement, ou aspirait à un emploi,

commençait à s'éloigner de sa maison, et à détourner les gens timides d'y venir. Ma mère souffrait de tous ces symptômes de servitude, qu'elle discernait avec une incomparable sagacité ; mais plus elle était malheureuse, plus elle éprouvait le besoin d'écarter de ce qui l'entourait les peines de sa situation, et de répandre autour d'elle la vie, le mouvement intellectuel que semblait exclure la solitude.

Son talent pour la déclamation était le moyen de distraction qui avait le plus de puissance sur elle-même, et même temps qu'il variait les plaisirs de sa société. Ce fut à cette époque que, tout en travaillant à son grand ouvrage sur *l'Allemagne*, elle composa, et joua sur le théâtre de Coppet, la plupart des petites pièces que je réunis dans ses Œuvres posthumes, sous le titre d'*Essais dramatiques*.

Enfin, au commencement de l'été de 1810, ayant achevé les trois volumes de *l'Allemagne*, elle voulut aller en surveiller l'impression à quarante lieues de Paris, distance qui lui était encore permise, et où elle pouvait espérer de revoir ceux de ses amis dont l'affection n'avait pas fléchi devant la disgrâce de l'empereur.

Elle alla donc s'établir près de Blois, dans le vieux château de Chaumont-sur-Loire, que le cardinal d'Amboise, Diane de Poitiers, Catherine de Médicis et Nostradamus ont jadis habité. Le propriétaire actuel de ce séjour romantique, M. le Ray, avec qui mes parents étaient liés par des relations d'affaires et d'amitié, était alors en Amérique. Mais tandis que nous occupions son château, il revint des États-Unis avec sa famille ; et, quoiqu'il voulût bien nous engager à rester chez lui, plus il nous en pressait avec politesse, plus nous étions tourmentés de la crainte de le gêner. M. de Salaberry nous tira de cet embarras avec la plus aimable obligeance, en mettant à notre disposition sa terre de Fossé. Ici recommence le récit de ma mère.

••••••••••

SECONDE PARTIE.

••••

CHAPITRE PREMIER.

Suppression de mon ouvrage sur l'Allemagne. — *Exil hors de France.*

Ne pouvant plus rester dans le château de Chaumont, dont les maîtres étaient revenus d'Amérique, j'allai m'établir dans une terre appelée Fossé, qu'un ami généreux[1] me prêta. Cette terre était l'habitation d'un militaire vendéen, qui ne soignait pas beaucoup sa demeure, mais dont la loyale bonté rendait tout facile, et l'esprit original tout amusant. A peine arrivés, un musicien italien que j'avais avec moi pour donner des leçons à ma fille, se mit à jouer de la guitare ; ma fille accompagnait sur la harpe la douce voix de ma belle amie, madame Récamier ; les paysans se rassemblaient autour des fenêtres, étonnés de voir cette colonie de troubadours, qui venait animer la solitude de leur maître. C'est là que j'ai passé mes derniers jours de France, avec quelques amis dont le souvenir vit dans mon cœur. Certes, cette réunion si intime, ce séjour si solitaire, cette occupation si

---

[1] M. de Salaberry.

douce des beaux-arts, ne faisait de mal à personne. Nous chantions souvent un charmant air qu'a composé la reine de Hollande, et dont le refrain est : *Fais ce que dois, advienne que pourra.* Après dîner, nous avions imaginé de nous placer autour d'une table verte, et de nous écrire au lieu de causer ensemble. Ces tête-à-tête variés et multipliés nous amusaient tellement, que nous étions impatients de sortir de table où nous nous parlions, pour venir nous écrire. Quand il arrivait par hasard des étrangers, nous ne pouvions supporter d'interrompre nos habitudes ; et notre *petite poste* (c'est ainsi que nous l'appelions) allait toujours son train. Les habitants de la ville voisine s'étonnaient un peu de ces manières nouvelles, et les prenaient pour de la pédanterie, tandis qu'il n'y avait dans ce jeu qu'une ressource contre la monotonie de la solitude. Un jour, un gentilhomme des environs, qui n'avait pensé de sa vie qu'à la chasse, vint pour emmener mes fils dans ses bois ; il resta quelque temps assis à notre table active et silencieuse ; madame Récamier écrivit de sa jolie main un petit billet à ce gros chasseur, pour qu'il ne fût pas trop étranger au cercle dans lequel il se trouvait. Il s'excusa de le recevoir, en assurant qu'à la lumière il ne pouvait pas lire l'écriture : nous rîmes un peu du revers qu'éprouvait la bienfaisante coquetterie de notre belle amie, et nous pensâmes qu'un billet de sa main n'aurait pas toujours eu le même sort. Notre vie se passait ainsi, sans que le temps, si j'en puis juger par moi, fût un fardeau pour personne.

L'opéra de Cendrillon faisait beaucoup de bruit à Paris ; je voulus l'aller voir représenter sur un mauvais théâtre de province, à Blois. En sortant à pied, les habitants de la ville me suivirent par curiosité, plus avides de me connaître comme exilée que sous tout autre rapport. Cette espèce de succès que le malheur me valait, plus encore que le talent, donna de l'humeur au ministre de la police, qui écrivit quelque temps après au préfet de Loir-et-Cher, que j'étais environnée d'une cour. « Certes, répondis-je au préfet [1], ce n'est pas du « moins la puissance qui me la donne. »

J'étais toujours résolue à me rendre en Angleterre par l'Amérique ; mais je voulais terminer l'impression de mon livre sur *l'Allemagne.* La saison s'avançait ; nous étions déjà au 15 septembre, et j'entrevoyais que la difficulté de m'embarquer avec ma fille me retiendrait encore l'hiver dans je ne sais quelle ville à quarante lieues de Paris. J'ambitionnais alors Vendôme, où je connaissais

[1] M. de Corbigny, homme d'un esprit aimable et éclairé.

quelques gens d'esprit, et d'où la communication avec la capitale était facile. Après avoir eu jadis l'une des plus brillantes maisons de Paris, je me représentais comme une vive satisfaction de m'établir à Vendôme : le sort ne m'accorda pas ce modeste bonheur.

Le 23 septembre, je corrigeai la dernière épreuve de *l'Allemagne :* après six ans de travail, ce m'était une vraie joie de mettre le mot *fin* à mes trois volumes. Je fis la liste des cent personnes à qui je voulais les envoyer dans les différentes parties de la France et de l'Europe ; j'attachais un grand prix à ce livre ; que je croyais propre à faire connaître des idées nouvelles à la France : il me semblait qu'un sentiment élevé sans être hostile l'avait inspiré, et qu'on y trouverait un langage qu'on ne parlait plus.

Munie d'une lettre de mon libraire, qui m'assurait que la censure avait autorisé la publication de mon ouvrage ; je crus n'avoir rien à craindre, et je partis avec mes amis pour une terre de M. Matthieu de Montmorency ; qui est à cinq lieues de Blois. L'habitation de cette terre est au milieu d'une forêt : je m'y promenais avec l'homme que je respecte le plus dans le monde, depuis que j'ai perdu mon père. La beauté du temps, la magnificence de la forêt, les souvenirs historiques que retraçait ce lieu où s'est donnée la bataille de Fretteval, entre Philippe-Auguste et Richard Cœur de Lion, tout contribuait à mettre mon âme dans la disposition la plus douce et la plus calme. Mon digne ami, qui n'est occupé sur cette terre que de mériter le ciel, dans cette conversation comme dans toutes celles que nous avions eues ensemble, ne s'occupait point des affaires du temps, et ne cherchait qu'à faire du bien à mon âme. Nous repartîmes le lendemain, et dans ces plaines du Vendômois, où l'on ne rencontre pas une seule habitation, et qui, comme la mer, semblent offrir partout le même aspect, nous nous perdîmes complétement. Il était déjà minuit ; et nous ne savions quelle route suivre, dans un pays toujours le même, et dont la fécondité est aussi monotone que pourrait l'être ailleurs la stérilité, lorsqu'un jeune homme à cheval, se doutant de notre embarras, vint nous prier de passer la nuit dans le château de ses parents [1]. Nous acceptâmes cette invitation, qui était un vrai service, et nous nous trouvâmes tout à coup au milieu du luxe de l'Asie et de l'élégance de la France. Les maîtres de la maison avaient passé beaucoup de temps dans l'Inde, et leur châ-

[1] Le château de Conan, appartenant à M. Chevalier, aujourd'hui préfet du Var.

teau était orné de tout ce qu'ils avaient rapporté de leurs voyages. Ce séjour excitait ma curiosité, et je m'y trouvais à merveille [1]. Le lendemain, M. de Montmorency me remit un billet de mon fils, qui me pressait de revenir chez moi, parce que mon ouvrage éprouvait de nouvelles difficultés à la censure. Mes amis, qui étaient avec moi dans le château, me conjuraient de partir; je ne devinais point ce qu'ils me cachaient, et m'en tenant à la lettre de ce que m'écrivait Auguste, je passais mon temps à examiner toutes les raretés de l'Inde, sans me douter de ce qui m'attendait. Enfin je montai en voiture, et mon brave et spirituel Vendéen, que ses propres périls n'avaient jamais ému, me serra la main les larmes aux yeux : je compris alors qu'on me faisait un mystère de quelques nouvelles persécutions, et M. de Montmorency, que j'interrogeai, m'apprit que le ministre de la police avait envoyé ses agents pour mettre en pièces les dix mille exemplaires qu'on avait tirés de mon livre, et que j'avais reçu l'ordre de quitter la France sous trois jours. Mes enfants et mes amis n'avaient pas voulu que j'apprisse une telle nouvelle chez des étrangers; mais ils avaient pris toutes les précautions possibles pour que mon manuscrit ne fût pas saisi, et ils parvinrent à le sauver quelques heures avant qu'on vînt me le demander.

Cette nouvelle douleur me prit l'âme avec une grande force. Je m'étais flattée d'un succès honorable par la publication de mon livre : si les censeurs m'eussent refusé l'autorisation de l'imprimer, cela m'aurait paru simple; mais après avoir subi toutes leurs observations, après avoir fait les changements qu'ils exigeaient de moi, apprendre que mon livre était mis au pilon, et qu'il fallait me séparer des amis qui soutenaient mon courage, cela me fit verser des larmes. J'essayai cependant encore cette fois de me surmonter, pour réfléchir à ce qu'il fallait faire dans une situation où le parti que j'allais prendre pouvait tant influer sur le sort de ma famille. En approchant de la maison que j'habitais, je donnai mon écritoire qui renfermait encore quelques notes sur mon livre, à mon fils cadet; il sauta

[1] Inquiet de ne pas voir arriver ma mère, j'étais monté à cheval pour aller à sa rencontre, afin d'adoucir, autant qu'il était en moi, la nouvelle qu'elle devait apprendre à son retour; mais je m'égarai comme elle dans les plaines uniformes du Vendômois, et ce ne fut qu'au milieu de la nuit qu'un heureux hasard me conduisit à la porte du château où on lui avait donné l'hospitalité. Je fis réveiller M. de Montmorency, et après lui avoir appris le surcroît de persécution que la police impériale dirigeait contre ma mère, je repartis pour achever de mettre ses papiers en sûreté, laissant à M. de Montmorency le soin de la préparer au nouveau coup qui la menaçait,   *(Note de M. de Staël fils.)*

par-dessus un mur, pour entrer dans l'habitation par le jardin. Une Anglaise[1], mon excellente amie, vint au-devant de moi pour m'avertir de tout ce qui s'était passé; j'apercevais de loin des gendarmes qui erraient autour de ma demeure, mais il ne paraît pas qu'ils me cherchassent; ils étaient sans doute à la poursuite d'autres malheureux, de conscrits, d'exilés, de personnes en surveillance, enfin de toutes les classes d'opprimés qu'a créées le régime actuel de la France.

Le préfet de Loir-et-Cher vint me demander mon manuscrit; je lui donnai, pour gagner du temps, une mauvaise copie qui me restait, et dont il se contenta. J'ai appris qu'il avait été très-mal traité peu de mois après, pour le punir de m'avoir montré des égards; et le chagrin qu'il ressentit de la disgrâce de l'empereur a, dit-on, été une des causes de la maladie qui l'a fait périr dans la force de l'âge. Malheureux pays que celui où les circonstances sont telles, qu'un homme de son esprit et de son talent succombe au chagrin d'une défaveur!

Je vis dans les papiers, que des vaisseaux américains étaient arrivés dans les ports de la Manche, et je me décidai à faire usage de mon passe-port pour l'Amérique, espérant qu'il me serait possible de relâcher en Angleterre. Il me fallait quelques jours, dans tous les cas, pour me préparer à ce voyage, et je fus obligée de m'adresser au ministre de la police pour demander ce peu de jours. On a déjà vu que l'habitude du gouvernement français est d'ordonner aux femmes, comme aux soldats, de partir dans les vingt-quatre heures. Voici la réponse du ministre; il est curieux de voir ce style-là[2] :

POLICE GÉNÉRALE.

CABINET DU MINISTRE.

Paris, 3 octobre 1810.

« J'ai reçu, madame, la lettre que vous m'avez
« fait l'honneur de m'écrire. M. votre fils a dû vous
« apprendre que je ne voyais pas d'inconvénient à
« ce que vous retardassiez votre départ de sept à
« huit jours; je désire qu'ils suffisent aux arrange-
« ments qui vous restent à prendre, parce que je
« ne puis vous en accorder davantage.

« Il ne faut point rechercher la cause de l'ordre
« que je vous ai signifié, dans le silence que vous
« avez gardé à l'égard de l'Empereur dans votre der-
« nier ouvrage; ce serait une erreur : il ne pouvait
« pas y trouver de place qui fût digne de lui; mais

[1] Mademoiselle Randall.
[2] Cette lettre est la même qui a été imprimée dans la préface de *l'Allemagne*.   *(Note de M. de Staël fils.)*

« votre exil est une conséquence naturelle de la
« marche que vous suivez constamment depuis plu-
« sieurs années. Il m'a paru que l'air de ce pays-ci
« ne vous convenait point, et nous n'en sommes
« pas encore réduits à chercher des modèles dans
« les peuples que vous admirez.

« Votre dernier ouvrage n'est point français ;
« c'est moi qui en ai arrêté l'impression. Je regrette
« la perte qu'il va faire éprouver au libraire ; mais
« il ne m'est pas possible de le laisser paraître.

« Vous savez, madame, qu'il ne vous avait été
« permis de sortir de Coppet que parce que vous
« aviez exprimé le désir de passer en Amérique. Si
« mon prédécesseur vous a laissé habiter le dépar-
« tement de Loir-et-Cher, vous n'avez pas dû re-
« garder cette tolérance comme une révocation des
« dispositions qui avaient été arrêtées à votre égard.
« Aujourd'hui, vous m'obligez à les faire exécuter
« strictement ; il ne faut vous en prendre qu'à vous-
« même.

« Je mande à M. Corbigny[1] de tenir la main à
« l'exécution de l'ordre que je lui ai donné, lorsque
« le délai que je vous accorde sera expiré.

« Je suis aux regrets, madame, que vous m'ayez
« contraint de commencer ma correspondance avec
« vous par une mesure de rigueur ; il m'aurait été
« plus agréable de n'avoir qu'à vous offrir le témoi-
« gnage de la haute considération avec laquelle j'ai
« l'honneur d'être,

          « Madame,

          « Votre très-humble et très-
          « obéissant serviteur,

          « Signé le duc DE ROVIGO. »

« P. S. J'ai des raisons, madame, pour vous in-
« diquer les ports de Lorient, la Rochelle, Bor-
« deaux et Rochefort, comme étant les seuls ports
« dans lesquels vous pouvez vous embarquer. Je
« vous invite à me faire connaître celui que vous
« aurez choisi[2]. »

Le ton mielleux avec lequel on me dit que l'air
de ce pays ne me convient pas, la dénégation de la
véritable cause qui avait fait supprimer mon livre,
sont dignes de remarque. En effet, le ministre de
la police avait montré plus de franchise en s'exprimant verbalement sur mon affaire ; il avait demandé
pourquoi je ne nommais ni l'empereur, ni les armées, dans mon ouvrage sur *l'Allemagne*. « Mais,
lui répondit-on, l'ouvrage étant purement litté-

[1] Préfet de Loir-et-Cher.
[2] Ce *post-scriptum* est facile à comprendre ; il avait pour but
de m'empêcher d'aller en Angleterre.

raire, je ne vois pas comment un tel sujet aurait
pu y être amené. — Pense-t-on, dit alors le ministre, que nous ayons fait dix-huit années la guerre
en Allemagne pour qu'une personne d'un nom aussi
connu imprime un livre sans parler de nous ? Ce
livre sera détruit, et nous aurions dû mettre l'auteur à Vincennes. »

En recevant la lettre du ministre de la police, je
ne fis attention qu'à une seule phrase, celle qui
m'interdisait les ports de la Manche. J'avais déjà
appris que, soupçonnant mon intention d'aller en
Angleterre, on cherchait à m'en empêcher. Ce nouveau chagrin était vraiment au-dessus de mes forces : en quittant ma patrie naturelle, il me fallait
celle de mon choix ; en m'éloignant des amis de
ma vie entière, il me fallait au moins trouver ces
amis de tout ce qui est bon et noble, avec lesquels,
sans les connaître personnellement, l'âme est toujours en sympathie. Je vis s'écrouler à la fois tout
ce qui soutenait mon imagination : je voulus un
moment encore m'embarquer sur un vaisseau
chargé pour l'Amérique, dans l'espoir qu'il serait
pris en route ; mais j'étais trop ébranlée pour me
décider à une résolution si forte ; et comme on me
donnait pour toute alternative l'Amérique ou Coppet, je m'arrêtai à ce dernier parti, car un sentiment profond m'attirait toujours vers Coppet,
malgré les peines qu'on m'y faisait éprouver.

Mes deux fils essayèrent de voir l'empereur à
Fontainebleau où il était alors ; on leur fit dire
qu'ils seraient arrêtés s'ils y restaient : à plus forte
raison m'était-il interdit à moi d'y aller. Il fallait
retourner en Suisse, de Blois où j'étais, sans
m'approcher de Paris à moins de quarante lieues.
Le ministre de la police avait dit, en termes de
corsaire, qu'à trente-huit lieues *j'étais de bonne
prise*. Ainsi, quand l'empereur exerce le droit arbitraire de l'exil, ni la personne exilée, ni ses
amis, ni même ses enfants, ne peuvent arriver à
lui pour plaider la cause de l'infortuné qu'on ar-
rache à ses affections et à ses habitudes ; et ces
exils, qui maintenant sont irrévocables, surtout
quand il s'agit des femmes, ces exils, que l'empereur lui-même a appelés avec raison des *proscriptions*, sont prononcés sans qu'il soit possible de
faire entendre aucune justification, en supposant
que le tort d'avoir déplu à l'empereur en admette
une.

Quoique les quarante lieues me fussent ordonnées, il me fallut passer par Orléans, ville assez
triste, mais où habitent de très-pieuses personnes
qui se sont retirées dans cet asile. En me promenant à pied dans la ville, je m'arrêtai devant le

monument élevé au souvenir de Jeanne d'Arc : certes, pensais-je alors, quand elle délivra la France du pouvoir des Anglais, cette France était encore bien plus libre, bien plus France qu'à présent. C'est une sensation singulière que d'errer ainsi dans une ville où l'on ne connaît qui que ce soit, et où l'on n'est pas connu. Je trouvais une sorte de jouissance amère à me pénétrer de mon isolement, à regarder encore cette France que j'allais quitter peut-être pour toujours, sans parler à personne, sans être distraite de l'impression que le pays même faisait sur moi. Quelquefois ceux qui passaient s'arrêtaient pour me regarder, parce que j'avais, je pense, malgré moi, une expression de douleur; mais ils continuaient bientôt après leur route, car depuis longtemps on est bien accoutumé à voir souffrir.

A cinquante lieues de la frontière de Suisse, la France est hérissée de citadelles, de maisons d'arrêt, de villes servant de prison, et l'on ne voit partout que des individus contraints par la volonté d'un seul homme, des conscrits du malheur qui sont tous enchaînés loin des lieux où ils voudraient vivre. A Dijon, des prisonniers espagnols qui avaient refusé de prêter le serment, venaient sur la place de la ville sentir le soleil à midi, parce qu'ils le prenaient alors un peu pour leur compatriote; ils s'enveloppaient d'un manteau souvent déchiré, mais qu'ils savaient porter avec noblesse, et ils s'enorgueillissaient de leur misère, qui venait de leur fierté; ils se complaisaient dans leurs souffrances, qui les associaient aux malheurs de leur intrépide patrie. On les voyait quelquefois entrer dans un café, seulement pour lire la gazette, afin de pénétrer le sort de leurs amis à travers les mensonges de leurs ennemis; leur visage était alors immobile, mais non sans expression, et l'on y apercevait la force réprimée par la volonté. Plus loin, à Auxonne, était la demeure de prisonniers anglais, qui, la veille, avaient sauvé de l'incendie une des maisons de la ville où on les tenait enfermés. A Besançon, il y avait encore des Espagnols. Parmi les exilés français qu'on rencontre dans toute la France, une personne angélique habitait la citadelle de Besançon, pour ne pas quitter son père. Depuis longtemps, et à travers tous les genres de périls, mademoiselle de Saint-Simon partageait le sort de celui qui lui a donné la vie.

A l'entrée de la Suisse, sur le haut des montagnes qui la séparent de la France, on aperçoit le château de Joux, dans lequel sont détenus des prisonniers d'État, dont souvent le nom même ne parvient pas à leurs parents. C'est dans cette pri-

son que Toussaint Louverture est mort de froid; il méritait son malheur, puisqu'il avait été cruel : mais l'homme qui avait le moins droit de le lui infliger, c'était l'empereur, puisqu'il s'était engagé à lui garantir sa liberté et sa vie. Je passai au pied de ce château un jour où le temps était horrible; je pensais à ce nègre transporté tout à coup dans les Alpes, et pour qui ce séjour était l'enfer de glace; je pensais à de plus nobles êtres qui y avaient été renfermés, à ceux qui y gémissaient encore, et je me disais aussi que si j'étais là, je n'en sortirais de ma vie. Rien ne peut donner l'idée au petit nombre de peuples libres qui restent encore sur la terre, de cette absence de sécurité, état habituel de toutes les créatures humaines sous l'empire de Napoléon. Dans les autres gouvernements despotiques, il y a des usages, des lois, une religion que le maître n'enfreint jamais, quelque absolu qu'il soit; mais en France, et dans l'Europe France, comme tout est nouveau, le passé ne saurait être une garantie, et l'on peut tout craindre comme tout espérer, suivant qu'on sert ou non les intérêts de l'homme qui ose se donner lui-même, et lui seul, pour but à la race humaine entière.

CHAPITRE II.

Retour à Coppet. — Persécutions diverses.

En revenant à Coppet, traînant l'aile comme le pigeon de la Fontaine, je vis l'arc-en-ciel se lever sur la maison de mon père; j'osai prendre ma part de ce signe d'alliance; il n'y avait rien dans mon triste voyage qui me défendît d'y aspirer. J'étais alors presque résignée à vivre dans ce château, en ne publiant plus rien sur aucun sujet; mais il fallait au moins, en faisant le sacrifice des talents que je me flattais de posséder, trouver du bonheur dans mes affections, et voici de quelle manière on arrangea ma vie privée, après m'avoir dépouillée de mon existence littéraire.

Le premier ordre que reçut le préfet de Genève, fut de signifier à mes deux fils qu'il leur était interdit d'entrer en France, sans une nouvelle autorisation de la police. C'était pour les punir d'avoir voulu parler à Bonaparte en faveur de leur mère. Ainsi la morale du gouvernement actuel est de dénouer les liens de famille, pour substituer à tout la volonté de l'empereur. On cite plusieurs généraux qui ont déclaré que si Napoléon leur ordonnait de jeter leurs femmes et leurs enfants dans la rivière, ils n'hésiteraient pas à lui obéir. La traduction de cela, c'est qu'ils préfèrent l'argent que leur donne l'empereur à la famille qu'ils tiennent de la nature. Il y a beaucoup d'exemples de cette manière de penser, mais il y en a peu de l'impudence qui porte à la dire. J'éprouvai une douleur mortelle en voyant pour la première fois ma situation peser sur mes fils, à peine entrés dans la vie. On se sent très-ferme dans sa propre conduite, quand elle est fondée sur une conviction sincère; mais dès que les autres souffrent à cause de nous, il est presque impossible de ne pas se faire des reproches. Mes deux fils cependant écartèrent très-généreusement de moi ce sentiment, et nous nous soutînmes mutuellement par le souvenir de mon père.

Quelques jours plus tard, le préfet de Genève m'écrivit une seconde lettre, pour me demander, au nom du ministre de la police, les épreuves de mon livre qui devaient me rester encore; le ministre savait très-exactement le compte de ce que j'avais remis et conservé, et ses espions l'avaient fort bien servi. Je lui donnai, dans ma réponse, la satisfaction de convenir qu'on l'avait parfaitement instruit; mais je lui dis en même temps que cet exemplaire n'était plus en Suisse, et que je ne pouvais ni ne voulais le donner. J'ajoutai cependant que je m'engageais à ne pas le faire imprimer sur le continent, et je n'avais pas grand mérite à le promettre; car quel gouvernement continental eût alors pu laisser publier un livre interdit par l'empereur?

Peu de temps après, le préfet de Genève[1] fut destitué, et l'on crut assez généralement que c'était à cause de moi. Il était de mes amis, néanmoins il ne s'était pas écarté des ordres qu'il avait reçus; bien que ce fût un des hommes les plus honnêtes et les plus éclairés de France, il entrait dans ses principes d'obéir avec scrupule au gouvernement qu'il servait; mais aucune vue d'ambition, aucun calcul personnel, ne lui donnaient le zèle requis. Ce fut encore un grand chagrin pour moi que d'être ou de passer pour la cause de la destitution d'un tel homme. Il fut généralement regretté dans son département, et dès qu'on crut que j'étais pour quelque chose dans sa disgrâce, tout ce qui prétendait aux places s'éloigna de ma maison, comme on fuit une contagion funeste. Il me restait toutefois à Genève plus d'amis qu'aucune autre ville de province en France ne m'en aurait offert; car l'héritage de la liberté a laissé dans cette ville beaucoup de sentiments généreux; mais on ne peut se faire une idée de l'anxiété

[1] M. de Barante, père de M. Prosper de Barante, membre de la chambre des pairs.

qu'on éprouve, quand on craint de compromettre ceux qui viennent nous voir. Je m'informais avec exactitude de toutes les relations d'une personne, avant de l'inviter; car si elle avait seulement un cousin qui voulût une place, ou qui la possédât, c'était demander un acte d'héroïsme romain que de lui proposer seulement à dîner.

Enfin, au mois de mars 1811, un nouveau préfet arriva de Paris. C'était un de ces hommes supérieurement adaptés au régime actuel, c'est-à-dire, ayant une assez grande connaissance des faits, et une parfaite absence de principes en matière de gouvernement; appelant abstraction toute règle fixe, et plaçant sa conscience dans le dévouement au pouvoir. La première fois que je le vis, il me dit tout de suite qu'un talent comme le mien était fait pour célébrer l'empereur, que c'était un sujet digne du genre d'enthousiasme que j'avais montré dans Corinne. Je lui répondis que, persécutée comme je l'étais par l'empereur, toute louange de ma part, adressée à lui, aurait l'air d'une requête, et que j'étais persuadée que l'empereur lui-même trouverait mes éloges ridicules dans une semblable circonstance. Il combattit avec force cette opinion; il revint plusieurs fois chez moi pour me prier, au nom de mon intérêt, disait-il, d'écrire pour l'empereur, ne fût-ce qu'une feuille de quatre pages : cela suffirait, assurait-il, pour terminer toutes les peines que j'éprouvais. Ce qu'il me disait, il le répétait à toutes les personnes que je connaissais. Enfin, un jour il vint me proposer de chanter la naissance du roi de Rome; je lui répondis en riant que je n'avais aucune idée sur ce sujet, et que je m'en tiendrais à faire des vœux pour que sa nourrice fût bonne. Cette plaisanterie finit les négociations du préfet avec moi, sur la nécessité que j'écrivisse en faveur du gouvernement actuel.

Peu de temps après, les médecins ordonnèrent à mon fils cadet les bains d'Aix en Savoie, à vingt lieues de Coppet. Je choisis pour y aller les premiers jours de mai, époque où les eaux sont encore désertes. Je prévins le préfet de ce petit voyage, et j'allai m'enfermer dans une espèce de village où il n'y avait pas alors une seule personne de ma connaissance. A peine y avais-je passé dix jours, qu'il m'arriva un courrier du préfet de Genève pour m'ordonner de revenir. Le préfet du Mont-Blanc, où j'étais, eut peur aussi que je ne partisse d'Aix pour aller en Angleterre, disait-il, écrire contre l'empereur; et bien que Londres ne fût pas très-voisin d'Aix en Savoie, il fit courir ses gendarmes pour défendre qu'on me donnât des chevaux de poste sur la route. Je suis tentée de rire aujourd'hui de toute cette activité *préfectoriale*, contre une aussi pauvre chose que moi; mais alors je mourais de peur à la vue d'un gendarme. Je craignais toujours que d'un exil si rigoureux on ne passât bientôt à la prison, ce qui était pour moi plus terrible que la mort. Je savais qu'une fois arrêtée, une fois cet esclandre bravé, l'empereur ne se laisserait plus parler de moi, si toutefois quelqu'un en avait le courage; ce qui n'était guère probable dans cette cour, où la terreur règne à chaque instant de la journée, et pour chaque détail de la vie.

Je revins à Genève, et le préfet me signifia que non-seulement il m'interdisait d'aller, sous aucun prétexte, dans les pays réunis à la France, mais qu'il me conseillait de ne point voyager en Suisse, et de ne jamais m'éloigner dans aucune direction à plus de deux lieues de Coppet. Je lui objectai qu'étant domiciliée en Suisse, je ne concevais pas bien de quel droit une autorité française pouvait me défendre de voyager dans un pays étranger. Il me trouva sans doute un peu niaise de discuter dans ce temps-ci une question de droit, et me répéta son conseil, singulièrement voisin d'un ordre. Je m'en tins à ma protestation; mais le lendemain j'appris qu'un des littérateurs les plus distingués de l'Allemagne, M. Schlegel, qui depuis huit ans avait bien voulu se charger de l'éducation de mes fils, venait de recevoir l'ordre, non-seulement de quitter Genève, mais même Coppet. Je voulus encore représenter qu'en Suisse le préfet de Genève n'avait pas d'ordre à donner; mais on me dit que si j'aimais mieux que cet ordre passât par l'ambassadeur de France, j'en étais bien la maîtresse; que cet ambassadeur s'adresserait au landamman, et le landamman au canton de Vaud, qui renverrait M. Schlegel de chez moi. En faisant faire ce détour au despotisme, j'aurais gagné dix jours, mais rien de plus. Je voulus savoir pourquoi l'on m'ôtait la société de M. Schlegel, mon ami et celui de mes enfants. Le préfet, qui avait l'habitude, comme la plupart des agents de l'empereur, de joindre des phrases doucereuses à des actes très-durs, me dit que c'était par intérêt pour moi que le gouvernement éloignait de ma maison M. Schlegel, qui me rendait anti-française. Vraiment touchée de ce soin paternel du gouvernement, je demandai ce qu'avait fait M. Schlegel contre la France; le préfet m'objecta ses opinions littéraires, et entre autres une brochure de lui, dans laquelle, en comparant la Phèdre d'Euripide à celle de Racine, il avait donné la préférence à la première. C'était

bien délicat pour un monarque corse, de prendre ainsi fait et cause pour les moindres nuances de la littérature française. Mais, dans le vrai, on exilait M. Schlegel parce qu'il était mon ami, parce que sa conversation animait ma solitude, et que l'on commençait à mettre en œuvre le système qui devait se manifester, de me faire une prison de mon âme, en m'arrachant toutes les jouissances de l'esprit et de l'amitié.

Je repris la résolution de partir, à laquelle la douleur de quitter mes amis et les cendres de mes parents m'avait si souvent fait renoncer. Mais une grande difficulté restait à résoudre, c'était le choix des moyens du départ. Le gouvernement français mettait de telles entraves au passe-port pour l'Amérique, que je n'osais plus recourir à ce moyen. D'ailleurs, j'avais des raisons de craindre qu'au moment où je m'embarquerais, on ne prétendît qu'on avait découvert que je voulais aller en Angleterre, et qu'on ne m'appliquât le décret qui condamnait à la prison ceux qui tentaient de s'y rendre sans l'autorisation du gouvernement. Il me paraissait donc infiniment préférable d'aller en Suède, dans cet honorable pays dont le nouveau chef annonçait déjà la glorieuse conduite qu'il a su soutenir depuis. Mais par quelle route se rendre en Suède? Le préfet m'avait fait savoir de toutes les manières, que partout où la France commanderait je serais arrêtée, et comment arriver là où elle ne commandait pas? Il fallait nécessairement passer par la Russie, puisque toute l'Allemagne était soumise à la domination française. Mais pour arriver en Russie, il fallait traverser la Bavière et l'Autriche. Je me fiais au Tyrol, bien qu'il fût réuni à un État confédéré, à cause du courage que ses malheureux habitants avaient montré. Quant à l'Autriche, malgré le funeste abaissement dans lequel elle était tombée, j'estimais assez son monarque pour croire qu'il ne me livrerait pas; mais je savais aussi qu'il ne pourrait me défendre. Après avoir sacrifié l'antique honneur de sa maison, quelle force lui restait-il en aucun genre? Je passais donc ma vie à étudier la carte de l'Europe pour m'enfuir, comme Napoléon l'étudiait pour s'en rendre maître, et ma campagne, ainsi que la sienne, avait toujours la Russie pour objet. Cette puissance était le dernier asile des opprimés; ce devait être celle que le dominateur de l'Europe voulait abattre.

CHAPITRE III.

Voyage en Suisse avec M. de Montmorency.

Résolue à m'en aller par la Russie, j'avais besoin d'un passe-port pour y entrer. Mais une difficulté nouvelle se présentait; il fallait écrire à Pétersbourg même pour avoir ce passe-port : telle était la formalité que les circonstances politiques avaient rendue nécessaire; et quoique je fusse certaine de ne pas éprouver de refus d'un caractère aussi généreux que celui de l'empereur Alexandre, je pouvais craindre que dans les bureaux de ses ministres on ne dît que j'avais demandé un passe-port, et que, l'ambassadeur de France en étant instruit, l'on ne me fît arrêter, pour m'empêcher d'accomplir mon projet. Il fallait donc aller d'abord à Vienne, pour demander de là mon passe-port, et l'y attendre. Les six semaines qu'exigeaient l'envoi de ma lettre et le retour de la réponse devaient se passer sous la protection d'un ministère qui avait donné l'archiduchesse d'Autriche à Bonaparte; était-il possible de s'y confier ? Néanmoins, en restant, moi, comme otage, sous la main de Napoléon, non-seulement je renonçais à tout exercice de mes talents personnels, mais j'empêchais mes fils d'avoir une carrière; ils ne pouvaient servir ni pour Bonaparte, ni contre lui; aucun établissement n'était possible pour ma fille, puisqu'il fallait ou m'en séparer, ou la confiner à Coppet; et si cependant j'étais arrêtée dans ma fuite, c'en était fait du sort de mes enfants, qui n'auraient point voulu se détacher de ma destinée.

C'est au milieu de ces anxiétés qu'un ami de vingt années, M. Matthieu de Montmorency, voulut venir me voir, comme il l'avait déjà fait plusieurs fois depuis mon exil. On m'écrivit, il est vrai, de Paris, que l'empereur avait exprimé sa désapprobation contre toute personne qui irait à Coppet, et notamment contre M. de Montmorency, s'il y venait encore. Mais, je l'avoue, je m'étourdis sur ces propos de l'empereur, qu'il prodigue quelquefois pour effrayer, et je ne luttai pas fortement contre M. de Montmorency, qui, dans sa générosité, cherchait à me rassurer par ses lettres. J'avais tort sans doute; mais qui pouvait se persuader qu'on ferait un crime à l'ancien ami d'une femme exilée de venir passer quelques jours auprès d'elle? La vie de M. de Montmorency, entièrement consacrée à des œuvres de piété, ou à des affections de famille, l'éloignait tellement de toute politique, qu'à moins de vouloir exiler les saints, il me semblait impossible de s'attaquer à un tel homme. Je me demandais aussi à quoi bon; question que je

me suis toujours faite quand il s'agissait de la conduite de Napoléon. Je sais qu'il fera, sans hésiter, tout le mal qui pourra lui être utile à la moindre chose; mais je ne devine pas toujours jusqu'où s'étend dans tous les sens, vers les infiniment petits, comme vers les infiniment grands, son immense égoïsme.

Quoique le préfet m'eût fait dire qu'il me conseillait de ne pas voyager en Suisse, je ne tins pas compte d'un conseil qui ne pouvait être un ordre formel. J'allai au-devant de M. de Montmorency à Orbe, et de là je lui proposai, comme but de promenade en Suisse, de revenir par Fribourg, pour voir l'établissement des femmes trappistes, qui est peu éloigné de celui des hommes, dans la Val-Sainte.

Nous arrivâmes au couvent par une grande pluie, après avoir été obligés de faire un quart de lieue à pied. Comme nous nous flattions d'entrer, le procureur de la Trappe, qui a la direction du couvent des femmes, nous dit que personne ne pouvait y être reçu. J'essayai pourtant de sonner à la porte du cloître; une religieuse arriva derrière l'ouverture grillée à travers laquelle la tourière peut parler aux étrangers. « Que voulez-vous? me dit-elle avec une voix sans modulation, comme serait celle des ombres. — Je désirerais, lui dis-je, voir l'intérieur de votre couvent. — Cela ne se peut pas, me répondit-elle. — Mais je suis bien mouillée, lui dis-je, et j'ai besoin de me sécher. » Elle fit partir alors je ne sais quel ressort qui ouvrit la porte d'une chambre extérieure, dans laquelle il m'était permis de me reposer; mais aucun être vivant ne parut. A peine me fus-je assise quelques instants, que je m'impatientai de ne pouvoir pénétrer dans l'intérieur de la maison, et je sonnai de nouveau; la même tourière revint : je lui demandai encore si aucune femme n'avait été reçue dans le couvent; elle me répondit qu'on pouvait y entrer quand on avait l'intention de se faire religieuse. « Mais, lui dis-je, comment puis-je savoir si je veux rester dans votre maison, puisqu'il ne m'est pas permis de la connaître? — Oh! me répondit-elle alors, c'est inutile; je suis bien sûre que vous n'avez pas de vocation pour notre état, » et, en achevant ces mots, elle referma sa lucarne. Je ne sais pas à quels signes cette religieuse s'était aperçue de mes dispositions mondaines; il se peut qu'une manière vive de parler, si différente de la leur, suffise pour leur faire reconnaître les voyageurs qui ne sont que des curieux. L'heure de vêpres étant arrivée, je pus aller dans l'église entendre chanter les religieuses; elles étaient derrière une grille noire et serrée, à travers laquelle on ne pouvait rien apercevoir. Seulement on entendait le bruit des sabots qu'elles portaient, et celui des banquettes de bois qu'elles levaient pour s'asseoir. Leurs chants n'avaient rien de sensible, et je crus remarquer, soit dans leur manière de prier, soit dans l'entretien que j'eus après avec le père trappiste qui les dirigeait, que ce n'était pas l'enthousiasme religieux., tel que nous le concevons, mais des habitudes sévères et graves qui pouvaient faire supporter un tel genre de vie. L'attendrissement de la piété même épuiserait les forces : une sorte d'âpreté d'âme est nécessaire à une existence aussi rude.

Le nouveau père abbé des trappistes établis dans les vallées du canton de Fribourg a encore ajouté aux austérités de l'ordre. On ne peut se faire une idée des souffrances de détail que l'on impose aux religieux; on va jusqu'à leur défendre, quand ils sont debout plusieurs heures de suite, de s'appuyer contre la muraille, d'essuyer la sueur de leur front ; enfin on remplit chaque instant de leurs jours par la douleur, comme les gens du monde le font par la jouissance. Rarement ils deviennent vieux, et les religieux à qui ce lot échoit en partage, le considèrent comme une punition du ciel. Un pareil établissement serait une barbarie, si l'on forçait d'y entrer, ou si l'on dissimulait en rien tout ce qu'on y souffre. Mais on distribue à qui veut le lire un écrit imprimé dans lequel on exagère plutôt qu'on n'adoucit les rigueurs de l'ordre; et cependant il se trouve des novices qui veulent s'y vouer, et ceux qui sont reçus ne s'échappent point, bien qu'ils le puissent sans la moindre difficulté. Tout repose, à ce qu'il m'a paru, sur la puissante idée de la mort ; les institutions et les amusements de la société sont destinés dans le monde à tourner notre pensée uniquement vers la vie; mais quand la contemplation de la mort s'empare à un certain degré du cœur de l'homme, et qu'il s'y joint une ferme croyance à l'immortalité de l'âme, il n'y a pas de bornes au dégoût qu'il peut prendre pour tout ce qui compose les intérêts de la terre; et les souffrances paraissant le chemin de la vie future, on est avide d'en avoir comme un voyageur qui se fatigue volontiers pour parcourir plus vite la route qui conduit au but de ses désirs. Mais ce qui m'étonnait et m'attristait en même temps, c'était de voir des enfants élevés avec cette rigueur; leurs pauvres cheveux rasés, leurs jeunes visages déjà sillonnés, cet habit mortuaire dont ils étaient re-

vêtus avant de connaître la vie, avant de l'avoir abdiquée volontairement, tout me révoltait contre les parents qui les avaient placés là. Dès qu'un pareil état n'est pas adopté par le choix libre et constant de celui qui le professe, il inspire autant d'horreur qu'il faisait naître de respect. Le religieux avec qui je m'entretenais ne parlait que de la mort; toutes ses idées venaient d'elle ou s'y rapportaient : la mort est le monarque souverain de ce séjour. Comme nous nous entretenions des tentations du monde, je dis au père trappiste combien je l'admirais d'avoir ainsi tout sacrifié pour s'y dérober. « Nous sommes des poltrons, me dit-il, qui nous sommes retirés dans une forteresse, parce que nous ne nous sentions pas le courage de nous battre en plaine. » Cette réponse était aussi spirituelle que modeste.[1].

Peu de jours après que nous eûmes visité ces lieux, le gouvernement français ordonna que l'on saisît le père abbé, M. de l'Estrange; que les biens de l'ordre fussent confisqués, et que les pères fussent renvoyés de Suisse. Je ne sais ce qu'on reprochait à M. de l'Estrange, mais il n'est guère vraisemblable qu'un tel homme se mêlât des affaires de ce monde; encore moins les religieux, qui ne sortaient jamais de leur solitude. Le gouvernement suisse fit chercher partout M. de

---

[1] J'accompagnais ma mère dans l'excursion qu'elle raconte ici. Frappé de la beauté sauvage du lieu, et intéressé par la conversation spirituelle du trappiste qui nous avait reçus, je lui demandai l'hospitalité jusqu'au lendemain, me proposant de passer la montagne à pied, pour aller voir le grand couvent de la Val-Sainte, et de rejoindre, à Fribourg, ma mère et M. de Montmorency. Ce religieux, avec lequel je continuai de m'entretenir, n'eut pas de peine à s'apercevoir que je haïssais le gouvernement impérial, et je crus deviner qu'il partageait mon sentiment. Du reste, après l'avoir remercié de sa bonté, je le perdis entièrement de vue, et je ne croyais pas qu'il eût conservé le moindre souvenir de moi.

Cinq ans après, dans les premiers mois de la restauration, ce ne fut pas sans surprise que je reçus une lettre de ce même trappiste. Il ne doutait pas, me disait-il, que le roi légitime étant remonté sur son trône, je n'eusse beaucoup d'amis à la cour, et il me priait d'employer leur crédit à faire rendre à son ordre les biens qu'il possédait en France. La lettre était signée le père A..., prêtre et procureur de la Trappe; et il ajoutait en post-scriptum : « Si vingt-trois ans d'émigration et quatre « campagnes dans un régiment de chasseurs à cheval de l'ar-« mée de Condé me donnent quelques droits à la faveur royale, « je vous prie de les faire valoir. » Je ne pus m'empêcher de rire, et du crédit que me supposait ce bon religieux, et de l'usage qu'il en demandait à un protestant. Je renvoyai sa lettre à M. de Montmorency, dont le crédit valait mieux que le mien, et j'ai lieu de croire que la pétition a réussi.

Du reste, ces trappistes, retirés dans les hautes vallées du canton de Fribourg, n'étaient pas aussi étrangers à la politique que leur séjour et leur habit devaient le faire croire. J'ai appris depuis qu'ils servaient d'intermédiaire à la correspondance du clergé de France avec le pape, alors prisonnier à Savone. Certes, ce fait n'excuse pas la rigueur avec laquelle ces religieux ont été traités par Bonaparte, mais il en donne l'explication.   (Note de M. de Staël fils.)

l'Estrange, et j'espère, pour l'honneur de ce gouvernement, qu'il eut soin de ne pas le trouver. Néanmoins, les malheureux magistrats des pays qu'on appelle les alliés de la France, sont très-souvent chargés d'arrêter ceux qu'on leur désigne, ignorant s'ils livrent des victimes innocentes ou coupables au grand Léviathan qui juge à propos de les engloutir. On saisit les biens des trappistes, c'est-à-dire, leur tombe, car ils ne possédaient guère autre chose, et l'ordre fut dispersé. On prétend qu'un trappiste, à Gênes, était monté en chaire pour rétracter le serment de fidélité qu'il avait prêté à l'empereur, déclarant que depuis la captivité du pape il croyait tout ecclésiastique délié de ce serment. Au sortir de cet acte de repentir, il avait été, dit-on aussi, jugé par une commission militaire, et fusillé. On pouvait, ce me semble, le croire assez puni pour que l'ordre entier ne fût pas responsable de sa conduite.

Nous rejoignîmes Vevey par les montagnes, et je proposai à M. de Montmorency de faire une course jusqu'à l'entrée du Valais, que je n'avais jamais vu. Nous nous arrêtâmes à Bex, dernier village suisse, car le Valais était déjà réuni à la France. Une brigade portugaise était partie de Genève pour aller occuper le Valais : singulière destinée de l'Europe, que des Portugais en garnison à Genève, allant prendre possession d'une partie de la Suisse au nom de la France ! J'étais curieuse de voir dans le Valais les Crétins, dont on m'avait si souvent parlé. Cette triste dégradation de l'homme est un grand sujet de réflexion; mais il en coûte excessivement de voir la figure humaine ainsi devenue un objet de répugnance et d'horreur. J'observai cependant, dans quelques-uns de ces imbéciles, une sorte de vivacité qui tient à l'étonnement que leur font éprouver les objets extérieurs. Comme ils ne reconnaissent jamais ce qu'ils ont déjà vu, ils sont surpris chaque fois, et le spectacle du monde, dans tous ses détails, est tous les jours nouveau pour eux; c'est peut-être la compensation de leur triste état, car sûrement il y en a une. Il y a quelques années qu'un Crétin, ayant commis un assassinat, fut condamné à mort : comme on le conduisait au supplice, il crut, se voyant entouré de beaucoup de peuple, qu'on l'accompagnait ainsi pour lui faire honneur, et il se tenait droit, nettoyait son habit en riant, pour se rendre plus digne de la fête. Était-il permis de punir un tel être du forfait que son bras avait commis ?

On voit, à trois lieues de Bex, une cascade fameuse, où l'eau tombe d'une montagne très-élevée. Je proposai à mes amis de l'aller voir, et nous fûmes de retour avant l'heure du dîner. Il est vrai que cette cascade était sur le territoire du Valais, par conséquent alors sur le territoire de la France, et j'oubliai que l'on ne me permettait de cette France que l'espace de terrain qui sépare Coppet de Genève. Revenue chez moi, le préfet, non-seulement me blâma d'avoir osé voyager en Suisse, mais il me donna comme une grande preuve de son indulgence, le silence qu'il garderait sur le délit que j'avais commis, en mettant le pied sur le territoire de l'empire français. J'aurais pu dire, comme dans la fable de la Fontaine :

Je tondis de ce pré la largeur de ma langue;

mais j'avouai tout simplement le tort que j'avais eu d'aller voir cette cascade suisse, sans songer qu'elle était en France.

CHAPITRE IV.

Exil de M. de Montmorency et de madame Recamier. — Nouvelles persécutions.

Ces chicanes continuelles sur les moindres actions de ma vie me la rendaient odieuse, et je ne pouvais me distraire par l'occupation; car le souvenir du sort qu'on avait fait éprouver à mon livre, et la certitude de ne pouvoir plus rien publier à l'avenir, décourageaient mon esprit, qui a besoin d'émulation pour être capable de travail. Néanmoins, je ne pouvais encore me résoudre à quitter pour jamais et les rives de la France, et la demeure de mon père, et les amis qui m'étaient restés fidèles. Toujours je croyais partir, et toujours je me donnais à moi-même des prétextes pour rester, lorsque le dernier coup fut porté à mon âme : Dieu sait si j'en ai souffert !

M. de Montmorency vint passer quelques jours avec moi à Coppet, et la méchanceté de détail du maître d'un si grand empire est si bien calculée, qu'au retour du courrier qui annonçait son arrivée chez moi, il reçut sa lettre d'exil. L'empereur n'eût pas été content, si cet ordre ne lui avait pas été signifié chez moi, et s'il n'y avait pas eu dans la lettre même du ministre un mot qui indiquât que j'étais la cause de cet exil. M. de Montmorency chercha, de toutes les manières, à m'adoucir cette nouvelle; mais, je le dis à Bonaparte, pour qu'il s'applaudisse d'avoir atteint son but, je poussai des cris de douleur, en apprenant l'infortune que j'avais attirée sur la tête de mon généreux ami; et jamais mon cœur, si éprouvé depuis tant d'années, ne fut plus près du désespoir. Je ne savais comment étourdir les pensées déchirantes qui se succédaient en moi, et je recourus à l'opium pour suspendre quelques heures l'angoisse que je ressentais. M. de Montmorency, calme et religieux, m'invitait à suivre son exemple; mais la conscience du dévouement qu'il avait daigné me montrer le soutenait; et moi je m'accusais des cruelles suites de ce dévouement, qui le séparaient de sa famille et de ses amis. Je priais Dieu sans cesse; mais ma douleur ne me laissait point de relâche, et la vie me faisait mal à chaque instant.

Dans cet état, il m'arrive une lettre de madame Recamier, de cette belle personne qui a reçu les hommages de l'Europe entière, et qui n'a jamais délaissé un ami malheureux. Elle m'annonçait qu'en se rendant aux eaux d'Aix en Savoie, elle avait l'intention de s'arrêter chez moi, et qu'elle y serait dans deux jours. Je frémis que le sort de M. de Montmorency ne l'atteignît. Quelque invraisemblable que cela fût, il m'était ordonné de tout craindre d'une haine si barbare et si minutieuse tout ensemble, et j'envoyai un courrier au-devant de madame Recamier, pour la supplier de ne pas venir à Coppet. Il fallait la savoir à quelques lieues, elle qui m'avait constamment consolée par les soins les plus aimables; il fallait la savoir là, si près de ma demeure, et qu'il ne me fût pas permis de la voir encore, peut-être pour la dernière fois! Je la conjurai de ne pas s'arrêter à Coppet; elle ne voulut pas céder à ma prière : elle ne put passer sous mes fenêtres sans rester quelques heures avec moi, et c'est avec des convulsions de larmes que je la vis entrer dans ce château où son arrivée était toujours une fête. Elle partit le lendemain, et se rendit à l'instant chez une de ses parentes, à cinquante lieues de la Suisse. Ce fut en vain; le funeste exil la frappa : elle avait eu l'intention de me voir, c'était assez; une généreuse pitié l'avait inspirée, il fallait qu'elle en fût punie. Les revers de fortune qu'elle avait éprouvés lui rendaient très-pénible la destruction de son établissement naturel. Séparée de tous ses amis, elle a passé des mois entiers dans une petite ville de province, livrée à tout ce que la solitude peut avoir de plus monotone et de plus triste. Voilà le sort que j'ai valu à la personne la plus brillante de son temps; et le chef des Français, si fameux par leur galanterie, s'est montré sans égard pour la plus jolie femme de Paris. Le même jour il a frappé la naissance et la vertu dans M. de Montmorency, la beauté dans madame Recamier, et, si j'ose le dire, en moi quelque réputation de talent. Peut-être s'est-il aussi flatté d'attaquer le souvenir de mon père dans sa

fille, afin qu'il fût bien dit que sur cette terre, ni les morts ni les vivants, ni la piété ni les charmes, ni l'esprit ni la célébrité, n'étaient de rien sous son règne. On s'était rendu coupable quand on avait manqué aux nuances délicates de la flatterie, en n'abandonnant pas quiconque était frappé de sa disgrâce. Il ne reconnaît que deux classes d'hommes, ceux qui le servent et ceux qui s'avisent, non de lui nuire, mais d'exister par eux-mêmes. Il ne veut pas que, dans l'univers, depuis les détails de ménage jusqu'à la direction des empires, une seule volonté s'exerce sans relever de la sienne.

« Madame de Staël, disait le préfet de Genève, « s'est fait une existence agréable chez elle; ses « amis et les étrangers viennent la voir à Coppet; « l'empereur ne veut pas souffrir cela. » Et pourquoi me tourmentait-il ainsi? pour que j'imprimasse un éloge de lui; et que lui faisait cet éloge, à travers les milliers de phrases que la crainte et l'espérance sont empressées à lui offrir? Bonaparte a dit une fois : « Si l'on me donnait à choi- « sir, entre faire moi-même une belle action ou « induire mon adversaire à commettre une bas- « sesse, je n'hésiterais pas à préférer l'avilissement « de mon ennemi. » Voilà toute l'explication du soin particulier qu'il a mis à déchirer ma vie. Il me savait attachée à mes amis, à la France, à mes ouvrages, à mes goûts, à la société; il a voulu, en m'ôtant tout ce qui composait mon bonheur, me troubler assez pour que j'écrivisse une platitude, dans l'espoir qu'elle me vaudrait mon rappel. En m'y refusant, je dois le dire, je n'ai pas eu le mérite de faire un sacrifice : l'empereur voulait de moi une bassesse, mais une bassesse inutile; car, dans un temps où le succès est divinisé, le ridicule n'eût pas été complet, si j'avais réussi à venir à Paris, par quelque moyen que ce pût être. Il fallait, pour plaire à notre maître, vraiment habile dans l'art de dégrader ce qu'il reste encore d'âmes fières, il fallait que je me déshonorasse pour obtenir mon retour en France, qu'il se moquât de mon zèle à le louer, lui qui n'avait cessé de me persécuter, et que ce zèle ne me servît à rien. Je lui ai refusé ce plaisir vraiment raffiné; c'est le seul mérite que j'aie eu dans la longue lutte qu'il a établie entre sa toute-puissance et ma faiblesse.

La famille de M. de Montmorency, désespérée de son exil, souhaita, comme elle le devait, qu'il s'éloignât de la triste cause de cet exil, et je vis partir cet ami sans savoir si jamais sa présence honorerait encore ma demeure sur cette terre. C'est le 31 août 1811 que je brisai le premier et le dernier de mes liens avec ma patrie; je le brisai, du moins, par les rapports humains qui ne peuvent plus exister entre nous; mais je ne lève jamais les yeux au ciel sans penser à mon respectable ami, et j'ose croire aussi que dans ses prières il me répond. La destinée ne m'accorde plus une autre correspondance avec lui.

Quand l'exil de mes deux amis fut connu, une foule de chagrins de tout genre m'assaillirent; mais un grand malheur rend comme insensible à toutes les peines nouvelles. Le bruit se répandit que le ministre de la police avait déclaré qu'il ferait mettre un corps de garde au bas de l'avenue de Coppet, pour arrêter quiconque viendrait me voir. Le préfet de Genève, qui était chargé, par ordre de l'empereur, disait-il, de *m'annuler* (c'est son expression), ne manquait pas une occasion d'insinuer, ou même d'annoncer que toute personne qui avait quelque chose à craindre ou à désirer du gouvernement, ne devait pas venir chez moi.

M. de Saint-Priest, ci-devant ministre du roi, et collègue de mon père, daignait m'honorer de son affection; ses filles, qui redoutaient avec raison qu'on ne le renvoyât de Genève, se joignirent à moi pour le prier de ne pas me voir. Néanmoins, au milieu de l'hiver, à l'âge de soixante-dix-huit ans, il fut exilé, non-seulement de Genève, mais de la Suisse; car il est tout à fait reçu, comme on l'a vu par mon exemple, que l'empereur exile de Suisse aussi bien que de France; et quand on objecte aux agents français qu'il s'agit pourtant d'un pays étranger, dont l'indépendance est reconnue, ils lèvent les épaules, comme si on les ennuyait par des subtilités métaphysiques. En effet, c'est une vraie subtilité que de vouloir distinguer en Europe autre chose que des préfets-rois, et des préfets recevant directement des ordres de l'empereur de France. Si les soi-disant pays alliés diffèrent des provinces françaises, c'est parce qu'on les ménage un peu moins qu'elles. Il reste en France un certain souvenir d'avoir été appelée *la grande nation*, qui oblige quelquefois l'empereur à des ménagements; il en était ainsi du moins, mais cela devient chaque jour moins nécessaire. Le motif qu'on donna pour l'exil de M. de Saint-Priest, c'est qu'il n'avait pas obtenu de ses fils de donner leur démission du service de Russie. Ses fils avaient trouvé pendant l'émigration un accueil généreux en Russie; ils y avaient été élevés, leur intrépide bravoure y était justement récompensée; ils étaient couverts de blessures, ils étaient désignés entre les premiers pour leurs talents militaires; l'aîné a déjà plus de trente ans. Comment un père aurait-il pu exiger que l'existence de ses fils ainsi fondée, fût sacrifiée à l'honneur de venir se faire mettre en surveillance sur le territoire français? car c'est là le sort digne d'envie qui leur était réservé. Je fus tristement heureuse de n'avoir pas vu M. de Saint-Priest depuis quatre mois, quand il fut exilé; sans cela personne n'aurait douté que ce ne fût moi qui avais fait porter sur lui la contagion de ma disgrâce.

Non-seulement les Français, mais les étrangers, étaient avertis qu'ils ne devaient pas venir chez moi. Le préfet se tenait en sentinelle, pour empêcher même des anciens amis de me revoir. Un jour entre autres, il me priva, par ses soins officiels, de la société d'un Allemand dont la conversation m'était extrêmement agréable, et je lui dis, cette fois, qu'il aurait bien dû s'épargner cette recherche de persécutions. « Comment! me répondit-il, c'est pour vous rendre service que je me suis conduit ainsi: j'ai fait sentir à votre ami qu'il vous compromettrait en venant chez vous. » Je ne pus m'empêcher de rire à cet ingénieux argument. « Oui, continua-t-il avec un sérieux imperturbable, l'empereur voyant qu'on vous préfère à lui, vous en saurait mauvais gré. » « Ainsi, lui dis-je, l'empereur exige que mes amis particuliers, et peut-être bientôt mes enfants, m'abandonnent pour lui complaire; cela me paraît un peu fort. D'ailleurs, ajoutai-je, je ne vois pas bien comment on compromettrait une personne dans ma situation, et ce que vous me dites me rappelle un révolutionnaire à qui, dans le temps de la terreur, on s'adressait pour qu'il tâchât de sauver un de ses amis de l'échafaud. « Je craindrais de lui nuire, répondit-il, en parlant pour lui. » Le préfet sourit de ma citation, mais continua les raisonnements qui, appuyés de quatre cent mille baïonnettes, paraissent toujours pleins de justesse. Un homme, à Genève, me disait : « Ne trouvez-vous pas que le préfet déclare ses opinions avec beaucoup de franchise? —Oui, répondis-je, il dit avec sincérité qu'il est dévoué à l'homme puissant; il dit avec courage qu'il est du parti le plus fort; je ne sens pas bien le mérite d'un tel aveu. »

Plusieurs personnes indépendantes continuaient à me témoigner, à Genève, une bienveillance dont je garderai à jamais un profond souvenir. Mais jusqu'à des employés des douanes se croyaient en état de diplomatie vis-à-vis de moi; et, de préfets en sous-préfets, et en cousins des uns et des autres, une terreur profonde se serait emparée d'eux tous, si je ne leur avais pas épargné, autant qu'il était en moi, l'anxiété de faire ou de ne pas faire

III.

25

une visite. A chaque courrier le bruit se répandait que d'autres de mes amis avaient été exilés de Paris pour avoir conservé des relations avec moi; il était de mon devoir strict de ne plus voir un seul Français marquant, et très-souvent je craignais même de nuire aux personnes du pays où je vivais, dont la courageuse amitié ne se démentait point envers moi. J'éprouvais deux mouvements contraires, et je le crois, tous les deux également naturels; j'étais triste quand on m'abandonnait, et cruellement inquiète pour ceux qui me montraient de l'attachement. Il est difficile qu'une situation plus douloureuse à tous les instants puisse se représenter dans la vie. Pendant près de deux ans qu'elle a duré, je n'ai pas vu revenir une fois le jour sans me désoler d'avoir à supporter l'existence que ce jour recommençait.

Mais pourquoi ne partiez-vous pas? dira-t-on, et ne cessait-on de me dire de tous les côtés. Un homme que je ne dois pas nommer[1], mais qui sait, je l'espère, à quel point je considère l'élévation de son caractère et de sa conduite, me dit : Si vous restez, il vous traitera comme Marie Stuart : dix-neuf ans de malheur, et la catastrophe à la fin. Un autre, spirituel, mais peu mesuré dans ses paroles, m'écrivit qu'il y avait du déshonneur à rester après tant de mauvais traitements. Je n'avais pas besoin de ces conseils pour désirer avec passion de partir; du moment que je ne pouvais plus revoir mes amis, que je n'étais plus qu'une entrave à l'existence de mes enfants, ne devais-je pas me décider? Mais le préfet répétait, de toutes les manières, que je serais arrêtée si je partais; qu'à Vienne comme à Berlin on me ferait réclamer, et que je ne pourrais même faire aucun préparatif de voyage sans qu'il en fût informé; car il savait, disait-il, tout ce qui se passait chez moi. A cet égard, il se vantait; et l'événement l'a prouvé, c'était un fat en fait d'espionnage. Mais qui n'aurait pas été effrayé du ton d'assurance avec lequel il disait à tous mes amis que je ne pourrais faire un pas sans être saisie par les gendarmes !

CHAPITRE V.

Départ de Coppet.

Je passai huit mois dans un état que l'on ne saurait peindre, essayant mon courage chaque jour, et chaque jour faiblissant à l'idée de la prison. Tout le monde, assurément, la redoute; mais mon imagination a tellement peur de la solitude, mes amis

[1] Le comte Elzéar de Sabron.

me sont tellement nécessaires pour me soutenir, pour m'animer, pour me présenter une perspective nouvelle, quand je succombe sous la fixité d'une impression douloureuse, que jamais la mort ne s'est offerte à moi sous des traits aussi cruels que la prison, que le secret, où l'on peut rester des années sans qu'aucune voix amie se fasse entendre de vous. On m'a dit qu'un de ces Espagnols qui ont défendu Saragosse avec la plus étonnante intrépidité, pousse des cris dans le donjon de Vincennes, où on le retient enfermé; tant cette affreuse solitude fait mal aux hommes les plus énergiques? D'ailleurs, je ne pouvais me dissimuler que je n'étais pas une personne courageuse; j'ai de la hardiesse dans l'imagination, mais de la timidité dans le caractère, et tous les genres de périls se présentent à moi comme des fantômes. L'espèce de talent que j'ai me rend les images tellement vivantes, que si les beautés de la nature y gagnent, les dangers aussi en deviennent plus redoutables. Tantôt je craignais la prison, tantôt les brigands, si j'étais obligée de traverser la Turquie, la Russie m'étant fermée par quelques combinaisons politiques; tantôt aussi la vaste mer qu'il me fallait traverser, de Constantinople jusqu'à Londres, me remplissait de terreur pour ma fille et pour moi. Néanmoins, j'avais toujours le besoin de partir; un mouvement intérieur de fierté m'y excitait; mais je pouvais dire comme un Français très-connu : « Je tremble des dangers auxquels mon courage va m'exposer. » En effet, ce qui ajoute à la grossière barbarie de persécuter les femmes, c'est que leur nature est tout à la fois irritable et faible; elles souffrent plus vivement des peines, et sont moins capables de la force qu'il faut pour y échapper.

Un autre genre de terreur aussi agissait sur moi : je craignais qu'à l'instant où mon départ serait connu de l'empereur, il ne fît mettre dans les gazettes un de ces articles tels qu'il sait les dicter, quand il veut assassiner moralement. Un sénateur me disait un jour que Napoléon était le meilleur journaliste qu'il connût. En effet, si l'on appelle ainsi l'art de diffamer les individus et les nations, il le possède au suprême degré. Les nations s'en tirent; mais il a acquis, dans les temps révolutionnaires pendant lesquels il a vécu, un certain tact des calomnies à la portée du vulgaire, qui lui fait trouver les mots les plus propres à circuler parmi ceux dont tout l'esprit consiste à répéter les phrases que le gouvernement a fait publier pour leur usage. Si le *Moniteur* accusait quelqu'un d'avoir volé sur le grand chemin, aucune gazette, ni française, ni allemande, ni italienne, ne pourrait admettre sa justification. On ne peut se représenter ce que c'est qu'un homme à la tête d'un million de soldats et d'un milliard de revenu, disposant de toutes les prisons de l'Europe, ayant les rois pour geôliers, et usant de l'imprimerie pour parler, quand les opprimés ont à peine l'intimité de l'amitié pour répondre; enfin, pouvant rendre le malheur ridicule, exécrable pouvoir dont l'ironique jouissance est la dernière insulte que les génies infernaux puissent faire supporter à la race humaine.

Quelque indépendance de caractère que l'on eût, je crois qu'on ne pouvait se défendre de frissonner, en attirant de tels moyens contre soi; du moins j'éprouvais, je l'avoue, ce mouvement; et, malgré la tristesse de ma situation, souvent je me disais qu'un toit pour s'abriter, une table pour se nourrir, un jardin pour se promener, était un lot dont il fallait savoir se contenter; mais tel qu'il était, ce lot, on ne pouvait se répondre de le conserver en paix; un mot pouvait échapper, un mot pouvait être redit, et cet homme, dont la puissance va toujours croissant, jusqu'à quel point d'irritation ne peut-il pas arriver? Quand il faisait un beau soleil, je reprenais courage; mais quand le ciel était couvert de brouillards, les voyages m'effrayaient, et je découvrais en moi des goûts casaniers, étrangers à ma nature, mais que la peur y faisait naître; le bien-être physique me paraissait plus que je ne l'avais cru jusqu'alors, et toute fatigue m'épouvantait. Ma santé, cruellement altérée par tant de peines, affaiblissait aussi l'énergie de mon caractère, et j'ai vraiment abusé, pendant ce temps, de la patience de mes amis, en remettant sans cesse mes projets en délibération, et en les accablant de mes incertitudes.

J'essayai une seconde fois d'obtenir un passeport pour l'Amérique; on me fit attendre jusqu'au milieu de l'hiver la réponse que je demandais, et l'on finit par me refuser. J'offris de m'engager à ne rien faire imprimer sur aucun sujet, fût-ce un bouquet à Iris, pourvu qu'il me fût permis d'aller vivre à Rome : j'eus l'amour-propre de rappeler Corinne, en demandant la permission de vivre en Italie. Sans doute le ministre de la police trouva que jamais pareil motif n'avait été inscrit sur ses registres, et ce Midi, dont l'air était si nécessaire à ma santé, me fut impitoyablement refusé.

On ne cessait de me déclarer que ma vie entière se passerait dans l'enceinte des deux lieues dont Coppet est éloigné de Genève. Si je restais, il fallait me séparer de mes fils, qui étaient dans l'âge de chercher une carrière; j'imposais à ma fille la

plus triste perspective, en lui faisant partager mon sort. La ville de Genève, qui a conservé de si nobles traces de la liberté, se laissait cependant graduellement gagner par les intérêts qui la liaient aux distributeurs de places en France. Chaque jour le nombre de ceux avec qui je pouvais m'entendre diminuait, et tous mes sentiments devenaient un poids sur mon âme, au lieu d'être une source de vie. C'en était fait de mon bonheur, de mon existence, car il est affreux de ne servir en rien ses enfants, et de nuire à ses amis. Enfin, les nouvelles que je recevais m'annonçaient de toutes parts les formidables préparatifs de l'empereur; il était clair qu'il voulait d'abord se rendre maître des ports de la Baltique en détruisant la Russie, et qu'après il comptait se servir des débris de cette puissance pour les traîner contre Constantinople : son intention était de partir ensuite de là pour conquérir l'Afrique et l'Asie. Il avait dit, peu de temps avant de quitter Paris : « Cette vieille Europe m'ennuie. » Et en effet elle ne suffit plus à l'activité de son maître. Les dernières issues du continent pouvaient se fermer d'un instant à l'autre, et j'allais me trouver en Europe comme dans une ville de guerre dont toutes les portes sont gardées par des soldats.

Je me décidai donc à m'en aller pendant qu'il restait encore un moyen de se rendre en Angleterre, et ce moyen, c'était le tour de l'Europe entière. Je fixai le 15 de mai pour mon départ, dont les préparatifs étaient combinés depuis longtemps, dans le secret le plus absolu. La veille de ce jour, mes forces m'abandonnèrent entièrement, et je me persuadai, pour un moment, qu'une telle terreur ne pouvait être ressentie que quand il s'agissait d'une mauvaise action. Tantôt je consultais tous les genres de présages de la manière la plus insensée; tantôt, ce qui était plus sage, j'interrogeais mes amis et moi-même sur la moralité de ma résolution. Il semble que le parti de la résignation en toutes choses soit le plus religieux, et je ne suis pas étonnée que des hommes pieux soient arrivés à se faire une sorte de scrupule des résolutions qui partent de la volonté spontanée. La nécessité semble porter un caractère divin, tandis que la résolution de l'homme peut tenir à son orgueil. Cependant aucune de nos facultés ne nous a été donnée en vain, et celle de se décider pour soi-même a aussi son usage. D'autre part, tous les gens médiocres ne cessent de s'étonner que le talent ait des besoins différents des leurs. Quand il a du succès, le succès est à la portée de tout le monde; mais lorsqu'il cause des peines, lorsqu'il

25.

excite à sortir des voies communes, ces mêmes
gens ne le considèrent plus que comme une maladie, et presque comme un tort. J'entendais bour-
donner autour de moi les lieux communs auxquels
tout le monde se laisse prendre : N'a-t-elle pas de
l'argent? ne peut-elle pas bien vivre et bien dormir dans un bon château? Quelques personnes
d'un ordre plus élevé sentaient que je n'avais pas
même la sécurité de ma triste situation, et qu'elle
pouvait empirer sans jamais s'améliorer. Mais l'atmosphère qui m'entourait conseillait le repos, parce que depuis six mois il n'était pas arrivé de persécutions nouvelles, et que les hommes croient
toujours que ce qui est est ce qui sera. C'est du
milieu de toutes ces circonstances appesantissan-
tes qu'il fallait prendre une des résolutions les
plus fortes qui pût se rencontrer dans la vie privée
d'une femme. Mes gens, à l'exception de deux personnes très-sûres, ignoraient mon secret; la plupart de ceux qui venaient chez moi ne s'en doutaient pas, et j'allais, par une seule action, changer
en entier ma vie et celle de ma famille. Déchirée
par l'incertitude, je parcourus le parc de Coppet;
je m'assis dans tous les lieux où mon père avait
coutume de se reposer pour contempler la nature;
je revis ces mêmes beautés des ondes et de la ver-
dure que nous avions souvent admirées ensemble;
je leur dis adieu en me recommandant à leur douce
influence. Le monument qui renferme les cendres
de mon père et de ma mère, et dans lequel, si le
bon Dieu le permet, les miennes doivent être dé-
posées, était une des principales causes de mes
regrets, en m'éloignant des lieux que j'habitais :
mais je trouvais presque toujours, en m'en approchant, une sorte de force qui me semblait venir
d'en haut. Je passai une heure en prière devant
cette porte de fer qui s'est refermée sur les restes
du plus noble des humains, et là, mon âme fut
convaincue de la nécessité de partir. Je me rappelai ces vers fameux de Claudien [1], dans lesquels il
exprime l'espèce de doute qui s'élève dans les âmes
les plus religieuses, lorsqu'elles voient la terre
abandonnée aux méchants, et le sort des mortels
comme flottant au gré du hasard. Je sentais que
je n'avais plus la force d'alimenter l'enthousiasme
qui développait en moi tout ce que je puis avoir
de bon, et qu'il me fallait entendre parler ceux

[1] Sæpe mihi dubiam traxit sententia mentem,
Curarent superi terras, an nullus inesset
Rector, et incerto fluerent mortalia casu.

Abstulit hunc tandem Rufini pœna tumultum
Absolvitque deos. Jam non ad culmina rerum
Injustos crevisse queror; tolluntur in altum
Ut lapsu graviore ruant.

qui pensaient comme moi, pour me fier à ma propre croyance, et conserver le culte que mon père
m'avait inspiré. J'invoquai plusieurs fois, dans cette
anxiété, la mémoire de mon père, de cet homme,
le Fénélon de la politique, dont le génie était en
tout l'opposé de celui de Bonaparte; et il en avait,
du génie, car il en faut au moins autant pour se
mettre en harmonie avec le ciel que pour évoquer
à soi tous les moyens déchaînés par l'absence des
lois divines et humaines. J'allai revoir le cabinet
de mon père, où son fauteuil, sa table et ses papiers sont encore à la même place; j'embrassai
chaque trace chérie, je pris son manteau, que jusqu'alors j'avais ordonné de laisser sur sa chaise,
et je l'emportai avec moi pour m'en envelopper,
si le messager de la mort s'approchait de moi. Ces
adieux terminés, j'évitai le plus que je pus les autres adieux qui me faisaient trop de mal, et j'écrivis aux amis que je quittais, en ayant pris soin
que ma lettre ne leur fût remise que plusieurs
jours après mon départ.

Le lendemain samedi, 23 mai 1812, à deux heures
après midi, je montai dans ma voiture, en disant
que je reviendrais pour dîner; je ne pris avec moi
aucun paquet quelconque; j'avais mon éventail à la
main, ma fille le sien, et seulement mon fils et
M. Rocca portaient dans leurs poches ce qu'il nous
fallait pour quelques jours de voyage. En descendant l'avenue de Coppet, en quittant ainsi ce château qui était devenu pour moi comme un ancien et
bon ami, je fus près de m'évanouir : mon fils me prit
la main, et me dit : Ma mère, songe que tu pars
pour l'Angleterre [1]. Ce mot ranima mes esprits.
J'étais cependant à près de deux mille lieues de ce
but, où la route naturelle m'aurait si promptement conduite; mais du moins chaque pas m'en
rapprochait. Je renvoyai, à quelques lieues de là,
un de mes gens pour annoncer chez moi que je ne
reviendrais que le lendemain, et je continuai ma
route jour et nuit jusqu'à une ferme au delà de
Berne, où j'avais donné rendez-vous à M. Schlegel,
qui voulait bien m'accompagner; c'était aussi là
que je devais quitter mon fils aîné, qui a été élevé
par l'exemple de mon père jusqu'à l'âge de quatorze
ans, et dont les traits le rappellent. Une seconde
fois tout mon courage m'abandonna; cette Suisse
encore si calme et toujours si belle, ces habitants
qui savent être libres par leurs vertus, lors même
qu'ils ont perdu l'indépendance politique; tout ce
pays me retenait; il me semblait qu'il me disait de

[1] L'Angleterre était alors l'espoir de quiconque souffrait
pour la cause de la liberté; pourquoi faut-il qu'après la victoire ses ministres aient si cruellement trompé l'attente de
l'Europe !   (Note de M. de Staël fils.)

ne pas le quitter. Il était encore temps de revenir; je n'avais point fait de pas irréparable. Quoique le préfet se fût avisé de m'interdire la Suisse, je voyais bien que c'était par la crainte que je n'allasse plus loin. Enfin, je n'avais pas encore passé la barrière qui ne me laissait plus la possibilité de retourner; l'imagination a de la peine à soutenir cette pensée. D'un autre côté, il y avait aussi de l'irréparable dans la résolution de rester; car ce moment passé, je sentais, et l'événement l'a bien prouvé, que je ne pourrais plus m'échapper. D'ailleurs il y a je ne sais quelle honte à recommencer des adieux si solennels, et l'on ne peut guère ressusciter pour ses amis plus d'une fois. Je ne sais ce que je serais devenue, si cette incertitude, à l'instant même de l'action, avait duré plus longtemps; car ma tête en était troublée. Mes enfants me décidèrent, et en particulier ma fille, à peine âgée de quatorze ans. Je m'en remis, pour ainsi dire, à elle, comme si la voix de Dieu devait se faire entendre par la bouche d'un enfant [1]. Mon fils s'en alla, et quand je ne le vis plus, je pus dire comme lord Russel : *La douleur de la mort est passée.* Je montai dans ma voiture avec ma fille; une fois l'incertitude finie, je rassemblai mes forces dans mon âme, et j'en trouvai pour agir qui m'avaient manqué en délibérant.

[1] C'était peu d'être parvenu à quitter Coppet, en trompant la surveillance du préfet de Genève; il fallait encore obtenir des passe-ports pour traverser l'Autriche, et que ces passe-ports fussent sous un nom qui n'attirât pas l'attention des diverses polices qui se partageaient l'Allemagne. Ma mère me chargea de cette démarche, et l'émotion que j'en éprouvai ne cessera jamais d'être présente à ma pensée. C'était, en effet, un pas décisif; ces passe-ports une fois refusés, ma mère retombait dans une situation beaucoup plus cruelle : ses projets étaient connus; toute fuite devenait désormais impossible, et les rigueurs de son exil eussent été chaque jour plus intolérables. Je ne crus pouvoir mieux faire que de m'adresser au ministre d'Autriche, avec cette confiance dans les sentiments de ses semblables, qui est le premier mouvement de tout honnête homme. M. de Schraut n'hésita pas à m'accorder ces passe-ports tant désirés, et j'espère qu'il me permettra d'exprimer ici la reconnaissance que j'en conserve. A une époque où l'Europe était encore courbée sous le joug de Napoléon, où la persécution exercée contre ma mère éloignait d'elle des personnes qui devaient peut-être au zèle courageux de son amitié la conservation de leur fortune ou de leur vie, je ne fus pas surpris, mais je fus vivement touché du généreux procédé de M. le ministre d'Autriche.

Je quittai ma mère pour retourner à Coppet, où me rappelaient ses intérêts de fortune; et, quelques jours après, un frère, qu'une mort cruelle nous a enlevé à l'entrée de sa carrière, alla rejoindre ma mère à Vienne avec ses gens et sa voiture de voyage. Ce ne fut que ce second départ qui donna l'éveil à la police du préfet du Léman : tant il est vrai qu'aux autres qualités d'espionnage il faut encore joindre la bêtise. Heureusement ma mère était déjà hors de l'atteinte des gendarmes, et elle put continuer le voyage dont on va lire le récit. *(Note de M. de Staël fils.)*

CHAPITRE VI.
Passage en Autriche; 1812.

C'est ainsi qu'après dix ans de persécutions toujours croissantes, d'abord renvoyée de Paris, puis reléguée en Suisse, puis confinée dans mon château, puis enfin condamnée à l'horrible douleur de ne plus revoir mes amis, et d'avoir été cause de leur exil; c'est ainsi que je fus obligée de quitter en fugitive deux patries, la Suisse et la France par l'ordre d'un homme moins Français que moi, car je suis née sur les bords de cette Seine où sa tyrannie seule le naturalise. L'air de ce beau pays n'est pas pour lui l'air natal; peut-il comprendre la douleur d'en être exilé, lui qui ne considère cette fertile contrée que comme l'instrument de ses victoires? Où est sa patrie? c'est la terre qui lui est soumise. Ses concitoyens? ce sont les esclaves qui obéissent à ses ordres. Il se plaignait un jour de n'avoir pas eu à commander, comme Tamerlan, à des nations auxquelles le raisonnement fût étranger. J'imagine que maintenant il est content des Européens; leurs mœurs, comme leurs armées, sont assez rapprochées des Tartares.

Je ne devais rien craindre en Suisse, puisque je pouvais toujours prouver que j'avais le droit d'y être; mais pour en sortir, je n'avais qu'un passeport étranger; il fallait traverser un État confédéré, et si quelque agent français eût demandé au gouvernement de Bavière de ne pas me laisser passer, qui ne sait avec quel regret, mais néanmoins avec quelle obéissance il eût exécuté les ordres qu'il aurait reçus? J'entrai dans le Tyrol avec une grande considération pour ce pays, qui s'était battu par attachement pour ses anciens maîtres, mais avec un grand mépris pour ceux des ministres autrichiens qui avaient pu conseiller d'abandonner des hommes compromis par leur attachement pour leur souverain. On dit qu'un diplomate subalterne, chef *du département de l'espionnage en Autriche*, s'avisa un jour, pendant la guerre, de soutenir à la table de l'empereur qu'on devait abandonner les Tyroliens; M. de H., gentilhomme tyrolien, conseiller d'État au service d'Autriche, qui, par ses actions et ses écrits, a fait voir le courage d'un guerrier et le talent d'un historien, repoussa ces indignes discours avec le mépris qu'ils méritaient. L'empereur témoigna toute son approbation à M. de H., et par là il montra du moins que ses sentiments étaient étrangers à la conduite politique qu'on lui faisait tenir. C'est ainsi que la plupart des souverains de l'Europe, au moment où Bonaparte s'est rendu maître de la France, étaient de fort honnêtes gens comme hommes privés, mais n'existaient déjà plus comme rois, puisqu'ils se remettaient en entier du gouvernement des affaires publiques aux circonstances et à leurs ministres.

L'aspect du Tyrol rappelle la Suisse; cependant il n'y a pas dans le paysage autant de vigueur ni d'originalité; les villages n'annoncent pas autant d'abondance; c'est enfin un pays qui a été sagement gouverné, mais qui n'a jamais été libre, et c'est comme peuple montagnard qu'il s'est montré capable de résistance. On cite peu d'hommes remarquables dans le Tyrol; d'abord le gouvernement autrichien n'est guère propre à développer le génie; et, de plus, le Tyrol, par ses mœurs, comme par sa situation géographique, devrait être réuni à la confédération suisse; son incorporation à la monarchie autrichienne n'étant pas conforme à sa nature, il n'a pu développer dans cette union que les nobles qualités des habitants des montagnes, le courage et la fidélité.

Le postillon qui nous menait nous fit voir un rocher sur lequel l'empereur Maximilien, grandpère de Charles-Quint, avait failli périr : l'ardeur de la chasse l'avait tellement emporté, qu'il avait suivi le chamois jusqu'à des hauteurs dont il ne pouvait plus redescendre. Cette tradition est encore populaire dans le pays, tant le culte du passé est nécessaire aux nations. Le souvenir de la dernière guerre était vivant dans l'âme des peuples : les paysans nous montraient les sommités des montagnes sur lesquelles ils s'étaient retranchés; leur imagination se retraçait l'effet qu'avait produit leur belle musique guerrière, lorsqu'elle avait retenti du haut des collines dans les vallées. En nous montrant le palais du prince royal de Bavière, à Inspruck, ils nous disaient que Hofer, ce courageux paysan, chef de l'insurrection, avait demeuré là; ils nous racontaient l'intrépidité qu'une femme avait montrée, quand les Français étaient entrés dans son château; enfin tout annonçait en eux le besoin d'être une nation, plus encore que l'attachement personnel à la maison d'Autriche.

C'est dans une église d'Inspruck qu'est le fameux tombeau de Maximilien; j'y allai, me flattant bien de n'être reconnue de personne, dans un lieu éloigné des capitales où résident les agents français. La figure de Maximilien, en bronze, est à genoux sur un sarcophage, au milieu de l'église, et trente statues du même métal, rangées de chaque côté du sanctuaire, représentent les parents et les ancêtres de l'empereur. Tant de grandeurs passées, tant d'ambitions jadis formidables rassem-

blées en famille autour d'un tombeau, étaient un spectacle qui portait profondément à la réflexion : on rencontrait là Philippe le Bon, Charles le Téméraire, Marie de Bourgogne; et, au milieu de ces personnages historiques, un héros fabuleux, Dietrich de Berne. La visière baissée dérobait la figure des chevaliers; mais quand on soulevait cette visière, un visage d'airain paraissait sous un casque d'airain, et les traits du chevalier étaient de bronze comme son armure. La visière de Dietrich de Berne est la seule qui ne puisse être soulevée; l'artiste a voulu indiquer par là le voile mystérieux qui couvre l'histoire de ce guerrier.

D'Inspruck, je devais passer par Salzbourg, pour arriver de là aux frontières autrichiennes. Il me semblait que toutes mes inquiétudes seraient finies, quand je serais entrée sur le territoire de cette monarchie que j'avais connue si sûre et si bonne. Mais le moment que je redoutais le plus, c'était le passage de la Bavière à l'Autriche; car c'était là qu'un courrier pouvait m'avoir précédée, pour défendre de me laisser passer. Je n'avais pas été très-vite, malgré cette crainte; car ma santé, abîmée par tout ce que j'avais souffert, ne me permettait pas de voyager la nuit. J'ai souvent éprouvé, dans cette route, que les plus vives terreurs ne sauraient l'emporter sur un certain abattement physique, qui fait redouter les fatigues plus que la mort. Je me flattais cependant d'arriver sans obstacle, et déjà ma peur se dissipait en approchant du but que je croyais assuré, lorsque, en entrant dans l'auberge de Salzbourg, un homme s'approcha de M. Schlegel, qui m'accompagnait, et lui dit en allemand qu'un courrier français était venu demander une voiture arrivant d'Inspruck, avec une femme et une jeune fille, et qu'il avait annoncé qu'il repasserait pour en savoir des nouvelles. Je ne perdis pas un mot de ce que disait le maître de l'auberge, et je pâlis de terreur. M. Schlegel aussi fut ému pour moi; il fit de nouvelles questions qui confirmèrent toutes que ce courrier était français, qu'il venait de Munich, qu'il avait été jusqu'à la frontière d'Autriche pour m'attendre, et que ne me trouvant pas il était revenu au-devant de moi. Rien ne paraissait alors plus clair : c'était tout ce que j'avais redouté avant de partir et pendant le voyage. Je ne pouvais plus m'échapper, puisque ce courrier, qu'on disait déjà à la poste, devait nécessairement m'atteindre. Je pris à l'instant la résolution de laisser ma voiture, M. Schlegel et ma fille à l'auberge, et de m'en aller seule à pied, dans les rues de la ville, pour entrer au hasard dans la première maison dont l'hôte ou l'hôtesse aurait une bonne physionomie. Je voulais en obtenir un asile pour quelques jours. Pendant ce temps, ma fille et M. Schlegel auraient dit qu'ils allaient me rejoindre en Autriche, et je serais partie après, déguisée en paysanne. Toute chanceuse qu'était cette ressource, il ne m'en restait pas d'autre, et je me préparais en tremblant à l'entreprise, lorsque je vis entrer dans ma chambre ce courrier tant redouté, qui n'était autre que M. Rocca. Après m'avoir accompagnée le premier jour de mon voyage, il était retourné à Genève pour terminer quelques affaires, et maintenant il venait me rejoindre, et se faisait passer pour un courrier français, afin de profiter de la terreur que ce nom inspire, surtout aux alliés de la France, et de se faire donner des chevaux plus vite. Il avait pris la route de Munich, s'était hâté d'aller jusqu'à la frontière d'Autriche, voulant s'assurer que personne ne m'y avait précédée ni annoncée. Il revenait au-devant de moi pour me dire que je n'avais rien à craindre, et pour monter sur le siége de ma voiture en passant cette frontière, qui me semblait le plus redoutable, mais aussi le dernier de mes périls. Ainsi ma cruelle peur se changea en un sentiment très-doux de sécurité et de reconnaissance.

Nous parcourûmes cette ville de Salzbourg, qui renferme tant de beaux édifices, mais qui, comme la plupart des principautés ecclésiastiques de l'Allemagne, présente aujourd'hui un aspect très-désert. Les ressources tranquilles de ce genre de gouvernement ont fini avec lui. Les couvents aussi étaient conservateurs; on est frappé des nombreux établissements et des édifices que des maîtres célibataires ont élevés dans leur résidence : tous ces souverains paisibles ont fait du bien à leur nation. Un archevêque de Salzbourg, dans le dernier siècle, a percé une route qui se prolonge de plusieurs centaines de pas sous une montagne, comme la grotte de Pausilippe à Naples : sur le frontispice de la porte d'entrée, on voit le buste de l'archevêque, et en bas pour inscription : *Te saxa loquuntur* (les pierres parlent de toi). Cette inscription a de la grandeur.

J'entrai enfin dans cette Autriche que j'avais vue si heureuse il y avait quatre années; déjà un changement sensible me frappa, c'est celui qu'avaient produit la dépréciation du papier-monnaie et les variations de tout genre que l'incertitude des opérations de finance a introduites dans sa valeur. Rien ne démoralise le peuple comme ces oscillations continuelles qui font de chaque individu un agioteur, et présentent à toute la classe laborieuse une manière de gagner de l'argent par la

ruse et sans le travail. Je ne trouvais plus dans le peuple la même probité qui m'avait frappée quatre ans plus tôt : ce papier-monnaie met l'imagination en mouvement sur l'espoir d'un gain rapide et facile, et les chances hasardeuses bouleversent l'existence graduelle et sûre qui fait la base de l'honnêteté des classes moyennes. Pendant mon séjour en Autriche, un homme fut pendu pour avoir fait de faux billets au moment où l'on avait démonétisé les anciens; il s'écriait, en marchant au supplice, que ce n'était pas lui qui avait volé, mais l'État. Et en effet, il est impossible de faire comprendre à des gens du peuple qu'il est juste de les punir pour avoir spéculé dans leurs propres affaires comme le gouvernement dans les siennes. Mais ce gouvernement était l'allié du gouvernement français, et doublement son allié, puisque son chef était le très-patient beau-père d'un terrible gendre. Quelles ressources donc pouvait-il lui rester? Le mariage de sa fille lui avait valu d'être libéré de deux millions de contributions tout au plus; le reste avait été exigé avec ce genre de justice dont on est si facilement capable, et qui consiste à traiter ses amis comme ses ennemis : de là venait la pénurie des finances. Un autre malheur aussi est résulté de la dernière guerre, et surtout de la dernière paix; l'inutilité du mouvement généreux qui avait illustré les armes autrichiennes dans les batailles d'Essling et de Wagram, a refroidi la nation pour son souverain, qu'elle aimait vivement jadis. Il en est de même de tous les princes qui ont traité avec l'empereur Napoléon; il s'en est servi comme de receveurs chargés de lever des impôts pour son compte : il les a forcés de pressurer leurs sujets pour lui payer les taxes qu'il exigeait; et quand il lui a convenu de destituer ces souverains, les peuples, détachés d'eux par le mal même qu'ils avaient fait pour obéir à l'empereur, ne les ont pas défendus contre lui. L'empereur Napoléon a l'art de rendre la situation des pays, soi-disant en paix, tellement malheureuse, que tout changement leur est agréable, et qu'une fois forcés de donner des hommes et de l'argent à la France, ils ne sentent guère l'inconvénient d'y être réunis. Ils ont tort, cependant, car tout vaut mieux que de perdre le nom de nation; et comme les malheurs de l'Europe sont causés par un seul homme, il faut conserver avec soin ce qui peut renaître quand il ne sera plus.

Avant d'arriver à Vienne, comme j'attendais mon second fils, qui devait me rejoindre avec mes gens et mon bagage, je m'arrêtai pendant un jour à cette abbaye de Melk, placée sur une hauteur, d'où l'empereur Napoléon avait contemplé les divers détours du Danube, et loué le paysage sur lequel il allait fondre avec ses armées. Il s'amuse souvent ainsi à faire des morceaux poétiques sur les beautés de la nature qu'il va ravager, et sur les effets de la guerre dont il va accabler le genre humain. Après tout, il a raison de s'amuser de toutes les manières aux dépens de la race humaine qui le souffre. L'homme n'est arrêté dans la route du mal que par l'obstacle ou par le remords : personne ne lui a présenté l'un, et il s'est très-facilement affranchi de l'autre. Moi, qui suivais solitairement ses traces sur la terrasse d'où l'on voyait au loin la contrée, j'en admirais la fécondité, et je m'étonnais de voir que les dons du ciel réparent si vite les désastres causés par les hommes. Ce sont les richesses morales qui ne reviennent plus, ou qui sont, du moins, perdues pour des siècles.

CHAPITRE VII.

Séjour à Vienne.

J'arrivai heureusement à Vienne le 6 de juin, deux heures avant le départ d'un courrier que M. le comte de Stackelberg, ambassadeur de Russie, envoyait à Wilna, où était alors l'empereur Alexandre. M. de Stackelberg, qui se conduisit envers moi avec cette noble délicatesse, l'un des traits les plus éminents de son caractère, écrivit, par ce courrier, pour demander mon passe-port, et m'assura que sous trois semaines je pouvais avoir la réponse. Il s'agissait de passer ces trois semaines quelque part ; mes amis autrichiens, qui m'avaient accueillie de la manière la plus aimable, m'assurèrent que je pouvais rester à Vienne sans crainte. La cour alors était à Dresde, à la grande réunion de tous les princes allemands rassemblés pour offrir leurs hommages à l'empereur de France. Napoléon s'était arrêté à Dresde sous le prétexte de négocier encore de là, pour éviter la guerre avec la Russie, c'est-à-dire, pour obtenir, par sa politique, le même résultat que par ses armes. Il ne voulait pas d'abord admettre le roi de Prusse à son banquet de Dresde ; il savait trop combien le cœur de ce malheureux monarque répugne à ce qu'il se croit obligé de faire. M. de Metternich obtint, dit-on, pour lui, cette humiliante faveur. M. de Hardenberg, qui l'accompagnait, fit observer à l'empereur Napoléon que la Prusse avait payé un tiers de plus que les contributions promises. L'empereur lui répondit, en lui tournant le dos : « Compte d'apothicaire ; » car il a un plaisir secret

à se servir d'expressions vulgaires pour mieux humilier ceux qui en sont l'objet. Il mit assez de coquetterie dans sa manière d'être avec l'empereur et l'impératrice d'Autriche, parce qu'il lui importait que le gouvernement autrichien prît une part active à sa guerre avec la Russie. « Vous voyez « bien, dit-il, à ce qu'on assure, à M. de Metter- « nich, que je ne puis jamais avoir le moindre in- « térêt à diminuer la puissance de l'Autriche, telle « qu'elle existe maintenant ; car d'abord il me con- « vient que mon beau-père soit un prince très- « considéré ; d'ailleurs, je me fie plus aux ancien- « nes dynasties qu'aux nouvelles. Le général Ber- « nadotte n'a-t-il pas pris le parti de faire la paix « avec l'Angleterre ? » Et en effet, le prince royal de Suède, comme on le verra par la suite, s'était courageusement déclaré pour les intérêts du pays qu'il gouvernait.

L'empereur de France ayant quitté Dresde pour passer en revue ses armées, l'impératrice alla s'établir pendant quelque temps à Prague, avec sa famille. Napoléon, en partant, régla lui-même l'étiquette qui devait exister entre le père et la fille, et l'on doit penser qu'elle n'était pas facile, puisqu'il aime presque autant l'étiquette par défiance que par vanité, c'est-à-dire, comme un moyen d'isoler tous les individus entre eux, sous prétexte de marquer leurs rangs.

Les dix premiers jours que je passai à Vienne ne furent troublés par aucun nuage, et j'étais ravie de me trouver ainsi au milieu d'une société qui me plaisait, et dont la manière de penser répondait à la mienne ; car l'opinion n'était point favorable à l'alliance avec Napoléon, et le gouvernement l'avait conclue sans être appuyé par l'assentiment national. En effet, une guerre dont l'objet ostensible était le rétablissement de la Pologne, pouvait-elle être faite par la puissance qui avait contribué au partage de la Pologne, et retenait encore en ses mains, avec plus de persistance que jamais, le tiers de cette Pologne ? Trente mille hommes étaient envoyés par le gouvernement autrichien pour rétablir la confédération de Pologne à Varsovie, et presque autant d'espions s'attachaient aux pas des Polonais de Gallicie, qui voulaient avoir des députés à cette confédération. Il fallait donc que le gouvernement autrichien parlât contre les Polonais, en soutenant leur cause, et qu'il dît à ses sujets de Gallicie : « Je vous défends d'être de l'avis que je soutiens. » Quelle métaphysique ! on la trouverait bien embrouillée si la peur n'expliquait pas tout.

Parmi les nations que Bonaparte traîne après lui,

la seule qui mérite de l'intérêt, ce sont les Polonais. Je crois qu'ils savent aussi bien que nous qu'ils ne sont que le prétexte de la guerre, et que l'empereur ne se soucie pas de leur indépendance. Il n'a pu s'abstenir d'exprimer plusieurs fois à l'empereur Alexandre son dédain pour la Pologne, par cela seulement qu'elle veut être libre; mais il lui convient de la mettre en avant contre la Russie, et les Polonais profitent de cette circonstance pour se rétablir comme nation. Je ne sais s'ils y réussiront, car le despotisme donne difficilement la liberté, et ce qu'ils regagneront dans leur cause particulière, ils le perdront dans la cause de l'Europe. Ils seront Polonais, mais Polonais aussi esclaves que les trois nations dont ils ne dépendront plus. Quoi qu'il en soit, les Polonais sont les seuls Européens qui puissent servir sans honte sous les drapeaux de Bonaparte. Les princes de la confédération du Rhin croient y trouver leur intérêt en perdant leur honneur; mais l'Autriche, par une combinaison vraiment remarquable, y sacrifie tout à la fois son honneur et son intérêt. L'empereur Napoléon voulait obtenir de l'archiduc Charles de commander ces trente mille hommes; mas l'archiduc s'est heureusement refusé à cet affront; et quand je le vis se promener seul, en habit gris, dans les allées du Prater, je retrouvai pour lui tout mon ancien respect.

Ce même employé qui avait si indignement conseillé de livrer les Tyroliens, était à Vienne, en l'absence de M. de Metternich, chargé de la police des étrangers, et il s'en acquittait comme on va voir. Pendant les premiers jours il me laissa tranquille; j'avais déjà passé un hiver à Vienne, très-bien accueillie par l'empereur, l'impératrice et toute la cour : il était donc difficile de me dire que cette fois on ne voulait pas me recevoir, parce que j'étais en disgrâce auprès de l'empereur Napoléon, surtout lorsque cette disgrâce était en partie causée par les éloges que j'avais donnés dans mon livre à la morale et au génie littéraire des Allemands. Mais ce qui était encore plus difficile, c'était de se risquer à déplaire en rien à une puissance à laquelle il faut convenir qu'ils pouvaient bien me sacrifier, après tout ce qu'ils avaient déjà fait pour elle. Je crois donc qu'après que j'eus passé quelques jours à Vienne, il arriva au chef de la police quelques renseignements plus précis sur ma situation à l'égard de Bonaparte, et qu'il se crut obligé de me surveiller. Or, voici sa manière de surveiller : il établit à ma porte, dans la rue, des espions qui me suivaient à pied quand ma voiture allait doucement, et qui prenaient des cabriolets pour ne pas me perdre

de vue dans mes courses à la campagne. Cette manière de faire la police me paraissait réunir tout à la fois le machiavélisme français à la lourdeur allemande. Les Autrichiens se sont persuadés qu'ils ont été battus faute d'avoir autant d'esprit que les Français, et que l'esprit des Français consiste dans leurs moyens de police; en conséquence, ils se sont mis à faire de l'espionnage avec méthode, à organiser ostensiblement ce qui tout au moins doit être caché; et destinés par la nature à être honnêtes gens, ils se sont fait une espèce de devoir d'imiter un État jacobin et despotique tout ensemble.

Je devais m'inquiéter cependant de cet espionnage, quand il suffisait du moindre sens commun pour voir que je n'avais d'autre but que de fuir. On m'alarma sur l'arrivée de mon passe-port russe; on prétendit que l'on me le ferait attendre plusieurs mois, et qu'alors la guerre m'empêcherait de passer. Il m'était aisé de juger que je ne pourrais pas rester à Vienne, du moment que l'ambassadeur de France serait de retour : que deviendrais-je alors? Je suppliai M. de Stackelberg de me donner une manière de passer par Odessa pour me rendre à Constantinople. Mais Odessa étant russe, il fallait également un passe-port de Pétersbourg pour y arriver; il ne restait donc d'ouvert que la route directe de Turquie par la Hongrie, et cette route passant sur les confins de la Servie était sujette à mille dangers. On pouvait encore gagner le port de Salonique à travers l'intérieur de la Grèce; l'archiduc François avait suivi ce chemin pour se rendre en Sardaigne; mais l'archiduc François monte très-bien à cheval, et c'est ce dont je n'étais guère capable : encore moins pouvais-je me résoudre à exposer une aussi jeune fille que la mienne à un tel voyage. Il fallait donc, quoi qu'il m'en coûtât, me résoudre à me séparer d'elle, pour l'envoyer par le Danemark et la Suède, accompagnée de personnes sûres. Je conclus, à tout hasard, un accord avec un Arménien, pour qu'il me conduisît à Constantinople. Je me proposais de passer de là par la Grèce, la Sicile, Cadix et Lisbonne; et, quelque chanceux que fût ce voyage, il offrait à l'imagination une grande perspective. Je fis demander au bureau des affaires étrangères, dirigé par un subalterne en l'absence de M. de Metternich, un passe-port qui me permît de sortir d'Autriche par la Hongrie, ou par la Galicie, suivant que j'irais à Pétersbourg ou à Constantinople. On me fit répondre qu'il fallait me décider; qu'on ne pouvait pas donner un passe-port pour sortir par deux frontières différentes, et que même, pour aller à Presbourg, qui est la première ville de Hongrie, à six lieues de Vienne, il fallait une autorisation du comité des états.' Certes, on ne pouvait s'empêcher de le penser, l'Europe, jadis si facilement ouverte à tous les voyageurs, est devenue, sous l'influence de l'empereur Napoléon, comme un grand filet qui vous enlace à chaque pas. Que de gênes, que d'entraves pour les moindres mouvements! Et conçoit-on que les malheureux gouvernements que la France opprime, s'en consolent en faisant peser de mille manières sur leurs sujets le misérable reste de pouvoir qu'on leur a laissé!

CHAPITRE VIII.

Départ de Vienne.

Obligée de choisir, je me décidai pour la Gallicie, qui me conduisait au pays que je préférais, la Russie. Je me persuadai qu'une fois éloignée de Vienne, toutes ces tracasseries, suscitées sans doute par le gouvernement français, cesseraient, et qu'en tout cas je pourrais, s'il était nécessaire, partir de Gallicie pour regagner Bucharest par la Transylvanie. La géographie de l'Europe, telle que Napoléon l'a faite, ne s'apprend que trop bien par le malheur : les détours qu'il fallait prendre pour éviter sa puissance étaient déjà de près de deux mille lieues; et maintenant, en partant de Vienne même, j'étais réduite à emprunter le territoire asiatique pour y échapper. Je partis donc sans avoir reçu mon passe-port de Russie, espérant calmer ainsi les inquiétudes que la police subalterne de Vienne concevait de la présence d'une personne qui était en disgrâce auprès de l'empereur Napoléon. Je priai un de mes amis de me rejoindre, en marchant jour et nuit, dès que la réponse de Russie serait arrivée, et je m'acheminai sur la route. Je fis mal de prendre un tel parti, car à Vienne j'étais défendue par mes amis et par l'opinion publique; je pouvais de là facilement m'adresser à l'empereur ou à son premier ministre; mais une fois confinée dans une ville de province, je n'avais plus affaire qu'aux pesantes méchancetés d'un sous-ordre, qui voulait se faire un mérite de ses procédés envers moi auprès du gouvernement français : voici comment il s'y prit.

Je m'arrêtai quelques jours à Brunn, capitale de la Moravie, où l'on retenait en exil un colonel anglais, M. Mills, homme d'une bonté et d'une obligeance parfaites, et, suivant l'expression anglaise, tout à fait *inoffensif*. On le rendait horriblement malheureux, sans prétexte et sans utilité. Mais le ministère autrichien se persuade apparemment qu'il se donnera l'air de la force en se faisant persécuteur : les avisés ne s'y trompent pas, et, comme le disait un homme d'esprit, sa manière de gouverner en fait de police, ressemble à ces sentinelles placées sur la citadelle de Brunn, à demi détruite; il fait exactement la garde autour des ruines. A peine étais-je à Brunn, qu'on me suscita tous les genres de tracasseries sur mes passe-ports et sur ceux de mes compagnons de voyage. Je demandai la permission d'envoyer mon fils à Vienne, pour donner à cet égard les éclaircissements nécessaires; on me déclara qu'il n'était pas permis à mon fils plus qu'à moi de faire une lieue en arrière. J'ignore si l'empereur d'Autriche ou M. de Metternich étaient instruits de toutes ces absurdes platitudes; mais je rencontrai à Brunn, dans les employés du gouvernement, à quelques exceptions près, une crainte de se compromettre qui me parut tout à fait digne du régime actuel de la France; et même, il faut en convenir, quand les Français ont peur, ils sont plus excusables, car, sous l'empereur Napoléon, il s'agit au moins de l'exil, de la prison ou de la mort.

Le gouverneur de Moravie, homme d'ailleurs fort estimable, m'annonça qu'on m'ordonnait de traverser la Gallicie le plus vite possible, et qu'il m'était interdit de m'arrêter plus de vingt-quatre heures à Lanzut, où j'avais l'intention d'aller. Lanzut est la terre de la princesse Lubomirska, sœur du prince Adam Czartorinski, maréchal de la confédération polonaise, que les troupes autrichiennes allaient soutenir. La princesse Lubomirska était elle-même généralement considérée par son caractère personnel, et surtout par la généreuse bienfaisance avec laquelle elle se servait de sa fortune; de plus, son attachement à la maison d'Autriche était connu, et, quoique Polonaise, elle n'avait point pris part à l'esprit d'opposition qui s'est toujours manifesté en Pologne contre le gouvernement autrichien. Son neveu et sa nièce, le prince Henri et la princesse Thérèse, avec qui j'avais le bonheur d'être liée, sont doués l'un et l'autre des qualités les plus brillantes et les plus aimables; on pouvait sans doute les croire très-attachés à leur patrie polonaise; mais il était alors assez difficile de faire un crime de cette opinion, quand on envoyait le prince de Schwarzenberg à la tête de trente mille hommes, se battre pour le rétablissement de la Pologne. A quoi n'en sont pas réduits ces malheureux princes à qui l'on dit sans cesse qu'il faut obéir aux circonstances? c'est leur proposer de gouverner à tout vent. Les succès de Bonaparte font envie à la plupart des gouvernants d'Allemagne; ils se persuadent que c'est pour avoir été trop honnêtes gens qu'ils ont été battus, tandis que c'est pour ne l'avoir point été assez. Si les Allemands avaient imité les Espagnols, s'ils s'étaient dit : Quoi qu'il arrive, nous ne supporterons pas le joug étranger, ils seraient encore une nation, et leurs princes ne traîneraient pas dans les salons, je ne dis pas de l'empereur Napoléon, mais de tous ceux sur lesquels un rayon de sa faveur est tombé. L'empereur d'Autriche et sa spirituelle compagne conservent sûrement autant de dignité qu'ils le peuvent dans leur situation; mais cette situation est si fausse en elle-même, qu'on ne peut la relever. Aucune des actions du gouvernement autrichien en faveur de la domination française ne saurait être attribuée qu'à la peur, et cette muse nouvelle inspire de tristes chants.

J'essayai de représenter au gouverneur de Moravie que si l'on me poussait ainsi avec tant de politesse vers la frontière, je ne saurais que devenir, n'ayant pas mon passe-port russe, et que je me verrais contrainte, ne pouvant ni revenir ni avancer, à passer ma vie à Brody, ville frontière entre la Russie et l'Autriche, où les juifs se sont établis pour faire le commerce de transport d'un empire à l'autre. « Ce que vous me dites est vrai, me répondit le gouverneur; mais voici mon ordre. » Depuis quelque temps les gouvernements ont trouvé l'art de persuader qu'un agent civil est soumis à la même discipline qu'un officier : la réflexion, dans ce second cas, est interdite, ou du moins elle trouve rarement sa place; mais on aurait de la peine à faire comprendre à des hommes responsables devant la loi, comme le sont tous les magistrats en Angleterre, qu'il ne leur est pas permis de juger l'ordre qu'on leur donne. Et qu'arrive-t-il de cette servile obéissance? si elle n'avait que le chef suprême pour objet, elle pourrait encore se concevoir dans une monarchie absolue; mais en l'absence de ce chef, ou de celui qui le représente, un subalterne peut abuser à son gré de ces mesures de police, infernale découverte des gouvernements arbitraires, et dont la vraie grandeur ne fera jamais usage.

Je partis pour la Gallicie, et cette fois, je l'avoue, j'étais complétement abattue; le fantôme de la tyrannie me poursuivait partout; je voyais ces Allemands, que j'avais connus si honnêtes, dépravés par la funeste mésalliance qui semblait avoir altéré le sang même des sujets, comme celui de leur souverain. Je crus qu'il n'y avait plus d'Europe que par delà les mers ou les Pyrénées, et je désespérais d'atteindre un asile selon mon âme. Le spectacle de la Gallicie n'était pas propre à ra-

nimer les espérances sur le sort de la race humaine. Les Autrichiens ne savent pas se faire aimer des peuples étrangers qui leur sont soumis. Pendant qu'ils ont possédé Venise, la première chose qu'ils ont faite a été de défendre le carnaval, qui était devenu, pour ainsi dire, une institution, tant il y avait de temps qu'on parlait du carnaval de Venise. Les hommes les plus roides de la monarchie furent choisis pour gouverner cette ville joyeuse; aussi les peuples du Midi aiment-ils presque mieux être pillés par des Français que régentés par des Autrichiens.

Les Polonais aiment leur patrie comme un ami malheureux : la contrée est triste et monotone, le peuple ignorant et paresseux : on y a toujours voulu la liberté, on n'a jamais su l'y établir. Mais les Polonais croient devoir et pouvoir gouverner la Pologne, et ce sentiment est naturel. Cependant l'éducation du peuple y est si négligée, et toute espèce d'industrie lui est si étrangère, que les juifs se sont emparés de tout le commerce, et font vendre aux paysans, pour une provision d'eau-de-vie, toute la récolte de l'année prochaine. La distance des seigneurs aux paysans est si grande, le luxe des uns et l'affreuse misère des autres offrent un contraste si choquant, que probablement les Autrichiens y ont apporté des lois meilleures que celles qui y existaient. Mais un peuple fier, et celui-ci l'est dans sa détresse, ne veut pas qu'on l'humilie, même en lui faisant du bien, et c'est à quoi les Autrichiens n'ont jamais manqué. Ils ont divisé la Gallicie en cercles, et chacun de ces cercles est commandé par un fonctionnaire allemand; quelquefois un homme distingué se charge de cet emploi, mais le plus souvent c'est une espèce de brutal pris dans les rangs subalternes, et qui commande despotiquement aux plus grands seigneurs de la Pologne. La police qui, dans les temps actuels, a remplacé le tribunal secret, autorise les mesures les plus oppressives. Or, qu'on se représente ce que c'est que la police, c'est-à-dire, ce qu'il y a de plus subtil et de plus arbitraire dans le gouvernement, confiée aux mains grossières d'un capitaine de cercle. On voit à chaque poste de la Gallicie trois espèces de personnes accourir autour des voitures des voyageurs, les marchands juifs, les mendiants polonais et les espions allemands. Le pays ne semble habité que par ces trois espèces d'hommes. Les mendiants, avec leur longue barbe et leur ancien costume sarmate, inspirent une profonde pitié; il est bien vrai que s'ils voulaient travailler ils ne seraient plus dans cet état : mais on ne sait si c'est orgueil ou paresse qui leur fait dédaigner le soin de la terre asservie.

On rencontre sur les grands chemins des processions de femmes et d'hommes portant l'étendard de la croix, et chantant des psaumes; une profonde expression de tristesse règne sur leur visage : je les ai vus quand on leur donnait, non pas de l'argent, mais des aliments meilleurs que ceux auxquels ils étaient accoutumés, regarder le ciel avec étonnement, comme s'ils ne se croyaient pas faits pour jouir de ses dons. L'usage des gens du peuple, en Pologne, est d'embrasser les genoux des seigneurs, quand ils les rencontrent; on ne peut faire un pas dans un village sans que les femmes, les enfants, les vieillards vous saluent de cette manière. On voit au milieu de ce spectacle de misère quelques hommes vêtus en mauvais fracs, qui espionnaient le malheur; car c'était là le seul objet qui pût s'offrir à leur vue. Les capitaines de cercles refusaient des passe-ports aux seigneurs polonais, dans la crainte qu'ils ne se vissent les uns les autres, ou qu'ils n'allassent à Varsovie. Ils obligeaient ces seigneurs à comparaître tous les huit jours, pour constater leur présence. Les Autrichiens proclamaient ainsi de toutes les manières qu'ils se savaient détestés en Pologne, et ils partageaient leurs troupes en deux moitiés : l'une chargée de soutenir au dehors les intérêts de la Pologne, et l'autre qui devait au dedans empêcher les Polonais de servir cette même cause. Je ne crois pas que jamais un pays ait été plus misérablement gouverné, du moins sous les rapports politiques, que ne l'était alors la Gallicie; et c'est apparemment pour dérober ce spectacle aux regards qu'on était si difficile pour le séjour, ou même pour le passage des étrangers dans ce pays.

Voici la manière dont la police autrichienne se conduisit envers moi pour hâter mon voyage : il faut, dans cette route, faire viser son passe-port par chaque capitaine de cercle; et de trois postes l'une on trouvait l'un de ces chefs-lieux de cercle. C'est dans les bureaux de la police de ces villes que l'on avait fait placarder qu'il fallait me surveiller quand je passerais. Si ce n'était pas une rare impertinence que de traiter ainsi une femme, et une femme persécutée pour avoir rendu justice à l'Allemagne, on ne pourrait s'empêcher de rire de cet excès de bêtise, qui fait afficher en lettres majuscules des mesures de police, dont le secret fait toute la force. Cela me rappelait M. de Sartines, qui avait proposé de donner une livrée aux espions. Ce n'est pas que le directeur de toutes ces platitudes n'ait, dit-on, une sorte d'esprit; mais il a tellement envie de complaire au gouvernement français, qu'il cherche surtout à se faire honneur

de ses bassesses le plus ostensiblement qu'il peut. Cette surveillance proclamée s'exécutait avec autant de finesse qu'elle était conçue : un caporal ou un commis, ou tous les deux ensemble, venaient regarder ma voiture en fumant leur pipe, et quand ils en avaient fait le tour, ils s'en allaient sans même daigner me dire si elle était en bon état : ils auraient du moins alors servi à quelque chose. J'avançais lentement pour attendre le passe-port russe, mon seul moyen de salut dans cette circonstance. Un matin je me détournai de ma route pour aller voir un château ruiné qui appartenait à la princesse maréchale. Je passai, pour y arriver, par des chemins dont on n'a pas l'idée sans avoir voyagé en Pologne. Au milieu d'une espèce de désert que je traversais seule avec mon fils, un homme à cheval me salua en français; je voulus lui répondre : il était déjà loin. Je ne puis exprimer l'effet que produisait sur moi cette langue amie, dans un moment si cruel. Ah! si les Français devenaient libres, comme on les aimerait! ils seraient les premiers eux-mêmes à mépriser leurs alliés de ce moment-ci. Je descendis dans la cour de ce château tout en décombres; le concierge, sa femme et ses enfants vinrent au-devant de moi, et embrassèrent mes genoux. Je leur avais fait savoir par un mauvais interprète que je connaissais la princesse Lubomirska; ce nom suffit pour leur inspirer de la confiance : ils ne doutèrent point de ce que je disais, bien que je fusse arrivée dans un très-mauvais équipage. Ils m'ouvrirent une salle qui ressemblait à une prison, et, au moment où j'y entrai, l'une des femmes vint y brûler des parfums. Il n'y avait ni pain blanc ni viande, mais un vin exquis de Hongrie, et partout des débris de magnificence se trouvaient à côté de la plus grande misère. Ce contraste se retrouve souvent en Pologne; il n'y a que de lits dans les maisons mêmes où règne l'élégance la plus recherchée. Tout semble esquisse dans ce pays, et rien n'y est terminé; mais ce qu'on ne saurait trop louer, c'est la bonté du peuple et la générosité des grands : les uns et les autres sont aisément remués par tout ce qui est bon et beau, et les agents que l'Autriche y envoie semblent des hommes de bois au milieu de cette nation mobile.

Enfin mon passe-port de Russie arriva, et j'en serai reconnaissante toute ma vie, tant il me fit plaisir. Mes amis de Vienne étaient parvenus, dans le même moment, à écarter de moi la maligne influence de ceux qui croyaient plaire à la France en me tourmentant. Je me flattai, cette fois, d'être tout à fait à l'abri de nouvelles peines; mais j'oubliais que la circulaire qui ordonnait à tous les capitaines de cercles de me surveiller n'était pas encore révoquée, et que c'était directement du ministère que je tenais la promesse de faire cesser ces ridicules tourments. Je crus pouvoir suivre mon premier projet et m'arrêter à Lanzut, ce château de la princesse Lubomirska, si fameux en Pologne, parce qu'il réunit tout ce que le goût et la magnificence peuvent offrir de plus parfait. Je me faisais un grand plaisir d'y revoir le prince Henri Lubomirski, dont la société, ainsi que celle de sa charmante femme, m'avait fait passer, à Genève, les moments les plus doux. Je me proposais d'y rester deux jours, et de continuer ma route bien vite, puisque de toutes parts on annonçait la guerre déclarée entre la France et la Russie. Je ne vois pas trop ce qu'il y avait de redoutable pour le repos de l'Autriche dans mon projet : c'était une bizarre idée que de craindre mes relations avec les Polonais, puisque les Polonais servaient alors Bonaparte. Sans doute, et je le répète, on ne peut les confondre avec les autres peuples tributaires de la France : il est affreux de ne pouvoir espérer la liberté que d'un despote, et de n'attendre l'indépendance de sa propre nation que de l'asservissement du reste de l'Europe ; mais, enfin, dans cette cause polonaise, le ministère autrichien était plus suspect que moi, car il donnait ses troupes pour la soutenir, et moi je consacrais mes pauvres forces à proclamer la justice de la cause européenne, défendue alors par la Russie. Au reste, le ministère autrichien et les gouvernements alliés de Bonaparte ne savent plus ce que c'est qu'une opinion, une conscience, une affection ; il ne leur reste, de l'inconséquence de leur propre conduite et de l'art avec lequel la diplomatie de Napoléon les a enlacés, qu'une seule idée nette, celle de la force, et ils font tout pour lui complaire.

CHAPITRE IX.

Passage en Pologne.

J'arrivai dans les premiers jours de juillet au chef-lieu du cercle dont dépend Lanzut ; ma voiture s'arrêta devant la poste, et mon fils alla, comme à l'ordinaire, faire viser mon passe-port. Au bout d'un quart d'heure, je m'étonnais de ne pas le revoir, et je priai M. Schlegel d'aller savoir à quoi tenait ce retard. Tous les deux revinrent suivis d'un homme dont je n'oublierai de ma vie la figure : un sourire gracieux sur des traits stupides donnait à sa physionomie l'expression la plus désagréable. Mon fils, hors de lui, m'apprit que le capitaine du

cercle lui avait déclaré que je ne pouvais rester plus de huit heures à Lanzut, et que, pour s'assurer de mon obéissance à cet ordre, un de ses commissaires me suivrait jusqu'au château, y entrerait avec moi, et ne me quitterait qu'après que j'en serais partie. Mon fils avait représenté à ce capitaine qu'abîmée de fatigue, comme je l'étais, j'avais besoin de plus de huit heures pour me reposer, et que la vue d'un commissaire de police, dans mon état de souffrance, pourrait me causer un ébranlement très-funeste. Le capitaine lui avait répondu avec une brutalité qu'on ne saurait rencontrer que chez des subalternes allemands ; l'on ne rencontre aussi que là ce respect obséquieux pour le pouvoir qui succède immédiatement à l'arrogance envers les faibles. Les mouvements de l'âme de ces hommes ressemblent aux évolutions d'un jour de parade ; elle fait demi-tour à droite et demi-tour à gauche, selon l'ordre qu'on leur donne.

Le commissaire chargé de me surveiller se fatiguait donc en révérences jusqu'à terre ; mais il ne voulait modifier en rien sa consigne. Il monta dans une calèche dont les chevaux touchaient les roues de derrière de ma berline. L'idée d'arriver ainsi chez un ancien ami, dans un lieu de délices où je me faisais une fête de passer quelques jours, cette idée me fit un mal que je ne pus surmonter ; il s'y joignit aussi, je crois, l'irritation de sentir derrière moi cet insolent espion, bien facile à tromper assurément, si l'on en avait eu l'envie, mais qui faisait son métier avec un insupportable mélange de pédanterie et de rigueur [1]. Je pris une attaque de nerfs au milieu de la route, et l'on fut obligé de me descendre de ma voiture, et de me coucher sur le bord du fossé. Ce misérable commissaire

<hr>

[1] Pour expliquer combien étaient vives et justement fondées les angoisses qu'éprouvait ma mère dans ce voyage, je dois dire que l'attention de la police autrichienne n'était pas dirigée sur elle seule. Le signalement de M. Rocca avait été envoyé sur toute la route, avec ordre de l'arrêter en qualité d'officier français : et quoiqu'il eût donné sa démission, quoique ses blessures le missent hors d'état de continuer son service militaire, nul doute que s'il avait été livré à la France, on ne l'eût traité avec la dernière rigueur. Il avait donc voyagé seul et sous un nom supposé, et c'est à Lanzut qu'il avait donné rendez-vous à ma mère. Y étant arrivé avant elle, et ne soupçonnant pas qu'elle pût être escortée par un commissaire de police, il venait à sa rencontre, plein de joie et de confiance. Le danger auquel il s'exposait, sans le savoir, glaça de terreur ma mère, qui eut à peine le temps de lui faire signe de retourner sur ses pas ; et sans la généreuse présence d'esprit d'un gentilhomme polonais, qui fournit à M. Rocca les moyens de s'échapper, il eût infailliblement été reconnu et arrêté par le commissaire.

Ignorant quel pourrait être le sort de son manuscrit, et dans quelles circonstances publiques ou privées elle pourrait le faire paraître, ma mère a cru devoir supprimer ces détails, qu'il m'est aujourd'hui permis de faire connaître.

(Note de M. de Staël fils.)

imagina que c'était le cas d'avoir pitié de moi, et il envoya, sans sortir lui-même de sa voiture, son domestique pour me chercher un verre d'eau. Je ne puis dire la colère que j'éprouvais contre moi-même, de la faiblesse de mes nerfs ; la compassion de cet homme était une dernière offense que j'aurais voulu du moins m'épargner. Il repartit en même temps que ma voiture, et j'entrai avec lui dans la cour du château de Lanzut. Le prince Henri, qui ne se doutait de rien de pareil, vint au-devant de moi avec la gaieté la plus aimable ; il fut d'abord effrayé de ma pâleur, et je lui appris tout de suite quel hôte singulier j'amenais avec moi ; dès lors son sang-froid, sa fermeté et son amitié pour moi ne se démentirent pas un instant. Mais conçoit-on un ordre de choses dans lequel un commissaire de police s'établisse à la table d'un grand seigneur, tel que le prince Henri, ou plutôt à celle de qui que ce soit, sans son consentement? Après le souper, ce commissaire s'approcha de mon fils, et lui dit, avec ce son de voix mielleux que j'ai particulièrement en aversion, quand il sert à dire des paroles blessantes : « Je devrais, d'après mes ordres, passer la nuit dans la chambre de madame votre mère, afin de m'assurer qu'elle n'a de conférence avec personne ; mais je n'en ferai rien, par égard pour elle. — Vous pouvez ajouter aussi par égard pour vous, répondit mon fils ; car si vous mettez, de nuit, le pied dans la chambre de ma mère, je vous jetterai par la fenêtre. — Ah! monsieur le baron, » répondit le commissaire, en se courbant plus bas qu'à l'ordinaire, parce que cette menace avait un faux air de puissance qui ne laissait pas de le toucher. Il alla se coucher, et le lendemain, à déjeuner, le secrétaire du prince s'en empara si bien, en lui donnant à manger et à boire, que j'aurais pu, je crois, rester quelques heures de plus ; mais j'étais honteuse d'attirer une telle scène chez mon aimable hôte. Je ne me donnai pas le temps de voir ces beaux jardins qui rappellent le climat du Midi, dont ils offrent les productions, ni cette maison qui a été l'asile des émigrés français persécutés, et où les artistes ont envoyé les tributs de leurs talents, en retour de tous les services que leur avait rendus la dame du château. Le contraste de ces douces et brillantes impressions, avec la douleur et l'indignation que j'éprouvais, était intolérable : le souvenir de Lanzut, que j'ai tant de raisons d'aimer, me fait frissonner quand il se retrace à moi.

Je m'éloignai donc de cette demeure en versant des larmes amères, et ne sachant pas ce qui m'était réservé pendant les cinquante lieues que j'a-

vais encore à parcourir sur le territoire autrichien. Le commissaire me conduisit jusqu'aux confins de son cercle, et quand il me quitta, il me demanda si j'étais contente de lui : la bêtise de cet homme désarma mon ressentiment. Ce qu'il y a de particulier à toutes ces persécutions, qui n'étaient point jadis dans le caractère du gouvernement autrichien, c'est qu'elles sont exécutées par ses agents avec autant de rudesse que de gaucherie : ces ci-devant honnêtes gens portent, dans les vilaines choses qu'on exige d'eux, l'exactitude scrupuleuse qu'ils mettaient dans les bonnes, et leur esprit borné dans cette nouvelle manière de gouverner, qui ne leur était point connue, leur fait faire cent sottises, soit par maladresse, soit par grossièreté. Ils prennent la massue d'Hercule pour tuer une mouche, et pendant cet inutile effort les choses les plus importantes pourraient leur échapper.

En sortant du cercle de Lanzut, je rencontrai encore, jusqu'à Léopol, capitale de la Gallicie, des grenadiers qui étaient placés de poste en poste pour s'assurer de ma marche. J'aurais eu regret au temps qu'on faisait perdre à ces braves gens, si je n'avais pensé qu'il valait encore mieux qu'ils fussent là qu'à la malheureuse armée que l'Autriche livrait à Napoléon. Arrivée à Léopol, j'y retrouvai l'ancienne Autriche dans le gouverneur et le commandant de la province, qui me reçurent tous les deux avec une politesse parfaite, et me donnèrent ce que je souhaitais avant tout, un ordre pour passer d'Autriche en Russie. Telle fut la fin de mon séjour dans cette monarchie, que j'avais vue puissante, juste et probe. Son alliance avec Napoléon, tant qu'elle a duré, l'a réduite au dernier rang parmi les nations. L'histoire n'oubliera point, sans doute, qu'elle s'est montrée très-belliqueuse dans ses longues guerres contre la France, et que son dernier effort, pour résister à Bonaparte, fut inspiré par un enthousiasme national très-digne d'éloge ; mais le souverain de ce pays, cédant à ses conseillers plus qu'à son propre caractère, a détruit tout à fait cet enthousiasme, en arrêtant son essor. Les malheureux qui ont péri dans les champs d'Essling et de Wagram, pour qu'il y eût encore une monarchie autrichienne et un peuple allemand, ne s'attendaient guère que leurs compagnons d'armes se battraient, trois ans après, pour que l'empire de Bonaparte s'étendît jusqu'aux frontières de l'Asie, et qu'il n'y eût pas, dans l'Europe entière, même un désert où les proscrits, depuis les rois jusqu'aux sujets, pussent trouver un asile ; car tel est le but et l'unique but de la guerre de la France contre la Russie.

CHAPITRE X.

Arrivée en Russie.

On n'était guère accoutumé à considérer la Russie comme l'État le plus libre de l'Europe; mais le joug que l'empereur de France fait peser sur tous les États du continent est tel, qu'on se croit dans une république dès qu'on arrive dans un pays où la tyrannie de Napoléon ne peut plus se faire sentir. C'est le 14 juillet que j'entrai en Russie; cet anniversaire du premier jour de la révolution me frappa singulièrement : ainsi se refermait pour moi le cercle de l'histoire de France qui, le 14 juillet 1789, avait commencé[1]. Quand la barrière qui sépare l'Autriche de la Russie s'ouvrit pour me laisser passer, je jurai de ne jamais remettre les pieds dans un pays soumis d'une manière quelconque à l'empereur Napoléon. Ce serment me permettra-t-il jamais de revoir la belle France?

Le premier homme qui me reçut en Russie, ce fut un Français autrefois commis dans les bureaux de mon père; il me parla de lui les larmes aux yeux, et ce nom ainsi prononcé me parut un heureux augure. En effet, dans cet empire russe, si faussement appelé barbare, je n'ai éprouvé que des impressions nobles et douces : puisse ma reconnaissance attirer des bénédictions de plus sur ce peuple et sur son souverain! J'entrais en Russie dans un moment où l'armée française avait déjà pénétré très-avant sur le territoire russe, et cependant aucune persécution, aucune gêne n'arrêtait un instant l'étranger voyageur : ni moi, ni mes compagnons, nous ne savions un mot de russe; nous ne parlions que le français, la langue des ennemis qui dévastaient l'empire; je n'avais pas même avec moi, par une suite de hasards fâcheux, un seul domestique qui parlât russe; et, sans un médecin allemand (le docteur Renner), qui le plus généreusement du monde voulut bien nous servir d'interprète jusqu'à Moscou, nous aurions vraiment mérité ce nom de *sourds et muets*, que les Russes donnent aux étrangers dans leur langue. Eh bien! dans cet état, notre voyage eût encore été sûr et facile, tant est grande en Russie l'hospitalité des nobles et du peuple! Dès nos premiers pas, nous apprîmes que la route directe de Pétersbourg était déjà occupée par les armées, et qu'il fallait passer par Moscou pour nous y rendre. C'é-

[1] C'est le 14 juillet 1817 que ma mère nous a été enlevée, et que Dieu l'a reçue dans son sein. Quelle âme ne serait pas saisie d'une émotion religieuse, en méditant sur ces rapprochements mystérieux qu'offre la destinée humaine?
(*Note de M. de Staël fils.*)

taient deux cents lieues de détour; mais nous en faisions déjà quinze cents, et je m'applaudis maintenant d'avoir vu Moscou.

La première province qu'il nous fallut traverser, la Volhynie, fait partie de la Pologne russe; c'est un pays fertile, inondé de juifs comme la Gallicie, mais beaucoup moins misérable. Je m'arrêtai dans le château d'un seigneur polonais auquel j'étais recommandée; il me conseilla de me hâter d'avancer, parce que les Français marchaient sur la Volhynie, et qu'ils pourraient bien y entrer dans huit jours. Les Polonais, en général, aiment mieux les Russes que les Autrichiens; les Russes et les Polonais sont de race esclavone; ils ont été ennemis, mais ils se considèrent mutuellement, tandis que les Allemands, plus avancés que les Esclavons dans la civilisation européenne, ne savent pas leur rendre justice à d'autres égards. Il était facile de voir que les Polonais, en Volhynie, ne redoutaient pas l'entrée des Français; mais, bien que leur opinion fût connue, on ne leur faisait pas éprouver ces persécutions de détail qui ne font qu'exciter la haine sans la contenir. C'était cependant toujours un pénible spectacle que celui d'une nation soumise par une autre : il faut plusieurs siècles avant que l'unité soit si bien établie, qu'elle fasse oublier le nom de vainqueur et celui de vaincu.

A Gitomir, chef-lieu de la Volhynie, on me raconta que le ministre de la police russe avait été envoyé à Wilna, pour savoir le motif de l'agression de l'empereur Napoléon, et protester selon les formes contre son entrée sur le territoire de Russie. On aura de la peine à croire aux sacrifices sans nombre que l'empereur Alexandre a faits pour conserver la paix. Et en effet, loin que Napoléon pût accuser l'empereur Alexandre d'avoir manqué au traité de Tilsitt, l'on aurait pu bien plutôt lui reprocher une fidélité trop scrupuleuse à ce funeste traité; et c'était Alexandre qui eût été en droit de faire la guerre à Napoléon, comme y ayant manqué le premier. L'empereur de France se livra, dans sa conversation avec M. de Balasheff, ministre de la police, à ces inconcevables indiscrétions qu'on prendrait pour de l'abandon, si l'on ne savait pas qu'il lui convient d'augmenter la terreur qu'il inspire, en se montrant au-dessus de tous les genres de calcul. « Croyez-vous, dit-il à M. de Balasheff, « que je me soucie de ces jacobins de Polonais? » Et en effet, on assure qu'il existe une lettre adressée, il y a quelques années, à M. de Romanzoff, par un des ministres de Napoléon, dans laquelle on propose de rayer de tous actes européens le nom de Pologne et de Polonais. Quel malheur pour cette nation que l'empereur Alexandre n'ait pas pris le titre de roi de Pologne, et associé la cause de ce peuple opprimé à celle de toutes les âmes généreuses ! Napoléon demanda à un de ses généraux, devant M. de Balasheff, s'il avait jamais été à Moscou, et ce que c'était que cette ville ; le général dit qu'elle lui avait paru plutôt un grand village qu'une capitale. « Et combien y a-t-il d'églises? continua l'empereur. — Environ seize cents, lui répondit-on. — C'est inconcevable, reprit Napoléon, dans un temps où l'on n'est plus religieux. — Pardon, sire, dit M. de Balasheff, les Russes et les Espagnols le sont encore. » Admirable réponse et qui présageait, on devait l'espérer, que les Moscovites seraient les Castillans du Nord.

Néanmoins l'armée française faisait des progrès rapides, et l'on est si accoutumé à voir les Français triompher de tout au dehors, quoique chez eux ils ne sachent résister à aucun genre de joug, que je pouvais craindre avec raison de les rencontrer déjà sur la route même de Moscou. Bizarre sort pour moi, que de fuir d'abord les Français, au milieu desquels je suis née, qui ont porté mon père en triomphe, et de les fuir jusqu'aux confins de l'Asie ! Mais enfin quelle est la destinée, grande ou petite, que l'homme choisi pour humilier l'homme ne bouleverse pas? Je me crus forcée d'aller à Odessa, ville devenue prospère par l'administration éclairée du duc de Richelieu, et de là j'aurais été à Constantinople et en Grèce : je me consolais de ce grand voyage en pensant à un poëme sur Richard Cœur de Lion, que je me propose d'écrire, si ma vie et ma santé y suffisent. Ce poëme est destiné à peindre les mœurs et la nature de l'Orient, et à consacrer une grande époque de l'histoire anglaise, celle où l'enthousiasme des croisades a fait place à l'enthousiasme de la liberté. Mais comme on ne peut peindre ce qu'on a vu, de même qu'on ne saurait exprimer que ce qu'on a senti, il faut que j'aille à Constantinople, en Syrie et en Sicile, pour y suivre les traces de Richard. Mes compagnons de voyage, jugeant mieux de mes forces que moi-même, me dissuadèrent d'une telle entreprise, et m'assurèrent qu'en me pressant je pourrais aller en poste plus vite qu'une armée. On va voir qu'en effet je n'eus pas beaucoup de temps de reste.

CHAPITRE XI.

Kiew.

Résolue à poursuivre mon voyage en Russie, je me dirigeai sur Kiew, ville principale de l'Ukraine, et jadis de toute la Russie, car cet empire a commencé par établir sa capitale au midi. Les Russes avaient alors des rapports continuels avec les Grecs établis à Constantinople, et, en général, avec les peuples de l'Orient dont ils ont pris les habitudes sous beaucoup de rapports. L'Ukraine est un pays très-fertile, mais nullement agréable ; vous voyez de grandes plaines de blé qui semblent cultivées par des mains invisibles, tant les habitations et les habitants sont rares. Il ne faut pas s'imaginer qu'en approchant de Kiew ni de la plupart de ce qu'on appelle des villes en Russie, on voie rien qui ressemble aux villes de l'Occident ; les chemins ne sont pas mieux soignés, des maisons de campagne n'annoncent pas une contrée plus peuplée. En arrivant dans Kiew, le premier objet que j'aperçus, ce fut un cimetière : j'appris ainsi que j'étais près d'un lieu où des hommes étaient rassemblés. La plupart des maisons de Kiew ressemblent à des tentes, et de loin la ville a l'air d'un camp ; on ne peut s'empêcher de croire qu'on a pris modèle sur les demeures ambulantes des Tartares, pour bâtir en bois des maisons qui ne paraissent pas non plus d'une grande solidité. Peu de jours suffisent pour les construire ; de fréquents incendies les consument, et l'on envoie à la forêt pour se commander une maison, comme au marché pour faire ses provisions d'hiver. Au milieu de ces cabanes s'élèvent pourtant des palais, et surtout des églises dont les coupoles vertes et dorées frappent singulièrement les regards. Quand, le soir, le soleil darde ses rayons sur ces voûtes brillantes, on croit voir une illumination pour une fête, plutôt qu'un édifice durable.

Les Russes ne passent jamais devant une église sans faire le signe de la croix, et leur longue barbe ajoute beaucoup à l'expression religieuse de leur physionomie. Ils portent pour la plupart une grande robe bleue, serrée autour du corps par une ceinture rouge ; l'habit des femmes a aussi quelque chose d'asiatique, et l'on y remarque ce goût pour les couleurs vives qui nous vient des pays où le soleil est si beau, qu'on aime à faire ressortir son éclat par les objets qu'il éclaire. Je pris en peu de temps tellement de goût à ces habits orientaux, que je n'aimais pas à voir des Russes vêtus comme le reste des Européens ; il me semblait alors qu'ils allaient entrer dans cette grande régularité du despotisme de Napoléon, qui fait présent à toutes les nations de la conscription d'abord, puis des taxes de guerre, puis du Code Napoléon, pour régir de la même manière des nations toutes différentes.

Le Dniéper, que les anciens appelaient *Borysthène*, passe à Kiew, et l'ancienne tradition du pays assure que c'est un batelier qui, en le traversant, trouva ses ondes si pures, qu'il voulut fonder une ville sur ses bords. En effet, les fleuves sont les plus grandes beautés de la nature en Russie. A peine si l'on y rencontre des ruisseaux, tant le sable en obstrue le cours. Il n'y a presque point de variété d'arbres ; le triste bouleau revient sans cesse dans cette nature peu inventive : on y pourrait regretter même les pierres, tant on est quelquefois fatigué de ne rencontrer ni collines ni vallées, et d'avancer toujours sans voir de nouveaux objets. Les fleuves délivrent l'imagination de cette fatigue : aussi les prêtres bénissent-ils ces fleuves. L'empereur, l'impératrice et toute la cour vont assister à la cérémonie de la bénédiction de la Néva, dans le moment du plus grand froid de l'hiver. On dit que Wladimir, au commencement du onzième siècle, déclara que toutes les ondes du Borysthène étaient saintes, et qu'il suffisait de s'y plonger pour être chrétien ; le baptême des Grecs se faisant par immersion, des milliers d'hommes allèrent dans ce fleuve abjurer leur idolâtrie. C'est ce même Wladimir qui avait envoyé des députés dans divers pays, pour savoir laquelle de toutes les religions il lui convenait le mieux d'adopter ; il se décida pour le culte grec, à cause de la pompe des cérémonies. Il le préféra peut-être encore par des motifs plus importants : en effet, le culte grec, en excluant l'empire du pape, donne au souverain de la Russie les pouvoirs spirituels et temporels tout ensemble.

La religion grecque est nécessairement moins intolérante que le catholicisme ; car, étant accusée de schisme, elle ne peut guère se plaindre des hérétiques : aussi toutes les religions sont admises en Russie, et, depuis les bords du Don jusqu'à ceux de la Néva, la fraternité de patrie réunit les hommes, lors même que les opinions théologiques les séparent. Les prêtres grecs sont mariés, et presque jamais les gentilshommes n'entrent dans cet état : il en résulte que le clergé n'a pas beaucoup d'ascendant politique ; il agit sur le peuple, mais il est très-soumis à l'empereur.

Les cérémonies du culte grec sont au moins aussi belles que celles des catholiques ; les chants d'église sont ravissants : tout porte à la rêverie dans ce culte ; il a quelque chose de poétique et de sensible, mais il me semble qu'il captive plus l'imagination qu'il ne dirige la conduite. Quand le prêtre sort du sanctuaire, où il reste renfermé pendant qu'il communie, on dirait qu'on voit s'ouvrir les portes du jour ; le nuage d'encens qui l'environne, l'argent, l'or et les pierreries qui brillent sur ses vêtements et dans l'église, semblent venir du pays où l'on adorait le soleil. Les sentiments recueillis

qu'inspire l'architecture gothique en Allemagne, en France et en Angleterre, ne peuvent se comparer en rien à l'effet des églises grecques ; elles rappellent plutôt les minarets des Turcs et des Arabes que nos temples. Il ne faut pas non plus s'attendre à y trouver, comme en Italie, la pompe des beaux-arts ; leurs ornements les plus remarquables, ce sont des vierges et des saints couronnés de diamants et de rubis. La magnificence est le caractère de tout ce qu'on voit en Russie ; le génie de l'homme ni les dons de la nature n'en font point la beauté.

Les cérémonies des mariages, des baptêmes et des enterrements, sont nobles et touchantes ; on y retrouve quelques anciennes coutumes du paganisme grec, mais seulement celles qui, ne tenant en rien au dogme, peuvent ajouter à l'impression des trois grandes scènes de la vie, la naissance, le mariage et la mort. Parmi les paysans russes, l'usage s'est encore conservé de parler au mort avant de se séparer pour toujours de ses restes. « D'où vient, lui dit-on, que tu nous as abandonnés ? étais-tu donc malheureux sur cette terre ? ta femme n'était-elle pas belle et bonne ? pourquoi donc l'as-tu quittée ? » Le mort ne répond rien, mais le prix de l'existence est ainsi proclamé en présence de ceux qui la conservent encore.

On montre, à Kiew, des catacombes qui rappellent un peu celles de Rome, et l'on vient y faire des pèlerinages à pied, de Casan et d'autres villes qui touchent à l'Asie ; mais ces pèlerinages coûtent moins en Russie que partout ailleurs, bien que les distances soient beaucoup plus grandes. Le caractère de ce peuple est de ne craindre ni la fatigue, ni les souffrances physiques ; il y a de la patience et de l'activité dans cette nation, de la gaieté et de la mélancolie. On y voit réunis les contrastes les plus frappants, et c'est ce qui peut en faire présager de grandes choses ; car, d'ordinaire, il n'y a que les êtres supérieurs qui possèdent des qualités opposées ; les masses sont, pour la plupart, d'une seule couleur.

Je fis, à Kiew, l'essai de l'hospitalité russe. Le gouverneur de la province, le général Miloradowitsch, me combla des soins les plus aimables ; c'était un aide de camp de Souvarow, intrépide comme lui : il m'inspira plus de confiance que je n'en avais alors dans les succès militaires de la Russie. Je n'avais rencontré jusque-là que quelques officiers de l'école allemande, qui ne participaient en rien au caractère russe. Je vis dans le général Miloradowitsch un véritable Russe, impétueux, brave, confiant, et nullement dirigé par l'esprit d'imitation, qui dérobe quelquefois à ses compatriotes jusqu'à leur caractère national. Il me raconta des traits de Souvarow, qui prouvent que cet homme étudiait beaucoup, quoiqu'il conservât l'instinct original qui tient à la connaissance immédiate des hommes et des choses. Il cachait ses études pour frapper davantage l'imagination de ses troupes, en se donnant, en toutes choses, l'air inspiré.

Les Russes ont, selon moi, beaucoup plus de rapports avec les peuples du Midi, ou plutôt de l'Orient, qu'avec ceux du Nord. Ce qu'ils ont d'européen tient aux manières de la cour, les mêmes dans tous les pays; mais leur nature est orientale. Le général Miloradowitsch me raconta qu'un régiment de Calmoucks avait été mis en garnison à Kiew, et que le prince de ces Calmoucks était un jour venu lui avouer qu'il souffrait beaucoup de passer l'hiver enfermé dans une ville, et qu'il voudrait obtenir la permission de camper dans la forêt voisine. On ne pouvait guère lui refuser un plaisir si facile; aussi alla-t-il, avec sa troupe, au milieu de la neige, s'établir dans les chariots qui leur servent en même temps de cabutes. Les soldats russes supportent à peu près de même les fatigues et les souffrances du climat ou de la guerre, et le peuple, dans toutes les classes, a un mépris des obstacles et des peines physiques qui peut le porter aux plus grandes choses. Ce prince calmouck, auquel des maisons de bois paraissaient une demeure trop recherchée, au milieu de l'hiver, donnait des diamants aux dames qui lui plaisaient dans un bal; et comme il ne pouvait se faire entendre d'elles, il remplaçait les compliments par des présents, comme cela se passe dans l'Inde et dans ces contrées silencieuses de l'Orient, où la parole a moins de puissance que chez nous. Le général Miloradowitsch m'invita, pour le soir même de mon départ, à un bal chez une princesse moldave. J'eus un vrai regret de ne pouvoir y aller. Tous ces noms de pays étrangers, de nations qui ne sont presque plus européennes, réveillent singulièrement l'imagination. On se sent, en Russie, à la porte d'une autre terre, près de cet Orient d'où sont sorties tant de croyances religieuses, et qui renferme encore dans son sein d'incroyables trésors de persévérance et de réflexion.

CHAPITRE XII.

Route de Kiew à Moscou.

Environ neuf cents verstes séparaient encore Kiew de Moscou. Mes cochers russes me menaient comme l'éclair, en chantant des airs dont les paro-

les étaient, m'a-t-on assuré, des compliments et des encouragements pour leurs chevaux : « Allez, leur disaient-ils, mes amis; nous nous connaissons, marchez vite. » Je n'ai rien vu de barbare dans ce peuple; au contraire, ses formes ont quelque chose d'élégant et de doux qu'on ne retrouve point ailleurs. Jamais un cocher russe ne passe devant une femme, de quelque âge ou de quelque état qu'elle soit, sans la saluer, et la femme lui répond par une inclination de tête, qui est toujours noble et gracieuse. Un vieillard, qui ne pouvait se faire entendre de moi, me montra la terre, et puis le ciel, pour m'indiquer que l'une serait bientôt, pour lui, le chemin de l'autre. Je sais bien qu'on peut m'objecter, avec raison, de grandes atrocités que l'on rencontre dans l'histoire de Russie; mais, d'abord, j'en accuserais plutôt les boyards, dépravés par le despotisme qu'ils exerçaient ou qu'ils souffraient, que la nation elle-même. D'ailleurs, les dissensions politiques, partout et dans tous les temps, dénaturent le caractère national, et rien n'est plus déplorable, dans l'histoire, que cette suite de maîtres élevés et renversés par le crime; mais telle est la fatale condition du pouvoir absolu sur la terre. Les employés civils d'une classe inférieure, tous ceux qui attendent leur fortune de leur souplesse ou de leurs intrigues, ne ressemblent en rien aux habitants de la campagne, et je conçois tout le mal qu'on a dit et qu'on doit dire d'eux; mais il faut chercher à connaître une nation guerrière par ses soldats et par la classe d'où l'on tire les soldats, les paysans.

Quoiqu'on me conduisît avec une grande rapidité, il me semblait que je n'avançais pas, tant la contrée était monotone. Des plaines de sables, quelques forêts de bouleaux, et des villages à grande distance les uns des autres, composés de maisons de bois, toutes taillées sur le même modèle, voilà les seuls objets qui s'offrirent à mes regards. J'éprouvais cette sorte de cauchemar qui saisit quelquefois la nuit, quand on croit marcher toujours et n'avancer jamais. Il me semblait que ce pays était l'image de l'espace infini, et qu'il fallait l'éternité pour le traverser. A chaque instant, on voyait passer des courriers qui allaient avec une incroyable vitesse; ils étaient assis sur un banc de bois placé en travers d'une petite charrette traînée par deux chevaux, et rien ne les arrêtait un instant. Les cahots les faisaient quelquefois sauter à deux pieds au-dessus de leur voiture; ils retombaient avec une adresse étonnante, et se hâtaient de dire *en avant* en russe, avec une énergie semblable à celle des Français un jour de bataille. La langue esclavonne est singulièrement retentissante; je dirais presque qu'elle a quelque chose de métallique; on croit entendre frapper l'airain quand les Russes prononcent de certaines lettres de leur langue, tout à fait différentes de celles dont se composent les dialectes de l'Occident.

L'on voyait passer des corps de réserve qui se rapprochaient à la hâte du théâtre de la guerre; des Cosaques se rendaient un à un à l'armée, sans ordre et sans uniforme, avec une grande lance à la main, et une espèce de vêtement grisâtre dont ils mettaient l'ample capuchon sur leur tête. Je m'étais fait une tout autre idée de ces peuples; ils habitent derrière le Dniéper; là leur façon de vivre est indépendante, à la manière des sauvages; mais ils se laissent gouverner despotiquement à la guerre. On est accoutumé à voir en beaux uniformes, d'une couleur éclatante, les plus redoutables des armées. Les couleurs ternes dont ces Cosaques sont revêtus font un autre genre de peur : on dirait que ce sont des revenants qui fondent sur vous.

A moitié chemin, entre Kiew et Moscou, comme nous étions déjà près des armées, les chevaux devinrent plus rares. Je commençai à craindre d'être arrêtée dans mon voyage au moment même où la nécessité de se hâter était la plus pressante; et lorsque je passais cinq ou six heures devant une poste, puisqu'il y avait rarement une chambre dans laquelle on pût entrer, je pensais, en frémissant, à cette armée qui pourrait m'atteindre à l'extrémité de l'Europe, et rendre ma position tout à la fois tragique et ridicule; car il en est ainsi du non succès dans une entreprise de ce genre; les circonstances qui m'y forçaient n'étant pas généralement connues, on aurait demandé pourquoi j'avais quitté ma demeure, bien qu'on m'en eût fait une prison, et d'assez bonnes gens n'auraient pas manqué de dire, avec un air de componction, que c'était bien malheureux, mais que j'aurais mieux fait de ne pas partir. Si la tyrannie n'avait pour elle que ses partisans directs, elle ne se maintiendrait jamais; la chose étonnante, et qui manifeste plus que tout la misère humaine, c'est que la plupart des hommes médiocres sont au service de l'événement; ils n'ont pas la force de penser plus haut qu'un fait, et quand un oppresseur a triomphé et qu'une victime est perdue, ils se hâtent de justifier, non pas précisément le tyran, mais la destinée dont il est l'instrument. La faiblesse d'esprit et de caractère est sans doute la cause de cette servilité; mais il y a dans l'homme aussi un certain besoin de donner raison au sort, quel qu'il soit, comme si c'était une manière de vivre en paix avec lui.

J'atteignis enfin la partie de ma route qui m'éloignait du théâtre de la guerre, et j'arrivai dans les gouvernemens d'Orel et de Toula, dont il a tant été question depuis dans les bulletins des deux armées. Je fus reçue dans ces demeures solitaires, car c'est ainsi que paraissent les villes de province en Russie, avec une parfaite hospitalité. Plusieurs gentilshommes des environs vinrent à mon auberge me complimenter sur mes écrits, et j'avoue que je fus flattée de me trouver une réputation littéraire à cette distance de ma patrie. La femme du gouverneur me reçut à l'asiatique, avec du sorbet et des roses; sa chambre était élégamment ornée d'instrumens de musique et de tableaux. On voit partout en Europe le contraste de la richesse et de la misère; mais en Russie ce n'est, pour ainsi dire, ni l'une ni l'autre qui se fait remarquer. Le peuple n'est pas pauvre; les grands savent mener, quand il le faut, la même vie que le peuple : c'est le mélange des privations les plus dures et des jouissances les plus recherchées qui caractérise ce pays. Ces mêmes seigneurs, dont la maison réunit tout ce que le luxe des diverses parties du monde a de plus éclatant, se nourrissent en voyage bien plus mal que nos paysans de France, et savent supporter, non-seulement à la guerre, mais dans plusieurs circonstances de la vie, une existence physique très-désagréable. La rigueur du climat, les marais, les forêts, les déserts dont se compose une grande partie du pays, mettent l'homme en lutte avec la nature. Les fruits et les fleurs même ne viennent que dans des serres; les légumes ne sont pas généralement cultivés; il n'y a de vignes nulle part. La manière de vivre habituelle des paysans, en France, ne peut s'obtenir en Russie que par des dépenses très-fortes. L'on n'y a le nécessaire que par le luxe : de là vient que quand le luxe est impossible, on renonce même au nécessaire. Ce que les Anglais appellent *comforts*, et que nous exprimons par l'aisance, ne se rencontre guère en Russie. Vous ne trouveriez jamais rien d'assez parfait pour satisfaire en tout genre l'imagination des grands seigneurs russes; mais quand cette poésie de richesses leur manque, ils boivent l'hydromel, couchent sur une planche, et voyagent jour et nuit dans un chariot ouvert, sans regretter le luxe auquel on les croirait accoutumés. C'est plutôt comme magnificence qu'ils aiment la fortune, que sous le rapport des plaisirs qu'elle donne; semblables encore en cela aux Orientaux, qui exercent l'hospitalité envers les étrangers, les comblent de présents et négligent souvent le bien-être habituel de leur propre vie. C'est une des raisons qui expliquent ce beau courage avec lequel les Russes ont supporté la ruine que leur a fait subir l'incendie de Moscou. Plus accoutumés à la pompe extérieure qu'au soin d'eux-mêmes, ils ne sont point amollis par le luxe, et le sacrifice de l'argent satisfait leur orgueil autant et plus que la magnificence avec laquelle ils le dépensent. Ce qui caractérise ce peuple, c'est quelque chose de gigantesque en tout genre : les dimensions ordinaires ne lui sont applicables en rien. Je ne veux pas dire par là que ni la vraie grandeur, ni la stabilité ne s'y rencontrent; mais la hardiesse, mais l'imagination des Russes ne connaît pas de bornes; chez eux tout est colossal plutôt que proportionné, audacieux plutôt que réfléchi, et si le but n'est pas atteint, c'est parce qu'il est dépassé.

CHAPITRE XIII.

Aspect du pays. — Caractère du peuple russe.

J'approchais toujours davantage de Moscou, et rien n'annonçait une capitale. Les villages de bois n'étaient pas moins distants les uns des autres; on ne voyait pas plus de mouvement sur les vastes plaines qu'on appelle de grands chemins, on n'entendait pas plus de bruit; les maisons de campagne n'étaient pas plus nombreuses : il y a tant d'espace en Russie que tout s'y perd, même les châteaux, même la population. On dirait qu'on traverse un pays dont la nation vient de s'en aller. L'absence d'oiseaux ajoute à ce silence; les bestiaux aussi sont rares, ou du moins ils sont placés à une grande distance de la route. L'étendue fait tout disparaître, excepté l'étendue même, qui poursuit l'imagination, comme de certaines idées métaphysiques dont la pensée ne peut plus se débarrasser, quand elle en est une fois saisie.

La veille de mon arrivée à Moscou, je m'arrêtai, le soir d'un jour très-chaud, dans une prairie assez agréable; des paysannes vêtues pittoresquement, selon la coutume du pays, revenaient de leurs travaux en chantant ces airs d'Ukraine, dont les paroles vantent l'amour et la liberté avec une sorte de mélancolie qui tient du regret. Je les priai de danser, et elles y consentirent. Je ne connais rien de plus gracieux que ces danses du pays, qui ont toute l'originalité que la nature donne aux beaux-arts; une certaine volupté modeste s'y fait remarquer; les bayadères de l'Inde doivent avoir quelque chose d'analogue à ce mélange d'indolence et de vivacité, charme de la danse russe. Cette indolence et cette vivacité indiquent la rêverie et la passion, deux éléments des caractères que la civilisation n'a encore ni formés ni domptés. J'étais

frappée de la gaieté douce de ces paysannes, comme je l'avais été, dans des nuances différentes, de celle de la plupart des gens du peuple auxquels j'avais eu affaire en Russie. Je crois bien qu'ils sont terribles quand leurs passions sont provoquées; et comme ils n'ont point d'instruction, ils ne savent pas dompter leur violence. Ils ont, par une suite de la même ignorance, peu de principes de morale, et le vol est très-fréquent en Russie, mais aussi l'hospitalité; ils vous donnent comme ils vous prennent, selon que la ruse ou la générosité parle à leur imagination; l'une et l'autre excitent l'admiration de ce peuple. Il y a dans cette manière d'être un peu de rapport avec les sauvages; mais il me semble que maintenant les nations européennes n'ont de vigueur que quand elles sont ou ce qu'on appelle barbares, c'est-à-dire non éclairées, ou libres; mais ces nations, qui n'ont appris de la civilisation que l'indifférence pour tel ou tel joug, à condition que leur coin du feu n'en soit pas troublé; ces nations qui n'ont appris de la civilisation que l'art d'expliquer la puissance et de raisonner la servitude, sont faites pour être vaincues. Je me représente souvent ce que doivent être maintenant ces lieux que j'ai vus si calmes, ces aimables jeunes filles, ces paysans à longues barbes qui suivaient si tranquillement le sort que la Providence leur avait tracé : ils ont péri ou ils sont en fuite, car nul d'entre eux ne s'est mis au service du vainqueur.

Une chose digne de remarque, c'est à quel point l'esprit public est prononcé en Russie. La réputation d'invincible que des succès multipliés ont donnée à cette nation, la fierté naturelle aux grands, le dévouement qui est dans le caractère du peuple, la religion, dont la puissance est profonde, la haine des étrangers que Pierre Ier a tâché de détruire pour éclairer et civiliser son pays, mais qui n'en est pas moins restée dans le sang des Russes, et qui se réveille dans l'occasion, toutes ces causes réunies font de cette nation un peuple très-énergique. Quelques mauvaises anecdotes des règnes précédents, quelques Russes qui ont fait des dettes sur le pavé de Paris, quelques bons mots de Diderot, ont mis dans la tête des Français que la Russie ne consistait que dans une cour corrompue, des officiers chambellans et un peuple d'esclaves : c'est une grande erreur. Cette nation, il est vrai, ne peut se connaître d'ordinaire qu'après un très-long examen; mais dans les circonstances où je l'ai observée, tout ressortait en elle, et jamais on ne peut voir un pays sous un jour plus avantageux que dans une époque de malheur et de courage.

On ne saurait trop le répéter, cette nation est composée des contrastes les plus frappants. Peut-être le mélange de la civilisation européenne et du caractère asiatique en est-il la cause.

L'accueil des Russes est si obligeant, qu'on se croirait, dès le premier jour, lié avec eux, et peut-être au bout de dix ans ne le serait-on pas. Le silence russe est tout à fait extraordinaire; ce silence porte uniquement sur ce qui leur inspire un vif intérêt. Du reste, ils parlent tant qu'on veut; mais leur conversation ne vous apprend rien que leur politesse; elle ne trahit ni leurs sentiments ni leurs opinions. On les a souvent comparés à des Français; et cette comparaison me semble la plus fausse du monde. La flexibilité de leurs organes leur rend l'imitation en toutes choses très-facile; ils sont Anglais, Français, Allemands, dans leurs manières, selon que les circonstances les y appellent; mais ils ne cessent jamais d'être Russes, c'est-à-dire, impétueux et réservés tout ensemble, plus capables de passion que d'amitié, plus fiers que délicats, plus dévots que vertueux, plus braves que chevaleresques, et tellement violents dans leurs désirs, que rien ne peut les arrêter lorsqu'il s'agit de les satisfaire. Ils sont beaucoup plus hospitaliers que les Français; mais la société ne consiste pas chez eux, comme chez nous, dans un cercle d'hommes et de femmes d'esprit, qui se plaisent à causer ensemble. On se réunit comme l'on va à une fête, pour trouver beaucoup de monde, pour avoir des fruits et des productions rares de l'Asie ou de l'Europe; pour entendre de la musique, pour jouer; enfin, pour se donner des émotions vives par les objets extérieurs, plutôt que par l'esprit et l'âme : ils réservent l'usage de l'un et de l'autre pour les actions et non pour la société. D'ailleurs, comme ils sont, en général, très-peu instruits, ils trouvent peu de plaisir aux conversations sérieuses, et ne mettent point leur amour-propre à briller par l'esprit qu'on y peut montrer. La poésie, l'éloquence, la littérature ne se rencontrent point encore en Russie; le luxe, la puissance et le courage sont les principaux objets de l'orgueil et de l'ambition; toutes les autres manières de se distinguer semblent encore efféminées et vaines à cette nation.

Mais le peuple est esclave, dira-t-on; quel caractère donc peut-on lui supposer? Certes je n'ai pas besoin de dire que tous les gens éclairés souhaitent que le peuple russe sorte de cet état, et celui qui le souhaite le plus peut-être, c'est l'empereur Alexandre : mais cet esclavage de Russie ne ressemble pas pour ses effets à celui dont nous nous faisons l'idée dans l'Occident; ce ne sont point, comme sous le régime féodal, des vainqueurs qui ont imposé de dures lois aux vaincus; les rapports des grands avec le peuple ressemblent plutôt à ce qu'on appelait la famille des esclaves chez les anciens, qu'à l'état des serfs chez les modernes. Le tiers état n'existe pas en Russie; c'est un grand inconvénient pour le progrès des lettres et des beaux-arts; car c'est d'ordinaire dans cette troisième classe que les lumières se développent : mais cette absence d'intermédiaire entre les grands et le peuple fait qu'ils s'aiment davantage les uns les autres. La distance entre les deux classes paraît plus grande, parce qu'il n'y a point de degrés entre ces deux extrémités; et dans le fait, elles se touchent de plus près, n'étant point séparées par une classe moyenne. C'est une organisation sociale tout à fait défavorable aux lumières des premières classes, mais non pas au bonheur des dernières. Au reste, là où il n'y a pas de gouvernement représentatif, c'est-à-dire, dans les pays où le monarque décrète encore la loi qu'il doit exécuter, les hommes sont souvent plus avilis par le sacrifice même de leur raison et de leur caractère que dans ce vaste empire où quelques idées simples de religion et de patrie mènent une grande masse guidée par quelques chefs. L'immense étendue de l'empire russe fait aussi que le despotisme des grands n'y pèse pas en détail sur le peuple; enfin, surtout, l'esprit religieux et militaire domine tellement dans la nation, qu'on peut faire grâce à bien des travers, en faveur de ces deux grandes sources des belles actions. Un homme de beaucoup d'esprit disait que la Russie ressemblait aux pièces de Shakspeare, où tout ce qui n'est pas faute est sublime, où tout ce qui n'est pas sublime est faute. Rien de plus juste que cette observation; mais dans la grande crise où se trouvait la Russie quand je l'ai traversée, l'on ne pouvait qu'admirer l'énergie de résistance et la résignation aux sacrifices que manifestait cette nation; et l'on n'osait presque pas, en voyant de telles vertus, se permettre de remarquer ce qu'on aurait blâmé dans d'autres temps.

CHAPITRE XIV.

Moscou.

Des coupoles dorées annoncent de loin Moscou; cependant, comme le pays environnant n'est qu'une plaine, ainsi que toute la Russie, on peut arriver dans la grande ville sans être frappé de son étendue. Quelqu'un disait avec raison que Moscou était plutôt une province qu'une ville. En effet, l'on y voit des cabanes, des maisons, des palais, un bazar comme en Orient, des églises, des établissements publics; des pièces d'eau, des bois, des parcs. La diversité des mœurs et des nations qui composent la Russie se montrait dans ce vaste séjour. Voulez-vous, me disait-on, acheter des châles de Cachemire dans le quartier des Tartares? Avez-vous vu la ville chinoise? L'Asie et l'Europe se trouvaient réunies dans cette immense cité. On y jouissait de plus de liberté qu'à Pétersbourg, où la cour doit nécessairement exercer beaucoup d'influence. Les grands seigneurs établis à Moscou ne recherchaient point les places; mais ils prouvaient leur patriotisme par des dons immenses faits à l'État, soit pour des établissements publics pendant la paix, soit comme secours pendant la guerre. Les fortunes colossales des grands seigneurs russes sont employées à former des collections de tous genres, à des entreprises, à des fêtes dont les Mille et une Nuits ont donné les modèles, et ces fortunes se perdent aussi très-souvent par les passions effrénées de ceux qui les possèdent. Quand j'arrivai dans Moscou, il n'était question que des sacrifices que l'on faisait pour la guerre. Un jeune comte de Momonoff levait un régiment pour l'État, et n'y voulait servir que comme sous-lieutenant; une comtesse Orloff, aimable et riche à l'asiatique, donnait le quart de son revenu. Lorsque je passais devant ces palais entourés de jardins, où l'espace était prodigué dans une ville comme ailleurs au milieu de la campagne, on me disait que le possesseur de cette superbe demeure venait de donner mille paysans à l'État; cet autre, deux cents. J'avais de la peine à me faire à cette expression, *donner des hommes;* mais les paysans eux-mêmes s'offraient avec ardeur, et leurs seigneurs n'étaient dans cette guerre que leurs interprètes.

Dès qu'un Russe se fait soldat, on lui coupe la barbe, et de ce moment il est libre. On voulait que tous ceux qui auraient servi dans la milice fussent aussi considérés comme libres; mais alors la nation l'aurait été, car elle s'est levée presque en entier. Espérons qu'on pourra sans secousse amener cet affranchissement si désiré; mais en attendant, on voudrait que les barbes fussent conservées, tant elles donnent de force et de dignité à la physionomie. Les Russes à longue barbe ne passent jamais devant une église sans faire le signe de la croix, et leur confiance dans les images visibles de la religion est très-touchante. Leurs églises portent l'empreinte de ce goût de luxe qu'ils tiennent de l'Asie; on n'y voit que des ornements d'or, d'argent et de rubis. On dit qu'un homme en Russie avait proposé de composer un alphabet avec des pierres précieuses et d'écrire ainsi la Bible. Il connaissait la meilleure manière d'intéresser à la lecture l'imagination des Russes. Cette imagination, jusqu'à présent néanmoins, ne s'est manifestée ni par les beaux-arts, ni par la poésie. Ils arrivent très-vite en toutes choses jusqu'à un certain point, et ne vont pas au delà. L'impulsion fait faire les premiers pas, mais les seconds appartiennent à la réflexion; et ces Russes, qui n'ont rien des peuples du Nord, sont, jusqu'à présent, très-peu capables de méditation.

Quelques-uns des palais de Moscou sont en bois, afin qu'ils puissent être bâtis plus vite, et que l'inconstance naturelle à la nation, dans tout ce qui n'est pas la religion et la patrie, se satisfasse en changeant facilement de demeure. Plusieurs de ces beaux édifices ont été construits pour une fête : on les destinait à l'éclat d'un jour, et les richesses dont on les a décorés les ont fait durer jusqu'à cette époque de destruction universelle. Un grand nombre de maisons sont colorées en vert, en jaune, en rose, et sculptées en détail comme des ornements de dessert.

Le Kremlin, cette citadelle où les empereurs de Russie se sont défendus contre les Tartares, est entouré d'une haute muraille crénelée et flanquée de tourelles qui, par leurs formes bizarres, rappellent plutôt un minaret de Turquie qu'une forteresse comme la plupart de celles de l'Occident. Mais quoique le caractère extérieur des édifices de la ville soit oriental, l'impression du christianisme se retrouvait dans cette multitude d'églises si vénérées qui attiraient les regards à chaque pas. On se rappelait Rome en voyant Moscou; non assurément que les monuments y fussent du même style, mais parce que le mélange de la campagne solitaire et des palais magnifiques, la grandeur de la ville et le nombre infini des temples, donnent à la Rome asiatique quelques rapports avec la Rome européenne.

C'est vers les premiers jours d'août qu'on me fit voir l'intérieur du Kremlin : j'y arrivai par l'escalier que l'empereur Alexandre avait monté peu de jours auparavant, entouré d'un peuple immense qui le bénissait, et lui promettait de défendre son empire à tout prix. Ce peuple a tenu parole. On m'ouvrit d'abord les salles où l'on renfermait les armes des anciens guerriers de Russie : les arsenaux de ce genre sont plus dignes d'intérêt dans les autres pays de l'Europe. Les Russes n'ont pas pris part aux temps de la chevalerie; ils ne se sont pas mêlés des croisades. Constamment en guerre avec les

Tartares, les Polonais et les Turcs, l'esprit mili- taire s'est formé chez eux au milieu des atrocités de tout genre qu'entraînaient la barbarie des nations asiatiques et celle des tyrans qui gouvernaient la Russie. Ce n'est donc pas la bravoure généreuse des Bayard ou des Percy, mais l'intrépidité d'un cou- rage fanatique qui s'est manifestée dans ce pays depuis plusieurs siècles. Les Russes, dans les rap- ports de la société, si nouveaux pour eux, ne se signalent point par l'esprit de chevalerie, tel que les peuples de l'Occident le conçoivent; mais ils se sont toujours montrés terribles contre leurs enne- mis. Tant de massacres ont eu lieu dans l'intérieur de la Russie, jusqu'au règne de Pierre le Grand et par delà, que la moralité de la nation, et surtout celle des grands seigneurs, doit en avoir beaucoup souffert. Ces gouvernements despotiques, dont la seule limite est l'assassinat du despote, boulever- sent les principes de l'honneur et du devoir dans la tête des hommes; mais l'amour de la patrie, l'atta- chement aux croyances religieuses, se sont main- tenus dans toute leur force à travers les débris de cette sanglante histoire, et la nation qui conserve de telles vertus peut encore étonner le monde.

On me conduisit, de l'ancien arsenal, dans les chambres occupées jadis par les czars, et où l'on conserve les vêtements qu'ils portaient le jour de leur couronnement. Ces appartements n'ont aucun genre de beauté, mais ils s'accordent très-bien avec la vie dure que menaient et que mènent encore les czars. La plus grande magnificence règne dans le palais d'Alexandre; mais lui-même couche sur la dure, et voyage comme un officier cosaque.

On faisait voir, dans le Kremlin, un trône parta- gé, qui fut occupé d'abord par Pierre Ier et Ivan, son frère. La princesse Sophie, leur sœur, se pla- çait derrière la chaise d'Ivan, et lui dictait ce qu'il devait dire; mais cette force empruntée ne résista pas longtemps à la force native de Pierre Ier, et bientôt il régna seul. C'est à dater de son règne que les czars ont cessé de porter le costume asiati- que. La grande perruque du siècle de Louis XIV arriva avec Pierre Ier, et, sans porter atteinte à l'admiration qu'inspire ce grand homme, il y a je ne sais quel contraste désagréable entre la férocité de son génie, et la régularité cérémonieuse de son vêtement. A-t-il eu raison d'effacer, autant qu'il le pouvait, les mœurs orientales du sein de sa nation? devait-il placer sa capitale au nord et à l'extrémité de son empire? C'est une grande question qui n'est point encore résolue : les siècles seuls peuvent com- menter de si grandes pensées.

Je montai sur le clocher de la cathédrale, appe- lée *Ivan-Veliki*, d'ou l'on domine toute la ville : de là je voyais ce palais des czars qui ont conquis par leurs armes les couronnes de Casan, d'Astracan et de Sibérie. J'entendais les chants de l'église où le catholicos, prince de Géorgie, officiait au milieu des habitants de Moscou, et formait une réunion chré- tienne entre l'Asie et l'Europe. Quinze cents égli- ses attestaient la dévotion du peuple moscovite.

Les établissements de commerce à Moscou por- taient un caractère asiatique; des hommes à tur- ban, d'autres habillés selon les divers costumes de tous les peuples de l'Orient, étalaient les marchan- dises les plus rares; les fourrures de la Sibérie et les tissus de l'Inde offraient toutes les jouissances du luxe à ces grands seigneurs dont l'imagination se plaît aux zibelines des Samoïèdes comme aux rubis des Persans. Ici, le jardin et le palais Roza- mouski renfermaient la plus belle collection de plantes et de minéraux; ailleurs, un comte de Bou- terlin avait passé trente ans de sa vie à rassembler une belle bibliothèque : parmi les livres qu'il pos- sédait, il y en avait sur lesquels on trouvait des notes de la main de Pierre Ier. Ce grand homme ne se doutait pas que cette même civilisation euro- péenne, dont il était si jaloux, viendrait dévaster les établissements d'instruction publique qu'il avait fondés au milieu de son empire, dans le but de fixer, par l'étude, l'esprit impatient des Russes.

Plus loin était la maison des enfants trouvés, l'une des plus touchantes institutions de l'Europe; des hôpitaux pour toutes les classes de la société se faisaient remarquer dans les divers quartiers de la ville; enfin, l'œil ne pouvait se porter que sur des richesses ou sur des bienfaits, sur des édifices de luxe ou de charité, sur des églises ou sur des palais, qui répandaient du bonheur ou de l'éclat sur une vaste portion de l'espèce humaine. On aperçoit les sinuosités de la Moskowa, de cette ri- vière qui, depuis la dernière invasion des Tartares, n'avait plus roulé de sang dans ses flots : le jour était superbe; le soleil semblait se complaire à ver- ser ses rayons sur les coupoles étincelantes. Je me rappelai ce vieux archevêque, Platon, qui venait d'écrire à l'empereur Alexandre une lettre pasto- rale dont le style oriental m'avait vivement émue : il envoyait l'image de la Vierge, des confins de l'Europe, pour conjurer loin de l'Asie l'homme qui voulait faire porter aux Russes tout le poids des nations enchaînées sur ses pas. Un moment la pensée me vint que Napoléon pourrait se promè- ner sur cette même tour d'où j'admirais la ville qu'allait anéantir sa présence; un moment je son- geai qu'il s'enorgueillirait de remplacer, dans le palais des czars, le chef de la grande horde, qui sut aussi s'en emparer pour un temps; mais le ciel était si beau, que je repoussai cette crainte. Un mois après, cette belle ville était en cendres, afin qu'il fût dit que tout pays qui s'était allié avec cet homme serait ravagé par les feux dont il dispose. Mais combien ces Russes et leur monarque n'ont-ils pas racheté cette erreur! Le malheur même de Moscou a régénéré l'empire, et cette ville religieuse a péri comme un martyr, dont le sang répandu donne de nouvelles forces aux frères qui lui survivent.

Le fameux comte Rostopschin, dont le nom a rempli les bulletins de l'empereur, vint me voir, et m'invita à dîner chez lui. Il avait été ministre des affaires étrangères de Paul Ier; sa conversation avait de l'originalité, et l'on pouvait aisément apercevoir que son caractère se montrerait d'une manière très-prononcée, si les circonstances l'exigeaient. La comtesse Rostopschin voulut bien me donner un livre qu'elle avait écrit sur le triomphe de la religion, très-pur de style et de morale. J'allai la voir à sa campagne, dans l'intérieur de Moscou; il fallait traverser, pour y arriver, un lac et un bois: c'est à cette maison, l'un des plus agréables séjours de la Russie, que le comte Rostopschin a mis lui-même le feu, à l'approche de l'armée française. Certes, une telle action devrait exciter un certain genre d'admiration, même chez des ennemis. L'empereur Napoléon a cependant comparé le comte Rostopschin à Marat, oubliant que le gouverneur de Moscou sacrifiait ses propres intérêts, et que Marat incendiait les maisons des autres; ce qui ne laisse pas, cependant, de faire une différence. Ce qu'on aurait pu reprocher au comte Rostopschin, c'est d'avoir dissimulé trop longtemps les mauvaises nouvelles des armées, soit qu'il se flattât lui-même, soit qu'il crût nécessaire de flatter les autres. Les Anglais, avec cette admirable droiture qui distingue toutes leurs actions, rendent compte aussi véridiquement de leurs revers que de leurs succès, et l'enthousiasme se soutient, chez eux, par la vérité, quelle qu'elle soit. Les Russes ne peuvent atteindre encore à cette perfection morale, qui est le résultat d'une constitution libre.

Aucune nation civilisée ne tient autant des sauvages que le peuple russe, et quand les grands ont de l'énergie, ils se rapprochent aussi des défauts et des qualités de cette nature sans frein. On a beaucoup vanté le mot fameux de Diderot : *Les Russes sont pourris avant d'être mûrs.* Je n'en connais pas de plus faux; leurs vices mêmes, à quelques exceptions près, n'appartiennent pas à la corrup-

tion, mais à la violence. Un désir russe, disait un homme supérieur, ferait sauter une ville; la fureur et la ruse s'emparent d'eux tour à tour, quand ils veulent accomplir une résolution quelconque, bonne ou mauvaise. Leur nature n'est point changée par la civilisation rapide que Pierre Ier leur a donnée; elle n'a, jusqu'à présent, formé que leurs manières; heureusement pour eux, ils sont toujours ce que nous appelons barbares, c'est-à-dire, conduits par un instinct souvent généreux, toujours involontaire, qui n'admet la réflexion que dans le choix des moyens, et non dans l'examen du but : je dis heureusement pour eux, non que je prétende vanter la barbarie; mais je désigne par ce nom une certaine énergie primitive qui peut seule remplacer dans les nations la force concentrée de la liberté.

Je vis à Moscou les hommes les plus éclairés dans la carrière des sciences et des lettres; mais là, comme à Pétersbourg, presque toutes les places de professeurs sont remplies par des Allemands. Il y a grande disette, en Russie, d'hommes instruits, dans quelque genre que ce soit : les jeunes gens ne vont, pour la plupart, à l'Université que pour entrer plus vite dans l'état militaire. Les charges civiles, en Russie, donnent un rang qui correspond à un grade dans l'armée; l'esprit de la nation est tourné tout entier vers la guerre; dans tout le reste, administration, économie politique, instruction publique, etc., les autres peuples de l'Europe l'emportent, jusqu'à présent, sur les Russes. Ils s'essayent néanmoins dans la littérature; la douceur et l'éclat des sons de leur langue se fait remarquer par ceux même qui ne la comprennent pas; elle doit être très-propre à la musique et à la poésie. Mais les Russes ont, comme tant d'autres peuples du continent, le tort d'imiter la littérature française, qui, par ses beautés mêmes, ne convient qu'aux Français. Il me semble que les Russes devraient faire dériver leurs études littéraires des Grecs plutôt que des Latins. Les caractères de l'écriture russe, si semblables à ceux des Grecs, les anciennes communications des Russes avec l'empire de Byzance, leurs destinées futures, qui les conduiront peut-être vers les illustres monuments d'Athènes et de Sparte, tout doit porter les Russes à l'étude du grec; mais il faut surtout que leurs écrivains puisent la poésie dans ce qu'ils ont de plus intime au fond de l'âme. Leurs ouvrages, jusqu'à présent, sont composés, pour ainsi dire, du bout des lèvres, et jamais une nation si véhémente ne peut être remuée par de si grêles accords.

CHAPITRE XV.

Route de Moscou à Pétersbourg.

Je quittai Moscou avec regret. Je m'arrêtai quelque temps dans un bois, près de la ville, où, les jours de fête, les habitants viennent danser, et fêter le soleil dont la splendeur est de si courte durée, même à Moscou. Qu'est-ce donc, en s'avançant vers le nord? Ces éternels bouleaux, qui fatiguent par leur monotonie, deviennent eux-mêmes très-rares, dit-on, lorsqu'on s'approche d'Archangel; on les conserve là comme des orangers en France. Le pays de Moscou à Pétersbourg n'est que sable d'abord, et marais ensuite; dès qu'il pleut, la terre devient noire, et l'on ne sait plus où trouver le grand chemin. Les maisons de paysans néanmoins annoncent partout l'aisance; ils ornent leurs demeures avec des colonnes; des arabesques sculptées en bois entourent leurs fenêtres. Quoique ce fût en été que je traversasse ce pays, j'y sentais le menaçant hiver qui semblait se cacher derrière les nuages; quand on me présentait des fruits, leur saveur était âpre, parce que leur maturité avait été trop précipitée; une rose me causait de l'émotion, comme un souvenir de nos belles contrées, et les fleurs elles-mêmes paraissaient porter leurs têtes avec moins d'orgueil, comme si la main glacée du Nord eût été déjà prête à les saisir.

Je passai par Novogorod, qui était, il y a six siècles, une république associée aux villes hanséatiques, et qui a conservé longtemps un esprit d'indépendance républicaine. On se plaît à dire que la liberté n'a été réclamée en Europe que dans le dernier siècle; c'est plutôt le despotisme qui est une invention moderne. En Russie même, l'esclavage des paysans n'a été introduit qu'au seizième siècle. Jusqu'au règne de Pierre Iᵉʳ, la formule de tous les ukases était : *Les boyards ont avisé, le czar ordonnera.* Pierre Iᵉʳ, quoiqu'à beaucoup d'égards il ait fait un bien infini à la Russie, abaissa les grands, et réunit sur sa tête le pouvoir temporel et le pouvoir spirituel, afin de ne pas rencontrer d'obstacles à ses desseins. Richelieu se conduisait de même en France; aussi Pierre Iᵉʳ l'admirait-il beaucoup. On sait qu'en voyant son tombeau à Paris, il s'écria : « Grand homme ! je donnerais la moitié de « mon empire pour apprendre de toi à gouverner « l'autre. » Le czar, dans cette occasion, était trop modeste, car il avait sur Richelieu, d'abord l'avantage d'être un grand guerrier, et de plus, le fondateur de la marine et du commerce de son pays; tandis que Richelieu n'a fait que gouverner tyran-

niquement au dedans et astucieusement au dehors. Mais revenons à Novogorod : Ivan Vasiliéwitch s'en empara en 1470; il détruisit la liberté de cette ville; il fit transporter à Moscou, dans le Kremlin, la grande cloche nommée en russe *Wetchevoy kolokol*, au son de laquelle les citoyens s'assemblaient sur la place, pour délibérer sur les intérêts publics. En perdant la liberté, Novogorod vit chaque jour disparaître sa population, son commerce, ses richesses, tant le souffle du pouvoir arbitraire, dit le meilleur historien de la Russie, est desséchant et destructeur ! Encore aujourd'hui, cette ville de Novogorod offre un aspect singulièrement triste; une vaste enceinte annonce que la ville était jadis grande et peuplée, et l'on n'y voit que des maisons éparses dont les habitants semblent placés là comme des figures qui pleurent sur les tombeaux. C'est peut-être aussi maintenant le spectacle qu'offre cette belle ville de Moscou; mais l'esprit public la rebâtira, comme il l'a reconquise.

CHAPITRE XVI.

Saint-Pétersbourg.

De Novogorod jusqu'à Pétersbourg il n'y a presque plus que des marais, et l'on arrive dans l'une des plus belles villes du monde, comme si, d'un coup de baguette, un enchanteur faisait sortir toutes les merveilles de l'Europe et de l'Asie du sein des déserts. La fondation de Pétersbourg est la plus grande preuve de cette ardeur de la volonté russe, qui ne connaît rien d'impossible; tout est humble aux alentours; la ville est bâtie sur un marais, et le marbre même y repose sur des pilotis; mais on oublie, en voyant ces superbes édifices, leurs fragiles fondements, et l'on ne peut s'empêcher de méditer sur le miracle d'une si belle ville bâtie en si peu de temps. Ce peuple, qu'il faut toujours peindre par des contrastes, est d'une persévérance inouïe contre la nature, ou contre les armées ennemies. La nécessité trouva toujours les Russes patients et invincibles; mais dans le cours ordinaire de la vie ils sont très-inconstants. Les mêmes hommes, les mêmes maîtres ne leur inspirent pas longtemps de l'enthousiasme; la réflexion seule peut garantir la durée des sentiments et des opinions dans le calme habituel de la vie, et les Russes, comme tous les peuples soumis au despotisme, sont plus capables de dissimulation que de réflexion.

En arrivant à Pétersbourg, mon premier sentiment fut de remercier le ciel d'être au bord de la mer. Je vis flotter sur la Néva le pavillon anglais, signal de la liberté, et je sentis que je pouvais, en me confiant à l'Océan, rentrer sous la puissance immédiate de la Divinité ; c'est une illusion dont on ne saurait se défendre, que de se croire plus sous la main de la Providence, quand on est livré aux éléments, que lorsqu'on dépend des hommes, et surtout de l'homme qui semble une révélation du mauvais principe sur cette terre.

En face de la maison que j'habitais à Pétersbourg, était la statue de Pierre Iᵉʳ ; on le représente à cheval, gravissant une montage escarpée au milieu de serpents qui veulent arrêter les pas de son cheval. Ces serpents, il est vrai, sont mis là pour soutenir la masse immense du cheval et du cavalier ; mais cette idée n'est pas heureuse ; car, dans le fait, ce n'est pas l'envie qu'un souverain peut redouter ; ceux qui rampent ne sont pas non plus ses ennemis, et Pierre Iᵉʳ, surtout, n'eut rien à craindre pendant sa vie, que des Russes qui regrettaient les anciens usages de leur pays. Toutefois l'admiration que l'on conserve pour lui est une preuve du bien qu'il a fait à la Russie ; car cent ans après leur mort les despotes n'ont plus de flatteurs. On voit écrit sur le piédestal de la statue : *A Pierre premier, Catherine seconde.* Cette inscription simple, et néanmoins orgueilleuse, a le mérite de la vérité. Ces deux grands hommes ont élevé très-haut la fierté russe ; et savoir mettre dans la tête d'une nation qu'elle est invincible, c'est la rendre telle, au moins dans ses propres foyers ; car la conquête est un hasard qui dépend peut-être encore plus des fautes des vaincus que du génie du vainqueur.

On prétend avec raison que l'on ne peut, à Pétersbourg, dire d'une femme qu'elle est vieille comme les rues, tant les rues elles-mêmes sont modernes. Les édifices sont encore d'une blancheur éblouissante, et la nuit, quand la lune les éclaire, on croit voir de grands fantômes blancs qui regardent, immobiles, le cours de la Néva. Je ne sais ce qu'il y a de particulièrement beau dans ce fleuve, mais jamais les flots d'aucune rivière ne m'ont paru si limpides. Des quais de granit de trente verstes de long bordent ses ondes, et cette magnificence du travail de l'homme est digne de l'eau transparente qu'elle décore. Si Pierre Iᵉʳ avait dirigé de pareils travaux vers le midi de son empire, il n'aurait pas obtenu ce qu'il désirait, une marine ; mais peut-être se serait-il mieux conformé au caractère de sa nation. Les Russes habitants de Pétersbourg ont l'air d'un peuple du Midi condamné à vivre au Nord, et faisant tous ses efforts pour lutter contre un climat qui n'est pas d'accord avec sa nature.

Les habitants du Nord sont d'ordinaire très-casaniers, et redoutent le froid, précisément parce qu'il est leur ennemi de tous les jours. Les gens du peuple, parmi les Russes, n'ont pris aucune de ces habitudes ; les cochers attendent dix heures à la porte, pendant l'hiver, sans se plaindre ; ils se couchent sur la neige, sous leur voiture, et transportent les mœurs des Lazzaronis de Naples au soixantième degré de latitude. Vous les voyez établis sur les marches des escaliers, comme les Allemands dans leur duvet ; quelquefois ils dorment debout, la tête appuyée contre un mur. Tour à tour indolents ou impétueux, ils se livrent alternativement au sommeil ou à des fatigues incroyables. Quelques-uns s'enivrent, et diffèrent en cela des peuples du Midi, qui sont très-sobres ; mais les Russes le sont aussi, et d'une manière à peine croyable, quand les difficultés de la guerre l'exigent.

Les grands seigneurs russes montrent, à leur manière, les goûts des habitants du Midi. Il faut aller voir les diverses maisons de campagne qu'ils se sont bâties au milieu d'une île formée par la Néva, dans l'enceinte même de Pétersbourg. Les plantes du Midi, les parfums de l'Orient, les divans de l'Asie, embellissent ces demeures. Des serres immenses, où mûrissent des fruits de tous les pays, forment un climat factice. Les possesseurs de ces palais tâchent de ne pas perdre le moindre rayon du soleil, pendant qu'il paraît sur leur horizon ; ils le fêtent comme un ami qui va bientôt s'en aller, mais qu'ils ont connu jadis dans une contrée plus heureuse.

Le lendemain de mon arrivée, j'allai dîner chez l'un des négociants les plus estimés de la ville, qui exerçait l'hospitalité russe, c'est-à-dire, qu'il plaçait sur le toit de sa maison un pavillon pour annoncer qu'il dînait chez lui, et cette invitation suffisait à tous ses amis. Il nous fit dîner en plein air, tant on était content de ces pauvres jours d'été, dont il restait encore quelques-uns auxquels nous n'aurions guère donné ce nom dans le midi de l'Europe. Le jardin était très-agréable ; des arbres, des fleurs l'embellissaient ; mais à quatre pas de la maison recommençait le désert ou le marais. La nature, aux environs de Pétersbourg, a l'air d'un ennemi qui se ressaisit de ses droits dès que l'homme cesse un moment de lutter contre lui.

Le matin suivant, je me rendis à l'église de Notre-Dame de Casan, bâtie par Paul Iᵉʳ, sur le modèle de Saint-Pierre de Rome. L'intérieur de l'église, décoré d'un grand nombre de colonnes de granit, est de la plus grande beauté ; mais l'édifice lui-même déplaît, précisément parce qu'il rappelle Saint-Pierre, et qu'il en diffère d'autant plus, qu'on a voulu l'imiter. On ne fait pas en deux ans ce qui a coûté un siècle aux premiers artistes de l'univers. Les Russes voudraient, par la rapidité, échapper au temps comme à l'espace ; mais le temps ne conserve que ce qu'il a fondé, et les beaux-arts, dont l'inspiration semble la première source, ne peuvent cependant se passer de la réflexion.

J'allai de Notre-Dame de Casan au couvent de Saint-Alexandre-Newski, lieu consacré à l'un des héros souverains de la Russie, qui étendit ses conquêtes jusques aux rives de la Néva. L'impératrice Élisabeth, fille de Pierre Ier, lui a fait construire un cercueil d'argent, sur lequel on a coutume de poser une pièce de monnaie, comme gage du vœu que l'on recommande au saint. Le tombeau de Souvarow est dans ce couvent d'Alexandre, mais il n'y a que son nom qui le décore ; c'est assez pour lui, mais non pas pour les Russes, auxquels il a rendu de si grands services. Au reste, cette nation est si militaire, qu'elle s'étonne moins qu'une autre des hauts faits en ce genre. Les plus grandes familles de Russie ont élevé des tombeaux à leurs parents dans le cimetière qui tient à l'église de Newski, mais aucun de ces monuments n'est digne de remarque ; ils ne sont pas beaux, sous le rapport de l'art, et nulle idée grande n'y frappe l'imagination. Il est vrai que la pensée de la mort produit peu d'effet sur les Russes ; soit courage, soit inconstance dans les impressions, les longs regrets ne sont guère dans leur caractère ; ils sont plus capables de superstition que d'émotion : la superstition se rapporte à cette vie, et la religion à l'autre ; la superstition se lie à la fatalité, et la religion à la vertu ; c'est par la vivacité des désirs terrestres qu'on devient superstitieux, et c'est, au contraire, par le sacrifice de ces mêmes désirs qu'on est religieux.

M. de Romanzow, ministre des affaires étrangères de Russie, me combla des politesses les plus aimables, et c'était à regret que je pensais qu'il avait été tellement dans le système de l'empereur Napoléon, qu'il aurait dû, comme les ministres anglais, se retirer quand ce système était rejeté. Sans doute, dans une monarchie absolue, la volonté du maître explique tout ; mais la dignité d'un premier ministre exige peut-être que des paroles opposées ne sortent pas de la même bouche. Le souverain représente l'État, et l'État peut changer de politique quand les circonstances l'exigent, mais le ministre n'est qu'un homme, et un homme,

sur des questions de cette importance, ne doit avoir qu'une opinion dans le cours de sa vie. Il est impossible d'avoir de meilleures manières que M. de Romanzow, et de recevoir plus noblement les étrangers. J'étais chez lui lorsqu'on annonça l'envoyé d'Angleterre, lord Tirconnel, et l'amiral Bentinck, tous les deux d'une figure remarquable : c'étaient les premiers Anglais qui reparaissaient sur ce continent, dont la tyrannie d'un seul homme les avait bannis. Après dix ans d'une si terrible lutte, après dix ans pendant lesquels les succès et les revers avaient toujours trouvé les Anglais fidèles à la boussole de leur politique, la conscience, ils revenaient enfin dans le pays qui, le premier, s'affranchissait de la monarchie universelle. Leur accent, leur simplicité, leur fierté, tout réveillait dans l'âme le sentiment du vrai en toutes choses, que Napoléon a trouvé l'art d'obscurcir aux yeux de ceux qui n'ont lu que ses gazettes, et n'ont entendu que ses agents. Je ne sais pas même si les adversaires de Napoléon sur le continent, entourés constamment d'une fausse opinion qui ne cesse de les étourdir, peuvent se confier sans trouble à leur propre sentiment. Si j'en puis juger par moi, je sais que souvent, après avoir entendu tous les conseils de prudence ou de bassesse dont on est abîmé dans l'atmosphère bonapartiste, je ne savais plus que penser de ma propre opinion ; mon sang me défendait d'y renoncer, mais ma raison ne suffisait pas toujours pour me préserver de tant de sophismes. Ce fut donc avec une vive émotion que j'entendis de nouveau la voix de cette Angleterre, avec laquelle on est presque toujours sûr d'être d'accord, quand on cherche à mériter l'estime des honnêtes gens et de soi-même.

Le lendemain, le comte Orloff m'invita à venir passer la journée dans l'île qui porte son nom ; c'est la plus agréable de toutes celles que forme la Néva : des chênes, production rare pour ce pays, ombragent le jardin. Le comte et la comtesse Orloff emploient leur fortune à recevoir les étrangers avec autant de facilité que de magnificence : on est à son aise, chez eux, comme dans un asile champêtre, et l'on y jouit de tout le luxe des villes. Le comte Orloff est un des grands seigneurs les plus instruits qu'on puisse rencontrer en Russie, et son amour pour son pays porte un profond caractère, dont on ne peut s'empêcher d'être ému. Le premier jour que je passai chez lui, la paix venait d'être proclamée avec l'Angleterre : c'était un dimanche ; et dans son jardin, ouvert ce jour-là aux promeneurs, on voyait un grand nombre de ces marchands à barbe, qui conservent en Russie le costume des moujiks, c'est-à-dire, des paysans. Plusieurs se rassemblèrent pour écouter l'excellente musique du comte Orloff; elle nous fit entendre l'air anglais *God save the king* (Dieu protége le roi), qui est le chant de la liberté dans un pays où le monarque en est le premier gardien. Nous étions tous émus, et nous applaudîmes à cet air national pour tous les Européens; car il n'y a plus que deux espèces d'hommes en Europe, ceux qui servent la tyrannie, et ceux qui savent la haïr. Le comte Orloff s'approcha des marchands russes, et leur dit que l'on célébrait la paix de l'Angleterre avec la Russie : ils firent alors le signe de la croix, et remercièrent le ciel de ce que la mer leur était encore une fois ouverte.

L'île Orloff est au centre de toutes celles où les grands seigneurs de Pétersbourg, et l'empereur et l'impératrice eux-mêmes, ont choisi, pendant l'été, leur séjour. Non loin de là est l'île Strogonoff, dont le riche propriétaire a fait venir de Grèce des antiquités d'un grand prix. Sa maison était ouverte tous les jours, pendant sa vie, et quiconque y avait été présenté pouvait y revenir; il n'invitait jamais personne à dîner ou à souper pour tel jour : il était convenu qu'une fois admis l'on était toujours bien reçu; souvent il ne connaissait pas la moitié des personnes qui dînaient chez lui; mais ce luxe d'hospitalité lui plaisait comme tout autre genre de magnificence. Beaucoup de maisons, à Pétersbourg, ont à peu près la même coutume; il est aisé d'en conclure que ce que nous entendons, en France, par les plaisirs de la conversation, ne saurait s'y rencontrer : la société est beaucoup trop nombreuse pour qu'un entretien d'une certaine force puisse jamais s'y établir. Toute la bonne compagnie a des manières parfaites, mais il n'y a ni assez d'instruction parmi les nobles, ni assez de confiance entre des personnes qui vivent sans cesse sous l'influence d'une cour et d'un gouvernement despotique, pour que l'on puisse connaître les charmes de l'intimité.

La plupart des grands seigneurs de Russie s'expriment avec tant de grâce et de convenance, qu'on se fait souvent illusion, au premier abord, sur le degré d'esprit et de connaissances de ceux avec qui l'on s'entretient. Le début est presque toujours d'un homme ou d'une femme de beaucoup d'esprit; mais quelquefois aussi, à la longue, l'on ne retrouve que le début. On ne s'est point accoutumé, en Russie, à parler du fond de son âme ni de son esprit; on avait, naguère, si peur de ses maîtres, qu'on n'a point encore pu s'habituer à la sage liberté qu'on doit au caractère d'Alexandre.

Quelques gentilshommes russes ont essayé de briller en littérature, et ont fait preuve de talent dans cette carrière; mais les lumières ne sont pas assez répandues pour qu'il y ait un jugement public formé par l'opinion de chacun. Le caractère des Russes est trop passionné pour aimer les pensées le moins du monde abstraites; il n'y a que les faits qui les amusent : ils n'ont pas encore eu le temps ni le goût de réduire les faits en idées générales. D'ailleurs, toute pensée signifiante est toujours plus ou moins dangereuse, au milieu d'une cour où l'on s'observe les uns les autres, et où le plus souvent même on s'envie.

Le silence de l'Orient est transformé en des paroles aimables, mais qui ne pénètrent pas, d'ordinaire, jusqu'au fond des choses. On se plaît un moment dans cette atmosphère brillante, qui dissipe agréablement la vie; mais à la longue on ne s'y instruit pas, on n'y développe pas ses facultés, et les hommes qui passent ainsi leur temps n'acquièrent aucune capacité pour l'étude ou pour les affaires. Il n'en était pas ainsi de la société de Paris : on a vu des hommes formés seulement par les entretiens piquants ou sérieux que faisait naître la réunion des nobles et des gens de lettres.

CHAPITRE XVII.

La famille impériale.

Je vis enfin ce monarque, absolu par les lois comme par les mœurs, et si modéré par son propre penchant. Présentée d'abord à l'impératrice Élisabeth, elle m'apparut comme l'ange protecteur de la Russie. Ses manières sont très-réservées, mais ce qu'elle dit est plein de vie, et c'est au foyer de toutes les pensées généreuses que ses sentiments et ses opinions ont pris de la force et de la chaleur. Je fus émue, en l'écoutant, par quelque chose d'inexprimable, qui ne tenait point à sa grandeur, mais à l'harmonie de son âme; il y avait longtemps que je ne connaissais plus l'accord de la puissance et de la vertu. Comme je m'entretenais avec l'impératrice, la porte s'ouvrit, et l'empereur Alexandre me fit l'honneur de venir me parler. Ce qui me frappa d'abord en lui, c'est une expression de bonté et de dignité telle que ces deux qualités paraissent inséparables, et qu'il semble n'en avoir fait qu'une seule. Je fus aussi très-touchée de la simplicité noble avec laquelle il aborda les grands intérêts de l'Europe, dès les premières phrases qu'il voulut bien m'adresser. J'ai toujours considéré comme un signe de médiocrité cette crainte de traiter des questions sérieuses, qu'on a inspirée à la plupart des souverains de l'Europe; ils ont peur de prononcer des mots qui aient un sens réel. L'empereur Alexandre, au contraire, s'entretint avec moi comme l'auraient fait les hommes d'État de l'Angleterre, qui mettent leur force en eux-mêmes, et non dans les barrières dont on peut s'environner. L'empereur Alexandre, que Napoléon a tâché de faire méconnaître, est un homme d'un esprit et d'une instruction remarquables, et je ne crois pas qu'il pût trouver, dans son empire, un ministre plus fort que lui dans tout ce qui tient au jugement des affaires et à leur direction. Il ne me cacha point qu'il regrettait l'admiration à laquelle il s'était livré dans ses rapports avec Napoléon. L'aïeul d'Alexandre avait de même ressenti un grand enthousiasme pour Frédéric II. Dans ces sortes d'illusions qu'inspire un homme extraordinaire, il y a toujours un motif généreux, quelques erreurs qui puissent en résulter. L'empereur Alexandre peignait cependant avec beaucoup de sagacité l'effet qu'avaient produit sur lui ces conversations de Bonaparte, dans lesquelles il disait les choses les plus opposées, comme si l'on avait dû toujours s'étonner de chacune, sans songer qu'elles étaient contradictoires. Il me racontait aussi les leçons à la Machiavel que Napoléon avait cru convenable de lui donner. « Voyez, lui disait- « il, j'ai soin de brouiller mes ministres et mes gé- « néraux entre eux, afin qu'ils me révèlent les « torts les uns des autres; j'entretiens autour de « moi une jalousie continuelle par la manière dont « je traite ceux qui m'environnent : un jour l'un « se croit préféré, le lendemain l'autre, et jamais « aucun ne peut être assuré de ma faveur. » Quelle théorie tout à la fois commune et vicieuse! et ne viendra-t-il pas une fois un homme supérieur à cet homme qui en démontrera l'inutilité? Ce qu'il faut à la cause sacrée de la morale, c'est qu'elle serve d'une manière éclatante à de grands succès dans ce monde; celui qui sent toute la dignité de cette cause lui sacrifierait avec bonheur tous les succès; mais il faut encore apprendre à ces présomptueux, qui croient trouver la profondeur de la pensée dans les vices de l'âme, que s'il y a quelquefois de l'esprit dans l'immoralité, il y a du génie dans la vertu. En me convainquant de la bonne foi de l'empereur Alexandre, dans ses rapports avec Napoléon, je fus en même temps persuadée qu'il n'imiterait pas l'exemple des malheureux souverains de l'Allemagne, et ne signerait pas de paix avec celui qui est l'ennemi des peuples autant que des rois. Une âme noble ne peut être trompée deux fois par la même personne. Alexandre donne

et retire sa confiance avec la plus grande réflexion. Sa jeunesse et ses avantages extérieurs ont pu seuls, dans le commencement de son règne, le faire soupçonner de légèreté; mais il est sérieux, autant que pourrait l'être un homme qui aurait connu le malheur. Alexandre m'exprima ses regrets de n'être pas un grand capitaine : je répondis à cette noble modestie, qu'un souverain était plus rare qu'un général, et que soutenir l'esprit public de sa nation par son exemple, c'était gagner la plus importante des batailles, et la première de ce genre qui eût été gagnée. L'empereur me parla avec enthousiasme de sa nation et de tout ce qu'elle était capable de devenir. Il m'exprima le désir, que tout le monde lui connaît, d'améliorer l'état des paysans encore soumis à l'esclavage. « Sire, lui dis-je, votre caractère est une constitution pour votre empire, et votre conscience en est la garantie. — Quand cela serait, me répondit-il, je ne serais jamais qu'un accident heureux [1]. » Belles paroles, les premières, je crois, de ce genre qu'un monarque absolu ait prononcées! Que de vertus il faut pour juger le despotisme en étant despote! et que de vertus pour n'en jamais abuser, quand la nation qu'on gouverne s'étonne presque d'une si rare modération!

A Pétersbourg surtout, les grands seigneurs ont moins de libéralité dans leurs principes que l'empereur lui-même. Habitués à être les maîtres absolus de leurs paysans, ils veulent que le monarque, à son tour, soit tout-puissant pour maintenir la hiérarchie du despotisme. L'état des bourgeois n'existe pas encore en Russie; mais cependant il commence à se former : les fils des prêtres, ceux des négociants, quelques paysans qui ont obtenu de leurs seigneurs la liberté de se faire artistes, peuvent être considérés comme un troisième ordre dans l'État. La noblesse russe d'ailleurs ne ressemble pas à celle d'Allemagne ou de France; on est noble en Russie dès qu'on a un grade militaire. Sans doute les grandes familles, telles que les Narischkin, les Dolgorouki, les Gallitzin, etc., seront toujours au premier rang dans l'empire; mais il n'en est pas moins vrai que les avantages aristocratiques appartiennent à des hommes que la volonté du prince a créés nobles en un jour, et toute l'ambition des bourgeois est de faire leurs fils officiers, afin qu'ils soient dans la classe privilégiée. De là vient que toute éducation est finie à quinze

[1] Ce mot est déjà cité dans les *Considérations sur la révolution française;* mais il mérite d'être répété. Tout ceci, du reste, je dois le rappeler, a été écrit à la fin de 1812. *(Note de M. de Staël fils.)*

ans; on se précipite dans l'état militaire le plus tôt possible, et tout le reste est négligé. Certes ce n'est pas le moment de blâmer un ordre de choses qui a produit une si belle résistance; dans un temps plus calme, on pourrait dire avec vérité qu'il y a, sous les rapports civils, de grandes lacunes dans l'administration intérieure de la Russie. L'énergie et la grandeur sont dans la nation; mais l'ordre et les lumières manquent souvent encore, soit dans le gouvernement, soit dans la conduite privée des individus. Pierre Ier, en rendant européenne la Russie, lui a donné sûrement de grands avantages; mais il a fait payer ces avantages par l'établissement d'un despotisme que son père avait préparé, et qui a été consolidé par lui. Catherine II, au contraire, a tempéré l'usage du pouvoir absolu, dont elle n'était point l'auteur. Si les circonstances politiques de l'Europe ramenaient la paix; c'est-à-dire, si un seul homme ne dispensait plus le mal sur la terre, on verrait Alexandre uniquement occupé d'améliorer son pays, chercher lui-même quelles sont les lois qui pourraient garantir à la Russie le bonheur dont elle ne peut être assurée que pendant la vie de son maître actuel.

De chez l'empereur, j'allai chez sa respectable mère, cette princesse à qui la calomnie n'a jamais pu supposer un sentiment qui ne fût pour son époux, pour ses enfants, ou pour la famille des infortunés dont elle est la protectrice. Je raconterai plus loin de quelle manière elle dirige cet empire de charité qu'elle exerce au milieu de l'empire tout-puissant de son fils. Elle demeure au palais de la Tauride, et, pour arriver dans son appartement, il faut traverser une salle bâtie par le prince Potemkin : cette salle est d'une grandeur incomparable; un jardin d'hiver en occupe une partie, et on voit les plantes et les arbres à travers les colonnes qui entourent l'enceinte du milieu. Tout est colossal dans cette demeure; les conceptions du prince qui l'a construite étaient bizarrement gigantesques. Il faisait bâtir des villes en Crimée, seulement pour que l'impératrice les vît sur son passage; il ordonnait l'assaut d'une forteresse pour plaire à une belle femme, la princesse Dolgorouki, qui avait dédaigné son hommage. La faveur de sa souveraine l'a créé ce qu'il s'est montré; mais l'on voit néanmoins dans la plupart des grands hommes de la Russie, tels que Menzikoff, Souvarow, Pierre Ier lui-même, et plus anciennement encore Ivan Basiliéwitch, quelque chose de fantasque, de violent et d'ironique tout ensemble. L'esprit était chez eux une arme plutôt qu'une jouissance, et c'était par l'imagination qu'ils étaient menés. Géné-

rosité, barbarie, passions effrénées, religion superstitieuse, tout se rencontrait dans le même caractère. Encore aujourd'hui, la civilisation, en Russie, n'a pas pénétré jusqu'au fond, même chez les grands seigneurs; ils imitent extérieurement les autres peuples, mais tous sont Russes dans l'âme, et c'est ce qui fait leur force et leur originalité, l'amour de la patrie étant, après celui de Dieu, le plus beau sentiment que les hommes puissent éprouver. Il faut que cette patrie soit fortement distincte des autres contrées qui l'environnent, pour inspirer un attachement prononcé; les peuples qui se confondent par nuances les uns dans les autres, ou qui sont divisés en plusieurs États détachés, ne se dévouent pas avec une véritable passion à l'association conventionnelle à laquelle ils ont attaché le nom de patrie.

CHAPITRE XVIII.

Mœurs des grands seigneurs russes.

J'allai passer un jour à la campagne de M. Narischkin, grand chambellan de la cour, homme aimable, facile et poli, mais qui ne sait pas exister sans une fête : c'est chez lui qu'on a vraiment l'idée de cette vivacité dans les goûts, qui explique les défauts et les qualités des Russes. La maison de M. Narischkin est toujours ouverte, et quand il n'a que vingt personnes à sa campagne, il s'ennuie de cette retraite philosophique. Obligeant pour les étrangers, toujours en mouvement, et néanmoins très-capable de la réflexion qu'il faut pour bien se conduire dans une cour; avide des jouissances d'imagination, et ne trouvant ces jouissances que dans les choses, et non dans les livres; impatient partout ailleurs qu'à la cour, spirituel quand il lui est avantageux de l'être, magnifique plutôt qu'ambitieux, et cherchant en tout une certaine grandeur asiatique dans laquelle la fortune et le rang se signalent plus que les avantages particuliers à la personne. Sa campagne est aussi agréable que peut l'être une nature créée de main d'homme : tout le pays environnant est aride et marécageux; c'est une oasis que cette demeure. Et montant sur la terrasse, on voit le golfe de Finlande, et l'on aperçoit, dans le lointain, le palais que Pierre Ier avait fait bâtir sur ses bords; mais l'espace qui sépare de la mer et du palais est presque inculte, et le parc de M. Narischkin charme seul les regards. Nous allâmes dîner dans la maison des Moldaves, c'est-à-dire, dans une salle construite selon le goût de ces peuples; elle était arrangée pour se garantir de l'ardeur du soleil, précaution assez inutile en

Russie. Cependant l'imagination est tellement frappée de l'idée qu'on vit chez un peuple qui n'est au Nord que par accident, qu'il paraît naturel d'y retrouver les usages du Midi, comme si les Russes devaient faire arriver un jour à Pétersbourg le climat de leur ancienne patrie. La table était couverte de fruits de tous les pays, suivant la coutume tirée de l'Orient, de ne faire paraître que les fruits, tandis qu'une foule de serviteurs apportent à chaque convive les viandes et les légumes qu'il faut pour les nourrir.

On nous fit entendre cette musique de cors particulière à la Russie, et dont on a souvent parlé. Sur vingt musiciens, chacun fait entendre une seule et même note, toutes les fois qu'elle revient ; ainsi, chacun de ces hommes porte le nom de la note qu'il est chargé d'exécuter. On dit, en les voyant passer : Voilà le *sol*, le *mi* ou le *ré* de M. Narischkin. Les cors vont en grossissant de rang en rang, et quelqu'un appelait, avec raison, cette musique un *orgue vivant*. De loin l'effet en est très-beau ; la justesse et la pureté de l'harmonie font naître les plus nobles pensées ; mais quand on s'approche de ces pauvres musiciens, qui sont là comme des tuyaux ne rendant qu'un son, et ne pouvant participer par leur propre émotion à celles qu'ils produisent, le plaisir se refroidit : on n'aime pas à voir les beaux-arts transformés en arts mécaniques, et pouvant s'apprendre de force comme l'exercice.

Des habitants de l'Ukraine, vêtus de rouge, vinrent ensuite nous chanter des airs de leur pays, singulièrement agréables, tantôt gais, tantôt mélancoliques, tantôt l'un et l'autre tout ensemble. Ces airs cessent quelquefois brusquement au milieu de la mélodie, comme si l'imagination de ces peuples se fatiguait à terminer ce qui lui plaisait d'abord, ou trouvait plus piquant de suspendre le charme dans le moment même où il agit avec le plus de puissance. C'est ainsi que la sultane des Mille et une Nuits interrompt toujours son récit, lorsque l'intérêt est le plus vif.

M. Narischkin, au milieu de ces plaisirs variés, proposa de porter un toast au succès des armes réunies des Russes et des Anglais, et donna, dans cet instant, le signal à son artillerie, presque aussi bruyante que celle d'un souverain. L'ivresse de l'espérance saisit tous les convives ; moi, je me sentis baignée de larmes. Fallait-il qu'un tyran étranger me réduisît à désirer que les Français fussent vaincus ! « Je souhaite, dis-je alors, la chute de celui qui opprime la France comme l'Europe ; car les véritables Français triompheront s'il est

repoussé. » Les Anglais, les Russes, et M. Narischkin le premier, approuvèrent mon impression, et ce nom de France, jadis semblable à celui d'Armide, fut encore entendu avec bienveillance par les chevaliers de l'Orient et de la mer, qui allaient combattre contre elle.

Des Calmoucks aux traits aplatis sont élevés chez les seigneurs russes, comme pour conserver un échantillon de ces Tartares que les Esclavons ont vaincus. Dans ce palais Narischkin couraient deux ou trois de ces Calmoucks à demi sauvages. Ils sont assez agréables dans l'enfance, mais ils perdent, dès l'âge de vingt ans, tout le charme de la jeunesse ; opiniâtres, quoique esclaves, ils amusent leurs maîtres par leur résistance, comme un écureuil qui se débat contre les barreaux de sa cage. Cet échantillon de l'espèce humaine avilie était pénible à regarder ; il me semblait voir, au milieu de toutes les pompes du luxe, une image de ce que l'homme peut devenir quand il n'a de dignité ni par la religion ni par les lois, et ce spectacle rabaissait l'orgueil que peuvent inspirer les jouissances de la splendeur.

De longues voitures de promenade, attelées des plus beaux chevaux, nous conduisirent, après dîner, dans le parc. C'était à la fin d'août, cependant le ciel était pâle, les gazons d'un vert presque artificiel, parce qu'ils n'étaient entretenus qu'à force de soins. Les fleurs mêmes semblaient une jouissance aristocratique, tant il fallait de frais pour en avoir. On n'entendait point le ramage des oiseaux dans les bois, ils ne se fiaient point à cet été d'un moment ; on ne voyait pas non plus de bestiaux dans les prairies ; on n'aurait pas osé leur livrer des plantes qui avaient coûté tant de peines à cultiver. L'eau coulait à peine, et seulement à l'aide des machines qui la dirigeaient dans le jardin, où toute cette nature avait l'air d'une décoration de fête qui disparaîtrait quand les spectateurs n'y seraient plus. Nos calèches s'arrêtèrent devant une fabrique du jardin qui représentait un camp tartare ; là, tous les musiciens réunis commencèrent à se faire entendre de nouveau ; le bruit des cors et des cymbales enivrait la pensée. Pour mieux achever de s'étourdir, on imitait, pendant l'été, ces traîneaux dont la rapidité console les Russes de l'hiver ; on roulait sur des planches, du haut d'une montagne en bois, avec la vitesse d'un éclair. Ce jeu charmait les femmes aussi bien que les hommes, et leur faisait partager un peu ces plaisirs de la guerre, qui consistent dans l'émotion du danger et dans la promptitude animée de tous les mouvements. Ainsi se passait le temps ; car on renouvelait presque tous les jours ce qui me paraissait une fête. A quelques différences près, la plupart des grandes maisons de Pétersbourg ont la même manière d'être; il ne peut y être question, comme on voit, d'aucun genre d'entretien suivi, et l'instruction n'est d'aucune utilité dans ce genre de société; mais quand on fait tant que de vouloir réunir chez soi un grand nombre de personnes, les fêtes sont, après tout, la seule façon de prévenir l'ennui que la foule dans les salons fait toujours naître.

Au milieu de tout ce bruit, y a-t-il de l'amour? demanderaient les Italiennes, qui ne connaissent guère d'autre intérêt dans la société que le plaisir de voir celui dont elles veulent se faire aimer. J'ai passé trop peu de temps à Pétersbourg pour me faire une idée juste de ce qui tient à l'intérieur des familles; cependant il m'a semblé que, d'une part, il y avait plus de vertus domestiques qu'on ne le disait; mais que, de l'autre, l'amour sentimental y était très-rarement connu. Les coutumes de l'Asie, qui se retrouvent à chaque pas, font que les femmes ne se mêlent point de l'intérieur de leur ménage; c'est le mari qui dirige tout, et la femme seulement se pare de ses dons, et reçoit les personnes qu'il invite. Le respect des mœurs est déjà bien plus grand qu'il ne l'était, à Pétersbourg, du temps de ces souverains et souveraines qui dépravaient l'opinion par leur exemple. Les deux impératrices actuelles ont fait aimer les vertus dont elles offrent le modèle. Cependant, à cet égard comme à beaucoup d'autres, les principes de morale ne sont point fixement établis dans la tête des Russes. L'ascendant du maître y a toujours été si fort, que d'un règne à l'autre toutes les maximes sur tous les sujets peuvent être changées. Les Russes, hommes et femmes, portent d'ordinaire dans l'amour l'impétuosité qui les caractérise; mais leur esprit de changement les fait aussi renoncer facilement à leurs choix. Un certain désordre d'imagination ne permet pas de trouver du bonheur dans la durée. La culture d'esprit, qui multiplie le sentiment par la poésie et les beaux-arts, est très-rare chez les Russes, et, dans ces natures fantasques et véhémentes, l'amour est plutôt une fête ou un délire qu'une affection profonde et réfléchie. C'est donc un tourbillon continuel que la bonne compagnie en Russie, et peut-être que l'extrême prudence à laquelle un gouvernement despotique accoutume, fait que les Russes sont charmés de n'être point exposés, par l'entraînement de la conversation, à parler sur des sujets qui puissent avoir une conséquence quelconque.

C'est à cette réserve qui, sous divers règnes, ne leur a été que trop nécessaire, qu'il faut attribuer le manque de vérité dont on les accuse. Les raffinements de la civilisation altèrent en tout pays la sincérité du caractère; mais quand le souverain a le pouvoir illimité d'exiler, d'emprisonner, d'envoyer en Sibérie, etc., etc., sa puissance est quelque chose de trop fort pour la nature humaine. On aurait pu rencontrer des hommes assez fiers pour dédaigner la faveur, mais il faut de l'héroïsme pour braver la persécution, et l'héroïsme ne peut être une qualité universelle.

Aucune de ces réflexions, on le sait, ne s'applique au gouvernement actuel, puisque son chef est parfaitement juste comme empereur, et singulièrement généreux comme homme. Mais les sujets conservent les défauts de l'esclavage, longtemps après que le souverain même voudrait les leur ôter. On a vu néanmoins, par la suite de cette guerre, que de vertus les Russes, même de la cour, ont montrées. Quand j'étais à Pétersbourg, on ne voyait presque point de jeunes gens dans la société; tous étaient partis pour l'armée. Des hommes mariés, des fils uniques, des seigneurs, possesseurs d'une immense fortune, servaient en qualité de simples volontaires, et lorsqu'ils ont vu leurs terres et leurs maisons ravagées, ils n'ont songé à ces pertes que pour se venger, et jamais pour capituler avec l'ennemi. De telles qualités l'emportent sur tout ce qu'une administration encore vicieuse, une civilisation nouvelle et des institutions despotiques peuvent avoir entraîné d'abus, de désordres et de travers.

CHAPITRE XIX.

Établissements d'instruction publique. — Institut de Sainte-Catherine.

Nous allâmes voir le cabinet d'histoire naturelle, qui est remarquable par les productions de la Sibérie. Les fourrures de ce pays ont excité l'avidité des Russes, comme les mines d'or du Mexique celle des Espagnols. Il y a eu un temps, en Russie, pendant lequel la monnaie de change consistait encore en peaux de martre et d'écureuil, tant le besoin de se garantir des frimas était universel. Ce qu'il y a de plus curieux dans le Musée de Pétersbourg, c'est une riche collection d'ossements d'animaux antédiluviens, et en particulier les restes du mammouth gigantesque qui a été trouvé presque intact dans les glaces de la Sibérie. Il paraît, d'après les observations géologiques, que le monde a une histoire bien plus ancienne que celle que nous connaissons : l'infini fait peur en toutes choses. Maintenant, les habitants, et les animaux même de cette extrémité du monde habité, sont comme pénétrés du froid qui fait expirer la nature à quelques lieues au delà de leur contrée; la couleur des animaux se confond avec celle de la neige, et la terre semble se perdre dans les glaces et les brouillards qui terminent ici-bas la création. Je fus frappée de la figure des habitants du Kamtchatka, qu'on trouve parfaitement imitée dans le cabinet de Pétersbourg. Les prêtres de ce pays, nommés *shamanes*, sont des espèces d'improvisateurs; ils portent, par-dessus leur tunique d'écorce d'arbre, une sorte de réseau d'acier, auquel sont attachés plusieurs morceaux de fer, dont le bruit est très-fort dès que l'improvisateur s'agite; il a des moments d'inspiration qui ressemblent beaucoup à des attaques de nerfs, et c'est plutôt par la sorcellerie que par le talent qu'il fait impression sur le peuple. L'imagination, dans des pays aussi tristes, n'est guère remarquable que par la peur, et la terre même semble repousser l'homme par l'épouvante qu'elle lui cause.

Je vis ensuite la citadelle dans l'enceinte de laquelle est l'église où sont déposés les cercueils de tous les souverains, depuis Pierre le Grand : ces cercueils ne sont point enfermés dans des monuments; ils sont exposés comme le jour de la cérémonie funèbre, et l'on se croit tout près de ces morts, dont une simple planche paraît nous séparer. Lorsque Paul Ier parvint au trône, il fit couronner les restes de son père, Pierre III, qui, n'ayant pas reçu cet honneur pendant sa vie, ne pouvait être placé à la citadelle. On recommença, par l'ordre de Paul Ier, la cérémonie de l'enterrement pour son père et pour sa mère, Catherine II. L'un et l'autre furent de nouveau exposés; de nouveau, quatre chambellans gardèrent leurs corps comme s'ils eussent expiré la veille, et les deux cercueils sont placés l'un à côté de l'autre, forcés de vivre en paix sous l'empire de la mort. Parmi les souverains qui ont possédé le pouvoir despotique transmis par Pierre Ier, il en est plusieurs qu'une conspiration sanglante a renversés du trône. Ces mêmes courtisans, qui n'ont pas la force de dire à leur maître la moindre vérité, savent conspirer contre lui, et la plus profonde dissimulation accompagne nécessairement ce genre de révolution politique; car il faut combler de respects celui qu'on veut assassiner. Et, cependant, que deviendrait un pays gouverné despotiquement, si un tyran au-dessus de toutes les lois n'avait rien à craindre des poignards? Horrible alternative, et qui suffit pour montrer ce que c'est que des institutions où il faut compter le crime comme balance des pouvoirs.

Je rendis un hommage à Catherine II, en allant à son habitation à la campagne (Sarskozelo). Ce palais et le jardin sont arrangés avec beaucoup d'art et de magnificence; mais déjà l'air était très-froid, bien que nous fussions à peine au 1er de septembre, et c'était un contraste singulier que ces fleurs du midi agitées par le vent du nord. Tous les traits qu'on recueille de Catherine II, comme souveraine, pénètrent d'admiration pour elle; et je ne sais si les Russes ne lui doivent pas, plus qu'à Pierre Ier, l'heureuse persuasion qu'ils sont invincibles, persuasion qui a tant contribué à leurs succès. Le charme d'une femme tempérait l'action du pouvoir, et mêlait de la galanterie chevaleresque au succès dont on lui faisait hommage. Catherine II avait au suprême degré le bons sens du gouvernement; un esprit plus brillant que le sien aurait moins ressemblé à du génie, et sa haute raison inspirait un profond respect à ces Russes, qui se défient de leur propre imagination, et souhaitent qu'on la dirige avec sagesse. Tout près de Sarskozelo est le palais de Paul Ier, demeure charmante, parce que l'impératrice douairière et ses filles y ont placé les chefs-d'œuvre de leurs talents et de leur bon goût. Ce lieu rappelle l'admirable patience de cette mère et de ses filles, que rien n'a pu détourner de leurs vertus domestiques.

Je me laissais aller au plaisir que me causaient les objets nouveaux que je visitais chaque jour, et je ne sais comment j'avais oublié la guerre dont dépendait le sort de l'Europe; ce m'était un si vif plaisir d'entendre exprimer à tout le monde les sentiments que j'avais étouffés si longtemps dans mon âme, qu'il me semblait que l'on n'avait plus rien à craindre, et que de telles vérités étaient toutes-puissantes dès qu'elles étaient connues. Néanmoins les revers se succédaient sans que le public en fût informé. Un homme d'esprit a dit que tout était mystère à Pétersbourg, quoique rien ne fût secret : et en effet, on finit par découvrir le vrai; mais l'habitude de se taire est telle parmi les courtisans russes, qu'ils dissimulent la veille ce qui doit être connu le lendemain, et que c'est toujours involontairement qu'ils révèlent ce qu'ils savent. Un étranger me dit que Smolensk était pris, et Moscou dans le plus grand danger. Le découragement s'empara de moi. Je crus voir recommencer la déplorable histoire des paix d'Autriche et de Prusse, amenées par la conquête de leurs capitales. C'était le même tour, joué pour la troisième fois; mais il pouvait encore réussir. Je n'apercevais pas

III.

27

l'esprit public, l'apparente mobilité des impressions des Russes m'empêchait de l'observer. L'abattement avait glacé tous les esprits, et j'ignorais que, chez ces hommes aux impressions véhémentes, cet abattement précède un réveil terrible. On voit de même, dans les gens du peuple, une paresse inconcevable jusqu'au moment où leur activité se ranime ; alors elle ne connaît aucun obstacle, ne redoute aucun danger, et semble triompher des éléments comme des hommes.

Je savais que l'administration intérieure, celle de la guerre comme celle de la justice, tombaient souvent entre les mains les plus vénales, et que, par les dilapidations que se permettaient les employés subalternes, l'on ne pouvait avoir aucune idée juste ni du nombre des troupes, ni des mesures prises pour les approvisionner ; car le mensonge et le vol sont inséparables, et dans un pays où la civilisation est si nouvelle, la classe intermédiaire n'a ni la simplicité des paysans, ni la grandeur des boyards ; et nulle opinion publique ne contient encore cette troisième classe, dont l'existence est si récente, et qui a perdu la naïveté de la foi populaire sans avoir appris le point d'honneur. On voyait aussi se développer des sentiments d'envie entre les chefs de l'armée. Il est dans la nature d'un gouvernement despotique de faire naître, même malgré lui, la jalousie parmi ceux qui l'entourent : la volonté d'un seul homme pouvant changer en entier le sort de chaque individu, la crainte et l'espérance ont trop de marge pour ne pas agiter sans cesse cette jalousie, d'ailleurs très-excitée par un autre mouvement, la haine des étrangers. Le général qui commandait l'armée russe, M. Barclay de Tolly, quoique né sur le territoire de l'empire, n'était pas purement de la race esclavone, et c'en était assez pour qu'il ne pût conduire les Russes à la victoire : de plus, il avait tourné ses talents distingués vers les systèmes des campements, des positions, des manœuvres, tandis que l'art militaire qui convient aux Russes, c'est l'attaque. Les faire reculer, même par un calcul sage et bien raisonné, c'est refroidir en eux cette impétuosité dont ils tirent toute leur force. Les auspices de la campagne étaient donc les plus tristes du monde, et le silence qu'on gardait à cet égard était plus effrayant encore. Les Anglais donnent dans leurs feuilles publiques le compte le plus exact, homme par homme, des blessés, des prisonniers et des tués dans chaque affaire ; noble candeur d'un gouvernement qui est aussi sincère envers la nation qu'envers son monarque, leur reconnaissant à tous les deux les mêmes droits à savoir dans quel état est la chose publique. Je me promenais avec une tristesse profonde dans cette belle ville de Pétersbourg, qui pouvait devenir la proie du vainqueur. Quand, le soir, je revenais des îles et que je voyais la pointe dorée de la citadelle, qui semblait jaillir dans les airs comme un rayon de feu, lorsque la Néva réfléchissait les quais de marbre et les palais qui l'entourent, je me représentais toutes ces merveilles flétries par l'arrogance d'un homme qui viendrait dire, comme Satan sur le haut de la montagne : « Les royaumes de la terre sont à moi. » Tout ce qu'il y avait de beau et de bon à Pétersbourg me semblait en présence d'une destruction prochaine, et je ne savais en jouir sans que cette douloureuse pensée me poursuivît.

J'allai voir les établissements d'éducation que l'impératrice a fondés, et là, plus encore qu'au milieu des palais, mon anxiété redoublait ; car il suffit que le souffle de la tyrannie de Bonaparte ait approché des institutions qui tendent à l'amélioration de l'espèce humaine, pour que leur pureté soit altérée. L'institut de Sainte-Catherine se compose de deux maisons, contenant chacune deux cent cinquante jeunes filles nobles ou bourgeoises ; elles y sont élevées sous l'inspection de l'impératrice, avec des soins qui surpassent ceux même qu'une famille riche pourrait donner à ses enfants. L'ordre et l'élégance se font remarquer dans les moindres détails de cet institut, et le sentiment de religion et de morale le plus pur y préside à tout ce que les beaux-arts peuvent développer. Les femmes russes ont si naturellement de la grâce, qu'en entrant dans cette salle, où toutes les jeunes filles nous saluèrent, je n'en vis pas une seule qui ne mît dans cette révérence toute la politesse et la modestie que cette simple action pouvait exprimer. Les jeunes personnes furent invitées à nous montrer les divers talents qui les distinguaient, et l'une d'elles, sachant par cœur des morceaux des meilleurs écrivains français, me récita quelques-unes des pages les plus éloquentes de son père, dans son *Cours de morale religieuse*. Cette attention si délicate venait peut-être de l'impératrice elle-même. J'éprouvais l'émotion la plus vive en entendant prononcer ce langage qui, depuis tant d'années, n'avait plus d'asile que dans mon cœur. Par delà l'empire de Bonaparte, en tout pays la postérité commence, et la justice se manifeste envers ceux qui, dans la tombe même, ont ressenti l'atteinte de ses calomnies impériales. Les jeunes personnes de l'institut de Sainte-Catherine, avant de se mettre à table, chantaient des psaumes en chœur ; ce grand nombre de voix, si pures et si douces, me causa un attendrissement mêlé d'a-mertume. Que ferait la guerre, au milieu d'établissements si paisibles? où ces colombes fuiraient-elles les armes du vainqueur? Après le repas, les jeunes filles se rassemblèrent dans une salle superbe, où elles dansèrent toutes ensemble. La beauté de leurs traits n'avait rien de frappant, mais leur grâce était extraordinaire; ce sont des filles de l'Orient, avec toute la décence que les mœurs chrétiennes ont introduite parmi les femmes. Elles exécutèrent d'abord une ancienne danse sur l'air *Vive Henri quatre, vive ce roi vaillant!* Combien il y avait loin des temps que rappelait cet air à l'époque actuelle! Deux petites filles de dix ans, avec des mines rondes, terminèrent le ballet par le pas russe : cette danse prend quelquefois le caractère voluptueux de l'amour; mais, exécutée par des enfants, l'innocence de cet âge s'y mêlait à l'originalité nationale. On ne saurait peindre l'intérêt qu'inspiraient ces talents aimables, cultivés par la main délicate et généreuse d'une femme et d'une souveraine.

Un institut pour les sourds-muets, un autre pour les aveugles, sont également sous l'inspection de l'impératrice. L'empereur, de son côté, donne beaucoup de soins à l'école des cadets, dirigée par un homme d'un esprit supérieur, le général Klinger. Tous ces établissements sont vraiment utiles, mais on pourrait leur reprocher trop de splendeur. Au moins faudrait-il que sur divers points de l'empire on pût fonder, non des écoles aussi soignées, mais quelques établissements qui donnassent au peuple des connaissances élémentaires. Tout a commencé par le luxe, en Russie; et le faîte a, pour ainsi dire, précédé les fondements. Il n'y a que deux grandes villes en Russie, Pétersbourg et Moscou; les autres méritent à peine d'être citées; elles sont, d'ailleurs, séparées par de très-grandes distances : les châteaux mêmes des grands seigneurs sont si éloignés les uns des autres, qu'à peine si les propriétaires peuvent communiquer entre eux. Enfin, les habitants sont tellement dispersés dans cet empire, que les connaissances des uns ne peuvent guère être utiles aux autres. Les paysans ne comptent qu'à l'aide d'une machine à calculer, et les commis de la poste eux-mêmes suivent cette méthode. Les popes grecs ont beaucoup moins de savoir que les curés catholiques, et surtout que les ministres protestants; de manière que le clergé, en Russie, n'est point propre à instruire le peuple, comme dans d'autres pays de l'Europe. Le lien de la nation consiste dans la religion et le patriotisme; mais il n'y a

point un foyer de lumières dont les rayons puissent se répandre sur toutes les parties de l'empire, et les deux capitales ne sauraient encore communiquer aux provinces ce qu'elles ont recueilli en fait de littérature et de beaux-arts. Si ce pays avait pu jouir de la paix, il aurait éprouvé tous les genres d'améliorations sous le règne bienfaisant d'Alexandre. Mais qui sait si les vertus développées par une telle guerre ne sont pas précisément celles qui doivent régénérer les nations?

Les Russes n'ont eu, jusqu'à présent, d'hommes de génie que pour la carrière militaire; dans tous les autres arts ils ne sont qu'imitateurs : mais aussi l'imprimerie n'a été introduite chez eux que depuis cent vingt ans. Les autres peuples européens se sont civilisés à peu près simultanément, et ils ont pu mêler leur génie naturel aux connaissances acquises : chez les Russes, ce mélange ne s'est point encore opéré. De même qu'on voit deux rivières, après leur jonction, couler dans le même lit sans confondre leurs flots, de même la nature et la civilisation sont réunies chez les Russes, sans être identifiées l'une avec l'autre; et, suivant les circonstances, le même homme s'offre à vous tantôt comme un Européen qui semble n'exister que dans les formes sociales, tantôt comme un Esclavon qui n'écoute que les passions les plus furieuses. Le génie leur viendra dans les beaux-arts, et surtout dans la littérature, quand ils auront trouvé le moyen de faire entrer leur véritable naturel dans le langage, comme ils le montrent dans les actions.

Je vis représenter une tragédie russe, dont le sujet était la délivrance des Moscovites, lorsqu'ils repoussèrent les Tartares par delà Casan. Le prince de Smolensk paraissait dans l'ancien costume des boyards, et l'armée tartare s'appelait *la Horde dorée*. Cette pièce était presque en entier selon les règles de l'art dramatique français; le rhythme des vers, la déclamation, la coupe des scènes, tout était français; une seule situation tenait aux mœurs russes, c'était la terreur profonde qu'inspirait à une jeune fille la crainte de la malédiction de son père. L'autorité paternelle est presque aussi forte dans le peuple russe qu'en Chine, et c'est toujours chez le peuple qu'il faut chercher la sève du génie national. La bonne compagnie de tous les pays se ressemble, et rien n'est moins propre que ce monde élégant à fournir des sujets de tragédie. Parmi tous ceux qu'offre l'histoire de Russie, il en est un qui m'a frappée particulièrement. Ivan le Terrible, étant déjà devenu vieux, assiégeait Novogorod. Les boyards, le voyant affaibli, lui de-

27.

mandèrent s'il ne voulait pas donner le commandement de l'assaut à son fils. Sa fureur fut si grande
à cette proposition, que rien ne put l'apaiser : son
fils se prosterna à ses pieds; il le repoussa avec un
coup d'une telle violence, que deux jours après le
malheureux en mourut. Le père, alors au désespoir, devint indifférent à la guerre comme au pouvoir, et ne survécut que peu de mois à son fils.
Cette révolte d'un vieillard despote contre la marche du temps est quelque chose de grand et de
solennel; et l'attendrissement qui succède à la fureur, dans cette âme féroce, représente l'homme
tel qu'il sort des mains de la nature, tantôt irrité
par l'égoïsme, tantôt retenu par l'affection.

Une loi de Russie infligeait la même peine à celui qui estropiait le bras d'un homme qu'à celui
qui le tuait. En effet, l'homme, en Russie, consiste
surtout dans sa force militaire; tous les autres
genres d'énergie tiennent à des mœurs et à des
institutions que l'état actuel de la Russie n'a point
encore développées. Les femmes, cependant, semblaient pénétrées, à Pétersbourg, de cet honneur
patriotique qui fait la puissance morale d'un État.
La princesse Dolgorouki, la baronne de Strogonoff, et plusieurs autres également du premier
rang, savaient déjà qu'une partie de leur fortune
avait grandement souffert par le ravage de la province de Smolensk, et elles paraissaient n'y songer
que pour encourager leurs pareilles à tout sacrifier
comme elles. La princesse Dolgorouki me raconta
qu'un vieillard à longue barbe, placé sur une hauteur qui domine Smolensk, disait, en pleurant, à
son petit-fils qu'il tenait sur ses genoux : « Jadis,
mon enfant, les Russes allaient remporter des
victoires à l'extrémité de l'Europe; maintenant les
étrangers viennent les attaquer chez eux. » Cette
douleur du vieillard ne fut pas vaine, et nous verrons bientôt combien ses larmes ont été rachetées.

CHAPITRE XX.

Départ pour la Suède. — Passage en Finlande.

L'empereur quitta Pétersbourg, et l'on apprit
qu'il était allé à Abo, où il devait voir le général
Bernadotte, prince royal de Suède. Dès ce moment il n'y eut plus de doute sur le parti que ce
prince avait résolu de prendre dans la guerre actuelle, et il n'en était point de plus important alors
pour le salut de la Russie, et par conséquent pour
celui de l'Europe. On en verra l'influence se développer dans la suite de ce récit. La nouvelle de
l'entrée des Français à Smolensk arriva pendant
la conférence du prince de Suède et de l'empereur

de Russie; c'est là qu'Alexandre prit, avec lui-
même et avec le prince royal, son allié, l'engagement de ne jamais signer la paix. « Pétersbourg
serait pris, dit-il, que je me retirerais en Sibérie.
J'y reprendrais nos anciennes coutumes, et, comme
nos ancêtres à longues barbes, nous reviendrions
de nouveau conquérir l'empire. — Cette résolution affranchira l'Europe, » s'écria le prince de
Suède, et sa prédiction commence à s'accomplir.

Je revis une seconde fois l'empereur Alexandre
à son retour d'Abo, et l'entretien que j'eus l'honneur d'avoir avec lui me convainquit tellement de
la fermeté de sa volonté, que, malgré la prise de
Moscou et tous les bruits qui s'ensuivaient, je ne
crus pas que jamais il cédât. Il voulut bien me
dire qu'après la prise de Smolensk le maréchal
Berthier avait écrit au général en chef russe, relativement à quelques affaires militaires, et qu'il
finissait sa lettre en disant que l'empereur Napoléon conservait toujours la plus tendre amitié pour
l'empereur Alexandre, fade persiflage que l'empereur de Russie reçut comme il le devait. Napoléon
lui avait donné des leçons de politique et des leçons de guerre, s'abandonnant, dans les premières,
au charlatanisme du vice, et, dans les secondes,
au plaisir de montrer une insouciance dédaigneuse.
Il s'était trompé sur l'empereur Alexandre; il avait
pris la noblesse de son caractère pour la duperie :
il n'avait pas su apercevoir que si l'empereur de
Russie s'était laissé emporter trop loin par son
enthousiasme pour lui, c'est parce qu'il le croyait
partisan des premiers principes de la révolution
française, qui s'accordent avec ses propres opinions; mais jamais Alexandre n'a eu l'idée de s'associer avec Napoléon pour asservir l'Europe. Napoléon crut, dans cette circonstance comme dans
toutes les autres, parvenir à aveugler un homme
par son intérêt faussement représenté; mais il
rencontra de la conscience, et ses calculs furent
tous déjoués; car c'est là un élément dont il ne
connaît pas la force, et qu'il ne fait jamais entrer
dans ses combinaisons.

Quoique M. Barclay de Tolly fût un militaire
très-estimé, comme il avait éprouvé des revers dans
le commencement de la campagne, l'opinion désignait, pour le remplacer, un général très-renommé,
le prince Kutusow : il prit le commandement
quinze jours avant l'entrée des Français à Moscou,
et ne put arriver à l'armée que six jours avant la
grande bataille qui se donna presque aux portes de
cette ville, à Borodino. J'allai le voir la veille de
son départ; c'était un vieillard plein de grâce dans
les manières, et de vivacité dans la physionomie,

quoiqu'il eût perdu un œil par une des nombreuses blessures qu'il avait reçues dans les cinquante années de sa carrière militaire. En le regardant, je craignais qu'il ne fût pas de force à lutter contre les hommes âpres et jeunes qui fondaient sur la Russie de tous les coins de l'Europe; mais les Russes, courtisans à Pétersbourg, redeviennent Tartares à l'armée; et l'on a vu, par Souvarow, que ni l'âge ni les honneurs ne peuvent énerver leur énergie physique et morale. Je fus émue en quittant cet illustre maréchal Kutusow; je ne savais si j'embrassais un vainqueur ou un martyr, mais je vis qu'il comprenait la grandeur de la cause dont il était chargé. Il s'agissait de défendre, ou plutôt de rétablir toutes les vertus morales que l'homme doit au christianisme, toute la dignité qu'il tient de Dieu, toute l'indépendance que lui permet la nature; il s'agissait de reprendre tous ces biens des griffes d'un seul homme, car il ne faut pas plus accuser les Français que les Allemands et les Italiens qui le suivaient, des attentats de ses armées. Avant de partir, le général Kutusow alla faire sa prière dans l'église de Notre-Dame de Casan, et tout le peuple, qui suivait ses pas, lui cria de sauver la Russie. Quel moment pour un être mortel! Son âge ne lui permettait pas d'espérer de survivre aux fatigues de la campagne; mais il y a des instants où l'homme a besoin de mourir pour satisfaire son âme.

Certaine de l'opinion généreuse et de la conduite noble du prince de Suède, je me confirmai plus que jamais dans la résolution que j'avais prise d'aller à Stockholm avant de m'embarquer pour l'Angleterre; et, vers la fin de septembre, je quittai Pétersbourg pour me rendre en Suède par la Finlande. Mes nouveaux amis, ceux que la conformité des sentiments avait rapprochés de moi, vinrent me dire adieu : sir Robert Wilson, qui va chercher partout une occasion de se battre, et d'enflammer ses amis par son esprit; M. de Stein, homme d'un caractère antique, qui ne vit que dans l'espoir de voir sa patrie délivrée; l'envoyé d'Espagne, le ministre d'Angleterre, lord Tyrconnel; le spirituel amiral Bentinck; Alexis de Noailles, le seul émigré français de la tyrannie impériale, le seul qui fût là, comme moi, pour témoigner pour la France; le colonel Dornberg, cet intrépide Hessois que rien n'a détourné de son but; et plusieurs Russes dont les noms ont été depuis célèbres par leurs exploits. Jamais le sort du monde n'avait couru plus de dangers; personne n'osait se le dire, mais chacun le savait : moi seule, comme femme, je n'étais pas exposée; mais je pouvais compter

pour quelque chose ce que j'avais souffert. Je ne savais pas, en disant adieu à ces dignes chevaliers de la race humaine, qui d'entre eux je reverrais, et déjà deux n'existent plus. Quand les passions des hommes se soulèvent les unes contre les autres, quand les nations s'attaquent avec furie, on reconnaît, en gémissant, la destinée humaine dans les malheurs de l'humanité; mais quand un seul être, semblable à ces idoles des Lapons encensées par la peur, répand sur la terre le malheur par torrents, on éprouve je ne sais quel effroi superstitieux qui porte à considérer tous les honnêtes gens comme des victimes.

Lorsqu'on entre en Finlande, tout annonce qu'on a passé dans un autre pays, et qu'on a affaire à une autre race que la race esclavonne. On dit que les Finois viennent immédiatement du nord de l'Asie, et que leur langue n'a point de rapport avec le suédois, qui est un intermédiaire entre l'anglais et l'allemand. Les figures des Finois sont pourtant, pour la plupart, tout à fait germaniques; leurs cheveux blonds, leur teint blanc, ne ressemblent en rien à la vivacité des figures russes; mais aussi leurs mœurs sont plus douces : les gens du peuple y ont une probité réfléchie, qu'ils doivent à l'instruction du protestantisme et à la pureté des mœurs. Vous voyez, le dimanche, les jeunes filles revenir du sermon, à cheval, et les jeunes gens les suivant. On trouve souvent l'hospitalité chez des pasteurs de Finlande, qui considèrent comme leur devoir de loger les voyageurs, et rien n'est plus pur et plus doux que l'accueil qu'on reçoit dans ces familles : il n'y a presque point de châteaux ni de grands seigneurs en Finlande, de manière que les pasteurs sont, d'ordinaire, les premiers parmi les habitants du pays. Dans quelques chansons finoises, les jeunes filles offrent à leurs amants de leur sacrifier la demeure du pasteur, quand même on la leur donnerait en partage. Cela rappelle ce mot d'un jeune berger qui disait : « Si j'étais roi, je garderais mes moutons à cheval. » L'imagination même ne va guère au delà de ce que l'on connaît.

L'aspect de la nature est très-différent, en Finlande, de ce qu'il est en Russie : au lieu des marais et des plaines qui entourent Pétersbourg, on retrouve des rochers, presque des montagnes, et des forêts; mais, à la longue, on s'aperçoit que ces montagnes sont monotones, ces forêts composées des mêmes arbres, le sapin et le bouleau. Les énormes blocs de granit qu'on voit épars dans la campagne et sur les bords des grandes routes, donnent au pays un air de vigueur; mais il y a peu de vie autour de ces grands ossements de la terre, et la végétation commence à décroître, depuis la latitude de la Finlande jusqu'au dernier degré de la terre animée. Nous traversâmes une forêt à demi consumée par le feu : les vents du nord, qui accroissent l'activité des flammes, rendent les incendies très-fréquents, soit dans les villes, soit dans les campagnes. L'homme, de toutes les manières, a de la peine à lutter contre la nature dans ces climats glacés. On rencontre peu de villes en Finlande, et celles qui existent ne sont guère peuplées. Il n'y a pas de centre, pas d'émulation, rien à dire et bien peu à faire dans une province du nord suédois ou russe, et, pendant huit mois de l'année, toute la nature vivante s'endort.

L'empereur Alexandre s'empara de la Finlande à la suite du traité de Tilsitt, et dans un moment où les facultés troublées du roi qui régnait alors en Suède, Gustave IV, le mettaient hors d'état de défendre son pays. Le caractère moral de ce prince était très-digne d'estime; mais, dès son enfance, il avait reconnu lui-même qu'il ne pouvait pas tenir les rênes du gouvernement. Les Suédois se battirent, en Finlande, avec le plus grand courage; mais, sans un chef guerrier sur le trône, une nation peu nombreuse ne saurait triompher d'un ennemi puissant. L'empereur Alexandre devint maître de la Finlande par la conquête et par des traités fondés sur la force; mais il faut lui rendre la justice de dire qu'il ménagea cette province nouvelle, et respecta la liberté dont elle jouissait. Il laissa aux Finois tous leurs priviléges relativement à la levée des impôts et des hommes; il vint avec générosité au secours des villes incendiées, et ses faveurs compensèrent, jusqu'à un certain point, ce que les Finois possédaient comme droit, si toutefois des hommes libres peuvent accéder volontairement à cette sorte d'échange. Enfin, une des idées dominantes du dix-neuvième siècle, les limites naturelles, rendaient la Finlande aussi nécessaire à la Russie que la Norwége à la Suède; et l'on peut dire avec vérité, que partout où ces limites naturelles n'ont pas existé, elles ont été l'objet de guerres perpétuelles.

Je m'embarquai à Abo, capitale de la Finlande. Il y a une université dans cette ville, et l'on s'y essaye un peu à la culture de l'esprit; mais les ours et les loups sont si près de là pendant l'hiver, que toute la pensée est absorbée par la nécessité de s'assurer une vie physique tolérable; et la peine qu'il faut pour cela dans les pays du Nord, consume une grande partie du temps que l'on consacre, ailleurs, aux jouissances des arts de l'esprit.

On peut dire, en revanche, que les difficultés mêmes dont la nature environne les hommes, donnent plus de fermeté à leur caractère, et ne laissent pas entrer dans leur esprit tous les désordres causés par l'oisiveté. Néanmoins, à chaque instant je regrettais ces rayons du Midi, qui avaient pénétré jusque dans mon âme.

Les idées mythologiques des habitants du Nord leur représentent sans cesse des spectres et des fantômes; le jour est là tout aussi favorable aux apparitions que la nuit : quelque chose de pâle et de nuageux semble appeler les morts à revenir sur la terre, à respirer l'air froid comme la tombe dont les vivants sont entourés. Dans ces contrées, les deux extrêmes se manifestent, d'ordinaire, plutôt que les degrés intermédiaires : ou l'on est uniquement occupé de conquérir sa vie sur la nature, ou les travaux de l'esprit deviennent très-facilement mystiques; parce que l'homme tire tout de lui-même, et n'est en rien inspiré par les objets extérieurs.

Depuis que j'ai été si cruellement persécutée par l'empereur, j'ai perdu toute espèce de confiance dans le sort; je crois cependant davantage à la protection de la Providence, mais ce n'est pas sous la forme du bonheur sur cette terre. Il s'ensuit que toute résolution m'épouvante, et néanmoins l'exil oblige souvent à s'y déterminer. Je craignais la mer, et chacun me disait : Tout le monde fait ce passage, et il n'arrive rien à personne. Tels sont les discours qui rassurent presque tous les voyageurs; mais l'imagination ne se laisse pas enchaîner par ce genre de consolations, et toujours cet abîme, dont un si faible obstacle vous sépare, tourmente la pensée. M. Schlegel s'aperçut de l'effroi que j'éprouvais sur la frêle embarcation qui devait nous conduire à Stockholm. Il me montra, près d'Abo, la prison où l'un des plus malheureux rois de Suède, Éric XIV, avait été renfermé pendant quelque temps avant de mourir dans une autre prison près de Gripsholm. « Si vous étiez là, me dit-il, combien vous envieriez le passage de cette mer, qui maintenant vous épouvante! » Cette réflexion si juste donna bientôt un autre cours à mes idées, et les premiers jours de notre navigation me furent assez agréables. Nous passions à travers des îles, et quoiqu'il y ait beaucoup plus de danger près du rivage qu'en pleine mer, on n'éprouve jamais cette terreur que fait ressentir l'aspect des flots qui semblent toucher au ciel. Je me faisais montrer la terre, à l'horizon, d'aussi loin que je pouvais l'apercevoir : l'infini fait autant de peur à notre vue qu'il plaît à notre âme. Nous passâmes devant l'île d'Aland, où les plénipotentiaires de Pierre Iᵉʳ et de Charles XII traitèrent de la paix, et tâchèrent de fixer des bornes à leur ambition sur cette terre glacée, que le sang de leurs sujets avait pu seul réchauffer un moment. Nous espérions arriver le lendemain à Stockholm, mais un vent décidément contraire nous obligea de jeter l'ancre sur la côte d'une île toute couverte de rochers entremêlés de quelques arbres, qui ne s'élevaient guère plus haut que les pierres dont ils sortaient. Cependant nous nous hâtâmes de nous promener sur cette île, pour sentir la terre sous nos pieds.

J'ai toujours été fort sujette à l'ennui, et, loin de savoir m'occuper dans ces moments tout à fait vides, qui semblent destinés à l'étude. . . . . . .
. . . .
. . . .

———

Ici le manuscrit est interrompu.

Après une traversée qui ne fut pas sans danger, ma mère débarqua à Stockholm. Accueillie en Suède avec une parfaite bonté, elle y passa huit mois, et ce fut là qu'elle écrivit le journal qu'on vient de lire. Peu de temps après elle partit pour Londres, et y publia son ouvrage sur *l'Allemagne*, que la police impériale avait supprimé. Mais sa santé, déjà cruellement altérée par les persécutions de Bonaparte, ayant souffert des fatigues d'un long voyage, ma mère se crut obligée d'entreprendre sans délai l'histoire de la vie politique de M. Necker, et d'ajourner tout autre travail jusqu'à ce qu'elle eût achevé celui dont sa tendresse filiale lui faisait un devoir. Elle conçut alors le plan des *Considérations sur la révolution française*. Cet ouvrage même, elle n'a pu le terminer, et le manuscrit de ses *Dix années d'exil* est resté dans son portefeuille tel que je le publie aujourd'hui.

(*Note de M. de Staël fils.*)

●●●●●●●●●●●●●

ÉLOGE

DE M. DE GUIBERT [1],

COMPOSÉ EN 1789.

————

Pendant le délire qui a précédé de vingt-quatre heures la mort de M. de Guibert, il n'a cessé de répéter ces mots : *Ils me rendront justice, ma conscience est pure, ils me rendront justice.* Cette pensée habituelle de son âme, trahie par la puissance de la mort, ce vœu si involontairement ex-

———

[1] Cet Éloge de Guibert n'a jamais été imprimé; et on verra, en le lisant, qu'il semble adressé plutôt à la société de Paris qu'au public européen. Mais, comme des fragments en sont cités dans la *Correspondance de Grimm*, j'ai cru devoir le faire paraître en entier, afin que cette collection soit aussi complète qu'il est possible. (*Note de M. de Staël fils.*)

primé, imposent à tout ce qui l'a aimé le devoir de le faire connaître. Il sera plus facile maintenant peut-être d'y parvenir; l'envie est satisfaite, et l'éternelle barrière de la mort, en préservant de l'avenir, permet de contempler le passé avec plus de calme et de justice.

Je vais parler de M. de Guibert; et quoique chaque trait de son éloge soit un souvenir déchirant pour moi, je me condamne à cet effort, pour en donner l'exemple à ceux dont les talents seront plus utiles à sa mémoire.

M. de Guibert naquit en 1746. Son père était extrêmement recommandable par ses travaux et ses vertus militaires : des actions brillantes et une conduite toujours sage lui avaient mérité l'estime de ses compagnons d'armes et le grade de lieutenant général. Il destinait son fils à suivre sa carrière, et le fit, à douze ans, rejoindre l'armée dans laquelle il servait. Pendant les six campagnes de la dernière guerre d'Allemagne, M. de Guibert se trouva à toutes les actions d'éclat; il eut deux chevaux tués sous lui; et dans un âge où l'on ne peut connaître que la valeur, il se fit remarquer par des dispositions extraordinaires pour l'art militaire, et par la justesse des observations qui furent, depuis, le fondement de sa théorie. Je l'ai souvent vu s'affliger de n'avoir pu consacrer toute sa vie au métier des armes; je l'ai souvent entendu mettre une action belle ou bonne au-dessus de tous les livres du monde. Je regrette en effet pour lui cette carrière dont l'éclat éblouit l'envie, où l'on n'a que le hasard à combattre, dans laquelle tous les pas sont jugés aussitôt que connus, et qui laisse l'espoir de confondre ses rivaux en les précédant au milieu du danger. Enfin, puisqu'il devait périr avant le temps marqué par la nature, j'aimerais mieux en accuser le fer des ennemis de la France, que le poison des calomniateurs qu'elle nourrit dans son sein; cette destinée eût mieux valu pour son bonheur, mais il ne nous resterait pas des ouvrages utiles aux bons esprits et aux âmes honnêtes, qui vaudront sans doute à leur auteur la stérile justice de la postérité.

A la paix, il revint dans sa famille, qui vivait alors en Languedoc; il y passa deux ans, et s'y livra à sa passion pour l'étude. Son père, qui ne voulait faire de lui qu'un bon officier, n'encourageait pas son goût pour la littérature; mais M. de Guibert avait trop le besoin et le désir de se distinguer, pour ne pas être avide de la seule gloire qui pût rester pendant la paix, et ne pas se hâter de s'emparer, par la pensée, de toutes les carrières qu'il avait vainement l'ambition de parcourir. Il vint à

Paris, et rechercha beaucoup la société des gens de lettres. Voltaire, Buffon, Rousseau, Diderot, d'Alembert, Thomas, vivaient encore; et, dépositaires des idées utiles autant que des talents agréables, ils avaient la gloire et le courage de penser, sous un gouvernement où personne ne pouvait agir. Aujourd'hui notre admiration récompense des services plus immédiats, et l'orateur qui décide une loi sage fait oublier l'écrivain même qui peut-être a fourni des idées à son éloquence. Mais alors les philosophes obtenaient les premiers succès, et l'enthousiasme d'un jeune homme devait d'abord s'attacher à leurs personnes comme à leurs ouvrages.

M. de Guibert joignait à un esprit et à un talent rares des facultés qui sont souvent l'inutile partage de la médiocrité, mais dont un esprit distingué sait faire un grand usage : une mémoire prodigieuse, et le don de lire avec une rapidité qui doublait pour lui l'emploi du temps. Il savait en entier, il retenait à jamais le livre qu'un autre commençait à peine à comprendre : c'est à cette singulière facilité qu'il faut attribuer la possibilité de réunir, à vingt-trois ans, toutes les connaissances nécessaires pour composer *la Tactique*. Je demande qu'on remarque l'âge qu'avait M. de Guibert alors qu'il donna cet étonnant ouvrage, non pour juger son livre avec plus d'indulgence, c'est de sa famille, et non de la postérité, qu'il faut attendre ces sortes de calculs, mais pour s'étonner de tout ce qu'il savait, de tout ce qu'il avait vu, et de tout ce qu'il prévoyait. En effet, ce n'est pas seulement dans le passé, c'est dans l'avenir que ses regards s'étendent. La première partie du Discours préliminaire de *la Tactique* est une prédiction bien remarquable de la révolution actuelle. Son auteur la prévoit par toutes les idées qui l'ont fait désirer; le besoin de son âme est devenu l'impulsion de tous, et les lumières de son esprit, la volonté générale. Mais quel courage il fallait alors pour braver un gouvernement qui, pouvant seul ouvrir toutes les carrières, semblait maître de la gloire même ! Quel élan dans l'esprit de M. de Guibert! quelle force en même temps lui fait devancer l'avenir, sans s'égarer jamais dans les chimères! ses vœux sont des projets, ses espérances sont des plans. La permanence d'une assemblée nationale, la milice citoyenne, le système pacifique et conservateur d'une grande puissance, le patriotisme d'un roi qui veut lui-même donner une constitution à son peuple; tout s'y trouve, et rien de trop. Ce qu'on appelait les rêves de sa jeunesse, ce qu'on traitait d'exaltation, prend un caractère bien imposant, quand une nation entière y donne sa sanction suprême.

C'est au roi de Prusse, dont il a fait depuis l'éloge, que M. de Guibert attribue la perfection de l'art militaire. Personne n'admirait avec plus de plaisir. Il manquait peut-être de cette bienveillance qui encourage la médiocrité, de cet art de louer ce qui nous est inférieur, plus utile à soi qu'aux autres, et qui ne les élève jamais qu'à la hauteur de notre point d'appui ; mais s'il rencontrait son digne rival, ou son véritable supérieur, c'est alors qu'il les vantait avec transport. Il savait gré de l'enthousiasme qu'on lui inspirait ; il aimait l'homme qui reculait, à ses yeux, les bornes du génie de l'homme; et, soit qu'il espérât dans ses forces, soit qu'il se livrât à la pureté de son âme, jamais il ne s'est montré plus ardent enthousiaste de la gloire dont il recueillait la trace, ou dont il fut le témoin. Je ne sais si l'on peut reprocher à son Discours préliminaire des négligences dans le style ; mais je ne connais pas d'ouvrage qui suppose plus d'imagination et d'âme : on ne s'arrête point pour remarquer les traits d'esprit, ni pour relever les fautes d'expression ; on est entraîné comme l'auteur même, et c'est en se souvenant plutôt qu'en lisant qu'on le juge. Quoique la révolution présente ait prouvé que les idées de M. de Guibert pouvaient être mises en pratique, il y a dans tous ses ouvrages une jeunesse de pensée qui indique la force bien plus que la témérité. En méditant ces écrits si pleins de vie, quel cœur ne se sentirait pas attendri par la fin prématurée de leur auteur? Quoi! cette âme douée de tant d'énergie n'a pu repousser la mort? quoi ! le nombre ordinaire des années a été refusé à celui qui semblait envahir les siècles futurs par ses prédictions et par ses projets? On a fait un tort à M. de Guibert de n'avoir pas rempli le vaste plan qu'il annonçait à la tête de son Discours préliminaire ; mais le tableau de la situation politique de l'Europe changea tellement, qu'il ne put, comme il le prévoyait lui-même, arrêter les événements pour les peindre. Des sujets différents, et qu'on pouvait terminer plus promptement, le détournèrent de cette entreprise. D'ailleurs, la régénération de la France était le but de cet ouvrage ; et lorsque M. de Guibert voulait le composer, elle était tellement invraisemblable, que, si l'on pouvait être entraîné à exprimer ce désir, à tracer rapidement les moyens d'y parvenir, il était impossible de dénoncer tous les abus, d'indiquer tous les remèdes, sans se livrer à un travail aussi insensé par ses suites que douloureux par son inutilité : il ne renonça jamais, cependant, à cette chimère, aujourd'hui réalisée. Je le répète avec plaisir, tous ses ouvrages respirent ces sentiments et ces opinions qu'on peut devoir maintenant à l'impulsion générale, mais qu'on ne tenait alors que de son âme et de son génie.

L'ouvrage même de la Tactique est généralement estimé parmi les militaires, et Frédéric II le mettait dans le très-petit nombre de ceux dont il conseillait la lecture à un général. On y retrouve la plupart des idées sur l'organisation de l'armée, sur la nécessité d'un conseil de la guerre, sur les réformes à faire dans ce département, que M. de Guibert essaya seize ans après de mettre en pratique. Je ne croirais point par là justifier des erreurs, s'il était vrai que les idées de M. de Guibert méritassent ce nom; mais je réclamerais pour des méditations de seize années l'examen attentif de ceux qui les ont si rapidement jugées. La discussion avec M. de Menil-Durand, sur l'ordre profond et l'ordre mince, fut aussi très-estimée par les militaires; et, malgré la différence des opinions, on se réunit sur le mérite de l'ouvrage.

M. de Guibert servit un an en Corse, sous M. le comte de Vaux. Il se distingua tellement dans le combat de Ponte-Nuovo, qui décida de la prise de l'île, qu'à vingt-quatre ans on lui donna la croix de Saint-Louis.

Il revint en France, et débuta alors dans la carrière dramatique. Sa première tragédie fut le Connétable de Bourbon; elle eut à la lecture un succès prodigieux. Les beaux vers dont elle est remplie, les sentiments d'honneur qu'elle respire, exaltèrent toutes les têtes. C'est la veille d'une bataille, c'est dans un camp, qu'on eût souhaité d'entendre une pièce qui semblait écrite par un héros, plus encore que par un poëte; et ce grand caractère a toujours distingué les écrits de M. de Guibert de ceux de la plupart des gens de lettres. C'est que l'homme d'État, le guerrier, le citoyen, enfin celui qui s'est fait ou se fera remarquer par ses actions, se montre toujours à travers le talent de l'écrivain ou l'imagination du poëte. Il y a des fautes contre l'art, contre la langue; il est facile de critiquer ses ouvrages; mais il est impossible d'effacer l'impression qu'ils laissent. Quand on les attaque, on peut avoir de l'avantage sur celui qui les défend, parce qu'il est plus aisé d'exprimer les observations de l'esprit que les impressions de l'âme; mais quiconque se livrera sans la défense de l'amour-propre ou de la jalousie à ses sentiments naturels, sera ému d'admiration en écoutant les vers, en lisant la prose de M. de Guibert. Il faut le juger par son début dans le monde : l'envie n'avait pas eu le temps de s'armer, les méchants ne s'étaient pas encore coalisés. Ses pre-

miers succès servaient peut-être à faire oublier ceux d'un autre, et n'attiraient pas encore la haine sur lui. Sa jeunesse, ses talents, lui valaient tous les genres d'applaudissements, et si jamais un homme peut s'attacher à la gloire, c'est celui qui vit cet accord entre l'opinion publique et cette conscience intime de ses forces, qu'il faut également distinguer de l'amour-propre et de la modestie.

On donna le Connétable de Bourbon à la cour; tout changea de face alors : ceux qui ne l'avaient pas entendu lire voulurent casser le jugement qu'ils n'avaient pas rendu. L'enthousiasme est plus difficile à soutenir qu'à combattre; la plupart de ceux qui l'avaient éprouvé se hâtèrent de dire qu'eux seuls n'avaient pas partagé l'ivresse générale; d'autres rejetèrent sur l'indulgence naturelle de leur caractère les applaudissements que leur esprit aurait refusés, et tous, délivrés du fardeau d'admirer, respirèrent plus à l'aise. Des circonstances particulières contribuèrent aussi au peu de succès du Connétable de Bourbon. Lekain joua la pièce avec humeur; il n'y avait que des courtisans pour spectateurs de l'indignation d'un héros contre l'injustice d'un roi. On choisissait le jour du mariage de madame la comtesse d'Artois pour faire entendre un portrait odieux d'Angoulême de Savoie. Le sujet même rend presque impossible de trouver un bon cinquième acte. Quand Bourbon passe au camp des Espagnols, la pièce est finie, et le spectacle de la défaite des Français, dont il faut être témoin ensuite, ne plut pas à des auditeurs qui voulaient que le destin des combats tînt bien plus au nom français qu'au génie d'un homme. La pièce fut donc aussi sévèrement jugée à la représentation qu'elle avait été favorablement écoutée à la lecture. Mais les esprits sages n'en rendirent pas moins de justice au talent vraiment dramatique de son auteur. Celui qui sait émouvoir a le grand secret de l'art tragique; le reste s'apprend. Depuis cette époque, on se montra d'abord sévère, puis injuste, puis barbare pour M. de Guibert; depuis cette époque, il a mieux mérité chaque jour les louanges qu'on lui avait prodiguées d'avance.

L'Académie proposa l'éloge de Catinat. M. de Guibert le fit avec son esprit et son âme, avec cet amour de la liberté, cet enthousiasme pour la patrie dont on trouvait la raison dans les pensées philosophiques des hommes de lettres, plus encore que la passion dans leurs écrits. Le moment du réveil de Catinat, celui de sa retraite, tous ceux enfin où l'éloquence peut naître d'elle-même et est inspirée par la situation, sont de la première beauté. L'Académie donna le prix à celui qu'elle avait l'habitude de couronner, à l'auteur de l'éloge de Fénélon. Son ouvrage lui parut plus conforme à la loi qu'elle avait imposée, de peindre le caractère de Catinat plutôt que ses talents militaires; mais peut-être devait-elle s'élever jusqu'à priser un mérite aussi important, quoique moins académique, celui de louer un général en guerrier, et commencer dès lors la grande alliance de la littérature et des connaissances utiles, de l'imagination qui peint et de l'expérience qui juge. Sans doute M. de Guibert regretta de n'avoir pas obtenu le prix; il croyait avoir plus de droits qu'un autre sur ce sujet purement militaire. Il n'éprouva cependant aucune jalousie; il eut l'indignation de l'homme qui sent ses forces, mais non de celui qui les compare : il ne connut jamais cette manière de les mesurer.

Quelque temps après, l'Académie proposa l'éloge de l'Hôpital; M. de Guibert ne concourut point à son prix; mais il fit imprimer séparément un éloge de l'Hôpital : il eut tort de choisir une épigraphe qui pouvait offenser l'Académie; mais il eut raison de croire que l'éloge de l'Hôpital ne pouvait être fait en se soumettant à toutes les censures dont les statuts de l'Académie imposaient la loi. Il eut raison de croire que les talents d'un ministre luttant sans cesse contre son siècle et contre la cour, avaient besoin d'être appréciés par un homme moins étranger aux difficultés de l'exécution, que les gens de lettres ne le sont ordinairement. Enfin il eut la grande raison du talent; il composa un ouvrage digne de la plus véritable admiration. Il peint la cour de Médicis avec le pinceau de Tacite; son style a souvent le même laconisme, mais sa concision semble tenir au mouvement de l'âme qui ne permet pas de s'arrêter, plus qu'à cette précision de l'esprit qui force à se réduire. Pressé par ce qu'il va dire, il ne se repose pas sur ce qu'il dit; mais qu'il parcourt de pensées! qu'il indique de sentiments! Avec quelle rapidité ne fait-il pas passer sous vos yeux des événements qu'il rattache tous à de grandes pensées, et dont le souvenir en est désormais inséparable. Après vous avoir arrêté avec intérêt sur chaque circonstance, quels résultats profonds ne vous laisse-t-il pas de l'ensemble! comme il saisit l'esprit des lois de l'Hôpital, et fait sortir du chaos des abus de son temps et des siècles qui l'ont suivi un tableau aussi clair qu'instructif! Je reviendrai sans cesse à parler des sentiments libres, des idées hardies qu'il exprime; ces états généraux qu'il a le premier appelés *le palladium de la liberté ;* cette

nation, cette patrie qu'il invoque pour élever à l'Hôpital un monument digne de lui. Je ne flatterais point pour moi-même l'opinion dominante; c'est un pouvoir comme les autres, et quelque respectable qu'il soit, la fierté peut s'y tromper; mais je veux concilier à la mémoire de mon malheureux ami le suffrage de tous les partisans, de tous les défenseurs de cette liberté dont son âme avait senti le besoin et devancé l'aurore. Qu'il fut heureux, l'Hôpital, d'être ainsi connu, d'être ainsi loué au milieu des factions qui déchiraient son siècle ! De combien de manières sa sagesse ne pouvait-elle pas être calomniée! Son génie, qui tour à tour devança et retint l'antique ignorance d'un parti, et l'esprit d'innovation de l'autre, devait-il être jugé de son temps, et la haine ne pouvait-elle pas trouver l'art d'obscurcir à jamais la vérité? Ministre et citoyen, négociateur entre la nation et le trône, forcé de taire les difficultés qu'on lui opposait, et de donner comme l'ouvrage de sa pensée celui que les circonstances et les hommes avaient modifié, contraint par sa conscience à rester dans une place où il ne pouvait qu'éviter des malheurs, tandis qu'il n'y a de gloire éclatante, ou du moins contemporaine, que pour ceux qui font de grands biens; n'avait-il pas besoin qu'il s'élevât un homme qui devinât son âme, interprétât son génie, retrouvât la chaîne de ses actions et de ses pensées, de ce qu'il put et de ce qu'il voulait faire, de ses vertus privées et de sa morale publique, et le montrât à la postérité comme le plus grand caractère qui ait précédé notre siècle. L'exemple des vertus et du génie de l'Hôpital sera-t-il de nos jours aussi dignement jugé?

Peu de temps après l'*Éloge de l'Hôpital,* M. de Guibert composa deux tragédies, les *Gracches* et *Anne de Boulen,* qui n'ont été ni imprimées ni représentées, mais qu'il est imposé à ses héritiers de publier. La première est la pièce la plus républicaine que nous ayons au théâtre. Une anecdote singulière en fera juger. Peu de temps avant la mort de M. de Guibert, les comédiens français lui demandèrent instamment de la laisser jouer. Il était piquant de donner une pièce composée il y avait plus de dix ans, et toute pleine d'allusions à ce moment-ci. M. de Guibert résista à ce succès, parce qu'il trouvait du danger à mettre aujourd'hui sur le théâtre une tragédie dont le principal objet était la proposition de la loi agraire par Caïus Gracchus. Dans d'autres temps, les sentiments seuls auraient fait impression; mais à présent l'on aurait pu soutenir jusqu'aux opinions mêmes. L'amour de la liberté si profondément inné dans l'âme

de M. de Guibert, cet amour dont la vérité se reconnaît suivant les temps, soit par sa violence,
soit par sa modération même, commanda à l'auteur
des Gracches de se refuser au triomphe certain qui
l'attendait. Cette pièce est mieux écrite que celle du
Connétable, et renferme encore plus de beaux vers.
Je sais bien qu'il ne faut pas comparer les pièces
de M. de Guibert avec les chefs-d'œuvre de l'art;
on l'a dit, on l'a peut-être prouvé; mais il faut
donner *le Connétable* devant des guerriers, *les
Gracches* devant des citoyens, *Anne de Boulen*
devant des hommes passionnés pour leur maîtresse,
et leur demander ensuite à tous, s'ils ont senti leur
âme profondément émue, et si ce spectacle n'est
pas au nombre des grands souvenirs de leur vie.

Anne de Boulen est la dernière tragédie que M. de
Guibert ait faite, ou du moins que je connaisse;
elle est tout entière consacrée à l'amour; il me
semble que, sous ce rapport, elle tient le même
rang parmi les tragédies que *la Nouvelle Héloïse*
parmi les romans. C'est la passion criminelle peinte
sur le théâtre : on peut à cet égard condamner M. de
Guibert; mais, comme il ne fait paraître Anne de
Boulen et son coupable frère qu'au moment de
leur repentir et de leur punition, il est permis de
dire que, voulant montrer l'amour dans toute sa
violence, il a rassemblé toutes les fautes que cette
passion peut faire commettre, mais qui, ne venant
que d'elle, et ne retombant que sur soi, font
naître encore l'intérêt et la pitié. Ah ! que cette
pièce émeut profondément, alors qu'au cinquième
acte Anne de Boulen et son frère Rochefort sont
prêts à perdre la vie ! Anne veut ramener son frère
à cette religion dont les sublimes secours la consolent et la fortifient. L'incrédulité de son frère
repousse tous ses arguments; près de perdre sa
dernière espérance, elle ose invoquer un amour
coupable; elle ose interroger le cœur de son amant.
« Quoi ! lui dit-elle, renonceras-tu pour jamais à l'espoir qui nous reste de nous revoir un jour ? » A
ces mots, son frère tombe à genoux, et s'écrie :
Je crois en Dieu? Quelle tragédie contient un mouvement plus énergique et plus tendre ! que de sentiments exprimés à la fois ! que d'âmes converties
avec celle de Rochefort !

La profonde admiration de M. de Guibert pour
mon père, sa vénération pour ma mère, captivè-
rent d'abord mon intérêt; un culte commun, un
âge distant du mien, me permirent de me livrer
dès mon enfance à cette amitié qui, depuis huit
ans, a fait d'autant plus le charme de ma vie, que
je devenais plus en état d'en sentir tout le prix. Je
tracerai le portrait de son caractère au moment

où je l'ai connu moi-même; on a fait de ce caractère l'excuse et le prétexte de tant d'injustices,
qu'il est important de l'examiner. D'ailleurs, c'est
suivre l'exemple donné par M. de Guibert, que de
peindre le caractère moral d'un homme célèbre par
ses actions, ou par ses écrits; c'est une belle étude
du cœur humain; c'est une grande et utile dignité accordée aux vertus privées, que de faire
connaître leur liaison avec les vertus publiques.

M. de Guibert était violent de caractère, et impétueux d'esprit; mais les émotions auxquelles il
se laissait entraîner n'avaient rien de durable, et
ses actions ou ses décisions n'en dépendaient jamais. Il avait de la mobilité dans sa sensibilité,
mais de la constance dans sa bonté; il possédait
éminemment cette dernière qualité; aucun ressentiment, aucun ressouvenir même ne restait dans
son âme, sa douceur et surtout sa supériorité en
étaient la cause. Il ne remarquait pas, il n'observait pas les torts dont se composaient la plupart des
inimitiés; il ne recevait pas les coups d'assez près
pour en sentir une atteinte profonde; il était réservé à l'injustice publique de blesser une âme qui
avait pardonné tout ce dont elle aurait pu se venger.
Cette disposition à la bienveillance lui inspira trop
d'assurance. Il se crut certain de n'être point haï,
parce qu'il ne haïssait point, et pensa qu'il lui suffisait de se connaître. Il avait aussi, pourquoi le
dissimuler ? un extrême amour-propre, dont les
formes ostensibles déplaisaient à ses amis, presque
autant qu'à ses détracteurs, parce qu'il ôtait aux
premiers le plaisir qu'ils auraient trouvé à le louer;
mais il n'avait conservé de ce défaut, comme de
tous ceux qu'il pouvait avoir, que les inconvénients
qui nuisaient à lui-même, et point aux autres. Nul
dédain, nulle amertume, nulle envie n'accompagnait son amour-propre; il montrait seulement ce
que les autres cachaient; il les associait à sa pensée; c'est à cette manière d'être néanmoins qu'il
faut attribuer la plupart des inimitiés dont il a été
l'objet. Une tête haute, un ton tranchant, révoltaient la médiocrité. Cependant ceux qui jugeaient
plus avant reconnurent chez M. de Guibert la confiance prolongée de la jeunesse dans les autres
comme en soi, mais non l'habitude ou la combinaison de l'orgueil.

Sa conversation était la plus variée, la plus
animée, la plus féconde que j'aie jamais connue.
Il n'avait pas cette finesse d'observation ou de plaisanterie qui tient au calme de l'esprit, et pour
laquelle il faut attendre, plutôt que devancer les
idées; mais il avait des pensées nouvelles sur
chaque objet, un intérêt habituel pour tous. Dans

le monde ou seul avec vous, dans quelque disposition d'âme qu'il fût ou que vous fussiez, le mouvement de son esprit ne s'arrêtait point, il le
communiquait infailliblement, et si l'on ne revenait pas en le citant comme le plus aimable, on
parlait toujours de la soirée qu'on avait passée avec
lui comme de la plus agréable de toutes. Qui me
rendra ces longues conversations où je le voyais
développer tant d'imagination et d'idées! Ce n'était
pas en versant des pleurs avec vous qu'il savait
vous consoler ; mais personne n'adoucissait mieux
la peine en en parlant, ne faisait mieux supporter
les réflexions, en vous les présentant sous toutes
leurs faces. Ce n'était pas un ami de chaque instant ni de chaque jour ; il était distrait des autres
par sa pensée et peut-être par lui-même ; mais,
sans parler de ces grands services, dont trop de
gens se disent capables, et pour lesquels on a toujours retrouvé M. de Guibert, lorsqu'il revenait à
vous, en une heure on renouait avec lui le fil de
tous ses sentiments et de toutes ses pensées ; son
âme entière vous appartenait en vous parlant.

Je crois bien que l'amour, que l'amitié, sont les
illusions plutôt que l'occupation habituelle des
hommes doués d'un génie supérieur; mais M. de
Guibert avait tant de bonté dans le cœur, tant de
goût pour toute espèce de distinction, tant de besoin, sur la fin de sa vie, de s'appuyer sur ceux
qui l'aimaient, que ses amis pouvaient se flatter
qu'il attachait du prix à leurs sentiments. Heureux
fils, heureux frère, heureux époux, heureux père,
il sut respecter ces saintes relations, et ce sont les
seules de ses vertus dans l'exercice desquelles il
n'ait pas trouvé de mécompte. Les officiers, les
soldats de son régiment, ses domestiques, tous
ceux qui étaient de quelque manière dans sa dépendance, l'aimaient avec passion; il les avait toujours traités avec une bonté remarquable; celui qui
peut se confier dans ses propres forces n'abuse
jamais du pouvoir qu'il doit aux circonstances.

Quand j'ai connu M. de Guibert, il était déjà
persécuté par la fortune; il avait désiré passionnément d'aller servir en Amérique pendant la dernière guerre; son régiment ne s'embarqua point,
et une fièvre ardente, causée par le chagrin, faillit
conduire au tombeau celui qui ne pouvait vivre
qu'au milieu des dangers de la gloire. Avant ce
temps, son crédit sur M. de Saint-Germain, ministre appelé trop tard, par sa réputation, à remplir
une place qui demandait toutes les forces du caractère et de l'esprit, ce crédit partiel, et qu'on
croyait absolu, lui valut beaucoup d'ennemis. Il
dénonça de grands abus, il proposa la réforme des
corps privilégiés dans l'armée. Ces attaques, mal
soutenues par un ministre affaibli par l'âge, redoublèrent la force des hommes puissants qui
surent les repousser. Ces plans, adoptés à moitié,
excitèrent leur haine comme s'ils avaient été suivis
en entier, tandis que les esprits sages, ne pouvant
encore les juger, ne s'empressèrent pas de les défendre. Enfin M. de Guibert livra ses projets et
ses idées avant de pouvoir les exécuter, et, plus
connu de ses ennemis que du public, il mit des
obstacles à sa carrière avant d'avoir acquis la force
qui peut les faire surmonter. Ce résultat était aisé
à prévoir; mais il se présentait une possibilité
d'être utile, et l'amour du bien, qui se confondait
dans son cœur avec le désir de la gloire, l'entraîna
imprudemment. Déjà poursuivi par l'injustice, il
n'avait pas encore cependant renoncé à l'espoir de
la vaincre. Il a peint souvent lui-même, dans ses
écrits, cette agitation inquiète du talent, cette
fatigue du repos, tourment des hommes supérieurs, dans les gouvernements où la faveur, plus
aveugle que le hasard même, dispose de tous les
emplois qui permettent au talent de servir sa
patrie.

Dans le discours de réception que fit M. de
Guibert à l'Académie, dans ce discours plein d'é-
loquence et d'idées, on lui a beaucoup reproché
d'avoir répété je ne sais combien de fois le mot
de gloire. Cette grande idée, cette digne récompense doit se présenter souvent à l'ambition comme
à la pensée, et ce n'est pas par un calcul mécanique qu'on pouvait juger si M. de Guibert avait trop
parlé de sa passion auguste.

Peu de temps avant la grande et malheureuse
époque de sa vie, c'est-à-dire, avant son entrée au
conseil de la guerre, il composa l'*Éloge du roi de
Prusse ;* on y retrouve son esprit et son talent,
une grande connaissance de l'histoire politique et
militaire, et l'art de présenter son héros avec tant
d'avantage, de rassembler tellement sur lui l'intérêt et l'enthousiasme, que c'est à la réflexion qu'on
remarque le talent du panégyriste lui-même, et
qu'on l'admire d'autant plus qu'il a su se faire oublier. M. de Guibert était si impatient de peindre
un grand homme dans un grand roi, de consacrer
après sa mort les louanges qu'il lui avait données
pendant sa vie, d'élever le premier un monument
à sa gloire, que son style se ressent peut-être de
la précipitation avec laquelle cet ouvrage fut composé. Mais quel tableau que celui du génie du roi
de Prusse luttant seul contre la ligue de toutes les
puissances de l'Europe! quel auguste intérêt n'inspire pas ce héros portant du poison sur lui ; pour

pouvoir ordonner avec sang-froid les dispositions d'une bataille dont dépendait le destin de son royaume ! Quelle âme se peint dans l'abandon d'enthousiasme auquel M. de Guibert a tant de plaisir à se livrer ! quel coup d'œil dans le rapide tableau des événements et des empires ! Les observations purement militaires sont présentées avec tant de clarté, qu'elles se font lire avec plaisir par ceux même qui n'ont pas les premiers éléments de cet art.

C'était autrefois une maxime reçue, et dont l'envie s'est bien servie pour blesser tour à tour M. de Guibert comme écrivain ou comme officier, qu'on ne pouvait être à la fois homme de lettres et militaire. L'exemple de Scipion, de César, de la plupart des grands hommes de l'antiquité, n'empêchait pas la médiocrité de fixer des bornes au génie ; et comme l'égalité paraissait alors bien plus nécessaire entre les talents qu'entre les rangs, on ne permettait pas au même homme d'obtenir des succès dans deux carrières différentes. Il faut espérer que la gloire a maintenant aussi retrouvé sa liberté, et qu'elle peut à son gré distribuer ses couronnes. D'ailleurs la dignité même de citoyen impose à tous les hommes le devoir d'embrasser un état utile à leur patrie, et leur en offre la possibilité ; le talent d'écrire ne sera plus isolé désormais, et ceux qui le posséderont, en aideront leurs actions, en appuieront leur vie.

L'archevêque de Sens fut mis à la tête des affaires en 1787 ; il était depuis longtemps l'espoir de la société. Les gens du monde et les hommes de lettres le désignaient comme un ministre administrateur et philosophe ; il confiait à son frère, M. de Brienne, connu généralement par son extrême honnêteté, le département de la guerre ; tous les deux appelèrent M. de Guibert ; pouvait-il désirer des auspices plus favorables ? L'archevêque de Sens exerçait un grand pouvoir, et paraissait résolu à l'employer tout entier à la réforme des abus. Quelle pensée donc devait retenir un homme que l'ardeur d'être utile et le besoin d'exercer ses talents avaient toujours dévoré ! Je ne lui ai jamais connu que ces deux seules passions ; tout ce qui compose une ambition commune était au-dessous de lui : le goût de la faveur, la vanité du pouvoir, ces petits sentiments de la médiocrité, disparaissent à côté du véritable amour de la gloire. M. de Guibert mit beaucoup d'indépendance dans la constitution du conseil de la guerre. Ses membres devaient se renouveler par leur propre choix. Sous un gouvernement libre, l'exécution doit être confiée au plus petit nombre d'agents possible ; mais dans un pays

qui ne l'était pas, diviser l'administration était une vue très-utile. M. de Guibert influa beaucoup sur les choix, et dirigea certainement la plupart des décisions du conseil ; quelques-unes cependant furent modifiées par la faveur ; et ce n'est qu'en suivant la règle sans exception qu'on peut rendre les réformes utiles à tous, et supportables pour ceux qui en souffrent. La situation politique obligea de rassembler deux camps, dans un moment où l'armée ne savait pas encore les nouvelles ordonnances, lorsque l'opposition des principaux chefs à l'ordre qu'on voulait faire adopter, favorisait la répugnance que les troupes témoignaient pour une discipline et pour des réformes sévères, tandis que les résolutions du ministère forçaient à faire marcher dans toutes les provinces des régiments qui se refusaient souvent aux ordres qu'on leur donnait, et dont le patriotisme luttait contre la subordination militaire. Les mécontents s'exaltèrent dans ces camps, jugèrent ce qu'ils ne connaissaient pas ; ils s'irritèrent contre des ordonnances auxquelles on n'avait jamais pensé, et, confondant les opérations d'un ministère despotique avec celles d'un conseil de la guerre qui agissait dans le même temps, ils les réunirent dans leur haine. Peut-être aussi que les idées nouvelles ne sont jamais appréciées qu'après la mort de leur auteur. L'esprit humain, étonné de ce qu'il ne connaît pas, a besoin, pour porter un premier jugement, du calme des passions et du silence de l'envie ; d'ailleurs le plan de M. de Guibert ne pouvait être bien saisi que dans son ensemble, et l'on en exécuta à peine une partie.

Il ne resterait pas, je crois, une idée juste sur ce plan, si M. de Guibert ne l'avait pas consacré dans un ouvrage intitulé : *Examen des opérations du conseil de la guerre.* J'ai vu beaucoup d'hommes instruits étonnés, en lisant cet ouvrage, de l'injustice dont M. de Guibert avait été la victime. Maintenant on jugera le degré d'estime que méritaient ses plans militaires : s'ils sont trouvés dignes de louanges, on sera repentant pour son siècle de la persécution que leur auteur a éprouvée. Mais ses amis, certains du prix qu'il attachait au jugement de la postérité, jouiront encore, par cette pensée, de la justice qu'obtiendra sa mémoire. On verra dans cet *Examen* des réponses à toutes les accusations dont M. de Guibert fut la victime. On lui a souvent reproché de vouloir organiser une armée, sans avoir connu la guerre ; les faits anéantissent cette inculpation, qu'on pourrait même écarter en demandant de juger l'ouvrage, sans s'informer de l'auteur. M. de Guibert a servi, comme je l'ai déjà dit, dans les six campagnes de la dernière guerre, et dans celle de Corse ; quelque jeune qu'il fût, il vit alors ce qu'il jugea depuis, et l'expérience peut se composer ainsi. L'*Examen des opérations du conseil de la guerre* est un ouvrage si important pour la gloire de M. de Guibert, que c'est un devoir pour ceux dont l'opinion doit se compter de la faire connaître. Une grande injustice commise envers un Français pèse sur la nation entière, et la conduite de l'assemblée du Berri envers M. de Guibert n'en est-elle pas une ?

L'archevêque de Sens était sorti de place au mois d'août 1788 ; il avait promis les états généraux en convoquant la cour plénière ; il avait reconnu que le roi ne pouvait mettre d'impôts sans le consentement de ses sujets. Son ministère rendit la révolution certaine ; car un successeur vertueux ne pouvait conseiller à un roi tel que Louis XVI de revenir sur des engagements aussi sacrés. Les états généraux, sous les favorables auspices de ce doublement du tiers, si nécessaire et si juste, furent donc convoqués. L'espérance de tous les patriotes se tourna vers eux, et personne ne se sentit des talents, ou seulement des intentions pures, sans désirer d'être député.

M. de Guibert parlait avec une extrême facilité. Ce talent, qui peut seul donner, dans une assemblée publique, une influence digne d'envie, devait ajouter à son désir d'y paraître. Malade depuis quelque temps d'un accident à la jambe, qui l'empêchait presque de se soutenir, il avait renoncé au projet de se rendre dans le bailliage où sont ses terres, lorsque tout à coup il prit une résolution contraire, avec une promptitude qui semblait tenir de la fatalité. Arrivé dans l'assemblée générale des trois ordres, dont il ne connaissait point les membres, il veut prononcer un discours ; aussitôt cette assemblée entière, composée pour la plupart ou d'hommes mal instruits des opérations du conseil de la guerre, ou de ceux qui avaient souffert de ses réformes, s'écrie : *Il a voulu qu'on mît les officiers aux fers ! Il a proposé de couper les jarrets aux déserteurs !* Jamais rien de semblable n'avait été conçu par le cœur le plus humain et l'esprit le plus libre. N'importe, les esprits s'exaltent sur ces fausses inculpations ; ceux qui les affirment sans y croire, croient bientôt à leur tour ceux qui les répètent ; l'impulsion devient générale, des murmures continuels empêchent M. de Guibert de faire entendre sa justification ; la noblesse, retirée dans sa chambre, partage cet esprit d'injustice et d'acharnement ; elle ne veut point écouter, elle ne veut point admettre M. de Guibert. Un citoyen

que les lois n'avaient point accusé fut privé du premier droit des citoyens, et l'illégalité de cette conduite ne fut effacée que par sa barbarie.

M. de Guibert revint à Paris ; un nouveau malheur l'y attendait. Il se vit forcé d'imprimer le discours qu'il voulait prononcer, et qu'on avait calomnié d'avance : il crut le devoir pour se justifier. En effet, ce n'était pas le discours d'un caractère despotique ni d'un esprit à préjugés ; il respirait tant d'amour de la liberté, tant d'ardeur pour la révolution, que la cour trouva que la place de M. de Guibert lui imposait plus de réserve ; et, malgré les efforts de ses amis, on lui demanda sa démission. Par une incroyable coalition, le parti de la cour et celui de l'opposition se réunirent au nom du mal qu'on pouvait lui faire, et l'attaquèrent à la fois. Il ressentit si vivement ces cruels événements, qu'un habile médecin prédit alors qu'il ne pouvait y survivre plus d'une année. En effet, dans ses conversations, dans ses lettres, il portait l'empreinte de la plus sombre tristesse ; il ne trouvait plus de charme dans la confiance : la douleur que cause l'injustice des hommes, et la perte de l'opinion publique lorsqu'on y a mis tant de prix, est un genre de peine dont on n'ose montrer la profondeur ; on craint de s'entendre proposer les secours de la philosophie ; on n'ose avouer qu'on a vainement tenté d'y recourir. Loin de s'attacher davantage aux amis qui nous restent, l'habitude du malheur ne permet plus d'en jouir, et conduit souvent à s'en défier. La fierté s'exagère par l'offense même : on devient susceptible ; et si ce défaut refroidit un instant nos amis, on s'empresse de s'en éloigner, parce qu'on a besoin de se priver des seuls biens qui, sans faire aimer la vie, y retiennent encore. Telle fut, pendant six mois, la disposition de l'âme de M. de Guibert.

L'étonnante révolution du mois de juillet, le nouvel ordre qui s'établit en France, semblait devoir effacer ce qui l'avait précédé, et remettre à sa place celui qui l'avait appelé par ses vœux et par ses pensées. M. de Guibert se rattacha à ce grand intérêt public ; la France régénérée fut encore sa patrie. Il composa d'abord une lettre qu'il mit sous le nom de l'abbé Raynal, de cet homme illustre qui a rendu toute sa vie un hommage éclatant au talent de M. de Guibert. Cette feinte devait bientôt être éclaircie ; mais M. de Guibert voulait qu'on jugeât d'abord son livre avec impartialité ; et il lui était permis de croire qu'il ne l'obtiendrait pas en le donnant sous son nom. Cette lettre est remplie de beaux mouvements d'éloquence, et d'une véritable admiration pour les principales bases de la constitution. M. de Guibert s'y permet des observations sur quelques décrets de l'assemblée nationale, concernant les propriétés, sur quelques principes de la déclaration des droits, et sur la balance établie entre les différents pouvoirs. Mais certes les représentants de la nation seraient trop habiles s'ils se confondaient tellement avec l'amour de l'égalité et de la liberté, que, placés derrière cette égide, ils pusssent traiter d'aristocrate ou d'esclave quiconque les accuserait eux-mêmes d'injustice ou d'erreur.

L'ouvrage que M. de Guibert composa quelque temps après *sur la Force publique considérée sous tous ses rapports*, ne permit plus de douter, ni de l'Indépendance de ses principes, ni de la sagesse de ses opinions; il avait indiqué quelques-unes de ses principales idées, dans la lettre sous le nom de l'abbé Raynal; mais elles sont véritablement discutées et approfondies dans l'ouvrage que je viens de citer. Il disait dans cette lettre, en louant le meilleur livre de l'abbé de Mably : « C'est peut-« être au bord du tombeau que l'esprit humain, « semblable au soleil à la fin du jour, jette quel-« quefois ses plus beaux et ses plus purs rayons, » et c'est donc là maintenant l'épigraphe qu'il faut mettre à son dernier ouvrage! à cet ouvrage en effet supérieur à tous ceux qu'il a composés, par la force des pensées, par la méthode avec laquelle une foule d'idées nouvelles et réellement utiles sont présentées, et par l'énergie d'un style dont l'éloquence conserve cette sagesse et cette dignité que l'importance du sujet demande. Ce livre contient le plan entier d'une constitution; car en organisant un des pouvoirs, en posant autour de lui des barrières, on indique nécessairement la place que doivent occuper les autres; et pour que l'ensemble soit parfait, il faut que chacune des parties donne l'idée du tout. Mais ce projet, tel que M. de Guibert le présente, il faut l'adopter en entier, ou le rejeter sans exception. Car comme il repose uniquement sur l'art de concilier la plus grande force dans le pouvoir exécutif, avec la plus grande sûreté pour la liberté, aucune de ces idées ne marche seule; et si vous les séparez, vous faites deux erreurs de la solution d'un problème. En suivant cette méthode, les uns trouvent d'abord qu'il s'est montré trop militaire dans les principes dont il fait la base de son armée. Mais il me semble que ce n'est jamais dans l'imperfection d'une armée qu'il faut trouver la raison de se rassurer contre elle; ce n'est pas par la faiblesse des ressorts, mais par leur juste opposition qu'on doit établir l'équilibre; et ce qui est mauvais en soi, est aussi nui-

sible à la tranquillité qu'à la liberté. C'est dans cette milice nationale que M. de Guibert organise avec tant de sagesse et de force, qu'il faut trouver des motifs pour se rassurer contre les craintes qu'on éprouve ou qu'on témoigne; mais est-il sage de ne pas opposer une véritable armée à toutes celles qui nous environnent; et peut-on se flatter d'en avoir une sans discipline et sans esprit militaire? La discipline n'est point contraire à la liberté, puisque l'aliénation momentanée de cette liberté est un contrat autorisé par la société; mais pour opérer le miracle d'une obéissance passive, d'une subordination absolue de cent mille volontés réduites en une, il faut établir d'autres règles que les lois d'une constitution libre. L'esprit militaire est encore plus important à maintenir. Il peut être contraire aux sentiments d'un citoyen, mais il dépend d'autres idées; il faut qu'il soit tout composé d'enthousiasme et d'exaltation; la fidélité pour son chef doit y tenir le suprême rang; car on brave la mort plutôt pour un homme que pour une idée. La gloire doit en être le premier mobile, car c'est pour acquérir, plutôt que pour conserver, qu'on peut s'exposer sans cesse. Chaque homme combat pour ses foyers avec courage; cet effort momentané appartient à tous : mais s'en arracher pour les défendre; mais périr en Alsace, pour garantir la Provence; mais aller chercher la mort quand on ne craignait point pour sa vie, cette habitude de courage contraire à la nature, analysée par la philosophie, ne peut se soutenir que par l'imagination, et c'est par tout ce qui tend à l'enflammer qu'on doit en entretenir le prodige. Ce n'est donc point comme militaire, c'est comme observateur du cœur humain, que M. de Guibert a parlé, et c'est à ses connaissances et non à ses préjugés qu'on peut deviner son état. On dit encore que dans les temps de troubles intérieurs, il confie au roi trop de puissance; que la proclamation de *la tranquillité publique troublée* met le monarque au-dessus des lois. Mais d'abord les lois veillent toujours, puisque le corps législatif reste assemblé, et que les agents du pouvoir exécutif demeurent responsables; mais ne faut-il pas compter le désordre et l'anarchie parmi les vrais dangers de la liberté? Son premier avantage, celui du moins dont le grand nombre jouit le plus, n'est-ce pas la sûreté de sa vie et de sa propriété? Et qu'importe quelles mains exercent la tyrannie? c'est à ses effets et non à ses agents qu'on la reconnaît.

D'autres, parlant dans un sens contraire, reprochent à M. de Guibert d'avoir revêtu le corps législatif de toute la puissance exécutive, au moment où, craignant pour la constitution, il fait la proclamation *de la liberté publique en péril*. Une idée à peu près semblable vient d'être proposée dans l'assemblée nationale; mais elle a été combattue par de si fortes raisons, que tous les bons esprits s'accordent à la rejeter. Je suis bien loin de chercher à la défendre; dans tous les temps elle est blâmable; néanmoins l'instant présent n'at-il pas accru, s'il est possible, la crainte que devait inspirer cette proposition? Ceux qui craignent les tyrans, ceux qui craignent les factieux, ont également raison, suivant les époques dont ils s'appuient; mais il faut qu'une constitution s'établisse d'après la nature même des choses : les hommes qui passent de la servitude à la liberté, ne peuvent point encore avoir appris à se défier des factieux; ils ne craignent que les esclaves, ils ne redoutent que la tyrannie; ils servent, sans s'en douter, les passions privées, dès qu'elles invoquent l'intérêt public. C'est à l'étendard qu'ils se rallient; ils marchent au nom des mots, et n'ont pas le temps de juger. Mais la vérité reparaît au milieu de l'ordre. La sagesse renaît dans le bonheur, et les factieux inspirent alors autant d'horreur que les tyrans, car tous également s'immolent la patrie. C'est en se transportant au règne de la justice et de la paix, que M. de Guibert a cru qu'on pouvait confier sans danger cette arme terrible au corps législatif; il n'a pas sans doute pensé qu'il trouvât souvent l'occasion d'en faire usage; mais, fatigué des suppositions indéfinies des amis inquiets de la liberté, il a cru nécessaire de tranquilliser jusqu'à leur imagination même. La foudre qui repose dans le temple de Jupiter rassure contre les grands criminels. D'ailleurs, il ne faut pas oublier que dans l'ouvrage de M. de Guibert le système entier de la tranquillité publique et de la balance des pouvoirs repose sur l'adoption de l'idée sublime de désarmer tous les citoyens dans les fonctions ordinaires de la vie, et de déposer les armes dans les temples, pour sanctifier la force en la consacrant à la justice. Cette pensée, si digne de la véritable liberté, appartient, dit-on, à un homme fécond en grandes vues politiques. S'il est ainsi, je m'interdis d'en parler plus longtemps; on ne doit pas se permettre de glaner avant la moisson du génie.

L'on a blâmé aussi M. de Guibert d'avoir soutenu que le droit de faire la paix et la guerre n'appartenait point au roi. Après le chapitre de M. de Guibert, après ce qui a été dit dans l'assemblée nationale sur cette grande question, je ne sais pas comment on oserait encore la traiter; les idées qu'elle peut faire naître ont toutes reçu le cachet de l'orateur plus ou moins éloquent.qui les a développées, et pour ainsi dire chacune d'elles porte un nom. Je répéterai seulement à ceux qui craignent que l'opinion de M. de Guibert, sur le droit de paix et de guerre, ne diminue trop l'autorité royale, que si l'on n'approuvait que ce chapitre de son ouvrage, et qu'on n'adoptât point tous les autres, ce ne serait plus de son autorité qu'il faudrait s'appuyer. En politique, il n'est point de vérités isolées ni absolues; et quand on voit examiner une idée, comme si elle n'avait pas de connexion avec d'autres, et poser un principe sans regarder ses conséquences, on serait tenté de penser que ceux qui suivent cette méthode, ne pouvant embrasser plusieurs considérations à la fois, ne pouvant d'avance en suivre une au loin, ont cru de leur intérêt d'insulter à l'esprit étendu, en le traitant d'esprit incertain, et de déshonorer la prévoyance, en l'assimilant à la timidité.

La décision que l'assemblée nationale a prise sur le droit de paix et de guerre, les sages modifications qu'elle y a apportées sont à peu près conformes à l'avis de M. de Guibert; il en aurait joui, parce que cette opinion lui semblait utile, non parce qu'elle venait de lui. Quel caractère en effet serait celui qui compterait son amour-propre dans la balance où les destinées de vingt-quatre millions d'hommes sont pesées?

Le succès universel de l'ouvrage de M. de Guibert, l'influence qu'il devait avoir sur de grandes délibérations de l'assemblée nationale, était certainement une véritable satisfaction pour lui. Il commençait à se rattacher à la vie, quand la mort, qu'on eût dit d'accord avec ses ennemis, termina sa carrière, et la douleur ne trancha le fil de ses jours qu'après avoir épuisé tous ses traits sur son âme. Ah! qu'on a besoin de croire à la véritable immortalité! Quoi! tout s'anéantirait pour nous! quoi! ce qui nous fut cher n'existerait plus qu'au fond du cœur que ce souvenir déchire! Cet homme, dont les pensées excitent encore les miennes, cette âme dont les sentiments me soutiennent et m'encouragent, serait anéantie! Je regrette surtout le charme que je trouvais à l'entendre parler de mon père; comme il sentait son dévouement! comme il admirait son génie! comme il s'indignait de l'injustice, et la jugeait de haut! L'opinion de la postérité, sur mon père, ressemblera, je le sais, à mon enthousiasme pour lui, et la justice des temps confirmera ce que le sentiment m'aide à connaître. Mais que j'aimais celui qui me rendait si bien

compte de mon admiration; et faut-il que la douleur de sa perte s'attache à l'idée dominante de
ma vie! Mais c'est assez parler de soi, et le malheur même n'a pas ce droit si longtemps.

Je me suis imposé d'écrire cet éloge avec modération; j'ai payé ce tribut à l'injustice, non pour
qu'elle m'épargnât, mais pour qu'elle laissât en
paix la mémoire de M. de Guibert. Quelques louanges échappées à l'amitié, un éloge fait par moi,
n'exciteront point l'envie; et tout le monde peut
intéresser par le tableau des persécutions dont
M. de Guibert fut la victime. Je veux que ce récit
inspire la pitié, oui, la pitié; ce sentiment n'est
pas incompatible avec l'admiration; quelque chose
d'auguste se mêle à l'impression qu'on éprouve en
contemplant le spectacle du génie aux prises avec
l'infortune. C'est un chêne courbé par les vents,
c'est la nature abandonnant le plus beau de ses
ouvrages. Enfin, si le malheur ne suffit pas pour
apaiser la haine, qu'elle s'arrête du moins au nom
sacré de la mort. Celui qu'elle poursuivait n'est
plus; mais son ombre peut-être erre encore dans
ces lieux pour y suivre sa mémoire. Vous avez eu
sa vie; abandonnez-nous son souvenir, vous qui
ne redoutiez sans doute que ses succès, et l'obstacle qu'il pouvait mettre aux vôtres. Laissez-le juger maintenant : il ne s'agit plus pour lui que du
triste empire des tombeaux.

TRADUCTION
DU SONNET DE MINZONI,

SUR LA MORT DE JÉSUS-CHRIST.

Quand Jésus expirait, à ses plaintes funèbres,
Le tombeau s'entr'ouvrit, le mont fut ébranlé.
Un vieux mort l'entendit dans le sein des ténèbres;
Son antique repos tout à coup fut troublé.
C'était Adam. Alors, soulevant sa paupière,
Il tourne lentement son œil plein de terreur,
Et demande quel est, sur la croix meurtrière,
Cet objet tout sanglant, vaincu par la douleur.
L'infortuné le sut, et son pâle visage,
Ses longs cheveux blanchis et son front sillonné,
De sa main repentante éprouvèrent l'outrage.
En pleurant il reporte un regard consterné
Vers sa triste compagne, et sa voix lamentable
Que l'abîme, en grondant, répète au loin encor,
Fit entendre ces mots : Malheureuse coupable,
Ah! pour toi j'ai livré mon Seigneur à la mort.

TRADUCTION
DU SONNET DE FILICAJA,

SUR L'ITALIE.

Italie, Italie, ah! quel destin perfide
Te donna la beauté, source de tes malheurs?
Ton sein est déchiré par le fer homicide,
Tu portes sur ton front l'empreinte des douleurs.
Ah! que n'es-tu moins belle, ou que n'es-tu plus forte!
Inspire plus de crainte ou donne moins d'amour.
De l'étranger jaloux la perfide cohorte
N'a feint de t'adorer que pour t'ôter le jour.
Quoi! verra-t-on toujours descendre des montagnes
Ces troupeaux de Gaulois, ces soldats effrénés,
Qui du Tibre et du Pô, dans nos tristes campagnes,
Boivent l'onde sanglante et les flots enchaînés?
Verra-t-on tes enfants, ceints d'armes étrangères,
Des autres nations seconder les fureurs,
Et, ne marchant jamais sous leurs propres bannières,
Combattre pour servir, ou vaincus, ou vainqueurs?

HENRY ET EMMA,

BALLADE IMITÉE DE PRIOR.

Je ne sais ce qu'il faut en croire,
Mais aux femmes, depuis longtemps,
On a reproché, dit l'histoire,
Des cœurs légers et peu constants.
Or, écoutez donc l'aventure
De cette fille aux bruns cheveux,
Dont l'âme courageuse et pure
A brûlé des plus nobles feux.

Son amant vient, frappe et l'éveille
Au funeste coup de minuit.
Descends, dit-il, chacun sommeille;
Ouvre-moi ta porte sans bruit.
Il faut nous quitter, chère amie;
Las! je vais fuir bien loin de toi,
Car le juge a livré ma vie
Au fer barbare de la loi.

Ta peine est à moi, lui dit-elle,
Ami, je te suivrai toujours;
Qu'un antre éloigné nous recèle,
Au désert même ayons recours.
Si la fortune mensongère
En un jour change notre sort,

Le lien d'une âme sincère
Ne peut se briser qu'à la mort.

HENRY.

Non, non, tu ne saurais me suivre,
Renonce à ce fatal désir;
Dans les déserts où je dois vivre,
Combien il te faudrait souffrir!
L'air glacé, la soif et la dure,
La faim, la douleur et l'effroi,
Fille à la belle chevelure,
Seraient ton partage avec moi.

EMMA.

Je ne crains rien que ton absence,
Et ton départ seul me fait peur;
Loin de toi jamais l'espérance
Ne pourra rentrer dans mon cœur.
La soif, la misère et la dure,
Le désert même et les frimas,
Oui, tout me plaît dans la nature,
Lorsque je marche sur tes pas.

HENRY.

Non, je pars seul. Non, mon amie,
Reste en ces lieux, sèche tes pleurs.
Ah! le temps qui berce la vie,
Sait bien endormir les douleurs.
L'envie, à la langue maudite,
Poursuit l'amour et la beauté;
Lorsque l'on apprendrait ta fuite,
Ton nom serait-il respecté?

EMMA.

Non, le temps qui berce la vie
Ne peut endormir les douleurs.
Ton souvenir à ton amie
Chaque jour coûterait des pleurs.
L'envie, à la langue maudite,
Contre moi lance en vain ses traits;
C'est toi que je suis dans ma fuite,
Et j'aime les vertes forêts.

HENRY.

La sombre forêt épouvante;
Ton cœur timide frémira,
Lorsque la flèche menaçante
Au fond des bois retentira.
Si l'on m'atteint, d'horribles chaînes
Peseront sur tes faibles bras;
Tu n'auras, pour prix de tes peines,
D'autre avenir que le trépas.

EMMA.

Quand nous aimons avec ivresse,
L'amour aguerrit notre cœur,
Et peut même à notre faiblesse
Prêter une mâle valeur.
Lorsque la flèche menaçante
Au fond des bois retentira,
L'œil attentif de ton amante
Sur toi seul, ami, veillera.

HENRY.

La sombre forêt est l'asile
Des brigands, des loups et des ours;
Nul toit n'offre un abri tranquille
Pour protéger tes tristes jours.
Au fond d'une caverne obscure,
La terre formerait ton lit;
Le fruit sauvage et l'onde pure
Sont tout le festin d'un proscrit.

EMMA.

La forêt est un sûr asile
Où pour toi je ne crains plus rien;
Quel autre abri serait tranquille,
Et ton sort n'est-il plus le mien?
Tu sauras, d'un bras intrépide,
Dompter les hôtes des forêts;
Et dans les flots de l'eau limpide
On puise le calme à longs traits.

HENRY.

Ah! du sort dont je suis la proie
Tu ne connais pas tous les maux.
Sais-tu que tes cheveux de soie
Doivent tomber sous les ciseaux?
Sais-tu qu'une laine grossière
Voilera tes jeunes attraits,
Et qu'à tes sœurs, comme à ta mère,
Il faut dire adieu pour jamais?

EMMA.

Adieu, ma mère. J'ai dû suivre
L'ami fidèle et malheureux.
Vous, mes sœurs, c'est à vous de vivre
Au sein des plaisirs et des jeux.
Je n'irai plus dans une fête:
Sans peine je livre aux ciseaux
Ces cheveux qui paraient ma tête,
Ces cheveux si bruns et si beaux.

HENRY.

Et bien! toi qui me crois fidèle,

Toi, si sincère en tes amours,
Apprends qu'une amante nouvelle
Est la compagne de mes jours.
Mon cœur amoureux la préfère;
Oui, je l'aime bien plus que toi,
Et dans la forêt solitaire
Elle doit vivre près de moi.

EMMA.

Heureuse d'avoir su te plaire
A ton sort elle doit s'unir;
Mais dans la forêt solitaire,
Accorde-moi de la servir.
Comme esclave je veux te suivre :
Fidèle au joug de ce devoir,
A mes tourments je puis survivre
Tant qu'il m'est permis de te voir.

HENRY.

Ah! c'en est trop, ma douce amie!
Dans cette épreuve de douleur,
Où tu ne t'es pas démentie,
Emma, j'ai reconnu ton cœur.
C'est pour toi seul que je veux vivre.
Ne crains ni le fer ni la loi,
Je suis un des grands de l'empire,
La splendeur t'attend près de moi.

EMMA.

Qu'importe cette splendeur vaine,
Ou la misère et le danger!
Près de toi je suis toujours reine,
Et le sort n'y peut rien changer.
Qu'on chante ailleurs la vieille histoire
Des cœurs volages et sans foi;
Qui t'a vu ne saurait y croire :
Jamais je n'aimerai que toi.

●◆●◆◆◆●◆●◆

IMITATION

D'UNE ÉLÉGIE DE BOWLES,

SUR LES EAUX DE BRISTOL [1].

Le jour va commencer; ses premières lueurs
Nous découvrent des bois les riantes couleurs.
Le faucon endormi se réveille à l'aurore,
Tourne autour du rocher, part, et revient encore,

[1] Les eaux de Bristol sont ordonnées, en Angleterre, aux
malades de la consomption.

Et l'on entend de loin, au lever du soleil,
La cloche qui rappelle aux travaux du réveil.
Bientôt le jour s'étend sur la voûte céleste,
Des vapeurs de la nuit l'obscurité funeste
Se dissipe à nos yeux, et les oiseaux charmés
Répètent, dans les airs, leurs chants accoutumés.
Les rayons réfléchis par un ruisseau limpide ;
Font étinceler l'onde en sa course rapide;
Et le pâle rocher, blanchi par les hivers,
Dont le front sillonné domine encor les mers,
Des feux de l'Orient le premier se colore,
Et sur son vieux sommet reçoit la jeune aurore.
Le vaisseau, que les vents vers le port ont conduit,
A reconnu les bords que lui cachait la nuit.
Les cris des matelots nous signalent leur joie,
Et des voiles, au loin, la blancheur se déploie.
Mais les infortunés, par le mal abattus,
Que des secours tardifs ne ranimeront plus,
Vont aussi le matin sur le bord du rivage
Pour respirer encore un air qui les soulage.
Cet air vient se jouer sur leurs fronts pâlissants,
Des poumons déchirés calme les feux brûlants;
Et la nature, enfin, par l'aurore embellie,
Leur fait encor goûter le parfum de la vie.
La pourpre du matin a décoré le ciel
D'un éclat à la fois touchant et solennel.
La forêt s'est courbée au lever de l'aurore,
Saluant le soleil qu'elle revoit encore.
Les oiseaux, d'un beau jour jeunes admirateurs,
Quittent des bois touffus les paisibles douceurs.
Cette fête du monde, au départ des ténèbres,
Semble écarter la mort et ses voiles funèbres.
Par des rêves trompeurs les mourants consolés
Élèvent vers le ciel leurs regards accablés;
Ils se flattent encore : une espérance vaine
A coloré leur front d'une rougeur soudaine.
Symptôme de leur mal, cette triste rougeur,
Du flambeau de la mort est la sombre lueur.
Bientôt vous les verrez, repoussant des chimères,
Errer sous cette voûte où reposent nos pères;
S'y choisir une tombe, et sur les bords du temps
Sonder l'éternité de leurs regards tremblants.
Ils s'essayent tout seuls aux plus tristes pensées,
Tâchent de résigner leurs délices passées.
Inutiles efforts! Au milieu des douleurs,
Des souhaits impuissants se glissent dans leurs
Et, tout en adorant la volonté suprême,   [cœurs;
Ils pensent qu'il est dur de quitter ce qu'on aime.
Il est dur en effet de briser les liens
Qui de nos pas tremblants sont les plus doux sou-
De perdre l'avenir, où régnait l'espérance. [tiens;
L'imagination, funeste en sa puissance,
Excite les regrets, trompe les souvenirs.

28.

De la vie, aux mourants, ne peint que les plaisirs ;
Au bonheur d'exister se borne leur envie,
Et, près de la quitter, ils adorent la vie.
Cependant, à la fin, quand le corps s'affaiblit,
Le calme, par degrés, renaît dans leur esprit. [bre,
Tout, jusqu'à leurs terreurs, va se perdre dans l'om-
Et, comme à l'horizon, vers le soir d'un jour sombre,
Les bois, les prés, les champs obscurcis par la nuit,
Semblent s'évanouir avec le jour qui fuit :
Ainsi, lorsque notre âme incertaine, abattue,
N'éclaire plus nos sens, tout change à notre vue.
Le monde se retire, et les objets confus
A nos faibles regards ne se retracent plus.
Air pur qui ranimez les forces languissantes,
Sources qui fécondez ces campagnes riantes,
Sur ces infortunés répandez vos bienfaits ;
Et, puisqu'ils veulent vivre, exaucez leurs souhaits.
Qui descend à pas lents du haut de la colline ?
Ah ! je la reconnais cette jeune orpheline ;
Longtemps d'un vain espoir elle a goûté l'erreur,
Longtemps elle a rêvé l'amour et le bonheur :
L'amour, que la vertu, que les nœuds d'hyménée
Devaient sanctifier. Tu meurs, infortunée ;
Il a brisé ton cœur ; rejette les secours
Qui pourraient prolonger tes misérables jours.
Tu voulais un ami, tu péris solitaire :
Seule dans le tombeau, seule sur cette terre,
Ah ! tu croirais à peine avoir changé de sort,
Lorsque tu passerais de la vie à la mort. [france,
Ceux qu'on voit dans ces lieux, courbés par la souf-
Jeunes, sur l'avenir fondaient leur espérance
La jeunesse un moment les embellit encor,
Et suspend sa guirlande au cyprès de la mort.
Ainsi j'ai vu tomber tes nobles destinées,
Mon ami, compagnon de mes jeunes années ;
Par de longues douleurs lentement consumé,
Sur sa tête, du temps le gouffre est refermé.
Il aimait le soleil, il cherchait sa lumière ;
Souvent il a béni son pouvoir salutaire.
Ce soleil, dont l'éclat lui paraissait si beau,
Semble avec complaisance éclairer son tombeau.
Ce vent, qui près des monts si sourdement murmure,
Semble parler tout bas de mort à la nature.
Russel, tu l'entendis dans ce jour plein d'effroi,
Dans ce jour le dernier qui s'est levé pour toi.
Ah ! qui dans les beaux temps de notre heureuse en-
Au sein de l'univers, créé par l'espérance, [fance,
Qui nous aurait prédit que nos berceaux de fleurs
Bientôt ne couvriraient que sa cendre et mes pleurs ?
Hélas ! combien d'amis, couchés sur la poussière,
N'accompagneront plus mes pas dans la carrière !
D'autres ont abusé de ma crédule foi.
D'autres, que j'aime encor, sont séparés de moi.

Nous partîmes ensemble au matin de la vie ;
Ensemble nous montions la colline fleurie,
Dont le sommet voilé, semblable à l'avenir,
Offrait à notre espoir la gloire ou le plaisir.
Quelques-uns sont tombés à moitié du voyage,
Accablés de fatigue, ou vaincus par l'orage.
Quelques-uns lentement traînent encor leurs pas,
Désirent le repos et ne l'obtiennent pas.
De tous mes compagnons je suis le plus à plaindre,
Je touche à ce moment où je voulais atteindre ;
Mais je descendrai seul par le sombre chemin,
Revers de la montagne, et terme du destin.
Mes peines, mes plaisirs, sur moi seul tout retombe.
Et des sentiers déserts m'entraînent vers la tombe.
Mais cessons de rêver. Oublions l'avenir,
Effaçons du passé le cruel souvenir.
Soumettons-nous au sort ! Déjà le jour s'avance,
L'homme s'est réveillé, la lutte recommence.
Contre ses ennemis il faut se maintenir,
Travailler pour les siens, apprendre à les servir ;
Et, suspendant les pleurs de la mélancolie,
Retournons dans le monde, et croyons à la vie.

***

LA BAYADÈRE,
ET LE DIEU DE L'INDE,
TRADUIT DE GOETHE.

———

I.

Brama, le dieu de la belle contrée
 Que fécondent les feux du ciel,
 Quitte sa demeure éthérée
 Caché sous les traits d'un mortel.
 Il veut s'exposer à la peine,
 Il veut souffrir, désirer et jouir,
 Pour récompenser ou punir,
En jugeant les humains avec une âme humaine.
 Il parcourt l'Inde et ses climats brûlants ;
Il regarde le peuple, il observe les grands ;
 Et, vers le soir, s'éloignant de la ville,
Il poursuit son voyage et cherche un autre asile.

II.

 Un jour qu'il allait lentement
A travers les faubourgs, vers la rive du Gange,
Une jeune beauté l'appelle doucement.
 Il la regarde, il croit revoir un ange,
 Malgré le fard, malgré le vêtement,
 Qui, trahissant sa destinée,
 Attiraient sur l'infortunée

Le regard hardi du passant.
Salut.—Merci.—Ton nom ? lui dit-il.—Bayadère,
  Répondit-elle au voyageur ;
  J'habite ici le sanctuaire
  De l'amour joyeux et vainqueur.
Elle prend sa cymbale et s'apprête à la danse,
Elle charme les yeux par mille pas divers :
Elle arrondit ses bras, se courbe, se balance,
Et s'entoure de fleurs qui parfument les airs.

III.

  Bel étranger, viens sous ce toit profane,
    Honore mon simple réduit ;
  Pour toi je vais éclairer ma cabane.
    Viens, dit-elle. Le dieu la suit.
J'offre une eau pure et salutaire
A tes membres lassés par la chaleur du jour.
Choisis ou le repos, ou la joie, ou l'amour ;
Quels que soient tes désirs, je veux les satisfaire.
Le divin voyageur accepte, en souriant,
  Les soins qu'elle prodigue à sa feinte souffrance ;
  Car, sous le poids d'un long abaissement,
  Il aperçoit un cœur digne de sa clémence.

IV.

  Pour l'éprouver, en maître impérieux
    Il commande à la Bayadère ;
  En humble esclave elle prévient ses vœux,
    A le servir elle semble se plaire.
Elle obéit : elle ne cherche plus
L'art séducteur dont elle faisait gloire,
Et l'amour a repris ses droits longtemps perdus.
Le dieu n'est pas encor content de sa victoire.
  Par l'espoir et par la terreur
Il veut relever l'âme, ennoblir la nature ;
Et s'il a résolu l'épreuve du malheur,
C'est qu'il en doit sortir la flamme la plus pure

V.

Pour la première fois elle verse des pleurs.
  De l'amour et de ses douleurs
Elle a senti la suprême puissance ;
Ce n'est plus le plaisir ni sa vive espérance
  Qui subjuguent son faible cœur.
  Elle tombe aux pieds du vainqueur ;
    Ses membres, jadis si flexibles,
    Ne peuvent plus la soutenir :
    Mais du jour les clartés paisibles
    Viennent enfin à s'obscurcir,
Et la nuit, déployant au loin ses voiles sombres,
Couvre leur doux hymen de ses modestes ombres.

VI.

  Lorsqu'un sommeil délicieux,

O Bayadère ! aura fermé tes yeux,
  Que ton réveil sera terrible !
  Tu trouveras mort sur ton sein
  L'hôte charmant, l'hôte sensible,
  Qui vient de changer ton destin.
Par ta douleur, par tes sanglots funestes,
  Tu veux en vain le ranimer ;
  On va porter ses nobles restes
Sur le bûcher qui doit les consumer.
  L'hymne des morts est entonnée,
La Bayadère en pleurs fend la foule étonnée.

VII.

Ses cris percent les airs, et ses sombres regards
Suivent le corps glacé qu'on emporte loin d'elle.
  On l'arrête de toutes parts.
Cessez, dit-elle alors, cessez, troupe cruelle ;
Laissez-moi le rejoindre, il était mon époux :
  Ces traits divins seraient réduits en cendre !
  Je n'ai joui qu'un jour des liens les plus doux.
  Des prêtres saints le chœur se fait entendre.
Au tombeau, disent-ils, nous portons les mortels,
Nous portons le vieillard fatigué du voyage,
Le jeune homme qui tombe à la fleur de son âge,
Quand la vie et ses biens lui semblaient éternels.

VIII.

Écoute, jeune fille, une leçon sévère,
Crois tes prêtres, bannis un orgueilleux espoir ;
  Tu vis comme une Bayadère,
Tu n'avais point d'époux, tu n'as point de devoir.
Sur le bord escarpé de l'éternel abîme
  L'ombre seule suivra le corps,
  Telle est la loi de l'empire des morts,
Et l'épouse fidèle un époux légitime.
Élevons jusqu'au ciel notre plainte sacrée.
    Quand une mort prématurée
    Frappe le jeune homme à nos yeux,
L'ornement de la terre est ravi par les dieux.

IX.

  C'est ainsi que chantaient les brames.
L'amante au désespoir ne les écoute pas,
    Elle s'élance dans les flammes,
    Le dieu la reçoit dans ses bras.
    Il retourne au ciel avec elle ;
    Il la soutient dans les airs,
    Et de sa gloire immortelle
Il a rempli ce cœur qui fut jadis pervers.
L'amour a ses vertus dont il pénètre l'âme,
Au pécheur repentant tout le ciel applaudit ;
Brama peut épurer, par sa céleste flamme,
  L'heureux objet que sa bonté choisit.

LE PÊCHEUR,

TRADUIT DE GOETHE.

—————

Le fleuve s'enfle, et l'eau profonde
Dans le sable a brisé ses flots.
Un pêcheur, sur les bords de l'onde,
S'assied et contemple en repos
Son hameçon et sa ligne légère ,
Qui vont chercher le poisson dans les eaux
  Mais l'onde paisible et claire,
A ses regards toup à coup s'entr'ouvrant,
  Lui laisse voir la nymphe humide
Qui, sur son lit frais et limpide,
Et se balance et se plaint doucement.

Elle lui parle, elle lui chante :
L'esprit de l'homme est si noble et si fort ;
Doit-il user d'une ruse méchante
Pour attirer mes enfants à la mort?
  L'air brûlant bientôt les dévore ;
  Laisse-les respirer encore
Dans la fraîcheur et le repos.
Si tu pouvais jamais comprendre
Quel calme on goûte dans les flots,
Toi-même tu voudrais descendre
Au fond de mes tranquilles eaux.

Le soleil, qui charme le monde,
  S'est rafraîchi dans mon sein ;
  Et la lune, au regard serein,
Aime à s'endormir dans l'onde.
Du ciel, répété dans les eaux,
  L'azur brillant et limpide
Attire-t-il ton pied timide ?
Veux-tu partager mon repos ?
Vois-tu l'éternelle rosée
Qui peint et réfléchit les traits ?
Viens , quitte la rive embrasée,
Les flots sont si purs et si frais !

Le fleuve s'enfle, et l'eau profonde
A mouillé le pied du pêcheur ;
Et son cœur , attiré par l'onde,
Éprouve un trouble séducteur.
  Ainsi, de sa douce amie,
Il recevrait le salut enchanteur.
  La nymphe et lui parle et le prie ;
  Bientôt le pêcheur est perdu.
Soit qu'un charme secret l'enivre,
  Soit que lui-même il se livre,
  On ne l'a jamais revu.

•••••••••

LA FÊTE DE LA VICTOIRE,

OU

LE RETOUR DES GRECS,

TRADUIT DE SCHILLER.

—————

I.

Il est tombé , l'empire du Troyen ;
Du vieux Priam le palais est en cendre :
Ivres de gloire, et chargés de butin ,
  Le chœur des Grecs se fait entendre.
Assis sur les bancs des vaisseaux
Qu'enchaîne encor la mer Pontide,
  Ils invoquent le vent rapide
Qui vers la Grèce entraînera les flots.

LE CHŒUR.

Célébrez votre noble ivresse,
Chantez l'hymne , braves guerriers ;
Vos vaisseaux regardent la Grèce,
Vous retournez dans vos foyers.

II.

Plus loin est la bande captive
Des femmes troyennes en pleurs,
Le front prosterné sur la rive,
Frappant leur sein plein de douleurs.
Pâles, sombres, traînant les chaînes,
Aux fêtes des vainqueurs elles mêlent leurs cris ;
Elles pleurent leurs propres peines
Sur les cendres de leur pays.

CHŒUR DES CAPTIVES.

Adieu donc, ô terre chérie !
Bien loin de toi, sur ces vaisseaux,
Des maîtres étrangers entraînent notre vie.
Heureux les morts ! ils dorment en repos.

III.

Le feu divin du sacrifice
Est préparé par les mains de Calchas :
  Il invoque sa protectrice,
Pallas, qui fonde et détruit les États ;
Neptune, qui donne à la terre
La vaste ceinture des mers,
Et le dieu maître du tonnerre,
L'épouvante des cœurs pervers.

LE CHŒUR.

La longue lutte est terminée,
Le cercle du temps est rempli ;

Sous le poids de la destinée
Le grand empire a fini.

IV.

Mais sur le front du fils d'Atrée
Quel nuage s'est répandu?
Il compte les rangs de l'armée;
Que de guerriers ont disparu!
De cette héroïque jeunesse,
Qui vers le Simoïs suivit Agamemnon,
Ah! combien peu, repassant l'Hellespont,
Aborderont aux rives de la Grèce!

LE CHŒUR.

Vous pour qui renaissent les fleurs,
C'est à vous de chanter les plaisirs de la vie;
Mais parmi vos frères vainqueurs
Combien ne verront plus leur riante patrie!

V.

Ulysse, que Pallas instruit de l'avenir,
Laisse échapper ces accents prophétiques:
Tous doivent-ils se réjouir
En embrassant les autels domestiques?
Peut-être les dieux des enfers
Menacent-ils une éclatante vie,
Et des Troyens qui brava la furie,
Pourrait tomber sous des coups plus amers.

LE CHŒUR.

Heureux celui dont l'épouse constante
A conservé l'honneur de sa maison!
Car l'infidèle est trompeuse et méchante;
Ses volages désirs égarent sa raison.

VI.

Ménélas contemple avec joie
Les charmes qu'il a reconquis,
Et l'insensible Hélène, oubliant déjà Troie,
Se plaît dans sa beauté, dont les Grecs sont épris.
Que de maux a versés le séducteur perfide
Sur les vaincus, sur les vainqueurs;
Mais Jupiter a tourné son égide,
Ils ont péri, les ravisseurs.

LE CHŒUR.

Les dieux vengent la foi trahie,
L'hôte sacrilége est puni;
Et sur cette race ennemie
Le ciel s'est appesanti.

VII.

D'une voix lugubre et troublée,

Tout à coup le fils d'Oïlée
S'écrie, en blasphémant les dieux:
Vantez le maître du tonnerre,
Vous qu'il lui plaît de rendre heureux.
C'est au hasard qu'il a livré la terre:
La mort vous a ravi vos plus nobles guerriers,
Mais Thersite retourne en paix dans ses foyers.

LE CHŒUR.

Le Destin, de son urne immense,
Laisse tomber les biens, et les maux et la mort;
Si vous gagnez le lot du sort,
Vous pouvez chanter sa puissance.

VIII.

Oui, la terrible guerre a frappé les meilleurs.
Au milieu des champs des vainqueurs,
Ton ombre me suit, ô mon frère!
C'est toi, dont la valeur guerrière,
Comme une tour, appuyait nos combats.
Quand nos vaisseaux brûlaient, seul tu sauvas la
Mais le rusé, par son adresse,   [Grèce;
A ravi le beau prix que méritait ton bras.

LE CHŒUR.

Que sa cendre au moins soit paisible;
Ajax a succombé, mais sous ses propres coups.
De sa gloire les dieux jaloux,
Par la colère ont vaincu l'invincible.

IX.

Néoptolème a fait couler le vin
Sur le tombeau qu'il élève à son père.
Achille, ô mon guerrier, qu'il est beau, ton destin!
La gloire est le premier des destins de la terre.
Sur le bûcher notre corps doit périr;
Mais notre cendre est ranimée,
Quand la voix de la renommée
Nous évoque dans l'avenir.

LE CHŒUR.

Héros, de ta noble carrière
La gloire s'étendra jusqu'à nos derniers jours;
La vie est passagère,
Les morts durent toujours.

X.

N'oublions pas la gloire malheureuse,
Dit le fils de Tydée. Ah! du héros vaincu
Chantons aussi la lutte généreuse;
Pour ses dieux paternels il avait combattu.
Le noble Hector défendait sa patrie:
Si les lauriers couronnent nos efforts,

A la plus noble cause il immola sa vie :
Qu'un grain d'encens l'atteigne chez les morts.

LE CHŒUR.

Qui combattit pour ses dieux domestiques,
Qui fut le bouclier de sa vieille cité,
  A pu tomber sous ses débris antiques,
Mais par l'ennemi même il sera respecté.

XI.

Trois âges d'homme ont passé sur ta tête,
O Nestor ! vieux convive, oracle des héros !
De la mère d'Hector, au milieu de la fête,
  Il croit entendre les sanglots.
  Il prend la coupe couronnée,
Le vieillard connaît mal les profondes douleurs :
  Tiens, lui dit-il, infortunée,
Bois ce nectar, c'est l'oubli des malheurs.

LE CHŒUR.

Croyez-nous, déplorable reine,
Et ne repoussez pas les présents de Bacchus ;
  Par sa puissance souveraine
  Il rend l'espoir même aux vaincus.

XII.

  Alors que le ciel implacable
Lançait sur Niobé ses arrêts destructeurs,
  Elle n'a point, dans ses douleurs,
  Refusé ce jus secourable.
Il retrouvera des beaux jours,
Celui qui fait couler le nectar dans ses veines ;
  Car le souvenir de ses peines
Dans le Léthé se perdra pour toujours.

LE CHŒUR.

Il retrouvera des beaux jours,
Celui qui fait couler le nectar dans ses veines ;
  Car le souvenir de ses peines
Dans le Léthé se perdra pour toujours.

XIII.

  Sous le poids des fers opprimée,
  La prophétesse obéit au Destin ;
Elle voit dans les airs une sombre fumée
Planer sur les débris de l'empire troyen.
  Ainsi, dit-elle, sur la terre
  Tout disparaît, tout se détruit ;
D'un instant de bonheur la splendeur passagère
  S'éteint dans l'éternelle nuit.

LE CHŒUR.

Partons, amis ; que nos vaisseaux agiles

Laissent loin derrière eux la crainte et le chagrin ;
Sur l'avenir soyons tranquilles,
Peut-être au sein des morts nous dormirons demain.

LE SALUT DU REVENANT,

TRADUIT DE SCHILLER.

Sur le haut de la tour antique
  S'élève l'ombre du guerrier,
  Et sa voix sombre et prophétique
Salue ainsi le frêle nautonier.

« Voyez, dit-il, dans ma vive jeunesse,
Ce bras était puissant, ce cœur fut indompté ;
  Et tour à tour j'ai savouré l'ivresse
Des festins, de la gloire, et de la volupté.

« La guerre a consumé la moitié de ma vie ;
Pendant l'autre moitié, j'ai cherché le repos.
N'importe, passager, satisfais ton envie,
  Hâte ta barque et fends les flots. »

ÉPITRE SUR NAPLES,

COMPOSÉE EN 1805.

Connais-tu cette terre où les myrtes fleurissent,
Où les rayons des cieux tombent avec amour,
Où des sons enchanteurs dans les airs retentissent,
Où la plus douce nuit succède au plus beau jour ?
As-tu senti, dis-moi, cette vie enivrante
Que le soleil du sud inspire à tous les sens ?
As-tu goûté jamais cette langueur touchante
Que les parfums, les fleurs et les flots caressants,
Les vents rêveurs du soir, et les chants de l'aurore,
Font éprouver à l'homme en ces lieux fortunés ?
L'amour aussi, l'amour vient ajouter encore
Ses plaisirs aux plaisirs que le ciel a donnés ;
Et le chagrin cruel qui consume la vie,
S'efface, comme l'ombre, à la clarté des cieux.
La blessure reçue est aussitôt guérie ;
On peut mourir ici, mais qui vit est heureux :
C'est la terre d'oubli, c'est le ciel sans nuage,
Qui rend le cœur plus libre et l'esprit plus léger.
Dans ce cœur quelquefois il peut naître un orage,
Mais ne redoutez point un mal si passager.
Vous verrez le plaisir rentrer dans son domaine.

Le zéphyr s'est baigné dans la vague des mers,
Les fleurs ont, en passant, embaumé son haleine;
La terre a prodigué ses parfums dans les airs;
La nuit même, la nuit, de ses timides ombres
Ne couvre qu'à demi les merveilles du jour;
Le volcan fait encor briller ses flammes sombres.
A l'homme, à cet objet de son brûlant amour,
La nature jamais ne cache tous ses charmes :
Il n'est point solitaire, il n'est point isolé;
Aux chagrins d'ici-bas, s'il donne quelques larmes,
Il regarde le ciel et se sent consolé.
Mais ce n'est point l'ardeur des plus nobles pensées
Qui, jusque vers ce ciel, entraîne ses désirs;
Ni le regret touchant des délices passées,
Qui, vers ce confident, élève ses soupirs :
C'est plutôt je ne sais quelle intime alliance
De l'homme avec les cieux, et les airs et les fleurs.
Ici, les habitants rêvent dans l'indolence,
Et le plaisir de vivre y suffit à leurs cœurs.
Les siècles et la mort, et les volcans et l'onde,
Ont dévasté ces lieux qui sont encor si beaux;
Par la cendre et le sang cette terre est féconde,
Et la rose n'y croît qu'au milieu des tombeaux.
Ah! bienheureux l'oubli dans la contrée antique
Où, par les souvenirs, naîtrait tant de douleur;
Où tout fut généreux, noble, fier, héroïque. [queur!
Quels héritiers, grand Dieu, pour le peuple vain-
Ne pleurent-ils jamais sur des urnes funèbres?
Le passé n'est-il rien pour les vieux fils du temps?
Conduiront-ils toujours sur des tombes célèbres,
De leurs danseurs légers les pas insouciants?
Arrêtez! Cicéron ici perdit la vie;
Sa tombe est au milieu de ce riant séjour :
Avant que de mourir, sur la rive fleurie
Il a laissé tomber quelques regards d'amour.
Banni de son pays, dans cette même enceinte,
Scipion, indigné, vint souffrir et mourir :
Il grava sur sa tombe une immortelle plainte,
Qui plaide contre Rome auprès de l'avenir.
Plus loin, sont les marais et les roseaux modestes
Qui purent cependant préserver Marius.
Ah! de la liberté trop misérables restes,
Vous nous la rappelez, mais elle n'était plus.
La gloire au moins, la gloire en avait l'apparence.
La liberté mourante, au regard menaçant,
Fit trembler quelque temps la suprême puissance,
La combattit encor de son bras tout sanglant.
Octave abaissant tout, assura sa victoire,
Ne fut grand qu'au milieu des hommes avilis :
Dans la honte de Rome il crut trouver sa gloire;
Il commanda des vers aux flatteurs asservis.
Il a voulu tromper jusqu'au juge suprême,
Jusqu'au temps, seul rebelle à la loi du plus fort;

Mais le temps a tout dit, et Virgile lui-même
Vainement l'a choisi pour maître de son sort.
Il ne fut qu'un tyran, doux par hypocrisie,
Cruel par sa nature; et d'un monstre odieux
Il fit don, en mourant, à la triste Italie,
Pour être regretté dans des jours plus affreux.
Oubliez, j'y consens, ces splendeurs meurtrières
Dont les tyrans de Rome ont décoré ces lieux :
L'esclavage et la mort, de ces amas de pierres,
Ont élevé partout l'édifice pompeux.
Mais donnez quelques pleurs à l'île renommée
Qui, non loin de ces bords, apparaît à mes yeux.
Là, partant pour la Grèce, où l'attendait l'armée,
Brutus à ses amis fit ses derniers adieux.
Il combattait alors pour le destin du monde,
Et tous nos longs malheurs datent de ses revers.
Qu'il a souffert ici! quelle douleur profonde!
Quelle vaste pitié l'émut pour l'univers!
Il croyait dans César frapper la tyrannie;
Hélas! l'infortuné n'immola qu'un ami,
Criminel, mais plus grand encor que sa patrie,
Despote regretté par un peuple avili.
De tous les vrais Romains, ô le plus misérable!
Avec un cœur aimant tu passas pour cruel;
Et sublime en vertu tu fus jugé coupable,
Tant le succès peut tout sur le sort d'un mortel!
C'était la même mer, c'était la même flamme,
Qui du haut du volcan s'élançait dans les airs;
Mais ces bords recélaient encore une grande âme,
Et je la cherche en vain, ces lieux en sont déserts.
Du moins restez en paix, ville voluptueuse,
Où tout peut s'oublier, même la liberté.
Allez passer vos jours dans la barque rêveuse;
De la terre et du ciel contemplez la beauté.
De vos beaux orangers cultivez la parure,
Ces éternelles fleurs, qui décorent l'hiver,
Semblent fixer pour vous l'inconstante nature.
Ailleurs, tout passe; ici, de son front toujours vert,
Le printemps, chaque mois, vient embellir ces rives.
Pour vous tout recommence, et le champêtre espoir,
Dont l'orage détruit les roses fugitives,
Sous un nouvel éclat revient se faire voir.
Vous êtes méconnu, vous, peuple de poëtes;
Mobile, impétueux, irascible, indolent;
Vos prêtres et vos rois vous font ce que vous êtes.
C'est sous ce même ciel que vous fûtes si grand.
Vous le seriez encor si votre destinée
Soulevait tous les jougs qui sillonnent vos fronts,
Si vous pouviez penser, si votre âme enchaînée
N'achetait le sommeil au prix de mille affronts.
Ce sommeil est si doux, dans vos belles prairies,
Que moi-même, oubliant de plus nobles désirs,
Je savourais votre air; et de vos douces vies

Le soleil et la mer m'expliquaient les plaisirs.
Mais en vain ce beau ciel, cette vive nature,
Ces chants délicieux ressemblaient au bonheur;
Toujours j'ai ressenti la cruelle blessure
Du poignard que la mort a plongé dans mon cœur.
Où fuir cette douleur? Sous ces débris antiques,
D'un antique moderne on croit trouver les pas;
Aussi grand qu'un Romain par ses vertus publiques,
Persécuté comme eux, trahi par des ingrats;
Mais plus sensible qu'eux, et pleuré sur la terre,
Comme un obscur ami dont les paisibles jours
Aux devoirs d'un époux, aux tendresses d'un père,
Auraient été voués dans leur tranquille cours.
Zéphyr que j'ai senti, caressiez-vous sa cendre?
Harmonieuses voix, cantique des élus,
Dans le sein de la tombe a-t-il pu vous entendre?
Et nos cœurs séparés se sont-ils répondus?
Ciel parsemé de feux, aujourd'hui sa demeure,
Éternité des temps, éternité des mers,
Ne me direz-vous pas, et devant que je meure,
Si ses bras paternels me sont encore ouverts?

ESSAIS DRAMATIQUES.

AVERTISSEMENT

DE M. DE STAEL FILS.

Les Essais dramatiques contenus dans ce volume n'ont
jamais été destinés à l'impression. Les trois premiers, *Agar,
Geneviève de Brabant*, et *la Sunamite*, ont été composés, non
pas seulement pour un théâtre de société, mais pour un théâtre de famille, et cette raison explique l'analogie qui existe
entre les situations qui y sont représentées. Elle explique
aussi pourquoi ma mère n'a pas craint de choisir des sujets
déjà traités par d'autres auteurs, et de profiter de leurs conceptions. Ainsi, dans son *Agar*, elle a emprunté plusieurs
traits à celle de madame de Genlis, et surtout à celle de
M. Lemercier : l'on verra toutefois, qu'elle leur a imprimé le
caractère de son propre talent. Sans doute je ne puis espérer
que ces drames produisent, à la lecture, le même effet que
lorsqu'ils étaient représentés par ma mère elle-même au milieu de sa famille et de ses amis; les rapprochements involontaires que l'on faisait entre la situation des acteurs et
celle des personnages, rapprochements qui accroissaient
l'émotion des spectateurs, paraîtront peut-être des imperfec-
tions aux yeux de la critique; mais on ne pourra méconnaître la sensibilité religieuse qui a inspiré ces compositions dramatiques.

La petite comédie du *Capitaine Kernadec*, et les deux
proverbes qui la suivent, sont des plaisanteries de société
auxquelles on ne doit pas attacher plus d'importance en les
lisant, que ma mère ne le leur en a donné en les écrivant.
A Genève, une personne du caractère et de l'esprit le plus
aimables, retenue chez elle par une maladie de langueur,
désirait que ses amis vinssent lui jouer des proverbes. Ceux
de Carmontel étaient trop rebattus; on pria ma mère d'en
composer de nouveaux : elle consentit à essayer son esprit
dans un genre si étranger à la direction habituelle de ses pensées; et, au moment où elle était le plus malheureuse par

les persécutions de Bonaparte, le désir d'offrir quelque distraction à une personne souffrante lui fit retrouver de la
gaieté. En quelques matinées elle écrivit les trois petites
pièces que l'on va lire, laissant à chaque acteur la liberté
d'amplifier son rôle.

Enfin, le drame de *Sapho*, qui termine ce volume, n'a été
ni représenté, ni même entièrement achevé. C'est une esquisse que ma mère se proposait de retoucher, et dont il est
facile de voir que la première idée a été puisée dans *Corinne;*
mais comme on ne peut lire cette pièce sans être frappé de
l'élévation du style, et surtout du caractère antique dont il
est empreint, j'ai cru qu'il m'était permis de la livrer à
l'impression.

AGAR
DANS LE DÉSERT,
SCÈNE LYRIQUE COMPOSÉE EN 1806.

PERSONNAGES.

AGAR.
ISMAEL.
L'ANGE.

La scène est dans le désert de Bersabée.

AGAR ET ISMAEL.

AGAR.

Ismaël, cher enfant, laisse-moi te porter dans
mes bras, je t'en prie : le sable est si brûlant, et
tes pieds fatigués peuvent à peine te soutenir.

ISMAEL.

Non, non, ma mère, je puis marcher encore :
cependant, si tu le permets, nous nous repose-
rons tous les deux quelques instants.

AGAR.

Hélas! mon fils, si nous attendons ici la nuit,
seuls, sans secours, égarés dans le désert aride,
que deviendrons-nous demain?

ISMAEL.

Nous continuerons notre route après avoir pris,
ce soir, quelque nourriture.

AGAR, *à part.*

Quelque nourriture! Hélas! le pauvre enfant ne
sait pas que notre provision est épuisée. Comment
le lui dire? et que faire, néanmoins, s'il ne peut
plus marcher?

ISMAEL.

Ma mère, viens t'asseoir à côté de moi; cela me
rendra des forces. (*Agar s'assied sur un rocher à
côté de son enfant.*) Dis-moi, ma mère, pourquoi
avons-nous quitté la maison de mon père? on y
était si bien, l'air y était si frais sous les palmiers!

AGAR.

Ismaël, ta mère n'était qu'une pauvre esclave que ton père Abraham avait emmenée d'Égypte. Quand la superbe Sara, son épouse, obtint du ciel un fils, notre présence à tous les deux lui devint importune; elle demanda notre exil, et ton père y a consenti.

ISMAEL.

Quoi, mon père! et savait-il combien le désert est brûlant, comme on y est seul, comme on y souffre?

AGAR.

Il croyait, mon enfant, que nous aurions la force de le traverser plus vite, car il est bon, Abraham : je ne murmure point contre lui; mais Sara, la barbare Sara, que d'outrages j'en ai reçus!

ISMAEL.

Son fils Isaac aussi m'a cruellement traité : je le chérissais pourtant depuis qu'il est né; je jouais avec lui, tout petit qu'il était; j'allais chercher ce qui lui plaisait pour le réjouir, et le cruel, quand je l'appelais mon frère, m'appelait son esclave. Ma mère, pourquoi Sara, pourquoi son fils ne nous aiment-ils pas? Toi surtout, ma mère, toi, qui pourrait te haïr! D'où vient donc que nous sommes ici?

AGAR.

Mon enfant, je t'ai dit tout ce que je savais. Supportons notre sort avec courage. (*Elle se lève.*) Essaye encore de faire quelques pas. Peut-être trouverons-nous plus loin de l'ombre, quelques fruits, une source rafraîchissante.

ISMAEL.

Ma mère, je ne vois rien que du sable, et ce soleil est si ardent! Ah! si je le priais de se voiler pour nous. (*Il se jette à genoux.*) Soleil!.....

AGAR.

Mon enfant, que fais-tu? c'est Dieu qu'il faut prier; c'est lui qui a créé le soleil; c'est lui qui est notre père.

ISMAEL.

Notre père! et nous traitera-t-il mieux qu'Abraham?

AGAR.

Oui, mon enfant. Il n'a ni faiblesse, ni crainte : il est souverainement bon, parce qu'il est tout-puissant. Il a pitié de l'homme, et l'homme souvent n'a pas pitié de son semblable; la Divinité s'attendrit, et la créature est inflexible. Dieu, qui est là-haut, nous voit et nous entend.

ISMAEL.

Nous ne sommes donc pas seuls ici, ma mère; ah! tant mieux. Écoute, si tu veux que je marche encore, donne-moi quelques gouttes d'eau.

AGAR.

Mon enfant, il ne nous en reste que bien peu, et je te la réservais pour ce soir.

ISMAEL.

Et toi, ma mère!

AGAR.

Je n'en ai pas besoin.

ISMAEL.

Oh! si cela est ainsi, donne-m'en quelques gouttes; la soif me dévore.

AGAR.

Et tu ne me le disais pas!

ISMAEL.

Ma mère, je voulais que toute l'eau fût pour toi.

AGAR.

Cher enfant! tiens. (*Elle lui donne à boire.*)

ISMAEL.

Ah! je te remercie. Je suis bien mieux; partons. — Si je pouvais te distraire en route par ces contes que je te faisais le soir chez mon père, et qui te plaisaient tant! Une fois, je m'en souviens, je te racontais comment une brebis, la brebis d'Abel, cherchait partout son maître, qui avait disparu; elle ne savait plus où trouver sa nourriture; l'eau..... (*Il soupire*), l'eau lui manquait aussi. Ma mère, alors j'étais si enfant, que l'histoire de cette pauvre brebis ne me faisait pas beaucoup de peine; mais à présent, je sais ce que c'est que souffrir; je pleure de tout : la voix me manque.

AGAR.

Mon enfant, le temps de nos plaisirs est passé. Tâchons seulement de continuer notre route.

ISMAEL.

Et cet instrument, ce sistre dont je commençais à bien jouer, l'as-tu apporté avec toi?

AGAR.

Mon fils, je ne pouvais porter que du pain et de l'eau. (*A part.*) Hélas! et je n'en ai point eu assez.

ISMAEL.

Tu as raison, ma mère; pardon : mais tout triste que je suis, il y a des moments où je voudrais redevenir gai comme autrefois; je l'essaye, et je ne puis. Allons, je pars. (*Il passe le premier.*) Suis-moi.

AGAR.

O mon Dieu! protégez Ismaël! Si je fus trop fière de vos dons dans les jours de ma prospérité, si je méprisai l'âge avancé de Sara, si je me complus avec orgueil dans ma force et dans ma jeunesse, punissez-moi; mais épargnez ce pauvre enfant, le plus simple, le plus doux, le plus innocent de tous les êtres; faites-lui respirer cet air suave, cet air bienfaisant que vous accordez, en Égypte, aux habitants de ma patrie. Ce ciel brûlant, ce ciel d'airain n'est pas l'image de votre bonté paternelle.

ISMAEL, *revenant sur ses pas.*

Ah! ma mère, qu'ai-je vu?

AGAR.

Qu'as-tu donc, mon enfant; ô ciel! d'où vient que tu es si pâle?

ISMAEL.

Ah! je ne peux plus me soutenir. J'ai peur.

AGAR.

Mon enfant, parle donc. Comment puis-je te rassurer, si j'ignore la cause de ton effroi?

ISMAEL.

Je viens de voir un homme étendu sur le sable : il tenait encore dans ses dents sa main à demi dévorée par lui-même; il ne remuait plus, et cependant il ne dormait pas; il était comme ce vieillard que je vis porter dans la tombe l'année dernière, il était....

AGAR.

Mort, mon fils : eh bien!

ISMAEL.

Mais, ma mère, cela ne se peut pas; il n'était pas vieux; viens le voir.

AGAR.

A quoi bon, mon fils, puisque je ne peux plus le secourir?

ISMAEL.

Ma mère, il était de ton âge. Comment donc a-t-il pu mourir?

AGAR.

Mon fils, on peut succomber à tous les pas du voyage.

ISMAEL.

Ainsi donc, si comme à cet infortuné la nourriture nous manquait, toi.... moi....

AGAR.

Oui, mon fils.

ISMAEL.

Et tu pleures, tu crois donc.... Ma mère, si je dois mourir, embrasse-moi, et laisse-moi dormir sur ton sein.

AGAR.

Cher enfant, tu ne peux donc plus marcher?

ISMAEL.

Je ne le puis si je n'ai dormi quelques heures; mes paupières s'appesantissent. A mon réveil, tu me donneras encore de cette eau : nous la partagerons ensemble.

AGAR.

Quel sommeil, quelle pâleur! O mon Dieu! ne souffrez pas que son charmant visage soit défiguré! le reconnaîtrais-je dans le ciel s'il n'avait plus ces traits enchanteurs que j'ai contemplés tant de fois? — Il se fiait si bien à moi! il est parti si gai de la maison de son père! Ma mère, disait-il, allons-nous cueillir quelques fruits dans les bois? allons-nous attraper cet oiseau de mille couleurs que tu m'as promis l'autre jour?... et je le menais dans le désert. Cher enfant! pardonne si je t'ai caché notre sort; ce n'était point pour te tromper, c'était pour retarder l'instant de la douleur. Hélas! n'est-ce pas ainsi que l'homme lui-même est attiré par la destinée? Il avance sans crainte, il croit voir devant lui l'horizon immense et riant de la vie, et par degrés les nuages l'enveloppent, l'espérance l'abandonne, et quand la mort l'atteint, il a déjà tant souffert, qu'elle est presque la bienvenue. Mais toi, mon enfant, faudra-t-il que tu perdes sitôt le jour! Non, je te retiendrai; non, je ferai passer ma vie dans tes veines. Ah! que dis-je? impuissante créature que je suis, je puis mourir à tes pieds, et c'est tout. Sables arides qui m'environnez, désert silencieux, effroi de la solitude, vous pénétrez jusqu'au fond de mon cœur. O mon fils! tu dors sans crainte auprès de moi, tu crois que je puis te protéger toujours, et tu ne sais pas que je suis sans défense contre la nature, enfant comme toi devant elle, et moins digne que toi de l'attendrir.

ISMAEL, *rêvant.*

Ah! des orangers, des fruits désaltérants, de l'eau, ma mère... ce soleil...

AGAR.

Il rêve, et pendant son sommeil l'ardeur des rayons le consume; je veux essayer de l'en garantir avec mon voile. (*Elle détache son voile.*) Parure des jours de fête, don que me fit Abraham quand il m'aimait, quand il m'appelait son Agar, servirez-vous encore à son fils! (*En voulant étendre son voile sur la tête d'Ismaël, elle fait un faux pas, et renverse le vase qui contenait sa provision d'eau.*) Dieu puissant! ah! l'eau, l'eau qui devait sauver mon fils, elle est renversée, il n'en reste plus une goutte. C'est moi qui ai tué mon fils. O terre impitoyable, entr'ouvre-toi.

ISMAEL.

Ma mère... j'entends ses cris, où est-elle? ah! ma mère, tu es couchée à terre comme l'infortuné que je viens de voir.

AGAR.

Ismaël, Ismaël!

ISMAEL.

Ah! je t'entends, tu parles; viens vers moi, je n'ai plus de force pour marcher, jusqu'à ce que tu m'aies donné un peu de cette eau.

AGAR.

De l'eau, de l'eau, je n'en ai plus !

ISMAEL.

Tu as donc tout bu, ma mère ? eh bien !...

AGAR.

Cruel ! moi, j'en aurais pris une goutte ! tu n'as pu le croire. Regarde, j'ai voulu attacher ce voile pour garantir ta tête des rayons du soleil, et dans ce moment le génie de la perfide Sara, celui qui nous poursuit dans le désert, a brisé ta dernière ressource ; il n'en est plus. — Ismaël, si tu me crois coupable, ne sois point arrêté par le respect filial ; maudis ta mère, elle est à tes pieds : maudis-la, puisque son inutile amour n'a pu ni te protéger, ni te conserver la vie. Peut-être ainsi tu me soulagerais de la dévorante pitié que je ressens pour toi.

ISMAEL.

Ma mère, que dis-tu ? je t'aime... mais une goutte d'eau pourrait seule me rendre à la vie. — Que vois-je à l'horizon ! ne sommes-nous pas près de la mer ?

AGAR.

Hélas ! mon enfant, ce sont les vapeurs qui s'élèvent de la terre brûlante, et que tes yeux fascinés prennent de loin pour des ondes.

ISMAEL.

Oh ! tu te trompes, j'en suis sûr : il y a de l'eau là-bas, là-bas : conduis-moi vers cette image qui m'attire, elle me rafraîchira.

AGAR.

Des déserts de sable nous en séparent, et nos pieds s'enfonceront dans l'aride poussière.

ISMAEL.

Ma mère, d'où vient que je ne te vois plus ? est-ce que le ciel se couvre de nuages ? va-t-il tomber de la pluie qui nous désaltérera ?

AGAR.

Non, mon enfant, le ciel est en feu.

ISMAEL.

Cependant j'ai si froid...

AGAR.

Tu as froid ? ah ! mon enfant, mon enfant !

ISMAEL.

Ma mère, de l'eau, de l'eau... Adieu. (*Il tombe sans connaissance.*)

AGAR.

Il est évanoui, il va mourir ; je ne puis lui donner aucun secours ; le ciel et la terre m'en refusent. Le voyageur du désert ne portera-t-il point ses pas dans ces lieux ? — Non, non, aucun être vivant ne saurait y subsister : les oiseaux, les insectes même ont quitté cette horrible solitude ; il n'y a ici qu'un fils et sa mère, et le Tout-Puissant les y abandonne. Ah ! Dieu, ai-je mérité une telle douleur ? quel est le crime qui ne serait pas trop puni par les maux que j'endure ? Je considère ma vie : sans doute elle fut pleine de faiblesses. L'amour m'aveugla, la vanité me séduisit. Je voulus plaire et régner ; mais au fond de mon cœur, votre image, ô mon Dieu ! ne fut jamais effacée. Je vous adorai dans tout ce qui est beau sur la terre, dans tout ce qui est inconnu dans le ciel. Jamais le malheur ne m'a trouvée insensible ; je n'aurais jamais refusé à personne la pitié que j'implore en ce moment. Dieu tout-puissant, telle que j'étais enfin, vous m'avez trouvée digne d'être mère, vous m'avez accordé cette gloire et ce bonheur. La tendresse que j'éprouve pour cet enfant ne ressemble-t-elle pas à votre amour pour la créature, et les cris d'une mère ne retentissent-ils pas dans le ciel ? Rendez mon fils à la vie, que j'entende sa voix, que ses bras innocents me pressent encore, que ses regards si doux s'attachent encore sur moi ! O Dieu ! tout ce qui charme de l'enfance, toute cette passion de mère vient de vous. Ah ! que le vent de la tombe ne souffle pas sitôt sur Ismaël, qu'il ne me soit pas sitôt enlevé. Mon Dieu ! laissez-le-moi jusqu'à ce que je meure. Ah ! le fils ne doit pas précéder la mère dans le cercueil... Rocher dont il jaillissait peut-être jadis une source salutaire, que ton aspect est sauvage ! Immobile nature, je suis seule avec toi... Ai-je entendu quelque bruit ? non, non, personne ne m'a répondu. Il y avait, tout à l'heure, une voix d'enfant qui me disait : Ma mère ! Mais cette voix-là, je ne l'entendrai plus. Je ne suis plus mère. Mon fils, mon unique ami ! du moins je te suivrai bientôt, je souffre aussi comme toi ; cette soif qui t'a dévoré me consume : cette mort qui plane sur ta tête, elle étend aussi sur moi ses ailes noires. Bienfaisante mort, tu sais qu'on ne peut survivre à ce qu'on aime ! O terre ! mon unique asile ; poussière des morts, tu ne frémis pas de pitié pour les vivants. N'importe, il faut bien que tu me reçoives. Oui, mon Dieu, vous m'exaucez, vous ne me rendez pas mon fils, mais vous me rappelez à vous ; je succombe, le terme de mes jours approche... O ma patrie ! Égypte, fertile Égypte, est-ce toi que je vais revoir ? les souvenirs de l'enfance se renouvellent seuls pour moi, et les peines de la vie disparaissent. J'aperçois les bords du Nil ; l'air est rafraîchi par ses flots ; il n'y a plus de chaleur : d'où vient que je la redoutais tant, la chaleur ? C'était le froid qu'il fallait craindre, c'est le froid qui est mortel, il vient glacer mes veines. Je fris-

sonne, je tremble; c'en est fait. (*Elle s'évanouit.*)
(*Une musique céleste se fait entendre.*)

AGAR.

Ah! quels sons enchanteurs! Suis-je déjà passée dans une autre vie? est-ce ici le paradis? Non, je n'y vois point mon fils.

(*La musique continue; un ange apparaît derrière un nuage.*)

L'ANGE.

Agar, Agar!

AGAR.

Quels accents! quelle voix!.

L'ANGE.

Agar, pourquoi t'affliges-tu? l'Éternel a entendu les pleurs de ton enfant.

AGAR.

Mon enfant est-il déjà dans le ciel? Est-ce lui qui m'appelle? a-t-il redemandé sa mère, et le Tout-Puissant me fait-il ouvrir, à cause de lui, les parvis célestes?

L'ANGE.

(*Il frappe un rocher de la palme qu'il tient à la main, et en fait jaillir une source.*)
Agar! regarde.

AGAR.

De l'eau, de l'eau! et mon fils n'en aurait pas; non, je n'en veux point. Non, j'aime mieux mourir!

L'ANGE.

Agar, les bienfaits de l'Éternel sont sans bornes; il fait naître la source dans les déserts, comme l'espérance au fond des cœurs flétris par l'infortune. Remplis ta coupe, Agar, et va la porter à ton fils.

AGAR.

Dieu, serait-il possible?

L'ANGE.

Ismaël, Ismaël! le Tout-Puissant te rappelle à la vie.

ISMAEL.

Ah, ma mère!

AGAR.

Ah, mon enfant!

ISMAEL.

Quel bien tu me fais! sans toi j'allais mourir, et je ne t'aurais plus revue.

AGAR.

Mon enfant, ce n'est pas moi, c'est l'envoyé du ciel qui a fait jaillir cette source du rocher : c'est lui qui a ranimé ta vie défaillante. Ah! divin messager! pardonne; j'ai d'abord serré mon fils contre mon cœur; j'ai joui de tes bienfaits avant de t'en remercier. (*Elle se met à genoux avec son enfant.*)

L'ANGE.

Agar, lève-toi, prends ton fils par la main, et suis-moi, je serai ton guide. Agar, Ismaël sera la tige d'un grand peuple, souverain de ces déserts de l'Arabie où tu périssais avec lui. Ce peuple n'habitera point les villes, il ne possédera que son arc et ses flèches, il se défendra contre les hommes et contre les bêtes de proie, et n'obéira qu'au ciel d'où je suis descendu pour te sauver. Reçois, ô femme, la leçon du bonheur, après avoir éprouvé celle de l'infortune; élève ton fils dans la crainte et dans l'amour du Très-Haut; et quand la vieillesse épuisera tes forces, Ismaël n'oubliera pas qu'il doit la vie à tes larmes; et sa main guerrière soutiendra tes pas chancelants.

GENEVIEVE
DE BRABANT,

DRAME EN TROIS ACTES ET EN PROSE,
COMPOSÉ EN 1808.

PERSONNAGES.

SIGEFROI, comte de Brabant.
ADOLPHE, son fils aîné.
UN ERMITE.
GENEVIÈVE.
SA FILLE, âgée de dix ans.
DES CHASSEURS.

ACTE PREMIER
Le théâtre représente une grotte sauvage.

SCÈNE PREMIÈRE.

GENEVIÈVE ET SON ENFANT.

(*Geneviève est à genoux au pied d'une croix.*)

L'ENFANT.

J'ai fini de prier, et ma mère reste toujours à genoux! pourquoi donc sa prière est-elle aujourd'hui plus longue que de coutume? d'où vient l'inquiétude que je remarque sur son front? cependant, je n'ai rien fait de mal.

GENEVIÈVE.

Chère enfant! ce jour est bien solennel pour nous! Je voulais m'y préparer.

L'ENFANT.

Comment donc ce jour serait-il différent de tous

nos jours? Le soleil doit-il nous éclairer plus tard qu'à l'ordinaire? Me raconteras-tu quelque belle histoire merveilleuse dont je rêverai toute la nuit; ou la biche qui m'a nourrie, quand tes forces étaient épuisées, se serait-elle éloignée de nous? Ah! que j'en serais triste!

GENEVIÈVE.

Non, mon enfant. Tiens, regarde; ne la vois-tu pas, ta biche? elle est à l'entrée de notre grotte; mais il faut la quitter, cette grotte. Nous partons.

L'ENFANT.

Que veux-tu dire, nous partons? allons-nous plus loin que la forêt qui est là-bas, et que tu ne m'as jamais permis de parcourir? Ah! quelle joie!

GENEVIÈVE.

Pauvre enfant? comme tu prononces le mot de joie! Ah! tu ne sais pas combien de fois ces présages de l'espérance ont été trompés! Nous quittons pour jamais cette demeure, la seule que tu connaisses depuis ta naissance.

L'ENFANT.

Pour jamais! Que veux-tu dire, ma mère? combien de temps cela fait-il, jamais?

GENEVIÈVE.

Toute la vie.

L'ENFANT.

O mon Dieu! notre grotte, nos fleurs, je ne les verrai plus! Et les arbres que nous avons plantés, comment pourrons-nous vivre, si nous n'avons plus leurs fruits!

GENEVIÈVE.

Mon enfant, partout les productions de la terre nous nourriront. La nature, image de la Divinité, est partout amie de l'homme.

L'ENFANT.

Pourquoi donc, ma mère, s'il est ainsi, sommes-nous toujours restées dans le même lieu? Je croyais qu'on ne pouvait vivre qu'ici.

GENEVIÈVE.

J'avais promis de n'en pas sortir avant dix ans accomplis; aujourd'hui le terme expire.

L'ENFANT.

Ne m'as-tu pas dit qu'aujourd'hui aussi j'avais dix ans?

GENEVIÈVE.

Oui, mon enfant, l'enfant de la douleur, toi qui es née avec elle; mon exil a commencé quand tu reçus le jour.

L'ENFANT.

Je t'ai donc porté malheur, ma mère? Ah! prends garde de m'emmener avec toi. Ne t'ai-je pas entendu dire une fois, quand tu me croyais endormie et que j'écoutais ta prière, que ton époux, que mon

père ne voulait pas de moi? Serait-il possible qu'un enfant fût coupable sans le savoir? Si cela était ainsi, il faudrait l'abandonner, il faudrait......

GENEVIÈVE.

Ah! finis, ma fille, tu me déchires le cœur. Depuis dix ans je n'ai vécu que pour toi; j'ai bravé toutes les souffrances pour te conserver le jour, et tu me parles de t'abandonner! Chère enfant, toi qui m'as consolée sans connaître mes peines; toi dont le regard me disait mille fois plus que les plus éloquentes paroles, comment pourrais-je me séparer de toi! Nous allons ensemble, après dix ans, chercher sur la terre nos amis et nos ennemis. Hélas! qui peut savoir quel choix la mort aura fait parmi eux?

L'ENFANT.

Je n'ai jamais vu que toi, ma mère; mais dans les histoires que tu m'as racontées, tu me parlais souvent de la perfidie et de la méchanceté des hommes. Dis-moi donc, avais-tu éprouvé dans le monde rien de semblable?

GENEVIÈVE.

Ma fille... (A part.) (Ah! je bénis le ciel de n'avoir jamais accusé son père en sa présence.) Si quelqu'un m'a fait souffrir, chère enfant, c'était un être que j'aimais.

L'ENFANT.

Tu l'aimais, et il a pu t'affliger, ma mère! A quoi donc distinguerai-je, dans le monde, les bons des méchants? Si l'on peut aimer un méchant, comment le fuir? Est-ce qu'un être cruel a jamais eu des yeux aussi doux que les tiens? Si cela était ainsi, comment pourrais-je m'en défier?

GENEVIÈVE.

Ma fille, je t'ai fait voir quelquefois ton visage dans le ruisseau qui coule au pied de cette grotte. Eh bien! il ressemble beaucoup à celui de ton père.

L'ENFANT.

Et revois-tu dans mes traits avec plaisir ceux de mon père? Parle-moi donc de lui: tu le nommes sans cesse, et tout à coup tu t'arrêtes, comme si quelque grand mystère t'empêchait de me parler. Ma mère...

GENEVIÈVE.

Ma fille, c'en est assez; préparons-nous à partir.

L'ENFANT.

Ah! si je pouvais tout emporter avec moi! D'abord nous emmènerons notre biche fidèle, n'est-il pas vrai, ma mère? je ne saurais la quitter

GENEVIÈVE.

J'y consens. Mais pourra-t-elle aller aussi loin que nous?

L'ENFANT.

Ah! ma biche va plus vite que moi. Avant la fin du jour elle arriverait au bout du monde.

GENEVIÈVE.

Ma fille, il est bien grand pour qui n'a plus d'asile.

L'ENFANT.

Mais n'est-ce pas à la forêt que je vois d'ici, que nous allons? n'est-ce pas derrière cette forêt qu'est le monde?

GENEVIÈVE.

Dis-moi, mon enfant, quitteras-tu sans peine cette grotte qui nous a servi d'abri si longtemps?

L'ENFANT.

Oh oui! je la regretterai. J'y ai été si heureuse!

GENEVIÈVE.

Quelle douce parole tu viens de me prononcer! heureuse dans ce désert! Ainsi donc ma vie n'a pas été inutile. J'ai souffert, mais j'ai préservé mon enfant de la douleur et de l'abandon. O saint amour de mère, qui soutenez dans les revers, qui consolez dans l'injustice, qui créez au fond du cœur je ne sais quel sanctuaire où l'on ne sent, où l'on n'aime que son enfant et son Dieu, prêtez-moi votre appui; il m'est plus nécessaire que jamais. Va, ma fille, va donner à ta biche tes soins accoutumés, et reviens ensuite auprès de moi. J'ai besoin de me recueillir quelques instants avant notre départ.

SCÈNE II.

GENEVIÈVE, *seule*.

Hélas! sans cette enfant je resterais ici toute ma vie. Quel effroi j'éprouve en retournant au milieu des hommes! Ah! comme l'amour et la haine se sont armés contre moi! Barbare Golo, devais-tu déshonorer mon nom, parce que je ne partageais pas tes indignes sentiments, parce que j'étais fidèle à cet injuste époux que tu as su tromper avec tant de perfidie? Et toi, Sigefroi, toi que j'ai tant aimé, le ciel t'a-t-il conservé la vie? Ces souvenirs si tendres, qui me retracent le jour de notre heureux hymen, s'adressent-ils à ton ombre irritée? ou, si je te revois encore, ta fureur sera-t-elle apaisée? me pardonneras-tu de vivre, toi qui avais commandé ma mort? recevras-tu ma fille que tu as osé ne pas croire la tienne? O mon Dieu! cette honte, vous m'avez commandé de la supporter. Cette croix ne nous apprend-elle pas à mettre toute notre fierté dans l'innocence! Divin Sauveur des hommes, vous n'avez pas craint la souffrance et l'ignominie; vous en avez fait votre glorieuse auréole. De quoi donc se plaindrait la créature? Ils ne sont pas délaissés, les infortunés : un attendrissement secret, intime et pur, les met en relation avec la Divinité, et les larmes qui couvrent leur visage semblent, comme la rosée du ciel, ranimer leur cœur flétri. Et toi, mon fils, toi que je n'ai pas revu depuis que tu n'avais encore que quatre années, ton père t'aura-t-il appris à mépriser celle qui t'a donné le jour? Non, il ne l'aura pas fait, j'en suis sûre; il t'aura dit seulement que j'ai cessé de vivre; c'est tout ce que je souhaite. J'aspire au paisible souvenir que les morts laissent après eux. O pompes de la vie, comme vous avez disparu! qui reconnaîtrait en moi cette souveraine du Brabant, cette brillante Geneviève! O mon Dieu! celle qui se prosterne à vos pieds vaut mieux, elle est plus humble, elle est plus soumise. Depuis dix ans elle n'existe que par vous : ainsi sont tous les êtres, mais tous ne le sentent pas. Il en est qui croient vivre par eux-mêmes, qui pensent gouverner le sort; mais moi, je sais que chacun de mes jours est marqué par un bienfait de Dieu, et qu'une protection particulière et constante dirige miraculeusement ma vie abandonnée.

SCÈNE III.

GENEVIÈVE ET SON ENFANT.

L'ENFANT, *avec des fleurs à la main*.

Eh bien! ma mère, la biche est prête. Nous pouvons partir; mais je voudrais emporter toutes les fleurs qui sont devant notre grotte.

GENEVIÈVE.

Ma fille, elles seraient flétries ce soir.

L'ENFANT.

Mais quand nous serons parties, qui donc respirera leur parfum?

GENEVIÈVE.

Le ciel qui les a fait éclore.

L'ENFANT.

Et cette pierre sur laquelle tu reposais ta tête, ma mère, je voudrais aussi l'emporter.

GENEVIÈVE.

Mon enfant, nous en trouverons, des pierres. Celle de la tombe ne manque à personne.

L'ENFANT.

Ma mère, d'où vient que tu es si tremblante? ce départ t'agite. S'il allait te rendre malade! Restons.

GENEVIÈVE.

Mon enfant, si je mourais ici, qui donc aurait soin de toi?

L'ENFANT.

Ah! que dis-tu? Je me coucherais à tes pieds, et Dieu ne voudrait pas nous séparer.

GENEVIÈVE.

Chère enfant! beaucoup d'années t'attendent, et moi, je sens que je ne vivrai pas longtemps.

L'ENFANT.

Ah! ma mère, comme tu pleures! Je t'ai vue si courageuse et si calme dans cette retraite! pourquoi sortir d'ici?

GENEVIÈVE.

Il le faut. Adieu, solitude où j'ai passé dix années en paix. Il me semble que ces arbres, que ces rochers renferment des génies protecteurs, témoins et confidents de mes larmes. Mais vous, ô mon Dieu! vous qui remplissez l'univers, je pourrai vous prier partout sur la terre et sous le ciel; vous soutiendrez mes pas chancelants jusqu'à ce que cette enfant ait un autre appui que moi dans le monde. Alors vous me rappellerez dans votre sein, car j'ai trop souffert pour recommencer à vivre, et mon temps d'épreuve est fini. Ma fille, pour la dernière fois, sanctifie ce lieu par la prière.

(*Geneviève et son enfant se prosternent au pied de la croix.*)

Dieu des opprimés, Dieu des faibles, Dieu des enfants, regarde en pitié celui-ci. Jamais un sentiment dur ou trompeur n'est approché de son âme; elle est encore, cette âme, ô mon Dieu! telle que vous la lui avez donnée. Elle va pour la première fois lutter avec le destin, protégez-la; protégez la mère à cause de l'enfant. Allons, ma fille, Dieu nous a bénies. Partons.

●●●●●●●●●●●

ACTE SECOND.

La scène représente une forêt.

———

SCÈNE PREMIÈRE.

GENEVIÈVE ET SON ENFANT.

GENEVIÈVE.

Mon enfant, arrêtons-nous ici. Je me sens prête à m'évanouir de fatigue. Va me cueillir quelques fruits à cet arbre que nous venons de voir.

L'ENFANT.

Oui, ma mère. J'y ai attaché ma biche; elle se repose sous son ombrage. Je serai de retour dans un moment.

GENEVIÈVE.

Je me croyais plus de force. Ah! n'en aurai-je pas du moins tant que ma fille sera seule sur la terre!

Mais que vois-je? un tombeau! Est-ce un présage? tous les objets qui s'offrent à nous ne sont-ils pas un langage mystérieux que les âmes pieuses peuvent seules entendre! Appuyons-nous sur ce tombeau. Je crois à la pitié des morts. Mais qu'y a-t-il d'écrit sur cette pierre? « *Celui que cette* « *tombe renferme, ici même n'a pu trouver le* « *repos.* » Ah! l'infortuné! c'était sans doute un grand criminel. Le remords seul poursuit encore dans le cercueil.

L'ENFANT, *revenant.*

Ah! ma mère, je viens de voir un homme, un vieillard, je crois, car son visage ne ressemble point au tien ni au mien. Il porte une longue barbe; mais il a l'air si bon! Il t'apporte lui-même des fruits et de l'eau. Regarde, regarde. Il vient.

SCÈNE II.

L'ERMITE, GENEVIÈVE, L'ENFANT.

L'ERMITE.

Ma fille, prenez ce faible secours; il rétablira vos forces. Vous viendrez après dans mon ermitage, et vous vous y reposerez quelque temps.

GENEVIÈVE.

Saint homme! je vous remercie. Vous ne savez pas combien votre présence me touche. Ah! je craignais de mourir sans des secours plus nécessaires encore que ceux que vous m'offrez. N'êtes-vous pas un ministre du Dieu vivant? et si le pauvre, si l'infortuné vient à vous, n'êtes-vous pas l'interprète de cette religion consolante qui seule nous offre les promesses infaillibles, celles que la mort nous tiendra?

L'ERMITE.

Oui, ma fille, j'ai fait vœu de consacrer mes jours à l'éternité. Je ne me sentais pas assez de vertus pour résister aux séductions du monde. Je suis venu dans cette solitude, non pour fuir mes semblables, mais pour me recueillir en moi-même. Aurais-je entendu la voix de Dieu, au milieu du tumulte des villes! Cette voix n'est pas dans le bruit, n'est pas dans la tempête; elle parle si doucement au cœur, qu'aisément les passions peuvent couvrir ses paisibles accents.

GENEVIÈVE.

Vous avez choisi le genre de vie que le sort m'a imposé. Vos sacrifices sont plus touchants que mes malheurs. Mais, dites-moi, saint homme, connaissez-vous l'infortuné qui a fait graver sur cette tombe de si terribles paroles ?

L'ERMITE.

Oui, je l'ai connu, le malheureux, et je n'ai pu rendre le calme à ses derniers moments. Sans doute il était bien coupable ; il avait causé la mort d'une mère innocente et de son enfant. Mais, quelque criminel que soit l'homme, Dieu n'a-t-il pas voulu que la toute-puissance du repentir pût ranimer encore une étincelle céleste dans le cœur le plus pervers ?

GENEVIÈVE.

Ah! mon père, vous ne pouvez pas me dire le nom de ce coupable? il vous aura prié de ne pas le révéler.

L'ERMITE.

Il m'a demandé de le dire à tous ceux que le hasard me ferait rencontrer. Il espérait ainsi rétablir du moins la réputation de celle qu'il avait calomniée.

GENEVIÈVE.

Il se nommait ?

L'ERMITE.

Golo.

GENEVIÈVE.

Ah! ciel! ô bon vieillard! défendez-moi de ce monstre..... Qu'ai-je dit ? quoi, je haïrais celui qui n'est plus ! O mon Dieu ! pardonnez-lui comme je lui pardonne. Accordez-lui le repos qu'il implore ! Que cette tombe qui m'a servi d'appui, quand j'ignorais qu'elle renfermait les restes de mon fatal ennemi ; que cette tombe, loin de m'inspirer des sentiments de haine, reçoive encore des pleurs d'indulgence et de pitié !

L'ERMITE.

Quoi, madame, c'est vous ! quoi, vous avez pu vous dérober à la mort ! Comment se peut-il ?

GENEVIÈVE.

Ma fille s'est endormie au pied de cet arbre. Je puis vous parler, sans craindre qu'elle entende des secrets que je ne dois pas encore lui révéler. Écoutez-moi, saint homme, vous qui savez sans doute une partie de mon histoire, vous verrez si Golo vous a dit la vérité.

L'ERMITE.

Je le crois, madame, car il m'a pénétré de respect pour vos vertus.

GENEVIÈVE.

Vous m'appeliez ma fille; pourquoi donc, mon père, avez-vous changé de langage ?

L'ERMITE.

La comtesse de Brabant est ma souveraine : bien que j'habite depuis longtemps cette forêt solitaire qui ne reconnaît aucun maître, je me considère encore comme votre sujet.

GENEVIÈVE.

Geneviève n'est rien qu'une pauvre femme errante avec sa fille; sans secours et sans appui ; et celui qui doit la protéger, s'il vit encore, ordonnerait peut-être une seconde fois sa mort. Mon père, si l'histoire de ma vie vous paraît sans reproche, c'est alors seulement que vous pourrez me respecter.

Je suis l'épouse de ce vaillant Sigefroi dont les exploits vous sont connus. Je l'aimais avec tendresse, avec passion: Son caractère avait quelque chose de sombre et de sévère qui semblait donner un nouveau prix à l'amour qu'il me témoignait. Je le révérais comme mon souverain, je le chérissais comme mon époux; et quand l'admiration se mêle à l'amour; peut-être ce sentiment devient-il trop fort pour mériter la protection du ciel. Dieu ne renonce point au cœur de sa créature : il daigne en être jaloux. Un fils vint resserrer les nœuds qui m'unissaient à Sigefroi ; j'ai joui quatre ans de ces affections de la nature ; si belles dans tous les âges, si délicieuses dans la jeunesse. Quand le jour finissait, je le regrettais comme un ami qui s'éloignait de moi. Hélas! j'avais raison : ces jours heureux devaient m'être accordés en bien petit nombre.

L'ERMITE.

Fille de Dieu, que parlez-vous de jours? Le temps ne nous a été donné que pour apprendre à souffrir, que pour choisir la route du ciel, pendant que nous sommes encore sur la terre. Tous les événements de la vie ne sont qu'une vaine apparence qui peut épurer ou pervertir notre cœur.

GENEVIÈVE.

Hélas! j'y tenais trop à cette vie passagère, quand il m'aimait, quand j'étais heureuse et fière de fixer sur moi les regards de Sigefroi. Il partit pour aller combattre les Sarrasins, sous les drapeaux de Charles Martel; mes larmes ne purent le retenir. Il me confia pendant son absence au chef de sa maison, à ce Golo qu'il croyait son ami. Le malheureux ressentit pour moi un amour criminel. Je le repoussai avec horreur, et pour se venger, il inventa la calomnie la plus atroce; il partit à mon insu pour rejoindre mon époux, et l'art perfide qu'il employa, remplissant l'âme de Sigefroi de fureur et de jalousie, il en obtint l'ordre cruel de me faire périr avec l'enfant que je portais dans mon sein.

L'ERMITE.

Ah, Dieu! un époux, un père!.....

GENEVIÈVE.

Vous frémissez, mais vous ne savez pas, mais j'ighore aussi moi-même de quels moyens Golo se servit pour tromper mon époux. Cet homme si fier et si sensible, que ne dut-il pas éprouver quand il me crut coupable? Ah! jusque dans sa colère, je reconnais son amour.

L'ERMITE.

Ma fille, puisque vous me permettez ce nom, vous jugez encore selon le monde; mais devant Dieu, il est bien criminel, celui qui se venge: l'offense même qu'il aurait reçue ne l'excuserait pas.

GENEVIÈVE.

Ah! ma vie était à lui, il a pu s'en croire le maître. Enfin, grâce au ciel, mon sang ni celui de mon enfant ne retomberont point sur la tête de mon époux. Dieu, qui lui a épargné ce crime, voulait sans doute un jour lui pardonner. Un homme de confiance de Golo se chargea de ma mort, il me conduisit dans cette forêt, et, prêt à me poignarder, mes larmes l'attendrirent; je pleurais pour mon enfant qui venait de naître; il eut pitié de nous; mais en me laissant la vie, il me fit jurer que pendant dix années je me cacherais à tous les regards.

L'ERMITE:

Et c'est pour accomplir ce vœu que vous avez vécu dix ans dans le désert?

GENEVIÈVE.

Qu'y a-t-il de plus saint que la promesse! elle soumet l'avenir au présent, et les désirs à la conscience. Sans mon enfant, je n'aurais pas demandé la vie: elle ne vaut pas, cette vie, les souffrances que l'on m'imposait. Mais je pouvais conserver les jours de ma fille; mon existence était son bien, était son droit, tant qu'elle pouvait lui servir. Une biche s'attacha constamment à nous et nous prodigua ses soins muets et fidèles; tout dans notre solitude semblait nous favoriser, et sans qu'aucun miracle s'accomplît pour nous, on eût dit que les événements naturels se réunissaient et se succédaient pour nous protéger d'une façon toute merveilleuse. Ces dix années, qui devaient, par leur monotonie, ne laisser dans mon souvenir qu'une longue et pénible trace, sont remplies par une foule de pensées, de pressentiments, de prières, j'oserais dire d'inspirations saintes qui toutes ont élevé jusque vers le ciel mon faible cœur. Mon imagination a peuplé ma solitude, et le désert pour moi, ce sera le monde. Mais quand les dix années de mon vœu étaient accomplies, je devais chercher un protecteur pour ma fille. Voyez, mon père, voyez quelle providence spéciale a conduit mes premiers pas: je vous trouve, et ce tombeau m'apprend que mon ennemi n'existe plus.

L'ERMITE.

Il n'était plus votre ennemi, madame, l'infortuné dont j'ai recueilli les derniers soupirs. Il traînait partout, depuis plusieurs années, les remords qui le dévoraient; il croyait que depuis longtemps vous n'existiez plus, et que son crime était irréparable. Cependant il avait résolu de partir pour la guerre sainte, afin de vous justifier auprès de votre époux; mais il ne lui a pas été permis d'expier ses forfaits. La mort lui en a ravi les moyens. Ah! s'il avait pu se douter qu'il était si près de vous!

GENEVIÈVE.

Et vous a-t-il dit, mon père, quel était le sort de Sigefroi?

L'ERMITE.

Il n'était point encore revenu de la guerre où son courage l'avait conduit.

GENEVIÈVE.

Et mon fils?

L'ERMITE.

Il a suivi son père.

GENEVIÈVE.

Ah! si je retrouve mon époux; comment pourrai-je le convaincre de mon innocence?

L'ERMITE.

En voici le moyen assuré. Golo m'a remis une confession tout entière écrite de sa main. Pour remplir ses désirs, je la porte toujours avec moi. Il m'a fait promettre, en expirant, de la remettre moi-même à Sigefroi dès qu'il serait revenu de la guerre. Votre histoire et la sienne, ses artifices et votre innocence, tout est expliqué, tout est prouvé par cet aveu. (Il remet un papier à Geneviève.)

GENEVIÈVE.

Ciel! ah! comme mon époux est justifié! Quel tissu de mensonges, quelle habileté perfide! mon écriture imitée, des témoins subornés; tout, tout devait m'accuser.

L'ERMITE.

Ame douce et généreuse, est-ce ainsi que vous pardonnez?

GENEVIÈVE.

Mon père, dites plutôt que c'est ainsi que j'aime. Ah, mon Dieu! faites que je retrouve Sigefroi; qu'il serre sa fille dans ses bras; et que la mort vienne ensuite m'affranchir des amours terrestres. Le plus pur de tous trouble encore le cœur où Dieu seul doit régner.

(On entend des cors de chasse dans l'éloignement.)

Mais qu'est-ce que j'entends? d'où viennent ces sons enchanteurs?

L'ENFANT.

Ah! ma mère, quel bruit harmonieux me réveille! comme le cœur me bat! cela ne ressemble pas au chant des oiseaux. Dis-moi, ces sons annoncent-ils l'approche des pays où nous allons? Ah! qu'ils doivent être beaux!

L'ERMITE.

C'est sans doute la musique d'une chasse qui se fait catendre. Jamais, avant ce jour, les chasseurs n'étaient arrivés jusqu'ici.

GENEVIÈVE.

Mon père, souffrez que votre ermitage me serve d'asile. Je crains de m'offrir aux regards des hommes; mon humble vêtement attirerait leur dédaigneuse pitié

L'ENFANT.

Ma mère, permets que je demeure encore ici quelques instants

GENEVIÈVE.

Daignez rester un moment avec elle. Quand son innocente curiosité sera satisfaite, quand elle aura vu passer la chasse, vous viendrez me rejoindre tous les deux. Je vais vous attendre dans votre cellule : je l'aperçois d'ici, j'y puis aller sans vous.

L'ENFANT.

D'où vient que ma biche a l'air si craintif? elle voudrait se cacher derrière l'arbre. D'où naît sa frayeur?.... Mais que vois-je?

SCÈNE III.

ADOLPHE, L'ENFANT, DES CHASSEURS, L'ERMITE.

ADOLPHE, *un arc à la main.*

Cette flèche va la percer. Vous allez la voir tomber morte à l'instant.

L'ENFANT, *se jetant à genoux.*

Ah! ciel! qu'allez-vous faire? Tuer ma biche, ma pauvre biche que je connais depuis si longtemps? tuez-moi plutôt. Qui que vous soyez, vous avez l'air tout jeune; on dirait que vous êtes à peu près de mon âge. Comment se fait-il que vous n'ayez point de pitié?

ADOLPHE.

Petite, levez-vous. Puisque vous aimez cette biche, je veux bien l'épargner. Mais que dira mon père, quand il saura que je suis venu toujours en chassant jusqu'ici, que j'ai parcouru plus de vingt lieues sans rien tuer?

L'ENFANT.

Sans rien tuer! Est-ce pour cela que vous êtes si bien vêtu, qu'on entend de si beaux sons autour de vous? Et moi donc, si je ne vous avais pas prié, m'auriez-vous traitée comme ma biche?,

ADOLPHE.

Y pensez-vous, chère petite! comment vous comparez-vous à cet animal?

L'ENFANT.

Comme vous appelez ma biche! savez-vous qu'elle m'a nourrie dans le désert où j'ai passé toute ma vie?

ADOLPHE.

Ah! que vous avez dû vous ennuyer! Moi, j'ai passé les Pyrénées; j'ai été en Espagne, j'ai fait la guerre.

L'ENFANT.

La guerre! n'est-ce pas tuer les hommes, comme vous vouliez tuer ma biche?

ADOLPHE.

Oui. Mais les hommes peuvent se défendre.

L'ENFANT.

Ma biche ne le pouvait pas.

ADOLPHE.

Chère petite, il faut que je vous quitte. Je vais retrouver mon père, car je suis sûr qu'il est inquiet de mon absence. Il est triste, il a besoin de moi.

L'ENFANT.

D'où naît sa tristesse? Vit-il aussi dans le désert?

ADOLPHE.

Non. Il est entouré d'une cour nombreuse, mais il y vit plus solitaire que vous ne l'êtes dans vos bois. Moi seul, quelquefois, je le fais sourire; mais quelquefois aussi il me repousse loin de lui. O mon Dieu! qu'il est malheureux!

L'ENFANT.

Amenez-le près de ma mère. Toujours, quand je pleurais, elle savait me consoler. Peut-être sa douce voix ferait-elle du bien à votre père. Au reste, les pères, ils ne sont pas bons comme les mères; ils abandonnent quelquefois leurs enfants.

ADOLPHE.

Mon père est bon, mais il souffre; je ne sais pourquoi.

L'ENFANT.

Je voudrais tant le soulager! Cela se peut-il? Conduisez-moi vers lui.

ADOLPHE.

Je n'oserais pas. La vue d'un enfant lui est odieuse.

L'ENFANT.

Il hait les enfants! ma mère m'a toujours dit que Dieu les aimait.

ADOLPHE.

Priez pour mon père, chère petite, car il est bien à plaindre.

L'ENFANT.

Oh! je le veux bien. Et comment vous appelez-vous?

ADOLPHE.

Adolphe.

L'ENFANT.

Je demanderai donc à Dieu qu'il console le père d'Adolphe.

ADOLPHE.

Oui sans doute. Et vous, quel est votre nom?

L'ENFANT.

L'Enfant de la douleur [1]. Ma mère m'a dit que je garderais ce nom, jusqu'à ce que j'en aie reçu un autre de mon père.

ADOLPHE.

L'Enfant de la douleur! c'est bien triste. Je veux vous appeler autrement.

L'ERMITE, *derrière la scène.*

Ma fille, votre mère vous attend.

L'ENFANT.

J'y vais. Mais, dites-moi, vous reverrai-je?

ADOLPHE.

Il est tard. La nuit va venir. J'ai laissé mon père à quelques lieues. Je tâcherai de l'engager à venir jusqu'ici demain matin, pour chasser encore. S'il consent à vous regarder, il vous trouvera bien jolie. Adieu. Je reviendrai bientôt.

L'ENFANT.

Adieu, adieu.

●●●●●●●●●●●●

ACTE TROISIÈME.

SCÈNE PREMIÈRE.

GENEVIÈVE, L'ERMITE.

L'ERMITE.

D'où vient, madame, que vous ne pouvez goûter un instant de repos, et qu'avant le jour vous quittez la paisible retraite que vous aviez daigné choisir pour abri?

GENEVIÈVE.

Mon père, vous avez entendu ce que ma fille m'a raconté hier au soir de son entretien avec le jeune chasseur qui menaçait de tuer sa biche. Eh bien! ce chasseur, c'est mon fils. Celui qui va ve-

[1] *Dolorosus* est le nom de l'enfant de Geneviève dans la légende.

nir, c'est Sigefroi, c'est mon époux. Un pressentiment infaillible m'en répond.

L'ERMITE.

Comment?...

GENEVIÈVE.

Pendant le récit de ma fille un trouble nouveau s'est emparé de moi. J'ai senti cette émotion profonde qui jamais ne parle en vain aux âmes religieuses. J'ai voulu rester seule, et pendant la nuit je me suis prosternée devant Dieu pour obtenir que mon sort me fût révélé. Aussitôt un songe mystérieux m'a fait revoir mon époux. Il était irrité. Mes larmes ne le touchaient point: il repoussait sa fille loin de lui. Je voulais vous appeler, mon père, pour que vous puissiez donner à mon époux le témoignage du malheureux Golo; mais un instinct secret me dit que le cœur seul de Sigefroi devait le ramener à moi, et qu'il devait en croire mes serments, avant d'être convaincu par aucune preuve. Alors, de nouveau j'essayai de l'attendrir. Je l'implorais pour ma fille et pour moi: mes efforts étaient vains, quand tout à coup l'ange de la mort m'est apparu et m'a dit: « Femme infortunée, veux-tu mourir? à ce prix ton époux « te croira. » D'abord, la terreur m'a saisie; mais j'en ai bientôt triomphé, et je me suis soumise à donner ma vie pour convaincre mon époux de mon innocence. A peine cet acte de résignation s'était-il accompli dans mon cœur, que j'ai vu ma fille dans les bras de Sigefroi: il se jetait à mes pieds avec elle. Alors ma vision a cessé. Ne m'annonçait-elle pas, mon père, que je dois mourir à l'instant où le bonheur me sera rendu?

L'ERMITE.

Ne vous aveuglez-vous point, madame? n'est-ce pas le trouble de votre imagination que vous prenez pour un présage?

GENEVIÈVE.

Non, non. Pendant dix années j'ai éprouvé cette ferveur religieuse qui nous unit plus intimement avec les secrets de la nature. La volonté suprême de la Divinité se fait sentir à moi par des rapports inconnus aux âmes que remplissent les intérêts de la terre. Mon père, prêtez-moi, pour quelques instants, le voile dont vous couvrez les saintes images qui sont au fond de votre cellule: je veux parler à mon époux sans qu'il puisse me reconnaître......
Dieu! qu'est-ce que j'aperçois? un enfant qui s'approche. Oui, je le vois; oui, je le sens, c'est mon fils! et je ne puis voler vers lui. Il faut me cacher à ses yeux; il le faut. (*Elle se retire dans l'ermitage.*)

SCÈNE II.

ADOLPHE ET SIGEFROI.

ADOLPHE.

Mon père, venez par ici : c'est dans ce même lieu que j'ai vu cette enfant si jolie que je voulais vous montrer.

SIGEFROI.

Je ne sais pourquoi, mon fils, j'ai cédé à tes désirs. Je fuis les hommes, et la présence des enfants m'inspire un trouble douloureux dont je ne puis triompher. Comment se fait-il qu'aujourd'hui je n'aie pu résister à tes désirs? il n'y avait rien dans tes prières qui dût m'entraîner ainsi. Mais mon âme s'attendrissait d'elle-même, et ta voix disposait de ma volonté.

ADOLPHE.

Mon père, je voudrais bien exercer quelquefois ce pouvoir sur vous ; j'essayerais de vous arracher à votre tristesse. Ah! si ma mère vivait encore, nous ne serions pas si malheureux !

SIGEFROI.

Ta mère ! d'où vient que tu la nommes ? je t'avais défendu de m'en parler.

ADOLPHE.

Pardon, mon père, si je renouvelle ainsi votre peine ; mais la petite fille que j'ai rencontrée m'a peint si vivement le bonheur d'avoir une mère, que je n'ai pu m'empêcher de pleurer la mienne avec vous.

SIGEFROI.

Avec moi ! qui t'a dit que je la regrette ?

ADOLPHE.

Vos chagrins n'ont commencé qu'à sa mort?

SIGEFROI.

Nul ne sait ce qui se passe au fond du cœur. La destinée a tant de moyens de tourmenter l'homme ! qui peut deviner quel est celui qu'elle a tourné contre moi ?

ADOLPHE.

Il est pourtant si aisé d'être content ! Courir, chasser, jouir de ce beau temps, parcourir ces forêts, sentir qu'on vit seulement, est un plaisir.

SIGEFROI.

Adolphe, Adolphe, tant qu'on peut exister seul, la nature donne mille plaisirs ; mais quand ce malheureux cœur ressent le besoin d'aimer, qu'il est offensé, qu'il est trahi, qu'importent ce soleil, cet air pur, ces amusements simples et vifs que l'on ne peut plus goûter ! Un poids affreux pèse sur mon âme. Respirer est un effort, m'éveiller un supplice, et sur tous ces objets qui t'enchantent, je crois voir planer les ténèbres.

ADOLPHE.

Que dites-vous, mon père?

SIGEFROI.

A qui vais-je parler de ma douleur? à cet enfant qui, sans moi, n'en connaîtrait pas même le nom. Va, laisse-moi ! va chercher les compagnons de tes jeux. Laisse-moi !

SCÈNE III.

SIGEFROI, seul.

Malheureuse Geneviève, voilà le fruit de ton crime ! Dix ans n'ont pu me rendre le calme ; dix ans n'ont fait que donner à mes chagrins un caractère plus fort et plus sombre. Je hais le sort qui m'a choisi pour subir de tels affronts ; je ne puis rien trouver de tendre au fond de mon âme. L'outrage dessèche le cœur. Si j'avais pu douter, si j'avais eu des remords ! oui des remords, je les envie, ils me seraient moins amers que les fureurs qui m'agitent. Si j'avais pu me repentir, dans ce moment du moins je l'aurais crue innocente ; je l'aurais crue fidèle ! mais cette image qui me poursuit ne cesse d'irriter ma colère, et, cent fois le jour, je donne de nouveau la mort à cet objet coupable, dont le cœur a trahi tant d'amour.

Quelle est cette femme qui s'avance, le visage couvert d'un voile ? Sa marche est tremblante. Je devrais aller vers elle. Mais pourquoi témoigner de la pitié à une femme ? En a-t-elle eu pour moi, celle qui pénétra mon cœur de confiance, pour rendre plus acérés les traits de la perfidie?

SCÈNE IV.

GENEVIÈVE, SIGEFROI.

SIGEFROI.

Madame.....

GENEVIÈVE.

Seigneur.....

SIGEFROI.

Vous chancelez. Asseyez-vous, de grâce. Seriez-vous la mère de cette enfant que mon fils a rencontrée ?

GENEVIÈVE.

Oui, seigneur.

SIGEFROI.

Et comment vous et votre fille êtes-vous dans ce désert ?

GENEVIÈVE.

Ma fille y est née, et je ne l'ai pas quittée.

SIGEFROI.

Son père ne vivait donc plus ?

GENEVIÈVE.

Seigneur, il vit; mais il nous avait bannies.

SIGEFROI.

L'aviez-vous offensé?

GENEVIÈVE.

Non, seigneur.

SIGEFROI.

Il était donc injuste?

GENEVIÈVE.

Seigneur, il était trompé.

SIGEFROI.

Trompé! c'est impossible. Un père, un époux ne condamne que quand il est certain du crime.

GENEVIÈVE.

Il n'y a rien de certain pour l'homme que sa conscience et son Dieu.

SIGEFROI.

Quand un époux est trahi, quand l'amour et la foi sont méprisés, ce n'est point assez de bannir. Non, ce n'est point assez : il faut que la mort.....

GENEVIÈVE.

Seigneur, mon époux aussi avait ordonné que je périsse.

SIGEFROI.

Et comment sa volonté ne fut-elle pas obéie? Quel lâche, quel perfide, abusant de sa confiance.....

GENEVIÈVE.

Il vous paraît donc bien coupable, seigneur, celui qui m'a sauvé la vie?

SIGEFROI.

Qu'ai-je dit? Pardon, madame; ce n'est pas à vous que ce discours s'adresse. Ma destinée, mon malheur me trouble. Vos chagrins aussi donnent à votre voix des rapports douloureux avec un objet dont le souvenir m'est horrible.

GENEVIÈVE.

Ce triste objet, seigneur, ne vous fut-il jamais cher?

SIGEFROI.

Sans doute; une fois.

GENEVIÈVE.

Ah! s'il me fallait haïr ce que j'ai tendrement aimé, il me semblerait que mon cœur est déjà sous l'empire de la mort.

SIGEFROI.

Mais cet époux, qui vous a condamnée, ne vous est-il pas odieux?

GENEVIÈVE.

Non, seigneur; je le chéris encore. Son injustice ne peut effacer de mon cœur ce que j'aimais, ce que j'admirais en lui.

SIGEFROI.

Quoi! votre longue solitude; quoi! vos malheurs n'ont point aigri votre âme?

GENEVIÈVE.

Je n'avais point de reproche à me faire, Dieu me protégeait. Pourquoi donc aurais-je connu les sentiments amers que la haine seule fait naître?

SIGEFROI.

Voulez-vous m'accuser par ces paroles? prétendez-vous que je sois coupable? ne soyez-vous pas?... D'où vient que votre voix, que votre présence, bouleversent mon âme? Toutes les femmes ont-elles quelques traits de celle qui m'a trahi? Otez votre voile, pour que votre visage dissipe mon trouble. Savez-vous que l'ombre de Geneviève m'est apparue souvent, revêtue du crêpe funèbre qui vous couvre! hâtez-vous de rejeter cette perfide ressemblance; ôtez votre voile, ou je croirai la voir encore, et ma fureur...

GENEVIÈVE, ôtant son voile.

Seigneur, satisfaites-la.

SIGEFROI.

Geneviève! Geneviève! ô terre! engloutis-nous. — Qui vous a sauvée? est-ce l'infâme que vous m'avez préféré? est-il auprès de vous? je n'ai pu l'atteindre. On dit qu'il respire encore : peut-être est-il caché dans ces forêts?

GENEVIÈVE.

Seigneur, la solitude de ces lieux est profonde. — Revenez à vous, et n'y cherchez que moi. Je ne veux point éviter votre vengeance; je suis là pour recevoir la mort, ou pour me justifier.

SIGEFROI.

Qu'osez-vous opposer à des preuves sans nombre?...

GENEVIÈVE.

J'en pourrais donner de plus fortes. Mais si mon époux ne revient à moi que comme un juge, je ne veux pas survivre à ce jour que, pendant dix années, je n'ai cessé de demander au ciel.

SIGEFROI.

Dix années, Geneviève!

GENEVIÈVE.

Oui, tu vois sur mon visage les traces profondes de la douleur. Rappelle-toi Geneviève quand tu l'aimais. Comme elle était heureuse! comme ton amour l'entourait de toutes les prospérités de la terre! Eh bien! elle était alors moins digne de ta tendresse que sous ces tristes vêtements, emblème de sa misère. Sigefroi, l'on t'a dit que je ne t'aimais plus, que j'avais profané tout à la fois et l'amour et l'hyménée, et mon cœur et la Divinité. Sigefroi, tu l'as pu croire! Souviens-toi du jour de ton départ, de ce désespoir, de ce déchirement que j'éprouvai, quand tu te séparas de moi. Ah! l'absence ne fait souffrir ainsi qu'une âme fidèle et profonde. Souviens-toi de mon admiration pour tes exploits. Qui jamais aima comme moi tes vertus et tes charmes? dans quels yeux as-tu jamais vu tant de tendresse, tant de respect? Dis-moi, mon âme ne répondait-elle pas tout entière à la tienne? Te restait-il un doute, te restait-il un nuage quand je tendais la main vers toi? et mes regards n'exprimaient-ils pas la vérité du ciel, la vérité de l'amour?

SIGEFROI.

Oui, tu m'as aimé; je le sais.

GENEVIÈVE.

Sigefroi, je t'aime. Tu as voulu ma mort, celle de mon enfant! Seule dans l'univers avec lui, j'ai disputé sa vie aux animaux, à la terre qui refusait quelquefois de nous nourrir. J'ai été mère avec courage, avec dévouement.

SIGEFROI.

Que dis-tu, malheureuse! oses-tu parler de ta fille?...

GENEVIÈVE.

N'achève pas! n'outrage pas son innocence! Bientôt tu ne douteras plus ni d'elle ni de moi. Mais si ton cœur se refuse encore à l'accent de l'amour, écoute un langage plus solennel. Notre vie tout entière, depuis dix ans, n'est qu'une suite de prodiges. Nous devions périr mille fois, sans la protection du ciel. L'aurait-il accordée à des coupables! Ce calme qu'il a mis dans mon sein au milieu de tous les malheurs, l'as-tu goûté, Sigefroi, dans ton éclatante vie? Après dix ans de solitude, penses-tu que le cœur puisse rester capable de mensonge? Ah! qui vécut dix ans en présence de son Dieu n'a plus affaire avec les ruses des hommes. Il me reste peu de temps à vivre, et toi-même, Sigefroi, tu ne pourrais me rendre le bonheur sur la terre : j'en ai perdu l'habitude, et mes forces n'y résisteraient pas. Écoute donc ma voix comme celle des mourants, je me sens sur les confins de cette vie et de l'autre. Aimer, ô mon époux! appartient à toutes deux. Que mon accent, que mes paroles dessillent enfin tes yeux, sans qu'il soit besoin d'aucun autre témoignage. Écoute...

SCENE V.

GENEVIÈVE, SIGEFROI, ADOLPHE, L'ENFANT.

ADOLPHE.

Mon père, voilà cette petite fille que je voulais vous faire voir.

SIGEFROI.

Dieu!

GENEVIÈVE.

Sigefroi, m'est-il permis d'embrasser Adolphe... et ma fille peut-elle...

SIGEFROI.

Non, non; la vue de cette enfant a ranimé la fureur que votre voix trompeuse avait suspendue. Mon fils, suivez-moi. Partons.

GENEVIÈVE.

Partir sans que mon fils m'ait reconnue, sans que ma fille... Non, Sigefroi; non.

SIGEFROI.

Laissez-moi.

GENEVIÈVE, *se jetant à genoux.*

Eh bien, ange de la mort, qui m'êtes apparu cette nuit, je vous somme de vos promesses! Il ne veut croire ni l'amour, ni mes serments! mais si j'expire à ses pieds, il ne doutera plus de mon cœur. Grand Dieu! recevez-moi dans votre sein.

(*Elle s'évanouit.*)

L'ENFANT.

O ciel! ma mère, qu'avez-vous?

ADOLPHE.

Mon père, approchons-nous de cette femme; elle se meurt.

SIGEFROI.

Geneviève, quelle pâleur je vois sur ton front! Que se passait-il donc de féroce dans mon cœur, et d'où vient que des sentiments si doux me pénètrent soudain?

SCENE VI.

LES MÊMES, L'ERMITE.

L'ERMITE.

Seigneur, lisez cet écrit que je vous aurais remis plus tôt, si, par un sentiment trop délicat, la duchesse de Brabant n'eût pas voulu tenir de votre amour seul ce que la justice exigeait de vous.

SIGEFROI.

O Dieu! qu'ai-je lu! quelle lumière me frappe! Où est-il ce monstre qui m'a trompé, cet infâme Golo?

L'ERMITE.

Seigneur, sa tombe est sous vos yeux.

SIGEFROI.

Il ne vit plus. Qui donc reste-t-il à punir? qui? moi, moi seul! Geneviève est innocente, et j'ai voulu sa mort! et pendant dix années elle m'a fui comme son assassin! Je n'ose embrasser ses genoux. Mon fils, prosternez-vous aux pieds de votre mère.

ADOLPHE.

Juste ciel ! ma mère !

SIGEFROI, *à la fille de Geneviève.*

Viens dans mes bras, mon enfant.

GENEVIÈVE, *ouvrant les yeux.*

Que vois-je ? la prédiction est accomplie : ma fille est dans ses bras, Adolphe embrasse sa mère ! Je puis mourir.

SIGEFROI.

O mon père ! secourez-la. Ce n'est pas pour elle que la vie est nécessaire. Ah ! cet ange ne sera bien que dans les cieux. Mais moi, quel asile me resterait-il sur la terre et au delà de ce monde, si la mort me l'arrachait, la mort que j'ai voulu lui donner ! O Dieu ! laissez-moi le temps d'être pardonné. (*A l'ermite.*) Mon père...

L'ERMITE.

Seigneur, votre épouse croyait elle-même que cet instant serait le dernier de sa vie. Elle-même l'a souhaité.

SIGEFROI.

Quoi ! Geneviève, tu veux me quitter ? Ah ! je le sens, tu ne peux me souffrir. Mais vis, et laisse-moi mourir ; bannis-moi loin de toi, que j'aille occuper la grotte solitaire où ta barbarie t'a reléguée ! que j'y sois sans un enfant ! que j'y sois avec des remords ! Ah ! je ne serai point encore assez puni...

ADOLPHE.

Mon père, je vais chercher du secours : je vais appeler les chasseurs qui nous suivaient dans la forêt.

SIGEFROI.

Va, mon fils, appelle-les. Qu'ils viennent, qu'ils accourent... (*Adolphe sort.*)

L'ERMITE.

Seigneur, ne croyez pas que les secours humains aient le pouvoir de nous rendre Geneviève. Dieu seul l'a protégée quand vous l'abandonniez ; vos remords obtiendront-ils qu'elle vive ? Avez-vous dans votre âme une douleur, un repentir qui puisse, dans un instant, expier dix années ? le ciel peut-être alors vous exaucera.

SIGEFROI.

Ah, mon père ! que dites-vous ? y a-t-il des larmes, y a-t-il du sang qui rachetât mon crime ? Parlez.

L'ERMITE.

Priez Dieu, priez Geneviève ; son âme sainte et pure approche, en cet instant, de la céleste demeure ! Peut-être s'arrêtera-t-elle à notre voix ; peut-être demandera-t-elle de passer encore quelques jours avec vous sur la terre.

L'ENFANT.

Non, ma mère n'est qu'endormie ; je suis sûre qu'elle va me répondre : ah ! son enfant ne l'a jamais appelée en vain. Ma mère ! ma mère !

GENEVIÈVE.

Chère enfant !

L'ENFANT.

Vous le voyez, elle me parle.

SIGEFROI.

Ciel ! sa main glacée ne serre plus la mienne. En bénissant sa fille aurait-elle prononcé sa dernière parole ? Geneviève ! Geneviève ! n'entends-tu point mes cris ? ne sens-tu que l'amour de mère ? ton malheureux époux n'est-il donc rien pour toi ! L'éternel repentir, l'abîme du désespoir est ouvert sous mes pas : c'est l'enfer que la mort, c'est l'enfer que la vie. Où donc est-il le poignard qui soulagerait mon cœur ? donnez-le-moi, donnez-le-moi.

ADOLPHE, *revenant.*

Ils arrivent nos amis, mon père ; ils viennent à notre aide.

L'ERMITE.

Mes enfants, voilà votre père accablé par des regrets, par des tourments qui ne lui laissent plus aucun empire sur lui-même ; votre mère est expirante. Dans un instant vous pouvez être orphelins. Demandez à Dieu qu'il vous épargne la plus horrible douleur que l'homme puisse éprouver sur cette terre. Ah ! quand nous perdons ici-bas ceux qui nous ont donné la vie, l'image de la Divinité semble se voiler à nos yeux, et la solitude de la mort commence.

Prosternez-vous avec moi, pauvres enfants (*l'ermite et les deux enfants se mettent à genoux*) ; tournez vos regards vers le ciel ! de là viendra l'espérance. Grand Dieu ! ces enfants avec moi vous demandent la vie de leur mère ! prêtez-leur quelque temps encore celle qui les a tant aimés, quelque temps encore, et vous la rappellerez à vous. Mais après dix années de souffrances, des instants de bonheur feront du bien à ces âmes troublées, et votre bonté leur rendra la force de vivre et de vous servir.

ADOLPHE.

Ah ! mon père, parlez encore ; ce que vous dites est si vrai !

L'ENFANT.

Mon père, priez aussi pour moi, car je ne veux pas vivre sans ma mère.

L'ERMITE.

Mes enfants, entendez-vous ?....

(*On entend de la musique dans l'éloignement.*)

ADOLPHE.

Ne sont-ce pas nos amis qui viennent à nous ?

L'ERMITE.

Mes enfants, le ciel nous a répondu. Regardez!

GENEVIÈVE, *revenant à elle.*

Sigefroi, mes enfants, quel pouvoir me rend à la vie?

L'ENFANT.

Ma mère, Dieu nous a exaucés.

GENEVIÈVE.

Cher époux!

SIGEFROI.

Geneviève! tu vis; je te retrouve. Un criminel tel que moi osera-t-il te contempler? pourra-t-il exister encore à tes pieds? D'où vient que je ne puis me livrer à la joie? d'où vient que mon âme repousse encore le bonheur?

GENEVIÈVE.

Un pressentiment t'avertit que ce bonheur ne peut durer. Allons rendre grâces à l'Éternel des jours que je puis encore passer auprès de ce que j'aime. Il m'en reste peu, je le sens; mais ces jours seront si doux, qu'ils vaudront une longue vie.

·•··•·•·•··•··•

LA SUNAMITE,

DRAME EN TROIS ACTES ET EN PROSE,

COMPOSÉ EN 1808.

——·•·——

PERSONNAGES.

LA SUNAMITE.

SA SOEUR.

SEMIDA, fille de la Sunamite.

Le prophète ÉLISÉE.

GUEHAZI, disciple d'Élisée.

JEUNES FILLES DE SUNEM. }
MUSICIENS.   } personnages muets.
HABITANTS DE SUNEM.   }

·•··•·•·•··•··•

ACTE PREMIER.

Le théâtre représente une salle préparée pour une fête.

———

SCÈNE PREMIÈRE.

LA SUNAMITE ET SA SOEUR.

LA SUNAMITE.

Ma sœur, aide-moi, je t'en prie, à décorer cette salle; entoure ces colonnes avec des guirlandes de fleurs. On va bientôt venir, et je veux que ma fille, que Semida, soit contente des préparatifs de la fête.

LA SOEUR.

Cela te sera bien aisé. Tu sais bien, ma sœur, que c'est pour toi qu'elle se prête à tous les plaisiers bruyants de ta maison. Semida est sérieuse et timide; la crainte du Seigneur la remplit : si elle n'avait pas peur de t'affliger, elle fuirait les danses et les concerts qui attirent ici les habitants de Sunem, et se promènerait solitaire avec nous dans la forêt des cèdres, ou sur les bords du Jourdain.

LA SUNAMITE.

Et veux-tu que je dérobe à tous les yeux ses grâces et sa beauté? toutes les mères d'Israël m'envient. J'aime à me parer de Semida.

LA SOEUR.

Élève-la pour elle, et non pour toi. Laisse-la passer dans la paix les jours de son enfance; tu as de l'orgueil, ne le mêle pas à l'amour maternel : la source en est si pure, faut-il la troubler? quand tu étais pauvre, tu servais mieux le Très-Haut. Le saint prophète Élisée, qui aimait ton époux parce qu'il était pieux, vous a miraculeusement enrichis, en remplissant vos vases d'une huile précieuse qu'on recherchait partout dans l'Orient. Tant que ton époux a vécu, ces biens, nouvellement obtenus, étaient la fortune du pauvre; mais depuis sa mort, la beauté de ta fille a séduit ton cœur; tu veux la montrer à tous les regards. Il vient ici des hommes et des femmes qui ne croient pas au vrai Dieu! Comment, en effet, peut-on recevoir la foule dans sa maison sans y rencontrer le méchant? Élisée ne t'avait point fait ces riches dons pour les dissiper dans la fumée des festins, ni pour les prodiguer à ces joueurs d'instruments étrangers, qui enseignent à ta fille l'art de se faire admirer.

LA SUNAMITE.

Je respecte Élisée, ma sœur, et parmi ses bienfaits tu ne rappelles pas le plus grand de tous. C'est lui qui a demandé pour moi au ciel que je donnasse le jour à Semida.

LA SOEUR.

Tes prières, appuyées par le saint prophète, t'ont fait obtenir la consolation des jours mauvais; un enfant, une fille qui rafraîchira ton cœur, comme la rosée, quand l'âge le flétrira. Mais as-tu donc oublié le vœu solennel de ton époux? Quand Semida vint au monde, il promit à Dieu de la consacrer, jusqu'à l'âge de seize ans, au culte des saints autels. Tu es de la tribu de Lévi, et les prêtres ont accepté ton enfant, quand son père l'a présentée au tabernacle. Depuis un an déjà elle devrait vivre au milieu des filles pieuses qui chantent les louanges de l'Éternel, brûler l'encens dans le sanctuaire, filer les vêtements de lin des sacrificateurs, et ne jamais se montrer que dans le temple. Ton époux est mort quand Semida était encore au berceau ; mais à présent qu'elle pourrait accomplir le vœu de son père, d'où vient que tu lui caches sa vocation sainte? d'où vient que tu as exigé de moi de ne pas la lui apprendre? Ne frémis-tu donc pas des menaces prononcées contre ceux qui manquent aux promesses faites à l'Éternel?

LA SUNAMITE.

Ce n'est pas moi qui me suis liée par cette promesse insensée.

LA SŒUR.

Ton époux, en mourant, t'avait chargée de l'accomplir.

LA SUNAMITE.

Il était vieux; il n'attachait plus de prix aux louanges des hommes. Il aurait voulu que la jeunesse marchât timidement dans la vie, comme sur le bord de la tombe.

LA SŒUR.

S'agit-il de le juger, quand il faudrait lui obéir?

LA SUNAMITE.

Quoi, ce qu'il y a de plus charmant sous le soleil serait enfoui dans l'obscurité! Les arts enchanteurs cultivés par Semida ajoutent un nouvel éclat à ses charmes, et le bruit de sa beauté se répandra dans Israël, comme le parfum des citronniers. Pourrais-je immoler ses jours brillants à la sombre tristesse d'un vieillard?

LA SŒUR.

Ne sais-tu donc pas, ma sœur, à quel prix il faut obéir à la volonté du Très-Haut? Pourquoi le patriarche Abraham leva-t-il le couteau sur son fils Isaac? pourquoi Jephthé le plongea-t-il lui-même dans le sein de sa fille? c'était pour accomplir un vœu fait au Dieu d'Israël! Et toi, ma sœur, et toi, comment oses-tu te révolter contre une privation légère, quand nos pères se sont soumis à de si terribles sacrifices?

LA SUNAMITE.

J'aurais élevé ma fille avec tant de soin, pour qu'elle languît dans le temple!

LA SŒUR.

Y languir! Ma sœur, elle s'y préparerait, jusqu'à l'âge de quinze ans, à toutes les vertus qui doivent la rendre un jour plus chère à son époux. Lorsque Élisée est venu dans ta maison, il y a un an, ne t'a-t-il pas reproché l'oubli des saintes promesses que je te rappelle en vain?

LA SUNAMITE.

Le prophète a gardé le silence sur ces promesses.

LA SŒUR.

Ne crois pas qu'il les ignore. Ma sœur, s'il se tait, c'est qu'il te livre à ta conscience.

LA SUNAMITE.

Si j'ai trop aimé Semida pour accomplir un vœu cruel, Élisée pardonnera cette faiblesse au cœur d'une mère.

LA SŒUR.

Peux-tu donc t'aveugler sur la sévérité des prophètes? Élisée n'est-il pas le disciple d'Élie, qui remplissait tout Israël de terreur?

LA SUNAMITE.

Tout Israël dira que ma fille est la plus charmante des filles d'Abraham. L'enfance jette encore un voile sur les traits et sur les regards de Semida; mais qui jamais égalera sa beauté, quand sa taille s'élancera comme le palmier, et que la fraîcheur du matin colorera ses joues? Non, je ne cacherai pas ma colombe dans les déserts. Que les palais soient sa demeure; que l'or et les fleurs lui servent de parure. Peut-être un jour sera-t-elle choisie par l'un de nos rois pour partager son trône. Ma sœur, ne trouble pas les rêves de mon bonheur! Tu vas voir Semida; tu l'entendras jouer de la harpe: ainsi jadis David charmait, par ses accords, Saül furieux. Une femme de Babylone lui a appris une danse nouvelle, qui fait admirer ses pas si légers et si rapides. Ma sœur, prends part à ma joie.

LA SŒUR.

Tu as bien plus de science que moi, ma sœur. Les hommes de la Chaldée, qui ont étudié le cours des astres, t'ont révélé les secrets de leur art. Moi, j'ai vécu toujours seule dans la maison de notre père, et je ne suis venue auprès de toi que quand la mort de ton époux t'a fait souhaiter une compagne fidèle. Mais j'en crois Salomon, qui défend de se livrer aux vanités de la terre; et quand le vœu qui pèse sur toi ne m'épouvanterait pas, je souhaiterais que Semida fût élevée dans la simplicité du cœur.

LA SUNAMITE.

Elle ne la perdra point; elle restera modeste, et c'est moi qui serai fière. Ah! que d'années de triomphe et de bonheur sont réservées à Semida.

LA SŒUR.

Ma sœur, peux-tu parler de l'avenir avec cette confiance? Ta fille, hélas! est bien loin d'y compter ainsi, et je trouve dans son regard une tristesse qui me serre souvent le cœur.

LA SUNAMITE.

Semida est une créature céleste! tu prends pour de la tristesse ce recueillement de l'âme, qui lui fait deviner ce que l'âge apprend aux autres. Elle n'a point, il est vrai, l'insouciante gaieté de l'enfance, mais la douceur des anges se peint toujours sur son front. Regarde, la voilà!

SCENE II.

LA SUNAMITE, LA SŒUR, SEMIDA.

LA SUNAMITE.

Semida, idole de mon cœur, sois la bienvenue. Mais pourquoi donc ta parure est-elle si négligée? Dans une heure la fête commence, et tu n'as point mis sur ta tête les fleurs que j'ai cueillies pour toi.

SEMIDA.

Pardonne-moi, ma mère; je ne l'ai pu.

LA SUNAMITE.

Tes yeux se remplissent de larmes. D'où vient donc cet air sombre, quand des succès si brillants te sont préparés?

SEMIDA.

Ma mère, je n'ose te le dire; tu me trouveras trop enfant, et tu auras raison, sans doute.

LA SUNAMITE.

Ma fille, tu ne m'as jamais laissé ignorer ce qui se passait dans ton âme.

SEMIDA.

Jamais.

LA SUNAMITE.

Eh bien, t'en es-tu mal trouvée? n'as-tu pas été heureuse jusqu'à ce jour?

SEMIDA.

Sans doute, j'ai été heureuse, puisque tu m'as aimée : c'est par toi, c'est pour toi que j'ai connu la vie, et je n'ai rien éprouvé que ton cœur ne m'ait fait sentir. Néanmoins, ce matin j'étais seule, et.....

LA SUNAMITE.

Achève, mon enfant.

SEMIDA.

J'étais assise auprès de ton lit, dans cette place où tu as coutume de me donner des leçons. Je pensais à toi, ma mère! j'ai pris les roses dont tu m'as fait une couronne, et je me suis levée pour m'en parer, afin de te plaire; mais voilà que tout à coup, à la place même que j'avais occupée, j'ai vu, le croiras-tu? ne te paraîtrai-je pas insensée? j'ai vu ma propre figure telle que l'onde du Jourdain me l'a souvent répétée; cependant, elle était beaucoup plus pâle que moi, et des roses toutes semblables à celles que je tenais encore dans ma main étaient placées sur sa tête : mais d'ailleurs, tous ses traits étaient les miens. Je me voyais, je me regardais moi-même, et je frémissais à mon aspect. Ma figure qui te plaît, ma mère, si tu l'a-

vais vue, comme un fantôme, elle ne t'aurait plus inspiré qu'une affreuse terreur.

LA SUNAMITE.

Mon enfant, dissipe ton effroi; tes yeux éblouis par un rayon de lumière ont sans doute produit cette fausse apparence, et ton imagination troublée aura secondé le hasard.

LA SŒUR, *parlant bas à la mère.*

Ma sœur, ne sais-tu donc pas que la Pythonisse d'Endor, celle qui évoqua l'ombre de Samuel en présence de Saül, disait que de toutes les visions, la plus funeste, c'est quand notre propre figure nous apparaît? Ma sœur, je t'en prie, renvoie la fête, et jette ces roses; tu détourneras peut-être ainsi le malheur qui te menace!

LA SUNAMITE.

Comment ton esprit peut-il s'occuper de pareilles chimères? es-tu donc encore dans les ténèbres de l'ignorance, pour que de semblables pensées s'offrent à toi?

LA SŒUR.

Un cœur timide devine mieux le mystère qu'un esprit présomptueux. Qu'y a-t-il donc de si clair ici-bas que l'homme puisse expliquer? l'obscurité couvre même les cieux; ils en sont revêtus comme d'un habit de deuil; et toi, ma sœur, tu crois tout voir et tout comprendre.

LA SUNAMITE.

Regarde Semida, comme elle est charmante au milieu de ces fleurs, comme une fête lui sied bien! déjà le nuage qui voilait ses regards se dissipe. Chère enfant, la salle te paraît-elle bien ornée?

SEMIDA.

Oui, ma mère, sans doute : n'est-ce pas toi qui as tout ordonné! Mais j'aime mieux nos jours de retraite avec toi, avec ta sœur; mon âme est plus à l'aise; toujours la foule m'oppresse.

LA SUNAMITE.

Quoi donc! alors même qu'elle te loue avec transport?

SEMIDA.

Ma mère, je me sens plus de joie quand tu me dis seulement : Ma fille, c'est bien.

LA SUNAMITE.

Mille voix dans Israël seront un jour l'écho de ce simple mot : C'est bien.

SEMIDA.

Ne m'a-t-on pas dit que l'envie succède souvent à la louange? et si l'on me haïssait une fois, ma mère, cela m'affligerait bien plus que jamais les fêtes ne m'ont réjouie.

LA SUNAMITE.

Te haïr! que dis-tu, Semida? Va, ce serait blasphémer la plus touchante image de la bonté céleste.

SEMIDA.

Ma mère, ne me gâte pas, je t'en prie : un enfant doit être humble et modeste, et je crains de cesser de l'être, quand ta voix me fait entendre de si flatteuses paroles. Mais d'où vient que le saint prophète ne nous a pas visitées cette année? Tous les printemps, à cette époque, il vient passer quelques jours dans ta maison; tu m'as dit qu'il n'y avait jamais manqué depuis ma naissance.

LA SUNAMITE.

Il arrivera peut-être aujourd'hui, ma fille; c'est le premier jour de la lune de Sivan qu'il a coutume de s'établir sur le mont Carmel, au pied duquel notre maison est bâtie.

SEMIDA.

Je voudrais qu'il ne vînt pas aujourd'hui; il n'aime pas les fêtes, lui; il vit si solitaire; il prie Dieu avec tant d'ardeur! Son front austère, ses traits sillonnés par la vieillesse n'ont rien qui m'intimide; je voudrais passer ma vie avec lui. Cet homme qui fait si peur aux méchants et que les bons abordent avec tant de respect, il daigne se faire entendre d'un enfant, et au fond de mon cœur je comprends tout ce qu'il dit.

LA SŒUR.

Semida, tu as bien raison d'aimer Élisée; mais je crains que cette année nous ne le voyions pas.

LA SUNAMITE.

Ma sœur, rassure-toi; sans doute il est près d'ici, car j'aperçois Guehazi, son disciple, qui dirige ses pas vers notre maison.

SCENE III.

GUEHAZI, LA SUNAMITE, LA SŒUR, SEMIDA.

SEMIDA.

Guehazi, te voilà, que j'en suis aise! Dis-moi, ton digne ami et le nôtre, Élisée, va-t-il venir?

GUEHAZI.

Non, Semida, vous ne le verrez pas.

LA SUNAMITE.

Lui serait-il arrivé quelque malheur?

GUEHAZI.

Sunamite, l'homme que Dieu protége n'est point atteint par les coups aveugles du sort.

LA SUNAMITE.

Et quel est le motif qui le retient loin de nous?

GUEHAZI.

Il n'est pas loin de vous; ce soir même il doit se reposer sur le mont Carmel.

LA SUNAMITE.

Pourquoi donc me refuse-t-il sa visite accoutumée?

GUEHAZI.

Tu n'as pas, dit-il, besoin de lui; et les fêtes qui retentissent dans ta maison ne conviennent pas à sa vieillesse.

SEMIDA.

Ah! dis-lui, Guehazi, que ces fêtes seront bientôt passées. Je jouerai de la harpe, je danserai bien vite, et dès que j'aurai fini, j'irai près d'Élisée.

GUEHAZI.

Charmante Semida, Élisée, mon respectable maître, n'a point détourné son affection de toi.

LA SUNAMITE.

Guehazi, demain j'irai trouver le saint prophète, et j'espère qu'il ne blâmera point nos innocents plaisirs.

GUEHAZI.

En est-il d'innocents quand l'orgueil s'y mêle?

LA SUNAMITE.

L'orgueil maternel.

GUEHAZI.

N'importe : le Dieu d'Abraham punit aussi celui-là.

SEMIDA.

Guehazi, blâmerais-tu ma mère? Élisée la blâmerait-il? Conduis-moi près de lui, que je lui dise combien elle m'aime, combien elle me rend heureuse. C'est ma faute d'être quelquefois triste les jours de fête; car c'est pour moi, pour moi seule que ma mère arrange tous ces plaisirs.

GUEHAZI.

Chère enfant, tu es quelquefois triste les jours de fête; eh bien, tu seras consolée dans les jours de l'adversité. Qui sentit la tristesse que recèlent les joies humaines, connaîtra l'espérance que Dieu renferme encore au sein du malheur.

LA SUNAMITE.

Guehazi, ta jeunesse est sombre et sévère.

GUEHAZI.

Puisse le sort ne l'être pas davantage envers toi!

LA SŒUR.

Dis au saint prophète que toutes ses paroles sont restées gravées dans mon cœur.

GUEHAZI.

Il le sait. (*Une musique de fête se fait entendre.*) Mais qu'est-ce que j'entends?

LA SŒUR.

Ce sont les joueurs de flûte qui annoncent le commencement de la fête.

GUEHAZI.

Cette musique triomphante me remplit malgré moi d'un pressentiment douloureux. — Sunamite, tu as connu le Dieu de bonté; mais connais-tu le Dieu terrible, et sais-tu quels soupirs il peut arracher du cœur des humains? Adieu. Parmi les habitants de Sunem que tu reçois aujourd'hui, il en est beaucoup qui sont ennemis de mon maître; je vais me hâter de le rejoindre, pour qu'il ne traverse pas seul la foule dont ta maison est entourée. Adieu.

SCÈNE IV.

SEMIDA, LA SUNAMITE, LA SOEUR.

SEMIDA.

Il est bon, Guehazi; il aime tant Élisée!

LA SUNAMITE.

Les jeunes disciples exagèrent les leçons de leur maître, et font haïr la doctrine qu'ils sont chargés de répandre.

SEMIDA.

Tu juges ainsi Guehazi, ma mère; je te crois. Mais, livrée à moi-même, je serais tentée, tout enfant que je suis, d'être sérieuse comme Guehazi; et sans toi je sens que j'ignorerais l'art de plaire aux étrangers.

LA SUNAMITE.

Va, mon enfant, je ne t'ai rien appris, et mon cœur s'en glorifie. Mais hâte-toi donc de te parer: jamais nous n'avons passé si tristement les heures qui précèdent une fête. (*Aux jeunes Sunamites qui arrivent dans le fond de la salle.*) Venez, filles de Sunem, venez placer sur la tête de ma fille la couronne du printemps.

LA SOEUR.

Quoi! ma sœur, tu peux te résoudre à parer ta fille de ces roses?

LA SUNAMITE.

Eh! pourquoi ne le ferais-je pas?

LA SOEUR.

Cette vision, ce fantôme.....

LA SUNAMITE.

Comment peux-tu les rappeler?

LA SOEUR.

Ah! ma sœur, je t'en conjure, songe aux présages funestes qui ont annoncé ce jour.

LA SUNAMITE.

Je songe à la beauté de Semida.

(*Elle ajuste la parure de sa fille.*)

SEMIDA.

Merci, ma mère. — Me voilà donc comme le fantôme, et la couronne est sur ma tête; mais c'est de toi que je la tiens, elle ne peut me porter malheur.

(*Des joueurs d'instruments, des jeunes gens et des jeunes filles de Sunem arrivent sur la scène.*)

LA SUNAMITE.

Apportez la harpe de ma fille; accompagnez-la;

mais ayez soin que vos instruments ne couvrent point ses accords.

LA SOEUR.

Asseyez-vous ici; ma sœur va rester auprès de sa fille.

(*Semida joue de la harpe.*)

Je crois que jamais Semida n'a mieux joué que ce soir. Quels sons enchanteurs!

LA SUNAMITE.

Qu'il est touchant, l'air qu'elle a fait entendre! Comme ses yeux parlaient! comme son âme s'y faisait voir!

SEMIDA, *se levant.*

Ma mère, es-tu contente?

LA SUNAMITE.

Oh! mon enfant, comment te le dire assez!

SEMIDA.

Jamais la musique ne m'a tant émue qu'aujourd'hui; j'étais prête à pleurer en jouant; il me semblait que je voyais au-dessus de ma tête des anges qui m'appelaient pour m'unir à leurs concerts. Je résistais à leur voix si douce, ma mère, car je ne voulais pas te quitter. Mais je ne sais quel attrait mystérieux m'enlevait à la terre. J'ai bien fait de finir; je commençais à me troubler.

LA SOEUR.

N'est-elle pas trop fatiguée pour danser?

LA SUNAMITE.

Oh! non; elle danse si bien. N'est-il pas vrai, Semida? tu peux essayer les pas nouveaux que la femme de Babylone t'a enseignés?

SEMIDA.

Je le ferai, ma mère, puisque tu le désires; mais embrasse-moi avant que je commence; je sens que j'en ai besoin.

(*Elle danse au son des instruments.*)

LA SOEUR.

Ma sœur, ne vois-tu pas?

LA SUNAMITE.

Quoi? — Ne me distrais pas, je t'en prie; mon ravissement est inexprimable.

LA SOEUR.

Ton ravissement! Et tu ne vois donc pas qu'elle pâlit; elle va tomber, elle tombe.

(*Semida chancelle; la musique cesse.*)

LA SUNAMITE.

Ma fille! ma fille!

SEMIDA, *portant la main à son front.*

Ma mère, ce n'est rien; mais je souffre un peu. Fais cesser les instruments, je t'en prie; ils m'étourdissent.

LA SUNAMITE.

Ma fille, on ne les entend plus.

SEMIDA.

Ah! je les entends toujours.

LA SUNAMITE.

O ciel! comme son cœur bat avec violence!

SEMIDA.

Ma mère! ôte-moi ces roses; leur parfum me fait mal.

LA SUNAMITE.

Arrachez toutes les fleurs; couvrez cette maison de deuil. Qu'ai-je fait? Juste ciel! Ma fille!

SEMIDA.

Ma mère, emporte-moi loin d'ici; le bruit de la fête me fait mourir : je ne peux plus le supporter.

LA SUNAMITE.

Ah, ciel! et c'est moi qui l'ai voulu. Semida, viens dans mes bras; viens, que Dieu te protège, et que le sacrifice de ma vie sauve la tienne!

ACTE SECOND.

Paysage aride, au pied du mont Carmel.

SCÈNE PREMIÈRE.

ÉLISÉE, GUEHAZI.

GUEHAZI.

Ah! mon maître, que je craignais pour toi au milieu de cette foule insolente, qui outrageait ta vieillesse par ses rires dédaigneux et moqueurs!

ÉLISÉE.

Mon fils, crains pour ceux qui ont bravé le dieu d'Abraham dans son prophète; aujourd'hui même ils vont disparaître de la terre.

GUEHAZI.

Ces jeunes gens insensés ne sèment que le vent, et ne recueilleront que la tempête. Ils avaient assisté à la fête donnée par la Sunamite : d'où vient donc qu'elle a duré si peu de temps?

ÉLISÉE.

Un grand malheur l'a troublée.

GUEHAZI.

Je le craignais.

ÉLISÉE.

Une promesse avait été faite à l'Éternel, et la Sunamite ne l'a point accomplie : la vanité s'est emparée de son âme, et en a chassé la crainte du Tout-Puissant. Malheureuse mère! je la plains. Quand les méchants sont punis, mon âme en devient plus forte; je sens le bras de l'Éternel qui les frappe et nous soutient. Mais quand la foudre tombe sur le faible, le serviteur de Dieu est lui-même épouvanté.

GUEHAZI.

O mon père! si toi aussi tu redoutes les jugements du Très-Haut, quel homme oserait se présenter sans crainte devant ses autels?

ÉLISÉE.

Guehazi, tu n'as pas connu mon maître. Que suis-je auprès d'Élie, de ce saint homme qui a porté la terreur sur le trône d'Israël, et fait trembler les rois coupables? L'âme de ce divin prophète était plus digne que la mienne d'être le sanctuaire du Très-Haut. Néahmoins une voix secrète se fait entendre au dedans de moi, me pénètre et me conduit; et jamais, jusqu'à ce jour, je ne lui ai désobéi. L'homme n'est point fort de sa force, et c'est l'appui de l'Éternel qui fait une colonne du roseau. Élie, le terrible Élie commandait aux éléments, marchait d'un pas sûr à travers les vagues de la mer, et la terre effrayée se taisait devant lui. Il m'a soutenu par sa divine amitié; il m'a donné la main quand je chancelais sur les flots, et son manteau sacré couvre encore mes faiblesses aux yeux du Tout-Puissant.

GUEHAZI.

Mon père, Élie vit-il encore? Je t'entends l'invoquer souvent, depuis qu'il a quitté la terre : te répond-il?

ÉLISÉE.

Mon fils, il n'est point accordé aux hommes de savoir si les justes échappent au tombeau et sont admis dans le ciel. Le peuple d'Israël, si souvent enclin à l'idolâtrie, ne s'inquiète que de la terre, et ne demande à son Dieu que des vignes fécondes, des moissons abondantes et de longs jours ici-bas, passés dans les plaisirs.

GUEHAZI.

Ah! si la Sunamite perdait son unique enfant, ne lui dirais-tu pas qu'elle peut le revoir un jour?

ÉLISÉE.

Mon fils, je n'ai point reçu du ciel la mission d'annoncer une seconde vie après la mort. Imite mon silence.

GUEHAZI.

Mon père, tes commandements me sont sacrés comme s'ils étaient prononcés par l'Éternel lui-même, sur le mont Sinaï. Les passions de ma jeunesse s'apaisent à ta voix; et, loin de me plaindre de la vie que nous menons ensemble sur les montagnes et dans les déserts, je voudrais ajouter encore aux austérités que nous bravons, pour me rendre plus digne d'être ton disciple.

ÉLISÉE.

Mon fils, supportons les souffrances nécessaires pour convaincre les hommes de la vérité de nos paroles; mais n'ajoutons rien à ce qu'il faut : ne souhaitons pas même que nos misères soient aggravées, car l'orgueil pourrait s'y complaire; l'orgueil, le plus grand crime de l'homme envers le ciel. C'est ainsi que la Sunamite... Mais la voilà; c'est elle que j'aperçois là-bas, venant à nous, pâle, les cheveux épars. Ah! quel spectacle déplorable, et que la créature est à plaindre, quand son Dieu ne la protége plus!

SCENE II.

LA SUNAMITE, ÉLISÉE, GUEHAZI.

LA SUNAMITE, *se jetant aux pieds d'Élisée.*
Élisée! Élisée! ma fille est mourante; viens à son secours; viens.

ÉLISÉE.
Relève-toi, Sunamite; il ne m'est plus permis de retourner dans ta maison.

LA SUNAMITE.
Qu'ai-je fait, juste ciel! pour attirer sur moi cette malédiction redoutable?

ÉLISÉE.
Le Seigneur t'avait donné cet enfant si vivement désiré, et ton époux l'avait voué au culte des autels; mais tu n'as pu te résoudre à soustraire ta fille aux applaudissements des hommes, et tu as voulu pour elle les louanges des insensés, et l'admiration des impies.

LA SUNAMITE.
Offensais-je la Divinité en mettant en lumière les dons qu'elle m'avait faits?

ÉLISÉE.
Il fallait les lui consacrer.

LA SUNAMITE.
Eh bien, si j'ai été coupable, je me bannirai de ma maison; j'irai vivre dans l'obscure cabane de mon père : il ne me restait point d'autre bien, quand tu m'as donné cette fortune dangereuse qui a excité mon ambition pour ma fille. Je ne l'instruirai plus, je ne serai plus avec elle; seulement, quand les jours de fête elle ira porter au temple les prémices des fleurs et des fruits, je la regarderai passer, et je la bénirai dans mon cœur : la bénédiction de sa mère ne saurait lui faire de mal. — Va, saint homme; va près d'elle! je ne suivrai point tes pas : je vais rester seule ici dans les montagnes. Si je souffre, je croirai que mes maux sont acceptés par l'Éternel à la place de ceux de Semida. J'errerai de loin autour de sa maison, et quand elle sera guérie, mon père, tu feras partir dans les airs une colombe, pour m'en donner le signal : je la verrai, cette colombe de paix; je saurai que les

jours de ma fille sont assurés, et je me prosternerai pleine de joie devant l'Éternel et devant toi.

ÉLISÉE.
O femme! que n'as-tu plus tôt éprouvé ces humbles sentiments!

LA SUNAMITE.
Un jour d'infortune en apprend plus au cœur que dix ans de prospérité.

ÉLISÉE.
Cruelle leçon qu'un arrêt irrévocable!

LA SUNAMITE.
Que veux-tu dire, irrévocable? Semida vit; elle souffre, il est vrai : je le sais, elle est pâle, abattue; la rose de Saron ressemble maintenant au lis de la vallée; mais si tu le veux, elle va relever sa tête; si tu le veux...

ÉLISÉE.
La volonté du ciel est ma seule puissance.

LA SUNAMITE.
Et le ciel voudrait-il punir Semida des fautes de sa mère? Ma fille est innocente de l'orgueil qu'elle m'inspirait; elle ignorait le vœu qui l'attachait au service des autels. Dans mon aveuglement coupable, j'ai pris soin de le lui cacher; mais un instinct secret semblait la disposer à suivre les désirs de son père. Vingt fois, aujourd'hui même, son cœur a repoussé cette fête qu'un acharnement fatal me faisait vouloir. C'était à toi qu'elle pensait, mon père; c'était à toi que son cœur avait besoin de s'ouvrir. Guehazi en est témoin; qu'il le dise : ma fille prenait-elle aucune part aux vains plaisirs que je préparais pour elle? ne s'y refusait-elle pas, autant que le permettait sa soumission angélique?

GUEHAZI.
Oui, je l'atteste.

ÉLISÉE.
N'importe. Le Dieu de Moïse n'a-t-il pas dit que les fautes des pères seraient punies sur les enfants? n'est-ce pas sur le mont Sinaï, au milieu des éclairs et de la foudre, que cette vérité terrible fut proclamée?

LA SUNAMITE.
Non, ce n'était pas assez de la foudre pour accompagner une si redoutable menace; il fallait frapper de stérilité le sein des mères. Dieu! je pourrais être la cause de la mort de mon enfant! Élisée, devais-tu donc implorer le Dieu d'Abraham pour que je donnasse la vie à Semida! Que ne me disais-tu que l'amour maternel était un piége funeste que le ciel même tendait à mon malheureux cœur!

ÉLISÉE.

Prends garde, ô femme! prends garde; l'esprit de rébellion est prêt à s'emparer de toi.

LA SUNAMITE.

Et qu'ai-je à craindre encore, si je perds mon enfant? de quel supplice plus horrible l'Éternel lui-même pourrait-il me menacer? Ah! chaque instant qui s'écoule est mortel pour Semida! Pars, au nom de la pitié que l'homme doit à la misère de l'homme, pars.

ÉLISÉE.

Je ne puis. Un ordre suprême me défend de te suivre.

LA SUNAMITE.

Eh bien, il te reste du moins un pouvoir. Précipite-moi dans la tombe où nos pères m'attendent: périsse le jour où je naquis! qu'il soit un jour de deuil; que les cieux lui refusent la lumière, et que les ténèbres éternelles s'en emparent! Pourquoi la miséricorde du Très-Haut ne m'a-t-elle pas repoussée des portes de la vie? ai-je demandé de naître pour recevoir le jour à ce prix? Ah! cette terre n'est qu'une vallée de larmes. Le juste comme l'injuste s'y traîne dans les tourments, ou plutôt ce sont les bons, les bons seuls qui souffrent; et quand le cœur est plein d'affection et de tendresse, c'est alors que l'Éternel le perce de ses flèches, et le choisit pour victime de ses terribles jugements.

ÉLISÉE.

Malheureuse! qu'as-tu dit? Oses-tu contester avec l'Éternel, et juger ses desseins! Ils sont placés dans les hauteurs des cieux; qui pourrait y atteindre? Ils pénètrent jusque dans les profondeurs des abîmes; qui les y découvrira? Malheureuse! tes paroles sont comme le vent impétueux qui renverse tes dernières espérances. Que sais-tu donc sur la vie que nous ne sachions pas? Et la vieillesse nous est-elle arrivée sans que nous ayons souffert? Mais les consolations de la piété nous ont soutenu, et tu les as dédaignées. Pourquoi ce désespoir, pourquoi ces regards irrités? cesse de révolter contre ton Créateur le souffle de vie qu'il t'a donné. De quoi te plains-tu, femme coupable? tu as refusé ta fille à ton Dieu qui la demandait; il t'a longtemps avertie par ma bouche; ne comprenais-tu pas mes paroles mystérieuses? Il m'était défendu d'appeler la clarté sur l'œuvre des ténèbres; mais ne t'ai-je pas dit qu'il n'y avait rien de caché pour l'Éternel? Ne t'ai-je pas dit que lorsqu'il parlait d'un ton sévère, la source des eaux était tarie, et la vie humaine desséchée dans sa fleur? Le ciel t'avait accordé cette fille dont la beauté même devait t'enseigner la gloire de Dieu

sur la terre; mais tu en as fait ton idole comme les impies, tu as voulu l'entourer des hommages de l'univers. Eh bien, l'idole est périssable, et ton fol amour...

LA SUNAMITE.

Que dis-tu, ma fille?... réponds-moi.

ÉLISÉE.

C'en est fait! Semida ne vit plus.

LA SUNAMITE.

Je me meurs.

(*Elle tombe sans connaissance.*)

GUEHAZI.

Ah! mon père, il est donc vrai, le malheur de cette pauvre femme est accompli, tu ne peux rien pour elle!

ÉLISÉE.

Qui réveillera les morts de leurs tombeaux?

GUEHAZI.

Celui dont la prière est toute-puissante, toi, mon père, oui, toi.

ÉLISÉE.

Je n'ai jamais remporté de triomphe sur le sépulcre.

GUEHAZI.

Le roi d'Israël était prêt à mourir, il implora ton appui, et quinze ans de vie furent ajoutés à ses jours.

ÉLISÉE.

Il vivait encore, et il n'était pas révolté contre le malheur, comme cette femme passionnée.

GUEHAZI.

Ah! si du moins cette pauvre mère savait que dans les régions éthérées sa fille vivra peut-être auprès d'Élie, elle pourrait supporter la perte qui l'accable.

ÉLISÉE.

Non, la Sunamite n'accepterait point des espérances toutes saintes, en échange des biens terrestres auxquels son cœur est si vivement attaché.

GUEHAZI.

Élisée, si tu n'as pas de consolation pour elle, ne la rappelons pas à la vie.

ÉLISÉE.

Le terme de ses jours n'est pas encore atteint, ses yeux se rouvrent; prête-lui ton bras pour se relever.

LA SUNAMITE.

Qui me soutient? est-ce ma fille? Non; où suis-je? d'où vient le rêve affreux qui m'a poursuivie? La fatigue et la chaleur du jour m'auront assoupie au pied de cet arbre, et pendant mon sommeil... mon père, le croiras-tu? il me semblait que tu me disais que Semida n'était plus. Le pro-

III

30

phète qui a prié pour sa naissance m'annoncerait sa mort! Non, c'est impossible; nul homme n'aurait le courage d'affronter la douleur d'une mère; et toi, mon père, toi qui as tant soulagé de souffrances, tu m'aurais secourue, tu aurais sauvé ma fille; tu sais bien, toi qui lis au fond des cœurs, tu sais si le mien est fait pour survivre à ce qu'il aime.

ÉLISÉE.

Guehazi, reconduis la Sunamite dans sa maison, soutiens ses pas chancelants, et redonne-lui quelque espérance.

GUEHAZI.

Quelque espérance! Ah! mon père, qu'as-tu dit!

ÉLISÉE.

Ce que j'ignore moi-même. La solitude et le recueillement de la prière m'apprendront si je puis encore verser quelque baume sur ses blessures.

LA SUNAMITE.

Allons, allons chez moi; car ma fille m'y attend. La pauvre enfant! elle est sans doute inquiète de mon absence! Pourquoi l'ai-je quittée? Je ne me souviens de rien, la tête me fait mal, et j'ai comme une pierre sur mon cœur. Guehazi, donne-moi ton bras; je suis si faible! Ah! je m'étais persuadé que ma fille était bien malade, et je sens avec joie que c'est moi qui le suis; ce que je souffre m'aura troublée. Partons.

ÉLISÉE.

Dieu clément! Dieu des miséricordes! rends-lui sa raison, pour t'adorer et te fléchir.

ACTE TROISIÈME.

La scène est dans la maison de la Sunamite. —La salle où s'est donnée la fête est dépouillée de tous ses ornements; une seule lampe l'éclaire faiblement. — Le fond du théâtre est caché par un rideau.

SCÈNE PREMIÈRE.

LA SŒUR.

Grand Dieu! comment dire à ma sœur que Semida vient d'expirer? comment trouver des paroles pour apprendre à cette mère la mort de son enfant? Semida! Semida! moi aussi je la pleure; elle était si bonne et si touchante! Mais ne murmurons pas; que la volonté du Très-Haut s'accomplisse! Ces fêtes continuelles ont agité sa douce vie; ou plutôt c'est le Dieu terrible d'Israël qui la ravit à sa mère, pour la punir de n'avoir point accompli le vœu de son époux. J'ai parlé vainement,

il faut se taire à présent. Honte à celui qui se vante auprès des infortunés d'avoir prévu leur malheur! Hélas! ma pauvre sœur ne se fera que trop de reproches! elle va s'accuser elle-même comme une implacable ennemie. Mais je la vois; ah! qu'elle est pâle et tremblante! saurait-elle déjà tout?

SCÈNE II.

GUEHAZI, LA SUNAMITE, LA SŒUR.

LA SUNAMITE.

Ma sœur, comme cette chambre est obscure! elle était si claire, si brillante il y a quelques heures!

LA SŒUR.

Ma sœur, la nuit est venue, le soleil a disparu; l'obscurité convient mieux aux pensées qui nous occupent.

LA SUNAMITE.

Oui, tu as raison, je les connais ces pensées, mais je ne puis les exprimer : je voudrais te demander... Mais, non, garde-toi de me répondre; je pourrais te haïr si tu prononçais des mots horribles. Laisse-moi, j'attends encore. Ah! qui peut se résoudre à n'attendre plus! Je comprends ce silence; elle serait déjà dans mes bras. Où faut-il la chercher maintenant? Guide-moi, je n'y vois plus.

LA SŒUR.

Mon amie, conserve dans ton cœur un profond souvenir.

LA SUNAMITE.

Un souvenir! crois-tu donc qu'il s'agisse de vivre? Dis-moi, ma sœur, où sont ces roses funestes, les dernières qu'elle ait portées?

LA SŒUR.

Je les ai posées à ses pieds, leur éclat n'est point encore flétri.

LA SUNAMITE.

Elles ont duré plus que Semida. Il y a des fleurs qui parent la vallée; il y a des oiseaux qui planent dans les airs; autour de moi, partout est la vie, et je n'en puis dérober un jour, un seul jour pour Semida.

LA SŒUR.

Ose encore la regarder, viens avec moi; pauvre mère, l'image de ton enfant subsiste encore. (*Elle tire le rideau qui cache le fond du théâtre. On voit Semida couchée sur son lit de mort.*)

LA SUNAMITE.

Oui, sans doute, je veux la voir, toujours la voir; mes yeux ne la quitteront plus. Mais il faut commencer... C'est là-bas, n'est-ce pas là-bas? Ma sœur! ma sœur!

(*Elle se précipite sur le lit de sa fille.*)

GUEHAZI.

O femme d'Israël! reprends courage, et prie le Dieu d'Abraham.

LA SUNAMITE.

Le prier! et pour qui?

GUEHAZI.

Pour ta fille.

LA SUNAMITE.

Pourquoi donc, Guehazi, veux-tu te jouer de ma douleur? Ne sais-tu pas ce que c'est que la mort? L'espoir a-t-il jamais rien eu de commun avec elle?

GUEHAZI.

Et qui t'a dit que tout doive finir avec le tombeau? Quand Énoch fut rassasié de jours, l'Éternel le prit à lui, parce qu'il l'aimait. Samuel n'a-t-il pas survécu à sa mort apparente? ne vint-il pas lui-même, à la voix de la Pythonisse, annoncer à Saül son funeste destin? Quand les années d'Élie furent accomplies, un char de feu ne descendit-il pas sur la terre pour l'enlever au ciel?

LA SUNAMITE.

Eh bien! achève.

GUEHAZI.

Le souffle divin qui animait ton enfant ne peut-il pas retourner dans le sein de son créateur?

LA SUNAMITE.

Et ce corps inanimé dont la grâce touchante...

GUEHAZI.

Les anges ne ressemblent-ils pas à Semida? Pourquoi n'irait-elle pas prendre sa place au milieu d'eux?

LA SUNAMITE.

Oui, tu l'as dit, elle en est digne; mais que viens-tu m'apprendre? Pourquoi nos pères ignoraient-ils le mystère que tu me révèles? Quand ils imploraient le Tout-Puissant, que lui demandaient-ils? une nombreuse postérité et la prolongation de leur propre vie; ils ne connaissaient point d'autre avenir.

GUEHAZI.

Il en est un dans le ciel.

LA SUNAMITE.

Et ceux qui sont encore sur la terre, que peuvent-ils pour l'objet qu'ils adorent et que la mort a frappé?

GUEHAZI.

Recommander à Dieu sa vie nouvelle, souffrir en silence et se résigner, afin que les vertus de la mère obtiennent le séjour du ciel pour l'enfant.

LA SUNAMITE, *se retournant vers le lit de sa fille.*

Eh bien! Semida! Semida, voilà ta mère; il dit que tu peux m'entendre, il dit que tu vois mes pleurs; il fait plus, il assure que Dieu te protége encore, et que mon courage peut te servir. Eh bien! j'en ai du courage; j'existe encore, je suis auprès de toi, mon enfant; et, compagne fidèle de ta pâle beauté, j'implore avec soumission le Dieu des vivants, puisqu'il est aussi le Dieu des morts.

LA SŒUR.

Ah! ma sœur! Guehazi, la crois-tu plus calme?

GUEHAZI.

Elle est soumise à la volonté du Très-Haut.

LA SŒUR.

O ciel! que vois-je? c'est Élisée!

SCENE III.

ÉLISÉE, GUEHAZI, LA SOEUR, LA SUNAMITE, SEMIDA.

GUEHAZI.

Mon maître, tu viens ici; quel espoir remplit mon âme!

LA SŒUR.

Ah! que n'as-tu plus tôt visité cette maison! l'ange de la mort n'en aurait pas franchi le seuil.

ÉLISÉE.

Le cœur de la Sunamite est subjugué; il m'est permis de rentrer dans sa demeure.

LA SŒUR.

Hélas! tu la vois; elle n'entend rien, elle n'aperçoit rien autour d'elle, et bientôt elle va mourir avec son enfant.

ÉLISÉE.

Le ciel avait repoussé ses cris rebelles; il regarde maintenant en pitié ses larmes silencieuses. — O mon Dieu! tu m'ordonnes de contempler la mort face à face. Sœur de la veuve, lève ce voile. Ciel! (*Il se couvre le visage.*) Pardonne, ô Tout-Puissant, si la nature frémit en moi : ton serviteur devrait voir sans trembler la victoire du sépulcre : m'est-il permis de la lui ravir? Cette enfant qui n'a point encore connu les délices de la vie, faut-il qu'il les ignore? Cette enfant qui t'a chéri, Dieu d'Israël, dès ses plus jeunes années, la mort sera-t-elle son partage? La mort, tu l'as nommée toi-même le roi des épouvantements; souffre donc qu'un âge plus fort lutte seul avec elle. Que l'homme présomptueux soit trompé dans ses espérances, que les orgueilleux succombent, que l'esprit jaloux soit humilié. Mais n'as-tu pas dit, ô Éternel! que les enfants et les faibles étaient ton troupeau chéri? — Jette les yeux sur celle dont le cœur est brisé, et qui tremble à ta parole : sans doute elle fut coupable; mais, dans ta balance suprême, pèse sa faute avec son malheur, et peut-être tu la trouveras légère. Redonne, ô Tout-Puissant! redonne encore une fois cette enfant à sa mère. Dis à la mort de retourner sur ses pas : un jour tu lui rendras sa proie; mais du moins alors la mère ne vivra plus. Accorde encore à Semida quelques-unes de ces années que l'homme implore avec tant d'ardeur, et dont l'éternité se joue. O mon Dieu! le terme de ma vie approche; mes lèvres déjà glacées s'ouvrent avec peine; et cependant, si tu le veux, ma faible main va rendre la chaleur à cette enfant (*il étend les mains sur la tête de Semida*); mes regards obscurcis rappelleront la lumière dans ses yeux, et le soleil, que la nuit couvre encore, à ma débile voix versera sur Semida les plus purs de ses rayons.

(*Clarté soudaine.*)

LA SŒUR.

O ciel! quelle clarté! Ma sœur, regarde ce jour inattendu.

LA SUNAMITE, *toujours prosternée au pied du lit de sa fille.*

Que parles-tu de jour? ne fait-il pas nuit dans la tombe?

ÉLISÉE.

Concerts des anges, accompagnez le retour d'un enfant à la vie.

(*Une harmonie aérienne se fait entendre; Semida se relève sur son lit.*)

LA SUNAMITE.

Dieu! Dieu! Élisée! O reconnaissance! ô bonheur!

SEMIDA.

Ma mère, que m'est-il arrivé? Suis-je encore au milieu de la fête? Mais non, voilà nos anciens amis; ils n'y étaient pas, je m'en souviens. Ah! que j'aime à les revoir! Élisée, reste toujours ici; nous sommes si bien avec toi!

LA SUNAMITE.

Mon enfant, de grâce ne cesse pas de parler! ta voix me fait du bien. Ah! j'ai tant souffert, pendant que je ne l'entendais plus!

SEMIDA.

Que s'est-il donc passé? Il me semble aussi que pendant longtemps, ma mère, je n'ai pu te dire que je t'aimais.

LA SUNAMITE.

Mon enfant, tu dois la vie à la main bienfaisante que le saint prophète, au nom de l'Éternel, a daigné reposer sur toi.

SEMIDA, *se mettant à genoux.*

Élisée, tu m'as rendue à ma mère; c'est pour elle que je te remercie; car j'étais si calme et si bien, que Dieu sans doute m'avait déjà prise sous ses ailes.

ÉLISÉE.

Enfant aimé de l'Éternel, ta mère a été bénie à cause de toi. Faible plante, déjà battue par l'orage, cherche ton appui près de ton Dieu. — Sunamite, rends à l'autel ce que l'autel réclame.

LA SUNAMITE.

Ah! tu n'en doutes pas.

ÉLISÉE.

Maintenant il faut que j'aille dans d'autres contrées, annoncer la parole du Très-Haut, et mes cendres doivent reposer loin d'ici. Semida, quand on viendra te dire que le vieillard n'est plus, souviens toi qu'il t'a chérie dans ton enfance, et va quelquefois encore prier Dieu près de la retraite solitaire que j'ai habitée.

SEMIDA.

O mon père!

LA SUNAMITE.

O mon bienfaiteur!

SEMIDA.

Guehazi, adieu.

LA SUNAMITE.

Guehazi, je n'oublierai point ta pitié.

LA SŒUR.

Revenez au milieu de nous.

GUEHAZI.

Conservez à jamais l'alliance de l'Éternel.

SCÈNE IV.

LA SUNAMITE, LA SŒUR, SEMIDA.

SEMIDA.

Ma mère, et toi, sa sœur, n'est-il pas vrai, vous ne me quitterez pas?

LA SŒUR.

Chère enfant! tu es le lien qui nous réunit, et nous vivrons toutes les trois à l'ombre du tabernacle, et dans la crainte du Dieu tout-puissant de Jacob.

LE

CAPITAINE KERNADEC,

OU

SEPT ANNÉES EN UN JOUR,

COMÉDIE EN DEUX ACTES ET EN PROSE,

COMPOSÉE A LA FIN DE 1810.

PERSONNAGES.

Le capitaine KERNADEC.

Mᵐᵉ DE KERNADEC.
Mˡˡᵉ Rosalba DE KERNADEC.
NÉRINE, soubrette.
SABORD, valet.
M. DERVAL, amant de Mˡˡᵉ de Kernadec.

La scène est à Saint-Malo, dans la maison du capitaine Kernadec.

••••••••••

ACTE PREMIER.

————

SCÈNE PREMIÈRE.

LE CAPITAINE KERNADEC, Mᵐᵉ DE KER-
NADEC, Mˡˡᵉ DE KERNADEC, *assis*, NÉRINE
ET SABORD, *debout.*

LE CAPITAINE, *une gazette à la main.*

Mille tonnerres! mille bombes! Vingt croix ont
été données, et le capitaine Kernadec n'en a pas!
Des capitaines marchands, de petits marins d'eau
douce ont la croix, et moi qui ai monté autrefois
la Belle-Poule ; moi qui, avec une corvette de seize
canons, ai tenu tête à une frégate ennemie !... Madame de Kernadec, vous ai-je jamais raconté l'histoire de ce combat ?

Mᵐᵉ DE KERNADEC.

Oui, mon époux.

LE CAPITAINE.

Et vous, ma fille ?

Mˡˡᵉ DE KERNADEC.

Oui, mon père.

LE CAPITAINE.

Et vous, Nérine ?

NÉRINE.

Oui, monsieur.

LE CAPITAINE.

Et toi, Sabord ?

SABORD.

Oui, mon capitaine.

LE CAPITAINE.

Je vous l'ai racontée : eh bien, je vais vous la
conter encore. — C'était à la vue du Cap-Vert ; j'a-
perçus un vaisseau ennemi ; je le poursuivis cinq
lieues avec l'avantage du vent, et enfin je lui lâ-
chai ma bordée, aussitôt qu'il me fut possible ;
car, morbleu! je suis vif, et j'aime à faire feu le
premier.

SABORD.

Oui, c'est pour cela que vous avez tiré à plus
d'une demi-lieue.

LE CAPITAINE.

Veux-tu bien te taire? — Il est vrai que cette
décharge ne tua pas grand monde.

SABORD.

Pardonnez-moi : il tomba plus de six oiseaux de
mer, que leur malheur avait attirés près de notre
bâtiment.

LE CAPITAINE.

Finiras-tu, maraud, avec tes impertinentes réflexions? — Je reviens au fait. L'ennemi était plus
fort que moi ; je ne m'intimidai pas ; je lui envoyai
une grêle de balles et de mitraille ; je fis préparer
les grappins, et j'allais commander l'abordage,
quand cette maudite frégate me lâcha sa bordée
de tribord, et gagna le large en fuyant à toutes
voiles. Je voulus courir après ; mais, ma foi, elle
m'avait démâté, et je restai planté en mer comme
un terme. (*A Sabord.*) Eh bien, qu'en dites-vous,
monsieur le mauvais plaisant? vous trouverez-
vous jamais à pareille fête? (*Il se retourne, et voit
madame de Kernadec qui bâille.*) Qu'est-ce à
dire, madame de Kernadec, vous êtes distraite,
Dieu me pardonne, quand je raconte mes campagnes? A quoi pensez-vous, à votre toilette? Et
vous, mademoiselle, à vos amours? En vérité,
madame, où avez-vous eu l'esprit d'appeler cette
petite fille Rosalba, un nom de roman? C'en est
assez pour tourner la tête à une jeune personne.
Rosalba... aussi elle n'a rien retenu de tout ce que
je lui ai enseigné. Et toi, charmante Nérine, tu
sais tout sans avoir rien appris. Tiens, ma chère,
si tu veux, cet été je te mettrai au fait de la manœuvre ; ce sera si joli de t'entendre commander
avec ta voix douce!

NÉRINE.

Mais, monsieur, il me semble qu'une voix douce
n'est pas trop nécessaire pour cela. Ne dites-vous
pas, hissez les voiles, virez de bord, serrez le vent ;
que sais-je, moi?

LE CAPITAINE.

Voyez comme elle est gentille! Ah! ma chère,
que tu me plais!

(*Il veut l'embrasser.*)

Mᵐᵉ DE KERNADEC.

Y pensez-vous, monsieur de Kernadec? Oubliez-
vous que c'est devant moi que vous parlez ?

LE CAPITAINE.

Eh non! madame; eh non! j'y pense très-fort.
Avez-vous jamais eu d'infidélité à me reprocher?
Dans mes campagnes, je n'ai jamais emporté d'autre portrait que le vôtre; les jours de combat, je
le pends au mât d'artimon; et quand le feu devient
trop vif, je le mets dans ma poche, en disant : Vogue la galère! N'est-ce pas tendre cela? Madame
de Kernadec, je vous demande si un officier de
terre serait plus galant?

Mme DE KERNADEC.

Non assurément. Mais il ne s'agit pas de tout cela ; j'ai quelque chose d'important à vous communiquer. Je voudrais vous parler seul.

LE CAPITAINE.

A la bonne heure ; je n'ai rien à faire aujourd'hui ; c'est un calme plat. Je causerai tant qu'il vous plaira.

Mme DE KERNADEC.

Qu'est-ce que vous dites d'un calme plat ? cela est-il nécessaire pour causer avec moi ? Vous ne savez rien m'adresser qui ne m'offense.

LE CAPITAINE.

Eh ! parbleu, madame, ne faudrait-il pas prendre des mitaines ? et puis d'ailleurs, de quoi vous fâchez-vous ? Chacun son langage. Vous êtes une femme d'esprit ; vous avez vécu à Paris ; nous autres gens de mer nous ne donnons pas dans tout cela.

Mme DE KERNADEC.

Et cette ennuyeuse pipe dont vous m'envoyez des bouffées à chaque instant, comment y tenir ? Ma pommade à la fleur d'orange, mes roses, tout, dans la maison, sent le tabac.

ROSALBA.

Ah ! maman, qu'est-ce que cela fait ? M. Derval me disait l'autre jour qu'il aimait beaucoup cette odeur-là.

LE CAPITAINE.

M. Derval, mademoiselle, ce galant doucereux qui vient vous faire la cour ? Il lui appartient bien d'aimer la pipe ! Je parie qu'il n'a pas seulement fait une lieue en mer. C'est un monsieur si tranquille ! si gracieux ! C'est comme cela que vous les aimez vous autres, mesdames ; mais moi, morbleu, il me faut des moustaches dans ma famille, et non pas des faiseurs de madrigaux ; m'entendez-vous ?

ROSALBA, *à madame de Kernadec.*

Ah ! maman, comme cela s'annonce mal !

Mme DE KERNADEC.

Ma fille, laissez-moi seule avec lui : il fait toujours plus de train quand il y a du monde.

SCENE II.

M. et Mme DE KERNADEC.

Mme DE KERNADEC.

Monsieur de Kernadec, nous nous sommes mariés il y a seize ans, comme vous savez.

LE CAPITAINE.

Dix-huit ans, madame, dix-huit ans. J'étais alors enseigne : voulez-vous me retrancher deux ans de service ? Je n'entre pas dans vos calculs, moi ; il

me faut mon temps pour avoir la croix. Vous en direz ce que vous voudrez, il me le faut.

Mme DE KERNADEC.

J'étais si enfant alors, monsieur de Kernadec, qu'il est bien naturel que je ne m'en souvienne pas distinctement.

LE CAPITAINE.

Si enfant ! vous aviez alors vingt ans ; vous êtes de la même année que cette pauvre *Junon,* le meilleur voilier qui soit jamais entré dans le port de Saint-Malo ; et je me souviens même que, peu de jours après notre mariage, on la fit raser pour en faire un ponton.

Mme DE KERNADEC.

Laissons cela, de grâce. Écoutez-moi : votre fille a seize ans, et elle voudrait se marier.

LE CAPITAINE.

C'est trop tôt.

Mme DE KERNADEC.

Mais elle aime un jeune homme aimable et spirituel.

LE CAPITAINE.

A-t-il eu quelque aventure remarquable ?

Mme DE KERNADEC.

Non pas précisément ; cependant quelques-unes de ses pièces ont fait effet.

LE CAPITAINE.

Comment ses pièces ! serait-il dans l'artillerie ? J'aime mieux le service de mer. Mais pourtant, si ma fille avait de l'amour pour un officier d'artillerie, comme je suis bon père, il se pourrait.....

Mme DE KERNADEC.

Mais je vous dis qu'il n'a jamais servi.

LE CAPITAINE.

Comment, ventrebleu ; et qu'a-t-il donc fait ?

Mme DE KERNADEC.

Il s'est distingué comme écrivain.

LE CAPITAINE.

Ah ! oui, écrivain ; j'entends : c'est ce que nous appelons, à bord, des gens de plume ; mais on en fait bien peu de cas. Cependant ils attrapent des coups de canon tout comme d'autres, mais par mégarde, parce que les balles vont au hasard, car ils n'en sont pas dignes.

Mme DE KERNADEC.

Vous ne voulez donc pas m'entendre ? il n'a rien à faire ni avec la marine ni avec l'armée ; il vit de ses rentes et cultive la littérature.

LE CAPITAINE.

Qu'est-ce que vous dites ? la littérature, c'est ce qu'on enseigne au collège ; mais à douze ans c'est fini. Est-ce qu'on apprend à lire toute sa vie, et quand on est un homme, ne faut-il pas servir ?

Mme DE KERNADEC.

Mais, mon cher ami, il y a pourtant des hommes qui font autre chose.

LE CAPITAINE.

Oui, il y en a des exemples, mais je n'y ai jamais rien compris.

Mme DE KERNADEC.

Votre fille, qui n'est pas tout à fait aussi militaire que vous, voudrait épouser ce M. Derval qui l'aime et qui.....

LE CAPITAINE.

Comment, mille bombes ! ce jeune homme timide comme une jeune fille, et qui fait des révérences jusqu'à terre. Jamais il ne dit un mot plus haut que l'autre ; on entendrait voler une mouche quand il parle. Je crois, Dieu me pardonne, qu'il n'a juré de sa vie. Non, de par tous les diables, je ne veux pas que ma fille épouse un homme comme cela.

Mme DE KERNADEC.

Mais cependant si elle l'aime ?

LE CAPITAINE.

Si elle l'aime ! qu'est-ce que vous entendez par là ? il n'est pas décent à une demoiselle d'aimer. Je voudrais bien voir que ma fille s'avisât d'aimer quelqu'un !

Mme DE KERNADEC.

Mais vous, mon époux, ne vous ai-je pas aimé ?

LE CAPITAINE.

C'était tout simple, madame de Kernadec ; d'abord vous étiez plus âgée de quatre ans que votre fille.

Mme DE KERNADEC.

Plus âgée, monsieur ; dites donc moins jeune ; il y a des mots que je ne puis souffrir d'entendre prononcer.

LE CAPITAINE.

Ah ! parbleu, j'en dirai bien d'autres. Eh bien donc ! quand vous m'avez aimé, oubliez-vous que j'avais déjà reçu trois blessures ? cela explique tout. Mais une fille modeste peut-elle aimer une face blanche et rose comme ce Derval ? je vous le demande.

Mme DE KERNADEC.

Demandez-le à votre fille, qui vient elle-même vous parler.

SCENE III.

LES PRÉCÉDENTS, ROSALBA.

LE CAPITAINE.

Mademoiselle, est-il vrai que vous ayez envie de vous marier ?

ROSALBA.

Hélas ! oui, mon père.

LE CAPITAINE.

Vous êtes trop jeune.

ROSALBA.

A quel âge, mon père, avez-vous commencé vos campagnes ?

LE CAPITAINE.

Bel argument, vraiment : dans l'état militaire on se passe de raison, je l'ai bien prouvé, moi ; dans ma jeunesse je n'en avais pas, le croiriez-vous ? oui, je n'en avais pas. Mais dans le ménage, il faut une sagesse..... Madame de Kernadec, par exemple, avant même qu'elle fût d'un âge mûr.....

Mme DE KERNADEC.

Mais, mon Dieu, laissez donc ce vilain mot d'âge, vous savez que je ne puis le souffrir.

LE CAPITAINE.

Cependant, ma fille, si tu veux te marier, je t'enverrai la liste des officiers de mon équipage ; ils sont tous excellents marins, tu peux choisir.

ROSALBA.

Mon père, j'ai déjà choisi, et j'aime M. Derval.

LE CAPITAINE.

M. Derval ! mais y penses-tu donc ? il n'est pas en état de te conduire.

ROSALBA.

Eh bien, ce sera moi qui le conduirai.

LE CAPITAINE.

Il n'a pas de volonté.

ROSALBA.

J'en aurai pour deux.

LE CAPITAINE.

Le moindre orage lui fera perdre la tête.

ROSALBA.

Nous resterons sur terre.

LE CAPITAINE.

Sur terre, ma fille ! Mademoiselle de Kernadec resterait sur terre ! Tu n'irais pas une fois en Amérique, pas une fois aux Indes ! autant vaudrait-il ne pas sortir de Vaugirard.

ROSALBA.

Eh bien, mon père, quand cela serait ?

LE CAPITAINE.

Écoute, ma fille : je t'ai parlé doucement jusqu'à présent ; on dirait que je suis un efféminé comme ce Derval, tant je suis modéré et tranquille ; mais, morbleu, si tu me résistes, je perdrai patience ; je mettrai toutes les voiles au vent, et nous verrons qui sera le maître, d'une petite fille comme toi, ou d'un homme qui ne craint ni le feu ni la tempête. Adieu.

SCENE IV.

Mme DE KERNADEC, ROSALBA.

ROSALBA.

Ah! mon Dieu! qu'il m'a fait peur, maman!

Mme DE KERNADEC.

Que veux-tu que j'y fasse, ma fille! il ne faut pas trop se tourmenter sur toutes ces choses-là, de peur de se faire du mal. Je vais rentrer chez moi pour me remettre de la scène que j'ai supportée à cause de vous. Ne m'en demandez pas davantage. J'ai remarqué qu'on avait toujours mauvais visage le lendemain d'une querelle avec son mari.

SCENE V.

ROSALBA, seule.

Mauvais visage! il est bien question de cela. Je voudrais avoir le plus vilain visage du monde, et que.... Ah! non; je ne sais ce que je dis; il ne faut pas achever cette phrase-là, elle pourrait porter malheur.

SCENE VI.

DERVAL, ROSALBA.

DERVAL.

Eh bien, Rosalba, qu'est-ce qu'a dit votre père?

ROSALBA.

Hélas!

DERVAL.

O ciel! vous pleurez!

ROSALBA.

Il ne veut pas de vous.

DERVAL.

Et pourquoi donc?

ROSALBA.

Il dit que vous n'avez pas servi sur mer.

DERVAL.

C'est vrai.

ROSALBA.

Pas même sur terre.

DERVAL.

Je n'ai pas eu cet honneur.

ROSALBA.

Et qu'enfin ce qu'il y a de pis, c'est qu'au lieu de vivre d'une façon militaire, vous lisez et vous écrivez.

DERVAL.

J'en conviens; mais, s'il le veut, j'y renoncerai.

ROSALBA.

Quoi! vous m'aimeriez assez pour me faire un tel sacrifice!

DERVAL.

Belle Rosalba, qu'ai-je besoin de chercher désormais dans les fictions tous les charmes que vous réunissez en vous seule?

DERVAL.

Quel doux langage! comment mon père peut-il ne pas l'aimer? Mais à quoi tout cela sert-il? il veut que vous ayez fait une campagne.

DERVAL.

Je la ferai.

ROSALBA.

Mais il voudrait que vous l'eussiez déjà faite. Je suis au désespoir; je crois que je me jetterai dans l'eau; ce genre de mort plaira du moins à mon père.

DERVAL.

Chère Rosalba, il me reste encore une lueur d'espérance; vous savez que mon oncle a du crédit auprès du ministre; je lui ai écrit pour le prier de l'employer tout entier à obtenir la croix pour M. de Kernadec. J'attends sa réponse, et, si elle est favorable, peut-être que votre père....

SCENE VII.

LES PRÉCÉDENTS, NÉRINE.

ROSALBA.

Ah! Nérine, je n'espère qu'en toi; mon père ne veut pas que j'épouse M. Derval, parce qu'il n'est pas officier de marine; mais tu sais que cela n'est pas nécessaire à mon bonheur. Si tu pouvais faire comprendre à mon père...

NÉRINE.

Faire comprendre à votre père! mais vous savez bien qu'il n'écoute que lui.

ROSALBA.

Oui; mais il te regarde.

NÉRINE.

Et que voulez-vous que lui disent mes yeux?

DERVAL.

Qu'il doit avoir pitié de moi; que je me meurs.

NÉRINE.

Ah! certes, cela touchera bien le capitaine Kernadec, si je lui dis que vous mourez d'amour.

ROSALBA.

Cependant, ma chère Nérine, il me paraît que....

NÉRINE.

Qu'il me fait sa cour, voulez-vous dire? Il me raconte ses campagnes, et moi je les écoute; ce qui, j'en conviens, est une coquetterie bien décidée; mais, en reconnaissance, il me mariera avec Sabord, et j'en serai bien heureuse, car j'aime Sabord.

ROSALBA.

Comme moi Derval.

DERVAL.

Ah! chère Rosalba!

NÉRINE.

J'entends le capitaine; laissez-moi seule avec lui. Je vous dirai, dès qu'il sera sorti, ce qu'on peut espérer.

SCENE VIII.

LE CAPITAINE, NÉRINE.

LE CAPITAINE.

Ah! te voilà, Nérine; que je suis aise de te trouver seule! Dis-moi, ma toute belle, est-ce que je ne suis pas un peu à ton gré? Tiens, regarde-moi du côté de mon coup de sabre, car pour cet autre côté de mon visage, je n'en fais aucun cas; il ne signifie rien : mais une belle balafre, Nérine, cela ne dit-il rien à ton cœur?

NÉRINE.

Non pas aujourd'hui. D'ordinaire, j'en conviens, les balafres me font un effet que je ne puis dire; mais aujourd'hui, vous auriez vingt coups de sabre sur la figure, que je ne vous en trouverais pas plus beau pour cela.

LE CAPITAINE.

Et comment donc, mon ange! tu es donc dégoûtée de tout? rien ne te fait plus de plaisir? Allons nous promener ensemble dans ma chaloupe; je te mènerai en pleine mer.

NÉRINE.

Je m'y ennuierai.

LE CAPITAINE.

S'ennuyer en pleine mer! y penses-tu, Nérine? Qu'est-ce qu'il faut donc faire pour t'amuser?

NÉRINE.

Marier votre fille avec M. Derval.

LE CAPITAINE.

Et toi aussi, tu es de la conspiration. Tu veux faire épouser à ma famille ce blanc-bec; tu veux faire tomber ma famille en quenouille; tu veux qu'on y fasse de l'esprit à l'eau rose, au lieu de servir son pays, et de recommencer le capitaine Kernadec, qui, morbleu! n'est pourtant pas encore fini. Quand je passe sur le port, tous les marins me saluent; on me dit : « Capitaine, vous étiez là un tel jour, » et je crois y être encore. Et j'irais me promener avec ce freluquet, qui m'appellerait mon père, et qu'on croirait de ma façon! Non, Nérine, je n'en veux pas entendre parler.

NÉRINE.

Eh bien! à la bonne heure.

LE CAPITAINE.

Te voilà triste! tu pleures! Écoute, Nérine, j'ai le cœur dur, on le dit du moins; et, en effet, il y a des jours où je suis brutal comme un boulet de canon; mais quand je te vois pleurer, tiens, cela me fait mal là (*mettant la main sur son cœur*).

NÉRINE.

Oui, sans doute. Et votre pauvre fille souffre aussi là, de ne pas épouser celui qu'elle aime.

LE CAPITAINE.

Eh bien! eh bien! qu'il prenne du service dans la marine; qu'il fasse sept campagnes, et au bout de sept ans il épousera ma fille.

NÉRINE.

Eh bon Dieu! vous voilà comme le père de Rachel, qui fit servir Jacob pendant sept ans, pour avoir sa fille.

LE CAPITAINE.

Il a eu raison, morbleu. Était-ce un homme de mer?

NÉRINE.

Non pas, que je sache; mais un très-brave homme, d'ailleurs.

LE CAPITAINE.

Ah oui! je me rappelle. Eh bien! Derval fera de même. (*Il s'en va, et revient sur ses pas.*) Dis-moi donc, Nérine, le frère aîné de ce Jacob ne s'appelait-il pas Ésaü?

NÉRINE.

Oui, sûrement.

LE CAPITAINE.

Ne vendit-il pas son droit d'aînesse pour un plat de lentilles?

NÉRINE.

Sans doute. Mais savez-vous que vous me faites peur! Monsieur, seriez-vous malade? vous allez devenir un savant.

LE CAPITAINE.

Non. Sois tranquille, mon enfant, il n'y a rien à craindre; mais aujourd'hui je dîne avec d'anciens camarades, et je voulais savoir une petite anecdote pour les amuser.

NÉRINE.

Une petite anecdote! L'histoire d'Ésaü, tout le monde la sait.

LE CAPITAINE.

Ne crois pas cela! ne crois pas cela! On oublie tout en mer, et quand on revient, il est toujours agréable de se rappeler ses études.

NÉRINE.

Eh bien donc, laissez-vous toucher pour Derval, il vous contera tout ce que vous voudrez.

LE CAPITAINE.

Oui, dans sept ans. C'est à merveille; ma fille a seize ans, Derval en a vingt-trois; il fera sept campagnes, et à son retour, je lui raconterai les miennes; alors il sera en état de m'entendre. Enfin, c'est résolu. Nérine, tu me connais, je suis ferme, l'orage ne me trouble pas. Adieu.

SCENE IX.

LE CAPITAINE, NÉRINE, ROSALBA, DERVAL.

ROSALBA.

Eh bien! eh bien!

NÉRINE.

Il consent à votre mariage avec Derval.

ROSALBA.

Ah! quel bonheur, chère Nérine!

NÉRINE.

Mais seulement dans sept ans d'ici.

ROSALBA.

Dans sept ans! Nérine; ah! bon Dieu! je serai trop vieille. Derval, vous ne voudrez plus de moi à cet âge-là; et d'ailleurs, pour si peu de temps qu'il nous resterait à vivre, il ne vaudrait pas la peine de se marier.

NÉRINE.

Je ne suis pas tout à fait d'avis qu'on soit vieille à vingt-trois ans : mais ce n'est pas tout; il veut encore, monsieur, que vous entriez dans la marine, et que pendant ces sept années vous fassiez sept campagnes.

DERVAL.

Ah! mon Dieu! je le veux bien. A quoi ne me résoudrais-je pas pour obtenir Rosalba? Mais cela fera bien du chagrin à ma mère et à mes tantes.

NÉRINE.

Il dit que vous avez l'air trop doux, trop calme, trop tranquille.

DERVAL.

Mais je croyais qu'il fallait être poli envers tout le monde. Si vous le voulez, j'essayerai de jurer : dites-moi comment il faut s'y prendre pour se donner une tournure militaire.

NÉRINE.

Je ne sais pas trop; mais enfin il me semble qu'il faut avoir un certain air dégagé qui vous manque. Toute femme que je suis, quand je veux réussir, j'ai quelque chose que je ne puis exprimer, mais qui fait sentir que la nature m'a destinée à prendre de l'empire sur les autres.

ROSALBA.

C'est vrai, Derval; vous avez quelquefois l'air trop timide; il faudrait.... Mais à quoi cela sert-il? ces sept ans, ces affreux sept ans! Est-ce que j'étais née il y a sept ans? Ah! ma pauvre Nérine, j'en mourrai.

LE CAPITAINE, *appelant derrière la coulisse.*

Sabord!

NÉRINE.

Ah ciel! voilà le capitaine; cachez-vous, monsieur Derval.

(*Derval se retire derrière la coulisse.*)

LE CAPITAINE.

Sabord!

SABORD, *accourant.*

Mon capitaine!

LE CAPITAINE.

Approche. Je vais à mon repas de corps : à minuit tu viendras me chercher; je serai peut-être sous la table avec mes amis; tu me reconnaîtras à mon uniforme; tu me feras porter dans mon lit, et demain je croirai qu'il ne s'est rien passé. Entends-tu? et surtout ne va pas te tromper, et prendre un de mes camarades pour moi.

SABORD.

Soyez tranquille, capitaine. (*Il accompagne le capitaine jusqu'à la porte, et revient sur ses pas.*) Le voilà parti.

SCENE X.

NÉRINE, ROSALBA, DERVAL, SABORD.

ROSALBA.

Sabord.

SABORD.

Qu'avez-vous donc, mademoiselle? vous avez l'air toute sérieuse. Moi qui vous ai vue pas plus haute que cela, je ne puis tenir à votre chagrin. Sabord ne peut-il pas vous consoler? dites, ma chère petite maîtresse, j'irais au bout du monde pour vous, par terre ou par mer, n'importe.

ROSALBA.

Ah! mon Dieu! Sabord, ce que je désire est bien plus difficile que cela.

SABORD.

Comment donc? faut-il découvrir une nouvelle Amérique?

ROSALBA.

Non : il faudrait que sept ans se passassent en un jour.

SABORD.

Eh! ma chère demoiselle, c'est un drôle de souhait que vous faites là. Savez-vous qu'en trois jours comme cela, vous pourriez bien n'être plus si jolie.

ROSALBA.

Mon père ne veut pas permettre que j'épouse M. Derval, avant qu'il ait servi sept ans sur mer; et tu sais bien que sept ans c'est la vie.

SABORD.

Oui, à votre âge; mais moi qui ai déjà fait quatorze campagnes, je suis prêt à les recommencer avec monsieur.

NÉRINE.

N'y a-t-il donc aucun moyen de faire passer ces sept années plus vite?

SABORD.

Attendez; il me vient une idée.

DERVAL.

Voyons.

SABORD.

Mon maître va s'enivrer.

DERVAL.

C'est-il croyable?

NÉRINE.

Oh oui! très-croyable.

SABORD.

Il oubliera tout ce qui se sera passé pendant vingt-quatre heures; persuadez-lui que ces vingt-quatre heures sont sept années.

NÉRINE.

Mais es-tu fou? comment veux-tu qu'il croie....

SABORD.

Je serai censé m'être cassé la jambe dans une des sept campagnes que nous aurons faites ensemble, et je marcherai avec une jambe de bois.

NÉRINE.

Fort bien; mais ces campagnes....

SABORD.

Je les inventerai, et pour celles-là, il faudra bien que ce soit moi qui les lui raconte; car il ne s'en souviendra pas. Je lui dirai qu'il a toujours été vainqueur; comment diable ne me croirait-il pas?

ROSALBA.

Mais, Sabord....

SABORD.

Vous mettrez, mademoiselle, un petit bonnet qui vous donnera l'air d'avoir vingt-trois ans.

ROSALBA.

Nérine, qu'en penses-tu; c'est-il possible?

NÉRINE.

Oh que oui! mademoiselle; mais surtout il faut parler raison; il faut dire que vous ne vous souciez plus de vous marier.

ROSALBA.

Et s'il allait me prendre au mot?

NÉRINE.

Soyez tranquille; il faut pourtant bien que tout soit changé autour de lui pour lui persuader que sept années se sont écoulées. J'ai déjà dans la tête mille ruses pour y réussir. Vous, monsieur Derval, allez mettre des moustaches, un sabre au côté,

des sourcils noirs, un parler ferme. Que ne ferait-on pas pour mériter mademoiselle Rosalba? Hâtons-nous de mettre madame de Kernadec dans nos intérêts. Prions-la de se prêter à notre innocente supercherie: on a dit si souvent que l'amour faisait passer le temps; pourquoi ne saurait-il pas escamoter sept ans en un jour? Allons, ne perdons pas un instant.

❦

ACTE SECOND.

SCÈNE PREMIÈRE.

LE CAPITAINE, SABORD.

LE CAPITAINE, *endormi dans un grand fauteuil.*

Que s'est-il donc passé! je crois, Dieu me pardonne, que le roulis m'a bercé toute la nuit. Suis-je à bord? eh non! le capitaine Kernadec à fond de cale! cela n'est pas possible. Mais où diable suis-je donc? Je me croirais chez moi, s'il n'y avait pas ici je ne sais quels meubles nouveaux. Sabord m'expliquera peut-être.... Holà, Sabord! — Il ne répond pas. — Sabord!

SABORD.

Eh parbleu! mon capitaine, je viens aussi vite que je peux.

LE CAPITAINE.

Mais comme il monte lentement! quel bruit fait-il donc sur mon escalier? Eh! bon Dieu! une jambe de bois! que t'est-il donc arrivé, mon pauvre Sabord?

SABORD.

Comment, ce qu'il m'est arrivé! Vous plaisantez, monsieur; vous le savez aussi bien que moi: il y a six ans que j'ai eu la jambe fracassée par une balle, au combat du Pic de Ténériffe. J'étais à côté de vous. Ah! je vois bien que vous faites semblant d'oublier: c'est vraiment trop modeste.

LE CAPITAINE.

Et que s'est-il passé dans ce combat?

SABORD.

C'était le 15 avril 1812.

LE CAPITAINE.

Le 15 avril 1812! mais es-tu fou? J'ai célébré hier le jour des Rois de 1811; je me rappelle même que nous avons bu à la santé de la nouvelle année.

SABORD.

Oui, vous avez bu, j'en conviens; mais à la santé de l'année 1817. Hélas! je voudrais bien y être, en janvier 1811; j'avais alors mes deux jambes;

j'étais leste, morbleu! vous vous en souvenez, je n'entrais jamais dans une maison par la porte, toujours par la fenêtre, monsieur, toujours par la fenêtre. A présent il faut que je m'en tienne à la manière commune; encore Dieu sait comme je marche! que voulez-vous, mon capitaine, nous en avons vu plus que nous n'en verrons. Mais enfin la gloire que nous avons acquise au Pic de Ténériffe....

LE CAPITAINE.

Comment, mon garçon! nous avons acquis de la gloire au Pic de Ténériffe? conte-moi donc cela.

SABORD.

Il faut en convenir, sans vous l'affaire était perdue; mais vous fîtes virer de bord à votre bâtiment d'une manière si habile!

LE CAPITAINE.

Il est vrai que j'ai toujours bien manœuvré. L'affaire était donc furieusement chaude?

SABORD.

Terrible; moins cependant que celle de Masulipatnam.

LE CAPITAINE.

Masulipatnam! je n'y ai jamais été.

SABORD.

Mais, mon capitaine, vous êtes donc malade; vous oubliez qu'en 1815 nous avons battu les Anglais sur la côte de Coromandel?

LE CAPITAINE.

Nous avons battu les Anglais! ah! raconte-moi cela, je t'en prie; tu ne saurais me faire un plus grand plaisir. Eh bien?

SABORD.

Oui, morbleu! nous avons, c'est-à-dire, vous avez battu les Anglais, et pris un de leurs vaisseaux, qui s'appelle le *Royal-George*, et dont voilà le dessin.

LE CAPITAINE.

J'ai pris un vaisseau! moi; il est vrai que je l'ai toujours désiré; mais je croirais rêver, si je ne voyais pas là ce dessin. Cependant comment résister à de telles preuves! Appelle-moi ma femme, ma fille, Nérine, que je m'entretienne avec elles.

SABORD.

Nérine! monsieur; dès qu'elle aura fini la toilette de ses enfants, elle descendra.

LE CAPITAINE.

Ses enfants! qu'est-ce à dire, misérable! Nérine, des enfants! mais y penses-tu donc! une fille si sage!

SABORD.

Je l'espère bien que ma femme est sage; mais

depuis cinq ans que nous sommes mariés, nous avons eu trois enfants qui, Dieu merci, prospèrent à merveille, surtout l'aînée, dont vous êtes parrain, et qui s'appelle Georgette, à cause du *Royal-George*.

LE CAPITAINE.

Mais que dis-tu donc, maraud! moi, j'aurais consenti à te laisser épouser Nérine, une fille si aimable, si...

SABORD.

Eh! sûrement, mon capitaine; c'est pour cela que vous l'avez donnée à votre fidèle Sabord, en récompense de sa jambe fracassée à votre service, au Pic de Ténériffe, à Masulipatnam, et dans une petite affaire près du Congo.

LE CAPITAINE.

Combien de jambes as-tu donc à fracasser? Tu me rendras fou avec tes histoires; mais fais venir Nérine.

SABORD.

Monsieur, n'oubliez pas que c'est ma femme; au bout de cinq ans de mariage, on n'est pas amoureux comme le premier jour; cependant...

LE CAPITAINE.

Va-t'en, te dis-je, et me l'amène à l'instant. — Comme il marche! vraiment cela fait pitié! Sabord, c'était donc au Pic de Ténériffe?

SABORD.

Oui, mon capitaine.

LE CAPITAINE.

Tu ne peux pas remuer cette jambe, et c'est une balle qui te l'a brisée?

SABORD.

Oui, mon capitaine.

LE CAPITAINE.

Quel beau coup de feu! Mais dis-moi donc, mon garçon, s'il y a sept ans de cela, pourquoi est-ce aujourd'hui la première fois que j'ai eu pitié de toi?

SABORD.

Que voulez-vous, il y a des jours où l'on est plus sensible que d'autres; il y en a comme cela dans lesquels je suis tendre comme un agneau, et d'autres où je suis pire que les tigres de Masulipatnam.

LE CAPITAINE, *à part.*

Encore Masulipatnam! Je crois que j'en perdrai la tête. (*A Sabord, qui chancelle sur sa jambe de bois.*) Prends donc garde, tu vas tomber.

SABORD.

N'ayez pas peur; six ans d'habitude, et cela ne paraît plus rien. A présent je ne saurais plus que faire de deux jambes, même pour courir après ma femme. Je vais vous l'envoyer, elle sera ici dans un instant.

SCENE II.

LE CAPITAINE, *seul.*

Suis-je donc devenu fou ? il me parle de sept années dont je n'ai aucun souvenir : sept années qui ont passé comme un jour ! Mais qu'est-ce que cela signifie ? Suis-je malade ? ai-je la fièvre ? Capitaine Kernadec, tu n'es pas accoutumé à philosopher ; on ne perd pas son temps à cela, à la guerre. Mais il faut pourtant que tu saches si tu as sept ans de plus ou de moins ; s'il t'est vraiment arrivé ce qu'on te raconte. Enfin, il n'y a pourtant pas besoin d'être savant ou sorcier pour être sûr qu'on existait ou qu'on n'existait pas. Voici Nérine, peut-être me dira-t-elle... Comme elle a l'air sérieux !

SCENE III.

LE CAPITAINE, NÉRINE.

LE CAPITAINE.
Bonjour, Nérine. Bonjour, madame ; car ils disent que tu es mariée.

NÉRINE.
Quoi ! vous l'avez oublié ? Ah monsieur ! je croyais que ce jour ne s'effacerait jamais de votre souvenir.

LE CAPITAINE.
Il t'en a donc bien coûté ?

NÉRINE.
Cruel ! vous ne vous souvenez pas de ce jour où j'embrassai vos genoux en pleurant.

LE CAPITAINE.
Ah ! bon Dieu ! toi à mes genoux ! Je t'ai sûrement relevée bien vite ? Mais quand tout cela s'est-il passé ?

NÉRINE.
Il y a sept ans, en 1811, avant que Sabord eût la jambe fracassée.

LE CAPITAINE, *à part.*
Elle parle comme Sabord ; ai-je donc la tête à l'envers ? N'en disons rien ; car ils chercheraient peut-être à me faire enfermer. Faisons semblant de me souvenir de tout. (*Haut.*) Ah oui ! je me rappelle ; il y a donc sept ans qu'hier...

NÉRINE.
Que dites-vous ?

LE CAPITAINE, *à part.*
Je ne sais ce que je dis : mettons-la pourtant à l'épreuve.—Nérine, on dit que tu as trois enfants ; fais-les-moi venir.

NÉRINE.
Ah ! très-volontiers, mon cher maître ; ma petite Georgette, votre filleule, est bien gentille ; c'est vous qui lui avez appris à lire.

LE CAPITAINE.
Ah ! par exemple...

NÉRINE.
Comment ?

LE CAPITAINE.
Eh bien oui ! je lui appris à lire ; mais fais que je la voie au moins, puisque je lui ai appris de si belles choses.

NÉRINE, *faisant entrer trois petites filles sur la scène.*
Venez, mes enfants ; notre bon capitaine qui vous a vues naître, veut vous parler. Toi, Georgette, que de fois le capitaine Kernadec t'a fait répéter tes leçons ! Toi, Martine, que de présents tu as reçus de lui !

LE CAPITAINE.
J'étais donc bien magnifique ?

NÉRINE.
Et toi, mon Élise, que de soins il a pris de toi dans ta dernière maladie ! Il t'a veillée dix nuits ; et sans les soins d'un si bon maître, que serions-nous devenus ?

LE CAPITAINE.
Je suis prêt à pleurer sur moi-même. Ah ! Nérine, j'ai plus fait de choses pendant ces sept années que dans tout le reste de ma vie.

NÉRINE.
Ah oui ! mon cher maître, vous avez été d'une bonté...

LE CAPITAINE.
Oui, c'est vrai, je ne me reconnais pas moi-même. Nérine, sais-tu que j'ai bien changé depuis sept ans ? J'ai beaucoup réfléchi ; je sens que je n'aime plus la vie joyeuse : il y a longtemps que je n'ai été ivre. Combien y a-t-il ?

NÉRINE.
Mais, monsieur, vous l'avez été à peu près tous les jours.

LE CAPITAINE.
C'est singulier ; j'aurais cru... Mais quel est donc cet officier que je vois là-bas avec Sabord ?

NÉRINE.
Comment ! mais c'est M. Derval ; il revient au bout de sept ans, vous demander de tenir la promesse que vous lui avez faite de lui donner mademoiselle Rosalba en mariage. Il arrive du Japon, il s'est distingué dans la marine : vous serez fort content de lui.

SCENE IV.

LES PRÉCÉDENTS, SABORD, DERVAL.

DERVAL.

Eh! bonjour, capitaine; comment cela va-t-il?
J'ai bien des compliments à vous faire.

LE CAPITAINE.

Et de qui?

DERVAL.

De tous les marins de notre escadre; ils étaient
avec vous à Ténériffe, et ils disent que votre frégate est le bâtiment le mieux équipé de toute la
marine française.

LE CAPITAINE.

Ah! pour cela, j'en conviens.

DERVAL.

Ah peste! depuis vous, je me suis trouvé à une
affaire bien chaude, morbleu, vertubleu!

SABORD, *bas à Derval.*

Ne jurez donc pas d'une voix si douce; il faut
au moins que l'air aille avec les paroles.

DERVAL.

Oui, mon capitaine; dans le plus fort de l'action, l'on mit tous les canons sur le tillac. Cette
manœuvre savante nous valut la victoire. Au bout
d'une heure les ennemis se rendirent, et nous
baissâmes pavillon.

SABORD, *bas à Derval.*

Mais vous ne savez ce que vous dites; vous allez
tout gâter.

LE CAPITAINE.

Comment, les canons sur le tillac! baisser pavillon quand on est vainqueur! quelle histoire me
faites-vous là.

SABORD.

C'est que la joie de vous revoir lui trouble un
peu la cervelle; d'ailleurs vous savez bien que depuis 1815 la manœuvre est toute changée.

DERVAL.

Ah! capitaine, j'ai vu bien du pays, mais nulle
part une personne aussi charmante que mademoiselle Rosalba... Je viens vous sommer de me tenir votre promesse.

LE CAPITAINE.

Avez-vous abandonné tout à fait la littérature?

DERVAL.

Ah! pour jamais.

NÉRINE.

Cependant, monsieur, on a joué encore une de
vos pièces à Paris, il y a quatre jours.

DERVAL.

Que dites-vous là, Nérine? à quoi cela sert-il?

NÉRINE.

Oui, je vous assure, et elle est tombée.

DERVAL.

C'est-il vrai? parlez-moi franchement : on devait
cependant...

NÉRINE.

Vous le voyez, monsieur, sept ans ne peuvent
éteindre la tendresse paternelle; j'entends celle
d'un auteur. Mais cependant, monsieur, je vous
réponds de lui : écoutez-le parler, jamais on ne devinerait qu'il a été un homme d'esprit.

DERVAL.

Bien obligé, Nérine.

NÉRINE.

Il était aimable il y a sept ans; il avait de la
grâce. A présent regardez ses manières brusques,
ses pieds tout droits, ses gestes vulgaires.

DERVAL.

Mais, Nérine, ne pourrais-tu donc persuader le
capitaine à moins de frais?

NÉRINE.

Allez, allez, monsieur, je n'en dis pas encore
assez; laissez-moi faire.

(*Nérine sort.*)

LE CAPITAINE.

Il est juste, Derval, que je vous tienne ma parole; mais faites venir ma fille, pour que je sache
ce qu'elle en pense. (*A part.*) Si j'osais demander
à quelqu'un combien il y a de temps que je n'ai
vu ma fille! Mais non, ils me prendraient pour un
imbécile. Ah! bon Dieu! pauvre Kernadec! dans
quel état est ta tête! Je le sens bien; on baisse
vers soixante ans. Comme j'étais fort il y a sept
ans! Ah peste! si je me réveillais à cet âge, comme
je tempêterais! comme... Ah! voilà ma fille; elle
a pris l'air bien raisonnable! La pauvre enfant,
elle est comme moi, son bon temps est fini.

SCENE V.

LES PRÉCÉDENTS, ROSALBA.

ROSALBA.

Que me voulez-vous, mon père?

LE CAPITAINE.

Mademoiselle, voulez-vous épouser le lieutenant
Derval?

ROSALBA.

Mon père, je suis encore bien jeune pour me
marier.

LE CAPITAINE.

Comment, mademoiselle, hier... Qu'est-ce que
je dis, hier? Enfin, quand vous aviez seize ans,
vous vouliez vous marier, et à présent que vous
en avez vingt-trois..

ROSALBA.

Mon père, j'ai réfléchi sur l'obligation sérieuse...

LE CAPITAINE.

Eh bien! s'il en est ainsi, nous pourrions attendre.

ROSALBA.

Ah! mon père!... mon père! comme il vous plaira. Ce que je désire avant tout, c'est de vous être agréable. Depuis sept ans je m'y attache, et je ne crois pas vous avoir donné un seul sujet de plainte.

LE CAPITAINE.

C'est vrai; du moins ils ne me l'ont pas dit. M'a-t-elle donné des sujets de plainte?

NÉRINE.

Non sûrement.

LE CAPITAINE.

Et ma femme, mes amis, dites-le-moi naturellement, ai-je été heureux avec elle depuis sept ans? (A part.) Hélas! hélas! ne pas savoir seulement si l'on a été heureux avec sa femme! Ah! quel état!

SCENE VI.

LES PRÉCÉDENTS, Mᵐᵉ DE KERNADEC.

LE CAPITAINE.

Madame de Kernadec, voilà M. Derval qui revient, après sept ans, me demander de tenir ma parole, de lui donner notre fille en mariage. Y consentez-vous?

Mᵐᵉ DE KERNADEC.

Oui, sans doute.

LE CAPITAINE.

Il faut faire une fin, ma chère amie; vous avez quarante-cinq ans, j'en ai soixante : il faut nous retirer du monde. Il y a sept ans que vous pouviez encore être coquette, que je pouvais faire encore le diable à quatre; mais à présent, il ne s'agit plus de cela, ma chère femme : il faut se retirer à la campagne, et ne plus voir personne.

Mᵐᵉ DE KERNADEC.

Mais y pensez-vous? (A Rosalba.) En vérité, mademoiselle, voilà une jolie affaire que vous m'attirez là! Mais, mon ami, si vous m'en croyez, nous ne changerons rien à notre genre de vie. Pourquoi faire aujourd'hui autrement qu'hier?

LE CAPITAINE.

Ah! il s'est passé tant de choses dans ma tête depuis hier! Imaginez que j'étais faible au point de me croire en 1811. Tout ce qu'on me disait ne me persuadait pas. Savez-vous, ma bonne amie, savez-vous ce qui achève de me convaincre?

Mᵐᵉ DE KERNADEC.

Quoi donc?

LE CAPITAINE.

C'est votre visage, ma chère amie.

Mᵐᵉ DE KERNADEC.

Comment, mon visage?

LE CAPITAINE.

Oui; vous êtes si changée, si pâlie, si maigrie, depuis sept ans! Vous étiez encore charmante, quand votre fille n'avait que seize ans; mais à présent tout est dit. Hélas! oui, tout est dit.

Mᵐᵉ DE KERNADEC.

Ah! je n'y tiens plus.

ROSALBA.

Ma mère, au nom du ciel!...

NÉRINE.

Madame!

Mᵐᵉ DE KERNADEC.

Eh! ne faut-il pas pour vos beaux yeux que je me donne sept ans de plus? — Monsieur de Kernadec.....

LE CAPITAINE.

Il y a sept ans, vous aviez encore un son de voix si doux! à présent il est tout enroué.

Mᵐᵉ DE KERNADEC.

Monsieur de Kernadec!....

LE CAPITAINE.

Vous le voyez, toujours plus rauque. Et moi, qui avais une voix si ferme pour le commandement! Enfin, ma femme, je vous le dis avec peine, vos beaux jours sont passés.

Mᵐᵉ DE KERNADEC.

Ah! c'en est trop. Vous me trouvez donc bien changée depuis sept ans?

LE CAPITAINE.

Infiniment.

Mᵐᵉ DE KERNADEC.

Eh bien! je ne veux plus participer à tous ces stratagèmes qui répugnaient à mon cœur. Mon ami, je ne puis consentir à ce qu'on te trompe; notre amitié ne le permet pas : ta femme n'a que trente-huit ans; nous sommes en 1811. On a voulu te persuader qu'il s'était passé sept années, pour obtenir ton consentement au mariage de ma fille; et moi, ce que je ne me pardonnerai jamais, je me suis prêtée un moment à cette ruse; mais le ciel m'en a punie, et je me hâte de tout avouer.

LE CAPITAINE.

Comment diantre! Et la jambe de bois de Sabord?

SABORD.

Mon cher maître, elle est bien à votre service.

LE CAPITAINE.

Et les trois enfants de Nérine?

SABORD.

Nous en aurons douze, s'il plaît à Dieu.

LE CAPITAINE.

Et l'uniforme de M. Derval?

DERVAL.

Monsieur, je tâcherai de le mériter.

LE CAPITAINE.

Et la raison de Rosalba?

ROSALBA.

Ah! mon père! c'est si raisonnable d'épouser celui qu'on aime!

LE CAPITAINE.

Et vous croyez, ventrebleu, que je souffrirai qu'on me joue ainsi! Ah! mille bombes! puisque je n'ai que cinquante-trois ans, puisque je suis dans toute ma force, je vais vous arranger de la belle manière. Morbleu! j'équiperai un corsaire, et je ne remettrai jamais le pied sur ce maudit élément pierreux, qu'on appelle la terre, et qui n'est pas fait pour l'homme. Ah! monsieur Derval!

(*Un domestique arrive, et remet une lettre à M. Derval.*)

DERVAL.

Monsieur, daignez m'excuser; je reçois à l'instant une lettre qui m'apprend qu'à la sollicitation de mon oncle, le ministre s'est occupé de nouveau de votre affaire, et qu'apprenant des faits d'armes de vous qui lui étaient inconnus, il vous accorde la croix.

LE CAPITAINE.

La croix! la croix! Mais dites-moi, monsieur, je ne la dois pas à la faveur, n'est-ce pas?

DERVAL.

Non, monsieur; lisez la lettre.

LE CAPITAINE.

« Pour ses bons et loyaux services. » Ah! c'est donc vrai, que j'ai bien servi!

ROSALBA.

Mon père, laissez-vous toucher!

Mᵐᵉ DE KERNADEC.

Mon ami!

DERVAL.

Monsieur!

LE CAPITAINE.

Allons, mes enfants, il faut que vous aussi vous soyez heureux; je consens à votre mariage.

Mᵐᵉ DE KERNADEC.

Eh bien! c'est pourtant moi qui ai tout arrangé.

NÉRINE.

Oui; mais on ne peut pas dire que vous vous soyez sacrifiée dans cette affaire.

LE CAPITAINE.

Tu as été bien méchante pour moi, Nérine; tu as voulu me tromper; mais de tout ce mauvais rêve ne pourrait-il pas me rester la victoire du Pic de Ténériffe? elle me plaisait tant!

NÉRINE.

Eh! pourquoi pas? Si vous le croyez, n'est-ce pas comme si cela était? (*Aux spectateurs.*) Grâce au ciel, nous voilà tous contents, pourvu, mesdames et messieurs, que ce jour ne vous ait pas paru aussi long que sept années.

SIGNORA FANTASTICI,

PROVERBE DRAMATIQUE,

COMPOSÉ EN 1811.

PERSONNAGES.

M. DE KRIEGSCHENMAHL, ancien officier suisse.
Mᵐᵉ DE KRIEGSCHENMAHL, sa femme.
LICIDAS. } fils de M. de Kriegschenmahl.
RODOLPHE. }
LA SIGNORA FANTASTICI.
ZÉPHIRINE, fille de la signora Fantastici.
UN COMMISSAIRE, bègue.

La scène est dans une ville de la Suisse allemande.

NOTA. Les rôles de *M. Kriegschenmahl* et de *Rodolphe* doivent être joués avec l'accent allemand; celui de *madame de Kriegschenmahl*, avec l'accent anglais.

SCÈNE PREMIÈRE.

M. ET Mᵐᵉ DE KRIEGSCHENMAHL.

Mᵐᵉ DE KRIEGSCHENMAHL.

Mon ami, si vous pouviez cesser de fumer cette pipe, vous me feriez grand plaisir, en vérité, grand plaisir. Cela gâte toute l'odeur du thé. La fumée salit ma robe blanche; en vérité, c'est bien désagréable.

M. DE KRIEGSCHENMAHL.

Que voulez-vous, ma femme, chaque pays a ses usages. En Angleterre, vous buvez de l'eau chaude tout le jour, c'est fade, c'est insipide. La pipe est plus militaire; elle me rappelle ma jeunesse. Depuis vingt-cinq ans que je suis votre époux, madame de Kriegschenmahl, ne pouvez-vous donc pas vous accoutumer à moi?

Mᵐᵉ DE KRIEGSCHENMAHL.

Il y a vingt-cinq ans que vos coutumes militaires me révoltent.

M. DE KRIEGSCHENMAHL.

Il y a vingt-cinq ans que vos pruderies m'ennuient.

Mᵐᵉ DE KRIEGSCHENMAHL.

C'est bien honnête.

M. DE KRIEGSCHENMAHL.

C'est bien complaisant.

Mᵐᵉ DE KRIEGSCHENMAHL.

Quand vous étiez amoureux de moi...

M. DE KRIEGSCHENMAHL.

Quand vous aviez envie de m'épouser...

Mᵐᵉ DE KRIEGSCHENMAHL.

Je m'amusais bien plus.

M. DE KRIEGSCHENMAHL.

Je m'ennuyais bien moins.

Mᵐᵉ DE KRIEGSCHENMAHL.

Nous sommes pourtant heureux ensemble.

M. DE KRIEGSCHENMAHL, *en bâillant.*

Oui, bien heureux.

Mᵐᵉ DE KRIEGSCHENMAHL.

Mais quelquefois j'aurais envie...

M. DE KRIEGSCHENMAHL.

De quoi?

Mᵐᵉ DE KRIEGSCHENMAHL.

D'autre chose.

M. DE KRIEGSCHENMAHL.

Que voulez-vous dire, madame de Kriegschenmahl?

Mᵐᵉ DE KRIEGSCHENMAHL.

Ne vous fâchez pas, M. de Kriegschenmahl; j'ai une grâce à vous demander. Il y a vingt-cinq ans que nous faisons une partie de whist tous les soirs; j'aurais envie d'essayer une fois ce jeu français qu'on dit si gai, le reversi : y consentez-vous, mon cher mari? je ne me le permettrais pas sans votre approbation.

M. DE KRIEGSCHENMAHL.

Je vous la donne.

Mᵐᵉ DE KRIEGSCHENMAHL.

Ah! que vous êtes bon! nous pouvons l'essayer avec nos deux fils.

M. DE KRIEGSCHENMAHL.

Oui, ce sera une partie de famille; cela fait toujours plaisir. Mais ne vous apercevez-vous pas que depuis quelque temps votre fils chéri, celui que vous avez nommé Licidas, il y a vingt-quatre ans, à l'occasion de ce roman anglais que vous n'avez pas encore eu le temps de finir; eh bien! Licidas de Kriegschenmahl est très-rarement à la maison? D'où vient cela?

Mᵐᵉ DE KRIEGSCHENMAHL.

Licidas est trop bien élevé pour que je me permette de soupçonner sa conduite. Je suis sûre qu'il s'occupe du nouveau Cours d'agriculture qui vient de paraître. Il aime la campagne, la solitude; il est modeste et timide; ce n'est pas comme votre ca-

III.

poral de Rodolphe. En vérité, moi qui suis sa mère, il me fait peur quand il me parle.

M. DE KRIEGSCHENMAHL.

C'est un homme de sens que mon fils cadet. Il n'a pas le teint de lis et de rose de votre Licidas. Il n'est pas fait pour la vie domestique, comme vous et votre fils; mais il est raisonnable; et je parierais bien que votre Licidas ferait plutôt une sottise que Rodolphe.

Mᵐᵉ DE KRIEGSCHENMAHL.

Une sottise! que voulez-vous dire? mon fils, qui n'est jamais sorti de chez moi et qui est résolu à ne pas nous quitter; tandis que Rodolphe passe sa vie, oserai-je le dire? où? dans les corps de garde. Oui, j'en rougis quand j'y pense.

M. DE KRIEGSCHENMAHL.

Et où voulez-vous donc que l'on soit?

Mᵐᵉ DE KRIEGSCHENMAHL.

Auprès de sa mère, monsieur, auprès de sa mère.

M. DE KRIEGSCHENMAHL.

Y pensez-vous? Mais voici Licidas. Qu'a-t-il donc aujourd'hui?

Mᵐᵉ DE KRIEGSCHENMAHL.

Ses cheveux sont tout défaits. Il chancelle en marchant. Mon Dieu! lui serait-il arrivé quelque malheur?

M. DE KRIEGSCHENMAHL.

Ce fils si modeste et si timide se serait-il enivré quelque part?

SCENE II.

LICIDAS, M. ET Mᵐᵉ DE KRIEGSCHENMAHL.

LICIDAS *entre en récitant le rôle d'Hippolyte.*

Ami, qu'oses-tu dire?
Toi qui connais mon cœur depuis que je respire,
Des sentiments d'un cœur si fier, si dédaigneux,
Peux-tu me demander...

Mᵐᵉ DE KRIEGSCHENMAHL.

Que vous est-il arrivé, mon fils? comme vos regards sont hardis! vous me faites baisser les yeux.

M. DE KRIEGSCHENMAHL.

Mon fils, as-tu perdu le bon sens?

LICIDAS.

Mon père, ma mère, pardon. Mais vous ne savez pas comme c'est beau ce que je viens de répéter; vous ne connaissez pas la signora Fantastici et sa charmante fille Zéphirine. Que je vous plains!

M. DE KRIEGSCHENMAHL.

De qui me parles-tu, mon fils? Ce sont des noms que je n'ai jamais entendu prononcer, et cependant j'ai bien roulé le pays quand j'étais jeune.

31

Mᵐᵉ DE KRIEGSCHENMAHL.

Je crains, mon fils, que ces personnes dont tu me parles ne soient pas une société convenable pour un jeune homme bien élevé.

LICIDAS.

Ma mère, ce sont deux Italiennes charmantes, la mère et la fille. Elles sont arrivées depuis quelques jours, et jamais je ne me suis tant amusé que depuis que je les connais.

Mᵐᵉ DE KRIEGSCHENMAHL.

Que dis-tu, Licidas, amusé! Est-ce que leur société vaut celle de ta tante Ehrenschwand, chez qui nous allons tous les lundis?

LICIDAS.

Mille fois mieux, ma mère.

Mᵐᵉ DE KRIEGSCHENMAHL.

Mieux que les soirées du jeudi chez ta cousine Cunégonde?

LICIDAS.

Encore mieux.

Mᵐᵉ DE KRIEGSCHENMAHL.

C'est-il croyable?

M. DE KRIEGSCHENMAHL.

Tu me persuaderas que l'on s'amuse plus chez elles qu'à ce club où nous fumons par jour quelquefois trois, quelquefois six, quelquefois neuf pipes?

LICIDAS.

Oui, mon père.

M. DE KRIEGSCHENMAHL.

Et qu'est-ce qu'on y fait donc?

LICIDAS.

On y joue la comédie.

Mᵐᵉ DE KRIEGSCHENMAHL.

Ah! mon Dieu! Mais c'est de quoi se perdre. Un jeune homme de vingt-quatre ans jouer la comédie!

M. DE KRIEGSCHENMAHL.

C'est bon pour une femme de jouer la comédie; mais un homme doit faire la guerre, toujours la guerre.

LICIDAS.

Mais, mon père, quand on est en paix.....

M. DE KRIEGSCHENMAHL.

C'est égal.

Mᵐᵉ DE KRIEGSCHENMAHL.

Je serais bien fâchée que tu fisses la guerre; c'est beaucoup trop rude pour mon cher fils. Mais jouer la comédie! En vérité cela fait frémir. Jamais ma mère ni ma grand'mère n'ont rien imaginé de pareil.

LICIDAS.

Si vous voyiez la signora Fantastici, elle vous plairait. Elle est si animée, si vive! elle dit des vers, elle chante. Sa fille fait de même, et moi je

sais déjà leur répondre; elles m'ont appris à déclamer comme elles.

Mᵐᵉ DE KRIEGSCHENMAHL.

Ah! mon Dieu! il est perdu!

LICIDAS.

Je veux suivre la signora Fantastici; je veux aller en Italie avec elle.

Mᵐᵉ DE KRIEGSCHENMAHL.

Ah! ciel!

M. DE KRIEGSCHENMAHL.

Mais qu'est-ce que c'est donc que cela, monsieur Licidas?

LICIDAS.

Mon père, je m'ennuie trop ici : on y dit toujours la même chose, depuis le commencement de l'année jusqu'à la fin. Comment vous portez-vous? dit-on à ma mère.—Très-bien, répond-elle.—Il fait bien froid aujourd'hui.— C'est vrai; mais l'année dernière, à pareille époque, c'était bien pis.—Trouvez-vous? dit ma vieille cousine.—Je suis de votre avis, réplique ma tante. Et le lendemain cela recommence.

Mᵐᵉ DE KRIEGSCHENMAHL.

Voyez l'impertinent!

LICIDAS.

Mon père nous raconte toujours le même siége. Celui de Troie a duré moins longtemps.

M. DE KRIEGSCHENMAHL.

Veux-tu finir! si je....

LICIDAS.

La signora Fantastici a tous les jours une idée nouvelle : la musique, les tableaux, la poésie remplissent et varient sa vie. Mon père et ma mère, je vous demande bien pardon, mais je veux suivre la signora Fantastici.

M. DE KRIEGSCHENMAHL.

Ah! nous saurons bien t'en empêcher. Mais voilà ton frère Rodolphe qui va te mettre à la raison.

SCENE III.

LES PRÉCÉDENTS, RODOLPHE.

RODOLPHE.

Bonjour, mon père; comment va la pipe? Bonjour, ma mère; comment vont les nerfs? Je vous plains que vous ayez pareille chose. Moi, je n'ai point de nerfs : j'ai une santé de tous les diables. Et toi, mon frère, je te trouve bien plus gaillard qu'à l'ordinaire. Veux-tu t'enrôler? me voilà tout prêt à te faire entrer dans mon régiment.

M. DE KRIEGSCHENMAHL.

Sais-tu comment il veut s'enrôler? c'est dans une troupe de comédiens.

RODOLPHE.

Quoi? comédien! c'est abominable. S'il avait une pareille idée, je lui passerais mon épée au travers du corps. Je ne sais pas trop ce que c'est que de jouer la comédie, mais j'imagine que c'est indigne d'un militaire, et je n'en veux pas entendre parler.

M. DE KRIEGSCHENMAHL.

C'est bien raisonner, cela.

Mme DE KRIEGSCHENMAHL.

Tu vois, mon fils, à quoi tu nous exposes; voilà ton frère qui va passer pour plus sage que toi.

M. DE KRIEGSCHENMAHL.

Allons, allons, madame, ne vous lamentez pas : on va mettre ce garçon-là à la raison. Je vais chercher mon ami le commissaire du quartier, et il fera partir cette signora Fantastici qui met le trouble dans toutes les têtes.

Mme DE KRIEGSCHENMAHL.

Mon cher ami, ne soyez pas trop vif.

M. DE KRIEGSCHENMAHL.

Ma femme, ayez soin de me contenir; car, parbleu, quand je m'y mets, je me fais peur à moi-même. (*A Rodolphe.*) Mon fils, veille sur ton frère, et ne le laisse pas sortir d'ici.

RODOLPHE.

Il suffit, papa.

SCENE IV.

RODOLPHE, LICIDAS.

RODOLPHE.

Ah! monsieur mon frère, vous faites donc aussi des fredaines, vous que ma mère me citait toujours comme un modèle? C'est donc à présent moi qui suis votre Mentor?

LICIDAS.

Que veux-tu, mon frère? je croyais qu'il n'y avait que deux manières d'être dans ce monde, comme mon père ou comme ma mère, comme toi ou comme moi, et j'aimais mieux la mienne. Mais depuis que je connais la signora Fantastici, je voudrais bien lui ressembler. : viens la voir avec moi.

RODOLPHE.

Moi! manquer à ma consigne! y penses-tu? Je reste ici ferme jusqu'au retour de mon père, et je t'empêcherai bien de sortir.

LICIDAS.

Ah! mon Dieu! quel ennui! Si je répétais pendant ce temps les vers que la signora m'a donnés à apprendre...... C'est la déclaration d'Hippolyte; mais il faudrait l'adresser à une Aricie. Bon, mon frère est justement à ma droite; c'est ce qu'il faut. Reste là, Rodolphe, reste là.

RODOLPHE.

Sûrement je reste. Pourquoi me commandes-tu ce que je veux?

LICIDAS.

Vous voyez devant vous un prince déplorable.

RODOLPHE.

Que dit-il, déplorable? N'est-ce pas la même chose que pitoyable? Pourquoi dis-tu cela de toi? c'est trop modeste.

LICIDAS.

Mon arc, mes javelots, mon char, tout m'importune, Et mes coursiers oisifs...

RODOLPHE.

Mais de quel char, de quels chevaux parles-tu donc? tu vas toujours à pied.

LICIDAS.

Laisse-moi tranquille; c'est dans mon rôle : tais-toi.

RODOLPHE.

Et la princesse, que dit-elle de ton amour?

LICIDAS.

Ah! veux-tu que je t'apprenne la réplique? Ce serait charmant; tu me dirais le mot de réclame.

RODOLPHE.

Le mot de réclame! quelle diable d'expression que cela! N'est-ce pas plutôt le mot d'ordre que tu veux dire? Tous les jours je le dis à la patrouille. Mais qu'est-ce que c'est que cette petite fille qui vient vers nous? elle est drôlement habillée; mais elle est jolie; oui, par ma foi, elle est jolie !

LICIDAS.

C'est la charmante fille de la signora Fantastici, mademoiselle Zéphirine. Elles auront eu pitié de ma captivité.

SCENE V.

ZÉPHIRINE, LICIDAS, RODOLPHE.

ZÉPHIRINE.

Bonjour, Licidas.

LICIDAS.

Bonjour, Zéphirine. Où est la signora Fantastici?

ZÉPHIRINE.

Elle va venir. Elle est restée dans la rue pour choisir dans une boutique des casques et des cuirasses.

RODOLPHE.

Des casques et des cuirasses! que veut-elle en faire?

ZÉPHIRINE.

La première pièce que nous jouerons sera toute militaire.

RODOLPHE.

Toute militaire! ma belle enfant; et comment vous y prendrez-vous?

ZÉPHIRINE.

Licidas sera un chevalier; et vous, pourquoi n'en seriez-vous pas un autre?

RODOLPHE.

Moi! ah! par exemple!

ZÉPHIRINE

Et pourquoi pas? Vous croyez peut-être que vous avez mauvaise grâce?

RODOLPHE.

Non, en vérité, je ne crois pas cela.

ZÉPHIRINE.

Ma mère vous corrigera.

RODOLPHE.

Et de quoi, mademoiselle, s'il vous plaît?

ZÉPHIRINE.

De marcher tout droit devant vous, comme vous faites; d'être roide, gauche.

RODOLPHE.

Mademoiselle, je veux rester comme je suis.

ZÉPHIRINE.

Monsieur, vous avez tort. Tenez, votre frère avait l'air d'un niais.

RODOLPHE.

Oh! cela est vrai.

ZÉPHIRINE.

Eh bien, à présent il a l'air dégagé.

RODOLPHE.

Pas trop encore.

ZÉPHIRINE.

Cela viendra. Mais voyons ce qu'on pourrait faire de vous.

RODOLPHE.

Rien.

ZÉPHIRINE.

Quoi! vous vous en tiendrez aux personnages muets? vous voudriez faire les gardes dans le fond du théâtre?

RODOLPHE.

Non, mademoiselle.

ZÉPHIRINE.

Vous voudriez peut-être seulement jouer l'ours dans les Chasseurs et la Laitière?

RODOLPHE.

Mademoiselle.....

ZÉPHIRINE.

Un des amis de maman a cet emploi-là; il ne vous le cédera pas.

RODOLPHE.

Mademoiselle, je ne veux rien jouer, rien jouer du tout entendez-vous?

ZÉPHIRINE.

Pas possible! qu'est-ce que vous feriez donc?

RODOLPHE.

Ce que je ferais? parbleu, je ferais ce que je suis, le capitaine Rodolphe Kriegschenmahl.

ZÉPHIRINE.

Voilà qui est bien; ma mère est aussi la signora Fantastici; moi, Zéphirine Fantastici; mais il faut bien être bon à quelque chose. Mon emploi, c'est celui des jeunes premières; et vous, monsieur, le croiriez-vous? je pense assez bien de vous, pour vous donner le rôle de Renaud dans Armide.

LICIDAS.

Ah! Zéphirine, y pensez-vous? c'est le mien.

ZÉPHIRINE.

Laissez faire, laissez faire; il faut attirer les dé-butants. Le rôle vous reviendra.

RODOLPHE.

Renaud et Armide, qu'est-ce que c'est que cela? N'y a-t-il pas quelqu'un que cela regarde dans notre société? Je ne veux choquer personne.

ZÉPHIRINE.

Non, je vous l'assure; soyez tranquille. Mais voyons; essayez.

RODOLPHE.

Cette enfant m'amuse; je veux bien jouer avec elle.

ZÉPHIRINE.

Otez vos grosses bottes.

RODOLPHE.

Je ne les quitte jamais, pas même la nuit.

ZÉPHIRINE.

Otez-les toujours.

RODOLPHE.

Je le veux bien; mais j'aurai froid à la jambe.

ZÉPHIRINE.

Otez votre sabre.

RODOLPHE.

Mademoiselle!.....

ZÉPHIRINE.

Vous le reprendrez.

RODOLPHE.

A la bonne heure. On peut quitter son sabre pour badiner.

ZÉPHIRINE.

Je voudrais que vous pussiez raser vos mous-taches.

RODOLPHE.

Ah! cela non, par exemple; c'est contre l'or-donnance.

ZÉPHIRINE.

Mais quand il faudra que je vous mette une cou-ronne de roses sur la tête, comment cela ira-t-il avec vos moustaches?

RODOLPHE.

Oh! c'est vrai, que cela ira mal, et cependant j'aime les roses : après la fumée du tabac, c'est la meilleure odeur que je connaisse.

ZÉPHIRINE.

Ayez l'air endormi.

RODOLPHE.

Je dors quelquefois, souvent même ; mais je ne sais pas avoir l'air endormi. Faut-il fermer les yeux pour cela ?

ZÉPHIRINE.

Oui, sans doute ; je viens pour vous tuer pendant votre sommeil.

RODOLPHE.

Alors, mademoiselle, rendez-moi mon sabre ; car enfin cela n'est pas juste.

ZÉPHIRINE.

Votre figure me plaît, me touche, et, prête à vous frapper, je laisse tomber le poignard.

RODOLPHE.

Ah! c'est charmant cela. Si ma figure vous plaît, puis-je vous embrasser ?

ZÉPHIRINE.

Ah! non !

RODOLPHE.

Tant pis.

ZÉPHIRINE.

Vous vous réveillez.

RODOLPHE.

Je suis éveillé.

ZÉPHIRINE.

Vous vous levez.

RODOLPHE.

Me voici debout.

ZÉPHIRINE.

Ah! pas comme cela. Il faut que vos mouvements soient doux, arrondis.

RODOLPHE.

Mais mon habit est si serré que je ne puis remuer les bras que pour faire l'exercice.

ZÉPHIRINE.

L'exercice! quelle horreur ! Otez votre habit et mettez mon châle à la place.

RODOLPHE.

Votre châle ! qu'est-ce que cela signifie, petite sorcière ?

ZÉPHIRINE.

Obéissez.

RODOLPHE.

Mais voyez donc! elle me parle comme mon général.

ZÉPHIRINE.

Je le suis, votre général. Vous êtes des nôtres.

RODOLPHE.

Moi! je ne suis pas engagé; je n'ai pas signé mon enrôlement.

ZÉPHIRINE.

Dansez avec moi; tenez le bout de ce châle. Allons, tournez.

(*Rodolphe danse avec Zéphirine. Licidas les regarde en riant.*)

RODOLPHE.

Mon frère, tu ris. Attends, je vais... (*Il s'embarrasse dans le châle, et tombe par terre.*) Ah! maudit châle !

(*La porte s'ouvre ; M. et Mme de Kriegschenmahl entrent avec le commissaire.*)

SCENE VI.

LES PRÉCÉDENTS, M. ET Mme DE KRIEGSCHEN-MAHL, LE COMMISSAIRE.

Mme DE KRIEGSCHENMAHL.

Mon fils, dans quel état vous êtes! votre frère se serait-il battu avec vous?

LICIDAS.

Non, ma mère, c'est la signora Zéphirine qui lui faisait répéter une leçon de danse : elle était Armide; il était Renaud.

Mme DE KRIEGSCHENMAHL.

Mon fils, je n'aurais jamais cru cela de toi.

RODOLPHE.

Ni moi non plus.

M. DE KRIEGSCHENMAHL.

Enfin tout cela va finir.

LE COMMISSAIRE.

Oui... oui, tou...out cela va finir.

LICIDAS.

Ah! voici la signora Fantastici.

SCENE VII.

LES PRÉCÉDENTS, LA SIGNORA FANTASTICI.

ZÉPHIRINE.

Ah! ma mère! je suis bien aise de te voir. Il y a ici un trouble terrible.

LA SIGNORA FANTASTICI.

Est-ce que le dénoûment approche? mais il n'est pas assez préparé. Mon cher Licidas, présentez-moi à monsieur votre père et à madame votre mère. Je serai charmée de les connaître.

M. DE KRIEGSCHENMAHL.

Moi! cela me fait très-peu de plaisir.

Mme DE KRIEGSCHENMAHL.

Et moi, madame, j'aurais souhaité que l'obscurité de notre vie nous épargnât tout ce bruit.

LA SIGNORA FANTASTICI, *à Licidas.*

J'entends. L'un est dans le genre brusque, comme qui dirait le Bourru bienfaisant, les emplois d'oncle et de tuteur; à l'autre, les prudes, ce sont des rôles aisés; mais l'un a un accent allemand, et l'autre un accent anglais, qui font très-bien, mais très-bien.

LICIDAS.

Signora, contentez-vous des fils, et n'essayez pas d'emmener le père et la mère; cela ne se peut pas.

LA SIGNORA FANTASTICI.

Qui vous a dit que cela ne se pouvait pas? Il ne s'agit que d'arracher les hommes à leurs habitudes. Il faut leur faire sentir l'intérêt d'une vie nouvelle, l'insipidité de la leur. Il faut réveiller leur amour-propre, exciter leur imagination, et ils sont à nous.

M. DE KRIEGSCHENMAHL.

Allons, monsieur le commissaire, faites votre devoir.

LE COMMISSAIRE.

Madame, je sui...is chargé...

LA SIGNORA FANTASTICI.

De quoi?

LE COMMISSAIRE.

De vous ordonner...

LA SIGNORA FANTASTICI.

De m'ordonner! et vous tremblez.... Ce n'est pas de ce ton-là que l'on commande.

LE COMMISSAIRE.

De quitter la ville à l'instant.

LA SIGNORA FANTASTICI.

Moi! et de quel droit, je vous prie?

LE COMMISSAIRE.

Co...omment de quel droit? ne suis-je pas commissaire du quartier?

LA SIGNORA FANTASTICI.

Oui; mais il n'y a que le bailli qui puisse accorder ou refuser une permission de séjour; et le bailli me rend justice; il aime les arts, il aime la poésie. Prenez garde qu'il ne vous destitue pour avoir empiété sur ses droits.

LE COMMISSAIRE.

C'est vrai ce qu'elle dit, la si...ignora. C'est si triste d'être subalterne! j'espérais être nommé bailli à la dernière élection; mais la cabale m'en a em...empêché.

LA SIGNORA FANTASTICI.

Savez-vous ce qui est cause que vous n'avez pas été nommé?

LE COMMISSAIRE.

Non; mais il m'a paru que le public en était in...indigné.

LA SIGNORA FANTASTICI.

Oui, une indignation calme; mais je vous dirai, moi, que c'est votre difficulté de parler qui en a été la cause.

LE COMMISSAIRE.

Oui, c'est vrai; j'ai un...un peu de difficulté à parler; mais ma mère m'a dit que cela me donnait de la grâce.

LA SIGNORA FANTASTICI.

Madame votre mère a sûrement raison; mais d'être bègue nuit beaucoup pour haranguer en public.

LE COMMISSAIRE.

Et que faut-il faire pour m'en co...orriger?

LA SIGNORA FANTASTICI.

Jouer la comédie.

LE COMMISSAIRE.

Moi! jouer la comédie!

LA SIGNORA FANTASTICI.

Un rôle de bailli!

LE COMMISSAIRE.

Un rôle de bailli.

LA SIGNORA FANTASTICI.

Deux fois par semaine, vous serez bailli pendant trois heures.

LE COMMISSAIRE.

Le conseil municipal ne s'assemble qu'u...une fois.

LA SIGNORA FANTASTICI.

Ainsi vous serez donc deux fois plus bailli sur mon théâtre que sur le vôtre.

LE COMMISSAIRE.

Porterai-je la même robe?

LA SIGNORA FANTASTICI.

La même.

LE COMMISSAIRE.

Et l'on m'obéira?

LA SIGNORA FANTASTICI.

Mieux qu'on ne vous obéirait.

LE COMMISSAIRE.

Et s'il y avait des émeutes?

LA SIGNORA FANTASTICI.

Avec quatre vers alexandrins vous les calmeriez.

LE COMMISSAIRE.

Quatre vers a...alexandrins! cela expose-t-il la vie d'un honnête homme?

LA SIGNORA FANTASTICI.

Pas du tout, pas même celle d'un mauvais poëte.

LE COMMISSAIRE.

Mais c'est charmant cela! Deux fois par semaine bailli; une belle robe, du pouvoir, et point de danger. Signora, je suis à vous.

LA SIGNORA FANTASTICI.

Passez de ce côté; vous, capitaine Rodolphe, vous ne quitterez pas ma fille.

RODOLPHE.

Non sûrement, signora : c'est mon Armide. Si je vais en Italie avec elle, je serai toujours Renaud, n'est-ce pas?

LA SIGNORA FANTASTICI.

Oui, sans doute. Néanmoins vous vous prêterez quelquefois au rôle de Sacripant. Il faut être complaisant dans les troupes de société.

Mme DE KRIEGSCHENMAHL.

Mon mari, qu'allons-nous devenir? nos enfants vont nous quitter. Nous resterons tête à tête. Ah! que c'est triste!

M. DE KRIEGSCHENMAHL.

Madame de Kriegschenmahl, que nous dirons-nous quand nous serons seuls?

Mme DE KRIEGSCHENMAHL.

Ce que nous nous sommes déjà dit, mon cher époux.

M. DE KRIEGSCHENMAHL.

Ah! je ne le sais que trop. Essayons de fléchir la signora Fantastici. — Madame, ne m'enlevez pas mes deux fils, la consolation de ma vieillesse.

LA SIGNORA FANTASTICI.

C'est juste; vous devez être un excellent père.

M. DE KRIEGSCHENMAHL.

Ah! elle commence à entendre raison.

LA SIGNORA FANTASTICI.

Oui, père de comédie.

M. DE KRIEGSCHENMAHL.

Comment, madame!

LA SIGNORA FANTASTICI.

Si vous voulez, vous ferez les pères nobles.

M. DE KRIEGSCHENMAHL.

Les pères nobles! mais certainement. Les Kriegschenmahl sont gentilshommes de père en fils.

LA SIGNORA FANTASTICI.

Comment! vos ancêtres ont tous joué la comédie?

M. DE KRIEGSCHENMAHL.

Que voulez-vous dire, madame? prétendez-vous m'offenser?

LA SIGNORA FANTASTICI.

Non, assurément; mais j'emmène vos fils avec moi. Ils me plaisent; je perfectionnerai leur éducation. Le cadet jouera les héros; l'aîné les rôles tendres : l'un deviendra plus ferme, l'autre plus doux, et dans dix ans d'ici je vous les renverrai charmants.

M. DE KRIEGSCHENMAHL.

Ah! madame, que faut-il faire pour ne pas me séparer d'eux?

LA SIGNORA FANTASTICI.

Écoutez. Je suis bonne personne : je n'aime à faire de la peine à qui que ce soit; mais je veux qu'on respecte en moi les droits de la poésie. Plus de prose, monsieur, plus de prose dans cette maison.

M. DE KRIEGSCHENMAHL.

Quoi! madame, je ne pourrai pas commander mon dîner en prose, à madame de Kriegschenmahl?

LA SIGNORA FANTASTICI.

La poésie ne consiste pas dans les vers, mais dans l'amour des beaux-arts, dans l'enthousiasme et l'imagination qui élèvent l'âme et l'esprit. Elle proscrit tous les sentiments étroits, vulgaires, illibéraux, sous le poids desquels vous avez passé votre vie. Écoutez-moi : je veux donner une fête à une personne charmante que la maladie retient chez elle, et qui supporte ses souffrances avec un admirable courage : voilà de la poésie, par exemple, de la vraie poésie. Voulez-vous prendre un rôle dans la pièce que nous voulons représenter devant elle?

M. DE KRIEGSCHENMAHL.

Y pensez-vous, madame? moi!

LA SIGNORA FANTASTICI.

On y fera le siége d'une ville.

M. DE KRIEGSCHENMAHL.

Un siége! Et croyez-vous que ma goutte ne m'empêchera pas de monter à l'assaut?

LA SIGNORA FANTASTICI.

Nous aurons soin que les remparts soient de plain-pied.

M. DE KRIEGSCHENMAHL.

Et prendrai-je la ville?

LA SIGNORA FANTASTICI.

Sans doute.

M. DE KRIEGSCHENMAHL.

Ah! quel plaisir pour moi, qui ai toujours été battu!

LA SIGNORA FANTASTICI.

Vous voyez bien que la comédie répare les torts du destin. Et vous, madame de Kriegschenmahl, nous vous prions d'accepter dans notre pièce le rôle d'une femme respectable.

Mme DE KRIEGSCHENMAHL.

Et pourquoi donc respectable?

LA SIGNORA FANTASTICI.

Pardonnez, je croyais.....

Mme DE KRIEGSCHENMAHL.

Pensez-vous donc que si l'on se parait, l'on ne serait pas aussi agréable qu'une autre?

LA SIGNORA FANTASTICI.

Eh bien, madame, jouez les grandes coquettes, j'abdique, et je vous les donne.

M. DE KRIEGSCHENMAHL.

Comment donc, madame de Kriegschenmahl.....

Mᵐᵉ DE KRIEGSCHENMAHL.

Cher époux, contenez ces transports jaloux; je serai coquette seulement dans la comédie : partout ailleurs..... vous me connaissez.

LA SIGNORA FANTASTICI.

Maintenant donc nous voilà tous contents, et nous allons célébrer dignement le triomphe de la poésie sur la prose.

⚬⚬⚬⚬⚬⚬⚬⚬⚬⚬⚬⚬

LE MANNEQUIN,

PROVERBE DRAMATIQUE EN DEUX ACTES,

COMPOSÉ EN 1811.

———

PERSONNAGES.

M. le comte D'ERVILLE, gentilhomme français.
M. DE LA MORLIÈRE, d'une famille de réfugiés établie à Berlin.
SOPHIE, sa fille.
M. FRÉDÉRIC HOFFMANN, peintre allemand.

La scène est à Berlin, dans la maison de M. de la Morlière.

Noᴛᴀ. Le rôle de *M. de la Morlière* doit être joué avec accent allemand.

⚬⚬⚬⚬⚬⚬⚬⚬⚬⚬⚬

ACTE PREMIER.

———

SCÈNE PREMIÈRE.

M DE LA MORLIÈRE ᴇᴛ SOPHIE.

M. DE LA MORLIÈRE.

Non, ma fille, l'amour de la patrie l'emporte sur tout dans mon cœur.

SOPHIE.

Mais, mon père, il y a cent ans que votre famille a quitté la France, et vous n'y avez jamais mis les pieds!

M. DE LA MORLIÈRE.

Ma fille, mon grand-père a été forcé de se réfugier en Allemagne, à cause de la révocation de l'édit de Nantes; mais nous avons toujours conservé le cœur français, le sang français, le goût français....

SOPHIE.

Au moins, mon père, pas tout à fait l'accent **français**.

M. DE LA MORLIÈRE.

Quoi! parce que j'ai le malheur de prononcer quelques mots un peu durement, tu as la cruauté de me le reprocher! — C'est pour avoir vécu avec ces maudits Allemands, que j'ai perdu quelque chose de la grâce de mon langage; c'est pour cela aussi que je veux un gendre français, qui corrigera ma prononciation, arrangera tout ici à la française, et me racontera ces beaux temps de Louis XIV, dont mon grand-père me parlait toujours dans mon enfance.

SOPHIE.

Mais, mon père, M. le comte d'Erville, que vous voulez me donner pour mari, est l'homme du monde le moins propre à vous raconter ce qui pourrait vous intéresser à cet égard. J'aime assurément les Français autant que vous; mais celui-ci n'est rien que la caricature de leurs défauts, et tout au plus celle de leurs agréments. Il est venu à Berlin, dit-il, pour assister aux revues de notre grand roi Frédéric. Je vous le demande, a-t-il su ce qu'il voyait? n'a-t-il pas regardé une armée avec sa lorgnette d'opéra? A quoi pense-t-il, si ce n'est à lui? Il voyage, non pour s'instruire, mais pour se montrer. Il est d'une ignorance d'autant plus remarquable, qu'il a des phrases sur tout, et des idées sur rien. Mon père, ce n'est pas là vraiment un Français, et nous avons ici des Allemands beaucoup plus dignes de porter ce nom que M. le comte d'Erville.

M. DE LA MORLIÈRE.

C'est pourtant, ma fille, un homme d'un très-grand nom.

SOPHIE.

Il ne pourrait pas entrer dans les Chapitres d'Allemagne.

M. DE LA MORLIÈRE.

Les noms de France, tu le sais, ma fille, n'ont pas les trente-deux quartiers dont les Allemands sont si fiers; mais il y a dans la noblesse française bien plus de brillant, d'éclat et de grâce.

SOPHIE.

De la grâce en fait de généalogie, quelle idée! Au reste, vous aimez ce mot de grâce extrêmement, et je conviens qu'il est le plus français de tous. Mais trouvez-vous, en conscience, que le comte d'Erville ait de la grâce? d'abord, il n'écoute personne.

M. DE LA MORLIÈRE.

C'est que personne ne cause comme lui.

SOPHIE.

Il parle sans cesse.

M. DE LA MORLIÈRE.

Qu'avons-nous de mieux à faire que de l'entendre?

SOPHIE.

Il ne sait rien.

M. DE LA MORLIÈRE.

Il devine tout.

SOPHIE.

Le roi s'est moqué de lui l'autre jour, pour les absurdités qu'il débitait sur l'art militaire, dont il prétend s'être occupé toute la vie.

M. DE LA MORLIÈRE.

Non, c'est en littérature qu'il est le plus fort.

SOPHIE.

En littérature! M. de Voltaire l'a tourné hier en ridicule, pour quelques sottises qu'il a dites avec complaisance devant le plus bel esprit de France.

M. DE LA MORLIÈRE.

M. de Voltaire est certainement très-spirituel; on ne peut pas le lui contester : mais il n'est pas un grand seigneur, et, pour être un Français accompli, il faut réunir l'esprit du monde avec l'esprit littéraire.

SOPHIE.

Vous avez raison, mon père, il faut les réunir : mais suffit-il d'y prétendre?

M. DE LA MORLIÈRE.

Tu es injuste pour M. d'Erville.

SOPHIE.

Et quand cela serait, n'est-ce pas une bonne raison pour ne pas l'épouser.

M. DE LA MORLIÈRE.

En France, on ne se marie que par convenance.

SOPHIE.

Comme nous sommes en Allemagne, je voudrais bien qu'il me fût permis d'y mêler un peu d'amour.

M. DE LA MORLIÈRE.

Oui, si je te laissais faire, tu épouserais ce jeune peintre, Frédéric Hoffmann, qui n'est jamais sorti de Berlin, qui ne s'entend qu'aux beaux-arts.

SOPHIE.

Frédéric est simple et naturel; il est fier et modeste tout ensemble; sa grâce est celle de tous les pays et de tous les rangs, parce qu'elle vient de la supériorité de l'esprit et de l'âme.

M. DE LA MORLIÈRE.

Il ne nous ferait pas honneur en France; et ne faut-il pas enfin retourner une fois dans nos foyers glorieusement comme nous en sommes sortis?

SOPHIE.

Quoi! mon père, vous voudriez quitter les lieux où vous êtes né?

M. DE LA MORLIÈRE.

Il est vrai que je suis né ici; mais la naissance est un accident qui ne compte pas dans la vie d'un homme : ma vraie patrie, c'est la France. La France, la France! je m'ennuie partout ailleurs.

SOPHIE.

Mais y pensez-vous, mon père, vous qui n'y avez jamais été?

M. DE LA MORLIÈRE.

J'en conviens; mais qu'est-ce que cela fait? je me figure toujours y avoir passé ma vie.

SOPHIE.

Songez donc que si j'épouse M. d'Erville, il faudra que je me sépare de vous. Tel que je vous connais, vous parlerez toujours de voyage, et vous n'en ferez point.

M. DE LA MORLIÈRE.

Il est vrai que c'est mon imagination qui voyage, et que mes pieds ont un peu la goutte. Ne me trahis pas, Sophie; à la maison j'aime assez le poêle, la bière et la pipe.

SOPHIE.

Mon père, savez-vous que ces trois choses-là sont terriblement allemandes?

M. DE LA MORLIÈRE.

Ce sont de mauvaises habitudes dont il ne faut pas parler; mais quand je te saurai en France, que je pourrai dire : Ma fille, la comtesse d'Erville, me mande que l'on a donné telle pièce nouvelle, qu'il a paru un tel livre, que le roi a fait telle nomination, je me croirai où étaient mes ancêtres, et cela me rajeunira de cent ans.

SOPHIE.

Se rajeunir de cent ans, mon père, c'est comme si l'on n'avait pas existé. A quelles chimères, hélas! vous sacrifiez votre bonheur!

M. DE LA MORLIÈRE.

M. d'Erville sera ici dans un moment; reste un peu avec nous, pour que je te fasse sentir...

SOPHIE.

Mais, mon père, vous ne savez pas une chose, c'est que je déplais beaucoup à M. d'Erville.

M. DE LA MORLIÈRE.

Comment peux-tu dire cela, ma fille? toi que j'ai élevée à la française, et fait instruire à l'allemande? M. d'Erville aime tant l'esprit!

SOPHIE.

Oui, le sien; mais pas celui des autres, ni surtout celui de la femme qu'il épouserait.

M. DE LA MORLIÈRE.

Cependant tu sais qu'en France toutes les femmes sont aimables et piquantes.

SOPHIE.

Toutes, c'est beaucoup dire; mais M. d'Erville ne saurait souffrir qu'une femme attire sur elle une partie de l'attention qu'il veut conquérir pour lui seul, et je me suis aperçue dix fois que ce que vous avez la bonté de louer dans mon entretien, ne lui serait jamais aussi agréable que mon silence.

M. DE LA MORLIÈRE.

Folie que tout cela. Ne me tourmentez plus sur ce mariage; j'ai donné ma parole, et vous savez, ma fille, si, comme Allemand, si, comme Français, j'y puis manquer.

SOPHIE.

Hélas! mon père, j'aperçois M. d'Erville; je vous laisse avec lui.

M. DE LA MORLIÈRE.

Reste donc, encore une fois; il est si impatient de te voir!

SOPHIE.

Impatient de me voir! ah! vous le connaissez bien.

M. DE LA MORLIÈRE.

Parle-moi franchement; crois-tu qu'il te préfère quelque femme ici ou ailleurs?

SOPHIE.

Non du tout, car il n'aime que lui; mais cette rivalité-là en vaut bien une autre, et jamais femme n'en a triomphé.

(*Elle sort.*)

SCENE II.

M. DE LA MORLIÈRE et le COMTE D'ERVILLE.

LE COMTE.

Bonjour, mon cher beau-père; car je me plais à vous appeler ainsi; mon cœur est déjà tout à vous, comme si le lien qui doit nous unir était formé.

M. DE LA MORLIÈRE.

Que c'est aimable ce que vous me dites là! Ces Allemands sont des années à former une liaison intime, tandis que vous je vous connais depuis quinze jours, et nous sommes déjà les meilleurs amis du monde.

LE COMTE.

Oh! cela est vrai: tout ce qui vous intéresse m'est, pour ainsi dire, personnel.

M. DE LA MORLIÈRE.

Vous avez donc eu sûrement la bonté de recommander mon frère au ministre, pour l'emploi qu'il désirait?

LE COMTE.

Monsieur votre frère! Est-ce que vous avez un frère?

M. DE LA MORLIÈRE.

Comment! si j'en ai un! depuis une semaine je vous ai parlé de lui chaque jour au moins deux heures.

LE COMTE.

C'est que le temps me paraît si court quand vous me parlez.....

M. DE LA MORLIÈRE.

Que vous ne m'écoutez pas. Allons, allons, laissons cela; c'est la vivacité française qui excuse tout: mais puisque vous ne m'avez pas entendu, je recommencerai avec plus de détails.

LE COMTE.

Oh! cela n'est pas nécessaire; je conçois...... Monsieur votre frère est Allemand.

M. DE LA MORLIÈRE.

Allemand! non, puisque je suis Français; mais réfugié. Auriez-vous aussi oublié cela, par exemple? il me semble cependant que la manière dont je parle.....   :

LE COMTE.

Est très-agréable. Mais dites-moi, je vous prie, entendez-vous tout en français?

M. DE LA MORLIÈRE.

Si j'entends tout en français! mais je sais à peine l'allemand; je ne le parle jamais que pour affaires.

LE COMTE.

Vous avez raison, il n'y a que le français qui soit de bonne compagnie; il n'est pas poli de parler les langues étrangères; aussi moi je n'en sais pas une. Mon gouverneur voulait me les faire apprendre, mais j'ai craint de gâter mon français en parlant une autre langue.

M. DE LA MORLIÈRE.

Ah! c'est bien vrai. Pour moi, je ne peux pas m'empêcher de savoir un peu l'allemand; mais je vais tâcher de l'oublier.

LE COMTE.

Vous avez raison; à quoi cela sert-il?

M. DE LA MORLIÈRE.

En Allemagne cependant, c'est quelquefois commode.

LE COMTE.

Oui, cela peut se soutenir; mais moi je m'en suis toujours passé.

M. DE LA MORLIÈRE.

Je voudrais que vous me dissiez naturellement si j'ai de l'accent.

LE COMTE.

De l'accent! gascon, picard, normand?

M. DE LA MORLIÈRE.

Non, de l'accent de ce pays, de l'accent allemand enfin, puisqu'il faut le dire.

LE COMTE.

Je n'y ai pas trop fait d'attention; mais à présent

que vous me le dites, il me semble bien que.....

M. DE LA MORLIÈRE.

Achevez, achevez.

LE COMTE.

Qu'il y a quelques mots que vous prononcez.....

M. DE LA MORLIÈRE.

Comment?

LE COMTE.

Un peu trop bien.

M. DE LA MORLIÈRE.

Que voulez-vous dire?

LE COMTE.

Un peu trop fort.

M. DE LA MORLIÈRE.

Hélas! mon Dieu, c'est bien vrai. Mon grand-père m'en avertissait toujours; mais c'est que j'ai tant de zèle à parler le français, que je crains toujours de ne pas le faire assez bien entendre.

LE COMTE.

Ah! c'est tout simple; mais quand nous aurons passé quelque temps ensemble, vous le parlerez comme moi, d'une façon légère et rapide. Le roi de Prusse, par exemple, le croiriez-vous? le grand Frédéric ne parle pas comme un Français. Ce qu'il dit est bien; mais il n'y a pas d'aisance dans ses phrases; il prononce lentement; on dirait qu'il réfléchit en parlant, et cela n'a pas du tout de grâce.

M. DE LA MORLIÈRE.

Et M. de Voltaire, qui est à présent à la cour de notre roi, comment l'avez-vous trouvé?

LE COMTE.

Si vous voulez que je vous parle franchement, je ne l'ai pas fort écouté; j'étais très-empressé de raconter Paris que je venais de quitter, et dont chacun était curieux; et j'ai pensé que j'aurais toujours le temps de causer avec M. de Voltaire.

M. DE LA MORLIÈRE.

Cependant il part demain, à ce qu'on dit.

LE COMTE.

Ah! j'en suis fâché; mais il se fait souvent imprimer : ainsi je suis toujours à portée de le lire quand je voudrai; il n'y a que ceux qui ne font que parler dont il ne faille rien perdre. Ceux qui écrivent, on est toujours à temps de connaître leur esprit.

M. DE LA MORLIÈRE.

Et comment trouvez-vous celui de ma fille? dites-le-moi naturellement.

LE COMTE.

Vous le voulez, je répondrai avec une extrême franchise; c'est mon genre, et, comme il a réussi, je n'ai pas songé aux inconvénients qu'il peut avoir. Elle est fort spirituelle, Sophie, fort spirituelle;

mais elle se met trop en avant; elle fait un peu trop de bruit dans une chambre.

M. DE LA MORLIÈRE.

Ma fille a une innocente vivacité, que je croyais surtout dans le goût des Français.

LE COMTE.

Oui sans doute; mais cependant moi, je ne sais si vous êtes de mon avis, mais j'aime les femmes qui parlent peu; un sourire d'approbation, d'encouragement, m'est cent fois plus agréable que cette manière de tenir le dé de la conversation; et je trouve plus convenable...

M. DE LA MORLIÈRE.

Quoi, monsieur?

LE COMTE.

Votre fille est charmante, et je l'adore; je vous l'ai déjà dit; mais je ne sais, il y a quelque chose dans vos manières de plus français que dans les siennes.

M. DE LA MORLIÈRE.

Ah! c'est tout simple, je me suis toujours plus occupé de la mère patrie.

LE COMTE.

Vous croirez y être, quand je serai votre gendre. A propos, vous savez que mes affaires ne sont pas trop en ordre; je ne vous l'ai pas caché; j'ai d'immenses terres qui sont depuis bien des siècles dans ma famille; mais j'ai beaucoup de dettes, ah! beaucoup.

M. DE LA MORLIÈRE.

Était-ce l'usage en France?

LE COMTE.

Universel.

M. DE LA MORLIÈRE.

En ce cas il faut s'y soumettre. Vous ne voulez pas cependant, je pense, ruiner ni vous ni ma fille?

LE COMTE.

Non assurément, non; c'est un vieux genre; on ne se ruine plus; on a senti que l'argent était nécessaire à l'élégance même, et l'on tâche d'être le plus riche qu'on peut, parce que la fortune a de la grâce.

M. DE LA MORLIÈRE.

Sans doute; mais, à mon grand regret, j'ai bien peu d'argent comptant.

LE COMTE.

Tant pis; c'est le plus agréable. Je voudrais, par exemple, que vous m'en vissiez dépenser; la façon dont je m'y prends vous plairait.

M. DE LA MORLIÈRE.

Oui, si c'était le vôtre; mais le mien......

LE COMTE.

Qu'importe pour un homme comme vous? c'est la manière qui fait tout.

M. DE LA MORLIÈRE.

Vous avez raison, je suis bien Français à cet égard ; vivent les manières ! il n'y a que cela qui plaise. A propos, je vous ai préparé une surprise qui, je crois, vous sera agréable. Vous connaissez ce peintre allemand, Frédéric Hoffmann, qui a du talent, et qui.....

LE COMTE.

Ah ! je vous entends ; vous voulez que je fasse faire mon portrait pour mademoiselle votre fille : c'est bien aimable, mais j'ai prévenu vos désirs. Le voici.

M. DE LA MORLIÈRE.

Mais non, c'est celui de ma fille dont je me suis occupé.

LE COMTE.

Ah ! vous avez bien raison ; je le désirais beaucoup aussi, mais je n'osais pas.....

M. DE LA MORLIÈRE.

Cependant il faut plus d'assurance, à ce qu'il me semble, pour offrir son portrait, que pour recevoir celui de la femme qu'on aime.

LE COMTE, *regardant son portrait.*

Vous êtes bien bon.

M. DE LA MORLIÈRE.

Mais vous ne répondez pas à ce que je dis.

LE COMTE.

Pardon, j'étais distrait. Il manque à mon portrait de la physionomie : les peintres ne savent jamais la saisir.

M. DE LA MORLIÈRE.

Faites-le corriger par Frédéric, il est habile... Vous vous taisez ; en seriez-vous jaloux ?

LE COMTE.

Jaloux ! pourquoi ?

M. DE LA MORLIÈRE.

Parce qu'on dit qu'il est amoureux de ma fille.

LE COMTE.

Ah ! mon Dieu ! je n'y pensais pas. Il n'est pas dans mon caractère, à moi, d'être jaloux ; et puis je me fie un peu à mon étoile, elle m'a toujours bien servi. — D'ailleurs, en conscience, un artiste...

M. DE LA MORLIÈRE.

Sans doute. Cependant, il faut en convenir, Frédéric est bien né, spirituel, et je n'ai guère vu d'Allemand qui parlât si bien le français.

LE COMTE.

Hors de France, cela passe pour un mérite, de bien parler le français ; mais nous autres, nous sommes un peu blasés sur cet avantage. Il y a pourtant des manières de s'exprimer qui se font remarquer. Croyez-vous que mademoiselle votre fille en puisse sentir toutes les nuances ?

M. DE LA MORLIÈRE.

En doutez-vous ?

LE COMTE.

Elle m'écoutait si mal hier ! c'est un grand talent pour une femme que d'écouter. Vous, par exemple, vous l'avez ; il y a du plaisir à vous parler.

M. DE LA MORLIÈRE.

Ah ! c'est que je suis plus près que ma fille du moment où mon grand-père a quitté la France ! La tradition française s'affaiblit à chaque génération.

LE COMTE.

Comment, à chaque génération ! un mois d'absence suffit pour rouiller. Il me faudra du temps, quand je reviendrai à Paris, pour retrouver... pour être, enfin, tout ce qu'on doit être.

M. DE LA MORLIÈRE.

Ah ! s'il en est ainsi, hâtons le mariage : dès demain, dès ce soir. Je ne voudrais pas, pour rien au monde, avoir un gendre rouillé ; je sens par moi-même à quel point c'est triste. On est tout je ne sais comment, quand on ignore comme on est à Paris ; on parle au hasard, on ne sait pas seulement si l'on a raison de sentir ce qu'on sent ; enfin, on n'est sûr de rien.

LE COMTE.

Comptez sur moi pour vous mettre au fait.

M. DE LA MORLIÈRE.

Attendez ici, je vous prie, le peintre, qui doit vous apporter le portrait de ma fille. — Mais je vois à ma montre que je suis obligé de sortir, pour aller chez mon frère ; c'est bien familier de vous laisser ainsi chez moi ; mais je veux vous quitter à la française, sans faire des excuses. N'est-ce pas ainsi que cela se passe à Paris ? (*Il fait plusieurs révérences.*) Ne croyez pas pourtant que j'ignore, monsieur le comte, les égards que je vous dois ; mais je m'en vais sur la pointe des pieds, sans dire un mot, sans faire une seule révérence, lestement, comme l'aurait fait mon grand-père ; je veux dire comme un vrai Français. Allons, allons, ne me saluez pas. Je pars. — Je suis parti.

SCENE III.

LE COMTE D'ERVILLE, *seul.*

Il appelle cela ne rien dire ! J'ai cru qu'il ne sortirait jamais, à force de me demander la permission de sortir. Cependant, tel qu'il est, je voudrais bien que sa fille lui ressemblât. C'est une petite personne trop avisée, et je n'aime point cela.

SCENE IV.

LE COMTE D'ERVILLE, FRÉDÉRIC.

LE COMTE.

Bonjour, M. Frédéric. Je suis désolé de n'avoir pas fait faire mon portrait chez vous ; je suis sûr que vous auriez mieux réussi que ce M. Schiehle... Schlihles : je ne sais comment prononcer un nom allemand.

FRÉDÉRIC.

La même chose nous arrive pour les noms français.

LE COMTE.

Comment cela est-il possible ?

FRÉDÉRIC.

Très-possible, puisque nous sommes tous des étrangers les uns pour les autres.

LE COMTE.

Des étrangers, les Français ! y pensez-vous ?

FRÉDÉRIC.

Non en France, mais bien en Allemagne.

LE COMTE.

C'est vrai, mais cela ne peut pas durer. — Mon futur beau-père, M. de la Morlière, m'a dit que vous aviez à me remettre un portrait de sa fille, mademoiselle Sophie.

FRÉDÉRIC.

Je ne savais pas, monsieur, qu'il fût pour vous.

LE COMTE.

Et pour qui vouliez-vous donc qu'il fut?

FRÉDÉRIC, *à part.*

Hélas ! — Le voilà, monsieur. Le trouvez-vous ressemblant ?

LE COMTE.

Ressemblant ! oui ; mais fort embelli.

FRÉDÉRIC.

Je ne le croyais pas possible.

LE COMTE.

Ah ça, mon cher, par exemple, c'est de l'illusion. Elle est bien, Sophie, mais votre portrait est cent fois mieux qu'elle.

FRÉDÉRIC.

Je suis bien loin de le trouver ainsi.

LE COMTE.

C'est tout simple, vous êtes amoureux de Sophie ; je le sais, le beau-père me l'a dit.

FRÉDÉRIC.

Monsieur...

LE COMTE.

Je ne m'en fâche pas du tout, car moi je ne le suis pas. J'ai trente ans ; j'ai déjà beaucoup aimé, je l'ai été beaucoup : aussi je ne me fais plus d'illusion sur rien.

FRÉDÉRIC.

Vous m'étonnez, monsieur. Quand vous épousez une personne que tant de gens vous envient, je pensais que vous sentiez mieux votre bonheur.

LE COMTE.

Parions, monsieur, que vous lisez beaucoup de romans ; enfin, parions.

FRÉDÉRIC.

Oui, sans doute, monsieur ; mais il ne me semble pas pourtant qu'il y ait rien de bien exalté dans ce que je viens de vous dire.

LE COMTE.

Tout ce qui n'est pas dans les bornes de la raison est du roman.

FRÉDÉRIC.

Et où placez-vous les bornes de la raison ?

LE COMTE.

Dans l'usage du monde. Il est convenable qu'un homme comme moi épouse une fille riche, d'une naissance moins illustre que la sienne. Si cela n'était pas convenable, je vous assure que je vous céderais bien volontiers mademoiselle Sophie.

FRÉDÉRIC.

Je désirerais, monsieur, que vous voulussiez bien ne pas me parler de ce qui me touche.

LE COMTE.

Et pourquoi pas ? je parle bien de moi, moi-même.

FRÉDÉRIC.

Chacun a sa manière.

LE COMTE.

C'est vrai. Je ne vous blâme pas ; mais je voulais seulement vous dire que c'est le beau-père qui s'est entiché de moi, et que le mariage que je fais n'est pas du tout de mon invention. Mademoiselle Sophie a des opinions décidées sur tout ; souvent elle me contredit, et ce n'est pas le moyen de me connaître ; car moi je me tais, dès qu'on veut discuter : cela m'ennuie. Il faut savoir m'apprécier d'abord, ou bien renoncer à m'entendre. Le croiriez-vous ? j'aime les manières anglaises, la timidité anglaise. Il y avait hier chez le ministre...

FRÉDÉRIC.

Lady Berwick.

LE COMTE.

Précisément ; que j'ai trouvée la plus spirituelle du monde.

FRÉDÉRIC.

Comment l'avez-vous trouvée spirituelle ? elle ne dit pas un mot de français.

LE COMTE.

Elle l'entend si bien ! et puis elle a des regards...

FRÉDÉRIC.

Elle a été enchantée de vous.

LE COMTE.

J'ai cru m'en apercevoir. Je voudrais, avant de m'en aller, lui laisser une copie de ce portrait. Si vous vouliez la faire et la perfectionner d'après mes conseils...

FRÉDÉRIC.

Monsieur, si vous me permettez de conserver le portrait de mademoiselle Sophie, je ferai deux copies du vôtre, dont vous serez très-content.

LE COMTE.

Le portrait de Sophie! mais cela se peut-il? Je ne demande pas mieux, pour ma part, parce que... Oui, j'en ferai faire un meilleur en France. Cependant, le beau-père pourrait se fâcher.

FRÉDÉRIC.

Je me charge de l'apaiser.

LE COMTE.

Mais Sophie!...

FRÉDÉRIC.

Mais la dame anglaise, qui écoute si bien! qui regarde si bien!

LE COMTE.

Ah! c'est vrai, il n'est point de femme dont l'entretien, je veux dire dont le silence ait plus de grâce. Faites comme vous l'entendrez; je veux qu'un galant homme comme vous soit content de moi. — Écoutez, il me semble que les yeux ne sont pas bien dans...

FRÉDÉRIC.

Dans le portrait de mademoiselle Sophie?

LE COMTE.

Non, dans le mien. — Mais ne les corrigez pas d'après moi aujourd'hui; je suis abattu, je me sens triste. Il me fâche de ne pas faire un mariage d'inclination; ce n'est pas assurément que je voulusse qu'il ne fût pas de convenance; mais il serait doux de tout réunir. Vous croyez qu'il n'y a que vous autres Allemands de mélancoliques; mais nous aussi, nous avons des moments de rêverie. Par exemple, saisissez celui-ci pour mon portrait, ce regard perdu; c'est bien, n'est-ce pas? Adieu.

SCENE V.

SOPHIE, FRÉDÉRIC.

SOPHIE.

Je guettais le moment où M. d'Erville serait sorti, pour vous voir seul un instant, mon cher Frédéric.

FRÉDÉRIC.

Ah! ma Sophie, se pourrait-il que vous fussiez la femme d'un tel homme! Savez-vous qu'il ne vous aime pas?

SOPHIE.

Pensez-vous que j'aie attendu jusqu'à présent pour m'en apercevoir?

FRÉDÉRIC.

Croiriez-vous qu'il m'a laissé votre portrait, à condition que je lui fisse deux copies du sien propre?

SOPHIE.

C'est un peu fort, j'en conviens; mais enfin qu'y puis-je? mon père a donné sa parole, et rien au monde ne l'y ferait manquer.

FRÉDÉRIC.

Pouvez-vous me répondre avec cette indifférence? avez-vous déjà pris le caractère de l'homme auquel vous devez être unie? êtes-vous, comme lui, légère, insensible, et décidée par l'amour-propre, dans la plus importante circonstance de votre vie? Pardon, Sophie, pardon, ce n'est pas ainsi que je vous ai connue; mais puis-je vous parler tranquillement de mon malheur et du vôtre! Le comte d'Erville n'est pas fait pour vous. Quand vous seriez indifférente à mon amour, quand vous ne conserveriez aucun regret pour celui qui vous a tant aimée, votre âme noble et profonde ne pourrait jamais être comprise par un homme de ce caractère.

SOPHIE.

Frédéric, j'ai tort de ne vous avoir pas confié mes projets. Je voulais dissimuler avec vous, jusqu'à ce que je me fusse entretenue de nouveau avec mon père; mais vos accents si vrais ont pénétré jusqu'au fond de mon cœur, et rien ne peut vous y rester caché.

FRÉDÉRIC.

Ah! de grâce, quels sont donc ces projets?

SOPHIE.

Je connais mon père; si M. d'Erville ne lui rend pas sa parole, jamais il ne la redemandera.

FRÉDÉRIC.

Et comment espérer que ce M. d'Erville?...

SOPHIE.

J'ai essayé de lui déplaire, et j'y ai déjà, grâce au ciel! parfaitement réussi; car il ne s'agit pour cela que de lui ôter une occasion quelconque de briller. Mais comme il ne m'épouse pas parce qu'il m'aime, je ne gagne rien à me rendre désagréable à ses yeux.

FRÉDÉRIC.

Qu'espérez-vous donc?

SOPHIE.

Lui tendre un bon petit piége dans lequel il tombera.

FRÉDÉRIC.

Que dites-vous, chère Sophie! attraper un Fran-
cais! cela est-il jamais arrivé à un Allemand?

SOPHIE.

Rarement, j'en conviens; mais M. d'Erville est
si occupé de lui-même, qu'il n'observe rien avec
finesse. La vanité offre beaucoup de prise; et
M. d'Erville en a tant, que je me flatte de le gouverner à son insu par ce moyen. D'ailleurs il aime
assez l'argent; et quoique ce soit pour le dépenser,
c'est un goût toujours un peu vulgaire, dont on
peut tirer parti pour se débarrasser de lui. Mon
cher Frédéric, j'ai tant d'envie d'échapper au triste
sort qui me menace, et de me conserver pour vous,
que je veux tout tenter pour y parvenir.

FRÉDÉRIC.

Ah! Sophie, je n'ose espérer tant de bonheur.

SOPHIE.

Cher Frédéric, nous n'avons fait de mal à personne; pourquoi le sort ne nous protégerait-il pas?
Je vois venir mon père, laissez-moi seule avec lui.

SCENE VI.

M. DE LA MORLIÈRE, SOPHIE.

M. DE LA MORLIÈRE.

Je te croyais avec M. d'Erville.

SOPHIE.

Ah! il y a longtemps qu'il est parti. Vous figu-
rez-vous donc qu'il pense à moi?

M. DE LA MORLIÈRE.

Mais je l'imagine, puisqu'il t'épouse.

SOPHIE.

Belle raison! Il se marie, je crois, sans songer
qu'il faut être deux pour cela.

M. DE LA MORLIÈRE.

Je n'aime pas ta malveillance contre le comte
d'Erville.

SOPHIE.

Mon père, je vous jure que j'ai raison.

M. DE LA MORLIÈRE.

J'en serais très-fâché; car, encore une fois, j'ai
donné ma parole.

SOPHIE.

Et si je vous la faisais rendre par M. d'Erville
lui-même?

M. DE LA MORLIÈRE.

Alors je serais libre; mais je vous saurais très-
mauvais gré d'avoir rompu un mariage qui...

SOPHIE.

Mon père, avant de me blâmer, daignez venir
avec moi chez mon oncle; il connaît mieux M. d'Erville que vous; il vous dira.....

M. DE LA MORLIÈRE.

Ton oncle ne sait pas un mot de français; il
nous fait tous passer pour Allemands; il oublie ses
ancêtres, sa patrie, enfin.....

SOPHIE.

Mon père, malgré tout cela, vous aimez beaucoup mon oncle.

M. DE LA MORLIÈRE.

C'est vrai.

SOPHIE.

Eh bien, c'est devant lui que je vous confierai
l'espoir.....

M. DE LA MORLIÈRE.

Quel espoir?

SOPHIE.

Que M. d'Erville lui-même viendra vous demander en mariage votre nièce...

M. DE LA MORLIÈRE.

Comment! ma nièce! je n'en ai pas; veux-tu me
faire dire un mensonge?

SOPHIE.

Non assurément; j'aimerais mieux m'en charger
moi-même.

M. DE LA MORLIÈRE.

Quoi! tu te permettrais de tromper?.....

SOPHIE.

La ruse est si innocente, que vous-même vous
l'approuverez.

M. DE LA MORLIÈRE.

Je voudrais savoir:....

SOPHIE.

Vous le saurez tout à l'heure; suivez-moi chez
mon oncle. Je consens à vous obéir, si M. d'Erville lui-même ne vous dégage pas de votre promesse.

M. DE LA MORLIÈRE.

Allons, je veux bien te suivre; mais je n'augure
rien de bon de tout ceci.

ACTE SECOND.

SCÈNE PREMIÈRE.

M. DE LA MORLIÈRE ET SOPHIE.

M. DE LA MORLIÈRE.

Mais, ma fille, tu es folle. Je ris, j'en conviens,
de ton idée: elle est plaisante; mais il est impossible qu'elle réussisse.

SOPHIE.

Vous verrez qu'elle réussira.

M. DE LA MORLIÈRE.

Quoi! M. d'Erville prendra le mannequin d'un peintre pour ma nièce?

SOPHIE.

Je le placerai derrière ce rideau, où je dessine quand Frédéric m'aide à copier votre buste.

M. DE LA MORLIÈRE.

Comment? là! Voyons. — Et qui donc est là? (*Il salue et Sophie aussi.*) Par quel hasard as-tu donc des visites chez toi à présent? On a peut-être entendu ce que je te disais.

SOPHIE.

Non, mon père, je vous l'assure.

M. DE LA MORLIÈRE.

Cette dame a l'air mécontente de ce que tu l'as fait attendre.

SOPHIE.

Mon père, cette dame est très-pacifique, et nous nous raccommoderons bientôt.

M. DE LA MORLIÈRE.

Madame, auriez-vous quelque chose à dire à ma fille?... Et que diable! elle ne répond pas! — Va donc lui parler. — Tu ris! mais y penses-tu donc? à qui en as-tu?...

SOPHIE.

Eh bien, mon père, vous voyez que M. d'Erville pourra bien s'y tromper.

M. DE LA MORLIÈRE

Comment! c'est le mannequin!

SOPHIE.

Oui, mon père.

M. DE LA MORLIÈRE.

Oh! par exemple, c'est inconcevable. Mais enfin, quand ma prétendue nièce ne parlera pas?

SOPHIE.

M. d'Erville prendra son silence pour de l'admiration.

M. DE LA MORLIÈRE.

Mais quand il voudra savoir s'il en est aimé?

SOPHIE.

Il fera la demande et la réponse.

M. DE LA MORLIÈRE.

Enfin, s'il lui prend la main, ne sentira-t-il pas qu'elle est de carton?

SOPHIE.

Oh! c'est une autre affaire; mais la réserve de ma cousine retardera ce moment; et comme je serai toujours présente à l'entretien, j'espère mener la chose de·manière que votre parole vous sera rendue, et que je pourrai disposer de mon cœur.

M. DE LA MORLIÈRE.

Allons, si mon gendre futur est dupe à ce point, il faut convenir que ce n'est pas un Français; car un Français est le plus pénétrant des hommes.

SOPHIE.

En conscience, mon père, voudriez-vous donner votre fille à un homme qui lui préférerait un mannequin?

M. DE LA MORLIÈRE.

Non, assurément. Et tu crois qu'il est à ce point insensible au charme de ta conversation? Cependant madame de Sévigné, madame de la Fayette étaient des personnes, à ce que m'a dit mon grand-père....

SOPHIE.

M. d'Erville voudrait réduire les femmes au rôle le plus nul.

M. DE LA MORLIÈRE.

C'est bien sévère pour un homme si léger.

SOPHIE.

La vanité est, à certains égards, bien plus sévère que la vertu.

M. DE LA MORLIÈRE.

Allons, je ne m'en mêle plus. S'il vient me demander ma nièce en mariage, alors tout est dit, et tu épouseras ton peintre; sinon, tu signeras ce soir ton contrat avec M. d'Erville.

SOPHIE.

Ce soir!

M. DE LA MORLIÈRE.

Adieu.

SCÈNE II.

SOPHIE, FRÉDÉRIC.

SOPHIE.

Eh bien, mon oncle a-t-il parlé à M. d'Erville?

FRÉDÉRIC.

Oui, chère Sophie; vous ne pouvez pas vous figurer avec quelle facilité il s'est pris au piége qu'on lui tendait. Conçoit-on qu'un homme qui vous a vue....

SOPHIE.

Ah! trève de ménagements, mon ami; vous ne savez pas combien vous me ravissez, en me prouvant qu'il ne m'aime pas!

FRÉDÉRIC.

Votre oncle a dit à M. d'Erville qu'il avait une fille unique, infiniment plus riche que vous; mais qu'on ne présentait pas dans le monde, parce qu'elle ne savait pas parler le français, et qu'elle était trop timide. — Les femmes timides me plaisent beaucoup, a-t-il dit; je suis bon, j'aime à rassurer. — Votre oncle a ajouté que votre prétendue cousine avait vu passer à cheval M. d'Erville, et que depuis ce temps elle en avait la tête tournée. — La pauvre petite! a-t-il répondu; mais c'est que je monte à cheval à merveille, et d'ailleurs elle n'a vu personne... — Il voulait dire, personne dans ce pays qui ait de la grâce comme moi; mais la modestie l'a retenu, et j'ai cru poli d'achever sa phrase, qu'il n'a point désavouée. Votre oncle, qui déteste M. d'Erville, s'est plu à lui répéter que vous étiez si jalouse de votre cousine, que vous ne la receviez jamais que le matin, et sans la laisser voir à personne. M. d'Erville croit vous surprendre en venant ici tout à l'heure. Je lui ai dit qu'à l'instant même j'irais chercher votre cousine, et que je la conduirais dans votre cabinet. Tirons ce rideau, et ne l'ouvrez qu'à mon retour : je vous laisse le temps d'exciter la curiosité de M. d'Erville, en paraissant lui refuser de voir votre cousine. — Chère Sophie, je sens que vous souffrez comme moi d'être réduite à tromper, même celui qui vous épouse sans vous aimer; mais enfin je crois qu'il nous est permis, dans cette circonstance seulement, de quitter le rôle de dupe pour lequel nous sommes si fiers d'être faits.

SOPHIE.

Oui, cher Frédéric, vous avez deviné le mouvement de trouble que j'éprouvais; mais j'aperçois M. d'Erville, et son air confiant dissipe tous mes scrupules. Allons, faisons habilement notre rôle; aussi bien M. d'Erville n'en joue-t-il pas un tout le jour?

SCENE III.

LES PRÉCÉDENTS, LE COMTE D'ERVILLE.

LE COMTE, à Frédéric.

Allez-vous revenir avec elle?

FRÉDÉRIC.

Tout à l'heure.

LE COMTE.

Hâtez-vous; je suis d'une impatience.....

FRÉDÉRIC.

Tranquillisez-vous; vraiment vous m'intéressez.

LE COMTE.

Mon imagination se monte si facilement!

SCENE IV.

LE COMTE D'ERVILLE, SOPHIE.

SOPHIE.

Ah! monsieur, je vous salue; je ne vous ai pas vu de tout le jour. Êtes-vous sorti ce matin? avez-vous été au Musée? avez-vous vu les tableaux qu'on vient d'y exposer? Moi, j'en ai été ravie; il y a un ton de couleur, une exactitude de dessin, une chaleur de composition...

LE COMTE, à part.

Quel bavardage! — Non, mademoiselle; je me suis occupé de toute autre chose.

SOPHIE.

Et pourrais-je me flatter que mon souvenir....

LE COMTE.

Sans doute, mademoiselle, il est bien fait pour remplir tout mon esprit; mais, je l'avoue, ma curiosité a été vivement excitée.

SOPHIE.

Et peut-on savoir à quel sujet?

LE COMTE.

On dit que vous avez une cousine très-aimable.

SOPHIE.

Aimable! elle ne dit pas un mot.

LE COMTE.

Mais elle a néanmoins un sens exquis.

SOPHIE.

Qui vous a dit cela, monsieur?

LE COMTE.

Son père d'abord, et puis un homme dont vous estimez le jugement, monsieur Frédéric.

SOPHIE.

Ah! ne voyez-vous pas qu'il aurait envie que vous renonçassiez à moi pour épouser ma cousine?

LE COMTE.

Mademoiselle, pourriez-vous croire........ D'ailleurs votre cousine ne voudrait sûrement pas....

SOPHIE.

Qui sait?.... c'est une personne dont on fait tout ce qu'on veut, qui n'a point d'idées ni de volontés à elle : où on la pose elle reste.

LE COMTE.

Permettez-moi de vous le dire, mademoiselle, j'aime beaucoup cette docilité dans une femme.

SOPHIE.

Il faut convenir que ma cousine est docile; mais jamais vous n'auriez avec elle ce plaisir que vous appréciez sans doute au-dessus de tous les autres, celui de s'entendre et de se répondre, de se communiquer ses sentiments et ses pensées.

LE COMTE.

Je renonce à ce plaisir-là plus facilement que vous ne croyez : ce qu'il me faut avant tout, c'est être compris. D'ailleurs, je ne suis pas exigeant; je n'ai pas besoin que les autres me parlent de leurs affaires; je respecte leurs secrets.

SOPHIE.

L'indifférence sert beaucoup dans ce cas à la discrétion. Enfin, monsieur, je vois que ma cousine vous convient mieux que moi sous tous les

rapports. Je me suis déjà aperçue depuis longtemps que mon oncle désirait vous avoir pour
gendre; mais ne m'obligez pas à vous faire connaître dans ma propre maison celle que vous me
préférez.

LE COMTE.

Chère Sophie, je suis touché de votre peine, et
je la conçois; mais le peintre allemand vous aime
tant! il est bien plus fait pour vous que moi; il
est romanesque comme vous: moi je suis d'une
raison parfaite; l'esprit de votre cousine ressemblera bien mieux au mien.

SOPHIE.

En êtes-vous bien sûr?

LE COMTE.

Je le serai quand je l'aurai vue.

SOPHIE.

Eh bien! monsieur, comme sa fortune est beaucoup plus considérable que la mienne...

LE COMTE.

Ah! vous dites là précisément ce qui m'empêchera de rendre à monsieur votre père sa parole.

SOPHIE, à part.

(Ah! ciel, qu'allais-je faire?) Vous êtes trop
généreux, monsieur le comte; la dot considérable
de ma cousine, et qui doit être payée comptant,
n'est point du tout, je le pense, une raison pour
que votre délicatesse vous défende de la demander
en mariage; car je ne pourrais m'unir à vous
qu'en étant sûre de posséder votre cœur sans par
tage; et si vous ne sentez pas une passion pour
moi qui vous rendît heureux dans la misère et dans
la solitude, de grâce, monsieur, ne m'épousez pas,
ne m'épousez pas.

LE COMTE.

La misère et la solitude, mademoiselle! mais
savez-vous bien que c'est affreux? Auriez-vous,
par hasard, l'idée que cela pût nous arriver? dites-le-moi naturellement.

SOPHIE.

C'est une supposition qu'il faut toujours admettre quand on s'aime.

LE COMTE.

Ah! que dites-vous là? Et votre cousine fait-
elle aussi cette supposition?

SOPHIE.

O mon Dieu non! c'est une personne qui... enfin une personne dont il n'y a pas le moindre mal
à dire.

LE COMTE.

C'est un témoignage d'un grand prix rendu par
une rivale.

SOPHIE.

Ah! l'expression est un peu forte, et peut-être

trouverez-vous par la suite que cette rivalité n'est
pas si redoutable que vous croyez.

LE COMTE.

Allons, n'y mettez pas d'amertume, je vous en
prie; montrez plutôt la générosité qui vous caractérise. Vous autres Allemands, vos romans sont
pleins de ces sacrifices admirables...

SOPHIE.

Que vous me conseillez de faire pour vous.

SCENE V.

LES PRÉCÉDENTS, FRÉDÉRIC.

LE COMTE.

Ah! monsieur Frédéric, la cousine de mademoiselle est-elle ici?

FRÉDÉRIC.

Oui, monsieur; elle est dans ce cabinet.

LE COMTE.

En ce cas, permettez que je la voie.

SOPHIE.

Doucement, monsieur, doucement; vous lui feriez une peur terrible si vous alliez comme cela
brusquement vers elle. M. Frédéric et vous, asseyez-vous ici, et ma cousine et moi nous nous
placerons sur le canapé qui est derrière ce rideau.

LE COMTE.

Vous le tirerez au moins, j'espère.

SOPHIE.

Oui, mais à condition que vous n'approcherez
pas de nous.

LE COMTE.

Quelle idée!

SOPHIE.

Je le veux; m'en donnez-vous votre parole?

LE COMTE, à Frédéric.

Comme la jalousie des femmes est exigeante!
je n'ai pas cessé d'en souffrir. — Eh bien! oui,
mademoiselle; je me soumets à votre volonté.

SOPHIE.

J'y compte, et je reviens à l'instant.

SCENE VI.

LE COMTE, FRÉDÉRIC.

LE COMTE.

Avez-vous l'idée de la peine qu'éprouve cette
pauvre Sophie? cela me fait mal. Je ne croyais
pas, je l'avoue, qu'elle me fût attachée à ce point.
Pardon de vous le dire, à vous qui l'aimez; il
n'est pas délicat à moi de vous en parler.

FRÉDÉRIC.

Monsieur, il faut supporter son sort avec courage.

LE COMTE.

Vous avez raison, d'autant plus que sûrement elle sentira votre mérite, dès qu'elle me verra décidé pour sa cousine. Dans les premiers moments elle me regrettera, cela est certain; mais vous êtes trop aimable, pour ne pas me faire oublier. D'ailleurs vous direz que je suis un ingrat, un infidèle, tout ce qu'il vous plaira : pourvu que vous m'aidiez à réussir auprès de la belle cousine, je suis content.

FRÉDÉRIC.

Je ferai mon possible, comptez-y.

SCÈNE VII.

LES PRÉCÉDENTS, SOPHIE.

SOPHIE, *ouvrant la porte du cabinet.*

Ma cousine me charge, monsieur, de vous dire qu'elle est bien impatiente de vous entendre, après avoir eu déjà le plaisir de vous voir.

LE COMTE, *à Frédéric.*

Ne la trouvez-vous pas bien faite? Son chapeau cache un peu son visage; mais il me semble pourtant qu'elle a le profil grec.

FRÉDÉRIC.

Tout à fait.

LE COMTE.

La ligne du front au nez est parfaitement droite.

FRÉDÉRIC.

Il ne s'en manque pas un cheveu.

LE COMTE.

C'est bien rare. (*Au mannequin.*) Je ne savais pas, mademoiselle, que vous fussiez à la fenêtre quand je suis passé à cheval; si j'avais pu le prévoir, je me serais sûrement arrêté.

FRÉDÉRIC.

Ne trouvez-vous pas de bon goût qu'elle ne réponde pas?

LE COMTE.

Oui, cela suppose de l'émotion, et j'ai toujours aimé à produire cet effet-là sur les femmes.

SOPHIE.

Ma cousine me dit, monsieur, qu'elle croyait savoir le français avant de vous avoir entendu; mais que votre facilité d'expression l'intimide tellement, qu'elle veut rapprendre votre langue, avant d'oser la parler avec vous.

LE COMTE.

Il est vrai que je parle si vite, que j'ai souvent embarrassé les étrangers; c'est un tort dont je n'ai pu me corriger. — Oserais-je, mademoiselle, vous adresser quelques questions que vous voudrez bien traduire en allemand à votre cousine?

SOPHIE.

Monsieur, ce que vous exigez de moi est cruel.

LE COMTE.

Ah! mademoiselle, si cela vous déplaît, j'y renonce à l'instant, et je vais...

SOPHIE.

Non, monsieur, non, restez; je l'exige; vous serez content, je l'espère, de ma générosité.

LE COMTE.

Mademoiselle aime-t-elle la lecture?

SOPHIE.

Ma cousine dit que jusqu'à ce jour elle s'en est peu occupée.

LE COMTE, *à Frédéric.*

Je suis bien sûr que vous n'aimez pas cela, vous qui êtes un homme cultivé, comme on dit en Allemagne; eh bien! moi, la franchise de cette réponse me plaît. Que ma femme lise mes lettres, c'est toute la littérature que je lui demande. — Aimez-vous le dessin, mademoiselle?

SOPHIE.

Ma cousine pense qu'il n'est pas convenable à une femme de dessiner.

LE COMTE, *à Frédéric.*

Comprenez-vous pourquoi?

FRÉDÉRIC.

J'imagine que c'est parce qu'elle ne veut connaître que les traits de celui qu'elle aime.

LE COMTE.

Mais c'est charmant cela, c'est charmant! les dessins d'amateur m'ont toujours ennuyé; fausse prétention que tout cela. — Mademoiselle aime-t-elle la musique?

SOPHIE.

Ma cousine dit qu'elle n'a point de voix.

LE COMTE.

Tant mieux, tant mieux; mauvaise compagnie que celle des musiciens; et puis comment causer dans une chambre où l'on fait de la musique? — Mademoiselle aime-t-elle la danse?

SOPHIE.

Ma cousine dit qu'elle n'a jamais dansé, et qu'elle s'en est toujours très-bien trouvée.

LE COMTE, *se levant.*

C'est vraiment une femme accomplie!

SOPHIE.

Ah! il est facile de plaire par tout ce qu'on ne sait pas.

LE COMTE.

Je vous entends, mademoiselle; il vous faut de l'esprit, des talents dans une femme.

SOPHIE.

Oui, monsieur, j'en conviens.

32.

LE COMTE.

Eh bien ! mademoiselle, je ne me soucie de rien de tout cela.

SOPHIE.

C'est bien flatteur pour ma cousine.

LE COMTE.

Ah ! n'y mettez point de malice ; ne faites point que j'offense cette charmante personne dont la douceur angélique mérite tant d'amitié. Une femme, pardonnez-moi de vous le dire, une femme n'est point faite pour briller à côté de nous, pour nous effacer par son éclat. Il faut qu'elle nous soutienne, qu'elle nous console dans l'ombre.

SOPHIE.

Dans l'ombre comme à la lumière, ma cousine sera toujours la même.

LE COMTE.

Voudrait-elle me suivre en France ?

SOPHIE.

Elle dit qu'elle se trouvera toujours également bien partout où vous la placerez.

LE COMTE.

Quelle aimable complaisance !

FRÉDÉRIC.

Ne lui souhaiteriez-vous pas un peu plus de mouvement dans l'esprit ?

LE COMTE.

Un peu plus, j'en conviens ; mais Paris lui en donnera.

FRÉDÉRIC.

Paris peut faire des miracles.

LE COMTE.

Eh bien donc ! il ne me reste plus qu'une question à faire à la belle cousine ; mais la plus importante de toutes. Ai-je eu le bonheur de lui plaire ? mademoiselle Sophie, daignez le lui demander.

(*Sophie, en se retournant, dérange le mannequin, qui est sur le point de tomber.*)

SOPHIE.

Ah ciel !

LE COMTE.

Comment donc ! est-ce qu'elle se trouve mal ?

FRÉDÉRIC, *bas à Sophie.*

Sophie, prenez garde.—Oh ! non, ce n'est rien....

SOPHIE.

Ma cousine a voulu faire effort pour vous cacher, ou plutôt pour vous avouer ce qu'elle éprouve ; et son agitation était telle, qu'elle a failli tomber par terre.

LE COMTE.

Par terre ! Ah ! quelle sensibilité profonde ! Il faudrait avoir un cœur de pierre pour résister à des preuves si sincères d'une affection....

FRÉDÉRIC.

Qui ne changera jamais ; j'ose vous en répondre

LE COMTE.

Je vois venir monsieur votre père. Mademoiselle, me permettez-vous ?....

SOPHIE.

Tout ce qu'il vous plaira, monsieur.

LE COMTE.

Pardon, mademoiselle ; mais la sympathie des cœurs est irrésistible, vous le savez.

SCENE VIII.

LES PRÉCÉDENTS, M. DE LA MORLIÈRE.

LE COMTE.

Monsieur, j'attends tout de votre bonté ; je croyais aimer mademoiselle votre fille ; j'avais été justement frappé de ses brillants avantages ; mais je sens que ce sont les rapports de l'âme qui font le bonheur. Je suis devenu plus sérieux depuis mon séjour en Allemagne, et je pense comme les philosophes de ce pays, qu'il faut se marier par inclination.

M. DE LA MORLIÈRE.

A la bonne heure, monsieur le comte ; vous m'avez rendu ma parole ; je me tiens pour libre, et ma fille aussi.

LE COMTE.

Sans doute ; mais ce n'est pas tout encore ; il faut que vous me prêtiez votre appui pour obtenir votre adorable nièce.

M. DE LA MORLIÈRE.

Quelle nièce ?

LE COMTE.

Et ne la voyez-vous pas devant vous ? Son aimable pudeur la rend immobile. Ah ! de grâce, ne prolongez pas son embarras.

M. DE LA MORLIÈRE.

Mon adorable nièce est à vos ordres ; emportez-la... Je veux dire, emmenez-la quand vous voudrez.

LE COMTE.

Ah ! mademoiselle. (*Il s'approche du mannequin.*) Ciel ! qu'est-ce que je vois ? un mannequin ! C'est ainsi que l'on s'est joué de moi !.... Mademoiselle ?

SOPHIE.

Pardonnez-moi, monsieur, d'avoir voulu savoir si vous m'aimiez réellement ; c'est la crainte de ne pas vous plaire assez qui m'a suggéré cette ruse.

LE COMTE.

Et vous, monsieur, à votre âge, deviez-vous consentir à ce qu'un tel piége me fût préparé ?

M. DE LA MORLIÈRE.

Je n'ai pas dû croire, monsieur, qu'un homme de votre esprit s'y laissât prendre.

LE COMTE, à *Frédéric.*

Et vous, monsieur?

FRÉDÉRIC.

Je suis prêt à m'expliquer avec vous.

SOPHIE.

Monsieur le comte, ne rendez pas cruelle une simple plaisanterie. Je vous savais mauvais gré de ne pas faire cas de l'esprit des femmes, et de blâmer celles qui se font remarquer dans le monde. N'est-il pas vrai que votre talent de railler s'est exercé cent fois contre les personnes qui me ressemblent?

LE COMTE.

Je l'avoue.

SOPHIE.

Eh bien! j'ai voulu vous en montrer une qui ne se mettait en avant sur rien, qui ne manquait à aucune convenance; enfin une vraie poupée de carton, tandis qu'il y en a tant de vivantes. Pardonnez-moi cette petite vengeance; et vous qui avez si souvent accablé de ridicules mon pays et ses habitants, souffrez qu'une femme allemande, sans que cela tire à conséquence pour l'avenir, ait pu vous plaisanter une fois avec quelque avantage. J'aime Frédéric, et je ne vous conviens pas: si cependant vous persistez à vouloir de moi, je ne me considère pas comme libre, et je suis prête à tenir la parole que vous avez rendue à mon père. Ainsi donc tout dépend de vous : vous êtes, je le sais, vraiment noble et généreux; je remets mon sort entre vos mains.

LE COMTE.

Mademoiselle, puisque vous vous en remettez à moi, je me conforme en tout à vos vœux; mais permettez-moi d'espérer qu'il est des femmes moins malicieuses que vous, sans être pour cela des mannequins.

••••••••••••

SAPHO,

DRAME EN CINQ ACTES ET EN PROSE,

COMPOSÉ EN 1811.

———•———

PERSONNAGES.

SAPHO.
DIOTIME, amie de Sapho.
CLÉONE, fille de Diotime.
ALCÉE.

PHAON.
DES PRÊTRES ET DES PRÊTRESSES D'APOLLON.
DES MATELOTS.

La scène est au pied du rocher de Leucade.

••••••••••••

ACTE PREMIER.

———

SCÈNE PREMIÈRE.

ALCÉE, DIOTIME.

ALCÉE.

Sage Diotime, vous dont la raison a servi de guide à ce génie brillant qui était la gloire de la Grèce, dites-moi dans quel état est l'infortunée Sapho.

DIOTIME.

Je suis arrivée de Lesbos, hier, avec elle; vous allez bientôt la voir. Mais, hélas! quel spectacle! et reconnaîtrez-vous en elle la favorite d'Apollon, celle que la voix publique avait nommée la dixième Muse?

ALCÉE.

Quoi! cette femme incomparable laisse pâlir sa gloire, et sa lyre ne retentit plus!

DIOTIME.

Son génie reparaît encore quelquefois; mais, comme un éclair dans la nuit sombre, il ne sert plus qu'à révéler les tourments de son âme. Vous qui l'avez tant aimée; vous qui auriez pu rivaliser avec elle, comme poëte, si votre amour ne vous eût pas enchaîné à son char, avec quel sentiment verrez-vous cette femme qu'un dieu, jaloux d'Apollon, a précipitée du trône où la poésie l'avait placée?

ALCÉE.

Quand j'ai vu Sapho prodiguer sa tendresse à l'ingrat Phaon, j'ai souffert, parce que je l'aimais; j'ai souffert, parce que je prévoyais les malheurs qui l'ont accablée. Pouvait-elle régner toujours sur le cœur de cet homme, qui ne connaît point les sublimes plaisirs de la pensée, et que les vains amusements de la jeunesse captivaient seuls tout entier?

DIOTIME.

Il aimait Sapho.

ALCÉE.

Sa célébrité l'avait attiré; mais pouvait-il exister aucune sympathie durable entre elle et lui? Oui, j'ose le dire; oui, seul, je savais entendre Sapho; seul, je pouvais goûter tous les charmes de ce langage enchanteur qui semble planer sur la vie, et qui nous en révèle les plaisirs et les peines, comme si les dieux mêmes confiaient à l'homme les secrets de la terre. Elle s'est abaissée; le sort l'en a punie.

DIOTIME.

Ah! Phaon avait tant de charmes, qu'il semblait le modèle des héros que chante la poésie. Et, d'ailleurs, qui peut expliquer les mystères de l'imagination?

ALCÉE.

Cette imagination bizarre qui cherche le malheur, doit aisément le rencontrer, et les dieux sont justes envers Sapho, en lui ravissant les talents célestes dont elle n'a pas su faire usage.

DIOTIME.

Les dieux sont moins sévères que vous; un oracle prédit à Sapho qu'elle trouvera le repos sur le rivage de Leucade, auprès du temple d'Apollon. Elle vient dans ces lieux pour obéir à l'oracle. Vous, prêtre de ce temple, repousserez-vous celle que vous avez tant aimée?

ALCÉE.

Non, sans doute. Puisse-t-elle rentrer dans ce sanctuaire où ses lauriers sont suspendus; où sa lyre, accordée par la main même d'Apollon, peut encore étonner l'univers!

DIOTIME.

Ah! je ne l'espère plus; elle écarte tout ce qui lui rappelle sa gloire. Ma fille seule, Cléone, à peine âgée de quinze ans, l'intéresse encore : il semble qu'elle se repose dans son entretien, et que la candeur de cet âge ait pour elle quelques charmes. Cléone est enthousiaste de son talent; depuis qu'elle vit, elle l'admire : mais la douleur de Sapho l'accable, et souvent je me reproche de la laisser témoin de cet égarement du génie, qui semble dévoiler à nos regards les plus redoutables secrets de la fatalité. Mais qui pourrait se résoudre à laisser Sapho sans appui! Alcée, vous qui l'avez aimée, vous qui pouvez vous élever à ses plus hautes pensées, ne sauriez-vous lui faire quelque bien?

ALCÉE.

Je ferai tout pour y parvenir : je dompterai le ressentiment qu'un amour dédaigné devrait m'inspirer. C'est comme prêtre d'Apollon que Sapho doit m'entendre; c'est au nom de ce dieu que j'essayerai de rappeler dans son âme le culte des beaux-arts, cet enthousiasme de la nature, qui seul peut soulager le cœur de ses peines. Mais je vois Cléone. Ah! que ses regards sont tristes! Faut-il que si jeune elle reçoive une impression si profonde des malheurs de cette vie?

SCENE II.

DIOTIME, ALCÉE, CLÉONE.

DIOTIME.

Ma fille, Sapho va-t-elle bientôt venir?

CLÉONE.

Elle erre sur le rivage, et ses yeux sont fixés sur les flots qui baignent les bords de la Sicile.

ALCÉE.

Ne sent-elle pas le désir d'approcher du temple d'Apollon?

CLÉONE.

On dirait qu'elle le fuit, parce qu'il lui rappelle sa gloire passée. Trois fois je l'ai vue près de ces lieux, et trois fois elle s'en est éloignée avec effroi, comme si les rayons du dieu dont elle a desservi les autels étaient pour elle un reproche.

ALCÉE.

Ah! sans doute, ils l'accusent. Sapho devait-elle donner son cœur à un homme indigne de l'admirer?

CLÉONE.

Ils s'aimaient; pouvaient-ils ne pas s'entendre? Sapho daigne bien me parler.

ALCÉE.

Phaon aimait Sapho, et il l'a cruellement abandonnée!

DIOTIME.

On dit qu'à la fête de Mitylène, où tu étais, Cléone, une jeune beauté frappa les regards de Phaon, et que, depuis ce temps, il résolut de s'éloigner de Sapho.

CLÉONE.

Ah! que cette jeune fille est à plaindre d'avoir causé le malheur de Sapho!

DIOTIME.

La connais-tu?

CLÉONE.

Si je la connaissais, je garderais à jamais ce funeste secret. Ah! qui voudrait être préférée à Sapho? qui ne rougirait pas de l'être? qui ne repousserait pas loin de soi l'hommage qu'un ingrat lui ravirait?

ALCÉE.

Jeune fille, que dis-tu? quel soupçon tu fais naître dans mon esprit!

CLÉONE.

Gardez le silence; n'abusez pas des dons qui vous révèlent les pensées des mortels.

ALCÉE.

Et tu es l'amie fidèle de Sapho?

CLÉONE.

Oui, je lui suis fidèle; oui, son génie et ses malheurs remplissent mon âme de l'admiration la plus vive. Mais que puis-je pour elle, infortunée que je suis? (*A part.*) Hélas! je n'ai fait que du mal à ce que j'aime.

DIOTIME.

Ne parle-t-elle point avec confiance de l'oracle qui lui promet le repos sur ces bords?

CLÉONE.

Quelquefois elle parle de repos; mais il semble toujours que ce soit le repos des morts qu'elle contemple. D'autres fois, elle attend Phaon; elle assure qu'il reviendra : la moindre barque qui sillonne les flots lui paraît annoncer son retour, et sa joie, dans de tels moments, fait plus de mal encore que n'en causait sa douleur.

ALCÉE.

Et ne demande-t-elle pas quelquefois sa lyre? ne sent-elle pas quelquefois le besoin de relever son âme accablée, par ces divins accords qui semblaient descendre du ciel, et qui nous y reportaient avec elle?

CLÉONE.

Sa lyre est entourée de cyprès; elle l'a déposée sur un tombeau; et l'on dirait qu'elle prépare déjà le monument que la postérité doit élever à sa mémoire. Ah! quel spectacle déchirant qu'un si beau génie abaissé par le malheur!

DIOTIME.

Chère Cléone! je voudrais t'éloigner de cet objet de douleur; ce n'est pas à ton âge qu'il faut se laisser consumer par le poison de la mélancolie.

CLÉONE.

Ah! ma mère, ne m'éloignez pas de Sapho! jamais je ne puis la quitter. Je le veux, je le dois. Vous ne savez pas....

DIOTIME.

Que dis-tu?

CLÉONE, *à part.*

Ciel! j'allais me trahir. (*Haut.*) Ah! ma mère, si vous me commandiez de ne plus être auprès de Sapho, vous me déchireriez le cœur. Vous craignez pour moi l'impression de sa tristesse; ah! si je dois vivre, ne faut-il pas apprendre à souffrir? ne faut-il pas surtout apprendre à consoler ceux qu'on aime?

DIOTIME.

Mon enfant, à ton âge, il n'est pas encore temps de connaître la douleur.

CLÉONE.

Hélas! ma mère, je pourrais déjà connaître le repentir! Comment donc ne suis-je pas encore dans l'âge de faire du bien?

DIOTIME.

Ah ciel! n'est-ce pas Sapho que j'aperçois sur le rivage?

CLÉONE.

Oui, c'est elle. Je cours au-devant de ses pas.

ALCÉE.

Dieux puissants! à cette marche chancelante, à ces regards abattus, qui reconnaîtrait celle à qui la Grèce voulait décerner une statue, dans le parvis même du temple d'Apollon! Amour, comme tu te ris des mortels et des dieux!

SCENE III.

SAPHO, DIOTIME, CLÉONE, ALCÉE.

SAPHO.

Les Pléiades sortent déjà du sein de la mer; le soleil disparaît, et Diane règne seule dans le ciel. Il ne viendra pas aujourd'hui; mais demain, demain, sa barque légère l'amènera dans ces lieux; il quittera les bords fortunés de la Sicile pour les rochers de l'Épire : il les quittera pour revoir son amie. Ah! c'est aussi un beau ciel que l'amour, et l'on croit respirer un air si doux quand on est aimé!

DIOTIME.

Oui, Sapho, oui, vous devez penser ainsi, vous qui êtes si chère à vos amis.

SAPHO.

Mes amis! où m'ont-ils conduite? n'est-ce pas ici le temple d'Apollon? Oui, je le vois, Cléone; mais dois-tu m'en laisser approcher?

CLÉONE.

Il est auprès de ce rocher de Leucade, où les dieux vous ont promis le repos.

SAPHO.

Oui, tout est là, tout : la gloire, le rocher, la mer; la mer qui peut le ramener, qui peut aussi me recevoir dans son sein : qu'elle est bienfaisante! et que de fois ses flots ont été les fidèles serviteurs du destin!

DIOTIME.

Ne reconnaissez-vous point Alcée, le plus constant, le plus zélé de vos amis?

SAPHO.

Alcée! oui, je m'en souviens; quand les Grecs assistaient à mes chants, il daignait quelquefois me répondre, et je puisais dans ses vers cette inspiration involontaire qui faisait battre mon cœur. Alcée, c'est vous, c'est vous! mais ce n'est plus moi. Ne vous fais-je pas pitié? Ah! j'étais née pour la gloire, et je succombe à l'amour! L'univers réclamait mon génie, et le dédain d'un seul homme a flétri le présent des dieux. Alcée! vous m'avez vue, quand Apollon se complaisait dans les hymnes que j'adressais à l'Olympe ; vous m'avez vue ! vous direz ce que j'étais, et les habitants de ces contrées conserveront le souvenir de mes chants.

ALCÉE.

Que j'aime ce noble orgueil ! il me remplit d'espoir. Sapho, relevez votre tête pour recevoir la couronne ; relevez-vous, oubliez Phaon. Son nom est-il inscrit dans le temple de mémoire ? quels sont ses exploits ? quels sont ses chefs-d'œuvre ? quels prodiges l'ont rendu digne de Sapho ?

SAPHO.

Que dites-vous ? ne l'avez-vous donc pas vu passer, quand il triomphait à la course de tous ses rivaux jaloux ? vous n'avez donc pas entendu sa voix ? hélas ! sa voix, quand il me disait : Sapho, je reviendrai demain ? Et ne me l'a-t-il pas dit la veille de la fête de Mitylène ? Il reviendra ; je l'attends. Quel est donc le charme qui le retient ? Cléone, tu étais à cette fête : y avait-il une jeune fille dont la beauté pût faire oublier l'âme de Sapho ? réponds-moi ; y en avait-il une ?

CLÉONE, à part.

Ah ! quel supplice !

SAPHO.

Tu gardes le silence ! Tu as raison de ne pas accuser Phaon : tu sais, Cléone, tu sais que ce n'est pas ainsi que l'on guérit le cœur. Cela fait tant souffrir d'entendre condamner l'objet qu'on aime, même pour le mal qu'il nous a fait ! Ah ! je le défendrais encore contre tous, avec le reste de vie qu'il m'a laissé.

ALCÉE.

C'est aujourd'hui la fête d'Apollon ; Sapho, n'y paraîtrez-vous point ?

SAPHO.

Moi, paraître dans une fête ! Le voulez-vous ? Est-ce pour rappeler aux mortels enivrés par le plaisir toute la puissance de la douleur ? Voulez-vous que je sois là comme un monument funéraire, que retrace la mort au milieu de toutes les délices de la vie ?

ALCÉE.

Non, je ne croirai jamais que vous ne puissiez pas triompher du chagrin qui vous accable. Dès que vous entendrez les premiers sons de la lyre, vous renaîtrez à cet enthousiasme sublime dont l'enchantement fait disparaître à nos regards tout ce qui ne concerne que nous-mêmes. Je vais au temple, et j'espère vous y retrouver.

(Alcée sort.)

SAPHO.

Vois-tu, Cléone ? vois-tu ?

CLÉONE.

Quoi ?

SAPHO.

Là-bas, là-bas, une barque ?

CLÉONE.

Je l'entrevois à peine.

SAPHO.

Elle vient de Sicile, j'en suis sûre. A ses voiles éclatantes, je reconnais les couleurs de cette île fortunée. Phaon, Phaon, est-ce toi ? Oui, c'est toi ; oui, tu veux soulager les tourments de mon cœur. Je te reverrai ; ce ne sera plus une vaine chimère que tes traits ; ce ne sera plus mon imagination troublée qui seule me les peindra : tu seras là, près de moi, là.

DIOTIME.

Ah ! Sapho, gardez-vous d'un espoir trop crédule : mille barques traversent les mers ; pourquoi donc celle-ci vous ramènerait-elle Phaon ?

SAPHO.

Oui, mille barques traversent les mers ; mais celle-là fait palpiter mon cœur, et je crois à ce présage. Elle approche, elle approche ; entendez-vous cette musique harmonieuse ? Sentez-vous le parfum des orangers dont l'air est embaumé ? Ils viennent d'Italie ; et cette musique délicieuse, c'est la voix de Phaon. Diotime, allez au-devant de lui ; soyez l'amie de Sapho ; ne l'exposez pas à rendre le peuple qui s'assemble sur le rivage témoin de ses transports. Mes genoux fléchissent ; un nuage couvre mes yeux : va, Diotime, c'est lui ; va.

SCENE IV.

SAPHO, CLÉONE.

SAPHO.

Cléone, soutiens-moi ; que tes yeux suppléent à mes yeux obscurcis ; toi qui touches de si près à l'enfance, tu ne saurais me tromper.

CLÉONE.

Hélas ! Sapho ! hélas ! ne vous fiez à personne.

SAPHO.

Que dis-tu ? ne pas me fier à toi, mon enfant ! Ah ! toute mon âme s'abandonne à toi sans réserve. Eh bien ! qui vois-tu ?

CLÉONE.

Ce sont en effet des Siciliens ; leur vêtement me l'annonce.

SAPHO.

Oui, sans doute ; mais je n'aperçois point au milieu d'eux cette figure admirable qui semble s'élever comme celle d'un dieu parmi les mortels. Ah ! Cléone, je la reconnaîtrais quand le voile de la mort couvrirait mes yeux. Où donc est-il ?

SCENE V.

LES PRÉCÉDENTS, DIOTIME.

DIOTIME.

Phaon n'est point arrivé.

SAPHO.

Point encore aujourd'hui, mais demain.

DIOTIME.

Peut-être les hommes qui viennent de débarquer ont-ils vu Phaon en Sicile.

SAPHO.

Ils l'ont vu : qu'ils me parlent ; que je les entende. Ah! s'ils l'ont vu, leur présence portera du calme dans mon cœur.

SCENE VI.

LES PRÉCÉDENTS, DEUX MATELOTS.

SAPHO.

Jeunes gens, daignerez-vous répondre aux questions d'une femme, et l'état où je suis ne vous éloignera-t-il pas de moi ?

UN MATELOT.

Nous sommes prêts à vous parler, si nous pouvons vous servir en quelque chose.

SAPHO.

Vous venez de la Sicile ?

LE MATELOT.

Oui, nous avons quitté ses fertiles rivages pour quelques jours ; et bientôt, grâce aux dieux, nous irons les retrouver.

SAPHO.

Vous y retournerez ? Ah! que vous êtes heureux ! Un jeune Grec... (A part.) Comment leur prononcer ce nom qui trahit toute ma destinée !... Un jeune Grec n'a-t-il pas frappé vos regards ?

LE MATELOT.

Nous communiquons sans cesse avec la Grèce, et ses habitants viennent souvent sur nos côtes.

SAPHO.

Oui, mais il ne ressemble à personne : quand il lève les yeux, on croit voir Apollon lançant ses traits contre le serpent ; quand sa tête est baissée, c'est Adonis penché comme une fleur dont les vents du midi brûlant courbent la tige.

DIOTIME.

Prends garde, Sapho, prends garde.

SAPHO.

Qu'ai-je dit ?

LE MATELOT.

Seriez-vous l'infortunée Sapho ?

SAPHO.

Étranger, d'où peux-tu me connaître?

LE MATELOT.

Ta gloire et tes malheurs retentissent en tous lieux.

SAPHO.

Eh bien! si tu me connais, réponds-moi sans que je t'interroge ; épargne cette rougeur à mon front.

LE MATELOT.

Nous avons vu Phaon en Sicile.

SAPHO.

Eh bien!

LE MATELOT.

Il parlait souvent de venir en Épire.

SAPHO.

Ciel!

LE MATELOT.

Nous ignorons si c'est pour toi qu'il voulait y porter ses pas.

SAPHO.

Vous l'ignorez ! parle t il de Sapho?

LE MATELOT.

Une fois dans le temple d'Apollon, il a prononcé ton nom, et nous croyons qu'il t'admire.

SAPHO.

Qu'il m'admire ! ah ! le cruel ! — Et que fait-il?

LE MATELOT.

Il erre souvent dans la campagne, et ses yeux sont noyés de pleurs.

SAPHO.

Il est malheureux ! Ah! Phaon! Phaon! ne te livre pas au repentir ! un instant de regret pourrait t'absoudre de ma mort.

LE MATELOT.

Une fois nous l'avons vu se prosterner longtemps devant une statue de Vénus, dont la rare beauté ravissait tous les artistes d'Italie. Jeune fille, elle te ressemblait cette statue; nous n'avons vu que toi qui pût nous la rappeler.

CLÉONE.

O ciel! que va-t-il dire?

SAPHO.

Tu le vois, nos âmes s'entendent; il t'aime sans te connaître, comme je t'aime en te connaissant.

CLÉONE.

Ah ! dieux ! cessera-t-elle de me déchirer le cœur !

SAPHO.

Va-t-il quelquefois au pied du mont Etna? contemple-t-il ses flammes ? sait-il ce que c'est que la flamme, et comme elle dévore la terre et ses habitants ?

LE MATELOT.

Nous ne savons rien de plus, pardonne ; nous prions les dieux d'avoir pitié de tes maux.

SAPHO.

Oui, vous avez raison ; laissez-moi. Faites un vœu sur les autels des dieux azurés de la mer, pour qu'ils vous ramènent en Sicile ; et si Phaon vous parle de l'Épire, dites-lui que vous avez vu, assise sur le rocher, une femme qui ne craignait point la tempête, qui bravait l'inclémence des nuées et des flots ; car au fond de son cœur il y avait plus d'orages que la terre et les cieux ne peuvent en exciter.

(Sapho sort.)

CLÉONE.

Ah! ma mère, je vais suivre ses pas.

SCENE VII.

DIOTIME, ALCÉE.

ALCÉE.

Où donc est Sapho ?

DIOTIME.

Elle a disparu, et ma fille seule la suit. Auriez-vous quelques consolations à lui donner ?

ALCÉE.

Les prêtresses d'Apollon concourent aujourd'hui pour mériter le premier prix, et le dieu, par ma bouche, désignera celle qui est digne de commander à toutes les autres. Obtenez de Sapho de se faire entendre dans le concours ; elle remportera le prix, et sera couronnée prêtresse. Cette gloire, l'intérêt nouveau qu'elle pourra trouver dans une existence grande et paisible, la distrairont peut-être de sa douleur.

DIOTIME.

Mais pourra-t-elle, dans la situation agitée de son âme, mériter le triomphe que vous lui promettez ?

ALCÉE.

Ne connaissez-vous donc pas Sapho ? Si elle consent à se faire entendre, elle sera plus admirable que jamais. Le désespoir même l'inspire, et le flambeau de son génie s'allume aux sombres feux du malheur. Suivons ses pas, pour la ramener avec l'aurore auprès de ce temple.

ACTE SECOND.

SCÈNE PREMIÈRE.

DIOTIME et CLÉONE.

CLÉONE.

Ma mère, ma mère, écoutez-moi ; il faut que mon cœur s'ouvre à vous : je ne puis supporter plus longtemps le trouble qui me poursuit. Ma mère, consolez votre enfant.

DIOTIME.

Quel est le sentiment qui t'agite ? Aurais-tu quelque secret pour ta mère ?

CLÉONE.

Oui, je vous ai caché ce que je voudrais me cacher à moi-même. Dans cette fête de Mitylène où Phaon a oublié Sapho, c'est moi, malheureuse ! c'est moi qui ai frappé ses infidèles regards.

DIOTIME.

Quoi! tu serais la rivale de ton amie !

CLÉONE.

Le ciel m'est témoin que je n'ai rien fait pour captiver l'imagination de Phaon. J'étais avec ta sœur, à qui tu m'avais confiée ; il vint m'inviter, et nous exécutâmes ensemble cette danse brillante qu'on a surnommée le *labyrinthe de Crète.* « Jeune fille, me dit-il, que tes pas sont légers ! Atalante ne charmait pas comme toi les yeux de l'amant qui cherchait à retarder sa course. » Je l'écoutai quelques instants, car je ne le connaissais pas : il me suivit pendant toute la fête ; il voulut savoir mon nom et le tien, et me déclara qu'il était résolu de m'unir à lui, si j'y consentais. C'est alors qu'il se nomma, et que j'appris qu'il était ce Phaon dont Sapho m'avait entretenue tant de fois. Alors je lui rappelai ses liens avec elle ; il rougit et baissa les yeux. « Jeune fille, me dit-il, je ne puis plus l'aimer après t'avoir vue ; — et moi, lui répondis-je, je ne recevrai jamais les hommages de celui qui peut être infidèle à la femme la plus digne de l'admiration et de l'amour. » A ces mots je l'ai quitté, et, depuis ce jour, je ne l'ai point revu.

DIOTIME.

C'est le lendemain de cette fête qu'il a quitté Sapho, et qu'il est parti pour la Sicile ?

CLÉONE.

Hélas !

DIOTIME.

Et Phaon avait-il su te plaire ?

CLÉONE.

Quand je le croyais libre, quand il me demandait

de s'adresser à toi, ma mère, il me semble que j'aurais facilement compris comment il était cher à Sapho.

DIOTIME.

Ah! ma fille, que dis-tu? et comment as-tu pu me cacher le penchant qui naissait pour la première fois dans ton cœur?

CLÉONE.

Je le cachais à Sapho; pouvais-je le révéler à personne? Je me flattais que ces malheureux instants seraient ensevelis dans un éternel oubli, et qu'en consacrant ma vie à Sapho, j'expierais le malheur d'avoir été la cause innocente de ses peines; mais un incident nouveau vient renverser toutes mes espérances.

DIOTIME.

De quoi s'agit-il?

CLÉONE.

Un Sicilien qui est venu sur ces bords, conduit par les matelots que Sapho a interrogés, vient de me rencontrer sur le rivage : il a fléchi le genou en me voyant, et m'a dit : « Cléone, car ce ne peut être que vous, Phaon doit arriver aujourd'hui de Sicile; il veut vous revoir, et mourir si vous êtes inflexible; j'ai promis de vous annoncer son arrivée : adieu. » Je suis restée comme immobile à la même place; j'ai vu Sapho de loin, sans oser m'approcher d'elle; il me semblait que j'étais perfide envers Sapho qui m'est si chère. Aucune de mes actions n'est blâmable, du moins je le crois; mais l'innocence ne suffit pas pour tranquilliser le cœur.

DIOTIME.

Il faut, s'il se peut, cacher à Sapho l'arrivée de Phaon.

CLÉONE.

Non, c'est assez feindre : non, je veux tout révéler.

DIOTIME.

Tu vas lui ravir les douceurs qu'elle a trouvées dans ton amitié : ne sais-tu pas que la générosité d'une rivale préférée rend son triomphe encore plus cruel?

CLÉONE.

Non, tant qu'il ne s'était rien passé que dans mon cœur, j'ai pu taire à Sapho ces secrètes pensées, qui auraient empoisonné les consolations qu'elle puisait dans mon attachement pour elle; mais à présent je saurais le retour de Phaon, et je le lui laisserais ignorer! Non, ne l'exigez pas; non, ma mère, je ne puis.

DIOTIME.

Attends au moins qu'Alcée ait essayé de l'engager à concourir pour être couronnée prêtresse d'Apollon. Comment pourrait-elle se faire entendre dans cette fête, si tu lui confiais le terrible secret que tu viens de me révéler?

SCENE II.

LES PRÉCÉDENTS, ALCÉE, SAPHO.

ALCÉE.

Sapho porte ici ses pas; laissez-moi seul avec elle. Puissé-je lui rappeler sa gloire, et ranimer en elle le besoin de la voir renaître!

SCENE III.

ALCÉE, SAPHO.

ALCÉE.

Sapho, ne vois-tu pas l'aurore qui annonce l'arrivée de ton maître et du mien? Le char d'Apollon s'approche, incline-toi devant lui.

SAPHO.

Il vient des rives opposées à la Sicile; c'est vers le soir seulement qu'il se repose sur ce séjour de délices.

ALCÉE.

Éloigne un moment de ta pensée cette île qui renferme un amant coupable. Ce matin, à l'heure où le soleil darde ses rayons les plus ardents, les prêtresses d'Apollon se rassemblent pour choisir celle qui doit commander dans le temple. Viens te faire entendre au milieu d'elles; viens, tu l'emporteras sur toutes, et tu trouveras dans le même asile la gloire et le repos.

SAPHO.

La gloire! Alcée, j'en verrai pâlir l'éclat sans regrets; et le repos, je sais où le trouver.

ALCÉE.

Te souviens-tu de ce chant sublime dans lequel tu accusais une jeune Lesbienne de négliger ses talents, et de traverser obscurément la vie?

SAPHO.

Oui, je m'en souviens. « Jeune Lesbienne, lui disais-je, veux-tu descendre sans gloire dans le tombeau? veux-tu que ton nom soit de la poussière comme tes cendres, et ne cueilleras-tu point les roses de la vallée des Muses? peux-tu dédaigner leur céleste parfum? »

ALCÉE.

Comme tes regards s'animent! Sapho, je te retrouve. Courage, ma noble amie, courage; ressaisis ta lyre, et triomphe de toi-même aussi bien que de nous.

SAPHO.

Eh bien! je vais suivre tes conseils; je vais rassembler mes cheveux épars ; je vais revêtir la tunique de pourpre, cette couleur éclatante qui plaît au soleil, et réfléchit ses rayons les plus resplendissants. Prépare la couronne, Alcée ; prépare-la ; je la saisirai ; je sens là, dans mon cœur, un présage de gloire : Apollon ne l'a jamais vainement inspiré. Réunis sur cette rive les adorateurs d'Apollon, et je célébrerai son culte.

SCENE IV.

DIOTIME, CLÉONE, ALCÉE, SAPHO.

ALCÉE.

Sapho consent à concourir à la fête d'Apollon.

DIOTIME.

Ah ! quelle joie !

SAPHO.

Ne prononce pas ce mot, Diotime ; ne sais-tu pas qu'il porte malheur ? il n'y a point de joie pour les mortels. Un instant d'illusion, un moment d'oubli dont la destinée se venge, et voilà tout.

DIOTIME.

Espère plus de ce jour ; il te répond d'un long avenir.

ALCÉE.

Je vais annoncer aux prêtresses d'Apollon qu'elles seront vaincues dans la lutte, mais qu'elles le seront par le dieu même qui va parler par ta voix.

SAPHO.

Diotime, Cléone, ne m'abandonnez pas ; soutenez-moi.

DIOTIME.

Je vais appeler tes esclaves ; moi, qui suis fière de te servir, je reviendrai à leur tête pour te parer. Ce ne sont pas de frivoles ornements dont nous allons te revêtir ; c'est pour ajouter à la puissance de ton génie, que je veux attirer sur toi tous les regards.

SCENE V.

SAPHO, CLÉONE.

SAPHO.

Dis-moi, Cléone, tu étais présente à cette fête : ne peux-tu donc pas me dire si quelque objet l'a frappé ?

CLÉONE.

Quand les traits d'une femme auraient un moment attiré ses regards, ce vain charme pouvait-il jamais effacer votre souvenir ? .

SAPHO.

Pourquoi donc s'est-il éloigné de moi ? Cléone, tu détournes les yeux, tu soupires !

CLÉONE.

Sapho, le moment approche où l'on va venir vous entendre ; écartez de vous ces pénibles souvenirs.

SAPHO.

Ah ! Cléone, tu n'as jamais aimé ; jamais tu n'as connu l'amour ; tu ne pourrais, si tu le connaissais, me parler de l'éloigner de mon cœur.

CLÉONE.

Ah ! qui vous dit que je n'aie jamais connu l'amour, et que jamais surtout je n'aie su le vaincre ?

SAPHO.

Que dis-tu ? d'où vient que ton visage si jeune exprime déjà des sentiments profonds et contenus ? Chère enfant, as-tu déjà senti les regrets, cette puissance terrible qui arme notre pensée contre nous-mêmes ?

CLÉONE.

Ah ! Sapho, tu me demandes si je n'ai pas de regrets ! Ne t'ai-je pas vue heureuse, et l'es-tu maintenant ? N'y a-t-il pas eu des jours de mon enfance dans lesquels je ne me doutais pas de l'avenir ? Ma mère et toi vous remplissiez mon cœur de si douces jouissances ! J'admirais ton génie, sans savoir ce qu'il te fait souffrir, et je croyais que ton sublime langage ne coûtait pas plus à ton âme que le parfum à la fleur.

SAPHO.

L'amour est tout à la fois la source du talent et la puissance qui le consume. Ah ! Cléone, choisis un ami fidèle, et confie-lui tes jeunes années ; ne vois que lui sur cette terre ; ne cherche point les lauriers dont j'ai pu ceindre ma tête ; ne les cherche point.

CLÉONE.

Sapho, c'est toi qui condamnes ta propre gloire !

SAPHO.

Vois l'état où je suis ; le génie des femmes est comme un arbre qui s'élève jusqu'aux nues ; mais dont les faibles racines ne peuvent résister à la tempête. Cléone, Cléone, cherche un abri auprès de tes pénates, et loin des temples où règnent seulement la gloire et la beauté.

CLÉONE.

Ma mère revient, suivie de tes esclaves. Sapho, laisse-moi tresser tes cheveux.

SCENE VI.

SAPHO, CLÉONE, DIOTIME, DES ESCLAVES.

DIOTIME.

Oui, ce n'est point une rivale qui va s'occuper de tes succès.

CLÉONE.

Une rivale! non, Sapho; je puis tout te sacrifier.

SAPHO.

Ah! ne me prodiguez pas vos aimables soins. Hélas! c'est à lui seul, à lui seul que je voulais plaire. Faites seulement que l'on n'aperçoive pas le désordre de mon âme. Diotime, si mon esprit s'égare, approchez - vous de moi; rappelez-moi de quelle honte je me couvrirais aux regards de la Grèce.

DIOTIME.

Non, j'en suis sûre, tu rassembleras tes forces, et ta pensée seule régnera sur toi.

SAPHO.

Écoute, Diotime, écoute; s'il arrivait pendant mes chants, s'il arrivait..... Ah! ne retarde pas mon bonheur! interromps l'harmonie de ma lyre, interromps ces vaines paroles qui ne valent pas un seul de ses accents.

DIOTIME.

Sapho, Sapho, suspends donc un moment ces inquiétudes cruelles.

SAPHO.

Diotime, tu me promets..... Ah! pourquoi le demander? Mes yeux ne seront - ils pas toujours fixés sur cette mer qu'il doit traverser pour revenir? je ne vois qu'elle.

DIOTIME.

La marche s'avance.

SAPHO.

Ces vagues, Diotime; ces vagues, elles ont aussi frappé les rochers de Sicile; ne les vois- tu pas se précipiter l'une sur l'autre, comme les années qui tombent dans l'éternité? Diotime, Diotime, une de ces vagues suffit pour qu'un malheureux cesse de souffrir.

DIOTIME.

Reprends tes esprits, au nom des dieux.

SCENE VII.

LES PRÉCÉDENTS, ALCÉE, *conduisant le chœur des prêtresses.*

ALCÉE.

Sapho, vous êtes appelée à concourir pour le prix qu'Apollon veut décerner aujourd'hui à celle de ses prêtresses qui honorera le plus son culte par ses chants. Faites - nous entendre ces accords qui ont ravi les contrées de la Grèce où le ciel est le plus pur et le plus serein. Sur les rives sauvages de l'Épire, nous serons capables encore d'admirer votre génie, et d'être émus par vos accents.

SAPHO.

Ah! Diotime; ah! Cléone, son image est devant mes yeux; comment l'écarter de ma pensée? Pourront - ils voir un autre objet que lui? Ma bouche pourra-t-elle prononcer un autre nom?

DIOTIME.

Courage, Sapho, courage; songe que la renommée de ce jour retentira dans les siècles à venir; et que ta gloire doit survivre à ton amour, comme l'âme survit à sa dépouille mortelle.

SAPHO *improvise en s'accompagnant de la lyre.*

« Apollon, que veux-tu de moi? quel hymne des « mortels peut ajouter à ta splendeur? Tes rayons « sont ta couronne, et le ciel est le parvis de ton « temple. La terre n'existe que par toi : cette vaste « mer, qui te dispute ton empire, se glacerait « comme la mort si tu ne la visitais pas de ta cha- « leur. La parure des fleurs, la richesse des mois- « sons, la vie même de l'homme est ton ouvrage, « et chaque étincelle vient de ton foyer immense.

« Le génie aussi, le génie, ô mon divin maître! « vient de toi ; ces contrées fortunées que tu pré- « fères sont seules décorées par les arts et la poé « sie. Cette Grèce sur laquelle ton char s'arrête « avec complaisance, c'est la lyre d'Amphion qui « a peuplé ses villes; ce sont les chants d'Orphée « qui ont rassemblé les hommes épars sur la terre.

« Ah! puissance de la musique, combien vous « êtes merveilleuse! Faut-il marcher à la guerre, « vous remplissez le cœur d'une noble fureur; et « les dangers et la mort, loin d'effrayer l'âme trem- « blante, satisfont les intrépides désirs qu'un « rhythme généreux fait naître. Mais au milieu de « ces passions véhémentes, quand des airs plus « doux se font entendre, d'où vient cette langueur « qui s'empare des sens, ce voile léger et nuageux « qui couvre les objets à nos regards, cette inquié- « tude de la vie qui s'apaise, et ce sentiment de « la beauté qui nous remplit d'admiration pour la « nature?

« De quel enchantement la créature, semblable « aux dieux, ne peut-elle pas jouir sur la terre? « Apollon, tu es le dieu du bonheur, et neuf sœurs, « sur les marches de ton trône, se sont partagé les « merveilles du monde. Oui, j'ai senti le charme « de l'harmonie; oui, l'art de peindre a frappé mes « regards ; la danse légère a comme attiré mon âme « sur ses traces fugitives ; mais mon culte le plus « fidèle, ô divine poésie! c'est toi qui l'as obtenu.

« Apollon, n'es-tu pas jaloux d'Homère? et n'as- « tu pas quelquefois regretté d'avoir versé sur un « mortel des dons qui l'égalaient aux dieux? Les « guerriers qu'il a chantés ont puisé dans son poëme « plus de gloire que dans la coupe même de la vie; « leurs ombres errantes répètent ses chants dans

« les vallons de l'Élysée, et rêvent ainsi le charme
« de la douce et trompeuse existence. Achille ne
« regrette point d'avoir péri dans sa jeunesse. Ho-
« mère ne l'a-t-il pas revêtu de l'avenir? ne lui a-
« t-il pas donné des siècles sans nombre, en échange
« de quelques années? O célébrité du génie! qui
« pourrait te dédaigner? quelle harmonie que celle
« des louanges des mortels! quel monument que
« leur souvenir! est-il une terre féconde, est-il un
« ciel serein qui vaillent la joie qu'excite dans le
« cœur cette imagination sublime dont la voix re-
« tentit en nous comme celle du destin! »

ALCÉE.

Sapho, regarde les transports que tes chants ont
fait naître! Sapho, reçois la couronne, et fléchis
les genoux devant le dieu qui te l'offre par ma main.
(*Il place une couronne de laurier sur la tête de
Sapho.*)

DIOTIME.

Ah! que de tristesse dans les regards de Sapho!
comme elle est étrangère à la gloire dont elle jouit!

CLÉONE.

Ses regards sont tournés vers la mer : qu'y voit-
elle? O ciel! Phaon approcherait-il de ces bords?

ALCÉE.

Sapho, reprends ta lyre, et, selon l'antique usage,
remercie les dieux du nouveau bienfait qu'ils viennent de t'accorder.

SAPHO.

« Oui, je les remercie. Mais de quoi? Le bonheur
« n'a point approché de mon âme. Apollon ne sau-
« rait l'accorder; c'est le dieu de la mer qui peut
« ramener le calme dans mon cœur. Apollon, tu
« ne donnes qu'un vain laurier; et lui, ce dieu des
« ondes, ne peut-il pas conduire une barque dans
« le port? C'est lui que j'adore; c'est lui dont je
« veux être la prêtresse. N'a-t-il pas un palais dans
« le sein de la mer? qu'il m'y donne un asile, et là
« je charmerai par mes chants les Naïades éton-
« nées. Froides Muses, qui n'avez pas su me ren-
« dre chère à ce que j'aime, quel culte voulez-vous
« de moi? »

DIOTIME.

Sapho, que dites-vous?

ALCÉE.

En blasphémant le dieu qui vient de te couronner, sais-tu donc à quels malheurs tu t'exposes?

SAPHO.

Les mortels et les dieux ne sont-ils pas sortis
d'une même tige?

ALCÉE.

A qui dois-tu ton génie?

SAPHO.

A cette âme qui me dévore, à l'amour, au malheur! Fatal présent que ce génie, qui semble, comme
le vautour de Prométhée, s'acharner sur mon
cœur! — O Vénus! divinité plus douce que celle
que j'ai servie, c'est à toi, c'est à toi désormais que
je veux me consacrer; tes timides colombes me
tiendront lieu de l'aigle qui contemplait avec moi
le soleil. Tu es la déesse de la beauté, tu es la
déesse de celui que j'aime; tu plaindras ma faiblesse, tu m'aideras à plaire à celui que mes inutiles talents n'ont pu captiver. — Vénus est sortie
du sein de l'onde, et c'est dans l'onde aussi que
j'espère me plonger. — Prêtre d'Apollon, reprenez
votre couronne (*elle ôte sa couronne*); à peine
a-t-elle touché ma tête, qu'un froid mortel a parcouru mes veines : c'était comme victime que je
me sentais couronner..... Ah! loin de lui, que
voulais-je faire? à quoi voulais-je prétendre? Pourquoi m'approcher du dieu du jour? c'est la nuit
qui me protège; c'est elle qui couvre d'un voile
tous les objets de la nature, et ne laisse que lui
dans mon cœur. Adieu, ma lyre; adieu, soleil;
adieu, toutes les fleurs de la vie. — Pourquoi m'a-
vez-vous exposée aux regards? ne saviez-vous pas
que ma raison était troublée, et ne valait-il pas
mieux me laisser descendre dans les abîmes, où
j'aurais emporté ma gloire, que de montrer à tous
les regards ma honte et ma faiblesse? Vous l'avez
voulu; c'en est fait. Adieu.

(*Elle sort.*)

DIOTIME.

Trop malheureuse Sapho!

ALCÉE.

Ah! quelle funeste issue d'un jour qui avait
commencé sous de si brillants auspices! Allons
dissiper, par nos sacrifices, la douleur que ressent
le dieu de l'harmonie, de se voir méconnu par
celle qu'il préférait à tous les mortels.

⁕⁕⁕⁕⁕⁕⁕⁕⁕

ACTE TROISIÈME.

SCÈNE PREMIÈRE.

CLÉONE, *seule.*

Sapho va venir présenter son offrande à Vénus
et l'interroger sur le nom de sa rivale. Il faut
qu'elle la connaisse; il faut que la prêtresse apprenne de moi le nom qu'elle doit prononcer. Je
ne puis me résoudre à me révéler moi-même à
Sapho; mais aussi je ne puis consentir à ce qu'elle
ignore plus longtemps mon crime involontaire. O
Vénus!...... Ciel! que vois-je? c'est Phaon!

SCENE II.

PHAON et CLÉONE.

PHAON.

Ah! Cléone, est-ce vous?

CLÉONE.

Phaon, avez-vous vu Sapho?

PHAON.

Elle ignore mon arrivée, et j'espère la lui cacher.

CLÉONE.

Et pensez-vous que je puisse me prêter à cette indigne ruse?

PHAON.

Je ne veux pas renouveler sa douleur en la voyant.

CLÉONE.

C'est votre repos que vous ménagez; ce n'est pas le sien.

PHAON.

Je ne puis penser qu'à vous désormais.

CLÉONE.

Ne m'offensez pas par vos perfides hommages. Celui qui fut cruel envers Sapho, serait impitoyable envers Cléone, si cette faible fille l'écoutait.

PHAON.

Je t'aime!

CLÉONE.

N'aimiez-vous pas Sapho?

PHAON.

Elle étonnait mon esprit; elle enflammait ma pensée.

CLÉONE.

Qui croit avoir aimé, alors qu'il n'aime plus? Rappelez-vous vos promesses; elles seules sont les fidèles témoins du passé.

(*Elle s'éloigne.*)

PHAON.

Cléone, vous me quittez!

CLÉONE.

Pour toujours.

PHAON.

Ce rocher peut donner la mort.

CLÉONE.

C'est là que Sapho le cherche.

PHAON.

C'est là que je la trouverai.

CLÉONE.

O ciel! éloignez-vous; Sapho s'avance, appuyée sur ma mère. Dans quel état vous avez réduit une des merveilles du monde! ah! je ne puis la contempler sans vous haïr.

PHAON.

Vous me haïssez, Cléone!

CLÉONE.

Je le dois. — Le temple de Vénus s'ouvre. Adieu.

PHAON.

C'est toi-même que tu vas adorer, sous les traits de la déesse.

CLÉONE.

Toutes les femmes de la Grèce ont reçu de Vénus quelques dons : Apollon n'en a préféré qu'une seule. Adieu, Phaon. Sapho s'approche; dérobez-vous à ses regards. Ah ciel! je n'ai point encore la force de lui parler.

SCENE III.

DIOTIME et SAPHO.

SAPHO.

Quoi! c'est aux yeux de toute la Grèce que j'ai trahi mon désespoir! Ah! Diotime, deviez-vous m'exposer à cet affront? Peut-être que, parmi ceux qui m'écoutaient, il en est qui raconteront ma honte à Phaon; peut-être il en est qui se plairont à faire de ce jour un trophée pour ma rivale.

DIOTIME.

Eh! qui la connaît, cette rivale? qui pourrait t'humilier devant elle? Jamais, Sapho, jamais ta gloire ne peut t'abandonner. La renommée sera la divinité tutélaire qui te protégera toujours.

SAPHO.

Il faut que je la connaisse enfin, cette rivale. Vénus me la désignera. (*Elle se met à genoux devant le portique du temple de Vénus.*) O Vénus! toi qui as pitié des femmes, réponds à ma prière, et tire-moi de l'obscurité profonde qui m'environne. J'ai trop longtemps interrogé le prophétique Apollon, et ses oracles ne m'ont appris que les secrets de la poésie. Que m'importent à présent ces secrets? ils peuvent révéler la pensée des dieux sur l'univers; mais toi, tu sais les secrets du cœur, et ce sont ceux-là que je te demande. — Tendre Vénus, réponds-moi : quelle est la beauté qui m'a fait oublier de Phaon? Est-ce la jeune Mélanthée, qui porte sur ses épaules un carquois, et qui rivalise avec Diane, ton ennemie, dans le ciel, sur la terre et dans les enfers? Est-ce Atthis, qui méprise l'art de plaire, et veut, comme Minerve, que sa beauté serve seulement à ramener tous les cœurs au culte de la vertu? Est-ce Climène, habile à chanter et à jouer de la cithare? Apollon un moment parut la distinguer; mais bientôt j'attirai sur moi tous ses feux. Une seule, parmi les Lesbiennes, te ressemble, ô Vénus! et pourrait me faire oublier; c'est Cléone : mais elle m'aime, et jamais elle n'aurait pu me tromper; non, jamais.

UNE VOIX, *sortant du temple de Vénus.*

Sapho, c'est elle; oui, c'est Cléone que Phaon t'a préférée.

SAPHO.

Ah! ciel! qu'ai-je entendu, Diotime?

DIOTIME.

Sapho, plaignez ma fille plus que vous.

SAPHO.

L'amitié m'aurait trahie comme l'amour! O mer! ce n'est pas assez de tes vagues pour m'ensevelir; que la terre aussi s'entr'ouvre; que tout ce qui donne la mort vienne à mon secours. Ah! divinités funestes, qui vous a permis de donner la vie à ce prix? qui vous l'a permis, justes dieux?

SCENE IV.

DIOTIME, CLÉONE, SAPHO.

CLÉONE.

Sapho, j'entends vos cris; Sapho, je me prosterne à vos pieds.

SAPHO.

Retirez-vous, Cléone; retirez-vous: je vous aimais.

CLÉONE.

Ah! je n'ai point méconnu ce bonheur et cette gloire; j'en atteste ma mère, serment aussi sacré que celui par lequel on prend les dieux à témoin: je ne vous ai point offensée. Ni mes paroles ni mes regards n'ont attiré le cœur de Phaon.

SAPHO.

Si tu n'as rien fait pour lui plaire, il en est mille fois plus coupable. Malheureuse! il faut que j'accuse ou mon amant, ou l'amie que je chérissais comme ma fille; ou plutôt il faut arracher ma tendresse à tous les deux. Oh! comme déjà mon cœur est libre de la vie! comme tous les liens se brisent! O mort! tu n'as déjà plus rien à prendre; le malheur qui t'a devancée a déjà préparé ton œuvre sombre, et d'un faible coup tu peux l'achever.

CLÉONE.

Phaon est arrivé : tu vas le voir.

SAPHO.

Phaon est ici! mes genoux fléchissent; un nuage couvre mes yeux. Oh! si ce nuage m'empêchait de voir ses traits! Apollon, que j'ai ce matin offensé, Apollon, voudrais-tu me ravir ta lumière! Oh! quelques rayons encore pour voir Phaon! et puis après la nuit éternelle!

CLÉONE.

Généreuse Sapho!

DIOTIME.

Ciel! qui porte ici ses pas? c'est Phaon.

SAPHO.

Oui, je le vois, Diotime; il vient. — Diotime, dis-moi, sommes-nous dans l'Élysée? Est-ce son ombre? et dois-je, comme Didon indignée, me détourner de lui en montrant ma blessure?

DIOTIME.

Reste, reste, Sapho; peut-être connaît-il le repentir.

CLÉONE.

Oh! quel moment pour tous trois!

SCENE V.

DIOTIME, CLÉONE, SAPHO, PHAON.

PHAON.

Sapho, c'est un coupable qui plie les genoux devant toi, comme devant l'autel des dieux.

SAPHO.

Une femme trahie peut pardonner au parjure, les dieux ne l'absoudront jamais.

PHAON.

Ils savent cependant quel est le pouvoir du destin.

SAPHO.

L'infortunée qui te parle a ressenti les coups que ta main a conduits.

PHAON.

Ah! crois-tu donc avoir seule souffert?

SAPHO.

Seule je n'étais pas coupable.

PHAON.

Ta conscience du moins t'offrait un asile.

SAPHO.

Je n'en avais plus que dans ton cœur.

PHAON.

Sais-tu quelle est celle que j'ai le malheur d'aimer?

SAPHO.

Celle qui fut mon amie, et que j'aimais comme ma fille.

PHAON.

Elle me dédaigne, parce qu'elle t'admire; elle me repousse loin d'elle. Phaon aussi connaît le malheur de n'être pas aimé de ce qu'il aime.

SAPHO.

Cruel! est-ce Sapho dont tu demandes la pitié?

PHAON.

Je ne l'espère pas.

SAPHO.

Tu pourras l'obtenir, si jamais un instant tu souffres autant que moi. Cléone, c'en est fait, je l'ai revu, et il est resté absent. Oh! rendez-moi ma folie; rendez-moi ce que j'attendais, ce que je n'attends plus. Cléone, vous êtes libre; vous pouvez vous unir à Phaon.

CLÉONE.

Je déclare devant lui que je me voue à votre sort; que jamais, jamais, je ne goûterai aucun bonheur, tant que vous serez à plaindre, et que je ne puis estimer l'homme qui, aimé de vous, peut vous oublier.

SAPHO.

Prends garde, Cléone, prends garde : tu veux me rendre odieuse à Phaon; il m'oubliait, mais il ne me haïssait pas. Oh! prends garde.

PHAON.

Ce n'est pas toi que je punirai, Sapho; c'est moi. Adieu, Sapho.

SCENE VI.

DIOTIME, SAPHO, CLÉONE

SAPHO.

Il part, je ne le reverrai plus. Cependant il était là; ce n'était pas mon imagination seule qui me peignait ses traits. Cléone, Cléone, rappelle-le. Oui, j'aime mieux devoir sa présence à celle qu'il aime, que de ne plus le voir. Cléone, quand tu seras unie à lui, ne peux-tu pas me prendre pour ton esclave? Il en est qui doivent jouer du luth et de la lyre; il me reste assez de ce talent que j'ai perdu pour remplir une place obscure auprès de toi. Alors je le verrai passer quand il te donnera la main pour aller à quelque fête. Je le verrai, Cléone, et je te bénirai de l'avoir permis.

CLÉONE.

Ah! ma mère, se peut-il que j'entende de semblables paroles!

DIOTIME.

Sapho, ne déchirez pas le cœur de ma fille; vous le voyez, elle ne peut résister aux émotions violentes que votre génie vous donne la force de supporter, et je la vois prête à expirer sur mon sein.

SAPHO.

Ah! de quoi se plaint-elle? a-t-elle le droit de verser des larmes, elle qu'il aime! et peux-tu me demander ma pitié pour l'heureuse femme que Phaon a préférée? Ah! la pitié! c'est à moi qu'elle est due; cependant je ne la demande plus. Cléone, adieu.

CLÉONE.

Sapho, refuses-tu le bras de Cléone?

SAPHO.

Cléone, Cléone! laisse-moi dans cet instant me retirer avec Diotime; j'accepterai ton appui ce soir pour monter sur le rocher : oui, ce soir, je t'en donne ma foi.

ACTE QUATRIÈME.

SCÈNE PREMIÈRE.

DIOTIME, SAPHO.

SAPHO.

Tu l'as vu prêt à se précipiter dans la mer?

DIOTIME.

Je passais avec ma fille, et mes cris l'ont retenu.

SAPHO.

Oui, les cris de ta fille.

DIOTIME.

Cléone s'est détournée de lui, et il n'a pas obtenu un seul mot de sa bouche.

SAPHO.

Oui, mais elle était pâle; il a pu voir son beau visage décoloré par la terreur.

DIOTIME.

Pouvait-elle le voir périr sans être émue? Elle s'est éloignée; et, dans cet instant, Phaon s'est approché de moi; il m'a parlé de Cléone, et j'ai confirmé le refus qu'elle avait prononcé le matin.

SAPHO.

Ah! c'est trop, beaucoup trop de sacrifices pour une simple femme; il est temps de rendre le bonheur à tous. Diotime, allez trouver Phaon, et priez-le de ma part de venir ici me parler.

DIOTIME.

Phaon!

SAPHO.

Ne crains pas que ton amie s'abaisse devant celui qui l'a dédaignée. Tu peux le faire venir, tu le peux.

DIOTIME.

Il suffit : je t'en crois.

SCENE II.

SAPHO, seule.

Oh! que le sacrifice de soi-même est douloureux! D'où vient qu'il en coûte tant de renoncer à ce fantôme qu'on a poursuivi, à ce bonheur qui a fui devant nous, comme les feux qui égarent le voyageur dans le désert? C'en est fait, cette lueur doit s'éteindre, et avec elle toutes les flammes de la vie. Ah! Phaon! Phaon! pourquoi t'ai-je donné mon âme? Ah! je voudrais me posséder moi-même : mais les dieux m'ont faite le jouet de l'amour.

SCENE III.

PHAON, SAPHO.

SAPHO.

Phaon, tu ne peux vivre sans Cléone?... Phaon, pourquoi ne me réponds-tu pas? Le silence en apprend autant que les paroles; mais il exprime plus de dédain.

PHAON.

Pourquoi te répéterais-je ce que tu ne peux ignorer?

SAPHO.

Je veux ton bonheur; je le veux aux dépens de ma vie; mais je ne suis pas encore parfaitement généreuse, puisque j'ai besoin que tu me demandes le sacrifice que je veux faire.

PHAON.

Et que peut ta générosité même dans l'état où je suis?

SAPHO.

Je saurai déterminer Cléone à s'unir avec toi.

PHAON.

Tu le peux, Sapho.

SAPHO.

Je te peindrai tel que je te vois, et je lui ferai partager ce que je sens.

PHAON.

Il est vrai, Sapho, que nul mortel ne résiste à ton éloquence.

SAPHO.

Nul mortel! ah! Phaon!

PHAON.

Plains un ingrat; ne l'accable pas.

SAPHO.

Eh bien! veux-tu tenir Cléone de ma main?

PHAON.

Ah! je serais un barbare.

SAPHO.

Tu l'étais quand tu pus m'oublier.

PHAON.

L'excès de mon infortune du moins peut expier ma faute.

SAPHO.

Non, je te pardonnerai, si c'est à moi que tu dois ton bonheur.

PHAON.

Tu me pardonneras; mais que deviendras-tu?

SAPHO.

Mon sort ne peut être changé, et les dieux ont prononcé sur moi l'arrêt irrévocable; mais il y a des sentiments doux qui peuvent encore faire du bien à mon cœur.

PHAON.

Sapho, dispose de moi. Étonné que je suis de ne plus t'appartenir, j'aime à penser que ma destinée est encore soumise à ton pouvoir.

SAPHO.

Arrête, ne me dis rien de sensible, Phaon; il me faut de la force; il m'en faut beaucoup : ne me l'ôte pas.

PHAON.

Je me tais.

SAPHO.

Adieu, Phaon. Cléone va venir; je la verrai sans colère : elle fut élevée par moi; tu croiras retrouver dans son langage quelques traits de Sapho. Phaon, ne repousse pas ce souvenir : il ne faut pas craindre de souffrir pour conserver quelques traces du passé.

SCENE IV.

SAPHO, CLÉONE.

SAPHO.

Approche de moi sans crainte; tu n'es pas coupable de mon malheur, et j'attends de toi, Cléone, une consolation puissante.

CLÉONE.

Moi! je puis vous consoler! Ô mon amie! parlez; combien vous me soulagez!

SAPHO.

Il faut unir ton sort à celui de Phaon.

CLÉONE.

Que dites-vous?

SAPHO.

Je l'ai promis en ton nom.

CLÉONE.

Quoi! j'hériterais de vos douleurs! Quoi! je pourrais me consacrer à celui qui vous a si cruellement traitée!

SAPHO.

Ah! pouvait-il résister à tes charmes, à ton innocente candeur!

CLÉONE.

Le génie n'a-t-il pas aussi sa sublime innocence?

SAPHO.

L'âme de Phaon est noble et pure, malgré ses torts envers moi; je sais qu'il est digne de Cléone. J'ai passé près d'une année dans la douce persuasion qu'il était à moi pour toujours. Ah! Cléone, que ces instants étaient divins! Jamais je ne sortais de ma demeure sans que son bras protecteur appuyât mes pas chancelants. Quand je paraissais dans les fêtes solennelles de la Grèce, il était ému de ma gloire, et la joie qui brillait sur son front m'apprenait à jouir de moi-même. Un jour, j'étais dangereusement malade, et je me croyais près de traverser l'onde irrévocable; rien ne pourra te peindre, Cléone, ses soins et sa douleur : il me sauva par ses regards qui retinrent ma vie prête à s'échapper. Ah! sans doute j'aurais voulu qu'alors... Mais qu'importe? je te le dis, Cléone, il est bon, tu dois me croire.

CLÉONE.

Il est bon, celui qui vous déchire le cœur! Ah! c'est vous, Sapho; c'est vous qui êtes admirable!

SAPHO.

Dois-je être injuste envers Phaon, parce qu'il m'a fait souffrir?

CLÉONE.

Tu peux lui pardonner. Mais moi!...

SAPHO.

Cléone, tu contempleras chaque jour ses traits ravissants. Quand le cor retentira dans les bois, tu le verras passer sur le sommet des monts, et dompter un cheval sauvage, qui frémira sous sa main. Aux jeux Olympiques, il sera vainqueur; toutes les femmes de la Grèce envieront ton sort, et diront : « Voilà celle que le plus beau des mortels a préférée. »

CLÉONE.

Cet attrait passager peut-il suffire au bonheur?

SAPHO.

Penses-tu que les dieux lui aient donné ces charmes comme un simple ornement que le souffle du temps doit flétrir? C'est son âme généreuse, dont sa figure est le symbole; ce sont ses nobles qualités qu'expriment et sa voix et son regard.

CLÉONE.

Sapho! Sapho! est-ce ainsi que tu parles de celui qui put te trahir!

SAPHO.

Ah! s'il m'abandonne, c'est que je l'ai mérité. Pouvais-je le captiver toujours, moi qui ai déjà connu les feux d'un premier hyménée? Il lui faut un cœur qui n'ait battu que pour lui. Cléone, ne refuse pas le sort d'une divinité sur la terre.

CLÉONE.

Tu le veux?

SAPHO.

Je l'exige.

CLÉONE.

Eh bien! apprends un secret que je voulais te cacher jusqu'à ma mort. Je sacrifiais Phaon à mon enthousiasme pour toi; mais je l'aimais.

SAPHO.

Tu l'aimais! tu l'aimais!

CLÉONE.

D'où vient donc ce trouble? puisque tu me com-

mandes de le choisir pour époux, peux-tu craindre que je l'aime?

SAPHO.

Je ne puis donc avoir à ses yeux aucun avantage que tu ne possèdes, et jusqu'à mon amour, tu l'éprouves aussi, Cléone! Ah! du moins, mon malheur me reste encore; il me reste à moi seule, et c'est l'unique souvenir que tu ne puisses effacer dans son cœur.

CLÉONE.

Il en est temps encore; dis un mot, et je pars : je vais me retirer dans des lieux inconnus, et jamais Phaon ne pourra retrouver ma trace.

SAPHO.

Et ton image, peux-tu l'anéantir? Laisse-moi; je ne serai point oubliée de Phaon : c'est moi qui me retirerai dans des régions inconnues, où j'emporterai ses regrets.

SCÈNE V.

DIOTIME, CLÉONE, SAPHO.

SAPHO.

Diotime, ta fille consent à s'unir à Phaon.

DIOTIME.

Est-il vrai?

CLÉONE.

Sapho l'ordonne; l'approuves-tu?

DIOTIME.

Si votre bonheur à tous les trois peut en résulter...

SAPHO.

Oui, notre bonheur. Tu as bien dit, Diotime; chacun ne le place-t-il pas selon la hauteur de ses pensées?

DIOTIME.

Je ne m'oppose point à vos vœux.

SCÈNE VI.

LES PRÉCÉDENTS, PHAON.

SAPHO.

Approche, Phaon; je te donne celle qui t'est chère. N'est-il pas vrai, Cléone? c'est moi qui ai vaincu ta volonté.

CLÉONE.

Oui, sans doute; vous seule.

PHAON.

Ah! Sapho!

SAPHO.

Ne crois pas, cependant, que Cléone fût insensible à ton hommage : Phaon, qui pourrait l'être! Cléone t'aimait en secret, mais elle me sacrifiait ton amour.

PHAON.

Ah ! ciel !

SAPHO.

Oui, tu es bien heureux ; le plus heureux des hommes. Allons préparer la fête qui couronnera ce grand jour. Toi, Diotime, préviens Alcée que je veux l'entretenir en secret quelques instants. Les époux doivent être unis à l'heure où le soleil descend dans les ondes ; la mer est alors si calme et si belle ! et je veux chanter ses merveilles en l'honneur de Téthys, sur le sommet de ce rocher. Phaon, c'est moi qui me chargerai de célébrer ton hymen ; le permets-tu ? mes vœux seront dignes de toi.

PHAON.

Ah, Sapho ! ton courage m'épouvante. Est-ce à moi d'accepter ?...

SAPHO.

C'est à toi d'obéir. Adieu. Je vais réfléchir quelque temps sur la fin du jour. Pourquoi tous les hommes ne regardent-ils pas chacun de ces jours comme l'image de la vie ? ils ne laisseraient point s'éteindre ainsi, comme une flamme agitée par le vent, le temps qui leur est donné sur la terre.

SCENE VII.

DIOTIME, CLÉONE, PHAON.

CLÉONE.

Ma mère, croyez-vous que son âme soit tranquille ?

DIOTIME.

Elle me semble plus calme ; la gloire d'un tel sacrifice la soutient.

PHAON.

Ah ! Cléone, ne puis-je aussi te parler de mon bonheur ?

CLÉONE.

Suivez les pas de celle de qui dépend votre destinée. Pourriez-vous être heureux, tant que nous ne sommes pas assurés de ce qui se passe au fond de son cœur ?

ACTE CINQUIÈME.

SCÈNE PREMIÈRE.

ALCÉE, SAPHO.

ALCÉE.

Vous voulez embellir, Sapho, la fête d'un hymen qui doit vous affliger.

SAPHO.

Quand la résolution est prise, c'est dans l'excès même des sacrifices qu'on trouve de la force.

ALCÉE.

Quoi ! vous célébrerez vous-même, sur votre lyre, l'union de Cléone et de Phaon !

SAPHO.

N'y a-t-il pas des chants dans toutes les solennités de la vie ? n'a-t-on pas vu des jeux funéraires ? Pourquoi mes vers ne seraient-ils pas consacrés au bonheur de celui que j'ai tant aimé ?

ALCÉE.

Sapho, votre calme m'inquiète ! je craindrais moins, si vous étiez plus agitée.

SAPHO.

Il y a toujours du calme quand il n'y a plus d'espoir.

ALCÉE.

Il vous reste un avenir si brillant et si beau !

SAPHO.

L'avenir de l'homme sur la terre est quelquefois un an, un jour, une heure ; mais la gloire seule nous affranchit du temps.

ALCÉE.

Sapho, c'est moi qui dois allumer sur l'autel le flambeau de l'hymen entre Cléone et Phaon ; ainsi vous l'avez ordonné : mais ma main tremblera, quand je formerai ces indissolubles nœuds.

SAPHO.

Alcée, quel est le cœur qui ne tremble pas, dès qu'il s'agit de l'irrévocable ? Le mariage, la mort, causent de la terreur à nos âmes, plus mobiles encore que notre destinée. Mais ne faut-il pas que tout se fixe à la fin sur la terre ? et les flambeaux n'éclairent-ils pas la pompe nuptiale, comme ils allument la flamme du bûcher ?

ALCÉE.

Sapho, ton génie t'élève au-dessus du sort ; mais je redoute en toi les sentiments qui peuvent troubler les lumières de ta raison.

SAPHO.

Ces sentiments ne consument que la vie ; mais ce que j'ai reçu d'Apollon, l'étincelle dont il a pénétré mon âme ne peut s'éteindre, tant que mes vers subsisteront.

ALCÉE.

Ah ! si, dégagée des passions terrestres, tu veux enfin te vouer à ce dieu dont tu reçus tant de bienfaits, les secrets mêmes de l'univers peuvent un jour t'être révélés.

SAPHO.

Le secret de l'univers, Alcée ! c'est l'amour et

la mort. Crois-tu que je ne connaisse pas l'un et l'autre ?

ALCÉE.

Nous nous retrouverons, Sapho, dans ces Champs Élysiens, dans ce séjour des ombres, où ton maître, Apollon, ne conduit jamais son char; et peut-être alors ne dédaigneras-tu pas l'hommage que je t'ai vainement offert.

SAPHO.

Alcée, je suis touchée de ta noble amitié : je t'attendrai sur l'autre rive, car je dois t'y précéder; mais c'est à toi seul que je confie mon nom parmi les Grecs. Tu le sais, le langage des favoris des dieux n'est compris que d'un petit nombre de mortels ; et le triste avantage du génie, c'est de vivre au milieu des hommes, sans pouvoir se faire entendre de la plupart d'entre eux. Toi, mon concitoyen dans la patrie des arts, apprends aux siècles futurs ce que fut Sapho, et surtout ce qu'elle pouvait être.

ALCÉE.

Que dites-vous, Sapho ? jamais votre talent n'eut plus d'éclat et de force.

SAPHO.

Le serpent a piqué la fleur; qu'importe qu'elle soit encore sur sa tige! C'en est fait; il n'y a plus de printemps pour elle : quand elle tombera, ce sera pour toujours.

SCENE II.

SAPHO, CLÉONE, ALCÉE.

SAPHO.

Cléone, vous êtes belle, et la couronne blanche sied à vos innocents regards.

CLÉONE.

Sapho, c'est en tremblant que je jouis du bonheur que vous m'avez donné. Hélas! puis-je ignorer ce qu'il en coûte à votre cœur?

SAPHO.

Alcée, vous allez rassembler les prêtresses qui doivent assister à la fête. Moi, je me placerai sur ce rocher, pour contempler la mer, et pour accompagner de mes accords les gémissements de ses vagues.

ALCÉE.

Sapho, que parlez-vous de gémissements, dans ces moments de joie?

SAPHO.

Ces heureux époux doivent-ils donc oublier qu'on peut souffrir dans ce monde ? Leur sort est assez doux pour qu'on ose leur rappeler que la destinée veille et menace. De quel droit prétendraient-ils l'ignorer ?

SCENE III.

SAPHO, CLÉONE.

SAPHO.

Eh bien !

CLÉONE.

Ne me trompe pas; ne te trompe pas toi-même : il en est temps encore; romps cet hyménée, s'il te fait trop de mal. Crois-moi, je serai heureuse de te suivre et de t'entendre. J'aime Phaon, sans le connaître : je l'aime, parce qu'il m'a préférée. Mais un autre n'aurait-il pas pu m'aimer et me plaire? tandis que toi, Sapho, toi, tu es un être unique sur la terre; et c'est un destin assez doux que de te voir et de te servir.

SAPHO.

Lève-toi, Cléone; lève-toi : le bonheur est fait pour ton âge. Je descends la montagne dont tu n'as pas encore atteint le sommet, et le vent de l'abîme se fait déjà sentir à mon cœur brûlant, comme on voit sur l'Ètna les neiges et les feux se réunir, sans se réchauffer ni s'éteindre. Sois heureuse, et souviens-toi de Sapho.

CLÉONE.

Ah! tu ne me quitteras point.

SAPHO.

Si tu étais ma fille, ne faudrait-il pas que je mourusse avant toi? Comment donc te persuaderais-tu, Cléone, que je ne te quitterais pas?

CLÉONE.

Sapho, vos regards sont troublés! je ne sais quelle tristesse me saisit; le bonheur même m'effraye, comme s'il cachait quelque terrible mystère.

SAPHO.

Ne te plains pas de ton sort, Cléone, il est beau; mais il se peut que tu éprouves quelques légères peines : pourquoi serais-tu seule exempte de la douleur?

SCENE IV.

LES PRÉCÉDENTS, DIOTIME.

DIOTIME.

Cléone, ton époux s'avance : les jeunes filles qui l'accompagnent vont poser le voile sur ta tête, et te conduire dans sa maison.

CLÉONE.

O ma mère! je vais vous quitter!

SAPHO, *à part.*

Heureuse fille! c'est entre son époux et sa mère que son cœur est partagé. Moi, j'ai pour mère et pour époux ce vaste océan, qui n'a jamais refusé d'asile à personne.

DIOTIME.

Sapho! mon amie! maintenant qu'un autre est chargé du destin de ma fille, je vais me consacrer à toi, et partout je te suivrai.

SAPHO.

Partout, Diotime!

DIOTIME.

Oui, ne nous séparons plus.

SAPHO.

Non, je ne conseille à personne d'unir son sort à une âme aussi agitée que la mienne.

DIOTIME.

Ton généreux sacrifice t'a rendu le calme.

SAPHO.

Sans doute, aux yeux des autres.

DIOTIME.

N'ai-je plus le droit de lire dans ton cœur?

SAPHO.

Hélas! hélas! je n'ose moi-même le sonder, et je n'y sens qu'une blessure. — O ciel! c'est Phaon. Dieux puissants! soutenez votre victime, et faites qu'elle marche d'un pas ferme à l'autel.

SCENE V.

LES PRÉCÉDENTS, PHAON.

PHAON.

Ah! Cléone! Cléone! tu vas me suivre; mais avant de te recevoir dans ma demeure, je vais au temple remercier les dieux, pour détourner la jalousie que peut faire naître en eux mon bonheur.

CLÉONE.

Phaon, ne vois-tu pas Sapho?

PHAON.

Non, je ne voyais pas celle à qui je te dois.

SAPHO.

Je n'ai donc plus que ce titre à tes yeux?

PHAON.

Ah! pardonne; mais mon trouble....

SAPHO.

Arrête. N'épuise pas ton esprit à dissimuler ce que je sais mieux que toi. Allons, que la fête commence; allons, que les mortels oublient qu'ils n'ont qu'un jour à passer sur cette terre de larmes; que les flambeaux s'allument; que les instruments retentissent. Donnez-moi, donnez-moi la torche de l'hymen; je n'incendierai point le temple de ses feux; je la porterai d'une main ferme.

DIOTIME.

Sapho! Sapho!

SAPHO.

Qu'ai-je dit? Empêche-moi de parler, Diotime; je pourrais me trahir.

SCENE VI.

LES PRÉCÉDENTS, ALCÉE, *suivi du chœur des prêtresses.*

ALCÉE.

Heureux époux, avant de marcher au temple de Vénus, allez rendre hommage à celui d'Apollon, dont Sapho est la prêtresse.

SAPHO.

Je dois vous précéder dans le sanctuaire; mais laissez-moi d'abord monter sur ce rocher qui domine l'horizon. Donnez-moi ma lyre; et vous, jeunes époux, écoutez-moi. Songez que dans les fêtes, les dieux ordonnent une libation aux divinités souterraines; c'est moi dont les chants accompagneront cet acte solennel. (*Elle s'approche sur le devant du théâtre.*) Phaon, Phaon, adieu.

PHAON.

Sapho, ne crois point que nous soyons séparés; ton génie m'enchaînera sur tes traces.

SAPHO.

Phaon, adieu. — Je marche au temple : Alcée, Diotime, Cléone, vous allez me suivre; mais tenez-vous quelques instants au pied du rocher, avant de m'y rejoindre. Le dieu qui m'inspire veut que je sois seule en présence de ses rayons.

O Diane! sœur d'Apollon, c'est toi qui règnes maintenant dans le ciel : divinité de la nuit, ta clarté répand quelque douceur sur les ténèbres; de même le vague espoir d'un autre avenir luit dans notre âme au moment de quitter la vie. Diane! tes traits d'argent sont aussi ceux de la mort : ils se réfléchissent dans l'onde, et tu traces une route brillante jusqu'au fond de la mer. C'est ainsi que l'amour, l'amour généreux éclaire jusqu'à l'abîme où la douleur va me plonger. — O toi que j'ai tant aimé! pourras-tu revoir ce rivage, sans que le souvenir de Sapho émeuve ton cœur! Elle avait reçu du ciel le don du génie; toutes les merveilles de la nature parlaient à son âme, et cependant ta seule voix était devenue nécessaire à son cœur, et par degrés le monde entier s'est tu, quand elle ne t'a plus entendu. Toi qui m'as abandonnée sur cette terre, ton nom du moins, ton nom sera pour jamais inséparable du mien dans l'avenir, et cette vaine ombre d'une union tant désirée est encore chère à mon cœur. — Je l'avoue, j'ai pitié de moi; je pleure ces talents qui me remplissaient d'un si glorieux espoir dans les beaux jours de ma jeunesse. Mais qu'y a-t-il de réel sur la terre, si ce n'est la douleur? Que vaut ce reste de vie que je vais immoler? Vous, heureux époux! vous vous croyez possesseurs du temps; il vous échappera comme à moi; je ne laisse sur la terre que des mourants. O terre! dont je ne reverrai plus ni les fruits ni les fleurs, je te dérobe ma triste dépouille; un charme secret m'attire vers la mer. Je vois les vagues se soulever; il me semble qu'elles m'appellent, et qu'une puissance mystérieuse m'invite à m'y confier. Eh bien! je, vous entends, divinités souterraines; l'amour, la gloire, l'air qui s'embrasait dans mon sein, tout va s'éteindre dans les ondes. O malheur! je te fuis : c'en est fait.

(*Elle s'élance dans la mer.*)

PHAON.

Ciel! ô ciel! laissez-moi me précipiter dans les flots avec elle.

ALCÉE.

Tes efforts seront vains; les dieux ont disposé de son sort; ne la cherche plus dans les ondes, tourne plutôt tes regards vers les cieux; c'est là qu'Apollon a déjà placé sa couronne.

CLÉONE.

Sapho n'est plus; c'est à Sapho que j'ai donné la mort! O ma mère! je me meurs. (*Elle s'évanouit dans les bras de Diotime.*)

ALCÉE.

Adorez tous Apollon : soit qu'il dispense ou la mort ou la vie, une bienfaisante pensée préside toujours à ses décrets.

FIN DES ŒUVRES POSTHUMES.

TABLE DES MATIÈRES

CONTENUES DANS CE VOLUME.

Pages

Avertissement de l'éditeur. 1
Notice sur le Caractère et les Écrits de madame de Staël. 2
Introduction *Ibid.*
De l'éducation de madame de Staël, et de sa première jeunesse. 4
Des Écrits de madame de Stael. Première période. 8
Lettres sur Rousseau 10
Écrits de madame de Stael. Deuxième période. *Ibid.*
Défense de la reine. — Épître au malheur — Deux opuscules politiques. 11
De l'influence des passions sur le bonheur des individus et des nations. 12
De la littérature considérée dans ses rapports avec les institutions sociales. 13
Delphine 14
Écrits de madame de Stael. Troisième période 18
Corinne, ou l'Italie. 19
De l'Allemagne. 22
Considérations sur la révolution française. 27
Examen général du talent de madame de Staël. 30
Seconde Partie. — Vie domestique et sociale de madame de Stael. 32
Relations domestiques. *Ibid.*
Relations de choix. 38
Société et conversation. 41
Suite de la conversation, opinions politiques, reparties. 43
Genre de vie, affaires, études, correspondance. 46
Effets du temps. 50
Maladie , et conclusion. 53
CONSIDÉRATIONS SUR LES PRINCIPAUX ÉVÉNEMENTS DE LA RÉVOLUTION FRANÇAISE. 55
Avis des éditeurs de 1818. *Ibid.*
Avertissement de l'auteur. *Ibid.*
Première Partie. Chap. 1er. Réflexions générales. *Ibid.*
Chap. II. Considérations sur l'histoire de France. 59
Chap. III. De l'opinion publique en France, à l'avénement de Louis XVI. 65
Chap. IV. Du caractère de M. Necker, comme homme public. 68
Chap. V. Des plans de M. Necker, relativement aux finances. 70
Chap. VI. Des plans de M. Necker, en administration. 72
Chap. VII. De la guerre d'Amérique. 75
Chap. VIII. De la retraite de M. Necker, en 1781. 76
Chap. IX. Des circonstances qui ont amené la convocation des états généraux. Ministère de M. de Calonne. 79

Chap. X. Suite du précédent. — Ministère de l'archevêque de Toulouse. 83
Chap. XI. Y avait-il une constitution en France avant la révolution ? 84
Chap. XII. Du rappel de M. Necker, en 1788. 90
Chap. XIII. De la conduite des derniers états généraux tenus à Paris, en 1614. 91
Chap. XIV. De la division par ordre dans les états généraux. 92
Chap. XV. Quelle était la disposition des esprits en Europe au moment de la convocation des états généraux 96
Chap. XVI. Ouverture des états généraux, le 5 mai 1789. 97
Chap. XVII. De la résistance des ordres privilégiés aux demandes du tiers état , en 1789. 98
Chap. XVIII. De la conduite du tiers état, pendant les deux premiers mois de la session des états généraux. 100
Chap. XIX. Des moyens qu'avait le roi, en 1789, pour s'opposer à la révolution. 101
Chap. XX. De la séance royale du 23 juin 1789. 102
Chap. XXI. Des événements causés par la séance royale du 23 juin 1789. 105
Chap. XXII. Révolution du 14 juillet. 108
Chap. XXIII. Retour de M. Necker. 109
Seconde Partie. Chap. 1er. Mirabeau. 113
Chap. II. De l'assemblée constituante, après le 14 juillet. 114
Chap. III. Le général la Fayette. 115
Chap. IV. Des biens opérés par l'assemblée constituante 117
Chap. V. De la liberté de la presse et de la police pendant l'assemblée constituante. 119
Chap. VI. Des divers partis qui se faisaient remarquer dans l'assemblée constituante. 121
Chap. VII. Des fautes de l'assemblée constituante, en fait d'administration. 124
Chap. VIII. Des fautes de l'assemblée nationale en fait de constitution. 126
Chap. IX. Des efforts que fit M. Necker auprès du parti populaire de l'assemblée constituante, pour le déterminer à établir la constitution anglaise en France. 127
Chap. X. Le gouvernement anglais a-t-il donné de l'argent pour fomenter les troubles en France ? 129
Chap. XI. Des événements du 5 et du 6 octobre. *Ibid.*
Chap. XII. L'assemblée constituante à Paris. 133
Chap. XIII. Des décrets de l'assemblée constituante relativement au clergé. 134

Pages.

CHAP. XIV. De la suppression des titres de noblesse. 137

CHAP. XV. De l'autorité royale, telle qu'elle fut établie par l'assemblée constituante. 138

CHAP. XVI. De la fédération du 14 juillet 1790. 139

CHAP. XVII. Ce qu'était la société de Paris pendant l'assemblée constituante. 140

CHAP. XVIII. De l'établissement des assignats, et de la retraite de M. Necker. 141

CHAP. XIX. De l'état des affaires et des partis politiques, dans l'hiver de 1790 à 1791. 143

CHAP. XX. Mort de Mirabeau. 145

CHAP. XXI. Départ du roi, le 21 juin 1791. 146

CHAP. XXII. Révision de la constitution. 147

CHAP. XXIII. Acceptation de la constitution appelée constitution de 1791. 150

TROISIÈME PARTIE. CHAP. Ier. De l'émigration. 152

CHAP. II. Prédiction de M. Necker sur le sort de la constitution de 1791. 154

CHAP. III. Des divers partis dont l'assemblée législative était composée. 157

CHAP. IV. Esprit des décrets de l'assemblée législative. 159

CHAP. V. De la première guerre entre la France et l'Europe. Ibid.

CHAP. VI. Des moyens employés en 1792 pour établir la république. 161

CHAP. VII. Anniversaire du 14 juillet, célébré en 1792. 163

CHAP. VIII. Manifeste du duc de Brunswick. 164

CHAP. IX. Révolution du 10 août 1792. Renversement de la monarchie. Ibid.

CHAP. X. Anecdotes particulières. 165

CHAP. XI. Les étrangers repoussés de France, en 1792. 169

CHAP. XII. Procès de Louis XVI. 170

CHAP. XIII. De Charles Ier et de Louis XVI. 172

CHAP. XIV. Guerre entre la France et l'Angleterre. M. Pitt et M. Fox. 174

CHAP. XV. Du fanatisme politique. 177

CHAP. XVI. Du gouvernement appelé le règne de la terreur. 178

CHAP. XVII. De l'armée française pendant la terreur, des fédéralistes et de la Vendée. 180

CHAP. XVIII. De la situation des amis de la liberté hors de France pendant le règne de la terreur. 181

CHAP. XIX. Chute de Robespierre, et changement de système dans le gouvernement. 183

CHAP. XX. De l'état des esprits au moment où la république directoriale s'est établie en France. 184

CHAP. XXI. Des vingt mois pendant lesquels la république a existé en France, depuis le mois de novembre 1795, jusqu'au 18 fructidor (4 septembre 1797). 187

CHAP. XXII. Deux prédictions singulières tirées de l'Histoire de la révolution, par M. Necker. 189

CHAP. XXIII. De l'armée d'Italie. 190

CHAP. XXIV. De l'introduction du gouvernement militaire en France, par la journée du 18 fructidor. 191

CHAP. XXV. Anecdotes particulières. 193

CHAP. XXVI. Traité de Campo-Formio en 1797. Arrivée du général Bonaparte à Paris. 195

CHAP. XXVII. Préparatifs du général Bonaparte pour aller en Égypte. Son opinion sur l'invasion de la Suisse. 198

CHAP. XXVIII. Invasion de la Suisse. 199

CHAP. XXIX. De la fin du directoire. 201

QUATRIÈME PARTIE. CHAP. 1er. Nouvelles d'Égypte; retour de Bonaparte. 202

Pages.

CHAP. II. Révolution du 18 brumaire. 203

CHAP. III. Comment la constitution consulaire fut établie. 206

CHAP. IV. Dès progrès du pouvoir absolu de Bonaparte. 208

CHAP. V. L'Angleterre devait-elle faire la paix avec Bonaparte, à son avénement au consulat? 211

CHAP. VI. De l'inauguration du concordat à Notre-Dame. 213

CHAP. VII. Dernier ouvrage de M. Necker sous le consulat de Bonaparte. 214

CHAP. VIII. De l'exil. 219

CHAP. IX. Des derniers jours de M. Necker. 221

CHAP. X. Résumé des principes de M. Necker en matière de gouvernement. 223

CHAP. XI. Bonaparte empereur. La contre-révolution faite par lui. 224

CHAP. XII. De la conduite de Napoléon envers le continent européen. 227

CHAP. XIII. Des moyens employés par Bonaparte pour attaquer l'Angleterre. 229

CHAP. XIV. Sur l'esprit de l'armée française. 230

CHAP. XV. De la législation et de l'administration sous Bonaparte. 233

CHAP. XVI. De la littérature sous Bonaparte. 235

CHAP. XVII. Un mot de Bonaparte imprimé dans le Moniteur. 237

CHAP. XVIII. De la doctrine politique de Bonaparte. ibid.

CHAP. XIX. Enivrement du pouvoir, revers et abdication de Bonaparte. 240

CINQUIÈME PARTIE. CHAP. 1er. De ce qui constitue la royauté légitime. 246

CHAP. II. De la doctrine politique de quelques émigrés français et de leurs adhérents. 247

CHAP. III. Des circonstances qui rendent le gouvernement représentatif plus nécessaire maintenant en France que partout ailleurs. 250

CHAP. IV. De l'entrée des alliés à Paris, et des divers partis qui existaient alors en France. 252

CHAP. V. Des circonstances qui ont accompagné le premier retour de la maison de Bourbon en 1814. 255

CHAP. VI. De l'aspect de la France et de Paris pendant la première occupation. 256

CHAP. VII. De la charte constitutionnelle donnée par le roi en 1814. 258

CHAP. VIII. De la conduite du ministère pendant la première année de la restauration. 260

CHAP. IX. Des obstacles que le gouvernement a rencontrés pendant la première année de la restauration. 264

CHAP. X. De l'influence de la société sur les affaires politiques en France. 267

CHAP. XI. Du système qu'il fallait suivre en 1814 pour maintenir la maison de Bourbon sur le trône de France. 269

CHAP. XII. Quelle devait être la conduite des amis de la liberté en 1814? 273

CHAP. XIII. Retour de Bonaparte. 275

CHAP. XIV. De la conduite de Bonaparte à sa retour. 277

CHAP. XV. De la chute de Bonaparte. 278

CHAP. XVI. De la déclaration des droits proclamée par la chambre des représentants le 5 juillet 1815. 280

SIXIÈME PARTIE. CHAP. 1er. Les Français sont-ils faits pour être libres? 281

CHAP. II. Coup d'œil sur l'histoire d'Angleterre. 283

Pages.

CHAP. III. De la prospérité de l'Angleterre, et des causes qui l'ont accrue jusqu'à présent. 289
CHAP. IV. De la liberté et de l'esprit public chez les Anglais. 293
CHAP. V. Des lumières, de la religion et de la morale chez les Anglais. 301
CHAP. VI. De la société en Angleterre, et de ses rapports avec l'ordre social. 306
CHAP. VII. De la conduite du gouvernement anglais hors de l'Angleterre. 311
CHAP. VIII. Les Anglais ne perdront-ils pas un jour leur liberté ? 318
CHAP. IX. Une monarchie limitée peut-elle avoir d'autres bases que celles de la constitution anglaise ? 321
CHAP. X. De l'influence du pouvoir arbitraire sur l'esprit et le caractère d'une nation. 323
CHAP. XI. Du mélange de la religion avec la politique. 327
CHAP. XII. De l'amour de la liberté. 331
DIX ANNÉES D'EXIL. 335
Préface de M. de Staël fils. Ibid.
PREMIÈRE PARTIE. CHAP. Ier. Causes de l'animosité de Bonaparte contre moi. 336
CHAP. II. Commencement de l'opposition dans le tribunat. — Premières persécutions à ce sujet. — Fouché. 337
CHAP. III. Système de fusion adopté par Bonaparte. — Publication de mon ouvrage sur la Littérature. 338
CHAP. IV. Conversation de mon père avec Bonaparte. — Campagne de Marengo. 340
CHAP. V. Machine infernale. — Paix de Lunéville. 341
CHAP. VI. Corps diplomatique sous le consulat. — Mort de Paul Ier. 342
CHAP. VII. Paris en 1801. 343
CHAP. VIII. Voyage à Coppet. — Préliminaires de paix avec l'Angleterre. 345
CHAP. IX. Paris en 1802. — Bonaparte président de la république italienne. — Retour à Coppet. 346
CHAP. X. Nouveaux symptômes de la malveillance de Bonaparte contre mon père et contre moi. — Affaires de Suisse. 348
CHAP. XI. Rupture avec l'Angleterre. — Commencement de mon exil. 350
CHAP. XII. Départ pour l'Allemagne. — Arrivée à Weimar. 353
CHAP. XIII. Berlin. — Le prince Louis Ferdinand. 354
CHAP. XIV. Conspiration de Moreau et de Pichegru. 355
CHAP. XV. Assassinat du duc d'Enghien. 357
CHAP. XVI. Maladie et mort de M. Necker. 359
CHAP. XVII. Procès de Moreau. Ibid.
CHAP. XVIII. Commencements de l'empire. 361

Pages.

Avertissement de M. de Staël fils. 363
SECONDE PARTIE. CHAP. Ier. Suppression de mon ouvrage sur l'Allemagne. — Exil hors de France. 364
CHAP. II. Retour à Coppet. — Persécutions diverses. 368
CHAP. III. Voyage en Suisse avec M. de Montmorency. 371
CHAP. IV. Exil de M. de Montmorency et de madame Récamier. — Nouvelles persécutions. 373
CHAP. V. Départ de Coppet. 376
CHAP. VI. Passage en Autriche; 1812. 379
CHAP. VII. Séjour à Vienne. 382
CHAP. VIII. Départ de Vienne. 384
CHAP. IX. Passage en Pologne. 387
CHAP. X. Arrivée en Russie. 389
CHAP. XI. Kiew. 390
CHAP. XII. Route de Kiew à Moscou. 392
CHAP. XIII. Aspect du pays. — Caractère du peuple russe. 394
CHAP. XIV. Moscou. 395
CHAP. XV. Route de Moscou à Pétersbourg. 399
CHAP. XVI. Saint-Pétersbourg. Ibid.
CHAP. XVII. La famille impériale. 402
CHAP. XVIII. Mœurs des grands seigneurs russes. 404
CHAP. XIX. Établissements d'instruction publique. — Institut de Sainte-Catherine. 406
CHAP. XX. Départ pour la Suède. — Passage en Finlande. 410
ÉLOGE DE M. GUIBERT. 413
TRADUCTION DU SONNET DE MINZONI, sur la mort de Jésus-Christ. 423
TRADUCTION DU SONNET DE FILICAJA, sur l'Italie. Ibid.
HENRY ET EMMA, ballade imitée de Prior. Ibid.
IMITATION D'UNE ÉLÉGIE DE BOWLES, sur les eaux de Bristol. 425
LA BAYADÈRE ET LE DIEU DE L'INDE, traduit de Gœthe. 426
LE PÊCHEUR, traduit de Gœthe. 428
LA FÊTE DE LA VICTOIRE, OU LE RETOUR DES GRECS, traduit de Schiller. Ibid.
LE SALUT DU REVENANT, traduit de Schiller. 430
ÉPITRE EN VERS SUR NAPLES. Ibid.
Essais dramatiques. 432
Avertissement de M. de Staël fils. Ibid.
AGAR DANS LE DÉSERT, scène lyrique. Ibid.
GENEVIÈVE DE BRABANT, drame en trois actes et en prose. 436
LA SUNAMITE, drame en trois actes et en prose. 448
LE CAPITAINE KERNADEC, OU SEPT ANNÉES EN UN JOUR, comédie en deux actes et en prose. 458
LA SIGNORA FANTASTICI, proverbe dramatique. 470
LE MANNEQUIN, proverbe dramatique en deux actes. 478
SAPHO, drame en cinq actes et en prose. 491

FIN DE LA TABLE DES MATIÈRES.